中华人民共和国史编年

2012年卷

当代中国研究所　中央档案馆 编

当代中国出版社
Contemporary China Publishing House
2019年·北京

目　录

凡例 …… Ⅰ
本卷编辑说明 …… Ⅲ

正　文

1　月 …… 3
2　月 …… 77
3　月 …… 152
4　月 …… 238
5　月 …… 318
6　月 …… 380
7　月 …… 447
8　月 …… 523
9　月 …… 578
10　月 …… 656
11　月 …… 711
12　月 …… 765

附　录

［附录一］ 2012 年中国行政区划变动一览表 …… 837
［附录二］ 2012 年国民经济和社会统计资料 …… 838
［附录三］ 2012 年中国与外国签订的双边条约一览表 …… 847
［附录四］ 2012 年中国参加的多边公约一览表 …… 851
［附录五］ 2012 年国家科学技术奖励情况 …… 852

[附录六] 2012年我国运动员创世界纪录和获世界冠军情况 …………………… 857
[附录七] 2012年全国自然灾害情况 …………………………………………… 869
[附录八] 2012年国务院机构简称 ……………………………………………… 870

凡 例

一 《中华人民共和国史编年》(简称《国史编年》)是以编年体全面反映中华人民共和国各个领域重大史事的资料书，旨在为研究中华人民共和国史提供翔实可靠的史料，同时也为国内外读者查阅有关中华人民共和国史的资料提供方便。

二 举凡涉及中华人民共和国政治、经济、文化、科技、教育、卫生、民族、社会、人口、宗教、疆域、地理、区划、灾害、气候、生态、资源、军事、国防、外交等方面的大事，均在编写之列。

三 《国史编年》为多卷本，自 1949 年起，每年独立成卷，采用纲目体编写。

四 《国史编年》由纲文、目文、注释、附录等部分组成。部分条目史事简单，将纲目合一，仅以纲文记事。与纲目文内容相关的重要文献或史料，分别以文献或附录形式附在纲文或目文之后，并标明资料来源。对纲目文涉及的人名、地名等，作必要注释。注释采用页末脚注。

五 《国史编年》条目采自原始的或权威的资料，凡对某一事件有两种或两种以上说法的，在经过认真考证后，采用相对准确的说法，并用注释加以说明。

六 《国史编年》条目以时间先后为序，逐日排列。难以确定具体日期的，视具体情况分别标以上旬、中旬、下旬，月初、月底，或月、季、上半年、下半年。

七 在编写《国史编年》的条目时，原则上一事一条，遇有重大事件或一件事始终时间间隔较长的，可以出两个条目。

八 《国史编年》对各种机构、会议的称谓，凡文字较多的，在文内用简称，并在附录中附有该机构的全称与简称对照表。

九 《国史编年》采用 1986 年经国务院批示由国家语言文字工作委员会重

新发表的《简化字总表》，以及 1988 年由国家语言文字工作委员会和新闻出版署发布的《现代汉语通用字表》收录的汉字。

十　《国史编年》所用数字，除习惯用法或特殊用法以汉字标示外，一般用阿拉伯数字。文献中的数字遵从原文中的用法。

十一　《国史编年》中的人物在加注时，凡中国人，只注明生卒年（不详者空缺备考）、民族、籍贯、时任职务（兼数职者注主要职务）。凡外国人，取其标准译名，只注国别和时任职务。

十二　凡条目所涉及的内容在本卷或之前各卷中有相关内容的，凡编者认为有必要提示的，在该条目中用括号标注：参见本卷某月某日，或《国史编年》某某年卷某月某日。

十三　《国史编年》每卷在目录后面均置：（1）《凡例》，说明《国史编年》的体例；（2）《本卷编辑说明》，概述该年基本历史脉络、特点、主要资料来源、未尽事宜和作者分工。

《中华人民共和国史编年》编委会

2019 年 5 月 30 日

本卷编辑说明

本卷为《中华人民共和国史编年》2012年卷，起止时间为2012年1月1日至12月31日。

2012年中国政治生活中的最重大事件，是中国共产党召开了第十八次全国代表大会。大会选举了新一届的中共中央委员会，十八届一中全会选举了新一届中央政治局，习近平当选为中央总书记、中央军委主席。大会明确了科学发展观是党必须长期坚持的指导思想，并写入党章。大会制定了坚持走中国特色社会主义政治发展道路和推进政治体制改革前进方向。大会提出了全面建成小康社会目标。

从党的十八大开始，习近平为核心的党中央团结带领全党全国各族人民，全面审视国际国内新的形势，通过总结实践、展望未来，深刻回答了新时代坚持和发展什么样的中国特色社会主义、怎样坚持和发展中国特色社会主义这个重大时代课题，形成了新时代中国特色社会主义思想，坚持统筹推进“五位一体”总体布局、协调推进“四个全面”战略布局，坚持稳中求进工作总基调，对党和国家各方面工作提出一系列新理念新思想新战略，推动党和国家事业发生历史性变革、取得历史性成就，中国特色社会主义进入了新时代。

2012年中国政治生活中的重大事件，是加强党风和廉政建设，狠抓依法治国。中共中央印发了《关于在推进事业单位改革中加强和改进党的建设工作的意见》《关于加强和改进非公有制企业党的建设工作的意见（试行）》《关于加强和改进中央和国家机关纪检监察组织建设的意见》等重要文件。这一年，党和国家严肃、认真、及时地处理了薄熙来事件。对这一事件的处理，揭开了十八大以来加强党风廉政建设和反腐败斗争的序幕。12月，习近平主持召开中央会议审议通过了《关于改进工作作风、密切联系群众的八项规定》，提出了整顿领导干部特别是高级干部的作风，带动党风政风乃至整个社会风气好转的问题。

2012年，是中国经济发展进程中不平凡的一年。面对复杂严峻的国际经济形势和艰巨繁重的国内改革发展稳定任务，全国各族人民在党中央、国务院的正确领导下，坚持以科学发展为主题，以加快转变经济发展方式为主线，按照稳中求进的工作总基调，认真贯彻落实加强和改善宏观调控的各项政策措施。国民经济运行总体平稳，各项社会事业取得新的进步，各项指标得到了较好的完成。比较突出的方针政策是：始终注重处理好保持经济平稳较快发展、调整经济结构和管理通胀预期的关系，增强宏观政策的前瞻性、科学性、有效性，注意把握好政策的取向、力度和重点。2012年，在世界各大经济体增长全面减速、各种风险不断暴露的情况下，由于合理把握政策力度，保持财政预算支出规模不变，优化支出结构，扭转了经济下滑趋势，全面实现了年初确定的主要目标。

在综合经济方面，国内生产总值增加到540367亿元，比上年增长10.74%，跃升到世界第二位。财政赤字占国内生产总值的比重从2009年的2.8%降到2012年的1.5%左右，赤字率和债务负担率保持在安全水平。

在农业方面，粮食产量实现第九次连续增长。全年粮食产量58957万吨，比上年增产0.18%。全年棉花产量684万吨，比上年增产4.86%。油料产量3437万吨，增产6.98%。全年农作物播种面积比上年增长2.22%。

在工业方面，全年全部工业增加值208905.6亿元，比上年增长7.05%。规模以上工业企业实现利润61910.06亿元，比上年增长0.84%。能源生产总量比上年增长3.19%。

在国内外贸易方面，持续应对国际金融危机严重冲击，及时果断调整宏观调控着力点，出台进一步扩大内需、促进经济平稳较快增长的措施。全年货物进出口总额3867亿美元，比上年增长6.19%。其中顺差2303亿美元，比上年增长48.69%。

在人民生活方面，坚持搞好房地产市场调控不动摇，遏制了房价过快上涨势头。居民消费价格指数比上年下降2.66%；商品零售价格指数比上年下降2.76%。城乡居民人民币储蓄存款年底余额399551亿元，比上年增长16.27%。

在文教、科技方面，坚持实施科教兴国战略，增强经济社会发展的核心支撑能力。加快实施国家中长期科学和技术发展规划纲要，制定实施国家中长期教育改革和发展规划纲要、国家中长期人才发展规划纲要和国家知识产权战略，推动科技、教育、文化事业全面发展。经中共中央、国务院批准，由中组部、人力资源社会保障部等11个部门和单位联合印发《国家高层次人才特殊支持计划》。从2012年起，用10年左右时间，有计划、有重点地遴选支持万名左右自然科学、工程技术、哲学社会科学和高等教育领域的杰出人才、领军人才和青年拔尖人才。

这一年，国家安排了1701项科技支撑计划课题，1165项"863"计划课题。全年成功发射卫星19次。神舟九号载人飞船与天宫一号目标飞行器顺利实现首次空间交会对接，北斗二号卫星导航系统完成区域组网并正式提供运行服务，"蛟龙"号载人深潜器海试成功突破7000米。在伦敦奥运会上，中国运动员共获得38枚金牌，奖牌总数88枚，位列奥运会金牌榜和奖牌榜第二位。

在对外关系方面，中国特色大国外交取得了新的进展。5月，第四轮中美战略与经济对话和第三轮中美人文交流高层磋商在北京举行。王岐山、刘延东和美国国务卿希拉里共同主持会议。双方围绕推进中美合作伙伴关系建设，增进战略互信，深化广泛领域务实合作，促进中美在亚太良性互动和国际地区问题上的协调合作等议题交换了意见，取得新的重要共识。6月，上海合作组织峰会在京举行，俄罗斯总统普京等5国元首出席。胡锦涛主持会议并建议，把上海合作组织建设成为和谐和睦的家园，地区安全稳定的有力保障，地区经济发展的推动力量，开展国际交往、扩大国际影响力的有效平台。7月，中非合作论坛第五届部长级会议在北京举行。南非总统祖马等8个国家元首和政府首脑出席。胡锦涛发表题为《开创中非新型战略伙伴关系新局面》的讲话，提出共同描绘下一阶段中非合作发展蓝图，为中非关系取得新的更大的发展打下坚实基础。

2012年，经济社会发展中还存在不少矛盾和问题。主要是：发展中不平衡、不协调、不可持续问题依然突出；经济增长下行压力和产能相对过剩的矛盾有所加剧；企业生产经营成本上升和创新能力不足问题并存；财政收入增速放缓和政府刚性支出增加的矛盾凸显；金融领域存在潜在风险，货币和准货币（M2）供应量974148.8亿元，比上年增长14.39%，增长过大；产业结构不合理，农业基础依然薄弱；经济发展与资源环境的矛盾日趋尖锐；城乡、区域发展差距和居民收入分配差距较大；社会矛盾明显增多，教育、就业、社会保障、医疗、住房、生态环境、食品药品安全、安全生产、社会治安等关系群众切身利益的问题不少，部分群众生活困难；制约科学发展的体制机制障碍较多；政府职能转变不到位，党和政府一些部门腐败和违反纪律现象仍然比较严重。这些问题，在中共十八大以后，开始着力解决。

本卷在编写过程中，依据和参考文献的主要来源为《中国统计年鉴》（2013）、《国务院公报》、《人民日报》、《光明日报》、《经济日报》、中国政府网、新华网、人民网及国务院各部委网站。

本卷在编写过程中，武力、王凤环、陈东林参加了统稿工作，吴文红参与了资料整理和编辑工作，王绍忠、焦东华、纪国伟等参加了审定稿工作。

本卷撰稿人的分工如下：丁芮：1月1日—4月30日；陈东林：5月1日—6月30日；沈雁昕：7月1日—12月31日。

本卷编写组

正文

1 月

1月1日

［**纲　文**］　**中共中央、国务院印发《关于加快推进农业科技创新 持续增强农产品供给保障能力的若干意见》。**

［**目　文**］　《意见》即2012年关于农业的一号文件。《意见》指出：做好2012年农业农村工作，稳定发展农业生产，确保农产品有效供给，对推动全局工作、赢得战略主动至关重要。当前，国际经济形势复杂严峻，全球气候变化影响加深，中国耕地和淡水资源短缺压力加大，农业发展面临的风险和不确定性明显上升，巩固和发展农业农村好形势的任务更加艰巨。全党要始终保持清醒认识，绝不能因为连续多年增产增收而思想麻痹，绝不能因为农村面貌有所改善而投入减弱，绝不能因为农村发展持续向好而工作松懈，必须再接再厉、迎难而上、开拓进取，努力在高起点上实现新突破、再创新佳绩。

实现农业持续稳定发展、长期确保农产品有效供给，根本出路在科技。农业科技是确保国家粮食安全的基础支撑，是突破资源环境约束的必然选择，是加快现代农业建设的决定力量，具有显著的公共性、基础性、社会性。必须紧紧抓住世界科技革命方兴未艾的历史机遇，坚持科教兴农战略，把农业科技摆上更加突出的位置，下决心突破体制机制障碍，大幅度增加农业科技投入，推动农业科技跨越式发展，为农业增产、农民增收、农村繁荣注入强劲动力。

2012年农业农村工作的总体要求是：全面贯彻党的十七大和十七届三中、四中、五中、六中全会以及中央经济工作会议精神，高举中国特色社会主义伟大旗帜，以邓小平理论和“三个代表”重要思想为指导，深入贯彻落实科学发展观，同步推进工业化、城镇化和农业现代化，围绕强科技保发展、强生产保供给、强民生保稳定，进一步加大强农惠农富农政策力度，奋力夺取农业好收成，合力促进农民较快增收，努力维护农村社会和谐稳定。

《意见》就实现农业持续稳定发展、长期确保农产品有效供给等问题提出了指导意见，内容包括：一、加大投入强度和工作力度，持续推动农业稳定发展；二、依靠科技创新驱动，引领支撑现代农业建设；三、提升农业技术推广能力，大力发展农业社会化服务；四、加强教育科技培训，全面造就新型农业农村人才队伍；五、改善设施装备条件，不断夯实农业发展物质基础；六、提高市场流通效率，切实保障农产品稳定均衡供给。

1月1日

［纲　文］　**全国政协在北京举行新年茶话会，胡锦涛发表讲话。**

［目　文］　茶话会由全国政协主席贾庆林主持。胡锦涛、吴邦国、温家宝、贾庆林、李长春、习近平、李克强、贺国强等党和国家领导人同各民主党派、全国工商联领导人和无党派人士代表、中央和国家机关有关方面负责人以及首都各族各界人士代表欢聚一堂，共庆2012年元旦。

中共中央总书记、国家主席胡锦涛发表讲话指出，刚刚过去的2011年，是“十二五”时期开局之年。面对复杂多变的国际形势和艰巨繁重的国内改革发展稳定任务，全国各族人民同心协力、锐意进取，推动社会主义经济建设、政治建设、文化建设、社会建设以及生态文明建设和党的建设取得新的成就，实现了“十二五”时期良好开局。这是全党全国各族人民团结奋斗的结果，为我们做好2012年各项工作、继续实施“十二五”规划奠定了良好基础。胡锦涛强调，2012年是实施“十二五”规划承上启下的重要一年，中国共产党召开第十八次全国代表大会。做好2012年党和国家各项工作，具有十分重要的意义。我们要高举中国特色社会主义伟大旗帜，全面贯彻党的十七大和十七届三中、四中、五中、六中全会精神，以邓小平理论和“三个代表”重要思想为指导，深入贯彻落实科学发展观，勇于战胜前进道路上的各种艰难险阻，把党和国家各项事业继续推向前进，以经济社会发展的优异成绩迎接党的十八大胜利召开。

台盟中央主席林文漪代表各民主党派、全国工商联和无党派人士讲话，表示要继续传承与中国共产党同心同德的政治信念，推动多党合作事业薪火相传；要坚守与中国共产党同心同向的奋斗目标，开创全面建设小康社会新局面；要凝聚与中国共产党同心同行的团结力量，共同书写中华民族复兴史上自强不息的华彩篇章。

1月1日

［纲　文］　**第1期《求是》杂志发表胡锦涛的文章《坚定不移走中国特色社会主义文化发展道路，努力建设社会主义文化强国》。**

［目　文］　文章是中共中央总书记胡锦涛在中共十七届六中全会第二次全体会议上讲话的一部分，主要包括：第一，深刻认识推进文化改革发展的重要性和紧迫性；第二，坚定不移走中国特色社会主义文化发展道路；第三，以改革创新精神落实好全会提出的各项任务。

1月1日

［纲　文］　**上海市正式启动交通运输业和部分现代服务业营业税改征增值税试点。**

1月1日

［纲　文］　**中韩两国元首互致新年贺电，宣布启动“中韩友好交流年”。**

1月1日

［纲　文］　**“2012年海峡两岸和平祈福法会”在台湾南投县的中台禅寺举行。**

［目　文］　中国佛教协会副会长学诚大和尚、中台禅寺开山方丈惟觉大和尚等两岸

高僧大德与15000名来自岛内外的信众一起，祝祷两岸和谐、世界和平。

1月1日

［纲　文］　**中国著名作曲家吕远60年作品音乐会在人民大会堂举行**。

［目　文］　全国人大常委会委员长吴邦国致信祝贺。于淑珍、耿莲凤、杨洪基、牟炫甫、王宏伟、柳石明、德德玛、吴碧霞、李琼等歌唱家出席并演唱了吕远的代表作《克拉玛依之歌》《走上这高高的兴安岭》《泉水叮咚响》《有一个美丽的传说》《我们的生活充满阳光》等。

1月1日

［纲　文］　**住房和城乡建设部、发展改革委员会发布教育部组织编制的《特殊教育学校建设标准》**。

［目　文］　《特殊教育学校建设标准》由总则，建设规模与建筑项目构成，学校布局、选址、校园规划与建设用地，校舍建筑面积指标，校舍建筑标准五方面内容组成，具体规定了特殊教育学校校园建设用地面积与校舍建筑面积指标和建筑标准。《标准》自2012年1月1日起施行。

据统计，2010年，全国共有特殊教育学校1706所，在校生42.56万人。2010年、2011年，中央共安排41亿元，支持中西部地区新建、改扩建特殊教育学校1001所。

1月1日

［纲　文］　**中国首个3D电视频道试播**。

［目　文］　中国3D电视试验频道由中央电视台及北京电视台、天津电视台、上海电视台、江苏电视台、深圳电视台共六家电视台联合开办，各电视台分栏目制作3D电视节目，中央电视台统一播出。每天播出时间为10：30至24：00。有线数字电视网覆盖的用户，可以通过具有3D功能的电视机和有线数字高清机顶盒收看该频道的节目。

1月1日

［纲　文］　**火车票实名制在全国范围内开始实施**。

［目　文］　此前已实行实名制的高铁（G字头）和动车（D字头）列车的所有铁路列车都加入实名制购票的行列。

1月1日

［纲　文］　**天安门观礼台首次对公众开放**。

［目　文］　首都各界群众代表和来自全国各地的游客5000多人，登上天安门城楼两侧的观礼台，共同观看庄严的升国旗仪式。

1月1日

［纲　文］　**国内首条高速公路停止收费**。

［目　文］　2012年元旦起，国内首条高速公路——上海沪嘉高速停止收费。首日，该公路出现了车流明显增加的情况。沪嘉高速公路是国内第一条高速公路，于1984年12月21日开建，1988年10月31日建成通车，长约18公里。

1月1日

［纲　文］ **《人民日报》发表元旦社论《迈向充满希望的2012》。**

1月1—2日

［纲　文］ **温家宝在湖南调研。**

［目　文］ 国务院总理温家宝在湖南省湘潭市、株洲市，深入企业、建筑工地、居民社区和农贸市场，调研经济运行，看望慰问干部群众。

温家宝在江滨机器（集团）有限责任公司、江麓重工科技有限公司和株洲旗滨集团股份有限公司召开了三场企业负责人座谈会，听取了企业负责人的汇报和反映的问题。温家宝作了回应。温家宝针对工程机械行业的“市场需求有，客户资金紧，企业回款难”的状况强调，资金供给有一个结构性问题，不能一般地谈贷款多还是少、货币流动性大还是小，必须深入行业和企业分析，逐一解决问题。温家宝针对钢铁行业存在的问题指出，钢铁业存在三大问题：一、产能过剩。二、铁矿石价格高。三、归根到底钢铁企业要进行调整重组。

1月2日

［纲　文］ **235名旅客在新疆维吾尔自治区风雪袭击中获救。**

［目　文］ 1日23时许，玛依塔斯风区刮起8—9级东风，部分路段风力近10级，狂风将地面积雪吹起，漫天飞舞，个别路段能见度为零。风雪天气导致大量过往车辆无法行驶，大量人员被困。险情发生后，玛依塔斯抢险基地立即通知交警等部门在库鲁木苏、铁厂沟防风雪点设卡封路，并派除雪车、轮推、应急救援车、巡道车上路巡道、营救。经过3个多小时紧急施救，2日4时35分，235名被困人员和63辆车被带出风区。

1月2日

［纲　文］ **《人民日报》报道，水利部长江水利委员会组织的第3次长江源考察结果显示，长江源区水土流失面积呈递增趋势。**

［目　文］ 考察结果显示，长江源区自2000年至今，水土流失面积呈递增趋势，出现了冻土及冻土环境退化、植被退化、冻融侵蚀和土地荒漠化等四大生态环境问题。长江水利委员会利用历年遥感数据，结合现场考察，认为长江源区冰川面积总体处于退缩状态。2004年前缩小速度较快，其后缩小速度相对较慢；2009年冰川总面积在1977年基础上缩减了126.33平方公里，总面积减少了11.8%。

1月2—6日

［纲　文］ **国家主席胡锦涛分别致电哈萨克斯坦、乌兹别克斯坦、塔吉克斯坦、吉尔吉斯斯坦、土库曼斯坦和乌克兰总统，祝贺中国与上述国家建交20周年。**

1月2—7日

［纲　文］ **外交部部长杨洁篪应邀访问科特迪瓦、尼日尔、纳米比亚。**

［目　文］ 3日至4日，杨洁篪在访问科特迪瓦期间，与科特迪瓦总统瓦塔拉进行

了会面，双方就加强高层交往和政治互信，积极拓展经贸等各领域务实合作进行了交流。在科特迪瓦期间，杨洁篪与科特迪瓦国务外交部长代表双方政府在阿比让签署了2份经济技术合作协定（向科提供无偿援助和无息贷款协定）。4日，杨洁篪在纳米比亚与尼日尔总统优素福进行了会面，双方就经济和基础设施建设等领域的合作进行了交流。杨洁篪与尼日尔国务部长兼外交、合作、非洲一体化和尼日尔侨民部长巴祖姆·穆罕默德签署两国经济技术合作协定。5日，杨洁篪与纳米比亚总理安古拉进行了会面，双方就加强政治对话和友好往来，进一步拓宽务实合作领域进行了交流。

1月2日—2月9日

［纲　文］ **“北京故宫博物院200选”展览在日本东京国立博物馆举办。**

［目　文］ 展览是为庆祝中日邦交正常化40周年而举办的。展出的200件展品是从北京故宫博物院精选出来的，包括41件宋元书画作品，50余件陶瓷器、漆器、珐琅和染织名品。宋元书画作品中有39件是首次在日本展出。

1月3日

［纲　文］ **外交部就日右翼分子登上钓鱼岛表明严正立场。**

［目　文］ 当地时间3日上午9时30分左右，日本第十一管区海上保安总部（那霸）的巡逻船发现冲绳县石垣市3名议员登上了钓鱼岛。约20分钟后，石垣市另一名议员也登岛。11时55分左右4人离开钓鱼岛。

外交部发言人指出，钓鱼岛及其附属岛屿自古以来就是中国的固有领土，中国对此拥有无可争辩的主权。中国政府捍卫钓鱼岛领土主权的决心是坚定不移的。

1月3日

［纲　文］ **国务院办公厅印发《农村残疾人扶贫开发纲要（2011—2020年）》。**

［目　文］ 《纲要》由五部分组成：一、总体要求；二、任务目标；三、政策保障；四、扶持措施；五、组织领导。《纲要》是今后一个时期农村残疾人扶贫开发工作的纲领性文件。制定实施《纲要》，是深入贯彻落实科学发展观的必然要求，是保障和改善民生、缩小残疾人生活水平与社会平均水平的差距、促进残疾人与全体人民共享改革发展成果的重要举措，对于改善农村残疾人生产生活状况，实现全面建设小康社会奋斗目标和构建社会主义和谐社会具有重要意义。

1月3日

［纲　文］ **《2011年中国政府白皮书汇编》出版发行。**

［目　文］ 《汇编》中文版由人民出版社出版，英文版由外文出版社出版。《汇编》收录了2011年国务院新闻办公室发表的9部中国政府白皮书，即《2010年中国的国防》《中国的对外援助》《西藏和平解放60年》《中国的和平发展》《中国特色社会主义法律体系》《中国农村扶贫开发的新进展》《中国应对气候变化的政策与行动（2011）》《中国的对外贸易》《2011年中国的航天》。

1月3日

［纲　文］ **《人民日报》发表社论《坚定信心 攻坚克难 开拓前进》。**

1月3—13日

［纲　文］ **第12届全国冬季运动会在长春举行。**

［目　文］ 3日晚，第12届全国冬季运动会在吉林省长春市五环体育馆开幕。国务委员刘延东宣布冬运会开幕。

本届冬运会是首次由省级政府承办的全国冬季综合性运动会，共设滑冰、滑雪、冬季两项、冰球、冰壶5个大项105个小项，总计115枚金牌。以往夏季全运会设置的16个冬季项目小项比赛调整到本届冬运会统一举行，其成绩带入第12届夏季全运会。国家体育总局局长刘鹏说，“一次比赛，两次计分”，使冬运会在以地市为单位参赛的基础上，又增加了省区市单位参与竞争，本届冬运会成为首届真正意义上的全国冬运会。

另外，本届冬运会所有比赛场馆均以2007年亚洲冬季运动会场馆为基础，没有修建一个新场馆，开创了国内大型综合性赛事“节俭”的先河。

1月4日

［纲　文］ **中宣部新闻局组织选编的《“走基层、转作风、改文风”活动优秀新闻作品第一辑》《“走基层、转作风、改文风”活动优秀评论和理论文章选辑》出版。**

［目　文］ 中共中央政治局委员、中宣部部长刘云山为此两套书作序。此两套书收录的新闻作品记录了基层一线的实践，反映了人民群众的意愿呼声；评论和理论文章对“走基层、转作风、改文风”活动的重大理论和实践意义进行了思考，对开展活动提出了很好的思路和办法。

1月4日

［纲　文］ **审计署发布《关于2010年度中央预算执行和其他财政收支审计查出问题的整改结果》。**

［目　文］ 整改结果显示，针对违规为464.75亿元债务提供担保问题，有关地方和部门通过协商解除担保协议、撤销承诺函、被担保单位筹集自有资金归还等方式，整改到位220.27亿元；针对融资平台公司违规抵押或质押取得债务资金731.53亿元问题，有关单位通过完善相关手续、充实抵押物、增加合法抵押物、完善贷款手续、加快土地征收和拍卖、变更土地收储单位名称、与银行协商归还贷款等方式，整改到位230.61亿元；针对1319.80亿元债务资金未及时安排使用问题，相关地方通过抓紧项目前期准备、合理加快工程进度、理顺资金审批手续、及时归还等措施，整改到位1017.47亿元；针对351亿元债务资金被投向资本市场、房地产和“两高一剩”（高能耗、高污染、产能过剩）项目问题，相关单位通过清理催收被挪用债务资金、理顺项目间资金关系、调整贷款债务人、以自有资金置换或由财政安排资金归还原渠道等方式，整改到位140.35亿元；针对融资平台公司虚假出资、注册资本未到位等2441.5亿元问题，相关地方通过充实资本金、推

进公司股权多元化、引进战略投资者、变更登记、清理整合等措施，整改到位983.23亿元。对其他问题，各地正在积极采取措施整改落实。

1月4日

［纲　文］ **中国人民银行发布《银团贷款暂行办法》《中外合资、合作经营企业中方投资人新增资本贷款管理办法》两个规章，《金融信托投资公司委托贷款业务规定》等自公告发布之日起废止。**

1月4日

［纲　文］ **民政部、财政部、人力资源社会保障部、卫生部联合发布《关于开展重特大疾病医疗救助试点工作的意见》。**

［目　文］ 《意见》提出，重特大疾病医疗救助对象是患重特大疾病的低保家庭成员、五保户、低收入老年人、重度残疾人以及其他因患重特大疾病难以自付医疗费用且家庭贫困的人员。重特大疾病医疗救助病种先从医疗费用高、社会影响大的病种起步，并随医疗救助基金总量的增加，稳步推进，逐步扩大病种范围。优先将儿童急性白血病和先天性心脏病、妇女宫颈癌、乳腺癌、重度精神疾病等病种纳入救助范围。从2012年起，各省（区、市）将选择部分县（市、区）开展重特大疾病医疗救助试点。

1月4日

［纲　文］ **中组部、中宣部、教育部在北京召开第20次全国高校党建工作会议。**

［目　文］ 中共中央政治局常委、国家副主席习近平在会前会见会议代表并讲话。他强调，高校是教育培养青年人才的重要园地，也是用社会主义核心价值体系武装青年的重要思想阵地。要把加强青年教师队伍思想政治建设作为高校党的建设的一个重大问题来抓，深入细致地做好青年教师的思想引导工作，加大在青年教师中发展党员的工作力度，优化高校党员队伍结构。

中共中央政治局委员、国务委员刘延东出席会议并讲话。她回顾总结了党的十七大以来高校党建和思想政治教育工作为促进高等教育科学发展、维护国家改革发展稳定大局做出的重要贡献和基本经验。中共中央政治局委员、中组部部长李源潮主持会议。中央和国家机关有关部门负责人，解放军总政治部、各省区市和新疆生产建设兵团有关负责人，全国部分高校党委书记、校长参加会议。

1月4—5日

［纲　文］ **全国宣传部长会议在北京举行。**

［目　文］ 中共中央政治局委员、中宣部部长刘云山主持会议。中共中央政治局委员刘延东，中国社会科学院院长陈奎元出席了会议。各省、自治区、直辖市和新疆生产建设兵团以及副省级城市的党委宣传部部长，中央和国家机关有关部委、中央宣传文化系统各单位、总政宣传部、武警总部政治部和有关人民团体的负责人出席会议。出席全国对外宣传工作会议、全国文明办主任会议、全国文化厅局长会议、全国广播影视工作会议、全国新闻出版工作会议的代表列席了会议。

4日，中共中央政治局常委李长春出席会议并讲话。李长春强调，宣传思想文化战线要按照高举旗帜、围绕大局、服务人民、改革创新的总要求，坚持中国特色社会主义文化发展道路，坚持贴近实际、贴近生活、贴近群众，紧紧围绕党和国家工作大局，紧紧围绕学习宣传贯彻党的十七届六中全会精神和中央经济工作会议精神，紧紧围绕迎接宣传贯彻党的十八大，着力为稳增长、控物价、调结构、惠民生、抓改革、促和谐，实现稳中求进营造良好的氛围，着力推进社会主义核心价值体系建设，着力巩固壮大积极健康向上的主流思想舆论，着力深入推进文化改革发展，为迎接党的十八大胜利召开，为推动科学发展、促进社会和谐，为夺取全面建设小康社会新胜利、开创中国特色社会主义新局面提供强大思想保证、精神动力、舆论支持和文化条件。

5日，刘云山作总结讲话，他强调，今年是党和国家发展进程中具有特殊意义的重要一年，也是宣传文化事业站在新的历史起点朝着更高目标迈进的重要一年。要唱响主旋律、打好主动仗，努力在促进改革发展稳定上做出新贡献，在推动文化繁荣发展上迈出新步伐，在满足群众精神文化需求上取得新进展。

1月4—8日

［纲　文］　**应全国人大常委会邀请，越南国会副主席从氏放对中国进行访问。**

［目　文］　1月5日，全国人大常委会委员长吴邦国会见从氏放。吴邦国指出，中越关系的深入发展，对两国议会合作提出了新的更高要求。希望双方在已有合作基础上，着力发挥议会的职能作用和对外交往的特点，密切各层次各领域的友好往来，加强在治国理政、民主法制建设、保障和改善民生等方面的经验交流，通过议会交往不断巩固和扩大两国关系的民意基础，为国家关系注入新的活力。从氏放表示，越南党、政府、人民将发展对华关系置于对外关系的首要位置，越南国会支持这一方针，愿为推动落实两国领导人达成的合作共识，进一步深化越中友好合作做出自己的贡献。

1月6日，全国人大常委会副委员长路甬祥会见从氏放率领的越南国会代表团。

1月4—5日

［纲　文］　**2011年全国对外宣传工作会议在北京召开。**

［目　文］　中共中央对外宣传办公室、国务院新闻办公室主任王晨在会上强调，要准确把握国内外形势发展变化，坚定信心，攻坚克难，开拓前进，切实提高对外宣传能力水平，更加积极有效地传播中国声音、弘扬中华文化、展现中国形象。

会议认为，2012年外宣工作要紧紧围绕党和国家工作大局，以深入贯彻党的十七届六中全会精神和迎接、宣传、贯彻党的十八大为主线，着力为中国经济社会发展营造良好氛围，着力宣传中国基本国情、价值观念、发展道路、内外政策，着力展现中国文明、民主、开放、进步的国家形象，着力创新对外宣传方式方法，为夺取全面建设小康社会新胜利、开创中国特色社会主义事业新局面营造更加有利的国际舆论环境。

各省、自治区、直辖市、计划单列市、副省级城市、新疆生产建设兵团党委外宣办主任，中央和国家机关有关部门分管外宣工作的负责人，中央主要新闻单位负责人，有关驻外使领馆团相关负责人参加了会议。

1月4—6日

［纲　文］　**全国文化厅局长会议在北京召开。**

［目　文］　文化部党组书记、部长蔡武在讲话中对2012的重点工作进行了部署，强调要充分利用好六中全会这个难得的历史机遇，乘势而上，抓住重点和关键环节，在改革发展上取得新的突破。

会议宣布，中国国有文艺院团体制改革工作取得重大突破，截至2011年12月，全国文化系统2102家承担改革任务的国有文艺院团，已完成和正在进行转制、撤销和划转的院团达1176家，占承担改革任务院团的56%，另有300家院团已经确定改革路径，内蒙古、河南、湖南、江西、广西、甘肃等省（区）的626家院团正在深入开展调研，完善配套措施，加快推进改革进程。全国六成省级、五成地市级、四成县级国有文艺院团完成改革任务。江苏、安徽、陕西、山西、河北、重庆、宁夏、贵州等8省（区、市）基本完成国有文艺院团转企改制任务。通过深化改革，演艺业集约化、规模化程度不断提高。全国各地共组建演艺集团公司50余家。

会议期间，2011年“春雨工程”——全国文化志愿者边疆行表彰会举行。参与2010年、2011年“文化志愿者边疆行”工作的12个省（市）文化厅（局）和文化部全国文化信息资源建设管理中心，以及内蒙古、黑龙江、云南、西藏、青海、宁夏、新疆7个省（自治区）文化厅（局）和新疆生产建设兵团文化广播电视局受到表彰。

1月4—5日

［纲　文］　**中国城市科学研究会历史文化名城委员会第六次全体委员会议在北京召开。**

［目　文］　在会上，中国城市科学研究会历史文化名城委员会确定了今后的工作思路，部署了近期各项任务，选举产生了新一届常务委员会。会议提出名城委在今后工作中要进一步贯彻党和国家关于文化遗产保护的政策方针和法律法规，围绕名城保护行政主管部门的中心工作，普及历史文化名城保护知识、传播科学的保护理论与方法，提升历史文化名城保护的全民意识，促进文化遗产和经济社会相辅相成，坚持不懈地为传承和弘扬优秀历史文化做出积极贡献。

名城委宣布，全国已有历史文化名城117座，历史文化名镇名村350个。《历史文化街区保护管理办法》《历史文化名镇名村保护管理办法》将陆续出台实施；国家每年安排2亿元左右的财政专项资金，用于历史文化名城保护。

住房和城乡建设部副部长仇保兴，国家文物局局长单霁翔等领导，两院院士周干峙，著名文物保护专家谢辰生、罗哲文等专家，以及117座国家历史文化名城及350个名镇、名村的代表参加会议。

1月4—6日

［纲　文］　**全国新闻出版工作会在北京召开。**

［目　文］　会议指出，2012年，新闻出版全行业将实施社会主义核心价值体系出版工程，加快实施主流媒体传播能力建设工程，大力推进社会主义核心价值体系建设；要切实加强精品力作创作生产传播，发展健康向上的网络出版；要大力推进新闻出版惠民工程建设，高质量实施好国家重点出版工程，高标准完成农家书屋工程建设任务；要加快落实“十二五”时期发展规划，扩大新闻出版产品和服务的消费；要以新闻出版单位转企改制和“三改一加强”为重点，继续深化改革；大力推进改组，建设国家出版传媒“航空母舰”；加快技术改造，形成面向市场的新产品研发和技术创新机制；全力办好伦敦书展中国主宾国活动。会议公布初步统计，2011年新闻出版行业总产出超1.5万亿元。

1月5日，全国版权局长会议和全国新闻出版系统反腐倡廉建设工作会议与全国新闻出版工作会议一并召开。

1月5日

［纲　文］　**中共中央政治局常委、全国政协主席贾庆林出席并观看在全国政协礼堂举行的甘肃甘南藏族自治州感恩汇报演出。**

1月5日

［纲　文］　**国务院总理温家宝会见巴基斯坦陆军参谋长基亚尼。**

［目　文］　温家宝说，面对错综复杂的地区和国际局势，中巴加强沟通协调，携手应对挑战，符合双方的共同利益。中国一如既往地支持巴基斯坦捍卫国家主权和领土完整，支持巴方发展经济，改善民生，促进国内和谐稳定。基亚尼表示，发展巴中全天候战略合作伙伴关系是巴基斯坦各界的共识，也是巴基斯坦对外战略的基石。

同日，国务委员兼国防部部长梁光烈会见了巴基斯坦陆军参谋长基亚尼一行。

1月5日

［纲　文］　**公安部部长孟建柱与越南公安部部长陈大光就中越执法安全合作问题举行会谈。**

［目　文］　在会谈中，孟建柱说，中越两国既是社会主义友好邻邦，又是重要的合作伙伴。进一步巩固中越睦邻友好、加强团结合作，符合两国人民的共同愿望和根本利益，也有利于地区的和平稳定与繁荣发展。孟建柱指出，中越执法安全合作是双边友好关系的重要组成部分。希望双方进一步加强在防范和打击非法出入境活动、电信诈骗、拐卖人口、毒品犯罪、恐怖犯罪活动等领域的合作，切实维护两国和两国边境地区的安全稳定。

陈大光说，越南党和政府十分重视与中国的友好关系，愿进一步深化两国在共同打击犯罪和维护社会治安领域的合作，推动两国执法合作迈上新的台阶。

1月5日

［纲　文］　**人民银行印发《关于中国支付体系发展（2011—2015年）的指导意见》。**

［目　文］　该指导意见主要阐明当前支付体系发展的政策取向，明确支付体系建设

的工作重点，引导支付服务市场的主体行为，是为促进中国支付体系建设、适应经济金融发展而发布的第一个支付体系中期发展指导性文件，是政府相关职能部门履行职责的重要依据。《意见》由四部分组成：一、发展现状，二、指导思想、基本原则和主要目标，三、主要任务，四、组织实施。

1月5日

［纲　文］　**国家统计局发布公告对2010年GDP数据进行最终核实。**

［目　文］　核实结果如下：2010年GDP现价总量为401513亿元，比初步核实数增加了311亿元；按不变价格计算，比上年增长10.4%，与初步核实数相同。

1月5日

［纲　文］　**"世纪革命老人雷洁琼——百年光辉人生爱国主义图片展览"在北京开幕。**

［目　文］　雷洁琼是当代中国著名社会学家、法学家、教育家，中国民主促进会的创始人之一，全国政协原副主席，全国人大常委会原副委员长，民进中央原主席、名誉主席。图片展分七个不同阶段，收录雷洁琼各个历史时期的照片250余幅。多数照片是首次公开展出。图片展在北京展出后，2月27日在美国费城开幕。展览由民进中央和世界华侨华人社团联合总会共同举办。

1月5日

［纲　文］　**国家"十二五"规划官方系列图书首次成系统出版。**

［目　文］　系列读本由发展改革委主持编写或汇编，人民出版社出版，主要包括《"十二五"规划战略研究》(上、下)、《国家及各地区国民经济和社会发展"十二五"规划纲要》(上、中、下)、《〈中华人民共和国国民经济和社会发展第十二个五年规划纲要〉辅导读本》、《共绘蓝图——"十二五"规划建言献策选编》等7种。此外，《辅导读本》在香港出版了繁体字版。

1月5日

［纲　文］　**教育部印发《教育部关于修改〈国家教育考试违规处理办法〉的决定》。**

［目　文］　《决定》共4章34条，主要内容有总则，违规行为的认定与处理，违规行为认定与处理程序，附则。自2012年1月5日起施行。此次修改着重在于进一步保障考试安全，维护考试秩序，规范对国家教育考试中违规行为的处理，保障参加国家教育考试人员的合法权益。此前教育部颁布的各有关国家教育考试的违规处理规定同时废止。

1月5日

［纲　文］　**上海与香港签署商贸合作、文化交流等四项协议。**

［目　文］　签署的协议分别是：上海市商务委员会和香港特区政府商务及经济发展局《关于加强商贸合作的协议》；上海市文化广播影视管理局和香港特区政府民政事务局《沪港文化交流与合作协议书》；上海市政府港澳事务办公室和香港特区政府公务员事务局《沪港两地公务员交流学习活动的实施协议书》，以及上海申康医院发展中心和香港医院管

理局《2012—2016年合作协议书》。

根据相关协议及共识，沪港两地将在促进经贸投资便利化、文化管理、大型文化活动、公务员交流、医院管理等方面展开合作。

1月5日

［纲　文］ **卫生部月度例行发布会发布2011年中国卫生十大新闻。**

［目　文］ 卫生部新闻发言人发布的中国卫生十大新闻是：一、国家十二五规划确定“人均预期寿命提高1岁”重要目标。二、新农合覆盖面和保障水平进一步提高。三、中国艾滋病疫情防控成效明显。四、卫生部在全国医疗卫生系统开展“三好一满意”活动。五、中国麻疹发病率降到历史最低水平。六、卫生部门着力加强食品安全标准和风险评估工作。七、公立医院改革工作进展顺利。2011年，全国17个国家联系试点城市、37个省级试点城市和18个省745家公立医院开展综合改革试点。八、卫生部门开展全国抗菌药物临床应用专项整治。九、“8毛钱治10万元病”事件引发公众热议。十、屠呦呦获2011年拉斯克临床医学奖。

1月5日

［纲　文］ **全国工会送温暖活动开展20周年、困难职工帮扶中心建设10周年座谈会在北京召开。**

［目　文］ 中共中央政治局委员、中华全国总工会主席王兆国在会上指出，要推动形成功能完备、体系完整、制度健全、覆盖全面的中国特色社会主义工会帮扶体系，使工会送温暖和帮扶工作进一步融入中国特色社会管理格局。要进一步扩大覆盖面，推进帮扶向促进就业、逐步提高收入、增进福利、改善劳动条件等方面拓展。要探索创新送温暖和帮扶工作的有效途径和方法，不断提高工会帮扶工作科学化水平。

为了让职工群众实实在在体验到党和政府的温暖，工会发扬扶贫帮困、互助互济的光荣传统，1992年元旦春节期间，在全国范围内开展了“进万家门、知万家情、解万家难、暖万家心”的送温暖活动。现在，每年“两节”送温暖活动已经进一步拓展为送温暖工程，并且把对困难职工进行生活救助、帮助下岗职工实现再就业作为工会的一项重点工作，推动送温暖活动经常化、制度化、社会化。20年来，各级工会共筹集送温暖资金400多亿元，走访困难企业163万个（次），慰问困难职工家庭9757万户（次）。

座谈会回顾总结了工会送温暖和帮扶工作的历程和经验；北京市职工服务（帮扶）中心等14家先进集体和张秀伟等12位先进个人分别被授予“全国工会帮扶工作标兵单位”“全国工会帮扶工作标兵”荣誉称号。

1月5—6日

［纲　文］ **中华全国归国华侨联合会在北京召开八届四次全委会。**

［目　文］ 全国人大常委会副委员长王兆国讲话指出，要引导侨界群众充分认识改革开放以来取得的伟大成就，始终坚定对中国特色社会主义的信心，更加自觉地拥护中国共产党的领导；要紧紧围绕主题主线，为保持经济平稳较快发展和社会和谐稳定做出更大

贡献；要更加主动地服务经济社会发展，努力为引进海外高层次人才牵线搭桥，积极为营造良好国际环境出力；要注重建设中华民族共有精神家园，在推动社会主义文化大发展大繁荣中发挥独特作用；要大力弘扬爱国主义精神，大力开展侨界群众文化活动，大力参与中外文化交流；要始终把人民利益放在首位，进一步密切与侨界群众的血肉联系；要切实畅通侨界群众诉求表达渠道，不断完善侨界群众权益推动机制；要深化党群共建、创先争优活动，不断加强侨联组织自身建设，把"党建带侨建"活动引向深入，切实抓好侨联干部队伍建设。

会上，中国侨联主席林军代表中国侨联八届常委会作工作报告。会议表决通过了有关人事事项的决议。

1 月 5—6 日

［纲 文］ **全国商务工作会议在北京召开。**

［目 文］ 会议的主要任务是认真落实中央经济工作会议部署，全面总结 2011 年商务工作，深入分析面临的国内外环境，研究部署 2012 年重点工作。商务部部长陈德铭在会上表示，2011 年中国城乡居民消费继续保持较快增长，预计全年达 18 万亿元，同比增长 17% 左右。综合来看，消费对经济的拉动作用明显增强。前三季度，最终消费对经济贡献率为 47.9%，同比提高 15.2 个百分点，预计 2011 年消费对经济的贡献率将比 2010 年有大幅提高。2011 年中国城乡居民消费继续保持较快增长，贸易平衡进一步改善，全年顺差达 1600 亿美元左右，同比下降 15%。

来自中央国家机关有关部门，商务部各直属单位，各省、自治区、直辖市、计划单列市及特邀企业代表约 260 人参加会议。

1 月 5—6 日

［纲 文］ **国家民委委员全体会议暨全国民委主任会议在北京召开。**

［目 文］ 国务院副总理回良玉在会上指出，"十二五"时期加快少数民族和民族地区发展的大政方针已定，各项规划和政策也已出台，各地区、各部门要切实抓好落实。要牢牢把握科学发展的主题，立足民族地区实际，推动经济发展方式加快转变，支持民族地区走出各具特色的跨越发展之路，为确保同步实现全面建设小康社会目标打下决定性基础。国家民委委员制度是为做好关系重大、任务繁重的民族工作而设计的重要制度，是调动各方力量、共同做好民族工作的有效抓手，要毫不动摇地坚持、与时俱进地完善，充分发挥这一制度的作用。

与会人员分组学习讨论了贾庆林、回良玉在贯彻落实中央民族工作会议精神经验交流会上的讲话，近期党中央、国务院支持少数民族和民族地区加快发展的重要文件，以及 2011 年中央领导人关于民族工作的重要批示精神，讨论修改了国家民委 2012 年工作要点。会议还表彰了国家民委系统突出贡献专家学者和国家民委系统信息工作先进集体和先进个人。国家民委 24 个兼职委员单位负责人在会上作了交流发言。中央国家机关有关部门负责人出席会议。

1月5—6日

［纲　文］　**2012年全国质检工作会议在北京召开。**

［目　文］　会议的主要任务是：贯彻落实党的十七届六中全会和中央经济工作会议精神，学习传达国务院领导听取质检工作汇报时的重要讲话，回顾总结2011年各项工作，分析当前面临的新形势，研究部署2012年工作任务。会议日程紧凑，内容丰富，与会代表将深入学习支树平局长工作报告，紧紧围绕质检工作中的重大问题和当前面临的热点、焦点、难点问题，建言献策，共谋发展。

全国各直属检验检疫局、各省（自治区、直辖市）质量技术监督局党政主要负责人，副厅级检验检疫局以及计划单列市、副省级城市和新疆生产建设兵团质量技术监督局主要负责人，国家认监委、国家标准委负责人，总局机关各司局主要负责人，在京直属挂靠单位党政主要负责人参加会议。国家质检总局局长支树平在工作报告中确定了2012年质检工作总体目标：坚定不移地抓质量、保安全、促发展、强质检。

会议指出，2011年中国产品质量总体水平稳步上升，制造业竞争力指数提高了0.43个百分点。国家监督抽查45类产品，跟踪抽查合格率平均提高了5.5个百分点。2012年，质检部门重点围绕食品、儿童用品、质量问题较大的工业产品、农用物资以及学校和公共场所的特种设备等，开展重点产品质量提升活动。把质量问题多、人民群众反映强烈的产品和进出口商品作为重点，对乳制品、酒类、肉制品、食品添加剂、有机产品等开展全国性综合治理。同时，选择1至2个高风险食品，提高准入门槛，严格准入条件，坚决淘汰一批不符合要求的企业。全国质检系统组织开展“质检利剑行动”，严厉查处食品非法添加和滥用食品添加剂等违法行为，围绕老百姓关心的食品、有机产品、农资、建材、汽配、化妆品、家电下乡产品等，开展专项打假行动。

1月5—6日

［纲　文］　**卫生部在北京召开全国卫生工作会议。**

［目　文］　会议主题是：围绕深化医改这个中心，总结2011年卫生工作，部署2012年工作任务。卫生部部长陈竺在会上作了题为《突出重点攻坚克难全面落实医改和各项卫生工作任务》的工作报告，总结了2011年全国卫生工作情况，梳理了三年医改取得的重大进展，分析了深化医改面临的新形势、新挑战，明确了未来改革的基本思路和“十二五”期间力求取得新突破的重点领域和关键环节，对全力做好2012年卫生工作作出了全面部署：一是落实年度改革任务，为“十二五”医改开好局；二是做好重大疾病控制、卫生应急和妇幼卫生工作；三是严格医疗服务管理，保证医疗安全和质量；四是加快卫生人才队伍建设，提高卫生科教工作水平；五是以平台建设为重点，加速推进卫生信息化；六是加强食品药品安全工作；七是强化卫生监督执法；八是做好中医药工作；九是继续围绕中心工作深入开展创先争优活动，充分发挥广大党员和医疗卫生工作者在推动卫生事业科学发展、深化医疗卫生体制改革中的主力军作用；十是统筹做好其他卫生工作。

卫生部党组书记张茅指出，2012年医疗费用控制为卫生工作的重要管理目标，应合理确定费用增长控制指标，并建立考核机制。

中央和国家机关有关部门相关司局负责人，全国人大、全国政协相关委员会有关司局负责人，总后勤部卫生部、武警总部后勤部卫生部有关负责人，各省、自治区、直辖市、新疆生产建设兵团及副省级城市卫生厅局长出席了会议。

1月5—8日

［纲　文］　**中国对外演出公司2012年“中华风韵”系列活动之一的舞剧《牡丹亭》在美国演出。**

1月5—14日

［纲　文］　**胡锦涛主席特使陈至立前往乌兹别克斯坦、哈萨克斯坦、吉尔吉斯斯坦、塔吉克斯坦和土库曼斯坦进行访问，并出席中国与上述五国建交20周年庆祝活动。**

［目　文］　6日，陈至立会见乌兹别克斯坦总统卡里莫夫、乌兹别克斯坦最高会议参议院主席萨比罗夫。陈至立说，中方愿同乌方共同努力，以两国建交20周年为新起点，推动中乌关系更好更快发展。9日，陈至立会见哈萨克斯坦总理马西莫夫。陈至立说，中方愿同哈方一道，以两国建交20周年为契机，不断增进政治互信，全面深化务实合作，推动两国关系持续深入发展，造福两国和两国人民。10日，陈至立会见吉尔吉斯斯坦总统阿坦巴耶夫。陈至立说，中方愿与吉方共同努力，全面提升两国政治互信和互利合作水平，将中吉关系提高到新的水平。12日，陈至立会见塔吉克斯坦总统拉赫蒙。陈至立说，中方愿与塔方携手努力，以庆祝两国建交20周年为契机，进一步增强两国政治互信，深入挖掘合作潜力，全面提升两国合作水平，使中塔关系不断迈上新的台阶。13日，陈至立会见土库曼斯坦总统别尔德穆哈梅多夫。陈至立说，中方愿同土方一道，切实落实两国领导人达成的重要共识和双方签署的有关协议，推动中土关系不断向前发展。

1月5—16日

［纲　文］　**中共中央政治局委员、中组部部长李源潮率中共代表团应邀出席南非非洲人国民大会百年庆典，并对卢旺达、乌干达、南苏丹和苏丹进行访问。**

［目　文］　此次访问是应南非非洲人国民大会、卢旺达爱国阵线、乌干达全国抵抗运动、南苏丹苏丹人民解放运动和苏丹全国大会党的邀请。

8日，李源潮在南非布隆方丹出席南非非洲人国民大会成立百年庆典，表示中方高度重视发展与南非的关系，中国共产党愿推动两国全面战略伙伴关系进一步向前发展。10日，卢旺达总统卡加梅在基加利会见李源潮。在会见中，李源潮表示中方愿一如既往地支持卢方进行国家重建的努力。卡加梅表示愿与中方一道，推动卢中友好合作关系不断向前发展。11日，乌干达总统穆塞韦尼在坎帕拉会见李源潮。李源潮说，中方感谢乌方在涉及中国重大和核心利益问题上所给予的宝贵支持，愿同乌方一道，推动两党两国关系不断向前发展。穆塞韦尼说，乌方坚定奉行一个中国政策，愿与中方加强各领域务实合作，以造福两国人民。13日，南苏丹总统基尔在南苏丹首都朱巴会见了李源潮。李源潮表示，中方高度重视发展与南苏丹的关系，愿加强中非合作论坛框架下的双边合作，推进中南友好合作关系全面深入发展。李源潮还同苏丹人民解放运动总书记巴甘举行了工作会谈，出席了两国有关协议的签字仪式以及中国民间组织国际交流促进会为朱巴中国友谊中学举行的“中南友谊井”出水仪式。15日，苏丹总统、全国大会党主席巴希尔会见了李源潮。李源潮说，中国共产党高度重视与苏丹全国大会党的友好合作关系，愿进一步发展两党交流与合作，推动中苏两国关系深入发展。访问期间，李源潮分别会见了苏丹副总统哈基和苏丹全国大会党副主席、总统助理纳菲阿，出席了首届中国共产党—苏丹全国大会党高层对话开幕式并作了题为“深化两党合作，携手共谋发展”的讲话，出席了中苏两国有关协议的签字仪式、中国和平发展基金会举行的“中苏友好光明行”活动以及中国民间组织国际交流促进会为苏丹学生捐赠教学设备及书包文具的仪式。

1月6日

［纲　文］ **李克强在北京出席“十二五”重点专项规划专家咨询座谈会。**

［目　文］ 国务院副总理李克强在座谈会上强调，2012年是实施“十二五”规划十分关键的一年，要立足当前，着眼长远，凝聚各方智慧和力量，进一步加强重大问题研究，加快转变经济发展方式，以调整结构促进稳定增长，以改革创新增强发展活力。

1月6日

［纲　文］ **国务委员刘延东会见沙特阿拉伯奥委会主席纳瓦夫亲王一行。**

1月6日

［纲　文］ **中宣部在北京召开新任省级党委宣传部长培训会议。**

［目　文］ 中共中央政治局委员、中宣部部长刘云山在会议上指出，要牢牢把握坚持正确导向这个基本要求，毫不动摇地坚持马克思主义在意识形态领域的指导地位，认真贯彻社会主义核心价值体系要求，把社会效益放在首位，唱响时代主旋律。要牢牢把握改革创新这个基本动力，牢记文化是引领风气之先的工作，深化文化体制改革，大力推进内容形式、方法手段创新，进一步解放和发展文化生产力，进一步激发全社会的文化创造活力。要牢牢把握繁荣发展这个基本任务，树立符合科学发展观要求的文化发展理念，加快发展文化事业，大力发展文化产业，提高文化的总体实力竞争力。要牢牢把握一切为了人民这个基本取向，坚持以人为本，贴近实际、贴近生活、贴近群众，以服务人民群众为基点和归宿，满腔热情地引导群众、服务群众，把工作做到人民群众心坎上。

部分省区市新任党委宣传部部长和中央宣传文化单位负责人出席会议。

1月6日

［纲　文］ **全国政协提案工作情况通气座谈会在北京举行。**

［目　文］ 座谈会宣布，全国政协十一届四次会议以来，收到提案6000余件，组织重点提案督办活动23次。提案中围绕主题主线、保持经济平稳较快发展提出提案2700余件，为协助党和政府推动发展方式转变、破解发展难题发挥了积极作用；围绕发展社会事业、保障和改善民生提出提案1600余件，为协助党和政府解决人民群众最关心的实际

问题、推动实现共享改革发展成果发挥了积极作用；围绕加强和创新社会管理、促进社会和谐稳定提出提案1300余件。

1月6日

［纲　文］ **纪检监察机关查办案件工作情况新闻通气会在北京召开**。

［目　文］ 通气会发布2011年查办案件情况：共立案137859件，处分142893人，4800多名县处以上干部受处分，查办案件为国家挽回经济损失84.4亿元，1至11月查办商业贿赂案件1.48万件。

1月6日

［纲　文］ **国家统计局中国经济景气监测中心发布全国企业景气调查结果，显示增速有下滑苗头**。

1月6日

［纲　文］ **“中国—阿拉伯国家合作论坛”中方秘书处举行年度会议**。

［目　文］ 会议评价了论坛成立7年来促进和推动中阿各领域友好合作的成绩，介绍了各单位2011年工作情况及2012年工作设想，重点就论坛第五届部长级会议成果和议题设计等问题交换了意见。

1月6日

［纲　文］ **国家舞台艺术精品工程授牌仪式在北京举行**。

［目　文］ 文化部党组书记、部长蔡武等出席仪式，并为2009—2010年度国家舞台艺术精品工程重点资助剧目及2010—2011年度国家舞台艺术精品工程资助剧目授牌。由文化部、财政部共同实施的国家舞台艺术精品工程自2002年启动。豫剧《常香玉》、滑稽戏《顾家姆妈》、壮剧《天上恋曲》等15部作品被评为2009—2010年度国家舞台艺术精品工程重点资助剧目。昆曲《红楼梦》、京剧《香莲案》、魔幻舞台剧《黄粱梦》等38部作品入选2010—2011年度资助剧目，舞剧《花儿》等4部作品滚动入选2010—2011年度资助剧目。

1月6日

［纲　文］ **全国首家专业版权评估中心——中国人民大学国家版权贸易基地版权评估中心在北京成立**。

1月6日

［纲　文］ **环境保护部印发《关于进一步加强水电建设环境保护工作的通知》**。

［目　文］ 《通知》内容包括：一、全面落实水电开发的生态环境保护要求；二、做好流域水电开发的规划环境影响评价工作；三、完善水电建设项目的环境影响评价管理；四、加强水电项目建设的全过程监管；五、深入开展水电开发环境管理制度建设和基础研究。

1月6日

［纲　文］ **中国科学院、世界自然基金会和国家开发银行在北京联合发布《长江保**

护与发展2011》报告。

［目　文］　报告由中国科学院南京地理与湖泊研究所、世界自然基金会北京代表处和国家开发银行发展规划局三方共同组织来自中国科学院相关研究所的30余位专家合作完成。报告显示，近两年来，长江流域在成为国家区域协调发展的重点、经济社会继续呈现快速发展态势的同时，流域经济社会发展对资源环境的压力也日益加大，受经济增长方式较为粗放、产业结构和布局与资源条件不匹配等因素影响，流域灾害频发、资源紧缺与环境恶化问题依然严重，统筹保护与发展的任务更加艰巨；而流域相继实施的三峡工程、南水北调工程以及上游大规模的水电开发等重大工程，对长江生态与环境的累积影响也日益显现，这些影响因缺乏长序列的跟踪监测资料和深入研究以及影响本身具有很大的不确定性等，持续引起社会各界的广泛关注。报告从2006年起每两年发布一次。

1月6日

［纲　文］　**农业部、财政部办公厅印发《2012年农业机械购置补贴实施指导意见》。**

［目　文］　《意见》由七部分组成：一、总体要求；二、实施范围及规模；三、补贴机具及补贴标准；四、补贴对象和经销商的确定；五、开展操作方式创新试点；六、工作措施；七、申报程序。

1月6日

［纲　文］　**《人民日报》发表题为《扩大覆盖面　提高工会帮扶工作水平》的评论员文章。**

1月6—7日

［纲　文］　**全国金融工作会议在北京召开。**

［目　文］　中共中央政治局常委、国务院总理温家宝出席会议并讲话。他在讲话中系统总结近几年来的金融工作，分析当前金融改革开放发展面临的新形势，对今后一个时期的金融工作作出部署。中共中央政治局常委、国务院副总理李克强出席会议。

温家宝对今后一个时期金融改革发展作出部署。一、为经济社会发展提供更多优质金融服务。二、深化金融机构改革。着力加强公司治理，形成有效的决策、制衡机制，建立规范有效的激励约束机制。三、加强和改进金融监管，切实防范系统性金融风险。四、防范化解地方政府性债务风险。五、加强资本市场和保险市场建设，推动金融市场协调发展。六、完善金融宏观调控体系，加强货币政策与财政政策、监管政策、产业政策的协调配合，有效促进经济发展和金融稳定。七、扩大金融对外开放，提高资源配置能力和金融安全保障水平。八、加强金融基础建设，改善金融发展环境。

温家宝要求金融部门和金融机构认真贯彻中央经济工作会议精神，做好今年金融工作。一要实施好稳健的货币政策，进一步提高针对性、灵活性和前瞻性，保持社会融资规模合理增长。二要优化信贷结构，加强对国家重点在建续建项目和保障性住房建设，对符合产业政策的企业特别是小型微型企业，对企业技术改造的信贷支持。三要深化新股发行制度市场化改革，抓紧完善发行、退市和分红制度，加强股市监管，促进一级市场和二级市场协调健康发展，提振股市信心。四要敏锐观察和跟踪分析国内外经济形势，做好应对预案，切实防范经济金融风险。

中共中央政治局委员、国务院副总理王岐山在会议闭幕时对贯彻落实会议精神作了部署。中共中央政治局委员、国务院副总理回良玉、张德江，中共中央政治局委员、国务委员刘延东，国务委员梁光烈、马凯、戴秉国出席会议。各省（区、市）、计划单列市人民政府和新疆生产建设兵团负责人，中央和国家机关、金融系统有关单位负责人等出席会议。

1月6—7日

［纲　文］　**全国教育工作会议在北京召开。**

［目　文］　国务委员刘延东出席并讲话，她指出，要认真贯彻党的十七届六中全会和中央重大决策部署，大力推进社会主义核心价值体系建设，深入实施教育规划纲要，坚持育人为本，着力深化改革，促进教育公平，全面提高质量，奋力开创教育改革发展的新局面，以优异成绩迎接党的十八大胜利召开。

教育部党组书记、部长袁贵仁在会上强调，2012年是教育规划纲要贯彻落实的关键一年，要从以下四个方面不断把教育规划纲要贯彻落实工作推向前进。一是加强改进党建和思想政治工作，着力维护教育系统和谐稳定。二是加强重点领域和薄弱环节，着力推进各级各类教育协调发展。三是深入推进教育体制改革，着力在关键环节取得突破。四是优化配置资源，着力提高教育改革发展保障水平。

教育部党组副书记、副部长杜玉波作会议总结。教育部党组成员出席会议。

北京、黑龙江、山西、天津、江苏、重庆六省（市）作了经验交流。各省（区、市）、计划单列市、新疆生产建设兵团教育部门负责人，国家教育体制改革领导小组办公室成员单位有关负责人，全国人大教科文卫委员会、全国政协教科文卫体委员会、中央和国家机关有关部门负责人，各民主党派中央有关部门负责人，中央主要新闻单位有关部门负责人，教育部各司局、直属单位负责人参加了会议。

1月6—7日

［纲　文］　**全国气象局长会议在北京召开。**

［目　文］　会议的主要任务是：总结2011年工作，科学分析形势，全面部署2012年工作。会议首先传达了国务院副总理回良玉对气象工作的批示精神。中国气象局党组书记、局长郑国光出席会议并作题为《坚持改革创新，提高四个能力，以优异气象服务迎接党的十八大召开》的工作报告。

会议宣布，随着农业气象服务体系和农村气象灾害防御体系的建立健全，中国农村气象灾害预警信息覆盖面显著拓宽，农村气象信息员队伍已达49万余人，覆盖了71%的村。已有农村气象信息服务站近4万个，覆盖68%的乡镇。全国农村气象手机短信用户达3000万，农村高音喇叭逾10万个，乡村电子显示屏近7万块。

1月6—9日

［纲　文］　**全国总工会十五届11次主席团会议在北京召开。**

［目　文］　全国人大常委会副委员长、中华全国总工会主席王兆国在会上强调，要把思想统一到中央对形势的科学判断上来，不断增强走中国特色社会主义道路的信心决心，坚定不移地走中国特色社会主义工会发展道路，团结动员广大职工为实现“十二五”规划目标任务、推进中国特色社会主义伟大事业建功立业。

会议审议通过了全总十五届6次执委会议议程，审议并原则通过王玉普代表全总十五届执委会主席团拟在全总十五届6次执委会议上作的工作报告（审议稿），审议并原则通过拟提交全总十五届6次执委会议审议的《中华全国总工会关于学习宣传实践中国特色社会主义工会发展道路的决议（审议稿）》，审议通过拟提交全总十五届6次执委会议和7次经审会议履行民主程序的有关人事事项。

全总十五届主席团成员和省（区、市）总工会、全国产业工会、全总部门和直属单位主要负责人，新疆生产建设兵团工会主席列席了会议。

1月7日

［纲　文］　**2010至2011年度中华医学科技奖在北京揭晓，166项成果获奖。**

［目　文］　中华医学科技奖是2001年设立的中国医药卫生行业最高科技奖项，由卫生部、科技部批准，中华医学会主办，扬子江药业集团独家资助，11年来已累计出资1亿多元人民币。

1月7—8日

［纲　文］　**全国总工会十五届6次执委会议在北京召开。**

［目　文］　会议传达学习了中央书记处的重要指示精神。全国人大常委会副委员长、中华全国总工会主席王兆国代表党中共中央讲话指出，一定要高举中国特色社会主义伟大旗帜，坚定不移地走中国特色社会主义工会发展道路，振奋精神、凝心聚力，奋发有为、开拓创新，团结动员广大职工推动经济平稳较快发展、维护社会和谐稳定，在推进中国特色社会主义伟大事业中充分发挥工会的重要作用。他还肯定了2011年工会各项工作取得的显著成效。

全国总工会副主席、书记处第一书记王玉普代表全总十五届执委会主席团在会上作工作报告，全总副主席、书记处书记陈豪作《中华全国总工会关于学习宣传实践中国特色社会主义工会发展道路的决议（审议稿）》的说明。全总十五届执委会委员和全国产业工会、全总部门和直属单位的主要负责人参加会议。

1月7—8日

［纲　文］　**第四届建设创新型国家大会在北京召开。**

［目　文］　全国人大常委会副委员长陈昌智出席大会并在大会上发表讲话。陈昌智在大会上发表讲话时指出：建设创新型国家，夯实企业的创新主体地位是重点。他要求企

业家一定要牢记企业创新的主体地位，紧紧将科技创新与企业发展拧成一股绳，努力突破核心技术，拥有自主知识产权，实现自主创新。同时他还要求各级政府努力为创新创造良好的社会环境，要激发全民创新的热潮，形成全社会共同关注创新的良好风尚。他特别指出：要努力打造创新型优势产业集群。要紧密结合国家的发展战略，紧盯世界的发展大势，在关键性技术、重大领域上不松懈、不掉队。陈昌智最后强调，要构筑创新型人才的战略高地。能不能在2020年如期实现创新型国家，关键的关键是人才。

本届大会围绕“破局—增长—共赢”的主题，开展了“产业发展论坛”“政府管理创新论坛”“农业及农资发展论坛”三个分论坛；大会公布了由清华大学国情研究中心发布的《2011建设创新型国家战略报告》，评选出北京、上海、重庆、成都、昆明、杭州、苏州、天津、武汉、南京、深圳创新城市；将天宫一号与神舟八号交会对接、千万亿次超级计算机天河一号、杂交水稻之父袁隆平院士指导的“Y两优2号”百亩超级杂交稻技术、数字电视DTMB、物联网、手机内置耳机技术、工业固体粉体还原循环再利用节能减排技术、“信用贷”科技金融创新、云优盘、信息化创新产品SoTower平台评选为十大科技创新项目；曹德旺、冯仑、马蔚华、刘强东、雷军、巴曙松、李稻葵、解振华、屠呦呦等被评为“2011十大创新人物”，昆明市作为创新城市代表在会上介绍了城市管理创新成果，英普通讯科技发展有限责任公司董事长郑大清介绍了科技创新经验。

全国人大常委会副委员长、民建中央主席陈昌智出席开幕式并讲话。会议由中国城市经济学会、清华大学创新型国家战略研究课题组主办，中国城市经济建设创新型国家战略推进委员会承办。

1月7—8日

［纲　文］　国土资源部在北京召开全国国土资源工作会议。

［目　文］　国土资源部部长、党组书记、国家土地总督察徐绍史在会上提出，着力完善和打造双保工程、城乡统筹、资源保障、社会管理、制度创新、基础建设等六大平台，努力做到在用地保障上有新力度，在耕地保护上有新举措，在地质找矿上有新进展，在资源利用水平上有新提高，在制度创新上有新突破，在服务民生上有新成效，推动构建国土资源管理工作部格局。

会议指出，中国经济平稳增长有力地推动了地质矿产资源勘查产业，2011年，中国地质勘查投入超过1200亿元，其中固体矿产勘查投入超过500亿元。2012年要扎实推进依法行政工作，重点推进重大决策风险评估、规范性文件合法性审查、规章和规范性文件实施后评估等制度建设，加快推进《土地管理法》《矿产资源法》修改。2012年要着力打造以找矿突破战略行动为主要内容的资源保障平台，增强资源可持续利用能力。坚持地质找矿新机制、“358”工作目标和以市场为导向的制度平台，全面落实年度找矿任务，新增石油地质储量10亿吨、天然气6000亿立方米，新查明铁矿石资源储量15亿—20亿吨、铜200万—300万吨、铝土矿2亿吨，努力实现页岩气勘查重大突破；完善开源节流布局，加快促进页岩气、地热、浅层地温能等非常规能源资源的调查评价和勘查开采，探索开展油砂资源调查评价和利用技术攻关，大力推动实施“走出去”战略。

会议指出，2012年，全国用地需求刚性上升，土地需求矛盾突出。国土资源部立足服务稳增长、调结构，加强土地调控，重点保障“三农”、保障性住房、社会事业等用地需求。同时，对2012年700万套保障性住房用地应保尽保。

大会以电视电话会形式召开，在北京设主会场，在各地设分会场。

1月7—8日

［纲　文］　**文化部2012年驻外文化处（组）及海外中国文化中心负责人会议在北京召开。**

［目　文］　文化部党组书记、部长蔡武发表讲话，文化部党组副书记、副部长赵少华出席会议并作主旨报告。驻外使领馆文化处（组）及海外中国文化中心负责人，外交部、教育部、财政部、商务部、国家广电总局、新闻出版总署、国家体育总局、国务院侨办、中国文联、国家文物局等各有关部门负责人，文化部各有关司局、各直属单位负责人，以及文化部外联局各处室负责人200多人参加了会议。

1月8日

［纲　文］　**中共中央电贺南非执政党非洲人国民大会成立100周年。**

1月8日

［纲　文］　**《人民日报》报道，中央财政“三农”投入首破万亿元。**

［目　文］　据财政部门初步统计，2011年中央财政对“三农”的实际投入首次突破1万亿元大关，达到10408.6亿元，同比增长21.3%。

1月8日

［纲　文］　**2011中国慈善年会在北京举行。**

［目　文］　全国人大常委会副委员长陈昌智出席。年会旨在盘点总结全年慈善发展脉络，再现2011年度中国公益慈善领域与中华民族休戚与共的成就与辉煌，展望中国公益慈善界来年的发展。年会向全社会展示2011年慈善行业时刻紧跟社会脉搏、及时回应社会需求的发展现状。宁夏回族自治区打造“黄河善谷”慈善产业园区、城市公益慈善爱心指数发布；“幸福工程”“春蕾计划”“思源沼气”等公益慈善组织通过数十年的坚持和奉献，展示专业慈善的风采和力量。

1月8日

［纲　文］　**新疆维吾尔自治区和硕县接连发生两次地震。**

［目　文］　地震发生于14点20分、14点26分，震级分别为里氏5.0级、3.6级。据新疆维吾尔自治区民政厅和新疆维吾尔自治区生产建设兵团民政局向民政部报送的灾情信息初步统计，地震造成自治区和兵团2.1万人受灾，2600人紧急转移安置，9000余间房屋不同程度受损。自治区民政厅已向灾区调运棉帐篷50顶、棉被600床、棉大衣800件，和硕县已发放棉被500床、燃煤60吨、粮食10吨等生活类救灾物资。

1月8日

［纲　文］　**北京首次发布$PM_{2.5}$历史数据，春节前发布实时监测数据。**

［目　文］　$PM_{2.5}$即空气中直径小于或等于2.5微米的固体颗粒或液滴的总称。数据显示：过去10年，$PM_{2.5}$年均浓度呈下降趋势，从2000年的100—110微克/立方米，到2010年的70—80微克/立方米，十年来下降约1/3。然而，按照即将颁布实施的"新国标"，2010年的年均值仍超标一倍。数据表明，北京$PM_{2.5}$约60%来源于燃煤、机动车燃油、工业使用燃料等燃烧过程，23%来源于扬尘，17%来源于涂料等溶剂使用及其他。

1月8日

［纲　文］　**《人民日报》发表题为《努力开创金融工作新局面　更好服务经济社会新发展》的社论。**

1月8—9日

［纲　文］　**全国审计工作会议在北京召开。**

［目　文］　会议传达了国务院总理温家宝关于审计工作的批示。审计署审计长刘家义在会议上指出，2011年1月至11月，全国共审计超过12万个单位，促进财政增收节支1000多亿元，挽回损失和节省投资1000多亿元，移送案件线索1100多件，推动建立健全规章制度4500多项。2012年，全国审计机关要依法认真履行审计监督职责，加强对权力运行的监督和制约，密切关注经济社会运行中的突出矛盾和风险，严肃揭露和查处重大违法违规问题和经济犯罪案件，尤其要推动以民生为重点的社会建设，做好社会保障资金审计等重大项目。过去的一年，全国审计机关通过审计，揭示了一些部门预算管理不够规范、转移支付分配不够合理、有的地方执行财税政策不够严格、部分信贷资金投向不符合政策要求等问题，提出审计建议14万余条，促进健全完善制度1500多项。全国审计机关4万余人对全国省市县三级地方政府性债务进行了全面审计，涉及部门机构单位8万余个、项目37万余个和债务187万余笔，重点对三峡工程、京沪高铁、汶川、玉树和舟曲灾后恢复重建等4万余个政府投资项目，以及上海世博会、广州亚运会、深圳大运会等重大事项进行了审计和跟踪审计。在审计中，核减工程价款、挽回损失和节省投资690多亿元。

2011年1月至11月，全国已完成对2.6万名领导干部的经济责任审计，比上年增加1300多名，其中省部级领导干部35名。审计结果表明，领导干部负有直接责任的违规问题金额34亿元，有36名被审计领导干部和214名相关人员的问题移送司法、纪检监察机关处理。共向司法、纪检监察等部门移送案件1100多件，涉及1300多人。

会议对全国地方政府性债务审计先进集体和个人、全国地方政府性债务优秀审计项目、汶川地震灾后恢复重建优秀跟踪审计项目以及2010年度优秀审计项目进行了表彰。来自解放军审计署，地方审计厅（局），审计署机关各单位、各特派办、各派出审计局和特邀单位的代表以及审计署特约审计员共计260多人参加了会议。

1月8—9日

［纲　文］　**全国宗教工作会议在哈尔滨召开。**

［目　文］　会议主要任务是深入贯彻落实科学发展观，全面贯彻党的宗教工作基本方针，深入落实宗教事务条例，加强和创新宗教事务管理，推动宗教工作稳中求进，维护宗教领域和谐稳定，进一步引导宗教与社会主义社会相适应。会议表示，中国建立宗教工作数据统计制度和定期更新机制。2012年开展多项对外友好交流活动，并评选和命名第二批宗教界爱国主义教育基地。

国家宗教局局长王作安在会上指出，2011年，国家宗教局完成了宗教工作基础数据库框架设计及采集软件设计，指导各地采集基础信息数据取得了阶段性进展。国家宗教局2012年将加快宗教工作基础信息数据库建设，做好宗教教职人员、宗教活动场所、宗教团体、宗教院校等方面基础数据的采集和汇总工作。中国还将创造条件，逐步建立宗教方面基础数据公开查询系统，支持和指导地方宗教工作部门做好宗教工作基础信息系统建设，动态掌握宗教状况的变化，提高宗教事务管理的信息化水平。

1月8—10日

［纲　文］　**中国共产党第十七届中央纪律检查委员会第七次全体会议在北京举行。**

［目　文］　9日，中共中央总书记胡锦涛出席全会第二次大会并发表讲话，强调切实做好保持党的纯洁性各项工作，深入推进党风廉政建设和反腐败斗争。他指出，党风廉政建设和反腐败工作要以邓小平理论和“三个代表”重要思想为指导，深入贯彻落实科学发展观，坚持标本兼治、综合治理、惩防并举、注重预防的方针，严明党的纪律，加强党的作风建设，推进惩治和预防腐败体系建设，着力解决反腐倡廉建设中人民群众反映强烈的突出问题，突出工作重点，狠抓任务落实，以党风廉政建设和反腐败斗争的新成效迎接党的十八大胜利召开。

吴邦国、温家宝、贾庆林、李长春、习近平、李克强、贺国强等党和国家领导人出席了会议。出席会议的中央纪委委员117人，列席336人。中央纪委常委会主持会议。会议回顾总结了2011年党风廉政建设和反腐败工作，分析了当前的反腐倡廉形势，研究部署了2012年任务。全会审议通过了中共中央政治局常委、中央纪委书记贺国强代表中央纪委常委会所作的《统一思想认识，加大工作力度，坚定不移将党风廉政建设和反腐败斗争引向深入》的工作报告。报告回顾了2011年党风廉政建设和反腐败工作，提出深入学习贯彻胡锦涛同志“七一”重要讲话和党的十七届六中全会精神，坚定不移推进党风廉政建设和反腐败斗争，并制定了2012年党风廉政建设和反腐败工作主要任务：一、严明党的纪律，加强对中央重大决策部署落实情况的监督检查；二、加强党的作风建设，进一步密切党群干群关系；三、加强惩治和预防腐败体系建设，深入推进反腐倡廉各项工作。

1月8—17日

［纲　文］　**全国人大常委会副委员长乌云其木格出席在日本东京召开的亚太议会论坛，并对印度尼西亚进行访问。**

［目　文］　会议表决通过了亚太议会论坛新规则及《新东京宣言》。乌云其木格率团出席会议，并就当前局势、亚太政治、经济和人文交流等方面表明了中方的立场和主

张。12日，为期4天的亚太议会论坛第20届年会闭幕，会议通过政治、经济和安全等领域的13项决议。17日，乌云其木格在雅加达分别与印尼国会副议长普拉莫诺·阿农和人民福利统筹部部长阿贡·拉克索诺举行会谈和会见。

1月9日

［纲　文］　**外交部发言人表示，美国国防部“国防战略评估文件”对中国的指责毫无根据。**

［目　文］　外交部发言人表示，中国的战略意图是明确的、公开的、透明的。中国坚定不移地走和平发展道路，奉行独立自主的和平外交政策和防御性的国防政策。我们的国防现代化建设服务于国家安全和发展的客观需要，是维护地区和平稳定的积极因素，不对任何国家构成威胁。美国国防部文件中发表的“国防战略评估文件”称中国崛起可能影响美国经济和安全等针对中国的指责毫无根据，不可能取信于人。中方将深入研究这份文件的内容。

1月9日

［纲　文］　**西部地区开发领导小组会议和振兴东北地区等老工业基地领导小组会议召开。**

［目　文］　国务院总理温家宝主持会议，国务院副总理李克强出席。会议讨论通过了《西部大开发“十二五”规划》和《东北振兴“十二五”规划》。

会议指出，西部地区仍是中国区域发展的“短板”，是全面建设小康社会的难点和重点。“十二五”时期要坚持把深入实施西部大开发战略放在区域发展战略优先位置，努力保持经济社会长期持续平稳较快发展，实现地区生产总值和城乡居民收入增速均超过全国平均水平。一、明确主体功能区，对重点经济区、农产品主产区、重点生态区、资源富集区、沿边开放区和特殊困难地区，实施分类指导。二、继续把基础设施建设放在优先位置，突出交通和水利两个关键环节，加快构建适度超前、功能配套、安全高效的现代化基础设施体系。三、加大生态建设和环境保护力度，从源头上扭转生态恶化趋势。加强环境综合治理和节能减排，大力发展循环经济。四、发展特色优势产业，建设国家能源、资源深加工、装备制造业和战略性新兴产业基地。五、加快发展现代特色农业，建立有西部特色的农产品生产加工体系，拓宽农民增收渠道，建设农民幸福家园。六、培育中小城市和特色鲜明的小城镇，提升城镇化的质量和水平。七、优先发展教育，千方百计扩大就业，推进基本公共服务均等化。增强科技创新能力，建设创新型区域。八、全面提升对内对外开放水平，不断增强发展动力和活力。

会议指出，制约东北振兴的体制性、机制性、结构性矛盾尚未得到根本解决，“十二五”时期要巩固和扩大振兴成果，深化改革开放，加快转型发展。一、以保障国家粮食安全为首要目标，巩固发展现代农业。改善农村生产生活条件，建设富裕美好新农村。二、完善现代产业体系。优化提升传统工业，加快培育战略性新兴产业，发展壮大服务业，积极发展海洋经济。三、优化区域发展空间布局，推动产业集聚发展。依托科技和人才资源，增强区域创新能力。四、促进资源型城市可持续发展。大力发展接续替代产业，着力解决历史遗留问题，建立可持续发展长效机制。五、改善基础设施条件，形成比较完备的综合交通运输体系和多元清洁的能源体系。六、加强森林、草原、湿地和江河流域等重点生态区保护与治理，强化资源节约和节能减排。七、采取多种措施增加就业岗位，加快包括棚户区改造的保障性安居工程建设。八、继续深化国有企业改革，加快发展非公经济。推进国有林区和农垦体制改革。全面提升对外开放水平，建设向东北亚开放的重要枢纽。

1月9日

［纲　文］　**中国首颗高精度民用立体测绘卫星“资源三号”在太原卫星发射中心成功发射。**

［目　文］　“资源三号”卫星是中国《国家民用空间基础设施中长期规划（2015—2025年）》的首颗高精度民用立体测绘卫星，重约2650公斤，设计寿命约5年。卫星用户为国家测绘地理信息局。

1月9日

［纲　文］　**新闻出版总署出台《关于加快我国新闻出版业走出去的若干意见》。**

［目　文］　《意见》明确指出，将支持出版传媒企业创办完全面向国际市场的外语类期刊，并配置相应出版资源。对完全针对国外外语市场开展出版业务的非公有制企业、中外合资企业给予特殊扶持政策。对新增科技类版权合作期刊，须确保每期有不低于10%的原创中国内容被国外合作期刊转载，对续批的版权合作期刊，社科类须确保每期有不低于15%、科技类须确保每期有不低于10%的原创中国内容被国外合作期刊转载。

1月9日

［纲　文］　**第25次全国“扫黄打非”工作电视电话会议在北京召开。**

［目　文］　会议对2012年全国“扫黄打非”工作进行了部署。中共中央政治局委员、全国“扫黄打非”工作小组组长刘云山出席会议并讲话。他强调，要扎实开展“扫黄打非”工作，坚决打击各种非法出版活动，坚决遏制各类侵权盗版行为，坚决扫除淫秽色情等文化垃圾，着力保护知识产权，着力规范文化传播秩序，促进文化繁荣发展，维护社会和谐稳定，为党的十八大胜利召开营造良好文化环境。

1月9日

［纲　文］　**南水北调新治污补充项目启动。**

［目　文］　为确保调水干线水质稳定达标，南水北调启动新的治污补充项目。其中江苏段实施丰沛、新沂、睢宁、宿迁4项尾水导流和资源化利用等工程。同时，还实施3个不稳定达标断面深化治理、污水处理厂管网配套等治污项目，总投资超过60亿元。9日开工建设的新沂市尾水导流工程总投资2.12亿元，通过采用专用管道，将徐州新沂市城区污水处理厂尾水输送至新沂河，再经湿地处理后入海，消除对骆马湖水质的影响。项

目启动标志着南水北调东线水污染防治工作进入新一轮深化治理阶段。

1 月 9 日

［纲　文］　**最高人民法院、最高人民检察院、公安部联合发布《关于依法严惩“地沟油”犯罪活动的通知》。**

［目　文］　《通知》指出，“地沟油”犯罪，是指用餐厨垃圾、废弃油脂、各类肉及肉制品加工废弃物等非食品原料，生产、加工“食用油”，以及明知是利用“地沟油”生产、加工的油脂而作为食用油销售的行为。各级人民法院、人民检察院、公安机关要认真贯彻《刑法修正案（八）》对危害食品安全犯罪从严打击的精神，依法严惩“地沟油”犯罪。对于涉及多地区的“地沟油”犯罪案件，要在案件管辖、调查取证等方面通力合作，形成打击合力。

《通知》强调，对“地沟油”犯罪定罪量刑时，要充分考虑犯罪数额、犯罪分子主观恶性及其犯罪手段、犯罪行为对人民群众生命安全和身体健康的危害、对市场经济秩序的破坏程度、恶劣影响等。对于具有累犯、有前科、共同犯罪的主犯、集团犯罪的首要分子等情节，以及犯罪数额巨大、情节恶劣、危害严重，群众反映强烈，给国家和人民利益造成重大损失的犯罪分子，依法严惩，罪当判处死刑的，要坚决依法判处死刑。

1 月 9 日

［纲　文］　**2011 年在青岛沉没的巴拿马籍货轮“东方日出号”被打捞出水。**

1 月 9—11 日

［纲　文］　**应国家主席胡锦涛邀请，韩国总统李明博对中国进行国事访问。**

［目　文］　1 月 9 日，胡锦涛同李明博会谈。胡锦涛表示，2012 年是中韩建交 20 周年暨“中韩友好交流年”，中方愿与韩方一道，以此为新的起点，保持高层交往，加深政治互信，加强政府、议会、政党的对话交流，妥善处理有关敏感问题，维护两国关系发展大局。双方要挖掘合作潜力，提高合作水平，扩大贸易、节能环保、高新技术、金融、物流、电子商务等领域的合作，为实现 2015 年双边贸易额达到 3000 亿美元的目标而共同努力。中方愿同韩方积极开展在现有高新技术合作框架内的联合研发合作，推动中韩产业园建设。欢迎韩方企业积极参与中国经济结构调整和产业升级，加大对中国的投资，也希望韩方为中国企业赴韩国投资提供更多便利和支持。中方愿同韩方加强文化、教育、体育、旅游等领域的交流，支持两国地方省市、民间团体、新闻媒体、青少年的交流互访。相信通过这些交流活动双方能不断增进两国人民友好感情。中韩两国在国际和地区事务中有广泛共同利益，双方要推进区域合作，加强多边协调，共同维护和促进世界的和平、稳定与发展。

关于朝鲜半岛局势，胡锦涛表示，维护半岛和平稳定符合各方利益。我们愿同各方加强沟通协调，继续为此做出不懈努力。希望各方多做有利于维护和促进半岛和平稳定的事情。中方一如既往支持南北双方通过对话改善关系，推进和解合作进程。

1 月 10 日，国务院总理温家宝会见李明博。温家宝指出，建交 20 年来，中韩在广泛领域开展交流合作，促进了两国经济社会发展，为亚洲和平繁荣作出了贡献。面对国际、地区局势的深刻变化，双方要坚持睦邻友好，增进战略互信，更有效地维护共同利益，确保两国关系长期、稳定、健康发展。中韩要抓住机遇，密切沟通配合，尽快启动双边自贸协定谈判，并与日方一道在 2012 年内启动三国自贸协定谈判，携手推动东盟与中日韩自贸区进程。

11 日，中韩两国发表联合新闻公报。

1 月 9—11 日

［纲　文］ **共青团十六届五中全会在北京召开。**

［目　文］ 全会总结了 2011 年全团重点工作推进情况，对 2012 年的工作进行了研究部署。中共中央政治局委员、全国人大常委会副委员长王兆国在会上讲话强调，要以共青团成立 90 周年为契机，认真总结和把握为党做好青年群众工作的经验和规律，切实加强团的自身建设，始终保持共青团的生机与活力。要牢牢把握党与团的重要政治关系，不断巩固和扩大党执政的青年群众基础；要牢牢把握“两个全体青年”的目标要求，始终坚持眼睛向下、重心下移、狠抓基层；要牢牢把握青年的变化和特点，不断增强共青团工作对青年的吸引力和影响力；要牢牢把握党对青年干部成长的重要要求，坚持不懈地加强团干部队伍建设。

团中央书记处第一书记陆昊报告了团十六届四中全会以来的主要工作情况。会议强调，2012 年全团要重点抓好五个方面的工作：在组织青年方面，坚持狠抓基层不动摇，进一步扩大基层团组织对青年的有效覆盖、提升基层工作活力。在引导青年方面，以迎接党的十八大为契机，坚持用社会主义核心价值体系引导青少年，努力实现内容和形式的有机统一。在服务青年方面，继续大力推动促进青年就业创业和服务农民工及其子女工作。在维护青少年合法权益方面，积极参与加强和创新社会管理的有关工作，进一步健全反映和维护青少年普遍性利益诉求的制度性安排。在团干部队伍建设方面，各级团组织要对团干部加强党性锻炼，锤炼干部作风，进一步严格管理，加强学习培训。

1 月 10 日

［纲　文］ **全国政协邀请已故非中共全国政协委员、知名人士夫人联谊迎春，贾庆林出席。**

1 月 10 日

［纲　文］ **新任纪委书记、纪检组组长座谈会在北京召开。**

［目　文］ 中共中央政治局常委、中央纪委书记贺国强在座谈会上指出，学习贯彻十七届中央纪委第七次全会精神，首要的是要深刻理解、全面把握和认真贯彻胡锦涛总书记关于保持党的纯洁性、建设坚强有力的马克思主义执政党的要求。贺国强对新任纪委书记、纪检组组长提出六点希望和要求：一是增强党性、胸怀全局。二是加强学习、提高本领。三是恪尽职守、秉公执纪。四是求真务实、改革创新。五是发扬民主、增强团结。六

是严于律己、清正廉洁。

中央纪委副书记何勇出席会议并讲话。中央纪委副书记黄树贤主持会议。2011年新任的37名省（区、市）纪委书记、副省级市纪委书记、中央国家机关纪检组组长、中央管理的国有重要骨干企业和金融机构党组纪检组组长（纪委书记）参加会议。

1月10日

［纲　文］ **中国人民对外友好协会和中国中亚友好协会在人民大会堂举行庆祝中国与乌兹别克斯坦、哈萨克斯坦、塔吉克斯坦、吉尔吉斯斯坦和土库曼斯坦建交20周年招待会。**

1月10日

［纲　文］ **解放军总政治部和军委纪委下发《关于在团以上党委机关开展"讲政治、顾大局、守纪律"学习教育活动的意见》。**

［目　文］ 《意见》指出，要围绕迎接党的十八大在团以上党委机关开展"讲政治、顾大局、守纪律"学习教育活动，推动思想作风建设经常化制度化，把部队党的建设提高到一个新水平；进一步统一思想、凝心聚力、振奋精神，打牢高举旗帜、听党指挥、履行使命的思想政治基础；确保部队坚持正确方向，严守各项纪律，保持安全稳定，维护团结统一，圆满完成党和人民赋予的各项任务，具有十分重要的意义。开展学习教育活动，要坚持以党委班子和领导干部为重点，扎实搞好学习教育和思想引导，着力解决存在的突出问题，巩固深化思想作风教育整顿活动成果，为推动部队建设科学发展、有效履行历史使命提供坚强政治保证和强大精神动力。

《意见》要求，要发扬理论联系实际的马克思主义学风，有针对性地搞好教育引导。要突出党的教育和组织生活特点，自觉改造思想、加强党性锻炼。要坚持从本级抓起、以上带下，特别是各级党委班子要以更高的标准抓好学习教育活动。各级要把开展学习教育活动作为2012年加强党委班子和机关思想政治建设的一项重要工作来抓。要注意区分层次、搞好分类指导。

1月10日

［纲　文］ **天津市水务局宣布，2011年引黄济津应急调水结束，1.81亿立方米黄河水入津城。**

［目　文］ 此次调水是21世纪以来的第七次引黄济津应急调水，由山东省德州市黄河潘庄闸引水，经德州境内的潘庄干渠至漳卫新河，入河北省衡水、沧州市境内南运河抵天津市静海县九宣闸，全长392公里，从2011年10月18日始，历时近3个月。

1月10日

［纲　文］ **《人民日报》报道，山东省开发出具有自主知识产权、达到国际先进水平的海底观测系统。**

1月10日

［纲　文］ **《中国农业产业投资报告2011》在西安发布。**

［目　文］《报告》由陕西杨凌农业高新技术产业示范区管委会、科技部农村中心、清科集团共同编写。《报告》阐释了现代农业的发展趋势和方向、农业投资的机会和风险，并对农业与资本对接中存在的问题提出了相应的建议。《报告》的发布，是对中国农业发展的宏观环境、发展现状、农业园区的发展情况、农业与资本对接情况的深入梳理和剖析，有助于进一步了解和掌握现代农业投资的发展趋势和方向，推动创业投资与现代农业的有效对接，加快农业科技成果的转化，推动中国现代农业的发展。

1月10日

［纲　文］**2012年海外“欢乐春节”活动在82个国家和地区正式启动。**

1月10日

［纲　文］**国务院批复证监会《关于同意建立清理整顿各类交易场所部际联席会议制度的请示》。**

［目　文］《请示》规定，为切实加强清理整顿各类交易场所工作的组织领导，规范市场秩序，防范金融风险，维护社会稳定，由证监会牵头建立清理整顿各类交易场所部际联席会议制度。各成员单位要按照职责分工，主动研究清理整顿工作的相关问题，切实履行本部门职责，支持相关部门做好工作；认真落实会议议定事项，并按照联席会议各项工作机制扎实开展工作；要围绕国务院文件的贯彻落实，形成反应灵敏、配合密切、应对有力的长效工作机制。

1月10日

［纲　文］**最高人民法院、最高人民检察院、公安部、司法部印发《社区矫正实施办法》。**

［目　文］社区矫正是与监禁刑罚执行对应的一种非监禁刑罚执行方式，是指将符合法定条件的罪犯置于社区内，由专门的国家机关在有关部门、社会组织和志愿者的协助下，在判决、裁定或决定确定的期限内，矫正其犯罪心理和行为恶习的非监禁刑罚执行活动。《办法》共40条，由四家单位为进一步规范社区矫正工作，加强和创新特殊人群管理，根据中央关于深化司法体制和工作机制改革的总体部署，在深入调研论证和广泛征求意见的基础上，联合制定。自2012年3月1日起施行。

1月10日

［纲　文］**中国海关总署宣布，海关2011年扣留涉嫌侵权货物1.7万批。**

［目　文］据海关总署初步统计，2011年全国海关共扣留涉嫌侵权货物1.7万批，涉案货物9500余万件，其中涉嫌侵犯自主知识产权货物1800余万件，约占货物总量的19%。全年海关总署累计核准知识产权新备案3532项，其中核准国内权利人备案总量为1684项，约占核准备案总数的47.6%。

1月10日

［纲　文］**国内第一家动漫游戏产业体系的关键基础平台——动漫游戏产业股权投资管理公司在北京成立。**

1月10—11日

［纲　文］ **全国政协在北京举行有关部委工作情况通报会。**

［目　文］ 通报会旨在拓宽政协委员知情明政渠道，使广大政协委员更全面地把握党和政府的重大决策部署，更深入地了解各部门的工作重点、难点，更有针对性地提出高质量的提案。使提案真正成为党和政府的重要决策参考，对国家经济社会发展起到更加切实有效的推动作用。

通报会上，卫生部、发展改革委、工信部、住建部、商务部、文化部、民政部、人社部负责人分别介绍了本部门2010年提案办理情况、2011年工作重点和希望委员们给予关注和帮助推动解决的主要问题，财政部、教育部、交通运输部、科技部、环境保护部、水利部作了书面通报。

全国政协办公厅和各专门委员会、各民主党派中央和全国工商联有关负责人、部分在京全国政协委员出席会议。

1月10—11日

［纲　文］ **应国务院副总理王岐山邀请，美国总统奥巴马特别代表、财政部长蒂莫西·盖特纳访华。**

［目　文］ 10日，国家主席胡锦涛特别代表、国务院副总理王岐山与盖特纳举行工作会谈。王岐山在会谈中表示，中方愿与美方一道，进一步深化经贸、投资、金融、基础设施等各领域合作，促进两国经济增长和就业增加，不断增进两国人民福祉。希望美方在放宽对华高技术产品出口管制、慎用贸易救济措施、平等对待中国企业赴美投资等方面取得实质进展。中美两国作为二十国集团的重要成员，应与其他成员国一道，同舟共济，确保二十国集团领导人洛斯卡沃斯峰会取得成功，推动全球经济强劲、可持续、平衡增长。

盖特纳强调，美中经济平稳发展，符合两国的利益，也有利于世界经济稳定复苏。美方愿与中方共同努力，进一步加强沟通与合作，深化美中全面互利的经济伙伴关系。

双方还就欧洲主权债务危机、国际经济规则和标准改革等共同关心的问题交换了意见。

1月11日，国务院总理温家宝、国家副主席习近平、国务院副总理李克强分别会见美国总统特别代表、财政部部长盖特纳。

温家宝在会见中表示，发展互利互惠的中美经济关系对两国和世界都很重要。双方要本着建设性的态度，密切协商配合，尽快拿出切实可行的具体举措，推动在贸易、投资、基础设施、高新技术、地方合作等领域开展更加广泛、更大规模、更加紧密、更加平衡的合作，增强市场信心，促进两国和世界经济持续稳定增长。

盖特纳表示，美方从战略高度和更宽阔的视野看待美中关系，期待着同中方继续加强对话交流，加深了解与互信，缩小分歧，在更广的领域寻求合作，使两国关系更强劲、更有韧性，以有效应对各种困难和挑战。

习近平在会见中强调，2012年对中美两国都是关键的一年。中美双方要牢牢把握中美关系的正确方向，坚定不移地落实两国元首达成的重要共识，加强高层交往，深化政治、经贸、人文等领域的对话、交流与合作，保持在重大国际和地区问题上的沟通协调，增进互信，排除干扰，推进中美相互尊重、互利共赢的合作伙伴关系建设。

李克强在会见中指出，中国加快推进经济发展方式转变和结构调整，在扩大开放的条件下着力扩大内需特别是消费需求，更好地保障和改善民生，保持经济平稳较快增长，这有利于促进世界经济复苏。

同日，国家主席胡锦涛特别代表、国务院副总理王岐山与美国总统特别代表、财政部部长盖特纳在北京举行第2次工作会谈。

1月10—11日

［纲　文］　**全国编制办公室主任会议暨全国机构编制工作先进集体和先进工作者表彰大会在北京召开。**

［目　文］　会议的主要任务是，回顾总结2011年工作，表彰全国机构编制工作先进集体和先进工作者，安排部署2012年工作。国务委员兼国务院秘书长马凯出席会议并讲话。中央编办主任王东明作工作报告。

1月10—12日

［纲　文］　**国家重点美术馆授牌仪式暨全国美术馆专业委员会2011年年会在杭州举行。**

［目　文］　首批9家荣获“国家重点美术馆”称号的美术馆分别是：中国美术馆、上海美术馆、江苏省美术馆、广东美术馆、陕西省美术博物馆、湖北美术馆、深圳市关山月美术馆、北京画院美术馆、中央美术学院美术馆。来自全国45家美术馆的相关负责人参加会议，并进行了工作经验交流。

1月11日

［纲　文］　**温家宝主持召开国务院常务会议。**

［目　文］　会议认为，改革开放以来，中国主要产业整体素质和企业质量管理水平有较大提高，产品质量、工程质量和服务质量明显提升。但是，中国质量水平的提高仍然滞后于经济发展，产品、工程等质量问题造成的经济损失、环境污染、资源浪费仍然比较严重，质量安全特别是食品安全事故时有发生。一些生产经营者质量诚信缺失，肆意制售假冒伪劣产品，破坏市场秩序和社会公正，危害人民群众生命健康安全，损害国家信誉和形象。

会议指出，一要严格企业质量主体责任。二要强化质量安全监管。三要加快质量法治建设。四要加强标准化、计量、认证认可和检验检测等质量基础工作。五要推进质量诚信体系建设。六要大力实施名牌发展战略。七要完善质量工作体制机制。八要加强质量文化建设。

1月11日

［纲　文］　**国务院副总理李克强在北京会见日本创价学会副理事长池田博正，双方**

就两国民间友好交流问题交换了意见。

1月11日

［纲　文］　**工信部宣布成立安全生产专家组，加强安全生产工作力度。**

［目　文］　专家组包括综合、金属与非金属、通信、医药食品、电子、机电装备、石油化工、高等院校等八个小组。成立专家组的目的是为进一步加强中国工业和信息化领域安全生产管理工作，完善安全生产技术保障体系，发挥安全生产专家在重大安全生产决策、事故调查、隐患治理、安全咨询等方面的技术支撑和决策支持作用。

1月11日

［纲　文］　**科技部宣布，世界首个戊肝疫苗获准上市。**

［目　文］　由厦门大学、养生堂万泰公司联合研制的“重组戊型肝炎疫苗（大肠埃希菌）”获得国家一类新药证书和生产文号，成为世界上第一个用于预防戊肝的疫苗。这是中国生物制药和疫苗领域原始创新的一个里程碑，也是中国科学家为全球肝炎预防控制所做出的重大贡献。

1月11日

［纲　文］　**文化部公布2011年全国文化市场十大案件。**

［目　文］　案件分别为：“2·18”北京鹏翔宏途图书有限公司等单位制售侵权盗版教材教辅案；“12·22”上海廖某等人销售复制侵权音像制品案；江苏省常熟市鲍某某（MP3音乐网）未经批准擅自从事经营性互联网文化活动并通过信息网络提供侵权音乐产品案；天津市和平区海河安居建设发展有限公司违法拆除原太古洋行大楼和福利公司旧址部分建筑案；江苏省盐城市“10·20”未经批准擅自从事网络游戏经营活动案；北京百度网讯科技有限公司侵犯文字作品信息网络传播权案；上海隐志网络科技有限公司（VeryCD电驴）未经著作权人许可擅自通过信息网络向公众提供他人作品案；深圳市快播科技有限公司超范围经营网络游戏案；河南省佛光文化传媒有限公司未经批准擅自邀请台湾艺人参加营业性演出活动案；浙江省杭州爵尚科技有限公司未经著作权人许可擅自复制其卡拉OK歌曲作品案。

1月11日

［纲　文］　**文化部主办的全国网吧连锁推进工作阶段总结会在江苏苏州举行。**

1月11日

［纲　文］　**民政部、国家减灾委办公室发布2011年全国自然灾害损失情况。**

［目　文］　2011年，中国灾情呈现出灾害多发频发，南方损失较重等特点。各类自然灾害造成全国4.3亿人次受灾，1126人死亡。全国九成以上县不同程度受灾。南方部分省份由于受低温雨雪冰冻灾害、阶段性干旱、洪涝灾害影响，重复受灾、连续受灾，损失较为严重。水灾旱灾并重，旱涝交织影响。旱灾和洪涝灾害造成的直接经济损失分别占自然灾害总损失的30%和40%。长江中下游部分地区出现旱涝急转，华西、黄淮等地遭受严重秋汛灾害。台风损失偏轻，地震外强内弱。2011年先后有7个台风登陆中国大陆地

区，因台风导致的死亡（含失踪）人口、倒损房屋数量均较常年减少八成以上。灾贫效应叠加，城市灾害突出。2011年，全国因灾造成的死亡（含失踪）人口、紧急转移安置人口、倒塌房屋数量超过80%分布于“老、少、边、穷”地区。汛期全国130余个县级以上城市进水受淹。

1月11日

［纲　文］　**2012年南水北调工程建设工作会议在江苏南京召开。**

［目　文］　国务院南水北调办主任鄂竟平在会议上介绍，2011年南水北调全年实现开工项目34项，共完成投资578亿元，实现“三年决战”的良好开局。目前155项设计单元工程已基本建成48项，在建99项。东线穿黄隧洞主体工程已经完工，中线穿黄隧洞内衬施工取得突破，中线湍河、沙河渡槽进入主体施工阶段。跨渠公路桥梁、铁路交叉工程建设取得明显进展，配套工程扎实有序推进。丹江口库区移民搬迁任务基本完成。东线426项治污项目全部建成并投入使用。江苏省加强区域尾水导流和资源化利用；山东省加大淘汰沿线落后产能，完善中水截蓄导用工程，干线水质明显改善。

鄂竟平表示，2012年是南水北调工程“三年决战”的关键之年。在工程建设方面，计划完成投资640亿元以上，东线与通水直接相关的主体工程基本完工，基本具备过水条件。中线黄河以北除穿黄隧洞、焦作城区段、洺河渡槽外，主体工程基本完工，天津干线工程具备试通水条件；控制性工程在2011年基础上再削减一半。

1月11—12日

［纲　文］　**回良玉在甘肃考察时强调，扎实推进灾后重建和扶贫开发。**

［目　文］　国务院副总理回良玉深入甘肃贫困地区和受灾地区，看望慰问受灾群众、残疾人和贫困农户，考察灾后重建、扶贫济困和民族工作，向基层各族干部群众致以新春的良好祝愿。他强调，党中央、国务院对灾区和困难群众十分关心，对贫困地区、民族地区经济社会发展高度关切。我们要牢固树立宗旨意识和群众观念，加快灾区灾后恢复重建步伐，真情支持贫困地区、民族地区加快发展，妥善安排好困难群众生产生活，千方百计为群众办实事做好事，确保各族人民度过一个欢乐祥和的春节。

甘肃是中国地质灾害最严重的省份之一，近年来相继遭受重特大自然灾害，灾后恢复重建任务异常艰巨。回良玉指出，要顺应灾区群众的期待和全国人民的关切，做实做细受灾群众过冬安置工作，扎实推进灾后恢复重建和移民搬迁，严格工程质量和施工安全管理，加强防灾减灾能力建设，确保如期完成重建目标任务，确保灾区基本生活条件和经济社会发展超过灾前水平，让灾后重建真正成为惠及各族群众的德政工程。

回良玉十分关心少数民族地区经济发展和扶贫开发工作。他强调，甘肃贫困地区广、贫困人口多、贫困程度深，尤其是少数民族整体贫困现象比较突出，扶贫开发和民族工作任务艰巨繁重。要按照中央关于民族工作的重大决策部署，切实加大对民族地区政策、资金、项目扶持力度，抓紧落实各项规划和重点任务，推进民族地区加快发展，着力保障和改善民生，促进各民族和睦相处、和衷共济、和谐发展。要迅速行动、认真落实新十年扶贫开发纲要和中央扶贫工作会议精神，精心组织、全力推进连片特困地区扶贫攻坚，抓紧编制六盘山区、秦巴山区等片区发展规划，继续坚持开发式扶贫方针，加大投入和工作力度，努力提高贫困人口和贫困地区的自我发展能力。要把解决困难群众生产生活问题作为当前的一项重要工作来抓，开展多种形式的送温暖、献爱心活动，及时发放救灾救济款物，妥善安排好困难群众冬春生活，开展丰富多彩的节日文化活动，切实做到知民情、解民忧、暖民心。

考察期间，回良玉还对当前的农业农村工作提出了要求。他强调，要认真贯彻中央农村工作会议精神，落实各项强农惠农富农政策，积极发展特色现代农牧业，着力加强重大动物疫病防控，大力开展冬春农田水利基本建设，努力促进农业稳定发展、农民持续增收。要加强农产品市场调控，加大农产品质量安全监管力度，切实保障农产品供应和价格基本稳定。

1月12日

［纲　文］　**中央军委举行慰问驻京部队老干部迎新春文艺演出，中共中央总书记、国家主席、中央军委主席胡锦涛向全军老同志祝贺新春。**

1月12日

［纲　文］　**中共中央政治局常委、全国政协主席贾庆林在北京国家会议中心观看举行“文化中国·四海同春——2012全球华侨华人新春晚会”。**

1月12日

［纲　文］　**国务院印发《关于实行最严格水资源管理制度的意见》。**

［日　文］　《意见》针对国家水资源面临的形势十分严峻，水资源短缺、水污染严重、水生态环境恶化等问题日益突出，已成为制约经济社会可持续发展的主要瓶颈，为贯彻落实好中央水利工作会议和《中共中央、国务院关于加快水利改革发展的决定》要求，提出5条20款意见：

一、总体要求。（一）指导思想。深入贯彻落实科学发展观，以水资源配置、节约和保护为重点，强化用水需求和用水过程管理，通过健全制度、落实责任、提高能力、强化监管，严格控制用水总量，全面提高用水效率，严格控制入河湖排污总量，加快节水型社会建设，促进水资源可持续利用和经济发展方式转变，推动经济社会发展与水资源水环境承载能力相协调，保障经济社会长期平稳较快发展。（二）基本原则。坚持以人为本，着力解决人民群众最关心最直接最现实的水资源问题，保障饮水安全、供水安全和生态安全；坚持人水和谐，尊重自然规律和经济社会发展规律，处理好水资源开发与保护关系，以水定需、量水而行、因水制宜；坚持统筹兼顾，协调好生活、生产和生态用水，协调好上下游、左右岸、干支流、地表水和地下水关系；坚持改革创新，完善水资源管理体制和机制，改进管理方式和方法；坚持因地制宜，实行分类指导，注重制度实施的可行性和有效性。（三）主要目标。确立水资源开发利用控制红线，到2030年全国用水总量控制在

7000亿立方米以内；确立用水效率控制红线，到2030年用水效率达到或接近世界先进水平，万元工业增加值用水量（以2000年不变价计，下同）降低到40立方米以下，农田灌溉水有效利用系数提高到0.6以上；确立水功能区限制纳污红线，到2030年主要污染物入河湖总量控制在水功能区纳污能力范围之内，水功能区水质达标率提高到95%以上。

二、加强水资源开发利用控制红线管理，严格实行用水总量控制。（四）严格规划管理和水资源论证。（五）严格控制流域和区域取用水总量。（六）严格实施取水许可。（七）严格水资源有偿使用。（八）严格地下水管理和保护。（九）强化水资源统一调度。

三、加强用水效率控制红线管理，全面推进节水型社会建设。（十）全面加强节约用水管理。（十一）强化用水定额管理。（十二）加快推进节水技术改造。

四、加强水功能区限制纳污红线管理，严格控制入河湖排污总量。（十三）严格水功能区监督管理。（十四）加强饮用水水源保护。（十五）推进水生态系统保护与修复。

五、保障措施。（十六）建立水资源管理责任和考核制度。（十七）健全水资源监控体系。（十八）完善水资源管理体制。（十九）完善水资源管理投入机制。（二十）健全政策法规和社会监督机制。

1月12日

［纲　文］　国务院印发《关于进一步促进贵州经济社会又好又快发展的若干意见》。

［目　文］《意见》说，改革开放特别是实施西部大开发战略以来，贵州经济社会发展取得显著成就，进入了历史上发展的最好时期。但由于自然地理等原因，贵州发展仍存在特殊困难，与全国的差距仍在拉大。为进一步促进贵州经济社会又好又快发展，现制定《关于进一步促进贵州经济社会又好又快发展的若干意见》。支持贵州经济社会又好又快发展，是一项长期而艰巨的任务。各有关方面要进一步增强责任感和紧迫感，统一思想，戮力同心，开拓进取，扎实工作，努力推动贵州经济社会发展的历史性跨越，为实现全面建设小康社会宏伟目标做出新的贡献。

《意见》提出，到2015年，以交通、水利为重点的基础设施建设取得突破性进展；产业结构调整取得明显成效，综合经济实力大幅提升，工业化、城镇化带动作用显著增强，农业现代化水平明显提高；单位地区生产总值能耗明显下降，主要污染物排放总量得到有效控制，环境质量总体保持稳定；石漠化扩展趋势得到初步扭转，森林覆盖率达到45%；社会事业发展水平明显提升，扶贫对象大幅减少，全面建设小康社会实现程度接近西部地区平均水平。

到2020年，适应经济社会发展的现代综合交通运输体系和水利工程体系基本建成；现代产业体系基本形成，经济发展质量和效益明显提高，综合竞争力显著增强，城镇化水平大幅提高，科技创新能力明显提升；石漠化扩展势头得到根本遏制，森林覆盖率达到50%，环境质量良好；基本公共服务达到全国平均水平，城乡居民收入显著提高，实现全面建设小康社会奋斗目标。

1 月 12 日

［纲　文］　**国务院办公厅批复广东省人民政府同意《惠州市城市总体规划（2006—2020 年）》**。

［目　文］　批复主要内容如下：一、原则同意修订后的《惠州市城市总体规划（2006—2020 年）》。二、惠州市是珠江三角洲地区中心城市之一。要统筹做好惠州市城乡规划、建设和管理的各项工作，按照合理布局、集约发展的原则，推进经济结构调整和发展方式转变，不断增强城市综合实力和可持续发展能力，完善公共服务设施和城市功能，加强城市生态环境治理和保护，逐步把惠州市建设成为经济繁荣、社会和谐、生态良好、特色鲜明的现代化城市。三、重视城乡统筹发展。在《总体规划》确定的 2672 平方公里城市规划区范围内，实行城乡统一规划管理。四、合理控制城市规模。到 2020 年，中心城区城市人口控制在 98 万人以内，城市建设用地控制在 105 平方公里以内。根据惠州市资源、环境的实际条件，坚持集中紧凑的发展模式，切实保护好耕地特别是基本农田。重视节约和集约利用土地，合理规划利用城市地下空间资源。要贯彻落实城乡规划法“先规划、后建设”的要求，严禁在城市总体规划确定的建设用地范围之外设立各类开发区和城市新区。五、完善城市基础设施体系。要加快公路、铁路、机场、港口等交通基础设施建设，改善城市与周边地区交通运输条件。六、建设资源节约型和环境友好型城市。七、创造良好的人居环境。八、重视历史文化和风貌特色保护。要统筹协调发展与保护的关系，按照整体保护的原则，切实保护好城市传统风貌和格局。要落实历史文化遗产保护紫线管理要求，保护好叶挺故居等各级文物保护单位及其周围环境。充分利用白云嶂、红花嶂、西湖等山体和水体，加强东江和西枝江景观轴线的保护和建设，突出亚热带山水城市景观风貌特色。九、严格实施《总体规划》。批复要求，惠州市人民政府要根据本通知精神，认真组织实施《总体规划》，任何单位和个人不得随意改变。你省和住房城乡建设部要对《总体规划》实施工作进行指导、监督和检查。

1 月 12 日

［纲　文］　**温家宝出席外国专家座谈会**。

［目　文］　国务院总理温家宝在北京人民大会堂与在华外国专家代表和他们的亲属座谈，向他们致以新春的问候。20 多位外国专家及其亲属参加了座谈会，在清华大学经济管理学院工作的美国籍专家约翰·桑顿建议政府考虑设立一个外国专家咨询委员会。温家宝回应说：我现在就可以决定外国专家局应当承担这个任务。此外，我们要建立一种机制，来听取外国专家的意见，或者是把外国专家的意见整理直送国务院，包括送到总理办公室。善于听取各方面的意见，也是一个政府负责任的表现。在认真倾听完专家的发言后，温家宝说：世界的经济危机还没有过去，但是我坚信一场大的危机会伴随一场大的科技革命，也会出现许多杰出的人才。这种情况下，我们应该看得远一些，要非常重视科技、教育和人才培养，重视国与国之间在科技、教育、文化之间的交流，只有携手应对，才可能迎接光明。

1 月 12 日

［纲　文］　**国务院副总理王岐山在北京会见美国戴尔公司董事长兼首席执行官迈克尔·戴尔。**

［目　文］　在会谈中，王岐山对戴尔公司在华经营取得良好业绩表示祝贺。他说，戴尔公司在中国的现代化建设中参与、奉献，也获得了丰厚的回报。伴随着中国经济的快速发展，有购买力的需求不断增加，市场魅力日益显现。中美两国企业加强合作，有利于促进全面互利的中美经济关系健康发展。中国政府欢迎外商来华投资，努力为外资企业创造公平、透明、规范的投资环境。戴尔表示，他对中国的进步和发展留下了深刻的印象。戴尔公司愿进一步扩大在华投资，致力于推动中美经贸关系强劲发展。

1 月 12 日

［纲　文］　**国务院办公厅转发卫生部、发展改革委、财政部《全国地方病防治“十二五”规划》。**

［目　文］　为进一步贯彻落实《中共中央、国务院关于深化医药卫生体制改革的意见》（中发〔2009〕6 号）精神，有效预防和控制地方病的流行，维护病区群众身体健康，促进病区经济社会协调发展，根据中国地方病的流行趋势与防治工作需要，特制定该规划。《规划》的主要内容是：

一、防治现状。中国是地方病流行较为严重的国家，31 个省（区、市）不同程度地存在地方病危害，主要有碘缺乏病、水源性高碘甲状腺肿、地方性氟中毒、地方性砷中毒、大骨节病和克山病。

二、指导思想、基本原则和防治目标。结合深化医药卫生体制改革，全面落实各项地方病防治措施，建立健全长效防控机制，进一步巩固现有防治成果，基本消除重点地方病的危害，保障人民群众身体健康，促进病区社会和经济的协调发展。坚持“政府领导、齐抓共管，突出重点、全面推进，因地制宜、科学防治，预防为主、防管并重”基本原则，建立与中国经济社会发展相适应的地方病防治长效工作机制，全面落实防治措施，基本消除重点地方病危害。

三、防治措施。（一）加强病情监测。（二）落实防控措施。（三）加强健康教育。四、保障措施。（一）强化政府领导。（二）落实部门责任。（三）加大资金投入。（四）加强法制建设。（五）提高防治能力。（六）加强检查评估。

《规划》提出到“十二五”末的总体目标是：建立与中国经济社会发展相适应的地方病防治长效工作机制，全面落实防治措施，基本消除重点地方病危害。具体目标是：一、持续消除碘缺乏危害。海南、西藏、青海和新疆 4 省（区）90% 以上的县（市、区）达到消除碘缺乏病目标，其他省（区、市）95% 以上的县（市、区）保持消除碘缺乏病状态。有效防止地方性克汀病新发病例。人群碘营养水平总体保持适宜状态。二、基本消除燃煤污染型地方性氟中毒和砷中毒的危害。在燃煤污染型地方性氟中毒病区，95% 以上的家庭落实以改炉改灶为主的综合防治措施。强化燃煤污染型地方性氟中毒、砷中毒防治工作的后期管理，使病区改炉改灶家庭炉灶完好率和正确使用率均达到 95% 以上。三、有效控制饮水型地方性氟中毒、砷中毒及水源性高碘甲状腺肿危害。基本完成已查明饮水型地方性氟中毒、砷中毒病区的饮水安全工程和改水工程建设，有效落实水源性高碘病区和地区的防治措施。强化已建改水工程的后期管理，确保 90% 以上的改水工程保持良好运行状态，水质符合国家和行业相应卫生标准。四、有效控制饮茶型地方性氟中毒危害，降低人群摄氟水平。五、基本消除大骨节病。消除大骨节病的病区村达到 90% 以上。其中，东、中部地区达到 95% 以上，西部地区达到 85% 以上。六、基本消除克山病。消除克山病的病区县达到 90% 以上。

1 月 12 日

[纲　文]　**中国人民对外友好协会举行中国同乌克兰、白俄罗斯、摩尔多瓦建交 20 周年招待会。**

1 月 12 日

[纲　文]　**外交部部长杨洁篪与蒙古国对外关系与贸易部部长赞达沙塔尔举行会谈。**

[目　文]　双方积极评价两国关系取得的积极进展，同意进一步加强双方各领域友好交流与合作，推动中蒙战略伙伴关系不断向前发展。

1 月 12 日

[纲　文]　**首都侨界新春茶话会在北京举行。**

[目　文]　全国人大华侨委员会、国务院侨务办公室、全国政协港澳台侨委员会、中国致公党中央委员会、中华全国归国华侨联合会在人民大会堂举行 2012 年首都侨界新春茶话会。

中共中央政治局委员、全国人大常委会副委员长王兆国，全国人大常委会副委员长严隽琪，国务委员戴秉国，全国政协副主席白立忱、万钢出席茶话会。

戴秉国代表国务院向海外侨胞和归侨侨眷、港澳同胞和台湾同胞，以及广大侨务工作者和关心支持侨务事业发展的社会各界人士致以节日的祝福和新春的问候。他说，2011 年是中国侨务工作发展历程中具有重要意义的一年，国家制定了侨务工作发展纲要，各涉侨部门和广大侨务工作者紧紧围绕党和国家工作大局，坚持以人为本、为侨服务的宗旨，以扎实有效的工作赢得了海外侨胞的信任和支持，为改革开放和经济社会建设做出了新的贡献。

戴秉国指出，2012 年是实施“十二五”规划承上启下的重要一年，中国共产党将召开第十八次全国代表大会。希望各涉侨部门和广大侨务工作者，进一步将思想和行动统一到中央的决策和部署上来，认真贯彻落实“十二五”时期的侨务工作目标，凝聚侨心、发挥侨力，充分调动海外侨胞的爱国爱乡热情，共同致力于维护和促进祖国和平统一，不断开创侨务工作科学发展的新局面。

茶话会由全国政协港澳台侨委员会主任陈云林主持。中央和国家机关、人民团体有关负责人及在京归侨侨眷、海外华侨代表和侨务工作者等 1100 余人出席茶话会。

1 月 12 日

［纲　文］ **深化“走基层、转作风、改文风”活动座谈会在北京举行。**

［目　文］ 中共中央政治局常委李长春作出重要批示，中共中央政治局委员、中央书记处书记、中宣部部长刘云山出席座谈会并讲话。

李长春在批示中指出，中央重点媒体通过开展“走基层、转作风、改文风”活动，产生了一大批“三贴近”的好报道好作品，新闻报道出现了新气象；推动方方面面为群众解决了一大批急事难事，在党、政府和人民群众之间架起了连心桥；一大批记者心灵受到洗礼、思想得到升华、作风得到锤炼，整个队伍精神面貌有了新的可喜变化。实践证明，“走转改”是推动新闻宣传更加贴近实际、贴近生活、贴近群众的好形式，是新闻宣传的重大创新，受到了全社会广泛赞誉。

李长春强调，要努力探索“走转改”的长效机制，新闻战线各级班子、业务骨干要带头“走转改”，从中总结经验，为研究建立长效机制取得第一手资料。宣传思想文化战线各个部门都要结合自己的业务特点，从基层群众的伟大实践中汲取营养，产生“接地气”“有底气”“聚人气”的精品力作，把贯彻党的十七届六中全会精神引向深入。

刘云山在讲话中指出，宣传思想文化战线开展“走基层、转作风、改文风”活动，是响应时代召唤、履行崇高职责的必然要求，是坚持以人为本、贯彻党的群众路线的生动实践，是实现“三贴近”的重要举措和改进创新的重要突破口，是宣传文化工作者成长成才的必由之路。要认真贯彻落实党的十七届六中全会精神和全国宣传部长会议部署，着眼增强国情了解、增进基层体验、增进群众感情，把“走转改”活动深入持久地开展下去，推动宣传文化队伍建设取得新进步，推动宣传思想文化工作迈上新台阶，为推动科学发展、促进社会和谐提供有力支持，为党的十八大胜利召开营造良好氛围。

刘云山强调，一切有理想、有抱负、有作为的宣传文化工作者都应把“走转改”当作一种理念、一种追求，更加自觉主动地深入基层、深入群众。深化“走转改”活动，要以作风锻炼为根本，弘扬党的宣传思想文化工作优良作风，带着感情、带着理想追求“走转改”，永不割断与人民群众的情感脐带，始终保持对人民群众的赤子情怀，树立和维护宣传文化工作者的良好形象。要以多出成果为目标，无论新闻报道还是理论文章、文艺作品都应注重思想含量，从大局着眼、从基层落笔，用基层的生动实践来展示社会进步，用群众的真切感受来说明深刻道理，给人以启迪、给人以教益、给人以力量。要以制度建设为保障，建立完善卓有成效的组织领导机制、工作机制和激励保障机制，推动更多的理论、新闻、文艺、出版工作者到一线、到基层，推动“走转改”活动向深度广度发展，努力实现“走转改”的常态化。当前，要精心组织好今年的“新春走基层”“送欢乐下基层”等各具特色的活动，努力营造欢乐祥和、喜庆热烈的浓厚节日氛围。

中宣部常务副部长雒树刚主持座谈会。《人民日报》、《新华社》、《光明日报》、《经济日报》、中央电视台、北京电视台、辽宁省丹东市广播电视台编辑记者代表和社科、文艺界代表在会上发言。中央宣传文化部门、中央新闻单位主要负责人，新闻战线“三项学习教育”活动领导小组成员，各省区市党委宣传部负责同志，部分新闻单位编辑记者代表等参加。

1月12日

［纲　文］　**中国经济社会理事会三届四次会议在北京举行。**

［目　文］　全国政协副主席、中国经济社会理事会主席王刚在会上强调，要在为党和政府咨政建言中发挥积极作用，为推动经济社会又好又快发展做出新的更大贡献。

会议听取并审议了理事会2011年度工作报告，审议并通过《关于修订〈中国经济社会理事会章程〉的决议》。理事会理事及中联部、外交部、商务部有关负责人及有关方面人士130余人出席会议。

1月12日

［纲　文］　**商务部宣布，2011年家电下乡超亿台，销售额2641亿元。**

1月12日

［纲　文］　**农业部发布《农业部规范性文件管理规定》。**

［目　文］　为加强农业部规范性文件管理，保证规范性文件质量，根据国务院《关于加强法治政府建设的意见》，结合农业部工作实际，制定本规定。《规定》共分6章28条：总则，起草，审查，公布、备案和解释，清理、修改和废止，附则。《规定》2月15日起施行。

1月12日

［纲　文］　**2012年全国海关关长会议宣布，2011年中国海关税收逾16000亿元。**

1月12日

［纲　文］　**国务院国资委发布《加强中央企业有关业务管理 防治“小金库”若干规定》和《关于加强中央企业特殊资金（资产）管理的通知》。**

［目　文］　为加强国资委履行出资人职责的企业的监督管理，规范企业经营业务行为，根据《企业国有资产监督管理暂行条例》《国有及国有控股企业“小金库”专项治理实施办法》和国家有关法律法规，制定该规定。《规定》要求：中央企业及其各级子企业在合同金额之外取得的项目业主以“赶工费”等名义支付施工单位的各类奖励、补贴，是施工单位工程收入的组成部分，应统一纳入施工单位工程收入核算，不得以个人、其他单位名义单独留存或直接用于发放职工奖励、福利等。中央企业及其各级子企业开展代扣代缴个人所得税等工作过程中取得的各类手续费收入，应当纳入企业收入统一核算，不得以往来款挂账方式自行列支，或账外存放、单独处理。中央企业及其各级子企业要严格控制会议的规模、频次，压缩不必要的会议开支，规范会议报销单据、凭证管理，严禁虚构会议名目预存会议费或挪作他用。中央企业及其各级子企业应当加强所属报纸杂志、职工食堂、物业公司等各类辅助经营实体，以及内部设立的协会、学会（分会）等各类社会团体的资产财务管理，要定期开展资产盘点，不得账外留存任何资金和资产。中央企业还要规

范各类材料实物的入库、领用、实际消耗及处置管理，落实废旧物资鉴定、回收、保管、处置等环节的管理责任，建立大宗废旧物资管理和处置台账，如实记载流转情况。

国资委《通知》要求，中央企业加强各类特殊资金（资产）的收支管理，不得“坐收坐支”。代管资金来源必须合法、规范，符合国家有关法律规定和财务会计制度要求，不得随意扩大资金来源渠道或提高标准。代管资金支出必须符合有关规定，不得超范围、超标准开支；要加强资金支出的审核，支出报销必须做到凭证完整、手续齐全。

国资委同时要求，中央企业对特殊资金（资产）的对外投资情况进行一次全面清查，对于国家明确规定不得用于投资的特殊资金（资产），企业一律不得开展投资活动。严禁将特殊资金（资产）用于投资风险不可认知的业务或高风险业务；严禁将特殊资金（资产）用于对外拆借、担保或抵押、质押。

1月12日

［纲　文］　**保监会发布《保险公司财会工作规范》。**

［目　文］《规范》共12章105条，主要有总则，机构和人员，会计核算和财务报告，资金管理，资产管理，负债管理，预算管理，会计监督，财务信息系统，聘请会计师事务所进行年度审计等，自2012年7月1日起施行。

《规范》要求保险公司建立董事长或总经理负责的内部会计监督机制，强化单位负责人对财会工作的责任。《规范》对保险责任准备金核算、委托投资核算等保险会计核算关键环节提出具体要求，规定了保险业务资金和投资资金、投资资产和非投资资产以及准备金负债和非准备金负债的管理要求，要求保险公司在非金融支付机构留存的备付金不得超过公司总资产的1%。《规范》从财务角度治理市场不规范行为，要求保险公司的资金管理实行“收支两条线”“集中支付”“零现金支付”制度，堵塞资金管理的漏洞。

1月12日

［纲　文］　**《人民日报》发表评论员文章《把发扬民主贯穿党的十八大代表选举全过程》。**

1月12日

［纲　文］　**《人民日报》发表评论员文章《保持纯洁性，让党更加坚强有力——一论学习胡锦涛在十七届中央纪委七次全会上讲话》。**

1月12—16日

［纲　文］　**应南苏丹苏丹人民解放运动、苏丹全国大会党邀请，中联部部长王家瑞率中共代表团访问南苏丹、苏丹。**

1月12—18日

［纲　文］　**应全国人大常委会委员长吴邦国的邀请，智利众议长梅莱罗率智利众议院代表团访华。**

［目　文］　12日，全国人大常委会副委员长王兆国在北京会见梅莱罗。王兆国表示，中国全国人大愿深化与智利议会的友好合作关系，扩大双方多层次、多领域的交流与

合作，加强在立法、监督等领域的相互学习和借鉴，不断丰富两国关系的内涵。梅莱罗表示，智利议会期待加强与中国全国人大的交流与合作，愿为两国关系发展做出更大贡献。

13日，国家副主席习近平会见梅莱罗。习近平希望中智双方继续发挥好经贸混委会等磋商协调机制的作用，加强在矿业、农业、质检、渔业、新能源等领域合作；进一步加强两国政党之间的交流，开展科教、民间、地方等领域交往，积极推动中智各方面的务实合作取得新进展。

16日，全国人大常委会委员长吴邦国会见梅莱罗。吴邦国说，中国全国人大愿加强与智利众参两院的友好交流与坦诚对话，开展治国理政、民主法制建设等方面的经验交流和学习互鉴，为中智全面合作伙伴关系增添新的内容、注入新的活力。梅莱罗表示，智方愿与中方进一步加强政府、议会、政党和人民间的交往，扩大各领域务实合作，共同谱写智中友好的新篇章。

1月13日

［纲　文］　**国家主席胡锦涛致电几内亚比绍代总统佩雷拉哀悼萨尼亚总统逝世。全国人大常委会副委员长陈昌智前往几内亚比绍驻华使馆吊唁。**

1月13日

［纲　文］　**全国人大常委会在珠海举办港澳人大代表报告会。**

［目　文］　全国人大常委会副委员长兼秘书长李建国出席并讲话。他向香港特别行政区、澳门特别行政区十一届全国人大代表通报了2011年全国人大常委会主要工作情况、2012年工作安排和十一届全国人大五次会议的主要议程建议，对港澳代表依法履职提出希望。发展改革委、财政部的负责人报告了2011年国民经济和社会发展计划的执行情况和财政预算执行情况。港澳地区全国政协委员应邀出席报告会。

1月13日

［纲　文］　**中共中央党校举行2011年秋季学期毕业典礼，中央党校校长习近平出席并为学员颁发毕业证书。**

1月13日

［纲　文］　**国务院副总理王岐山会见美国前国务卿基辛格，双方就中美经济关系、世界经济形势等交换看法。**

1月13日

［纲　文］　**国务院印发《全国现代农业发展规划（2011—2015年）》。**

［目　文］　在工业化、城镇化深入发展中同步推进农业现代化，是“十二五”时期的一项重大任务。加快发展现代农业，既是转变经济发展方式、全面建设小康社会的重要内容，也是提高农业综合生产能力、增加农民收入、建设社会主义新农村的必然要求。为贯彻落实《中华人民共和国国民经济和社会发展第十二个五年规划纲要》精神，指导全国“十二五”现代农业建设和发展，编制该规划。《规划》首次提出今后5—10年中国现代农

业建设的奋斗目标：到2015年，中国现代农业建设要取得明显进展，粮食等主要农产品供给得到有效保障，物质装备和科技支撑能力显著增强，土地产出率、劳动生产率、资源利用率显著提高，东部沿海、大城市郊区和大型垦区等条件较好区域要率先基本实现农业现代化；到2020年，现代农业建设要取得突破性进展，主要农产品优势区基本实现农业现代化。

《规划》从农产品供给、农业结构、物质装备等7个方面提出了27个发展指标。到2015年粮食综合生产能力达到5.4亿吨以上、耕种收综合机械化水平达到60%、农业科技进步贡献率超过55%，农业灌溉用水有效利用系数达到0.53等内容。

《规划》从加快转变农业发展方式的关键环节入手，明确提出了事关现代农业发展全局的八项重点任务，一是完善现代农业产业体系；二是强化农业科技和人才支撑，包括增强农业科技自主创新能力，大力发展现代农作物种业，壮大农业农村人才队伍；三是改善农业基础设施和装备条件；四是增强农产品质量安全保障能力；五是提高农业产业化和规模化经营水平；六是大力发展农业社会化服务，增强农业公益性服务能力，大力发展农业经营性服务；七是加强农业资源和生态环境保护；八是创建国家现代农业示范区，包括加大示范区建设力度，发挥示范区引领作用。

《规划》指出，总目标是，到2015年，现代农业建设取得明显进展。粮食等主要农产品供给得到有效保障，农业结构更加合理，物质装备水平明显提高，科技支撑能力显著增强，生产经营方式不断优化，农业产业体系更趋完善，土地产出率、劳动生产率、资源利用率显著提高，东部沿海、大城市郊区和大型垦区等条件较好区域率先基本实现农业现代化。到2020年，现代农业建设取得突破性进展，基本形成技术装备先进、组织方式优化、产业体系完善、供给保障有力、综合效益明显的新格局，主要农产品优势区基本实现农业现代化。

1月13日

［纲　文］　**财政部发布《关于扩大中央国有资本经营预算实施范围有关事项的通知》。**

［目　文］　《通知》要求，从2012年起，工信部、体育总局所属企业，中央文化企业国有资产监督管理领导小组办公室履行出资人职责的中央文化企业，卫生部、国资委所属部分企业，民航局直属首都机场集团公司，纳入中央国有资本经营预算实施范围。新纳入实施范围的国有独资企业按照中央国有资本收益收取政策第三类企业归类，上缴利润比例为税后净利润的5%。

1月13日

［纲　文］　**国务院召开全国安全生产电视电话会议。**

［目　文］　中共中央政治局委员、国务院副总理、国务院安全生产委员会主任张德江在全国安全生产电视电话会议上强调坚持科学发展安全发展。党中央、国务院有关部门及部分中央企业负责人出席了会议，各省（区、市）及有关部门负责人在分会场出席了会

议。安全监管总局局长骆琳、公安部领导在会上分别通报了有关情况，北京市、安徽省、河北省人民政府负责人作了发言。

1月13日

［纲　文］　**中央文明委在北京召开全体会议。**

［目　文］　中共中央政治局常委、中央文明委主任李长春主持会议并讲话。他强调，要着力推进社会主义核心价值体系建设，加快文化改革发展，着力提升公民思想道德素质和社会文明程度。精神文明建设是中国特色社会主义事业的重要组成部分。各级党委和政府要最大限度地动员和凝聚各方面力量参与，不断提高精神文明建设工作科学化水平。要坚持贴近实际、贴近生活、贴近群众，多解决群众反映强烈、社会普遍关注的突出问题，让精神文明建设成果更好地惠及广大人民群众。

中共中央政治局委员、中央文明委副主任刘云山，中共中央政治局委员、中央文明委副主任刘延东出席会议。会议研究部署了2012年精神文明建设工作。

1月13日

［纲　文］　**中央文化体制改革和发展工作领导小组召开第一次全体会议。**

［目　文］　中共中央政治局委员、中宣部部长刘云山主持会议并讲话。会议主题是：深入学习贯彻党的十七届六中全会精神和全国宣传部长会议精神，总结2011年文化体制改革和发展工作，部署2012年文化体制改革和发展工作，部署落实国家“十二五”时期文化改革发展规划纲要。

1月13日

［纲　文］　**中国科协八届全委会第二次会议在北京召开。**

［目　文］　全国人大常委会副委员长王兆国出席会议并讲话。他强调，科协组织要更好地服务于党和国家工作大局，大力促进科学技术繁荣发展。要切实做好新形势下科技工作者工作，大力促进科技人才队伍建设。中国科协主席韩启德在工作报告中回顾总结了2011年的工作，提出了2012年的重点任务。会议审议通过了工作报告。

1月13日

［纲　文］　**全国双拥工作领导小组在北京召开全体会议。**

［目　文］　中共中央政治局委员、国务院副总理、全国双拥工作领导小组组长回良玉在全国双拥工作领导小组全体会议上强调，办实事解难题惠民生，巩固发展军政军民团结。会议还审议了全国双拥模范城（县）、单位和个人命名表彰名单。

1月13日

［纲　文］　**国务院办公厅印发《中国遏制与防治艾滋病“十二五”行动计划》。**

［目　文］　为切实维护广大人民群众的身体健康，落实《国务院关于进一步加强艾滋病防治工作的通知》精神，结合深化医药卫生体制改革而印发的该《计划》包括防治现状、目标和工作原则、防控措施、保障措施、督导与评估等内容。

《计划》提出，到2015年底，重点地区和重点人群艾滋病疫情快速上升的势头要得到基本遏制，艾滋病新发感染数比2010年减少25%，艾滋病病死率下降30%，存活的感染者和病人数控制在120万左右。符合治疗标准的感染者和病人接受规范抗艾滋病病毒治疗比例达到80%以上，治疗持续12个月的比例达到85%以上。

1月13日

［纲　文］　**交通部印发《公路水路交通运输环境保护“十二五”发展规划》。**

［目　文］　为贯彻落实《国民经济和社会发展第十二个五年规划纲要》对环境保护工作的要求，明确“十二五”期间公路水路交通运输环境保护工作的指导思想、基本原则、发展目标和主要任务而制定的该《规划》，包括形势与要求、指导思想和原则、发展目标和重点、主要任务、政策措施等内容。

《规划》提出，到“十二五”末的主要目标是，交通运输行业将全面体现“绿色发展”理念，进一步加大行业环境保护的监管力度、建设力度和科研力度，到2015年，实现公路水路交通环境污染得到有效控制，资源集约利用与生态保护取得实质性突破，污染事故应急处置能力进一步提升，行业环境保护管理体系基本健全，行业环保科技支撑能力显著增强。交通环境污染得到有效控制，主要污染物排放强度显著下降。高等级公路和沿海、内河主要港口的污水、废气等污染物基本实现达标排放，噪声污染得到有效控制；营运车辆单位运输周转量的碳排放量比2005年降低11%，营运船舶单位运输周转量的碳排放量比2005年降低16%；化学需氧量（COD）、总悬浮颗粒物（TSP）等主要污染物排放强度比“十一五”末降低20%；交通基础设施施工污水、内河港口生产污水、散货码头粉尘等行业环保的薄弱环节得到有效改善，港区和路域环境质量明显好转。交通资源集约利用和生态保护取得实质性突破，行业自然资源利用效率明显提升。相比“十一五”末，交通基础设施建设、养护及运营过程中产生的污水、废旧沥青、疏浚土等的回收利用率显著提高；形成生态型公路和港口工程规范，并逐步得到推广；初步形成统筹协调、科学安排的区域性重大基础设施生态修复计划并开始推进实施。交通污染事故应急处置能力进一步提升，建成覆盖全国沿海和主要内河水域的船舶溢油及危化品泄漏应急设备物资储备体系。沿海重点水域形成应对1000吨以上水上溢油事故的应急能力，一般港口水域形成200吨到500吨水上溢油事故的应急处置能力。交通行业环境保护管理体系基本健全。政策法规体系进一步完善，行业环保监管涵盖交通规划、基础设施建设与养护管理、客货运输等所有环节；全国沿海和内河主要港口、国家高速公路重点路段的环境状况得到有效监控；初步形成科学规范的全国交通运输环保统计和公报制度。交通环保科技支撑能力显著增强。在生态保护理论和技术、碳减排理论和技术、废弃物循环利用技术等领域取得突破，科研成果推广力度进一步提高，初步建成适应行业需求、创新能力强的交通环保科研体系。

1月13日

［纲　文］　**风云二号07星发射成功，主要用于中国及周边国家天气观测、气象预报和防灾减灾。**

［目　文］　8时56分，中国在西昌卫星发射中心用长征三号甲运载火箭，成功将风

云二号07星送入太空。风云二号07星是地球静止轨道气象卫星，由中国航天科技集团公司所属上海航天技术研究院负责研制生产。卫星可全天候对地球进行连续气象监视，收集并转发气象、海洋和水文等环境监测数据，监测空间环境等。卫星的成功发射，将增强中国气象卫星在轨连续、稳定运行的可靠性，为中国及周边国家天气观测、气象预报和防灾减灾发挥重要作用。卫星用户为中国气象局。

1月13日

［纲　文］　**新闻出版总署发出《关于开展2012年春季中小学教辅材料出版发行专项检查的紧急通知》。**

［目　文］　《通知》要求切实规范中小学教辅材料出版发行管理，在2012年春季开学前后，组织一次中小学教辅材料出版发行工作专项检查，重点包括中小学教辅材料出版环节、印刷复制环节、发行环节以及中小学教辅材料的质量、价格和市场。

1月13日

［纲　文］　**《人民日报》发表题为《保持思想纯洁，坚守精神家园——二论学习胡锦涛在十七届中央纪委七次全会上讲话》的评论员文章。**

1月14日

［纲　文］　**胡锦涛、吴邦国、贾庆林、李长春、习近平、李克强、贺国强等党和国家领导人在北京观看2012年军民迎新春文艺晚会。**

［目　文］　题为《阳光路上情满怀》的晚会由全国双拥工作领导小组、民政部、广播电影电视总局和解放军总政治部联合举办。晚会演出了合唱《无限春光又一年》、女子集体舞《万紫千红》、《双拥歌曲联唱》、情景诗报告《心蕾绽放》、女声独唱《心心相印》、短剧《老街坊新邻居》等精彩节目。

演出结束后，胡锦涛等党和国家领导人走上舞台，与演职人员亲切握手，祝贺演出成功。王刚、王乐泉、王兆国、王岐山、回良玉、刘淇、刘云山、刘延东、张德江等和中央军委委员观看演出。观看演出的还有中央和国家机关有关部门、全国双拥工作领导小组成员单位、北京市和解放军四总部、驻京部队各大单位、武警部队和军委办公厅的负责人，全国双拥模范城（县）、双拥模范单位和个人代表，以及驻京部队官兵和首都各界群众代表。

1月14日

［纲　文］　**2012年首场部级领导干部历史文化讲座在北京国家图书馆分馆举行。**

［目　文］　中共中央政治局常委李长春出席讲座。他对讲座给予充分肯定，希望有关部门进一步总结经验，不断丰富内容、创新形式、提高质量，争取越办越好，使讲座成为推动学习型社会和学习型政党建设的重要阵地，成为引导全党全社会形成勤于读书、勤于学习良好氛围的重要平台，成为帮助领导干部提高素质、增强本领、做好工作的重要助手。本次讲座题目是《宋代政治文化面面观》，北京大学历史系教授邓小南对该时期的政

治文化遗产进行了反思。

该讲座由中央国家机关工委、文化部、中国社会科学院联合主办，国家图书馆承办，利用周末休息时间进行，自2002年1月启动至今已举办172期，2万多人次参加。

1月14日

［纲　文］ **中共中央台湾工作办公室、国务院台湾事务办公室发言人就台湾地区两项选举结果发表谈话。**

［目　文］ 谈话说，我们注意到台湾地区领导人和民意代表选举结果已经揭晓。近四年来的事实一再表明，两岸关系和平发展是一条正确的道路，得到广大台湾同胞的支持。我们真诚希望台湾社会安定、人民生活幸福。我们愿意继续在反对“台独”、坚持“九二共识”的共同基础上，与台湾各界携手努力，承前启后，继往开来，进一步开创两岸关系和平发展的新局面，共同致力于中华民族的伟大复兴。

据《人民日报》报道，台湾地区领导人选举投票14日结束。开票结果显示，中国国民党候选人马英九、吴敦义获胜，得票6891139张，得票率为51.6%。与此同时举行的台湾地区民意代表选举，结果也于当晚揭晓。在总共113个席次中，中国国民党获得64席，民进党获得40席，亲民党3席，台联党3席，“无党团结联盟”获得2席，无党籍及未经政党推荐者获得1席。

1月14日

［纲　文］ **中国国际经济交流中心在北京举办“中国经济年会2011—2012”。**

［目　文］ 年会以“直面挑战创新发展”为主题，剖析当前复杂多变的国际经济形势，研判中国经济社会发展中的新情况、新问题、新变化，为转变经济发展方式、推动中国经济社会发展实现“稳中求进”建言献策。

年会期间召开了中心会员大会暨理事会会议。理事长曾培炎，顾问蒋正华、唐家璇、徐匡迪，各理事单位与会员单位代表100多人出席了会议。

1月14日

［纲　文］ **世界单机容量最大的首台80万千瓦水轮发电机组上机架在向家坝水电站右岸地下厂房顺利吊装就位。**

1月14—19日

［纲　文］ **国务院总理温家宝应邀对尼泊尔、沙特阿拉伯、阿联酋、卡塔尔四国进行正式访问。**

［目　文］ 14日，国务院总理温家宝抵达加德满都对尼泊尔进行访问。在与尼泊尔总统亚达夫的会见中，温家宝表示，中方支持尼泊尔与周边国家发展友好关系，双方要密切在国际和地区事务中的协调与配合，促进本地区稳定与发展。亚达夫表示，尼方将继续坚定奉行一个中国政策，愿与中方一道，加强沟通协调，全面深化各领域友好合作。

在与尼泊尔总理巴特拉伊的会谈中，温家宝表示，双方要改善现有口岸的通关条件，尽早开通新的口岸，促进两国边贸发展，同时加强边境执法安全合作，共同维护边境地区的稳定与安宁。巴特拉伊说，尼方愿与中方加强高层交往，进一步增进政治互信，深化互利合作。他欢迎中方企业到尼投资兴业，欢迎中国游客到尼旅游观光。会谈后，中国和尼泊尔发表了联合声明。

15 日，国务院总理温家宝访问沙特阿拉伯王国，在利雅得会见国王兼首相阿卜杜拉。温家宝说，在当前地区和国际局势发生深刻变化的背景下，中国愿与沙方就重大问题加强协调配合，发展全方位的能源伙伴关系，扩大贸易、投资、基础设施、高科技、金融、安全执法领域的合作，使两国关系具有更加丰富的战略内涵。阿卜杜拉国王提议成立沙中高级别委员会，指导两国政治、经济、文化、安全等各领域合作。温家宝对此表示赞同。会谈后，两国领导人共同出席了有关双边合作文件的签字仪式。两国发表了联合声明。

16 日，温家宝对阿联酋进行访问，在阿布扎比会见阿联酋总统哈利法。温家宝说，中国愿同阿联酋等海湾国家一道，为促进地区和平与发展做出不懈努力。哈利法说，阿联酋真诚希望与中国加强各领域友好合作，阿方愿同中方全面加强合作，充实两国战略伙伴关系内涵。阿联酋希望地区各国保持稳定，享有和平安全的环境。

18 日，温家宝出席由中国贸促会和沙迦工商会主办的中阿合作论坛第四届企业家大会暨投资研讨会开幕式，并发表主旨演讲，就中阿关系提出主张：第一，巩固政治互信，深化战略合作。第二，深化互利合作，实现共同发展。第三，扩大人文交流，弘扬传统友谊。温家宝表示，深化中阿经贸合作的一个重大举措，就是建设中国—海合会自贸区。这项工作对中阿关系发展具有里程碑式的重大意义。双方要拿出更大的政治意愿，尽快结束谈判并签署自贸区协定。

18 日，国务院总理温家宝对卡塔尔进行访问，在多哈与卡塔尔首相兼外交大臣哈马德会谈。温家宝表示，中方愿与卡方积极探讨拓展在基础设施、金融、医疗、航空、旅游等领域的合作，实现中卡经贸关系多元化。他还就伊朗问题、叙利亚问题发表了看法。会谈后，两国领导人共同见证了有关双边合作文件的签署。

19 日晚，温家宝一行回到北京。

1 月 15 日

［纲　文］　**李长春看望慰问马克思主义理论研究和建设工程咨询委员会委员。**

［目　文］　中共中央政治局常委李长春指出，党的十六大以来，党的理论创新成果的宣传普及取得了重要进展，通俗理论读物受到广泛好评；重大理论和现实问题研究不断深化，形成了一大批有价值、有影响的研究成果；充分体现马克思主义中国化最新成果的学科体系和教材体系建设顺利推进，马克思主义理论成为一级学科，25 种教材编写出版并使用；哲学社会科学教学科研骨干和高校思想政治理论课教学骨干研修培训工作扎实开展，队伍不断壮大，思想理论素养和业务能力得到提升。现在马克思主义理论研究和建设工程的影响越来越大，社会各界特别是社科理论界对工程的关注度越来越高。工程咨询委员大都是哲学社会科学界的资深专家学者，以对党和国家事业高度负责的精神，坚持科学

严谨的态度、求真务实的作风，孜孜不倦、辛勤工作，为工程顺利实施做出重要贡献。

1月15日

［纲　文］　**中央军委委员、国务委员兼国防部部长梁光烈看望慰问驻京部队官兵。**

1月15日

［纲　文］　**中国赠法大熊猫“欢欢”和“圆仔”抵达法国戴高乐机场，拉开为期10年的中法大熊猫国际繁育合作计划的序幕。**

1月15日

［纲　文］　**广西壮族自治区河池市宜州境内龙江河发生镉浓度超标事件。**

［目　文］　本日，河池市龙江河拉浪水电站内的网箱养鱼出现少量死鱼现象。河池市环保局接报后组织监测人员赴现场对出现死鱼的网箱进行调查并对龙江河沿岸企业进行排查，最终检测出龙江河宜州拉浪码头前200米水质中重金属镉超标。初步查明污染源来自广西金河矿业股份有限公司。河池市委、市政府组织力量对该公司相关污染源进行全面清理，并对全市相关企业深入排查、清理，严防发生新的污染。春节期间，河池市1500多名专家、武警官兵、保障人员奋战在应急一线，确保沿江和柳州市生活用水安全。河池市应急处置指挥中心分别在龙江河宜州河段设置5个吸附物投放点，形成5道防线中和吸附污染水域。柳州市每2小时发布一次的柳江水质监测结果显示，柳州市饮用水保护河段最上游的一个保护河段露塘断面暂没有发生污染现象。

26日，宜州境内的龙江河污染团进入下游柳江系统，造成柳江上游非饮用水保护河段轻微污染。27日，柳州市向全市发出通告，禁止取用柳江露塘断面以上受污染河段江水作为饮用水。环保部门每两小时向市民公布监测结果。相关部门努力保障市场桶装水、矿泉水供应，严厉打击囤积居奇违法涨价行为。

2月3日，广西龙江河突发环境事件应急指挥部召开新闻发布会通报，广西纪检监察部门查实，9名河池市政府及有关部门相关责任人在履行职责方面存在失职、渎职行为，被处理。

1月15—17日

［纲　文］　**中印边界问题特别代表第15次会晤在新德里举行。**

［目　文］　中方特别代表、国务委员戴秉国和印方特别代表、国家安全顾问梅农坦诚深入地讨论了中印边界问题和共同维护两国边境地区和平与安宁等事宜。会晤期间，两国政府代表签署了《关于建立中印边境事务磋商和协调工作机制的协定》。戴秉国在印度媒体发表署名文章阐述中印关系和中国和平发展。

17日，印度总理辛格会见戴秉国。辛格表示，印中边界问题特别代表会晤自2003年举行以来，取得了积极进展，印方寻求公平合理且双方都能接受的解决办法。双方特别代表应继续努力，根据双方签订的政治指导原则协定，继续探讨解决边界问题的框架，同时保持边境地区的和平与安宁。戴秉国说，中印互为重要合作伙伴，中方高度重视并致力于不断拓展和深化中印战略合作伙伴关系。近年来，中印关系的长足、快速发展给两国人民带来实实在在的利益。双方应按照两国领导人的指示，从两国关系大局和政治、战略高度出发，推动边界问题的妥善解决。

1月15—17日

［纲　文］　**英国财政大臣奥斯本访问中国。**

［目　文］　访华期间，国务院副总理王岐山与奥斯本举行工作会谈。在会谈中，王岐山说，中英建交40年来，两国关系越来越成熟。第四次中英经济财金对话以来，双方各领域合作进展顺利，各项成果正在积极落实之中。2012年下半年，将在中国举行第五次中英经济财金对话。希望双方加强沟通，充分发挥这一对话机制的重要作用，深化贸易、投资、金融等各领域合作，取得更多互利共赢成果，为中英全面战略伙伴关系注入新的动力。王岐山高度评价双方在基础设施领域合作取得的积极进展。他强调，两国企业应发挥各自优势，共同落实一批具有示范效应的项目，通过一个个成功的故事，使基础设施合作成为两国经贸合作的典范。希望英国政府为中国企业赴英投资提供便利。王岐山指出，当前世界经济形势十分复杂严峻，确保全球经济复苏仍是各国面临的首要任务。中英两国作为二十国集团的重要成员，应与其他成员国一道，同舟共济，确保二十国集团领导人洛斯卡沃斯峰会取得成功，推动全球经济复苏增长。

奥斯本表示，英中经济财金对话对于推动两国经济关系的不断深化发挥了重要作用。英方愿与中方就事关两国经济和全球经济的重大问题加强沟通协调。英国是一个开放经济体，真诚欢迎来自中国的投资，期待中国企业投资英国基础设施。相信在相互尊重的基础上，英中之间的贸易、投资、基础设施、新兴产业、金融等各领域合作会得到进一步的发展，更好地造福英中两国人民。

双方还就国际特别是欧洲经济形势等共同关心的问题交换了意见。

1月16日

［纲　文］　**国家主席胡锦涛接受秘鲁、摩纳哥、索马里、加蓬、尼日尔和泰国六国新任驻华大使递交国书。**

1月16日

［纲　文］　**中国全国人大与日本国会众议院合作委员会第7次会议在北京举行。**

［目　文］　全国人大常委会副委员长、合作委员会中方主席李建国与日本国会众议院运营委员会委员长、合作委员会日方主席小平忠正共同主持会议。双方与会成员就双边关系、议会交往、经贸合作、节能环保、灾后重建、人文交流以及共同关心的国际和地区问题等进行了广泛深入的交流。双方充分肯定议会交往在推动中日关系改善和发展方面发挥的积极作用，一致表示继续巩固和深化议会定期交流机制，增进两国议员尤其是年轻议员之间的了解与友谊，为推动两国战略互惠关系的健康稳定发展做出新的贡献。双方定于2013年在日本举行中国全国人大与日本国会众议院合作委员会第八次会议。

同日，全国人大常委会委员长吴邦国会见日本众议院运营委员长小平忠正。吴邦国表示，中日议会合作委员会成立以来，已成为两国议会开展坦诚对话、增进相互理解、推动务实合作的有效平台。希望双方共同努力，把定期交流机制坚持好完善好。

1月16日

［纲　文］ **中共中央政治局常委、全国政协主席贾庆林与全国性宗教团体负责人迎春座谈。**

1月16日

［纲　文］ **国家副主席习近平出席尼克松总统访华和上海公报发表40周年纪念活动。**

［目　文］ 美国前国务卿基辛格出席。习近平在致辞中说，40年来，在中美几代领导人不懈努力和双方各界人士共同推动下，中美两国已经从昔日的相互对立，走到今天共建相互尊重、互利共赢的合作伙伴关系的正确轨道上。在这期间，中美关系虽然也曾历经风雨，但始终保持不断前进的发展方向，中美关系的今天来之不易。中美关系40年来的发展历程，给了我们许多经验和教训，给了我们多方面的重要启迪。第一，推动中美关系发展的内生动力是两国的共同利益。第二，推动中美关系发展的制度保障是始终坚持三个联合公报。第三，推动中美关系发展的重要前提是不断增进双方的相互了解和培育深化战略信任。第四，推动中美关系不断前进需要持续发扬与时俱进的开创精神。推动中美关系持续健康稳定发展，既是双方的共同责任，也是国际社会的共同期待。

基辛格在致辞中表示，40年的历史告诉我们：世界和平需要美中合作，美中合作比对抗好；美中应尊重彼此的原则和想法，视对方为合作伙伴，相互理解，相互支持；双方应承认彼此的国家利益，以共同利益为基础开展合作；美中间存在分歧，但不应让它们失控，应找到建设性的办法予以化解。

1月16日

［纲　文］ **国务委员兼国防部部长梁光烈会见印度尼西亚驻华大使易慕龙。**

［目　文］ 在会见中，梁光烈说，中国和印度尼西亚是隔海相望的友好近邻，两国关系保持了良好的发展势头。近年来，中印尼两军在高层互访、防务磋商、团组往来、人员培训、装备技术、联合训练、海上安全以及多边安全等领域的交流与合作不断取得新的成果。中方愿与印尼方一道，继续加强两军友好交流与合作，推动两国战略伙伴关系不断向前发展，为本地区和世界的和平与发展做出新的贡献。

易慕龙积极评价近年来两国两军关系发展取得的丰硕成果，表示印尼方将坚持对华友好，愿与中方继续加强战略沟通，深化防务领域合作，为促进两国关系全面发展、维护地区的和平与稳定而共同努力。

1月16日

［纲　文］ **《求是》杂志发表温家宝的文章《中国农业和农村的发展道路》。**

［文　献］ 文章由四个部分组成：一、充分肯定农业农村发展的巨大成就；二、准

确把握农业农村发展中的几个重大问题；三、努力确保2012年农业农村发展好势头；四、不断提高做好“三农”工作的能力和水平。文章重点阐述了农业和农村发展中关于现代农业、新农村建设和城镇化等重大问题的指导思想和政策要求。

1月16日

［纲　文］　**中共中央书记处书记、中央纪委副书记何勇在中直机关纪律检查工作会议上强调，扎实推进中直机关党风廉政建设和反腐败工作。**

1月16日

［纲　文］　**甘肃省政府新闻办公室和腾讯微博合办的全国首家省级“政务微博矩阵”和甘肃“微博政务大厅”正式上线。**

1月16日

［纲　文］　**《人民日报》发表题为《保持队伍纯洁，巩固党的基础——三论学习胡锦涛在十七届中央纪委七次全会上讲话》的评论员文章。**

1月16—17日

［纲　文］　**李克强在宁夏考察。**

［目　文］　中共中央政治局常委、国务院副总理李克强先后来到宁夏固原、银川两地，着重就困难群众生活和基本民生保障进行考察调研。他强调，2012年是实施“十二五”规划十分关键的一年，要坚持稳中求进的总基调，加快转变经济发展方式和体制机制创新，在保持经济平稳较快发展中，采取更多有力措施切实保障基本民生，推动经济社会协调发展。考察期间，李克强充分肯定宁夏近年来经济社会发展取得的显著成绩，希望宁夏各族干部群众继续抓住深入实施西部大开发的战略机遇，建设好沿黄经济区，培育新的增长极，统筹全区城乡发展，促进民族团结，扎实有效地推动宁夏科学发展、跨越式发展。

1月17日

［纲　文］　**全国政协召开第44次主席会议，贾庆林主持并讲话。**

［目　文］　全国政协主席贾庆林在讲话中指出，开好政协十一届五次会议，做好全年工作，要正确认识把握当前国际国内形势，自觉地把政协工作放到国际国内两个大局中来审视和谋划，放到党和国家工作全局中来部署和推进。要牢牢把握稳中求进的工作总基调，切实贯彻落实到政协工作的各个环节和全部过程，团结凝聚各党派团体、各族各界人士为实现经济社会又好又快发展做出积极贡献。

会议的主要任务是为召开政协十一届十六次常委会议和政协十一届五次会议做准备。会议审议通过了政协第十一届全国委员会第五次会议议程（草案）和日程（草案）、政协全国委员会常务委员会工作报告（草案）、政协全国委员会常务委员会关于政协十一届四次会议以来提案工作情况的报告（草案）以及有关人事事项的名单草案，书面审议了政协全国委员会办公厅关于纪念辛亥革命100周年活动情况的报告（草案）、政协全国委员会

2011年度对外交往工作总结（稿）、政协全国委员会办公厅关于2011年委员视察考察工作情况的报告（草案）和政协全国委员会专门委员会2011年度工作总结（稿）。会议还通报了中共政协全国委员会党组2012年度工作要点。

1月17日

［纲　文］　**国家副主席习近平会见美国佛罗里达州前州长杰布·布什。**

［目　文］　在会谈中，习近平对杰布·布什重视发展对华合作及努力推动中美关系发展表示赞赏。习近平说，40年来，中美关系虽有波折，但总体不断前行，已经发展成为世界上最重要的双边关系。布什家族为推动中美关系发展作出重要贡献，中美两国和两国人民都不会忘记。习近平指出，在当前大背景下，中美应该按照胡锦涛主席和奥巴马总统达成的重要共识，进一步加强沟通、协调与合作，以推进中美合作伙伴关系建设，造福两国和世界人民。杰布·布什表示愿意为促进中美关系和中美经贸合作健康发展继续发挥积极作用。

1月17日

［纲　文］　**习近平在老同志迎春茶话会上强调，要进一步尊重关心照顾关怀老同志，提高离退休干部服务管理工作水平。**

［目　文］　中共中央政治局常委、中央书记处书记、国家副主席、中央军委副主席习近平代表党中央、国务院、中央军委，向出席茶话会的老同志致以节日的祝贺，向全国离退休老干部、老同志致以亲切问候和崇高敬意。习近平在讲话中回顾了2011年中国各项工作取得的巨大成就。他强调，在新的一年里，要进一步落实党和国家政治上尊重、思想上关心、生活上照顾、精神上关怀老同志的方针政策，在全社会深入宣传老同志的历史功绩，弘扬老同志的优良作风，进一步形成尊重老同志、爱护老同志、学习老同志、重视发挥老同志作用的良好氛围。习近平指出，要完善和落实离退休干部政治待遇制度，探索创新离退休干部党支部设置方式、活动方式和活动内容，使广大老同志始终保持政治坚定、思想常新。要完善和落实离退休干部生活待遇制度，加强离休干部离休费保障机制、医药费保障机制和财政支持机制建设，继续提高企业退休人员基本养老金水平，让老同志晚年生活更加幸福。要充分利用和整合社区资源，建立健全单位、社区、家庭结合的离退休干部服务管理体系。

1月17日

［纲　文］　**利比里亚总统埃伦·约翰逊—瑟利夫会见出席其就职典礼的中国国家主席胡锦涛特使、人力社保部部长尹蔚民。**

1月17日

［纲　文］　**全国信访局局长电视电话会议在北京举行。**

［目　文］　会议贯彻中央相关会议精神，总结2011年的信访工作，安排部署了2012年的信访工作任务。国务院副秘书长、国家信访局局长王学军作了工作报告，北京市、天津市、江苏省、海南省、四川省负责信访的工作人员作了典型交流发言。

国务委员兼国务院秘书长马凯在讲话中强调，要全力以赴做好 2012 年的信访工作。一是继续深入开展领导干部接访下访活动，切实把问题解决在基层。二是采取有力措施，最大限度地化解信访积案，做到诉求合理合法的解决到位，诉求不合理不合法的解释疏导到位，生活困难的帮扶救助到位。三是积极主动研究完善政策，加强政策宣传解释工作，大力推动群体性利益诉求矛盾的解决。四是进一步加大依法规范信访秩序的力度，要确保信访渠道畅通，做到依法文明接待来访群众，同时教育信访群众依法理性反映诉求，对违法者要依法处理，维护正常的信访秩序和良好的社会秩序。五是建立健全重大工程项目和重要决策事项社会稳定风险评估机制，从源头上预防和减少信访突出问题。

中央分管信访工作的负责人、各省（区、市）和新疆生产建设兵团，各市、县分管信访工作的负责同志、信访局局长列席会议。

1 月 17 日

［纲　文］　**国务院新闻办公室发布会宣布，2011 年中国 GDP 增长 9.2%，城镇人口数量首超农村，农村居民收入增速快于城镇。**

［目　文］　发布会宣布：初步测算，2011 年全年国内生产总值 471564 亿元，按可比价格计算，比上年增长 9.2%。全年全国粮食总产量达到 57121 万吨，增长 4.5%，连续八年增产。全国规模以上工业增加值按可比价格计算比上年增长 13.9%。全年社会消费品零售总额 181226 亿元，比上年名义增长 17.1%（扣除价格因素实际增长 11.6%）。全年进出口总额 36421 亿美元，比上年增长 22.5%；顺差 1551 亿美元，比上年减少 264 亿美元。全年居民消费价格比上年上涨 5.4%。城乡居民收入稳定增长，农村居民收入增速快于城镇。

2011 年，中国大陆城镇人口首超农村。2011 年末，中国大陆总人口 134735 万人，比上年末增加 644 万人。城镇人口 69079 万人，比上年末增加 2100 万人；乡村人口 65656 万人，减少 1456 万人；城镇人口占总人口比重达到 51.27%。

1 月 17 日

［纲　文］　**保监会印发《关于加强和改进财产保险理赔服务质量的意见》。**

［目　文］　《意见》是为深入贯彻落实全国保险监管工作会议精神，按照“抓服务、严监管、防风险、促发展”的监管思路，切实保护投保人和被保险人合法权益，促进财产保险业提高理赔服务质量，实现行业持续健康发展，由保监会制定的。内容是：一、高度重视加强和改进财产保险理赔服务质量的重要意义；二、加强和改进财产保险理赔服务质量的指导思想、基本原则和主要目标；三、加强和改进财产保险理赔服务质量的工作措施；四、加强和改进财产保险理赔服务质量的工作机制。

1 月 17 日

［纲　文］　**国家安全监管总局发布《危险化学品输送管道安全管理规定》。**

［目　文］　《规定》是为了加强危险化学品输送管道的安全管理，预防和减少危险化学品输送管道生产安全事故，保护人民群众生命财产安全，根据《安全生产法》和《危险

化学品安全管理条例》而制定的。共分7章40条，包括：第一章总则，第二章危险化学品管道的规划，第三章危险化学品管道的建设，第四章危险化学品管道的运行，第五章监督管理，第六章法律责任，第七章附则。《规定》3月1日起施行。

1月17日

［纲 文］ **中央治理“小金库”工作领导小组介绍专项治理工作三年来情况。**

［目 文］ 专项治理工作始于2009年中央成立中央纪委监察部、财政部、审计署等部门牵头，共14个部门参加的中央治理“小金库”工作领导小组。三年来共查处了60722个、涉及金额315.86亿元的“小金库”，10429人被追究责任。专项治理工作结束后，中央治理“小金库”工作领导小组办公室作为一个临时协调机构将宣布撤销，举报受理办理方式将转入常态。

1月17日

［纲 文］ **2012年陈嘉庚科学奖和首届陈嘉庚青年科学奖揭晓。**

［目 文］ 2012年度陈嘉庚科学奖获奖项目共四项：“高质量拓扑绝缘体薄膜的外延生长和量子现象研究”项目获得陈嘉庚数理科学奖；“基于派—共轭分子的有机功能材料的研究”项目获得陈嘉庚化学科学奖；“肝癌早期诊断、早期治疗与转移的研究”项目获得陈嘉庚生命科学奖；“可扩展并行计算机技术”项目获得陈嘉庚信息技术科学奖。

中国科技大学彭承志、中国科学院上海有机化学研究所胡金波、中国科学院上海生命科学研究院生物化学与细胞生物学研究所宋保亮、中国科技大学汪毓明、哈尔滨工业大学高会军、中国航天科技集团公司第五研究院第510研究所成永军分别获得首届陈嘉庚青年科学奖数理科学奖、化学科学奖、生命科学奖、地球科学奖、信息技术科学奖和技术科学奖。

陈嘉庚科学奖设立于2003年，奖励具有中国自主知识产权的重要原创性科学技术成果；陈嘉庚青年科学奖设立于2010年，奖励做出具有中国自主知识产权的原创性成果的40周岁以下青年科技人才。两个奖项每两年评选一次。

1月18日

［纲 文］ **中共中央举行党外人士迎春座谈会，胡锦涛代表中共中央、国务院向统一战线广大成员致以新春祝福。**

［目 文］ 中共中央总书记、国家主席胡锦涛在认真听取大家的发言后发表了讲话。他说，2011年是统一战线和多党合作事业开拓新领域、实现新发展的重要一年。各民主党派、工商联和无党派人士贯彻落实中共中央决策部署，自觉服从服务于党和国家中心工作，进一步巩固和发展团结奋斗的共同思想政治基础，紧紧围绕实施“十二五”规划、加快推进经济发展方式转变和经济结构调整、加强和创新社会管理、推动社会主义文化大发展大繁荣等重大问题献计出力，广泛开展光彩行动、温暖工程等活动，赢得社会高度赞誉。他代表中共中央向大家表示衷心感谢。

胡锦涛在讲话中提出三点希望。第一，进一步增进政治共识。第二，进一步提高履职水平。第三，进一步搞好政治交接。

1月18日

［纲　文］　**国家副主席习近平看望著名化学家、中国科学院院士徐光宪与中国科学院院士、中国工程院院士闵恩泽。**

1月18日

［纲　文］　**张德江在北京调研城乡居民社会养老保险。**

［目　文］　中共中央政治局委员、国务院副总理张德江到北京市大兴区庞各庄镇，走访农户了解参保情况，深入劳动和社会保障事务所调研养老保险经办情况，召开城乡居民座谈会听取基层干部群众的意见与建议。在调研中，他强调，要加大工作力度，完善制度设计，确保2012年城乡居民社会养老保险全覆盖。

1月18日

［纲　文］　**最高人民法院印发《关于罪犯因漏罪、新罪数罪并罚时原减刑裁定应如何处理的意见》。**

［目　文］　《意见》的主要内容有：罪犯被裁定减刑后，因被发现漏罪或者又犯新罪而依法进行数罪并罚时，经减刑裁定减去的刑期不计入已经执行的刑期。在此后对因漏罪数罪并罚的罪犯依法减刑，决定减刑的频次、幅度时，应当对其原经减刑裁定减去的刑期酌予考虑。

1月18日

［纲　文］　**最高人民法院、最高人民检察院印发《关于地方人民法院、人民检察院不得制定司法解释性质文件的通知》。**

1月18日

［纲　文］　**国家统计局发布报告指出，2011年全国人户分离的人口为2.71亿，比上年增加977万人。**

［目　文］　根据国家统计局的统计口径，人户分离人口指的是居住地和户口登记地所在乡镇街道不一致且离开户口登记地半年以上的人口。在2011年2.71亿人户分离人口中，流动人口为2.30亿，比上年增加828万人。流动人口指的是人户分离人口中不包括市辖区内人户分离的人口。报告还指出，由于生育持续保持较低水平和老龄化速度加快，全国15至64岁劳动人口的比重自2002年以来首次出现下降，2011年为74.4%，比上年微降0.10个百分点，对劳动力供给问题需要给予更多关注。

1月18日

［纲　文］　**财政部、民政部、国家体育总局联合公布《彩票管理条例实施细则》。**

［目　文］　《细则》共分6章64条，主要包括：第一章总则，第二章彩票发行和销售管理，第三章彩票开奖和兑奖管理，第四章彩票资金管理，第五章法律责任，第六章附则。《细则》是继2009年7月施行《彩票管理条例》之后中国彩票法制化建设和规范化管

理的又一个重要成果，进一步细化了《彩票管理条例》的各项规定，对彩票管理职责、彩票发行销售、彩票开奖兑奖、彩票资金管理等作出明确规定。3月1日起施行。

1月19日

［纲　文］ **国家安全监管总局发布《安全生产培训管理办法》。**

［目　文］ 《办法》是为加强安全生产培训管理，规范安全生产培训秩序，保证安全生产培训质量，促进安全生产培训工作健康发展，根据《安全生产法》和有关法律、行政法规的规定而制定。共有8章52条，共包括：第一章总则，第二章安全培训机构，第三章安全培训，第四章安全培训的考核，第五章安全培训的发证，第六章监督管理，第七章法律责任，第八章附则。3月1日起施行。

1月19日

［纲　文］ **交通部、公安部、安全监管总局印发《道路旅客运输企业安全管理规范（试行）》。**

［目　文］ 为加强和规范道路旅客运输企业的安全生产工作，提高企业安全管理水平，全面落实道路旅客运输企业安全主体责任，预防和减少道路交通事故，根据国家《安全生产法》《交通安全法》《道路交通安全法实施条例》《道路运输条例》等有关法律、法规，制定该规范。《规范》共有7章74条，内容包括：第一章总则，第二章安全生产基础保障，第三章安全生产管理职责，第四章安全生产管理制度，第五章安全隐患排查与治理，第六章目标考核，第七章附则。《规范》即日施行。

1月19日

［纲　文］ **财政部印发《在华举办国际会议费用开支标准和财务管理办法》。**

［目　文］ 为规范和加强在华举办国际会议的财务管理，提高资金使用效益，财政部制定的该办法共有5章26条，内容包括：第一章总则，第二章会议收入管理，第三章会议支出管理，第四章会议经费的管理和监督，第五章附则。《办法》即日施行。

1月19日

［纲　文］ **财政部宣布，为支持做好春耕备耕工作，2012年中央财政拨付粮食直补和农资综合补贴986亿元。**

1月19日

［纲　文］ **《人民日报》报道，中国首台自主研发千万亿次计算机成功投入应用。**

［目　文］ 由国家并行计算机工程技术研究中心研制，全部采用国产CPU和系统软件构建的中国首台千万亿次计算机——“神威蓝光”千万亿次计算机系统经过3个多月的试运行，在国家超级计算（济南）超级计算中心成功投入应用，这标志着中国继美国、日本之后，成为世界第三个能够采用自主CPU构建千万亿次计算机的国家。

“神威蓝光”计算机采用万万亿次体系架构，系统全面采用高密度组装和低功耗技术，组装密度和能效比居世界领先水平，系统综合水平处于当今世界先进行列。“神威蓝光”成功落户山东后，首先服务于山东省科技、经济和社会发展，同时作为国家计算网格节点，为国家科技发展、经济建设服务。山东省有关应用研究机构已成功开发了一批重大应用课题，在海洋应用、生物制药、工业设计、金融风险预测等领域产生了显著效益。

1 月 20 日

[纲　文]　**国家主席胡锦涛同白俄罗斯总统互致贺电祝贺两国建交 20 周年。**

1 月 20 日

[纲　文]　**中央领导看望老同志，向老同志们致以节日问候。**

[目　文]　春节前夕，中共中央总书记胡锦涛等党和国家领导人分别看望或委托有关方面负责同志看望了江泽民、李鹏、万里、乔石、朱镕基、李瑞环、宋平、尉健行、李岚清、曾庆红、吴官正、罗干和张劲夫、郑天翔、刘复之、杨白冰、丁关根、田纪云、迟浩田、张万年、姜春云、钱其琛、吴仪、曹刚川、曾培炎、王汉斌、张震、倪志福、王丙乾、邹家华、王光英、布赫、铁木尔·达瓦买提、彭珮云、周光召、曹志、李铁映、司马义·艾买提、何鲁丽、丁石孙、成思危、许嘉璐、蒋正华、顾秀莲、热地、盛华仁、唐家璇、肖扬、韩杼滨、贾春旺、叶选平、杨汝岱、任建新、宋健、钱正英、孙孚凌、万国权、胡启立、陈锦华、赵南起、毛致用、王文元、王忠禹、李贵鲜、张思卿、丁光训、罗豪才、张克辉、郝建秀、徐匡迪、张怀西、李蒙、邓力群等老同志，向老同志们致以节日问候。

1 月 20 日

[纲　文]　**国务院总理温家宝看望柬埔寨太皇西哈努克夫妇和国王西哈莫尼，并向他们转达了胡锦涛主席和夫人的问候。**

1 月 20 日

[纲　文]　**中共中央政治局常委、国务院副总理李克强连线慰问极地大洋科考队员，并考察海洋预报和卫星应用工作。**

1 月 20 日

[纲　文]　**国务院印发《国家药品安全“十二五”规划》。**

[目　文]　为进一步提高中国药品安全水平，维护人民群众健康权益，促进医药产业持续健康发展，依据《中华人民共和国国民经济和社会发展第十二个五年规划纲要》和党中央、国务院有关方针政策制定的该《规划》内容包括：一、药品安全形势；二、指导思想、基本原则与发展目标；三、主要任务与重点项目；四、保障措施。

《规划》指出，到“十二五”末的总体目标是经过五年努力，药品标准和药品质量大幅提高，药品监管体系进一步完善，药品研制、生产、流通秩序和使用行为进一步规范，药品安全保障能力整体接近国际先进水平，药品安全水平和人民群众用药安全满意度显著提升。

1月20日

［纲 文］ **国务院办公厅同意人口计生委《关于调整国家人口计生委兼职委员的请示》。**

［目 文］ 国务院复函主要包括：兼职委员会议原则上每年召开一次，由国务院分管人口计生工作的领导人召集，也可委托人口计生委主要负责人或联系人口计生工作的国务院副秘书长召集。会议议题由人口计生委提出，报召集人确定。

1月20日

［纲 文］ **国务院办公厅同意国土资源部关于报请批准海南、河北、上海、山东、福建、浙江省（市）县际间海域行政区域界线的请示。**

1月20日

［纲 文］ **工信部发布《关于进一步加强电信服务用户消费提醒工作的通知》。**

［目 文］ 为进一步规范电信业务经营者收费行为，方便用户及时了解自身通信消费状况，切实保障电信用户知情权，根据《消费者权益保护法》《电信条例》《电信服务规范》等相关规定，该《通知》要求各运营商对业务办理、套餐消费、余额不足、国际漫游等12项用户消费行为进行提醒，且消费提醒服务应免费。《通知》的出台，对进一步规范电信服务市场，建立良好有序的电信产品消费秩序，无疑具有积极的意义。《通知》7月1日起全面实施。

1月20日

［纲 文］ **财政部、国家税务总局公布2011年财政、税收收入。**

［目 文］ 2011年，全国财政收入103740亿元，比上年增加20639亿元，增长24.8%。全国税收收入完成95729亿元。从全国财政收入主要项目情况看，企业所得税16760亿元，比上年增加3917亿元，增长30.5%。个人所得税6054亿元，比上年增加1217亿元，增长25.2%。2011年财政收入总体增长较快，是经济平稳较快增长、物价水平上涨、企业效益较好及将原预算外资金纳入预算管理等因素的综合反映。具体来看：一是经济增长带动税收增长，二是价格上涨带动相关税收增长，三是企业效益较好带动企业所得税增长，四是政策性增收因素。

2011年，全国财政支出108930亿元，比上年增加19056亿元，增长21.2%。财政支出结构得到进一步优化，加大了对“三农”、教育、医疗卫生、社会保障和就业、保障性安居工程、文化等的支持力度，切实保障和改善了民生。全国财政主要支出项目情况如下：教育支出16116亿元，增长28.4%；医疗卫生支出6367亿元，增长32.5%；社会保障和就业支出11144亿元，增长22%；住房保障支出3822亿元，增长60.8%；农林水事务支出9890亿元，增长21.7%；文化体育与传媒支出1890亿元，增长22.5%；交通运输支出7472亿元，增长36.1%；城乡社区事务支出7653亿元，增长27.8%。

1月20日

［纲 文］ **国资委公布数据显示，央企2011年累计实现营业收入202409.3亿元，**

同比增长20.8%；累计实现净利润9173.3亿元，同比增长6.4%。

1月20日

［纲　文］　**人力社会保障部新闻发言人谈养老金上调、保值增值、弹性退休等问题**。

［目　文］　继养老金“七连调”后，从2012年1月1日起，为2011年12月31日前已经办理退休手续并按月领取基本养老金的企业退休人员再次提高基本养老金水平。此次调整，综合考虑2011年物价上涨和职工工资水平增长等情况，按照2011年企业退休人员月人均基本养老金的10%左右确定调整水平，并对具有高级职称的企业退休科技人员、高龄人员等群体适当提高调整水平。

发言人表示，按照现行规定，养老基金仍然只能存银行买国债。养老保险在制度设计上是统账结合，采取部分积累制，因此产生了积累资金的保值增值问题。对于已经进行养老保险个人账户做实的13个试点省份，部分做实积累的基金，主要是中央财政补助的部分，经国务院批准，由地方政府委托社保基金理事会投资运营。下一步考虑开辟一些新的投资运营的渠道。

针对一些专家提出的弹性退休问题，发言人说，中国既面临着老龄化加快的挑战，又面临着就业压力巨大的挑战，对这样的一个政策要非常慎重。从程序上讲，如果要实施这样的政策，应进行深入论证，广泛听取社会各方的意见，逐步达成社会共识。

1月20日

［纲　文］　**国家统计局首次公布城乡居民收入中位数**。

［目　文］　公布数据显示，2011年，农村居民人均纯收入中位数为6194元，比上年增加995元，增长19.1%；城镇居民人均可支配收入中位数为19118元，比上年增加2279元，增长13.5%。

1月20日

［纲　文］　**《人民日报》报道，中国最大离网型太阳能发电站春节前落户新疆边防，彻底结束营房地区高原部队仅靠柴油机发电的单一保障模式**。

1月20日

［纲　文］　**教育部、发展改革委、审计署联合印发《治理义务教育阶段择校乱收费的八条措施》**。

［目　文］　为使义务教育阶段择校乱收费得到明显缓解，使义务教育阶段择校乱收费不再成为群众反映强烈的问题，教育部、发展改革委、审计署共同制定了该《措施》，内容包括：一、加强组织领导，落实治理工作责任。二、狠抓落实，务求取得治理成效。三、创新机制，提升治理工作科学化水平。四、加强宣传，营造良好治理氛围。

《措施》要求坚决禁止学校单独或和社会培训机构联合或委托举办以选拔生源为目的的各类培训班。严禁公办学校教师参与各类“占坑班”活动。要求按照区域内适龄儿童少年数量和学校分布情况合理划定每所公办学校的招生范围，并根据学校招生规模、生源数量等变化情况，及时动态地进行调整并向社会公布，确保就近入学的新生占绝大多数。《措施》规范了学校或教育行政部门接受社会组织和个人捐赠行为，收取捐赠款时必须依法为其出具凭证，禁止公办学校以与民办学校联合办学或举办民办校中校等方式，按照民办学校的收费政策，向学生收费。

1月20日

［纲　文］　**人力社保部新闻发言人宣布，2011年城镇新增就业1221万人，完成全年新增就业900万目标的136%，创历史新高。**

1月21日

［纲　文］　**国务院办公厅发布河北青崖寨等28处新建国家级自然保护区名单。**

［目　文］　新建国家级自然保护区名单包括：河北省青崖寨国家级自然保护区、山西省黑茶山国家级自然保护区、内蒙古自治区古日格斯台国家级自然保护区、辽宁省章古台国家级自然保护区、吉林省靖宇国家级自然保护区、吉林省黄泥河国家级自然保护区、黑龙江省绰纳河国家级自然保护区、黑龙江省多布库尔国家级自然保护区、黑龙江省友好国家级自然保护区、黑龙江省小北湖国家级自然保护区、福建省雄江黄楮林国家级自然保护区、江西省齐云山国家级自然保护区、江西省阳际峰国家级自然保护区、湖北省木林子国家级自然保护区、湖北省咸丰忠建河大鲵国家级自然保护区、广东省石门台国家级自然保护区、广东省南澎列岛国家级自然保护区、广西壮族自治区崇左白头叶猴国家级自然保护区、重庆市阴条岭国家级自然保护区、四川省诺水河珍稀水生动物国家级自然保护区、四川省黑竹沟国家级自然保护区、四川省格西沟国家级自然保护区、云南省云龙天池国家级自然保护区、云南省元江国家级自然保护区、陕西省韩城黄龙山褐马鸡国家级自然保护区、陕西省太白湑水河珍稀水生生物国家级自然保护区、陕西省紫柏山国家级自然保护区、甘肃省太子山国家级自然保护区。

1月21日

［纲　文］　**外交部发言人就南苏丹宣布逐步停止石油生产答记者问，希望早日通过谈判解决彼此间分歧。**

1月21日

［纲　文］　**《人民日报》报道，塔里木油田产出油气当量连续5年保持2000万吨佳绩。**

1月21日

［纲　文］　**财政部、证监会联合发布通知，对证券资格会计师事务所申请条件进行调整。**

［目　文］　根据测算与调研结果，将申请条件中关于收入的规定由“上一年度审计业务收入不少于1600万元”修订为“上一年度业务收入不少于8000万元，其中审计业务收入不少于6000万元”。规定证券资格事务所应有注册会计师200人，还规定近5年持有

注册会计师证书且连续执业的注册会计师不少于120人。为促进风险与责任的协调匹配，将证券资格事务所组织形式限定为特殊的普通合伙与普通合伙两种。对于已经具备证券资格的事务所，要求其在两年的过渡期内完成转制工作。

1月21日

［纲　文］**《人民日报》报道，国家工商总局出台措施支持文化产业，放宽新兴行业登记条件。**

［目　文］这些措施包括：放宽文化产业企业名称和经营范围登记条件、扩大文化企业融资渠道、拓宽新兴文化产业企业出资方式、加强文化产业企业信用分类监管等。

在企业名称上，经营性文化单位转企改制时，允许使用原名称（去掉主管部门），转制单位也可以另起名称；允许文化企业在名称中使用体现文化企业特点的各类新兴行业用语作为行业表述。在经营范围上，鼓励文化企业经营范围中体现行业特点，允许使用体现文化企业特点的各类新兴行业用语作为经营项目办理登记。在文化企业投资方式上，投资人可以货币或非货币财产投资。工商部门支持以文化知识产权、公司股权出资，支持用债权转为公司股权，充分利用各种财产性权利转化为文化产业资本。

此外，让守法守信的文化企业发展壮大，让违法失信的文化企业受到制约；及时将被吊销营业执照文化企业及其法定代表人的有关信息纳入“黑名单”；实现社会公众对文化企业登记管理基本信息的网上查询，提高文化企业市场透明度。

1月21日

［纲　文］**“文化中国·四海同春”2012年春节维稳华侨华人访问演出启动。**

［目　文］访演的7个艺术团分赴北美、南美、欧洲、大洋洲、东南亚等华侨华人聚居的18个国家及港澳地区共36个城市进行慰侨访演。“文化中国·四海同春”是国侨办举办的“文化中国”系列活动之一。自2009年起已经累计向海外和港澳地区派出20个艺术团组，演出139场，观众累计175.09万人次。

1月21日

［纲　文］**环境保护部印发《关于铁路建设项目变更环境影响评价有关问题的通知》。**

［目　文］为进一步规范铁路建设项目环境影响评价管理，促进铁路建设与环境保护协调发展，根据《环境影响评价法》及有关规定制定的该《通知》规定，从功能定位、技术标准、工程内容、环境敏感区等变更情况进行分类，铁路建设项目满足任何一类中的任何一项变更，均界定为重大变动，需依法重新报批环境影响评价文件。

1月21—22日

［纲　文］**新春佳节到来之际，温家宝在甘肃革命老区看望干部群众，在长庆油田看望石油工人。**

［目　文］中共中央政治局常委、国务院总理温家宝到革命老区甘肃庆阳，深入社区和村庄，看望干部群众，向他们致以节日的问候。温家宝还到长庆油田陇东油区，与石

油工人共迎新春佳节。在调研期间，他还在长庆油田陇东生产指挥中心，通过视频连线方式向节日期间在一线工作的大庆油田、塔里木油田、兰州石化、中石油苏丹尼罗河公司和长庆油田安塞女子采油队的干部职工拜年。

1 月 22 日

［纲　文］ **胡锦涛在北京市基层干部群众中间进行考察，共迎新春。**

［目　文］ 中共中央总书记、国家主席胡锦涛在怀柔区田仙峪村与村民们一起燃放鞭炮，祝愿乡亲们新春快乐、阖家幸福；在北京顺鑫农业股份有限公司创新食品分公司慰问节日坚守岗位的员工，了解企业保障首都节日市场供应情况；在前门商业街勉励天福号酱肉店员工更好地为广大顾客服务，让老字号焕发出新的生机。

1 月 22 日

［纲　文］ **首届冬季青年奥运会闭幕，中国选手获 7 枚金牌。**

［目　文］ 本届冬青奥会 13 日在奥地利因斯布鲁克举行，为期 10 天，共有 6 种形式 20 多个项目。中国体育代表团 23 名运动员共获得 7 枚金牌、4 枚银牌和 4 枚铜牌，成绩仅次于德国代表团。速度滑冰选手杨帆收获了男子 1500 米、3000 米和集体出发 3 枚金牌，成为夺金数量最多的中国运动员。

1 月 23 日

［纲　文］ **上海杂技团参赛节目荣膺第 36 届蒙特卡洛国际马戏节“金小丑”奖。**

［目　文］ 由中国杂技家协会选派的上海杂技团有限公司的参赛节目《大跳板》和《男子艺术造型》共同荣膺在摩纳哥举行的第 36 届蒙特卡洛国际马戏节比赛的“金小丑”奖。这是中国杂技节目参加该马戏节比赛历史上最优异的成绩。

第 36 届蒙特卡洛国际马戏节比赛于 1 月 19 日至 22 日在摩纳哥举行，来自 20 个国家的 29 个杂技和驯兽节目在为期 4 天的比赛中进行了激烈角逐。

1 月 24 日

［纲　文］ **中国国家主席胡锦涛、国务院总理温家宝和以色列领导人互致贺电，庆祝两国建交 20 周年。**

1 月 24 日

［纲　文］ **国务院同意人力资源社会保障部、发展改革委、教育部、工业和信息化部、财政部、农业部、商务部制定的《促进就业规划（2011—2015 年）》。**

［目　文］ 人力社保部负责人介绍，《规划》的一大亮点是确定了“十二五”时期中国促进就业的指导思想、基本原则和发展目标，明确“就业优先”。

在指导思想上，《规划》强调要紧密结合保障和改善民生、构建和谐社会的需要，切实把就业作为民生之本，作为经济社会发展的优先目标，以此来谋划未来 5 年就业事业的发展。

在基本原则上，《规划》确定了促进就业与经济社会发展相结合、促进就业与人力资源开发相结合、发挥市场机制作用与政府促进相结合、促进企业发展与维护劳动者权益相结合的原则，全面推进就业工作发展。

在发展目标上，《规划》提出了多项具体量化指标，主要有：城镇新增就业4500万人；转移农业劳动力4000万人；城镇登记失业率控制在5%以内；专业技术人才总量达到6800万人；等等。值得一提的是，城镇新增就业、城镇登记失业率等重点指标完成情况都纳入政府综合考核体系。这意味着“就业优先”有了硬约束。

《规划》提出，“十二五”期间，中国形成正常的工资增长机制，职工工资收入水平合理较快增长，最低工资标准年均增长13%以上，绝大多数地区最低工资标准达到当地城镇从业人员平均工资的40%以上。中国切实做好高校毕业生和其他青年群体的就业工作，继续把高校毕业生就业放在就业工作的首位。“十二五”末全国技能劳动者总量达1.25亿人，其中高技能人才总量3400万人，占技能劳动者比重27%。中国全部街道、乡镇和城市95%以上的社区将设立基层劳动就业服务平台。

围绕这一系列发展目标，《规划》提出了八项促进就业的主要任务和政策措施，并以专栏的形式提出了高校毕业生就业推进计划、公共就业和人才服务行动计划、构建和谐劳动关系计划等若干工作计划，以及人力资源开发、公共就业综合服务等重大工程。

1月24日

［纲　文］　**中国7人获首届霍华德·休斯医学研究所国际青年科学家奖。**

［目　文］　首届霍华德·休斯医学研究所国际青年科学家奖揭晓，共有12个国家的28名科学家从760名候选者中脱颖而出，中国清华大学教授颜宁，北京生命科学研究所高级研究员王晓晨、邵峰、张宏、朱冰，中科院武汉物理与数学研究所研究员唐淳，南开大学教授胡俊杰等7名优秀科学家入围，是获奖人数最多的国家。

霍华德·休斯医学研究所成立于1953年，是全球规模最大的非营利性医学研究所，于2012年首次设立国际青年科学家奖项目，资助美国以外的17个国家（或地区）的杰出科学家。获奖者将获得为期5年的资助，奖金总额为65万美元。

1月24日

［纲　文］　**中国科学家获癌症研究创新成就奖。**

［目　文］　全美癌症研究基金会宣布，将第七届圣捷尔吉癌症研究创新成就奖授予中国科学家王振义和陈竺，以表彰他们在急性早幼粒细胞白血病（APL）研究上所取得的原创性成果及在该研究基础上发展的治疗APL的全新疗法。

1月26日

［纲　文］　**国务院办公厅发布《关于积极稳妥推进户籍管理制度改革的通知》。**

［目　文］　《通知》要求各地区、各有关部门认真贯彻国家有关推进城镇化和户籍管理制度改革的决策部署，积极稳妥推进户籍管理制度改革。《通知》内容包括：一、指导

思想和基本原则；二、分类明确户口迁移政策；三、依法保障农民土地权益；四、着力解决农民工实际问题；五、切实加强组织领导。

1月26日

［纲 文］ **云南玉龙发生森林火灾。**

［目 文］ 上午发生的火灾着火点在白沙乡新尚村委会向阳组集体林区，火场林相为云南松中幼林。林火距玉龙雪山景区约5公里，未危及景区。截至27日上午12时，已调集参与扑火人员3727人，投入运洒水车18台。从27日凌晨2时开始行动至14时，经过军警民通力合作，火场火势已得到控制，27日已全面转入火场清守阶段。

1月27日

［纲 文］ **国务院发布关于2011年度国家科学技术奖励的决定。**

［目 文］ 决定指出，根据《国家科学技术奖励条例》的规定，经国家科学技术奖励评审委员会评审、国家科学技术奖励委员会审定和科技部审核，国务院批准并报请国家主席胡锦涛签署，授予谢家麟院士、吴良镛院士2011年度国家最高科学技术奖；国务院批准，授予"流体力学与量子力学方程组的若干研究"等36项成果国家自然科学奖二等奖，授予"有机发光显示材料、器件与工艺集成技术和应用"等2项成果国家技术发明奖一等奖，授予"后期功能型超级杂交稻育种技术及应用"等53项成果国家技术发明奖二等奖，授予"青藏高原地质理论创新与找矿重大突破"国家科学技术进步奖特等奖，授予"玉米单交种浚单20选育及配套技术研究与应用"等20项成果国家科学技术进步奖一等奖，授予"高性能移动分组核心网智能化技术创新及应用"等262项成果国家科学技术进步奖二等奖，授予德国数学家德乐思等8名外国专家中华人民共和国国际科学技术合作奖。

1月27—31日

［纲 文］ **全国政协主席贾庆林应邀对埃塞俄比亚进行访问，并出席非洲联盟第18届国家元首和政府首脑会议开幕式。**

［目 文］ 28日，贾庆林与埃塞俄比亚总理梅莱斯进行了会谈。贾庆林表示，中方高度重视发展同埃塞俄比亚的关系，愿同埃方一道努力，把中埃全面合作伙伴关系推向更高水平。一是保持高层交往，增进政治互信。二是深化务实合作，谋求共同发展。三是扩大人文交流，夯实友好基础。四是加强多边合作，促进和平发展。梅莱斯表示，埃方愿同中方加强友好合作和交流借鉴，希望同中方扩大治国理政和人文方面的交流，并派更多技术工人到中国接受培训，欢迎更多中资企业前来投资兴业。埃方愿继续在重大国际和地区问题上同中方保持沟通协调。会谈后，贾庆林和梅莱斯共同出席了双边经贸合作文件签字仪式。贾庆林还分别同苏丹总统巴希尔，非盟轮值主席、赤道几内亚总统奥比昂，非盟委员会主席让·平会谈，就双方之间如何巩固友好关系，增进政治互信，深化双方经贸合作等问题进行了交流。当日，贾庆林与非洲领导人共同出席非盟会议中心落成典礼。

29日，非洲联盟第18届国家元首和政府首脑会议在埃塞俄比亚首都亚的斯亚贝巴召开，胡锦涛主席致贺词祝贺。贾庆林出席开幕式并发表题为《加强中非团结合作 携手共创美好未来》的演讲。

贾庆林强调，中国坚持尊重非洲国家的主权和发展道路，不干涉非洲国家内政；坚持同非洲国家平等相待，在互利共赢基础上开展合作；坚持向非洲提供不附加任何政治条件的援助，始终认为中非之间的援助和支持是相互的；坚持把自身发展寓于与非洲共同发展之中，并以自身发展促进非洲的发展。同时，非洲国家也在涉及中国重大和核心利益问题上坚定支持中方立场，并为中国经济发展提供了有力支持。中国人民永远铭记非洲人民对中国人民的无私帮助。中方从战略高度、长远角度看待和发展中非关系，愿与非洲国家一道，大力弘扬中非传统友谊，密切在国际和地区问题上的协调配合，着力提升经贸务实合作水平，大力拓展中非人民交流，加强中非合作论坛建设，推动中非新型战略伙伴关系迈上新台阶。

30日，贾庆林结束访问回国途中，在迪拜酋长庄园会见阿拉伯联合酋长国副总统兼总理、迪拜酋长穆罕默德，双方就拓展新领域的合作、经贸往来等问题进行了交流。31日，贾庆林一行回到北京。

1月28日

［纲　文］　经军委主席胡锦涛批准，中央军委下发《关于大力发展先进军事文化的意见》。

［目　文］　《意见》指出，先进军事文化是党领导人民军队在长期奋斗中创造的宝贵精神财富，是体现我军性质宗旨、职能任务、历史传统的文化形态，是提高我军战斗力的重要因素和滋养官兵的精神沃土，是社会主义先进文化的重要组成部分。大力发展先进军事文化，是从思想上政治上建设部队、保持人民军队性质和本色的迫切要求。

《意见》指出，发展先进军事文化，必须紧紧围绕推动国防和军队建设科学发展主题、加快转变战斗力生成模式主线，坚持社会主义先进文化前进方向，坚持我军重视文化建设的优良传统，坚持走具有我军特色的军事文化发展路子，以培育当代革命军人核心价值观为根本任务，以提高部队战斗力为根本着眼点，以保持我军高度团结统一为重要着力点，以满足官兵精神文化需求为出发点和落脚点，以改革创新为动力，进一步激发文化创造活力，为推动国防和军队建设科学发展、有效履行我军历史使命提供强大精神力量，为建设社会主义文化强国做出积极贡献。

《意见》明确了发展先进军事文化的目标和主要任务，提出坚持把培育当代革命军人核心价值观作为发展先进军事文化的根本任务，坚持弘扬主旋律创作生产更好更多精神文化产品，紧贴部队使命任务和官兵精神文化需求加强军营文化建设，努力建设高素质军事文化人才队伍。

《意见》强调，各级党委要从党的事业和军队建设发展的全局出发，以高度的文化自觉和强烈的使命担当，加强领导，精心谋划，科学实施，狠抓落实，不断提高军事文化建设科学化水平。要切实担负起发展先进军事文化的政治责任，努力提高领导军事文化建设的能力，掌握文化工作主动权。加强文化单位领导班子和党组织建设，着力提高领导班子能力素质，着力增强党员队伍党的观念、党员意识。加大军事文化建设投入和扶持力度，坚持文化资源和经费向基层倾斜，健全军营文化建设法规制度。树立与科学发展观相适应的军事文化发展观，深入推进军事文化建设改革创新。

1月28日

［纲　文］ **中国在南非约翰内斯堡举办最大规模春节庙会。**

［目　文］ 庙会为第五届，由中国文化部、北京市政府、中国驻南非使领馆与南非方面共同举办，是“2012南非欢乐春节·魅力北京”系列活动的一部分。举办当日吸引了上万名游客。

1月29日

［纲　文］ **国家主席胡锦涛同摩尔多瓦代总统互致贺电，祝贺建交20周年。**

1月29日

［纲　文］ **国务院副总理李克强会见世界银行高级副行长林毅夫，双方就当前世界经济形势、进一步深化中国同世行联合研究与合作等问题深入交换了意见。**

1月29日

［纲　文］ **第三届中国阿拉伯民间友好合作对话会暨中东新形势下的中阿合作关系研讨会在开罗举行。**

1月29日

［纲　文］ **保监会调整保险业务监管费收费范围、标准和办法。**

［目　文］ 根据新办法，保监会降低对保险机构经营的各项保险业务的监管费标准，收费占保险公司年度自留保费的比例均有所下调。其中，责任险和短期健康险业务由1.6‰降为1.3‰，财险、意外险业务由1.7‰，降为1.45‰；长期寿险由0.9‰降为0.75‰，长期健康险由0.8‰降为0.65‰。对保险中介业务的监管费由按代办业务营业收入的1.2‰收取降为按代办业务营业收入的0.9‰收取。

1月29日

［纲　文］ **北京市民政局发布开展“接送流浪孩子回家”专项行动通知，力争到2012年底基本实现首都街面无流浪未成年人的目标。**

1月29日

［纲　文］ **《人民日报》报道，回良玉要求春节期间森林防火工作加大扑救力度。**

［目　文］ 春节期间，中国部分地区连续发生森林火灾。中共中央、国务院对此高度重视。国务院副总理回良玉要求，国家森林防火指挥部和有关地区要发扬连续作战精神，科学指挥，统筹调度，加大扑救工作力度，确保人员安全，最大限度减轻财产损失。同时，强调要继续加大火源管理力度，防止发生新的火灾。

1 月 21 日 8 时至 29 日 8 时，国家森林防火指挥部办公室通过卫星监测发现林火热点 102 个，主要集中在西藏、云南、四川、湖北等省区；发生森林火灾 13 起，其中湖北 6 起，四川、云南各 3 起，西藏 1 起。西藏林芝地区波密县、四川凉山彝族自治州西昌市各有 1 起森林火灾仍在扑救，其他火灾均已扑灭。国家森林防火指挥部、国家林业局派出 2 批扑火工作组，紧急调拨扑火物资，指导和支持扑火工作；多次发出紧急通知，要求各地高度重视当前火险态势，采取超常规措施，加强防火检查和火情监测，严格管控火源，加强火灾防控和扑救，努力做好森林防火工作。

1 月 29 日

［纲 文］ **中资企业员工在苏丹遭遇袭击。**

［目 文］ 当地时间 28 日上午，中水电公司在南科尔多凡州从事一个公路项目的工地遭到当地武装分子袭击，29 名中国工人被劫持。

事件发生后，中方立即启动应急机制，和苏丹政府通力合作解救被劫持人员，且通过各种途径向苏丹反政府武装传达信息。2 月 7 日，我 29 名被劫持人员安全获释，并在中国政府赴前方工作组和我外交人员等陪同下平安抵达肯尼亚首都内罗毕。2 月 9 日，29 名被劫持人员抵达北京首都国际机场。

1 月 30 日

［纲 文］ **外交部发言人表示，中方就日方拟对钓鱼岛附属岛礁命名事向日方提出严正交涉。**

1 月 30 日

［纲 文］ **中国驻墨西哥大使馆举办庆祝两国建交 40 周年招待会。**

1 月 30 日

［纲 文］ **2012 年德国“中国文化年”活动开幕。**

［目 文］ 2012 年德国“中国文化年”开幕音乐会在柏林宪兵广场音乐厅举行。中国爱乐乐团演出瓦格纳歌剧《唐豪瑟》序曲、小提琴协奏曲《梁祝》及《贵妃醉酒》。中国文化部部长蔡武率中国政府文化代表团出席音乐会。“中国文化年”是中德建交 40 年以来中国在德国举办的规模最大、参与项目最多、影响范围最广的活动，全年在德国各地举办音乐、戏剧、舞蹈、文学、电影、展览、对话论坛等领域共 150 个项目、超过 500 场活动。

1 月 30 日

［纲 文］ **国家安全监管总局公布《危险化学品建设项目安全监督管理办法》。**

［目 文］ 《办法》共有 8 章 54 条，内容包括：第一章总则，第二章建设项目安全条件审查，第三章建设项目安全设施设计审查，第四章建设项目试生产（使用），第五章建设项目安全设施竣工验收，第六章监督管理，第七章法律责任，第八章附则。《办法》4 月 1 日起施行。

1月30日

［纲　文］　**住房城乡建设部公布《“十二五”建筑节能专项规划（征求意见稿）》。**

［目　文］　《规划》要求，到“十二五”期末，建筑节能形成1.16亿吨标准煤节能能力。其中发展绿色建筑，加强新建建筑节能工作，形成4500万吨标准煤节能能力；深化供热体制改革，全面推行供热计量收费，推进北方采暖地区既有建筑供热计量及节能改造，形成2700万吨标准煤节能能力；加强公共建筑节能监管体系建设，推动节能改造与运行管理，形成1400万吨标准煤节能能力。推动可再生能源与建筑一体化应用，形成常规能源替代能力3000万吨标准煤。

《规划》还明确提出“十二五”建筑节能的重点任务分别是，提高能效，抓好新建建筑节能监管；扎实推进既有居住建筑节能改造；深入开展大型公共建筑节能监管和高耗能建筑节能改造；加快可再生能源建筑领域规模化应用；大力推动绿色建筑发展，实现绿色建筑普及化；积极促进新型材料推广应用和推广绿色照明应用。

1月30日

［纲　文］　**南极科考队完成南极半岛海域多学科大洋综合考察。**

［目　文］　此次南极科考于1月16日开始在南极半岛海域展开密集作业。经过13天艰苦作业，于当地时间29日晚（北京时间30日上午）完成，作业站点达46个。这是中国首次在南极半岛海域进行如此规模的大洋考察。

此次科考涉及物理海洋学、海洋地质、海洋地球物理、海洋化学、海洋生物生态等领域的多学科大洋综合考察，旨在系统掌握考察区域的海洋水文、海洋气象、海洋声学、海冰、海洋沉积、古环境与古气候记录、地球物理场与地质构造、海洋化学和海洋生物等环境基本信息和第一手资料。作为中国“十二五”南北极环境综合考察专项实施以来的试点航次，此次大洋综合考察实现了多个“首次”。

大洋队在物理海洋学方面对42个站点进行了温盐深剖面采水系统采水作业。海洋化学方面，共获取样品3000多个，分析样品406个。在海洋生物学领域，大洋队在特定海区走航高速采集浮游动物样品88份、环南极走航高速采集磷虾样品17份，在采样中同步完成叶绿素、温度、盐度参数测量，在南极半岛调查区的40个站点实施了浮游生物垂直拖网。在海洋地质考察中，大洋队成功获取5根海底柱状泥样，其中最长的泥样达到3.2米。这些数据和样品可为研究南极周边海洋环境、气候特征及演变规律，深入了解极地海—冰—气相互作用过程及其对全球和中国气候的影响提供线索。

1月31日

［纲　文］　**国家主席胡锦涛、国务院总理温家宝与马耳他领导人互致贺电庆祝两国建交40周年。**

1月31日

［纲　文］　**温家宝主持召开国务院第6次全体会议，讨论《政府工作报告（征求意**

见稿）》。

［目 文］ 会议决定，将这个文件发往各省、自治区、直辖市和中央有关部门、单位征求意见。温家宝讲话指出，2012年是“十二五”时期承上启下的重要一年，也是本届政府任期的最后一年，改革发展任务繁重而艰巨。必须永不停顿地推进经济体制、政治体制等各领域的改革，加强顶层设计，力求在重点领域和关键环节取得新的突破，着力解决一些重大经济社会问题。要让《政府工作报告》真正成为一份推动转变发展方式取得新进展、改革开放取得新突破、改善民生取得新成效的施政纲领。

温家宝强调，过去一年，我们巩固和扩大了应对国际金融危机冲击成果，国民经济继续朝着宏观调控预期的方向发展，呈现增长较快、价格趋稳、效益较好、民生改善的良好态势。当前，中国发展仍处于重要战略机遇期，在较长时期内继续保持经济平稳较快发展具备不少有利条件。要鼓舞人民、动员人民，增强全国各族人民对经济社会发展的信心，运用各种有利条件和积极因素，积极应对挑战，努力克服困难，推动经济平稳较快发展。

温家宝对当前重点工作作了部署。一、继续搞好宏观调控。二、抓好农业生产。三、巩固房地产市场调控成果。四、促进对外贸易稳定发展。五、切实抓好经济运行调节和安全生产。六、切实解决好突出的民生问题。

1月31日

［纲 文］ **王兆国在广西参加人大工作座谈会。**

［目 文］ 全国人大常委会副委员长王兆国在座谈会上强调，随着社会主义民主政治建设不断推进，人大在国家政治生活中发挥着重要作用。要按照坚持党的领导、充分发扬民主、严格依法办事的原则，把模范遵守宪法和法律、密切联系群众、努力为人民服务、受到群众信赖的优秀分子选为人大代表。要努力提高代表素质，支持和保障代表依法履行代表职务。要完善适合国家权力机关特点的、充满活力的组织制度和运行机制，充分发挥人大及其常委会作为国家权力机关的作用，使人大及其常委会成为全面担负起宪法赋予的各项职责的工作机关，成为同人民群众保持密切联系的代表机关。

1月31日

［纲 文］ **发展改革委等17个部门共同印发《“十二五”节能减排全民行动实施方案》。**

［目 文］ 《方案》提出的政府机构行动方案要求，各级政府机构应通过深入推进节约型机关建设，降低机关能源资源消耗，切实发挥政府机构的表率示范作用，引导和带动全社会做好节能减排工作。全民行动方案提出，组织开展家庭社区、青少年、企业、学校、军营、农村、政府机构、科技、科普和媒体等十个节能减排专项行动。其中，政府机构节能减排行动包括绿色办公、绿色出行、资源循环利用、节能宣传教育等活动内容。政府机构绿色办公活动方案提出，倡导用电高峰时段每天少开一小时空调，使用空调时关好门窗。日常办公尽量采用自然光，离开会议室等办公区时随手关灯。提高新增公务车中小排量和清洁能源汽车比例。全国政府机构公务用车按牌号尾数每周少开一

天，开展公务自行车试点。机关工作人员每月少开一天车，倡导“135”出行方案，即 1 公里以内步行，3 公里以内骑自行车，5 公里乘坐公共交通工具。加快推进公务用车制度改革。

1 月 31 日

［纲　文］　**“亚洲货币基金管理机构”（AMRO）在新加坡成立，中方推荐人魏本华任第一年主任。**

［目　文］　AMRO 由 10+3 财长会倡导成立，旨在推动区域经济监测与分析，支持清迈倡议多边化协议的实施。办公室地点设在新加坡。各方经过反复磋商决定，中日两名候选人均胜任 AMRO 主任职位，在 AMRO 头三年任期中，日方推荐人选根本洋一任职第二和第三年。

1 月 31 日

［纲　文］　**袁隆平获得 2011 年“马哈蒂尔科学奖”。**

［目　文］　马来西亚前总理马哈蒂尔向中国工程院院士、杂交水稻专家袁隆平颁发了 2011 年“马哈蒂尔科学奖”，表彰他在热带农业发展领域的贡献。“马哈蒂尔科学奖”于 2004 年设立，授予在全世界范围内通过科学和技术为解决热带地区各种问题做出贡献和带来革新的科学家、机构或组织，学科范围涵盖热带医药、热带农业、热带建筑和工程以及热带自然资源等领域。

1 月 31 日

［纲　文］　**财政部印发《生猪调出大县奖励资金管理办法》。**

［目　文］　为贯彻落实 2011 年国务院关于进一步扶持生猪生产发展、稳定市场供应有关政策要求，进一步发挥生猪调出大县奖励资金使用效益，充分调动地方发展生猪生产的积极性，财政部印发该办法。《办法》共有 5 章 17 条，包括：第一章总则，第二章奖励资金的管理方式，第三章奖励资金的申报和拨付，第四章奖励资金的监督管理，第五章附则。《办法》本日实施。

1 月 31 日

［纲　文］　**人力资源社会保障部发布《关于印发技工院校设置标准（试行）的通知》。**

［目　文］　为贯彻实施《高技能人才队伍建设中长期规划（2010—2020 年）》（中组发〔2011〕11 号），按照《关于大力推进技工院校改革发展的意见》（人社部发〔2010〕57 号）有关要求，人力资源社会保障部在广泛调研的基础上，组织有关专家制定了《技工学校设置标准（试行）》《技师学院设置标准（试行）》，对原《高级技工学校标准》进行了修订。新修改的《技工学校设置标准（试行）》共 20 条，《高级技工学校设置标准（试行）》共 23 条，《技师学院设置标准（试行）》共 23 条。

1 月 31 日

［纲　文］　**中国文化部和中国驻波兰大使馆主办的“欢乐春节——波兰行”文艺演**

出在华沙举行。

1月31日

［纲　文］　**三一重工联合中信产业基金共同收购德国普茨迈斯特100%股权。**

［目　文］　此次收购，三一重工出资人民币26.54亿元收购90%，中信基金收购10%。

德国普茨迈斯特有限公司成立于1958年，在全世界范围内开发、生产、销售建筑设备，尤其是混凝土泵长期居于世界领先地位。三一重工总部位于湖南长沙，是中国建筑机械大型生产商，也是中国混凝土泵业的领军企业。

1月31日

［纲　文］　**《人民日报》报道，全国首台轨道式变电站巡检机器人春节期间试运行。**

［目　文］　由中国科学院沈阳自动化研究所历时两年研制的轨道式巡检机器人春节期间在辽宁鞍山220千伏王铁变电站投入试运行。

这台机器人长1150毫米，宽500毫米，高650毫米，重约30公斤，它由移动机构、载波通讯系统、音频采样系统、视频观察系统、运动控制系统、红外避障系统、除霜除雪装置等7部分组成。行进速度可达每分钟70米。它既可耐50摄氏度的高温，又可以耐零下25摄氏度的严寒，防雨等级达到IP55。这台机器人巡视时回转可以达到360度，俯仰0—85度，前方有障碍时可以自动停止，并向计算机发出警告，巡视发现故障时也同样向计算机发出警告。另外，它配有红外夜视灯，可保证夜间正常巡视。

1月31日

［纲　文］　**南京市与江苏省科技厅、教育厅共同出台科技体制改革“九条政策”。**

［目　文］　这“九条政策”，要在三个方面力求突破。一、破解身份之忧，激发各类创新创业主体活力。“九条政策”提出，允许和鼓励在南京的高校、科研院所和国有事业、企业单位科技人员离岗创业，三年内保留其原有身份和职称，档案工资正常晋升；鼓励南京各高校允许全日制在校学生休学创业，凡到南京市大学创业基地创业的学生，进入基地创业的时间，可视为其参加学习、实训、实践教育的时间，并按相关规定计入学分。二、全方位保护好创新成果，让创新者多得利、多受益。“九条政策”提出，允许和鼓励在南京的高校、科研院所和国有事业、企业单位职务发明成果的所得收益，按至少60%、最多95%的比例划归参与研发的科技人员及其团队拥有；允许和鼓励在南京的高校、科研院所科技人员在完成本单位布置的各项工作任务前提下在职创业，其收入归个人所有。三、加大对科技创业的鼓励和支持。“九条政策”允许科技领军型创业人才创办的企业，知识产权等无形资产可按至少50%、最多70%的比例折算为技术股份，高校、科研院所转化职务科技成果以股份或出资比例等股权形式给予科技人员个人奖励，按规定暂不征收个人所得税；允许在引进的科技领军型创业人才创办的企业中，将市、区（县）属国有股份三年内分红以及按投入时约定的固定回报方式退出的超出部分，用于奖励科技领军型人才和团队。

1月31日—2月1日

［纲　文］　**24名中国工人和1名翻译在埃及被当地人扣留后获释。**

［目　文］　这25名中国人都在当地的水泥厂工作，他们是在当天去上班的路上被当地土著居民贝都因人自行设立的检查站扣留的。事件发生后，中国驻埃及大使宋爱国立即与埃及内政部进行了交涉，要求对方保证被扣留的中方人员的安全，并敦促埃方尽快处理此事，释放被扣留的中方人员。次日凌晨，被扣留的25名中国人获释。

2 月

2月1日

［纲　文］　**国务院总理温家宝主持召开国务院常务会议。**

［目　文］　会议指出，小型微型企业是提供新增就业岗位的主要渠道，是企业家创业成长的主要平台，是科技创新的重要力量。支持小型微型企业健康发展，对于中国经济克服国际金融危机影响、保持平稳较快发展，具有重要战略意义。近年来，国务院出台了一系列政策措施，取得积极成效。但当前小型微型企业经营压力大、成本上升、融资困难等问题仍很突出，必须进一步加大支持力度。

会议要求认真落实国务院2011年10月12日常务会议确定的各项财税和金融支持政策，包括：提高增值税和营业税起征点，将小型微利企业减半征收企业所得税政策延长至2015年底并扩大范围，对金融机构与小型微型企业签订的借款合同三年内免征印花税，将贷款损失准备金税前扣除政策延长至2013年底；银行业金融机构对小型微型企业贷款的增速不低于全部贷款平均增速，对达到要求的小金融机构执行较低存款准备金率，适当提高对小型微型企业贷款不良率的容忍度等。会议确定进一步支持小型微型企业健康发展的政策措施：一、完善财税支持政策。二、努力缓解融资困难。三、加快技术改造，提高装备水平，提升创新能力。四、加强服务和管理。会议要求各地区、各有关部门结合实际，研究制定配套政策措施，创造有利于小型微型企业发展的良好环境。

2月1日

［纲　文］　**“中欧文化对话年”在布鲁塞尔开幕。**

［目　文］　2010年第13次中欧领导人会晤期间，中国国务院总理温家宝和欧盟委员会主席巴罗佐共同宣布2012年为“中欧文化对话年”。“中欧文化对话年”的举办凸显中欧双方进一步加深友谊、促进合作、谋求共识的愿望。“中欧文化对话年”是建立在平等基础上的文化交流活动，中欧文化的碰撞带给人们视觉及听觉享受。在2012年里，中方以思想对话与文化交流为主线，组织9个大项超过150个具体项目的活动，涵盖哲学、艺术、文学等多个领域，覆盖欧盟27个成员国。这是中国文化在欧洲的一次集中展示，也为欧洲公众参与中国的高水平文化活动提供宝贵的机会。

“中欧文化对话年”在布鲁塞尔开幕后，双方以思想文化对话与文化艺术交流为主线，共完成近300个合作项目，涵盖了文学、艺术、哲学、语言、体育、新闻出版、青年交流、旅游等领域，覆盖包括北京、上海、港澳地区在内的22个中国省区及27个欧盟成员国。

11月30日，“中欧文化对话年”在中国美术馆闭幕。文化部部长蔡武和欧委会教育文化委员瓦西利乌出席，双方共同发表了《中国—欧盟文化合作联合声明》。刘延东国务委员在北京会见了瓦西利乌一行。

2月1日

［纲　文］**《在新形势下保持党的纯洁性——胡锦涛同志在第十七届中央纪委第七次全会上的重要讲话精神学习读本》出版。**

［目　文］　该书结合当前中国社会与经济建设的实际，从九个方面分析了当前反腐倡廉的形势、保持党的纯洁性的重大意义、保持党员干部的纯洁性的四项具体要求以及2012年反腐倡廉工作的主要任务，对胡锦涛的讲话精神进行了权威解读。

2月1—3日

［纲　文］**张德江在湖北调研。**

［目　文］　中共中央政治局委员、国务院副总理张德江在湖北十堰、襄阳、武汉、孝感，到东风汽车、中航工业、中船重工、中国中铁、武汉邮科院、武钢、航天科工等中央企业和三环集团进行调研，了解企业生产经营研发和改革发展情况。

在调研时，张德江强调，中央企业要增强机遇意识、忧患意识，加强战略谋划，狠抓工作落实，努力完成2012年的各项任务。要把稳增长作为2012年工作的重中之重，坚持突出主业，做优做强实业，积极开拓国内市场，努力扩大对外合作，防止生产经营出现大的波动，为保持国民经济平稳较快发展做出积极贡献。要围绕转变发展方式，加大结构调整力度，积极推进兼并重组，加大研发投入，大力推进自主创新，加快技术改造，切实提高中央企业的发展质量和效益。要继续深化改革，加强企业改革的顶层设计和总体规划，继续推进公司制股份制改革，大力推进国有经济战略性调整，进一步深化企业内部劳动、用工、分配、技术创新激励制度的改革，加大力度解决制约企业发展的历史遗留问题。要狠抓管理，从严治企，苦练内功，以解决企业经营管理中存在的突出问题和薄弱环节为重点，向管理要质量、要效益，持续强化基础管理，积极推进管理创新，不断提高企业管理水平。

2月1日

［纲　文］**统战部和国务院办公厅举行国务院参事、中央文史研究馆馆员新春招待会。**

2月1日

［纲　文］**两大网络电视（IPTV）集成播控平台合并。**

［目　文］　中央电视台所属的中国网络电视台与上海广播电视台，在北京就IPTV集成播控平台合并签署协议，以中央电视台开办、中国网络电视台建设和运营的IPTV中央集成播控总平台为基础，进一步建设和完善为全国唯一的IPTV中央集成播控总平台，原上海广播电视台IPTV集成播控平台作为IPTV中央集成播控总平台的备份平台。双方把各自拥有的频道和节目资源投入到总平台。双方同时宣布成立合资公司，负责IPTV中

央集成播控总平台的可经营性业务。合资公司与中国网络电视台、百视通技术公司在相关业务领域进行紧密地合作。

2月1日

［纲　文］　**“中国非物质文化遗产展演”在纽约联合国总部举行**。

［目　文］　来自中国的400余名演员登台献艺，民乐、舞蹈、相声、短剧等节目让来自世界各国的观众进一步了解了中国的非物质文化遗产。此次展演由中国常驻联合国代表团和中国文化艺术基金会共同举办。中国常驻联合国代表李保东、联合国常务副秘书长米吉罗、联合国副秘书长沙祖康和赤阪清隆出席。

2月1日

［纲　文］　**环境保护部公布《污染源自动监控设施现场监督检查办法》**。

［目　文］　为加强对污染源自动监控设施的现场监督检查，保障其正常运行，保证自动监控数据的真实、可靠和有效，根据《中华人民共和国水污染防治法》《中华人民共和国大气污染防治法》等有关法律法规，制定该《办法》。共有5章29条，内容包括：第一章总则，第二章监督管理，第三章现场监督检查，第四章法律责任，第五章附则。《办法》4月1日起施行。

2月1—2日

［纲　文］　**西藏林芝机场开通由西藏航空公司执飞的成都至林芝、重庆至林芝、拉萨至林芝3条航线**。

［目　文］　此次西藏航空开通的拉萨至林芝航线每周1、4各往返1班，成都至林芝航线每周1、3、5、7各往返1班，重庆至林芝航线每周2、4、6各往返1班。作为西藏首家本土航空公司，西藏航空公司自2011年7月26日开航以来，已经开通了14条航线，其中独飞航线3条，并已覆盖拉萨、阿里、林芝三大高原机场，促进了西藏的经济发展和文化交流。

2月2日

［纲　文］　**中共中央印发《关于加强新形势下党外代表人士队伍建设的意见》**。

［目　文］　《意见》主要有以下八个方面：一、深刻认识加强新形势下党外代表人士队伍建设的重要性和紧迫性；二、党外代表人士队伍建设的总体要求；三、切实抓好党外代表人士的发现储备；四、全面加强党外代表人士的教育培养；五、加大党外代表人士的选拔任用力度；六、注重党外代表人士的管理；七、加强与党外代表人士的联谊交友；八、加强和改善党对党外代表人士队伍建设的领导。

《意见》指出，我们党历来高度重视党外代表人士队伍建设，始终把团结培养党外代表人士作为党和国家工作全局的重要方面，作为党治国理政的政治优势。加强党外代表人士队伍建设，事关坚持和发挥中国社会主义政治制度的特点和优势，事关为全面建设小康社会提供人才支持，事关巩固党的执政基础和扩大党的群众基础，事关推动新形势下统一战线事业不断向前发展。要深刻认识加强新形势下党外代表人士队伍建设的重要性和紧迫性，把握新形势下党外代表人士的特点和成长规律，着力培养大批高素质、有影响、作用大的党外代表人士，推动爱国统一战线不断巩固壮大。

《意见》明确了党外代表人士队伍建设的总体要求。党外代表人士是与中国共产党团结合作、作出较大贡献、有一定社会影响的非中共人士，包括民主党派代表人士、无党派代表人士、少数民族代表人士、宗教界代表人士、非公有制经济代表人士、港澳台海外代表人士等。政治坚定、业绩突出、群众认同，是党外代表人士的基本标准，也是加强党外代表人士队伍建设的根本要求。要适应新形势下坚持和完善社会主义政治制度、巩固和壮大爱国统一战线的要求，着眼贯彻实施《国家中长期人才发展规划纲要（2010—2020 年）》，努力建设一支数量充足、结构合理、素质优良、作用突出的党外代表人士队伍。

《意见》对党外代表人士的发现储备、教育培养、选拔任用和管理等提出了具体要求。要有组织、有计划地广泛物色发现党外代表人士，把综合评价作为党外代表人士推荐使用的必经环节。要全面加强党外代表人士的教育培养，强化理论培训，加大实践锻炼力度，注重思想政治教育，充分发挥社会主义学院主阵地作用。要加大党外代表人士的选拔任用力度，认真贯彻党外代表人士安排的政策要求，不断健全选拔任用工作机制，切实搞好党与党外代表人士的合作共事。要注重党外代表人士的管理。

《意见》提出，要把联谊交友工作贯穿于党外代表人士发现、培养、使用和管理各个环节。要广交深交党外朋友，不断拓宽视野，广泛联系各界人士。党员领导干部和统战干部要带头做好联谊交友工作，各级党政领导班子要发挥示范带头作用。

《意见》还对加强和改善党对党外代表人士队伍建设的领导提出明确要求。各级党委要高度重视党外代表人士队伍建设，把党外代表人士培养选拔使用作为政治责任，从坚持和完善社会主义政治制度、实现国家长治久安的高度抓好落实。要健全工作机制，加强统筹协调，完善党委统一领导、统战部门牵头负责、各有关部门和社会团体密切配合的工作机制。要支持民主党派、工商联和有关社会团体在党外代表人士队伍建设中发挥作用。

《意见》指出，我们党历来高度重视党外代表人士队伍建设，始终把团结培养党外代表人士作为党和国家工作全局的重要方面，作为党治国理政的政治优势。《意见》明确了党外代表人士队伍建设的总体要求，对党外代表人士的发现储备、教育培养、选拔任用和管理等提出了具体要求。《意见》还对加强和改善党对党外代表人士队伍建设的领导提出明确要求。

2 月 2 日

［**纲　文**］　**农业科技专家座谈会在北京举行。**

［**目　文**］　国务院副总理回良玉讲话指出，大批先进适用技术的普及推广，农业物质技术装备水平的快速提高，有力促进了农业丰收、农民增收。当前要特别重视解决好农

技推广“最后一公里”的问题，解决好农业科技和生产发展“两张皮”的问题，解决好农业科技资源协同不够、科研院所改革不够、企业创新能力不够的“三不够”问题。

回良玉强调，实现2012年农业发展目标任务艰巨，农业科技进步至关重要，务必强力推进、取得成效。一要加快推进农业科技创新，立足农业发展的实际需要，有针对性地加大科技创新力度。二要加大重大技术的推广力度，良种良法要配套，关键技术要组装，农机农艺要融合，各种措施要协调。三要加强推广示范平台建设，深入开展粮棉油糖高产创建、园艺作物标准园和畜禽水产示范场创建。四要促进农业科技进村入户，鼓励农业科技人员下乡、进村、到场、入户，以专家包县包乡、农技人员包村包户等多种形式，加强对农民的科技指导和技术培训。各地区、各有关部门要加强组织领导，抓好各项政策落实。

座谈会上，李宁、万建民等专家围绕促进农业产学研结合、农业科技创新与成果转化，肖世和、赵久然、陈温福、陈瑶生、张国范等专家分别就小麦、玉米、水稻、生猪、水产等产业发展提出了意见和建议。农业部部长韩长赋通报了农业部推进农业科技创新、开展“农业科技促进年”的工作安排。种植、畜牧、渔业等行业的科技专家代表，现代农业产业技术体系首席科学家，农业部主要农作物生产专家指导组组长，中央和国务院有关部门负责人出席会议。

2月2日

［纲　文］　**国务院副总理王岐山与美国财政部部长盖特纳通话，双方就中美经济关系、欧洲经济问题等交换了意见。**

2月2日

［纲　文］　**《人民日报》报道，2011年中国银行跨境人民币业务结算量突破1.7万亿元，再创新高。**

［目　文］　2011年，中国银行全年跨境人民币结算量突破1.7万亿元，是2010年的3.4倍，继续保持市场领先地位；全行办理的国际结算业务量达2.43万亿美元，比2010年增长23.35%，继续稳居全球同业首位。凭借全球化的经营网络、丰富的外汇业务经验和良好的风险控制能力，中行成为中国“走出去”企业金融服务的首选银行。

截至2011年末，中行已在32个国家和香港、澳门、台湾地区设立了586家分支机构，与180个国家和地区的1500家外资银行分支机构建立了代理合作关系，建立起覆盖全球的人民币清算网络。其海外机构的资产和利润在集团中的占比均逾22%，远高于国内同业。该行资产总额超过11.5万亿元，总市值排名全球上市银行第7位，资本实力排名全球银行第9位。2011年末，中行海外机构总资产达到4401亿美元，比股份制改革前增长181%。

2月2日

［纲　文］　**清理整顿各类交易场所工作会议暨部际联席会议第一次会议在北京召开。**

［目　文］　会议旨在贯彻落实《国务院关于清理整顿各类交易场所 切实防范金融风险的决定》文件精神，协调动员各地人民政府和相关部门力量，全面推进清理整顿工作。国务院副秘书长尤权出席会议并讲话，阐述了清理整顿各类交易场所工作的重要意义和政策精神，并对下一步工作提出要求。联席会议召集人、证监会主席郭树清阐述了清理整顿的政策界限，提出了开展清理整顿工作的主要思路，并对启动实施清理整顿工作方案做出了具体安排。

中宣部、商务部、国资委、工商总局相关负责人在会上做了专题发言，介绍了本部门、本系统贯彻落实国发38号文件的工作情况。部际联席会议各成员单位负责人及联络员，各省级人民政府清理整顿工作领导小组负责人共计140余人参加了会议。

2月2日

［纲　文］　**中国与比利时签署《中比（法语区）2012年至2014年文化交流执行计划》和《中比（弗语区）2012年至2015年文化交流执行计划》**。

2月2日

［纲　文］　**证监会公布《关于修改〈期货市场客户开户管理规定〉的决定》**。

［目　文］　新修改的《决定》共7章43条，内容包括：第一章总则，第二章客户开户及交易编码申请，第三章客户资料修改，第四章客户交易编码的注销，第五章客户资料管理，第六章监督管理，第七章附则。《决定》即日施行。

2月2日

［纲　文］　**文化部发布《关于加强非物质文化遗产生产性保护的指导意见》**。

［目　文］　为进一步规范、加强非物质文化遗产生产性保护，根据《中华人民共和国非物质文化遗产法》和《国务院办公厅关于加强我国非物质文化遗产保护工作的意见》精神，文化部就非物质文化遗产生产性保护提出该意见。《意见》内容包括：一、充分认识开展非物质文化遗产生产性保护的重要意义，二、正确把握非物质文化遗产生产性保护的方针和原则，三、科学推进非物质文化遗产生产性保护工作深入开展，四、建立完善非物质文化遗产生产性保护的工作机制。

2月2日

［纲　文］　**中国自主设计与建设的新一代极轨气象卫星风云三号地面应用系统在北京通过验收**。

［目　文］　风云三号气象卫星地面应用系统首次利用海内外接收站网实现了上、下午星全球资料的高时效获取，首次应用国产卫星实现了大气三维探测、臭氧和辐射收支探测等资料的高精度处理，突破了卫星资料定量反演、数值预报同化应用以及气候应用等核心技术，系统功能性能和业务运行能力达到国际先进水平。

2月2—3日

［纲　文］　**应国务院总理温家宝邀请，德国总理安格拉·默克尔对中国进行访问**。

［目　文］　2月3日，国家主席胡锦涛会见默克尔。胡锦涛说，中德建交40年来，两国各合作机制从无到有，双边贸易额从小到大，人文交流从少到多。中德关系达到前所

未有的广度和深度。展望下一个40年，中方愿同德方一道，以更宽广的视野、更开放的姿态，审视和把握好两国关系的定位、目标和方向，进一步加强对话、交流与合作，推动中德战略伙伴关系长期健康深入向前发展。在谈到中欧关系时，胡锦涛说，中欧是国际社会两支重要力量，在当前国际形势深刻复杂变化、各种全球性挑战日益突出的背景下，中欧共同利益更加广泛、互利合作需求日益增多。中方愿与欧方在相互尊重、平等互利的基础上，推动中欧全面战略伙伴关系取得新进展。

同日，全国人大常委会委员长吴邦国也会见了默克尔。吴邦国表示，中国人大愿进一步加强与德国联邦议院和参议院的友好往来，充分发挥议会交往在增进两国政治家、人民间的相互了解和信任等方面的独特作用，为中德关系持续、健康、稳定发展做出应有贡献。

2月2日，温家宝与默克尔举行会谈，在会谈中，两国总理表示，要保持高层交往，共同办好“中国文化年”、汉诺威工业博览会等大型活动，全面落实第一次中德政府磋商达成的协议和共识，下半年举行第二次政府磋商。

温家宝说，面对当前错综复杂的国际和地区形势，中德要从全局和长远角度出发，加强战略合作。首先是携手应对国际金融危机和欧债问题，这对于保持国际金融稳定，促进世界经济稳定复苏和持续增长，推进国际经济金融秩序改革具有重要意义。二是推动中欧关系长期健康稳定发展，希望德国为此发挥更加积极的作用。三是就解决地区热点问题加强沟通协调，共同维护世界和平稳定。四是在应对气候变化、非传统安全、能源和粮食安全等全球性挑战方面，开展更为有效的合作，促进可持续发展。

两国总理重点就欧债问题坦诚、建设性地交换了意见。温家宝表示，解决欧债问题，欧方自身努力是基础，也是关键。中方支持欧方为应对债务危机做出的努力。欧盟作为整体，除了采取紧急救助措施，应不断推进财政、金融等方面的机制性、结构性、根本性改革，向国际社会传递一致的、更为清晰的解决问题思路。重债国家要根据本国国情，痛下决心，实施恰当的财政政策。同时，国际社会要携手应对欧债问题。中方支持国际货币基金组织等国际主要金融机构发挥重要作用，愿同各方加强沟通，共同制定有效应对之策。中国也在考虑通过欧洲金融稳定基金（EFSF）和欧洲稳定机制（ESM）等渠道更多参与解决欧债问题。温家宝指出，解决欧债问题最终要靠实现经济强劲和可持续增长。中欧作为世界主要经济体和重要贸易伙伴，要反对各种形式的保护主义，扩大相互投资，深化在高科技和新兴产业领域的合作，走共同发展和繁荣的道路。两国总理还就西亚北非局势等国际和地区热点问题交换了看法。

同日，温家宝和默克尔还与中德企业家座谈，共同参观了海瑞克（广州）隧道设备有限公司。

2月3日

［纲　文］　**农业部召开全国春季田管暨春耕备耕工作视频会议。**

［目　文］　会议旨在贯彻落实中央一号文件精神。会议部署安排春季田间管理和春耕备耕工作，传达学习了国务院第六次全体会议和加快推进农业科技创新与推广农业专家座谈会关于抓好当前农业生产的有关精神。会议提出，确保春播粮食作物播种面积稳定在9.2亿亩以上，全年粮食播种面积稳定在16.58亿亩以上；着力提高单产水平，大力推进科技进村入户，大规模开展粮棉油糖高产创建，力争夏粮首战告捷，为全年粮食生产打下良好基础。

针对2012年夏季粮油生产形势特别是冬小麦的生产特点，农业部要求各级农业部门狠抓指导服务，切实落实好浇灌划锄防春旱，肥水管理防“倒春寒”，监测预警防病虫害，“一喷三防”防早衰等技术措施，夯实丰收基础。大力开展春耕科技服务，制定技术指导意见，动员全国70万名农业科技人员下乡、进村、到场、入户，指导农民落实好防灾减灾稳产增产技术，提升春耕生产的技术含量；深入推进高产创建，选择基础条件好、增产潜力大、科技水平高的县乡开展整建制高产创建，鼓励支持有条件的市（地）开展整建制创建试点，大力推进机制创新，推动高产创建与龙头企业、种子企业、农民专业合作社结合等。

2月3日

［纲　文］　**庆祝中国银行成立100周年大会在北京人民大会堂举行。**

［目　文］　国务院副总理王岐山会见了出席庆祝中国银行成立100周年大会和全球系统性重要银行论坛境外代表。王岐山说，当前全球经济金融形势十分复杂严峻，首要任务是确保经济复苏和金融稳定。国际社会都在深刻反思这场国际金融危机的经验和教训。举办全球系统性重要银行论坛很有意义，希望大家充分交流，深入研讨，为推进国际金融体系改革、促进全球金融业健康发展提出真知灼见。

出席大会的英国劳合银行董事会主席温弗莱德·比斯乔夫等表示，愿继续加强与中国金融界的交流合作。

2月3日

［纲　文］　**国家统计局发布信息，2011年规模以上工业企业利润同比增长25.4%。**

［目　文］　2011年，全国规模以上工业企业实现利润54544亿元，比上年增长25.4%。12月当月实现利润7907亿元，同比增长31.5%。其中，国有及国有控股企业当月实现利润1446亿元，同比增长31.4%。据分析，12月份当月利润增速较高主要受年底利润汇缴、投资收益、11月后石油特别收益金征收方式调整等因素影响。

2011年，在规模以上工业企业中，国有及国有控股企业实现利润14989亿元，比上年增长15%；集体企业实现利润882亿元，比上年增长34%；股份制企业实现利润31651亿元，比上年增长31.2%；外商及港澳台商投资企业实现利润14038亿元，比上年增长10.6%；私营企业实现利润16620亿元，比上年增长46%。

2月3日

［纲　文］　**《感动中国》年度人物评选活动举办10周年，中共中央政治局常委李长春，中共中央政治局委员、中宣部部长刘云山致信祝贺。**

2月3日

［纲　文］ **《人民日报》报道,《西藏自治区“十二五”时期住房和城乡建设发展规划》获得批准。**

［目　文］ 根据《规划》,“十二五”期间，西藏将全面推进廉租房、公共租赁房、干部职工周转房等保障性住房建设，提高住房保障建设管理水平；将新增城镇保障性住房5.2万套，其中新建廉租房5200套；新建、改造公共租赁住房20000套；新建干部职工周转房9582套；各类棚户区改造15900户；新增租赁住房补贴1300户。力争到“十二五”末，全区所有城镇中低收入住房困难家庭“应保尽保”，进城务工人员住房条件明显改善，干部职工周转房供需矛盾明显缓解，农牧民安居工程全面完成。同时，“十二五”期间，西藏将积极探索公共租赁住房和市场开发相结合的模式，拓宽社会参与保障性住房建设的融资渠道，通过新建、改建、收购、在市场上长期租赁住房等方式，多渠道筹集房源，全面完成20000套公共租赁住房建设任务，解决城镇中等偏下收入和进城务工人员家庭住房困难问题。

据统计,“十一五”期间，西藏城镇化率达到25%，比“十五”末提高了5.2个百分点。根据《规划》,“十二五”期间，西藏的城镇化率将达到30%的目标，每年提高1%。西藏将加快城乡规划一体化步伐，统筹安排城乡发展空间布局，保护生态和自然环境，合理利用自然资源。形成以自治区城镇体系规划为依据，区域城镇体系规划、城镇总体规划为龙头，专项规划和控制性详细规划为支撑的城乡规划体系，为积极稳妥推进城镇化和构建现代城镇体系提供较为完善的规划依据。

除保障房之外，“十二五”建设的另一个重点是城镇基础设施建设。根据《规划》,“十二五”期间，西藏将安排全区城镇基础设施建设投资达39亿元，是“十一五”的两倍。在交通方面，将加快拉萨纳金大桥及拉萨、日喀则等地（市、县、镇）城镇道路建设工作。

2月3日

［纲　文］ **《人民日报》报道，2012年元旦春节期间，中央财政为全国8700多万城乡困难群众发放一次性生活补贴207亿元。**

［目　文］ 此次补贴所需207亿元资金全部由中央财政承担，补贴范围与2009年、2011年一致，标准则翻了一番，按照农村低保对象和农村五保对象每人200元，城市低保对象每人300元，享受国家抚恤补助的优抚对象、新中国成立前入党的农村老党员和未享受离退休待遇的城镇老党员每人360元的标准发放。

2月3日

［纲　文］ **国家安全监管总局印发2012年工作要点。**

［目　文］ 工作要点涉及隐患排查、煤矿安全、道路交通、非煤矿山、危险化学品、高速铁路安全整治等多个方面，提出要着力排查治理隐患，深化重点行业领域的安全整治，着力打击非法违法行为，着力强化和落实企业安全生产主体责任，不断加强政府及其部门安全监管。

2月3日

［纲　文］　**卫生部网站公布《特殊医学用途婴儿配方食品通则》。**

［目　文］　《通则》对无乳糖配方或低乳糖配方食品、早产/低出生体重婴儿配方食品营养素设计、母乳营养补充剂、氨基酸代谢障碍配方食品等均作出明确规定。规定特殊医学用途婴儿配方食品的配方应以医学和营养学的研究结果为依据，其安全性、营养充足性以及临床效果均需要经过科学证实，单独或与其他食物配合使用时可满足0月龄—6月龄特殊医学状况婴儿的生长发育需求。

2月3日

［纲　文］　**文化部、财政部印发《“公共电子阅览室建设计划”实施方案》。**

［目　文］　为进一步加强公共数字文化建设，提高公共文化服务能力，推动覆盖城乡的公共文化服务体系建设，切实保障数字化、信息化、网络化环境下公共文化服务的公益性、基本性、均等性、便利性，文化部、财政部决定于“十二五”期间在全国实施“公共电子阅览室建设计划”。《方案》内容包括：一、总体目标，二、实施意义，三、实施条件，四、实施内容，五、实施步骤，六、保障措施。其主要内容是：推进免费开放；完善设施条件；丰富数字资源内容；建立和完善技术支撑平台；强化管理与服务；建立公共电子阅览室长效运行保障机制，促进可持续健康发展。

2月3日

［纲　文］　**环境保护部印发《2012年全国环境宣传教育工作要点》。**

［目　文］　《要点》提出2012年要重点做好如下工作：一、广泛宣传第七次全国环保大会精神，推动兴起学习贯彻大会精神的热潮；二、实施全民环境教育行动计划，着力加强面向社会的环境宣传教育工作；三、加强新闻宣传工作，提高舆论引导能力；四、创新宣传手段方式，推动先进环境文化的传播；五、加强全国环境宣传教育机构能力建设；六、积极稳妥推进环境报刊体制改革和环境宣传教育立法工作；七、努力建设高素质的宣教工作队伍；八、加强部门协作，建立健全部门协调联动机制。

2月3日

［纲　文］　**国务院法制办公布《缺陷汽车产品召回管理条例（征求意见稿）》。**

［目　文］　意见稿规定，缺陷汽车，是指由于设计、制造、标识等原因而在某一批次、型号或者类别的汽车产品中普遍存在的危及人身、财产安全的不合理的危险，包括：不符合保障人体健康和人身、财产安全的国家标准、行业标准和要求；符合保障人体健康和人身、财产安全的国家标准、行业标准和要求，但仍有可能危及人体健康和人身、财产安全。

根据征求意见稿，生产者应当建立并保存有关汽车产品和汽车产品初次销售的车主信息记录，保存期不得少于10年。生产者应当主动收集汽车产品质量信息，使其生产的汽车产品具有可追溯性，能够通过标识和记录，确定汽车产品的召回范围。

销售、租赁、维修汽车产品的经营者（以下统称经营者）应当建立相应的汽车产品经营台账及维修记录，如实记录经营的汽车产品品种、规格、数量、维修情况等内容。经营台账保存期不得少于5年，维修记录保存期不得少于5年。

此外，征求意见稿还规定，国务院质检部门应当采取技术评估等措施加强对召回过程的监督，发现召回范围、消除缺陷的方式等不符合本条例规定的，应当依法处理。如有违反条例规定的，由质检部门责令改正；拒不改正的，处5万元以上20万元以下的罚款。如生产者、经营者不配合质检部门缺陷调查的，由质检部门责令改正；拒不改正的，处50万元以上100万元以下的罚款；有违法所得的，并处没收违法所得；情节严重的，由许可机关吊销有关许可。

2月4日

［纲　文］　**商务部公布《进出口许可证证书管理规定》。**

［目　文］　《规定》共有10章40条，包括：第一章总则，第二章许可证书的征订，第三章许可证书的印制与发运，第四章许可证书的验收与保管，第五章许可证书的进、出库台账登记与使用，第六章许可证书的调剂与遗失的处理，第七章许可证书的核查，第八章许可证书的销毁，第九章检查与处罚，第十章附则。《规定》3月5日施行，原《进出口许可证证书管理规定》（外经贸配字〔1999〕第87号）同时废止。

2月4—8日

［纲　文］　**商务部派工作组赴利比亚，实地考察和了解中国企业项目受损情况。**

［目　文］　2011年10月至2012年2月，利比亚政权更迭，其间局势动荡。经中国与利比亚双方协商，商务部派工作组赴利，就保全中国在利资产和参与战后重建与利方交换意见，同时实地考察和了解项目受损情况。中国企业在利承接的基本上是住房、铁路、电信等民生项目。此前利方曾表示欢迎中方参加利比亚重建。中方表示愿意支持中国企业发挥自身优势，参与利比亚重建，进一步扩大和深化中利双边经贸合作。

2月5日

［纲　文］　**国务院办公厅转发人口计生委、扶贫办《关于进一步做好人口计生与扶贫开发相结合工作的若干意见》。**

［目　文］　为深入贯彻《国民经济和社会发展第十二个五年规划纲要》和《中国农村扶贫开发纲要（2011—2020年）》精神，进一步做好新形势下人口计生与扶贫开发相结合工作，《意见》提出：一、充分认识新形势下做好人口计生与扶贫开发相结合工作的重要性；二、明确人口计生与扶贫开发相结合工作的指导思想、目标任务和基本原则；三、完善人口计生与扶贫开发相结合的政策措施；四、健全人口计生与扶贫开发相结合工作机制。

2月5—7日

［纲　文］　**应外交部部长杨洁篪邀请，柬埔寨王国副首相贺南洪对中国进行访问。**

［目　文］　6日，全国政协主席贾庆林会见贺南洪。贾庆林表示，柬埔寨政府坚持

奉行一个中国政策，在涉藏、涉疆和中方关切的重大问题上，一贯给予中方坚定支持，是中方可信赖、可倚重的好朋友、真朋友，我们对此表示高度赞赏和感谢。中方高度重视发展中柬全面战略合作伙伴关系，继续致力于深化中柬友好务实合作，不断提升两国全面战略合作水平，更好地造福两国人民。贾庆林积极评价中国—东盟战略伙伴关系，高度赞赏东盟在推进东亚合作进程中所发挥的重要作用，表示中方愿同包括柬埔寨在内的东盟国家一道，继续共同致力于促进本地区的和平、稳定与繁荣。

贺南洪表示愿同中方一道，加强友好交往，深化务实合作，推动柬中全面战略合作伙伴关系不断迈上新台阶，努力促进东盟—中国战略伙伴关系与东亚合作取得更大发展。

2月5—15日

［纲　文］　**中国非物质文化遗产生产性保护成果大展在北京举办。**

［目　文］　14日，中共中央政治局常委李长春参观了大展。展览从全国选取了180多项在“非遗”生产性保护方面取得显著成效的传统技艺、传统美术、传统医药类项目参展，基本囊括了中国制陶、刺绣、玉雕、石雕、木雕、纺织、制茶、剪纸、印刷、中医等领域最能体现中华文化特色的技艺项目，邀请了160余名国家级“非遗”项目代表性传承人和中国工艺美术大师现场展示精湛技艺和生产工艺流程，展出的珍贵实物近2000件，分为绘饰生活、文明天下、抟泥成器、点石化金、锻造辉煌、品味醇美等十个展示部分。

2月6日

［纲　文］　**国务院印发《质量发展纲要（2011—2020年）》。**

［目　文］　《纲要》提出，到2015年，中国主要农产品质量安全抽检合格率稳定在96%以上，产品质量国家监督抽查合格率稳定在90%以上；大中型工程项目一次验收合格率达到100%，其他工程一次验收合格率达到98%以上；生产性服务业顾客满意度达到80%以上，生活性服务业顾客满意度达到75%以上。到2020年，建设质量强国取得明显成效，质量基础进一步夯实，质量总体水平显著提升，质量发展成果惠及全体人民。

《纲要》明确提出，要强化企业质量主体作用，通过严格企业质量主体责任、提高企业质量管理水平、加快企业质量技术创新、发挥优势企业引领作用、推动企业履行社会责任五个方面的举措，对企业质量安全实施“一票否决”，发挥企业在中国质量发展过程中的主体作用。要加强质量监督管理，包括加快质量法治建设、强化质量安全监管、实施质量安全风险管理、加强宏观质量统计分析、推进质量诚信体系建设、依法严厉打击质量违法行为等。《纲要》尤其提出要建立健全中国质量安全风险管理体系，切实做到对质量安全风险的早发现、早研判、早预警、早处置。要健全地方政府负总责、监管部门各负其责、企业是第一责任人的质量安全责任体系，将质量安全和质量发展纳入地方各级人民政府绩效考核评价内容。

2月6日

［纲　文］　**农业部修订1993年发布的《绿色食品标志管理办法》，公开征求意见。**

［目　文］　征求意见稿对使用绿色食品标志的产品以及申请绿色食品标志的生产企业应当具备的条件做了具体规定，即产品应当符合《食品安全法》《农产品质量安全法》等法律法规；产品或者原料产地环境符合绿色食品产地环境质量标准；投入品使用符合绿色食品投入品使用准则；产品质量符合绿色食品产品质量标准；包装贮运符合绿色食品包装贮运标准等。申请企业应当能够独立承担民事责任，具有绿色食品生产的环境条件和生产技术，具有完善的质量管理和质量保证体系，具有与生产规模相适应的生产技术人员和质量控制人员，具有稳定的生产基地等。

同时明确了绿色食品标志申请和核准的具体程序，加强了绿色食品标志的使用管理。规定申请人应当向省级绿色食品工作机构提出申请；省级工作机构负责对申请材料进行书面审查、现场检查、提出初审意见；中国绿色食品发展中心根据材料审查结果、专家评审意见等做出是否颁证的决定。未经中国绿色食品发展中心许可，任何单位和个人不得使用绿色食品标志，或者将绿色食品标志用于非授权产品及其经营性活动。

2月6日

［纲　文］　**保障性住房公平分配工作座谈会在北京召开。**

［目　文］　国务院副总理李克强主持会议。他指出，确保保障房公平分配，一是要保障基本，二是要公正程序，三是要公开过程。李克强强调，要探索完善保障房分配和质量管理的长效机制。国务院决定对保障性住房分配和质量管理开展全面自查和实地督查，要通过自查和重点督查查找问题、总结经验、扶正祛邪。坚决查处骗购骗租、变相福利分房、以次充好、质量监管不到位、失职渎职等问题，让违法违规者付出高代价。要总结推广地方好的做法和经验，完善相关制度，不断提高保障房分配和质量管理的水平。

李克强说，要处理好政府保障和市场机制的关系。一方面，要抓紧落实好资金、土地等配套条件，严把工程质量关，保证如期完成2012年保障性安居工程建设任务。另一方面，要继续采取有效措施，增加普通商品住房供应，通过发挥市场机制的作用，依托商品房市场解决多数居民的多层次住房需求问题。要继续坚持搞好房地产市场调控，巩固调控成果。

会上，住房和城乡建设部负责人汇报了保障房分配制度建设和实施的总体情况，辽宁省、上海市、重庆市负责人介绍了本地加强保障房公平分配的主要做法。

2月6日

［纲　文］　**全国“十二五”广播电视村村通工作电视电话会议召开。**

［目　文］　国务委员刘延东在会上对“十一五”时期村村通工作成绩给予充分肯定。她指出，在各地和有关部门的共同努力下，村村通工作实现了历史性跨越，20户以上已通电自然村基本实现村村通，农村无线覆盖水平大幅提升，全国广播、电视人口综合覆盖率分别达到97.06%和97.82%，对完善公共文化服务体系、巩固农村宣传文化阵地、推

进社会主义新农村建设、加快城乡文化一体化发展发挥了重要作用。

会上，广电总局局长蔡赴朝和发展改革委、财政部负责人对“十二五”村村通工作作了部署安排：重点解决20户以下已通电自然村覆盖，完善高山无线发射台站基础设施，积极推进直播卫星广播电视公共服务，全国广播电视人口综合覆盖率达到99%。

2月6日

［纲　文］　**国务院副总理王岐山会见美国史带集团董事长兼首席执行官莫里斯·格林伯格，双方就中美经济关系等问题交换了看法**。

2月6日

［纲　文］　**国务院办公厅发布《关于加快发展海水淡化产业的意见》**。

［目　文］　中国是淡水资源缺乏的国家，人均水资源拥有量低，且时空分布不均。发展海水淡化产业，对缓解中国沿海缺水地区和海岛水资源短缺，促进中西部地区苦咸水、微咸水淡化利用，优化用水结构，保障水资源持续利用具有重要意义，有利于培育新的经济增长点，推动发展方式转变。“十一五”期间，中国海水淡化能力快速增长，已具备进一步发展的条件。为加快发展海水淡化产业，经国务院同意提出的《意见》内容包括：一、总体思路和发展目标；二、重点工作；三、政策措施；四、组织协调。

2月6日

［纲　文］　**证监会发布《上市公司并购重组专家咨询委员会工作规则》**。

［目　文］　为进一步规范上市公司并购重组审核工作，充分发挥上市公司并购重组专家咨询委员会的专家咨询作用，《规则》在并购重组审核中引入专家咨询议事程序。职责包括对审核中重大疑难问题、重大创新事项等提供专家咨询意见。

2月6日

［纲　文］　**新华社讯，中国民航局指令禁止境内航空公司参与欧盟排放交易体系**。

［目　文］　根据国务院授权，中国民用航空局向各航空公司发出指令，未经政府有关部门批准，禁止中国境内各运输航空公司参与欧盟排放交易体系，禁止各运输航空公司以此为由提高运价或增加收费项目。

中国民航局负责人表示，欧盟单方面立法将进出欧盟国际航班的温室气体排放纳入欧盟排放交易体系，违反了《联合国气候变化框架公约》和国际民航组织的相关原则和规定。此前，中方已通过双边和多边渠道多次向欧盟方面表达关切，反对欧盟将他国进出欧盟的国际航班纳入排放交易体系，主张在联合国气候变化谈判、国际民航组织多边框架下通过充分协商解决国际航空排放问题。

2月6日

［纲　文］　**水利部召开《全国重要江河湖泊水功能区划》新闻通气会**。

［目　文］　通气会介绍《全国重要江河湖泊水功能区划（2011—2030）》的出台背景、意义、主要内容及贯彻实施的安排等，并就有关问题回答了记者的提问。

通气会指出，国务院日前批复《全国重要江河湖泊水功能区划》。《区划》明确全国重要江河湖泊共划分水功能区4493个，根据不同水域的功能定位，今后实行分类保护和管理，促进水资源承载能力与经济社会发展相适应，力争到2020年全国重要江河湖泊水功能区水质达标率达80%，到2030年水质基本达标。当前，水资源短缺、水污染严重仍然是制约中国经济社会可持续发展的主要瓶颈。根据《全国水资源综合规划》，全国多年平均总缺水量为536亿立方米。2010年全国监测评价的3902个水功能区，水质达标率仅为46%；17.6万公里河流中，38.6%的河长水质劣于Ⅲ类；339个省界断面中，有48.7%的劣于Ⅲ类，直接威胁城乡饮水安全和人民身心健康。

根据《区划》，全国4493个水功能区划分为两级，81%的水功能区水质目标确定为Ⅲ类或优于Ⅲ类。其中一级区分四类，即保护区、保留区、开发利用区、缓冲区，主要是在宏观上调整水资源开发利用与保护的关系，协调地区间用水关系，同时考虑持续发展的需求。二级区在一级区划的开发利用区内，分为饮用水源区、工业用水区、农业用水区、渔业用水区、景观娱乐用水区、过渡区、排污控制区七类。主要是细化水域使用功能类型及功能排序，协调不同用水行业间的关系。全国一级水功能区有2888个，区划河长17.8万公里，湖库面积4.3万平方公里，其中开发利用区的数量约占40%，面积占到15.7%；二级水功能区2738个，区划长度7.2万公里，面积6800平方公里，其中农业用水区、工业用水区和饮用水源区的累计河长比例较大，分别占45%、21%和18%。

2月6日

［纲　文］　**国家国防科工局发布探月工程嫦娥二号月球探测器获得的7米分辨率全月球影像图。**

［目　文］　这是国际上已公布的分辨率最高的全月球影像图。和嫦娥一号获得的全月球影像图120米的分辨率相比，嫦娥二号的分辨率为7米，提高了17倍。全月球影像色调一致，层次丰富，图像清晰。影像图的空间分辨率、影像质量、镶嵌精度、数据一致性和完整性等优于国际同类产品，达到国际领先水平。

2月6日

［纲　文］　**陕西启动长江最大支流汉江综合整治工程。**

［目　文］　汉江作为国家南水北调中线工程的重要水源地，历史上由于特殊的地貌和气候特征，洪涝灾害频繁发生，近30年来洪灾造成受灾农田260万亩次、受灾人口460万人次、直接经济损失达75亿元以上。

陕西省委、省政府部署用5年时间在长约470公里的汉江干流和长约100公里的37条重要支流入汇口河段的规划范围内实施防洪工程、水资源配置、生态环境治理、沿江绿化和水景观建设。整治规划总投资达到188亿元。在水保生态和水资源保护体系方面，实施水保小流域综合治理257条，治理水土流失面积5925平方公里，划定黄金峡、三河口水库饮用水源保护区，建设污水处理厂64座，治理工业污染源100处，维护汉江生态优良。打造出一条“堤固洪畅、水清岸绿”的安澜汉江、生态汉江，为国家南水北调工程提供优质水源涵养条件，从源头加大水污染防治力度，保障“一江清水供北京”。

2月6日

［纲　文］　**环境保护部印发《2012年全国环境监测工作要点》**。

［目　文］　为科学高效地部署、指导各地的环境监测工作，确保顺利完成2012年度国家下达的环境监测任务，环境保护部印发该《要点》。内容包括：一、认真贯彻空气质量新标准，着重做好$PM_{2.5}$、O_3等新增指标的监测；二、做好环境监测重点专项工作；三、组织实施例行环境监测工作；四、健全环境质量评价体系；五、加强环境监测管理制度建设；六、加强环境监测监督考核工作；七、大力加强全国环境监测人才队伍建设。

2月6—10日

［纲　文］　**国务院总理温家宝主持召开五次座谈会，听取社会各界人士对《政府工作报告（征求意见稿）》的意见和建议**。

2月7日

［纲　文］　**国家副主席习近平应约与美国副总统拜登通电话，双方就中美关系等交换了意见**。

2月7日

［纲　文］　**外交部发言人表示，中方对驻利比亚使馆遭到冲击表示严重关切，已向利方提出交涉，并敦促利方确保中国在利人员和机构安全**。

2月7日

［纲　文］　**中组部召开在创先争优活动中开展基层组织建设年视频会议**。

［目　文］　确定2012年为基层组织建设年，是中共中央作出的重要部署。中组部专门下发了《关于在创先争优活动中开展基层组织建设年的实施意见》，要求以“创先争优迎十八大”为主题，着力解决基层党组织建设中的突出问题，把基层组织建设年办成群众满意工程。中组部部长李源潮在会上指出，2012年突出加强基层组织这个重点，以创先争优为动力加强基层组织建设，以基层组织建设为抓手深化创先争优。要集中力量抓支部，突出抓好基层党组织带头人队伍建设，着力整顿后进支部，努力使每个支部有一个好的带头人、一个好的发展思路、一个好的工作制度、一个好的活动阵地、一个好的保障机制。

2月7日

［纲　文］　**财政部公布修订后的《事业单位财务规则》**。

［目　文］　《规则》共有12章68条，内容包括：第一章总则，第二章单位预算管理，第三章收入管理，第四章支出管理，第五章结转和结余管理，第六章专用基金管理，第七章资产管理，第八章负债管理，第九章事业单位清算，第十章财务报告和财务分析，第十一章财务监督，第十二章附则。此次修订，在基本维持原《规则》结构的基础上，增设了“财务监督”一章，并明确了事业单位负债、资产管理方面的要求。《规则》自2012年4月1日起施行。

2月7日

［纲　文］　**财政部、民政部下拨2011—2012年度第二笔中央冬春救灾资金12.6亿元。**

［目　文］　此救灾资金用于帮助各地灾区统筹解决冬春期间受灾群众在口粮、衣被取暖等方面存在的困难。加上2011年12月15日，财政部、民政部下拨第一笔中央冬春救灾资金50.4亿元，两部门共安排下拨中央冬春救灾资金63亿元。

2月7日

［纲　文］　**农业部召开动员培训大会，启动2012年“百乡万户调查”。**

［目　文］　为贯彻落实中央一号文件精神，农业部选派123名机关干部和农技人员，深入27个省份开展为期1个月的驻乡进村入户调查。农业部部长韩长赋在动员培训大会上要求，2012年“百乡万户调查”活动要重点围绕宣传政策、了解农情、推动春耕、锻炼干部四个主题。各调查组还要发挥好组内农业技术专家作用，认真开展好春季农业生产技术服务，动员农民早下田、早管理。及时反映春季田管和春耕备耕中存在的突出问题，督促地方全力抓好春耕备耕，大力推进科技进村入户和粮棉油糖高产创建。

2月7日

［纲　文］　**中央电视台召开“新春走基层”活动座谈会。**

［目　文］　中共中央政治局委员、中宣部部长刘云山在座谈会上指出，“新春走基层”是“走转改”活动的一次集中行动，是“走转改”成果的一次集中展示。“走转改”是创新新闻宣传工作、落实“三贴近”原则的根本举措，是加强新闻队伍建设、提升队伍素质的重要途径，是宣传思想文化工作贯彻党的群众路线、服务人民群众的必然要求。

2012年春节期间，新闻战线集中开展了大规模、大范围的“新春走基层”活动，一大批新闻工作者深入大江南北、沿海边疆，推出了一大批报道，受到社会各界普遍好评。中央宣传文化部门、中央新闻单位主要负责人，新闻战线“三项学习教育”活动领导小组成员，中央电视台各中心、频道、节目部门负责人等参加座谈会。中央电视台编辑记者代表、基层群众代表和高校新闻院系专家学者代表在座谈会上发了言。

2月7日

［纲　文］　**“十二五”国家重点出版项目暨国家出版基金项目《中国医学院士文库》《中国当代医学名家经典手术》编写工作会议在北京召开。**

2月7—8日

［纲　文］　**社会管理创新综合试点座谈会在北京召开。**

［目　文］　中共中央政治局委员、中央综治委副主任王乐泉在座谈会上指出，要重点从三个方面入手，推动社会管理创新向纵深发展。一要着力解决好最基本的民生问题，将改善民生的制度安排、重大举措与人民群众的所思所想、所急所盼紧密对接起来，切实解决好人民群众普遍关心的热点难点问题，真正使广大人民群众尽享改革发展成果。二要着力落实好最基本的公共服务。三要着力维护好最广大群众的切身利益。

北京市、天津市、上海市、重庆市和浙江省宁波市、广东省深圳市、贵州省贵阳市、江苏省南通市、甘肃省嘉峪关市、四川省绵竹市、河北省肃宁县、山东省诸城市、河南省新郑市负责人分别汇报了综合试点工作进展情况和今后一个时期的工作安排。

2月7—11日

［纲　文］ **应国务院总理温家宝邀请，加拿大总理斯蒂芬·哈珀对中国进行访问。**

［目　文］ 9日，国家主席胡锦涛会见哈珀。胡锦涛表示，中加双方要按照《中加联合声明》的原则和精神，进一步加强政治领域的对话和交流，增进了解，扩大共识。要正确看待各自国家人民所选择的发展道路，尊重和照顾彼此核心利益和重大关切，坚定维护两国关系发展大局。要充分发挥两国经济互补性强的优势，进一步挖掘合作潜力，拓宽合作领域，推动合作取得更多实实在在的成果。要坚持官民并举，坚持不懈推进两国人文交流，尤其要加强两国青少年的友好往来，筑牢中加友好的桥梁和纽带。要进一步加强在国际和地区事务中的协调与合作，积极推动世界经济复苏和可持续增长。

同日，全国人大常委会委员长吴邦国亦会见了加拿大总理哈珀。吴邦国说，立法机构交往是中加战略伙伴关系的重要组成部分，对增进双方相互了解、巩固两国关系民意基础具有重要意义。吴邦国还应询介绍了中国的民主法制建设情况。

8日，温家宝与加哈珀会谈。温家宝指出，新形势下，双方要认真落实《中加联合声明》达成的各项共识，坚持相互尊重，平等相待，互不干涉内政，通过对话增进相互了解和理解。中加在发展经济、维护和平、应对全球性问题等广泛领域拥有共同利益。中方愿同加方一道，从长远和战略角度出发，规划两国关系发展，使各领域的交流与合作取得更多成果。中加经济互补性强，双方要充分利用这一优势，应对日趋激烈的国际竞争。《中加投资保护协定》谈判已经完成，希望早日签署这一重要文件，促进相互投资；加紧做好“中加经济互补性联合研究”工作，在此基础上制定全面加强经济合作规划，探讨商签中加自由贸易协定的可行性；在能源资源领域建立长期、稳定、多元的合作伙伴关系。中方愿意扩大进口加方的能源资源产品，加强在清洁能源、可再生能源、节能环保、和平利用核能方面的合作；积极拓展在司法、人文、科技、农业、金融、海洋极地等领域的合作。

会谈后，两国总理共同出席了有关双边合作文件的签字仪式。这些文件包括：双方宣布完成《中加投资促进和保护协定》实质性谈判；双方同意于2012年5月前完成在中加经济伙伴关系工作组中进行的两国经济互补性联合研究；双方达成原则共识，以便加拿大向中国出口天然铀；双方续签《中国国家能源局与加拿大自然资源部关于能源合作的谅解备忘录》；双方宣布完成修订《中加避免双重征税协定》《中加航空运输协定》的实质性谈判；双方签署科技与创新合作意向声明，并宣布第三批中加政府间科技合作项目等。

9日，国务院副总理李克强会见加拿大总理哈珀，并出席第五届中加经贸合作论坛。李克强说，这次中加双方达成一系列成果，对深化两国经贸、人文等领域合作具有重要意义。中方愿与加方共同努力，加强对话交流，拓展经贸、能源资源、科技、教育等领域的务实合作，推动两国战略伙伴关系取得更大发展。

2月8日

［纲 文］ **全国未成年人思想道德建设工作视讯会议召开。**

［目 文］ 中宣部部长刘云山在会议上指出，要结合青少年的特点，不断深化爱党爱国爱社会主义主题教育，拓展以学雷锋活动为重点的道德实践，引导未成年人成为有理想、有道德、有文化、有纪律的社会主义新人。要全面加强中小学德育体系建设，充分发挥学校、家庭、社区在未成年人思想道德建设中的重要作用。要切实加强课外活动场所建设、使用和管理，完善设施网络，提高服务水平，推动公共文化服务更好地惠及广大未成年人。要认真抓好面向未成年人的文化产品创作生产，大力推进优秀少儿作品创作工程，为未成年人提供更多喜闻乐见的精神食粮。要深入推进整治网络淫秽色情和低俗信息专项行动，积极开展影视、书报刊和文化市场抵制低俗工作，形成有利于未成年人健康成长的良好文化环境。

会议认为，党的十六大以来，未成年人思想道德建设虽然取得了一系列成绩，但也面临不少新情况新问题，工作任务仍然十分繁重，应保持清醒认识，以对党、对人民、对未来高度负责的精神，积极主动地做好工作。

这次视讯会议在北京设主会场，各省、自治区、直辖市和新疆生产建设兵团及各市（地、州、盟）和部分县（市）设分会场。中央文明委有关成员单位负责人，各地文明委负责人和宣传部、文明办等部门负责人参加会议。

2月8日

［纲 文］ **国务委员戴秉国会见印度外交部部长克里希纳。**

［目 文］ 在会见中，戴秉国表示，在当前国际形势下，中印两国既面临难得的战略机遇，也面对不少共同挑战。双方应抓住历史机遇，坚持中印友好的大方向，咬定中印共同发展的大目标，推动中印关系实现更大发展。克里希纳表示，印度政府高度重视发展印中友好合作关系，愿同中方一道，保持高层互访势头，深化经贸、投资等领域的合作，扩展人文、媒体、青年之间的交流，推动两国关系不断发展。

2月8日

［纲 文］ **国务院食品安全委员会第四次全体会议在北京召开。**

［目 文］ 国务院副总理、国务院食品安全委员会主任李克强主持会议。他强调，食品安全是关乎人人的重大基本民生问题，要深入贯彻落实科学发展观，坚持标本兼治，主动出击，把解决影响人民群众食品安全的突出问题同构建长效机制更好地结合起来，把综合整治攻坚战持久战引向深入，坚决依法严惩重处食品安全违法犯罪行为，完善全程监管体制，着力提高食品安全水平。

会议听取了国务院食品安全办和国务院食品安全委员会成员单位的汇报和发言，审议了《2012年食品安全重点工作安排》。会议指出，2012年是中国发展历程中具有重要意义的一年，也是“十二五”时期承上启下十分关键的一年，加强食品安全工作意义十分重大。

会议强调，做好2012年食品安全保障工作，一是依法深入开展综合治理；二是着力建立健全长效机制；三是进一步落实企业主体责任；四是全面加强政府监管。会议要求，各级政府保障食品安全守土有责，必须进一步加强食品安全工作，使措施真正落实到基层，将问题切实解决在基层。加强动态监测，建立健全食品安全事故应急处置机制。确保人员、资金和设备到位，增强食品安全监管能力。加大宣传教育培训工作力度，广泛普及食品安全知识，提高全民食品安全法律意识和责任意识，落实群众举报奖励制度，构建全社会共同参与的食品安全工作格局。

2月8日

［纲　文］ **第4次中欧环境政策部长对话会在比利时布鲁塞尔欧盟总部举行，环境保护部部长周生贤与欧盟委员会环境委员波托奇尼克出席并签署纪要。**

2月8日

［纲　文］ **澳门特区行政长官崔世安向全国人大常委会提交报告认为，有必要适当修改立法会和行政长官两个产生办法。**

［目　文］ 报告认为，按照澳门特别行政区的实际情况，应对澳门特区2013年立法会产生办法和2014年行政长官产生办法作出适当修改。特区政府将所收到的意见书，已作为报告的附件，全部送交全国人大常委会。

全国人大常委会于2011年12月31日就澳门基本法附件一第七条和附件二第三条作出解释后，澳门特区政府展开了为期一个月的听取意见活动，就澳门“2013年立法会产生办法和2014年行政长官产生办法是否需要修改，以及如果需要修改，修改应坚持什么原则？怎样修改？”集中听取各方面的意见。特区政府共收到2692份意见书。

在上述意见中，绝大多数认同有必要对2013年立法会产生办法和2014年行政长官产生办法作出适当修改。大多数意见认同政制发展应坚持以下原则：政制发展的决定权在中央；维持立法会由直选、间选和委任议员组成，行政长官由一个具有广泛代表性的选举委员会选出、中央人民政府任命的基本制度。这些原则符合澳门的实际情况且有利于社会各界均衡参与。

2月8日

［纲　文］ **《人民日报》报道，西藏自治区文化建设实现跨越式发展。**

［目　文］ 西藏自治区文化建设新建的3331个农家书屋全部完工，全区农家书屋占全区行政村的92.7%，2012年实现“村村有农家书屋”的目标，全区广播、电视人口综合覆盖率分别达93%和94%。截至2012年初，西藏境内的现代化文化设施整体布局已基本形成。全区已建自治区群众艺术馆1座，地市群众艺术馆6座，自治区公共图书馆1座，县级综合文化活动中心74座，顺利实现了县县有综合文化活动中心（图书馆、文化馆）的目标，乡镇综合文化站149座，共享工程村基层点近2000个，初步形成了区、地、县、乡、村五级公共文化设施网络。

2月8日

［纲　文］　**青岛大沽河治理工程开工。**

［目　文］　大沽河治理工程是青岛治河史上规模最大、周期最长、档次最高的综合性基础建设项目。大沽河河道全长179.9公里，流域总面积6131.3平方公里，其中在青岛辖区内流域面积4781平方公里，素有青岛市“母亲河”之誉。受历史和自然条件限制，大沽河河道防洪能力较差，个别河段水质受到污染，两岸城镇化水平不高，道路交通体系不够完善等，已经对大沽河流域实现又好又快发展形成了制约。

2月8日

［纲　文］　**由两岸合作编纂中华语文工具书大陆编委会与台湾文化总会合作编纂的《两岸常用词典》完成，“中华语文知识库”网站亦正式开通。**

2月8日

［纲　文］　**教育部、文化部联合召开“动漫高端人才联合培养计划”启动实施工作会议。**

［目　文］　动漫高端人才联合培养计划在北京师范大学、中国传媒大学和北京电影学院等高校启动实施。每年选拔一批本科生进入实验班。学校将组成跨校联合体，共同举办实验班，采用名师指导、小班教学、工作室制和参与影视制作，以及跨校选课、学分互认等方式开展教学活动，通过设立双学位或辅修专业等多种形式，推动动漫类专业教学改革，促进艺术和技术融合，共同探索动漫高端人才培养的新途径。

教育部高等教育司、文化部文化产业司有关领导，以及动漫高端人才联合培养计划专家工作组全体人员和相关高校负责人参加了会议。

2月9日

［纲　文］　**全国工商系统消费者权益保护工作会议在南京召开。**

［目　文］　会议宣布，2011年全国工商系统共查处销售假冒伪劣商品案件10.23万件，案值12.76亿元。全国工商系统严厉打击销售假冒伪劣商品违法行为，建立健全重大案件信息库。针对销售假冒伪劣商品、消费欺诈等严重侵害消费者合法权益的行为，研究制订切实有效的行动方案，进一步提高依法行政水平。加强大要案件督查协办和区域执法协作机制建设，对重大、典型案件，跟踪挂牌督办、落实责任、限时办结。全国工商系统2011年依托12315消费者投诉举报专线电话和全国互联网平台挽回经济损失9.88亿元。

2月9日

［纲　文］　**财政部出台2012年政府采购工作要点，推进政府采购扩面增量，严禁配备超需求高档办公用品。**

［目　文］　要点指出，2012年政府采购工作，要围绕财政支出保障重点，深入推进政府采购扩面增量工作。加快构建政府采购政策功能体系，拓展完善政策功能的实施领域，增强政府采购对经济社会发展的宏观调控作用。针对政府采购操作执行的薄弱环节，

创新监管手段，提高监管水平。加强政府采购计划管理，严格按政府采购预算、购置费预算标准和资产配置标准编制采购计划，严禁配备明显超出机关办公基本需求的高档、高配置产品。推进批量集中采购改革工作，逐步扩大中央单位批量集中采购品目范围，适时选择部分省（区、市）进行改革试点工作，逐步将改革推广到省级单位。

2月9日

［纲　文］ **国土资源部、发展改革委、科技部和财政部联合召开电视电话会议，部署实施找矿突破战略。**

［目　文］ 国土资源部部长、党组书记、国家土地总督察徐绍史在讲话中指出，要充分认识实施找矿突破战略行动的重大意义，准确把握战略行动的核心要求，加强统筹协调，创新管理模式，持续不断地推进找矿突破战略行动。国土资源部部长、党组书记、国家土地总督察徐绍史在讲话中指出，要充分认识实施找矿突破战略行动的重大意义，准确把握战略行动的核心要求，加强统筹协调，创新管理模式，持续不断地推进找矿突破战略行动。会上，发展改革委副主任杜鹰、科技部副部长王伟中、财政部副部长张少春分别发表讲话，表示将全力支持找矿突破战略行动，并提出相应的政策措施。

各级政府分管负责人、副秘书长，各级国土资源、发展改革、科技和财政等相关部门主要负责人，地方主要矿业企业、地勘单位负责人及各级国土资源主管部门全体干部职工等6万余人在分会场参加了会议。

2月9日

［纲　文］ **新华社讯，中国自主研发的长航程极地漫游机器人顺利通过在南极的“身体素质”测验，在内陆冰盖地区完成30公里的自主行走。**

2月9日

［纲　文］ **工商总局、中宣部、国务院新闻办公室、公安部、监察部、国务院纠风办等多部门联合印发《大众传播媒介广告发布审查规定》。**

［目　文］ 该规定由整治虚假违法广告专项行动部际联席会议12个成员单位联合制定。规定：大众传播媒介的广告经营管理部门负责人、分管领导应当对广告审查员审查通过的广告进行复查、审核。经复查、审核符合广告法律法规规定的广告，方可发布。大众传播媒介应当配备广告审查员。广告审查员应履行四项职责：审查本单位发布的广告，提出书面意见；管理本单位的广告审查档案；提出改进本单位广告审查工作的意见和建议；协助处理本单位广告管理的其他有关事宜。

2月9日

［纲　文］ **广电总局印发《关于进一步加强和改进境外影视剧引进和播出管理的通知》。**

［目　文］ 《通知》对境外影视剧引进立项、审批和播出等环节的管理工作作出了具体规定。在加强对境外剧引进立项和审批管理方面，为提高引进节目质量，扩大高清节目源，应优先引进高清版本的境外影视剧；引进境外影视剧的长度原则上控制在50集以内。

与此同时，各省级广播影视行政部门应认真履行初审的管理职责，严格把握导向和格调，从立项环节开始加强对题材和内容的审查，不得引进涉案题材和含有暴力低俗内容的境外影视剧。

在加强引进剧播出管理方面，境外影视剧不得在黄金时段（19：00—22：00）播出。各电视频道每天播出的境外影视剧，不得超过该频道当天影视剧总播出时间的25%。各级电视台申报并获得总局批准引进的境外影视剧必须在本台首播，首播之后才可以再次发行在其他电视频道播出。本通知自下发之日起执行。原《关于进一步加强和改进境外影视剧引进和播出管理的通知》（广发社字〔1995〕547号）和《关于加强地方电视台重播境外电视剧管理的通知》（广发社字〔1999〕489号）同时废止。

2月9日

［纲　文］　**全国清理和规范庆典研讨会论坛活动工作领导小组会议召开。**

［目　文］　会议指出，清理和规范庆典研讨会论坛活动工作，是党中央、国务院部署的一项关系党风廉政建设的重要工作。要严格执行举办庆典、研讨会、论坛活动的各项规定。截至2011年底，全国共撤销庆典、研讨会、论坛活动2549个，撤销率达37.7%，节约经费支出约12.2亿元。2012年中国将开展规范博览会、体育运动会专项治理工作，在深入调研、摸清底数的基础上，提出专项治理实施意见，并采取有效措施抓好落实，确保规范博览会、体育运动会工作取得明显成效。

会议总结了工作进展情况，审议了《节庆活动管理办法（试行）》和《社会组织举办研讨会论坛活动管理办法》两个规范性文件，研究部署下一阶段工作。

2月9—10日

［纲　文］　**全国水利规划计划工作会议在沈阳召开。**

［目　文］　会议的主要任务是：深入贯彻落实2011年中央1号文件和中央水利工作会议、中央农村工作会议精神，按照中央关于加快水利改革发展部署及2012年全国水利厅局长会议要求，全面总结2011年水利规划计划工作，科学谋划2012年及今后一个时期水利规划计划工作思路和重点，奋力推进水利科学发展、跨越式发展。

水利部部长、党组书记陈雷作了题为《推进水利跨越式发展中规划计划工作应着力把握的几个问题》的讲话，从四个方面深刻阐述了规划计划工作应着力把握的重大问题：一要统筹谋划，做好水利改革发展顶层设计；二要全力推进，科学实施大规模水利建设；三要优化结构，确保各项水利建设投资需求；四要强化基础，发挥水利统计支撑服务作用。陈雷还对进一步做好2012年规划计划工作提出了明确要求。

会议表扬了全国水利规划计划工作先进集体和先进个人。13个流域、省水利部门和地方政府代表作大会典型发言。发展改革委、财政部、国家审计署、国务院南水北调办、国家开发银行等部门负责人应邀出席会议。各省（自治区、直辖市）水利（水务）厅（局）及计划单列市水利（水务）局、新疆生产建设兵团水利局的领导和规划计划部门负责人，水利部有关司局及直属单位、各流域机构负责人参加了会议。

2月9—11日

［纲　文］　**应外交部部长杨洁篪邀请，新加坡外交部部长尚穆根对中国进行访问。**

［目　文］　10日，国务院副总理李克强会见尚穆根。李克强表示，中新在国际事务中一直保持良好协调与配合，为亚洲的和平、稳定与发展发挥了积极作用。中国坚持走和平发展道路，愿同新方和本地区国家一道，在深化合作中扩大利益汇合点，促进共同发展繁荣。

尚穆根表示新方高度重视对华关系，愿与中方拓展和深化双边务实合作，发展坚实可靠的新中关系，并在共同关心的国际和地区问题上保持密切沟通和协调。

同日，外交部部长杨洁篪亦同尚穆根举行了会谈，双方就中新关系、国际和地区问题交换了意见。

2月9—15日

［纲　文］　**北京《关于进一步鼓励和引导社会资本举办医疗机构的若干政策》以“征求意见稿”的形式在首都之窗网站公布，鼓励社会资本优先进入新建医院。**

［目　文］　《若干政策》是北京首次针对社会办医疗机构制定的相关文件。北京市医改办相关负责人表示，此次力促社会办医。北京将在五个方向鼓励社会办医疗机构：鼓励社会资本举办非营利性医疗机构；鼓励社会资本在本市功能拓展区、发展新区和远郊区县举办医疗机构；鼓励社会资本举办康复、护理、中医、中西医结合和民族医医院；鼓励社会资本举办拥有高新技术和专科优势的医疗机构；鼓励社会资本捐资举办医疗机构或对非营利性医疗机构进行捐赠。

此次建议征集活动从2012年2月9日开始至2月15日结束，由市人民建议征集办组织，面向社会公开征集。共收到群众建议125条，其中，支持该项政策措施出台的占99%。具体建议内容涉及六个方面：28%的建议提出应规范准入审批程序；20%的建议提出应改善社会资本举办医疗机构的执业环境；18%的建议提出应加大政策扶持力度；13%的建议提出应加强相关人才队伍建设；15%的建议提出应加强政府监督管理；7%的建议提出应促进公立医疗机构与社会资本举办的医疗机构之间的合作与交流。市民建议为相关方面完善政策时提供参考。

2月10日

［纲　文］　**温家宝在北京接受第十一世班禅额尔德尼·确吉杰布拜见。**

2月10日

［纲　文］　**中共中央政治局常委、中央纪委书记贺国强以及中共中央政治局委员、中组部部长李源潮分别会见总书记让—弗朗索瓦·科佩率领的法国人民运动联盟代表团。**

［目　文］　贺国强表示，中国共产党与法国人民运动联盟保持着友好合作关系，希望两党继续加强合作，不断提升对话水平、丰富交流内容，为中法关系全面发展夯实政治基础。李源潮说，中国共产党重视发展同人运盟的关系，愿在党际交往四项原则基础上，继续同法国人民运动联盟开展多种形式的交流与合作，为两国关系的长期稳定健康发

展和两国人民友谊的不断深化而共同努力。双方还就党的建设有关情况和执政理念进行了交流。

2月10日

［纲　文］　**中共中央政治局常委李长春在中共中央编译局参观马克思主义传播史展览。**

2月10日

［纲　文］　**中央和国家机关贯彻落实2012年反腐倡廉工作任务分工会议在北京召开。**

［目　文］　中共中央书记处书记、中央纪委副书记何勇出席会议。何勇强调，做好反腐倡廉工作意义重大。要严明党的纪律，加强对中央重大决策部署落实情况的监督检查；加强党的作风建设，进一步密切党群干群关系；加强惩治和预防腐败体系建设，深入推进反腐倡廉各项工作；进一步加大专项治理力度，切实解决反腐倡廉建设中人民群众反映强烈的问题；继续加大查办案件工作力度，始终保持惩治腐败的强劲势头。中央和国家机关各部门要切实加强对反腐倡廉建设的组织领导，对涉及本部门的任务进行再分解，明确时间进度、工作要求和具体责任，完成好职责范围内的工作。派驻纪检监察机构要切实履行职责，积极协助驻在部门党组（党委），抓好反腐倡廉任务的责任分解、责任考核、监督检查和责任追究，确保各项任务圆满完成。

会议宣读了《中央和国家机关贯彻落实2012年反腐倡廉工作任务分解意见（征求意见稿）》。

2月10日

［纲　文］　**最高人民法院印发《关于人民法院为防范化解金融风险和推进金融改革发展提供司法保障的指导意见》。**

［目　文］　《意见》主要由五部分组成：一、制裁金融违法犯罪，积极防范化解金融风险。二、依法规范金融秩序，推动金融市场协调发展。三、依法保障金融债权，努力维护国家金融安全。四、依法保障金融改革，积极推进金融自主创新。五、深化能动司法理念，全面提升金融审判水平。

2月10日

［纲　文］　**澳门特区政府举行2011年度勋章、奖章及奖状颁授典礼。**

2月10日

［纲　文］　**税务总局印发《税收个案批复工作规程（试行）》23条。**

［目　文］　《规程》所称税收个案批复，是指税务机关针对特定税务行政相对人的特定事项如何适用税收法律、法规、规章或规范性文件所做的批复。税务机关作出税收个案批复均适用该规程。《规程》3月1日实施。

2月10日

［纲　文］　**湖北、湖南、江西三省在武汉签署《三省共同建设长江中游城市集群合**

作框架协议》。

［目　文］《协议》的地理范围涵括了湖北武汉“8+1”城市圈、湖南长株潭城市圈、江西环鄱阳湖生态经济区。《协议》宣称，中部的“中三角”正向中国经济“第四极”发力冲刺。本次的“中三角”规划未来瞄准区内“一体化”。与会专家建议，未来10至20年，逐步实现“中三角”区域内城市基础设施建设、产业布局、区域市场、文化旅游、生态保护“五个一体化”。

2月10日

［纲　文］**商务部等9部门联合召开电视电话会议，部署清理生猪定点屠宰资格**。

［目　文］　商务部、工业和信息化部、财政部、环境保护部、农业部、卫生部、工商总局、质检总局和食品药品监管局联合召开电视电话会议，落实贯彻国务院食品安全委员会第四次会议精神，部署生猪定点屠宰资格审核清理工作。会议要求，在全国开展生猪定点屠宰资格审核清理工作，取消经整改仍不达标、不符合设置规划或有严重违法行为企业的定点屠宰资格，坚决制止将不达标定点屠宰厂（场）作为屠宰场点的行为，确保所有取得生猪定点屠宰资格的企业符合《食品安全法》《生猪屠宰管理条例》规定的条件及相关标准。

2月10日

［纲　文］**财政部、商务部决定2012年继续在部分城市开展家政服务体系建设试点，并支持家政服务人员培训**。

［目　文］　城市家政服务体系建设主要内容，一是支持高标准建设家政服务网络中心，重点支持第三方企业采用现代信息和三网融合技术建设和完善家政服务网络中心，整合家政服务资源，丰富服务内容，加强管理，提升服务质量，为市民、企业提供供需对接服务。二是支持部分管理规范、经营良好的大型龙头家政服务企业加快连锁门店建设，完善信息管理系统，加强培训实操教室等服务设施和专业设备建设；支持一批中小专业型月嫂、婴幼儿早教和居家养老家政服务企业加快门店和员工暂住帮扶室改造，加强办公系统及服务管理系统建设，添置必要的电脑、打印机等办公设备和专业服务设备。

试点城市主要选取家政服务需求较大，工作基础较好，具有符合要求的大型家政服务企业，且2009年以来未承担过财政部、商务部城市家政服务体系建设试点任务及家政服务网络中心建设任务的城市。家政培训项目采取以奖代补方式予以支持，开展家政服务人员培训并安排就业的项目，经商务、财政、工会部门验收合格后，予以定额补助。

2月10日

［纲　文］**《人民日报》报道，全国人大常委会法制工作委员会宣布，全国人大常委会开展中小企业促进法有关制度立法后评估工作**。

［目　文］　中小企业促进法是改善中小企业经营环境，促进中小企业健康发展，扩大城乡就业，积极发挥中小企业在国民经济和社会发展中作用的一部重要法律。这次评估工作选择对中小企业提供金融支持、拓宽中小企业直接融资渠道以及鼓励创办中小企业三

项制度，重点关注中小企业在获取金融支持、直接融资、创办及吸纳就业等方面的总体情况、存在的问题和原因，以及相关政策措施的实施情况。面向广大中小企业、金融机构、融资服务机构、创业投资机构、公共就业和人才服务机构、社会公众的调查问卷在全国人大、工业和信息化部、中国中小企业发展促进中心网站同时发布。

2月10日

［纲　文］　**教育部发布信息，改革开放以来7成留学人员回国发展**。

［目　文］　从1978年到2011年底，各类出国留学人员总数达224.51万人。截至2011年底，以留学身份出国，在外的留学人员有142.67万人，其中110.88万人正在国外进行相关阶段的学习和研究。改革开放以来，留学回国人员总数达81.84万人，有72.02%的留学人员学成后选择回国发展。

2月10日

［纲　文］　**《今日中国》杂志创刊60周年纪念招待会在北京举行**。

［目　文］　《今日中国》原名《中国建设》，由宋庆龄于1952年1月创办，是中国外文局主管的全国重点综合性对外报道月刊。1990年1月，遵照宋庆龄的遗愿，《中国建设》易名为《今日中国》。经过60年的发展，《今日中国》已由创刊时单一的英文版双月刊发展成为拥有以7个语种出版的9个印刷版月刊，以及6个网络版，发行全球150多个国家和地区的综合性对外报道月刊。

2月10日

［纲　文］　**中国残联宣布，中组部和中国残联共同开展农村基层党组织助残扶贫工程**。

［目　文］　工程的帮扶对象是全国农村地区家庭年人均纯收入低于当地贫困线标准的残疾人家庭。工程实施过程中，帮扶家庭中符合最低生活保障条件的残疾人实现应保尽保，并给予分类施保；帮扶家庭中符合条件的成员全部参加新型农村合作医疗、新型农村养老保险；帮扶家庭全部成员实现基本住房保障。同时，帮扶家庭成员掌握1至2门致富实用技术，从事相对稳定的生产发展项目，实现家庭年人均纯收入超过当地贫困线标准。

2月10—14日

［纲　文］　**国务院副总理王岐山赴巴西主持召开中国—巴西高层协调与合作委员会第二次会议**。

［目　文］　13日，王岐山在巴西利亚会见了巴西总统罗塞夫。王岐山表示，完全同意罗塞夫总统对双边关系的评价。中方愿与巴方一道，认真落实两国领导人共识，充分发挥中巴高委会重要平台作用，深化各领域务实合作，加强在重大国际和地区事务中的协调配合，维护发展中国家利益，进一步充实中巴战略伙伴关系的实质性内涵。联合国可持续发展大会2012年在里约热内卢举行，中方愿与巴方保持沟通协调，推动会议取得成功。

中国—巴西高层协调与合作委员会第二次会议13日在巴西首都巴西利亚举行，中巴高委会中方主席王岐山与中巴高委会巴方主席、巴西副总统特梅尔共同主持了会议。双方高度评价在经贸、投资、金融、科技、人文等各领域的合作成果，就进一步深化中巴各领域合作坦诚、深入交换了意见，达成广泛共识，取得积极成果。

中巴双方达成以下重要共识：加强在多双边领域的合作，坚决反对各种形式的保护主义，避免经济问题政治化，共同推动金砖国家第四次领导人会晤、二十国集团洛斯卡沃斯峰会、联合国可持续发展大会等取得成功。双方要继续执行好中巴两国政府《共同行动计划》，启动《经济和人文十年合作规划》制定工作。中方继续增加进口巴西高附加值产品。双方同意进一步扩大基础设施、新兴产业等领域相互投资。发掘能源矿产合作潜力，拓展新能源、核能合作。支持对方金融机构在本国设立分支机构，推进双边贸易本币结算和货币互换，开展资本市场交流合作。加强海关、质检、知识产权合作。进一步加强科技创新合作。2012年、2014年分别发射中巴地球资源卫星03星和04星，深化纳米、生物、信息通讯、农业科技等交流合作。拓展教育、文化、旅游、体育合作，通过互设文化中心、互办文化月、互派留学生，增进相互了解，夯实合作的社会基础。

会后，王岐山与特梅尔共同出席《中国—巴西高层协调与合作委员会第二次会议纪要》签字仪式。

2月11—12日

［纲　文］　**全国地质调查工作会议在北京举行。**

［目　文］　会议的主要任务是总结2011年工作，研究部署2012年工作任务，充分发挥地质调查在资源、环境和工程建设中的基础性先行性作用，高举地质找矿新机制和“358”宏伟目标两面旗帜，全面保障和促进找矿突破战略行动。

会议宣布，2012年全国地质调查大力加强页岩气、煤层气、油页岩、致密砂岩气、油砂等非常规能源资源调查评价和开发技术攻关，推动页岩气调查评价专项申报，加快页岩气产业的快速发展。把页岩气作为独立矿种加大调查评价力度，加快页岩气产业的快速发展，有望最终改变中国能源勘探开发乃至整个能源结构。

中组部四局、中编办四司、国办秘书二局、发展改革委、科技部、财政部、人力资源社会保障部、审计署、国家公务员局、自然科学基金委员会以及国土资源部有关司局、部直属单位的负责人、地调局高级咨询委员会院士专家、大型矿业企业相关人员参加会议。

2月11—12日

［纲　文］　**中国社会保障30人论坛年会在北京召开。**

［目　文］　年会主题是“城乡统筹：走向公平的社会保障”。会上宣布，2011年，中国城镇化率已经达到51.27%，“城镇化率超越50%”这一转折点的出现，表明中国社会保障发展进入到一个新的阶段。推进社会保障城乡统筹，在政策衔接方面的重点，一是农村低保与新农保的衔接，原则是叠加实施，努力保证政策效应的最大化。二是新农保、城居保与职工基本养老保险的衔接，2012年研究施行三者之间的衔接转续政策，主攻点可能是缴费年限的认定和换算。三是医疗救助与基本医疗保险的政策衔接，需要研究更深层

次的有机融合，把医疗救助与花费特高的重大疾病救治结合起来，进一步减少因病致贫和返贫现象。制度融合方面的重点，一是城乡居民基本养老保险。一半省市合并实施了两项制度，随着2012年制度全覆盖，要着力推进合并实施。二是城乡居民基本医疗保险。已有4省市、40多个城市和100多个县的探索创造了成功经验，2012年要加大实现居民基本医保城乡统筹的工作力度。

中国人民大学中国社会保障研究中心发布了由论坛成员评选出的2011年中国社会保障十大事件:《社会保险法》于7月1日正式实施；城镇居民社会养老保险试点工作于7月1日正式启动；国家确定新的农村扶贫标准为农民人均纯收入2300元；国务院办公厅印发《社会养老服务体系建设规划（2011—2015年）》，居家养老和社区养老服务网络基本健全；《中国社会保障改革与发展战略》1—4卷出版并发布，这一理论成果集被誉为中国社保体系建设与长远发展的全景式战略蓝图；国务院《关于修改〈工伤保险条例〉的决定》从2011年1月1日开始施行，修改后的工伤保险条例凸显了进一步保障工伤职工权益和提高工伤待遇的特点；城乡最低生活保障标准动态联动机制正式建立；国务院、中央军委颁发修改后的《军人抚恤优待条例》，并于2011年8月1日正式实施；民政部发布《中国慈善事业发展指导纲要（2011—2015年）》，为指导和促进"十二五"时期中国慈善事业的健康发展提供基本依据；人力资源社会保障部制定并实施《在中国境内就业的外国人参加社会保险暂行办法》。

2月11—15日

［纲　文］　**贺国强在浙江衢州、湖州、杭州等地调研。**

［目　文］　中共中央政治局常委、中央纪委书记贺国强先后到浙江衢州、湖州、杭州等地，就认真学习贯彻胡锦涛总书记在中共十七届中央纪委第七次全会上的重要讲话精神、扎实做好保持党的纯洁性工作、以优异成绩迎接党的十八大胜利召开进行调研。

考察期间，贺国强听取了浙江省委、省政府和省纪委的工作汇报，对浙江近年来的工作给予充分肯定。他希望浙江各级党委、政府和广大干部群众进一步解放思想、开拓创新、团结奋进、扎实工作，努力在全面建设小康社会、加快推进社会主义现代化的新征程中继续走在全国前列，以经济社会又好又快发展的优异成绩迎接党的十八大胜利召开。

2月12日

［纲　文］　**国家副主席习近平接受美国《华盛顿邮报》书面采访，就中美关系、中美经贸合作、两国地方和人民交往、中美在亚太的关系、双方在国际地区及全球性问题上的合作等提问作了回答。**

2月12—15日

［纲　文］　**应外交部部长杨洁篪邀请，越南外交部部长范平明对中国进行正式访问。**

［目　文］　13日，国务委员戴秉国会见了越南外交部部长范平明，双方就深化各

领域务实合作，推动两国全面战略合作伙伴关系等问题交换了意见。在会见中，戴秉国表示，去年以来中越两党两国领导人就深化中越全面战略合作多次进行深入沟通，达成重要共识，为中越关系发展指明了方向。双方有关部门要加强协调配合，共同落实好两党两国领导人有关共识，保持中越关系平稳发展的势头。范平明表示，越方高度重视发展对华友好合作，愿同中方共同努力，落实两国领导人有关共识，深化各领域务实合作，推动两国全面战略合作伙伴关系不断向前发展。

12日，外交部部长杨洁篪与越南外交部部长范平明举行了会谈，双方就发展中越关系以及共同关心的国际和地区问题交换了意见。

2月13日

［纲　文］　**国家主席胡锦涛、国务院总理温家宝分别电贺别尔德穆哈梅多夫当选土库曼斯坦总统。**

2月13日

［纲　文］　**全国政协主席贾庆林会见柬埔寨国王西哈莫尼。**

［目　文］　贾庆林首先转达了胡锦涛主席的亲切问候和良好祝愿。贾庆林说，中柬两国高层交往频繁，地方和民间交流十分活跃，各领域友好务实合作成果丰硕，为两国人民带来实实在在的利益。

贾庆林表示，中方将一如既往地支持柬埔寨走符合本国国情的发展道路，支持柬埔寨发展经济、改善民生。中柬经贸合作潜力大，中方将采取积极措施，扩大从柬埔寨进口，鼓励有实力、有信誉的企业赴柬埔寨投资，鼓励更多中国游客赴柬埔寨旅游，支持两国地方加强友好往来和合作。贾庆林表示相信在柬王室关心下，在两国政府和人民的共同努力下，中柬友好关系必将不断焕发新的活力。

西哈莫尼请贾庆林转达对胡锦涛主席的亲切问候和良好祝愿。西哈莫尼说，柬中两国人民彼此怀有深情厚谊。柬埔寨政府和人民衷心感谢中国政府和人民长期以来对柬埔寨的无私支持与帮助。柬方高度评价中国在各领域取得的发展成就，愿与中方携手共进，推动柬中友好合作关系不断得到巩固与发展。西哈莫尼重申柬方将继续坚定奉行一个中国政策。

2月13日

［纲　文］　**国务院批复发展改革委《关于报送西部大开发“十二五”规划（修改稿）的请示》。**

［目　文］　批复内容包括：

一、原则同意《规划》，请认真组织实施。

二、要坚持统筹兼顾，真正把当前和长远结合起来，切实抓好重点工作的落实。（一）明确主体功能区，对重点经济区、农产品主产区、重点生态区、资源富集区、沿边开放区和特殊困难地区，实施分类指导。（二）继续把基础设施建设放在优先位置，突出交通和水利两个关键环节，加快构建适度超前、功能配套、安全高效的现代化基础设施体系。（三）加大生态建设和环境保护力度，从源头上扭转生态恶化趋势。加强环境综合治理和节能减排，大力发展循环经济。（四）发展特色优势产业，建设国家能源、资源深加工、装备制造业和战略性新兴产业基地。（五）加快发展现代特色农业，建立有西部特色的农产品生产加工体系，拓宽农民增收渠道，建设农民幸福家园。（六）培育中小城市和特色鲜明的小城镇，提升城镇化的质量和水平。（七）优先发展教育，千方百计扩大就业，推进基本公共服务均等化。增强科技创新能力，建设创新型区域。（八）全面提升对内对外开放水平，不断增强发展动力和活力。

三、西部地区各省（区、市）人民政府要切实做好《规划》确定的主要目标、重点任务与本地区经济社会发展“十二五”规划的衔接，认真分解落实各项任务。

四、国务院有关部门要按照《规划》确定的总体目标和发展重点，在有关专项规划编制、政策措施实施、重点项目安排、体制机制创新等方面给予积极指导和支持。

五、发展改革委要加强综合协调与服务，会同有关部门加强对《规划》实施情况的跟踪分析和监督检查，适时组织开展《规划》实施的中期评估工作。

2月13日

［纲　文］　**中央纪委、中组部、国务院国资委、监察部、全国总工会、全国工商联等全国厂务公开协调小组成员单位联合印发《企业民主管理规定》。**

［目　文］　为完善以职工代表大会为基本形式的企业民主管理制度，推进厂务公开，支持职工参与企业管理，维护职工合法权益，构建和谐劳动关系，促进企业持续健康发展，加强基层民主政治建设，依据宪法和相关法律制定该《规定》。《规定》共5章50条，内容包括：第一章总则，第二章职工代表大会制度，第三章厂务公开制度，第四章职工董事和职工监事制度，第五章附则。《规定》公布之日起实施。

2月13日

［纲　文］　**国务院副总理张德江会见瑞士联邦委员兼环境、交通、能源和通讯部部长多丽丝·洛伊特哈德。**

［目　文］　张德江在会谈中江指出，近年来中瑞两国关系发展良好，双方高层交往密切，双边贸易合作进展顺利。中方愿与瑞方一道，深化交流，加强往来，共同推动两国在交通运输、能源、环保、水利等领域务实合作，实现互利共赢。多丽丝·洛伊特哈德对中国持续快速发展取得的成就表示赞赏，并希望与中方继续开展相关领域合作，促进双边经贸合作深入发展。

2月13日

［纲　文］　**国务委员戴秉国应约同美国国务卿希拉里·克林顿通电话。**

［目　文］　在电话中，双方表示，2012年对中美关系是重要的一年，两国应加强对话、互信与合作，按照两国领导人达成的重要共识，共同致力于建设相互尊重、互利共赢的合作伙伴关系。习近平副主席对美国的访问具有重要意义，相信会为中美关系的

发展注入新的动力。双方就当前叙利亚局势坦诚深入地交换了意见，认为应立即停止一切暴力行为，寻求危机的政治解决，实现叙利亚及中东地区的和平稳定。戴秉国强调，叙利亚问题本质上是叙内部事务。中方在叙利亚问题上秉持客观公正立场和负责任的态度，符合《联合国宪章》的宗旨和原则以及国际关系基本准则。中方支持阿拉伯国家为政治解决叙利亚问题所做的努力，愿继续与国际社会一道，为妥善解决叙利亚问题发挥建设性作用。

2月13日

［纲　文］　**全国党委政法委执法监督工作会议在北京召开。**

［目　文］　中共中央政治局委员、中央政法委副书记王乐泉出席会议。他指出，党委政法委是党领导管理政法工作的职能部门，对政法部门执法活动进行监督，是党领导管理政法工作的重要形式。加强和规范党委政法委执法监督工作，是保障党的路线方针政策在政法部门得到贯彻落实的需要；是保障宪法和法律在政法部门得到正确实施，加快建设社会主义法治国家的需要；是发现整改人民群众反映强烈的执法问题，促进严格公正廉洁文明执法的需要；是建设一支政治坚定、业务精通、作风优良、执法公正的政法队伍，切实担负起中国特色社会主义事业建设者、捍卫者神圣使命的需要。

王乐泉要求，要把执法监督工作摆到政法中心工作中谋划和推进，围绕深化社会矛盾化解、社会管理创新、公正廉洁执法三项重点工作，围绕“忠诚、为民、公正、廉洁”的政法干警核心价值观教育实践活动，组织开展执法监督，促进各项政法工作深入开展。要依法按程序监督、检查政法部门的执法活动，支持政法部门依法行使职权，促进政法部门各司其职、相互配合、相互制约。要督促、指导政法干警把维护法律尊严权威作为执法办案的重要使命，把维护人民群众合法权益作为执法办案的根本出发点和落脚点，把维护社会公平正义、维护社会和谐稳定作为执法办案的价值追求，努力实现法律效果与社会效果的统一。要把解决具体案件中的问题与解决苗头性、倾向性、普遍性的执法问题结合起来，建立健全促进严格执法、公正司法的长效机制，从整体上提高执法公信力。要抓住人民群众反映强烈的执法问题，抓住容易发生执法问题的领域、环节、岗位，开展专项治理，以实际行动取信于民。

2月13日

［纲　文］　**文化部宣布，全国2605个县（区）基本完成执法机构组建工作，文化市场综合执法机构改革全面完成。**

［目　文］　2011年底，历时8年的全国文化市场综合执法机构改革画上句号。执法体制机制初步形成；执法队伍建设得到增强；文化市场监管效能提高。通过改革，全国文化市场管理执法体制得到理顺，文化市场综合执法队伍建设得到增强，文化市场监管效能显著提高，中国文化市场管理水平迈上一个新台阶。

2月13日

［纲　文］　**全国模范法院、全国模范法官表彰大会在北京举行。**

2月13日

［纲　文］　**财政部、监察部、审计署、国资委印发《国有企业负责人职务消费行为监督管理暂行办法》。**

［目　文］　为贯彻落实国务院第四次廉政工作会议精神，严格规范国有企业负责人职务消费行为，坚决制止与企业经营管理无关的职务消费行为和奢侈消费风气，根据国家有关法律法规的规定，制定该办法。《办法》共有13条，明确列出规范国企负责人职务消费的禁令、规定国企负责人职务消费以适当方式向职工公开、接受职工监督及相关处理办法。《办法》自公布之日起实施。

2月13—22日

［纲　文］　**国家副主席习近平对美国、爱尔兰、土耳其进行正式访问。**

［目　文］　此次访问是应美国副总统拜登、爱尔兰总理肯尼、土耳其总统居尔的邀请。13日至17日，习近平在美访问，分别会见基辛格、美国总统奥巴马、美国副总统拜登、美国国防部部长帕内塔和参谋长联席会议主席邓普西、美国国会众议长和参院两党领袖等政要，就双方关心的中美关系、台湾问题、国际问题交换了意见，并出席中美企业家座谈会。其中，与奥巴马会见后后，中美发布《关于加强中美经济关系的联合情况说明》。联合情况说明指出：为应对全球经济形势的挑战，中美双方承诺加强宏观经济合作，共同努力以确保全球经济持续复苏、促进就业稳步增长，确立未来全球强劲、可持续和平衡的增长。双方同意采取综合性政策措施实现更加平衡的贸易，并增加相互投资。中国愿增加包括商用高科技产品在内的自美进口产品。中美双方重申落实二十国集团有关峰会承诺，加快推进由市场决定的汇率制度，增强汇率灵活性以反映经济基本面，避免汇率的持续失调和货币竞争性贬值。双方决心依据促进增长和就业行动计划中关于汇率改革的承诺采取行动，以解决短期脆弱性问题，恢复金融稳定，巩固中期增长基础。这些行动将有助于解决全球流动性和资本流动波动带来的挑战，从而进一步促进汇率改革并降低外汇储备的过度积累。

17日，国家副主席习近平在洛杉矶出席中美经贸合作论坛开幕式并发表演讲。习近平回顾中美经贸关系的发展进程说，有三点深刻感受：第一，经贸合作已成为中美两国关系的最大亮点。第二，互利共赢是中美经贸合作的最大特点。第三，结构互补是中美经贸合作的最大优点。

18日至20日，习近平在爱尔兰访问。习近平同爱尔兰总理肯尼举行会谈时对两国关系发展提出两点建议：一是提升两国传统友好和互信水平。二是扩大各领域务实交流与合作。会谈结束后，双方共同出席了有关经贸、投资和教育等领域合作文件的签字仪式。在爱尔兰期间，习近平还会见爱尔兰总统希金斯、爱尔兰众议长巴雷特和参议长伯克，并与爱尔兰总理肯尼共同出席中爱经贸投资论坛。习近平还参观了香农开发区、爱尔兰农场。

20日至22日，习近平在土耳其访问。同土耳其总统居尔、总理埃尔多安、土耳其议长奇切克、伊斯坦布尔省省长穆特鲁举行会谈。习近平就进一步发展中土关系提出四点建议：一、保持高层交往，巩固战略互信。二、拓展务实合作，实现共同发展。三、密切人文交流，增进民间友好。四、扩大多边合作，维护共同利益。会谈结束后，双方共同出席了两国有关经贸等领域合作文件的签字仪式。22日，习近平在伊斯坦布尔与土耳其副总理巴巴詹共同出席中土经贸合作论坛并发表讲话。

23日，国家副主席习近平一行回国。

2月14日

［纲　文］　**国家主席胡锦涛与墨西哥总统卡尔德龙互致贺电，庆祝中墨建交40周年。**

2月14日

［纲　文］　**国务院举行国家科学技术奖励大会。**

［目　文］　国家主席胡锦涛出席大会并为最高奖获得者颁奖。国务院总理温家宝代表中共中央、国务院在大会上讲话。国务院副总理李克强主持大会。2011年度国家科学技术奖励共授奖374个项目和10名科技专家。其中，国家最高科学技术奖获得者2人，分别是中国科学院院士谢家麟和中国科学院院士、中国工程院院士吴良镛；国家自然科学奖授奖项目36项，其中一等奖空缺、二等奖36项；国家技术发明奖授奖项目55项，其中一等奖2项、二等奖53项；国家科学技术进步奖授奖项目283项，其中特等奖1项、一等奖20项、二等奖262项；授予8名外籍科学家中华人民共和国国际科学技术合作奖。

同日，国务委员刘延东会见获得2011年度中华人民共和国国际科学技术合作奖的外国专家，提出欢迎更多外国专家与中国开展全方位科技合作。

2月14日

［纲　文］　**国务院总理温家宝与欧洲理事会主席范龙佩、欧盟委员会主席巴罗佐共同主持第十四次中欧领导人会晤，并出席第七届中欧工商峰会。**

［目　文］　在会晤中，温家宝表示，近年来，在错综复杂的国际局势中，中欧关系总体平稳、向前发展。双方从战略高度更加重视沟通与合作，利益融合日益紧密，贸易和投资大幅增长，科技、能源、环保、金融、人文等领域的交流合作不断拓展，在应对气候变化、改善全球经济治理、推动可持续发展等重大议题上协调配合进一步加强，扩大了共识，维护了共同利益。

欧方表示，面对共同挑战，欧中相互依存度不断增强，正日益成为命运共同体，欧中关系有着巨大发展空间，欧中是战略伙伴和朋友，不是对手。欧方主张面向未来，摒弃零和游戏，增进互信，实现双赢，愿与中方扩大贸易、投资、科技、能源、环保、人文等领域合作，推动欧中关系更上一层楼。

会晤后，双方领导人共同发表了联合新闻公报。公报说：双方领导人积极评价中欧关系各领域取得的重要进展，认为中欧全面战略伙伴关系的内涵得到了拓展和提升。双方一致认为，在当前不断变化和相互依存日益深化的世界里，各国利益交融更加紧密，中欧应加强互动与合作，以便更好地在新的双边、多边和全球框架内把握机遇，迎接挑战。中欧战略合作有利于促进各自经济社会可持续发展，也有利于解决当今世界面临的共同挑战。中欧全面战略伙伴关系正进入一个新的重要发展阶段。双方决心将中欧合作打造成21世纪国际合作的典范，为推动21世纪成为和平、合作、发展的世纪作出新的贡献。

在中欧工商峰会上，温家宝发表了题为《互利共赢的中欧经贸合作前途光明》的讲话，就加强中欧经贸合作提出如下主张：第一，扩大双边贸易规模。第二，促进双向投资合作。第三，推进科技交流与合作。第四，深化能源和环保合作。第五，积极开展城镇化合作。本届中欧工商峰会由中国商务部和欧盟委员会共同主办。

2月14日

［纲　文］　**中共中央政治局常委、国务院副总理李克强会见国土资源节约集约模范集体代表，并指示实施好节约优先战略，为可持续发展提供资源支撑。**

［目　文］　参加此次会见的模范集体代表来自国土资源管理的基层一线。李克强对代表们说，国土与资源是发展之本，节约与集约利用是可持续发展之基。随着经济较快发展，我们面临的资源环境压力越来越大。中国人均耕地不到世界平均水平的三分之一，一些主要矿产资源对外依存度超过50%。资源相对短缺、环境容量有限是中国的基本国情，节约资源是我们的基本国策。加强国土资源节约集约利用，不仅有利于节约和降耗，而且有利于发展和增效，是加快转变经济发展方式、推进经济结构调整的重大任务，是保持经济长期平稳较快发展的重大措施，也是衡量科学发展和发展方式转变的一个重要标准。对企业来讲，节约集约可以降低生产成本，倒逼转型升级，增强和提高竞争能力；对全社会来讲，节约集约可以催生新产业，创造新财富，发展生产力，提升生产率。

李克强强调，发展是硬道理，节约是大战略。一是要把节约优先放在更加突出的位置。二是要注重改革创新。三是要形成社会合力。

近年来，国土资源部组织开展了国土资源节约集约模范集体创建活动。会见前，李克强参观了活动成果图片展，听取了节约集约利用资源的做法和经验介绍，他对各地取得的成绩给予充分肯定，勉励大家继续努力，在改革中探索，在创新中完善，走出一条有利于提高发展质量效益、实现可持续发展的新路子。

2月14日

［纲　文］　**国务委员兼国防部部长梁光烈会见日本财团理事长尾形武寿率领的日本笹川日中友好基金代表团暨日本中青年军官研修团。**

2月14日

［纲　文］　**国务院办公厅发布《关于继续深入扎实开展“安全生产年”活动的通知》。**

［目　文］　为进一步加强安全生产工作，有效防范和坚决遏制重特大事故，切实维护人民群众的生命财产安全，国务院发布继续深入扎实开展“安全生产年”活动有关事项

通知，内容包括：一、总体要求；二、牢固树立科学发展安全发展理念，夯实安全生产的思想基础；三、坚持预防为主，切实抓好隐患排查治理；四、坚持落实责任，切实肩负起安全使命；五、坚持依法治理，规范生产经营建设秩序；六、强化科技支撑，提升安全保障能力；七、强化应急处置，提高安全救援水平；八、强化基础建设，增强安全监管监察能力。

2 月 14 日

［纲　文］　**中国人民对外友好协会和中国—拉丁美洲和加勒比友好协会在北京举办招待会，庆祝中国墨西哥建交 40 周年。**

2 月 14 日

［纲　文］　**财政部、安全监管总局印发《企业安全生产费用提取和使用管理办法》。**

［目　文］　为建立企业安全生产投入长效机制，加强安全生产费用管理，保障企业安全生产资金投入，维护企业、职工以及社会公共利益，根据《中华人民共和国安全生产法》等有关法律法规和国务院有关决定，财政部、国家安全监管总局联合制定该办法。《办法》共有 5 章 40 条，内容包括：第一章总则，第二章安全费用的提取标准，第三章安全费用的使用，第四章监督管理，第五章附则。《办法自》公布之日起施行。《关于调整煤炭生产安全费用提取标准加强煤炭生产安全费用使用管理与监督的通知》（财建〔2005〕168 号）、《关于印发〈烟花爆竹生产企业安全费用提取与使用管理办法〉的通知》（财建〔2006〕180 号）和《关于印发〈高危行业企业安全生产费用财务管理暂行办法〉的通知》（财企〔2006〕478 号）同时废止。《关于印发〈煤炭生产安全费用提取和使用管理办法〉和〈关于规范煤矿维简费管理问题的若干规定〉的通知》（财建〔2004〕119 号）等其他有关规定与本办法不一致的，以本办法为准。

2 月 14 日

［纲　文］　**证监会发布《关于修改〈上市公司收购管理办法〉第六十二条及第六十三条的决定》。**

2 月 14 日

［纲　文］　**中国银行旗下的中银航空租赁与中国商飞公司签署 20 架 C919 大型客机启动用户协议，国产大飞机订单达 235 架。**

［目　文］　该协议是在新加坡航展期间签订的。签订后，中银航空租赁有限公司成为 C919 大型客机第十一家启动用户，C919 大型客机启动订单总数达到 235 架。这是 C919 大型客机项目 2011 年底进入详细设计阶段以来收获的最新一份启动用户协议，中银航空租赁也成为 C919 大型客机第 11 家启动用户，C919 大型客机的启动订单总数也达到 235 架。此前，国航、东航、南航和海航，以及国银金融租赁有限公司、美国 GECAS 公司（GE Capital Aviation Services）、工银金融租赁有限公司、四川航空、交银金融租赁有限责任公司和中国飞机租赁有限公司已经先后累计订购了 215 架 C919 大型客机。

2 月 14—15 日

［纲　文］　**贾庆林在北京调研。**

［目　文］　中共中央政治局常委、全国政协主席贾庆林在北京调研时强调，深入企业车间、农业基地、生态园区，与干部群众共商改革发展大计。贾庆林在调研时强调，要深入贯彻党的十七届六中全会和中央经济工作会议精神，坚持科学发展这个主题和加快转变经济发展方式这条主线，牢牢把握稳中求进的工作总基调，充分发挥统一战线和人民政协的优势，加快推进经济结构战略性调整，大力发展实体经济，加强生态环境建设，促进首都经济平稳较快发展和社会和谐稳定，以优异成绩迎接党的十八大胜利召开。

2月14—15日

［纲　文］　**全国科技工作会议在北京召开。**

［目　文］　会议主题是总结2011年科技工作，部署2012年科技任务。

中共中央政治局委员、国务委员刘延东出席会议。她讲话指出，2011年科技在国家发展全局中的战略地位进一步落实，研发投入大幅增加，创新成果不断涌现，科技实力持续提升，支撑引领作用更加突出，为促进经济社会发展和民生改善作出了积极贡献，实现了“十二五”时期良好开局。当前国内外科技经济发展呈现出新的态势，中国抓住战略机遇期、加快建设创新型国家的任务更加紧迫。科技战线要切实增强大局意识、责任意识和忧患意识，自觉服务经济社会发展全局，扎实做好科技改革发展各项工作。要紧紧围绕主题主线，加强产业核心技术研发，健全技术转移机制，加快科技重大专项实施，以科技创新支撑引领战略性新兴产业培育发展和传统产业转型升级。要加强农业科技创新，构建高产、优质、高效、生态、安全的农业技术体系，鼓励面向基层开展农技服务。要大力发展民生科技，推进科技与教育、文化融合支撑、相互促进，依靠科技支撑社会管理创新，使科技发展成果惠及广大人民群众。要立足科学前沿和国家战略需求超前部署，加大对基础研究和前沿技术研究的稳定支持力度，强化学科交叉和协同攻关，努力产出若干原始创新成果。要加强国际科技合作，完善政府间科技合作机制，加强民间科技交流，鼓励和吸引全球优秀高端人才和国际科研组织来华创新创业，支持中国科学家参与国际大科学工程，提高中国科技发展的国际化水平。要弘扬科学精神和优良传统，培育创新文化，发扬学术民主，加强科研诚信建设，提高公众科学素质，营造科技事业科学发展的良好氛围。

工作会上，环境保护部副部长吴晓青等11位与会代表作了典型发言，全国各地科技厅局长和国家级高新区管委会负责人分别进行了座谈交流。

全国政协副主席、科技部部长万钢，中央国家机关有关部门负责人和全国科技系统的代表等参加会议。

2月14—20日

［纲　文］　**应中国共产党的邀请，越南共产党中央政治局委员、中央组织部部长苏辉若访华。**

［目　文］　16日，中共中央政治局常委李长春会见苏辉若。在会见中，李长春说，加强党建经验交流，是中越两党交往的重要内容，对加强和改进两党建设、推进各自社会主义现代化建设具有重要意义。中国共产党愿同越南共产党一道，认真落实好两党

2011—2015年合作计划，为两党两国事业兴旺发达提供坚强的思想、组织、作风和人才保障。苏辉若说，越方愿本着十六字方针和“四好”精神，与中方共同努力，推动两党两国关系向前发展，应对当今世界纷繁复杂的挑战。

15日，中共中央政治局委员、中组部部长李源潮与苏辉若举行会谈。在会谈中，李源潮指出，中国党和政府始终从战略高度和长远角度看待中越两党两国关系，愿同越南党和政府一道，坚持“长期稳定、面向未来、睦邻友好、全面合作”方针，加强政治交往，增进战略互信，深化治党治国经验交流，扩大各领域的友好合作，巩固和发展中越传统友谊。苏辉若说，越南党和政府高度重视越中两党两国关系，愿与中方一道认真落实两党两国领导人达成的共识，有效推动越中全面战略合作伙伴关系不断迈上新台阶。李源潮应询介绍了中国共产党加强党的建设和组织工作的情况。

同日，中联部部长王家瑞会见苏辉若。

2月14—23日

［纲　文］　**全国政协副主席白立忱率全国政协代表团赴墨西哥、哥伦比亚、厄瓜多尔进行访问。**

［目　文］　此次出访是应墨西哥参议院、哥伦比亚参议院、厄瓜多尔国民代表大会的邀请。16日，白立忱在墨西哥城会见墨西哥参议长冈萨雷斯，并与冈萨雷斯共同出席中墨建交40周年纪念铭牌揭幕仪式。17日，白立忱在墨西哥外交部就中墨关系发表演讲，纪念两国建交40周年。19日，白立忱抵达哥伦比亚。20日，哥伦比亚副总统加尔松与国会主席兼参议长科尔索在波哥大分别会见了白立忱率领的代表团。22日，白立忱抵达厄瓜多尔。23日，白立忱与厄瓜多尔总统科雷亚举行会谈，就推动两国友好关系进行了交流。

2月15日

［纲　文］　**欧洲理事会主席范龙佩和欧盟委员会主席巴罗佐来华访问，国家主席胡锦涛、国务院副总理李克强分别与其进行会见。**

［目　文］　胡锦涛积极评价中欧全面战略伙伴关系，祝贺第十四次中欧领导人会晤成功举行。胡锦涛表示，中方一贯重视欧盟在国际事务中的地位和作用，始终从战略高度和长远角度看待和发展中欧关系。我们坚定支持欧盟一体化建设，愿同欧方加强政治和战略对话，妥善处理彼此重大关切和敏感问题，深化全方位、宽领域、多层次合作，不断拓展双方利益融合，共同推动中欧全面战略伙伴关系不断取得新进展。中方密切关注并支持欧盟、国际货币基金组织及欧央行正在采取的一系列应对欧洲债务问题的措施，继续加强同欧盟的政策沟通与协调，促进中欧经贸、投资与金融合作，参与国际社会对欧洲和欧元区的支持行动。相信欧洲有能力、有智慧克服困难，迎来新的发展。

范龙佩表示，此次欧中领导人会晤传递了欧中加强合作的重要信号，它进一步证明，欧中是战略伙伴，不是竞争对手，欧中关系是互利共赢的，中国的发展对欧洲是机遇。欧方愿同中方深化合作，携手应对各种挑战，维护世界和平稳定，促进全球经济复苏发展。

巴罗佐表示，欧方愿同中方一道，落实好此次欧中领导人会晤的共识和成果，不断扩大和深化合作，加强在重大国际问题上的沟通协调，共同致力于推动欧中全面战略伙伴关系进一步发展。

同日，国务院副总理李克强亦会见欧洲理事会主席范龙佩和欧盟委员会主席巴罗佐。李克强表示，当前，中欧关系发展正进入新的关键时期，希望双方以这次达成的重要共识为新起点，提升政治互信水平，充实战略合作内涵，相互尊重、平等相待、开放包容、相互支持，为推动建设和平、合作、发展的21世纪共同努力。中国正在加快转变经济发展方式，保持经济平稳较快发展，这为中欧合作提供更多机遇。双方应紧扣各自发展战略，发挥互补优势，做好做实经贸、金融、能源、城镇化、科技创新、人文等各领域合作，实现互利共赢。中方相信欧洲能克服当前困难，并继续参与和支持有关各方为解决欧债问题所做的努力。

2月15日

［纲　文］　**国务院总理温家宝主持召开国务院常务会议。**

［目　文］　会议明确了2012年改革的重点工作：一、推动多种所有制经济共同发展。二、加快财税体制改革。三、深化金融体制改革。四、深化电力、成品油和水资源价格改革。五、推进社会领域改革。六、推进行政体制改革。七、深化农村改革。八、深化涉外经济体制改革。完善外商投资产业指导目录。

2月15日

［纲　文］　**中共中央办公厅、国务院办公厅印发《国家“十二五”时期文化改革发展规划纲要》。**

［目　文］　“十二五”时期是全面建设小康社会的关键时期，也是促进文化又好又快发展的关键阶段。为深入贯彻落实党的十七届六中全会精神，深化文化体制改革、推动社会主义文化大发展大繁荣，进一步兴起社会主义文化建设新高潮，努力建设社会主义文化强国，根据《中共中央关于深化文化体制改革、推动社会主义文化大发展大繁荣若干重大问题的决定》和《国民经济和社会发展第十二个五年规划纲要》，编制该纲要。《纲要》内容包括：一、指导思想、重要方针和主要目标；二、加强社会主义核心价值体系建设；三、加快构建公共文化服务体系；四、加快发展文化产业；五、加快文化体制机制改革创新；六、加强文化产品创作生产的引导；七、加强传播体系建设；八、加强文化遗产保护、传承与利用；九、加强对外文化交流与合作；十、加强文化人才队伍建设；十一、政策措施；十二、组织实施。

《纲要》指出，到2015年，中国文化改革发展的主要目标是：社会主义核心价值体系建设不断推进，全党全国各族人民团结奋斗的共同思想道德基础进一步巩固；文化体制改革重点任务基本完成，文化体制机制充满活力、富有效率，有力促进文化科学发展；覆盖全社会的公共文化服务体系基本建立，城乡居民能够较为便捷地享受公共文化服务，基本文化权益得到更好保障；现代文化产业体系和文化市场体系基本建立，文化产业增加值占国民经济比重显著提升，文化产业推动经济发展方式转变的作用明显增强，逐步成长为国民经济支柱性产业；文化产品创作生产体系不断完善，高素质文化人才队伍发展壮大，内容创新和传播能力大大增强，精神文化产品和社会文化生活丰富多彩，更好地满足人民群众的精神文化需求；公有制为主体、多种所有制共同发展的文化产业格局逐步形成；技术先进、传输快捷、覆盖广泛的文化传播体系更加完善，以大城市为中心、中小城市相配套、贯通城乡的现代文化产品流通网络逐渐形成；重点媒体国际传播能力不断增强，与中国经济社会发展水平和国际地位相匹配的媒体国际传播能力逐步形成；主要文化产品进出口严重逆差的局面逐步改善，形成以民族文化为主体、吸收外来有益文化、推动中华文化走向世界的文化开放格局；全民族文明素质明显提高，国家文化软实力和国际竞争力显著提升。

同日，中宣部、发展改革委就《国家“十二五”时期文化改革发展规划纲要》举行新闻发布会，介绍了《规划纲要》的相关情况。

2月15日

［纲　文］　**最高人民法院发布《关于国家赔偿案件立案工作的规定》。**

［目　文］　这一司法解释根据修改后的国家赔偿法，针对人民法院审查处理的国家赔偿案件的立案审查机构及有关立案标准、出具收讫凭证等问题予以统一规范。对于加大保护赔偿请求人依法行使请求权的力度，起到一定作用。

《规定》一方面限定作为赔偿义务机关的人民法院对赔偿申请经审查不符合立案条件的，要出具决定书，并应当在作出决定之日起十日内送达赔偿请求人；另一方面对于不予受理的情形给予程序救济，规定赔偿请求人对复议机关或者作为赔偿义务机关的人民法院作出的决定不予受理的文书不服，向人民法院赔偿委员会提出赔偿申请，收到申请的人民法院可以依照本规定第六条、第八条予以审查立案。同时还规定，人民法院赔偿委员会经审查认为原不予受理错误的，可以直接审查并作出决定，必要时也可以交由复议机关或者作为赔偿义务机关的人民法院作出决定。《规定》公布之日实施。

2月15日

［纲　文］　**中宣部在北京召开《论文化建设——重要论述摘编》出版座谈会。**

［目　文］　中宣部和中央文献研究室共同选编的《论文化建设——重要论述摘编》由学习出版社和中央文献出版社出版发行。中共中央政治局委员、中宣部部长刘云山出席座谈会并讲话，强调党的文化建设理论是党的整个理论体系的重要组成部分，是推进文化繁荣发展的强大思想武器，要紧密联系文化改革发展的生动实践，不断深化党的文化建设理论的学习，进一步统一思想、凝聚共识，推动党的十七届六中全会精神深入落实，推动兴起社会主义文化建设新高潮。

2月15日

［纲　文］　**《人民日报》报道，中国水产品出口额连续十年居全球首位。**

［日　文］　农业部市场与经济信息司公布：据海关数据统计，2011年中国水产品进出口总量816.1万吨，进出口总额258.1亿美元，同比分别增长13.9%和26.7%。其中，进口量424.9万吨，进口额80.2亿美元，同比分别增长11.2%和22.7%；出口量391.2万吨，出口额177.9亿美元，同比分别增长17.1%和28.7%。水产品出口额占中国农产品出口总额的比重为29.3%，较上年提高1.1个百分点。同时，按照世界粮农组织最新预测，2011年全球水产品出口额有望实现1200亿美元，据此推算，中国水产品出口额占全球水产品出口总额的比重将达到14.8%，连续10年位居全球首位。贸易顺差97.8亿美元，比上年增加24.8亿美元。

2月15日

［纲　文］　**中国国际人才交流基金会公布《海外高层次人才交流基金—社会管理专项使用方案（试行）》。**

［日　文］　2011年7月，国家外国专家局与香港新世界发展有限公司在香港签署协议，双方各出资1000万元人民币，共同设立“海外高层次人才交流基金”，用于社会管理专项，通过引进海外高层次专家来华工作，助推中国社会管理工作的发展。为充分发挥基金使用效益，推动社会事业的发展，协议委托中国国际人才交流基金会对基金进行管理。基金会根据《国家中长期人才发展规划纲要（2010—2020）》、“十二五”规划战略目标的总体要求和外专局统一部署，并按照捐赠方意愿及国家有关规定，拟订该方案。《方案》包括：一、基金使用原则，二、项目实施目标，三、基金资助对象及方式，四、项目申报，五、签署协议，六、费用标准及资助内容，七、评审方法，八、项目成果评估验收，九、基金管理，十、其他条款。

2月15日

［纲　文］　**国家文物局印发《文物安全与行政执法信息上报及公告办法》。**

［日　文］　国家文物局对已试行两年的《文物行政执法与安全监管情况公告制度工作方案（试行）》进行了修改完善，正式印发该办法。《办法》对于文物案件的上报时限、上报内容，以及瞒报和迟报的界定以及处罚，进行了明确说明。与试行文件相比，正式印发的《文物安全与行政执法信息上报及公告办法》在文物案件的上报要求上明显严格了很多。

此次正式印发的办法中，取消了依据文物级别确定上报时限的规定。所有文物不分级别，只要发生文物案件，单位就必须第一时间上报主管的文物行政部门。《办法》自印发之日起施行。

2月15—18日

［纲　文］　**国务委员、公安部部长孟建柱在福建调研公安工作。**

［日　文］　孟建柱先后来到厦门、泉州、莆田、平潭、福州等地，深入公安基层所队、街道社区，考察调研公安工作，慰问广大公安民警，走访人民群众，征求意见建议。孟建柱在福建调研公安工作时强调，要立足福建发展新起点、抓住海峡西岸建设新机遇，

努力为经济社会又好又快发展创造和谐稳定的社会环境、公平正义的法治环境和优质高效的服务环境，不断提升打击犯罪服务群众的能力与水平，推动福建公安工作实现跨越式发展进步。

2 月 16 日

［纲　文］　**国务院副总理王岐山在温哥华会见不列颠哥伦比亚省省长简蕙芝。**

［目　文］　王岐山在会见中表示，中国和不列颠哥伦比亚省多年来在经贸、投资、科技、文化、教育、旅游等领域合作富有成果。双方应抓住机遇，继续推进农林渔、能源矿产、投资、基础设施等各领域的交流与合作，推动中加战略伙伴关系不断向前发展。简蕙芝表示，中国的发展和繁荣是加拿大的重要机遇，不列颠哥伦比亚省高度评价与中国的合作。该省正在推进“亚太门户计划”，期待与中国深化合作，扩大交往，取得更多互利共赢的成果。

2 月 16 日

［纲　文］　**国务院副总理回良玉会见法国安盟保险集团董事长博西海。**

［目　文］　回良玉表示，中方高度重视与法国的双边关系。去年以来，两国元首三次成功会晤，双方政治互信不断增强，合作基础日趋牢固。回良玉应询介绍了中国经济社会发展情况，表示中国将坚定不移地推进改革开放，并坚持把加快农业农村发展作为各项工作的重中之重，希望法国安盟集团与中方企业在农业保险方面的合作实现互利共赢，继续为推动中法合作做出贡献。博西海表示，法国安盟保险集团在华取得了积极发展，公司高度重视中国市场，希望能够为推动法中合作发挥积极作用。

2 月 16 日

［纲　文］　**国务院新闻办公室宣布，中国现阶段将实行最严格水资源管理制度。**

［目　文］　2030 年是中国用水高峰，针对当前水资源过度开发、粗放利用、水污染严重三个方面的突出问题，国务院发出关于实行最严格水资源管理制度的意见，确立水资源开发利用控制、用水效率控制和水功能区限制纳污“三条红线”：到 2030 年全国用水总量控制在 7000 亿立方米以内；万元工业增加值用水量降低到 40 立方米以下，农田灌溉水有效利用系数提高到 0.6 以上；水功能区水质达标率提高到 95% 以上。

2 月 16 日

［纲　文］　**《求是》杂志发表李克强的文章《在改革开放进程中深入实施扩大内需战略》。**

［目　文］　文章内容包括：一、在新的形势下继续处理好速度、结构、物价三者关系，为在改革开放进程中深入实施扩大内需战略创造良好环境；二、以扩大内需为战略基点加快推进经济结构调整；三、把发展的出发点和落脚点放在保障和改善民生上；四、坚定不移推进重点领域和关键环节改革；五、在稳中求进中促进经济社会协调发展。

2月16日

［纲 文］ **中共中央政治局委员、中组部部长李源潮在北京会见美国科学院院士毛河光。**

［目 文］ 李源潮指出，科学技术是推动经济发展和社会进步的强大动力，中国实施科教兴国战略和人才强国战略，不断加强国际科技和人才交流合作，欢迎海外各类人才特别是高层次人才到中国创新创业，分享中国发展的机遇。

毛河光院士是国际静高压研究的权威，任美国卡内基研究所研究员，在高压物理、高压化学、材料科学、地球和行星内部科学等领域做了大量开创性研究工作，成果卓著。改革开放以来，他几乎每年都来华讲学，在中国多所大学和研究所担任名誉教授，在静高压等领域开展科研合作，2002年荣获中国政府授予的“国家友谊奖”。

2月16日

［纲 文］ **“中日国民交流友好年”开幕。**

［目 文］ 中国国务院总理温家宝和日本首相野田佳彦分别致贺词。中国国务委员刘延东出席开幕式并会见了日本首相特使直岛正行和日方各界代表。17日，全国政协主席贾庆林分别会见欧盟委员会前主席、意大利前总理罗马诺·普罗迪和日本日中友好七团体负责人加藤紘一、河野洋平、辻井乔、高村正彦、张富士夫、野田毅、江田五月。16日，国务委员刘延东出席开幕式并会见了日本首相特使直岛正行及日本经济团体联合会、日中友好七团体会长等各界代表。

2月16日

［纲 文］ **中联部部长王家瑞会见日本首相特使、民主党副党首直岛正行。**

［目 文］ 王家瑞说，中日邦交正常化40年来，中日关系取得长足发展，不仅给两国和两国人民带来巨大利益，也为亚洲和世界的和平、发展与繁荣作出重要贡献。中国共产党愿以纪念中日邦交正常化40周年为契机，进一步加强与包括民主党在内的日本各政党的交往，为增进双方政治互信，扩大务实合作，改善两国国民感情，推动中日战略互惠关系不断向前发展发挥积极作用。

直岛说，中日邦交正常化40周年是值得纪念的重要年份。日方愿与中方共同努力，推动双方政府、政党、议会、民间等渠道的交流，加强两国青少年交往，推动中日战略互惠关系在各领域取得丰硕成果。直岛还对日本大地震以来中方的大力支持与帮助表示感谢。

2月16日

［纲 文］ **国家开发银行宣布，2011年该行发放助学贷款突破100亿元，八成贫困大学生获助学贷款。**

［目 文］ 自2005年开创高校助学贷款的“河南模式”以来，国开行累计发放助学贷款超过300亿元，支持家庭经济困难学生超过560万人次，受益学生达360万人，助学贷款质量保持良好水平。国开行助学贷款业务体系覆盖全国25个省区市、1695个县区、

2564所高校，服务网络覆盖全国广大城乡县域乃至乡镇，学生上大学前在家乡就可以获得贷款。包括新疆维吾尔自治区和西藏自治区在内的中西部全部18个省（区）均实现了业务全覆盖。

2月16—17日

［纲　文］　**李克强在上海召开经济发展和财税重点改革座谈会。**

［目　文］　国务院副总理李克强强调，要按照“十二五”主题主线和中央经济工作会议的要求，坚持稳中求进的总基调，下力气实施好积极的财政政策，落实和完善结构性减税措施，推进财税重点改革，保持经济平稳较快发展和物价总水平基本稳定，促进创新驱动和转型发展。

李克强指出，做好今年经济工作，在保持“稳”的同时，还要在推动“进”上下功夫，在转方式、促改革、惠民生方面取得新进展、新突破。面对国际市场低迷、资源环境约束加剧等多重挑战，传统增长模式已难以为继，转型发展刻不容缓。中国经济要保持长期平稳较快发展，关键在于扩内需、调结构、促转型。扩内需是发展的战略基点，也是转型的重点方向。城镇化是扩内需最大的潜力所在，服务业是调结构最大的新兴领域，创新驱动是转型发展最大的活力源泉。要在进一步扩大开放的条件下深入扩大内需，外向型经济比重高的地区也应注重在竞争中拓展国内市场。要面向实体经济，推动技术创新、产品创新、管理创新、制度创新和战略创新，促进产业优化升级，提升市场竞争力，以创新引领转型，使经济社会发展向更高水平迈进。

在座谈会上，上海市政府负责人和各类企业代表分别就当前经济运行情况和企业经营面临的形势，发表了意见和建议。上海市委书记俞正声、科技部部长万钢参加了座谈会。

2月16—17日

［纲　文］　**银监会在上海召开中小商业银行监管工作会议，要求中小银行强化对小微企业服务。**

2月16—19日

［纲　文］　**刘云山在山西就文化体制改革、文化产业发展与文化惠民进行调研。**

［目　文］　中共中央政治局委员、中央书记处书记、中宣部部长刘云山到山西省，出席在太原召开的全国文化体制改革工作会议，并就文化体制改革、文化产业发展与文化惠民进行了深入考察调研。

2月17日

［纲　文］　**新华社讯，胡锦涛任免一批驻外大使。**

［目　文］　国家主席胡锦涛根据全国人大常委会的决定，任免下列驻外大使：免去宋哲的驻欧盟使团团长、大使；任命吴海龙为驻欧盟使团团长、大使。免去何亚非的常驻联合国日内瓦办事处和瑞士其他国际组织代表、大使；任命刘振民为常驻联合国日内瓦办事处和瑞士其他国际组织代表、大使。免去张宪一的驻孟加拉大使；任命李军为驻孟加拉

大使。免去黄杰民的驻科威特大使；任命崔建春为驻科威特大使。免去魏文华的驻科特迪瓦大使；任命张国庆为驻科特迪瓦大使。免去刘玉琴（女）的驻古巴大使；任命张拓为驻古巴大使。

2月17日

［纲　文］　**国家主席胡锦涛特使、全国人大常委会副委员长周铁农在阿什哈巴德会见土库曼斯坦国民议会主席努尔别尔德耶娃，并出席土库曼斯坦总统别尔德穆哈梅多夫就职仪式。**

2月17日

［纲　文］　**全国法院2012年反腐倡廉建设工作电视电话会议在北京召开。**

［目　文］　中共中央书记处书记、中央纪委副书记何勇出席会议并讲话。他充分肯定了各级人民法院的工作，对加强人民法院自身作风建设和反腐倡廉建设提出了明确要求。他指出，人民法院是反腐败的重要职能机关。要自觉服务党和国家工作大局，坚持把维护人民合法权益作为工作的根本出发点和落脚点，依法履行审判职责，惩治国家工作人员贪污贿赂、滥用职权、失职渎职的严重犯罪，特别是发生在食品卫生、社会保障、医疗、教育、就业等民生领域严重损害群众利益、社会影响恶劣、群众反映强烈的职务犯罪，为推动科学发展、促进社会和谐提供司法保障。何勇要求，各级人民法院领导班子和领导干部要认真贯彻党风廉政建设责任制，切实担负起反腐倡廉的政治责任。

最高人民法院党组书记、院长王胜俊出席会议并讲话。

2月17日

［纲　文］　**住房城乡建设部印发《建设用地容积率管理办法》。**

［目　文］　为规范建设用地容积率管理，提高城乡规划依法行政水平，促进反腐倡廉工作，住房和城乡建设部制定该《办法》。

《办法》明确，以出让方式提供国有土地使用权的，在国有土地使用权出让前，城市、县人民政府城乡规划主管部门应当依据控制性详细规划，提出容积率等规划条件，作为国有土地使用权出让合同的组成部分。未确定容积率等规划条件的地块，不得出让国有土地使用权。容积率等规划条件未纳入土地使用权出让合同的，土地使用权出让合同无效。以划拨方式提供国有土地使用权的建设项目，建设单位应当向城市、县人民政府城乡规划主管部门提出建设用地规划许可申请，由城市、县人民政府城乡规划主管部门依据控制性详细规划核定建设用地容积率等控制性指标，核发建设用地规划许可证。建设单位在取得建设用地规划许可证后，方可向县级以上地方人民政府土地主管部门申请用地。

《办法》规定，国有土地使用权一经出让或划拨，任何单位和个人都应当遵守经依法批准的控制性详细规划确定的容积率指标，不得随意调整、更改，不得以政府会议纪要等形式代替规定程序调整容积率。因城乡规划修改造成地块开发条件变化的，因城乡基础设施、公共服务设施和公共安全设施建设需要导致已出让或划拨地块的大小及相关建设条件发生变化的，国家和省、自治区、直辖市的有关政策发生变化的及满足法律、法规规定的其他条件的，方可进行调整。《办法》自2012年3月1日起施行。

2月17日

［纲　文］　**中宣部、文化部、国家广电总局、新闻出版总署四部门通报表彰全国文化体制改革工作先进地区。**

2月17日

［纲　文］　**国家减灾委员会全体会议在北京召开。**

［目　文］　国务院副总理、国家减灾委员会主任回良玉主持召开会议。他在会上强调，做好防灾减灾救灾工作，一要强化组织领导，严格落实责任，不断健全协同联动机制，大力推进减灾救灾工作的规范发展；二要强化统筹协调，抓紧实施综合防灾减灾规划，尽快启动关键工程项目，确保各项目标和任务落实；三要强化主动防范，加快灾害监测预警体系建设，加强综合风险管理和防灾抗灾工程建设，切实提高灾害防御能力；四要强化应急处置，加强抢险救援指挥体系建设，规范应急救助管理，统筹做好灾后恢复重建各项工作；五要强化资源整合，大力推动救灾技术装备和物资保障能力建设，不断完善社会动员机制，切实提升综合保障水平；六要强化宣传教育，大力推进减灾文化建设，积极开展国际减灾交流合作，不断提升综合防灾减灾软实力。同时，会议对当前的抗旱、抗冰雪、森林防火和黄河防凌等工作作了重点部署。

国家减灾委全体委员出席了会议，国家减灾委副主任、民政部部长李立国作了工作报告，气象局局长郑国光介绍了2012年全国天气气候趋势预测情况。

2月17日

［纲　文］　**国家减灾委、民政部启动国家四级救灾应急响应，派出工作组赶赴云南省重旱区，指导开展救灾工作。**

［目　文］　据云南省民政厅报告，截至2月16日10时，持续干旱已造成曲靖、楚雄、文山、昭通、大理、临沧等13州市91个县（市、区）631.83万人受灾，饮水困难人口242.76万人，其中生活困难需政府救助人口231.38万人，饮水困难大牲畜155.45万头。

2月17—18日

［纲　文］　**中国政府特使、外交部副部长翟隽访问叙利亚。**

［目　文］　在访问期间，翟隽会见了叙总统巴沙尔·阿萨德、外交部部长穆阿利姆、外交部副部长梅克达德、阿尔努斯，以及叙有关反对派组织负责人。叙利亚领导人、政府官员在会谈、会见中向中方介绍了其对叙当前局势的看法及主张，并表示，叙方将尽全力尽快止暴，推进全面改革与对话，处理好叙利亚内部事务，防范外部干涉的图谋。

2月17—18日

［纲　文］　**全国文化体制改革工作会议在太原举行。**

［目　文］　中共中央政治局常委李长春对会议作出批示，强调要深入学习贯彻党的十七届六中全会精神，认真落实胡锦涛总书记“三加快一加强”要求，以组织实施《国家

“十二五”时期文化改革发展规划纲要》为重要抓手，加大力度、加快进度、巩固提高、重点突破、全面推进，毫不动摇地把文化改革发展继续推向前进，进一步兴起社会主义文化建设新热潮。

中共中央政治局委员、中宣部部长刘云山，中共中央政治局委员、国务委员刘延东出席会议并讲话。中宣部、文化部、国家广电总局、新闻出版总署通报表彰了165个全国文化体制改革工作先进地区。中央文化体制改革和发展工作领导小组成员及其办公室成员，各省区市党委宣传部部长、副省长（副主席、副市长），中央宣传文化单位负责人，各省区市文化、广电、新闻出版部门负责人等出席会议。

2月18日

［纲　文］ **《人民日报》报道，《江泽民文选》第二卷英文、法文、俄文、西班牙文、日文版由外文出版社出版发行。**

2月18日—3月1日

［纲　文］ **全国人大常委会副委员长韩启德率全国人大代表团赴沙特出席第三届二十国集团议长大会，并对约旦和阿曼进行访问。**

［目　文］ 20日至23日，韩启德一行对约旦进行访问。访问期间，韩启德会见了约旦国王阿卜杜拉二世、首相哈苏奈、参议长马斯里，并与众议长杜格米举行了会谈，双方就双边关系及共同关心的地区和国际问题交换了看法。25日，韩启德参加二十国集团议长大会。在会上，韩启德呼吁，国际社会携起手来共同应对金融危机，促进世界经济可持续平稳增长。会议期间，韩启德还会见了沙特协商会议主席阿卜杜拉、印度联邦院副议长拉赫曼和意大利参议院副议长基蒂。27日至29日，韩启德一行对阿曼进行访问。访问期间，韩启德分别会见了阿曼内阁事务副首相法赫德·本·马哈茂德·赛义德、协商会议主席哈立德·本·希拉勒·马阿瓦利，并与阿曼国家委员会主席叶海亚·本·马赫福兹·曼齐里举行了会谈，就双边关系及共同关心的国际和地区问题交换了看法。

2月18日

［纲　文］ **第七届世界草莓大会在北京市昌平区开幕，国务院副总理回良玉、北京市委书记刘淇出席开幕式。**

2月19日

［纲　文］ **国务院副总理王岐山会见日本财务大臣安住淳。**

［目　文］ 王岐山在会见中说，2012年是中日邦交正常化40周年。40年来，中日关系越来越成熟，各领域合作成果丰硕。2012年，第四次中日经济高层对话将在日本举行，希望双方充分发挥这一对话机制的平台作用，不断深化经贸、投资、金融合作，推动中日战略互惠关系不断向前发展。王岐山强调，财金合作是中日经济合作的重点领域。希望双方进一步加强沟通协调，不断深化两国财金领域合作，积极探索贸易投资本币结算，

促进两国金融市场健康稳定发展。王岐山表示，当前世界经济形势十分复杂严峻，确保全球经济复苏是各国面临的首要任务。中日两国作为两个经济大国和二十国集团重要成员，应与其他成员国一道，同舟共济，确保二十国集团领导人洛斯卡沃斯峰会取得成功，推动国际经济金融体系改革，促进全球经济复苏和增长。

安住淳表示，日中邦交正常化40年来，两国经济关系日趋紧密，深化各层面合作的时刻已经到来。日本正在努力解决通货紧缩和财政赤字问题，愿与中方就双边、区域和全球财金问题，继续开展建设性的交流，推动双方在经贸、金融等领域合作取得新发展，不断深化日中战略互惠关系。双方还就国际特别是欧洲经济形势等共同关心的问题交换了意见。

2月19—25日

［纲　文］ **应国务院副总理回良玉邀请，古巴部长会议副主席马里诺·阿尔韦托·穆里略·豪尔赫对中国进行访问。**

［目　文］ 22日，中共中央政治局常委李长春会见穆里略。李长春指出，在新形势下不断深化中古长期友好合作，是我们两国的共同愿望，符合双方根本利益。中国党和政府高度重视中古关系，继续坚持中古长期友好方针，中方愿同古方保持高层往来，加强治党理政经验交流，扩大各领域务实合作，推动中古友好合作关系持续深入发展。穆里略表示，古巴党和政府高度重视发展对华关系，钦佩中国在经济社会发展中取得的成就，愿同中方相互交流社会主义建设经验，共同推动古中友好关系不断发展。

20日，国务院副总理回良玉会见穆里略。回良玉表示，古巴是第一个同新中国建交的拉美国家，近年来，在双方共同努力下，中古友好关系保持快速发展势头，双方高层往来频繁，政治互信日益深化；经贸关系稳步发展，合作水平不断提升；人文交流蓬勃发展，合作内涵更加充实；在国际事务中相互协调，密切配合。中方愿同古方共同努力，保持高层往来，不断深化经贸领域务实合作，促进中古友好关系进一步发展。

24日，中联部部长王家瑞在北京与穆里略举行了会谈。

2月20日

［纲　文］ **中国人民对外友好协会和中国拉丁美洲和加勒比友好协会在北京举办招待会，庆祝中国与阿根廷建交40周年。**

2月20日

［纲　文］ **中共中央总书记胡锦涛主持召开中共中央政治局会议，讨论国务院拟提请第十一届全国人民代表大会第五次会议审议的《政府工作报告》稿。**

2月20日

［纲　文］ **国务院批复同意发展改革委组织编制的《西部大开发“十二五”规划》。**

［目　文］ 《规划》从七个方面提出了西部大开发“十二五”时期的奋斗目标：区域经济增速和城乡居民收入增速“双高于”全国平均水平，新增铁路营业里程1.5万公里，

森林覆盖率力争达到 19% 左右，单位地区生产总值能源消耗下降 15% 左右，单位工业增加值用水量降低 30%，九年义务教育巩固率达到 90% 以上，城镇化率超过 45%。

《规划》根据全国主体功能区规划要求，按照因地制宜、分类指导、突出重点、稳步推进的区域开发指导方针，对“十二五”时期西部地区空间开发格局进行了统筹规划。一是支持成渝、关中—天水、广西北部湾等 11 个重点经济区率先发展。二是支持河套灌区等 8 个农产品主产区优化发展。三是支持西北草原荒漠化防治区等 5 个重点区可持续发展。四是支持攀西—六盘水等 8 个资源富集区集约发展。五是支持沿边开放区加快发展。六是支持秦巴山区等集中连片特殊困难地区跨越式发展。

《规划》对“十二五”时期西部大开发进行了全面部署，明确提出了重点任务及重大工程。一是继续把基础设施建设放在优先位置，加快构建以交通、水利为重点的适度超前、功能配套、安全高效的现代化基础设施体系。二是加快建立生态补偿机制，加大生态建设力度，加强环境保护，从源头上扭转生态恶化趋势。三是深入实施以市场为导向的优势资源转化战略，坚持走新型工业化道路，积极承接产业转移，努力形成传统优势产业、战略性新兴产业、现代服务业协调发展新格局。四是加大农业农村建设投入力度，切实改善农民生产生活条件，建设农民幸福生活美好家园。五是加强城镇化与城乡统筹，坚持大中小城市和小城镇协调发展，提升城镇化的质量和水平。六是坚持优先发展教育，大力提高科技创新能力，完善人才开发机制，为西部大开发提供人才智力支撑。七是加快推进以保障和改善民生为重点的社会事业建设，建立覆盖城乡居民的公共服务体系。八是坚持改革开放，努力在重要领域和关键环节实现改革新突破，全面提升对内对外开放水平。九是加强指导协调，凝聚社会合力，进一步深化和落实中央的特殊支持政策。

2 月 20 日

［纲　文］ **《人民日报》报道，2011 年，全国共开工建设 1000 万套保障性住房，为实现“十二五”期间建设 3600 万套保障性住房的目标打下良好基础。**

2 月 21 日

［纲　文］ **中共中央政治局进行第 32 次集体学习，中共中央总书记胡锦涛在学习时强调，要实施更加积极的就业政策，实现更加充分的社会就业。**

2 月 21 日

［纲　文］ **全国政协召开第 45 次主席会议。**

［目　文］ 会议由全国政协主席贾庆林主持。会议审议通过了政协第十一届全国委员会第五次会议各次全体会议执行主席和主持人名单，审议通过了政协第十一届全国委员会委员增补名单（草案）和其他有关人事事项名单（草案），上述草案提请政协第 16 次常委会议审议。会议听取了政协第十一届全国委员会常务委员会第 16 次会议和政协第十一届全国委员会第五次会议筹备工作情况的汇报。

2月21日

［纲　文］　**李长春在中国航天科工集团公司调研。**

［目　文］　中共中央政治局常委李长春来到中国航天科工集团公司，考察国有企业加强和改进思想政治工作以及企业文化建设情况，并就学习“两弹一星”元勋黄纬禄同志先进事迹和崇高精神进行调研。他强调，要深入开展向黄纬禄同志学习活动，学习他忠诚报国、献身航天的坚定信念，攻坚克难、勇攀高峰的创新精神，团结协作、集思广益的优良作风，淡泊名利、无私奉献的高尚品质，让这些宝贵精神财富在广大科技工作者中代代相传，在神州大地上发扬光大，为推进社会主义核心价值体系建设、提高自主创新能力提供强大动力。

2月21日

［纲　文］　**国务院副总理李克强会见印度尼西亚国防部部长普尔诺莫·尤斯吉安托罗。**

［目　文］　在会见中，李克强说，中国和印尼是友好近邻，同为人口众多、地域辽阔的新兴发展中大国，有着广泛的共同利益。2005年，两国元首确定建立战略伙伴关系，双边关系进入新阶段，不断深化和持续向前发展。李克强指出，近年来，中印尼贸易投资合作明显增强，能源、基础设施、科技、文化等领域合作日益扩大，两国防务部门和两军间合作取得长足发展。中方愿同印尼方在相互尊重、平等互利的基础上，加强政治对话和国际、地区问题上的沟通协调，拓展包括防务安全在内的各领域务实合作，推动两国战略伙伴关系不断向前发展。与其他各方一道共同维护地区和世界的和平与稳定。普尔诺莫表示印尼同中方关系有着坚实基础和广阔前景，愿进一步全面深化双边合作，实现共赢发展。

2月21日

［纲　文］　**中央治理工程建设领域突出问题工作领导小组和中央加快转变经济发展方式监督检查工作领导小组联合在北京召开会议。**

［目　文］　中共中央书记处书记、检查工作领导小组组长何勇出席会议并讲话，他强调，2012年工程建设领域突出问题专项治理工作要以《招标投标法实施条例》颁布实施为契机，以规范招标投标活动为主线，巩固和扩大治理成果。要着力解决招标投标环节的突出问题，创新招标投标监管方式，加强对招标投标活动全过程监管；要推进统一规范的公共资源交易市场建设，抓好铁道、水利工程进入地方公共资源交易市场招标投标工作，继续推动其他专业工程进场交易；要建立健全工程建设领域法规制度体系，增强法规制度执行力；要继续深化工程建设领域项目信息公开和诚信体系建设，抓紧建成各省（区、市）和副省级城市工程建设领域信息综合检索平台，建立信用信息互认共享和成果运用机制，实现全国范围内的信息互联互通。

会议审议并同意《2012年工程建设领域突出问题专项治理工作要点》和《关于进一步做好加快转变经济发展方式监督检查工作的通知》。

2月21日

［纲　文］ **国务院法制办公布《粮食法（征求意见稿）》。**

［目　文］ 征求意见稿规定，粮食收购、加工实行许可制度，申请从事粮食收购、加工活动需要具备一定的条件，并应当取得相应的行政许可。

同时，根据征求意见稿，从事粮食加工活动的经营者，不得有下列行为：一、使用发霉变质的原粮进行加工；二、使用农药残留、真菌毒素和重金属等污染物超标的原粮进行加工；三、违反规定使用添加剂；四、影响粮食质量的其他行为。

从事粮食收购、批发和零售活动的经营者，不得有下列行为：一、捏造、散布虚假信息，扰乱市场秩序；二、相互串通，操纵市场价格；三、恶意囤积哄抬价格；四、采取抬高等级或者压低等级等手段变相提高或者压低价格；五、短斤少两、掺杂使假、以次充好；六、垄断市场或者进行不正当竞争；七、违反国家规定的其他行为。

为了保障粮食质量安全，征求意见稿对完善粮食质量安全标准和粮食生产、收购、储存、加工、运输、销售、进出口环节的质量安全管理、粮食检验等方面作了规定，并且要求建立粮食质量安全监测、抽查制度，而地方各级人民政府发现区域性粮食污染情况，应当加强被污染粮食的监控，可以采取强制性检验、警示公告、干预性收购、分类储存、定向处置等措施。

同时，为了确保粮食的供应和价格稳定，征求意见稿规定，国家建立粮食经营者最低、最高库存量制度。从事粮食收购、加工、销售活动的粮食经营者，在粮食市场供过于求、价格下跌较多时应当履行不低于最低库存量的义务；反之，应当履行不高于最高库存量的义务。

尤其是针对粮食产业的发展，征求意见稿规定，国家实行粮食风险基金制度，根据国家财政状况和宏观调控需要，合理确定粮食风险基金规模和用途，并且要求粮食风险基金应当专款专用。

2月21日

［纲　文］ **新华社和中国科技大学合作建设的金融信息量子通信验证网开通仪式在北京举行。**

［目　文］ 金融信息量子通信验证网在世界上首次实现了利用量子通信网络对金融信息的安全传输。

国务委员刘延东出席开通仪式。她讲话指出，要加强前沿技术和战略高技术研究，使其更好地支撑引领经济社会发展。量子通信是最先实用化的量子信息技术，是至今为止唯一得到严格证明的、能从原理上确保通信无条件安全的通信技术。金融信息量子通信验证网在世界上首次实现了利用量子通信网络对金融信息的安全传输。刘延东指出，量子通信技术对保障国家信息安全具有重要战略意义。近年来，中国量子通信研究发展迅速，取得一批重要原创成果。前沿技术和战略高技术研究涉及中国现代化建设关键领域，事关自主创新能力和国家核心竞争力提升，必须从战略高度重视加强，务求实现更大突破。

2月21日

［纲　文］　**环境保护部与科技部在北京召开环保科技工作座谈会。**

［目　文］　全国政协副主席、科技部部长万钢出席会议并讲话，环境保护部部长周生贤主持会议。科技部副部长王伟中，环境保护部总工程师万本太出席会议。周生贤说，当前，我们要在国家科技总体布局下，提高认识，开拓创新，进一步提升环保科技创新能力，为中国环境质量改善提供强大的支撑。重点抓好以下几项工作：一是继续做好水专项的组织实施，把水专项打造成科技精品工程；二是大力推进“环境基准与风险评估”国家重点实验室的建设，继续在基础设施、资金、人员配备上给予支持；三是加强顶层设计，推动区域大气复合污染防治、土壤污染防治与修复、环境基准研究三个科技专项的设立；四是加强国家科技计划中环保项目的成果转化和应用。通过努力，使环保科技工作更好地服务国民经济和环境保护大局，为建设创新型国家和探索中国环保新道路做出积极贡献。

环境保护部副部长吴晓青介绍了“十一五”期间环保科技工作进展、取得的成就以及“十二五”期间环保科技工作面临的形势，提出了“十二五”环保科技工作思路和主要任务。科学技术部副部长王伟中出席会议并介绍了科技部“十一五”期间围绕环境保护开展的重大科技创新活动，以及“十二五”期间在环境领域的科技布局与设想。

座谈会前，周生贤还陪同万钢一行考察了中国环境监测总站大气环境综合监测实验室，观看了全国环境监测实时数据演示，听取了关于全国十年环境质量状况的汇报；考察了中国环境科学研究院水污染控制技术实验室和大气光化学烟雾箱实验室，听取了水专项有关项目（课题）研究进展和大气环境科研情况的介绍。

2月21日

［纲　文］　**浙江大学科学家首次实现猴脑遥控机械手。**

［目　文］　浙江大学“脑—机接口”研究团队研究人员在一只名为“建辉”的猴子的大脑运动皮层植入了芯片。芯片一边与猴子大脑的200多个神经元相连接，另一边连接着一台计算机，实时记录着“建辉”一举一动发出的神经信号，“遥控”机械手做出抓、勾、握、捏等较精细的手势。此次突破不仅为科学家进一步为残障人士研发精密假手带来了希望，也为进一步全面破译脑部精细信号，并将信号对机器的准确传递建立了研究模型。

2月21—24日

［纲　文］　**中共中央政治局委员王乐泉在安徽考察。**

［目　文］　王乐泉在安徽考察时强调，各地各部门要着力维护社会治安，预防和化解社会矛盾，完善基层社会服务管理体系，加强政法队伍建设，进一步增强人民群众的安全感、信任感、幸福感和认同感。王乐泉指出，各地各部门要主动顺应人民群众对和谐平安的新期盼，要进一步加大社会矛盾纠纷的预防和化解力度，要着力完善基层社会服务管理体系，全力推动社会管理创新向纵深发展。加快推进社区综合体制改革步伐，通过减少基层管理层级、整合条块力量、优化资源配置，最大限度地把服务力量和管理资源下沉到

社区，及时把基本公共服务和群众急需的生活服务送到群众身边；加快推进城乡基本公共服务均等化，逐步缩小城乡发展差距，努力做到农民与市民同待遇、流动人口与本地居民同服务，进一步增强人民群众幸福感。在全部政法工作中，队伍建设是根本，也是保证。要深入开展政法干警核心价值观教育实践活动。

2月22日

［纲　文］　**国务院总理温家宝主持召开国务院常务会议。**

［目　文］　会议指出，2009年3月《中共中央、国务院关于深化医药卫生体制改革的意见》和国务院《医药卫生体制改革近期重点实施方案（2009—2011年）》发布以来，医药卫生体制五项重点改革取得明显进展。一是覆盖城乡全体居民的基本医疗保障制度框架初步形成。二是国家基本药物制度初步建立，政府办基层医疗卫生机构全部实施基本药物零差率销售。三是覆盖城乡的基层医疗卫生服务体系基本建成。四是基本公共卫生服务均等化水平明显提高。五是公立医院改革试点积极推进，政事分开、管办分开、医药分开、营利性和非营利性分开等体制机制创新稳步展开。

会议指出，当前医改还面临一些较为突出的矛盾和问题，特别是体制性、结构性等深层次矛盾尚未解决。"十二五"期间，要以建设符合中国国情的基本医疗卫生制度为核心，在三个方面重点突破：一是加快健全全民医保体系。二是巩固完善基本药物制度和基层医疗卫生机构运行新机制。三是积极推进公立医院改革。

2月22日

［纲　文］　**国务院副总理张德江会见美国国际商业机器公司总裁兼首席执行官罗睿兰一行。**

［目　文］　在会谈中，张德江说，20年来，国际商业机器公司重视发展与中方的合作，取得了显著成效。希望双方进一步深化务实合作，不断提升合作水平，实现互利共赢，促进中美关系健康发展。罗睿兰表示将积极推动双方在高科技等领域的交流，继续保持双方友好合作。

2月22日

［纲　文］　**发展改革委在云南昆明召开西部大开发工作会议。**

［目　文］　会议按照2012年初召开的国务院西部地区开发领导小组第三次全体会议部署，全面总结了实施西部大开发战略以来特别是2011年的西部大开发工作，深入分析了西部大开发面临的新形势，研究部署了《西部大开发"十二五"规划》和2012年西部大开发重点任务的落实工作。

会议强调，做好2012年的工作，要坚持长短结合、"两手抓"，一手抓应对当前国际金融危机的影响，落实宏观调控各项措施；一手抓《西部大开发"十二五"规划》各项任务的贯彻落实，加强以交通、水利为重点的基础设施建设，建设国家生态安全屏障，大力发展特色优势产业，统筹区域、城乡发展，着力保障和改善民生，深化改革开放，确保西部大开发的大好形势不逆转，确保西部地区连续五年增长速度超过东部地区的势头不滑坡。

会议要求，要不断加强西部大开发工作系统的能力建设，进一步提高工作水平。一是要牢固树立大局意识和创新意识，保持与时俱进和无私奉献的工作精神；二是要注重发挥系统合力，齐心协力做好西部大开发各项工作；三是要加强学习和调查研究，坚持求真务实的工作作风；四是要强化队伍建设，注重在实践中培养锻炼干部；五是要分解落实责任，切实加强对西部大开发工作的组织领导。

各省（自治区、直辖市）、新疆生产建设兵团及西部副省级城市发展改革和经济协作系统的有关负责人，国务院西部地区开发领导小组成员单位和有关部门相关司局的负责人参加会议。

2月22日

［纲　文］　**最高人民法院发布《最高人民法院关于办理减刑、假释案件具体应用法律若干问题的规定》。**

［目　文］　《规定》选取了现阶段人民群众反映较为强烈、社会关注度较高、司法实践中也容易出问题的六类减刑、假释案件，明确要求必须开庭审理。这六类减刑、假释案件分别是：因罪犯有重大立功表现提请减刑的；提请减刑的起始时间、间隔时间或者减刑幅度不符合一般规定的；在社会上有重大影响或社会关注度高的；公示期间收到投诉意见的；人民检察院有异议的；人民法院认为有开庭审理必要的。

《规定》明确要求，人民法院审理减刑、假释案件，应当一律予以公示。公示地点为罪犯服刑场所的公共区域。有条件的地方，应面向社会公示，接受社会监督。对于仍然需采取书面方式审理的减刑、假释案件，人民法院在作出减刑、假释裁定前，应将拟减刑、假释罪犯的基本情况及减刑、假释依据等予以公示，接受社会各界及相关各方的监督，经过必要的期限后，未收到举报或者举报经查不实的，人民法院才能作出减刑、假释裁定，以公开透明的审理程序来确保减刑、假释案件的公平公正。《规定》自2012年7月1日起施行。

2月22日

［纲　文］　**国土资源部发布《关于严格土地利用总体规划实施管理的通知》。**

［目　文］　为严格实施土地利用总体规划，充分发挥土地利用总体规划的统筹管控作用，落实最严格的土地管理制度，保障和促进科学发展，发出该通知。国土资源部强调，从2012年4月1日起，土地管理各项相关工作以新一轮土地利用总体规划和数据库为依据。各地要从严审查各地区、各部门、各行业编制的城乡建设、区域发展、产业布局、基础设施建设、生态环境建设等相关规划，不得以任何名义改变土地利用总体规划确定的用地规模、结构和布局安排。凡不符合土地利用总体规划的，必须及时调整和修改，核减用地规模，调整用地布局。通知要求，各地严格按照土地利用总体规划确定的基本农田保护目标、保护区布局及管制规则，在土地利用总体规划批准后3个月内完成基本农田划定工

作。通知强调，要落实建设用地管制边界和管制区域，严格按照城乡建设用地规模边界、扩展边界和禁止建设边界，允许建设区、有条件建设区、限制建设区和禁止建设区等土地利用总体规划规定的“三界四区”，尽快将城镇建设用地管制边界和管制区域落到实地，确定管制边界拐点坐标，在主要拐点设置标识并向社会公告，防止城镇建设无序蔓延扩张。

2月22日

［纲　文］　**国家安全监管总局公布《煤层气地面开采安全规程（试行）》。**

［目　文］　该《规程》共分12章206条，内容包括：第一章总则，第二章一般规定，第三章硫化氢防护，第四章工程设计，第五章钻井与固井，第六章测井，第七章射孔，第八章压裂，第九章排采，第十章煤层气集输，第十一章煤层气压缩，第十二章附则。《规程》自4月1日起施行。

2月22日

［纲　文］　**联合国教科文组织亚太地区非物质文化遗产国际培训中心在北京成立。**

［目　文］　该中心坚持“立足中国、服务亚太、面向世界”的工作原则，通过长期和短期培训与实地考察相结合等方式提高教科文组织亚太地区会员国在非遗保护方面的能力，在联合国教科文组织《保护非物质文化遗产公约》框架下开展亚太地区多边合作。中国通过亚太中心推动亚太地区非物质文化遗产领域的国际交流与合作。

2月22日

［纲　文］　**全国人大常委会副委员长、全国妇联主席陈至立到北京市房山区参加全国妇联“送岗位、送法律、送健康”到基层活动。**

2月22日

［纲　文］　**中国红十字会与比尔和梅琳达·盖茨基金会合作开展“创建无烟环境”项目启动。**

［目　文］　该项目历时3年，经费900万美元，这是中国红十字会首次参与控烟工作，也是国内近年来最大的一笔控烟资金项目。

2月22—26日

［纲　文］　**应全国人大常委会委员长吴邦国的邀请，缅甸联邦议会人民院议长吴瑞曼率缅甸联邦议会人民院代表团对中国进行访问。**

［目　文］　23日，全国政协主席贾庆林会见吴瑞曼。贾庆林说，中国政协愿同缅甸人民院和民族院加强友好交流和人员往来，相互学习借鉴参政议政经验。中缅边境地区保持和平稳定关乎两国的共同利益。中方尊重缅甸主权和领土完整，真诚希望缅方以和平方式妥善解决民族和解问题，维护中缅边境地区长治久安。

24日，全国人大常委会委员长吴邦国会见吴瑞曼。吴邦国说，中国人大愿以此访为契机，进一步加强与缅甸议会的友好关系，保持议会领导人互访势头，扩大各专门委员会和议员之间的往来，深化立法、监督、治国理政、民主法制建设方面的经验交流，不断丰富中缅关系的内涵。

同日，中共中央政治局委员、中组部部长李源潮会见吴瑞曼。李源潮说，中方愿增强两国党际交往，加强交流与合作，为中缅关系的全面深入发展注入新的活力，让中缅友好合作造福两国人民及子孙后代。李源潮还应询介绍了中国改革开放和党的建设有关情况。

2月23日

［纲　文］　**国务院公布《拘留所条例》**。

［目　文］　为规范拘留所的设置和管理，惩戒和教育被拘留人，保护被拘留人的合法权益，根据有关法律制定该条例。《条例》是中国首次由国务院针对拘留所设置、管理制定的规范条例。该条例规定，拘留所应当依法保障被拘留人的人身安全和合法权益，不得侮辱、体罚、虐待被拘留人或者指使、纵容他人侮辱、体罚、虐待被拘留人。《条例》共分6章35条，内容包括：第一章总则，第二章拘留所，第三章拘留，第四章管理教育，第五章解除拘留，第六章附则。《条例》自4月1日起施行。

2月23日

［纲　文］　**国务院办公厅发布《关于积极稳妥推进户籍管理制度改革的通知》**。

［目　文］　《通知》要求，按照国家有关户籍管理制度改革的决策部署，继续坚定地推进户籍管理制度改革，落实放宽中小城市和小城镇落户条件的政策。同时，遵循城镇化发展规律，统筹推进工业化和农业现代化、城镇化和社会主义新农村建设、大中小城市和小城镇协调发展，引导非农产业和农村人口有序向中小城市和建制镇转移，逐步满足符合条件的农村人口落户需求，逐步实现城乡基本公共服务均等化。

2月23日

［纲　文］　**中共中央政治局委员王刚会见以党主席瓦内·舍曼为团长的利比里亚团结党干部考察团**。

［目　文］　在会见中王刚说，近年来，两国高层交往日趋密切，政治互信不断增强，各领域合作成果显著。发展中利友好合作关系符合两国人民的根本利益和长远利益。王刚表示，中利两党建立关系以来，双方关系发展顺利，为两国增进相互了解、加强政治互信、拓展互利合作发挥了重要作用。中国共产党愿在党际交往四项原则基础上，与利比里亚团结党共同努力，进一步加强各层次交往，深化治国理政经验交流，将两党关系提升到新水平，为推动中利关系发展做出积极贡献。瓦内·舍曼表示，利方感谢中国为利比里亚经济社会发展提供的无私帮助，愿深化两党交流合作，推动两国关系不断发展。

2月23日

［纲　文］　**国务委员兼国防部部长梁光烈会见美国驻华大使骆家辉**。

［目　文］　梁光烈指出，保持中美两军关系的健康稳定发展，对增进中美战略互信、维护共同安全利益、加强管控危机和预防风险具有重要意义。两军关系要服从和服务于中美关系大局，努力为两国关系注入积极内涵，为双方的战略稳定提供有力支撑。中方愿与美方共同努力，尊重和照顾彼此核心利益与重大关切，妥善处理分歧和敏感问题，推

动两军关系健康稳定可靠地向前发展。

骆家辉说，美中两国两军加强合作，共同应对自然灾害、极端主义等全球性问题，是世界对美中两国的共同期待。美中双方应加强沟通与交流，促进相互了解，化解误会，推动两国两军关系进一步向前发展。

2月23日

［纲　文］　**中央纪委、中组部召开视频会议，对严肃换届纪律深入整治用人上不正之风进行再推动再部署。**

［目　文］　会议要求，认真落实胡锦涛总书记在中共十七届中央纪委第七次全会上的讲话精神，严格执行组织人事工作纪律特别是换届纪律，坚决整治跑官要官、买官卖官、拉票贿选和换届前突击提拔干部等问题，确保换届风清气正，提高选人用人公信度，为党的十八大胜利召开营造良好环境。中共中央政治局委员、中央书记处书记、中组部部长李源潮出席会议并讲话指出年，整治用人上不正之风，教育是基础，监督是保证，查处是立规，改革是根本。

会上集中观看了严肃换届纪律工作专题片。中央纪委副书记黄树贤和全国人大、中组部、统战部有关负责人讲话。中组部常务副部长沈跃跃主持会议。各省区市有关部门负责人，市、县党委书记和人大、政协主要负责人，中央和国家机关各部门、各单位有关负责人，分别在主会场和分会场参加会议。

2月23日

［纲　文］　**商务部发布《商业特许经营信息披露管理办法》。**

［目　文］　《办法》共12条，自2012年4月1日起施行。《商业特许经营信息披露管理办法》（商务部令2007年第16号）同时废止。

2月23日

［纲　文］　**国土资源部宣布，2011年中国油气矿藏探明储量大幅增加，石油勘查新增探明地质储量成为新中国成立以来第二高产年。**

［目　文］　根据矿产资源储量快报统计，2011年全国石油勘查新增探明地质储量13.70亿吨，同比增长206%，是新中国成立以来第九个超过10亿吨的年份。新增探明技术可采储量2.66亿吨，同比增长21.4%。2011年中国天然气勘查新增探明地质储量7659亿立方米，同比增长29.6%。2011年，中国煤层气勘查新增探明地质储量1421亿立方米，同比增长27.5%。

2月23日

［纲　文］　**国务院扶贫开发领导小组在云南昭通市召开乌蒙山片区区域发展与扶贫攻坚启动会。**

［目　文］　国务院扶贫开发领导小组组长回良玉在会上强调，连片特困地区是中国新时期扶贫攻坚的主战场。要认真贯彻落实中央扶贫开发工作会议精神，坚持把扶贫开发与加快区域发展相结合，与生态环境保护和人口控制相结合，加大投入和政策支持力度，

加强统筹协调和协作带动，着力解决瓶颈制约和突出矛盾，着力保障和改善民生。要切实加强乌蒙山片区扶贫开发的组织领导，发挥毕节试验区的引领示范作用，落实规划确定的各项目标任务，加快乌蒙山片区经济社会发展和脱贫致富步伐。

乌蒙山片区涉及四川、贵州、云南三省的10个地（市、州）、38个县（区、市），集革命老区、民族地区、边远山区、贫困地区于一体，是贫困人口分布广、少数民族聚集多的连片特困地区。发展改革委副主任杜鹰宣读《国务院关于〈乌蒙山片区区域发展与扶贫攻坚规划（2011—2020年）〉的批复》，国务院扶贫办主任范小建介绍《乌蒙山片区区域发展与扶贫攻坚规划（2011—2020年）》编制情况及主要内容。

2月23日

［纲　文］　**国家核电技术公司宣布，AP1000设备国产化实现新突破**。

［目　文］　国家核电技术公司董事长王炳华在杭州举办的首届“三代核电AP/CAP合格供应商年会”上宣布：通过世界首批4台AP1000机组的建设，关键设备的研制攻关圆满完成，基本形成了较为完整的供应链体系。这标志着中国三代核电设备国产化能力得到大幅提升，为建设中国品牌的三代核电奠定了坚实的基础。

设备国产化是实现三代核电自主化的关键所在。在浙江三门、山东海阳的4台机组是世界首批AP1000商用核电站，全面采用美国机械工程师协会标准，对设备和材料提出了更高要求。在国家核电的全力推动下，中国一重、二重、上海电气等国内企业奋力攻关，设备国产化取得重要突破。共有5批57家企业成为三代核电的合格供应商，涵盖了机械、电气、材料、工程、仪控和运行服务等六大领域。

2月23日

［纲　文］　**国际权威学术期刊《自然》重点报道中国科学家首次成功实现拓扑量子纠错的研究**。

［目　文］　中国科技大学微尺度物质科学国家实验室潘建伟及其同事陈宇翱、刘乃乐等在世界上首次成功实现拓扑量子纠错的研究，取得了可扩展容错性量子计算领域的重大突破。这是量子信息领域以中国为第一单位发表在《自然》上的首篇长文。

2月23日

［纲　文］　**武警部队第四次向中国儿童少年基金会捐款1788万元，主要用于西部省份实施“消除婴幼儿贫血行动”和“春蕾计划”等公益项目**。

2月23日

［纲　文］　**国家可再生能源中心成立大会在北京举行**。

［目　文］　为了适应可再生能源规模化发展需要，国家能源局依托国家发改委能源研究所设立国家可再生能源中心，协助国务院能源主管部门进行可再生能源政策研究及组织实施，为统筹协调行业管理提供业务支撑。国家可再生能源中心主要任务是：研究制定国家可再生能源发展战略、规划和政策研究，组织实施国家示范项目，协调制定行业标准规范，开展行业数据统计监测评估，承担国际合作项目管理任务。

国家可再生能源中心将在借鉴国际发展经验和管理措施基础上，充分发挥全国各可再生能源有关单位的优势和作用，建立符合中国可再生能源产业发展和行业管理要求的统筹协调的工作机制，综合利用政策和市场手段，实现资源共享，优势互补，集中力量解决中国可再生能源规模化发展所面临的重大问题，促进可再生能源开发利用。

国家能源局副局长刘琦出席会议并讲话。

2月23—24日

［纲　文］　**朝美第三次高级别对话在北京举行，外交部发言人表示希望尽早重启六方会谈。**

［目　文］　外交部发言人表示，中方始终认为，尽早重启六方会谈、全面均衡落实“9·19共同声明”，符合各方共同利益。对话协商是解决半岛有关问题的唯一有效途径，六方会谈是平衡解决各方关切、实现半岛无核化的有效平台。中方支持有关各方改善和发展相互关系，共同推进半岛无核化和六方会谈进程。在当前形势下，各方应坚持六方会谈的方向和目标，为尽早重启六方会谈积累和创造条件。

会谈在朝鲜外务省第一副相金桂冠和美国朝鲜政策特别代表戴维斯之间举行。双方就重启朝核问题六方会谈等问题交换了意见。中国政府朝鲜半岛事务特别代表武大伟24日在北京会见戴维斯，就六方会谈问题交换了意见。

2月23—24日

［纲　文］　**张德江在辽宁省调研工业企业。**

［目　文］　国务院副总理张德江先后到机械、冶金、化工、新能源等企业调研，了解当前企业生产经营和工业转型升级情况。张德江在调研时强调，要深入贯彻落实科学发展观，全面贯彻落实中央经济工作会议精神，牢牢把握稳中求进的工作总基调，更加突出企业技术创新，更加突出产品质量提升，更加突出品牌建设，向质量品牌要市场、要效益、要发展，努力实现工业经济平稳较快增长，全面增强中国工业竞争力。

2月24日

［纲　文］　**中共中央政治局委员、中宣部部长刘云山会见由副主席图奥莫·普马拉率领的芬兰中间党代表团。**

［目　文］　在会谈中，刘云山说，近年来，中芬关系保持良好发展势头，双方政治互信不断增强，经贸合作成果丰硕，人文交流积极推进。中方愿与芬方共同努力，挖掘合作潜力，推动各领域合作深入发展。刘云山表示，中方赞赏芬兰中间党为推动中芬关系发展做出的积极贡献。希望继续加强党际交流，增进相互了解和信任，更好地促进两党两国关系长期稳定健康发展。刘云山还介绍了中共坚持以人为本、推动科学发展、加强自身建设以及中国新闻媒体等方面情况。普马拉说，当前国际形势下，芬中、欧中加强合作具有重要意义。芬兰中间党珍视同中国共产党的友好关系，愿同中方一道，推动芬中关系不断向前发展。

2月24日

［纲　文］　**全国人大常委会副委员长路甬祥会见缅甸联邦议会人民院代表团。**

2月24日

［纲　文］　**共青团中央书记处书记罗梅率中国青年代表团前往印度访问。**

［目　文］　2010年，温家宝总理访问印度期间提出邀请500名印度各界青年于2011年访华。2011年9月，以印度青年事务与体育部国务部长迈肯为团长的印度青年代表团一行491人成功访华。作为对中方邀请的积极回应，印度政府邀请中国青年代表团2012年回访印度。在印期间，代表团拜会政府机构、青年组织，深入企业、社区、大学和农村，了解印度经济社会发展现状，交流印度青年工作经验，并与印度各界青年进行对话和联欢。

2月24日

［纲　文］　**全国学习贯彻《中共中央关于加强新形势下党外代表人士队伍建设的意见》电视电话会议在北京举行。**

［目　文］　中共中央政治局常委、全国政协主席贾庆林出席会议。他指出，《意见》是新中国成立以来第一次以中共中央名义制定的关于党外代表人士队伍建设的专门文件，在统一战线发展史上具有里程碑意义。《意见》深刻论述了加强新形势下党外代表人士队伍建设的重要性和紧迫性，明确提出了党外代表人士队伍建设的指导思想、工作原则、目标任务和政策措施，是指导当前和今后一个时期党外代表人士队伍建设和统一战线工作的纲领性文件。

会议由全国政协副主席、中央统战部部长杜青林主持。中共湖南省委书记周强，中共北京市委统战部部长牛有成在会上作交流发言。

2月24日

［纲　文］　**国务院新闻办公室宣布，四川灾后恢复重建胜利完成，灾区基本生活条件和经济社会发展水平全面超过震前。**

［目　文］　经过3年多的艰苦奋斗，四川省灾后恢复重建已经胜利完成。四川纳入国家灾后恢复重建总体规划的29692个项目已完工99%，概算投资8658亿元已完成投资99.5%。3年多来，全省142个受灾县用于恢复重建和发展重建的资金达到1.7万亿元。

在民生事业方面，四川成功解决了540多万户、1200多万城乡居民的住房修建问题；完成20万失地农民安置，帮助170多万受灾群众实现就业。对因灾导致的9524户困难家庭、1449名“三孤”人员、2.7万余名地震伤残人员从政策、制度和工作上给予了帮扶和救助。在142个受灾县高标准高质量地维修加固和重建了各类学校8283所、医疗卫生机构2292个。完成2334处重大地质灾害治理，整理复垦了200多万亩灾毁土地，恢复林草植被近450万亩。

2011年，6个重灾市（州）地区生产总值、地方财政一般预算收入、城镇居民人均可支配收入和农民人均纯收入，分别是震前2007年的1.95倍、2.39倍、1.7倍和1.75倍，灾区基本生活条件和经济社会发展水平已全面超过灾前水平。

2月24日

［纲　文］　**中央国家机关废旧物品回收体系建设启动，号召中央国家机关在2012年实现各部门办公区废旧物品回收利用率达到80%的目标。**

2月24日

［纲　文］　**银监会发布《绿色信贷指引》。**

［目　文］　《指引》要求，银行业金融机构加大对绿色经济、低碳经济、循环经济的支持，明确绿色信贷的支持方向和重点领域，对国家重点调控的限制类以及有重大环境和社会风险的行业制定专门的授信指引，实行有差别、动态的授信政策，实施风险敞口管理制度。

《指引》指出，银行业金融机构应重点关注其客户及其重要关联方在建设、生产、经营活动中可能给环境和社会带来的危害及相关风险，包括与耗能、污染、土地、健康、安全、移民安置、生态保护、气候变化等有关的环境与社会问题。对环境和社会表现不合规的客户，应当不予授信。对已授信项目，应当设置环境和社会风险评估关卡，对出现重大风险隐患的，可以中止直至终止信贷资金拨付。《指引》自公布之日施行。

2月24日

［纲　文］　**工商总局召开电视电话会议，部署集中整治“霸王合同”，遏制不公平格式条款。**

［目　文］　合同格式条款是指当事人为重复使用而预先拟定、在订立合同时未与对方协商的条款。在市场经济体制下，合同格式条款因其便利性和经济性，被广泛应用于各个领域。但也有不少经营者利用合同格式条款的特点，将自己的意志强加给消费者，损害了消费者的合法权益。因而，这类条款也被公众称为“霸王条款”。会议提出，工商总局在全国范围部署开展整治利用合同格式条款侵害消费者合法权益专项行动。工商总局决定，这次专项整治，主要针对供水、供电、供暖、供气、通讯、网络、金融、房地产、装饰装修、物业管理、汽车销售及维修、旅游、运输、餐饮、美容美发、健身等消费者反映问题比较集中的行业中的合同格式条款，重点查处经营者利用格式条款免除自身责任、加重消费者责任、排除消费者权利等违法行为。

2月24日

［纲　文］　**国家知识产权局新闻发布会宣布，2011年中国发明专利授权同比增27.4%，有效发明专利首超国外在华发明专利拥有量。**

2月24—25日

［纲　文］　**王岐山在河南省郑州市、许昌市考察金融工作，并主持召开中小金融机构座谈会。**

［目　文］　中共中央政治局委员、国务院副总理王岐山强调，防风险是金融业永恒的主题。人民银行、银监会、证监会、保监会要会同各级地方政府确保金融市场稳定，对

各类金融风险隐患，要早发现、早报告、早处置。“信任不能代替监督”。要明确责任，加强监管，严厉打击非法集资、金融传销等违法金融活动，切实守住不发生系统性、区域性金融风险的底线。

在座谈会上，王岐山说，当前全球经济复苏面临严峻挑战。在此情势下，关键要把自己的事情办好。金融系统要按照“稳中求进”的总基调，执行好稳健的货币政策，“有扶有控”，确保金融安全稳定，促进经济平稳较快发展。

王岐山指出，发展中小金融机构是一个不断探索的过程，要在有效监管的前提下，用改革创新的办法解决市场准入和退出、区域布局、风险防范等问题，鼓励、引导和规范民间资本进入金融领域，不断发展和完善“草根金融”。

王岐山还强调，要进一步完善财税、担保、坏账核销、风险补偿等政策支持体系和差异化监管措施，调动金融机构服务“三农”和小微企业的积极性，确保涉农和小微企业贷款增速均高于全部贷款平均增速。

在考察许昌银行、新郑农村商业银行薛店支行等金融机构时，王岐山说，城市商业银行、农村商业银行、小额贷款公司等各类中小金融机构要立足当地，突出特色，避免盲目求大和跨区域扩张。在服务好“三农”和小微企业的同时，实现自身可持续发展。

2月24—25日

［纲　文］　**全国水土保持工作会议在广西南宁召开。**

［目　文］　水利部部长陈雷在会上强调，做好水土保持工作，惠及亿万群众，泽被子孙后代，要开拓进取、扎实工作，不断开创中国特色水土保持生态建设新局面。水利部副部长矫勇主持会议。

会上，教育部与水利部联合命名并授牌“全国中小学水土保持教育社会实践基地”，水利部命名并授牌“国家第四批水土保持科技示范园区”“国家水土保持生态文明县（旗）”。9个单位作典型发言。会议对全国坡改梯试点工程建设、全国水土保持科技示范园区、中小学水土保持教育社会实践基地建设、水利普查水保专项工作、全国水土保持规划编制、全国水土保持监督管理能力县建设等进行了总结和安排。与会代表实地考察了广西田阳县坡耕地改造和清洁小流域治理现场。

2月24—25日

［纲　文］　**中国工程院在北京首次举办新当选院士培训班。**

2月24—26日

［纲　文］　**回良玉在云南考察抗旱救灾工作。**

［目　文］　云南省近三年连续遭受严重旱灾，2011年冬、2012年春又发生了严重干旱。国家防汛抗旱总指挥部总指挥回良玉代表中共中央、国务院看望慰问了灾区各族干部群众。他强调，今后一个时期抗旱救灾形势十分严峻，防灾减灾各项工作丝毫不可放松。一要立足抗大旱、抗长旱，通过打井等多措并举开辟抗旱水源，加强水源统一管理和科学调度，落实人畜饮水安全措施，千方百计保障人民群众基本用水需求。二要积极调

整农业结构，大力发展与地理气候相适应的特色农业和旱作农业，加强技术指导服务，组织开展生产自救，争取小春损失大春补、农业损失务工补。三要扎实做好困难群众生活救济，确保受灾群众有饭吃、有水喝，救助工作不漏一户、不掉一人。四要切实强化抗旱能力建设，适应干旱常态化趋势，落实全国抗旱规划要求，加快水利基础设施建设步伐，全面提高抗旱减灾能力。

2 月 24—28 日

［纲　文］　**李长春在江西吉安、景德镇、南昌、九江等地进行调研。**

［目　文］　中共中央政治局常委李长春先后到吉安、景德镇、南昌、九江等地，深入企业、社区、农村和宣传文化单位，就贯彻落实党的十七届六中全会精神、加强社会主义核心价值体系建设、加快转变经济发展方式等进行调研。贯彻落实党的十七届六中全会精神、推进文化改革发展，是李长春此次调研的重点。调研结束时，李长春听取了江西省委省政府工作汇报，对江西经济社会发展取得的成绩给予充分肯定。他希望江西牢牢把握稳中求进的总基调，抢抓历史机遇，发挥独特优势，加快转变经济发展方式，大力提升自主创新能力，全面提高经济质量和效益，努力走出一条独具特色的富民兴赣科学发展之路。

2 月 25 日

［纲　文］　**外交部发言人表示，印方应与中方共同维护边境地区和平与安宁。**

2 月 25 日

［纲　文］　**国家质检总局公布《产品质量检验机构工作质量分类监管办法》。**

［目　文］　为进一步加强对承担监督抽查和工业产品生产许可工作的检验机构的监管，规范检验行为，促进检验机构提高工作质量，根据《中华人民共和国产品质量法》等法律法规，国家质检总局制订该办法。《办法》共有 5 章 25 条，内容包括：第一章总则，第二章分类评价内容，第三章分类评价程序，第四章评价结果的使用，第五章附则。《办法》自 2012 年 3 月 20 日起实施。

2 月 25 日

［纲　文］　**西昌卫星发射中心用长征三号丙运载火箭成功发射第 11 颗北斗导航卫星。**

［目　文］　第 11 颗北斗导航卫星是一颗地球静止轨道卫星，是中国 2012 年发射的首颗北斗导航系统组网卫星。自 2011 年 12 月 27 日北斗卫星导航系统提供试运行服务以来，系统应用已逐步拓展到交通运输、气象、渔业、林业、电信、水利、测绘等行业以及大众用户，产生了显著的经济、社会效益。2012 底，形成覆盖亚太部分地区的服务能力。2020 年左右将建成由 30 余颗卫星组成的北斗卫星导航系统，提供覆盖全球的高精度、高可靠的定位、导航和授时服务。

2 月 25 日

［纲　文］　**国家测绘地理信息局宣布，向社会各界提供使用覆盖中国全部陆地国土**

范围的约2.4万幅2011版1：5万地形图数据等最新测绘地理信息数据成果。

2月25日

［纲　文］　**“2012中国欢乐健康游”印度启动仪式举行。**

［目　文］　据统计，2011年印度访华人数已超过60万人次大关，较前一年增长10.4%，同时中国公民首站访印人数达11.83万人次，同比增长19.1%。

2月26日

［纲　文］　**国务院办公厅印发《2012年食品安全重点工作安排》。**

［目　文］　《安排》提出，2012年食品安全工作的主要任务是，坚持标本兼治、着力治本、主动出击，继续深化食品安全治理整顿，加大严惩重处力度，切实解决影响人民群众食品安全的突出问题，坚决遏制食品安全违法行为多发态势；进一步完善食品安全监管体制机制和法规、制度、标准体系，努力消除监管盲区、死角，健全食品安全监管长效机制；加强食品安全监管力量，努力提高食品安全监管能力，促进食品安全水平不断提高。内容包括：一、深化食品安全治理整顿；二、进一步加强食品安全监管执法；三、夯实食品安全监管基础；四、进一步落实食品生产经营者的主体责任；五、引导社会积极参与食品安全工作；六、加强组织领导。

2月26日

［纲　文］　**中日合作地震灾区心理援助研讨会暨第六期骨干培训班在成都开幕。**

［目　文］　本次会议下设教育、医疗和社区三个专项培训活动。来自四川、陕西、甘肃和青海的100多名学员参加了此次会议和培训，11名来自中国各地的心理学专家和6名日本心理学专家在会议期间分别开设了辅导课程。

2月26—28日

［纲　文］　**全国政协十一届常委会第16次会议在北京召开，为政协十一届五次会议作准备。**

［目　文］　全国政协主席贾庆林主持开幕会。会议主要议程是：审议通过关于召开政协第十一届全国委员会第五次会议的决定；审议通过政协第十一届全国委员会第五次会议议程（草案）和日程；审议通过提交政协第十一届全国委员会第五次会议审议的常务委员会工作报告和关于政协十一届四次会议以来提案工作情况的报告；审议通过政协第十一届全国委员会第五次会议秘书长、副秘书长名单；审议通过有关人事事项；听取各专门委员会关于2011年度工作情况的汇报；审议政协全国委员会2011年度对外交往工作总结；审议政协全国委员会办公厅2011年度工作总结；审议政协全国委员会办公厅关于纪念辛亥革命100周年活动情况的报告；审议有关视察考察和外事出访情况的报告。

2月27日，全国政协十一届常委会举行分组讨论常委会工作报告（草案）和提案工作情况报告（草案）等文件及有关事项。

2月26—28日

［纲　文］　**应外交部部长杨洁篪邀请，苏丹外交部部长阿里·艾哈迈德·卡尔提访华。**

［目　文］　28日，国家副主席习近平会见卡尔提。习近平表示，中方愿与苏方共同努力，推动中苏友好合作关系全面深入发展。中方希望苏方采取切实措施，确保在苏丹工作的中方机构和人员生命财产安全。目前，苏丹与南苏丹之间的分歧有所上升，引起国际社会关注，中方对此也感到担忧。希望双方继续本着互谅互让的精神，从维护自身根本利益和地区和平稳定大局出发，保持耐心，积极谈判，尽早妥善解决有关分歧。卡尔提表示，苏方愿与中方一道，推动两国友好合作关系发展。在南北苏丹关系问题上，苏方将坚持和平选择，通过谈判解决彼此分歧。

27日，杨洁篪与卡尔提举行会谈，双方就中苏关系以及共同关心的国际和地区问题交换了意见。

2月27日

［纲　文］　**全国双拥模范城（县）命名暨双拥模范单位和个人表彰大会在北京举行。**

［目　文］　中共中央总书记、中央军委主席胡锦涛会见全体与会代表。国务院总理温家宝参加会见并讲话。温家宝指出，当前和今后一个时期，是中国全面建设小康社会、推进社会主义现代化建设的关键时期。新的形势和任务，对做好双拥工作提出了更高的目标要求。一要加大支持国防和军队建设力度。二要切实做好退役军人安置工作。强化政府调控职能，建立多种方式结合、城乡一体的退役军人安置制度。三要稳步提高优待抚恤保障水平。四要充分发挥军队在支援经济社会建设中的优势和积极作用。

大会宣读了关于命名391个市（区）县为全国双拥模范城（县），关于表彰爱国拥军模范单位、拥政爱民模范单位，关于表彰爱国拥军模范、拥政爱民模范的决定。

2月27日

［纲　文］　**国务院副总理李克强、王岐山会见参加中国未来发展战略联合研究成果研讨会的世界银行行长佐利克等世行高层人员。**

［目　文］　在会见中，李克强说，国际金融危机的爆发与不断蔓延深化，暴露出了当前国际经济在体制机制、政策理念、发展方式等方面的弊端，我们面对的已经不是一场单纯的经济金融危机，需要国际社会共同探索实现发展的正确路径。过去30多年，中国同世行开展了全面广泛、互利共赢、富有成效的合作，特别是近年来加强了知识合作。中国愿继续与世行和其他国家一道，为推进国际经济治理改革、缩小南北差距等做出努力。李克强指出，中国是最大的发展中国家，要实现现代化还有很长的路要走，需要应对诸多挑战，付出持续不懈努力。中国正在按照“十二五”规划，加快转变经济发展方式和调整经济结构，着力推动体制机制创新和扩大开放，更好地保障和改善民生，以保持经济长期平稳较快发展和经济社会协调发展。中国的发展和立足扩大内需将为世界经济带来更多机

遇。佐利克表示世行愿继续加强与中方合作，并共同推动全球减贫和发展。

国务院副总理王岐山在中南海会见世界银行行长罗伯特·佐利克。双方就中美经济关系、世界经济金融形势及二十国集团领导人洛斯卡沃斯峰会等问题交换了看法。

2月27日

［纲　文］　**全国人大常委会副委员长、全国妇联主席陈至立在北京会见联合国儿童基金会东亚及太平洋地区区域主任丹尼尔·图尔，双方就加强合作交换了意见。**

2月27日

［纲　文］　**外交部部长杨洁篪应约同联合国和阿盟共同任命的叙利亚危机联合特使安南通电话，就叙利亚问题交换看法。**

2月27日

［纲　文］　**中宣部在北京举行学习践行雷锋精神新闻发布会。**

［目　文］　中宣部常务副部长雒树刚等介绍了深入开展学雷锋活动情况和推动学雷锋活动常态化的工作举措，并回答了记者提问。

2月27日

［纲　文］　**最高人民法院印发《关于人民法院落实廉政准则防止利益冲突的若干规定》。**

［目　文］　为进一步规范人民法院工作人员的行为，促进人民法院工作人员公正廉洁执法，根据《中华人民共和国法官法》，并参照《中国共产党党员领导干部廉洁从政若干准则》制定该规定。《规定》共24条，涵盖了禁止利用职权和职务上的影响谋取不正当利益、禁止私自从事营利性活动、禁止为他人的经济活动提供担保、禁止违反规定买卖股票或者进行其他证券投资、禁止违反规定在经济实体、社会团体兼职或者兼职取酬、禁止利用职权和职务上的影响为特定关系人谋取利益、禁止放任配偶子女在本人管辖地区和业务范围内从事可能发生利益冲突活动、禁止违反规定干预和插手市场经济活动等内容。《规定》自发布之日起施行。

2月27日

［纲　文］　**国家食品药品监管总局发布《关于装饰性彩色平光隐形眼镜按照医疗器械管理有关工作的通知》。**

［目　文］　通知要求，装饰性彩色平光隐形眼镜的研制、生产、经营和使用应当符合医疗器械监督管理的有关规定，自2012年4月1日起，未取得该类产品医疗器械注册证书，以及相应生产、经营资质证书的，不得生产和经营该类产品。

2月27日

［纲　文］　**国家互联网信息办等九部门联合召开电视电话会议，部署整治网络淫秽色情和低俗信息。**

［目　文］　会议部署了加强网上重点领域重点环节管理、严厉打击互联网和手机淫秽色情违法犯罪、广泛发动社会公众监督举报、形成打击网络淫秽色情强大舆论声势等七

项重点任务。此次专项行动自3月初开始至8月底结束。

2月27日

［纲　文］　**中国工程院院士、中科院兰州化学物理研究所薛群基获国际摩擦学理事会2011年度国际摩擦学领域最高奖“摩擦学金奖”。**

2月27日

［纲　文］　**中国建筑师王澍荣获2012年普利兹克建筑奖，成为第一位获此殊荣的中国公民。**

2月27—29日

［纲　文］　**全国人大常委会举行第25次会议，为即将召开的十一届全国人大五次会议做准备。**

［目　文］　会议由全国人大常委会委员长吴邦国主持。共有9项议程，重要任务是为即将举行的十一届全国人大五次会议做准备。会议审议了全国人大常委会工作报告稿、十一届全国人大五次会议议程草案、主席团和秘书长名单草案、列席人员名单草案。同时，会议继续审议清洁生产促进法修正案草案，首次审议资产评估法草案等。会议审议了澳门特别行政区行政长官提交的《关于澳门特别行政区2013年立法会产生办法和2014年行政长官产生办法是否需要修改的报告》。

28日，十一届全国人大常委会第77次委员长会议举行，吴邦国主持会议。会议听取了全国人大法律委员会主任委员胡康生作的关于修改清洁生产促进法的决定草案修改意见的汇报；听取了全国人大常委会副秘书长乔晓阳作的关于全国人大常委会关于澳门特别行政区2013年立法会产生办法和2014年行政长官产生办法有关问题的决定草案代拟稿起草情况的汇报。委员长会议决定，根据常委会组成人员的审议意见，对上述议案和草案作进一步审议修改后，交付十一届全国人大常委会第25次会议闭幕会表决。

同日，全国人大常委会分组审议常委会工作报告稿，并举办第11次学习讲座，贾庆林主持。中国人民银行行长周小川作了《当前经济金融形势与我国货币政策》的报告。

29日，人大常委会第25次会议在北京闭幕。会议经表决，通过了全国人大常委会关于修改清洁生产促进法的决定。国家主席胡锦涛签署第54号主席令予以公布。

会议表决通过了全国人大常委会关于澳门特别行政区2013年立法会产生办法和2014年行政长官产生办法有关问题的决定。决定：

一、澳门基本法附件一第一条关于行政长官由一个具有广泛代表性的选举委员会选举产生的规定维持不变，澳门基本法附件二第一条关于第三届及以后各届立法会由直接选举的议员、间接选举的议员和委任的议员三部分组成的规定维持不变。

二、在不违反本决定第一条的前提下，2013年澳门特别行政区立法会产生办法和2014年澳门特别行政区行政长官产生办法，可按照澳门基本法第四十七条、第六十八条和附件一第七条、附件二第三条的规定作出适当修改。

同日，人大常委会举行第二十六讲专题讲座《推动我国服务业大发展的若干问题》。

2月27日—3月1日

［纲 文］ **应国务委员戴秉国邀请，印度尼西亚政治法律安全统筹部部长苏延多访华，与戴秉国共同主持两国副总理级对话机制第三次会议。**

［目 文］ 28日，国务院总理温家宝会见苏延多。温家宝说，这次会议取得重要成果，推动落实了两国高层达成的共识，为下一步双方关系发展打下良好基础。当前，国际金融危机还在发展，给东亚带来严峻挑战。中国和印尼要加强沟通配合，扩大互利合作，为维护两国共同利益，保持东亚稳定繁荣做出不懈努力。

同日，中国印度尼西亚副总理级对话机制第三次会议在北京举行，戴秉国和苏延多共同主持。双方就两国关系及重大国际和地区问题友好深入地交换了意见。

2月28日

［纲 文］ **国务委员兼国防部部长梁光烈会见泰国陆军司令巴育。**

［目 文］ 在会见中，梁光烈说，中泰两国人民有着近两千年友好交往历史。当前，中泰关系发展顺利，两国友好交往几乎涵盖了所有领域，为两国人民带来了实实在在的利益。中方赞赏和感谢泰国政府长期以来在涉及中国核心利益问题上给予中国的理解和支持。中泰两军传统友谊与合作近年来取得了许多令人满意的成果，希望双方继续努力，不断把两军友好合作推向更高水平。巴育说，泰中两国是友好邻邦。多年来，两国相互尊重、真诚相待，建立了亲戚般的友好合作关系。泰国军队尤其是陆军愿与中国军队继续加强各层次各领域的交流与合作，彼此借鉴军队建设经验，推动两军关系深入发展。

2月28日

［纲 文］ **国务委员、公安部部长孟建柱会见吉尔吉斯国家禁毒总局局长奥罗扎利耶夫。**

［目 文］ 在会见中，孟建柱说，中国政府始终尊重吉尔吉斯斯坦人民自主选择发展道路的权利，支持吉尔吉斯斯坦政府为维护国家主权、独立、促进经济社会发展所做的努力，愿同吉方一道共同推动中吉睦邻友好合作关系健康稳定发展。孟建柱指出，当前，全球毒品问题给世界各国安全稳定、经济发展和百姓健康带来严峻挑战。中吉两国均面临“金新月”地区毒品的严重危害，双方执法部门应加强双边务实合作，共同打击本地区毒品贩运活动，有效防止“金新月”毒品向两国渗透，为维护两国及本地区安全稳定、保护人民生命健康作出更大贡献。奥罗扎利耶夫表示，愿与中方加强沟通协作，共同有效打击跨国毒品犯罪。

会见后，双方签署了《中华人民共和国公安部和吉尔吉斯共和国国家禁毒总局关于打击非法贩运和滥用麻醉药品、精神药物及易制毒化学品的合作协议》。

2月28日

［纲 文］ **外交部部长杨洁篪同阿盟秘书长和部分阿拉伯国家外交部部长通话，就叙利亚问题交换意见。**

2月28日

［纲　文］　**针对韩国首次在联合国人权理事会上提出所谓“脱北者”问题，外交部发言人在例行记者会强调，中国的法律尊严理应得到尊重和维护。**

2月28日

［纲　文］　**最高人民法院印发《关于在审判执行工作中切实规范自由裁量权行使保障法律统一适用的指导意见》。**

［目　文］　《意见》主要内容是：一、正确认识自由裁量权；二、自由裁量权的行使条件；三、自由裁量权的行使原则；四、正确运用证据规则；五、正确运用法律适用方法；六、正确运用法律解释方法；七、正确运用利益衡量方法；八、强化诉讼程序规范；九、强化审判组织规范；十、强化裁判文书规范；十一、强化审判管理；十二、合理规范审级监督；十三、加强司法解释；十四、加强案例指导；十五、不断统一裁判标准；十六、加强法官职业保障；十七、防止权力滥用。

2月28日

［纲　文］　**全国妇联副主席孟晓驷在联合国妇女地位委员会第56届会议上就妇女工作阐述立场。**

2月28日

［纲　文］　**财政部发布《关于地方国有大中型企业实施企业会计准则通用分类标准》。**

［目　文］　为规范采用可扩展商业报告语言（XBRL）编报财务报告行为，保证以XBRL格式编报的财务报告质量，根据《中华人民共和国会计法》、企业会计准则、《可扩展商业报告语言（XBRL）技术规范》（GB/T25500　2010）系列国家标准和《企业会计准则通用分类标准》，制定该标准。《标准》分为总则和一般性技术原则两章，共10条，内容包括：一、实施范围；二、实施要求；三、组织领导。

2月28日

［纲　文］　**国务院学位委员会召开第29次会议。**

［目　文］　中共中央政治局委员、国务院学位委员会主任委员刘延东在会上强调，要落实教育规划纲要，优化学科专业布局，创新人才培养模式，完善管理监督机制，全面提升高层次人才培养质量，在建设中国特色、世界一流的学位与研究生教育进程中迈出更大步伐。近年来学位与研究生教育改革发展取得明显成效，学位授予与研究生培养体系日益完善，学科结构不断优化，实现了从培养学术型人才为主向学术型应用型人才培养并重的转变，初步形成了部门行业参与、与职业资格制度衔接的专业学位研究生教育体系，科学道德和学风建设得到加强，培养质量稳步提高，培养了一批高层次特殊、急需创新人才，促进了一批高水平学科建设和发展，有效服务了经济社会发展大局，支撑了科教兴国战略和人才强国战略实施，为创新型国家和现代化建设做出了重要贡献。

国务院学位委员会副主任委员路甬祥、徐匡迪和委员会委员出席会议。

2月28日

［纲　文］　**文化部宣布，公共电子阅览室建设计划正式启动。**

［目　文］　“公共电子阅览室建设计划”以未成年人、老年人、进城务工人员等特殊群体为重点服务对象，依托文化共享工程的服务网络和设施，以及文化共享工程、国家数字图书馆丰富的数字资源，与文化共享工程建设、乡镇文化站建设、街道（社区）文化中心（文化活动室）建设以及中央文明办组织实施的“绿色电脑进西部”工程相结合，在城乡基层大力推进公共电子阅览室建设，努力构建内容安全、服务规范、环境良好、覆盖广泛的公益性互联网服务体系。

2月28日

［纲　文］　**“弘扬雷锋精神——儿童少年读书实践活动”和“传播科技文化——爱心电视进万家公益行动”启动。**

［目　文］　全国人大常委会副委员长、中国儿童少年基金会理事长陈至立出席启动仪式，并向捐赠4000万元用于支持这两项公益活动的广西梧州中恒集团颁发捐赠证书。“儿童少年读书实践活动”向100所春蕾学校、100所家长学校和100个留守儿童之家共赠送10万册《雷锋全集》，并随后举办读后感演讲会；同时在少年儿童中组织开展形式多样的学雷锋实践活动，并设立雷锋资助奖励基金，每两年开展一次评选活动，对贫困优秀学生和学雷锋优秀儿童少年给予资助和奖励。

“爱心电视进万家公益行动”先期向四川省贫困地区和少数民族地区捐赠1万台太阳能便携式卫星电视机。同时，组织专家医生对当地儿童进行弱视筛查和义诊，对于贫困家庭的弱视儿童免费进行治疗。

2月28日

［纲　文］　**文化部正式发布《文化部“十二五”时期文化产业倍增计划》。**

［目　文］　《倍增计划》提出“十二五”期间文化部门管理的文化产业增加值年平均现价增长速度高于20%，2015年比2010年至少翻一番，实现倍增的奋斗目标。《倍增计划》按照实现跨越式发展的主题和国民经济支柱性产业的定位，提出了培育壮大市场主体、转变文化产业发展方式、优化文化产业布局、加强文化产品创作生产的引导、扩大文化消费、推动文化科技创新、实施重大项目带动战略、健全投融资体系、强化人才支撑、推动文化产业“走出去”等十个方面的主要任务，旨在全面提升文化产业创新能力和核心竞争力，促进文化精品力作不断涌现，努力满足人民多样化精神文化需求，推动文化产业成为国民经济支柱性产业。

《倍增计划》以构建结构合理、门类齐全、科技含量高、竞争力强的现代文化产业体系为出发点，对文化部管理和与文化部职能相关的演艺、娱乐、动漫、游戏、文化旅游、艺术品、工艺美术、文化会展、创意设计、网络文化、数字文化服务11个行业的发展思路、发展目标做了简要阐述，并针对每个行业特点分别提出了相应的政策措施，旨在通过推动重点行业的快速发展实现整体倍增目标，形成各行业百花齐放、共同繁荣的良好局面。

2月28—29日

［纲　文］　**中国、阿富汗、巴基斯坦首次三方对话在北京举行。**

［目　文］　三方一致认为，在当前形势下，三国外交部门间举行三方对话，围绕地区局势和三方合作交换意见，具有重要意义，对于增进三国之间的友好合作，维护地区和平与稳定发挥积极作用。这一平台的建立，开创了三国团结与合作的新模式。对话结束时，三方团长签署了会议纪要。

2月28—29日

［纲　文］　**应外交部部长杨洁篪邀请，哥伦比亚外交部部长玛丽亚·安赫拉·奥尔古因访华。**

［目　文］　28日，国务院副总理李克强会见奥尔古因。李克强说，中方从战略高度重视发展同哥方的关系，愿与哥方一道，加强务实合作，共同为企业创造安全、公平、可预期的环境，推动两国关系深入发展。希望双方进一步深化各领域合作，扩大贸易往来和相互投资，造福双方人民，维护广大发展中国家的利益。奥尔古因表示，哥方高度重视对华关系，希望密切双方经贸和人员往来，愿为中方企业参与哥伦比亚国内基础设施建设、扩大投资等提供安全和便利的条件。

同日，外交部部长杨洁篪同奥尔古因举行会谈。

2月28—29日

［纲　文］　**中宣部在北京举行第9届中国公民道德论坛。**

［目　文］　中共中央政治局委员、中宣部部长刘云山出席论坛并发表《永远的雷锋 永远的雷锋精神》讲话，强调要认真贯彻党的十七届六中全会精神，在全社会深入开展学雷锋活动，大力弘扬雷锋精神，激扬人民心中蕴藏的美好思想品德，焕发人们建设文明风尚的巨大热情，把公民道德建设不断引向深入，为推动科学发展、促进社会和谐提供有力的思想道德支撑。郭明义代表与会人员宣读《第九届中国公民道德论坛宣言》。中央有关部门负责人，各省区市、新疆生产建设兵团和副省级城市党委宣传部主要负责人，专家学者、道德模范、基层代表200余人参加论坛。中宣部常务副部长雒树刚主持会议。

2月28—29日

［纲　文］　**"水体污染控制与治理科技重大专项"实施推进大会在北京召开。**

［目　文］　国家科技重大专项之一"水专项"涵盖6个主题、33个项目、总计238个课题，实施周期长达13年。"十一五"期间总投资112.66亿元，其中中央财政投入45.43亿元，是新中国成立以来环境领域最大的科研项目。大会提出，"十二五"期间，"水专项"更加注重流域统筹，更直接地和流域水质改善目标挂钩。同时，更加注重成果集成，从单项技术突破向整装成套技术集成转变。水专项还重点突破"减负修复"关键技术、饮用水安全保障技术和流域水环境监控预警"业务化"运行技术。

"水专项"领导小组组长、环境保护部部长周生贤主持部省签约仪式并讲话。科技部副部长王伟中出席会议并讲话，“水专项”领导小组副组长、住房和城乡建设部副部长仇保兴与水专项领导小组成员、环境保护部副部长吴晓青分别代表“水专项”牵头组织部门与江苏省、浙江省、上海市、云南省、昆明市、辽宁省、吉林省、黑龙江省人民政府负责人签订部省共同推进“水专项”合作协议。

2月29日

［纲　文］　**国家主席胡锦涛签署第54号国家主席令，公布《全国人民代表大会常务委员会关于修改〈中华人民共和国清洁生产促进法〉的决定》，7月1日起施行。**

2月29日

［纲　文］　**国务院总理温家宝主持召开国务院常务会议。**

［目　文］　为使环境空气质量评价结果更加符合实际状况，更加接近人民群众切身感受，会议同意发布新修订的《环境空气质量标准》。新标准增加了细颗粒物（$PM_{2.5}$）和臭氧（O_3）8小时浓度限值监测指标。会议指出，“十一五”以来，全国大气环境质量基本稳定，部分城市空气质量有所好转，大气中二氧化硫（SO_2）和可吸入颗粒物（PM_{10}）等持续下降。但中国污染物排放总量依然较大，区域性大气污染问题仍很突出，大气环境形势严峻。要以更大的决心、更高的标准、更有力的措施，切实加强大气污染综合防治，推动空气质量持续改善。一要加快淘汰电力、钢铁、建材、有色、石化、化工等行业的落后产能。二要提高环境准入门槛。三要深化污染减排。四要突出抓好机动车污染防治。五要加强协同防控。在京津冀、长三角、珠三角等重点区域，实施大气污染联防联控。

2月29日

［纲　文］　**统一战线参与毕节试验区建设联席会议第五次全体（扩大）会议在北京召开。**

［目　文］　中共中央政治局常委、全国政协主席贾庆林在批示中指出，2011年，统一战线和各有关方面深入贯彻“同心”思想，积极参与毕节试验区建设，取得显著成效。希望认真总结经验，以“同心”思想为引领，发挥优势、突出特色，努力把毕节试验区建设成为服务科学发展的试验区、多党合作的示范区，不断提高统一战线参与毕节试验区建设的科学化水平。2011年，“同心工程”共完成项目175个，到位资金129亿元，培训各类人员5.6万多人。

全国政协副主席、中央统战部部长杜青林出席会议并讲话。民革中央副主席何丕洁、民盟中央副主席李重庵、民建中央副主席张少琴、民进中央副主席王佐书、农工党中央副主席刘晓峰、致公党中央副主席闫小培、九三学社中央副主席邵鸿、台盟中央副主席黄志贤、全国工商联副主席谢经荣和发展改革委、科技部、农业部、国务院扶贫办、浙江省、贵州省及毕节市、毕节试验区专家顾问组等有关部门负责同志结合工作实际，就统一战线参与毕节试验区建设提出工作思路和部署，表示要全面落实2012年工作计划和任务，精心组织实施“同心工程”，以“同心”思想增进共识、凝聚力量，以“同心工程”服务发展、惠及民生，努力推进毕节试验区经济社会又好又快发展。

会上，有关部门负责人结合工作实际，就统一战线参与毕节试验区建设提出工作思路和部署，表示要全面落实2012年工作计划和任务，精心组织实施“同心工程”，以“同心”思想增进共识、凝聚力量，以“同心工程”服务发展、惠及民生，努力推进毕节试验区经济社会又好又快发展。

中央统战部、各民主党派中央和全国工商联，毕节试验区专家顾问组，国务院有关部门，浙江等10省市党委统战部以及贵州省委、毕节市委有关人员约130人参加会议。

2月29日

［纲　文］　**财政部宣布，在2011年底基础上，再紧急拨付云南抗旱救灾资金5亿元。**

［目　文］　这5亿元中，综合财力补助1.5亿元，统筹安排用于解决人畜饮水困难、灾民生活救助、恢复农业生产等抗旱救灾支出；中央自然灾害生活补助资金1.2亿元，安排用于帮助解决旱灾地区受灾群众口粮和饮水等基本生活困难问题；特大抗旱补助费1.1亿元，安排用于支持22支县级抗旱服务队购置抗旱设备，群众拉水自救等抗旱救灾补助支出；农业生产抗旱救灾资金1.1亿元，安排用于支持地膜覆盖和水改旱技术补助，重大农作物病虫害防治药剂和作业费补助等支出；林业救灾资金0.11亿元，安排用于边境森林防火隔离带补助等支出。

2月29日

［纲　文］　**中国人民银行、发展改革委、财政部、水利部、银监会、证监会、保监会等部门联合发布《关于进一步做好水利改革发展金融服务的意见》。**

［目　文］　为深入贯彻落实《中共中央、国务院关于加快水利改革发展的决定》和中央水利工作会议精神，进一步做好水利改革发展金融服务工作，制定该意见。《意见》内容包括：一、充分认识做好水利改革发展金融服务的重要意义；二、大力创新符合水利项目属性、模式和融资特点的金融产品和服务方式，进一步加大对水利建设的金融支持；三、督促和引导涉农金融机构在风险可控的前提下，全面加强和提升对水利改革发展的信贷支持和服务；四、积极拓展多元化投融资渠道支持水利改革发展；五、严格加强水利建设项目和资金的监督管理；六、积极探索综合运用多种政策资源的有效模式，建立金融支持水利改革发展的风险分散和政策保障机制；七、加强工作沟通协调和政策贯彻落实。

2月29日

［纲　文］　**教育部印发《教育部直属高校基本建设管理办法》。**

［目　文］　《办法》要求，教育部直属高等学校应当依法完善工程质量控制体系，建立健全工程质量责任追究制度，实行工程质量终身负责制度，保证建设项目工程质量。建设项目的合理工期不得随意压缩或拖延。《办法》自发布之日起实施。

2月29日

［纲　文］ **中新网报道，国家海洋局发布《2011年度中国极地考察报告》。**

［目　文］ 报告称，2011年度中国共完成南北极科学考察任务61项，取得了一大批丰硕的科考成果。其中完成南极科考任务37项，北极科考任务24项。2011年度中国执行南极科考的总人数为226人，共执行科学考察任务37项，其中内陆考察项目3项、长城站项目11项、中山站项目15项、南大洋项目8项。

报告显示，中国南极昆仑站区域对建成的深冰芯钻探场地做了进一步完善，完成了具有国际领先水平的天文观测仪器设备安装任务，开展了冰雪、气象、环境等多学科考察；长城站区域除气象常规观测外，还开展了站区周边地震观测与研究、生态环境监测与研究、有机污染物研究及环境监测、地衣研究、海洋生物研究、电离层研究等科学考察项目；中山站区域在继续开展高空大气物理、地磁、重力固体潮、全球定位系统（GPS）及常规气象和臭氧等常规观测项目基础上，还开展了鱼类多样性调查、验潮站基层标定、东南极地质调查研究、极地遥感项目验证等科研项目；南大洋考察时间17天，累计大洋调查航程1447海里，定点调查作业站位64个，考察内容涵盖物理海洋、海洋生物、海洋化学、大气化学等多个专业。

中国2011年参加北极黄河站区域年度考察的总人数为83人，完成科考项目24项。主要围绕空间物理、生物和生态环境变化、冰川、测绘等学科开展研究。同时，结合极地环境综合考察专项开展了有关的政策和标准规范制定等项目的调研工作。

2月29日

［纲　文］ **国务院残疾人工作委员会在北京召开全体会议。**

［目　文］ 中共中央政治局委员、国务院残疾人工作委员会主任回良玉，全国政协副主席、中国残联名誉主席邓朴方出席会议并讲话。会议强调，中共中央、国务院对残疾人工作高度重视。要始终把加快残疾人事业发展作为社会主义初级阶段的战略任务来统筹把握，把建设残疾人社会保障和服务体系作为实现科学发展的重要内容来部署安排，把改善残疾人状况作为保障和改善民生、实现共同富裕的重要目标来优先保证，把做好残疾人工作放在各级党委和政府工作的重要位置来谋划推进，不断开创中国特色残疾人事业新局面。

会前，与会人员参观了在中国残联机关举行的中国残疾人事业展览。

2月29日—3月1日

［纲　文］ **2012年对台工作会议在北京举行。**

［目　文］ 中共中央政治局常委、全国政协主席贾庆林出席会议。贾庆林强调，各地各部门要坚持中央对台工作大政方针，继续深入贯彻胡锦涛总书记“12·31”讲话精神，以持续推进两岸关系和平发展为主题，以深入贯彻寄希望于台湾人民的方针为主线，进一步扎实有效做好各项对台工作，进一步巩固深化两岸关系和平发展，为实现祖国和平统一大业创造有利条件。

会议强调，要切实加强和改善党对对台工作的领导，各级党委、政府和有关部门要高度重视对台工作，增强大局意识，密切协调配合，加强对台工作的投入和干部队伍建设，为做好新形势下的对台工作提供有力保障。

国务委员戴秉国主持会议并讲话。中共中央台湾工作办公室、国务院台湾事务办公室主任王毅作工作报告。中央党政军各有关部门、人民团体和各省、自治区、直辖市、副省级城市、新疆生产建设兵团负责人以及各地各有关部门对台工作机构负责人出席会议。

2 月 29 日—3 月 2 日

［纲　文］　**外交部部长杨洁篪应邀对印度和韩国进行正式访问。**

［目　文］　此次访问是应印度外交部部长克里希纳、韩国外交通商部长官金星焕的邀请进行的。

3 月 1 日，印度副总统安萨里在首都新德里会见了杨洁篪。杨洁篪说，中方愿与印方共同努力，坚持睦邻友好，拓展互利合作，扩大人文交流，加强在国际地区事务中的协调配合，将中印关系不断推向前进。杨洁篪强调中方愿全力配合印方，办好 3 月底在新德里举办的金砖国家领导人会晤。2 日，印度总理辛格在首都新德里会见杨洁篪。杨洁篪表示，双方已商定交流合作活动的规划，这将增进两国友好气氛，推动各领域交流合作，对外传递积极信号。双方同意保持两国高层互访和接触，加强外交磋商对话和两国政党、议会、军队交流，增进战略和政治互信；用好战略经济对话等机制，提升经贸合作水平，拓展新的合作领域；扩大人文交流，加强两国媒体互访和沟通；继续推进中印边界谈判进程，利用好新成立的边境事务磋商与协调工作机制，更好地维护边境地区的和平与安宁。同日，杨洁篪同印度外交部部长克里希纳举行了会谈。

2 日，韩国总统李明博在首尔会见杨洁篪。李明博表示，今年是韩中建交 20 周年，回顾过去的 20 年，在双方共同努力下，韩中关系取得长足发展。展望下一个 20 年，深信韩中关系势必取得更大的发展。杨洁篪表示，建交 20 年来，中韩各领域交流合作全面迅速发展，两国关系不断迈上新台阶。两国业已建立战略合作伙伴关系，双方高层交往频繁，沟通和互信不断加深。经贸和人文等各领域的交流合作成果显著。在国际和地区事务中，双方保持着良好沟通与协调，维护了共同利益。中方愿与韩方加强友好、深化互信、扩大合作，推动两国关系向更高水平发展，为两国和两国人民的利益，并为地区的和平、稳定和发展做出积极贡献。同日，杨洁篪同韩国外交通商部长官金星焕举行了会谈。

3 月

3月1日

［纲　文］　**国家主席胡锦涛在人民大会堂接受罗马尼亚、尼泊尔、叙利亚、奥地利、玻利维亚、塞浦路斯和卡塔尔七国新任驻华大使递交的国书。**

3月1日

［纲　文］　**贾庆林在北京主持召开会议，部署西藏和四川、云南、甘肃、青海四省藏区发展稳定工作。**

［目　文］　中共中央政治局常委、全国政协主席贾庆林在会议上强调，做好西藏和四省藏区工作，事关党和国家工作全局，意义重大。要继续巩固经济社会发展良好势头，认真实施《“十二五”支持西藏经济社会发展建设项目规划方案》，加紧衔接、尽快出台支持四省藏区经济社会发展的项目规划方案，加强资金管理，强化质量监管，确保落实中央每一项政策都不迟疑、不走样、不打折扣，每一个工程都成为人民满意工程，经得起历史和实践检验。各级党委、政府要紧紧依靠人民群众，落实各项工作措施，坚决粉碎达赖集团搞乱藏区的图谋，切实维护西藏和四省藏区社会和谐稳定，使广大人民群众安居乐业。

国务委员、国务院秘书长马凯，国务委员、公安部部长孟建柱，全国政协副主席、中央统战部部长杜青林出席会议。中央有关部门，西藏、四川、云南、甘肃、青海五省区党委负责人参加会议。

3月1日

［纲　文］　**习近平出席中央党校2012年春季学期开学典礼并讲话。**

［目　文］　中共中央政治局常委、中央党校校长习近平在讲话中指出，胡锦涛在十七届中央纪委七次全会上发表讲话，突出强调在新形势下保持党的纯洁性问题，具有重大而深远的意义。各级党组织要认真贯彻落实胡锦涛在中共十七届中央纪委七次全会的讲话精神，坚持不懈地做好保持党的纯洁性各项工作。习近平强调，保持党的纯洁性是马克思主义政党的本质要求，党的纯洁性体现在党的思想、组织、作风等各个方面。保持党的纯洁性，关键在党的各级领导干部，是否具有担当精神，是否能够忠诚履责、尽心尽责、勇于担责，是检验每一个领导干部身上是否真正体现了共产党人先进性和纯洁性的重要方面。

3月1日

［纲　文］　**国务院公布《海洋观测预报管理条例》。**

［目　文］　为加强海洋观测预报管理，规范海洋观测预报活动，防御和减轻海洋灾害，为经济建设、国防建设和社会发展服务，制定该条例。《条例》共分6章40条，内容包括：第一章总则，第二章海洋观测网的规划、建设与保护，第三章海洋观测与资料的汇交使用，第四章海洋预报，第五章法律责任，第六章附则。《条例》自6月1日起施行。

3月1日

［纲　文］　**国务院副总理王岐山分别会见美国芝加哥商业交易所集团终身荣誉主席利奥·梅拉梅德和英国《经济学家》主编米克尔思韦特。**

3月1日

［纲　文］　**李源潮在全国妇联调研。**

［目　文］　中共中央政治局委员、中组部部长李源潮听取全国妇联党组和基层妇联同志的介绍，到中国妇女活动中心实地了解她们开展岗位承诺、创建党员先锋岗的情况，充分肯定妇联系统创先争优抓得实在、抓得有力、抓得深入。李源潮说，要以迎接党的十八大为主题，继续深化“巾帼创新业、建功十二五”活动，组织引导广大妇女争当岗位能手、技能标兵，提高创业就业能力。要重视帮扶女大学毕业生和农村妇女创业就业。要发挥妇联组织在化解矛盾、促进和谐方面的独特优势，塑造文明和谐的家庭关系、邻里关系、社区关系。组织动员妇女儿童学雷锋、见行动，让雷锋精神在全社会蔚然成风。李源潮指出，要深化党群共建创先争优，组织动员广大妇女群众立足岗位建功创业，为保持经济平稳较快发展、维护社会和谐稳定多做贡献。

3月1日

［纲　文］　**国务院新闻办公室主任王晨出席在吉隆坡第二届东盟和中日韩新闻部长会议上。**

［目　文］　来自东盟10国和中国、日本、韩国主管新闻事务的部长级官员出席会议，就进一步加强媒体合作、促进区域发展、扩大亚洲影响交换了看法。在会上，王晨就进一步推动东亚国家新闻媒体合作提出四条建议：一、充分发挥媒体的社会责任和重要作用，为实现东亚地区和平、繁荣和发展服务。二、进一步提高新闻交流和媒体合作的质量和实效。三、重视新兴媒体交流，分享建设管理的经验。四、在国际舆论舞台上，东亚媒体共同努力争取国际话语权。

与会的东盟国家代表表示，自国务院新闻办公室举办的“中国—东盟新闻部长会议”召开以来，东盟媒体加强了有关中国的报道，有效地增进了东盟与中国民众之间的认知与感情。东盟国家期待在新闻和媒体领域加强与中国的交流与合作。通过此次“10+3”会议，与会代表就进一步加强在信息共享、数字广播、媒体合作交流等领域的互利合作进行了深入探讨。

3月1日

［纲　文］　**国务委员兼国防部部长梁光烈会见来访的斯里兰卡国防和城市发展部常务秘书戈塔巴亚·拉贾帕克萨一行。**

［目　文］　在会见中，梁光烈说，两国有着相似的历史境遇和广泛的共同利益，建交55年来，两国关系发展顺利，各领域合作成果显著。中方感谢斯方在涉及中国核心利益问题上给予的坚定支持，并将继续支持斯方为维护国家独立、主权和领土完整、实现社会经济发展所做的努力。中方愿与斯方一道，巩固传统友谊，深化互利合作，提升两军交流与合作的水平，推动两国真诚互助、世代友好的全面合作伙伴关系不断向前发展。戈塔巴亚说，建交以来，斯中两国关系始终健康顺利发展，在多个领域开展了良好合作。斯方感谢中方在斯结束内战、国家重建和发展过程中给予的支持和帮助。希望双方携手努力，推动两国两军关系不断取得新的发展。

3月1日

［纲　文］　**澳门特区政府和中央政府驻澳门联络办公室就人大常委会通过澳门“两个产生办法”的决定联合主办“澳门社会各界人士座谈会”。**

3月1日

［纲　文］　**人力资源社会保障部全国就业工作座谈会发布，2011年城镇新增就业1221万人。**

［目　文］　2011年中国全年城镇新增就业1221万人，比2007年国际金融危机爆发前的最高值1204万人增加了17万人。其中高校毕业生到2011年底总体就业率90.6%，就业人数比上年增加26.2万人。高校毕业生作为就业工作的重点群体，2011年初次就业率有所上升，并首次实现到中西部地区就业的毕业生数量超过东部地区。农民工就业稳步推进，2011年全国农民工总量达到2.53亿人，其中外出农民工1.59亿人，比上年增加528万人。创业促进就业成效显著。2008年至2010年三年间，85个国家级创业型城市和5个参评城市的创业者人数累计超过1000万人；2011年新创办个体私营经济实体的数量年均增长14%，创建城市新办个体私营经济实体从业人员数量年均增长近30%。

3月1日

［纲　文］　**中宣部、中央文明办在北京召开视讯会议，部署“弘扬雷锋精神、开展志愿服务”工作。**

［目　文］　会议强调，要把志愿服务活动摆在精神文明创建工作至为重要的位置，以社会主义核心价值体系建设为根本，以弘扬雷锋精神为主题，建立完善参与广泛、形式多样、活动经常、机制健全的社会志愿服务体系，推动学雷锋活动常态化，培育良好风尚。要把志愿服务活动作为深化创建工作的重要载体，健全完善文明委统一领导、文明办组织协调、各有关部门分工负责、社会各方面积极参与的志愿服务活动领导体制和工作机制。会议提出，开展志愿服务活动是弘扬雷锋精神的有力抓手，是培育文明道德风尚的有效途径，是迎接党的十八大胜利召开的重要方式。

中宣部、中央文明办、教育部、民政部、文化部、全国总工会、共青团中央、全国妇联、中国残联、中国红十字会总会负责人分别提出了意见，各省（自治区、直辖市）、各市（地、州、盟）和各县（旗）相关部门负责人参加会议。

3月1日

［纲　文］　**全国信访系统深化创先争优活动电视电话会议在北京召开，要求在化解积案中创先争优。**

3月1日

［纲　文］　**全国妇联在全国各地同时启动“践行雷锋精神·百万巾帼志愿者在行动”活动。**

［目　文］　全国人大常委会副委员长、全国妇联主席陈至立在北京出席启动仪式并宣布活动正式启动。根据中央深入开展学雷锋活动部署，全国妇联下发通知，在各行各业妇女中开展“岗位学雷锋、巾帼建新功”活动，在基层妇女群众中开展“践行雷锋精神·巾帼志愿者在行动”活动，在广大家庭中开展以雷锋精神为标杆的家庭道德建设活动，切实把学雷锋活动的成效转化为激励广大妇女团结奋进的强大动力。活动要动员组织广大妇女大力弘扬雷锋精神，以实际行动为社会主义核心价值体系建设做出贡献。

3月1日

［纲　文］　**北京发布《城乡居民养老保险经办规程》。**

［目　文］　按照要求，参保人户籍在本区（县）内转移的，其个人账户资金不转移。参保人员迁居外埠，外埠建立新型农村社会养老保险（城镇居民养老保险）制度的，参保人可持身份证、户口本及外埠经办机构接收函等材料到原户口所在经办机构，将缴纳的保险费本息转入迁入地经办机构基金账户并记账。外埠迁入地尚未建立新型农村社会养老保险（城镇居民养老保险）制度的，经办机构将参保人账户资金全部清算，返还参保人。已领取城乡居民养老保险待遇的人员，户口迁移的，不再办理保险关系的转移，由原户口所在经办机构继续发放城乡居民养老保险待遇。《规程》自4月1日起实施。

3月1—12日

［纲　文］　**第四期县委书记任职培训班在中共中央党校举办。**

［目　文］　从2011年9月开始，中组部分期对换届后新任县委书记进行任职培训，来自20个省区市的440多名新任县委书记参加了这期培训。这次省市县乡党委集中换届，全国新任职的县委书记有900多名。学员们在座谈时一致认为，通过培训开阔了眼界，开阔了思路，开阔了胸襟，加强了党性锻炼，强化了廉洁从政意识，表示要牢记宗旨、履职尽责，不辜负组织重托和人民期望。

12日，中共中央政治局委员、中组部部长李源潮与培训班学员座谈。李源潮指出，县委书记要有为民之心、务实之行、清廉之求，把服务群众、造福百姓放在心中最高位置，创造经得起实践检验、人民检验和历史检验的政绩。中央党校常务副校长李景田主持座谈会。中组部常务副部长沈跃跃等参加座谈。

3月2日

［纲　文］　**《人民日报》报道，中共中央办公厅印发《关于深入开展学雷锋活动的意见》。**

［目　文］《意见》提出学雷锋活动的常态化项目：一、每年3月5日，围绕毛泽东同志等老一辈革命家向雷锋同志学习的题词，在全社会集中组织开展学雷锋实践活动。二、每年3月，举办中国公民道德论坛。每年总结推广一批学雷锋活动的先进经验。每两年组织开展一次全国道德模范评选表彰活动。三、发挥青少年学雷锋的骨干作用。各级各类学校要把弘扬雷锋精神作为校园文化建设的重要内容，广泛开展各类学雷锋主题实践活动。四、广泛开展社会志愿服务，推动建立参与广泛、形式多样、活动经常、机制健全的社会志愿服务体系。五、重点加强辽宁省抚顺市雷锋纪念馆、湖南省长沙市雷锋纪念馆、沈阳军区雷锋纪念馆建设。依托辽宁省抚顺市雷锋纪念馆、湖南省长沙市雷锋纪念馆，建设雷锋精神网站，开设雷锋精神网上展馆，打造传播雷锋精神的网络平台。每年3月，辽宁、湖南等地组织开展敬献花篮、座谈研讨等形式多样的纪念活动，举行雷锋纪念馆基本陈列流动展览。六、成立雷锋精神研究的学术性社会组织。七、企业要结合自身改革发展和生产经营，把雷锋精神转化为企业精神和企业文化。窗口单位、公共场所，要广泛开展“学雷锋、树新风”活动。社区要适应居民需求，广泛开展“学习雷锋、奉献爱心”服务活动，促进邻里关爱、建设和谐社区。八、加强对学雷锋活动的新闻宣传。九、运用文艺形式传扬雷锋精神。组织创作一批弘扬雷锋精神的歌曲、影视剧和文学作品。

《意见》提出，学雷锋活动应常态化，应抓好学雷锋活动的组织实施，以邓小平理论和“三个代表”重要思想为指导，深入贯彻落实科学发展观，着眼于建设社会主义核心价值体系，着眼于推进社会公德、职业道德、家庭美德、个人品德建设，着眼于提升公民思想道德素质和社会文明程度，以传承和弘扬雷锋精神为主题，以青少年为重点，以社会志愿服务为载体，贴近实际、贴近生活、贴近群众，创新内容、创新形式、创新手段，广泛进行雷锋事迹、雷锋精神和雷锋式模范人物的宣传教育，广泛开展学雷锋实践活动和社会志愿服务活动，广泛普及爱国、敬业、诚信、友善基本道德规范，推动学雷锋活动常态化、机制化，形成践行雷锋精神、争当先进模范的生动局面，形成良好氛围。

3月2日

［纲　文］**中央文明委在北京召开深入开展学雷锋活动座谈会**。

［目　文］中共中央政治局常委、中央文明委主任李长春出席座谈会并讲话。他指出，应充分认识新形势下开展学雷锋活动的重要意义；新的历史条件下要大力弘扬雷锋精神，不断赋予鲜明的时代内涵；要坚持党员干部带头、群众广泛参与，大力开展形式多样的学雷锋活动。要加强组织领导，不断改进创新，推动学雷锋活动取得扎实成效。

座谈会上，中央文明委授予辽宁鞍山钢铁集团职工郭明义“当代雷锋”荣誉称号。中共中央政治局委员、中央文明委副主任刘云山主持会议。中共中央政治局委员、中央文明委副主任刘延东宣读了《中央精神文明建设指导委员会关于授予郭明义同志“当代雷锋”荣誉称号的决定》。

3月2日

［纲　文］**中共中央书记处书记、中央纪委副书记何勇会见由苏迈拉·西塞率领的**

马里共和民主联盟代表团。

3月2日

［纲　文］　**外交部发言人表示，中方坚决反对日方对钓鱼岛附属岛屿命名。**

3月2日

［纲　文］　**国家财政部公布《财政部门监督办法》。**

［目　文］　为规范财政部门监督行为，加强财政管理，保障财政资金安全规范有效使用，维护国家财经秩序，根据国家有关财政管理法律法规，制定该办法。《办法》共有6章29条，内容包括：第一章总则，第二章监督机构和人员，第三章监督范围和权限，第四章监督方式和程序，第五章法律责任，第六章附则。《办法》自5月1日起施行。

3月2日

［纲　文］　**国家质监总局公布《市场采购出口商品检验监督管理办法（试行）》。**

［目　文］　为加强市场采购出口商品检验监督管理工作，规范市场采购商品出口行为，根据《中华人民共和国进出口商品检验法》及其实施条例等法律法规规定，制定该办法。《办法》共有6章24条，内容包括：第一章总则，第二章备案管理，第三章报检，第四章检验，第五章监督管理，第六章附则。《办法》自4月1日起在北京、浙江、广东、新疆维吾尔自治区4省（市、区）试行。

3月2日

［纲　文］　**财政部关于发布《彩票公益金管理办法》。**

［目　文］　为规范和加强彩票公益金筹集、分配和使用管理，健全彩票公益金监督机制，提高资金使用效益，根据《彩票管理条例》（国务院令第554号）和《彩票管理条例实施细则》（财政部、民政部、国家体育总局令第67号）有关规定，制定该办法。《办法》共有6章27条，内容包括：第一章总则，第二章收缴管理，第三章分配和使用，第四章宣传公告，第五章监督检查，第六章附则。《办法》即日施行。

3月2日

［纲　文］　**发展改革委发布《中央投资项目招标代理资格管理办法》。**

［目　文］　为提高政府投资效益，加强对中央投资项目招标代理机构的监督管理，规范招标代理行为，提高招标代理质量，防止腐败行为，根据《中华人民共和国招标投标法》《中华人民共和国招标投标法实施条例》《国务院关于投资体制改革的决定》以及相关法律法规，发展改革委制定该办法。《办法》共有5章36条，内容包括：第一章总则，第二章资格认定，第三章监督管理，第四章法律责任，第五章附则。《办法》自4月2日起施行。

3月2日

［纲　文］　**中组部召开全国组织系统视频会。**

［目　文］　中共中央政治局委员、中组部部长李源潮在会议讲话中指出，组织部长要带头下基层，联系基层，服务基层。要开展新一轮干部谈心谈话，深入地关心、帮助和

考察干部。要更好地为基层组织建设服务，建立基层支部联系点，人下到支部，工作指导到支部，把“基层组织建设年”各项任务落到实处。要带头落实直接联系群众制度，更直接地了解民情，为普通群众特别是困难党员、群众解决实际困难。

会议以动员组工干部以“迎接党的十八大，争当‘三服务’优秀标兵、争创‘两满意’模范部门”为主题，深入开展讲党性、重品行、作表率活动。

中组部常务副部长沈跃跃主持会议并作部署。农业部，安徽、云南、浙江三省和四川万源市党委组织部负责人发言。在京中央单位组织人事部门负责人，各省、市、县党委组织部及直属机关组织人事部门负责人，乡镇（街道）组织委员参加会议。

3月2日

［纲　文］　**政府绩效管理工作部际在北京召开第二次联席会议。**

［目　文］　会议强调，要进一步加大试点工作力度，在建立健全绩效管理机制制度、指标体系、考评方法和运用考评结果等方面继续深入探索。要认真贯彻落实中央关于文化、教育、强农惠农、节能减排、医药卫生、水资源管理、质量安全与发展、扶贫等方面工作的考核要求，鼓励和支持各地区各部门探索开展对重大公共政策、政府重大投资项目、财政资金以及重大专项工作的绩效管理。在认真总结实践经验和深入调研论证的基础上，研究提出推行政府绩效管理的指导性意见，明确政府绩效考评指标体系的基本框架。已有24个省区市和20多个国务院部门探索开展相关工作。中央纪委副书记、政府绩效管理工作部际联席会议召集人马文主持会议并讲话。

3月2日

［纲　文］　**贵州省委、省政府在北京举行支持贵州又好又快发展金融座谈会暨战略合作备忘录及协议签署仪式。**

［目　文］　中国人民银行、银监会、证监会、保监会等39家金融机构的主要负责人出席，探讨通过金融助推贵州加速发展。14家金融机构与贵州省政府签署了战略合作备忘录及协议，明确在“十二五”期间重点支持贵州500多个项目建设。

3月2日

［纲　文］　**中国文联召开新闻发布会，向社会发布“文艺界核心价值观”和《中国文艺工作者职业道德公约》。**

［目　文］　文艺界核心价值观是广大文艺工作者的共同价值追求，内容是“爱国、为民、崇德、尚艺”。爱国，是文艺工作者的精神气节。为民，是文艺工作者的价值取向。崇德，是文艺工作者的基本操守。尚艺，是文艺工作者的职业追求。《中国文艺工作者职业道德公约》是广大文艺工作者践行文艺界核心价值观的行为规范，主要内容是“坚持爱国为民、弘扬先进文化、追求德艺双馨、倡导宽容和谐、模范遵纪守法”。

3月2日

［纲　文］　**雷锋事迹原创摄影作品展在军事博物馆开幕。**

［目　文］　摄影展由中国摄影家协会、中国人民革命军事博物馆、上海希望工程办

公室联合主办，中国社会福利基金会学雷锋基金管委会承办，共展出照片近300张，以雷锋生前战友、为雷锋拍摄照片最多的摄影家张峻、季增的原创作品为主，同时收入了其他作者的部分作品，既有全国人民熟知的老照片，也有第一次公开的珍贵历史图片。

3月2日

［纲　文］　**民政部民间组织管理局在北京召开基金会2011年度年检工作会议。**

［目　文］　会议宣布，近几年，中国基金会数量持续稳定增长，整体规模逐步壮大。据统计，截至2011年底，中国基金会已发展到2500个，与2005年相比，6年间基金会的数量翻了一番多，平均年增长率达20%。目前，全国基金会的总资产达604.2亿元，年度捐赠总收入337亿元，年度公益总支出256亿元。从年检的情况来看，97%的基金会都能够按照要求在民政部指定的媒体上公布年度工作报告。

中国基金会开展的公益项目，涉及教育、社会福利、救灾救济、卫生健康、环保、法律、学术研讨和文化体育等多个领域，其中，用于救灾扶贫、社会福利、教育、医疗四个领域的资金约占公益总支出的70%以上，受益对象主要是贫困的母亲、儿童、学生、失业者、残疾人、疾病患者等。民政部正在修订社会团体、基金会和民办非企业单位登记管理的有关条例，扩大直接登记的范围，推动《慈善事业法》的制定工作，进一步支持社会组织参与社会管理和社会服务，加强社会组织的行为规范和道德自律。

3月2日

［纲　文］　**中国人大网、人民网共同举办的"2011全国人大十大新闻"评选揭晓。**

［目　文］　获选的十大新闻是：郑重宣布中国特色社会主义法律体系如期形成；通过刑法修正案（八）取消13个死刑罪名；倾听民意改税法，"个税起征点"调至3500元；修改道路交通安全法，加大"酒驾"违法行为处罚力度；开展食品安全法执法检查，推动有关部门抓好食品安全工作；专题询问城镇保障性住房建设管理情况，追问1000万套保障房建设进展；修改职业病防治法，从"重治"走向"重防"；指导县乡人大换届选举，确保选举依法有序进行；通过行政强制法，完善行政法律制度，推进依法行政；开展劳动合同法执法检查，推动法律实施中突出问题的解决。

3月2日

［纲　文］　**国土资源部、水利部印发《全国地面沉降防治规划（2011—2020年）》。**

［目　文］　《规划》由国土资源部、水利部会同发改委、财政部等十部委联合编制。《规划》指出，目前全国遭受地面沉降灾害的城市超过50个，分布于北京、天津、上海、江苏、河北、山西、内蒙古等20个省区市。

《规划》的对象为地下水、地下热水、油气等地下流体资源开采和工程建设等人类工程活动所引发的地面沉降；规划范围为全国遭受地面沉降危害的区域。《规划》要求以长江三角洲地区、华北地区、汾渭盆地为主要目标区，全面推进重点地区地面沉降防治工作，最大限度地减少地面沉降灾害对经济社会造成的损失，这是中国首部地面沉降防治规划。按照规划，要用10年时间，查明全国地面沉降灾害现状、发展趋势、形成原因及分布规律，建立重点地区地面沉降监测网络。到2020年，完成全国地面沉降调查，建立全国地面沉降监测网络；进一步完善地面沉降监测与防治技术体系、管理体系；实施重点地区水资源配置与地下水禁采限采、含水层恢复修复工程，地面沉降恶化趋势得到有效控制。

3月2日

［纲　文］　**中国大陆构造环境监测网络通过国家验收**。

［目　文］　历时4年多总投资逾5亿元人民币的中国大陆构造环境监测网络在北京通过国家验收。由260个连续观测和2000个不定期观测站点构成的、覆盖中国大陆的高精度、高时空分辨率和自主研发数据处理系统的观测网络，将仪器设备打桩植入地下采集信息，结合卫星观测等高科技手段，监测地壳的微小运动，为大地不断做“体检”，从而为地震预测研究以及地壳运动监测等提供科学数据。

中国陆态网络是“十一五”期间国家重大科技基础设施建设项目之一，由中国地震局牵头，联合解放军总参测绘导航局、中国科学院、国家测绘地理信息局、中国气象局、教育部等6部门共同建设。该项目于2006年10月立项，2007年12月正式开工建设，2011年12月完成全部建设任务。验收委员会认为，该项目建成了多用途、开放型和数据资源共享的国家地球科学综合观测网络，与美国PBO和日本GEONET一同成为世界上性能指标最先进的三大地壳运动观测网络。

3月3日

［纲　文］　**国务院批准河北省人民政府《关于邯郸市城市总体规划（2008—2020年）的请示》**。

［目　文］　批准内容包括：一、原则同意修订后的《总体规划》。二、邯郸市是国家历史文化名城、河北省南部地区中心城市。《总体规划》实施要以科学发展观为指导，遵循城市发展客观规律，坚持经济、社会、人口、环境和资源相协调的可持续发展战略，统筹做好邯郸市城市规划、建设和管理的各项工作。要按照合理布局、集约发展的原则，推进经济结构调整和发展方式转变，不断增强城市综合实力和可持续发展能力，完善公共服务设施和城市功能，加强城市生态环境治理和保护，逐步把邯郸市建设成为经济繁荣、社会和谐、生态良好、特色鲜明的现代化城市。三、重视城乡统筹发展。四、合理控制城市规模。五、完善城市基础设施体系。六、建设资源节约型和环境友好型城市。七、创造良好的人居环境。八、重视历史文化和风貌特色保护。

3月3日

［纲　文］　**国家海洋局公布钓鱼岛及其部分附属岛屿标准名称**。

［目　文］　根据《中华人民共和国海岛保护法》，国家海洋局对中国海域海岛进行了名称标准化处理。经国务院批准，国家海洋局、民政部公布了钓鱼岛及其部分附属岛屿的标准名称。国家海洋局此次公布的钓鱼岛标准名称为“钓鱼岛”，汉语拼音为“Diàoyú Dǎo”，位

置描述为“距温州市约356千米、福州市约385千米、基隆市约190千米”。国家海洋局同时公布了龙头鱼岛、鲳鱼岛等其他70个钓鱼岛附属岛屿的标准名称、汉语拼音和位置描述。

3月3日

［纲 文］ **铁道部宣布，铁路法院和检察院上半年完成移交地方。**

［目 文］ 铁路法院、检察院移交地方，纳入国家司法管理体系工作已取得实质性进展。2012年初，陕西省和安徽省的铁路法院、检察院，山西省的铁路检察院，已经分别签订了整体移交协议。辽宁、甘肃等11个省（区、市）已就移交工作基本达成一致意见，其余各省（区、市）的移交工作正在积极协商推进中。最高人民法院、最高人民检察院和铁道部要求有关单位和部门要认真贯彻中央决策部署，平稳有序地推进改革工作，在2012年上半年基本完成铁路法院、检察院移交工作。

3月3日

［纲 文］ **《人民日报》报道，共青团中央下发在青少年中深入开展学雷锋活动实施意见。**

［目 文］ 实施意见提出，在青少年中开展学雷锋活动，全团要重点抓好十项工作和活动，引导广大青少年普遍参与学雷锋活动。一是大力学习宣传雷锋事迹与雷锋精神，充分运用新媒体和文化、艺术手段塑造新时期雷锋形象，帮助青少年了解雷锋精神的时代内涵。二是扎实开展学雷锋志愿服务活动，着力打造具有鲜明共青团特色的青年志愿服务体系，更好地形成青年志愿服务的特有社会功能。三是各级学校共青团、少先队在每年3月5日等集中组织开展学雷锋主题团日、队日活动，激发青少年学生学雷锋的主动性、自觉性。四是开展“雷锋榜样进校园”活动，邀请新时期各行各业学雷锋先进人物与青年学生面对面交流。五是结合“青年文明号”创建等开展“岗位学雷锋”活动，引导青年职工爱岗敬业、奉献社会，提升职业技能和职业精神。六是开展“学雷锋，争做农村好青年”活动，充分发挥农村青年在扶贫助困、倡树新风、创业致富中的带头作用。七是在大中专学生中开展学雷锋社会实践活动，送科技、文化、卫生进农村、进社区。八是开展青联委员学雷锋活动，组织青联委员深入基层，服务社会。九是少先队开展“学雷锋，手拉手”实践体验活动，引导少先队员从小培养爱心，互帮互助。十是结合青年五四奖章等各类评选表彰和青少年励志教育活动，集中宣传一批可亲、可敬、可学的新时期学雷锋青少年典型。

3月3日

［纲 文］ **《人民日报》报道，56名香港专家纳入国家科技计划专家库。**

［目 文］ 自2004年科技部与香港原工商及科技局签署《内地与香港成立科技合作委员会协议》、成立内地与香港科技合作委员会以来，两地在科技领域的交流日益增多、合作日益深入，取得了丰硕成果。在项目研究方面，允许香港科研机构与内地科研机构联合申请国家科技计划项目，允许香港科技人员以项目成员身份参加研究。香港科研人员如

正式受聘于内地单位，还可作为项目负责人（首席科学家）承担国家科技计划任务。据统计，973计划和国家重大科学研究计划专家库中已有53名香港科学家。2012年2月，科技部对香港特区政府推荐的香港专家学者相关材料进行了审核，56名专家全部按程序纳入国家科技计划专家库。

3月3—13日

［纲　文］　**中国人民政治协商会议十一届五次会议在北京召开。**

［目　文］　3日，中国人民政治协商会议十一届五次会议在北京开幕，胡锦涛、吴邦国、温家宝、李长春、习近平、李克强、贺国强等党和国家领导人出席会议。

大会首先审议通过了政协第十一届全国委员会第五次会议议程：一、听取和审议政协全国委员会常务委员会工作报告；二、听取和审议政协全国委员会常务委员会关于政协十一届四次会议以来提案工作情况的报告；三、列席第十一届全国人民代表大会第五次会议，听取并讨论政府工作报告及其他有关报告；四、审议通过政协第十一届全国委员会第五次会议政治决议；五、审议通过政协第十一届全国委员会第五次会议关于常务委员会工作报告的决议；六、审议通过政协第十一届全国委员会提案委员会关于政协十一届五次会议提案审查情况的报告。

全国政协主席贾庆林作政协常委会工作报告，全国政协副主席林文漪作提案工作情况报告。

4日，胡锦涛、吴邦国、贾庆林、李长春、习近平、李克强、贺国强分别看望出席中国人民政治协商会议十一届五次会议委员，并参加讨论共商国是。

6日，贾庆林参加中国人民政治协商会议十一届五次会议中共界委员联组会。

9日，中国人民政治协商会议十一届五次会议举行第二次全体会议。在会议上，16位政协委员就加快财税体制改革、调节国民收入分配，合理划定界限、发挥市场配置资源的基础性作用，齐心协力共助小微企业“保生存谋发展”等作大会发言。

10日，中国人民政治协商会议十一届五次会议举行第三次全体会议。会上，16位政协委员就加速推进社会保障体系建设、推进基本公共教育服务均等化、改革收费公路制度、防治土壤污染等作大会发言。

11日，中国人民政治协商会议十一届五次会议举行第四次全体会议。在会上，16位政协委员就尊重劳动倡导劳动、传承文化遗产建设文化强国、推动两岸关系和平发展等作大会发言。

12日，中国人民政治协商会议十一届常委会第17次会议举行，贾庆林主持。会议审议通过了政协第十一届全国委员会第五次会议关于常务委员会工作报告的决议（草案）、政协第十一届全国委员会提案委员会关于政协十一届五次会议提案审查情况的报告（草案）、政协第十一届全国委员会第五次会议政治决议（草案）。

13日，贾庆林在中国人民政治协商会议第十一届全国委员会第五次会议上作中国人民政治协商会议全国委员会常务委员会工作报告。报告对中国人民政治协商会议2011年工作进行了回顾并对 2012 年的工作进行了部署。回顾共分七个方面：一、强化思想理论建设，切实增强走中国特色社会主义道路的自觉性和坚定性。二、紧扣主题主线协商议政，努力促进经济平稳较快发展。三、围绕文化建设献计出力，推动社会主义文化改革发展。四、发挥密切联系群众独特优势，促进社会和谐稳定。五、广泛凝心聚力，加强同港澳、台湾同胞和海外侨胞的团结联谊。六、扩大国际交流合作，积极营造有利于中国发展的良好外部环境。七、坚持强基固本，切实加强和改进自身建设。工作部署共分六个方面：一、进一步巩固团结奋斗的共同思想政治基础；二、积极为促进经济平稳较快发展和社会和谐稳定贡献力量；三、着力推动社会主义文化大发展大繁荣；四、不断促进海内外中华儿女的大团结；五、继续深化同世界各国人民的友好往来；六、切实提升人民政协工作的科学化水平。

13 日，中国人民政治协商会议十一届五次会议举行第五次全体会议。会议通过中国人民政治协商会议第十一届全国委员会第五次会议政治决议。会议听取并赞同国务院总理温家宝所作的政府工作报告，听取并赞同最高人民法院工作报告、最高人民检察院工作报告以及其他报告。会议听取并批准贾庆林代表政协第十一届全国委员会常务委员会所作的工作报告，听取并批准林文漪代表政协第十一届全国委员会常务委员会所作的提案工作情况的报告。

同日，中国人民政治协商会议第十一届全国委员会第五次会议通过中国人民政治协商会议第十一届全国委员会提案委员会关于政协十一届五次会议提案审查情况的报告。

会议期间，政协委员、政协各参加单位和专门委员会，积极运用提案建言献策。截至 2012 年 3 月 8 日下午 2 时，共提交提案 6069 件，比 2011 年同期增加 307 件。提案委员会根据《中国人民政治协商会议全国委员会提案工作条例》，对全部提案进行了审查。经审查，立案 5651 件，作为委员来信转送有关部门研究参考 126 件，与提案者协商后并案、撤案 292 件。在立案的提案中，委员提案 5311 件，民主党派中央和全国工商联提案 300 件，人民团体、界别、小组、政协专门委员会提案 40 件。

13 日，中国人民政治协商会议十一届五次会议闭幕，胡锦涛、吴邦国、温家宝、李长春、习近平、李克强、贺国强等党和国家领导人出席，贾庆林主持闭幕会并讲话。

3 月 4 日

［纲　文］　**十一届全国人大五次会议举行预备会议。**

［目　文］　会议由全国人大常委会委员长吴邦国主持，选举产生了十一届全国人大五次会议主席团和秘书长，表决通过了十一届全国人大五次会议议程。吴邦国在主持会议时宣布，十一届全国人大五次会议于 3 月 5 日召开。

3 月 4 日

［纲　文］　**国务院批复发展改革委《关于报送东北振兴“十二五”规划的请示》。**

［目　文］　批复指出：

一、原则同意《规划》，请认真组织实施。

二、坚持统筹兼顾，真正把当前和长远结合起来，切实抓好重点工作的落实。（一）以保障国家粮食安全为首要目标，巩固发展现代农业。改善农村生产生活条件，建设富裕美好新农村。（二）完善现代产业体系。（三）优化区域发展空间布局，推动产业集聚发展。（四）促进资源型城市可持续发展。（五）改善基础设施条件，形成比较完备的综合交通运输体系和多元清洁的能源体系。（六）加强森林、草原、湿地和江河流域等重点生态区保护与治理，强化资源节约和节能减排。（七）采取多种措施增加就业岗位，加快包括棚户区改造的保障性安居工程建设。（八）继续深化国有企业改革，加快发展非公有制经济。推进国有林区和农垦体制改革。全面提升对外开放水平，建设向东北亚开放的重要枢纽。

三、东北三省和内蒙古自治区人民政府要切实加强对《规划》实施的组织领导，按照《规划》提出的目标、任务和要求，制定具体实施意见和工作方案，完善工作机制，落实工作责任，抓紧推进《规划》实施。

四、国务院有关部门要根据各自职能，按照《规划》确定的总体目标和发展重点，在有关专项规划编制、政策措施实施、重点项目安排、体制机制创新等方面给予积极指导和支持。

五、发展改革委要加强综合协调与服务，会同有关部门对《规划》实施进行跟踪分析和督促检查，适时组织开展《规划》实施的中期评估。

3月4日

［纲　文］　**外交部负责人发表谈话，阐述中方对政治解决叙利亚问题的主张。**

［目　文］　中方主张和呼吁：一、叙利亚政府及有关各方应立即、全面、无条件停止一切暴力行动，特别是针对无辜平民的暴力行动。二、叙利亚政府和各派别要从维护国家和人民长远和根本利益出发，在联合国—阿盟叙利亚危机联合特使的公正斡旋下，立即开启不附带先决条件、不预设结果的包容性政治对话，通过协商一致达成全面、详尽的改革路线图和时间表并尽快予以实施，以恢复国家稳定和社会正常秩序。三、中方支持联合国发挥主导作用，协调人道主义救援努力。四、国际社会有关各方应切实尊重叙利亚的独立、主权、统一和领土完整，尊重叙利亚人民自主选择政治制度和发展道路的权利，为叙利亚各政治派别开启对话创造条件、提供必要建设性协助并尊重其对话结果。五、中方欢迎联合国与阿盟共同任命叙利亚危机联合特使，支持其为推动政治解决危机发挥建设性作用。六、安理会成员应恪守《联合国宪章》宗旨和原则及国际关系基本准则。

3月4日

［纲　文］　**刚果（布）弹药库爆炸，中国工人在爆炸中伤亡。**

［目　文］　外交部副部长谢杭生5日紧急约见刚果（布）驻华使馆临时代办恩格马，就刚果（布）军营弹药库发生爆炸致中方多名人员伤亡一事做工作。6日22时55分，中国政府派出联合工作组离开北京赴刚果（布），协助驻刚使馆共同做好在刚果（布）爆炸事件中受伤的北京建工集团中国员工救治和遇难人员善后等工作，并慰问受爆炸事件影响

的中资企业和人员。工作组由北京市政府副秘书长杨志强任组长，外交部领事保护中心和北京市政府外办、市商务委、市国资委、北京建工集团派员组成。

3月10日，在刚果（布）爆炸事件中受伤的31名中国工人在中方医疗人员和中国政府联合工作组部分成员陪护下，乘坐包机抵达北京首都国际机场。全体伤员随即被送往医院接受进一步治疗和检查。

3月5日

［纲 文］ **国家主席胡锦涛电贺普京当选俄罗斯总统。**

3月5日

［纲 文］ **中央创先争优活动领导小组、全国妇联联合发布《关于学先进、见行动、做贡献，深入推进妇联组织和广大妇女创先争优活动的通知》。**

［目 文］ 《通知》要求，把宣传好学习好优秀妇女典型与宣传贯彻男女平等基本国策、宣传实施2011—2020年中国妇女儿童发展纲要结合起来，进一步营造“巾帼创新业、建功十二五”良好氛围，激励广大妇女学习雷锋精神，弘扬坚定理想信念、刻苦学习、岗位建功、传承文明、遵纪守法的创先争优精神和自尊、自信、自立、自强的时代女性精神，履职尽责创先进、立足岗位争优秀。要扎实推进县以上妇联组织“下基层、访妇情、办实事”活动，积极引导妇联干部问需基层、问计基层，向基层学习、向妇女群众学习，深刻把握妇女工作特点和规律，帮助妇女解决最关心最直接最现实的利益问题。要进一步扎实推进“坚强阵地”和“温暖之家”建设，总结推广全国和地方妇联基层组织建设“示范”县、乡（镇、街道）、村（社区）等示范创建经验；总结推广各地“示范”妇女之家创建经验，在党员教育活动阵地以及社区服务网络建设中统一规划妇女之家建设。

3月5日

［纲 文］ **北京市国土资源局、发展改革委、规划委联合印发《北京市2011—2015年国有建设用地供应计划》。**

［目 文］ 《计划》提出，“十二五”期间，三环以内原则上不再新增供应住宅用地和大型公建用地，四环以内原则上不再新增供应集中建设经济适用住房用地以及大型公共设施建设用地。按照北京目前的要求，新建商品房小区都要配建保障房，三环和四环之间的商品房小区仍会出现配建的两限房、经适房、公租房。

计划显示，2011—2015年北京国有建设用地供应总量控制在28000公顷左右，其中，备受关注的住宅用地供应达到9300公顷。住宅用地中，公租房（含廉租房）用地900公顷，限价房及经适房用地（含中央单位）1100公顷，定向安置房用地2800公顷。“十二五”时期北京保障房用地达4800公顷，占全部住宅用地的比例达51.6%。

3月5—6日

［纲 文］ **中国印度边境事务磋商和协调工作机制第一次会议在北京举行。**

［目　文］　中方代表团团长为外交部边海司司长邓中华。双方就当前中印边境地区形势、保持边境地区和平稳定以及加强边境地区交往合作等议题进行了深入讨论，并取得积极成果。双方一致表示，保持和促进中印边境地区和平安宁符合两国的共同利益。当前，中印边境形势总体稳定。双方按照两国领导人有关共识的要求，充分发挥工作机制作用，进一步加强沟通，增进互信，扩大合作，共同维护两国边境地区和平安宁。

中印边境事务磋商和协调工作机制由温家宝于2010年12月访印时提议建立，负责从外交层面处理两国间的重要边境事务。2012年1月17日，两国政府代表就建立这一机制签署了协定。

3月5—14日

［纲　文］　**十一届全国人民代表大会五次会议在北京召开。**

［目　文］　5日，十一届全国人民代表大会五次会议开幕。胡锦涛、吴邦国、温家宝、贾庆林、李长春、习近平、李克强、贺国强等党和国家领导人出席。全国人大常委会委员长吴邦国主持会议，国务院总理温家宝代表国务院向大会作政府工作报告。

政府工作报告共分三部分：一、2011年工作回顾；二、2012年工作总体部署；三、2012年主要任务。

温家宝着重从五个方面回顾了2011年的工作：加强和改善宏观调控，遏制物价过快上涨，实现经济平稳较快发展；加快转变经济发展方式，提高发展的协调性和产业的竞争力；大力发展社会事业，促进经济社会协调发展；切实保障和改善民生，解决关系群众切身利益的问题；深入推进改革开放，为经济社会发展注入新的活力和动力。温家宝指出，成绩来之不易，显示了中国特色社会主义的优越性和生命力，增强了中华民族的自豪感和凝聚力。

温家宝从九个方面报告了2012年的主要任务：促进经济平稳较快发展；保持物价总水平基本稳定；促进农业稳定发展和农民持续增收；加快转变经济发展方式；深入实施科教兴国战略和人才强国战略；切实保障和改善民生；促进文化大发展大繁荣；深入推进重点领域改革；努力提高对外开放的质量和水平。

温家宝还就民族、宗教和侨务工作，国防和军队建设，香港、澳门发展和两岸关系，以及中国的外交政策作了阐述。

8日，十一届全国人民代表大会五次会议举行第二次全体会议。会议听取关于刑事诉讼法修正案草案的说明、关于十二届全国人民代表大会代表名额和选举问题的决定草案的说明、关于香港特别行政区选举十二届全国人民代表大会代表的办法草案和澳门特别行政区选举十二届全国人民代表大会代表的办法草案的说明。

9日，十一届全国人民代表大会五次会议举行第三次全体会议，听取和审议全国人大常委会工作报告，全国人大常委会委员长吴邦国作报告。

吴邦国着重从五个方面具体报告了常委会一年来的主要工作。一是立法工作继续加强。更加注重修改完善现行法律，更加注重推进科学立法、民主立法，着力提高立法质量，不断完善中国特色社会主义法律体系。二是监督工作扎实推进。紧紧围绕推动“十二五”规划纲要顺利实施，继续加强和改进监督工作，更加紧扣大局、更加贴近民生，取得实实在在的效果。三是代表工作深入开展。以贯彻实施修改后的代表法为契机，进一步加强和改进代表工作，支持和保障代表依法履行职责，充分发挥代表参与管理国家事务的作用。四是对外交往积极活跃。坚持服从服务于国家外交大局，有计划、有重点地加强同外国议会和多边议会组织的友好往来，为推动国家关系全面发展、维护中国发展重要战略机遇期发挥了重要作用。五是自身建设常抓不懈。

10日，十一届人大五次会议主席团常务主席第一次会议举行。会议听取关于政府工作报告审议和修改情况以及决议草案代拟稿起草情况、2011年国民经济和社会发展计划执行情况、2011年国民经济和社会发展计划执行情况、关于刑事诉讼法修正案草案审议结果、关于十二届全国人民代表大会代表名额和选举问题的决定草案审议结果、关于香港特别行政区选举十二届全国人民代表大会代表的办法草案审议结果、关于澳门特别行政区选举十二届全国人民代表大会代表的办法草案审议结果等的报告。

同日，十一届全国人民代表大会五次会议主席团举行第二次会议。会议分别经过表决，决定将十一届全国人民代表大会五次会议关于政府工作报告、计划报告、预算报告的决议草案和关于修改刑事诉讼法的决定草案等提请各代表团审议。

11日，十一届全国人民代表大会五次会议举行第四次全体会议。最高人民法院院长王胜俊从十个方面报告了一年来的主要工作：一是加强刑事审判工作，惩罚犯罪，保障人权，全力维护国家安全和社会稳定。二是加强民事审判工作，明辨是非，化解矛盾，切实保障人民群众合法权益。三是加强商事审判工作，调节经济关系，维护市场经济秩序，依法促进经济平稳较快发展。四是加强知识产权审判工作，保障文化发展和科技进步，依法促进创新型国家建设。五是加强行政审判和国家赔偿工作，促进依法行政，保护行政相对人合法权益，依法维护社会管理秩序。六是加强执行工作，努力实现当事人合法权益。七是加强立案信访和审判监督工作，切实解决人民群众合法诉求。八是加强司法改革，深化司法公开，推进司法民主，深化审判方式、审判管理改革，努力实现司法公正。九是加强队伍建设，确保法院队伍始终坚持正确的政治方向和执法为民的根本宗旨，以提高司法能力为重点，完善人才培养机制，改进司法作风，强化审务督察，规范司法行为，坚持不懈抓好司法廉洁教育，加强廉政风险防控机制建设，不断提高法院队伍整体素质。十是加强基层基础建设，夯实人民法院工作根基。

12日，十一届人大五次会议主席团常务主席第二次会议举行。会议听取了全国人民代表大会法律委员会关于修改刑事诉讼法的决定草案修改意见的报告、关于十二届全国人民代表大会代表名额和选举问题的决定草案修改意见的报告、关于香港特别行政区选举十二届全国人民代表大会代表的办法草案修改稿修改意见的报告、关于澳门特别行政区选举十二届全国人民代表大会代表的办法草案修改稿修改意见的报告，以及关于全国人民代表大会常委会工作报告审议和修改情况以及决议草案代拟稿的汇报、关于最高人民法院工作报告审议和修改情况以及决议草案代拟稿的汇报、关于最高人民检察院工作报告审议和修改情况以及决议草案代拟稿的汇报。

13日，十一届全国人民代表大会五次会议主席团举行第三次会议。代表团审议了关于修改刑事诉讼法的决定草案、关于十二届全国人民代表大会代表名额和选举问题的决定草案、香港特别行政区选举十二届全国人民代表大会代表的办法草案修改稿、澳门特别行政区选举十二届全国人民代表大会代表的办法草案修改稿。会议听取和审议了全国人民代表大会法律委员会关于修改刑事诉讼法的决定草案修改意见的报告、关于十二届全国人民代表大会代表名额和选举问题的决定草案修改意见的报告、香港特别行政区选举十二届全国人民代表大会代表的办法草案修改稿修改意见的报告、澳门特别行政区选举十二届全国人民代表大会代表的办法草案修改稿修改意见的报告。

14日，十一届全国人民代表大会五次会议主席团举行第四次会议。代表团审议了十一届全国人民代表大会五次会议关于政府工作报告的决议草案、关于2011年国民经济和社会发展计划执行情况与2012年国民经济和社会发展计划的决议草案、关于2011年中央和地方预算执行情况与2012年中央和地方预算的决议草案、关于全国人民代表大会常委会工作报告的决议草案、关于最高人民法院工作报告的决议草案、关于最高人民检察院工作报告的决议草案、关于修改刑事诉讼法的决定草案、关于十二届全国人民代表大会代表名额和选举问题的决定草案，以及香港特别行政区、澳门特别行政区选举十二届全国人民代表大会代表的办法草案，同意提请大会全体会议表决。

14日，十一届全国人民代表大会五次会议在北京闭幕，胡锦涛、温家宝、贾庆林、李长春、习近平、李克强、贺国强等党和国家领导人出席，吴邦国主持闭幕会并讲话。会议表决通过了关于政府工作报告的决议。决议指出，会议充分肯定国务院过去一年的工作，同意报告提出的2012年工作总体部署和主要任务，决定批准这个报告；会议表决通过了关于2011年国民经济和社会发展计划执行情况与2012年国民经济和社会发展计划的决议，决定批准关于2011年国民经济和社会发展计划执行情况与2012年国民经济和社会发展计划草案的报告，批准2012年国民经济和社会发展计划；表决通过了关于2011年中央和地方预算执行情况与2012年中央和地方预算的决议，决定批准关于2011年中央和地方预算执行情况与2012年中央和地方预算草案的报告，批准2012年中央预算；会议经表决，通过了全国人民代表大会关于修改刑事诉讼法的决定。国家主席胡锦涛签署第55号主席令，公布了这一决定。本决定自2013年1月1日起施行；会议表决通过了关于十二届全国人大代表名额和选举问题的决定、香港特别行政区选举十二届全国人大代表的办法和澳门特别行政区选举十二届全国人大代表的办法。根据关于十二届全国人大代表名额和选举问题的决定，十二届全国人大代表于2013年1月选出；会议表决通过了关于全国人大常委会工作报告的决议。决议指出，会议充分肯定全国人大常委会过去一年的工作，同意报告提出的关于今后一年的主要任务，决定批准这个报告；会议表决通过了关于最高人民法院工作报告的决议、关于最高人民检察院工作报告的决议。

3月6日

［纲　文］　**国务院发布《关于支持农业产业化龙头企业发展的意见》。**

［目　文］　农业产业化是中国农业经营体制机制的创新，是现代农业发展的方向。农业产业化龙头企业（以下简称龙头企业）集成利用资本、技术、人才等生产要素，带动农户发展专业化、标准化、规模化、集约化生产，是构建现代农业产业体系的重要主体，是推进农业产业化经营的关键。支持龙头企业发展，对于提高农业组织化程度、加快转变农业发展方式、促进现代农业建设和农民就业增收具有十分重要的作用。为加快发展农业产业化经营，做大做强龙头企业，提出如下意见：一、总体思路、基本原则和主要目标；二、加强标准化生产基地建设，保障农产品有效供给和质量安全；三、大力发展农产品加工，促进产业优化升级；四、创新流通方式，完善农产品市场体系；五、推动龙头企业集聚，增强区域经济发展实力；六、加快技术创新，增强农业整体竞争力；七、完善利益联结机制，带动农户增收致富；八、开拓国际市场，提高农业对外开放水平；九、狠抓落实，健全农业产业化工作推进机制。

3月6日

［纲　文］　**国务院发布《海洋观测预报管理条例》。**

［目　文］　为加强海洋观测预报管理，规范海洋观测预报活动，防御和减轻海洋灾害，为经济建设、国防建设和社会发展服务，制定该条例。《条例》指出，国务院海洋主管部门负责编制全国海洋观测网规划。编制海洋观测网规划，应当将沿海城市和人口密集区、产业园区、滨海重大工程所在区、海洋灾害易发区和海上其他重要区域作为规划的重点。海洋观测网规划主要包括规划目标、海洋观测网体系构成、海洋观测站（点）总体布局及设施建设、保障措施等内容。海洋观测站（点）及其设施受法律保护，任何单位和个人不得侵占、毁损或者擅自移动。该《条例》共有6章40条，内容包括：第一章总则，第二章海洋观测网的规划、建设与保护，第三章海洋观测与资料的汇交使用，第四章海洋预报，第五章法律责任，第六章附则。《条例》自6月1日起实施。

3月6日

［纲　文］　**外交部部长杨洁篪在十一届全国人大五次会议上就中国外交政策和对外关系答中外记者问。**

［目　文］　杨洁篪将近十年的外交工作概括为“谋大局”“求合作”“促改革”“树形象”“做贡献”，2012年外交工作的重点为服务发展、维护和平、促进合作。在记者会上，杨洁篪还就俄罗斯大选、中俄战略协作伙伴关系、上合组织、中美关系、中日关系、中非关系、中欧关系、中美两国在伊朗、叙利亚以及其他问题上存在一些分歧以及一些周边国家同中国围绕领土和海洋权益的争议等问题回答了记者的提问。

3月6日

［纲　文］ **美国众议院通过涉华关税法案，授权美国商务部继续对中国和越南等所谓“非市场经济国家”征收反补贴关税。**

3月6日

［纲　文］ **财政部部长谢旭人在十一届全国人大五次会议记者会上宣布，2012年中央财政预算用于民生支出13848亿元，比上年增长19.8%。**

3月6日

［纲　文］ **水利部发布《大中型水利水电工程移民安置验收管理暂行办法》。**

［目　文］ 为加强大中型水利水电工程移民安置验收工作管理，明确验收责任，规范验收行为，维护国家、集体和移民个人的合法权益，促进水利水电工程建设顺利进行，根据《大中型水利水电工程建设征地补偿和移民安置条例》及有关法律、法规，制定该办法。《办法》共有5章25条，内容包括：第一章总则，第二章验收组织，第三章验收条件，第四章验收程序，第五章附则。《办法》自印发之日起施行。

3月6日

［纲　文］ **国务院妇女儿童工作委员会、全国妇联举办的“中国妇女儿童十年发展成就展”在国家博物馆开幕。**

［目　文］ 国务委员刘延东出席开幕式并参观展览，全国人大常委会副委员长、全国妇联主席陈至立在开幕式致辞中指出，2001—2010年中国妇女儿童发展纲要使妇女儿童的权益得到进一步实现和保障，妇女儿童事业取得了新的巨大成就。这十年是妇女儿童事业跨越式发展、广大妇女儿童受惠最多的十年。

中国妇女儿童十年发展成就展以“优化妇女发展环境，促进儿童健康成长”为主题，通过文字和翔实的数据、真实宝贵的图片、影视资料以及部分实物，从不同角度、不同层面，集中展现在21世纪十年来中国妇女儿童事业发展的壮阔历程和辉煌成就，讴歌广大妇女在全面建设小康社会伟大实践中的“半边天”作用，表现中国亿万妇女儿童的幸福生活和奋发向上的精神风貌。

3月6日

［纲　文］ **《人民日报》报道，青藏铁路客运量首超千万，西藏旅游人数6年增6倍。**

［目　文］ 2011年，青藏铁路运输总量实现历史性的突破。其中，旅客运送量首次破千万，由2006年的640多万人次增长到1060万人次，货运量由2400多万吨增长到5164.3万吨，成为拉动地方经济社会发展的强大引擎。2011年，西藏旅游接待达860多万人次，是2005年的7倍，为青藏两省区带来巨大商机。

3月6日

［纲　文］ **全国政协新闻出版界与中国新闻文化促进会在北京举行“担负文化繁荣重任，推进新闻文化事业”联合研讨会。**

［目　文］　全国政协主席贾庆林在贺信中指出，新闻媒体是文化建设的重要阵地，新闻宣传是文化传播的主渠道，在文化发展中处于特殊地位。当前，中国社会主义文化建设已经站在一个新的历史起点上，新闻文化事业迎来了难得的发展机遇。希望全国政协新闻出版界认真贯彻党的十七大和十七届六中全会精神，充分发挥自身优势，与中国新闻文化促进会一道，团结广大新闻界、文化界的同仁，努力形成推动新闻文化事业健康发展的强大合力，为中国社会主义文化大发展大繁荣作出更大贡献。

全国政协副主席孙家正出席讲话强调，文化是媒体的灵魂，媒体是文化的翅膀，推进社会主义文化大发展大繁荣，新闻文化工作者责任重大。新闻出版总署署长柳斌杰在研讨会上指出当前新闻文化建设面临两个重要任务。一是营造新闻文化发展的良好环境，探索有中国特色社会主义新闻文化发展的道路。二是树立新闻人的核心价值体系，形成传输快捷、技术先进、覆盖全面的新闻传播格局。

中国新闻文化促进会在研讨会上聘请孙家正、迟浩田、艾丰、吴昊为名誉会长。全国政协新闻出版界委员、新闻界有关领导和文化界知名人士、新促会副会长和部分常务理事共 150 余人与会。

3 月 6 日

［纲　文］　**北京市发展改革委宣布，北京市计划 2015 年基本实现五环路内甚至城六区无煤化。**

［目　文］　2011 年，北京市煤炭消费总量仍达 2630 多万吨，其中 73% 用于发电。北京市实施六大措施加快推进无煤化：一是加快实施燃煤热电机组关停替代，2013 年底前建成四大燃气热电中心，替换现有燃煤热电厂；二是大力推进燃煤锅炉清洁能源改造；三是逐步消灭平原地区散煤采暖；四是制定执行严格的首都产业用能准入标准；五是大力推广新技术；六是积极发展新能源。

3 月 6 日

［纲　文］　**财政部、税务总局、工业和信息化部发布《关于节约能源 使用新能源车船车船税政策的通知》。**

［目　文］　为促进节约能源、使用新能源的汽车、船舶产业发展，经国务院批准，制定该通知。《通知》规定，自 2012 年 1 月 1 日起，对节约能源的车船，减半征收车船税；对使用新能源的车船，免征车船税。通知所称节能汽车，是指以内燃机为主要动力系统、综合工况燃料消耗量优于下一阶段目标值的汽车。新能源汽车，是指采用新型动力系统，主要或全部使用新型能源的汽车，包括纯电动汽车、插电式混合动力汽车和燃料电池汽车。对于减免车船税的节能车船、新能源车船，由三部门通过联合发布目录实施管理。

3 月 7 日

［纲　文］　**全国三八红旗手（集体）表彰大会在北京召开。**

［目　文］　会前，中共中央政治局委员、全国人大常委会副委员长王兆国，中共中

央政治局委员、国务院妇女儿童工作委员会主任刘延东会见了受表彰的全国三八红旗手标兵及全国三八红旗手（集体）、城乡妇女岗位建功先进集体和个人代表。全国人大常委会副委员长、全国妇联主席陈至立出席会议并讲话。

大会表彰了在创先争优活动中涌现出的全国三八红旗手标兵、全国三八红旗手（集体）及城乡妇女岗位建功先进集体和个人。受表彰代表天津天纺投资控股有限公司棉纺织工厂一织造车间织布帮接工张兵兵，上海市柏万青志愿者工作室负责人柏万青，中国航天科技集团公司第五研究院508所回收着陆技术室降落伞组组长竺梅芳，黑龙江省哈尔滨市双城市周家镇东跃村农民刘彩华，山西省太原高速公路有限责任公司小店女子收费站收费员秦茜茜作了大会发言。

3月7日

［纲　文］　**外交部发言人对美国、俄罗斯、中国、法国、英国和德国接受伊朗就其核项目举行会谈的提议表示欢迎。**

3月7日

［纲　文］　**外交部部长杨洁篪向在华盛顿举办的纪念尼克松总统访华和《上海公报》发表40周年中美关系研讨会发表视频讲话。**

［目　文］　杨洁篪在讲话中强调，中美作为两个大国，共同利益更加广泛，共同责任更加艰巨。中美关系的发展事关两国人民福祉，牵系世界和平、稳定与繁荣。我们应按照两国元首达成的共识，紧紧抓住建设中美合作伙伴关系这条主线，加强对话，增进互信，深化合作，切实尊重彼此核心利益和重大关切，妥善处理有关问题，推动中美关系健康稳定发展。

3月7日

［纲　文］　**国家质监总局出台《关于支持平潭综合实验区开放开发的意见》。**

［目　文］　《意见》内容包括：支持福建平潭加快构建两岸直接往来的快捷通道，支持平潭先行先试便捷高效的检验检疫监管模式，支持平潭建设海峡西岸高新技术产业基地，支持平潭发展物流、会展、旅游等朝阳产业，支持平潭打造海峡西岸海洋经济示范基地，支持平潭建设生态环境优美的幸福宜居岛，支持平潭建设两岸合作交流的先行区等。

3月7日

［纲　文］　**云南省委、省政府在北京召开民企入滇助推云南产业发展座谈会。**

［目　文］　云南省表示，为吸引民企入滇，凡是国内其他省份能够提供的优惠条件，云南都将努力提供；凡是国家法律法规规定的投资权益，云南都将依法保护；凡是需要由各级政府解决的问题，云南都将全力解决，努力让云南成为民营企业可以放心投资兴业的肥沃土地。

3月7日

［纲　文］　**兰州市经济合作推介会在北京举行。**

［目　文］　为给广大投资者提供优质服务，兰州大力提高政府行政效能，变“一站

式”办公为“一键式”服务，特别是对于符合产业规划、经济结构调整方向和重点扶持发展领域的投资项目，将从立项审批、土地保障、税收减免、融资贷款等方面提供最大程度的优惠和支持。推介会上签约16个经济合作项目，总投资107.86亿元。

3月7日

［纲　文］　**全国女职工岗位创新技能大赛启动，**

［目　文］　全国总工会副主席张世平主持启动仪式。为期7个月的赛期分练兵选拔、分区决赛、总决赛、表彰展示4个阶段；大赛设家政服务、临床护理、儿科、重症监护、话务员（10086客户服务热线）、服装设计4类6个项目。技能大赛到10月结束。全国已有13个省级工会开展女职工职业技能大赛，涉及家政服务、驾驶员技术、餐厅服务员、旅游导游、金融点钞、医务护理、茶艺等20余个项目工种。

3月7日

［纲　文］　**伦敦国际书展“市场焦点”中国主宾国活动发布会在伦敦召开。**

［目　文］　中国作为此次伦敦国际书展的主宾国，向世界展现中国的“新视角、新概念”，推动汉语图书与英语图书市场的深度合作，促进中英两国文化的交流与合作，进一步提升中国出版产品和文化产品在全球文化市场中的竞争力和影响力。

3月7日

［纲　文］　**公安部破获特大拐卖儿童案，解救被拐儿童77名。**

［目　文］　零时，公安部统一指挥山东、贵州、河南、山西、云南、广西等14省区市公安机关同步开展集中抓捕、解救行动，彻底摧毁了一个“第三地”交易的家族式特大跨省拐卖儿童犯罪网络，抓获310名犯罪嫌疑人，解救77名被拐卖儿童。

2011年，公安部部署全国公安机关开展打拐“攻坚会战”，共破获拐卖妇女案件5360起，拐卖儿童案件5320起，共打掉3195个犯罪团伙，解救被拐儿童8660人、妇女15458人，拐卖犯罪蔓延势头得到有效遏制。

3月7日

［纲　文］　**国土资源部发布《关于开展工矿废弃地复垦利用试点工作的通知》。**

［目　文］　《通知》确定在河北、陕西、内蒙古、辽宁、江苏、安徽、河南、湖北、四川、陕西10省区开展试点，通过对历史遗留废弃地的复垦利用，与新增建设用地相挂钩，合理调整建设用地布局。

《通知》强调，要规范建设用地审批管理。项目区内的复垦与建新实行整体审批，确保复垦面积必须大于建新面积，复垦耕地的数量和质量必须高于建新占用耕地的数量和质量；复垦耕地的质量等级达不到建新占用耕地的质量等级的，要相应进行折算，按照折算后的面积确定建新占用耕地的数量。省级国土资源主管部门要对复垦耕地的数量和质量进行严格审核评定，按照核定的复垦面积，下达调整利用挂钩指标。挂钩指标重点用于试点县、市的工矿发展、基础设施和民生工程，不得跨县级行政区域使用。

3月8日

［纲　文］　中共中央办公厅印发《关于加强和改进非公有制企业党的建设工作的意见（试行）》。

［目　文］《意见》指出：非公有制企业是发展社会主义市场经济的重要力量。加强和改进非公有制企业党的建设工作，是坚持和完善中国基本经济制度、引导非公有制经济健康发展、推动经济社会发展的需要，是加强和创新社会管理、构建和谐劳动关系、促进社会和谐的需要，是增强党的阶级基础、扩大党的群众基础、夯实党的执政基础的需要，是以改革创新精神提高党的基层组织建设科学化水平、全面推进党的建设新的伟大工程的需要。《意见》根据党章和公司法等有关法律法规，就加强和改进非公有制企业党的建设工作提出一系列规定。《意见》共7个方面20条。

一、明确非公有制企业党组织的功能定位。（一）地位作用。非公有制企业党组织是党在企业中的战斗堡垒，在企业职工群众中发挥政治核心作用，在企业发展中发挥政治引领作用。（二）主要职责。1. 宣传贯彻党的路线方针政策。2. 团结凝聚职工群众。3. 维护各方合法权益。4. 建设先进企业文化。5. 促进企业健康发展。6. 加强自身建设。

二、建立健全领导体制和工作机制。（三）健全领导机构和管理体系。县以上地方党委一般要有非公有制企业党建工作机构，统筹负责非公有制企业党建工作。（四）建立直接联系工作机制。对规模以上非公有制企业党组织，在不改变党组织隶属关系的情况下，可由县以上地方党委组织部门或非公有制企业党建工作机构直接联系。

三、努力推进党的组织和工作覆盖。（五）努力实现职工50人以上的非公有制企业有党员；具备建立党组织条件的企业，实现党的组织覆盖。（六）扩大组织覆盖。重视在农民工中发展党员，注意培养发展符合条件的企业出资人入党。企业规模和社会影响较大的出资人，可由县以上党组织做好教育、引导和培养工作，吸收入党时，应征求同级党委统战部门意见。（七）扩大工作覆盖。对未建立党组织的非公有制企业，可通过选派党建工作指导员、确定党建工作联络员、建立工会和共青团组织等方式，积极开展党的工作，推动企业建立党组织。

四、探索党组织和党员发挥作用的有效途径。（八）建立双向互动工作机制。（九）探索开展开放式党组织活动。（十）创新党员教育管理服务。（十一）深入开展创先争优活动。

五、加强以党组织书记为重点的党务工作者队伍建设。（十二）选优配强党组织书记。（十三）壮大党务工作者队伍。（十四）提升能力素质。（十五）强化管理和激励。

六、加强对非公有制企业出资人的教育引导。（十六）加强教育培训。建立非公有制企业出资人教育培训制度，着力加强中国特色社会主义理论体系、党的知识和国家法律法规教育。（十七）搞好服务管理。对企业出资人的评先选优、政治安排，要事先征求企业党组织和非公有制企业党建工作机构、地方工会组织的意见，党委统战、组织部门要严格审查把关。对政治方向有偏差、履行社会责任不积极、社会评价不良的企业出资人，要批评教育；对违纪违法的，有关部门和单位要依纪依法进行查处。

七、强化非公有制企业党建工作保障。（十八）加强组织领导和工作指导。（十九）加强经费保障。（二十）加强场所建设。

3月8日

［纲　文］　**保监会发布《关于加强机动车辆商业保险条款费率管理的通知》。**

［目　文］　《通知》从商业车险中社会关注的主要矛盾和关键问题入手，明确了中国商业车险条款费率的拟定原则和执行的具体要求，力推车险市场化改革。针对商业车险市场中倍受关注的“高保低赔”“无责不赔”等热点问题，保监会从商业车险中社会关注的主要矛盾和关键问题入手，明确了保险金额的确定方式，应当按照市场公允价值协商确定被保险机动车的实际价值，保险公司应当与投保人协商约定保险金额。因第三者对被保险机动车的损害而造成保险事故的，保险公司自向被保险人赔偿保险金之日起，在赔偿金额范围内代位行使被保险人对第三者请求赔偿的权利，保险公司不得通过放弃代位求偿权的方式拒绝履行保险责任。为切实保护投保人和被保险人权益，《通知》规定保险公司应当在投保单首页最显著的位置用特殊字体加注“责任免除特别提示”，对保险条款中免除保险公司责任的条款作出足以引起投保人注意的提示，并采用通俗易懂的方式，对该条款的内容以书面或者口头形式向投保人作出明确说明。

3月8日

［纲　文］　**国家知识产权局公布《专利标识标注办法》。**

［目　文］　为规范专利标识的标注方式，维护正常的市场经济秩序，根据《中华人民共和国专利法》和《中华人民共和国专利法实施细则》的有关规定，制定该办法10条。《办法》自5月1日起施行。2003年5月30日国家知识产权局发布的《专利标记和专利号标注方式的规定》同时废止。

3月8日

［纲　文］　**国家开发银行与广西签订《支持广西“南菜北运”工程暨服务国家农产品物流业开发性金融合作备忘录》《“十二五”开发性金融合作备忘录》，融资500亿元支持广西“南菜北运”。**

3月8日

［纲　文］　**全国归国华侨联合会与甘肃签署合作协议。**

［目　文］　全国归国华侨联合会搭建平台和载体，支持甘肃省经济社会发展；开展海外联谊，帮助甘肃省培育和拓展海外资源；实施“请进来，走出去”战略，促进甘肃开发开放。

3月8日

［纲　文］　**中国基础科学实验发现新的中微子振荡。**

［目　文］　该发现是对自然界最基本的物理参数的测量，被认为是对物质世界基本规律的新的认识。据大亚湾中微子实验首席科学家、中科院高能物理研究所研究员王贻芳

介绍，中微子是一种不带电，质量极其微小的基本粒子，也是构成物质世界的最基本单元之一，共有三种类型，即电子中微子、μ 中微子和 τ 中微子，在已知的构成物质世界的 12 种基本粒子中，占了 1/4，在微观的粒子物理和宏观的宇宙起源及演化中同时扮演着极为重要的角色。中微子有一个特殊的性质，即它可以在飞行中从一种类型转变成另一种类型，通常称为中微子振荡。原则上三种中微子之间相互振荡，两两组合，应该有三种模式。其中两种模式自 20 世纪 60 年代起即有迹象，当时称作“太阳中微子之谜”和“大气中微子之谜”。之后这两种模式被发现和被多个实验证实。第三种振荡则一直未被发现，甚至有理论预言其根本不存在（即其振荡几率为零）。此次发现的第三种中微子振荡模式是利用中国大亚湾核反应堆群产生的大量中微子寻找到的。

3 月 8 日

［纲　文］　**文化部与国家开发银行签署《支持文化产业发展合作备忘录》。**

［目　文］　近年来，文化部先后与中国进出口银行、国家开发银行等建立了部行合作关系。部行合作机制运行以来，合作银行机构为各类文化企业、文化产业项目提供全方位的金融支持。截至 2011 年末，仅部行合作机制框架下，已有 68 个重点文化产业项目获得总计 188.91 亿元银行贷款支持；全国文化产业本外币中长期贷款余额累计达到 861 亿元。

据不完全统计，全国共有文化产业投资基金 111 只，资金总规模超过 1330 亿元，其中 2011 年 1 月至 11 月设立的基金数量达 47 只，占总数的 42.34%，资金规模达 554.2 亿元，占基金总规模的 40.9%。《备忘录》的签订标志着中国文化产业投融资体系初步建立。

3 月 8 日

［纲　文］　**中华同心温暖工程基金会一届二次理事会在北京召开。**

［目　文］　全国政协副主席、中华同心温暖工程基金会理事长张榕明主持会议。自 2011 年 12 月 1 日成立以来，中华同心温暖工程基金会积极拓展温暖工程公益事业各项工作，组织实施了新疆维吾尔自治区国家通用语言培训项目、毕节项目和“温暖工程成功之计——流动青少年职业教育”国际合作项目等社会公益项目。其中，新疆维吾尔自治区国家通用语言项目已举办 95 期培训班，8049 人初步掌握了使用国家通用语言的能力并陆续就业，就业率达 81.9%。毕节项目已有来自全国各地的 27 所职业院校参与了项目实施，签订了联合办学招生计划 4490 人，涉及 26 个专业，现已招生 3046 人。

会议审议并通过了由副理事长兼秘书长陈广庆所作的中华同心温暖工程基金会 2011—2012 年年度工作报告。2012 年，中华同心温暖工程基金会将围绕宣传、组织建设、筹资募资、交流合作及继续推动实施援疆项目、毕节项目、“温暖工程成功之技——流动青少年职业教育”国际合作项目以及武陵山经济协作区项目等内容开展工作。

3 月 8 日

［纲　文］　**南车株洲电力机车有限公司自主研制的轻轨列车首次在欧洲投入载客运营。**

［目　文］　由南车株机公司研制的轻轨列车从伊兹密尔市一号线的 BONOVA 站出发，满载数百名乘客驶往 UYGVL 站，宣告中国轻轨列车正式在欧洲投入载客运营。中国轻轨列车此次运行的一号线路总长为 11.6 公里，最大坡道 48‰，最小转弯半径 30 米，列车平均旅行速度约 35 公里 / 小时。伊兹密尔市一号线轻轨原有 45 辆由 ABB 提供的老车，中国研制的 32 辆轻轨列车配齐上线后将承载总客流量的约 45%，可极大缓解伊兹密尔市的轨道交通压力。

3 月 8 日

［纲　文］　**《成都市妇女权益保障条例》正式施行。**

［目　文］　该《条例》分总则、政治参与权利、发展保障权利、健康保障权益、预防和制止家庭暴力、法律责任、附则 7 章 43 条。《条例》在防止家庭暴力和保障妇女健康方面作出细化规定，以进一步保障妇女权益。《条例》规定，妇女在农村土地承包经营、土地征收或者征用补偿等方面享有与男子平等的权利，任何组织和个人不得以妇女未婚、结婚、离婚、丧偶等理由剥夺妇女的权利。《条例》明确，农村土地承包期内，妇女因结婚、离婚、丧偶等原因分户并申请变更承包合同的，发包方应当按照法定程序办理相关手续。特别是在农村土地承包确权完成后，新嫁入的妇女可以和其他家庭成员享有家庭承包的土地、林地、宅基地等共同使用、收益、处分的权益，为农村进一步土地改革中妇女的权益提供切实保障，使新嫁入的妇女不因未能参加新一轮土地确权而丧失基本生产资料和生活来源。

3 月 9 日

［纲　文］　**全国人大常委会副委员长、全国妇联主席陈至立在北京会见联合国人类发展报告负责人、前联合国驻华系统协调员马和励。**

3 月 9 日

［纲　文］　**农业部部长韩长赋在十一届全国人大五次会议就“推进农业科技进步，促进增产增收”等问题答记者问。**

［目　文］　韩长赋在答记者问时表示，2011 年中国农业农村经济发展呈现增粮增收好形势，可以用“五个首次”“五个超过”来概括。“五个首次”主要在农产品生产方面，即粮食总产量达到 11424 亿斤，首次登上 11000 亿斤的新台阶；半个世纪以来首次实现“八连增”；三大主粮（水稻、小麦、玉米）首次超过 1 万亿斤；人均占有粮食首次达到 850 斤；除粮食外，棉油糖、果菜茶、肉蛋奶、水产品等十大农产品也全面增产，这是 16 年以来的首次。“五个超过”主要在农民增收方面，即农民人均收入达到 6977 元，实际增幅超过两位数，达到 11.4%；增幅超过城镇居民 3 个百分点；农民人均收入当年增加 1058 元，首次超过 1000 元；中西部地区农民收入增幅超过东部地区；工资性收入和转移性收入增长幅度双双超过 20%。今年力争产粮 10500 亿斤以上。

3 月 9 日

［纲　文］　**银川（北京）经济合作恳谈会在北京举办。**

［目　文］　银川市与万达、雨润、绿地等企业新签约项目20个，涉及农业、环保、新能源、教育等领域，总投资338.2亿元。

3月9日

［纲　文］　**全国道德模范高校巡讲活动在东北大学举行首场报告会。**

［目　文］　中宣部、中央文明办、教育部、共青团中央安排部署各省（区、市）建立巡讲团，组织道德模范到沈阳、西安、重庆、南京、广州、武汉、上海、长沙、济南9个高校集中的城市，进入高校巡讲。

3月9日

［纲　文］　**国家海洋局发布《2011年中国海洋经济统计公报》。**

［目　文］　《公报》初步核算，2011年全国海洋生产总值45570亿元，比2011年增长10.4%。海洋生产总值约占国内生产总值的9.7%。海洋第一产业增加值2327亿元，第二产业增加值21835亿元，第三产业增加值21408亿元，占海洋生产总值的比重分别为5.1%、47.9%、47.0%。2011年全国涉海就业人员3420万人，比上年增加70万。

3月9日

［纲　文］　**财政部、水利部、国土资源部、气象局印发《中央财政山洪灾害防治县级非工程措施建设补助资金管理暂行办法》。**

［目　文］　为加强和规范中央财政山洪灾害防治县级非工程措施建设补助资金使用管理，提高资金使用效益，根据《中华人民共和国预算法》等有关法律法规，制定《中央财政山洪灾害防治县级非工程措施建设补助资金管理暂行办法》。《办法》共19条，自3月20日起施行。

3月9日

［纲　文］　**新疆维吾尔自治区洛浦县发生6.0级地震。**

［目　文］　6时50分，洛浦县境内沙漠无人区（北纬39.4度，东经81.3度）发生6.0级地震，震源深度30公里。震中距和田市区280公里，距于田县达里雅博依乡108公里。

国家减灾委、民政部于10日8时紧急启动国家四级救灾应急响应，协助地方做好救灾工作。至12日，据统计，地震共波及和田、阿克苏及喀什地区16县14.4万余人受灾，倒塌房屋5267间，损坏房屋84679间，灾害直接经济损失达52348.3万元，无人员伤亡。

3月9—11日

［纲　文］　**2012国际滑联短道速滑世界锦标赛在上海举行。**

［目　文］　本届世锦赛设置项目包括男、女全能，男女500米、1000米、1500米、3000米，以及男子5000米接力、女子3000米接力，吸引了32个国家和地区的近300名运动员和官员报名参赛。这是继1993年和2005年之后，中国第三次举办短道速滑世界锦标赛，也是第一次在中国南方城市举办最高水平的短道速滑赛事。比赛期间，中国选手共

获得4金2银。

3月10日

［纲　文］ **《人民日报》报道，西藏2011年生产总值超600亿元。**

［目　文］ 西藏自治区统计局、国家统计局西藏调查总队发布了2011年西藏经济发展的统计结果。数据显示：2011年西藏实现生产总值605.83亿元，比上年增长12.7%，增速提高0.4个百分点，呈现平稳增长的良好态势。其中，第一产业增加值74.35亿元，增长3.4%；第二产业增加值209.54亿元，增长18.3%；第三产业增加值321.94亿元，增长11.6%。第二、三产业共同带动国民经济实现快速增长。

3月11日

［纲　文］ **中国政府特使、外交部部长助理张明在利雅得会见海湾阿拉伯国家合作委员会（海合会）秘书长扎耶尼。**

［目　文］ 张明在会见中介绍了中方日前就政治解决叙利亚问题提出的六点主张，强调中国与海合会国家在叙利亚问题上有许多重要共识，双方都呼吁立即停止暴力、切实保护平民、开展人道主义援助，都主张维护叙利亚的独立、主权、统一和领土完整。他说，中方重视海合会在地区事务中发挥的重要作用，愿与海合会国家就叙利亚问题加强沟通，为公正、和平、妥善地解决叙利亚问题而共同努力。扎耶尼感谢张明所作的介绍，并表示，阿拉伯国家视中国为真诚的朋友，双方在叙利亚问题上有着相似的原则立场。他还希望中国与海合会国家共同努力，早日实现叙利亚问题的政治解决。

3月11日

［纲　文］ **中国政府非洲事务特别代表钟建华大使在喀土穆与苏丹总统巴希尔举行会谈。**

3月11日

［纲　文］ **国务院办公厅发布《关于调整中国人民银行货币政策委员会组成人员的通知》。**

［目　文］ 据《中国人民银行货币政策委员会条例》的有关规定，经国务院领导同意，现就调整货币政策委员会组成人员通知如下：同意钱颖一、陈雨露、宋国青担任货币政策委员会委员，周其仁、夏斌、李稻葵不再担任货币政策委员会委员职务。

3月11日

［纲　文］ **首个文化保税区在北京开建。**

［目　文］ 首个文化保税区——国家对外文化贸易基地暨北京国际文化贸易服务中心在北京天竺综合保税区奠基。文化保税区利用天竺综合保税区完善的功能及优惠的政策，为国际、国内文化生产、传输、贸易机构提供专属保税服务。中心包括国际文化商品展示交易中心、国际文化贸易企业集聚中心、国际文化仓储物流中心3个功能区，规划用

地260亩，建筑面积50万平方米，投资总额50亿元。

3月11日

［纲　文］　**湖北省委宣传部、广州军区空军政治部联合创作的话剧《信仰》在北京空军司令部礼堂演出。**

［目　文］　《信仰》以空军驻武汉某干休所“老战士报告团”原团长张绪为原型，围绕“信仰”这个主题，讲述了张绪在学习宣传党的创新理论过程中，运用我党我军优良传统和国家建设、改革的新成就，教育引导年轻一代坚定理想信念、端正价值取向的感人故事，塑造了“党的报告员”的鲜活形象。

该剧陆续在广州、武汉、海南等地演出。2012年9月24日获得中宣部“五个一工程”奖。

3月11日

［纲　文］　**《人民日报》报道，中央文明办、全国绿化委员会、国家林业局、全国总工会、共青团中央、全国妇联联合下发通知，在全国部署开展“关爱自然、义务植树”志愿服务行动。**

3月11日

［纲　文］　**《人民日报》报道，舟曲白龙江老城区防洪工程和三眼峪山洪泥石流沟道治理工程力保舟曲平安度过2012年汛期。**

［目　文］　耗资15745万元的舟曲白龙江老城区防洪工程已于2011年全部完工，运行正常。该工程新建和加高、加固防洪堤工程3411.1米，使舟曲城区段防洪标准由不足20年一遇提高到了50年一遇。山洪泥石流的三眼峪山洪泥石流沟道治理工程也在进行。该工程是舟曲灾后重建工程中最大的灾害治理工程，主要包括拦挡工程和排导工程两部分。

3月12日

［纲　文］　**中共中央政治局委员、中宣部部长刘云山会见古巴共产党中央委员、古巴共产主义青年联盟全国局第一书记柳德米拉·阿拉莫率领的古共青盟代表团。**

［目　文］　在会谈中，刘云山指出，中国党和政府高度重视中古青年交流，一如既往地鼓励和支持两国共青团组织之间开展交流与合作，拓宽合作视野、领域和渠道、方式，更好地发挥青年生力军作用，为推动两国友好合作关系在新形势下不断深入发展发挥积极作用。

3月12日

［纲　文］　**第三次中美亚太事务磋商在美国马里兰州安纳波利斯举行。**

［目　文］　此次磋商由外交部副部长崔天凯与美国助理国务卿坎贝尔共同主持。双方就亚太形势、中美在亚太关系、地区热点问题等交换了意见。双方都认为，中美就亚太事务加强磋商、协调与合作，不仅符合两国和两国人民的共同利益，也有利于亚太地区的

和平、稳定与繁荣。双方都认识到在亚太开展良性互动的重要性，同意继续通过中美战略与经济对话、中美亚太事务磋商等机制或以其他适当方式，就亚太形势发展、地区重大突发事件及各自亚太政策保持紧密沟通和协调，及时互通信息。双方愿意共同为亚太地区的持久和平与长期繁荣做出积极贡献。

3月12日

［纲　文］　**联合国人权理事会就朝鲜人权状况展开辩论，中方反对将非法入境朝鲜人问题国际化、政治化。**

3月12日

［纲　文］　**各界人士在北京纪念孙中山逝世87周年。**

3月12日

［纲　文］　**《人民日报》报道，财政部、工业和信息化部、海关总署和税务总局联合发出通知，调整重大技术装备进口税收政策。**

［目　文］　通知明确，新修订的《国家支持发展的重大技术装备和产品目录（2012年修订）》和《重大技术装备和产品进口关键零部件、原材料商品清单（2012年修订）》，自2012年4月1日起执行。符合规定条件的国内企业为生产上述目录中所列的装备或产品，而确有必要进口上述清单中所列商品，免征关税和进口环节增值税。同时，《进口不予免税的重大技术装备和产品目录（2012年修订）》，也自2012年4月1日起执行。

3月12日

［纲　文］　**民航局公布《民用航空情报培训管理规则》《民用航空空中交通管制培训管理规则》。**

［目　文］　为规范民用航空情报人员培训工作，加强对民用航空情报培训工作的管理，结合民用航空情报工作的实际情况，制定《民用航空情报培训管理规则》。《规则》共有7章43条，内容包括：第一章总则，第二章培训的组织与实施，第三章基础培训，第四章岗位培训，第五章监督检查，第六章法律责任，第七章附则。

为规范民用航空空中交通管制人员培训工作，加强民用航空空中交通管制培训工作的管理，结合空中交通管制工作的实际情况，制定《民用航空空中交通管制培训管理规则》。《规则》共有7章70条，内容包括：第一章总则，第二章培训的组织与实施，第三章基础培训，第四章岗位培训，第五章监督检查，第六章法律责任，第七章附则。此两《规则》自7月1日起施行。

3月12日

［纲　文］　**中央文明办、公安部、交通运输部联合召开电视电话会议，推动普遍建立文明交通志愿者队伍。**

3月13日

［纲　文］　**国务院总理温家宝与英国首相卡梅伦互致贺电，庆祝两国建立大使级外**

交关系40周年。

3月13日

［纲　文］　**国务委员刘延东会见美国耶鲁大学校长理查德·莱文一行。**

［目　文］　刘延东向莱文介绍了“两会”的情况和习近平副主席访问美国取得的重要成果以及中美人文交流高层磋商机制的新进展。她说，实现中美关系更大发展，还要不断厚植两国人民友谊，巩固和扩大中美关系发展的社会和民意基础。

刘延东指出，第二轮中美人文交流高层磋商以来，双方在教育、科技、文化、体育、妇女和青年等领域达成的40余项重要成果均已取得积极进展，在两国民众、特别是知识分子中产生了积极影响，为巩固和加强相互尊重、互利共赢的中美合作伙伴关系发挥了独特作用。

在听取耶鲁大学进一步与中国开展合作的介绍后，刘延东鼓励耶鲁大学在相互尊重的基础上务实合作，互利共赢，为中国引进优质教育资源、推动教育改革发展做出更大贡献。

3月13日

［纲　文］　**发展改革委、财政部、国土资源部、国家能源局印发《页岩气发展规划（2011—2015年）》。**

［目　文］　《规划》首次公布了中国页岩气产量目标，即2015年产量达到65亿立方米/年。据介绍，这一规划目标较为保守，因为根据国家能源局提供的数据，美国页岩气产量在2000年就达到了122亿立方米，2011年更是达到17005亿立方米。

《规划》表示，到2015年基本完成全国页岩气资源潜力调查与评价，要掌握页岩气资源潜力与分布，优选一批页岩气远景区和有利目标区，建成19个页岩气勘探开发区，初步实现规模化生产；页岩气勘探开发关键技术攻关取得重大进展，主要装备实现自主化生产，形成一系列国家级页岩气技术标准和规范，建立完善的页岩气产业政策体系，为“十三五”页岩气快速发展奠定坚实基础。

《规划》指出，到2015年，基本完成全国页岩气资源潜力调查与评价，掌握页岩气资源潜力与分布，优选一批页岩气远景区和有利目标区，建成一批页岩气勘探开发区，初步实现规模化生产。页岩气勘探开发关键技术攻关取得重大突破，主要装备实现自主化生产，形成一系列国家级页岩气技术标准和规范，建立完善的页岩气产业政策体系，为“十三五”页岩气快速发展奠定坚实基础。

3月13日

［纲　文］　**国防科工局发布消息，嫦娥三号由初样研制转入正样研制。**

［目　文］　经探月工程重大专项领导小组会议审议，中国探月工程二期嫦娥三号任务，正式由初样研制转入正样研制阶段，工程研制取得重大进展。嫦娥三号任务有关单位以探测器研制为重点，突破并验证一批关键技术，逐渐化解技术风险，基本完成初样阶段研制工作，工程五大系统都顺利通过转阶段的评审，圆满完成了2011年试验验证和

技术见底的研制目标。嫦娥三号探测器计划2013年发射，进行月球软着陆探测与月面巡视勘察。

3月13日

［纲　文］　**教育部印发《教育信息化十年发展规划（2011—2020年）》。**

［目　文］　《规划》提出以实施“中国数字教育2020行动计划”作为推进教育信息化工作的主要抓手，确定了优质数字教育资源建设与共享等5个专项行动。并从加强组织领导、完善政策法规、做好技术服务、落实经费投入四个方面提出了保障措施。

《规划》指出，到2020年，全面完成《教育规划纲要》所提出的教育信息化目标任务，形成与国家教育现代化发展目标相适应的教育信息化体系，基本建成人人可享有优质教育资源的信息化学习环境，基本形成学习型社会的信息化支撑服务体系，基本实现所有地区和各级各类学校宽带网络的全面覆盖，教育管理信息化水平显著提高，信息技术与教育融合发展的水平显著提升。教育信息化整体上接近国际先进水平，对教育改革和发展的支撑与引领作用充分显现。

基本建成人人可享有优质教育资源的信息化学习环境。各级各类教育的数字资源日趋丰富并得到广泛共享，优质教育资源公共服务平台逐步建立，政府引导、多方参与、共建共享的资源建设机制不断完善，数字鸿沟显著缩小，人人可享有优质教育资源的信息化环境基本形成。基本形成学习型社会的信息化支撑服务体系。充分发挥政府、学校和社会力量的作用，面向全社会不同群体的学习需求建设便捷灵活和个性化的学习环境，终身学习和学习型社会的信息化支撑服务体系基本形成。

基本实现宽带网络的全面覆盖。充分依托公共通信资源，地面网络与卫星网络有机结合，超前部署覆盖城乡各级各类学校和教育机构的教育信息网络，实现校校通宽带，人人可接入。教育管理信息化水平显著提高。进一步整合和集成教育管理信息系统，建设覆盖全国所有地区和各级各类学校的教育管理信息体系，教育决策与社会服务水平显著提高，学校管理信息化应用广泛普及。

信息技术与教育融合发展的水平显著提升。充分发挥现代信息技术独特优势，信息化环境下学生自主学习能力明显增强，教学方式与教育模式创新不断深入，信息化对教育变革的促进作用充分显现。

3月13日

［纲　文］　**国家食品药品监管总局印发《2012年餐饮服务食品安全重点工作安排》。**

［目　文］　《安排》内容如下：一、深化餐饮服务食品安全治理整顿；二、严打餐饮服务食品安全违法违规行为；三、加强农村义务教育学生营养改善计划餐饮安全监管；四、加快建立餐饮服务单位监管信用档案；五、有序推进餐饮服务食品安全监督量化分级管理；六、全面推进餐饮服务食品安全示范工程建设；七、进一步推动食品安全主体责任落实；八、强化餐饮服务食品安全监管能力建设；九、广泛开展餐饮服务食品安全宣传教育；十、工作要求。

3月13—15日

［纲　文］　**成都军区战旗文工团创作的大型藏族舞剧《英雄格萨尔》在北京国家大剧院演出。**

［目　文］　《格萨尔王传》是世界最长的史诗，也是唯一的活态史诗，集藏族神话、传说、民间故事、民歌和谚语于一体，是藏文化的标志性作品，被列入国家非物质文化遗产，被誉为“东方的荷马史诗”。战旗文工团将格萨尔搬上舞台，于2008年开始筹划，先后多次在成都、北京召开专家论证会，于2011年2月全面开排，历时3年之久，于2011年12月在成都演出3场。

3月14日

［纲　文］　**国家主席胡锦涛签署第55号国家主席令，公布《全国人民代表大会关于修改〈中华人民共和国刑事诉讼法〉的决定》，2013年1月1日起施行。**

3月14日

［纲　文］　**国务院印发《“十二五”期间深化医药卫生体制改革规划暨实施方案》。**

［目　文］　《规划》明确2012—2015年医药卫生体制改革的阶段目标、改革重点和主要任务，是未来四年深化医药卫生体制改革的指导性文件。内容包括：一、规划背景；二、总体要求和主要目标；三、加快健全全民医保体系；四、巩固完善基本药物制度和基层医疗卫生机构运行新机制；五、积极推进公立医院改革；六、统筹推进相关领域改革；七、建立强有力的实施保障机制。

《规划》指出，到2015年，基本医疗卫生制度建设加快推进，以基本医疗保障为主体的多层次医疗保障体系进一步健全，通过支付制度等改革，明显提高保障能力和管理水平；基本药物制度不断巩固完善，基层医疗卫生机构运行新机制有效运转，基本医疗和公共卫生服务能力同步增强；县级公立医院改革取得阶段性进展，城市公立医院改革有序开展；卫生资源配置不断优化，社会力量办医取得积极进展；以全科医生为重点的人才队伍建设得到加强，基层人才不足状况得到有效改善，中医药服务能力进一步增强；药品安全水平不断提升，药品生产流通秩序逐步规范，医药价格体系逐步理顺；医药卫生信息化水平明显提高，监管制度不断完善，对医药卫生的监管得到加强。

到2015年，基本医疗卫生服务更加公平可及，服务水平和效率明显提高；卫生总费用增长得到合理控制，政府卫生投入增长幅度高于经常性财政支出增长幅度，政府卫生投入占经常性财政支出的比重逐步提高，群众负担明显减轻，个人卫生支出占卫生总费用的比例降低到30%以下，看病难、看病贵问题得到有效缓解。人均期望寿命达到74.5岁，婴儿死亡率降低到12‰以下，孕产妇死亡率降低到22/10万以下。

3月14日

［纲　文］　**财政部、发展改革委、国家能源局印发《可再生能源电价附加补助资金管理暂行办法》。**

[目　文]　为促进可再生能源开发利用，规范可再生能源电价附加资金管理，提高资金使用效率，财政部、发展改革委、国家能源局共同制定该办法。《办法》共有5章18条，内容包括：第一章总则，第二章补助项目确认，第三章补助标准，第四章预算管理和资金拨付，第五章附则。《办法》自发布之日起施行。2012年可再生能源电价附加补助资金的申报、审核、拨付等按本办法执行。

3月14日

[纲　文]　**交通运输部公布修改船舶载运危险货物、内河交通事故调查处理、道路旅客运输及客运站、道路货物运输及站场的四个管理规定**。

[目　文]　这四个规定是:《船舶载运危险货物安全监督管理规定》(交通部令2003年第10号)、《内河交通事故调查处理规定》(交通部令2006年第12号)、《道路旅客运输及客运站管理规定》(交通运输部令2009年第4号)、《道路货物运输及站场管理规定》(交通运输部令2009年第3号)。

3月14日

[纲　文]　**教育部印发《高等学校"十二五"科学和技术发展规划》**。

[目　文]　《规则》内容包括：一、形势与需求；二、总体思路、发展目标和战略重点；三、全面提升高校科技创新能力；四、深入推进高校科技体制机制改革；五、加强科技人才队伍和创新文化建设；六、加快建设高校创新体系；七、高校创新计划；八、保障措施。

《规划》提出，"十二五"高校科技发展的总体目标是：科技综合实力、原始创新能力显著提升，科技国际竞争力和学术影响力显著增强，高校创新体系基本建成，为教育强国、人才强国和科技强国建设奠定坚实基础。

努力实现以下主要目标：基础研究和前沿技术研究的原始创新能力显著增强。基础研究和前沿技术研究的若干领域取得重大突破；若干学科达到世界一流水平；一批协同创新平台成为具有重大国际影响的学术高地；把服务国家战略需求和鼓励自由探索结合起来，营造有利于科技人员潜心研究的环境；一批重点建设高校成为知识创新的策源地、深化教育改革的试验田和扩大开放的桥头堡。

关键共性技术有效供给能力显著提高。服务国家重大战略需求，突破一批关键共性技术，开发一批重大技术装备；一批创新平台成为产业共性技术的研发基地和区域创新发展的引领阵地，为加快转变经济发展方式、发展战略性新兴产业提供强大支撑。

高层次人才培养和汇聚能力进一步增强。形成高水平科学研究支撑高质量人才培养的稳定模式，培养一大批具有创新精神和创新能力的拔尖人才；造就和汇聚一批具有世界领先水平的科学家、科技领军人才和创新团队。

科技创新的体制机制不断完善。科技创新的模式和机制改革取得明显进展，科技人员评价机制和科技资源配置方式改革取得实效，知识和技术转化、转移、扩散机制进一步完善，创新环境进一步优化。

创新基地建设迈上新台阶。重点建设一批世界一流和高水平的基础研究和创新人才培养基地、对相关产业有显著支撑和引领作用的共性技术研发平台、高层次国际合作联合研发基地、高水平战略研究基地和不同形式协同创新平台。

3月14日

［纲　文］ **2012年留学人员回国服务工作部际联席会议在北京召开。**

［目　文］ 人力资源社会保障部部长尹蔚民在会议上指出，中国将尽快完善高层次人才永久居留政策，加大力度吸引海外人才。联席会议各成员单位要提高思想认识；加强统筹协调，按照职责分工，加强沟通配合，统筹协调解决留学回国工作中的难点、热点和重点问题；要加强改革创新，通过制度创新、机制创新、政策创新、工作创新，积极营造更有利人才引进和发展、有利于优秀人才脱颖而出的良好环境；做好宣传引导工作。

3月14—16日

［纲　文］ **全国政协副主席厉无畏访问日本。**

［目　文］ 访问期间，日本众议院议长横路孝弘会见了厉无畏一行。厉无畏与日中友好议员联盟进行了深入交流，会见了日本创价学会会长原田稔。厉无畏还在日本学士会馆以“金融危机形势下中国文化创意产业”为题进行了演讲。

3月14日、16日

［纲　文］ **文化部发布《关于进一步加强文化市场举报监督体系建设的通知》《文化市场举报办理规范的通知》，构建并完善以举报电话、网站及短信平台为基础的举报监督体系。**

3月15日

［纲　文］ **全国打击侵犯知识产权和制售假冒伪劣商品工作领导小组第一次全体会议在北京召开。**

［目　文］ 中共中央政治局委员、全国打击侵犯知识产权和制售假冒伪劣商品工作领导小组组长王岐山主持会议。王岐山强调，打击侵权假冒行为和推进政府机关软件正版化工作关乎“十二五”规划的顺利实施，关乎转方式、调结构、提高发展的质量和效益，关乎创新型国家的建设，关乎改善和保障民生。各地区、各有关部门要按照稳中求进的总基调，加大打击侵权假冒工作力度，扎实推进政府机关软件正版化，维护消费者合法权益，营造良好的创新发展环境。侵犯知识产权和制售假冒伪劣商品形势依然严峻。要坚持标本兼治，宁断一指不伤九指，在建立长效机制的同时，要突出重点，明确阶段性目标。当前，要把打击制售假冒伪劣食品、药品、建材等不法行为作为重中之重。

王岐山强调，当前推进政府机关软件正版化的首要任务是，确保今年6月底前所有省级政府机关完成软件正版化检查整改任务，明年12月底前所有市县级政府机关全部完成整改任务。各级政府要把软件采购经费纳入财政预算，建立健全软件资产管理和审计监督等制度，巩固软件正版化成果，防止反弹。

3月15日

［纲　文］　**国务院批复同意将新疆维吾尔自治区库车县列为国家历史文化名城。**

［目　文］　批复主要内容如下：一、同意将新疆维吾尔自治区库车县列为国家历史文化名城。库车县历史悠久，文化底蕴丰厚，历史遗存丰富，城市传统格局保存完整，民族文化特色突出。二、你区及库车县人民政府要根据本批复精神，按照《历史文化名城名镇名村保护条例》的要求，正确处理城市建设与保护历史文化遗产的关系，深入研究发掘历史文化遗产的内涵与价值，明确保护的原则和重点。三、你区和住房城乡建设部、国家文物局要加强对库车县国家历史文化名城规划、保护工作的指导、监督和检查。

3月15日

［纲　文］　**《人民日报》报道，解放军总政治部下发《关于在全军和武警部队深入开展学雷锋活动的意见》。**

［目　文］　《意见》指出，要以传承和弘扬雷锋精神为主题，以青年官兵为重点，以学习教育和岗位实践为基本途径，以参加社会公益活动为重要内容，广泛进行雷锋事迹、雷锋精神和雷锋式模范人物的宣传教育，广泛开展学雷锋实践活动，广泛普及公民基本道德规范和军人道德规范。《意见》强调，要扎实做好学雷锋活动常态化的各项工作，要切实加强学雷锋活动的组织领导。

3月15日

［纲　文］　**全国政协副主席王刚在北京会见以泰国前总理川·立派为顾问和泰国前副总理素贴·特素班为团长的泰国民主党高级干部考察团。**

［目　文］　王刚说，中泰是亲密友好邻邦，两国人民友谊源远流长。近年来，两国政治互信增强，高层交往日益密切，人员往来更加频繁，各领域合作不断扩大，在国际和地区事务中保持良好协调与配合。中泰关系堪称不同社会制度国家平等相待、互利合作、和谐共处的典范。王刚表示，中国共产党高度重视发展与泰国包括民主党在内的各党派友好关系，愿在党际交往四项原则基础上，加强交流合作，充实交往内涵，为推进中泰战略性合作关系深入发展和维护本地区稳定与繁荣做出积极贡献。

3月15日

［纲　文］　**中日友好协会在北京召开理事会，推举唐家璇担任新一任会长，宋健担任名誉会长。**

3月15日

［纲　文］　**中国第13批维和部队飞赴利比里亚首都蒙罗维亚执行为期8个月的维和任务。**

3月15日

［纲　文］　**证监会公布《关于进一步加强保荐业务监管有关问题的意见》。**

［目　文］　为进一步加强对保荐机构执业行为的监管，督促保荐机构强化对保荐业

务的管理和风险控制，切实提高保荐业务质量，制定该意见。与之前保荐代表人担负绝大部分责任相比，这次保荐监管新规把责任范围扩大到所有项目工作人员，并增强了保荐机构的责任。《意见》规定，保荐机构的内核小组应切实发挥内核把关作用，对发行人存在的问题和风险进行仔细研判，确信发行人符合法定发行上市条件，信息披露真实、准确、完整。

3月15日

［纲　文］　**国家食品药品监管总局修订《保健食品命名规定》，制定《保健食品命名指南》。**

［目　文］　《命名规定》发布前已批准使用的产品名称，原则上可继续使用，存在严重误导、欺骗消费者情况的除外。产品批准证书有效期届满需要延续的，国家食品药品监管总局将对产品中文名称进行审核。原产品中文名称不符合《命名规定》且需要继续保留的，应当在申请延续的同时提出申请。经国家食品药品监管总局审核同意后，可使用至下一个有效期结束。产品批准证书未载明有效期的，将在产品清理换证时，依法规依程序一并处理。同时规定，发布前已经受理的产品，其中文名称审核工作按照该规定执行。《命名规定》和《命名指南》仅适用于保健食品的命名，在进行保健食品监督管理时，产品中文名称应当以批准的内容为准。

3月15日

［纲　文］　**国家知识产权局公布《专利实施强制许可办法》。**

［目　文］　为规范实施发明专利或者实用新型专利的强制许可的给予、费用裁决和终止程序，根据《中华人民共和国专利法》《中华人民共和国专利法实施细则》及有关法律法规，制定该办法。《办法》共有5章43条，内容包括：第一章总则，第二章强制许可请求的提出与受理，第三章强制许可请求的审查和决定，第四章强制许可使用费裁决请求的审查和裁决，第五章终止强制许可请求的审查和决定，第六章附则。《办法》自5月1日起施行。

3月15日

［纲　文］　**教育部、财政部印发《关于实施高等学校创新能力提升计划的意见》。**

［目　文］　教育部、财政部决定实施高等学校创新能力提升计划，即“2011计划”。这是继“211工程”“985工程”后，中国高等教育战线又一项体现国家意志的重大战略举措。

《意见》提出，以“国家急需、世界一流”为根本出发点，引导高校围绕国家急需的重大问题，组织和集聚一流团队，创造一流的成果，培养一流的人才，形成一流的创新氛围，推动世界一流大学建设；以人才、学科、科研三位一体创新能力提升为核心任务，围绕重大科学问题和国家重大需求，增强三者之间的协同与互动，增强创新要素的有效集成，增强高校创新能力发展的导向性，增强投入与产出的效益；以协同创新中心为载体，构建四类协同创新模式；以创新发展方式转变为主线，深化高校机制体制改革。《意见》要求，通过大力推进高校协同创新组织管理、人事制度、人才培养、人员考评、科研模式、资源配置方式、国际合作以及创新文化建设等八个方面的改革，推动实现高校科学研究、人才培养等工作由学科导向向需求导向为主转变；创新组织管理要改革个体、封闭、分割方式，逐步向流动、开放、协同的机制转变；创新要素与资源要突破孤立、分散的制约，逐步向汇聚、融合的方向转变。

3月15—26日

［纲　文］　**全国人大常委会副委员长王兆国应邀率全国人大代表团访问智利、巴西、特立尼达和多巴哥。**

［目　文］　此次访问是应智利议会、巴西议会、特立尼达和多巴哥议会的邀请。

19日，王兆国会见了智利总统皮涅拉、智利众议长梅莱罗、智利参议长希拉尔迪。双方就议会交往等问题进行了交流。21日，王兆国分别会见了巴西众议长马亚、巴西参议长萨尔内。26日，王兆国会见了特立尼达和多巴哥总统理查兹、总理比塞萨尔。

3月15　18日

［纲　文］　**中国海监船编队完成东海油气田巡航任务。**

［目　文］　“中国海监50”船与“中国海监66”船完成钓鱼岛及其附属岛屿附近海域巡航任务后，与“中国海监46”船“中国海监51”船“中国海监15”船“中国海监17”船会合，共同开展了东海油气田巡航任务。18日，6条中国海监船在沈家门锚地集结，总结阶段性工作，研究制定下一步定期维权巡航计划，更好地履行中国海监维护国家海洋权益的职责。

3月16日

［纲　文］　**国务院总理温家宝主持召开国务院常务会议。**

［目　文］　会议强调，2012年是“十二五”时期承前启后的重要一年，也是本届政府任期的最后一年，贯彻落实《报告》，做好政府工作，具有特殊重要的意义。各部门、各单位要以对国家、人民和历史高度负责的精神，善始敬终，恪尽职守，努力把各项工作做得更好。一要加强领导，抓好落实。抓紧制定落实重点工作的实施方案，提出明确要求，提高工作质量和水平。领导干部要以身作则，全面负起责任。二要通力协作，强化配合。需要多个部门参与的工作，牵头部门要切实负起组织协调责任，其他部门要积极配合。三要求真务实，开拓进取。所有工作都要讲求实效，坚决反对形式主义、官僚主义。四要加强检查，健全问责。各部门、各单位要自觉维护中央政策的统一性、权威性和严肃性，确保政令畅通，做到令行禁止。

会议指出，2012年要努力完成以下任务：一是制定收入分配体制改革的总体方案；二是制定并出台农村集体土地征收补偿条例，真正保障农民承包地的财产权；三是实现城乡养老保险全覆盖；四是按照新的标准全面推进集中连片贫困地区扶贫工作；五是实现教育经费占国内生产总值4%的目标，并使经费得到合理使用；六是坚定不移贯彻房地产市场调控政策；七是出台引导民间投资健康发展的“新36条”实施细则。

会议指出，当前，国民经济继续朝着宏观调控预期方向发展，国内需求平稳增长，工业生产总体稳定，市场信心基本稳定并有所提升，物价涨幅持续回落并有望进一步趋稳，2012年经济工作开局良好。但也要看到，经济社会发展仍然面临不少困难和挑战，世界经济复苏缓慢，国内经济增长存在下行压力。必须增强危机意识和忧患意识，把困难和问题估计得更充分，把工作做得更扎实，牢牢把握工作的主动权，巩固和发展来之不易的好形势。

根据《政府工作报告》分工，发展改革委、财政部、交通运输部等部门负责“搞好价格调控，防止物价反弹”工作。住房和城乡建设部、发展改革委、财政部、国土资源部、人民银行、税务总局等负责“继续搞好房地产市场调控和保障性安居工程建设”。发展改革委、财政部等部门负责“深化收入分配制度改革”。

3月16日

［纲　文］　**国家副主席习近平会见以色列副总理兼外交部部长利伯曼。**

［目　文］　在会见中，习近平说，中国一贯主张并致力于中东问题的全面、公正、合理解决，认为以色列和巴勒斯坦及阿拉伯国家应在联合国有关决议、“土地换和平”原则、“阿拉伯和平倡议”和中东和平“路线图”计划等基础上，通过政治谈判化解争端、达成和解，实现以阿全面、持久和平。利伯曼表示以方高度重视对华关系，愿与中方共同努力，推动两国友好合作关系进一步发展。以方希望同阿拉伯国家实现和平共处。

同日，外交部部长杨洁篪与利伯曼举行会谈。

3月16日

［纲　文］　**国务院副总理王岐山会见美国前国防部部长、科恩集团总裁兼首席执行官威廉·科恩和杜邦公司董事长兼首席执行官柯爱伦，分别就世界经济形势、中美经济关系以及知识产权保护等问题交换了看法。**

3月16日

［纲　文］　**《求是》杂志发表国家副主席习近平文章《扎实做好保持党的纯洁性各项工作》。**

3月16日

［纲　文］　**中国信达资产管理股份有限公司与全国社会保障基金理事会、瑞银集团、中信资本、渣打银行共同宣布，中国信达本次引入战略投资共计103.7亿元。**

［目　文］　业内人士称，此举标志着中国金融资产管理公司商业化转型发展迈入新的阶段。今后，中国信达将与战略投资者在资产管理、财富管理、投融资、投资银行、金融租赁、海外业务等多个业务条线以及公司治理、风险管理、内部控制、人力资源培训等众多领域内开展广泛合作。根据协议，中国信达本次引入战略投资共计103.7亿元，四家战略投资者持股占中国信达增资后股份总额的16.54%。其中，社保基金会投资50亿元，占总股本的8%。

3月16日

［纲　文］　**国家海洋局发布《2011年中国海洋行政执法公报》。**

［目　文］《公报》显示，2011年各级海洋行政主管部门及海监机构依据相关法律法规，全年海洋执法共派出海监飞机892架次，海监船艇14795艘次。监视外国船舶、飞机等966次。全年海洋执法进行行政检查145598次，作出行政处罚1202件，决定罚款总额135271.54万元。

在海洋权益维护执法方面，2011年中国海监各级机构在中国管辖海域实施定期维权巡航执法，对外国在中国管辖海域进行的非法油气勘探开发、海洋测量、军事侦察活动等进行监视监管，重点在南海海域开展了一系列重大专项维权执法行动。

海洋环境保护执法方面，2011年中国海监继续组织开展"碧海2011"专项执法行动，组织开展了"国家级保护区执法示范"工作。启动了"全海域石油勘探开发定期巡航执法检查"工作，固定人员、船舶定期开展石油勘探开发监督检查。针对渤海蓬莱19-3油田发生的溢油事故，开展并完成了溢油应急监视和案件查处工作。

2011年，中国海监新增执法船10艘，执法艇16艘，新增了大幅面航空相机、船载取证、对抗系统及车载应急指挥平台等一批执法专用设备。

3月16日

［纲　文］**中国自主研发成功世界首套第三代核电主管道。**

［目　文］这套由中国第二重型机械集团公司自主研发、生产的世界首套AP1000主管道交付海阳核电站，标志着中国摆脱了第三代核电站关键装备对国外的依赖，同时也为中国第三代核电站的修建铺平了道路。

第三代AP1000核电主管道是当今世界上最先进的连接核电站反应堆压力容器、主泵和蒸发器的大型厚壁承压管道，其作用相当于人体输送血液的大动脉。中国二重已掌握了AP1000主管道制造核心技术，形成了稳定的制造工艺和质量保障措施，具备了年产5—6套主管道的生产能力。

3月16日

［纲　文］**低温低电压铝电解新技术通过国家科技部验收。**

［目　文］这项新技术使吨铝直流电耗由2008年的13235千瓦时降低到了11819千瓦时，降幅达10.7%，多项技术达到国际领先水平。如全行业推广后，可实现中国电解铝工业年节电275亿千瓦时。

2007年8月，应国家科技部等七部委要求，在中国有色金属工业协会领导下，以中孚实业为牵头单位联合行业内高校、科研单位和优势企业成立了高效节能铝电解技术创新战略联盟，并被列为科技部首批17个重点战略联盟。2009年，低温低电压铝电解新技术列入国家科技支撑计划项目。项目负责人梁学民等项目组专家在世界上首次开发成功电磁及磁流体稳定技术，低温低电压电解槽结构，低温低电压工艺运行技术。

3月16日

［纲　文］**中国自主研发、制造的HXD1C高原型电力机车，在青藏铁路西格段采用地面控制自动过分相技术试验获得成功。**

［目　文］　地面控制自动过分相技术是一项系统工程，它集成了高压电器、自动控制、同步关合、电子信息、远动监控、专用电源、光纤通信等先进应用技术，是目前电气化铁路高坡、重载区段实现安全、准确、快捷、强劲运输的必然选择和最优方案。试验由铁道部科技司、运输局与青藏铁路公司、中国铁道科学技术研究院联合启动。试验及测试数据证明，系统监控、保护完善，车载兼容技术性能稳定，高低压电器设备绝缘等电气性能符合青藏高原的应用环境，满足了机车保持牵引力，乘务员免操作，平稳自动通过电分相的要求，充分保障了机车、牵引供电设备运行的安全可靠。

3月16日

［纲　文］　**江苏省与国家广播电影电视总局签订战略合作协议，总投资100亿元共建无锡国家数字电影产业园。**

［目　文］　根据战略合作协议，国家广电总局加大对电影产业园的指导和支持力度，江苏省全面整合全省范围内数字电影产业资源，筹建省级影视产业公共服务平台。通过3—5年的建设发展，引进影视及其衍生企业500家，集聚影视人才3万—5万人，实现影视及其相关产业年产值200亿元。到2020年左右，努力打造国际知名的影视拍摄制作高地、影视制作研发高地、影视文化交流高地、影视人才实训高地等，建成具有中国特色的现代科技与影视文化融合的产业示范区。

3月16日

［纲　文］　**教育部提出《关于全面提高高等教育质量的若干意见》。**

［目　文］　为深入贯彻落实胡锦涛总书记在庆祝清华大学建校100周年大会上的讲话精神和《国家中长期教育改革和发展规划纲要（2010—2020年）》，大力提升人才培养水平、增强科学研究能力、服务经济社会发展、推进文化传承创新，全面提高高等教育质量，提出该意见。《意见》共有三十条，内容包括：一、坚持内涵式发展；二、促进高校办出特色；三、完善人才培养质量标准体系；四、优化学科专业和人才培养结构；五、创新人才培养模式；六、巩固本科教学基础地位；七、改革研究生培养机制；八、强化实践育人环节；九、加强创新创业教育和就业指导服务；十、加强和改进思想政治教育；十一、健全教育质量评估制度；十二、推进协同创新；十三、提升高校科技创新能力；十四、繁荣发展高校哲学社会科学；十五、改革高校科研管理机制；十六、增强高校社会服务能力；十七、加快发展继续教育；十八、推进文化传承创新；十九、改革考试招生制度；二十、完善研究生资助体系；二十一、完善中国特色现代大学制度；二十二、推进试点学院改革；二十三、建设优质教育资源共享体系；二十四、加强省级政府统筹；二十五、提升国际交流与合作水平；二十六、加强师德师风建设；二十七、提高教师业务水平和教学能力；二十八、完善教师分类管理；二十九、加强高校基础条件建设；三十、加强高校经费保障。

3月16日

［纲　文］　**北京、天津、河北、山西、内蒙古、辽宁、黑龙江、山东、河南九省区**

市政府签署食品安全联动协作机制备忘录，共同提升食品安全保障水平。

3月16日

［纲　文］　**人民网报道，公安部部署2012年打击食品药品犯罪“三大战役”。**

［目　文］　“三大战役”是，进一步深化打击“瘦肉精”“地沟油”犯罪、全面开展打击销售“病死猪”犯罪、打击制售假药犯罪破案会战，作为2012年深入推进“打四黑除四害”专项行动的重中之重。

3月16日

［纲　文］　**国家安全监管总局通报山东省济钢集团石门铁矿有限公司“3·15”重大坠罐事故。**

［目　文］　通报指出，该矿副井罐笼在运送人员下井过程中因钢丝绳断裂，导致罐笼坠落至270米深的副井井底，造成罐笼（荷载21人）内乘坐的13人全部死亡。该起事故暴露出诸多问题，国务院安委会已对事故查处实行挂牌督办，查处结果及时向社会公布。

3月17日

［纲　文］　**北京国际越野挑战赛获环勃朗峰积分赛认可。**

［目　文］　中国大陆影响最大、水平最高的北京国际越野挑战赛100公里项目组，2012年被纳入世界顶级越野跑赛事之一环勃朗峰赛的积分赛，并再次增加难度，距离从100公里延长到102.4公里，累计上升从3000米增加到3500米。

3月17日

［纲　文］　**李长春参观中国动漫产业发展成果展。**

3月17日

［纲　文］　**《人民日报》报道，第六次人口普查数据显示，青海西宁少数民族人口增长快于汉族。**

3月17日

［纲　文］　**财政部印发《民航发展基金征收使用管理暂行办法》。**

［目　文］　为规范民航发展基金征收使用管理，促进民航事业发展，根据国务院有关批示要求，制定该办法。《办法》共有5章36条，内容包括：第一章总则，第二章征收管理，第三章使用管理，第四章监督检查，第五章附则。《办法》自4月1日起施行。原民航机场管理建设费和民航基础设施建设基金的有关规定同时废止。办法中涉及航空旅客缴纳民航发展基金的相关规定，执行至2015年12月31日。

3月17—18日

［纲　文］　**国际货币基金组织总裁克里斯蒂娜·拉加德访华，国务院副总理王岐山、李克强分别与之会见。**

［目　文］　王岐山在与拉加德会见中，双方就世界经济金融形势、欧洲债务问题、

国际货币基金组织改革等交换了看法。李克强在与拉加德会见中，双方就国际经济金融形势深入交换了意见。

3月17—29日

［纲　文］ **中共中央政治局委员、北京市委书记刘淇率中共代表团对阿尔巴尼亚、安哥拉执政党和肯尼亚进行访问。**

［目　文］ 此次访问是应阿尔巴尼亚、安哥拉执政党和肯尼亚政府的邀请。

17日，刘淇在地拉那会见了阿尔巴尼亚总理、阿民主党主席贝里沙。

20日，安哥拉人民解放运动（安人运）主席、安哥拉总统多斯桑托斯在罗安达会见了刘淇。

23日，津巴布韦总统、津巴布韦非洲民族联盟—爱国阵线（津民盟）总裁兼第一书记穆加贝在首都哈拉雷会见了刘淇。26日，刘淇在内罗毕会见肯尼亚政府总理、橙色民主运动领袖奥廷加。

27日，肯尼亚总统齐贝吉在内罗毕会见刘淇。

3月17—19日

［纲　文］ **国务院发展研究中心主办的2012年中国发展高层论坛在北京召开。**

［目　文］ 国务院副总理李克强出席开幕式并致辞。李克强在致辞中强调，要坚持稳中求进，立足扩大内需，强化创新驱动，依靠改革开放，加快转方式、调结构，保持经济长期平稳较快发展。当前世界经济复苏与增长前景尚不明朗，不确定和不稳定因素较多。中国经济继续保持平稳较快发展，长期向好的基本面没有改变，但发展中不平衡、不协调、不可持续的问题依然突出。要按照“十二五”发展主题主线的要求和十一届全国人大五次会议批准的政府工作报告的部署，把握好稳中求进的总基调，保持经济平稳较快发展和物价总水平基本稳定，努力在转变经济发展方式、深化改革开放、保障改善民生上取得新突破。李克强指出，加快转变经济发展方式，促进经济长期平稳较快发展，主攻方向是调整经济结构，战略基点是扩大内需；创新是经济社会发展的最大活力；发展必须转方式，转方式的根本在于创新体制机制，改革开放是实现经济转型和推动现代化建设的强大动力。

本届论坛以“中国和世界：宏观经济和结构调整”为主题，70多位世界500强企业的领导人、国际组织高级官员和国际知名学者，130多名中国政府、学术界和企业界的最具影响力的政策制定者、研究者、企业领导者出席了本次论坛。与会者围绕宏观经济稳定与结构调整、财政政策与财税体制改革、经济内外均衡、科技创新等议题展开多视角、深层次讨论。

3月17—18日

［纲　文］ **温家宝在河南考察农业。**

［目　文］ 中共中央政治局常委、国务院总理温家宝到河南省漯河市临颍县、舞阳县，深入田间地头、来到农家小院、走进科研院所，看望广大农民群众和基层农业科技人

员，考察春季农业生产。温家宝指出，河南是全国重要的粮食生产大省，要充分发挥科技优势，抓好春季田间管理，制定灾害防范预案，千方百计夺取今年农业丰收。河南人民非常勤劳，河南文化传统、文化底蕴都很丰厚。在省委、省政府的领导下，全省人民团结奋进，河南一定会发展得更快更好。中原经济区建设，是国之方略，民之大业；河南农业的发展，关乎国人温饱，牵动国家安稳。在调研中，温家宝三次主持召开座谈会，与农村干部群众、农业科技人员、省市县党政领导干部面对面座谈交流，倾听民情、细问“三农”，了解中原经济区建设有关情况。

3月18日

［纲　文］　**《人民日报》报道，中共中央办公厅印发《中管金融企业领导人员管理暂行规定》，中组部印发《中管金融企业领导班子和领导人员综合考核评价办法（试行）》。**

［目　文］　《管理规定》共10章70条。内容包括：第一章，主要明确了制定目的、适用范围和中管金融企业领导人员管理必须坚持的原则；第二章，主要对中管金融企业董事会、监事会、经营管理层、党委的职数、交叉任职安排以及领导人员的任期等作出具体规定；第三章，主要明确了中管金融企业领导人员应当具备的基本条件和任职资格；第四章到第九章，主要对中管金融企业领导人员的选拔任用、考核评价、薪酬和激励、监督约束、培养锻炼、退出的内容、方式、程序等作出规定；第十章，对中管金融企业其他重要岗位领导人员的管理等相关事项予以说明。

《考评办法》紧密结合中管金融企业特点，借鉴国际先进的管理工具和考核理念，科学设计了中管金融企业领导班子和领导人员考评指标内容，建立了规范的考核评价程序，对商业银行、政策性银行和金融控股公司实行分类考核，强化考评结果的运用，明确将综合考核评价结果作为领导班子调整和领导人员培养、使用、奖惩的重要依据，引导中管金融企业既重视经营业绩，又高度关注风险控制、稳健经营，保证金融企业实现科学发展。

3月18日

［纲　文］　**国务院副总理李克强会见国际货币基金组织总裁拉加德，就国际经济金融形势交换了意见。**

［目　文］　李克强赞赏基金组织在增强新兴市场和发展中国家话语权方面所做的努力。希望基金组织继续加快改革，更好地履行维护全球经济和金融市场稳定的宗旨。中方支持包括基金组织在内的国际主要金融机构在解决欧债问题中发挥重要作用，愿继续以开放的态度参与和推进基金组织各项改革。

3月18日

［纲　文］　**中联部部长王家瑞会见以色列副总理兼外交部部长、“以色列—我们的家园”党主席利伯曼。**

［目　文］　在会谈中，王家瑞积极评价中以关系和以经济社会发展成就。他说，中共重视发展与以各友好政党的合作关系，愿以两国建交20周年为契机，不断拓展双方合

作的深度和广度，携手推动两国友好关系提升至更高层次。利伯曼对两国关系的发展现状表示满意。他说，以中两国在很多领域有很强的互补性，双方进一步加强各合作领域的优势互补，有利于为深化合作奠定更良好的基础。以方愿意加强两国政党、议会及青年政治家的相互交流。双方就中东地区形势交换了意见。

3月18日

［纲 文］ **国务院批转发展改革委《关于2012年深化经济体制改革重点工作的意见》。**

［目 文］ 2012年是实施“十二五”规划承上启下的重要一年，改革仍处于攻坚克难的关键时期。在近年来各项改革取得重大进展的基础上，继续抓住和用好重要战略机遇期，进一步深化改革，着力解决深层次矛盾，促进科学发展，具有十分重要的意义。《意见》内容包括：一、指导思想和总体要求；二、坚持和完善基本经济制度；三、加快财税体制改革；四、深化金融体制改革；五、深化资源性产品价格和环保体制改革；六、深化收入分配和社会保障制度改革；七、深化文化体制改革；八、深化教育科技医药卫生等社会体制改革；九、推进行政体制改革；十、完善统筹城乡发展体制机制；十一、深化涉外经济体制改革；十二、积极推进综合配套改革试点。

3月18日

［纲 文］ **国务院国资委公布《中央企业境外投资监督管理暂行办法》。**

［目 文］ 为加强国务院国有资产监督管理委员会（以下简称国资委）对履行出资人职责的企业（以下简称中央企业）进行境外投资监督管理，促进中央企业开展国际化经营，引导和规范中央企业境外投资活动，根据《中华人民共和国企业国有资产法》《中华人民共和国公司法》和《企业国有资产监督管理暂行条例》等法律、行政法规，制定该办法。《办法》共18条，内容包括：通过定义境外投资的概念，明确了《境外投资监管办法》适用的范围；明确了国资委、中央企业对境外投资监管的职责；提出了境外投资活动应当遵守的原则；要求中央企业建立健全境外投资管理制度；规定了中央企业境外投资计划报送制度；明确了主业境外投资项目备案和非主业境外投资项目审核的程序和内容；对提高境外投资决策质量和加强境外投资风险防范提出了要求。《办法》自5月1日起施行。

3月18—31日

［纲 文］ **全国政协副主席、中央统战部部长杜青林率中华海外联谊会代表团对哥斯达黎加、秘鲁、乌拉圭和澳大利亚进行访问。**

［目 文］ 访问期间，杜青林会见了乌拉圭总统穆希卡，乌拉圭副总统兼国会主席、参议长阿斯托里，秘鲁国会主席阿武加塔斯、第一副主席梅里诺，秘鲁国会秘中友好小组主席科尔德罗，哥斯达黎加立法大会主席门多萨，澳大利亚议会澳中友好小组副主席拉多克，看望了当地华侨华人代表。

杜青林向四国议会领导人和议员介绍了中国的发展成就。他说，改革开放以来，中国经济社会发展取得了举世瞩目的巨大成就，根本在于中国共产党带领全国人民开辟了符合中国国情、具有中国特色的发展道路，这是一条全面协调可持续发展之路、包容发展之路、和平发展之路、开放共赢之路。他特别强调，和平发展是世界大势，走和平发展道路是中国政府和中国人民的坚定意志。不管未来如何变化，中国发展进步的步伐不会停止，中国永不称霸的理念不会丢掉，中国与国际社会共建和谐世界的目标不会改变。

谈到中国的政党制度，杜青林指出，在中国的多党合作制度中，中国共产党与各民主党派以政治共识为基础，以共同任务为目标，以民主协商为方式，结成长期稳定的合作关系，既蕴含着中华文化的真谛，又融合了世界政治文明的优点，是对世界政党制度发展的一大贡献。

3月19日

［纲　文］　**国家副主席习近平会见美国艾奥瓦州副州长雷诺兹。**

［目　文］　在会见中，习近平说，中美地方合作是中美关系的重要组成部分和亮点，两国地方合作大有可为。双方应着眼两国长期互利合作大局，乘势而上，用好现有机制和平台，充分发挥地方优势，坚持互利共赢原则，在推进中美合作伙伴关系的大背景下推动两国地方合作不断迈上新台阶，造福两国人民。雷诺兹说，艾州愿进一步深化双方合作，为美中合作伙伴关系发展做出新的贡献。

3月19日

［纲　文］　**国务院副总理王岐山会见汇丰控股集团行政总裁欧智华和国际金融协会总裁达拉拉，双方就世界经济形势、国际金融监管改革等问题交换了看法。**

3月19日

［纲　文］　**中联部部长王家瑞会见以老挝中央委员、老挝国家社科院院长坎培，班马莱通为团长的老挝人民革命党代表团。**

3月19日

［纲　文］　**国务委员兼国防部部长梁光烈会见文莱国防部副部长穆斯塔帕。**

［目　文］　在会见中，梁光烈对2010年首届东盟防长扩大会召开以来，各成员国在人道主义援助与救灾等5个非传统安全领域开展合作取得的成绩给予充分肯定，对文莱为2013年东盟防长扩大会所做的准备工作表示赞赏。

3月19日

［纲　文］　**中共中央组织部、人力资源社会保障部、国家公务员局联合发布公告，探索建立公开遴选公务员的长效机制。**

［目　文］　公告指出，此举是进一步改善中央机关公务员队伍来源和经验结构，建立中央与省市县乡五级机关相互联系的公务员培养选拔机制的重要举措，也标志着中央机关公开遴选公务员由“试水”阶段转入正式实施阶段。

2011年，中央机关面向省级及以下机关开展了公开遴选公务员试点工作，受到遴选部门、广大基层公务员和社会的普遍好评。通过公开遴选，为基层优秀公务员搭建“上行”通道，进一步树立了注重基层的用人导向，通过公务员队伍来源多元化促进了决策的针对性和科学化。实践表明，公开遴选已成为改善领导机关公务员队伍结构行之有效的措施之一。

3月19日

［纲　文］ **美洲开发银行和中国进出口银行宣布，共同筹建投资平台**。

［目　文］ 总额达10亿美元的投资平台主要投资方向为中拉合作基础设施、资源等项目，以及处于供应链中的中拉中小企业合作项目。2011年美洲开发银行年会期间，中国进出口银行与美洲开发银行签署了成立该平台的谅解备忘录。

3月19日

［纲　文］ **财政部印发《基本建设贷款中央财政贴息资金管理办法》**。

［目　文］ 为更好地发挥财政贴息政策的扶持引导作用，经征求有关部门意见，财政部对《基本建设贷款中央财政贴息资金管理办法》（财建［2011］356号）进行了修订。《办法》共有5章22条，内容包括：第一章总则，第二章贴息政策，第三章贴息资金的申报、审核和下达，第四章贴息资金财务处理及监督管理，第五章附则。《办法》自发布之日起施行。《财政部关于印发〈基本建设贷款中央财政贴息资金管理办法〉的通知》（财建［2011］356号）同时废止。

3月19日

［纲　文］ **财政部印发《国家级经济技术开发区国家级边境经济合作区基础设施项目贷款中央财政贴息资金管理办法》**。

［目　文］ 为更好地发挥财政贴息政策的扶持引导作用，财政部定了该办法。《办法》共有5章21条，内容包括：第一章总则，第二章贴息政策，第三章贴息资金的申报、审核和下达，第四章贴息资金财务处理及监督管理，第五章附则。《办法》自发布之日起施行。《财政部关于印发〈中西部等地区国家级经济技术开发区基础设施项目贷款财政贴息资金管理办法〉的通知》（财建〔2010〕48号）和《财政部关于印发〈国家级边境经济合作区基础设施项目贷款财政贴息资金管理办法》的通知〉（财建〔2009〕36号）同时废止。

3月19日

［纲　文］ **工业和信息化部、公安部、海关总署联署公布《民用爆炸物品进出口管理办法》**。

［目　文］ 《办法》共22条，将“民用爆炸物品”界定为：用于非军事目的、列入民用爆炸物品品名表的各类火药、炸药及其制品和雷管、导火索等点火、起爆器材。

《办法》明确了民用爆炸物品进出口管理中的职责，规定：工业和信息化部负责民用爆炸物品进出口的审批。公安机关负责民用爆炸物品境内运输的安全监督管理。海关负责民用爆炸物品进出口环节的管理。《办法》规定：取得《民用爆炸物品生产许可证》或者《民用爆炸物品销售许可证》的企业，可以申请进出口民用爆炸物品。办理民用爆炸物品进出口审批手续，应当提交进出口申请报告和已填写相关内容的《民用爆炸物品进/出口审批单》表单，民用爆炸物品生产或者销售许可证、进出口合同，以及其他相关证明材料。同时，《办法》还根据《行政许可法》的规定，规定了受理时限和审批程序。《办法》自9月1日起施行。

3月19日

［纲　文］　**国务院扶贫办公布调整国家扶贫开发工作重点县名单**。

［目　文］　国务院扶贫办网站公布，2001年，中国在中西部省（区、市）确定了592个国家扶贫开发工作重点县，作为扶贫开发的重点区域。经过多年努力，少数重点县经济社会得到较快发展，但还有部分比较困难的非重点县没能得到国家重点扶持。因此，有必要对重点县进行适当调整。与上一次重点县的调整方法不同，本次调整的最大特点是权力下放到省，即允许各省（区、市）按照《扶贫开发纲要》精神，根据实际情况，按“出一进一”的原则进行调整，但不得将连片特困地区内重点县指标调到片区外使用。

有9个省份按以上精神进行了调整，原重点县共调出38个，原非重点县调入38个，全国重点县总数不变，仍为592个。14个连片特困地区内的重点县数量，由调整前的431个增至440个，共增加9个；连片特困地区以外的重点县数量，由调整前的161个减至152个，共减少9个。

3月19日

［纲　文］　**《人民日报》报道，江苏南京、苏州、无锡三地个人住房信息系统已全部建成，率先实现与住建部系统进行联网对接**。

3月19日

［纲　文］　**教育部、发展改革委、财政部、人力资源社会保障部、国务院扶贫办联合发布《关于实施面向贫困地区定向招生专项计划的通知》**。

［目　文］　《通知》规定，从2012年开始，“十二五”期间，每年在全国普通高校招生年度计划总增量中安排1万名左右本科招生计划，面向集中连片特殊困难地区参加全国统考的考生，实行定向招生。生源范围为国务院确定的21个省（区、市）的680个贫困县。

国家扶贫定向招生专项计划由国家总体规划和部署，集中组织以本科一批招生为主的高校，定向招收贫困地区学生。承担专项计划实施任务的高校，根据贫困地区特别是农村经济社会发展需要，以农林、水利、地矿、机械、师范、医学以及其他适农涉农专业为主招生；国家按贫困地区生源比例和专业需求等因素安排分省计划数量；学生参加全国统一高考，实行单报志愿、单设批次、单独画线，在本科提前批结束后、本科一批开始前录取。

具有贫困地区户籍和当地高中三年学籍、符合当年高考报名条件的学生，均可填报专项计划志愿。各地将加强考生报考资格审查，并严格按照高校招生阳光工程的要求，加大信息公开、公示力度，加强社会监督，严防资格造假。

按专项计划录取学生入学报到时不迁转户口，户籍暂留在原籍所在地的，就业报到后可按有关规定迁入工作所在地区。学生在校学习期间不转学，不转专业，毕业后到贫困地区就业、创业和服务的，可以按照有关规定享受学费补偿和国家助学贷款代偿等优惠政策。五部门要求，有关省（区、市）要制定相关政策措施，吸引学生毕业后到贫困地区就业、创业，促进贫困地区发展。

3月19—20日

［纲　文］　**第十三次全国民政会议在北京举行。**

［目　文］　会前，国家主席胡锦涛会见了全体代表。国务院总理温家宝参加会见并讲话。温家宝指出，全面加强民政工作，必须坚持以人为本，构建政府管理与社会自治相结合、政府主导与社会参与相结合的社会管理和公共服务体制，最大限度地调动各方面积极性，激发社会活力。优化政府机构设置和职能配置，整合资源，构建直接面向基层、面向社区、面向家庭和群众、职能有机统一的管理服务体制。一要发展基层民主，增强社会自治功能。二要加强城乡社区建设，提高基层社会管理服务效能。三要加快完善社会救助和社会福利体系，完善制度，提高保障水平，解决好城乡困难群众基本生活问题。四要进一步完善政策措施，积极支持发展社会互助团体和组织，鼓励企业、团体、家庭及个人开展社会互助和慈善活动。

国务院副总理回良玉在会上强调，民政工作关乎民生，连接民心，党的惠民政策、政府的公共服务和社会管理职能很多都是通过民政来具体实施和体现的。要坚持以人为本，加强制度建设，健全发展机制，提升服务效能，着力办好惠民生、暖民心、解民忧、聚民力的实事，着力解决事关群众切身利益的突出问题，为全面建设小康社会做出更大贡献。

全国民政会议的主要任务是，总结近年来民政事业改革发展情况，研究部署今后一个时期的民政工作，表彰为民政事业做出贡献的先进单位和个人。

3月19—20日

［纲　文］　**全国政协十一届五次会议提案交办会在北京举行。**

［目　文］　中共中央政治局委员、全国政协副主席王刚出席会议并讲话，他强调，要充分认识做好新形势下政协提案办理工作的重要意义，把提案办理工作摆在更加突出的位置，采取切实有效措施，进一步提高提案办理工作的质量和实效。会议期间，委员共提交提案6242件，其中立案5808件。经过协商、沟通，立案的5808件提案全部交到175家承办单位手中；重点督办提案选题协商会也同时举行，重点督办提案已基本确定。

全国政协副主席兼秘书长钱运录主持会议。全国政协各专门委员会负责人，中央和国家机关有关部门负责人，有关省、自治区、直辖市党委政府负责人及部分国有大型企业负责人出席会议。

3月19—20日

［纲　文］　**国务院总理温家宝会见出席中国发展高层论坛2012年会的境外代表。**

［目　文］　温家宝在人民大会堂会见出席中国发展高层论坛2012年会的90名境外

代表，就中国的改革开放、中美经贸关系、知识产权保护、人民币国际化、外商在华投资、欧债危机等问题，同他们友好、坦诚交流。

温家宝说，中国发展高层论坛已经举办13届，我始终参加了。世界上不少著名的企业家、学者和经济专家坚持参加论坛，表明大家对中国改革开放和现代化事业充满信心。外国朋友们一定要坚信，中国改革开放的方向和政策不能改变，也不会改变。中国的各项改革事业会继续前进，绝不会中断。中国与世界的友好交往，特别是经贸合作会继续加强，而不会削弱。各位朋友从这些年的经历可以看到中国的发展和进步，增强对中国未来的信心。

温家宝说，改革开放30多年的历史已经告诉我们，中国的发展和进步离不开世界。同样，世界的发展和进步也需要中国。中国与世界已经密切到谁也离不开谁的地步，我们需要加强友谊与合作。希望各国的企业界、专家学者经常对中国的改革和建设提出批评和建议，我们一定会持开放、包容的态度。因为我们懂得一个道理，只有开放包容，中国才能进步。

论坛外方主席利伟诚先生感谢温家宝总理抽出时间与大家交流。他说，我们会抱着谦谦自悔的精神来对待您向我们提出的建议。

3月20日

［纲　文］　**国务院副总理王岐山会见“未来十年中美经济合作展望”课题指导委员会美方代表。**

［目　文］　在会见中，王岐山对中美两国知名智库和专家合作开展课题研究的做法表示赞赏。他说，要用数字和事实说话，还原中美经济关系互利共赢的本质，避免经济问题政治化。双方应当充分利用中美战略与经济对话、中美商贸联委会等平台，加强对话沟通，推动企业、地方、民众各层面交流合作，更好地造福两国人民。美国前商务部部长古铁雷斯等表示，愿发挥自身影响力，促进美中经济关系健康发展。

“未来十年中美经济合作展望”课题由中美交流基金会发起，中国国际经济交流中心、商务部国际贸易经济合作研究院及美国战略与国际问题研究中心、芝加哥大学鲍尔森研究所等共同参与。

3月20日

［纲　文］　**国务委员戴秉国看望柬埔寨太皇西哈努克夫妇。**

［目　文］　在胡锦涛主席即将访问柬埔寨的前夕，中国国务委员戴秉国在北京代表胡锦涛主席看望了柬埔寨太皇西哈努克夫妇，向他们转达了胡锦涛主席和夫人的问候和祝愿，并同他们进行了交谈。

3月20日

［纲　文］　**国务委员戴秉国会见奥地利萨尔茨堡州州长布格施塔勒。**

3月20日

［纲　文］　**中国浦东、井冈山、延安三所干部学院举行2012年春季开学典礼。**

[目　文]　中共中央政治局委员、中组部部长李源潮在开学典礼上指出，党的干部要保持思想纯洁，坚定理想信念，带头践行社会主义核心价值体系，做社会主义思想道德的自觉遵守者、示范引领者和坚定维护者。中国共产党人的高尚思想道德，是我们党赢得人民群众拥护的重要法宝；不计名利、甘于奉献是中国共产党人的高尚品格；党的干部要解放思想、知难而进、勇于担当，用改革创新的思路和办法破解前进道路上的各种难题。

3月20日

[纲　文]　**中宣部、新闻出版总署召开《中国美术分类全集》出版座谈会**

[目　文]　中共中央政治局委员、中宣部部长刘云山致信祝贺。20世纪80年代，中宣部、新闻出版署根据专家的建议，规划了这项美术遗产抢救整理工程，组织全国30多家出版社参与，在数百位艺术家、评论家、考古鉴定专家和3000多位编辑出版工作者的共同努力下，历经25年艰苦历程，终于在2011年底全部完成。《中国美术分类全集》涵盖绘画、雕塑、建筑、书法和工艺美术5大门类30个分类，收录了中国从新石器时代至20世纪90年代的绘画、雕塑、建筑艺术、书画篆刻和工艺美术五个方面数万件优秀作品，共302卷，是中国最完整的"中国美术全书"。

3月20日

[纲　文]　**中国农业科学院举办转基因生物新品种培育重大专项棉花项目执行专家组新闻发布会，宣布中国拥有第二代转基因棉花国际发明专利。**

[目　文]　中国农业科学院棉花研究所所长、中国工程院院士喻树迅指出，中国原棉"缺口"逐年加大，已从2002年的12%上升到2011年的40%。中国棉纤维内在品质相对较差，绝大多数只能适纺32支纱，而适纺60支以上高支纱的优质原棉严重依赖进口。在转基因重大专项的大力支持下，中国第二代转基因棉花研究总体跃居世界领先水平，并拥有国际发明专利等自主知识产权，为摆脱高端棉花长期依赖进口的局面，打下坚实基础。这是中国继转基因抗虫棉之后，在这一高科技领域取得的又一项标志性重大科技成果。

3月20日

[纲　文]　**国务院南水北调工程建设委员会第六次全体会议召开。**

[目　文]　中共中央政治局常委、国务院南水北调工程建设委员会主任李克强强调，在南水北调工程建设中，要注意重点把握好三方面要求。一是把工程建成质量可靠放心的工程。二是把工程建成移民稳定致富的工程。三是把工程建成管理阳光廉洁的工程。同时，他还指出，南水北调工程建设任务重、责任大、困难多，有关部门要按照中共中央、国务院决策部署，加大投资、财政、金融、价格、土地等方面的政策支持，工程沿线省（市）要加强相互配合，健全对口协作机制，保质保量完成好各项任务。

中共中央政治局委员、国务院南水北调工程建设委员会副主任回良玉出席会议并讲话。他在充分肯定南水北调工程建设取得的显著成绩后指出，南水北调工程已进入决战攻坚期，务必要统筹抓好工程进度和质量安全，统筹考虑主体工程和配套建设，统筹安排移民搬迁和后期扶持，统筹兼顾治污环保和沿线发展，统筹协调工程建设和运行管理，确保各项工作如期顺利推进，确保南水北调工程早日充分发挥效益。

南水北调工程自2002年底开工至2012年初，155项设计单元工程，已批复初设154项，开工147项，完建48项，基本形成全线开工建设局面。2011年全年完成投资578亿元，累计完成投资1376亿元。

3月20日

［纲　文］　**环境保护部等国务院9部门在京联合召开2012年全国整治违法排污企业保障群众健康环保专项行动电视电话会议。**

3月20—21日

［纲　文］　**中国海洋渔船装备技术发展座谈会在北京召开。**

［目　文］　为了深入研讨国内外渔船装备发展现状与趋势，探索中国渔船装备技术发展战略，召开此次会议。会议由中国工程院主办，农业部渔业船舶检验局承办。第九届全国政协副主席、中国工程院原院长宋健，中国工程院常务副院长、中国海洋工程与科技发展项目组组长潘云鹤，全国政协常委、原福建省委书记陈明义，全国政协常委孙晓郁，中国科协副主席唐启升，参加工程院咨询研究课题的院士和专家以及来自其他政府部门和企业的代表共100多人参加了会议。与会代表一致认为，海洋渔业不仅是中国发展海洋经济的重要组成部分，还是关乎安全、维护海洋权益的战略性、资源性产业。中国现有渔船总数达106万艘，是世界上渔船数量最多的国家，约占世界总数的1/4，其中海洋渔船总数达31.61万艘。但中国渔业装备落后，捕捞、加工方式落后，危旧渔船数量众多，关键设备均由国外进口。与会专家表示，当前应将中国海洋渔船装备技术发展上升为国家战略，建立并扶持渔业装备设计研究中心，提升研发设计和建造能力，加快推进中国渔船升级更新，以推动现代渔船的发展，带动现代渔业的发展。

农业部渔业船舶检验局组织的全国海洋渔船安全技术报告审查会同期举行，会议审查并通过了《全国海洋渔船安全技术状况报告》。

3月21日

［纲　文］　**国务院总理温家宝主持召开国务院常务会议。**

［目　文］　会议明确了"十二五"时期综合交通运输体系建设的原则。一是安全质量，建立严格的安全监管和质量管理制度，并贯穿于交通运输规划、设计、建设、运营各阶段。着力提升技术和装备水平。二是合理布局，与区域经济发展、城镇化格局、资源分布和产业布局相适应，实现通道畅通、枢纽高效。三是优化结构，统筹发展各种运输方式，优化运输结构。四是适度超前，在满足现阶段客货运输需求基础上，适度超前建设基础设施。五是讲求效益，促进各种运输方式有效衔接，一体服务。六是绿色发展，节约集约利用资源，切实保护环境。七是多元投入，鼓励民间资本参与交通运输建设。八是改革创新，深化管理体制改革，完善政府运输监管，提高运输服务水平和物流效率。

会议确定了"十二五"时期的建设目标：初步形成以"五纵五横"为主骨架的综合交

通运输网络，基本建成国家快速铁路网和国家高速公路网，铁路运输服务基本覆盖大宗货物集散地和20万以上人口城市，农村公路基本覆盖乡镇和建制村，海运服务通达全球，70%以上的内河高等级航道达到规划标准，民用航空网络进一步扩大和优化，基本建成42个全国性综合交通枢纽。

会议讨论通过了《全国农村饮水安全工程“十二五”规划》，要求“十一五”期间解决1.6亿农村人口的饮水安全问题，力争用两个五年计划时间，解决全国农村饮水安全问题。“十二五”期间，要在持续巩固已建工程成果基础上，进一步加快建设步伐，全面解决2.98亿农村人口和11.4万所农村学校的饮水安全问题，使全国农村集中式供水人口比例提高到80%左右。农村饮水安全建设管理由地方政府负总责，中央给予指导和资金支持，群众投入以投工投劳为主。鼓励和引导社会资金投入。

3月21日

［纲　文］　**全国非公有制企业党的建设工作会议在北京召开。**

［目　文］　中共中央政治局常委、国家副主席习近平会见会议代表并讲话。他强调，非公有制企业是发展社会主义市场经济的重要力量。非公有制企业的数量和作用决定了非公有制企业党建工作在整个党建工作中越来越重要，必须以更大的工作力度扎扎实实抓好。加强和改进非公有制企业党建工作，抓好“两个覆盖”、发挥好党组织“两个作用”、加强“两支队伍”建设很重要。

中共中央政治局委员、中组部部长李源潮讲话指出，要加大非公企业党组织组建力度，坚持标准、保证质量，发展壮大党员队伍；创新党组织设置方式，提高组建率，开展党群共建。要选优配强非公企业党组织书记，抓好非公企业党建工作指导员队伍建设，培养壮大党建工作骨干力量。要加强教育培训，强化保障与激励，提高非公企业党组织书记的能力素质和做好党的工作的积极性。

中央和国家机关有关部门负责人、各省区市和新疆生产建设兵团有关负责人、部分非公有制企业党组织书记或出资人代表参加会议。

据国家工商部门统计，全国非公企业已达900多万家，增加值占国内生产总值的60%，非公企业职工在全国工人阶级队伍中已占多数。2010年底，全国非公企业中，共有党员350多万名、党组织近30万个。

3月21日

［纲　文］　**国家副主席习近平会见埃及外交部部长阿姆鲁。**

［目　文］　在会见中，习近平表示，中方愿与埃方分享中国改革、发展经验，鼓励中国企业赴埃投资，推进苏伊士经贸合作区建设，进一步深化双方在经贸、文教、科技等各领域的交流与合作，推动中埃战略合作关系不断迈上新台阶。阿姆鲁说，埃方高度重视对华关系，愿与中方共同努力，推动埃中战略合作关系全面深入发展。

3月21日

［纲　文］　**国务院副总理王岐山与美国财政部部长盖特纳通话，双方就中美经济**

关系、第四轮中美战略与经济对话框架下经济对话筹备工作以及欧洲经济形势等交换了看法。

3月21日

［纲　文］　**全国政协副主席王刚在北京会见奥地利萨尔茨堡州州长布格施塔勒。**

［目　文］　在会见中，王刚表示，加强双方省州间的务实合作，夯实两国友好民意和社会基础，对发展中奥两国关系具有重要意义。中方欢迎奥方发挥自身优势，扩大对华投资，深化务实合作，通过互利合作实现共赢发展。布格施塔勒表示，愿发挥萨尔茨堡州的优势，促进奥中在经济、文化、旅游等方面合作。

3月21—26日

［纲　文］　**全国政协副主席、中国民间组织国际交流促进会会长孙家正访问美国。**

［目　文］　访问期间，孙家正会见了美国前国务卿基辛格、美国会众议院美中工作小组共同主席拉森和波斯坦尼等美国各界人士，并参观了美国赫斯特集团。22日，孙家正在纽约分别会见了联合国负责新闻事务的副秘书长赤阪清隆和负责经济和社会事务的副秘书长沙祖康。会谈期间，孙家正表示，作为中国一家大型民间组织联合体，中促会坚定支持联合国发挥更大作用，愿进一步加强同联合国的沟通和联系，增进相互了解，为中国民间组织参与国际活动搭建平台，支持和鼓励更多的国内民间组织参与联合国活动，同时愿意承办联合国组织的全球或地区性重大非政府组织活动，通过联合国这个渠道，与其他国家和地区的非政府组织开展务实合作。

3月21—23日

［纲　文］　**第20届中国国际广播电视信息网络展览会在北京召开。**

［目　文］　展览会由国家广播电影电视总局主办，国家广播电影电视总局广播科学研究院、中国有线电视网络有限公司、全国各省市自治区广播电影电视局共同承办。21日，中共中央政治局常委李长春参观了展览会。李长春强调，要瞄准世界广播电视领域科技发展的前沿，选取一批全局性、战略性重大科技课题，研发一批具有自主知识产权的核心技术、关键技术、共性技术，以先进技术支撑广播电视装备、软件、系统的自主开发和应用，切实提高中国广播电视领域的自主创新能力和技术装备水平。要健全以企业为主体、市场为导向、产学研相结合的文化技术创新体系，培育一批创新能力强、拥有核心技术和知名品牌的广播电视科技企业，不断增强中国文化产业的竞争力和影响力。要加快走出去步伐，增强广播电视技术装备和服务的国际竞争力，为推动中华文化走出去做出积极贡献。

3月22日

［纲　文］　**国务院发布《关于落实〈政府工作报告〉重点工作部门分工的意见》。**

［目　文］　《政府工作报告》明确的重点工作部门分工的意见主要内容包括：一、促进经济平稳较快发展；二、保持物价总水平基本稳定；三、促进农业稳定发展和农民

持续增收；四、加快转变经济发展方式；五、深入实施科教兴国战略和人才强国战略；六、切实保障和改善民生；七、促进文化大发展大繁荣；八、深入推进重点领域改革；九、努力提高对外开放的质量和水平；十、加强民族、宗教、国防、港澳台侨、外交工作。

《意见》指出，2012年是“十二五”时期承前启后的重要一年，具有特殊重要的意义。各部门、各单位要以对国家、人民和历史高度负责的精神，善始善终，恪尽职守，努力把各项工作做得更好。一要加强领导，抓好落实。各部门、各单位要精心部署，周密安排，抓紧制定落实重点工作的实施方案，提出明确要求，并于4月20日前报国务院。领导干部要以身作则，全面负起责任。每一项工作都要落实到单位、落实到人。二要通力协作，强化配合。要增强全局观念，加强沟通协调，齐心协力，认真履行职责。要坚决克服推诿扯皮的现象，摒弃部门利益和局部利益，切实提高办事效率。需要多个部门参与的工作，牵头部门要切实负起组织协调责任，其他部门要积极配合。三要求真务实，开拓进取。所有工作都要讲求实效，坚决克服形式主义、官僚主义。真诚倾听民意，不回避矛盾和问题。要坚持深入实际、深入基层，及时发现新情况，解决新问题。要勇于创新，创造性地开展工作。四要加强检查，健全问责。要强化考核和行政问责，严肃责任追究。坚持高标准、严要求，提高执行力。各部门、各单位要自觉维护中央政策的统一性、权威性和严肃性，确保政令畅通，做到令行禁止。

3月22日

［纲　文］ **胡锦涛、贾庆林在北京分别会见中国国民党荣誉主席吴伯雄。**

［目　文］ 中共中央总书记胡锦涛强调，在反对“台独”、认同“九二共识”的基础上推动两岸关系和平发展，符合两岸同胞的共同愿望，符合中华民族的整体利益，符合时代发展进步的潮流。应沿着这条正确道路继续向前迈进，不断巩固成果、深化合作，努力再创新局，为台海地区谋和平，为两岸同胞谋福祉，为中华民族谋复兴。我们将继续贯彻推动两岸关系和平发展的各项方针政策，以持续推动两岸关系和平发展为主题，以广泛团结广大台湾同胞为主线，不断开创两岸关系和平发展新局面。两党和两岸双方继续巩固和增进政治互信，仍然是今后两岸关系保持良好发展势头的首要关键和前进动力。在建立政治互信基础上搁置争议、求同存异、良性互动，这是两党和两岸双方这些年彼此交往的一条基本经验，也是两岸关系改善发展的重要条件。希望双方继续保持良性互动，维护两岸关系的积极和谐气氛。继续稳步推进两岸经济文化等领域的交流合作。

吴伯雄强调，国民党在大陆政策上坚持“九二共识”、反对“台独”，有信心促进两岸良性互动，期待开拓两岸关系的新局面。

全国政协主席贾庆林强调，国共两党交流对话平台对保持两岸关系发展的正确方向和良好势头发挥了不可替代的重要作用，新形势下应继续发挥好这一平台的作用，为巩固深化两岸关系和平发展创造更有利的条件，提供更有力的保障。

吴伯雄表示，两岸关系和平发展、台海和平稳定的形势得来不易，应当巩固成果，稳步向前推进。国共两党交流对话平台要继续保持下去。

3月22日

［纲　文］　**《人民日报》报道，胡锦涛日前签署命令，发布《中国人民解放军参加联合国维持和平行动条例（试行）》。**

［目　文］　中央军委主席胡锦涛签署的该《条例》，涵盖了我军参加联合国维和行动的各个方面和主要环节，主要包括总则、职责、派遣与回撤、教育与训练、管理和保障、奖励与处分等内容。《条例》明确规定，军队参加联合国维和行动是根据联合国决议和中国政府与联合国达成的协议，派出参加维和行动的部队和维和军事专业人员，进驻指定国家或地区，在联合国主导下，组织实施维持和平的行动。《条例》根据联合国维和任务实际和形势发展需要，界定了我军参加联合国维和行动担负的任务，明确了总部机关、军区和军兵种的有关职责分工。对派遣和回撤维和部队与军事专业人员的审批程序作了详细规定，对各类人员教育训练的组织实施和检查考核作出了明确规定，《条例》还对我军参加联合国维和行动的管理、保障和奖惩作了具体规范。

《条例》自5月1日起施行。

3月22日

［纲　文］　**胡锦涛致信祝贺中华书局成立100周年。**

［目　文］　国家主席胡锦涛在贺信中强调，优秀传统文化是中华民族的宝贵精神财富，是发展社会主义先进文化的深厚基础。希望中华书局以成立百年为新的起点，认真贯彻党的十七届六中全会精神，大力推进体制和机制创新，始终坚持古为今用、推陈出新的出版方向，继续保持笃实谨严、精审细校的科学态度，不断推出更多代表国家最高水准的优秀出版物，在传播中华民族优秀传统文化、建设社会主义文化强国的进程中再创新的辉煌。

3月22日

［纲　文］　**国务院副总理李克强会见俄罗斯联邦总统事务管理局局长科任。**

［目　文］　在会见中，李克强说，中方愿同俄方一道，推动两国关系实现更大发展。希望两国加强各层次交往，深化经贸、能源、科技、地方等领域合作，不断扩大人文交流和民间交往，实现互利共赢。科任表示愿同中方相关部门加强交往与合作，相互学习借鉴。

同日，国务委员兼国务院秘书长马凯亦会见科任，双方就加强两国政府机关事务管理领域的交流合作交换了意见。

3月22日

［纲　文］　**中国全国人大与日本国会参议院定期交流机制第五次会议在东京举行。**

［目　文］　全国人大常委会副委员长兼秘书长、定期交流机制中方主席李建国与日本国会参议院定期交流机制主席江田五月共同主持会议。双方与会成员就双边关系、议会交往、经贸合作、防灾救灾合作、环保能源合作、人文交流以及国际和地区热点问题等共

同关心的话题深入交换了意见，增进了相互了解。

李建国会见了日本国会参议院议长平田健二、日本国会众议院议长横路孝弘和内阁官房长官藤村修。

3月22日

［纲　文］　**国务委员戴秉国应约同美国总统国家安全事务助理多尼隆通电话，就中美关系和朝鲜半岛局势深入交换意见。**

3月22日

［纲　文］　**中国和澳大利亚签署2000亿元人民币本币互换协议。**

［目　文］　此协议有效期为三年，经双方同意可以展期。中国央行表示，协议的签署旨在加强双边金融合作，促进两国贸易和投资，共同维护地区金融稳定。澳大利亚央行发表声明称，该协议旨在促进中澳两国的投资和贸易往来，特别是以本币为计价单位的交易，并加强双方的金融合作。同时，还反映了两国间以人民币进行贸易结算和进行人民币计价投资的机会增加。

3月22日

［纲　文］　**全国政法宣传工作会议在上海召开。**

［目　文］　会议的主要任务是贯彻落实党的十七届六中全会、全国政法工作会议的讲话精神，交流政法宣传工作的经验做法，分析面临的形势和存在的问题，研究部署下一步工作，为政法事业发展进步营造良好舆论环境。

3月22日

［纲　文］　**国务院在江苏徐州召开全国春季农业生产工作会议。**

［目　文］　国务院副总理回良玉在会上强调，抓好春季农业生产，保障主要农产品有效供给，对于经济社会发展全局具有特别重要的意义。当前春耕生产正由南向北全面展开，各地区、各有关部门要迅速行动起来，关键是念好“好、抗、高、强、实”五字诀。一要坚持“好”字优先，坚决打好春季农业生产第一仗。二要坚持“抗”字当头，努力实现抗灾夺丰收。三要坚持“高”字为要，充分发挥科技在农业生产中的支撑作用。四要坚持“强”字固本，为春季农业生产提供有力保障。五要坚持“实”字挂帅，着力抓好“三农”工作部署和强农惠农富农政策落实。各省、自治区、直辖市人民政府及发展改革、财政、水利、农业、气象部门负责人，各计划单列市人民政府和新疆生产建设兵团负责人参加了会议。

3月22日

［纲　文］　**国家质监总局公布《进口食品境外生产企业注册管理规定》。**

［目　文］　为加强进口食品境外食品生产企业的监督管理，根据《中华人民共和国食品安全法》及其实施条例、《中华人民共和国进出口商品检验法》及其实施条例等法律、行政法规的规定，制定该规定。《规定》共有4章23条，内容包括：第一章总则，第二章注册条件与程序，第三章注册管理，第四章附则。《规定》自5月1日起施行。

3月22日

［纲　文］ **财政部、税务总局发布《关于技工院校占用耕地免征耕地占用税的通知》。**

［目　文］ 《通知》规定，免税的学校范围，包括由国务院人力资源社会保障行政部门，省、自治区、直辖市人民政府或其人力资源社会保障行政部门批准成立的技工院校。

3月22日

［纲　文］ **公安部交管局推出多项新措施，严格驾驶人考证、行驶等。**

［目　文］ 措施要求，凡是发生交通死亡事故的，要对司机考试、发证等环节进行责任倒查，发现违法违规发证等问题将严惩。

3月22日

［纲　文］ **发展改革委、民政部发布《关于进一步加强殡葬服务收费管理有关问题的指导意见》。**

［目　文］ 为进一步加强殡葬服务收费管理，减轻群众丧葬不合理负担，为殡葬事业改革和持续健康发展创造良好的环境，特提出该意见，内容包括：一、进一步明确殡葬服务收费有关政策；二、强化对殡葬服务收费行为的监管；三、加大殡葬服务收费政策宣传和违法处罚力度；四、完善促进殡葬事业发展配套政策。《意见》即日执行。

3月22—24日

［纲　文］ **应国家主席胡锦涛的邀请，印度尼西亚总统苏西洛·班邦·尤多约诺访问中国。**

［目　文］ 23日，胡锦涛与苏西洛进行了会谈，双方就双边关系和共同关心的国际和地区问题深入交换意见，达成广泛共识。两国元首一致同意，加强战略磋商，扩大务实合作，把中印尼战略伙伴关系提升到更高水平。

胡锦涛表示，中方愿同印尼一道，结合各自发展战略和规划，从以下几个方面进一步深化两国战略伙伴关系。一、加强战略沟通，增进睦邻互信。二、扩大经贸合作，促进共同发展。三、深化防务安全合作，提升合作水平。四、拓展海上航天合作，丰富合作内涵。五、扩大人文交流，夯实友好基础。六、加强国际地区合作，维护共同利益。苏西洛表示，印尼希望同中方保持密切高层交往和各级别、各领域对话磋商，推动务实合作取得更多互利共赢的成果。印尼欢迎中国企业扩大在印尼投资，参与印尼基础设施重大项目建设，他对提前实现2015年双边贸易额达到800亿美元的目标充满信心。

会谈后，两国元首出席了关于海洋、禁毒、贸易、旅游等领域双边合作文件签字仪式。

同日，全国人大常委会委员长吴邦国、国务院总理温家宝在北京分别会见了印尼总统苏西洛。吴邦国在会见时说，希望双方发扬好的合作传统，服务两国关系深入发展的需要，顺应两国人民加强友好的愿望，密切往来，推动务实合作，为双方关系增添新的内容、注入新的活力。温家宝在会见时指出，中国愿与印尼一道切实落实各项共识，抓住出现的新机遇，处理好出现的新问题，在睦邻友好、共同发展的道路上迈出新步伐。

24日，中共中央政治局常委李长春会见印尼总统苏西洛。李长春说，政党交流是两国战略伙伴关系的重要组成部分。中国共产党愿与民主党领导的印尼执政联盟加强交流与合作，分享治国理政经验，为两国关系发展注入新的动力。中方愿与印尼方一道，推进文化、体育、旅游、媒体合作，为两国关系发展奠定坚实的民意基础。

3月24日，两国发表联合声明指出：对中印尼自2005年4月25日建立战略伙伴关系以来各领域合作取得的进展表示满意。双方承诺将中印尼战略伙伴关系提升到更高水平，一致同意将双边副总理级对话机制会议由两年一次增加为一年一次；一致认为双方应积极推动《中国和印尼引渡条约》尽早生效；对双方在2015年前实现800亿美元贸易目标表示乐观；双方同意结合中国“十二五”规划和印尼2011—2025年经济发展总体规划共同编制《中印尼经贸合作五年规划》。

3月22—23日

［纲　文］　**全面提高高等教育质量会议在北京召开。**

［目　文］　国务委员刘延东出席会议并讲话指出，提高高等教育质量是立足中国现代化建设阶段性特征和国际发展潮流提出的深刻命题，是当前中国高等教育改革发展最核心最紧迫的任务。要围绕培养什么人、怎么培养人的问题，确立人才培养的中心地位，抓住一切为了学生成长成才这一关键，系统推进，务求实效。一要打造高水平师资队伍。二要加快教育教学改革。三要提高高校科学研究、社会服务和文化传承创新能力，形成相互支撑、整体提升质量的格局。四要建设优良校风教风学风。

会议以推动高等教育全面提高质量为主题，部署了《关于全面提高高等教育质量的若干意见》和《关于实施高等学校创新能力提升计划的意见》的实施安排。

3月23日

［纲　文］　**中共中央、国务院发布《关于分类推进事业单位改革的指导意见》。**

［目　文］　为全面贯彻落实党的十七大和十七届二中、三中、四中、五中全会精神，推动公益事业更好更快发展，不断满足人民群众日益增长的公益服务需求，特提出该意见，内容包括：一、改革的重要性和紧迫性；二、改革的指导思想、基本原则和总体目标；三、科学划分事业单位类别；四、推进承担行政职能事业单位改革；五、推进从事生产经营活动事业单位改革；六、推进从事公益服务事业单位改革；七、构建公益服务新格局；八、完善支持公益事业发展的财政政策；九、认真做好组织实施工作。

3月23日

［纲　文］　**中国“俄罗斯旅游年”开幕式在北京举行，两国领导人共同祝贺。**

［目　文］　国务院总理温家宝在贺辞中表示，中俄两国旅游资源丰富，都是旅游大国，双方开展旅游合作具有天时、地利、人和的优势。希望中国“俄罗斯旅游年”的成功举办，进一步促进双方的旅游合作。我们欢迎更多的俄罗斯朋友来华旅游，鼓励更多的中

国公民赴俄罗斯旅游。俄罗斯总统普京在贺辞中表示，中国“俄罗斯旅游年”期间举行一系列大型活动。中国朋友有机会走近俄罗斯当代生活和了解俄罗斯丰富的文化遗产、独特的自然风光、建筑和名胜古迹，感受俄罗斯不同民族的多样风情。互办旅游年活动有力促进两国人民的交往，进一步拉近两国及两国人民的关系。

国家副主席习近平与国务院副总理、中俄旅游年组委会中方主席王岐山分别会见中俄旅游年组委会俄方主席、俄罗斯副总理苏尔科夫。习近平在会见时表示，中方愿与俄方共同努力，紧紧围绕落实两国元首达成的中俄关系未来10年发展规划及一系列重要合作共识，保持中俄关系发展的连续性，加强在各领域包括科技创新领域的合作，推动中俄全面战略协作伙伴关系不断迈上新台阶，更好地造福两国人民，更好地维护地区及世界的和平、发展与稳定。苏尔科夫说，俄罗斯坚定地致力于发展俄中全面战略协作伙伴关系，愿与中国加强在科技创新、旅游等各领域的务实合作，推动两国关系不断取得新的进步。王岐山在会见时指出，中俄两国都是旅游大国，旅游资源丰富，旅游市场互补性强，旅游交流合作有着良好的传统和扎实的基础。当前中俄旅游合作正面临前所未有的发展机调。中俄互办“旅游年”是继互办“国家年”“语言年”之后又一主题年活动，进一步扩大两国消费需求，促进两国经济和就业增长，更好地造福于两国人民。苏尔科夫表示，俄罗斯希望更多的中国游客到俄罗斯旅游，欢迎中国企业赴俄罗斯投资旅游、基础设施项目，通过旅游合作带动两国高新技术领域合作，实现优势互补。

次日，中俄旅游合作论坛开幕，王岐山与苏尔科夫共同出席并致辞。

3月23日

［纲　文］　**国家副主席习近平会见来华参加中日民间交流活动的日本前首相鸠山由纪夫。**

［目　文］　习近平强调，中日双方要始终从两国人民的根本利益出发，共同维护中日关系的政治基础，坚持通过谈判协商妥善处理有关问题，悉心维护两国关系大局。鸠山由纪夫赞同习近平关于发展中日关系的看法，希望双方在纪念日中邦交正常化40周年之际，重温两国老一辈领导人达成的重要共识，不断增进政治互信，积极推动日中民间友好交流。

3月23日

［纲　文］　**国家副主席习近平、中组部部长李源潮分别会见以干事长舆石东为团长的日本民主党代表团。**

［目　文］　习近平在会见中说，40年的中日邦交正常化发展历程给我们重要启示：一是要加强对话沟通，增进战略互信；二是要与时俱进，加强互利合作；三是要扩大人文交流，实现世代友好；四是要着眼共同利益，共同应对地区及全球性挑战。舆石东说，日中两党自2006年建立两党交流机制以来，开展了广泛的对话与交流。日本民主党愿通过这一机制与中国共产党进一步加强交流合作，促进日中两国关系深入发展。

李源潮在会见说，希望通过两党交流机制，共同回顾过去，展望未来，推动中日两国加强政治交往，深化务实合作，改善国民感情，为实现两国和平友好、互利合作、共同发展做出新的贡献。舆石东表示，愿继续以两党交流机制为平台，与中方开展坦诚交流，推动日中各领域的合作，为发展两党、两国关系不懈努力。

3月23日

［纲　文］ **国务委员兼国防部部长梁光烈会见瑞典三军总司令约兰松一行。**

［目　文］ 梁光烈表示，随着两国关系的全面发展，中瑞两军关系不断向前迈进。两军保持高层互访势头，军事互信不断增强。希望双方在现有友好合作的基础上，加强专业领域的务实交流与合作，把两军友好合作关系提升到更高水平。约兰松说，瑞典重视发展对华关系。两军之间增进了解、加强合作对双方都非常重要。

3月23日

［纲　文］ **《人民日报》报道，全国部分地方发生森林火灾，回良玉要求落实责任，科学扑救，确保安全。**

［目　文］ 截至16时，发生在云南省晋宁县的森林火灾，火场基本得到控制；发生在四川省九龙县的森林火灾，因火场山势陡峭、地形复杂，直接扑打困难，火势向东北方向缓慢发展。18日发生在云南省玉溪市易门县的森林火灾，22日18时全部扑灭。

中共中央、国务院对部分地方发生森林火灾高度重视。中共中央政治局委员、国务院副总理回良玉指示，要进一步落实森林防火责任制，严控野外火源，及时消除隐患，科学组织火灾扑救，确保人员安全，最大限度减轻森林火灾损失。

国家森林防火指挥部、国家林业局立即召开紧急会议，发出紧急通知，对当前森林防扑火工作作出具体部署。通知强调，针对近期部分地区高温干旱、农事用火增多、森林火灾频发的严峻形势，各地要切实抓好森林防火责任制的落实，严格管控野外生产生活用火，全力做好突发火情的应急处置。通知要求，火灾发生后，当地森林防火指挥部要调集足够兵力，尽快将火扑灭，确保扑火人员安全，同时要组织公安机关迅速查清火因，侦破火案，依法严惩肇事者。

3月23日

［纲　文］ **中国作家协会在北京召开基层作家作品研讨会，研讨基层作家创作发展现状，总结部分省市作协扶持基层创作的成效和经验。**

3月23日

［纲　文］ **中宣部、解放军总政治部、共青团中央和辽宁省委在人民大会堂联合举行雷锋生前所在团先进事迹报告会。**

3月23—28日

［纲　文］ **贾庆林在山东调研时强调，夯实基础、增强后劲，推动科学发展，统筹兼顾、改善民生，促进社会和谐。**

［目　文］ 中共中央政治局常委、全国政协主席贾庆林先后来到潍坊、烟台、青岛等地，深入工厂企业、城乡社区、科研院所，与干部群众共商改革发展大计。调研期间，

他还听取了山东省委、省政府的工作汇报，对山东经济社会发展取得的成绩给予充分肯定。加快转变经济发展方式，实现经济平稳较快发展，是贾庆林此次调研的重点。贾庆林在山东调研时强调，要认真贯彻中央的决策部署和全国两会精神，紧扣主题主线，坚持稳中求进的工作总基调，广泛凝聚各方面的智慧和力量，着力破解制约发展的突出问题，着力保障和改善民生，推动经济平稳较快发展和社会和谐稳定，以优异成绩迎接党的十八大胜利召开。

3月24日

［纲　文］　**全国哲学社会科学规划领导小组会议在北京举行。**

［目　文］　会议审议了2012年度国家哲学社会科学研究基金预算。会议要求认真贯彻落实中央关于哲学社会科学工作一系列重要指示精神，坚持正确导向、突出国家水准、注重科学管理、服务专家学者，充分发挥国家社科基金的示范引导作用，推动哲学社会科学研究繁荣发展。

中共中央政治局委员、全国哲学社会科学规划领导小组组长刘云山在会上强调，要认真贯彻落实中央关于哲学社会科学工作一系列重要指示精神，坚持正确导向、突出国家水准、注重科学管理、服务专家学者，充分发挥国家社科基金的示范引导作用，推动哲学社会科学研究繁荣发展。

3月24日

［纲　文］　**中国企业联合会、国务院国资委企业改革局、工业和信息化部产业政策司和中小企业司在北京召开全国企业管理创新大会。**

［目　文］　会议围绕“互联网时代的管理变革”主题，邀请有关部门和企业家、管理专家，共同研讨互联网时代企业管理新模式。会议对第十八届国家级企业管理创新成果创造单位进行了表彰，海尔集团“以自主经营体为基础的人单合一管理”模式在全国451项管理项目中脱颖而出，获得国家级企业管理创新成果奖一等奖第一名。会议还发布了185项国家级企业管理创新成果。

3月24日

［纲　文］　**国家食品药品监管总局发布《关于进一步加强餐饮连锁企业食品安全工作的通知》。**

［目　文］　为进一步加强餐饮连锁企业食品安全监管，规范餐饮连锁企业经营行为，推进依法诚信经营，确保餐饮服务食品安全，通知要求：一、充分认识加强餐饮连锁企业食品安全工作的重要意义；二、严格落实餐饮连锁企业食品安全主体责任；三、切实履行餐饮连锁企业食品安全监管职责；四、充分发挥相关食品行业协会的行业自律作用；五、积极鼓励社会各界参与餐饮连锁企业食品安全监督。

3月24日

［纲　文］　**以“同根同祖同源，和平和睦和谐”为主题的壬辰年黄帝故里拜祖大典**

在河南新郑黄帝故里景区举行。

3 月 24 日

［纲　文］　**中国三部动漫作品在东京国际动漫节获奖。**

［目　文］　应征的 382 件作品中，中国深圳陈西峰的作品《卖猪》获得公开征集作品大奖。中国传媒大学毕业生程腾、梁帆的作品《纪念日快乐》获得特别奖，在东京艺术大学就读的胡娴娴的作品《斑点》获得公开征集作品入围奖。

东京国际动漫节大奖分为两大类：一类为从过去一年间在日本国内播放、上映、销售的动漫作品中评选出最佳作品的提名奖，另一类是从全世界公开征集的动漫作品中选拔出的公开征集作品大奖。

3 月 24 日—4 月 2 日

［纲　文］　**全国人大常委会副委员长华建敏率全国人大代表团访问纳米比亚、南非、肯尼亚，并出席全国人大与南非国民议会机制交流第二次会议。**

［目　文］　此次访问是应纳米比亚国民议会、南非国民议会和肯尼亚议会的邀请。

26 日，纳米比亚总理安古拉在温得和克会见中国全国人大常委会副委员长华建敏。华建敏说，中方愿与纳方携手努力，增进政治交往与互信，深化各领域务实合作，不断在两国青年一代中培养中纳友好的新生力量，把中纳关系提升到新水平，造福于两国人民。安古拉表示，中国改革开放历程及取得的巨大成就，为纳米比亚提供了宝贵的经验。同日，华建敏会见纳米比亚国民议会议长古里拉布，并与副议长卡辛戈举行会谈。

29 日，华建敏在开普敦会见南非国民议会代议长姆费凯托。华建敏说，中国全国人大和南非国民议会领导人始终从战略高度和长远角度看待两国关系，积极推动中南各领域的友好交流和务实合作。会见后，双方共同出席了中南议会定期交流机制第二次会议，就基础设施建设、青年培训、就业及减贫扶贫政策等共同关注的议题进行了深入交流。

30 日，华建敏在约翰内斯堡会见南非执政党非洲人国民大会（非国大）总书记曼塔谢。华建敏说，中国共产党和南非非国大同为发展中大国执政党，近年来交往更加频繁，政治互信不断加强，交流与合作领域日益扩大。

4 月 2 日，华建敏在内罗毕与肯尼亚国民议会议长马伦德举行会谈。华建敏说，作为双边关系的重要组成部分，两国议会交流与合作在各层次、各领域均取得长足进展。中方愿同肯方共同努力，推进中肯关系取得新的发展。同日，华建敏会见肯尼亚总统齐贝吉。华建敏表示，中方愿与肯方共同努力，保持高层交往，加强包括立法机构在内的各领域交流，继续深化双方友好合作和在国际事务中的协调配合，努力推动中方有关部门和企业积极参与肯基础设施建设，不断提高经贸合作的层次和水平，推进中肯长期稳定、互利互惠的友好合作关系深入发展。

3 月 24—25 日

［纲　文］　**贺国强在吉林省长春市进行调研。**

［目　文］　中共中央政治局常委、中央纪委书记贺国强到长春市就学习贯彻全国两会和十七届中央纪委第七次全会等重要会议精神进行调研。在调研中，贺国强指出，要认真贯彻落实中央精神，紧紧抓住难得机遇，牢牢把握主题主线，充分发挥自身优势，统筹推进工业化、城镇化和农业现代化，加快推动东北地区老工业基地全面振兴。希望吉林切实抓住国家实施东北振兴“十二五”规划、支持长吉图开发开放先导区建设等宝贵机遇，统筹推进工业化、城镇化和农业现代化，进一步深化改革开放，保障和改善民生，维护社会和谐稳定，奋力谱写全面建设小康社会、加快推进社会主义现代化的新篇章。

3 月 24—25 日

［纲　文］　**李源潮在湖北调研**。

［目　文］　中共中央政治局委员、中央书记处书记、中组部部长李源潮在湖北调研创先争优、加强基层组织建设工作。在调研中，他指出，要以创先争优为动力，把基层组织建设年工作做实，努力使每个基层党组织都有新进步，推动科学发展、促进社会和谐，为党的十八大召开营造良好经济、政治和社会环境。

3 月 25 日

［纲　文］　**香港特区行政长官选举结束，梁振英当选第四任行政长官人选**。

3 月 25 日

［纲　文］　**发展改革委印发《陕甘宁革命老区振兴规划》**。

［目　文］　《规划》涵盖甘肃省庆阳、平凉，陕西省延安、榆林、铜川，宁夏回族自治区的吴中、固原、中卫 8 个地级市的 58 个县以及白银市、渭南市、咸阳市、银川市等 4 个地级市的 9 个县，总面积 19.2 万平方公里。规划期为 2011—2020 年。

《规划》明确指出，到 2015 年，陕甘宁革命老区国家能源化工基地初步建成，农村产品加工业、红色文化产业等特色产业初具规模。力争到 2020 年，现代能源产业体系基本完备，单位产值能耗及污染排放量进一步降低，城乡居民收入大幅增加，基本公共服务达到全国平均水平，实现全面建设小康社会目标。

此为新中国成立以来全国第一部支持革命老区经济、社会发展的综合性区域规划。

3 月 25 日

［纲　文］　**国际建模仿真学会（SCS）授予北京航空航天大学自动化学院名誉院长李伯虎终身成就奖**。

［目　文］　该学会将此奖项颁发给李伯虎，以表彰他在过去 30 多年来在仿真技术领域的研究以及推动仿真学科发展等方面所做出的世界性的、杰出的贡献。

国际建模仿真学会于 1952 年成立，是国际仿真界影响最大、学术水平最高的国际性学术组织。该学会 60 年历史上，该奖项共授予 8 位对国际建模仿真技术的发展产生过重要影响的科学家，李伯虎是其中唯一的一位亚洲人。

3月25—28日

［纲　文］　**全国人大常委会副委员长、全国妇联主席陈至立率中国妇女代表团访问美国。**

［目　文］　26日，陈至立在纽约分别会见了联合国副秘书长、联合国妇女署执行主任巴切莱特和联合国开发计划署署长克拉克。陈至立高度评价两组织积极发展与中国全国妇联的交流合作，感谢两组织为中国妇女儿童事业作出的贡献。在简要介绍中国妇女儿童事业新成就后，她指出，世界是不断前进的，妇女事业也是不断发展进步的，中国妇女的进步也是对世界妇女事业的贡献，中国全国妇联愿与两组织进一步合作，相互支持帮助。

28日，陈至立在华盛顿与美国国务卿希拉里·克林顿共同出席了题为“妇女与就业”的第三届中美妇女领导者交流与对话会。会议发表第三届中美妇女领导者交流与对话会联合声明说，第三届中美妇女领导者交流与对话会的主题为“妇女与就业”。双方讨论了中美两国在就业领域提高妇女经济、法律和社会地位的最佳实践和有效政策。双方一致同意要进一步加强中美两国学术和研究机构、妇女组织和商界的交流与合作。

3月25日—4月1日

［纲　文］　**中国男女乒乓球队在德国多特蒙德获得第五十一届世乒赛团体赛冠军。**

［目　文］　共有来自146个国家和地区的运动员参加本次世乒赛，是自1926年世乒赛成立以来参赛队伍最多的一届。中国男子乒乓球队连续第六次捧起斯韦思林杯，在团体世乒赛历史上第一次有队伍实现男团六连冠。

3月25—29日

［纲　文］　**应国务院总理温家宝邀请，爱尔兰总理恩达·肯尼访问中国。**

［目　文］　在华期间，温家宝、吴邦国、习近平会分别与肯尼会谈。

26日，国家副主席习近平会见肯尼。习近平表示，一是中爱加强友好合作前景广阔，大有可为。二是中爱关系可以作为发展中欧关系的“排头兵”。肯尼说，此访就是要落实习近平上月访爱期间双方达成的合作共识，推动爱中和欧中关系不断迈上新的台阶。

27日，国务院总理温家宝同肯尼举行会谈。温家宝表示，中方欢迎爱方在实施新的“亚洲战略”中，将中国作为首要合作伙伴，相信通过不懈努力，中爱经贸合作定会取得新的成果。为此，一要发挥投资促进机制的作用，推动两国企业加强人员、信息交流，引导合作方向。二要在国际服务贸易领域加强交流，开展务实合作。三要完善科技合作机制，加大合作投入，扩大合作领域。四要拓展在农业、文化、教育、环保、旅游、卫生等领域的交流与合作，丰富两国互惠战略伙伴关系内涵。肯尼表示，愿与中方加强战略沟通，增进互信，扩大贸易、投资、科技、旅游、农业、文化、教育等领域的互利合作，推动爱中互惠战略伙伴关系不断向前发展。爱方重申支持欧盟承认中国完全市场经济地位和解除对华军售禁令。

29日，全国人大常委会委员长吴邦国会见肯尼。吴邦国表示，中国全国人大与爱尔兰议会的关系是中爱互惠战略伙伴关系的重要组成部分。希望双方继续开展多层次多渠道的友好往来，加强议会领导人、专门委员会之间的交流互访，深化治国理政、民主法制建设等方面的交流互鉴，为加深相互了解、增进人民之间的友谊、推动务实合作贡献智慧和力量。肯尼说，爱方愿与中方密切配合，将双方达成的合作共识落到实处，全面加强包括议会交流在内的各领域友好合作。

两国发表联合公报指出，双方一致同意保持高层交往势头，并强调其对双边关系的重要引领作用，扩大两国政府、立法机构、政党等在各个层级上的友好交流与合作，不断增进相互理解与信任，深化平等互信的政治关系。爱方支持欧盟尽早承认中国完全市场经济地位，重申爱尔兰坚持自由贸易的坚定立场。考虑到欧盟现有相关机制及近年来欧盟理事会的有关决议，爱方表示支持旨在解除欧盟对华军售禁令的努力。中方赞赏爱方坚持自由贸易的立场，期待中欧关系在爱尔兰2013年上半年担任欧盟轮值主席国期间取得新的发展。

3月26日

［纲　文］　**国务院召开第五次廉政工作会议。**

［目　文］　国务院总理温家宝发表讲话强调，要全面贯彻落实中央关于党风廉政建设和反腐败斗争的决策部署，深化改革和加强制度建设，深入推进政务公开，创造条件让人民群众监督政府。讲话总结近年来政府反腐倡廉建设取得的新成效，部署2012年重点工作：一、深入推进行政审批制度改革。二、推进公共资源配置市场化改革。三、深化财政管理体制改革。四、推进行政经费使用管理改革。五、加强行政机关和国有企业事业单位财务管理。六、扎实抓好反腐倡廉长期性基础性工作。

3月26日

［纲　文］　**国务院总理温家宝与瓦努阿图总理基尔曼互致贺电，庆祝中瓦建交30周年。**

3月26日

［纲　文］　**全国政协副主席、中非人民友好协会会长阿不来提·阿不都热西提在北京会见乌干达地方政府部部长阿道夫·姆韦西杰一行。**

3月26日

［纲　文］　**全国组织干部学院举办省委组织部副部长和市委组织部长任职培训班。**

［目　文］　中共中央政治局委员、中组部部长李源潮与学员座谈时指出，组织部长要把公道正派作为立身之本，提高为党和人民选贤任能的本领，及时发现、合理使用各方面优秀干部，保证党的事业朝气蓬勃、兴旺发达。组织部长是管干部的干部，管干部首先要公道。组织部长要敢于和善于选贤任能。170多位近两年来新任职的省委组织部副部长和市委组织部长参加了这期培训班。

3月26日

［纲　文］　**海关总署印发《中华人民共和国进境物品归类表》《中华人民共和国进**

境物品完税价格表》。

［目　文］　为适应市场发展需要，海关总署重新修订公布《中华人民共和国进境物品归类表》及《中华人民共和国进境物品完税价格表》。《归类表》和《价格表》主要内容有：

一、进境物品依次遵循以下原则归类：（一）《归类表》已列名的物品，归入其列名类别；（二）《归类表》未列名的物品，按其主要功能（或用途）归入相应类别；（三）不能按照上述原则归入相应类别的物品，归入"其他物品"类别。

二、进境物品完税价格遵循以下原则确定：（一）进境物品的完税价格由海关依法遵循以下原则确定：1.《完税价格表》已列明完税价格的物品，按照《完税价格表》确定；2.《完税价格表》未列明完税价格的物品，按照相同物品相同来源地最近时间的主要市场零售价格确定其完税价格；3. 实际购买价格是《完税价格表》列明完税价格的 2 倍及以上，或是《完税价格表》列明完税价格的 1/2 及以下的物品，进境物品所有人应向海关提供销售方依法开具的真实交易的购物发票或收据，并承担相关责任。海关可以根据物品所有人提供的上述相关凭证，依法确定应税物品完税价格。（二）边疆地区民族特需商品的完税价格按照海关总署另行审定的完税价格表执行。《归类表》《价格表》4 月 15 日起执行。

3 月 26 日—4 月 2 日

［纲　文］　**国家主席胡锦涛应邀出席在韩国首尔举行的核安全峰会、在印度新德里举行的金砖国家领导人第四次会晤，并对柬埔寨进行国事访问。**

［目　文］　应韩国总统李明博、印度总理辛格、柬埔寨国王西哈莫尼邀请，胡锦涛于 3 月 26 日至 27 日出席在韩国首尔举行的第二届核安全峰会，3 月 28 日至 29 日出席在印度新德里举行的金砖国家领导人第四次会晤，3 月 30 日至 4 月 2 日对柬埔寨进行国事访问。

首尔核安全峰会是 2010 年华盛顿核安全峰会的后续会议。这次峰会以加强核材料和核设施安全为主题，全面回顾华盛顿峰会以来国际社会在核安全领域取得的进展，重点讨论加强核安全的国家措施和国际合作。50 多个国家领导人和有关国际组织负责人出席会议。

27 日，胡锦涛出席安全峰会，并在会上发表讲话，提出 4 点主张：坚持科学理性的核安全理念，增强核能发展信心；强化核安全能力建设，承担核安全国家责任；深化国际交流合作，提升全球核安全水平，帮助发展中国家提高核安全技术水平；标本兼顾、综合治理，消除核扩散及核恐怖主义根源。

27 日，在金砖国家领导人第四次会晤前，胡锦涛接受金砖国家媒体《巴西商报》《俄罗斯报》《印度教徒报》《人民日报》，以及南非《商业日报》联合采访。

29 日，胡锦涛在金砖国家领导人会上发表讲话，回顾总结金砖国家合作发展历程并提出 4 点建议：坚持共同发展，促进共同繁荣；坚持平等协商，深化政治互信；坚持务实合作，夯实合作基础；坚持国际合作，促进世界发展。他还就全球治理、可持续发展、能源和粮食安全以及重大国际和地区热点问题阐述了立场和主张。

胡锦涛在出席两个会议期间，会见了一些国家领导人，就双边关系及重大国际和地区问题交换意见，达成重要共识。

26日，在会见美国总统奥巴马时，胡锦涛强调，中美要坚持合作伙伴关系大方向，坚持不懈推进合作伙伴关系建设，全方位拓展互利共赢的务实合作，确保在亚太良性互动，继续为中美关系注入动力。奥巴马表示，美方高度重视保持良好美中关系，期待着同中方加强对话、协调、合作，促进互利共赢的伙伴关系。

28日，在会见俄罗斯总统梅德韦杰夫时，胡锦涛提出，两国要保持高层密切交往，加大相互政治支持，推进重点领域合作，办好中俄旅游年，加强在国际事务中的协调配合。梅德韦杰夫表示，愿同中方共同努力，将中俄全面战略协作伙伴关系提升到一个新的水平。

胡锦涛还分别会见韩国总统李明博、印度总理辛格、南非总统祖马、巴西总统罗塞夫等，一致同意加强交往，深化互信，扩大合作。中韩元首表示，将以建交20周年和举办中韩友好交流年为契机，推动中韩关系不断取得新的发展。中印领导人共同宣布2012年为“中印友好合作年”。中南元首表示，携手推动中南和中非友好合作关系深入向前发展。中巴元首一致同意深化中巴战略伙伴关系，加强多边领域战略协作。

胡锦涛还就当前朝鲜半岛局势、叙利亚、伊朗等共同关心的重大国际和地区问题同有关国家领导人深入交换意见。

30日至4月2日，胡锦涛访问柬埔寨。胡锦涛分别会见了西哈莫尼国王、参议院主席谢辛亲王、国会主席韩桑林亲王和洪森首相等柬方领导人，他建议双方保持密切交往，加强战略沟通；扩大务实合作，实现互利共赢；加强安全执法合作，维护双方共同利益；密切多边配合，加强相互支持。柬方领导人表示，柬埔寨人民期盼将传统友谊传承下去，永做好邻居、好朋友、好伙伴。两国发表联合声明，决定将2013年定为中柬友好年，全面推进人文和青年交流，扩大经贸、农业、基础设施建设等领域合作。

访问期间，双方签署了《中柬经济技术合作协定》等合作文件。两国发表联合声明指出，由毛泽东主席、周恩来总理等中国老一辈领导人和诺罗敦·西哈努克太皇共同缔造和精心培育的中柬传统友谊历久弥坚，不断发扬光大。近年来，双方领导人保持密切交往，政治、经济、社会、文化等各领域友好交流与合作全面推进，建立了全面战略合作伙伴关系，中柬关系步入了新的历史发展时期。中方愿继续为柬埔寨国家建设提供力所能及的经济援助，根据平等互利原则，支持柬埔寨交通、能源、通信、水利等基础设施建设。中方积极支持有实力、信誉好的中国企业在基础设施、农业、工业、旅游和合作区建设等重点领域与柬方加强合作。

国家主席胡锦涛一行于4月2日乘专机回到北京。

3月26—30日

［纲　文］　**李长春在广西就深入贯彻党的十七届六中全会精神，不断开创文化改革发展新局面展开调研。**

［目　文］　中共中央政治局常委李长春先后到百色、南宁、北海、钦州等地，进企业、入社区、访农户、考察基层宣传文化单位，就贯彻落实全国两会精神、推动科学发展、加快转变经济发展方式、推进文化改革发展、深入开展学雷锋活动等进行调研。

在调研时，李长春强调，党的十七届六中全会提出了建设社会主义文化强国的战略任务，为推动文化大发展大繁荣提供了宝贵历史机遇。各级党委和政府特别是宣传思想文化战线要深入贯彻落实全会精神，解放思想、转变观念、抓住机遇、乘势而上，大力推进改革创新，进一步兴起文化改革发展新高潮，不断开创文化改革发展新局面，以优异成绩迎接党的十八大胜利召开。

3月26—31日

［纲　文］　**全国政法委书记首期培训班在北京举行。**

［目　文］　为加强新形势下政法领导干部队伍建设，推动政法事业科学发展，中央政法委决定对全国3300多名政法委书记分期分批进行集中培训，深入学习贯彻落实科学发展观和全国“两会”、全国政法工作会议精神，进一步增强政法委书记的政治意识、大局意识、责任意识、法律意识和廉洁意识，提高领导管理政法工作的能力水平。这是中央政法委举办的规模最大的一次集中培训，培训班成员绝大部分是新走上政法委书记领导岗位的。首期有省、市、县三级党委政法委书记462人参加学习。到6月12日还有5期。

3月27日

［纲　文］　**国务院总理温家宝会见联合国—阿盟叙利亚危机联合特使安南。**

［目　文］　在会见中，温家宝指出，实现叙利亚的长治久安，从根本上要靠顺应叙利亚人民的改革意愿，切实保障他们的合法权益，发展经济，改善民生。这需要叙利亚政府和国内各派、各界的共同努力。叙利亚的前途命运最终由叙利亚人民自己决定。安南表示与包括中国在内的国际社会保持密切沟通和协作，根据六点建议，加紧做叙利亚政府和反对派工作，尽快制止暴力行动，开启政治解决叙利亚问题的进程，切实保障叙利亚人民的根本利益，维护中东和平稳定。

3月27日

［纲　文］　**国务院副总理王岐山会见来华出席第十八届中法经济研讨会的法国前总理拉法兰。**

［目　文］　在会见中，王岐山说，中法经济研讨会是两国企业开展交流合作的重要平台。企业是经济合作的市场主体，两国政府要为双方企业合作创造良好的环境。拉法兰表示，法国工商界愿与中方加强各领域合作，欢迎中国企业到法国投资。

3月27日

［纲　文］　**王岐山在北京考察中关村非上市公司股份转让试点工作。**

［目　文］　国务院副总理王岐山在考察时强调，场外交易市场是多层次资本市场的重要组成部分。要按照“十二五”规划和全国金融工作会议的要求，把握好“稳中求进”

的总基调，认真总结试点经验，加快推进体制机制改革和组织制度创新，探索建设场外交易市场，努力提高直接融资比重，优化金融结构，满足多元化投融资需求，更好地服务实体经济。

3月27日

［纲　文］　**国务委员刘延东会见美国思科公司董事长兼首席执行官约翰·钱伯斯一行。**

［目　文］　在会见中，刘延东对思科公司在教育领域积极推广互联网应用并成功开展教育信息化创新试点表示赞赏，对该公司积极支持四川地震灾区教育重建表示感谢。

3月27日

［纲　文］　**全国人大常委会副委员长严隽琪会见捷克社民党第一副主席哈谢克。**

［目　文］　在会见中，严隽琪说，中国全国人大与捷克议会保持接触与联系，促进了两国关系的全面发展。中方赞赏捷克社民党等为发展双边关系所做的积极努力，希望社民党今后继续发挥在政治、经济、文化等领域的影响力，为推动中捷关系健康发展做出贡献。

3月27日

［纲　文］　**国务委员兼国防部部长梁光烈与立陶宛国防部部长尤克内维奇涅举行会谈。**

［目　文］　在会谈中，梁光烈表示，当前，中立两国关系发展势头良好，高层交往增多，各领域合作不断扩大，在国际事务中保持良好沟通与协调。中方愿与立方一道，继续扩大各层级友好交往，深化各领域互利合作，推动中立关系健康稳定发展。梁光烈指出，近年来，中立两军关系在团组互访、人员培训等领域取得了积极成果。中国军队重视发展与立陶宛军队的友好合作关系，愿与立方加强高层对话，共同发掘两军合作的潜力，为两军友好关系发展注入新的活力。尤克内维奇涅说，立中两国两军关系近年来健康发展。立方希望继续加强两军友好合作，推动双边友好关系进一步发展。

3月27日

［纲　文］　**国务院在人民大会堂召开全国造林绿化表彰动员大会。**

［目　文］　中共中央政治局委员、全国绿化委员会主任回良玉出席会议并讲话，他指出，当前正是植树造林、绿化国土的大好时节，要大力实施以生态建设为主的林业发展战略，深入开展全民义务植树运动，继续推进重点生态建设工程，加快转变林业发展方式，全面提高造林绿化的质量和效益，促进经济社会可持续发展。同时要高度重视做好森林防火工作，特别是清明节即将到来，务必要落实防火责任，严格火源管理，加强应急处置，保障人民生命财产和森林资源安全。

3月27日

［纲　文］　**工业和信息化部发布《关于组织开展端口类短信群发业务清理整顿专项行动的通知》。**

［目　文］《通知》提出开展为期3个月的端口类短信群发业务清理整顿专项行动。本次清理整顿的范围主要是利用基础电信企业自有端口和行业类应用端口、信息服务经营者自有端口和个人通信号码（含小灵通号码、手机号码和固定号码等）开展经营性群发垃圾短信的行为。

通知要求，一是要切实加强技术手段建设，在全国范围内建设垃圾短信发端、收端过滤系统，认真处理网间垃圾短信联动平台上其他基础电信企业转来的投诉。二是要加强内部管理，完善垃圾短信治理工作流程和相关规章制度，建立对异常群发短信行为的监测、发现、预警及后续处理机制。三是要加强对信息服务提供者的监督，不得超范围发送短信，做到事前严格审查、事中加强拨测、事后严格处理，对违约的信息服务提供者坚决清退。

3月27日

［纲　文］**上海文化产权交易所北京总部成立。**

［目　文］中央文化企业国有产权交易系统同时启动。首批中央文化企业的200多个文化项目，涉及版权、股权、物权等领域。

上海文化产权交易所成立于2009年6月，由上海联合产权交易所、解放日报报业集团、上海精文投资公司联合创办，是以文化版权、股权、物权、债权等各类文化产权为交易对象的专业化市场平台，通过境内外的分支机构，为各类出资主体提供灵活、便捷的投融资服务。

3月27日

［纲　文］**第十届中国土木工程詹天佑奖颁奖典礼在北京举行，中国科学技术馆新馆、上海光源国家重大科学工程、杭州湾跨海大桥、武汉长江隧道等55项工程获奖。**

3月27日

［纲　文］**中宣部、发展改革委、民政部、财政部、中国残联等11个部门联合发布《关于加强残疾人文化建设的意见》。**

［目　文］《意见》将残疾人文化工作全面纳入国家公共文化服务体系，强调在为残疾人提供均等文化服务的同时，广泛开展个性化服务，残疾人群体在文化创业等方面将享受到特别扶持。

《意见》提出，以基层乡镇（街道）综合文化站、村文化活动室、社区文化中心为依托，以残疾人文化、体育工程项目为载体，为广大残疾人提供文化服务，满足残疾人的基本文化需求；同时，进一步制定特殊优惠政策，进一步加大残疾人文化产品的研发和供给，促进残疾人特殊文化艺术发展；通过政策扶持、税收优惠等措施，鼓励残疾人文化创业，扶持残疾人文化艺术产业发展。

《意见》指出，各级党委、政府、有关部门在规划和建设公共文化服务体系过程中，要把残疾人文化建设纳入其中，给予特别指导和支持，统筹安排，同步实施。国家公共文化、体育设施建设、文化信息资源共享、农村电影放映、农家书屋等文化惠民工程建设项目，也将充分考虑残疾人的特殊需求，为残疾人提供必要的服务内容和参与条件，包括提供无障碍服务、建立盲人阅览室、增加残疾人文体活动内容、扶持开播“手语栏目”、扶持残疾人创作的文艺作品等。

3 月 27 日

［纲　文］　**环境保护部印发《关于加强环境空气质量监测能力建设的意见》。**

［目　文］　为贯彻落实《国务院关于加强环境保护重点工作的意见》（国发〔2011〕35 号）、《国家环境保护“十二五”规划》和第七次全国环境保护大会精神，全面实施新修订的《环境空气质量标准》，加快建设先进的环境空气质量监测预警体系，环境保护部提出该意见。《意见》内容包括：一、充分认识加强环境空气质量监测能力建设的重要性和紧迫性；二、加强环境空气质量监测能力建设的总体要求；三、加快建设先进的环境空气质量监测预警体系；四、加强组织协调，扎实推进环境空气质量监测能力建设。

3 月 27—29 日

［纲　文］　**应国家副主席习近平的邀请，阿拉伯联合酋长国阿布扎比酋长国王储穆罕默德·本·扎耶德·阿勒纳哈扬对中国进行访问。**

［目　文］　在华期间，全国人大常委会委员长吴邦国、国务院总理温家宝、国家副主席习近平分别与穆罕默德举行会谈。

28 日，习近平在会谈中表示，中方赞赏阿方对发展对华关系的积极态度，愿同阿方共同努力，以两国建立战略伙伴关系为契机，全面提升中阿友好合作水平。一是要巩固政治互信，密切协调配合；二是要深化能源合作，夯实战略基础；三是要加强经贸合作，造福两国人民；四是要促进人文交流，扩大民间交往，为中阿友好奠定更加坚实的基础。穆罕默德表示，阿方愿同中方共同努力，进一步加强在经贸、能源、教育、文化和地区事务等各领域的合作，把两国关系建成国与国之间友好合作的典范。双方还就中东和海湾地区形势交换了看法。

29 日，温家宝在会见穆罕默德时说，双方要科学规划，密切配合，促进能源合作有序、高效、可持续发展；采取有效方式，加强在基础设施、高端制造业、绿色产业领域的投资合作；扩大教育和文化交流；共同推动中国与海合会自贸区谈判尽快取得成功。穆罕默德说，阿方将继续坚定奉行一个中国政策，支持中国在国际和地区事务中发挥更大作用，愿与中方一道，进一步加强各领域务实合作，推动新时期阿中关系取得更大发展。双方还就西亚北非地区局势交换了意见。

29 日，吴邦国在会见时强调，中方愿与阿方一道，加强政府、议会等各方面的友好往来，在涉及彼此核心利益和重大关切问题上给予相互坚定支持，不断增进政治互信；发挥互补优势，在扩大基础设施建设、能源等传统领域合作的同时，积极探索在清洁能源、金融、投资等新领域的合作；扩大教育、文化、旅游等方面交流，夯实长期友好的民意基础，推动中阿关系不断迈上新台阶。中国全国人大支持中阿发展更为紧密的友好合作关系，愿进一步加强与阿国民议会的友好往来，赋予中阿关系新的内涵。穆罕默德表示，阿方致力于深化对华友好，进一步加强在经贸、能源、人文等领域的互利合作和交流，增进两国人民之间的了解和友谊，推动阿中关系持续向前发展。

3月27—29日

［纲　文］　**全国政协副主席、中国和平发展基金会理事长孙家正一行访问加拿大。**

［目　文］　访问期间，孙家正会见了加拿大联邦议会参议长金塞拉、加中议会协会共同主席普莱特参议员和克兰普众议员，广泛接触加前副总理科普斯、前外交部部长坎农、公共工程和公用事业部副部长吉蒙、加中贸易理事会主席哈德、文明博物馆馆长奥尼尔等各界人士。

孙家正在与加方政要会见中表示，中方愿与加方一道，继续从战略高度和长远角度维护好、巩固好中加关系良好局面，深挖合作潜力，扩大共同利益，推动两国关系持续健康稳定发展。加方表示高度重视中加关系，希望进一步加强两国在贸易、交通、教育、文化等领域的交流与合作，密切两国议会交往和人员往来，加强双方在国际和地区问题上的协调与合作，促进两国关系取得更大发展。

3月28日

［纲　文］　**国务院总理温家宝主持召开国务院常务会议。**

［目　文］　会议确定设立温州市金融综合改革试验区，并指出温州市金融综合改革的十二项主要任务是：一、规范发展民间融资；二、加快发展新型金融组织；三、发展专业资产管理机构；四、研究开展个人境外直接投资试点，探索建立规范便捷的直接投资渠道；五、深化地方金融机构改革；六、创新发展面向小微企业和“三农”的金融产品与服务，探索建立多层次金融服务体系；七、培育发展地方资本市场；八、积极发展各类债券产品；九、拓宽保险服务领域，创新发展服务于专业市场和产业集群的保险产品，鼓励和支持商业保险参与社会保障体系建设；十、加强社会信用体系建设；十一、完善地方金融管理体制，防止出现监管真空，防范系统性风险和区域性风险。建立金融业综合统计制度，加强监测预警；十二、建立金融综合改革风险防范机制。

会议同时确定了加强进口促进对外贸易平衡发展的政策措施：一是调整部分商品进口关税。二是提供多元化融资便利。三是提高贸易便利化水平。四是完善管理措施。

3月28日

［纲　文］　**国务院副总理李克强会见美国苹果公司首席执行官蒂姆·库克。**

［目　文］　在会见中，李克强指出，经贸合作是中美建设相互尊重、互利共赢合作伙伴关系的重要基石。中国转方式、扩内需、科技创新等都是在扩大开放条件下进行的。中国依法为中外资等各类企业平等竞争创造良好环境，加强知识产权保护。希望包括苹果公司在内的跨国企业拓展与中方合作，在推动产业转移中积极参与中西部地区发展，加强人文关怀，共同分享机遇。库克表示愿与中方深化全方位合作，依法诚信经营。

3月28日

［纲　文］　**国务院总理温家宝主持召开国务院第七次全体会议，决定任命梁振英为香港特别行政区第四任行政长官。**

3月28日

［纲　文］　**中国商务部部长陈德铭出席在新德里举行的第二次金砖国家经贸部长会议。**

［目　文］　中国商务部部长陈德铭，印度商工部部长夏尔马，南非贸工部部长戴维斯，巴西外交部长帕特里奥塔，工业和贸易部部长皮蒙特尔，俄罗斯经济发展部长纳比乌琳娜出席会议。本次会议主要有三项议题：一是审议经贸联络组报告；二是讨论多边议题，包括各国经济发展概况、全球经济形势及对贸易投资的影响、多哈回合谈判现状和前景、金砖国家在二十国集团等多边机制中的合作；三是探讨深化金砖国家经贸合作。

陈德铭在会上就利用好金砖国家合作机制扩大经贸合作提出四点倡议。一是完善市场环境，提高贸易投资便利化水平，努力消除各种贸易投资壁垒，共同推进通关便利化，大力发展电子商务，扩大本币结算范围。二是搭建更多平台，促进各种形式的经贸往来，支持其他成员到本国开展贸易投资促进活动，也可针对第三国市场开展合资生产。三是推动中小企业合作，为扩大中小企业交流与合作提供有利条件。中方愿与金砖国家积极探讨合作设立工业园区等有利扩大双向投资的方式。四是积极开展科技合作与产业合作。

3月28日

［纲　文］　**中国国际贸易促进委员会副会长于平、中国国家开发银行董事长陈元出席在新德里举行的金砖国家第二次工商论坛和第二次银行合作机制年会暨金融论坛。**

［目　文］　于平、陈元在中国代表团新闻中心分别就上述活动以及中国的立场与主张进行媒体吹风。

于平介绍说，金砖国家各成员对此次工商论坛的再次举行表示一致欢迎，并希望论坛能够长期举办下去，成为不断推动金砖国家务实经贸合作的重要平台。中国工商界对论坛极为重视，前来参加论坛的企业家代表已超过120人，为各国企业代表团中规模最大的。

陈元表示，此次年会上，五国成员行一致认为，金砖国家银行合作机制成立以来，各成员行在互信互利的基础上，加强协调合作，积极推动金砖国家银行合作机制的能力建设与高效运转，对促进成员国经贸合作与可持续发展发挥了积极作用。

3月28日

［纲　文］　**由中国贸促会、国务院发展研究中心和法中委员会共同举办的第十八届中法经济研讨会在北京举行。**

［目　文］　本次研讨会的议题是“提高投入效益，促进经济增长”。中法企业家及学者就通过技术创新减少资源消耗，通过改变经济增长方式提高经济效率，以及中法企业在新形势下的战略合作前景进行了深入探讨。

全国政协副主席白立忱出席开幕式并发表演讲。白立忱介绍了中国在“十二五”开局之年采取的措施及其成效，重点讲解了中国在今后一段时期优先发展的产业和规划目标，希望法国工商界有识之士与中国企业一道进一步挖掘航空航天、交通运输等传统产业合作潜力，并积极拓展在节能增效、环境保护、资源利用等领域的合作，推动中法经贸关系持续健康发展。

3月28日

［纲　文］　**发展改革委发布《完善垃圾焚烧发电价格政策的通知》。**

［目　文］　《通知》内容包括：一、进一步规范垃圾焚烧发电价格政策；二、完善垃圾焚烧发电费用分摊制度；三、切实加强垃圾焚烧发电价格监管。《通知》自4月1日起执行。

3月28—31日

［纲　文］　**孟建柱在湖南调研公安工作。**

［目　文］　孟建柱在湖南调研公安工作时强调，要积极适应经济社会发展的新形势、新要求，不断夯实公安基层基础工作，更好地提升服务群众、打击犯罪的能力和水平，以优异成绩迎接党的十八大胜利召开。在常德、永州、长沙，孟建柱考察了三地公安机关信息化建设情况。在怀化、永州等地公安派出所考察时，孟建柱强调，要大力加强基层基础工作，推进社会管理创新，做好治安防范、服务群众、化解矛盾等工作。在怀化市芷江县，孟建柱详细了解当地通过“政府主导、部门履职、市场运作、群众参与”，有效破解农村客运安全难题的经验。调研期间，孟建柱到韶山向毛泽东同志铜像敬献花篮，瞻仰毛泽东同志故居。他要求充分运用革命历史资源开展人民警察核心价值观教育实践活动，教育引导广大民警永葆忠于党、忠于祖国、忠于人民、忠于法律的政治本色。

3月28日—4月1日

［纲　文］　**韩启德在江苏省南京、无锡及苏州等市开展调研。**

［目　文］　全国人大常委会副委员长、九三学社中央主席韩启德在江苏省南京、无锡及苏州等市开展工业绿色发展情况调研。他强调，实现工业绿色发展需要进一步推进机制体制改革，转变经营理念和消费观念。韩启德指出，推动工业绿色发展，政策创新必不可少，但培养和吸引人才更重要。节能减排最根本的途径还是要转变发展方式、调整经济结构，发挥市场配置资源的基础性作用。要通过体制机制创新与技术创新促进绿色发展，继续吸引国内外人才，发挥人才在创新中的重要作用。

3月28日—4月10日

［纲　文］　**国务院副总理回良玉应邀对马其顿、黑山、纳米比亚、津巴布韦、印度尼西亚五国进行访问。**

［目　文］　此次访问是应马其顿副总理佩舍夫斯基、黑山副总理拉佐维奇、纳米比亚副总理豪西库、津巴布韦副总统穆菊茹、印度尼西亚经济统筹部部长哈达的邀请。

29日，回良玉在斯科普里会见马其顿共和国总统伊万诺夫、马其顿总理格鲁埃夫斯基。在会见中，双方就两国各领域务实合作、经济交流等问题进行了交流。当日，回良玉还同马其顿副总理佩舍夫斯基就双边关系和务实合作举行会谈。会谈后，回良玉和佩舍夫斯基共同出席了两国经济技术合作、进一步加强农业合作等4份文件的签字仪式。

30日，回良玉在波德戈里察会见黑山总统武亚诺维奇、黑山总理卢克希奇。双方就基础设施建设、农业、旅游和投资等领域的务实合作进行了交流。3月31日，回良玉在萨拉热窝会见波黑部长会议主席贝万达。

4月2日，回良玉在坎帕拉会见乌干达总统穆塞韦尼。双方就经贸、农业、基础设施建设领域的务实合作进行了交流。

2日，回良玉同纳米比亚副总理豪西库举行会谈。会谈后双方共同出席了中纳两国关于经济技术合作、渔业合作等5个文件的签字仪式。

3日、4日，回良玉在温得和克分别会见纳米比亚总理安古拉、纳米比亚总统波汉巴，双方就投资、贸易、技术交流等全面进行了交流。

5日、6日，回良玉在哈拉雷分别会见津巴布韦总理茨万吉拉伊、津巴布韦代总统恩科莫。双方就基础设施建设方面、在联合国及其他国际组织中的协调配合等问题进行了交流。

9日，回良玉在雅加达与印度尼西亚经济统筹部部长哈达举行会谈。在会谈中，回良玉就全面推进中国与印尼战略伙伴关系提出五点建议：第一，用好现有机制，统筹经贸合作，结合两国各自发展战略，尽快制定经贸合作具体规划；第二，推进双边贸易平衡快速发展，鼓励有实力、信誉好的企业前来投资兴业，实现互利共赢；第三，发挥各自优势，加强农林渔业合作，使之成为两国务实合作的新亮点；第四，加强防灾救灾合作，相互学习借鉴经验，拓展新的合作领域；第五，加强地区协作，维护共同利益。回良玉和哈达还共同出席了关于加强地震科技合作等文件的签字仪式。

10日，回良玉在雅加达会见印度尼西亚副总统布迪奥诺，双方就基础设施、工业制造、农业、防务、旅游等领域的合作进行了交流。

3月29日

［纲　文］　**国家主席胡锦涛出席在新德里举行的金砖国家领导人第4次会晤。**

［目　文］　国家主席胡锦涛、巴西总统罗塞夫、俄罗斯总统梅德韦杰夫、印度总理辛格、南非总统祖马出席会晤。印度总理辛格主持会晤。这次会晤的主题是“金砖国家致力于全球稳定、安全和繁荣的伙伴关系”，与会领导人就全球治理、可持续发展、金砖国家合作等问题深入交换意见，达成广泛共识。

胡锦涛在会上发表题为《加强互利合作　共创美好未来》的重要讲话。胡锦涛指出，金砖国家是新兴市场国家和发展中国家大家庭的重要组成部分，是维护世界和平、促进共同发展的积极力量。当前，金砖国家合作正处在新的起点，应该继往开来、开拓进取，迈向新的台阶。

胡锦涛就加强金砖国家合作提出四点建议。第一，坚持共同发展，促进共同繁荣。坚持办好自己的事情，保持经济增长、民生改善的良好势头，这本身就是对世界经济复苏和增长的重大贡献。第二，坚持平等协商，深化政治互信，充分照顾彼此重大利益和关切，成为国际上相互尊重、平等协商的典范，永远做好朋友、好伙伴。第三，坚持务实合作，夯实合作基础，努力使各领域合作发挥应有作用，巩固合作的经济、社会、民意基础，加强财政金融部门磋商和合作，打造品牌项目。第四，坚持国际合作，促进世界发展，推动全球经济治理改革，增加新兴市场国家和发展中国家代表性和发言权，推动南南合作、南北对话，加强在国际经济、金融、贸易、发展领域的沟通协调，加强在二十国集团、联合国等多边机制中的沟通协调，体现对多边主义的重视和支持。

胡锦涛强调，中国将牢牢把握科学发展这个主题，始终不渝走和平发展道路，始终不渝奉行互利共赢的开放战略，在实现自身发展的同时致力于促进世界共同发展。中国坚定支持金砖国家合作，坚持同广大发展中国家风雨同舟、和衷共济。

辛格、罗塞夫、梅德韦杰夫、祖马分别发言，积极评价金砖国家合作取得的重要进展，一致认为，当前世界经济形势不容乐观，引发全球金融危机的深层次原因依然存在，欧洲主权债务危机仍在持续，给新兴市场国家和发展中国家带来严重风险和挑战。国际社会应该共同致力于推动世界经济尽快复苏和强劲、可持续、平衡增长。发达国家应该采取负责任的政策，稳定本国货币和金融。金砖国家将努力促进本国经济增长，拉动内需，改善民生，扩大相互贸易和投资。与会领导人支持巴西今年 6 月举办联合国可持续发展大会、印度今年 10 月举办《生物多样性公约》缔约方大会第 11 次会议。

会晤后，与会领导人出席了有关合作协议签署仪式并联合会见记者。

胡锦涛表示，金砖国家发展是全球共同发展的重要组成部分，金砖国家合作顺应了和平、发展、合作的时代潮流，有利于推动国际关系民主化。中方愿同其他金砖国家成员国加强伙伴关系，共同推动建设持久和平、共同繁荣的和谐世界。

会晤发表了《德里宣言》，规划了下一阶段合作，宣布下次会晤将于 2013 年在南非举行。《德里宣言》体现了中国、巴西、俄罗斯、印度和南非五国在金砖国家合作、全球经济治理、全球和地区形势等问题上达成的重要共识。

宣言对 2012 年在巴西举行联合国可持续发展大会、在印度举行《生物多样性公约》缔约方大会以及在墨西哥举行二十国集团领导人峰会表示支持，对不久前俄罗斯加入世界贸易组织、南非成功主办《联合国气候变化框架公约》第 17 次缔约方大会暨《京都议定书》第七次缔约方会议表示祝贺。宣言对金砖国家积极就全球经济治理开展合作、应对气候变化挑战、强调可持续发展、致力于千年发展目标实现、推动多哈回合谈判取得平衡成果作出了承诺。

3 月 29 日

［纲　文］　**国务院副总理王岐山会见美国摩根士丹利公司董事长兼首席执行官高闻，双方就世界经济金融形势等问题交换了看法。**

3月29日

［纲　文］　**国务委员刘延东会见日本前首相村山富市率领的日本地震灾区青少年代表团。**

［目　文］　在会见中，刘延东指出，中日邦交正常化40年来，两国关系取得长足发展，政治互信不断加强，相互依存不断加深，利益交融不断扩大，不仅造福两国人民，也有利于亚洲和世界的和平、稳定与发展。刘延东说，中日友好的根基在民间，中日关系的未来在青少年。两国领导人将今年确定为“中日国民交流友好年”，双方正在开展丰富多彩的交流活动，其中加强青少年交流是重要组成部分，相信通过这些活动将进一步增进两国人民特别是年轻一代的相互了解和友好感情，为实现中日友好代代相传奠定良好基础。

3月29日

［纲　文］　**中国人民对外友好协会在北京举办招待会，庆祝中国与阿塞拜疆建交20周年。**

3月29日

［纲　文］　**最高人民检察院发布《关于进一步加强适用简易程序审理的公诉案件出庭工作的通知》。**

［目　文］　《通知》内容包括：一、高度重视简易程序公诉案件出庭工作；二、调配办案力量，为出庭工作提供充足的人财物保障；三、完善工作机制，确保案件质量，提高办案效率；四、加强对简易程序公诉案件出庭工作的领导和指导。

3月29日

［纲　文］　**监察部、人力资源社会保障部、海关总署公布《海关工作人员处分办法》。**

［目　文］　为严明海关纪律，规范海关工作人员的行为，保证海关及其工作人员依法履行职责，根据《中华人民共和国海关法》《中华人民共和国行政监察法》《中华人民共和国公务员法》《行政机关公务员处分条例》及其他有关法律、行政法规，制定该办法。《办法》共有3章20条，内容包括：第一章总则，第二章违法违纪行为及其适用的处分，第三章附则。《办法》自5月1日起施行。

3月29日

［纲　文］　**新疆维吾尔自治区重点项目推进会在北京召开。**

3月29日

［纲　文］　**庆祝《人民论坛》20周年暨《学术前沿》创刊理论研讨会在人民日报社召开。**

3月29日

［纲　文］　**上海市网络视听企业专项资金资助座谈会召开。**

［目　文］　上海于2011年末正式设立上海市网络视听产业专项资金，确定了原创

网络剧、原创网络短片、原创视听栏目等八大重点扶持类别。经过初评和终审，12 家企业的 22 个项目最终获得资助。上海自 2011 年起每年设置 1000 万元，以扶持网络视听产业发展。这是中国首笔扶持该产业的专项资金。

截至 2011 年底，中国网络视频市场规模达 62.7 亿元，同比实现翻番。中国网络视频用户达 3.25 亿，同比增加 14.6%。2011 年，上海网络视听产业规模超过 30 亿元，占据中国网络视听产业“半壁江山”。

3 月 29 日

［纲　文］　**国土资源部《全国土地整治规划（2011—2015）》将青海省湟水流域重大土地整治工程纳入规划期实施的重大项目。**

［目　文］　《规划》将青海省湟水流域重大土地整治工程纳入规划期实施的重大项目，并将青海省海西蒙古族藏族自治州柴达木盆地和海南藏族自治州台地土地整治工程，作为规划期内备送项目。纳入规划的重大土地整治项目，以土地生态环境整治为主要方向，加强农田水利和防护林网建设，增强耕地抵御自然灾害的能力，结合农牧区危旧房改造，开展村庄整治。湟水流域土地整治重大工程，涉及土地面积 250 万亩，计划投资 79 亿元，为国家在青海省实施的最大的农业单体项目。

3 月 29 日

［纲　文］　**澳门特区政府主办的 2012 年澳门国际环保合作发展论坛及展览（MIECF）在澳门开幕。**

［目　文］　展会以“绿色经济—增长新动力”为主题，展场内特设了泛珠三角省区展区、欧洲馆、美国展区、国际展区及澳门展区等，展示了环保业界的最新产品、技术和相关服务。MIECF 已连续举行五届，成为华南及泛珠地区绿色产业的重要环保合作及发展平台。

3 月 29 日

［纲　文］　**江西出台《鄱阳湖生态经济区环境保护条例》**

［目　文］　《条例》由江西省第十一届人民代表大会常务委员会第三十次会议通过，于 2012 年 5 月 1 日起施行。《条例》将鄱阳湖生态经济区分为湖体核心保护区、滨湖控制开发带和高效集约发展区，对生态经济区内从事影响环境的生产、经营、建设、旅游、科学研究、管理等活动进行了规范。这是江西省涉及鄱阳湖生态经济区建设的第一部地方性法规，将鄱阳湖生态经济区建设部分“先行先试”政策措施以地方性法规的形式确立下来，促进环境保护与经济社会协调发展。

3 月 29—31 日

［纲　文］　**首届“中国国际进口产品博览会”在昆山举行。**

［目　文］　为落实国家“稳出口、扩进口、调结构”的战略部署，江苏率先搭建起扩大进口平台，在昆山举行。来自 46 个国家和地区的 677 家企业参展，包括 21 家世界 500 强企业在内的不少国际知名企业参加了博览会。据统计，累计到会专业“买手”5.6 万人次，有 56% 的参展企业达成了进口、产品（品牌）代理和投资合作意向。

3月29日—4月10日

［纲 文］ **全国人大常委会副委员长桑国卫应邀率全国人大代表团赴乌干达出席各国议会联盟第126届大会，并对博茨瓦纳和毛里求斯进行访问。**

［目 文］ 31日，桑国卫会见乌干达议长卡达加，双方就两国关系、议会交往及其他共同关心的问题交换了意见。

4月1日，桑国卫在坎帕拉举行的各国议会联盟（议联）第126届大会上发表讲话，呼吁国际社会面对新的机遇和挑战，同舟共济，共克时艰，为实现互利共赢和共同发展而努力。包括中国全国人大代表团在内的122个国家的近1000名议会代表出席大会。

5日、6日，桑国卫在哈博罗内分别会见博茨瓦纳副总统梅拉费、博茨瓦纳国民议会议长玛格丽特·纳萨，双方就两国立法机构间交往与合作等问题进行了交流。

10日，桑国卫分别会见了毛里求斯代总统贝莱波、总理拉姆古兰、议长普里亚格。当晚，中国驻毛里求斯大使馆举行中毛建交40周年招待会。

3月30日

［纲 文］ **中宣部在北京召开理论宣传工作座谈会。**

［目 文］ 中共中央政治局委员、中宣部部长刘云山出席会议并讲话。刘云山指出，理论宣传是加强党的思想理论建设的重要内容，是让党的理论最迅速最广泛同群众见面的基本途径。在国际国内形势和思想文化领域发生深刻变化的情况下，理论宣传工作的作用更加凸显、任务更加繁重、责任更加重大。必须继承发扬党的优良传统，进一步加强和改进理论宣传，使党的理论创新成果更好地为广大干部群众所理解、所接受，充分发挥科学理论在认识改造世界、凝聚思想共识中的指南作用。

刘云山强调，在当代中国，中国特色社会主义是引领中国发展进步的旗帜，是全党全国各族人民团结奋斗的旗帜。做好新形势下的理论宣传工作，最根本、最核心的，就是要牢牢把握正确方向，坚持用中国特色社会主义伟大旗帜凝聚力量，在多元中立主导、多样中谋共识，坚定人们的共同理想追求。要紧密联系马克思主义中国化的历史进程，认真实施中国特色社会主义理论体系普及计划，大力推进中国特色社会主义理论体系的宣传阐释，不断增强人们坚持中国特色社会主义旗帜、道路、理论体系和制度的自觉性坚定性。科学发展观是中国特色社会主义理论体系的最新成果，是中共十六大以来党的理论创新成果的集中体现。开创中国特色社会主义事业新局面，迫切需要加强科学发展观的宣传教育，在新的高度和广度上进一步深化对科学发展观的认识，凝聚推动科学发展的共识，把科学发展观贯彻落实到经济社会发展各个方面。

来自有关地区、部门、宣传文化单位的8人在座谈会上发言。中央有关部门、中央宣传文化单位、各省区市党委宣传部、党委讲师团以及在京有关新闻媒体负责人参加会议。

3月30日

［纲 文］ **国务院公布《国务院关于修改〈机动车交通事故责任强制保险条例〉的决定》。**

［目　文］　国务院决定对《机动车交通事故责任强制保险条例》作如下修改：第五条第一款修改为："保险公司经保监会批准，可以从事机动车交通事故责任强制保险业务。"《决定》自5月1日起施行。

3月30日

［纲　文］　**全国政务公开领导小组第12次会议在北京召开。**

［目　文］　中共中央书记处书记、全国政务公开领导小组组长何勇出席会议并讲话。何勇强调，推进政务公开工作，完善政务服务体系，为推动科学发展促进社会和谐服务。2012年，要按照十七届中央纪委第七次全会和国务院第五次廉政工作会议的部署，围绕中心、服务大局，求真务实、改革创新，全面落实《关于深化政务公开加强政务服务的意见》，进一步拓展政务公开领域，不断丰富政务公开内容，扎实推进政务公开制度建设，积极完善政务服务体系，切实保障人民群众知情权、参与权、表达权和监督权，为推动科学发展、促进社会和谐服务。要紧紧围绕党和国家工作大局推进政务公开，推动中央重大决策部署的贯彻落实。要围绕社会热点难点问题加大公开力度，为营造和谐稳定的社会环境服务。要大力加强政务服务体系建设，逐步建立健全省、市、县、乡、村五级联动的综合政务服务体系，加快建立健全统一规范的招投标和公共交易市场。要深入推进行政权力公开透明运行，认真落实《关于加强廉政风险防控的指导意见》，逐步完善政府部门内部权力监督制约机制。要积极推进政务公开方式方法创新，大力加强电子政务建设，努力提高政务公开的质量和水平。

3月30日

［纲　文］　**国务委员兼国务院秘书长马凯会见美国西屋电气公司新任总裁兼首席执行官费澜德。**

［目　文］　在会见中，马凯说，中美两国企业在第三代核电技术领域的创新合作，为人类和平利用核能、保持能源可持续发展以及应对气候变化挑战提供了新的选择。双方表示将全力以赴把合作项目建设好，并进一步加强在核电领域的合作。

3月30日

［纲　文］　**中国人民对外友好协会在北京举办招待会，庆祝中国与瓦努阿图建交30周年。**

3月30日

［纲　文］　**财政部印发《金融企业准备金计提管理办法》。**

［目　文］　为防范金融风险，增强金融企业风险抵御能力，促进金融企业稳健经营和健康发展，根据《金融企业财务规则》等有关规定，制定该办法。《办法》共有4章20条，内容包括：第一章总则，第二章准备金的计提，第三章财务处理，第四章附则。《办法》自7月1日起施行。

3月30日

［纲　文］　**海关总署公布《海关总署关于修改〈中华人民共和国海关关于执行《内**

地与澳门关于建立更紧密经贸关系安排》项下《关于货物贸易原产地规则》的规定〉的决定》

3 月 30 日

［纲　文］　**广西壮族自治区钦州市政府宣布，国务院批准中国—马来西亚钦州产业园区设立。**

［目　文］　根据文件批复，中马钦州产业园区设在广西钦州市金鼓江地区，首期规划面积 15 平方公里。中马钦州产业园区的总体规划和产业发展规划已编制完成，功能分区包括工业区、科技研发区、配套服务区和生活居住区等。坚持以战略性新兴产业为先导，采取“中马合作，全球招商”方式，着力打造“先进制造基地、信息智慧走廊、文化生态新城、合作交流窗口。”

3 月 30 日

［纲　文］　**中国民主同盟中央委员会在北京举行纪念前中央人民政府副主席、民盟中央主席张澜诞辰 140 周年座谈会。**

3 月 30 日

［纲　文］　**审计署公告公布玉树恢复重建 2011 年跟踪审计结果。**

［目　文］　2011 年 5 月至 10 月，审计署对玉树地震灾后恢复重建规划实施、资金管理使用、工程建设管理、环境保护等情况进行了审计，重点抽查了城乡住房、交通、医疗等方面的 60 个项目，涉及概算总投资 102.68 亿元。

审计表明，玉树灾后恢复重建取得阶段性成果。截至 2011 年 10 月底，玉树结古镇“四横十六纵”的城市主次干道基本实现通车，城市供水厂、垃圾处理厂具备供水条件和垃圾填埋条件，污水处理厂正在进行设备调试；农牧民住房重建 21294 户的总任务已全部完工；规划重建的 95 个教育项目已开工 79 个、开工率 83.15%；规划重建的 66 个医院和卫生项目已开工 46 个、开工率 69.69%。

重建中存在一些需要改进和完善的问题，也有个别违规问题，包括：少数重建项目前期手续办理缓慢；2.78 亿元建设资金闲置未发挥效益；建安工程造价定额与援建单位建安成本存在较大差距。此外，审计还发现施工质量达不到设计图纸要求、部分项目未经环评即开工建设、灾后住房重建贷款工作进展缓慢等问题。

3 月 30 日

［纲　文］　**“唱响中国”获奖歌曲全国巡演活动 2012 年度首站演出在浙江宁波举行。**

3 月 30 日

［纲　文］　**科技部重大专项办公室和国务院学位委员会办公室在北京联合举办“面向国家科技重大专项培养工程博士高校—企业对接会”。**

［目　文］　会议研究部署了“十二五”期间工程技术领军人才培养工作。

工程博士专业学位研究生于 2011 年设立，旨在通过面向国家科技重大专项与企业联合培养工程博士，探索科教结合、校企合作培养工程技术领域领军人才新模式。工程博士招生自 2012 年开始，由经国务院学位委员会授权的高等学校与企业联合培养，由高等学校授予学位。清华大学等25所高校在电子信息、先进制造、生物与医药、能源与环保等四大领域获得工程博士专业学位授予权。

3月30日—4月2日

［纲　文］　**应国务院总理温家宝邀请，哈萨克斯坦总理卡里姆·马西莫夫访问中国。**

［目　文］　31日，温家宝与马西莫夫在人民大会堂举行中哈总理第一次定期会晤。温家宝说，近年来中哈相互帮助，携手应对国际金融危机，务实合作势头强劲。在中哈建交20周年之际，启动两国总理定期会晤机制，加强对双边各领域交流与合作的统筹协调，推动解决重大问题，开拓新的合作领域，推动中哈全面战略伙伴关系取得新进展。会谈后，两国总理共同签署了《中哈总理第一次定期会晤联合公报》。

同日，国家副主席习近平会见马西莫夫。习近平表示，中哈建交20年来，在涉及彼此核心利益的重大问题上相互坚定支持，在国际舞台上密切协调配合，有效维护了两国的共同利益，促进了地区及世界的稳定与发展。马西莫夫表示，哈方愿在双边和上海合作组织框架内，加强与中方的协调配合，共同维护中亚地区的和平稳定与发展。哈方坚定奉行一个中国原则，坚定支持中方打击分裂主义等“三股势力”的努力。

访问期间，马西莫夫出席了博鳌亚洲论坛2012年年会。

4月1日，国务院副总理李克强会见了马西莫夫。李克强表示，中哈是全面战略伙伴，中方愿与哈方共同努力，抓住机遇，全面落实两国总理达成的共识，深化两国关系，并加强与上海合作组织成员国及周边国家的合作。马西莫夫说，哈方愿认真落实两国总理会晤达成的共识，并利用上合组织机制，进一步深化两国在贸易、金融等领域的合作。

两国发表联合公报指出，双方一致认为，建立和启动中哈总理定期会晤机制，是两国关系步入新的发展阶段的战略举措。双方将充分发挥中哈总理定期会晤和中哈合作委员会的重要作用，进一步加强双边各级别、各领域的对话、交流与合作，不断充实中哈全面战略伙伴关系的内涵。双方对中哈霍尔果斯国际边境合作中心启动以及“霍尔果斯—阿腾科里”新跨境铁路通道开通给予高度评价，将进一步加强协调与配合，确保中心顺利运营。为进一步提高口岸通关能力，双方将加快完成“霍尔果斯—阿腾科里”铁路口岸的建设工作，并推动“霍尔果斯—阿腾科里”跨境铁路通道尽快投入运营。双方表示将推动《中华人民共和国政府和哈萨克斯坦共和国政府关于中哈国界管理制度的协定》尽快生效，尽早商签新的中哈边境口岸协定。双方将研究建立农产品快速通关“绿色通道”制度问题。

3月30日—4月2日

［纲　文］　**应国务院总理温家宝邀请，意大利总理马里奥·蒙蒂对中国进行访问。**

［目　文］　31日，温家宝与蒙蒂举行会谈。温家宝表示，中方愿与意方着手制定新的经济合作规划，充分发挥中意政府委员会的作用，加强对合作的统筹协调；中国政府鼓励中国企业扩大对意投资，希望意方推动欧盟为此创造更为开放、便利的环境，欢迎意大利企业拓展中国市场；双方要继续促进中小企业合作和贸易增长，引导两国有实力的企业

拓展高新科技、环保领域的合作；开展多种形式的金融合作，加强财经对话，在国际金融体系改革方面密切沟通协调；充分利用两国丰厚的文化旅游资源，扩大人文交流。

蒙蒂表示，中国是意大利重要的战略伙伴，意中加强合作符合双方的共同利益。中国企业扩大对意投资非常重要，意方在国内和欧盟框架下为此创造更有利的条件。意方愿与中方深化友谊，扩大合作，密切在国际事务中的协调配合，推动意中关系和欧中关系取得更大发展。

3 月 30 日—4 月 2 日

［纲　文］　**李克强在海南考察。**

［目　文］　中共中央政治局常委、国务院副总理李克强到海口、澄迈、琼海等地进行考察调研。在考察中，李克强强调，要坚持稳中求进的总基调，以改革创新为动力，适应变革中的世界，因地制宜发挥特色，高水平推进经济发展方式转变和经济结构调整，扎实有效地保障和改善民生，增强经济活力，拓展发展空间。在调研中，李克强听取了海南省委、省政府的工作汇报，充分肯定海南近年来经济社会发展取得的成就。他希望海南各族干部群众继续抓住机遇、锐意进取，在深化改革开放上走在前列，统筹推进城乡、区域和产业协调发展，不断谱写海南现代化建设的新篇章。

3 月 31 日

［纲　文］　**第二次全国环保科技大会在北京召开。**

［目　文］　国务院副总理李克强，国务委员刘延东对环保科技工作作出批示。全国政协副主席张榕明出席会议。全国政协副主席、科技部部长万钢对环保科技工作作出批示。环境保护部部长周生贤出席会议并发表讲话。环境保护部副部长吴晓青主持会议。全国人大环资委、全国政协人资环委、国务院有关部门及有关科研院所负责人出席会议。国家环境咨询委员会、环境保护部科学技术委员会委员，各省、自治区、直辖市和计划单列市、解放军环境保护局、新疆生产建设兵团环境保护局、辽河保护区管理局主要负责人，环境保护部机关各部门、各派出机构、各直属单位和省级环科院、各国家环境保护重点实验室、工程技术中心主要负责人，“十一五”环保科技工作先进单位和先进个人、国家环保科技奖获奖单位代表等参加了会议。

会议向国家环境咨询委员会委员和环境保护部科学技术委员会委员颁发了聘书，向“十一五”环保科技工作先进单位和个人、环境保护科技奖获得者颁奖，为国家环境保护重点实验室和工程技术中心授牌。大会总结交流了全国各地环保科技情况。

3 月 31 日

［纲　文］　**国务院副总理李克强与博鳌亚洲论坛理事会和咨询委员会成员座谈。**

［目　文］　在座谈中，李克强希望，本次论坛围绕亚洲和新兴经济体面临的重大和迫切问题进行研究和交流，提供更多有针对性的“博鳌观点”“博鳌方案”。中国作为东道国，愿与有关各方一道，继续为论坛发展提供支持和帮助。

3月31日

［纲　文］　**国务院副总理王岐山在浙江省绍兴市会见世界银行行长美国候选人、美国达特茅斯学院院长金墉，听取了金墉参与竞选世界银行行长的情况介绍。**

3月31日

［纲　文］　**中央创先争优活动领导小组第9次会议在北京召开。**

［目　文］　中共中央政治局委员、中组部部长李源潮在会上指出，要以迎接党的十八大为主题深入开展创先争优，推动经济发展稳中求进，维护社会和谐稳定，切实加强基层组织，更好地为完成党的中心任务提供动力和保证。要切实抓好基层组织建设年各项工作落实，确保取得实效。要把工作抓到支部，在分类定级基础上，指导每个支部提出创先争优的具体目标和措施，重点抓好后进支部整顿，抓好“一定三有”“四议两公开”等政策措施的落实。要抓好基层党组织带头人队伍建设，选派机关干部特别是优秀年轻干部到难点村、贫困村、后进村担任党组织书记，注意在大学生村官中发现优秀苗子，培养有文化、有抱负、有眼界、有胸怀的新一代农村党组织带头人。要建立干部直接联系群众制度，下基层改进作风、了解实情，指导基层组织建设。要坚持条块结合，充分发挥行业部门指导作用，形成加强基层组织建设合力。

中组部常务副部长、中央创先争优活动领导小组副组长沈跃跃和领导小组成员参加会议。

3月31日

［纲　文］　**长征三号乙运载火箭成功将法国泰雷兹阿莱尼亚宇航公司制造的亚太7号通信卫星送入预定轨道。**

3月31日

［纲　文］　**人民日报社举行“落实‘三贴近’，深化‘走转改’”为主题的研讨会暨读者座谈会。**

［目　文］　自2011年8月新闻战线“走转改”活动开展以来，人民日报社按照统一部署和要求，精心组织，全力以赴，形成了规模，形成了氛围。编委会成员带头，部门主任带队，编辑记者积极参与。截至目前，每位编委会成员走基层采访平均3次以上，人民日报社全社先后有600多名记者深入改革建设前沿，深入群众生产生活，挖掘现实素材、采写现场新闻，推出了一大批来自一线、鲜活生动的“走转改”作品。

会议揭晓了第三届《人民日报》（永联村杯）读者评报活动结果。根据读者投票，《人民日报》“社论·本报评论员”“今日谈”“人民观察”“任仲平”“政策聚焦”五个栏目荣获“读者最喜爱的栏目”奖，《人民日报》要闻版、视点新闻版、民生周刊、社会新闻版、文化新闻版荣获“读者最喜爱的版面”奖。

3月31日

［纲　文］　**国家京剧院“年轻的朋友来相会”——优秀青年演员展演暨第五届中国京剧优秀青年演员研究生、首届中国京剧流派班学员汇报演出活动在梅兰芳剧院落幕。**

3月31日

［纲　文］　**学习侯祥麟科学精神座谈会举行。**

［目　文］　4月4日是中国炼油技术奠基人之一，中国著名石油化工学家、燃料专家侯祥麟诞辰100周年。本日，中国工程院、中国科学院、中国石油天然气集团公司、中国石油化工集团公司、中国海洋石油总公司召开座谈会，纪念这位为中国石油化工学科做出杰出贡献的科学家。

3月31日—4月1日

［纲　文］　**王岐山在浙江考察。**

［目　文］　中共中央政治局委员、国务院副总理王岐山3月31日至4月1日在浙江省绍兴市、宁波市考察工作，并召开华东七省市外贸形势座谈会。他强调，进出口贸易关乎经济平稳较快发展，关乎增加就业和改善民生。要按照中央经济工作会议的要求和政府工作报告的部署，牢牢把握稳中求进的总基调，坚定信心，千方百计确保进出口稳定增长，加快转变外贸发展方式，不断提高对外贸易的质量和水平，以优异的成绩迎接党的十八大胜利召开。考察期间，王岐山对浙江省近年来经济社会发展取得的成绩给予充分肯定。浙江省和国务院有关部门、政策性金融机构负责同志参加了座谈会和考察。

4 月

4月1日

［纲　文］　**国务院总理温家宝在广西南宁会见马来西亚总理纳吉布，并共同出席中马钦州产业园区开园仪式。**

［目　文］　温家宝表示，双方要进一步加强沟通配合，着重在以下几方面做出努力：一是建设好中马钦州产业园区，并积极探讨在马来西亚合建产业园区；二是稳步推进能源、交通、生产领域的大项目合作，带动投资和贸易合作；三是拓展金融合作，在扩大双边本币互换规模基础上，加快贸易本币结算；四是加强执法安全合作，打击电信诈骗和恐怖活动，启动中马引渡条约和刑事司法互助协议谈判，商签打击跨国犯罪合作协议；五是密切人文交流，办好两国青年互访活动，落实中马高等教育学历学位互认协议；六是坚持相互尊重、求同存异、协商一致的原则，推动"10+1"、"10+3"、东亚峰会等合作机制健康发展，巩固东亚国家的团结，促进地区和平、稳定与繁荣。

会见后，两国总理共同出席了中马钦州产业园区合资公司签约仪式。

温家宝在开园致辞中说，中马钦州产业园区是中国和马来西亚两国政府合作的国家级产业园区。园区建设要充分利用钦州优越的地理位置和便利的交通条件，科学规划，高效运行，稳步推进，着力深化传统产业合作，积极发展新兴战略产业，为推动中马投资合作发挥示范带动作用。中国政府鼓励中国企业扩大对马来西亚的投资，双方可以探讨在马来西亚合建产业园区，为促进共同发展不断注入新的活力。

纳吉布在致辞中说，在马中双方的高度重视和积极努力下，马中钦州产业园区顺利开园，推动两国经贸合作迈上新台阶，也带动地区合作深入发展。

4月1日

［纲　文］　**国务院副总理李克强在海南省博鳌会见前来出席博鳌亚洲论坛2012年年会的哈萨克斯坦总理马西莫夫、意大利总理蒙蒂、巴基斯坦总理吉拉尼。**

［目　文］　李克强在会见马西莫夫时表示，中哈是全面战略伙伴，中方愿与哈方共同努力，抓住机遇，全面落实两国总理达成的共识，深化两国关系，并加强与上海合作组织成员国及周边国家的合作。马西莫夫说，哈方愿认真落实两国总理会晤达成的共识，并利用上合组织机制，进一步深化两国在贸易、金融等领域的合作，愿就国际和地区经济金融形势与中方保持密切沟通。

李克强在会见蒙蒂时表示，中方愿同意大利继续开展各层次互访、交流，不断增进理解和友谊，并继续通过有效合作，支持意大利和欧盟应对欧债危机。中国是意大利在亚洲的第一大贸易伙伴，双方应根据各自优势和特点，大力开展科技、环保等方面互利合作，扩大两国在工业、金融等领域的相互投资。蒙蒂表示，希望双方进一步加强经贸、投资合作，增进人民相互了解。意大利愿为深化欧中关系发挥积极作用。

在会见吉拉尼时，李克强说，愿同巴方保持密切的高层交往，加强战略协调，深化人文交流，加大反恐合作，维护好、发展好中巴战略合作伙伴关系，使两国友谊代代相传。吉拉尼表示，巴基斯坦致力于不断提升两国关系的战略意义，愿进一步与中方加强经贸合作、人文交流和党际交往。巴基斯坦坚定支持中方在台湾、涉藏、涉疆等问题上的立场，继续全力保护中方在巴机构和人员安全。

同日，李克强还先后会见了出席博鳌亚洲论坛2012年年会的外国部长、港澳企业家、青年领导人圆桌会议、华商圆桌会议、重要演讲人和日本企业家的代表。

4月1日

［纲　文］　**国务院副总理李克强在海南省博鳌会见出席博鳌论坛的台湾两岸共同市场基金会代表团名誉团长吴敦义。**

［目　文］　在会见吴敦义时，李克强强调，两岸同胞同属中华民族，两岸经济同属中华民族经济。进一步深化两岸经济合作，有利于促进两岸共同发展、造福两岸同胞。一是抓紧推动ECFA后续协商，力争尽早签署两岸投资保护和促进协议，推动其他商谈取得实质性进展。二是加快推进两岸金融领域合作。三是大力加强两岸产业合作，共同推动产业结构优化升级。吴敦义表示，过去四年两岸关系走上了和平稳定发展的正确道路，台湾局势摆脱了动荡，两岸在“九二共识”基础上的协商迄今达成16项协议，两岸经济在全球经济不景气的形势下实现了稳步发展。

同日，中共中央台湾工作办公室、国务院台湾事务办公室主任王毅举行招待酒会，欢迎吴敦义一行。

4月1日

［纲　文］　**科技部印发《高速列车科技发展“十二五”专项规划》。**

［目　文］　《规划》分为形势与必要性、总体思路与目标、重点任务与主要研究内容、技术路线与主要预期成果、专项组织和投入模式、专项实施步骤与保障措施等六个部分。《规划》提出继续“提高列车速度”目标，以及实现“高速列车谱系化、智能化”的目标。

4月1日

［纲　文］　**海峡两岸旅游交流协会与台湾海峡两岸观光旅游协会就开放第二批大陆居民赴台个人旅游试点城市达成共识。**

［目　文］　纳入此次试点的包括天津、重庆、南京、杭州、广州、成都、济南、西安、福州、深圳十个城市。自2011年6月26日启动首批赴台个人旅游试点以来，北京、上海和厦门三城市已有超过5.7万名游客通过个人旅游形式，踏上宝岛的自助之旅。在两

岸各界积极推动下，为进一步扩大市场规模，满足大陆居民赴台旅游便利化和多样化需求，经海峡两岸旅游交流协会与台湾海峡两岸观光旅游协会磋商，最终确定了第二批试点城市名单。此次开放的十个试点城市，具有较好的赴台团队游市场基础，较大的人口规模，分布在大陆的不同区域。

4月1—3日

［纲 文］ **温家宝在广西、福建调研。**

［目 文］ 中共中央政治局常委、国务院总理温家宝在广西钦州，福建泉州、莆田、福州等地就经济运行情况进行调研。在调研期间，温家宝还在福州主持召开福建、上海、江苏、浙江四省（市）经济形势座谈会。

温家宝指出，要处理好保持经济平稳较快发展、调整结构和管好通胀预期三者之间的关系。要加强和改善宏观调控。货币政策要兼顾促进经济平稳较快发展、保持物价稳定和防范金融风险，要落实强农惠农政策。抓好春季农业生产，保障主要农产品有效供给，要努力保持对外贸易稳定增长。加快出口退税进度，要大力促进中小企业发展。完善财税支持政策，扩大中小企业专项资金规模。改善中小企业金融服务，缓解小型微型企业融资困难，要坚定不移地继续实施房地产市场调控政策。抓紧完善保障性住房建设、分配、管理、退出等制度，确保保障性住房建设可持续。

4月1—3日

［纲 文］ **博鳌亚洲论坛2012年年会在海南博鳌召开，李克强出席开幕式并发表主旨演讲。**

［目 文］ 2日，博鳌亚洲论坛2012年年会开幕，中共中央政治局常委、国务院副总理李克强在开幕式上发表了题为《凝聚共识 促进亚洲健康可持续发展》的主旨演讲。在演讲中，李克强指出，中国经济与亚洲经济密不可分。中国经济的基本面是好的，发展的态势没有改变，有条件保持经济长期平稳较快发展。中国仍然是世界上最大的发展中国家，发展中不平衡、不协调、不可持续问题依然突出，需要逐步解决。中国将按照推动科学发展、加快转变经济发展方式的要求，把握稳中求进的总基调，继续促进经济社会全面协调可持续发展。中国把扩大对亚洲开放作为对外开放的战略重点，愿与各有关国家一道，继续推进区域合作机制建设，推进双边与多边自贸区建设，拓展合作领域，扩大人文交流。中国始终不渝走和平发展道路，致力于营造一个和平和谐的国际和周边环境，绝不谋求霸权，实行睦邻友好政策，永做亚洲国家的好邻居、好伙伴。在世界调整与变革的大势下，中国愿与亚洲各国一道，在以下几个方面：立足内生增长、秉承开放包容、实现互利共赢、促进团结和谐、坚持和平发展，凝聚共识，携手努力，应对挑战，战胜困难，共同推动亚洲健康与可持续发展。一是立足内生增长。二是秉承开放包容。三是实现互利共赢。四是促进团结和谐。五是坚持和平发展。

本届年会主题是“变革世界中的亚洲：迈向健康与可持续发展”。年会受到亚洲内外各界的广泛关注，参会正式代表1432人，中外媒体记者835人。逾50位国际组织负责人和各经济体的部长级官员出席年会。与会代表紧紧围绕亚洲面临的机遇与挑战，就如何实现可持续发展等议题展开了深入探讨。年会期间还举行了东盟分论坛、印度经济分论坛、收入分配与经济转型、“变革世界中的亚洲：迈向健康与可持续发展”主题晚餐会、“世界经济展望2012：确定性与不确定性”主题早餐会等会议。

4月2日

［纲　文］　**国家主席胡锦涛同阿塞拜疆总统阿利耶夫互致贺电，热烈庆祝两国建交20周年。**

4月2日

［纲　文］　**上海合作组织成员国禁毒部门领导人第三次会议在北京举行。**

［目　文］　哈萨克斯坦内务部禁毒委员会主席维博罗夫、中国公安部副部长张新枫、吉尔吉斯国家禁毒总局局长奥罗扎利耶夫、俄罗斯麻醉品监管总局局长伊万诺夫、塔吉克斯坦禁毒署副署长奥季纳耶娃、乌兹别克斯坦国家禁毒信息分析中心主任穆哈梅多夫与会。上合组织秘书长伊马纳利耶夫和地区反恐怖机构执委会副主任克鲁格洛夫列席会议并致辞。会议由中国公安部副部长张新枫主持。

会议期间，各方就国际和地区毒品形势、进一步完善三级禁毒合作机制、加强成员国禁毒领域务实合作、落实《2011—2016年上合组织成员国禁毒战略》及其《落实行动计划》等问题进行了讨论，并就赋予上合组织常设机构禁毒协调职能问题交换了意见、达成了共识。各方批准了《上合组织成员国禁毒部门高官会议工作规则》及法律基础、缉毒执法、易制毒化学品管制、减少毒品需求四个专家工作组工作规则。

4月1日，国务委员、公安部部长孟建柱在北京会见俄罗斯麻醉品监管总局局长伊万诺夫。4月2日，孟建柱在北京会见来华出席上海合作组织成员国禁毒部门领导人第三次会议的各方代表团团长。

4月2—5日

［纲　文］　**全国人大常委会副委员长、全国妇联主席陈至立应邀访问尼泊尔。**

［目　文］　此次访问是应尼泊尔制宪会议副主席苏比蒂的邀请。3日，陈至立在加德满都分别会见尼泊尔总理巴特拉伊和制宪会议主席内姆旺。在会见中，陈至立说，此次访尼希望通过妇女间的交流，进一步增进两国人民的友谊，为发展两国世代友好的全面合作伙伴关系作出新贡献。内姆旺和巴特拉伊希望中国妇女发展的成功经验能够为尼妇女提供良好借鉴，并强调尼中之间不存在任何分歧和利益冲突，尼永远是中国的好朋友，尼政府和议会将继续坚定不移奉行一个中国的原则立场。

5日，陈至立在加德满都会见尼泊尔总统亚达夫。在会见中，陈至立表示，中方赞赏尼始终坚定不移地奉行一个中国政策，尊重尼根据本国国情选择自己发展的道路。一个和平、稳定、发展、繁荣的尼泊尔符合尼人民的根本利益，也有利于本地区的和平、稳定与发展。亚达夫赞扬中国经济快速发展、社会和谐稳定，表示尼愿向中国学习治国理政的经验，希望中尼友好关系进一步深入发展。

5日，陈至立率中国妇女代表团在尼泊尔制宪会议大厦举行了中国妇女成就展，并与尼女议员就妇女发展与维护妇女权益等问题举行了座谈。

4月3日

［纲　文］　**胡锦涛、吴邦国、温家宝、贾庆林、李长春、习近平、李克强、贺国强等党和国家领导人到北京市丰台区永定河畔参加首都义务植树活动。**

4月3日

［纲　文］　**为庆祝中韩建交20周年，中韩友好交流年活动在韩国首都首尔开幕。**

［目　文］　由中韩两国文化部、外交部、中国驻韩国使馆及韩国海外文化弘报院共同主办的“中韩友好交流年”开幕演出在这里隆重举行。中国文化部副部长王文章、驻韩国大使张鑫森、韩国文化体育观光部第一次官郭濚镇、外交通商部半岛和平交涉本部长林圣男等两国政府、艺术界及友好团体等各界代表共1000余人出席。

2012年是中韩建交20周年，两国领导人和政府商定以此为契机，将2012年定为“中韩友好交流年”。此次开幕式活动正式拉开了“中韩友好交流年”各项活动的帷幕。中韩双方举办形式多样、丰富多彩的交流活动，增进两国人民的相互了解和友好，深化各领域交流与合作，推动中韩关系进一步发展。

4月3日

［纲　文］　**证监会宣布，QFII投资额度新增500亿美元，RQFII投资额度新增500亿元人民币。**

［目　文］　证监会负责人表示，近年来，随着中国经济总量持续扩大及资本市场的不断发展，境外机构投资中国资本市场的需求日益增加。为满足境外投资者的投资需求，进一步促进境内资本市场的稳定发展及对外开放，经国务院批准，证监会、中国人民银行及国家外汇管理局决定新增合格境外机构投资者（QFII）投资额度500亿美元，总投资额度达到800亿美元。下一步，按照中央金融工作会议提出的“扩大金融对外开放”要求，总结QFII制度经验，进一步便利QFII投资运作，吸引更多境外长期资金投资中国资本市场。

4月3日

［纲　文］　**中国最大的聚碳酸酯项目在天津滨海新区中沙（天津）石化有限公司开工。**

［目　文］　为促进中沙两国经贸与能源石化领域合作，调整产品结构，构建高端产业链，增强市场竞争力，中国石化公司与沙特基础工业公司共同投资110亿元，用于这一项目，计划2015年建成，包括2套13万吨/年非光气法（沙特的一种工艺技术）聚碳酸酯联合生产装置，配套建设公用工程及辅助设施，工艺处于世界先进水平，是中沙双方继百万吨乙烯项目投产后，在津兴建的又一个大型石化项目。

4月3—6日

［纲　文］　**全国政协主席贾庆林、国家副主席习近平分别会见第34次访华的泰国诗琳通公主。**

4月3—6日

［纲　文］　**第十二届中国国际核工业展览会在北京举办。**

［目　文］　展览会由中国核学会、中国原子能工业有限公司、北京市商务委员会共同主办，以“科技创新、合作共赢、安全发展”为主题，展出面积近1.3万平方米，规模为历届核工业展览会之最。来自14个国家的近200家国内外企业展示了近年来特别是福岛核事故之后，世界核能发展的新技术、新成就和新能力。展览全面展示了中国在核电、核燃料、核仪器制造以及核技术应用等方面的发展成就，集中展现了中国核工业完整的科研和制造体系，同时为全球核能界提供了一个国际一流的展览贸易和技术交流平台。

中国国际核工业展览会是中国核工业领域历史最悠久、影响力最大、专业性最强的展览平台，也是国际上最大的核工业展览。展览每两年一届，历经23年的发展，已成为中外核电技术交流的重要平台，国外先进技术、设备进入中国核电市场的重要通道和中国核技术产品展示的重要窗口。

4月3—15日

［纲　文］　**全国人大常委会副委员长、中国国际交流协会会长周铁农应邀访问以色列、土耳其、印度，并出席“欧亚经济峰会”开幕式。**

［目　文］　此次访问是应以色列外交部、土耳其大国民议会和印度德里研究会的邀请。

4日至7日，周铁农在以色列期间，分别会见以色列议会副议长马加德勒、议会以中友好小组主席罗特姆和副总理兼外交部部长利伯曼等。周铁农还出席了中以建交20周年纪念邮票联合发行仪式，考察参观了以色列因·盖迪基布兹和卡迈尔隧道工程等。

9日至11日，周铁农在土耳其访问，会见土耳其议会副议长迈哈迈特·萨格拉姆。11日，第十五届欧亚经济峰会在土耳其伊斯坦布尔召开，周铁农出席。

12日至14日，周铁农到印度访问，会见印度联邦院副议长拉赫曼·汗。周铁农指出，两国议会交往日益频繁，为增进两国议会、政党间的了解和友谊，推动两国关系发展发挥了重要作用。中方愿与印方继续共同努力，积极发展两国议会间的友好交流与合作。拉赫曼·汗表示，印方珍视印中友谊，印中亲如兄弟。

4月4日

［纲　文］　**中国北车公司获得孟加拉国的内燃动车组项目牵引及网络控制系统的配套合同。**

［目　文］　获得订单的是中国北车大连电牵研发中心。该中心是中国牵引和网络控制系统的核心研发机构，承担了大功率电力机车、动车组、城市轨道交通车辆等牵引和网

络控制系统的研制和开发，这也是大连电牵研发中心进军动车组配套市场的第一个批量项目。该项目共配套20列（60辆）车，其中包含网络系统20套、牵引逆变器40台、辅助逆变器40台。

4月4—6日

［纲　文］　**应外交部部长杨洁篪邀请，新西兰外交部部长默里·麦卡利对中国进行访问。**

［目　文］　5日，国务院副总理李克强会见麦卡利。在会见中，李克强指出，双方应以建交40周年为新起点，进一步增进政治互信，深化务实合作，扩大人文交流，密切多边协调，将中新关系建设成不同历史文化、不同社会制度、不同发展阶段国家和平共处、互利共赢的典范。麦卡利说新方高度重视对华关系，愿与中方加强各层级和各领域的交流与合作，推动新中关系上一个新的台阶。

4月4—7日

［纲　文］　**应外交部部长杨洁篪邀请，墨西哥外交部部长埃斯皮诺萨对中国进行访问，并出席中墨政府间两国常设委员会第五次会议。**

［目　文］　6日，国家副主席习近平、国务院副总理王岐山会见埃斯皮诺萨。在会见中，习近平表示，中方愿与墨方共同努力，不断深化双方政治互信，夯实两国关系的政治基础，同时，充分利用两国常设委员会等双边合作机制，执行好《2011—2015年共同行动计划》，落实好各领域互利合作，推动中墨战略伙伴关系持续、健康、稳定发展，更好地造福于两国人民。埃斯皮诺萨表示，墨方愿与中方一道，在中墨政府间两国常设委员会指导下，进一步加强协调配合，推动双方在政治、经贸、文教、科技等各领域合作不断迈上新的台阶。王岐山与埃斯皮诺萨的会见就二十国集团领导人洛斯卡沃斯峰会、全球经济金融形势等交换了意见。

6日，中国和墨西哥政府间两国常设委员会第五次会议在北京举行。杨洁篪和埃斯皮诺萨共同主持了会议，两国委员会政治、经贸、科技、文教、农业、旅游和社会发展等分委会和工作组成员部门参加了会议。双方审议了两国《2011—2015年共同行动计划》的落实情况，并就下一阶段各领域具体合作作出规划。双方签署了会议纪要和《中墨政府间关于保护、保存、返还和追索文化财产及防止盗窃、盗掘和非法进出境文化财产协定》《中国科技部与墨西哥国家科技理事会科技合作协议》等合作文件。

4月5日

［纲　文］　**中共中央办公厅、国务院办公厅印发《关于进一步加强人民政协提案办理工作的意见》。**

［目　文］　《意见》指出，人民政协事业是中国特色社会主义事业的重要组成部分。提案是人民政协履行政治协商、民主监督、参政议政职能的重要形式，办理好政协提案是各级党政机关的重要职责。做好政协提案办理工作，对于坚持和完善中国共产党领导的多

党合作和政治协商制度，发展人民民主、加强民主监督，更好地发挥中国政治制度和政党制度的优势，深入推进社会主义民主政治建设；对于凝聚各方面智慧和力量，调动社会各界积极性主动性创造性，形成推进中国特色社会主义事业的强大合力；对于充分发挥人民政协作为党和政府联系群众、团结各界的重要桥梁纽带作用，切实做好新形势下群众工作，实现好、维护好、发展好最广大人民根本利益；对于提升决策科学化、民主化水平，加强和改进党和政府工作，具有十分重要的意义。各地区各部门一定要从党和国家事业长远发展的高度，进一步深化对政协提案办理工作重要意义的认识，把做好这项工作作为一项重要政治责任，摆在更加突出的位置，采取切实有效措施，努力推动政协提案办理工作迈上新台阶。

《意见》指出，加强政协提案办理工作，以增强办理实效为目标，以规范办理程序、完善办理机制为保障，全面提升提案办理工作科学化水平，逐步构建职责分明、重点突出、督办有力、落实到位的政协提案办理工作格局。要完善提案交办制度，规范提案办理内部运行机制，强化提案办理协商机制，抓好重点提案办理工作，积极采纳提案中的合理建议，健全提案答复机制，完善提案办理督查制度。各级党委和政府要把政协提案办理工作纳入整体工作布局，定期听取政协提案办理工作情况汇报，研究解决政协提案办理工作中的重大问题，推动建立党委、政府、政协共同交办和督办提案机制。承办单位要根据提案办理工作需要，强化工作力量，明确承办机构，加大经费投入。要把是否重视政协提案办理工作、是否与提案者充分沟通协商、是否切实解决有关问题作为评价办理成效的基本内容，并逐步将政协提案办理工作纳入绩效考核体系。要支持政协组织对政协提案办理工作开展民主评议和民主监督。政协组织要采取有效措施提高提案质量。加大提案审查工作力度，完善提案分类办法，细化提案审查标准，规范提案审查程序，健全重点提案遴选机制。建立健全提案质量评议制度，完善优秀提案评选办法。完善提案内容及答复意见公开机制。

《意见》提出，要采取多种形式，大力宣传人民政协运用提案履行职能的有效做法，宣传各地区各部门积极办理政协提案取得的成效，宣传社会主义民主政治建设取得的进展，宣传中国特色社会主义政治制度的优势，努力营造全社会广泛关注、积极参与、大力支持政协提案办理工作的良好氛围。

4月5日

［纲　文］　**中共中央政治局委员、中宣部部长刘云山会见以墨西哥全国记者联合会主席巴尔德马尔率领的墨西哥新闻代表团。**

［目　文］　在会见中，刘云山说，希望中国记协继续加强同墨西哥全国记者联合会的友好交流，通过多种形式、多种渠道加强相互之间的合作，让墨西哥媒体更多更好地报道中国，让中国媒体更多更好地报道墨西哥，为加深两国人民之间的理解和友谊，为促进中墨关系深入发展做出新的贡献。刘云山还同墨西哥新闻界朋友就有关问题进行了互动交流。巴尔德马尔表示，墨西哥记联成立10年来，与中国记协的交流不断深入发展。

4月5日

［纲　文］　**全国人大常委会副委员长路甬祥在北京会见由美国佐治亚州共和党联邦参议员萨克斯比·钱伯利斯率领的美国国会议员代表团。**

4月5日

［纲　文］　**国务院公布《校车安全管理条例》。**

［目　文］　为了加强校车安全管理，保障乘坐校车学生的人身安全，制定本条例。《条例（草案）》按照确保安全、切合实际的总体思路，规定了保障校车安全的基本制度。一是要求地方政府依法保障学生就近入学或在寄宿制学校入学，减少学生交通风险。二是明确了政府及有关部门的校车安全管理职责。三是规定了学校和校车服务提供者保障校车安全的义务和责任。四是设定了校车使用许可。五是赋予校车通行优先权，对校车最高时速和严禁超载作了明确规定。六是明确法律责任。《条例》即日起施行。

4月5日

［纲　文］　**税务总局发布《营业税改征增值税试点地区适用增值税零税率应税服务免抵退税管理办法（暂行）》。**

［目　文］　为确保营业税改征增值税试点工作顺利实施，根据《财政部国家税务总局关于应税服务适用增值税零税率和免税政策的通知》（财税〔2011〕131号）等相关规定，经商财政部，税务总局制定了《营业税改征增值税试点地区适用增值税零税率应税服务免抵退税管理办法（暂行）》，2012年1月1日起施行。《办法》内容包括适用增值税零税率的应税服务的范围、零税率应税服务免抵退税概念及其计算公式、零税率应税服务提供者退（免）税认定管理、零税率应税服务免抵退税申报程序及申报资料、税务机关对零税率应税服务免抵退税审核内容以及其他规定。

4月5日

［纲　文］　**公安部公布第三批认定的恐怖活动人员名单。**

［目　文］　为进一步打击“东突”恐怖势力，在掌握“东伊运”恐怖活动组织部分成员确凿犯罪证据的基础上，经国家反恐怖工作领导机构依法认定，公安部发布公告，公布6人为恐怖活动人员，同时决定对其资金及其他资产依法予以冻结。此次公布的6名恐怖活动人员均系“东伊运”恐怖活动组织的骨干成员，均曾参与组织、策划和实施了针对中国境内外目标的各种恐怖活动。其中，有的领导恐怖活动组织实施各种暴力恐怖活动；有的组织恐怖训练，制定恐怖袭击计划并下达行动指令；有的招募成员，筹集恐怖活动经费，积极开展制爆活动；有的在互联网上大肆宣扬暴力恐怖思想，煽动暴力恐怖活动。

4月5日

［纲　文］　**全国人大常委会文物保护法执法检查组第一次全体会议在北京举行。**

［目　文］　全国人大常委会委员长吴邦国批示指出，全国人大常委会这次在全国范围内开展文物保护法执法检查，将推动中国文物保护事业全面发展。

会议正式启动首次文物保护法执法检查。根据安排，执法检查组分为5个小组，于

2012 年 4 月至 5 月赴北京、河北、浙江、江西、山东、河南、湖北、四川、甘肃、新疆维吾尔自治区开展检查。同时，委托其他省、自治区、直辖市人大常委会对本行政区域内文物保护法的实施情况进行检查，并向检查组提供书面报告。

4 月 5—9 日

［纲　文］　**第十六届中国东西部合作与投资贸易洽谈会在西安召开。**

［目　文］　洽谈会以“扩大区域合作、促进科学发展”为主题，由发展改革委、商务部等 11 个部委，31 个省区市人民政府和新疆生产建设兵团共同主办，会期 5 天。展会期间，举办省际经济合作交流大会、第十一届中国西部国际经济合作洽谈会、西咸新区重点项目推介会等 3 个重要会议，以及 48 项以项目对接为主的中外投资贸易促进活动。

推动现代产业展示合作、服务经济发展方式转变是本届西洽会的一大特色。各省区市推介项目 10879 个，其中新兴产业项目数占 12.92%，总投资占项目总投资额的 36.79%；现代服务业项目数占 15.65%，总投资占 29.63%；文化产业项目数占 8.74%，总投资占 12.45%。现代装备制造、航空航天、高新技术、电子信息等现代产业和节能环保、新材料、新能源等战略性新兴产业合作项目及科技成果、优秀专利成果产业化项目被重点推介展示。

本届西洽会共签订利用外资项目合同总投资额 117.23 亿美元，比上届增长 15.1%；签订省际间合作项目合同总投资额 7138.64 亿元，比上届增长 24.9%；高新技术成果交易合同额达 24.52 亿元，比上届增长 32.7%；内贸合同成交总额达 476.52 亿元，比上届增长 8.3%；外贸合同成交额为 11.57 亿美元，比上届增长 12.1%。

4 月 6 日

［纲　文］　**国家主席胡锦涛同亚美尼亚总统萨尔基相互致贺电，庆祝两国建交 20 周年。**

4 月 6 日

［纲　文］　**《人民日报》报道，胡锦涛对公安机关“清网行动”作出指示。**

［目　文］　中共中央总书记、国家主席、中央军委主席胡锦涛的指示强调，“清网行动”成效显著，有力促进了社会稳定，维护了群众利益。望继续坚持“人民公安为人民”的宗旨，把追逃工作做得更加扎实有效。

2011 年 5 月至 12 月，全国公安机关开展了以抓捕网上逃犯为内容的“清网行动”，取得丰硕成果。

4 月 6 日

［纲　文］　**中国人民对外友好协会举办庆祝中国与亚美尼亚建交 20 周年招待会。**

4 月 6 日

［纲　文］　**全国政协副主席厉无畏会见由国会议员皮拉尔·波拉斯率领的哥斯达黎加民族解放党干部考察团。**

4 月 6 日

［纲　文］　**中国南京远洋公司所属巴拿马籍货船“祥华门”号在伊朗波斯湾口外阿曼湾恰赫巴哈尔港附近海域被海盗劫持。**

［目　文］　中国驻伊朗使馆立即启动应急机制，与伊朗有关方面迅速取得联系，要求伊方全力营救中国船员和船只，确保人员船只安全。当天晚上，被劫持的 28 名船员成功获救。4 月 7 日下午，中国驻伊朗大使郁红阳携部分馆员乘伊朗航空公司飞机，抵达了伊朗南部阿巴斯港，登船慰问“祥华门”号上的全体船员。外交部部长杨洁篪 7 日致信伊朗外交部部长阿里·阿克巴尔·萨利希，感谢伊方成功营救被劫持的中国船员和货轮。

4 月 6 日

［纲　文］　**商务部发言人指出，澳大利亚拒绝华为参加宽带投标有失公正。**

［目　文］　商务部表示，华为公司已为全球许多国家提供宽带网络设备和服务。参与此次投标的华为澳大利亚公司近 90% 的员工是澳籍员工，在澳开展业务近十年来，并无不良记录。澳方不应在没有事实依据的情况下，以所谓的安全理由排斥企业参与正当竞争。中澳两国已签署双边投资保护协定，近年来双边经贸合作发展势头良好。中澳双方都应秉承开放、合作、建设性的态度，为两国企业开展投资贸易创造公正、平等、非歧视的市场环境，推动中澳经贸合作健康发展。

4 月 6 日

［纲　文］　**新疆维吾尔自治区喀什、霍尔果斯经济开发区管委会成立。**

［目　文］　喀什经济开发区以基础设施建设和招商引资为重点，为企业打造良好的政策体系和服务平台，重点发展商贸物流、出口机电产品配套组装加工、农副产品深加工、进口资源加工、民族特色产品加工、可再生能源等产业。霍尔果斯经济开发区重点发展化工、生物制药、可再生能源、新能源、新材料、机械制造、商贸物流、旅游文化及高新技术等产业。

4 月 6 日

［纲　文］　**全国人大常委会办公厅召开十一届全国人大五次会议代表建议交办会。**

［目　文］　会议将十一届全国人大五次会议期间全国人大代表提出的 8189 件建议、批评和意见统一交由 171 个机关和组织研究处理，并确定 13 项内容为 2012 年全国人大的重点办理建议。

十一届全国人大五次会议代表建议，一是数量比 2011 年有一定幅度的提高，增加了 146 件；二是代表建议关注的问题有一些新的变化，重点集中在经济发展、改善民生、文化建设等领域；三是建议的综合性更强，多次提出尚未解决的建议和以代表团名义提出的建议数量增加，建议办理和答复工作难度增大。

4 月 6 日

［纲　文］　**国家核事故应急协调委员会五届二次全体（扩大）会议在北京举行。**

［目　文］　会议对国家核应急工作报告、《国家核应急预案》和《国家核应急工作

“十二五”规划》进行审议。宣布成立国家核事故应急协调委专家委员会，作为国家核事故应急协调委决策咨询的支撑机构。国家核事故应急协调委成员单位，由原来的18个增加到24个，指挥协调力度进一步加大；设立省级核应急组织的省份由12个增加到了16个，中国核应急组织机构和核应急体系进一步完善。

4月6日

［纲　文］　**首都碳汇林项目启动**。

［目　文］　位于北京市唯一的纯山区——门头沟区的首都碳汇林项目是北京市引导企业参与、投资地区生态环境建设，承担绿色环保社会责任的又一新举措。碳汇造林是指在确定了基线的土地上，以增加碳汇为主要目的，对造林及其林木生长过程实施碳汇计量和监测而开展的有特殊要求的造林活动。门头沟首都碳汇林项目由门头沟区政府在区域范围内提供碳汇林地块供企业认领，首批参加碳汇林项目的有北汽福田汽车等10家企业单位。

4月6日

［纲　文］　**财政部、交通运输部印发《公路甩挂运输试点专项资金管理暂行办法》**。

［目　文］　为支持试点地区开展公路甩挂运输工作，中央财政设立了公路甩挂运输试点专项资金。为加强资金的管理，提高资金使用效益，特制定该办法。《办法》内容包括：第一章总则；第二章专项资金支持范围和方式；第三章专项资金的申请、审核与拨付；第四章专项资金的监督管理；第五章附则。《办法》即日起施行。

4月6日

［纲　文］　**财政部、气象局印发《中央财政人工影响天气补助资金管理暂行办法》**。

［目　文］　为加强中央财政人工影响天气补助资金管理，提高资金使用效益，根据《中华人民共和国预算法》《中华人民共和国气象法》《人工影响天气管理条例》等规定，制定该办法。《办法》明确规定了补助资金的定义、所支持的作业内容、管理原则、申请条件和安排程序、分配因素、开支范围、监督检查、罚则等。《办法》规定，补助资金的管理要坚持中央适当补助，省级统筹安排的原则，要求各省开展作业时应首先从省级财力中安排作业资金，省级财政确有困难的可以向中央财政申请补助资金。《办法》自5月1日起施行。

4月6—7日

［纲　文］　**全国经济运行工作会议在南京召开**。

［目　文］　国家发展改革委副主任、国家能源局局长主持会议并作了题为《坚持稳中求进强化运行调节促进经济社会平稳较快发展》的工作报告。国家发展改革委副主任连维良同志出席会议，并主持召开部分地区经济运行形势座谈会。会议要求，各级经济运行调节部门要统筹兼顾，突出重点，扎实做好八个方面的工作。一是着力搞好煤炭供应保障和应急储备；二是着力做好电力生产供应和需求侧管理；三是着力保障成品油和天然气稳定供应；四是着力做好重点物资运输和现代物流工作；五是着力加强经济运行动态监测和

预研预判；六是着力推进结构调整和发展方式转变；七是着力提高应急物资保障能力；八是着力加强经济运行调节工作体系建设。各省、自治区、直辖市及计划单列市、副省级省会城市和新疆生产建设兵团经济运行调节部门160余人参加了会议。江苏省等十个地区在会上介绍了经济运行调节工作经验。

4月6—16日

［纲　文］ **梁光烈在广东省、广西壮族自治区调研。**

［目　文］ 中央军委委员、国务委员兼国防部长梁光烈赴广东省、广西壮族自治区调研边海防和国防动员工作。在调研中，梁光烈指出，广州军区和广东、广西两省（区）始终把边海防和国防动员建设摆在重要位置，各项工作取得明显成效。军地各级坚决贯彻中央决策指示，结合实际制定落实措施，使之真正进入思想、进入决策、进入实践；准确把握胡主席关于国防和军队建设主题主线重大战略思想的科学内涵和精神实质，坚持信息主导、科技推动、体系融合，有力提升了边海防和国防动员建设水平；认真贯彻军民融合式发展要求，注重发挥各地优势，在拓展融合领域、完善融合机制、提高融合层次上作了许多有益探索；积极主动服务改革发展稳定大局，努力在应急维稳中当卫兵，在重大任务中当尖兵，在促进社会和谐中当标兵，赢得了人民群众的广泛赞誉。

4月7日

［纲　文］ **学习型党组织建设理论研讨会在海口召开。**

［目　文］ 中共中央政治局委员、中宣部部长刘云山出席会议并讲话，强调推进学习型党组织建设是新形势下加强党的建设的创新举措，需要从理论和实践结合上不断深化探索、不断深入推进。要认真贯彻落实中央决策部署，进一步加深对学习型党组织建设重要意义、内涵特征、目标任务等基本问题的认识，努力把握工作规律、提高学习成效，为推动科学发展、促进社会和谐提供有力思想保证和智力支持。

中央建设学习型党组织工作协调小组组长、中宣部常务副部长雒树刚主持会议。入选会议论文的22位作者代表在研讨会上发言。中央建设学习型党组织工作协调小组成员，中央部分新闻单位主要负责人，各省区市和新疆生产建设兵团党委宣传部长和分管学习型党组织建设工作的副部长，解放军总政治部宣传部负责人，部分基层单位和专家学者代表等140多人参加会议。

4月7日

［纲　文］ **第四次中日财政部部长对话在日本东京举行。**

［目　文］ 中国财政部部长谢旭人和日本财务大臣安住淳共同主持对话。在会后发表的共同声明中，两国财长一致认为，中日财长对话平台对于双方具有重要意义和价值，有助于深化两国在经济政策管理方面的相互理解，在经济领域进一步推动中日战略互惠关系。

两国同意，中日在包括二十国集团和中日韩、东盟“10+3”等多边框架下密切合作。

中日财金合作正在稳定向前发展，两国财长对此表示欢迎，并且确认两国财政部与其他相关机构一道继续开展合作。双方还同意继续磋商修订中日税收协定。

4月7日

［纲　文］　**西藏达孜农业产业园挂牌成立。**

［目　文］　达孜县现代农业产业园位于达孜县邦堆乡邦堆村，总投资1.25亿元，总占地面积1.2万亩，自2011年开始建设，分3至5年实施。该项目建设突出农业、生态、科技、特色四大主题，分无公害蔬菜产业化示范区、花卉产业化示范区、瓜果产业化示范区、苗圃产业化示范区、农产品加工区、农产品展示区、农产品交易市场、农民科技培训基地、物流配送中心9个功能区。

4月7—8日

［纲　文］　**第六次中日韩外交部长会议在浙江宁波举行。**

［目　文］　中国外交部部长杨洁篪主持会议，日本外务大臣玄叶光一郎、韩国外交通商部长官金星焕出席。三国外交部部长就中日韩合作进展和未来方向、筹备第五次中日韩领导人会议及共同关心的地区和国际问题交换了意见。杨洁篪积极评价三国合作取得的积极进展，强调在当前世界经济不确定不稳定因素增加的情况下，中日韩更应联合自强、共谋发展，这不仅有利于三国，也有利于亚洲和世界。三国要从战略高度和长远角度，牢牢把握友好合作大方向，加强沟通协调，增进理解互信，深化务实合作，推动社会人文交流，携手推进区域经济一体化进程，提升面向未来、全方位合作的伙伴关系。

三国外交部部长就东北亚形势、东亚合作、气候变化、核安全、实现联合国千年发展目标和国际经济形势等共同关心的地区和国际问题交换了意见，还就朝鲜半岛局势，包括朝方宣布发射卫星一事交换了看法。

4月8日

［纲　文］　**中共中央书记处书记、中央纪委副书记何勇在北京会见以中央常委、中央监察委员会副主席奈北纳为团长的柬埔寨人民党代表团。**

［目　文］　在会见中，何勇说，中国党和政府坚定不移地同柬埔寨人民党和王国政府一道，认真贯彻落实两党两国领导人达成的重要共识，推动两党两国友好合作关系不断迈上新台阶，使两国人民永做好邻居、好朋友、好兄弟、好伙伴。奈北纳说，柬埔寨人民党和王国政府继续巩固与中方各领域的友好合作，不断充实柬中全面战略合作伙伴关系内涵。

4月8日

［纲　文］　**中核集团秦山核电二期扩建工程提前60天建成投产，总装机容量达432万千瓦。**

［目　文］　秦山核电二期扩建工程2006年4月28日开工建设，是在秦山核电二期1号、2号机组的基础上进行改进的核电工程，设计建造两台65万千瓦压水堆核电机组。

它的全面建成投产，使秦山核电基地运行机组数量达7台，总装机容量达432万千瓦，年发电能力为330亿至340亿千瓦时，成为中国运行机组数量最多的核电基地。

秦山核电二期扩建工程，工程实施了以十项重大技术改进为重点的1118项技术改进项目，包括开展严重事故分析、概率安全分析实施设计改进，可进一步提高核电站预防和缓解严重事故的能力。3号、4号机组设计负荷因子由65%提高到75%，大大提高了核电站的安全性和经济性。该工程的全面建成创立了中国首个具有自主知识产权的商用核电品牌，为实现中国核电“走出去”战略夯实了道路。

4月8日

［纲　文］ **《人民日报》报道，2011年，广东发明专利申请量和授权量分别增长27.3%和33.2%，创新绩效、专利密度等指标位居全国第一。**

［目　文］ 广东加大力度支持联合基金、省自然科学基金，不断提高基础研究水平和原始创新能力。2011年新增国家重点实验室6个，获国家各类科技经费突破40亿元，其中863、973、国家科技支撑计划等重大项目经费均实现翻番。无机化学、分子遗传学、材料科学等领域的成果水平显著提高，散裂中子源、广州超级计算中心等大科学工程启动建设。

4月8日

［纲　文］ **《人民日报》报道，广西玉柴机器股份有限公司发布推出高端船电发动机。**

［目　文］ 此次发布的3款融合世界四大著名内燃机研究所先进技术，自主开发而成的高速、大功率船舶、发电用柴油机，是中国船舶动力发展史上的一件大事，对中国船舶行业的发展起到重要的推动作用。

4月8日

［纲　文］ **商务部公布《机电产品国际招标机构资格管理办法》。**

［目　文］ 为规范机电产品国际招标市场秩序，加强机电产品国际招标机构资格管理，根据《中华人民共和国招标投标法》《中华人民共和国行政许可法》《中华人民共和国招标投标法实施条例》等法律行政法规，制定该办法。《办法》内容包括：第一章总则，第二章资格申请及审定，第三章资格核验，第四章国际招标机构变更，第五章法律责任，第六章附则。《办法》自6月1日起施行，原《机电产品国际招标机构资格审定办法》废止。

4月8日

［纲　文］ **中国稀土行业协会在北京成立。**

［目　文］ 该协会经工业和信息化部审核、民政部批准成立。是以有色金属协会、中铝、五矿、中国有色等13家单位为发起人，联合全国142家企业发起设立的国家一级行业协会。协会囊括了国内几乎所有的稀土企业。协会作为企业的联合会，将在妥善解决国际贸易争端方面发挥重要作用。

4月8日

［纲　文］　**中国第28次南极科学考察队完成各项考察任务，乘坐“雪龙”号极地科学考察船抵达上海。**

［目　文］　第28次南极科考历时163天，总航程约28000余海里，共完成47项科学考察、工程建设和后勤保障任务，在冰川、天文、大洋等科学领域中取得了多项突破性进展。

4月8—10日

［纲　文］　**第六届世界华侨华人社团联谊大会在北京召开。**

［目　文］　9日，国家主席胡锦涛，全国政协主席贾庆林，国家副主席习近平，国务院副总理李克强等会见第六届世界华侨华人社团联谊大会全体代表。

国务委员戴秉国出席会议并致辞。他指出，5000万海外侨胞不仅是中国大发展的独特资源，是在海外展现中华民族形象的重要窗口，也是中华文化的重要传承者和传播者。广大海外侨胞在积极融入住在国主流社会的同时，更加注重保持民族特性、传承中华文化，这既是对民族文化的传承，也是对住在国多元文化的丰富。中国政府将支持海外侨胞积极开展中外人文交流。他对海外侨胞提出三点期望：一是增进中外文化交流，展示中华文化新形象；二是开展侨务公共外交，展示当代中国新形象；三是推动和谐侨社建设，展示海外侨胞新形象。

世界华侨华人社团联谊大会是全球华侨华人社团联谊交流的平台，其宗旨是增进友谊与团结、促进合作与发展。本届联谊大会由国务院侨务办公室、中国海外交流协会共同主办，以“弘扬中华优秀文化、展示侨胞良好形象”为主题。来自世界各地110个国家和地区有影响力和代表性的约570名华侨华人社团负责人出席大会。

4月8—11日

［纲　文］　**应国务院总理温家宝邀请，土耳其总理埃尔多安对中国进行访问。**

［目　文］　10日，国家主席胡锦涛与埃尔多安会谈。胡锦涛表示中方赞赏土耳其政府重视发展对华关系、坚持一个中国政策，愿与土方加深政治互信，尊重和照顾彼此核心关切，在事关各自主权和领土完整的重大问题上继续相互理解、坚定支持。中土两国经济互补性较强，双方要发挥各自优势，扩大和深化各领域务实合作，推动中土战略合作不断取得新成果。埃尔多安说，土耳其坚定奉行一个中国政策，重视中国在重大地区和国际问题上的立场和作用，愿同中方加强沟通和配合。

温家宝与埃尔多安会谈。温家宝表示，中方高度重视土耳其作为新兴大国的地位和作用，双方要积极探讨制定中土经贸合作中长期规划，加强政府的指导和协调作用；密切配合，推动铁路、桥梁等大型基础设施项目合作长期、有序、高效进行；尽快签署和实施新修订的投资促进和保护协定，为两国企业加强合作提供法律保障和更多的便利条件；拓展在核能、航天、电子等高新科技领域的合作；利用互办文化年的重要契机，扩大人文交流。埃尔多安表示，土方愿同中方加强高层交往和战略磋商，深化互利合作，增进两国人民之间的了解和友谊，更好地维护和促进共同利益。土耳其政府坚定奉行一个中国政策，不允许任何人在土耳其从事反华分裂活动。会谈后，两国总理出席了双边有关合作文件的签字仪式。

全国人大常委会委员长吴邦国在与埃尔多安会谈中表示，中国全国人大与土耳其大国民议会的友好往来是中土战略合作关系的重要组成部分。希望双方保持密切交往的势头，为增进两国人民之间的相互了解与友谊、促进务实合作、夯实中土友好的社会基础多做实事，为中土关系注入新的活力。埃尔多安表示，土方愿同中方共同努力，扩大经贸、投资、旅游、基础设施等领域的互利合作，推动两国关系深入发展。土方高度重视与中国全国人大的交流与合作，希望两国立法机构、专门委员会和友好小组加强交流，为两国关系发展发挥积极作用。

国家副主席习近平在与埃尔多安会谈中表示，中方对两国关系取得的进展感到满意。中国政府高度重视新疆维吾尔自治区的发展和改善民生，正在举全国之力推动新疆维吾尔自治区经济实现跨越式发展，同时采取措施维护新疆维吾尔自治区的稳定和长治久安。新疆维吾尔自治区正处于经济社会快速发展、人民生活水平显著提高、各族群众和睦共处的黄金时期。埃尔多安表示，土中合作潜力巨大，愿与中方共同努力，加强在经贸、投资、航空、高速铁路、旅游以及工程承包等领域的合作，推动土中战略合作关系不断深化发展。埃尔多安重申，土方坚定奉行一个中国政策。

国务院副总理王岐山与埃尔多安共同出席了中国—土耳其商务论坛并分别致辞。全国人大常委会副委员长、全国妇联主席陈至立会见了土耳其总理夫人埃米奈·埃尔多安。

4月9日

［纲　文］　**国务院副总理王岐山会见美国阿肯色州州长迈克·毕比。**

［目　文］　在会见中，王岐山说，近年来中美地方间务实合作快速发展，体现了中美关系互利共赢的本质，给两国人民带来了实实在在的利益。希望阿肯色州与中国地方省市进一步加强经贸、投资、科技、旅游、金融等各领域合作。两国政府要努力为双方地方、企业等各层面合作创造良好环境，切实推动两国经济增长和就业增加。毕比表示，阿肯色州愿与中方在更多领域开展合作，欢迎中国企业前来投资兴业。

4月9日

［纲　文］　**全国人大常委会副委员长严隽琪在北京会见由加拿大加中议会协会共同主席佩莱特参议员和克兰普众议员率领的加拿大加中议会协会代表团。**

4月9日

［纲　文］　**国务委员、公安部部长孟建柱会见老挝人民军副总参谋长波相。**

［目　文］　孟建柱在会见中说，中方高度重视中老缅泰四国湄公河流域执法安全合作，认为这不仅有利于保障湄公河国际航道往来船舶和人员的安全，更有利于维护这一地区的安全与稳定，有利于促进地区经济繁荣发展，造福沿岸四国人民。湄公河执法安全合

作任重道远，中老缅泰四国应抓住当前有利时机，不断加大工作力度，进一步推动合作向全方位、多层次、宽领域、高水平的方向发展。

4月9日

［纲　文］　**中联部部长王家瑞会见中越共中央办公厅副主任黄公环率领的越南党政干部考察团。**

［目　文］　在会见中，王家瑞说，党政干部交流是中越两党关系的重要组成部分，对各自党和国家建设具有重要意义。中国党和政府一贯珍视中越友谊。当前形势下，中越双方加强相互理解、相互信任、相互团结，沿着友好合作的道路向前走，比以往任何时候都重要。中方愿与越方一道，落实两党两国最高领导人达成的重要共识，加强治党治国经验交流，推进中越全面战略合作伙伴关系顺利发展。越共中央监察委员会副主任黎红廉说，巩固和发展越中传统友好关系，是越南党、政府和人民的选择。越方高度重视中国特色社会主义的理论与实践，愿通过党际交流，学习借鉴中国经济社会发展和党建工作的新实践新经验。黎红廉预祝中共十八大取得圆满成功。

4月9日

［纲　文］　**财政部、安全监管总局、煤矿安监局、中国煤炭工业协会联合在北京召开煤炭行业安全生产费用管理宣贯会议。**

［目　文］　会议的主要任务是宣传贯彻新修订的《企业安全生产费用提取和使用管理办法》，交流煤矿企业实施安全生产费用政策的经验做法。会议宣布，据不完全统计，目前全国仅国有及国有控股煤矿已累计提取安全费用2475亿元，累计使用安全费用2120亿元。各类煤矿利用提取的安全费用，对矿井通风、瓦斯监测和抽放、机电设备、运输提升、综合防尘等系统进行了安全技术改造，落实矿井“两个四位一体”综合防治措施，建设完善井下安全避险“六大系统”，一批重大隐患得到有效治理，一批先进适用的技术装备得到推广应用，有力促进了煤矿安全生产形势的持续稳定好转。

国务院应急办、财政部、安全监管总局、煤矿安监局机关相关司局，省级煤矿安监局和煤炭工业管理局，有关中央企业、地方煤炭企业集团相关负责人和财务等业务部门的负责人及有关专家200余人参加了会议。

4月9日

［纲　文］　**国务院办公厅批准《洛阳市城市总体规划（2011—2020年）》。**

［目　文］　批复说：一、原则同意修订后的《洛阳市城市总体规划（2011—2020年）》（以下简称《总体规划》）。二、洛阳市是国家历史文化名城、河南省副中心城市、著名旅游城市。要以科学发展观为指导，遵循城市发展客观规律，坚持经济、社会、人口、环境和资源相协调的可持续发展战略，统筹做好洛阳市城乡规划、建设和管理的各项工作。三、重视城乡统筹发展。四、合理控制城市规模。五、完善城市基础设施体系。六、建设资源节约型和环境友好型城市。七、创造良好的人居环境。八、重视历史文化和风貌特色保护。九、严格实施《总体规划》。

《总体规划》是洛阳市城市发展、建设和管理的基本依据，城市规划区内的一切建设活动都必须符合《总体规划》的要求。要结合国民经济和社会发展规划，明确实施《总体规划》的重点和建设时序。城市规划行政主管部门要依法对城市规划区范围内（包括各类开发区）的一切建设用地与建设活动实行统一、严格的规划管理，切实保障规划的实施，市级城市规划管理权不得下放。要加强公众和社会监督，提高全社会遵守城市规划的意识。驻洛阳市各单位都要遵守有关法规及《总体规划》，支持洛阳市人民政府的工作，共同努力，把洛阳市规划好、建设好、管理好。

4 月 9 日

［纲　文］　**司法部发布《办理法律援助案件程序规定》。**

［目　文］　为规范办理法律援助案件，保证法律援助质量，根据《中华人民共和国刑事诉讼法》《法律援助条例》等有关法律、行政法规的规定，制定该规定。《规定》内容包括：第一章总则，第二章受理，第三章审查，第四章承办，第五章附则。《规定》自 7 月 1 日起施行。

4 月 10 日

［纲　文］　**新华社讯，中共中央决定对薄熙来严重违纪问题立案调查。**

［目　文］　鉴于薄熙来涉嫌严重违纪，中央决定，依据《中国共产党章程》和《中国共产党纪律检查机关案件检查工作条例》的有关规定，停止其担任的中央政治局委员、中央委员职务，由中共中央纪律检查委员会对其立案调查。

4 月 10 日

［纲　文］　**国务院总理温家宝接见新当选并获任命的香港特别行政区第四任行政长官梁振英，向其颁发国务院任命令。**

4 月 10 日

［纲　文］　**李克强会见第七届中华慈善奖获奖者代表。**

［目　文］　国务院副总理李克强在会见中指出，慈善事业是献爱心、暖人心、惠民生的崇高事业。要顺应人民群众的新期待和时代进步的新要求，不断探索创新，采取更有力的措施，推动慈善事业实现更大发展。慈善事业是社会保障体系的有益补充，是社会建设不可或缺的重要方面，也是社会文明水平的标志。要大力弘扬慈善精神，健康发展慈善事业。慈善作为一种社会责任，贵在见诸行动。

中华慈善奖由民政部组织评选和表彰，包括部分海外企业和志愿者，是中国政府在慈善领域的最高奖，自 2005 年设立以来已举办七届。第七届中华慈善奖共设立“最具爱心捐赠个人”“最具爱心捐赠企业”“最具爱心慈善楷模”“最具影响力慈善项目”四个奖项。

4 月 10 日

［纲　文］　**“中日国民交流友好年”中方开幕式在东京举行。**

4月10日

［纲　文］ **中国海监船制止菲律宾军舰骚扰我渔船，中方敦促菲方不要再制造事端。**

［目　文］ 国家海洋局获悉，在中国黄岩岛海域作业的数艘渔船被菲律宾军舰非法堵在黄岩岛环礁湖内，菲方欲抓扣我被困渔船渔民。国家海洋局迅速派出正在附近执行南海定期维权巡航执法任务的中国海监84船、75船编队赶赴该海域，对我渔船和渔民实施现场保护。

11日，外交部发言人在例行记者会上表示，中国对黄岩岛拥有无可争辩的主权，菲律宾方面试图在黄岩岛海域进行所谓“执法”的行为是对中国主权的侵犯，敦促菲方不要再制造事端。

4月10日

［纲　文］ **商务部发布《外商投资商业领域管理办法补充规定（五）》。**

［目　文］ 为促进香港、澳门与内地建立更紧密经贸关系，鼓励香港、澳门服务提供者在内地设立商业企业，根据国务院批准的《〈内地与香港关于建立更紧密经贸关系的安排〉补充协议八》及《〈内地与澳门关于建立更紧密经贸关系的安排〉补充协议八》，对《外商投资商业领域管理办法》作出补充规定：一、对于在内地累计开设店铺超过30家、销售来自多个供应商的不同种类和品牌粮食的同一香港、澳门服务提供者，允许其试点以独资形式经营。上述经营业务仅限于广东省范围内。二、本规定中的香港、澳门服务提供者应分别符合《内地与香港关于建立更紧密经贸关系的安排》及《内地与澳门关于建立更紧密经贸关系的安排》及其有关补充协议中关于“服务提供者”定义及相关规定的要求。三、香港、澳门服务提供者在内地投资商业领域的其他事项，仍按照《外商投资商业领域管理办法》执行。四、对于其他境外投资者，其在中国境内累计开设店铺超过30家的，如经营粮食且粮食属于不同品牌、来自不同供应商的，境外投资者的出资比例不超过49%。《补充规定（五）》即日施行。

4月10日

［纲　文］ **国家知识产权局区域专利信息服务（广州）中心在广州萝岗区揭牌。**

［目　文］ 广州中心是中国第一个国家级区域专利信息服务中心，是中国5个区域专利信息服务中心的首个试点，主要服务于泛珠三角区域内地九省（区）的各级政府机构、企事业单位及社会公众，也是创新知识产权服务业模式的试验田，承担着优化资源配置、引领高端服务、汇聚专业人才、强化技术支持和统筹协调管理的任务。

4月10日

［纲　文］ **中国首条集装箱南北天天班航线营口至广州线开通。**

4月10日

［纲　文］ **2012年中华环保世纪行宣传活动启动仪式在北京举行。**

［目　文］ 宣传活动以“科技支撑、依法治理、节约资源、高效利用”为主题，紧

紧围绕全国人大常委会环境资源立法和监督工作重点，大力宣传节约资源、环境保护基本国策，大力宣传和促进水资源、矿产资源保护与可持续利用，进一步增强全社会珍惜资源、节约资源和保护资源意识，为建设资源节约型、环境友好型社会做出新的贡献。

4月10—12日

［纲　文］　**“中国特色社会主义工会发展道路”专题学习班在北京召开。**

［目　文］　10日，中共中央政治局委员、中华全国总工会主席王兆国接见全体学员并讲话。王兆国强调，工会干部特别是高级领导干部，必须以政治家的标准，不断提升应对复杂形势的能力和驾驭全局工作的水平，站在全局、宏观的高度把握工会发展方向，从党的要求和职工群众的愿望出发谋划工会工作。

来自全国35个省级工会的87名领导干部，围绕坚定不移地走中国特色社会主义工会发展道路主题进行了集中学习。专题学习班先后安排了3次全总领导作专题辅导报告。

4月11日

［纲　文］　**中共中央总书记胡锦涛致电视贺金正恩出任朝鲜劳动党第一书记。**

4月11日

［纲　文］　**国家主席胡锦涛接见新当选并获任命的香港特别行政区第四任行政长官梁振英。**

4月11日

［纲　文］　**全国人大常委会委员长吴邦国主持召开十一届全国人大常委会第80次委员长会议，决定人大常委会第26次会议24日举行。**

4月11日

［纲　文］　**全国基层党组织书记示范培训班在北京开班。**

［目　文］　中共中央政治局委员、中组部部长李源潮出席开班式并讲话，希望广大基层党组织书记对党负责、为民服务，爱岗敬业、甘于奉献，不断提高能力素质，当好基层科学发展、和谐稳定的带头人，以优异成绩迎接党的十八大胜利召开。

2012年是基层组织建设年，中组部决定从4月开始至当年年底，分层分类全面开展基层党组织书记轮训。中组部会同11个中央部门直接举办5批16个示范培训班。来自全国31个省区市和新疆生产建设兵团的乡村、街道社区、中小学校、医药卫生行业的490多名基层党组织书记参加了第一批示范培训。

4月11日

［纲　文］　**中共中央政治局委员、中华全国总工会主席王兆国会见拉美国家工会领导人。**

［目　文］　在会见中，王兆国对中国工会与拉美各国工会发展友好合作表示支持，他指出，中国共产党和全国人大历来重视支持全国总工会开展与拉美国家工会的友好交往与合作。近年来，不论是在双边交往还是在国际多边活动中，中国工会与拉美国家工会之

间，建立了牢固的友好交往与合作关系。希望中国工会与拉美国家工会继续努力，共同推动国际工会运动进一步朝着和谐健康的方向发展。

4月11日

［纲　文］　**中共中央政治局委员、中宣部部长刘云山会见土耳其恰勒克集团主席一行。**

［目　文］　在会见中，刘云山祝贺土耳其恰勒克集团与中国外文局正式签署合作框架协议，并表示此次合作框架协议的签署，体现了双方对文化交流合作的重视。希望中国外文局和恰勒克集团坚持互利共赢原则，推动双方合作关系务实发展，为加深两国人民理解和友谊搭建更加便捷更为有效的沟通桥梁。恰勒克集团主席艾哈迈德·恰勒克表示愿意加强与中国媒体的交流与合作，为深化中土友好互信做出积极努力。

4月11日

［纲　文］　**中共中央政治局委员、中央政法委副书记王乐泉会见由议会党团主席奇内拜·图尔逊别科夫率领的吉尔吉斯斯坦社会民主党干部考察团。**

［目　文］　在会见中，王乐泉指出，中国共产党愿同吉尔吉斯斯坦社会民主党一道共同努力，巩固和深化两党友好合作关系，加强治国理政经验交流，为各自国家发展、推动中吉睦邻友好合作关系再上新台阶做出应有的贡献。图尔逊别科夫说，吉尔吉斯斯坦社会民主党高度重视发展与中共的交往合作，愿意学习借鉴中国共产党的成功经验，通过党际渠道推动两国在各领域的合作，更好地造福两国人民。

4月11日

［纲　文］　**全国人大常委会副委员长蒋树声前往马拉维驻华使馆，代表中国政府和人民对马拉维总统穆塔里卡逝世表示哀悼。**

4月11日

［纲　文］　**新闻战线“三项学习教育”活动领导小组在北京召开发扬“走转改”精神、深化“走转改”活动研讨会。**

［目　文］　中共中央政治局委员、中宣部部长刘云山出席会议并讲话，强调“走基层、转作风、改文风”活动是对党的新闻工作优良传统的继承发扬，是新形势下改进新闻宣传工作的创新举措。新闻战线要深入总结“走转改”的成功经验，推动“走转改”活动常态化，引导广大新闻工作者带着紧迫感自觉“走转改”，带着责任感坚持“走转改”，带着使命感深化“走转改”，以优异成绩迎接党的十八大胜利召开。

中宣部常务副部长、新闻战线“三项学习教育”活动领导小组组长雒树刚主持会议。国家广电总局、河北省委宣传部、福建省委宣传部负责人和人民日报、新华社、中央电视台、解放日报、辽宁日报的负责人在研讨会上发言。中央宣传思想工作领导小组成员，新闻战线“三项学习教育”活动领导小组成员，中央新闻单位主要负责人，部分省区市党委宣传部和新闻单位主要负责人，高校新闻院系专家学者等参加会议。

4月11日

［纲　文］　**工业和信息化部印发《磷铵行业准入公告管理暂行办法》。**

［目　文］　根据《磷铵行业准入条件》规定，为规范准入公告管理，便于社会监督符合磷铵行业准入条件的生产企业和生产线，制定该办法。《办法》共11条，明确规定，各省、自治区、直辖市工业和信息化主管部门负责本地区已建成投产的磷铵生产企业公告核实管理和复核工作，并对准入条件的执行情况进行监督检查。《办法》即日实施。

4月11日

［纲　文］　**中国海洋石油总公司与意大利埃尼公司的中国公司就南海30/27深水区块签订产品分成合同**。

［目　文］　该区块位于距香港400公里的海域，面积5130平方公里。该区块是中海油于2011年推出的对外招标区块之一。埃尼公司在勘探期内承担100%的勘探费用，中海油有权参与合同区内任一商业油气发现最多51%的权益。埃尼公司已在南海海域16/08和16/19区块拥有权益，并担任28/20区块的作业者。

4月11日

［纲　文］　**全国政协副主席、香港中美交流基金会创会主席董建华在纽约经济俱乐部就中美关系发表演讲，强调中美双方应充分沟通，相互理解，化解分歧**。

4月12日

［纲　文］　**《人民日报》报道，国务院批复《全国地质灾害防治“十二五”规划》**。

［目　文］　《规划》的基准年为2010年，以2011—2015年为规划期，展望到2020年。《规划》内容包括：地质灾害防治现状与需求，指导思想与规划目标，地质灾害易发区和重点防治区，地质灾害防治工程，资金筹措和实施安排，环境影响与效益评估，保障措施。

《规划》在全国划分出22个崩塌滑坡易发区、17个泥石流易发区、12个地面沉降和地裂缝易发区，以及总面积128.8万平方公里的18个地质灾害重点防治区。

根据《规划》，“十二五”期间，中国重点开展地质灾害调查评价工作、地质灾害监测预警体系建设、搬迁（避让）与地质灾害治理工程、应急技术体系建设、科学技术研究支撑等工作。其中，规划对重点村镇提出就地规划建设或异地搬迁避让新址方案建议，提出对46.6万户、162万人实施搬迁，对480条特大型泥石流沟、1780处特大型滑坡、100处岩溶塌陷、10处地面沉降和90处地裂缝灾害实施工程治理和防控回灌或防控填埋工程。

《规划》提出基本目标是，“十二五”期间，完成地质灾害重点防治区调查任务，全面查清地质灾害隐患的基本情况。初步建立与全面建设小康社会相适应的地质灾害防治体系，在地质灾害防治区基本建成调查评价体系、监测预警体系、防治体系和应急体系，基本解决防灾减灾体系薄弱环节的突出问题，显著增强防御地质灾害的能力，最大限度地避免和减轻地质灾害造成的人员伤亡和财产损失，实现同等致灾强度下因灾伤亡人数明显减少，年均因灾直接经济损失占国内生产总值的比例逐步降低，地质灾害对经济社会和生态环境的影响显著减轻，为构建和谐社会，促进社会、经济和环境协调发展提供安全保障。

到2020年，全面建成地质灾害调查评价体系、监测预警体系、防治体系和应急体系，基本消除特大型地质灾害隐患点的威胁，使地质灾害造成的人员伤亡明显减少。“十有县”建设基本覆盖山地丘陵地区的所有县（市、区），汶川地震灾区、三峡库区不出现重大群死群伤地质灾害事件。

4月12日

［纲　文］　**上海合作组织成员国安全会议秘书第7次会议在北京举行。**

［目　文］　国家副主席习近平会见了各代表团团长。习近平指出，当前，国际地区形势继续复杂深刻演变。西亚北非局势持续动荡，恐怖主义、跨国犯罪、毒品走私依然猖獗，网络犯罪等非传统安全威胁日益突出，对地区安全稳定和成员国发展带来新的挑战，同时也孕育着推进和深化安全合作的新机遇。为此，成员国一要巩固战略互信；二要完善合作机制；三要着眼长远；四要扩大国际合作，将本组织打造成为维护地区稳定、促进世界和平的平台。

中国国务院国务委员孟建柱，哈萨克斯坦总统助理、安全会议秘书塔仁，吉尔吉斯国防会议秘书塔巴尔季耶夫，俄罗斯安全会议第一副秘书布拉温，塔吉克斯坦安全会议秘书卡霍罗夫，乌兹别克斯坦总统国家安全会议秘书塔什马托夫与会。上合组织秘书长伊马纳利耶夫和地区反恐怖机构执委会主任朱曼别科夫列席。孟建柱主持会议并发言。

与会各方围绕国际和地区安全形势的最新变化，结合筹备拟于2012年6月在北京举行的上合组织峰会，在一贯的友好和建设性气氛中就深化上合组织下一个10年安全合作交换了意见。

4月12日

［纲　文］　**国务院副总理王岐山会见加拿大永明金融集团首席执行官邓康岭，双方就当前全球经济金融形势、保险业改革发展等交换了看法。**

4月12日

［纲　文］　**中央人民政府决定任命宋哲为外交部驻香港特别行政区特派员，免去吕新华的外交部驻香港特别行政区特派员职务。**

4月12日

［纲　文］　**外交部部长杨洁篪与叙利亚危机联合国与阿盟联合特使安南通话，就叙利亚形势最新进展交换意见。**

［目　文］　在通话中，杨洁篪说，当前重点是敦促叙政府和反对派都信守承诺，以可见的、实实在在的行动配合安南特使斡旋努力，尽快缓和紧张局势，尽早开启政治对话进程。安南特使斡旋努力是政治解决叙危机的现实出路和主要渠道，国际社会有关各方应采取客观和公正立场，全力支持和配合特使工作，对叙危机的政治解决发挥积极和建设性作用。

4月12日

［纲　文］　**中共中央台湾工作办公室、国务院台湾事务办公室主任王毅在华盛顿会**

见美国常务副国务卿伯恩斯。

［目　文］　在会见中，王毅说，美方强调继续在台湾问题上恪守一个中国政策，不支持“台湾独立”，欢迎并乐见两岸双方在各个领域进一步开展对话与合作。王毅强调，中华民族完全有智慧，有能力通过两岸平等协商解决好有关台湾的各种问题。在这一进程中，希望美方继续发挥积极作用，期待中美共同努力，使台湾问题真正成为中美关系中的积极因素，而不是消极因素；真正成为合作的因素，而不是摩擦的因素；真正成为增进战略互信的因素，而不是导致战略互不信任的因素。

4月12日

［纲　文］　**国务院国资委公布《国家出资企业产权登记管理暂行办法》。**

［目　文］　为加强国家出资企业产权登记管理，及时、真实、动态、全面反映企业产权状况，根据《中华人民共和国企业国有资产法》《企业国有资产监督管理暂行条例》（国务院令第378号）等法律和行政法规，制定该办法。《办法》共5章26条，内容包括：产权登记的工作定位、登记范围，各级国有资产监督管理机构和国家出资企业的工作职责，应当办理产权登记的各类情形和占有产权登记的主要内容，产权登记程序，产权登记监督检查、档案管理以及责任追究机制。《办法》自6月1日起施行。

4月12—21日

［纲　文］　**国务委员刘延东应邀赴英国、欧盟总部、比利时和塞浦路斯访问，并主持中英、中欧高级别人文交流（对话）机制第一次会议。**

［目　文］　此次出访是应英国文化大臣亨特、欧盟委员会教育、文化、语言多样性及青年事务委员瓦西利乌、比利时联邦政府和塞浦路斯政府的邀请。

12日，刘延东在贝尔法斯特会见北爱尔兰行政当局首席部长罗宾逊、副首席部长麦吉尼斯。刘延东表示，希望北爱方面进一步加大在中国的推介力度，让更多中国人了解和感知北爱，在中英之间、中国与北爱之间搭建更多的友谊桥梁。

16日，刘延东与英国文化大臣亨特共同主持中英高级别人文交流机制第一次会议。刘延东就人文交流六大领域提出建议：用好中英教育部长级磋商机制，鼓励高校联合科研和各级各类教育合作；启动重点科技领域战略合作计划，成立中英技术创新合作中心，加强科技金融创新和战略研究合作；鼓励文化机构和艺术家开展交流合作；加强影视媒体管理机构往来，推动两国媒体和影视界合作；落实《中英奥委会体育合作备忘录》和《中英体育协议》；深化青年交流，加强全国青联和英国文化委员会等机构的合作关系。亨特表示，英方愿与中方一道，在教育、科技创新、文化创意、体育、旅游等领域不断拓展新的合作。会后，刘延东与亨特共同签署《中英两国政府关于建立高级别人文交流机制的谅解备忘录》。

16日，刘延东在伦敦会见英国副首相克莱格。刘延东表示，有了政治互信、经贸合作、人文交流这三根支柱，中英全面战略伙伴关系将更加持久稳固、富有活力。中方愿与英方共同努力，在这一机制框架内，推动中英在教育、科技、文化、体育、青年、媒体等领域交流与合作，为促进中英友好发挥基础性作用。

17日，比利时首相迪吕波在布鲁塞尔会见刘延东。刘延东说，中比关系取得成就，有两点经验非常重要：一是相互尊重，平等相待；二是务实创新，互利共赢。中方重视中比友好合作关系，愿同比方一道，继续巩固政治互信，尊重和照顾彼此核心利益和重大关切，不断探索新的合作方式，实现互利共赢。刘延东还会见了比利时王储菲利普和联邦众议长弗拉奥。

18日，刘延东与欧盟负责教育、文化、语言多样性及青年事务委员瓦西利乌在布鲁塞尔欧盟总部共同启动中欧高级别人文交流对话机制并主持第一次会议。刘延东就机制发展方向提出四点原则构想：一、着眼长远，战略谋划，使机制更加富有活力和效率；二、相互尊重，平等相待，最大限度寻求共识，培育多元共生的气度；三、以人为本，面向民众，让更多的公众汇聚到中欧友好事业中来；四、循序渐进，注重实效，突出重点，分阶段实施，逐步拓展合作领域，扩大人文交流的成效。

19日，欧洲理事会主席范龙佩在布鲁塞尔会见刘延东。刘延东表示，人文交流能够拉近中欧人民距离，增进人民间的友谊，使中欧合作根植民间，深入人心，培育和扩大中欧关系的社会基础；能够增进相互理解，超越历史文化传统、发展阶段和社会制度等差异，消弭误解和偏见；能够集思广益，为中欧合作的深化和发展开辟更加广阔的空间。

20日，塞浦路斯总统赫里斯托菲亚斯在尼科西亚会见刘延东。刘延东表示，中方愿与塞方一道，继续推动双边互利合作又好又快地发展。刘延东与赫里斯托菲亚斯共同见证两国教育部签署《中塞高等教育合作协议》。当日，刘延东还分别会见了塞浦路斯外交部部长马尔库利斯和教育与文化部部长狄摩西努斯。

4月12—15日

［纲　文］　**第十届重庆高新技术交易会暨第六届中国国际军民两用技术博览会在重庆召开。**

［目　文］　本届展会内容包括：展览展示、对接交易、高峰论坛、重要活动四大板块。展览展示方面，设有一个“中国载人航天首次空间交会对接试验航天器”主题展，重点举办3个综合展，即高新技术综合展、军民两用技术展和国际高新技术展，另外还有6个专业技术展，包括装备技术、信息通信技术及电子产品、汽车摩托车新技术、生态环保与节能减排技术、现代农业技术、医疗及生物技术等方面。

参加展会的国内外代表团共180个、企业2100家，展会展览面积达到4.5万平方米，均较上届有所增加。此外，展会期间还举办“军民融合产业发展高峰论坛”“战略性新兴产业发展高峰论坛”等。此次展会是由科技部、工业和信息化部、中国科学院、中国工程院、中国发明协会和重庆市人民政府共同主办的。

4月12—17日

［纲　文］　**吴邦国在河南调研。**

［目　文］　中共中央政治局常委、全国人大常委会委员长吴邦国先后来到郑州、新

乡、焦作、洛阳等地，就加快中原经济区建设、做好改革发展稳定工作等进行调查研究。吴邦国在河南调研时强调，要自觉把思想和行动统一到中央的决策部署上来，牢牢把握稳中求进的总基调，认真贯彻落实全国两会精神，抓住加快建设中原经济区重要机遇，推动经济社会实现跨越式发展，维护改革发展稳定良好局面，以优异成绩迎接党的十八大胜利召开。吴邦国针对河南的发展情况，强调四点：一要坚持发展是硬道理。二要科学编制和细化中原经济区专项规划。三要积极探索以工促农、以城带乡的有效机制。四要把保障和改善民生放在突出位置。

4月12—19日

［纲 文］ **路甬祥在江西开展文物保护法执法检查。**

［目 文］ 全国人大常委会文物保护法执法检查组到江西省检查《中华人民共和国文物保护法》实施情况。检查组由全国人大常委会副委员长路甬祥带队，全国人大教科文卫委员会副主任委员李树文任组长。全国人大常委会这次文物保护法执法检查的重点，一是文物的安全情况，二是处理文物保护与经济建设、社会发展关系的情况，三是文物流通领域管理的情况，四是文物执法能力建设和配套法规制定的情况等。在赣期间，检查组分别听取了江西省政府以及南昌、吉安、井冈山、赣州、瑞金、景德镇等市政府及相关部门贯彻文物保护法情况的汇报，实地考察了八大山人真迹馆、江西省博物馆、井冈山革命博物馆、黄洋界、茨坪毛主席旧居等多个文物、博物馆单位，与基层文物、博物馆工作者进行了座谈，全面深入地了解了各地文物安全、文物保护与经济建设和社会发展关系、科技支撑文物保护事业等情况，并就进一步做好法律实施工作听取了意见和建议。

4月13日

［纲 文］ **国务院总理温家宝主持召开国务院常务会议。**

［目 文］ 会议分析了一季度经济形势，研究部署下一阶段经济工作。会议指出，中国经济运行总体平稳。一季度国内生产总值同比增长8.1%，居民消费价格上涨3.8%；工业生产平稳增长，结构调整积极推进，农业生产形势较好，夏收作物长势好于常年；进出口贸易基本平衡，财政金融平稳运行，全国公共财政收入增长14.7%，支出增长33.6%；人民生活继续改善，城镇新增就业332万人，城镇居民人均可支配收入和农民人均现金收入扣除物价因素后实际分别增长9.8%和12.7%。3月份部分主要经济指标比前两个月有所回升，市场信心持续趋稳，制造业采购经理人指数连续4个月上升。

会议对下一阶段重点工作作了部署。一、继续加强和改善宏观调控。二、着力扩大内需。三、努力实现农业再获丰收。四、保持物价总水平基本稳定。五、努力保持对外贸易稳定增长。六、加快推进产业转型升级。七、巩固房地产市场调控成果。八、着力保障和改善民生。九、认真落实深化经济体制改革重点工作。

4月13日

［纲 文］ **国家副主席、中央军委副主席习近平会见越南人民军总参谋长杜伯巳一行。**

［目　文］　习近平在会见中强调，中越社会制度相同，理想信念相通，前途命运相连，这既是推进两国务实合作的独特优势，也有益于妥善处理两国矛盾和分歧。面对当前复杂变化的国际形势，双方应共同努力，多做有益工作，保持两国关系正确发展方向，积极造福两国人民，维护本地区乃至世界的和平、稳定与发展。杜伯巳说，越方始终重视并致力于发展两国全面战略合作伙伴关系，愿意与中方一道，进一步加强各领域的交流与合作，坚定维护越中友好大局，妥善处理分歧，为促进地区的和平、稳定与发展共同努力。

4月13日

［纲　文］　**国务院副总理王岐山分别会见美国财政部副部长布伦纳德和前芝加哥市市长戴利。**

［目　文］　在会见布伦纳德时，王岐山听取了美方关于开好第四轮中美战略与经济对话框架下经济对话的考虑并阐明了中方的政策主张。双方还就世界经济形势交换了意见。在会见戴利时，王岐山说，双方要充分发挥中美省州长论坛机制的平台作用，加强中美市长协会的联系，深化两国地方间经贸、投资、人文、教育和旅游等各领域务实合作，推动两国经济增长和就业增加。

4月13日

［纲　文］　**国务院副总理王岐山与国际货币基金组织（IMF）总裁克里斯蒂娜·拉加德通话，听取即将召开的国际货币基金组织和世界银行春季会议、二十国集团财长和央行行长会议情况介绍。**

4月13日

［纲　文］　**中共中央书记处书记、中央纪委副书记何勇会见由越南中央检查委员会副主任苏光秋率领的越共中央检查委员会干部研修团。**

［目　文］　在会见中，何勇表示，中越两党纪检机关开展多种形式、多种层次的交流与合作，有力推动了双方党的建设、反腐倡廉建设和友好关系的深入发展。希望两党纪检机关继续坚持互学互鉴，加强务实合作。苏光秋希望进一步加强与中共中央纪委的交流与合作，为两党两国关系的发展发挥重要作用。

4月13日

［纲　文］　**全国政协副主席阿不来提·阿不都热西提会见由东芬兰行政区首席长官阿尔托宁女士率领的芬兰地方政府和教育代表团。**

4月13日

［纲　文］　**国务院办公厅发布《关于支持中国图们江区域（珲春）国际合作示范区建设的若干意见》。**

［目　文］　自1992年中、俄、朝、韩、蒙五国共同启动图们江区域合作开发项目以来，在合作各方的共同努力下，图们江区域合作机制不断健全，合作领域持续拓展，合作方式不断创新，图们江区域合作开发取得显著成效，长吉图经济区面临着新的发展机遇。为深入实施《全国主体功能区规划》和《中国图们江区域合作开发规划纲要——以长

吉图为开发开放先导区》，进一步推动图们江区域国际合作，促进长吉图经济区协调发展，提升中国沿边开发开放水平，国务院同意在吉林省珲春市设立中国图们江区域（珲春）国际合作示范区。《意见》内容包括：一、战略意义；二、区域范围和功能定位；三、总体要求；四、基本原则；五、基础设施建设和产业发展重点；六、扶持政策；七、加强领导。

4月13日

［纲　文］　**外交部部长杨洁篪与俄罗斯外交部部长拉夫罗夫、印度外交部部长克里希纳共同出席在莫斯科举行的中俄印三国外交部部长第11次会晤。**

［目　文］　在会晤中，三方一致认为，当前国际形势正在经历复杂而深刻的变化，世界多极化进程不可阻挡，新兴市场国家和发展中国家在国际事务中发挥着越来越重要的作用。中俄印作为新兴发展中大国和安理会成员，有责任为维护地区和世界和平、发展、稳定发挥积极作用。三方一致同意加强在联合国、二十国集团、金砖国家等多边机制中的合作，在促进本地区繁荣稳定和世界经济复苏与发展，推动多边主义和国际关系民主化方面发挥积极作用，为构建持久和平、共同繁荣的和谐世界做出贡献。三国外交部部长还就当前一些重大国际和地区热点问题交换了意见，表示支持国际社会为解决有关问题发挥建设性作用，以《联合国宪章》的宗旨和原则及公认的国际关系准则为基础，尊重当事国主权、独立、统一和领土完整，发挥联合国的作用，积极劝和促谈，努力通过政治和外交手段和平解决有关问题。

4月13日

［纲　文］　**中国人民对外友好协会和中国非洲人民友好协会在北京共同举办招待会，庆祝中国与毛里求斯建交40周年。**

4月13日

［纲　文］　**财政部、水利部发布《关于切实加强水利资金使用监督管理的意见》。**

［目　文］　为全面贯彻落实《中共中央、国务院关于加快水利改革发展的决定》（中发〔2011〕1号）和中央水利工作会议精神，推进水利资金的科学化精细化管理，切实加强水利资金使用监督管理，提出该意见。《意见》内容包括：一、全面加强水利资金使用监督管理，二、不断完善水利资金管理制度，三、切实加强水利资金预算管理工作，四、加强水利项目资金监督管理。

4月13日

［纲　文］　**全国纠风工作电视电话会议在北京召开。**

［目　文］　国务委员兼国务院秘书长马凯出席并讲话，他强调，2012年要在继续做好纠正征地拆迁、保障性住房、食品药品安全、医疗卫生等方面的不正之风，以及深化庆典、研讨会、论坛和博览会、体育运动会过多过滥问题专项治理的同时，进一步突出工作重点，着力解决好群众反映强烈的乱收费问题。一是治理大型零售企业向供应商违规收费问题。二是治理物流领域乱收费和公路“三乱”问题。三是开展银行业金融机构收费问题专项治理。四是治理电信领域侵害消费者权益问题。五是深入治理教育乱收费问题。六是治理涉农乱收费和侵害农民土地权益问题。

监察部部长、国务院纠风办主任马馼作工作报告。农业部、工业和信息化部及浙江省、广东省、上海市政府的负责人在会上发言。

4月13日

［纲　文］　**“2011年度全国十大考古新发现”评选结果在北京揭晓。**

［目　文］　这十个项目按年代排列分别是：河南郑州老奶奶庙遗址暨嵩山东南麓旧石器地点群，福建漳平奇和洞遗址，浙江余杭玉架山史前聚落遗址，内蒙古通辽哈民史前聚落遗址，四川宜宾石柱地遗址，湖北随州叶家山西周早期曾侯墓地，辽宁建昌东大杖子战国墓地，江苏盱眙大云山江都王陵，山西大同云冈石窟窟顶北魏辽金佛教寺院遗址，山东京杭大运河七级码头、土桥闸与南旺分水枢纽遗址。

同往年相比，2012年的十大项目有一半都集中在史前考古，对于这一考古薄弱领域的学术突破大有裨益。比如河南郑州老奶奶庙遗址暨嵩山东南麓旧石器地点群确切证明，早在距今3万—5万年前中原地区已有繁荣的旧石器文化与复杂的栖居形态，为研究现代人类及其行为在东亚地区的出现与发展提供了非常重要的新视角。

4月13日

［纲　文］　**国务院农村综合改革工作小组、财政部、农业部在北京召开全国村级公益事业建设一事一议财政奖补工作视频会议。**

［目　文］　会议指出，2008—2011年，各级财政共投入全国村级公益事业建设一事一议财政奖补资金1050亿元，带动村级公益事业建设总投入2800多亿元，共建成近100万个项目，亿万农民从中受益。

4月13日

［纲　文］　**中组部等八部门在北京联合召开部署2012年高校毕业生“三支一扶”计划实施工作电视电话会议。**

［目　文］　中组部、人力资源和社会保障部、教育部、财政部、农业部、卫生部、国务院扶贫办、共青团中央等八部门在京联合召开电视电话会议，部署2012年高校毕业生“三支一扶”计划实施工作。据悉，2011年全国共招募23777名大学生参加“三支一扶”计划，圆满完成中央下达的2万名招募计划，其中本科及以上学历大学生占60.83%；招募人员中90%以上都在原籍服务。“三支一扶”工作也逐步形成了人岗相适的招募机制、严格规范的管理机制、以人为本的服务机制、出口畅通的就业机制和配套完备的制度体系。此外，2011年服务期满的“三支一扶”大学生共计21388名，总体就业率达到70.97%，其中安徽、江西、重庆就业率均达到了90%以上。

“三支一扶”，是指大学生在毕业后到农村基层从事支农、支教、支医和扶贫工作。2011年全国共招募23777名大学生参加“三支一扶”计划，圆满完成中央下达的2万名招募计划，其中本科及以上学历大学生占60.83%；招募人员中90%以上都在原籍服务。“三支一扶”工作也逐步形成了人岗相适的招募机制、严格规范的管理机制、以人为本的服务机制、出口畅通的就业机制和配套完备的制度体系。

4 月 13 日

［纲　文］　**全国环保规划财务工作会议宣布，“十一五”期间全社会污染治理投资达到 2.16 万亿元**。

［目　文］　2012 年安排中央环保专项资金支持京津冀、长三角、珠三角等一些重点城市开展燃煤锅炉烟尘治理。针对重金属污染防治，“十二五”期间，中央财政逐年加大投入，重点支持重金属污染防治规划确定的 138 个重点防控区，2012 年的资金规模增加到 35 亿元。“十二五”期间，中央财政在湖泊生态环境保护方面最少投入 100 亿元，带动地方财政和社会投资 500 亿元，完成 30 个湖泊的生态环境保护工作。

4 月 13 日

［纲　文］　**山西襄垣发生煤矿透水事故**。

［目　文］　凌晨 1 时许，位于长治市襄垣县的善福联营煤矿发生透水事故，被困井下的 11 名矿工全部遇难。在此次事故中，存在瞒报行为。公安机关对下井人数进行了认真核查，13 日已确认井下被困人员为 11 人，煤矿瞒报 2 人。4 月 14 日下午，司法机关已依法对涉嫌瞒报等违法犯罪行为的矿主、矿长等 21 人实施刑事拘留，并查封了该矿的全部资产和账户。

4 月 13—17 日

［纲　文］　**首届中国京剧流派班举行毕业公演**。

［目　文］　首届中国京剧流派班由中宣部、文化部主办，中国戏曲学院承办。公演共安排 4 台戏，分别是《龙凤呈祥》《武戏专场》《四郎探母》《流派班毕业演唱会》。2010 年 5 月，京剧流派班正式开班，流派班下设国家京剧院、北京京剧院、上海京剧院、天津京剧院、中国戏曲学院 5 个教学基地，承担着 19 个流派、行当的教学工作，组成 41 名顶级的教师阵容。

4 月 14 日

［纲　文］　**全国政协主席贾庆林访问新西兰途中经停马来西亚会见沙巴州首席部长穆萨·阿曼**。

［目　文］　贾庆林说，当前中马关系正处于历史最好时期，主要体现在四个方面：一是高层交往频繁；二是经贸关系紧密；三是人文交流活跃；四是务实合作深入。穆萨·阿曼表示，沙巴州自然条件优越，旅游资源丰富，欢迎更多中国企业和游客来沙巴投资、观光。

4 月 14 日

［纲　文］　**中共中央政治局委员、北京市委书记刘淇，中共中央政治局委员、中央书记处书记、中宣部部长刘云山与首都文化界千名代表参加首都义务植树活动**。

4 月 14 日

［纲　文］　**外交部部长杨洁篪就叙利亚问题、朝鲜半岛局势分别与美国国务卿、美**

韩日外交部部长通电话。

4月14日

［纲　文］　**中国人民银行宣布，人民币对美元汇率浮动幅度扩大一倍。**

［目　文］　自2012年4月16日起，银行间即期外汇市场人民币兑美元交易价浮动幅度由千分之五扩大至百分之一，这是继2007年5月人民币兑美元汇率波动幅度由千分之三扩大至千分之五后，人民币汇率波动幅度的再度扩大。

4月14日

［纲　文］　**国务院办公厅印发《深化医药卫生体制改革2012年主要工作安排》。**

［目　文］　2012年是深化医药卫生体制改革（以下简称医改）承前启后的关键一年，也是全面实施"十二五"期间深化医改规划暨实施方案的开局之年。为明确任务目标，落实工作责任，巩固扩大医改成果，持续深入推进医改，提出2012年医改主要工作安排，内容包括：一、总体要求；二、工作任务；三、保障措施。

4月14日

［纲　文］　**国务院办公厅转发发展改革委、法制办、监察部《关于做好招标投标法实施条例贯彻实施工作的意见》。**

［目　文］　《招标投标法》自2000年1月1日起施行以来，对于促进公平竞争，保证采购质量，节约采购资金，预防和惩治腐败，发挥了重要作用。但在实践中，一些地方仍然存在着规避招标、虚假招标、串通投标等亟待解决的突出问题。在认真总结《招标投标法》实施经验基础上，《条例》为解决当前突出问题作了有针对性的制度安排。《意见》要求：一、充分认识贯彻实施《条例》的重要性和紧迫性；二、加强对《条例》的宣传、学习和培训；三、全面清理与招投标有关的规定；四、抓紧完善《条例》配套制度；五、进一步加强和改进行政监督；六、确保《条例》贯彻实施工作落到实处。

4月14日

［纲　文］　**财政部印发《资助向国外申请专利专项资金管理办法》。**

［目　文］　为支持国内申请人积极向国外申请专利，保护自主创新成果，中央财政从2009年起设立资助向国外申请专利专项资金，并制定了《资助向国外申请专利专项资金管理暂行办法》。根据三年来的执行情况，为更好地发挥财政资金效益，加强财政资金管理，我们对《资助向国外申请专利专项资金管理暂行办法》做了修改，制定了该办法。《办法》内容包括：第一章总则，第二章资金的使用范围及标准，第三章资金的分配和拨付，第四章资金的监督管理，第五章附则。《办法》自发布之日起实施，原《资助向国外申请专利专项资金管理暂行办法》（财建〔2009〕567号）同时废止。

4月14日

［纲　文］　**中国和美国、英国、法国、俄罗斯、德国与伊朗代表在土耳其伊斯坦布尔开始新一轮伊核问题会谈。**

［目　文］　出席中断近15个月后的伊核问题六方会谈的中方代表、外交部部长助

理马朝旭表示，中国坚持不懈地劝和促谈，希望此次对话会开好头起好步。他认为，当前形势下，推动对话取得进展，对稳定伊核问题局势、保持地区和平稳定意义重大，符合各方根本利益和国际社会的共同愿望。

4月14—25日

［纲　文］ **全国政协主席贾庆林应邀对新西兰、文莱和泰国三国进行访问。**

［目　文］ 此次访问是应新西兰政府、文莱政府和泰国国会上议院的邀请。

14日至18日，贾庆林对新西兰进行访问。16日，贾庆林分别会见了新西兰议长史密斯、新西兰代总理英格利希、新西兰总督迈特帕、新西兰反对党工党领袖希勒。

在与史密斯在会见中，贾庆林表示，中国政协愿与新西兰议会加强交流和合作，相互借鉴治国理政经验，为各自国家经济社会发展做出积极贡献。

在与英格利希会谈中，贾庆林说，中新关系之所以能不断发展，一是相互尊重，相互理解，平等相待，照顾彼此核心利益和重大关切；二是互利共赢，使经贸合作成为双边关系的“推进器”；三是民间友好。会谈结束后，贾庆林和英格利希共同出席两国有关投资及清洁能源合作协议的签字仪式。

在与迈特帕里的会见中，贾庆林表示，新西兰是第一个就中国加入世贸组织同中方结束双边谈判、第一个承认中国完全市场经济地位、第一个与中国签署并实施自由贸易协定的发达国家。两国共同创造的多个“第一”值得我们为之骄傲。

在与希勒会见中，贾庆林表示，中方高度重视发展与工党的友好关系，愿在独立自主、完全平等、互相尊重、互不干涉内部事务的原则基础上，保持两党友好往来，加强在治国理政、促进民生等问题上的交流与探讨，推动中新友好合作不断取得新进展。

当日，贾庆林在维多利亚大学当代中国研究中心，就中新建交40周年发表题为《深化全面合作 共创美好未来》的主旨演讲，就进一步深化中新全面合作关系提出四点建议：第一，保持高层交往，增进政治互信。第二，发挥互补优势，扩大务实合作。第三，深化人文交流，巩固民意基础。第四，加强沟通协调，维护共同利益。

18日至20日贾庆林对文莱进行访问。19日，贾庆林分别会见文莱苏丹哈桑纳尔、文莱立法会议长伊萨。在会见哈桑纳尔中，贾庆林提出四点建议：一是保持高层交往；二是拓展经贸合作；三是密切人文交流，加强青年交往，使中文友好薪火相传；四是促进南海合作。哈桑纳尔说，文方赞同有关声索国通过和平协商解决南海争议，共同维护地区的和平与稳定。在会见伊萨时，贾庆林说，中方愿同文方共同努力，积极落实两国领导人达成的共识，推动两国关系不断取得新的更大发展。

20日至25日，贾庆林对泰国进行访问。22日，贾庆林会见泰国国王御代表诗琳通公主，并出席了在泰中资企业代表座谈会。23日，贾庆林分别会见了泰国总理英拉、泰国枢密院主席炳·廷素拉暖上将、泰国国会主席兼下议院议长颂萨和国会副主席兼上议院议长提拉德。

在与英拉会见中，贾庆林表示，中国愿与泰方密切合作，推动中泰关系持续快速发展，使两国关系在促进亚洲团结合作，共同维护本地区来之不易的和平、稳定与发展方面进一步发挥引领和示范作用。

在会见炳·廷素拉暖时，贾庆林说，中方愿同泰方共同努力，使传承千载的中泰友谊在新形势下不断发扬光大，更好造福两国人民，为地区稳定、发展与繁荣作出贡献。

在会见颂萨和提拉德时，贾庆林就进一步发展中泰关系提出四点建议：一是加强高层交往，保持战略沟通；二是深化务实合作，促进共同发展；三是扩大人文交流，夯实友好基础；四是加强在国际地区事务中的沟通协调。

4月15日

［纲　文］　**伦敦国际书展“市场焦点”中国主宾国开幕。**

［目　文］　此次伦敦书展，中国担任主宾国，是2012年伦敦书展的最大热点，也是2012年中英文化交流的一件大事。中国15个部委参与其中，国内181家出版社，50多家文化机构，30多家媒体，来自13个文化门类的1000多位专业人士分别参与分布全英国的300多场活动。中国新闻出版总署主办的“百年追寻——见证中国西部变迁”摄影展在伦敦摄政公园开幕。

伦敦书展1971年由英国工业与贸易博览会创办诞生，是全球英语图书市场最重要的国际书展，也是春季欧洲最重要的出版业盛会。

4月15日

［纲　文］　**中国农业部部长韩长赋就中日韩签署联合公报确定农业合作重点领域发表讲话。**

［目　文］　中国农业部部长韩长赋表示，在韩国济州岛举行的首届中日韩农业部长会议15日发表联合公报，表达了中日韩三国加强农业合作的共同愿望，并明确了未来农业合作的重点领域和主要方式。开展中日韩农业合作既有天然的地域优势和历史传承，更有重大的共同利益和广阔的合作空间，对于推动次区域以及世界经济强劲、可持续、平衡增长，促进各国互利共赢、共同发展都具有重要意义。联合公报的签署有利于进一步推动三方在区域和国际层面的合作更加务实深入，有利于三方经济伙伴关系建设更加密切，有利于促进三国农业的可持续发展。在三国农业部长会议机制下，农业合作领域范围将更广、层次更深，三国农业合作将更加紧密，对区域农业的引领示范作用更加显著，对国际农业发展的影响将进一步增强。

这次会议围绕粮食安全、动植物疫病防控、农业应对自然灾害、研究人员交流、经济伙伴关系和全球与区域合作六个议题展开广泛交流和深入探讨。三国农业部长通过讨论、联合评论和双边会谈等形式，对会议议题进行了充分阐述和交流。会议期间，韩长赋分别与韩国农林水产食品部长官徐圭龙和日本农林水产大臣鹿野道彦进行了双边会谈，就中日韩农业合作和双边农业交流深入交换了意见。

4月15日

［纲　文］　**由吉林大学、沈阳师范大学、新疆地质调查院专家组成的科考队在鄯善**

公布，在新疆吐鲁番地区鄯善县发现了中国迄今最大的侏罗纪恐龙化石。

4 月 15—16 日

［纲　文］　**中华基督教青年会、中华基督教女青年会代表会议在北京召开。**

［目　文］　全国政协副主席、中央统战部部长杜青林会见了出席会议的全体代表。会议审议通过了《弘扬传统，与时俱进，在促进中国社会进步的事业中践行团体的使命》的工作报告。会议回顾了中华基督教青年会、女青年会发展历程，充分肯定了其在新时期特别是近年所取得的新的成就，分析了其当前面临的各种挑战，提出了其未来的发展思路，明确了今后主要工作任务。根据国家相关法律法规和自身发展需要，本次会议对中华基督教青年会、中华基督教女青年会全国协会章程草案作了修改。按照章程规定，中华基督教青年会、中华基督教女青年会代表会议每五年举行一次。会议选举产生了青年会、女青年会全国协会的第一届领导成员。

4 月 15—18 日

［纲　文］　**应外交部部长杨洁篪的邀请，突尼斯外交部部长拉菲格·阿卜杜赛拉姆访问中国。**

［目　文］　17 日，国家副主席习近平会见阿卜杜赛拉姆。习近平指出，2011 年突尼斯发生了历史性变革，中方尊重突尼斯人民的意愿和选择。中方愿与突方共同努力，推进各领域务实合作，不断提升两国友好合作关系水平，造福两国和两国人民。阿卜杜赛拉姆表示，突方高度重视发展突中友好关系，愿与中方一道，推动新时期两国各领域互利合作向前发展。

16 日，杨洁篪与阿卜杜赛拉姆举行会谈。杨洁篪表示，中方愿与突方一道，进一步加强政治互信，深化互利合作，扩大人员往来，推动两国友好合作关系不断向前发展。阿卜杜赛拉姆表示，突方高度重视发展对华关系，愿与中方共同努力，推动双边各领域友好合作不断迈上新台阶。

4 月 15—18 日

［纲　文］　**王志珍在福建福州、邵武、永安等市开展集体林权制度改革调研。**

4 月 15—28 日

［纲　文］　**中共中央政治局常委李长春应邀对英国、加拿大、哥伦比亚、印度尼西亚进行访问。**

［目　文］　此次出访是应英国政府、加拿大政府、哥伦比亚政府和执政的民族团结社会党、印度尼西亚国会的邀请。

15 日，李长春出席伦敦国际书展“市场焦点”中国主宾国开幕式并致辞。

16 日，李长春会见了英国 48 家集团俱乐部主席斯蒂芬·佩里及“青年破冰者”代表。李长春对佩里说，以杰克·佩里为代表的老一辈“破冰者”以“推动英中贸易，促进平等互利”为使命，以非凡的勇气冲破重重藩篱，打开中英交往之门，架设了两国经贸关系的桥梁。李长春表示“破冰”在不同时代有不同内涵。当前而言，“破冰”就是要进一步增强两国政治互信；就是要相互尊重基于不同国情选择不同发展道路；就是要破除一些障碍，推动两国经贸合作。

17日，李长春在伦敦会见了英国首相、保守党领袖卡梅伦。李长春对两国关系提出四点建议：一是坚持从战略高度和长远角度把握两国关系大方向，不断增进政治互信；二是继续推动开展互利共赢的经贸合作，夯实两国关系的经济基础；三是以伦敦国际书展、奥运会、“艺述英国”等活动为重要契机，进一步拓展人文交流的广度和深度，为双边关系的健康长远发展固本培元；四是在国际问题上保持密切沟通与协调，推动建立更加合理有效的国际治理机制，共同促进世界和平发展。卡梅伦表示，英方愿进一步加强两国高层交流，积极支持两国的政党交往，欢迎更多中国企业到英国投资兴业，充分发挥两国经济互补性强的优势，全力推动两国经贸合作取得积极成果。当日，李长春会见了英国首席大臣兼外交大臣黑格，并与其共同出席了两国商务、文化、教育等合作文件的签字仪式。

18日，李长春在白金汉宫会见了英国约克公爵安德鲁王子，到伦敦南岸大学中医孔子学院参观考察并出席该院成立5周年庆典。

18日，李长春开始对加拿大进行访问。19日，李长春在渥太华会见了加拿大总督约翰斯顿。在会见中，李长春表示中方重视中加关系，愿与加方一道，继续从战略高度和长远角度看待和推动两国关系发展，进一步促进中加战略伙伴关系不断取得新成果。约翰斯顿表示，愿继续加强双方各领域的友好合作，共同把加中关系提升到一个新水平。

19日，李长春在渥太华会见加拿大总理哈珀。李长春表示，中方愿与加方共同努力，继续深化各领域的交流与合作。哈珀表示，加方愿与中方一道，继续保持高层交往，进一步拓展双方在政治、能源、资源、文化、教育等领域的合作，不断深化在气候变化等全球性议题上的合作，加强在二十国集团等多边机制中的协调，共同推动两国战略伙伴关系向前发展。

20日，李长春在渥太华会见了加拿大外交部部长贝尔德，并与其共同出席了两国有关文化合作协议的签字仪式。当日，李长春还见证了中加两国有关出版、教育等合作协议的签字仪式，参观了坐落于渥太华河北岸的文明博物馆，出席了卡尔顿大学孔子学院揭牌仪式。

22日，李长春抵达波哥大，开始对哥伦比亚进行访问。23日，李长春在波哥大会见了哥伦比亚总统桑托斯。在会见中，李长春对中哥关系提出四点建议：一是保持高层交往，增进政治互信；二是不断优化贸易结构，全面推进互利合作；三是密切沟通和协调，加强两国在国际事务中的合作；四是扩大人文交流，加强民间友好。李长春还对哥伦比亚在台湾、涉藏等问题上给予中国的支持表示感谢。当日，李长春会见了哥伦比亚参议院代议长、第一副议长安东尼奥·格拉。李长春与哥伦比亚外交部部长奥尔古因共同出席了两国有关经济、文化、教育等合作协议的签字仪式。当日，李长春还会见了由哥伦比亚民族团结社会党、保守党、自由党、激进变革党和绿党组成的执政联盟五党主要领导人。

26日李长春抵达雅加达，开始对印度尼西亚进行访问。当日，李长春会见印度尼西亚总统、民主党指导委员会主席苏西洛。李长春对两国关系发展提出四点建议：一是认真落实两国领导人达成的重要共识，促进政治互信，加强经贸合作；二是积极推动人文领域的交流与合作，夯实两国关系发展的社会基础；三是深化两国党际交流合作，中国共产党愿在党际关系四项原则的基础上，深化与包括民主党在内的印尼主要政党的友好交往；四是加强在地区和国际事务中的沟通与协调，共同促进地区和世界的和平、稳定与发展。

27 日，李长春在印度尼西亚大学发表了演讲，对中印关系提出四点建议：第一，增强政治互信，深化传统友谊。第二，深化经贸合作，促进互利共赢。第三，扩大人文交流，夯实友好基础。第四，加强沟通协调，密切多边合作。28 日，李长春在雅加达会见印度尼西亚国会议长马祖基，共同出席了两国有关广电、文化、教育、金融、投资、农业等领域合作协议的签字仪式。

4 月 15—18 日

［纲　文］　**中国—巴基斯坦商务论坛在巴基斯坦首都伊斯兰堡举行。**

［目　文］　中巴商务论坛由江苏师范大学与巴基斯坦信息技术大学联合主办，旨在为中巴学者和企业家搭建一个平台，以进一步加强双方的交流与沟通，进而促进两国之间的经贸合作。

巴基斯坦驻华大使马苏德·汗认为，这个论坛翻开了巴中友好关系新的一页，因为它首次为学界、商界和政府提供了一个联手推进巴中经贸关系的机会。论坛旨在为中巴学者和企业家搭建一个平台，以便进一步加强双方的交流与沟通，进而促进两国之间的经贸合作关系。

论坛采取学术研讨和企业展示的形式进行。论坛学术研讨内容包括可再生能源技术、新能源技术、水源卫生和净化以及生物制药材料等。共有 80 多家巴基斯坦、中国以及中巴合资、合作企业参加了论坛的企业展示，其中有些是专程从中国前来参展的。论坛还引起了第三国商人的注意和兴趣。从实际结果和效果来看，完全实现甚至超出了这一目标。有关统计表明，共有 4.5 万人次参加、参观了本次论坛，已有 25 份合作协议和意向书在论坛期间签署。

4 月 15 日—5 月 5 日

［纲　文］　**第 111 届中国进出口商品交易会在广州召开。**

［目　文］　本届广交会展览总面积 116 万平方米，展位总数 59434 个，比上届增加 720 个，境内外参展企业共 24644 家，比上届增加 413 家，创历史新高。但受欧债危机隐忧持续、欧元区经济衰退风险加剧以及新兴经济体面临通货膨胀和经济增速回落叠加影响，本届广交会一期成交较上年同期和上一届，均有一定幅度的下滑。

第 111 届广交会于 4 月 15 日开幕，共分三期，展会将持续到 5 月 5 日。

4 月 16 日

［纲　文］　**《求是》杂志发表温家宝的文章《让权力在阳光下运行》。**

［目　文］　文章分三部分：一、政府改革建设和反腐倡廉工作取得新成效；二、2012 年

政府反腐倡廉建设的重点任务；三、把反腐倡廉部署落到实处。

4月16日

［纲　文］　**国务院副总理王岐山与日本财务大臣安住淳通话。**

［目　文］　在通话中，王岐山听取了日方关于召开的国际货币基金组织和世界银行春季会议、二十国集团财长和央行行长会议、国际货币基金组织份额改革及增资问题的政策考虑，并阐明了中方的立场。

4月16日

［纲　文］　**中共中央政治局委员、中组部部长李源潮会见由中央书记处书记高特率领的古巴共产党代表团。**

［目　文］　在会见过程中，李源潮指出，中古两党交流对促进两国关系发展发挥了重要作用，我们愿在党际关系四项原则基础上进一步加强与古巴共产党的友好合作，交流治党治国经验，推动干部互访考察和培训合作，促进中古关系不断向前发展。李源潮还应询介绍了党的建设和组织工作有关情况。高特表示，古巴共产党高度重视与中国共产党的交流，愿与中方共同努力，继续深化双方各领域的务实合作，推动两国友好合作关系深入发展。

4月16日

［纲　文］　**柬历新年到来之际，国务委员戴秉国代表国家主席胡锦涛看望柬埔寨太皇西哈努克夫妇。**

4月16日

［纲　文］　**外交部发言人要求菲律宾考古船立即离开黄岩岛海域。**

［目　文］　外交部发言人说，黄岩岛是中国的固有领土。菲律宾方面袭扰中国渔船渔民，侵犯中国主权，是引发此次事件的主要原因。根据相关国际公约和中国法律，任何组织和个人未经中国政府许可，均不得进行此类活动。

4月16日

［纲　文］　**“东北亚名人会”第7次会议在首尔举行。**

［目　文］　中国代表团团长、国务院原副总理曾培炎在会上发表主旨演讲说，在全球经济疲软的不利影响下，中日韩三国应当不断加强合作，共同迎接挑战，携手抓住难得的发展机遇，促进区域经济的繁荣与稳定。

会议以“世界经济的不确定性与中日韩合作”为主题。来自中日韩三国政界、学术界、企业界的与会者呼吁三国积极合作，共同应对时代挑战，促进本地区繁荣与稳定。

“东北亚名人会”是由新华通讯社与韩国中央日报社、日本经济新闻社联合发起组织的中日韩三国知名人士论坛，自2006年起每年一次在三国轮流举行。与会代表包括中日韩三国的前政府领导人、知名专家学者和企业家。

4月16日

［纲　文］　**全国市地以上新任统战部长培训班在北京开班。**

［目　文］　全国政协副主席、中央统战部部长杜青林在开班式上强调，要深入贯彻中共中央《关于加强新形势下党外代表人士队伍建设的意见》精神，高层次谋划，全方位推动，努力把党外代表人士队伍建设工作提高到新的水平。《意见》充分体现了坚持和完善中国基本政治制度的内在要求，有力彰显了我们党治国理政的政治优势，深刻揭示了发挥统一战线法宝作用的根基所在，鲜明指出了加强统一战线战略性基础工程的着力方向。领会《意见》精神，基点是充分发挥社会主义政治制度的特点和优势，根本是培养一支与我们党同心同德、同心同向、同心同行的党外代表人士队伍，关键是把握党外代表人士的成长规律和工作规律，重点是抓住党外代表人士发现、培养、使用、管理四个环节，要义是掌握联谊交友的工作方法。要深刻理解、准确把握《意见》新的重要理论观点和政策完善，切实增强学习贯彻的主动性自觉性。

4月16日

［纲　文］　**国务院召开全国森林草原防火工作电视电话会议。**

［目　文］　中共中央政治局委员、国务院副总理回良玉在会上强调，森林草原火灾的致火因素复杂，扑救难度较大，防控工作任何时候都不可放松。一要加强基层基础，健全基层火险监测预警基础设施，壮大基层专业化防火力量。二要加强科技创新，充分运用卫星遥感、红外探火等先进技术手段，提高灭火效率。三要加强投入支持，建立森林草原防火经费稳定增长机制，加快实施《全国森林防火中长期发展规划》。四要加强法制建设，强化执法监督检查，加大对失火纵火违法犯罪行为的打击力度。五要加强责任落实，进一步强化和完善行政首长负责制，严格落实部门分工责任制，充分发挥各级森林草原防火主管部门的职能作用。

国家森林防火指挥部的数据显示，2012年一季度，全国共发生森林火灾1106起，主要发生在四川、湖南、云南、贵州和湖北等省，其中一般森林火灾772起，较大森林火灾334起，没有重大、特别重大森林火灾。火灾受害森林面积共2299公顷，扑火造成4人轻伤、2人重伤、8人死亡。与2011年一季度相比，森林火灾次数下降64%，受害森林面积下降80%，伤亡人数下降78%。

国家森林防火指挥部全体成员和中央有关部门负责人在主会场出席会议。各省、自治区、直辖市和计划单列市人民政府、新疆生产建设兵团负责人，有关市（地）、县（市）和单位负责人在各地分会场出席会议。会上，国家森林防火指挥部总指挥赵树丛、草原防火指挥部总指挥高鸿宾作了工作部署，北京、黑龙江、云南、甘肃四省市政府负责人发了言。

4月16日

［纲　文］　**投资60亿元的山西第一个“云计算”产业园在太原开工。**

［目　文］　同时开工的还有节燃气热电联产、太原不锈钢（钢铁）交易中心、GPS北斗二代芯片等8个重点项目，总投资达360亿元。近两年，山西产业结构调整扎实推进，转型发展成效凸显。2011年，在山西工业投资中，非煤产业完成投资2097.3亿元，同比增长35.2%；新兴产业完成投资914亿元，同比增长49.9%，有力促进了优势产业、

新兴产业的快速发展，其中全省高端装备制造业、现代煤化工、新型材料工业、特色食品工业增加值均增长 20% 以上，已成为山西转型跨越式发展的重要支撑。

4 月 16 日

［纲 文］ **教育部同意广东省建立南方科技大学。**

［目 文］ 通知明确，南方科技大学系多科性本科学校，由广东省领导和管理，学校发展所需经费由广东省统筹安排解决。该校全日制在校生规模暂定为 8000 人。学校新专业的增设和专业结构的调整，应按教育部有关规定办理。

南方科技大学是国家高等教育综合改革试验校。学校以理、工学科为主，兼有部分特色文、管学科；在本科、硕士、博士多层次上办学，一步到位，按照亚洲一流标准组建专业学部和研究中心（所），借鉴世界一流大学办学模式，建成类似加州理工学院和洛克菲勒大学那样小规模高质量的高水平研究型大学。原中国科学技术大学校长朱清时院士出任创校校长。

2011 年 6 月，南方科技大学首批入学的 45 名学生全部放弃高考，一度引起各界高度关注。在该校公布的管理暂行办法中，“教授治学、学术自治”原则被写入总则。

4 月 16—17 日

［纲 文］ **国务院办公厅发出全国集中开展安全生产领域“打非治违”专项行动的通知，并召开电视电话会议。**

［目 文］ 16 日，国务院办公厅发布《关于集中开展安全生产领域“打非治违”专项行动的通知》。经国务院同意，2012 年 4 月中旬至 9 月底，在全国集中开展打击非法违法生产经营建设、治理纠正违规违章行为专项行动。《通知》对此项行动的总体要求、重点范围、重点内容、方法步骤、工作要求进行了规范。行动以煤矿、非煤矿山、道路和水上交通、建筑施工、消防、危险化学品、烟花爆竹、民用爆炸物品、冶金等高危行业领域为重点，采取更加严厉、有效的措施，集中进行打击和整治。

4 月 17 日，国务委员兼国务院秘书长马凯在电视电话会议上讲话强调，开展“打非治违”专项行动要完成两项任务。一是要严厉打击非法违法生产经营建设行为，对于无资质、无证照或证照不全，不具备安全生产条件，存在重大安全隐患、严重危及人民群众生命安全，以及拒不执行安全监管监察指令、抗拒安全执法等行为，要立即责令停产整顿或依法取缔关闭。二是坚决治理纠正违规违章行为，对于安全生产制度不健全，作业规程不完善，违章操作、违章指挥、违反劳动纪律，以及隐患排查治理不到位、安全设施配备不规范等行为，要责令限期改正，并加强跟踪督查，严防事故发生。要坚持依法依规、统筹兼顾、标本兼治，突出重点行业、重点地区、重点企业和重点问题，努力实现事故总量进一步下降、防范重特大事故能力进一步增强、安全生产法治秩序进一步改善的目标。

4 月 17 日

［纲 文］ **国务院在北京召开深化医药卫生体制改革工作会议。**

［目　文］　中共中央政治局常委、国务院深化医药卫生体制改革领导小组组长李克强出席会议。李克强强调，“十二五”时期，深化医改要坚持把基本医疗卫生制度作为公共产品向全民提供的基本理念，坚持保基本、强基层、建机制的基本原则，坚持统筹安排、突出重点、循序推进的基本路径。抓住医保、医药、医疗 3 个重点环节，实行“三轮驱动”，取得新的更大进展。进一步深化医改，要充分调动广大医务人员的积极性、主动性和创造性，发挥他们作为改革主力军的作用。医务人员要珍惜职业价值，提升医德医术，更好地为患者服务。同时，要在全社会倡导尊医重卫，优化医务人员执业环境，完善医疗纠纷处理机制，多方共同努力，构建和谐医患关系。

同日，卫生部召开卫生系统 2012 年医改工作部署会议，卫生部部长陈竺讲话要求卫生系统广大干部职工认真学习贯彻李克强重要讲话和国务院“十二五”医改规划，凝心聚力，突出重点，统筹推进 2012 年医改工作。要在加快推进新农合制度、巩固完善基本药物制度和基层医疗卫生机构运行新机制、积极推进公立医院改革等三个方面取得重大突破，同时要统筹推进基本公共卫生服务均等化、创新卫生人才培养使用制度以及加快推进卫生信息化等各项工作。卫生部党组书记、副部长张茅主持会议。

4 月 17 日

［纲　文］　**李源潮在北京生命科学研究所调研。**

［目　文］　中共中央政治局委员、中组部部长李源潮在调研时强调，要总结生命所的成功经验，创建更多符合国际惯例、具有中国特色、吸引国际一流人才的科研平台，创新科研单位自主选题、科研人员专心研究的科研机制，倡导靠真才实学、潜心研究出成果的科研风气，为建设创新型国家服务。

北京生命所成立 7 年来，积极试行与国际接轨的科研管理运行机制，吸引和凝聚海外留学高层次人才，已建立 27 个实验室，主任多是从海外回来的年轻科学家。累计在国内外核心期刊发表创新性研究成果 180 多篇，其中在《自然》《科学》《细胞》发表的有 23 篇。2012 年有 4 位科研人员获美国霍华德·休斯医学研究所“国际青年科学家奖”。

4 月 17 日

［纲　文］　**国务院办公厅发布《关于进一步做好减轻农民负担工作的意见》。**

［目　文］　《意见》指出，近年来，随着国家强农惠农富农政策实施力度的逐步加大和农民负担监管工作的不断加强，农民负担总体上保持在较低水平，由此引发的矛盾大幅减少，农村干群关系明显改善。但最近一个时期以来，一些地方对减轻农民负担工作重视程度有所下降，监管力度有所减弱，涉农乱收费问题不断出现，向农民集资摊派现象有所抬头，惠农补贴发放中乱收代扣问题时有发生，一事一议筹资筹劳实施不够规范，部分领域农民负担增长较快。为进一步做好减轻农民负担工作，切实防止农民负担反弹，经国务院同意，特提出该意见。《意见》内容包括：一、明确减轻农民负担工作的总体要求；二、严格管理涉农收费和价格；三、规范实施村民一事一议筹资筹劳；四、深入治理加重村级组织和农民专业合作社负担问题；五、建立和完善农民负担监管制度；六、加强涉及农民

负担事项的检查监督；七、严肃查处涉及农民利益的违规违纪行为；八、加强减轻农民负担工作的组织领导。

4月17日

［纲　文］　**“中韩经济合作与展望高层论坛”在韩国首尔举行。**

［目　文］　国务院原副总理、中国国际经济交流中心理事长曾培炎发表主旨演讲提出，中韩双赢合作可在以下领域重点加强。第一，大力推进贸易自由化和投资便利化。第二，加强两国金融合作。第三，加强两国的科技文化交流与合作。第四，在参与全球经济治理方面加强沟通与协调。

论坛由中国商务部和韩国知识经济部主办，中国国际经济交流中心和大韩贸易投资振兴公社承办，人民日报社和韩国中央日报社为后援单位，共有来自中韩两国的500余名专家学者和企业界人士参加了此次论坛。

4月17日

［纲　文］　**国务委员、公安部部长孟建柱会见新西兰移民部部长内森·盖伊。**

［目　文］　在会见中，孟建柱指出，中新执法合作是两国关系的重要组成部分。中国公安部高度重视与包括移民部门在内的新西兰执法部门的合作，愿借盖伊此访正式确立两部门的合作关系，并与新方一道，本着平等互利、循序渐进的原则，努力推进中新执法合作关系向全方位、多层次、宽领域方向发展。盖伊表示新方愿与中方共同努力，把两国执法合作水平提升到新的台阶。

4月17—18日

［纲　文］　**全国专业技术人才工作座谈会在四川成都召开。**

［目　文］　会议宣布，近年来，中国专业技术人才队伍建设取得显著成绩，截至2010年底，中国专业技术人才总量已达5550万人。中国专业技术人才中，两院院士有近1500人，有突出贡献的中青年专家5206人，百千万人才工程国家级人选4113人，享受政府特殊津贴专家达16.2万人。

会议指出，中国职称制度改革已迈出重要步伐。以2011年为例，分类推进职称制度改革工作取得重大进展，顺利完成了深化中小学教师职称制度改革试点，经国务院批准，人力资源社会保障部在全国部署了扩大试点工作，并研究了关于分类推进职称制度改革的意见；同时，2011年职业资格清理规范也全面开展并取得阶段性成果，共组织实施了49项专业技术人员资格考试，1810万人次参考，有120万余人取得资格证书。下一步，中国坚持以职业分类为基础，以能力和业绩为导向，深化改革、加强管理、完善服务，建立重在业内和社会认可的人才评价机制，建立以社会管理和公共服务为核心的职称管理制度，形成科学、分类、动态、面向全社会各类专业技术人才的职称制度。

4月17—19日

［纲　文］　**应国务院总理温家宝的邀请，泰国总理英拉访问中国。**

［目　文］　4月18日，国家主席胡锦涛会见英拉。胡锦涛表示，双方要以中泰第二份战略性合作共同行动计划和经贸合作五年发展规划为指导，进一步扩大双边贸易和双向投资，为提前实现双边贸易新目标共同努力。双方要继续推进防务安全执法合作，共同打击恐怖主义、跨国犯罪，营造有利于各自和地区国家发展的良好环境。双方要加强国际和地区事务合作，共同促进世界和平与发展。中方愿深化中国同东盟政治互信和互利合作，推动中国—东盟合作和东亚合作不断取得新进展。

17日，温家宝与英拉举行会谈。温家宝提出，双方要密切配合，认真落实中泰第二份战略性合作共同行动计划和经贸合作五年发展规划；着力推动贸易与投资合作，扩大本币结算规模，争取提前实现2015年双边贸易额达到1000亿美元；加强铁路建设合作，促进中国与东盟交通便利化；扩大在海洋、电信、科技、能源、农业等领域的合作，密切人文交流；中方愿为泰国灾后重建、水利建设继续提供帮助；双方要携手推进中老缅泰四国湄公河联合执法合作，加强在东亚合作、大湄公河次区域经济合作中的协调配合；认真落实《南海各方行为宣言》，共同维护南海和平稳定。会谈后，两国总理共同出席了双边有关合作文件的签字仪式。

4月18日，全国人大常委会委员长吴邦国会见英拉。吴邦国说，中国全国人大重视发展与泰国国会的友好关系，愿继续保持两国议会领导人、各专门委员会和友好小组之间的交往，围绕两国关系发展大局加强实质性交流，相互学习借鉴治国理政、立法监督等方面的有益经验，密切在各国议会联盟、亚洲议会大会等国际和地区议会组织的沟通与协调，为中泰关系发展增添新内容、注入新活力。

4月18日，国家副主席习近平会见英拉。习近平表示，两国宣布建立全面战略合作伙伴关系，签署了第二份战略性合作共同行动计划，这既是对中泰关系现状的充分肯定，更为今后两国关系的发展指明方向。希望双方再接再厉，积极配合，深化政治互信，加强务实合作，拓展人文交流，推动中泰关系取得更大发展，给两国和两国人民带来更多实实在在的利益。

4月18日，国务院副总理王岐山与英拉共同出席中泰企业家午餐会并致辞。王岐山说，希望双方认真落实第二份战略性合作共同行动计划以及经贸合作五年发展规划，争取提前实现2015年双边贸易额1000亿美元的目标。

4月19日，两国发表关于建立全面战略合作伙伴关系的联合声明。声明指出：进一步巩固并加强中泰副总理级经贸联委会、两国外交磋商、两国国防部年度防务安全磋商和中泰科技联委会等现有双边合作机制以及中国云南省、广东省和福建省厦门市同泰国建立的合作工作组的作用，支持两国更多省市缔结友好关系，不断推进双方全面战略合作伙伴关系，扩大两国共同利益，实现两国人民根本利益。促进双边贸易便利化，争取到2015年实现双边贸易额1000亿美元目标。继续推进大湄公河次区域经济合作，支持落实2011年12月通过的《大湄公河次区域经济合作新十年战略框架（2012—2022）》，为消除地区贫困、促进经济社会发展做出更大贡献。

4月17—19日

[纲　文]　**全国政协副主席、中国人民争取和平与裁军协会副会长厉无畏访问越南。**

[目　文]　此次访问是应越南和平委员会的邀请。18日，越南国会主席阮生雄在河内会见了厉无畏一行。阮生雄表示，越南党和政府始终将发展对华友好置于越南对外交往的优先地位，愿与中国党和政府一道，尽最大努力推动越中全面战略合作伙伴关系稳定健康发展。厉无畏说，民间交流在推动国家关系发展中发挥着重要作用，愿进一步加强两国民间组织的交流与合作。

访越期间，厉无畏还与越南国会副主席、越南和平委员会主席汪周流，就加强双方务实合作交换了意见；会见了越南祖国阵线主席黄担、越南友好组织联合会副主席阮文乾、越南和平发展基金会副主席郑玉泰等。

4月18日

[纲　文]　**国务院总理温家宝主持召开国务院常务会议。**

[目　文]　会议要求2012年要重点推进以下几方面的政府信息公开：一、推进财政预决算、“三公”经费和行政经费公开。二、推进保障性住房信息公开。三、推进食品安全信息公开。四、推进环境保护信息公开。五、推进招投标信息公开。六、推进生产安全事故信息公开。七、推进征地拆迁信息公开。八、推进价格和收费信息公开。

会议讨论通过了《节能与新能源汽车产业发展规划（2012—2020年）》。会议指出，加快培育和发展节能与新能源汽车产业，对于缓解能源和环境压力，推动汽车产业转型升级，培育新的经济增长点，具有重要意义。要以纯电驱动为汽车工业转型的主要战略取向，当前重点推进纯电动汽车和插电式混合动力汽车产业化，推广普及非插电式混合动力汽车、节能内燃机汽车，提升中国汽车产业整体技术水平。争取到2015年，纯电动汽车和插电式混合动力汽车累计产销量达到50万辆，到2020年超过500万辆；2015年当年生产的乘用车平均燃料消耗量降至每百公里6.9升，到2020年降至5.0升；新能源汽车、动力电池及关键零部件技术整体上达到国际先进水平。为此，一要实施技术创新工程。建立研发体系，突破关键核心技术，大幅提高汽车燃料经济性水平和动力电池系统安全性、可靠性、轻量化水平。二要加快推广应用和试点示范。实施鼓励购买和使用节能汽车政策，开展私人购买新能源汽车补贴试点。三要因地制宜建设慢速充电桩和公共快速充换电设施，制定动力电池回收利用管理办法，建立动力电池梯级利用和回收管理体系。四要完善标准体系和准入管理制度，加大财税金融政策支持，营造有利于产业发展的市场环境，加强科研和人才保障，积极开展国际合作。会议强调，发展节能与新能源汽车产业，要依托现有产业基础，科学规划产业布局，防止低水平盲目投资和重复建设。

会议审议并原则通过《女职工劳动保护特别规定（草案）》。草案调整了女职工禁忌从事的劳动范围，女职工生育享受的产假由90天延长至98天，并规范了产假待遇。

4月18日

［纲　文］ **国务院批复发展改革委《关于“十二五”国家政务信息化工程建设规划》。**

［目　文］ 批复说：一、原则同意《规划》，请你们认真组织实施。二、《规划》实施要深入贯彻落实科学发展观，围绕“十二五”期间国民经济和社会发展的主要任务，以促进转变经济发展方式、提升治国理政能力为宗旨，以推动经济社会各领域信息化、保障和改善民生、维护经济社会安全为目标，加快推进国家政务信息化工程建设。要加强顶层设计，坚持需求主导，强化信息共享、业务协同和互联互通，突出建设效能，有效提高公共服务水平，强化国家网络与信息安全保障，推进国家信息化建设步伐，促进经济平稳较快发展和社会和谐稳定。三、通过实施《规划》，大力推进国家政务信息化工程建设，到“十二五”期末，形成统一完整的国家电子政务网络，基本满足政务应用需要；初步建成共享开放的国家基础信息资源体系，支撑面向国计民生的决策管理和公共服务，显著提高政务信息的公开程度；基本建成国家网络与信息安全基础设施，网络与信息安全保障作用明显增强；基本建成覆盖经济社会发展主要领域的重要政务信息系统，治国理政能力和依法行政水平得到进一步提升。四、各地区、各部门及有关单位要进一步统一思想，增强大局意识、责任意识，切实加强《规划》实施的组织领导。发展改革委要强化统筹协调，明确具体工程项目的牵头建设部门和单位，科学组织工程建设，推进管理创新，强化信息安全保密，确保完成工程建设任务。要进一步明确工程项目完工投用后的共用共享机制，增强部门间的业务协同能力，确保取得实际效果，切实提高投资效益。

4月18日

［纲　文］ **国务院总理温家宝应约与德国总理默克尔通电话，就解决欧债问题交换意见。**

4月18日

［纲　文］ **国务院副总理王岐山与英国财政大臣奥斯本通话。**

［目　文］ 在通话中，王岐山听取了英方关于国际货币基金组织和世界银行春季会议、二十国集团财长和央行行长会议、国际货币基金组织份额改革及增资问题的政策考虑，并阐明了中方的立场。

4月18日

［纲　文］ **中央组织部、人力资源社会保障部、国家公务员局召开带头创先争优、争做人民满意公务员活动经验交流视频会。**

［目　文］ 中共中央政治局委员、中组部部长李源潮指出，深化带头创先争优、争做人民满意公务员活动，要把建立领导机关公务员直接联系群众制度作为重要内容。基层一线和各个系统窗口单位公务员要深化为民服务创先争优，为群众多办实事好事，以促进人心的舒畅和社会的安定。要主动排查存在的问题和薄弱环节，强化服务意识、改进服务作风、提高服务效能。要探索建立请人民群众评判和监督公务员的机制，继续推行“三亮

三比三评”等有效做法。要大力宣传公务员先进典型，形成学习先进、争当先进、赶超先进的浓厚氛围。

31个省（区、市）和新疆生产建设兵团都认真组织广大党员干部收看了视频会，并及时召开会议学习传达视频会精神，认真研究讨论，统筹部署安排，强化落实措施，努力推动创先争优、争做人民满意公务员活动深入开展。

4月18日

［纲　文］　**外交部部长杨洁篪与叙利亚外交部部长穆阿利姆举行会谈。**

［目　文］　杨洁篪介绍了中方在叙利亚问题上的原则立场和所做工作，希望叙利亚政府继续履行联合国和阿盟叙危机联合特使安南“六点建议”，积极配合安南斡旋工作，切实落实停火、撤军等承诺，执行安理会日前通过的向叙利亚派遣联合国监督团先遣小组的决议，配合部署监督停火机制，并真正开启包容性政治对话和改革进程，推动叙利亚问题的公正、和平、妥善解决。

4月18日

［纲　文］　**住房城乡建设部发布《关于进一步加强房屋建筑和市政工程项目招标投标监督管理工作的指导意见》。**

［目　文］　为全面贯彻《招标投标法实施条例》，深入落实工程建设领域突出问题专项治理有关要求，进一步规范房屋建筑和市政工程项目（以下简称房屋市政工程项目）招标投标活动，严厉打击招标投标过程中存在的规避招标、串通投标、以他人名义投标、弄虚作假等违法违规行为，维护建筑市场秩序，保障工程质量和安全，特制定该意见。《意见》内容包括：一、依法履行招标投标监管职责，做好招标投标监管工作；二、加快推行电子招标投标，提高监管效率；三、建立完善综合评标专家库，探索开展标后评估制度；四、利用好现有资源，充分发挥有形市场作用；五、加强工程建设项目招标代理机构资格管理，规范招标投标市场秩序；六、加强招标公告管理，加大招标投标过程公开公示力度。

4月18日

［纲　文］　**国家海洋调查船队成立大会暨成员船签约授牌仪式在北京举行。**

［目　文］　新成立的国家海洋调查船队是中国多个涉海部门共同打造的首个全国共享的海洋调查基础平台，几乎涵盖了调查水平最先进的船舶，共19艘。国家海洋调查船队以推动海洋调查船舶的开放与共享，促进中国海洋调查能力与水平的提高，保证国家海洋调查任务的顺利开展为目的，按照政策引导、志愿加入，统筹协调、分类分级，信息开放、资源共享、竞争与激励机制相结合的原则组建和管理。船队主要承担国家海洋基础性、综合性和专项调查等任务，以及国家重大研究项目、国际重大海洋科学合作项目和政府间海洋合作项目涉及的调查任务。

4月18日

［纲　文］　**资源一号02C卫星正式在轨交付使用。**

［目　文］　国土资源部主持实施的资源一号02C卫星2011年12月22日在太原卫星发射中心成功发射后，为期近3个月的在轨测试表明，资源一号02C卫星运行稳定正常，数据质量满足1∶2.5万至1∶10万国土资源调查监测精度要求，最小监测图斑面积达到0.2亩，满足经济发达地区、重点关注区域资源现状高分辨率调查监测要求，可广泛用于土地利用动态遥感监测、土地利用变更调查、矿产资源开发保护和利用、地质灾害调查与监测、生态地质环境调查以及境外矿产资源调查等国土资源主体业务，同时服务于农业、林业、水利、环保、海洋、测绘、交通、统计、地震等相关行业。

4月19日

［纲　文］　**国务院发布《关于进一步支持小型微型企业健康发展的意见》。**

［目　文］　小型微型企业在增加就业、促进经济增长、科技创新与社会和谐稳定等方面具有不可替代的作用，对国民经济和社会发展具有重要的战略意义。党中央、国务院高度重视小型微型企业的发展，出台了一系列财税金融扶持政策，取得了积极成效。但受国内外复杂多变的经济形势影响，当前，小型微型企业经营压力大、成本上升、融资困难和税费偏重等问题仍很突出，必须引起高度重视。为进一步支持小型微型企业健康发展，提出该意见。《意见》内容包括：一、充分认识进一步支持小型微型企业健康发展的重要意义；二、进一步加大对小型微型企业的财税支持力度；三、努力缓解小型微型企业融资困难；四、进一步推动小型微型企业创新发展和结构调整；五、加大支持小型微型企业开拓市场的力度；六、切实帮助小型微型企业提高经营管理水平；七、促进小型微型企业集聚发展；八、加强对小型微型企业的公共服务。

4月19日

［纲　文］　**国家副主席习近平会见韩国全国市道知事协议会会长、全罗南道知事朴晙莹。**

［目　文］　习近平说，希望韩国全国市道知事协议会为促进两国地方交流与合作作出更多贡献。当前中韩关系发展势头良好，中方愿与韩方共同办好“中韩友好交流年”活动，推动中韩战略合作伙伴关系不断向前发展。朴晙莹表示，愿意为扩大韩中友好合作特别是地方交流、促进两国关系发展继续发挥积极作用。

4月19日

［纲　文］　**国务院副总理王岐山分别与法国经济、财政与工业部部长弗朗索瓦·巴鲁安与欧盟委员会副主席兼经济与货币事务委员雷恩通话。**

［目　文］　在通话中，王岐山听取了法方与欧盟关于国际货币基金组织和世界银行春季会议、二十国集团财长和央行行长会议、国际货币基金组织份额改革及增资问题的政策考虑，并阐明了中方的立场。

4月19日

［纲　文］　**国务委员、公安部部长孟建柱会见乌兹别克斯坦内务部第一副部长阿赫**

梅德巴耶夫。

［目　文］　孟建柱说，近年来，在两国元首的推动下，中乌两国关系健康稳定发展，两国公安、内务部门开展了积极、务实、高效的合作，在打击暴力恐怖势力、民族分裂势力、宗教极端势力和跨国犯罪，以及保护天然气管道安全、案件协查、执法培训、警用技术装备交流等领域合作成果显著。希望双方以中乌建交20周年为契机，不断加强交流与合作，共同有效应对地区安全形势变化，切实维护两国和本地区的安全与稳定。阿赫梅德巴耶夫表示，乌内务部高度重视发展与中国公安部的执法合作关系，愿与中方进一步加强沟通协调，继续深化执法安全领域务实合作。

4月19日

［纲　文］　**国务院办公厅印发《"十二五"全国城镇生活垃圾无害化处理设施建设规划》。**

［目　文］　《规划》指出，由于城镇化快速发展，生活垃圾激增，垃圾处理能力相对不足，一些城市面临"垃圾围城"的困境。同时，部分处理设施建设水平和运行质量不高，配套设施不齐全，存在污染隐患，影响城镇环境和社会稳定。为此，应在"十一五"有关工作取得积极成效的基础上，及时把握国家高度重视、资金投入力度加大、激励约束机制日益完善、装备支撑显著增强、节能环保产业快速发展的有利时机，精心组织、科学谋划，加快推进处理设施建设，不断提高设施运营水平。《规划》内容包括：一、指导思想、基本原则和主要目标；二、主要任务；三、投资估算和资金筹措；四、规划实施。

《规划》指出，到2015年，直辖市、省会城市和计划单列市生活垃圾全部实现无害化处理，设市城市生活垃圾无害化处理率达到90%以上，县县具备垃圾无害化处理能力，县城生活垃圾无害化处理率达到70%以上，全国城镇新增生活垃圾无害化处理设施能力58万吨/日。全国城镇生活垃圾焚烧处理设施能力达到无害化处理总能力的35%以上，其中东部地区达到48%以上。全面推进生活垃圾分类试点，在50%的设区城市初步实现餐厨垃圾分类收运处理，各省（区、市）建成一个以上生活垃圾分类示范城市。建立完善的城镇生活垃圾处理监管体系。

4月19日

［纲　文］　**国务院办公厅印发《"十二五"全国城镇污水处理及再生利用设施建设规划》。**

［目　文］　《规划》指出，中国仍存在污水配套管网建设相对滞后、设施建设不平衡、部分处理设施不能完全满足环保新要求、多数污泥尚未得到无害化处理处置、污水再生利用程度低、设施建设和运营资金不足、运营监管不到位等问题。为进一步做好城镇污水处理工作，应在"十一五"取得积极成效的基础上，紧紧抓住当前资金投入力度不断加大、激励约束机制日益完善、装备支撑显著增强、节能环保产业加快发展的有利时机，精心组织、科学谋划，加快推进处理设施建设，不断提高设施运营水平。《规划》内容包括：一、指导思想、基本原则与主要目标；二、主要任务；三、投资估算及资金筹措；四、保

障措施；五、规划实施。

《规划》指出，到2015年，全国所有设市城市和县城具有污水集中处理能力。污水处理率进一步提高，城市污水处理率达到85%（直辖市、省会城市和计划单列市城区实现污水全部收集和处理，地级市85%，县级市70%），县城污水处理率平均达到70%，建制镇污水处理率平均达到30%。直辖市、省会城市和计划单列市的污泥无害化处理处置率达到80%，其他设市城市达到70%，县城及重点镇达到30%。城镇污水处理设施再生水利用率达到15%以上。全面提升污水处理设施运行效率。城镇污水处理厂投入运行一年以上的，实际处理负荷不低于设计能力的60%，三年以上的不低于75%。“十二五”期间各项建设任务目标为：新建污水管网15.9万公里，新增污水处理规模4569万立方米/日，升级改造污水处理规模2611万立方米/日，新建污泥处理处置规模518万吨（干泥）/年，新建污水再生利用设施规模2675万立方米/日。规划实施后，将新增COD削减能力约280万吨/年，新增氨氮削减能力约30万吨/年。

4月19日

［纲　文］　**成都军区民兵工作会议在云南省昆明市召开。**

［目　文］　国务委员兼国防部部长梁光烈出席会议并讲话。他强调，加强新时期民兵工作，必须立足平时、着眼战时，大力提高民兵建设的质量效益。要以军事斗争准备需求为牵引，优化队伍结构，调整编组方式，加强装备保障和军事训练，着力提高民兵科技参战支前能力。要针对西南地区灾害事故多、应急救援任务重的特点，突出新型应急队伍建设，努力改善应急装备器材，强化针对性训练和联演联训，不断提升民兵应急救援专业水平。要适应西南地区维稳处突的要求，加强民兵教育管理，引导他们做好群众工作，充分发挥其在巩固基层政权、维护一方平安中的独特作用。要坚持政府主导、多方参与，进一步完善保障机制，切实搞好民兵建设的综合保障。

会议围绕贯彻胡锦涛主题主线重大战略思想，深入领会全国民兵工作会议精神，部署今后一个时期民兵建设任务，共同探讨新形势下如何加快民兵工作调整改革，推进民兵建设转型发展，构建新型民兵体系问题。

4月19日

［纲　文］　**第三届联合国中文日庆祝活动在纽约联合国总部举行。**

［目　文］　联合国已成功举办两届“中文日”活动。通过举办中国书画展、图书展、文化讲座、文艺演出等活动，增进了大家对中文这门古老语言的了解和认知，使大家更深地体会到中文的优美、简约、深邃和博大，也加深了大家对中国文化的理解。“联合国中文日”以中文为载体，为世界不同语言和族群的人们构建起一座友好交流的桥梁。

4月19日

［纲　文］　**全球37个知名旅游城市在北京联合发布：世界旅游城市联合会（WTCF）即将正式成立。**

［目　文］　联合会确定的核心理念是：“旅游让城市生活更美好”。这是继上海合作

组织之后，常设机构设立在北京的又一个国际组织。参与发起设立世界旅游城市联合会的国外知名旅游城市包括洛杉矶、迪拜、巴塞罗那、维也纳、柏林、罗马、莫斯科、布达佩斯等20个城市，国内知名旅游城市包括北京、天津、重庆等17个城市。

4月19日

［纲　文］ **共青团新媒体和文化成果交流展览会在北京展览馆举办。**

［目　文］ 中共中央政治局委员刘云山、王兆国参观交流展览会并指出，互联网、手机等新媒体迅猛发展和广泛普及，给经济社会带来深刻影响，成为人们特别是广大青年学习、工作、生活的重要交流渠道。共青团积极运用新媒体和文化载体开展工作，是贯彻落实党的十七届六中全会精神的重要举措，是深入推进社会主义核心价值体系建设的有益探索。

展览会旨在深入落实胡锦涛对共青团提出的“两个全体青年”重要目标要求，深入贯彻党的十七届六中全会精神，交流全团近年来在新媒体和文化方面的工作探索和初步成效，推动各级团组织相互学习借鉴、寻找差距，更好地运用新媒体手段和文化载体做好青年工作，以新的工作推动纪念建团90周年。

4月19日

［纲　文］ **妇女儿童工作领导（协调）小组联席会议在北京召开。**

［目　文］ 全国人大常委会副委员长、全国妇联主席陈至立主持会议并讲话，要求各部门切实把促进妇女发展、维护妇女儿童合法权益等事项提上议事日程，进一步完善协调机制，普遍加大政策、资金、项目扶持力度，多项工作实现创新突破。

来自中央和国家机关51个成员单位的负责人出席会议，对全国妇女“双学双比”活动领导小组、全国妇女“巾帼建功”活动领导小组、全国维护妇女儿童权益暨平安家庭创建协调小组、全国“五好文明家庭”创建活动协调小组和中国小公民道德建设暨全国“双合格”家庭教育宣传实践活动领导小组2011年开展的工作给予充分肯定，并对2012年工作提出了建设性意见。

4月19日

［纲　文］ **公安部召开视频会议，部署全国公安机关严厉打击“毒胶囊”犯罪。**

［目　文］ 4月15日以来，中央电视台连续报道了“毒胶囊”事件，在全社会引起广泛关注。公安部部署河北、浙江、江西、山东等地公安机关介入侦查，积极会同有关部门开展查处工作。截至4月19日，各地公安机关已立案6起，抓获犯罪嫌疑人53名，查封工业明胶和胶囊生产厂家10个，现场查扣涉案工业明胶230余吨。

4月20日

［纲　文］ **王乐泉在山东考察时强调，立足实际、突出重点，推进社会管理整体创新取得新突破。**

［目　文］ 中央政治局委员、中央政法委副书记、中央综治委副主任先后到潍坊、

临沂、济宁、菏泽、济南调研山东调研。他在调研时强调，各级党委、政府和政法综治部门要在毫不放松地抓社会稳定工作的同时，主动顺应广大人民群众的新期待新要求，主动适应基层社会生产方式的新发展新变化，主动应对社会思潮多元化的新情况新挑战，立足实际，突出重点，不断推进社会管理整体创新取得新突破、新进展。

4月20日

［纲　文］ **国家食品药品监管局召开全国电视电话会议，“铬超标胶囊事件”被定性为劣药案。**

［目　文］ 4月15日，央视《每周质量报告》播出节目《胶囊里的秘密》，曝光河北、江西、浙江有一些不法厂商使用重金属铬超标的工业明胶冒充食用明胶来生产药用胶囊。修正药业、通化金马等9家药厂的13个批次药品所用胶囊重金属铬含量超标。

会议明确指出，本次媒体曝光的铬超标药用胶囊事件，是非法使用工业明胶生产药用胶囊及使用铬超标胶囊生产劣药案。国家食品药品监管局要求相关省食品药品监管局对违法违规企业及其产品继续深入开展调查，严肃查办涉案企业，坚决控制销毁不合格产品。

会议全面部署药用胶囊质量安全专项监督检查行动，严防工业明胶用于药用胶囊生产，严防铬超标药用胶囊进入药品生产企业，严防用铬超标药用胶囊生产的药品流入市场，全力保障药品质量，维护公众利益。

4月20日

［纲　文］ **中国渔政部门释放一艘越南侵权侵渔渔船及21名越南渔民。**

［目　文］ 农业部南海区渔政局通报，在海况条件允许以及越南渔民签署不再侵权的保证书后，中国渔政部门释放被扣押的一艘越南侵权侵渔渔船和21名越南渔民。

3月4日，中国渔政306船在中国西沙内水海域查获了2艘侵权侵渔的越南渔船（船名号分别为QNG66101TS和QNG66074TS）及21名越南籍渔民。查获时，这2艘越南渔船正在从事炸鱼活动，船上共有炸药25公斤、雷管85个、导火线2捆等作案工具及渔获物数百公斤。

4月20日

［纲　文］ **全国政协副主席孙家正会见由书记处成员、政治部部长穆阿马里率领的也门改革集团代表团。**

［目　文］ 在会见中，孙家正表示，愿在党际交往四项原则基础上，与改革集团加强往来，增进互信，共同推动两国关系全面发展。穆阿马里表示也门改革集团愿不断加强与中国共产党的交流与合作，进一步提升两国关系的发展水平。

4月20日

［纲　文］ **中国社科院和阿塞拜疆驻华大使馆在北京共同举办庆祝中阿建交20周年圆桌会议。**

4月20日

［纲　文］ **中国最先进渔政船抵黄岩岛海域巡航执法。**

［目　文］　中国航速最快、总体性能最先进、特种设备最齐全的渔政公务船——中国渔政 310 船，中午抵达位于中国中沙群岛的黄岩岛海域。在随后的一段时间里，该船在黄岩岛海域进行常态化的巡航执法管理，切实维护中国海洋权益，履行海洋生物资源养护，保护渔民群众生命财产安全。中国渔政 310 船总吨位 2580 吨，续航力 6000 海里，持航 60 个昼夜，可驶往国际无限航区，最大航速可达每小时 22 海里。

4 月 20 日

［纲　文］　**巴基斯坦发生严重空难，国家主席胡锦涛代表中国政府和人民向巴方致电慰问。**

4 月 20 日

［纲　文］　**澳门特别行政区政府和中央人民政府驻澳门特别行政区联络办公室举行形势报告会。**

［目　文］　澳门中联办主任白志健在题为《新时期爱国爱澳力量的历史使命》的报告中，高度评价爱国爱澳力量发挥了贯彻落实“一国两制”方针和基本法的表率作用、建设澳门管理澳门的中坚作用、维护社会和谐稳定的骨干作用和关心支持国家建设的带头作用。全国人大常委会副秘书长、香港澳门基本法委员会主任乔晓阳以“澳门特别行政区制度”为题，阐述了特别行政区制度是“一国两制”方针政策的制度载体，特别行政区制度是国家管理制度的组成部分。

4 月 20 日

［纲　文］　**财政部印发《边境地区转移支付资金管理办法》。**

［目　文］　为进一步加强边境和海洋事务管理，提高边境地区转移支付资金使用效益，制定该办法。《办法》内容包括：第一章总则，第二章资金分配和下达，第三章资金管理和使用，第四章绩效评价和监督检查，第五章附则。《办法》即日施行，2012 年 4 月 20 日财政部公布的《边境地区转移支付资金管理办法》同时废止。

4 月 20 日

［纲　文］　**交通运输部印发《路政文明执法管理工作规范》。**

［目　文］　《规范》共 8 章 63 条，分别从基本要求、行政许可、行政检查、行政强制、行政处罚、奖惩等方面对路政执法工作提出详细要求，进一步规范路政执法管理行为，提高文明执法管理水平，促进公路管理机构更好地为社会公众服务。《规范》明确，路政执法管理工作应当符合合法行政、合理行政、程序正当、高效便民、诚实守信、权责统一的基本要求，不断提高规范执法和文明服务的能力与水平；公路管理机构应加强路政执法队伍建设和路政信息管理建设，路政执法人员必须具备行政执法资格。《规范》要求，公路管理机构应当建立健全监督制度，依法履行对被许可人从事许可事项活动的监督检查职责；建立健全固定检测和巡查检测相关执法管理制度，建立和完善车辆超限管理信息系统，并对公路进行监督巡查；建立健全行政执法责任、执法过错责任追究、执法行为评议考核等制度，制定和完善执法程序，加强对各项执法行为的监督制约。《规范》自 7 月 1 日起施行。

4月20日

［纲　文］　**深交所发布2012年修订版《深圳证券交易所创业板股票上市规则》，2012年5月1日起施行。**

4月20日

［纲　文］　**审计署审计结果显示，14个市县土地征用等不符合相关规定。**

［目　文］　审计署2011年对24个市（区）县2009年至2010年土地管理及土地资金的征收、管理、使用情况进行了审计，有的事项追溯到以前年度。审计发现，14个市县有22.35万亩土地征用等不符合相关规定。其中，沈阳市、宜昌市、襄阳市、佳木斯市、齐齐哈尔市、桦川县和天津市东丽区7个市县规避新增建设用地指标的控制，征收集体土地20.41万亩。

14个市县少征和减免土地资金40.79亿元，其中，成都市、齐齐哈尔市和佳木斯市3个市未按照调整容积率补缴标准补征土地出让收入，少征1.8亿元；郑州市、成都市、齐齐哈尔市、佳木斯市、宜昌市、烟台市、日照市、海阳市、上海市青浦区、芜湖县、辽阳县和桦川县12个市县违规减免或以先征后返等方式变相减免土地出让收入35.65亿元。

成都市、烟台市、郑州市、佳木斯市、襄阳市、宜昌市、桦川县、芜湖县、中牟县、阳东县和郫县11个市县共计97.19亿元土地出让收入未纳入基金预算管理，占上述地区两年度土地出让收入实征额995.54亿元的9.76%，其中，用地单位直接向土地一级开发企业支付开发费用18.83亿元，未按规定及时上缴国库78.36亿元。

4月20日

［纲　文］　**中央治理商业贿赂领导小组第九次会议在北京召开。**

［目　文］　中共中央书记处书记、中央治理商业贿赂领导小组组长何勇在会上强调，治理商业贿赂面临的形势依然严峻，必须采取有力措施，毫不松懈、持之以恒地抓下去。一是严厉惩治商业贿赂违法犯罪行为。二是加快推进市场诚信体系建设。三是更加注重改革创新和制度建设。四是有效监管“走出去”企业经营行为。

中央纪委副书记、中央治理商业贿赂领导小组副组长兼办公室主任李玉赋通报专项治理工作情况，国务院副秘书长、中央治理商业贿赂领导小组副组长汪永清主持会议，中央治理商业贿赂领导小组各成员单位负责人出席会议并发言。

4月20日

［纲　文］　**国家知识产权局、中宣部等25个部门在中国科技馆联合启动2012年全国知识产权宣传周活动。**

4月20日

［纲　文］　**公安部首个大规模集中打击侵害公民个人信息犯罪行动收网。**

［目　文］　公安部部署北京、河北、湖南、四川等20个重点省份全力开展集中行动，截至24日，共抓获犯罪嫌疑人1700余名，挖出非法出售公民个人信息的“源头”38个，摧毁侵害公民个人信息的数据平台和“资源大户”161个，打掉从事非法讨债、非法

调查等的“非法调查公司”622个，有力打击了此类违法犯罪活动的嚣张气焰。此次集中行动是公安部直接部署指挥的第一仗。

4月20—24日

［纲　文］　**应中共中央邀请，朝鲜劳动党中央政治局候补委员、国际部部长金永日率领朝鲜劳动党代表团访华。**

［目　文］　23日，中共中央总书记、国家主席胡锦涛会见金永日一行。胡锦涛表示，不断巩固和发展中朝友好合作关系是中国党和政府坚定不移的方针。我们一如既往本着继承传统、面向未来、睦邻友好、加强合作的精神，同朝鲜民众一道，保持高层交往和党际交流，促进务实合作和睦邻友好，加强在重大国际和地区问题上的战略沟通和协调，为维护半岛持久和平稳定，实现东北亚长治久安，促进共同发展而不懈努力。金永日说，朝方一如既往，努力推动两党两国关系继续向前发展。

同日，中共中央政治局委员、中组部部长李源潮会见金永日一行。李源潮说，中方愿与朝方共同努力，进一步推进双方各领域、各层次友好往来，扩大务实合作，增进两党战略沟通，推动中朝友好合作关系再上新台阶。金永日表示，朝方在金正恩第一书记的领导下，愿同中方进一步深化各领域交流合作，推动朝中传统友谊不断向前发展。

21日，中联部部长王家瑞与金永日在北京举行中朝两党战略沟通机制第二次会议。双方就进一步发展中朝两党交流合作及朝鲜半岛局势等共同关心的国际和地区问题深入交换了看法。2011年6月，中朝双方在朝鲜启动两党战略沟通机制并举行第一次会议。

22日，国务委员戴秉国在北京会见金永日一行。戴秉国表示，中方愿同朝方共同努力，推动中朝友好合作关系发展到新的更高水平。金永日表示朝方高度重视朝中两党两国友好合作关系，一定竭尽全力推动朝中传统友谊不断向前发展。

4月20—27日

［纲　文］　**国务院总理温家宝应邀对冰岛、瑞典、波兰进行访问，并出席德国汉诺威工业博览会开幕式及中国伙伴国活动。**

［目　文］　此次访问是应冰岛总理西于尔扎多蒂、瑞典首相赖因费尔特、波兰总理图斯克和德国总理默克尔的邀请。

20日，温家宝对冰岛进行访问，会见冰岛总统格里姆松。温家宝表示，中方愿同冰方认真落实达成的共识，在投资、清洁能源、科技、教育等领域扩大交流合作，在北极事务中加强协调配合，携手应对挑战，共享发展机遇，造福两国人民。格里姆松希望两国尽快商签自贸协定，扩大经贸、地热、节能环保、教育、科研、旅游等领域的合作，密切在北极事务中的沟通与协调，推动两国关系取得更大发展。

当日，温家宝与冰岛总理西于尔扎多蒂举行会谈。温家宝表示，中方愿与冰方加快双边自贸协定谈判，争取2013年实现两国自由贸易；扩大相互投资，确保大型合作项目取得成功；提升在地热开发利用以及地学科研领域的合作水平，共同拓展第三方市场；密切在北极事务中的磋商，在极地、海洋、环境、航运等相关领域开展务实合作，共同促进北极地区的和平、稳定和可持续发展；加强教育、旅游、文化、体育交流，增进两国人民的相互了解和友谊。会谈后，两国总理共同出席了两国《关于北极合作的框架协议》等合作文件的签字仪式。

22日，温家宝抵达德国汉诺威，出席汉诺威工业博览会开幕式并发表题为《坚持改革开放 推动创新发展》的演讲，提出以下倡议：第一，大力发展实体经济；第二，大力推动科技创新；第三，大力推进开放合作。

汉诺威工业博览会创始于1947年，现为全球规模最大的工业博览会。500多家中国企业展示了中国在新能源、新能源汽车和智能制造等方面的最新成果。

22日，温家宝与德国总理默克尔举行会晤。温家宝表示，国际社会还面临许多复杂严峻的挑战，中德要坚持相互尊重、平等相待，照顾彼此核心利益；中国经济持续较快发展，为德国提供了巨大市场，中方欢迎德国企业扩大对中国特别是中国中西部地区投资；双方要密切在科技、教育、青年等领域的交流，加强在国际事务中的协调配合，以中德建交40周年为契机，将两国关系推向更高水平。23日，温家宝在汉诺威与默克尔共同出席中德工商峰会开幕式并致辞。温家宝在致辞中提出以下倡议：第一，扩大双边贸易；第二，促进双向投资；第三，拓展环保合作；第四，深化人文交流。中德工商峰会由中国工业和信息化部、德国工业联合会共同主办。中德政府高级官员和两国经济界人士共600人出席。

23日，温家宝在哥德堡会见瑞典西哥特兰省省长贝克斯特伦。24日，温家宝会见瑞典国王卡尔十六世·古斯塔夫。当天，温家宝与瑞典首相赖因费尔特举行会谈。在会谈中，温家宝表示，中国愿在政策对话、机制建设、务实合作以及国际多边领域同瑞方开展长期、全方位合作；中方将采取具体举措，支持本国企业和科研机构同瑞方加强创新合作，推动实施一批重点项目；中方欢迎瑞方在现代制造业、高新科技、服务业、农业等领域扩大对中国尤其是中西部地区投资，中国政府鼓励更多本国企业到瑞典发展，希望瑞方推动欧盟尽早同中国启动投资协定谈判；双方要进一步扩大在教育、文化、旅游等领域的交流，增进两国人民特别是青年之间的相互了解和友谊。会谈后，中瑞两国发表了关于在可持续发展方面加强战略合作的框架文件。

25日，温家宝与瑞典首相赖因费尔特共同出席斯德哥尔摩+40可持续发展伙伴论坛部长对话并发表演讲。温家宝在演讲中指出，推动可持续发展是当今世界的潮流，也是长期艰巨的任务。需要我们不断在理念上有所创新、在实践上有所突破、在行动上携手共进。为此，首先要保障人人享有平等的环境权利，为可持续发展注入强大而持久的动力。第二，要坚持走绿色发展道路，实现发展与可持续的共赢。第三，要加强可持续发展全球治理。统筹兼顾经济增长、社会进步和环境保护三大支柱；坚持共同但有区别的责任原则；尊重各国可持续发展自主权，增加发展中国家在可持续发展全球治理机制中的代表性和话语权。

25日，温家宝对波兰进行访问，会见波兰总统科莫罗夫斯基。温家宝表示，中方愿与波方认真落实政治、经贸、人文等各领域的重要共识，进一步深化中波战略伙伴关系，这符合双方的根本利益，也对中欧关系的稳定健康发展产生积极影响。

当日，温家宝与波兰总理图斯克举行会谈。温家宝表示，中方同意建立中波总理定期会晤机制，增进政治互信和战略沟通；成立两国政府间合作委员会，统筹协调各领域合作；双方要制定经贸合作中长期规划，确定合作重点领域和重大项目；采取积极措施，促进双边贸易平衡增长，争取5年内实现贸易额翻一番；成立产业合作指导委员会，建立和完善两国企业交流平台，加强在投资、基础设施、新能源、高科技领域的合作；密切文化、教育、旅游、青年和地方交流，增进相互了解和友谊。会谈后，两国总理共同出席了双边有关合作文件的签字仪式。当日，温家宝还会见了波兰众议院议长科帕奇和参议院议长博鲁塞维奇。

26日，温家宝出席中国—中东欧国家经贸论坛并发表讲话，与16位中东欧国家领导人共同举行中国—中东欧国家领导人会晤。温家宝就推进中国和中东欧国家关系提出四条原则建议：第一，坚持相互尊重、平等相待，照顾彼此重大关切，深化政治互信。第二，着力加强经贸领域的务实合作。尽快建立和完善工作机制和交流平台，确定合作重点，充分利用中国推出的一系列重要举措，争取短时间内取得实质性成果。第三，加强人文交流。从战略高度重视青年往来和媒体交流。第四，共同为中欧关系发展注入新的活力。

4月20—21日

［纲　文］　**王岐山在上海考察，并主持召开保险业改革与发展座谈会。**

［目　文］　中共中央政治局委员、国务院副总理王岐山在上海考察了部分金融机构。他说，保险业是朝阳产业。各类保险企业要紧紧围绕多样化的市场需求，突出主业，加快业务、产品和服务创新。地方保险企业要立足当地，办出特色。考察期间，王岐山对上海市近年来经济社会发展以及上海国际金融中心建设取得的成绩给予充分肯定。他希望上海加强软硬环境建设，加快金融改革创新，发挥好示范作用。王岐山强调，保险业对于发展经济、保障民生、增加就业、扩大内需具有重要作用。要认真贯彻落实科学发展观，按照中央经济工作会议和全国金融工作会议的要求，牢牢把握稳中求进的总基调，转变保险业发展方式，加快改革创新，扩大对外开放，促进保险业健康稳定发展，满足人民群众日益增长的保险需求，更好地服务于经济社会发展大局，以优异成绩迎接党的十八大胜利召开。

在座谈会上，王岐山听取了上海市政府负责同志及保险企业代表的发言。他说，改革开放以来，保险业发展快、变化大。伴随着工业化、城镇化加快推进，人民生活水平不断提高，保险业的发展潜力和机遇巨大。面对当前国内外各种挑战，要坚定信心，鼓舞士气，扎实工作，努力推动保险业又好又快发展。

4月20—24日

［纲　文］　**贺国强在山东进行考察。**

［目　文］　中共中央政治局常委、中央纪委书记贺国强到山东济南、青岛、潍坊、

淄博等地调研。坚持稳中求进、保持经济社会平稳较快发展，是贺国强此次调研的重点。考察期间，贺国强听取了山东省委、省政府和省纪委的工作汇报，对山东近年来的工作给予充分肯定。他希望山东各级党委、政府和广大干部群众牢牢把握机遇，充分发挥优势，坚持稳中求进，在全面建设小康社会的新征程上谱写山东更加美好的明天。他要求各级党组织要坚持党要管党、从严治党，以改革创新精神加强和改进党的建设，特别是要严明党的政治纪律，讲政治、顾大局、守纪律，自觉同以胡锦涛同志为总书记的党中央保持高度一致，坚决贯彻中央要求和部署，以实际行动维护改革发展稳定的良好局面。他强调，要切实加强换届后新班子的思想政治建设，教育引导各级领导干部尤其是新进入班子的年轻干部树立正确的权力观、地位观，把人民赋予的权力真正用来为人民服务；要切实增强公仆意识，做到以公仆之心鞠躬尽瘁，以赤子之心执政为民；要切实严格要求自己，严格要求亲属、子女和身边工作人员，永葆共产党人的政治本色，真正做到为民、务实、清廉。

4月21日

［纲　文］ **新一代737加盟中国南方航空公司。**

［目　文］ 此架飞机于当地时间4月13日在美国西雅图交付南航。这是波音公司新一代737系列的第4000架飞机，也是南航2009年向波音订购的55架新一代737飞机中交付的第12架。

4月21日

［纲　文］ **浙江大学主办的“大学—企业协同创新高端论坛”在北京举行。**

［目　文］ 全国人大常委会副委员长路甬祥出席论坛并讲话。他说，积极推进大学与企业之间的协同创新，是促进发展方式转变、推进大学改革发展的重要途径，也是深入贯彻落实科教兴国、人才强国战略，提升中国自主创新能力、建设创新型国家的必然要求。

包括两院院士、国家部委领导、大型企业高管在内的百余位浙江大学精英校友参会，共商大学—企业协同创新以及浙江大学内涵发展之路。

4月21—24日

［纲　文］ **第二炮兵政委张海阳上将率领中国人民解放军友好参观团对匈牙利进行访问。**

4月22日

［纲　文］ **第九届中美工程技术研讨会在北京举行。**

［目　文］ 国务委员兼国务院秘书长马凯出席研讨会并讲话。他强调，中国政府将坚持实施科教兴国战略和人才强国战略，努力创造全面开放的国际科技交流环境，促进人才的国际交流与合作。

研讨会围绕“转变增长方式，促进科技创新，优化产业结构，推动科学发展”这一主题，组织中外专家深入企业、厂矿、科研院所，开展技术诊断、现场研讨和咨询服务，帮助中国企业解决技术和管理难题，提出了一大批颇有价值的意见和建议，取得了丰硕成果。

研讨会由国家外国专家局、科学技术部、工业和信息化部、北京市人民政府、安徽省人民政府、江西省人民政府、中国工程院以及美洲中国工程师学会、美国机械工程师学会联合举办，200余名中外工程技术专家参加了此次研讨会。

4月22日

［纲　文］　**2011绿色中国年度焦点人物评选揭晓。**

［目　文］　评选活动于2011年4月22日启动，经过为期一年的网民公推、数亿人次网民投票和专家评委会评定，最终评出获奖人选。全国人大常委会原副委员长许嘉璐，中共海南省委书记罗保铭获年度大奖；中国科学院院士、国务院参事唐守正等51人分获其他奖项。

绿色中国年度焦点人物评选活动旨在弘扬生态理念，树立绿色典型，建设生态文明，共建绿色中国。活动由全国绿化委员会、国家林业局、中国绿化基金会、中国生态文明研究与促进会主办，人民网、国家林业局宣传办、国家林业局经济发展研究中心和绿色中国杂志社联合承办。

4月22—27日

［纲　文］　**“海上联合—2012”中俄海上联合演习在青岛举行。**

［目　文］　参加中俄联合军演的中方官兵共计4000多名，分别来自北海舰队、东海舰队和南海舰队，包括被中央军委命名为“海上先锋舰”的“哈尔滨”舰在内的3型5艘新型导弹驱逐舰，曾执行过亚丁湾、索马里海域护航任务的“舟山”舰、“徐州”舰在内的2型5艘新型导弹护卫舰，2艘新型常规潜艇，4艘新一代导弹快艇以及综合补给舰、“和平方舟”号医院船等18艘舰艇。中国海军航空兵派出13架新型飞机和5架舰载直升机参演。

此次演习以海上联合防御和保卫海上交通线作战为主题，进行包括联合护航、联合防空、联合反潜、联合反劫持、联合搜救、联合补给和对海、对潜、对空实弹射击等内容的演练。规模大，参演军舰多，持续时间长，协同要求高，具有和平性、对抗性和实弹性，以统一导调、统一指挥下的海上两级实兵对抗方式进行，旨在落实中俄两国、两军领导人达成的共识，发展两国全面战略协作伙伴关系，深化两军特别是两国海军之间的务实合作，是中俄双方首次举行的海上联合军事演习。演习有四个目的：一是发展两国全面战略协作伙伴关系；二是深化两军，特别是两国海军间的务实合作；三是提高两国海军遂行海上联合军事行动应对安全威胁和挑战的能力；四是增强两国海军共同维护地区海上和平与稳定的信心。这次演习参演兵力多、持续时间长、协同要求高，具有合成性、对抗性和实战性，是中国海军与外国海军举行的规模最大、科目最丰富的联合军事演习。

4月23日

［纲　文］　**加强基层党风廉政建设座谈会在济南召开。**

［目　文］　中共中央政治局常委、中央纪委书记贺国强出席会议并讲话。他强调，当前和今后一个时期，各地区各部门要在查处面上各类案件的同时，着力查处以下十个方面发生在群众身边的腐败问题：一是要严肃查处征地拆迁中的腐败问题；二是要严肃查处矿产资源开发等领域的腐败问题；三是要严肃查处各类学校办学中乱收费问题；四是要严肃查处医药购销和医疗服务中的腐败问题；五是要严肃查处食品药品制假售假的腐败问题；六是要严肃查处国有企业领导人员侵占国家、集体利益和侵害职工群众权益的腐败问题；七是要严肃查处基层干部吃拿卡要、收受财物的腐败问题；八是要严肃查处执法不公、为黑恶势力充当“保护伞”的腐败问题；九是要严肃查处基层干部买官卖官、拉票贿选等腐败问题；十是要严肃查处基层干部作风粗暴、欺压群众、奢侈浪费等腐败问题。

会上，济南市委常委、市纪委书记王成波，五莲县委常委、县纪委书记林杰，茌平县博平镇党委书记陈峰，潍坊市奎文区广文街道党工委副书记、李家社区党委书记张建民，莱芜高新区鹏泉街道郭家沟村党支部书记徐祥新，临沂第一中学校长李世良，济宁市卫生局副局长、第一人民医院院长靳清汉先后作了发言。

4月23日

［纲　文］　**中共中央政治局委员、全国人大常委会副委员长王兆国会见智利前总统、参议员弗雷。**

［目　文］　王兆国在会见中指出，议会交往是两国关系的重要组成部分。中国全国人大和智利议会之间高层交往频繁，交流合作密切。全国人大高度重视与智利议会的友好合作关系，愿与智方增进交流合作，共同推动中智全面合作伙伴关系的进一步深入发展。弗雷表示，智利参议院愿进一步加强与中国全国人大的友好交往，愿为两国全面合作伙伴关系发展作出更大贡献。

4月23日

［纲　文］　**国务委员兼国防部部长梁光烈分别会见塔吉克斯坦国防部部长海鲁洛耶夫上将、乌兹别克斯坦国防部副部长尼亚佐夫少将。**

［目　文］　在会见海鲁洛耶夫时，梁光烈说，中塔两军关系保持了健康稳定的发展势头。中方愿与塔方一道，继续巩固和深化两军各领域交流与合作。在会见尼亚佐夫时，梁光烈说，中乌两军关系发展顺利，合作成果显著，希望双方共同努力，加强交流与合作，将两军友好合作关系推向更高水平。

4月23日

［纲　文］　**国家主席胡锦涛特使会见马拉维总统班达，并出席已故总统穆塔里卡葬礼。**

4月23日

［纲　文］　**中国司法部副部长赵大程在第二十一届联合国预防犯罪和刑事司法委员会会议表示，中国主张在打击针对移民犯罪问题上加强国际合作。**

4月23日

［纲　文］　**《人民日报》报道，海关总署在江苏无锡举行的面对面沟通会上宣布，2011年海关查获进出口侵权商品1亿多件。**

［目　文］　2011年全国海关共查获进出口侵权商品1亿多件，其中查获侵犯国内自主知识产权的商品近2000万件，一大批自主品牌因海关保护收复并扩大了海外市场。

4月23日

［纲　文］　**“文明中国”全民阅读活动启动仪式在北京举行。**

［目　文］　“文明中国”全民阅读活动是在中央文明办、新闻出版总署的指导下，由中国文明网联合浙江出版联合集团、广东省出版集团、人大数媒科技（北京）有限公司、中国新闻出版研究院等单位共同承办。活动在数字阅读时代的背景下，立足于新媒体阵地，致力于优质阅读内容的传播与推广，营造爱读书、读好书、善读书的良好氛围。

“文明中国”全民阅读活动将围绕“三大平台、三大项目、三大工具”的建设，构建“纸质阅读—在线阅读—移动阅读”的完整体系，为读者提供优秀的阅读内容产品及服务。其中，“三大平台”包括：中国文明网阅读频道、供手机用户使用的掌上阅读专区、“文明中国”全民阅读推广平台及数字阅读平台；“三大项目”包括针对分众群体的“阅读书包”推广活动（如企事业单位书包、母婴书包、学生书包），创建阅读体验示范基地，发放全民阅读卡；“三大工具”包括阅读测试评级工具、城市阅读指数以及每年一度的全国阅读大赛。

4月23日

［纲　文］　**天河一号推广应用情况新闻发布会宣布，中国超级计算机天河一号已成为世界上获得广泛应用的最快的超级计算机系统。**

4月23—24日

［纲　文］　**回良玉在河北进行考察。**

［目　文］　中共中央政治局委员、国务院副总理回良玉先后来到河北省唐山市丰润区、玉田县、丰南区，深入田间地头，实地察看小麦长势，详细了解田间管理和高产创建技术措施。考察期间，回良玉听取了河北省农业农村工作汇报，对前一阶段夏粮和春耕生产取得的成绩予以充分肯定。他强调，2012年春管春播动手早、行动快、措施实，夏粮再获丰收有条件，早稻生产开局良好，春耕备耕进展顺利。但对存在的困难和问题也要高度重视，对可能出现的不利气候条件、对农资价格高位运行可能带来的影响都不可低估。要进一步加大工作力度，继续抓好春季和全年农业生产。一要坚持粮食稳定增产目标不动摇，一季一季抓好落实，力争夏粮增产、早稻增产、秋粮稳定，巩固粮食增产的好势头。二要坚持抗灾夺丰收不放松，牢牢绷紧抗灾减灾这根弦，强化监测预警，适时启动应急响应，大力推进科学抗灾，努力把灾害损失降到最低程度。三要坚持科技兴粮创高产，推进粮食高产创建上层次、上水平，组织专家分区域、分作物、分季节、分灾种制定技术方案，开展技术指导，因地、因时落实好关键技术，促进先进适用技术到田到户。四要坚持

落实政策鼓干劲，不断发出重农抓粮的信号，最大程度发挥政策的激励效应。五要坚持转变作风求实效，以实干兴农、以实干强农、以实干富农。他强调，夺取夏粮丰收，实现全年粮食稳定发展目标，对于稳定经济社会发展大局至关重要。目前正值夏粮产量形成的关键时期、春播作物播种的关键时节，各地区、各有关部门要认真贯彻落实今年中央 1 号文件精神，加大对粮食和农业生产的扶持力度，抓好夏收作物田间管理，引导农民种足种好春播作物，加强技术指导和农资供应，大力推进科学抗灾减灾，确保粮食“九连丰”，力争实现“九连增”。

4 月 23—26 日

［纲　文］ **国务院新闻办公室和阿拉伯联盟秘书处共同主办的第三届中国—阿拉伯国家新闻合作论坛在广州召开。**

［目　文］ 中国和阿拉伯联盟各成员国有关政府部门的新闻官员、主要媒体负责人、新闻与经贸领域的专家、企业代表以及阿盟秘书处有关官员等近百人出席了该项活动。此次论坛以“加强媒体合作，推动中阿经贸关系发展”为主题，并围绕“媒体报道在中阿经贸关系的重要角色”和“积极利用新媒体技术，推动中阿经贸合作”等议题展开讨论，开展交流与参观考察活动。国务院新闻办公室副主任王仲伟出席此次论坛并在开幕式上发表了主旨演讲。

王仲伟代表中方就加强中阿媒体交流合作提出三点建议：一、发挥政府新闻部门推动作用，深化中阿新闻交流合作。二、中阿新闻媒体合作应努力为深化中阿友好关系营造良好的舆论氛围。三、中阿媒体要切实承担社会责任，促进新闻信息真实、准确、全面、客观在全球范围内传播，努力扩大在全球的传播力和影响力，更加有力地发出我们追求和平与发展的声音。

4 月 23—26 日

［纲　文］ **全国政协副主席、中国人民争取和平与裁军协会副会长厉无畏应邀率团访问朝鲜。**

［目　文］ 访问期间，厉无畏会见了朝鲜最高人民会议常任委员会委员长金永南，与朝鲜全国和平委员会委员长金贞淑举行了工作会谈。

4 月 23—28 日

［纲　文］ **应国家主席胡锦涛邀请，南苏丹总统基尔对中国进行访问。**

［目　文］ 24 日，国家主席胡锦涛同基尔会谈。胡锦涛说，中国政府和人民尊重南苏丹人民独立建国的自主选择，支持南苏丹为发展经济、改善民生、维护稳定，全面融入国际社会所做的努力。中南友好合作符合两国人民根本利益，有利于中非新型战略伙伴关系发展，也有利于地区的和平与发展。并就进一步发展中南友好合作关系提出三点建议：一、平等互信，深化政治关系；二、互利互惠，扩大务实合作；三、全面友好，推进人文交流。基尔表示，希望同中国加强友好合作关系，借鉴中国发展的成功经验，早日摆脱贫困和战乱，实现国家稳定发展。南苏丹坚定奉行一个中国政策，将中国视为重要战略合作

伙伴，愿同中方保持密切交往，拓展经贸、能源、农业、基础设施建设等领域合作，欢迎中国企业扩大在南苏丹投资。会谈后，两国元首出席了中南两国政府经济技术合作协定等合作文件的签字仪式。

25日，全国人大常委会委员长吴邦国、国务院副总理李克强分别会见基尔。在会见中，吴邦国表示，希望两国立法机构间加强交往，为增进了解、加深互信、推动合作做出积极贡献。李克强在会见中说，中南经济互补性强，合作潜力大，双方应抓住机遇，努力开创两国务实合作新局面。要积极落实中方援助项目，早日惠及南苏丹人民；中方鼓励更多有实力、信誉好的企业赴南投资，希望南政府创造更好的投资环境，并切实保护在南中资企业人员和财产安全；妥善处理石油合作，确保中南石油合作的稳定性和持续性；努力拓展农业、基础设施、文教卫生等方面的合作。

4月23—28日

［纲　文］ **国家广播电影电视总局、北京市人民政府主办第二届北京国际电影节。**

［目　文］ 本届北京国际电影节有54个国家及地区的260部优秀影片在北京展映活动中与中外嘉宾和北京观众见面。北京国际电影节是中国继上海国际电影节之后的第二个获得国际电影制片人协会认可（FIAPF）的国际A类电影节。第二届北京国际电影节以北京奥林匹克公园为核心区域，以国家会议中心为主场地，举办开幕式、北京展映、电影魅力·北京论坛、电影洽商、闭幕式（电影音乐会）、电影嘉年华等主体活动，以及电影企业交流、第19届北京大学生电影节、第8届北京青少年公益电影节、北京民族电影展等相关活动。

4月24日

［纲　文］ **国家副主席习近平会见日本国际贸易促进协会会长、前众议院议长河野洋平率领的日本国际贸易促进协会访华团。**

［目　文］ 习近平说，作为在亚洲和世界上有重要影响的国家，中日两国应顺应时代潮流，进一步增强政治互信，拓展务实合作，积极扩大人文交流，妥善处理敏感问题，共同推动中日战略互惠关系健康稳定发展。新形势下，双方互补优势更加突出，合作潜力进一步增大，应从扩大共同利益的角度出发，更加积极地拓展经贸合作，把两国关系的经济盘子做得更大。河野表示，双方应根据两国经贸合作发展的现实需要，重点加强在金融和知识产权领域的合作。

4月24日

［纲　文］ **国务院副总理王岐山与美国财政部部长盖特纳通话，双方就第四轮中美战略与经济对话框架下经济对话筹备工作交换了看法。**

4月24日

［纲　文］ **中共中央政治局委员、北京市委书记刘淇会见党主席、政府劳动部部长约翰·穆尼耶斯率领的肯尼亚“恢复民主论坛—肯尼亚”代表团。**

［目　文］　刘淇说，中方高度重视中肯关系，愿与肯方共同努力，结合各自发展转型期的需求，进一步拓展各领域交往，不断推动中肯长期稳定、互利互惠的友好合作关系迈向新的高度。穆尼耶斯说，恢复民主论坛—肯尼亚愿意发展与中国共产党的友好关系，为肯中关系深入发展发挥积极作用。

4月24日

［纲　文］　**中共中央政治局委员、全国政协副主席王刚会见由总书记福斯坦·布库比率领的加蓬民主党代表团。**

［目　文］　王刚说，中加两党要在党际交往四项原则基础上，进一步加强各层次交往，深化治国理政经验交流，将两党关系提升到新水平，为推动中加友好合作关系全面深入发展作出积极贡献。布库比表示，加蓬民主党和政府愿进一步加强与中国党和政府的友好合作关系，造福于两国人民。

4月24日

［纲　文］　**国务院副总理王岐山会见美国通用汽车公司董事长兼首席执行官丹尼尔·艾克森，双方就通用汽车在华业务发展及加强中美经济合作等交换了看法。**

4月24日

［纲　文］　**全国人大常委会副委员长、全国妇联主席陈至立会见以苏丹妇女总联盟主席伊格拜尔·贾法尔·侯赛因为团长的苏丹妇女代表团。**

4月24日

［纲　文］　**教育部、外交部、公安部、国家旅游局联署公布《关于进一步加强对中小学生出国参加夏（冬）令营等有关活动管理的通知》。**

［目　文］　为保障中小学生出国参加夏（冬）令营等有关活动健康有序安全进行，维护学生利益，特提出该通知。《通知》对中小学生出国参加夏（冬）令的形式、管理、活动内容、承接业务资质以及要遵守的规则等进行了规定。

4月24日

［纲　文］　**卫生部发布《抗菌药物临床应用管理办法》。**

［目　文］　为加强医疗机构抗菌药物临床应用管理，规范抗菌药物临床应用行为，提高抗菌药物临床应用水平，促进临床合理应用抗菌药物，控制细菌耐药，保障医疗质量和医疗安全，根据相关卫生法律法规，制定本办法。《办法》内容包括：第一章总则，第二章组织机构和职责，第三章抗菌药物临床应用管理，第四章监督管理，第五章法律责任，第六章附则。《办法》自8月1日起施行。

4月24—25日

［纲　文］　**第七次上海合作组织成员国最高法院院长会议在北京举行。**

［目　文］　中国首席大法官、最高人民法院院长王胜俊出席会议并致辞。王胜俊建议上合组织各成员国最高法院进一步拓展司法交流与合作的范围。他说，自上合组织成立以来，特别是成员国最高法院院长会议机制建立以来，上合组织成员国在打击“三股

势力”、跨国犯罪、毒品走私、非法移民等领域开展广泛合作，取得显著成果。但随着国际形势的发展变化，以及各成员国之间双边和多边合作的日益多元化，上合组织成员国之间司法交流与合作的范围亟须拓展。上合组织各成员国最高法院应围绕各成员国元首达成的上述共识，积极拓展司法交流与合作的广度和深度，为上合组织区域内政治、经贸、科技、文化、教育、能源、交通、环保及其他领域的多边合作提供更加有力的司法保障。

本届会议的议题是“深化司法改革—最高法院职能定位”“法院与媒体的合作”“刑事诉讼中的职权配置”。前来出席会议的有：哈萨克斯坦最高法院院长别克塔斯、吉尔吉斯斯坦最高法院代院长费鲁扎、俄罗斯最高法院院长米哈伊洛维奇、塔吉克斯坦最高法院院长努斯拉杜洛和乌兹别克斯坦最高法院院长穆斯塔法耶维奇。

4月24—26日

［纲 文］ **上海合作组织成员国国防部长会议在北京召开。**

［目 文］ 24日，国家副主席、中央军委副主席习近平会见出席上海合作组织成员国国防部长会议各国国防部长。习近平说，防务安全合作是上合组织的重要合作领域。2012年中方担任上海合作组织轮值主席国。中方高度重视在上海合作组织框架内开展防务安全合作，愿与各方一道，遵照组织宪章和元首共识，在互信互利的基础上共同规划防务安全合作的发展蓝图，扎实推进务实合作，切实增强本组织抵御现实威胁的能力，建立更加完善的安全合作体系，确保地区长治久安和繁荣昌盛。

会议由中国国务委员兼国防部部长梁光烈上将主持。梁光烈发言提出未来上海合作组织防务安全合作发展应遵循的四项原则：一是坚持贯彻“上海精神”。成员国应坚持以一律平等、相互尊重、协商一致为基础开展防务安全合作；二是坚持打击“三股势力”的合作重点。成员国防务安全合作应以提高抵御现实威胁的能力为目标，加强组织行动能力和快速反应能力建设；三是坚持机制化建设的方向。各方应全力建设机制完善、协调顺畅、合作全面、开放和谐的新型防务安全合作机制；四是努力增进人民的理解和支持。防务安全合作应成为联系成员国人民文明交融的纽带。

出席会议的有：哈萨克斯坦国防部部长阿·雷·贯克捻别科夫、吉尔吉斯国防部部长塔·巴·奥穆拉利耶夫少将、俄罗斯国防部部长阿·爱·谢尔久科夫、塔吉克斯坦国防部部长舍·海·海鲁洛耶夫上将和乌兹别克斯坦国防部副部长鲁·萨·尼亚佐夫少将。上海合作组织秘书处秘书长穆·桑·伊马纳利耶夫中将、地区反恐怖机构执行委员会副主任萨·萨·萨伊弗洛耶夫中将列席了会议。

4月24—27日

［纲 文］ **全国人大常委会第26次会议在北京召开。**

［目 文］ 全国人大常委会委员长吴邦国主持会议。会议继续审议军人保险法草案、民事诉讼法修正案草案、出境入境管理法草案，首次审议农业技术推广法修正案草案，审议十二届全国人大代表名额分配方案草案等。

会议表决通过了军人保险法和十二届全国人大代表名额分配方案、十二届全国人大少数民族代表名额分配方案、台湾省出席十二届全国人大代表协商选举方案；表决通过了全国人大常委会关于批准《万国邮政联盟组织法第八附加议定书》的决定。会议还听取审议了国务院关于农田水利建设工作情况的报告、国务院关于监狱法实施和监狱工作情况的报告，对出境入境管理法草案进行了二审，同时听取审议了关于外国人入出境及居留、就业管理工作情况的报告。

4月25日

［纲　文］ **国家主席胡锦涛致电祝贺陶尔·马坦·鲁阿克当选东帝汶总统。**

4月25日

［纲　文］ **全国人大常委会第26次会议举行第2次全体会议。**

［目　文］ 全国人大常委会委员长吴邦国出席会议。会议审议了国务院关于农田水利建设工作情况的报告、关于监狱法实施和监狱工作情况的报告、关于外国人入出境及居留、就业管理工作情况的报告等。

4月25日

［纲　文］ **国家副主席习近平会见美国华特迪士尼公司董事长兼首席执行官罗伯特·艾格。**

［目　文］ 习近平在会见中说，迪士尼是全球知名的娱乐企业，在中国家喻户晓，近年来在中国取得了令人瞩目的发展，并且积极致力于中美文化交流，中国政府对此表示欢迎和赞赏，并祝愿上海迪士尼乐园早日落成。艾格表示，迪士尼公司希望以上海迪士尼乐园及度假区的建设为契机，努力把迪士尼经典人物故事与独具魅力的中国文化元素完美地结合在一起。

4月25日

［纲　文］ **中共中央政治局常委、中央纪委书记贺国强会见以总书记安德罗斯·基普里亚努为团长的塞浦路斯劳动人民进步党代表团。**

［目　文］ 在会见中，贺国强说，两党继续保持高层交往，加强治党理政经验交流，扩大青年交往和人文领域交流，为增进两国人民相互了解，推动务实合作，促进两国关系长期稳定发展做出积极贡献。基普里亚努表示塞方高度重视发展对华关系，坚定支持中方维护核心利益的正义要求，并愿为促进欧中关系健康稳定发展做出积极贡献。

4月25日

［纲　文］ **国务院副总理王岐山会见澳大利亚前总理基廷等国家开发银行国际顾问委员会成员，就世界经济形势、中国经济发展等交换看法。**

4月25日

［纲　文］ **中共中央政治局委员、中组部部长李源潮会见伊朗副总统法鲁赞德。**

［目　文］ 在会见中，李源潮说，中方愿与伊方一道，保持双边关系良好的发展势头，扎实、稳妥推进人力资源开发和公共行政领域的务实合作，更好地造福两国人民。法

鲁赞德表示，伊方高度重视发展伊中关系，愿与中方共同努力，继续保持两国在各领域的交流与合作。

4月25日

［纲　文］　**中共中央政治局委员、全国政协副主席王刚会见以苏丹全国大会党领导局成员、对外关系部部长甘杜尔为团长的苏丹全国大会党代表团。**

［目　文］　在会见中，王刚表示，2012年是中国共产党与苏丹全国大会党建立关系10周年，中方愿以此为契机，与苏方一道努力，不断丰富两党交往内涵，深化治国理政经验交流，为推动中苏友好合作关系深入发展做出积极贡献。甘杜尔表示，苏丹全国大会党愿与中国共产党加强全方位交流与合作，通过党际交往促进两国关系全面发展。

4月25日

［纲　文］　**中共中央政治局委员、中央政法委副书记王乐泉会见由党主席奥·捷克巴耶夫率领的吉尔吉斯斯坦祖国社会党干部考察团。**

［目　文］　在会见中，王乐泉指出，中国共产党愿不断加强两国政党间的友好交往，进一步推动两国各领域的务实合作，共同促进中吉睦邻友好合作关系全面健康发展。捷克巴耶夫表示，吉尔吉斯斯坦祖国社会党重视发展同中国共产党的友好合作关系，愿意学习借鉴中国共产党的发展经验，希望通过党际交往平台为两国务实合作做出贡献。

4月25日

［纲　文］　**国务委员兼国防部部长梁光烈会见巴基斯坦海军参谋长。**

［目　文］　在会见中，梁光烈表示，希望双方继续增进战略沟通，增加人员往来，深化务实合作，推进两军关系，特别是两国海军关系不断深入发展。桑迪拉说，巴基斯坦珍视巴中友谊，也继续在涉及中国核心关切问题上给予坚定支持。

4月25日

［纲　文］　**国务委员、公安部部长孟建柱会见安哥拉内政部部长马丁斯。**

［目　文］　孟建柱在会见中指出，双方应进一步加强业务交流，促进务实合作，共同打击跨国犯罪活动。马丁斯表示，安哥拉政府十分重视与中国的友好合作，愿与中方共同努力，不断巩固和发展两国在打击犯罪和维护社会治安领域的务实合作，为推动两国战略伙伴关系发展做出新贡献。会见后，双方签署了《关于维护公共安全和社会秩序的合作协议》。

4月25日

［纲　文］　**全国地方法学会参与创新社会管理工作会在北京召开。**

［目　文］　中共中央政治局委员、中央综治委副主任王乐泉出席会议并讲话，他强调，应不断深化专题研究，努力推动成果转化，为加强和创新社会管理做出积极贡献。此次会议的目的是深入贯彻落实党中央关于加强和创新社会管理的决策部署，总结交流近几年来地方法学会在参与、推进、服务社会管理创新的好经验、好做法，提升各地方法学会服务党政工作大局、组织引领法学研究、在加强和创新社会管理中发挥作用的能力。

会议由中国法学会副会长李清林主持。中央政法委有关领导，各省、自治区、直辖市法学会以及新疆生产建设兵团法学会负责人，中央媒体记者120余人出席了会议。

4月25日

［纲　文］　**全国总工会、中国文联、中央文明办和中央电视台联合举办的《阳光路上》——2012年五一国际劳动节大型文艺晚会暨第三届职工艺术节开幕式在北京工人体育馆举行。**

4月25日

［纲　文］　**2012年度国家社科基金项目评审工作会议在北京召开。**

［目　文］　中共中央政治局委员、全国哲学社会科学规划领导小组组长刘云山出席会议并讲话。会议表彰了2011年度《国家哲学社会科学成果文库》的入选作品。

2012年，国家社科基金23个学科共收到25200多项申报课题。经过通讯初评，有5700多项课题入围本次会议评审。会议按照公平公正、质量第一的要求，评审出3300个左右拟立项目。

4月25—27日

［纲　文］　**中国共产党全国台湾省籍党员代表会议在北京召开。**

［目　文］　中共中央政治局常委、全国政协主席贾庆林接见全体代表并讲话。贾庆林说，希望当选的台湾省籍党员代表，不辜负广大台籍党员和群众的重托，以高度的政治责任感和历史使命感，认真履行职责。各级台联和定居在大陆的台湾同胞，与台湾各界有着广泛、密切的联系，是党和政府联系台湾同胞的重要桥梁和纽带。特别是台湾省籍的中共党员，长期以来为推动两岸关系发展、促进祖国和平统一，做了卓有成效的工作，发挥了不可替代的作用。

中国共产党全国台湾省籍党员代表会议以差额选举方式，选举产生了台湾省出席中国共产党第十八次全国代表大会的代表。

4月25—27日

［纲　文］　**全国污染防治工作会议在南京召开。**

［目　文］　本次会议既是污染防治工作会议，也是现场会议。会议现场考察了南京化工厂原址、金川河、玄武湖等环境综合整治情况，以及工业企业污水深度处理、危险废物和医疗废物处理处置等污染防治情况，特别是南京市强力推进产业结构调整。环境保护部副部长在会上充分肯定了“十一五”以来全国污染防治工作取得的重要进展，指出全国污染防治在由被动应对向主动防控的战略转变道路上迈出重要步伐，正在逐步融入经济社会发展综合决策。

4月25日—5月4日

［纲　文］　**金陵长干寺地宫出土的佛顶骨舍利赴香港、澳门供奉。**

［目　文］　首次出境赴香港供奉的佛陀顶骨舍利，4月25日由特别专机运载，从南京直飞香港，近300名法师及居士随机护送。期间，香港佛教界以佛家最高规格的礼仪举

行了一系列迎请、供奉、圆满法会，共吸引30余万人次来到红磡体育馆虔诚瞻礼。

4月30日，佛顶骨舍利从香港搭乘包机飞抵澳门，在东亚运动会体育馆接受澳门特区各界群众为期5天的瞻礼。在澳供奉期间，澳门佛教界以佛家最高礼仪举行了迎请、安奉、圆满法会、恭送仪式，特区约15万人次到安奉佛顶骨舍利的澳门东亚运动会体育馆虔诚瞻礼。5月4日，佛顶骨舍利从澳门乘坐包机返回南京。

据典籍记载，佛顶骨舍利是佛祖释迦牟尼涅槃后留下的最为珍贵的头顶骨真身舍利子。2008年，考古人员在南京大报恩寺遗址意外发现宋代长干寺地宫。当年11月，装有佛顶骨舍利的七宝阿育王塔由地宫出土。2010年6月，中国佛教界在南京栖霞寺为长眠地下千余年的这枚圣物举行了盛世重光大典。佛顶骨舍利世间仅存一枚。

4月26日

［纲　文］ **国家副主席习近平会见俄罗斯副总理罗戈津。**

［目　文］ 在会见中，习近平说，双方要共同努力，全面落实两国领导人达成的共识，充实中俄战略协作伙伴关系的内涵，进一步激发两国关系的潜力和活力，不断提高两国关系水平。中俄在许多重大问题上有着广泛的共识。双方应进一步加强战略协作，既应对好挑战，又利用好机遇，维护好两国的共同利益，并为促进世界和平、稳定以及发展、繁荣做出贡献。罗戈津说，俄将中国视为真诚的朋友和最主要的战略伙伴。俄方愿同中方共同努力，深化政治互信，加强相互支持，扩大务实合作，推动俄中关系全面迈上新台阶。

4月27日，国务委员戴秉国会见罗戈津。

4月26日

［纲　文］ **国家副主席、中央军委副主席习近平会见泰国国防部部长素坤蓬·素旺。**

［目　文］ 在会见中，习近平说，中方高度重视并珍惜中泰传统友谊，愿与泰方一道，不断拓展和深化两国全面战略合作伙伴关系。中泰两军关系是两国全面战略合作伙伴关系的重要组成部分，希望双方多交往，共同努力，不断把两军友好合作推向前进。素坤蓬说，泰方珍视对华合作，重视发展两军友好关系，愿继续加强各层次多领域交往，推动两军合作深入发展。

同日，国务委员兼国防部部长梁光烈与素旺举行会谈，双方就地区形势、两国两军关系及其他共同关心的问题深入交换了意见。

4月26日

［纲　文］ **国务院副总理王岐山分别会见英国前首相布莱尔和英国罗斯柴尔德投资信托公司主席雅各布·罗斯柴尔德勋爵，就当前世界经济形势等交换看法。**

4月26日

［纲　文］ **李源潮与新任县委组织部长培训班学员座谈。**

［目　文］ 中共中央政治局委员、中组部部长李源潮指出，在干部工作中坚持原

则，一要正确对待上级和领导的要求，实事求是反映干部的真实情况，严格按照事业需要选人、按照干部标准选人、按照规定程序选人。二要正确对待部内人员的要求，不搞“近水楼台先得月”，引导大家比工作、比学习、比奉献，而不是比条件、比提拔、比待遇。三要正确对待熟人和下面人员的要求，不符合原则的事不能迁就照顾，不该办的事坚决不能办。组织部长清正廉洁要把好“三关”。一是公权不能为自己私用，任何时候、任何情况下都不用手中的选人用人权为自己跑关系、谋私利、作交易。二是公权不能被家属借用，对家属子女和身边工作人员务必更严要求，不能让他们假借名义敛钱财。三是公权不能被亲朋好友利用，警惕别有用心的人利用影响捞好处。

中组部常务副部长沈跃跃主持座谈会。22个省区市的300多名新任县委组织部长参加培训班。

4月26日

［纲　文］　**王岐山在北京主持召开会议，强调突出重点打击侵权假冒行为，按期完成软件正版化工作任务。**

［目　文］　中共中央政治局委员、国务院副总理、全国打击侵犯知识产权和制售假冒伪劣商品工作领导小组组长王岐山在会议上强调，打击侵权假冒行为工作直接关乎保障民生，关乎转方式、调结构和创新型国家建设，是一个历史时期的任务，也是当前一项经常性的工作。各地区、各有关部门要牢牢把握稳中求进的总基调，既要立足当前，实施持续打击，坚决遏制制售假冒伪劣行为蔓延势头，守住不发生区域性、系统性风险的底线，又要着眼长远，标本兼治，完善体制机制和法律法规，做到破中有立，常态化推进，为保障民生和科学发展营造良好环境。

王岐山说，当前侵犯知识产权和制售假冒伪劣商品形势依然严峻，各地区、各有关部门要保持清醒的认识。舆论宣传是打击侵权假冒工作的重要内容，要曝光一批典型案例和违法违规企业，宣传一批保护知识产权的先进典型。

4月26日

［纲　文］　**中共中央政治局委员、北京市委书记刘淇会见国防部副部长占沙蒙·占雅腊率领的老挝人民革命党干部考察团。**

［目　文］　刘淇在会见中说，中国党和政府一如既往地从战略高度重视发展中老关系，愿同老挝党和政府一道，不断丰富中老全面战略合作伙伴关系内涵，推动中老关系深入发展。占沙蒙·占雅腊表示，老方将继续加强同中方的友好合作，两国永做好邻居、好朋友、好同志、好伙伴。

4月26日

［纲　文］　**全国军队转业干部安置工作电视电话会议在北京召开。**

［目　文］　国务委员兼国务院秘书长马凯，中共中央军委委员、解放军总政治部主任李继耐出席并讲话。会议要求，要深入贯彻落实科学发展观和中央关于军转工作的方针政策，把妥善安置军队转业干部作为一项重要的政治任务，坚持以人为本，统筹兼顾，突

出重点，加大工作力度，严格落实政策，细致做好服务，健全完善制度，圆满完成2012年军转安置各项工作任务。

2011年，全国共安置4.3万名军转干部，完成了军转安置的各项任务。2012全国将安置军转干部4.6万余名。

4月26日

［纲　文］ **中华全国总工会举行庆五一招待会。**

4月26—27日

［纲　文］ **第三届世界佛教论坛在香港召开。**

［目　文］ 世界佛教论坛于2005年由“两岸三地”佛教界共同发起，其宗旨是为世界佛教徒搭建一个交流、合作、对话的机制性的长效高层次平台，为中华佛教界提供一个宽阔的舞台，为海峡两岸佛教交流提供良好契机。首届世界佛教论坛于2006年在浙江杭州、舟山举办，第二届世界佛教论坛于2009年在江苏无锡开幕、台北闭幕。

本届论坛以“和谐世界·同愿同行”为主题。来自数十个国家和地区的高僧大德、著名学者以及其他各界知名人士千余人共襄盛举。这是香港回归祖国十五年来第一次举办的大型国际宗教会议，有力地宣传中国的宗教信仰自由政策和建设和谐社会、倡导世界和谐的理念。

4月26日—5月4日

［纲　文］ **国务院副总理李克强应邀对俄罗斯、匈牙利、比利时和欧盟总部进行访问。**

［目　文］ 此次访问是应俄罗斯联邦政府、匈牙利政府、比利时王国联邦政府和欧盟方面的邀请。

27日，李克强会见了俄罗斯国家杜马主席纳雷什金。李克强表示，中方愿与俄方一道，结合各自发展战略，挖掘经贸合作潜力，加强重大项目和地区合作，不断充实两国全面战略协作伙伴关系的内涵。中俄立法机构交流与合作机制对推动两国关系发展和各领域合作具有重要意义。

当日，李克强与普京举行会谈。李克强表示，中俄应进一步结合本国经济发展战略，充分挖掘各自潜力和优势，不断夯实各领域务实合作，更好地促进两国的共同发展，更好地造福两国人民。第一，同步提升经贸合作规模和质量。第二，重视并积极推进战略性大项目合作，共同提升中俄整体经济的国际竞争力。第三，适应两国创新发展和经济转型需要，开展高科技和创新合作。第四，拓展地方合作。第五，本着互利共赢原则，扩大和深化在核能、天然气、原油、煤炭等方面全方位、多层次的能源合作，更好地促进两国经济发展。普京说，在俄中双方共同努力下，俄中关系达到了前所未有的高水平。俄方愿与中方共同努力，力争早日实现两国元首确定的年双边贸易额在2015年达到1000亿美元的目标，扩大双向投资，加强能源、科技、创新领域合作。

当日，李克强会见俄罗斯总统梅德韦杰夫。李克强表示，中方愿同俄方共同努力，不断加深两国战略互信，全方位扩大务实合作；加大在涉及核心利益问题上的相互支持，密切在国际事务中的战略协作，把中俄全面战略协作伙伴关系提升到新的水平。梅德韦杰夫说，俄方愿与中方一道，进一步落实好俄中关系未来 10 年发展规划的各项措施。双方还就加强经贸投资、能源、科技创新、人文等领域合作和地方合作深入交换了意见。

当日，李克强还会见了俄罗斯联邦委员会主席马特维延科。

28 日，中俄贸易和投资促进会议开幕，李克强发表题为《推动中俄贸易和投资合作再上新水平》的讲话。两国有关部门负责人签署了政府间合作文件；双方企业签署了 26 项重要合作协议，涉及基础设施、能源资源、机电装备、高技术、金融等各个领域，项目总金额达 152 亿美元。

30 日，李克强与匈牙利总理欧尔班举行会谈。李克强对加强中匈友好合作伙伴关系提出以下意见：第一，把握中国扩大向西开放包括向中东欧地区开放、匈牙利注重向东开放的契机，抓住两国国家发展战略的共同点，深化合作。第二，拓展作为两国合作关系基础的经贸合作。第三，加强两国金融合作，为双方经贸合作提供有力支撑。第四，拓展两国教育、文化、旅游等方面人文交流，加强民间友好基础。第五，交流两国改革和治国理政方面的经验体会，相互学习，相互借鉴。

5 月 2 日，李克强在布鲁塞尔埃格蒙宫与比利时首相迪吕波举行了会谈。李克强表示，比利时在科技创新和人才方面有优势，中方在新能源、生物科技、节能环保、新材料领域有较大需求，比利时是最早向中国转让技术的欧盟国家，应进一步积极开拓中国市场，在高技术转让方面迈出更加灵活开放的步伐。同日，李克强在布鲁塞尔王宫会见了比利时国王阿尔贝二世。

5 月 3 日，李克强与欧盟委员会副主席阿尔穆尼亚共同出席在布鲁塞尔皇家剧场举行的中欧城镇化伙伴关系高层会议开幕式。李克强讲话指出，此次会议是落实第十四次中欧领导人会晤共识、推动中欧城镇化伙伴关系向前发展的具体行动，标志着双方开启了城镇化战略合作的新进程。访问期间，李克强还会见了对华友好人士李德汉等。

4 月 27 日

［纲　文］　**全国人大常委会通过《中华人民共和国军人保险法》。**

［目　文］　为规范军人保险关系，维护军人合法权益，促进国防和军队建设制定，全国人民代表大会常务委员会发布该法。《保险法》内容包括：第一章总则，第二章军人伤亡保险，第三章退役养老保险，第四章退役医疗保险，第五章随军未就业的军人配偶保险，第六章军人保险基金，第七章保险经办与监督，第八章法律责任，第九章附则。《保险法》自 7 月 1 日起施行。

4 月 27 日

［纲　文］　**国家主席胡锦涛签署第 56 号国家主席令，公布《中华人民共和国军人保险法》。**

4月27日

［纲　文］　**全国人大常委会举行第27讲专题讲座。**

［目　文］　全国人大常委会委员长吴邦国主持讲座。讲座题目是《关于城市文化建设与文化遗产保护的思考》。主讲人是文化部党组成员、故宫博物院院长单霁翔。讲座从城市化发展带来的挑战和机遇、城市文化建设应该避免出现的问题、城市文化建设和文化遗产保护的发展趋势、加强城市文化建设和文化遗产保护的体会和建议等四个方面作了深入讲解。

4月27日

［纲　文］　**国务委员兼国防部部长梁光烈与特立尼达和多巴哥国家安全部部长桑迪举行会谈。**

［目　文］　在会谈中，梁光烈说，特立尼达和多巴哥是加勒比重要国家。建交38年来，中国与特多友好关系取得长足发展。两国各层级交往不断，政治互信加深，各领域务实合作不断扩大。中特军事关系作为两国关系中的重要组成部分，近年来发展良好。相信这次访问必将进一步深化中特两军之间业已存在的友好合作关系。桑迪赞赏中国社会经济发展和军队建设取得的成就。他表示，特中两国友好交往源远流长，近年来，两军之间的交流合作也有长足发展。特方重视发展与中国军队的关系，愿与中方一道，把两军友好合作关系推向新的高度。

4月27日

［纲　文］　**国家安全监管总局公布《建设项目职业卫生“三同时”监督管理暂行办法》。**

［目　文］　为预防、控制和消除建设项目可能产生的职业病危害，加强和规范建设项目职业病防护设施建设的监督管理，根据《中华人民共和国职业病防治法》，制定该办法。《办法》内容包括：第一章总则，第二章职业病危害预评价，第三章职业病防护设施设计，第四章职业病危害控制效果评价与防护设施竣工验收，第五章法律责任，第六章附则。《办法》自6月1日起施行。

4月27日

［纲　文］　**国家安全监管总局公布《职业卫生技术服务机构监督管理暂行办法》。**

［目　文］　为加强对职业卫生技术服务机构的监督管理，规范职业卫生技术服务行为，根据《中华人民共和国职业病防治法》，制定该办法。《办法》共6章53条，内容包括：第一章总则，第二章资质认可，第三章技术服务，第四章监督管理，第五章法律责任，第六章附则。《办法》自7月1日起施行。

4月27日

［纲　文］　**国家安全监管总局公布《职业病危害项目申报办法》。**

［目　文］　为加强对职业卫生技术服务机构的监督管理，规范职业卫生技术服务行为，根据《中华人民共和国职业病防治法》，制定该办法。《办法》内容包括：第一章总

则，第二章资质认可，第三章技术服务，第四章监督管理，第五章法律责任，第六章附则。《办法》自6月1日起施行。

4月27日

［纲　文］　**国家安全监管总局公布《作业场所职业健康监督管理暂行规定》。**

［目　文］　为加强职业卫生监督管理工作，强化用人单位职业病防治的主体责任，预防、控制职业病危害，保障劳动者健康和相关权益，根据《中华人民共和国职业病防治法》等法律、行政法规，制定该规定。《规定》内容包括：第一章总则，第二章用人单位的职责，第三章监督管理，第四章法律责任，第五章附则。《规定》自6月1日起施行。

4月27日

［纲　文］　**《人民日报》报道，国家统计局、发展改革委等部门联合发出通知，要求各地保障企业独立真实上报统计数据。**

［目　文］　通知要求，各地相关部门坚决执行统计法，切实保障企业独立真实上报统计数据。任何单位和个人都不得以任何方式干扰企业独立报送统计资料，不得自行修改企业统计数据，不得要求企业虚报瞒报伪造篡改统计资料，不得对拒绝、抵制统计违法行为的统计人员打击报复，否则会受到法律制裁。

各级相关部门要坚决守住联网直报“四条红线”，即坚持不在基本单位名录库不得填报数据，坚持由企业独立报送真实的统计数据，坚持由企业自己上报联网直报数据，坚持由企业修改差错或补填不完整报表的原始数据。

4月27日

［纲　文］　**人民网成功登陆A股市场。**

［目　文］　人民网上市创造了中国资本市场的两个第一：第一家在国内A股上市的新闻网站，第一家在国内A股整体上市的媒体企业。

人民网此次发行数量为6910.57万股，占本次发行后总股本的25.00%。上市募集资金主要用于人民网移动互联网增值业务项目、技术平台改造升级项目、采编平台扩充升级项目的建设。

4月27日

［纲　文］　**中华全国总工会庆祝五一国际劳动节大会在北京召开。**

［目　文］　中共中央政治局委员、中华全国总工会主席王兆国代表中共中央发表讲话。王兆国指出，工会肩负着组织职工、引导职工、服务职工、维护职工合法权益的历史重任。要坚决贯彻落实中共中央关于工人阶级和工会工作的一系列重要指示精神，深入学习、广泛宣传、积极实践中国特色社会主义工会发展道路，准确把握科学内涵、精神实质和理论体系，始终保持工会工作正确方向。要立足特点、发挥优势，坚持在职工群众工作中的主导地位，发挥做职工群众工作的主体作用，面对面、心贴心、实打实地做好职工群众工作。要大力发展和谐劳动关系，坚持主动依法科学维权，推动职工群众共享改革发展成果，团结动员广大职工在实现党和国家事业稳中求进、推进“十二五”规划顺利实施进

程中发挥主力军作用。

全国总工会副主席陈豪宣读《中华全国总工会关于表彰全国五一劳动奖状、全国五一劳动奖章和全国工人先锋号的决定》。授予北京市丰台区环境卫生服务中心等 315 个单位全国五一劳动奖状；授予董宝全等 1233 名职工全国五一劳动奖章；授予北京城乡旅游汽车出租有限责任公司爱心车队等 1085 个集体全国工人先锋号。

全国五一劳动奖章获得者、鞍钢矿业公司齐大山铁矿采场公路管理员郭明义宣读了《倡议书》。上海国际港务（集团）股份有限公司教授级高级工程师包起帆、中国航天科技集团五院总体设计部工程师张敬伟等全国劳模先进事迹巡回报告团成员在会上作了先进事迹报告。

4 月 27 日

［纲　文］　**全国治理教育乱收费部际联席会议召开第 12 次会议**。

［目　文］　国务委员刘延东出席会议强调，治理教育乱收费是深化改革、实现教育科学发展的客观要求，是促进公平、维护人民群众切身利益的重要举措，是推进党风廉政建设、纠正行业不正之风的重要内容，是各级政府义不容辞的责任。要深化义务教育阶段择校乱收费治理，突出重点区域，抓住关键环节，分解目标责任，细化政策措施，力争得到明显缓解。要加大中小学教辅材料散滥整治力度，严把出版、推荐、选用和价格关。继续实施好学前教育三年行动计划，严格执行幼儿园收费管理办法，解决“入园难”“入园贵”的问题。要加快推进改制学校清理规范工作，坚决纠正中小学校有偿补课行为，严格规范高校自主招生、特殊类型招生，严厉查处违规收费行为，营造风清气正的育人环境。

会议检查了近年来特别是 2011 年治理教育乱收费工作。教育部部长袁贵仁代表部际联席会议成员单位作了工作报告，监察部副部长屈万祥汇报了 2012 年治理教育乱收费、规范教育收费工作的主要任务，发展改革委、财政部、新闻出版总署的负责人分别汇报了各自部门工作情况和下一步工作安排。

4 月 27 日

［纲　文］　**欧美同学会·中国留学人员联谊会在北京举办“我的中国梦”——海外高层次人才回国创新创业座谈会**。

［目　文］　50 多位“千人计划”专家欢聚一堂，畅叙响应祖国召唤、回国创新创业，为实现民族复兴而奋斗的理想抱负。中共中央政治局委员、中央书记处书记、中组部部长李源潮出席座谈会，全国人大常委会副委员长、欧美同学会会长韩启德主持。李源潮认真听取专家发言，希望海外回国人才与国内人才团结合作、共同奋斗，在追求国家富强、民族复兴、人民幸福的伟大事业中，更好地实现自己的中国梦。

4 月 28 日

［纲　文］　**中央党校举行 2012 年春季学期第一批进修班毕业典礼，中共中央政治局常委、中央党校校长习近平出席并为学员颁发毕业证书**。

4月28日

［纲　文］　**国务院公布《女职工劳动保护特别规定》。**

［目　文］　为减少和解决女职工在劳动中因生理特点造成的特殊困难，保护女职工健康，制定该规定。《规定》共有16条，即日施行，1988年7月21日国务院发布的《女职工劳动保护规定》同时废止。

4月28日

［纲　文］　**国务院办公厅转发知识产权局等部门《关于加强战略性新兴产业知识产权工作的若干意见》。**

［目　文］　为提高中国战略性新兴产业的知识产权创造、运用、保护和管理能力，推动战略性新兴产业的培育和发展，根据《国务院关于加快培育和发展战略性新兴产业的决定》《国务院办公厅印发贯彻落实国务院关于加快培育和发展战略性新兴产业决定重点工作分工方案的通知》等文件精神，提出该意见。《意见》内容包括：一、充分认识知识产权对培育和发展战略性新兴产业的重要意义；二、明确战略性新兴产业知识产权工作思路和目标；三、促进知识产权创造，夯实战略性新兴产业创新发展基础；四、促进知识产权市场应用，推动战略性新兴产业实现知识产权价值；五、加强企业知识产权管理运用能力和相关服务体系建设，支撑战略性新兴产业形成竞争优势；六、完善知识产权保护政策措施，优化战略性新兴产业发展环境；七、加强知识产权国际合作，支持战略性新兴产业企业走出去；八、加强组织领导协调，确保各项政策措施贯彻落实。

4月28日

［纲　文］　**国务院办公厅印发《贯彻实施质量发展纲要2012年行动计划》。**

［目　文］　为贯彻实施《质量发展纲要（2011—2020年）》，把落实长远规划和解决当前突出问题相结合，明确2012年质量工作重点，按照“综合施策，标本兼治，强化法治，落实责任，加强教育，增强全社会质量意识”的工作要求，制定该计划。《计划》内容包括：一、强化重点产品质量安全监管；二、推动企业落实质量安全主体责任；三、推进质量诚信体系建设；四、完善质量工作考核激励机制；五、大力实施名牌发展战略；六、强化质量法治建设；七、加强质量基础工作；八、加强组织保障、宣传教育和社会监督。

4月28日

［纲　文］　**国务院办公厅印发《2012年政府信息公开重点工作安排》。**

［目　文］　文件说，《中华人民共和国政府信息公开条例》施行以来，各地区、各部门认真贯彻落实，政府信息公开工作取得显著进展，主动公开内容不断丰富，基本覆盖规定应当主动公开的主要方面，财政预算决算、“三公”经费支出等信息公开迈出较大步伐，依申请信息公开工作稳步有序开展，制度不断完善，社会公众依法获取政府信息的权益得到有效保障。当前和今后一段时间，各地区、各部门要紧紧围绕党和政府工作大局，着眼于落实政府重点工作部署，着眼于加强政府自身建设，着眼于保障人民群众合法权益，着

眼于促进社会和谐稳定，进一步加强《条例》的贯彻落实，深入推进政府信息公开工作。为此，2012年政府信息公开重点工作包括：推进重点领域信息公开，推进制度建设，提高工作质量与实效。

4月28日

［纲　文］　**国务院办公厅转发国务院纠风办《关于2012年纠风工作的实施意见》。**

［目　文］　《意见》内容包括：一、总体思路；二、主要任务；三、工作要求。《意见》指出，2012年的纠风工作，要全面贯彻党的十七大和十七届四中、五中、六中全会精神，以邓小平理论和"三个代表"重要思想为指导，深入贯彻落实科学发展观，坚持以人为本、执政为民，着力解决社会反映强烈的一些行业领域乱收费问题，深入推进政风行风建设，切实维护群众利益，为促进经济社会又好又快发展提供保障。为贯彻落实中共第十七届中央纪委第七次全会、国务院第五次廉政工作会议以及全国纠风工作会议关于纠风工作的部署和要求，提出2012年纠风工作实施意见。

4月28日

［纲　文］　**国务委员兼国防部部长梁光烈会见马拉维国防部常秘卡奇梅拉率领的军事代表团一行，双方就推动两军合作交换了意见。**

［目　文］　在会见中，梁光烈说，自中马两国2007年建交以来，在两国领导人的积极推动和双方的共同努力下，双方相互了解和信任不断加深，各领域合作取得了长足进展。中方感谢马方在涉及中国核心和重大利益问题上给予的坚定支持，愿与马方一道，将两国友好合作关系不断推向前进。在两国关系发展的同时，中马两军关系也取得了令人满意的发展，中方重视与马拉维的军事关系，愿与马方共同努力，推动两军合作不断取得新的成果。卡奇梅拉说，希望通过此次访问增进两军友好关系、加强两军合作。感谢中国向马拉维提供的帮助和支持，希望不断深化两国防务及两军合作。

4月28日

［纲　文］　**全国政协副主席兼秘书长钱运录会见德国巴伐利亚州议会议长施塔姆。**

4月28日

［纲　文］　**2012中国慈善排行榜在北京公布。**

［目　文］　福耀玻璃工业集团董事长曹德旺因股捐35亿元成立河仁慈善基金会而再次荣获"中国首善"称号；刘沧龙、唐仲英基金会、李厚霖等荣获2012年度中国慈善事业特别贡献奖；许荣茂、许淑清、杨受成、崔根良、翟美卿、陈怀德、陈逢干、陈锦石陆亚行夫妇、王琳达、王翔荣获"2012年度十大慈善家"；神华集团、梅赛德斯奔驰、中国泛海集团、碧桂园集团、真维斯国际（香港）有限公司、日照钢铁集团、上海华信石油集团、Nu Skin如新集团、新奥集团、步长制药集团荣获年度十大慈善企业。

中国慈善排行榜在民政部、中央综治办、全国总工会、全国妇联等单位指导下，由《公益时报》社编制发布，得到了中国扶贫基金会、中国青少年发展基金会等26家社会组织和地方慈善会系统的支持。

4月28日

［纲　文］ **“中美关系：热点聚焦与发展趋势——纪念《上海公报》40周年”研讨会在上海举行。**

［目　文］ 研讨会由中联部当代世界研究中心和中共上海市委宣传部主办、东方讲坛办公室和上海市美国问题研究所承办。

4月28日

［纲　文］ **证监会公布《关于进一步深化新股发行体制改革的指导意见》。**

［目　文］《意见》内容包括：一、完善规则，明确责任，强化信息披露的真实性、准确性、充分性和完整性；二、适当调整询价范围和配售比例，进一步完善定价约束机制；三、加强对发行定价的监管，促使发行人及参与各方尽责；四、增加新上市公司流通股数量，有效缓解股票供应不足；五、继续完善对炒新行为的监管措施，维护新股交易正常秩序；六、严格执行法律法规和相关政策，加大监管和惩治力度。《意见》即日施行。

4月28日

［纲　文］ **各民主党派学习践行社会主义核心价值体系活动经验交流会在北京举行。**

［目　文］ 中共中央政治局常委、全国政协主席贾庆林批示指出，两年来，各民主党派通过开展多种形式的学习践行社会主义核心价值体系活动，取得了阶段成果，积累了宝贵经验。将这项事关多党合作事业发展的长期战略任务继续推向深入，责任重大，意义深远。希望认真总结经验，以“同心”思想为指导，着眼增进政治共识，深入搞好政治交接，不断丰富和展示学习践行活动的成果。

民革中央主席周铁农、民盟中央主席蒋树声、民建中央主席陈昌智、民进中央主席严隽琪、农工党中央主席桑国卫、致公党中央常务副主席王钦敏、九三学社中央主席韩启德和台盟中央主席林文漪分别就本党派开展学习践行活动情况作了发言。

4月28日

［纲　文］ **孟建柱在全国公安机关反腐倡廉建设电视电话会议上强调，要努力打造忠诚为民公正廉洁的公安队伍。**

4月28日

［纲　文］ **中宣部、科技部、工业和信息化部、总参谋部、总政治部举行总参某信息化研究所先进事迹报告会。**

4月28日

［纲　文］ **国家互联网信息办公室宣布，一批敲诈勒索及传播淫秽色情网站被依法查处。**

［目　文］ 根据公众举报，在核实情况和掌握确凿证据的基础上，国家互联网信息办协调有关部门关闭了42家招摇撞骗、敲诈勒索的网站。所谓“中国真相调查网”“中国人民法制网”“企业法治网”等网站，冒用国家机关和公益机构名义，伪造证件从事所谓

“新闻”采访，以刊登负面信息要挟索取封口费、合作费等，使许多单位和个人受害，情节恶劣，危害严重。

此外，21家传播淫秽色情信息的网站也被依法关闭。在2012年3月以来全国范围内开展的整治互联网和手机媒体传播淫秽色情及低俗信息专项行动中，已关闭传播淫秽色情信息网站107家。

4月28日

［纲　文］　**第八届中国国际动漫节在杭州开幕。**

［目　文］　动漫节由国家广播电影电视总局、浙江省人民政府主办。本届动漫节以“动漫我的城市，动漫我的生活”为主题，内容包括会展、论坛、大赛、活动等四个板块共计50多个项目，吸引了来自61个国家和地区的展商参会。

从本届开始，动漫节首次设立中外动漫教育展，首次设立COSPLAY海外赛区。参展商中包括了日本集英社、日本东映公司和因“愤怒的小鸟”而知名的芬兰Rovio工作室等诸多全球知名企业。

4月28日

［纲　文］　**第五届中国京剧研究生班暨首届中国京剧流派班毕业典礼在中国戏曲学院举行。**

［目　文］　第五届“青研班”于2009年5月、首届“流派班”于2010年5月分别正式开班。第五届“青研班”共招收来自全国9个省市的40位学员，生旦净丑行当比较齐全，梅、程、张、荀、余、杨、谭、奚、李、裘等流派传承后继有人。

4月28日

［纲　文］　**财政部印发经过修订的《文化产业发展专项资金管理暂行办法》。**

［目　文］　为进一步规范和加强文化产业发展专项资金管理，提高资金使用效益，结合近几年文化产业发展的实际情况，对原专项资金管理暂行办法进行了修订。新修订的《办法》内容包括：第一章总则，第二章支持方向与方式，第三章重大项目，第四章一般项目，第五章资金使用，第六章监督管理，第七章附则。《办法》即日施行。《财政部关于印发〈文化产业发展专项资金管理暂行办法〉的通知》同时废止。

4月28—30日

［纲　文］　**首届中国苏州文化创意设计产业交易博览会在苏州国际博览中心开幕。**

［目　文］　博览会由文化部文化产业司、江苏省文化厅和苏州市人民政府共同主办。来自比利时、法国、德国等10多个国家和地区的200多家企业参展。博览会举办了高峰论坛、产业项目对接、2012全国大学生创意设计作品大赛、创意设计展示奖评比等活动。

4月29日

［纲　文］　**外交部发言人表示，菲律宾关于中国渔政船“吓唬”菲船说法纯属臆造。**

4月30日

［纲　文］　**国务院发布《关于加强进口促进对外贸易平衡发展的指导意见》。**

［目　文］　为进一步加强进口，促进对外贸易平衡发展，对于统筹利用国内外两个市场、两种资源，缓解资源环境瓶颈压力，加快科技进步和创新，改善居民消费水平，减少贸易摩擦，特提出该意见。《意见》内容包括：一、指导思想、基本原则和主要任务；二、加大财税政策支持力度；三、加强和改善金融服务；四、完善管理措施；五、提高贸易便利化水平；六、加强组织领导。

4月30日

［纲　文］　**外交部领事司就韩国海警拘捕9名中国船员，敦促韩方切实保障中国渔民的安全与合法权益。**

［目　文］　韩国木浦市海洋警察署30日表示，韩国海警当天拘捕了9名涉嫌非法捕捞的中国渔民，在执法过程中有4名韩国海警受伤。当日，中国渔民和渔船已押送至木浦港，并接受进一步调查。外交部领事司有关负责人表示，中方希望韩方采取措施切实保障中国渔民的安全与合法权益。

4月30日

［纲　文］　**沪深证券交易所和中国证券登记结算公司宣布，A股交易收费总体降低25%。**

4月30日

［纲　文］　**西昌卫星发射中心用长征三号乙运载火箭成功发射两颗北斗导航卫星。**

［目　文］　此次发射的两颗卫星是北斗卫星导航系统的第十二、十三颗组网卫星。这是中国北斗卫星导航系统首次采用“一箭双星”方式发射导航卫星，也是中国首次采用“一箭双星”方式发射两颗地球中高轨道卫星。北斗卫星导航系统自2011年12月27日正式宣布提供试运行服务以来，已转入系统建设和应用推广并举的新阶段，并逐步拓展到交通运输、气象、渔业、林业、电信、水利、测绘等应用领域，产生了显著的经济、社会效益。

4月30日

［纲　文］　**卫生部、公安部发布严打侵害医务人员、患者人身安全犯罪的《关于维护医疗机构秩序的通告》。**

［目　文］　为有效维护医疗机构正常秩序，保证各项诊疗工作有序进行。依照国家有关法律法规的规定，特制订该通告。“通告”共计7条，自发布之日实施。

4月30日

［纲　文］　**环境保护部印发《国家生态建设示范区管理规程》。**

［目　文］　为推进生态文明建设，进一步规范国家生态建设示范区创建工作，制定该规程。《规程》内容包括：第一章总则，第二章申报和规划，第三章技术评估，第四章

考核验收，第五章公示公告，第六章监督管理，第七章附则。《规程》即日施行。

4 月 30 日

［纲　文］　**环境保护部印发《环境污染治理设施运营资质许可管理办法》。**

［目　文］　为提高环境污染治理设施运营管理水平，维护环境污染治理设施运营市场秩序，根据《国务院对确需保留的行政审批项目设定行政许可的决定》的规定，制定该办法。《办法》内容包括：第一章总则，第二章申请与审批，第三章运营管理，第四章监督管理，第五章法律责任，第六章附则。《办法》自 8 月 1 日起施行。

4 月 30 日

［纲　文］　**国家减灾委、民政部针对江西、湖南风雹暴雨灾情紧急启动国家四级救灾应急响应。**

［目　文］　截至 30 日，江西、湖南风雹暴雨灾害直接经济损失已近 10 亿，因灾死亡 18 人，200 多万人受灾。江西省民政厅报告，4 月中旬以来的风雹、暴雨灾害共造成 11 市 70 县 124.1 万人受灾，因灾死亡 18 人，紧急转移安置和需紧急生活救助 7.3 万人，农作物受灾面积 84.9 千公顷，绝收面积 6.4 千公顷，倒塌和严重损坏农房 3900 户 10700 间，一般损坏 8867 户 21372 间，直接经济损失 5.1 亿元。湖南省民政厅报告，4 月 28 日以来发生的风雹、暴雨灾害共造成岳阳、益阳等 5 市州 21 县市 75.8 万人受灾，紧急转移安置和需紧急生活救助 4.75 万人，农作物受灾面积 32.6 千公顷，绝收面积 5.78 千公顷，倒塌和严重损坏农房 4487 户 12112 间，一般损坏房屋 10189 户 25501 间，直接经济损失 4.64 亿元。

针对风雹、暴雨等灾害，国家减灾委、民政部派出工作组赶赴灾区，查看灾情，指导开展救灾工作。江西、湖南两省紧急启动三级救灾应急响应，派出多个工作组赶赴灾区，协助开展救灾工作。江西省已下拨省级救灾资金 220 万元，调运 500 床棉被、200 床毛巾被和 500 条草席；湖南省已下拨省级救灾应急资金 300 万元，调运 1000 床棉被。

5 月

5月1日

［纲　文］　**第14届中美科技合作联委会在北京开幕，国家主席胡锦涛致信祝贺。**

［目　文］　胡锦涛在贺信中对本届联委会召开表示衷心祝贺，向致力于中美科技合作的科技工作者表示亲切问候，并向所有为推动中美关系发展做出贡献的朋友们表示诚挚感谢。贺信说，当今世界，科学技术进步比历史上任何时候都更加深刻地影响着经济发展、社会进步和人民福祉。中美两国都认识到科技是经济社会发展中最活跃、最具革命性的因素，都高度重视科技创新，并积极推进科技合作。科技合作已成为中美关系发展的重要推动力量，成为两国人文交流的重要组成部分。中美两国本着平等、互利、双赢的精神开展科技合作，这不仅有利于加快两国科技事业发展，而且有利于促进世界科技进步，造福于全人类。贺信说，在中美两国政府和科技界持续不断的努力下，中美科技合作一定会结出更加丰硕的果实，为建设相互尊重、互利共赢的中美合作伙伴关系注入强大动力，为实现人类全面、协调、可持续发展做出更大贡献。

中国国务委员刘延东出席了第14届中美科技合作联委会，宣读了胡锦涛主席的贺信，会见了由美国总统科技事务助理、白宫科技政策办公室主任霍尔德伦率领的美国政府科技代表团。会见结束后，刘延东出席了中美科技合作项目签字仪式并发表讲话。刘延东说，胡锦涛主席的贺信高度评价了科技合作在中美关系发展中的重要作用，充分表明了中国政府推动中美科技合作的积极态度，对中美科技合作的前景充满信心。中美双方要凝聚共识、密切协作，完善合作机制，丰富合作内涵，增进科技人文交流，落实好两国元首关于加强中美科技合作的共识。

中国全国政协副主席、科技部部长万钢和美国总统科技助理兼白宫科技政策办公室主任霍尔德伦主持开幕式，中美两国相关部门负责人和美国驻华大使骆家辉出席开幕式。本届联委会回顾了上届联委会以来两国科技发展与合作情况，就农业、能源、核安全、卫生、基础科学、环境、计量科技、生物多样性、灾害管理用的遥感技术等开展了专题讨论，成立了相关科技领域合作工作组，签署了农业研究旗舰项目议定书和国际科技合作伙伴计划合作谅解备忘录等文件。

5月1日

［纲　文］　**温家宝看望北京市环卫和公交职工。**

［目　文］　中共中央政治局常委、国务院总理温家宝来到北京环卫集团位于奥林匹

克公园的清废综合区，代表党中央、国务院向大家表示节日的祝贺和亲切的慰问，向广大劳动者致以崇高的敬意。当得知北京全市约有1亿平方米的道路需要按时清扫，环卫工人工作繁重时，温家宝感慨地说：北京市的市民不要忘记环卫工人。当走在马路上心情非常愉快的时候，心里要想着还有很多人为他服务。别人过节、度假、游玩的时候，我们在工作、在劳动，而且是最忙的时候，你们应该得到尊重。随后，温家宝来到北京公交集团下属的西直门桥南公交场站，看望广大公交职工。温家宝说：过节的时候也是公交最忙的时候，你们不仅不能休息，而且还得加班加点，还得注意安全，不出事故。如果说从城市建设发展方向来说，虽然私用汽车越来越多，但是我们的目标还是发展公交。

5月2日

［纲　文］　**全国人大常委会残疾人保障法执法检查组第一次全体会议在北京举行，启动残疾人保障法执法检查。**

［目　文］　全国人大常委会委员长吴邦国在批示中指出，残疾人保障法执法检查，要突出重点，注重实效，深入了解法律实施情况，督促有关方面高度重视残疾人工作，推动解决基本生活保障、教育、就业、康复等残疾人最关心、最直接、最现实的利益问题，让广大残疾人平等参与社会生活，共享改革发展成果，促进社会公平正义，促进残疾人事业与经济社会协调发展。

全国人大常委会副委员长王兆国、陈至立、周铁农、李建国、司马义·铁力瓦尔地等出席会议。全国人大内务司法委员会主任委员黄镇东主持会议。国务院残疾人工作委员会、发展改革委、教育部、民政部、人力资源社会保障部、卫生部、最高人民法院等部门负责人分别汇报了贯彻实施残疾人保障法的情况。听取汇报后，王兆国讲话说，残疾人同健全人一样，有权利体面而有尊严地生活，国家和社会有责任为残疾人提供必要的帮助，这不仅体现了人道主义的要求，体现了社会主义制度的本质和优越性，更体现了坚持以人为本、科学发展的理念。

执法检查组组长李建国在会议上部署了检查工作的总体安排：共分6个小组，于5月至6月分别赴天津、内蒙古、辽宁、山西、浙江、湖南6省（区、市）开展检查。同时，委托其余25个省（区、市）人大常委会对本行政区域内残疾人保障法的实施情况进行检查。执法检查组还在中国人大网上向社会公开征求关于法律实施情况的意见。

5月2日

［纲　文］　**温家宝主持召开国务院常务会议。**

［目　文］　会议确定了以下主要任务：一、推进制度建设。实现城乡居民社会养老保险制度全覆盖，改革机关事业单位养老保险制度。完善医疗、工伤、失业、生育保险制度和社会救助制度。实施应对人口老龄化的社会保障政策，完善家庭养老支持政策。大力发展补充保险。二、加快城乡社会保障统筹。整合城乡社会保障制度和经办管理资源，提高社会保险统筹层次，建立有效的社会保险关系转移接续制度。三、扩大社会保障覆盖范

围。基本养老、基本医疗保险保障人群实现基本覆盖。完善被征地农民的社会保障政策。四、逐步提高保障标准，缩小城乡、区域、群体之间的差距。统筹建立基本养老金正常调整机制。普遍开展和推进城镇居民基本医疗保险、新农合门诊医疗费用统筹。逐步提高各级财政补助标准，职工、城镇居民基本医疗保险和新农合政策范围内住院费用支付比例均达到75%左右。五、加强社会救助体系建设，大力发展社会福利和慈善事业。六、加强社会保障管理与监督。严格基金监管，维护基金安全。加快社会保障管理服务规范化、信息化、专业化建设步伐。

会议讨论通过了《国家中长期动物疫病防治规划》。会议指出，动物疫病防治关系国家食物安全和公共卫生安全。要坚持预防为主方针，按照政府主导、社会参与的原则，实施分病种、分区域、分阶段的防治策略，全面提升兽医公共服务和社会化服务水平，全面提高动物疫病综合防治能力。力争到2020年，口蹄疫、高致病性禽流感等16种优先防治的国内动物疫病达到规划设定的考核标准，动物发病率、死亡率和公共卫生风险显著降低，重点防范的外来动物疫病传入和扩散风险有效降低。为此，一要加强重大动物疫病和重点人畜共患病防治，推进重点病种从有效控制到净化消灭。二要强化源头防治，提高动物整体健康水平。三要加强外来动物疫病防范，强化风险管理。四要实行区域化管理，重点加强国家优势畜牧业产业带、人畜共患病重点流行区、外来动物疫病传入高风险区、动物疫病防治优势区等“一带三区”防治工作。五要切实加强能力建设，着力提高动物疫情监测预警能力、突发疫情应急管理能力、动物疫病强制免疫能力、动物卫生监督执法能力、动物疫病防治信息化和社会化服务能力，适应新时期动物疫病防治工作需要。

5月2日

［纲　文］ **国务院农村综合改革工作小组发布《关于进一步做好清理化解乡村垫交税费债务工作的通知》。**

［目　文］《通知》明确，地方政府是清理化解乡村垫交税费债务工作的责任主体。内蒙古自治区等12个省、区要确保在2012年年底前基本完成化解乡村垫交税费债务任务，其他省份从2012年起用两年左右的时间基本完成全省清理化解乡村垫交税费债务工作。

5月2日

［纲　文］ **国家安全监管总局、财政部印发《安全生产举报奖励办法》。**

［目　文］ 印发通知指出，为了加强安全生产领域的社会监督，鼓励举报安全生产重大事故隐患和非法违法行为，及时发现并排除重大事故隐患，制止和惩处非法违法行为，根据国务院有关法律、行政法规，在2005年发布的《举报煤矿重大安全生产隐患和违法行为奖励办法（试行）》基础上，结合各地区、各有关部门开展举报奖励工作的实际情况，制定了《安全生产举报奖励办法》。该办法共19条，规定：对举报安全生产重大事故隐患、安全生产非法违法行为的，奖励1000元至1万元。对举报瞒报、谎报一般事故的，奖励3000元至5000元；举报瞒报、谎报较大事故的，奖励5000元至1万元；举报瞒报、谎报重大事故的，奖励1万元至2万元；举报瞒报、谎报特别重大事故的，奖励3

万元。

5月2日

［纲　文］　**国家互联网信息办公室部署关闭535个传播淫秽色情和低俗信息的微博客账号。**

［目　文］　被关闭的这批微博客账号，既有根据群众举报查实的，也有微博客网站在日常管理中发现的，包括新浪网、腾讯网、搜狐网、网易网、和讯网、搜房网、139移动微博等多家微博客网站。公安机关已对其中涉嫌违法犯罪的进行依法查处。

5月3日

［纲　文］　**国家副主席习近平会见以高村正彦为团长的日本日中友好议员联盟代表团。**

［目　文］　会见在人民大会堂进行，双方进行了友好谈话。习近平积极评价日本日中友好议员联盟长期以来为发展中日友好关系所做的努力。他说，中日邦交正常化40年来，两国相互联系和利益融合空前紧密，双方在经贸领域务实合作不断增强，在维护地区和平发展、促进地区合作及应对全球性挑战等方面保持良好沟通与协调。

5月3日

［纲　文］　**李长春在北京大学与师生一起观看原创歌剧《钱学森》。**

［目　文］　中共中央政治局常委李长春勉励北京大学广大师生把继承北大优良传统与学习钱学森同志紧密结合起来，深入学习钱学森同志爱党爱国的政治品格、严谨求实的科学态度、开拓进取的创新精神、无私奉献的高尚情操，不断赋予新的时代内涵，努力形成崇尚科学、追求创新的浓厚氛围，为提高自主创新能力、推动经济社会又好又快发展作出新的更大贡献。演出开始前，李长春参观了北京大学发展概况展、人文社会科学成果展和“学雷锋树新风、加强校园文明建设”系列活动成果展，与吴树青、袁行霈、沙健孙、叶朗等老教授和青年教师、学生代表亲切交流。中共中央政治局委员刘淇、刘延东一同出席当晚活动。

歌剧《钱学森》是由北京大学联合中国航天科技集团公司共同出品的一台原创歌剧，共分4幕，以钱学森与夫人蒋英历经艰辛回到祖国怀抱的感人经历为主线，通过浓烈的抒情方式和辉煌的音乐表达，讴歌了他们的爱国情怀和为科学献身的崇高精神。

5月3日

［纲　文］　**2012“春雨工程”——全国文化志愿者边疆行新闻发布会在文化部举行。**

［目　文］　“春雨工程”是文化部与中央文明办自2010年共同实施的一项文化惠民活动。由内地文化部门组织招募文化志愿者，以“大讲堂”“大舞台”“大展台”为主要形式，采取“走进去”和“请出来”相结合的方式，深入边疆民族地区为当地群众提供文艺演出、讲座培训和文化展览等公益性文化服务；同时邀请边疆民族地区的基层文化工作者到内地培训、考察和巡演。

发布会宣布，2012年，“春雨工程”采取了文化志愿服务项目化运作的方式，已经对接形成了82个文化志愿服务项目，有“大讲堂”项目37个，“大舞台”项目20个，“大展台”项目25个；“走进去”在边疆开展服务的项目有51个，“请出来”到内地开展文化交流的项目有20个，双向交流的项目有11个。将组织40多支文化志愿团，招募1500多名文化志愿者，服务范围涉及所有12个边疆民族省（区），以及新疆生产建设兵团和湖南、湖北、四川的5个少数民族自治州。

5月3日

［纲　文］　**新华社讯，商务部有关负责人表示，欧盟对中国输欧自行车发起反补贴调查，是典型的对贸易救济措施的滥用。**

［目　文］　该负责人表示，欧方申请人对我若干补贴项目的指控严重缺乏证据支持。中国对欧盟自行车出口量占欧盟市场份额仅为2%—3%，不可能对欧自行车产业构成损害。

5月3—4日

［纲　文］　**第四轮中美战略与经济对话在北京举行。**

［目　文］　5月2日，来中国出席第四轮中美战略与经济对话的美国总统奥巴马特别代表、国务卿希拉里·克林顿和财政部长盖特纳及美方代表团一行抵达北京。

5月4日，国家主席胡锦涛在人民大会堂会见希拉里·克林顿和盖特纳及美方代表团其他主要成员。国家主席胡锦涛特别代表、国务院副总理王岐山和国务委员戴秉国同希拉里·克林顿和盖特纳共同主持对话。

在经济对话中，王岐山表示，中美经济对话是两国推动经济领域互利合作的重要平台。3年来，双方从一点一滴做起，达成了218项合作成果，给两国人民带来实实在在的利益，为发展中美新型大国关系注入强劲动力，两国元首均对此高度评价。本次对话，双方认真落实两国元首共识，就促进经济强劲、可持续、平衡增长，拓展贸易和投资机遇，金融市场稳定与改革等议题坦诚对话，取得67项互利共赢成果。双方认为，要继续加强宏观经济政策沟通交流，都将切实采取措施，加快转变发展方式，调整经济结构，促进两国经济增长、就业增加和民生改善，为全球经济可持续复苏做出贡献。双方愿相向而行，进一步释放贸易投资合作潜力。尽快启动第七轮双边投资协定谈判，加强基础设施、清洁能源、高端制造、现代服务业等领域的合作。美方承诺，努力促进民用高技术产品对华出口。美方欢迎中国企业赴美投资，并承诺提供各种便利。双方同意加强在航空器适航审定领域的合作。双方就国际经济规则和标准问题进行了战略性研讨。同意就跨太平洋伙伴关系协定（TPP）等区域性贸易安排保持信息沟通，共同研究国际贸易统计方法新趋势。美方承诺加快审批有关中资银行在美业务申请，认同中国在综合并表监管领域取得的显著进展。美方支持人民币在满足现有标准时加入国际货币基金组织特别提款权货币篮子。双方同意，在国际金融监管、打击非法融资、金融领域税收和执法、保险消费者保护、金融市场基础设施等领域加强沟通合作。

在战略对话中，双方围绕推进中美合作伙伴关系建设、开创新型大国关系，增进战略互信，深化广泛领域务实合作，促进中美在亚太良性互动和国际地区问题上的协调合作，完善对话机制等议题交换了意见，取得新的重要共识。双方认为，尽管中美政治制度、历史文化、发展水平不同，但两国不应是“零和”博弈的对手，而要做互利共赢的合作伙伴，加强对话、交流、互信、合作。双方同意，利用今年二十国集团峰会、东亚峰会等场合，促进高层交往。保持和加强两军务实交流合作。推进农业、渔业、林业、科技、环保、海关、执法、海事安全等广泛领域合作，积极促进地方合作和人文交流。双方签署了绿色合作伙伴计划。双方承认，中美在亚太地区拥有共同利益，面临共同挑战，都致力于维护和促进本地区的和平、稳定、繁荣，应实现中美在亚太良性互动。双方就朝鲜半岛局势、伊朗核、叙利亚等问题深入交换了看法。两国有关部门举行了第二次中美战略安全对话以及气候变化、能源安全、外交政策、南亚、南北苏丹、联合国维和等问题对口磋商，并决定适时举行中东事务磋商和新一轮战略安全磋商、多边军控与防扩散磋商。双方将共同促进国际社会减贫努力。本轮对话共达成几十项具体成果。

对话结束后，双方发表了《第四轮中美战略与经济对话联合新闻稿》《第四轮中美战略与经济对话框架下经济对话联合成果情况说明》和《第四轮中美战略与经济对话框架下战略对话具体成果清单》。

5月3—4日

［纲　文］　第三轮中美人文交流高层磋商在北京举行。

［目　文］　国务委员、中美人文交流高层磋商机制中方主席刘延东与美国国务卿、中美人文交流高层磋商机制美方主席希拉里·克林顿共同主持会议。双方重申了人文交流对与中美合作伙伴关系的重要意义，同意推动中美人文交流高层磋商实现机制化和可持续发展。中美两国同意继续执行前两轮中美人文交流高层磋商达成的、正在执行的成果，包括美方“十万强”计划和中方“三个一万”奖学金项目，中美青年科技论坛、中美科技人员交流计划，续签两国政府文化协定2012—2014年执行计划，中美妇女领导者交流与对话，中美青年领导者交流。

磋商期间，双方承诺采取新的切实举措，扩大教育、科技、文化、体育、妇女和青年领域的合作。教育领域，双方代表举办了中美省州教育厅长对话，对中美富布莱特项目的扩大表示欢迎，同意通过中美教育发展论坛促进两国教育专家的交流，并宣布了相关教育机构间的合作项目，譬如中国高职院校与美国社区学院交流，新汉学国际研修计划等。科技领域，双方宣布启动中国青年科学家访美计划。文化领域，双方同意继续开展艺术交流，包括分享博物馆管理和艺术管理方面的经验，鼓励文化机构建立伙伴关系。在青年交流领域，双方将继续深化中美两国青年政治家交流和学生领袖交流项目，鼓励两国青年、特别是青年职业人士，通过体验学习、同伴学习和导师指导的方式开展对话，加强交流，增进对彼此国家的了解。体育领域，双方将继续扩大体育交流，包括已在开展的两国奥委会以及单项体育协会间的合作。双方强调将开展妇女体育运动和大众体育的交流。妇女领域，双方举行了以“妇女与慈善”为主题的第四轮中美妇女领导者交流对话，进一步推动了双方公共和私营部门在提高公众乳腺癌防治意识方面的合作关系，同意就妇女与可持续发展方面的交流进一步探讨以及加强青年一代妇女领导者交流。

5月4日

［纲 文］ **纪念中国共产主义青年团成立90周年大会在人民大会堂举行，胡锦涛发表讲话**。

［目 文］ 胡锦涛、吴邦国、温家宝、贾庆林、李长春、习近平、李克强、贺国强等党和国家领导人出席大会。习近平主持纪念大会。胡锦涛发表讲话说，当代青年是无比幸运的一代，又是责任重大的一代。祖国发展的巨大成就为青年成长进步创造了良好条件，祖国建设的艰巨任务为青年大展身手提供了广阔舞台。广大青年要以邓小平理论和“三个代表”重要思想为指导，深入贯彻落实科学发展观，牢记光荣使命，珍惜宝贵机遇，以坚定的信念、宽广的胸怀、创造的激情、务实的态度，踊跃投身改革开放和社会主义现代化建设伟大实践，努力做科学发展的奋力推动者、和谐社会的积极构建者，用自己的双手为全面建设小康社会、建成富强民主文明和谐的社会主义现代化国家奉献力量，谱写中国青年运动浓墨重彩的新篇章。

胡锦涛在讲话中对广大青年提出了五点希望。第一，希望广大青年坚持远大理想。理想是指引人生的灯塔。青年时期牢固树立远大理想，人生道路就会越走越宽广，无论遇到怎样的艰难险阻，都能义无反顾、勇往直前。第二，希望广大青年坚持刻苦学习。青年是学习的黄金时期，学习是青年的首要任务。广大青年一定要面向现代化、面向世界、面向未来，以只争朝夕的紧迫感，如饥似渴地学习，既认真学好基础知识又及时进行知识更新，既刻苦钻研专业知识又广泛涉猎其他知识，既重视学习文化知识又努力掌握实用技能，不断充实自己、提高自己、丰富自己。第三，希望广大青年坚持艰苦奋斗。广大青年一定要牢记“忧劳兴国、逸豫亡身”的道理，敢于吃苦、勇挑重担，不怨天尤人、不贪图安逸，依靠自己的辛勤努力开辟人生和事业的前进道路；一定要牢记“天下大事、必作于细”的道理，从小事做起、从基础做起，不沉湎幻想、不好高骛远，用埋头苦干的行动创造实实在在的业绩；一定要牢记“艰难困苦、玉汝于成”的道理，迎难而上、百折不挠，不畏惧挫折、不彷徨退缩，在千磨万击中历练人生、收获成功。第四，希望广大青年坚持开拓创新。青年最具创新热情和创造潜力。广大青年一定要大力发扬以改革创新为核心的时代精神，有那么一种勇立潮头的浩气，有那么一种超越前人的勇气，有那么一种与时俱进的朝气，立足岗位、立足实际，讲求科学、讲求方法，把创新潜能充分发挥出来，为推动理论创新、制度创新、科技创新、文化创新以及其他各方面创新贡献聪明才智。第五，希望广大青年坚持高尚品行。广大青年一定要把正确的道德认知、自觉的道德养成、积极的道德实践紧密结合起来，提高品德修养，弘扬传统美德，倡导新风正气，用高尚的道德行为推动全社会文明程度的提高。

5月4日

［纲　文］　**全国人大常委会委员长吴邦国同日本众议院议长横路孝弘举行会谈。**

［目　文］　吴邦国就进一步发展中日关系提出四点意见：一是牢牢把握中日关系发展的大方向，在中日四个政治文件确定的各项原则基础上，始终从战略高度和长远角度把握中日关系，坚持和平、友好、合作不动摇。二是增强发展伙伴意识，深化两国在经贸、节能环保、绿色低碳、财金等广泛领域的务实互利合作，加强在区域合作中的沟通和协调，共同推动东亚一体化进程。三是继承和弘扬中日友好传统，办好“中日国民交流友好年”，吸引两国更多民众尤其是青少年广泛参与进来，力争以此有效增进两国人民的友好感情。四是妥善处理重大敏感问题，维护两国关系大局。全国人大常委会副委员长李建国等参加会谈。

5月4日

［纲　文］　**《五月的鲜花——心中的歌儿唱给党》2012年全国大学生校园文艺会演在北京举行。**

［目　文］　中共中央政治局常委李长春与首都高校学生代表一起观看演出，并与大学生演员和代表亲切交谈，称赞他们的演出感情真挚，充满青春激情，活力四射，感染力强，给人的心灵以深深震撼。中宣部部长刘云山，国务委员刘延东，全国政协副主席陈奎元一同观看演出。由中宣部、教育部、共青团中央主办的这场演出，是一台完全由大学生自编自演的主题综艺晚会，来自全国近百所高校的2500名大学生参加演出，演出共分为自信、自豪、自强三个篇章，分别表现当代大学生的坚定信仰、壮志豪情和责任担当。

5月4日

［纲　文］　**第十四次中日韩环境部长会议在北京举行。**

［目　文］　中国环境保护部部长周生贤、日本环境省大臣细野豪志、韩国环境部部长刘荣淑率团出席会议，就各国最新环境政策和全球及区域热点环境问题等深入交换了意见。会上，三国环境部长签署了《第十四次中日韩环境部长会议联合公报》，共同见证了《中日韩环境标志一体机共同认证规则协议》《互认认证程序协议》《互认实施规则协议》三项合作协议的签署，并接见学生和企业代表。

5月4日

［纲　文］　**卫生部发出紧急通知，要求卫生部门协调公安机关向二级以上医院派驻警务室。**

［目　文］　通知要求各级卫生行政部门贯彻落实日前印发的《卫生部公安部关于维护医疗机构秩序的通告》，配合公安机关依法严厉打击侵害医患双方合法权益的涉医违法犯罪行为；做好矛盾纠纷和安全隐患排查化解工作，并及时向辖区公安部门通报，在公安机关的指导下做好安全防范工作，积极配合公安机关依法妥善处理因医疗纠纷等引发的治安事件，维护正常诊疗秩序。通知强调，各级卫生行政部门要积极配合公安机关加强医疗机构安全保卫工作，要加强保卫机构和安全保卫队伍建设，加大安保投入，配备必要的装备，严格落实安全防范措施，对门急诊、病房等重点科室、部位，实行24小时安全监控；

要落实 24 小时安全值班制度，加大内部安全检查和巡查防范力度，严格昼夜巡查制度，要加大门急诊、病房巡视力度，增加巡视密度，及时发现可疑人员，消除各类安全隐患。

5 月 4 日

［纲　文］　**农业部在青岛召开夏粮主产区 12 个重点市县农情咨询组会商会。**

［目　文］　会议分析了夏粮特别是冬小麦生产形势。据 12 个小麦重点市县统计汇总，小麦平均亩有效穗数为 39.6 万穗，比去年增加 1.0 万穗；平均穗粒数为 31.9 个，增加 0.4 粒。重点市县农情咨询组成员认为，本年夏粮丰产的苗架已经搭起，只要后期天气正常，小麦增产希望很大。

5 月 4 日

［纲　文］　**中国首个宇航动力学国家重点实验室在西安卫星测控中心通过科技部验收。**

［目　文］　宇航动力学国家重点实验室于 2009 年 9 月经科技部批准立项建设，依托单位为西安卫星测控中心，具有独一无二的测控设备、测控数据和工程实践优势，形成一支由科技领军人才、学科带头人、青年骨干组成的研究团队，是中国汇集航天器轨道、姿态动力学专业人才和科研成果最齐全的实验室。标志着中国初步建立了一个宇航动力学领域基础理论、前沿技术及实践应用的公共科研平台，促进了关键技术的突破，为中国航天重大工程的实施提供了重要支撑。

5 月 4 日

［纲　文］　**国家口岸管理办公室发布《国家口岸发展规划（2011—2015 年）》。**

［目　文］　根据《规划》，"十二五"期间，全国有 95 个新开和扩大开放口岸项目列入规划，其中计划新开口岸 39 个，为中国外贸发展和国际交往提供更多便捷途径和渠道。中国共有 50 个沿海水运口岸开放项目列入规划，占总数的 52.6%；边境口岸项目达 31 个，占总数的 32.6%。此外，内陆地区不沿边不靠海，不具有口岸设立的地缘优势，总计有 4 个口岸开放项目列入了规划。截至该日，中国共有经国务院批准对外开放口岸 284 个，其中沿海地区 146 个、沿边地区 111 个、内陆地区 27 个。

5 月 4 日

［纲　文］　**三峡地下电站 27 号机组首次启动成功。**

［目　文］　由葛洲坝集团机电建设有限公司承担安装施工的三峡地下电站 27 号机组首次启动成功，标志着三峡工程最后一台 70 万千瓦机组投产发电进入倒计时阶段。27 号机组是迄今三峡工程国产化程度最高的机组，与已投产发电的 28 号机组为同一型号机组，均是世界单机容量最大的巨型蒸发冷却机组，采用了中国具有完全自主知识产权的"定子绕组自循环蒸发冷却"技术，并由中国电机企业自行设计生产。

5 月 4—19 日

［纲　文］　**国务委员、国防部长梁光烈应邀访问美国、拉脱维亚、波兰。**

［目　文］　梁光烈的主要随行人员有沈阳军区司令员张又侠、海军副司令员苏士亮、空军参谋长杨国海、第二炮兵参谋长高津、新疆军区司令员彭勇等。5 月 4—10 日访

美期间，梁光烈会见了美国总统国家安全事务助理多尼隆、代理国务卿伯恩斯和美军前参联会主席迈尔斯以及美国“飞虎队”老兵和亲属，与美国国防部长帕内塔举行了大小范围会谈和联合记者会，访问了美军南方总部、陆军本宁堡、圣迭戈海军基地、空军第4战斗机联队、海军陆战队第二特遣部队和西点军校。这是中国国防部长时隔9年后再次访美。5月11—14日访问拉脱维亚期间，梁光烈在拉脱维亚首都里加会见了拉脱维亚总统安德里斯·贝尔津什、外交部长埃德加斯·林克维奇斯，与拉脱维亚国防部长帕布里克斯举行了会谈。5月15—19日访问波兰期间，梁光烈在华沙会见了波兰副总理瓦尔德马·帕夫拉克，与波兰国防部长托马什·谢莫尼亚克举行了会谈。

5月4日—6月4日

［纲　文］　**纪念沙飞诞辰百年摄影作品捐赠展在中国国家博物馆举行。**

［目　文］　沙飞是中国共产党领导的革命军队中第一代战地摄影记者，他和他的战友们创办了中国共产党领导的第一份新闻摄影画报——《晋察冀画报》，拍摄和保存了中国革命战争时期完整的照片档案。展出的有沙飞家属捐赠给国家博物馆的106幅沙飞拍摄的堪称经典的原版摄影作品。

5月4日—6月8日

［纲　文］　**文化部举办纪念《在延安文艺座谈会上的讲话》发表70周年系列活动。**

［目　文］　5月4日至6月7日，由文化部主办的纪念毛泽东《在延安文艺座谈会上的讲话》发表70周年优秀剧目展演在北京举办。包括9个国家艺术院团在内的20个艺术团体，在北京人民大会堂、国家大剧院、保利剧院、天桥剧场、梅兰芳大剧院等地演出23台优秀剧目。其中，既有京剧《大漠苏武》，话剧《四世同堂》《红旗渠》《信仰》，歌剧《白毛女》《江姐》《红河谷》《原野》，儿童剧《西游记》《马兰花》，芭蕾舞《舞姬》《火鸟》，原创民族舞剧《秀娘》，舞蹈诗《延安记忆》，也有越剧《红楼梦》、上党落子《申纪兰》、锡剧《二泉映月·随心曲》，以及世界风情音乐会《东方世纪行》、《中国民歌无伴奏合唱精品音乐会》、民族音乐会《西藏的春天》等，涵盖京剧、地方戏曲、话剧、儿童剧、歌剧、舞剧等多个艺术门类。

5月21日至6月8日，由文化部主办、中国美术馆承办的“从延安走来——纪念毛泽东同志《在延安文艺座谈会上的讲话》发表70周年美术作品展”举办。展览分为序篇“延安时代”和“源于生活”“人民形象”“喜闻乐见”“百花齐放”4个主题篇章，共展出作品430件，从全面展示延安时代美术的创作面貌和特色开始，梳理与再现《讲话》发表70年来中国美术的发展历程。

5月22日，由中国艺术研究院主办、中国艺术研究院中国画院承办的“同在蓝天下——为农民工塑像”大型原创画展在国家博物馆举办。

5月5日

［纲　文］　**共青团中央发出通知，要求组织学习贯彻胡锦涛讲话，努力提高共青团**

工作科学化水平。

［目　文］ 通知强调，要以胡锦涛讲话精神为指导，以改革创新为动力，努力提高共青团工作科学化水平。各级团组织要继续狠抓基层，一方面强化层级化的组织载体，在守住县级团组织作为面向基层的“桥头堡”的基础上，努力把“桥头堡”推向乡镇街道一级，进而带动村、社区团的工作；另一方面探索推进非层级化的组织载体，运用多种符合社会机理和青年特点的新方式作为组织建设载体，实现对广大青年的多领域、多渠道覆盖；同时，努力在制度条件、工作内容设计、干部队伍这“三个关键”上保持对基层团组织的支持力度。通知要求，各级团组织、青联、学联组织要集中一定时间通过组织座谈会、学习报告会、理论研讨会等方式进行专题学习。

5月5日

［纲　文］ **中共中央编译局、教育部在北京举行大型文献纪录片《思想的历程》赠送仪式。**

［目　文］ 本片由中共中央编译局、中共黑龙江省委宣传部、黑龙江电视台联合摄制，讲述了：20世纪初，马克思、恩格斯、列宁的名字、肖像、事迹、学说思想是怎样传入中国的；100多年来，马克思主义著作在中国是如何翻译、出版和传播的；在这个伟大思想历程中，有哪些杰出人物和感人故事。

5月5日

［纲　文］ **第111届中国进出口商品交易会在广州琶洲国际会展中心闭幕。**

［目　文］ 本届广交会累计出口成交360.3亿美元，受外需不振、成本上升、融资困难、贸易摩擦等不利因素影响，环比和同比分别下降4.8%和2.3%。综合分析，欧美市场成交继续下降，新兴市场明显增长。但在订单的构成方面，中短单占比居高不下，长单占比依然偏低。本届广交会知识产权投诉总体呈下降趋势。本届共受理知识产权投诉546宗，认定涉嫌侵权企业398家，与上届相比有明显减少。

5月6日

［纲　文］ **国务院作出关于表彰全国公安机关先进模范集体的决定。**

［目　文］ 决定说，为表彰先进、弘扬正气，国务院决定，授予北京市公安局西城分局府右街派出所、浙江省宁波市公安局鄞州分局高桥派出所、陕西省西安市公安局未央分局大明宫派出所“人民满意派出所”荣誉称号；授予吉林省长春市公安局特警支队“特别能战斗特警队”荣誉称号；授予上海市公安局刑事侦查总队一支队“特别能战斗刑侦队”荣誉称号；授予广东省广州市公安局刑事警察支队刑事技术所“模范刑事技术所”荣誉称号；授予福建省厦门市公安局出入境管理处“模范出入境管理处”荣誉称号；授予山东省青岛市公安局网络警察支队“模范网络警察支队”荣誉称号；授予湖北省武汉市第一看守所“模范看守所”荣誉称号；授予河北省公安厅高速公路交通警察总队保定支队涿州大队、湖南省吉首市公安局交通管理大队矮寨三中队“模范交警队”荣誉称号；授予云南省开远

市公安局强制隔离戒毒所“模范戒毒所”荣誉称号；授予西藏自治区山南地区公安处国内安全保卫支队“模范国保支队”荣誉称号。

5月6日

［纲　文］ **酒泉卫星发射中心用长征二号丁运载火箭成功发射天绘一号02星。**

［目　文］ 天绘一号02星由中国航天科技集团公司所属航天东方红卫星有限公司研制，主要用于科学研究、国土资源普查、地图测绘等诸多领域的科学试验任务，获取遥感信息和试验结果。长征二号丁运载火箭由中国航天科技集团公司所属上海航天技术研究院研制。这次发射是长征系列运载火箭的第161次飞行。

5月6日

［纲　文］ **中华职业教育社成立95周年纪念大会在北京举行。**

［目　文］ 全国政协主席贾庆林、国务委员刘延东发来贺信。贾庆林在贺信中指出，95年来，中华职业教育社秉持“使无业者有业，使有业者乐业”的宗旨，致力于研究、宣传和推广职业教育，在职业教育领域和国家政治生活中发挥了重要作用。改革开放以来，中华职教社坚持服务党和国家工作大局，积极推进职业教育改革发展，大力实施温暖工程，做了许多为国分忧、为民效力的实事，为国家经济发展和社会进步做出了重要贡献。

全国政协副主席、中共中央统战部部长杜青林出席会议并讲话。

5月6—9日

［纲　文］ **中国人民对外友好协会在浙江省桐乡市举办“中国—中亚合作论坛”。**

［目　文］ 2012年是中国与中亚国家建交20周年。本次论坛以“互信合作、和睦发展”为主题，围绕中国与中亚五国务实合作和社会人文合作两个专题，对中国与中亚五国共同构建面向未来的全方位合作进行了深入和富有建设性的讨论，达成了广泛共识。

5月3日，中共中央政治局委员刘云山在北京会见来华出席中国—中亚合作论坛的吉尔吉斯斯坦前总统奥通巴耶娃一行。刘云山说，双方应进一步扩大人文交流，加强新闻媒体合作，推动民间机构往来，为两国关系长远发展奠定坚实社会和民意基础。希望奥通巴耶娃发挥自身影响力，为促进中吉世代友好、推进两国务实合作，作出新的更大贡献。奥通巴耶娃说，在吉尔吉斯斯坦遭遇困难时，中方总能及时伸出援手，吉方对此深表感谢。

5月6日，全国政协副主席白立忱、中国中亚友好协会名誉会长司马义·艾买提、中国人民对外友好协会会长李小林、中国中亚友好协会会长张德广，吉尔吉斯斯坦前总统奥通巴耶娃、塔吉克斯坦前议会下院议长海鲁洛耶夫、哈萨克斯坦前副议长卡里布扎诺夫、土库曼斯坦前副总理卡西莫夫、乌兹别克斯坦乌中友好协会主席瓦哈波夫等出席了论坛开幕式。来自中国和中亚五国的外交、经济、企业、学术等领域的领导及专家学者约200人出席了会议。

5月7日

［纲　文］ **人力资源社会保障部消息，中国建立起世界上最大的社会保障计划。**

［目　文］　数据显示，截至2011年底，全国城镇基本养老保险、城镇基本医疗保险、失业保险、工伤保险、生育保险的参保人数分别达到2.84亿人、4.73亿人、1.43亿人、1.77亿人、1.39亿人，呈高速大幅增长态势。尚在试点中的新农保和城镇居民养老保险制度参保人数达到3.64亿人，新农合参合人数达到8.32亿人。数亿人被纳入社会保障覆盖范围，中国建立起世界上最大的社会保障计划，初步建成以社会保险、社会救助、社会福利为基础，以基本养老、基本医疗、最低生活保障制度为重点的社会保障体系框架，实现了由单位和家庭保障向社会保障、由覆盖城镇职工向覆盖城乡居民、由单一保障向多层次保障的根本性转变，社保“安全网”越织越密。人力资源社会保障部部长尹蔚民表示，到2020年，全面建成具有中国特色、覆盖城乡居民的社会保障体系，做到人人享有基本生活保障。

5月7日

［纲　文］　**教育部网站正式公布全国高等学校名单，截至4月24日全国普通高校（不含独立学院）共计2138所。**

5月7日

［纲　文］　**中国成功研制Polysac™复合多糖。**

［目　文］　无限极Polysac™复合多糖研究成果全球首发会本日在广州举行。中科院上海药物研究所、中科院生物物理研究所等科研机构相关专家及无限极（中国）有限公司的研发人员，阐述了全新Polysac™复合多糖对于改善人体健康的重要作用。无限极已成为首个获得国家知识产权局颁发，具有免疫调节作用的复合多糖专利的公司，而基于Polysac™复合多糖研发成果的国际领先地位，该技术亦同时申请美国专利。

5月7—8日

［纲　文］　**全国水资源工作会议在北京召开。**

［目　文］　国务院副总理回良玉对会议批示指出，要像重视国家粮食安全一样重视水资源安全，像严格土地管理一样严格水资源管理，像抓好节能减排一样抓好节水工作。要统筹生活、生产、生态用水，建立健全水资源管理责任和考核制度。要深化水资源管理体制改革，推进水务管理一体化。中国工程院院士钱正英，水利部部长陈雷，全国人大常委会财经委副主任委员汪恕诚，水利部原部长杨振怀出席会议并讲话。水利部部长陈雷在会上表示，实行最严格水资源管理制度，是破除水资源瓶颈制约的根本途径和加快转变经济发展方式的战略举措，是保障国家粮食安全的关键环节和加快推进生态文明建设的迫切需要。要在强化制度执行上下功夫、在严格红线约束上动真格，在促进水资源可持续利用上见成效。

会议提出，当前全国水资源管理还存在一些问题，如指标体系未完全确立，水资源管理约束力和执行力有待强化，监测、计量和信息化建设滞后，基层水管人员配置和经费保障不足；行政管理执法不严等。水利部将加快落实“三条红线”管理制度。力争用5年时间基本完成全国主要跨省江河流域水量分配。严格规范水资源论证和取水许可审批。加快推进节水技术改造，“十二五”期间新增节水灌溉工程面积 1.5 亿亩以上。推进农业用水计量收费，合理调整非农业供水水价，继续推行超额累进加价制度。加强水功能区监管，饮用水水源保护和水生态系统保护与修复。同时，加快落实考核和监管制度，提高水资源监控能力，完善法规与科技支撑体系，推进城乡涉水事务一体化管理。力争用 3 年时间，基本建成国家水资源监控管理信息系统，对 70% 的许可取用水量实现水量在线监测、对 80% 的重要江河湖泊水功能区实现水质监测，对主要江河干流及一级支流省界断面实现水质监测全覆盖。

5 月 8 日

［纲　文］　**国家副主席习近平在北京会见阿盟秘书长阿拉比。**

［目　文］　习近平说，阿盟是重要的区域性组织，在中东地区事务中一直发挥着独特影响。当前形势下，阿盟的作用更加重要。阿盟致力于发展中阿集体合作，近年来多次通过有关加强对华关系的决议，在涉及中国核心利益和重大关切问题上给予我们宝贵支持，中方对此高度赞赏。中国也长期坚定支持阿拉伯国家争取恢复合法民族权利的正义事业，支持阿拉伯国家联合自强，期待阿盟更好地在阿拉伯世界中发挥促进中阿友好的“领头羊”作用。习近平说，中国政府高度重视本月底即将召开的中阿论坛第五届部长级会议，希望双方以此次会议为契机，推动中阿战略合作关系迈上一个新台阶。阿拉比表示，阿方愿与中方共同努力，开好月底召开的阿中合作论坛部长级会议，使阿中战略合作关系适应新的形势，不断取得新的发展。外交部部长杨洁篪参加会见。

5 月 8 日

［纲　文］　**贾庆林在北京接见出席全国台湾同胞投资企业联谊会成立五周年庆典活动代表。**

［目　文］　全国政协主席贾庆林对全国台企联成立五周年表示热烈祝贺说，五年来，台企联已经成为两岸有影响力、有号召力、有责任感的社会团体，得到了两岸同胞的充分肯定。贾庆林指出，希望两岸经济合作框架协议各项后续商谈尽快取得新的成果，两岸产业合作不断深化，金融互利合作持续进展，两岸经济文化等各项交流不断向前迈进，从而为两岸企业创造更多商机，为两岸同胞尤其是台湾基层民众带来更多利益。台资企业已成为大陆经济社会的重要组成部分，为大陆经济发挥了积极的促进作用。我们愿继续为台资企业在大陆创造更良好的发展条件，提供更有利的政策支持，继续维护好保障好台湾同胞的正当合法权益，继续关心、支持台企联和各地台资企业协会的健康发展。中共中央台湾工作办公室、国务院台湾事务办公室主任王毅和海峡两岸关系协会会长陈云林参加接见。

5 月 8 日

［纲　文］　**财政部发布《关于加强中央预算单位政府采购管理有关事项的通知》。**

［目　文］　《通知》的要点是：一、加强和改进政府采购预算管理。凡纳入国务院

公布的《中央单位政府集中采购目录及标准》范围内的集中采购品目和采购限额标准以上项目，都应当按照预算编制文件要求，在部门预算中列明货物、工程和服务的政府采购金额。二、强化政府采购计划管理。中央单位在开展政府采购活动前必须按照政府采购预算编制政府采购计划，所有使用财政性资金及配套资金开展的政府采购活动，均要编制采购计划并细化到政府采购项目和品目。三、严格执行政府集中采购规定。应当委托集中采购机构采购，部门集中采购品目中包含集中采购机构采购品目的，也应当委托集中采购机构采购。集中采购机构采购品目达到公开招标限额标准的，中央单位应当委托集中采购机构进行公开招标。四、规范政府采购程序和行为。中央单位要严格按照政府采购法及其他相关制度规定组织政府采购招标活动。符合公开招标的采购项目必须按规定程序进行招标，对于同一预算年度内的同一政府采购项目，不得对其相同品目或者相同类别的货物和服务进行拆分，以非公开招标方式进行采购。五、进一步落实政府采购政策功能。中央单位要继续带头实施政府采购支持节能环保、采购正版软件以及采购本国产品等政府采购政策。对涉及节能产品和环境标志产品的招标采购项目，要在采购文件中明确优先采购和强制采购的措施，载明对投标产品的相关要求。六、切实履行政府采购管理监督责任。主管部门要加大对本部门政府采购工作的管理力度，明确本部门政府采购管理的责任单位，建立健全内部管理制度，加强部门内部政府采购信息化建设，强化对政府采购预算编制、计划申报、批量集中采购以及政策功能实施等工作的执行和管理。要督促所属单位严格执行批量集中采购等政府采购招标结果，及时签订采购合同并按时验收采购产品。

5月8日

［纲　文］　**中国残疾人福利基金会第三届理事会第三次会议在北京举行。**

［目　文］　全国政协副主席、中国残疾人福利基金会会长邓朴方出席。中国残疾人福利基金会理事长汤小泉在报告中指出，2011年，基金会筹集资金和物资3.3483亿元人民币，（其中现金1.2055亿元，物资价值2.1428亿元），完成全年计划的139.51%；公益项目支出3.1522亿元人民币，完成全年计划的157.61%，工作人员工资福利及行政办公支出1311万元，占本年支出的3.99%，符合《基金会管理条例》的规定。会议审议通过了基金会2011年度工作报告，以及2011年度财务决算报告和2012年度财务预算报告。会议还审议通过了增补基金会理事的提案。

5月8日

［纲　文］　**人力资源社会保障部消息，全国范围城乡居民养老保险全覆盖工作年底完成。**

［目　文］　人力资源社会保障部和财政部要求在7月1日起启动该工作，年底前完成。包括职工养老、新农保、城镇居民养老在内的养老保险制度的全覆盖，意味着中国基本养老保险制度体系初步形成，几千年来中国人“老有所养”的愿望初步实现。

5月8日

［纲　文］　**扬州泰州机场正式通航。**

［目　文］　该机场由江苏省扬州、泰州两市联合共建，服务范围以扬州、泰州两市为主，同时辐射镇江、南通及安徽省部分地区。机场首期开通北京、广州、深圳、成都、西安五条航线。

5月8—12日

［纲　文］　**应国家主席胡锦涛邀请，哥伦比亚总统桑托斯对中国进行国事访问。**

［目　文］　5月9日，国家主席胡锦涛在人民大会堂同哥伦比亚总统桑托斯举行会谈。胡锦涛积极评价中哥关系，赞赏哥政府坚定奉行一个中国政策，将发展对华关系作为哥外交政策优先方向。胡锦涛表示，我们愿同哥方一道，进一步深化两国友好合作：一、在政治方面，要密切交往，增进互信，长期友好。两国高层领导人、政府部门、立法机构、政党要加强对话交流，在彼此关切的重大问题上相互理解，相互支持。二、在经济方面，要挖掘潜力，互利互惠，共促发展。双方要积极探讨深化经贸合作的新途径新方式，促进贸易增长和双向投资，扩大基础设施、能源、矿业、水利、电信、农业等领域合作。三、在人文方面，双方要通过多种形式扩大文化、教育、广播影视、减灾防灾等领域的交流合作，加强青年、民间、地方友好往来，办好系列交流活动，相互学习借鉴。四、在国际事务中，要加强磋商，相互协调，共迎挑战。桑托斯表示，哥中两国合作潜力大，两国关系面临难得机遇。哥方愿同中方保持高层互访及其他各层次交往，深化了解与互信。

5月10日，全国人大常委会委员长吴邦国在北京人民大会堂会见桑托斯。吴邦国表示，近年来，中国全国人大和哥伦比亚议会保持着密切友好往来，在各国议会联盟、拉美议会等国际和地区议会组织中合作良好。中国全国人大重视发展同哥伦比亚议会的友好合作关系，愿继续积极开展多种形式的交流与合作。桑托斯表示，哥中两国加强包括议会交往在内的多方面、多领域合作，实现共同发展，不仅有利于各自国家的发展繁荣，也有利于地区的和平与稳定。桑托斯并重申，哥伦比亚坚定奉行一个中国政策。

5月10日，国务院总理温家宝在北京中南海会见桑托斯。温家宝表示，中哥经济互补性强，两国要尽快启动自贸协定谈判，争取在较短时间内取得成功，为扩大贸易与投资合作开辟更加广阔的前景。中国政府鼓励本国企业赴哥伦比亚参与基础设施建设和资源开发利用。双方可在科技、农业、减灾等领域开展更多的交流合作，增强可持续发展能力。桑托斯表示，中国的快速发展改变了世界的面貌，也为哥中合作提供了新的机遇。两国经济合作潜力巨大，尽快签署自贸协定符合双方共同利益。

5月10号，中国—哥伦比亚贸易和投资论坛在北京举行。桑托斯出席并发表演讲表示，哥伦比亚欢迎更多的来自中国的投资。

5月12日，桑托斯一行从上海离开中国回国。

5月9日

［纲　文］　**中共中央政治局常委贺国强在人民大会堂会见伊朗副总统兼环保组织主席穆罕默迪扎德。**

［目　文］　贺国强介绍了中国实施“十二五”规划情况和当前经济社会发展情况，表示愿意加强中伊两国在经贸、环保等领域合作，充分挖掘潜力，扩大合作规模，促进两国经济社会可持续发展。穆罕默迪扎德表示，在访华期间亲眼见证了中国的飞速发展，并对中国在建设领域取得的非凡成就表示衷心祝贺。环境保护部部长周生贤等参加了会见。

5月7日，环境保护部部长周生贤会见伊朗副总统兼环境部长穆罕默迪扎德，双方就中伊环保合作交换了意见，并签署了《中伊环境领域合作谅解备忘录》。

5月9日

［纲　文］　**卫生部发布印发《托儿所幼儿园卫生保健工作规范》的通知。**

［目　文］　通知说，为贯彻落实《托儿所幼儿园卫生保健管理办法》，加强托儿所、幼儿园卫生保健工作，切实提高托幼机构卫生保健工作质量，我们组织专家对1985年印发的《托儿所、幼儿园卫生保健制度》进行了修订，形成了《托儿所幼儿园卫生保健工作规范》。

《规范》共四个部分：第一部分卫生保健工作职责。托幼机构、妇幼保健机构、相关机构。第二部分卫生保健工作内容与要求。一日生活安排、儿童膳食、体格锻炼、健康检查、卫生与消毒、传染病预防与控制、常见病预防与管理、伤害预防、健康教育、信息收集。第三部分新设立托幼机构招生前卫生评价。卫生评价流程、卫生评价标准。第四部分附件。含儿童入园（所）健康检查表等8个附件。《规范》要求托幼机构膳食由专人负责，食堂取得《餐饮服务许可证》，建立有家长代表参加的膳食委员会并定期召开会议，进行民主管理。工作人员与儿童膳食要严格分开，儿童膳食费专款专用，账目每月公布，每学期膳食收支盈亏不超过2%。

5月9日

［纲　文］　**国家税务总局发布《关于企业所得税应纳税所得额若干税务处理问题公告的解读》。**

［目　文］　《解读》指出，企业每一纳税年度支付给在本企业任职或者受雇员工的所有现金形式或者非现金形式的劳动报酬，应作为工资薪金，准予在税前扣除。企业雇佣季节工、临时工、实习生、返聘离退休人员以及接受外部劳务派遣用工，也属于企业任职或者受雇员工范畴。

5月9日

［纲　文］　**中国首座深水钻井平台“海洋石油981”在南海首钻成功。**

［目　文］　上午9时38分，中国首座自主设计、建造的第六代深水半潜式钻井平台“海洋石油981”的钻头在南海荔湾6—1区域约1500米深的水下探入地层，标志着中国海洋石油工业的“深水战略”由此迈出了实质性的一步。此次南海首钻是中国石油公司首次独立进行深水油气勘探开发，也使中国成为第一个在南海自营勘探开发深水油气资源的国家。此次开钻的预探井为荔湾6-1-1井，位于北纬19度51分31秒，东经115度56分36秒，距离香港东南约320公里。“海洋石油981”深水钻井平台长114米，宽89米，

高117米，最大钻井深度10000米，最大作业水深3000米，配备了国际最先进的第三代动力定位系统，代表了当今世界海洋石油钻井平台技术的最高水平。“海洋石油981”由中国海油全额投资建造，中国海油拥有该船型的自主知识产权。

5月10日

［纲　文］　**最高人民法院、最高人民检察院、公安部、安全部、司法部印发《关于建立犯罪人员犯罪记录制度的意见》。**

［目　文］　《意见》主要由三部分组成：一、建立犯罪人员犯罪记录制度的重要意义和基本要求。二、犯罪人员犯罪记录制度的主要内容。三、扎实推进犯罪人员犯罪记录制度的建立与完善。

5月10日

［纲　文］　**文化部在北京召开新闻发布会，发布《文化部“十二五”时期文化改革发展规划》。**

［目　文］　文化部政策法规司司长韩永进在会上介绍了《规划》的起草过程、主要内容及特点。《规划》分为序言和正文两个部分。正文共分12个章节，分别为“指导思想和方针原则”“发展目标和主要指标”“加强文化产品创作生产的引导”“加快构建公共文化服务体系”“加强文化遗产保护利用和传承”“推动文化产业成为国民经济支柱性产业”“完善文化市场监管体系”“加强对外文化交流与贸易”“推动文化体制机制改革创新”“加强文化人才队伍建设”“保障政策”和“组织实施”。《规划》还集中列出8个专栏，内容为艺术创作，公共文化服务体系建设，文化遗产保护，文化产业，文化市场，对外文化交流与贸易，文化体制机制改革创新，文化人才队伍建设“十二五”期间文化建设8个主要方面的44项重点工程和项目、计划。为保障《规划》做深做实，《规划》提出了“十二五”时期文化改革发展的一系列科学量化的主要指标，成为推动文化建设的硬抓手。

5月10日

［纲　文］　**太原卫星发射中心用长征四号乙运载火箭成功将遥感卫星十四号送入太空，同时成功搭载发射天拓一号卫星。**

［目　文］　遥感卫星十四号由中国航天科技集团公司所属空间技术研究院负责研制生产，主要用于科学试验、国土资源普查、农作物估产及防灾减灾等领域。搭载的天拓一号卫星是由国防科技大学研制的一颗微小卫星，主要用于科学试验。长征四号乙运载火箭由中国航天科技集团公司所属上海航天技术研究院研制。这是长征系列运载火箭第162次飞行。

5月10日

［纲　文］　**在老挝被中老警方联手抓获的湄公河流域“金三角”地区特大武装贩毒集团首犯糯康由老挝依法移交中方押解抵达北京。**

［目　文］　现有证据证明，造成13名中国船员在湄公河泰国水域被枪杀的

“10·5”案件，是由糯康及其集团骨干成员与泰国个别不法军人勾结策划、分工实施的。糯康等人将在中国按照中国法律进行审判。

5月10—11日

［纲　文］　**2012绿色经济遂宁会议在四川遂宁举行。**

［目　文］　全国政协主席贾庆林发来贺信。全国政协副主席张梅颖出席会议并讲话。会议由四川省人民政府、全国政协人口资源环境委员会、国土资源部、环境保护部、住房和城乡建设部、农业部、国家林业局共同主办，主题为“绿色发展·美好家园”。会议的主要内容是贯彻中央加快转变经济发展方式、建设生态文明的决策部署，进一步提升绿色发展理念，完善绿色发展思路；研讨绿色经济发展规划和生态文明建设等方面的工作举措；会议通过了《2012绿色经济遂宁共识》。

5月10—12日

［纲　文］　**国际行动理事会第30届年会在天津举行。**

［目　文］　5月9日，国务院总理温家宝在天津会见出席年会的前外国政要加拿大前总理克雷蒂安、日本前首相福田康夫、新加坡荣誉国务资政吴作栋、马来西亚前总理巴达维、爱尔兰前总理埃亨和德国前总理施密特。

5月10日，年会在天津开幕。中共中央政治局委员、天津市委书记张高丽出席开幕式并致辞。来自世界20多个国家和地区的前政界领导人出席会议。张高丽在致辞中说，国际行动理事会广泛讨论国际地区形势、和平与安全、世界经济、发展与环境等重大议题，并提出重要建议，在推动国际合作与交流等方面发挥了重要作用。天津作为中国北方重要的沿海开放城市，愿同各方携手合作，为创造人类更加美好广阔的前景贡献智慧和力量。国际行动理事会主席、加拿大前总理克雷蒂安主持开幕式，他表示，理事会致力于探讨和解决人类面临的重大全球性问题，对在华举行第30届年会深感荣幸，感谢中国政府以及天津市的大力支持。国际行动理事会会员、新加坡前总理吴作栋在主旨发言中指出，亚洲国家发展是国际体系深刻调整的催化剂。当今世界经济复苏面临不确定因素，中国经济作为世界经济增长重要引擎，将对全球经济复苏和地缘政治产生深远影响。国际行动理事会主席、奥地利前总理弗拉尼茨基致感谢辞。国际行动理事会成员、全国政协副主席董建华，前国务委员唐家璇等出席开幕式。会议就当前世界形势等一系列热点议题进行了广泛讨论，并通过了公报。5月12日在天津闭幕。

国际行动理事会成立于1983年，是由前国家元首和政府首脑以个人身份组成的非政府国际组织。理事会每年举行一次年会，就国际形势、和平与安全、世界经济、人口和环境等问题交换意见，寻求共同解决问题的方案。

5月11日

［纲　文］　**国家主席胡锦涛在人民大会堂集体会见上海合作组织各成员国外交部长。**

［目　文］　他们是：哈萨克斯坦外交部长卡济哈诺夫、吉尔吉斯斯坦外交部长卡扎克巴耶夫、俄罗斯外交部长拉夫罗夫、塔吉克斯坦外交部长扎里菲、乌兹别克斯坦外交部长卡米洛夫。胡锦涛祝贺本次上海合作组织外长理事会会议成功召开，表示将于下个月召开的上海合作组织北京峰会是一次承前启后、继往开来的重要会议。作为上海合作组织轮值主席国，中方将与其他各成员国加强沟通协调，全力以赴做好各项准备工作，为确保上海合作组织北京峰会取得圆满成功做出积极努力。

5 月 11 日

［纲　文］　中央纪委、监察部在北京召开学习贯彻《关于加强和改进中央和国家机关纪检监察组织建设的意见》座谈会。

［目　文］　中共中央政治局常委、中央纪委书记贺国强出席会议并讲话。贺国强强调，加强和改进中央和国家机关纪检监察组织建设，一是要健全组织机构，加强工作力量。要抓紧健全和规范组织机构，需要新设党组纪检组（纪委）、监察局的，要根据工作需要，成熟一个报批设立一个，逐步健全和规范；设置党组纪检组（纪委）条件不成熟的，要通过加强机关纪委力量做好部门党风廉政建设和有关监督工作；没有设立机关纪委的要抓紧建立，已经建立的要进一步规范，切实实现纪检组织和工作全覆盖。要选好配强中央和国家机关纪检监察组织领导班子特别是主要负责同志，严格按照有关标准和条件做好纪检监察干部配备工作，不断增强领导班子整体功能和干部队伍生机活力。二是要明确职责任务，完善体制机制。中央和国家机关纪工委，各部门党组纪检组（纪委）、监察局、机关纪委要根据党组织隶属关系和干部管理权限，认真履行各项职责，完成好各自承担的工作任务。三是要加强队伍建设，提高工作水平。四是要加强组织领导，狠抓工作落实。

中共中央书记处书记、中央纪委常务副书记何勇主持会议。中央纪委监察部有关领导人，中央和国家机关各部门主要负责人、纪检组组长（纪委书记），未设纪检组（纪委）的中央和国家机关各部门机关纪委书记参加了会议。

5 月 11 日

［纲　文］　财政部、交通运输部印发《船舶油污损害赔偿基金征收使用管理办法》。

［目　文］　《细则》共 5 章 33 条，要点是：凡在中华人民共和国管辖水域内接收从海上运输持久性油类物质（包括原油、燃料油、重柴油、润滑油等持久性烃类矿物油）的货物所有人或其代理人，应当按照本办法规定缴纳船舶油污损害赔偿基金。船舶油污损害赔偿基金征收标准为每吨持久性油类物质 0.3 元。在中华人民共和国管辖水域内接收从海上运输持久性油类物质的货物所有人或其代理人，不按照本办法规定及时足额缴纳船舶油污损害赔偿基金的，由海事管理机构督促货物所有人或其代理人补缴应缴纳的船舶油污损害赔偿基金；拒不缴纳的，海事管理机构有权停止其接收的持久性油类物质货物在中华人民共和国管辖水域进行装卸、过驳作业。未及时足额缴纳的，按日加收未缴额万分之五的滞纳金。

5月11日

［纲　文］ **《人民日报》报道，河北张家口打造民俗文化“金字招牌”。**

［目　文］ 报道说，包括蔚县剪纸、张北草原音乐节、涿鹿三祖等在国内外具有很高知名度的民俗特色文化品牌，有力提升了城市的吸附力和竞争力。2011年该市共对外签约经济技术合作项目563项，引进市外到位资金456.8亿元，同比分别增长36%和72.2%，游客接待人数突破1500万人次，同比增长近五成。张家口市提出的口号是：“像重视经济工作那样重视文化建设，强势推进文化改革和发展，努力把张家口建设成为强市名城。”

5月11—12日

［纲　文］ **第2届台胞社团论坛在人民大会堂举行。**

［目　文］ 论坛开幕前，全国政协主席贾庆林会见了中国国民党副主席蒋孝严及出席论坛的部分代表。贾庆林表示，巩固和深化两岸关系和平发展，归根结底要靠两岸同胞的共同努力。他希望台胞社团论坛能够继续办下去，而且越办越好，进一步发挥作为民意交流平台的优势，不断凝聚两岸民间社会对于发展两岸关系的更多共识。

在开幕式上，贾庆林讲话表示，本届论坛以“进一步发挥台胞社团作用，促进两岸关系和平发展”为主题，涵盖海内外150个台胞社团，洋溢着亲情、乡情和友情，反映了海内外中华儿女共促两岸关系和平发展的美好愿望，必将推动大家进一步加深了解、增进共识，以更加开阔的视野和更加强烈的使命感，更好地团结广大台胞乡亲，促进两岸关系和平发展。

蒋孝严在致辞中代表国民党对论坛的举办表示祝贺。他说，海峡两岸同属一个中国，两岸人民同文同种，血浓于水。长期以来，台胞社团穿梭于两岸，为增进两岸同胞了解，扩大两岸互信共识，起到了独特的桥梁作用。

全国政协副主席、中央统战部部长、中华海外联谊会会长杜青林在开幕式上致辞。全国政协副主席林文漪、厉无畏，中共中央台湾工作办公室、国务院台湾事务办公室主任王毅，海协会会长陈云林，以及台湾劳动党主席吴荣元、中国统一联盟主席纪欣、人民最大党主席许荣淑等共500余人出席论坛开幕式。

在为期两天的论坛上，全球各地150多家台胞社团领袖及相关专家、学者各抒己见，为进一步发挥台胞社团作用，促进两岸关系和平发展献计献策。5月12日，在论坛闭幕式上，通过了《第二届台胞社团论坛倡议》。倡议提出，要把实现中华民族的伟大复兴作为台胞社团团结奋斗的共同旗帜；把推进两岸关系和平发展作为台胞社团携手努力的共同任务，把促进中华民族的大团结作为台胞社团凝心聚力的共同责任。

5月11—13日

［纲　文］ **第2届中国女医师大会在北京举行。**

［目　文］ 全国人大常委会副委员长、中国女医师协会名誉会长陈至立出席会议并讲话。大会由中国女医师协会主办，全国妇联、卫生部等支持。主题为“以医学科学技术

为纽带，关注女医师的身心健康”。大会就女性在公共卫生、心理健康、家庭事业、妇产科，心血管疾病、眼科、皮肤与整形美容、中医、营养保健，肾病、女院长论坛等领域的热点和重点问题进行了讨论和交流。

5月12日

［纲 文］ **国家主席胡锦涛同斯洛文尼亚总统图尔克互致贺电，庆祝中斯两国建交20周年。**

5月12日

［纲 文］ **中国人民银行决定从2012年5月18日起下调存款类金融机构人民币存款准备金率0.5个百分点。**

5月12日

［纲 文］ **中新网报道，中国科技大学郭光灿院士领导的中科院量子信息重点实验室，在固态系统中首次实现单光子偏振态的量子存储器，刷新世界纪录。**

［目 文］ 量子存储器是量子信息领域的核心器件之一，是量子隐形传态、量子密集编码等基本量子信息过程的必需元件。同时，它还可用来实现量子中继，以解决远程量子通讯中的信息损耗问题，以及用于分布式量子计算、量子精密测量等方面。郭光灿院士领导的该研究首次实现了光子偏振态的固态量子存储，对进一步提高量子通信网络、分布式量子计算网络等元件的小型化和集成化具有重要意义。同时，此超高保真度量子存储可应用于容错量子计算等具有苛刻要求的研究领域。该项研究受到科技部和国家自然科学基金委的资助。在实验中，他们摒弃了传统的固态量子存储方案中使用的共线式光路设计，设计出了交叉式光路，使得预处理用的泵浦光与待存储的光不再重合，从而降低了泵浦光带来的噪声，极大地提高了存储器的保真度。他们利用量子过程层析技术分析验证该存储器的保真度可达99.9%，远高于此前单光子偏振存储95%的最高保真度，是当前国际上各种量子存储器中保真度最高的。

该研究成果发表在5月11日出版的美国《物理评论快报》上，并被美国物理学会网站Physics Synopsis栏目作为亮点报道。

5月13日

［纲 文］ **国家主席胡锦涛同克罗地亚总统约西波维奇互致贺电，庆祝中克两国建交20周年。**

5月13日

［纲 文］ **第5次中日韩领导人会议在人民大会堂举行。**

［目 文］ 中国国务院总理温家宝、韩国总统李明博、日本首相野田佳彦出席会议。会议由温家宝主持。温家宝就加强三国务实合作提出以下建议：第一，加快推进中日韩自贸区建设。三国要密切协调，确保年内正式启动三国自贸协定谈判。在谈判中既要

坚持开放、公平和透明原则，也要照顾彼此关切，最大程度实现互利共赢，争取早日建成三国自贸区，为东亚经济一体化注入强劲动力。第二，深化产业和金融合作。以签署中日韩投资协定为契机，为三国扩大投资合作创造稳定、公平、便利的环境，促进三国经济融合。建设中日韩地方经济合作示范区，扩大三国间贸易本币结算，推动东亚财金合作。第三，加强可持续发展领域合作。继续推进环境十大优先领域合作与联合行动计划，探讨制定东北亚环境管理体制，推进中日韩循环经济示范基地建设，加强在城镇化建设、新能源、防灾减灾等领域合作。第四，拓展社会人文交流。三国要继续努力，增进三国民众之间的相互了解，改善国民感情。继续办好东北亚名人会、著名记者圆桌会；落实文化合作《上海计划》，加强影视、动漫等文化产业的交流与合作；实施“亚洲校园”计划，建立三国教育部长会议机制；简化签证手续，促进人员往来便利化；持续开展青少年交流。三国领导人回顾了中日韩合作的进展，进一步明确了未来合作的目标和重点，并就共同关心的国际和地区问题深入交换看法。三国领导人同意年内正式启动中日韩自贸区谈判，并见证签署中日韩投资协定。

5月14日，国家主席胡锦涛在人民大会堂会见出席第五次中日韩领导人会议的韩国总统李明博、日本首相野田佳彦。胡锦涛祝贺第五次中日韩领导人会议成功举行并取得重要成果，表示中日韩合作已成为三国巩固睦邻友好、拓展共同利益的重要平台。中日韩进一步联合自强，同舟共济，共谋发展十分必要，也十分紧迫。中日韩应坚持从战略高度和长远角度把握和深化三国合作，促进互利共赢，共同发展，为三国人民带来更多福祉，为本地区乃至世界的和平、稳定与发展、繁荣做出更大贡献。

2008年12月，首次中日韩领导人会议在日本福冈举行，以后每年举行一次。

5月13日

［纲　文］　**哈密南—郑州±800千伏特高压直流输电工程、新疆—西北主网联网750千伏第二通道工程开工仪式在巴音郭楞、哈密、格尔木、沙州、郑州等地同时举行。**

［目　文］　国家电网公司总经理刘振亚介绍，哈密南—郑州特高压直流工程西起新疆哈密，东至河南郑州，线路全长2210公里（包括3.9公里的黄河大跨越），为世界最长特高压直流输电线路；输电能力将达到800万千瓦，创造世界新纪录；工程投资233.9亿元。新疆—西北主网联网第二通道工程则包括哈密南、沙州、鱼卡、格尔木、敦煌等“6站12线”，线路全长2180公里，工程投资95.6亿元。

5月14日

［纲　文］　**教育部颁布新修订的《国家教育考试违规处理办法》。**

［目　文］　新办法很多条款的修订都有很强的现实针对性。例如，为了防范高校自主选拔录取试点中的学校考核以及高校艺术类、体育类专业招生考试的舞弊行为，新办法重新定义了国家教育考试的概念，扩大了办法覆盖的考试范围；针对利用高科技手段实施的有组织作弊，新办法提出将原文“在考试过程中使用通讯设备的”表述修改为“携带具

有发送或者接收信息功能的设备的”。国家工作人员有组织或者参与团伙作弊等八项违纪行为的，教育考试机构应当建议有关纪检、监察部门，根据有关规定“从重处理”。教育部有关负责人解释说，这是为加大对有关在职人员参与考试作弊、扰乱考试秩序的处理而专门增加的一个条款。此外，新办法根据近年来中国标准化考点建设的新进展，明确视频监控录像的证据效力；针对个别考生通过篡改他人注册信息的情形，完善了对扰乱考试秩序情形的描述。

5月14日

［纲　文］　**国家预防腐败局网站披露，过去30年，中国共有420余万党政人员受处分，其中90余名省部级官员因贪腐被追究司法责任。**

［目　文］　国家预防腐败局负责人介绍，1982年至2011年这30年间，全国因违反党纪政纪受到处分的党政人员达420余万人，其中465人是省部级官员。在这些省部级官员中，又有90余人因贪腐被追究司法责任。全国人大原副委员长成克杰、江西省原副省长胡长清、安徽省原副省长王怀忠、国家药监局原局长郑筱萸等被执行死刑。崔海容透露，仅2003年到2011年9年中，因贪腐被移送司法机关的就有42000余人，如原中共中央政治局委员陈良宇等。

5月14日—7月1日

［纲　文］　**第7届中国曲艺牡丹奖全国曲艺大赛举行。**

［目　文］　本届曲艺牡丹奖的全国曲艺大赛设立了浙江杭州、天津、广东东莞和安徽合肥4个赛区。根据曲种特点和各地的具体情况，杭州赛区主要涵盖苏州弹词、评话类、滑稽类等曲种，天津赛区为鼓曲唱曲北方片，东莞赛区为鼓曲唱曲南方片，合肥赛区则包括相声、小品、评书、快板书、山东快书等曲种。

9月15日，评奖结果公布，最终评选出节目奖5个、表演奖12个、文学奖7个、新人奖8个、理论奖5个、终身成就奖6个。另外，为表彰在围绕中心服务大局中做出贡献的优秀作品，本届评选还增设特别奖4个。在7大奖项共47个奖项中江苏再次喜获丰收，共获7项大奖，获奖总数名列全国第一。

5月15日

［纲　文］　**世界贸促高峰论坛在北京举行，国家主席胡锦涛致信祝贺。**

［目　文］　胡锦涛在贺信中说，对此次论坛的举行表示热烈祝贺，对参加论坛的各国各地区嘉宾表示诚挚欢迎。国际贸易是经济全球化条件下推动世界经济增长的重要动力。在国际金融危机尚未结束、世界经济发展面临严峻挑战的背景下，各国各地区贸促机构以“变化世界中的贸促力量”为主题，一起探讨改善国际贸易和投资环境、反对贸易和投资保护主义、加强全球经济治理思路和途径等问题，很有意义。

国务院总理温家宝在人民大会堂会见参加世界贸促高峰论坛的代表，同他们就中国改革开放、发展战略、对外政策以及世界经济形势等议题友好、坦诚地交换看法。温家宝说，中国改革开放以来，顺应经济全球化趋势，在平等互利基础上同世界各国开展经贸合作。随着自身经济发展，中国对全球经济增长贡献越来越大。我们将坚持扩大内需、稳定外需，把扩大进口与稳定出口结合起来，把吸收外资与对外投资结合起来；深化包括服务业在内的市场开放；推进人民币汇率形成机制改革；着力营造公平、公开、透明的法律政策环境，切实保护所有在中国的企业的合法权益。

国务院副总理王岐山出席论坛并致辞。他强调了自由开放对于贸易投资的重要性：自由开放的贸易和投资，是经济增长的重要引擎，有力地推动了经济全球化的深入发展。符合各国人民的共同利益，历史和现实均证明，在当前全球经济严峻复杂的形势下，加强各国贸易与投资合作，对于促进经济增长和就业增加，推动全球可持续复苏，具有重要意义。

法国前总理、参议院副议长拉法兰，日本前众议院议长河野洋平，墨西哥前总统福克斯，马来西亚前副首相敦·穆萨·希塔姆等来自33个国家的前政要、贸促机构及商协会的领导人、工商界领袖及中国各级贸促机构的代表共700余人出席了论坛。

世界贸促高峰论坛由中国贸促会主办，旨在加强各国和地区贸促机构及商协会之间的合作与交流，为世界经济的复苏与繁荣做出贡献。

5月15日

［纲　文］　**国务院办公厅发出关于印发《2012年全国打击侵犯知识产权和制售假冒伪劣商品工作要点》的通知。**

［目　文］　通知说，《工作要点》已经国务院同意，现印发给你们，请认真贯彻执行。《工作要点》的主要内容是：

一、大力开展专项整治。（一）开展商标权保护专项整治。以驰名商标、涉外商标为重点，严厉打击假冒他人注册商标行为。（二）开展版权保护专项整治。加强印刷复制企业监管，严肃查处非法生产、印刷、复制软件、图书、音像制品行为。（三）开展专利权保护专项整治。开展生产、流通环节的专利执法专项整治，科学指导研发环节的专利保护工作，加大对涉及民生、重大项目及涉外等领域专利侵权行为的打击力度。（四）开展网络商品交易网站专项整治。加强对提供网络商品交易平台服务网站的监管，严格网站备案核验，对侵权假冒案件实施溯源查处。（五）开展进出口环节侵权假冒专项整治。以“国门之盾”行动为抓手，深入开展打击进出口环节侵权假冒违法活动，加强对食品、药品、化工产品、汽车配件等重点商品进出口的监管，在海运、邮递快件等重点运输渠道和北京、上海、天津、深圳、广州等重点口岸进行集中整治。（六）开展药品化妆品打假专项整治。加强对药品生产企业、城乡药店药品采购渠道和医疗卫生机构的整治，严肃查处制售假劣药品行为；严厉打击利用互联网非法收售药品行为。（七）开展农资打假专项整治。（八）开展汽车配件打假专项整治。严厉打击无生产许可证生产汽车配件行为，严肃查处不符合生产条件的企业。（九）开展地理标志保护专项整治。加强地理标志注册后续监管，强化不合格产品退出机制。（十）开展有机产品认证标志专项整治。（十一）开展农村市场重点商品专项整治。

二、保持刑事司法打击高压态势。（一）开展打击假冒伪劣“破案会战”。（二）加大对侵权假冒犯罪案件的刑事司法打击力度。

三、建立完善长效机制。（一）加强打击侵权假冒工作综合协调。（二）健全强化监督考核机制。（三）完善相关法律制度和标准。（四）强化行政执法与刑事司法衔接机制。（五）完善跨地区跨部门行政执法协作机制。

四、夯实工作基础。（一）加强执法能力建设。（二）加快诚信体系建设。（三）加强国际交流合作。（四）加强知识产权法律服务。

五、强化宣传引导。（一）广泛开展宣传教育培训。（二）积极引导公众参与。（三）切实加强社会监督。

5月15日

［纲　文］　**中国人民对外友好协会第10届全国理事会会议在北京召开，习近平会见全体与会代表。**

［目　文］　中共中央政治局常委、国家副主席习近平对会议召开表示热烈祝贺，向全国广大民间外交工作者致以诚挚问候。他指出，民间外交是增进人民友谊、促进国家关系发展的基础性工作，是国家总体外交的重要组成部分。党和国家一贯高度重视民间外交。毛泽东、周恩来、邓小平、江泽民、胡锦涛等党和国家领导人率先垂范、身体力行，广交深交各国友人，并结下真挚的友谊。在他们亲切关怀和指导下，民间外交为打破帝国主义对新中国的封锁，为服务国内改革开放和现代化建设，为促进中国与世界各国人民的交流与合作发挥了重要作用。

国务委员戴秉国在开幕式上发表致辞。会议选举产生了第十届全国理事会常务理事会成员，聘请了11位名誉顾问、12位顾问，审议通过了全国友协第九届理事会工作报告和章程修改报告，颁发了“人民友谊贡献奖”。

5月15日

［纲　文］　**国务院法制办公布《中华人民共和国保守国家秘密法实施条例（征求意见稿）》。**

［目　文］　国务院法制办网站同时公布了说明全文，征求社会各界意见。《征求意见稿》共6章18条，对涉密信息系统的投入使用管理、涉密人员管理、泄密案件的调查处理等多个问题做出了规定。在保密法规定的“涉及国家安全和利益的事项”的基础上，参照相关规定，《征求意见稿》对“泄露后可能损害国家在政治、经济、国防、外交等领域的安全和利益”的情形作了进一步细化界定。根据《征求意见稿》，这些情形主要包括：危害国家主权安全、领土完整、政权巩固和防御能力；危害国家统一、民族团结和社会安定；妨害国家外交外事活动；削弱国家经济、科技实力；妨害国家重要保卫对象和保卫目标的安全；妨害国家反恐怖、处理突发事件的手段、措施有效实施；妨害国家情报来源保护和情报活动；妨害依法追查危害国家安全和其他重大刑事犯罪活动；导致国家秘密保护

措施可靠性降低或者失去效用。

《征求意见稿》也对涉密岗位工作的人员做出了明确界定。确因工作需要，任用、聘用国家特需的外籍人员在机密级、秘密级岗位工作的，应当报中央有关主管部门或者省、自治区、直辖市人民政府审查批准。此外，征求意见稿规定，下列人员不得任用、聘用为涉密人员：曾受过刑事处罚的；曾被开除公职的；有吸毒、赌博、酗酒等不良嗜好的；曾因严重违反保密规定被调离涉密岗位的；有其他不适合在涉密岗位工作情形的。

《征求意见稿》自发布之日起施行。1990年5月25日发布的《中华人民共和国保守国家秘密法实施办法》同时废止。

5月15日

［纲　文］　**外交部就英国首相卡梅伦和副首相克莱格5月14日在伦敦会见达赖提出严正交涉。**

［目　文］　外交部副部长宋涛紧急约见英国驻华大使吴思田指出，英方不顾中方多次交涉，不顾两国关系大局，执意安排有关会见，严重干涉中国内政，伤害了中国人民的感情，向“藏独”势力发出了错误信号，中方对此表示强烈不满和坚决反对。

5月15—30日

［纲　文］　**全国人大常委会委员长吴邦国应邀对荷兰、克罗地亚、卢森堡和西班牙进行正式访问。**

［目　文］　访问是应荷兰议会一院议长德赫拉夫和二院议长费尔贝特、克罗地亚议会议长什普雷姆、卢森堡国民议会议长莫萨、西班牙众议院议长波萨达的邀请。全国人大常委会副委员长兼秘书长李建国等陪同出访。

5月16日，吴邦国在王宫会见了荷兰女王贝娅特丽克丝；5月19日，吴邦国在总统府会见了克罗地亚总统约西波维奇；5月23日，吴邦国在大公府会见了卢森堡大公亨利；5月24日，吴邦国在王宫会见了西班牙国王卡洛斯。访问期间，吴邦国还与荷首相吕特、克总理米拉诺维奇、卢首相容克、西首相拉霍伊，与荷议会一院议长德赫拉夫、二院议长费尔贝特，克议会议长什普雷姆，卢国民议会议长莫萨，西众议院议长波萨达、参议院议长加西亚举行会谈会见，就双边关系、议会交往以及共同关心的重大国际和地区问题深入交换意见，达成广泛共识；出席中克建交20周年招待会并发表致辞，出席克罗地亚萨格勒布大学孔子学院揭牌仪式，见证中克两国政府有关部门合作文件和中西企业经贸合作项目签字仪式，会见克罗地亚、西班牙、土耳其有关地方领导人，考察中国银行卢森堡分行、华为技术西班牙公司等中资企业，参观克罗地亚电气生产企业、西班牙太阳能发电项目，广泛接触往访国社会各界人士；亲切看望我驻往访国使领馆工作人员和中资机构、华人华侨、留学生代表等。

在荷兰，吴邦国指出，中荷正式建立大使级外交关系40年来，双方政治互信不断加深，两国关系健康稳定发展，目前正处于历史上最好时期。在克罗地亚，他表示，中国视克为东南欧地区可信赖的好朋友好伙伴，两国关系政治基础牢固，堪称不同文明、不同社会制度国家相互尊重、和谐相处、合作共赢的典范。在卢森堡，他强调，中卢在双边和多边领域的合作都取得长足发展，为中欧关系起到了良好示范作用，再次证明了国家无论大小一律平等的外交原则。在西班牙，他指出，中西两国传统友好，特别是 2005 年建立全面战略伙伴关系以来，务实合作持续快速发展，涉及领域之广、合作水平之高是建交之初难以想象的。实践证明，只要坚持相互尊重、平等相待，坚持互利合作、共同发展，完全可以超越社会制度、历史传统、发展阶段的差异，推动国家关系向更高水平发展。

四国领导人均表示，中国是可信赖的朋友和重要合作伙伴，积极发展对华关系是本国政府、议会和各党派的高度共识，重申奉行一个中国政策，支持中国在国际和地区事务中发挥重要作用，愿进一步深化同中方在各领域的务实合作，共同推动国家关系不断向前发展。

访问期间，中西两国企业签署了 16 项贸易和投资合作协议，涉及金融、电信、环保、农产品采购等众多领域。西班牙领导人一致认为，中国朋友的宝贵支持坚定了西班牙战胜困难的信心，表示愿进一步扩大双方在贸易、投资、可再生能源等领域的务实合作。吴邦国还专程考察了中国银行卢森堡分行，强调国有商业银行实施国际化经营非常重要、完全正确，更是大有可为，要求中资金融企业及其海外机构发挥自身优势，更好地服务于中资企业“走出去”和国内经济结构调整、产业优化升级。

吴邦国同四国领导人会见会谈时表示，中方一贯重视欧盟在国际事务中的地位和作用，始终将发展中欧关系作为中国外交的重要战略方向，坚定支持欧洲一体化建设。双方应始终从战略高度和长远角度审视和把握中欧关系，珍惜中欧关系来之不易的良好局面，在相互尊重、平等互利的基础上加强政治和战略对话，继续深化各领域务实合作，密切在国际和地区事务中的沟通协调，妥善处理重大关切和敏感问题，不断推动中欧全面战略伙伴关系向全方位、宽领域、多层次迈进。访问期间，吴邦国及李建国等陪同人员利用会见会谈和其他场合，以翔实数据和生动实例客观介绍了中国民主法制建设、人权事业发展情况和西藏经济社会发展取得的巨大成绩，全面阐述了中国在涉藏问题上的原则立场。四国领导人一致表示，中方的介绍和阐述有理有据，有利于增进了解和理解，中国在人权保障、民主法制建设方面所做的努力和取得的成绩有目共睹，重申不支持任何形式的“西藏独立”，不为“藏独”反华分裂活动提供便利。

5 月 30 日上午，吴邦国一行结束对荷兰、克罗地亚、卢森堡和西班牙的正式友好访问，乘专机回到北京。

5 月 16 日

［**纲　文**］　**新华社讯，胡锦涛任免一批驻外大使。**

［**目　文**］　国家主席胡锦涛根据全国人大常委会的决定，任免下列驻外大使：免去唐国强的驻挪威大使；任命赵军为驻挪威大使。免去李树立的驻刚果大使；任命关键为驻刚果大使。免去李福顺（女）的驻加蓬大使；任命孙继文为驻加蓬大使。免去魏强的驻巴

巴多斯大使；任命徐宏为驻巴巴多斯大使。免去吕凡的驻智利大使；任命杨万明为驻智利大使。

5月16日

［纲　文］　**温家宝主持召开国务院常务会议。**

［目　文］　会议讨论通过《国家基本公共服务体系“十二五”规划》，确定了以下主要任务：一是明确“十二五”时期基本公共服务的范围、项目、重点任务和国家基本标准，在基本公共教育、劳动就业服务、社会保险、基本社会服务、基本医疗卫生、人口和计划生育、基本住房保障、公共文化体育及残疾人基本公共服务领域，实施一批保障工程，改善基础设施条件，健全服务网络。二是逐步建立城乡一体化的基本公共服务制度，健全促进区域基本公共服务均等化的体制机制，加大公共资源向农村、贫困地区和社会弱势群体倾斜力度，把更多的财力、物力投向基层，缩小基本公共服务水平差距，促进资源均衡配置、发展机会均等。三是建立与经济发展和政府财力增长相适应的基本公共服务财政支出增长机制，明确政府间事权和支出责任，完善转移支付制度，健全财力保障机制，切实增强各级财政特别是县级财政提供基本公共服务的保障能力。四是加快建立政府主导、社会参与、公办民办并举的基本公共服务供给模式。在坚持政府负责的前提下，充分发挥市场机制作用，鼓励社会力量参与，推动基本公共服务提供主体和提供方式多元化。五是切实加强组织领导和统筹协调，建立健全规划实施机制，明确各地区、各部门责任分工，加强评估、监督和问责。

会议研究了促进节能家电等产品消费的政策措施，决定安排财政补贴265亿元，启动推广符合节能标准的空调、平板电视、电冰箱、洗衣机和热水器，推广期限暂定一年；安排22亿元支持推广节能灯和LED灯；安排60亿元支持推广1.6升及以下排量节能汽车；安排16亿元支持推广高效电机。

会议审议通过《对外劳务合作管理条例（草案）》。草案严格规定了从事对外劳务合作经营活动应具备的条件和许可程序；规范了对外劳务合作有关合同的订立和履行，明确了对外劳务合作企业的义务和责任；规定了政府及其部门的服务和管理职责。

5月16日

［纲　文］　**中共中央党校举行2012年春季学期第二批入学学员开学典礼，习近平出席并讲话。**

［目　文］　中央党校校长习近平强调，实事求是作为党的思想路线，始终是中国共产党人认识世界和改造世界的根本要求，是我们党的基本思想方法、工作方法和领导方法，是党带领人民推动中国革命、建设、改革事业不断取得胜利的重要法宝。习近平指出，领导干部要按照实际情况决定工作方针，不提不切实际的口号，不提超越阶段的目标，不做不切实际的事情。领导干部一定要求真务实，大力弘扬党优良的思想作风和工作作风，讲老实话、办老实事、做老实人，这是坚持实事求是的作风保证。坚持求真务实，既要在“求真”上下功夫，更要在“务实”上做文章，尤其要做到讲实情、出实招、办实

事、求实效。

5月16日

［纲　文］　**大型情景音舞诗画《天安门》在北京国家体育馆首演。**

［目　文］　中共中央政治局常委李长春观看演出并称赞这台节目主题鲜明、创意新颖，表演精彩、表现力强，贴近实际、贴近生活、贴近群众，充分展示了文化与科技相融合的强大魅力，生动反映了“爱国、创新、包容、厚德”的北京精神。李长春勉励演职人员坚持面向观众、面向基层、面向市场，不断改革创新，创作演出更多观众喜闻乐见的优秀作品，为满足人民群众精神文化需求做出贡献。中共中央政治局委员刘淇、刘云山、刘延东与3000名群众一同观看了演出。

演出由六个部分组成，以天安门为主体背景和历史文化索引，综合运用音乐、舞蹈、诗歌、戏曲、杂技、音乐剧等多种艺术元素，并将公交劳模李素丽、“我最喜爱的首都人民警察”孟昆玉等北京当代道德模范和普通群众请上舞台，与职业演员共同演绎了新北京、新生活、新面貌。

5月16日

［纲　文］　**中央部委向社会公布本部门2012年度预算。**

［目　文］　在已经公布预算的92个中央部门中，教育部的预算最高，达1856.7亿元，比去年增加372亿元；预算最少的是中国记协，为3287万元。备受关注的中国红十字会的预算为5576.55万元，在92个部门中排名第89位。

5月16日

［纲　文］　**环境保护部、财政部、发展改革委、水利部联合印发《重点流域水污染防治规划（2011—2015年）》。**

［目　文］　该《规划》分重点流域水污染防治形势、总体要求、规划主要任务、水质维护型单元保护方案、水质改善型单元治理方案、风险防范型单元防治方案、规划项目与投资估算、政策措施8章。规划范围包括松花江、淮河、海河、辽河、黄河中上游、太湖、巢湖、滇池、三峡库区及其上游、丹江口库区及上游等10个流域，涉及23个省（自治区、直辖市），254个市（州、盟），1578个县（市、区、旗）。

《规划》指出，到2015年，全国重点流域总体水质由中度污染改善到轻度污染，化学需氧量排放总量较2010年削减9.7%；氨氮排放总量削减11.3%。环境保护部、财政部、发展改革委、水利部联合召开新闻发布会，对《规划》进行了解读。为实现各项目标，《规划》设置了加强饮用水水源保护、提高工业污染防治水平、系统提升城镇污水处理水平、积极推进环境综合整治与生态建设、加强近岸海域污染防治、提升流域风险防范水平6大重点任务。将重点流域划分为315个控制单元，其中确定了118个优先控制单元和197个一般控制单元，实施分级防治，确保水污染防治取得实效。

5月16日

［纲　文］　**铁道部发布《关于鼓励和引导民间资本投资铁路的实施意见》。**

［目　文］《意见》共14条，强调对各类投资主体同等对待，对民资不单设附加条件。要探索建立铁路产业投资基金，积极支持铁路企业股改上市，鼓励保险基金扩大投资铁路的范围和力度，拓宽民间资本投资参与铁路建设的渠道和途径。在民间资本投资方向上，铁路几乎没有限制：包括铁路干线、客运专线、城际铁路、煤运通道和地方铁路等项目。允许民企参与铁路工程勘察设计、施工、监理、咨询以及建设物资设备采购投标。对民企采用统一的招标条件。

《意见》鼓励民资投资铁路新型运输设备及其他铁路专用设备的研发、设计、制造和维修，平等参与设备采购投标。《意见》还提出，要按照政企分开、政资分开的要求，加大铁路经营管理体制机制改革创新力度。

5月16日

［纲　文］**财政部披露，中央财政近日下拨2012年春季学期农村义务教育学生营养改善计划中央补助资金76.27亿元，专项用于集中连片特困地区2542万名农村义务教育学生营养膳食补助。**

5月16日

［纲　文］**国家粮食局在安徽合肥召开全国夏季粮油收购工作会议。**

［目　文］国家粮食局局长任正晓出席会议并讲话。会议部署了夏粮收购入库工作，指出今年国家继续在小麦主产区实行最低收购价政策，并适当提高最低收购价水平。经报请国务院批准，2012年生产的白小麦（三等）、红小麦和混合麦最低收购价均提高到每50公斤102元，比2011年分别提高7元、9元和9元。

5月17日

［纲　文］**国务院总理温家宝在中南海紫光阁会见联合国开发计划署署长克拉克。**

［目　文］温家宝讲话说，近年来，中国与联合国开发计划署的交流合作富有成果，促进了中国经济建设和社会发展，也为南南合作注入了新的活力。克拉克说，联合国开发计划署高度重视中国的经验和影响力，愿与中方提高合作水平，扩大合作领域，共同推动实现联合国千年发展目标和全球的可持续发展。

5月17日

［纲　文］**教育部全国职业学校管理工作会议在杭州召开。**

［目　文］浙江、湖南、山西等省教育厅和上海信息技术学校、广州工程技术职业学院、江苏淮阴卫生高等职业技术学校有关负责人介绍了经验。会议针对职业学校管理中遇到的管理理念、体制机制、法规制度等问题进行了讨论。

5月17—20日

［纲　文］**中共中央政治局常委李长春在珠海、深圳、广州等地调研。**

［目　文］李长春在广东省委书记汪洋陪同下，先后来到珠海、深圳、广州等地，深入企业、社区、产业园区和宣传文化单位，就认真贯彻落实党的十七届六中全会精神，

加快转变经济发展方式、推进文化改革发展等进行调研。李长春强调，科技创新是文化发展的重要动力，文化与科技融合是增强文化产业核心竞争力的重要途径。他希望广东深入贯彻党的十七届六中全会精神，准确把握世界文化发展的新趋势，紧紧抓住现代科技迅猛发展的新机遇，充分发挥文化和科技相互促进的作用，大力推进文化创新，积极发展文化产业，使文化建设成为加快转变经济发展方式的助推器，成为大力发展现代服务业、促进经济转型升级的突破口，成为推动科学发展的重要引擎。

5 月 18 日

［纲　文］　**国家主席胡锦涛与荷兰女王贝娅特丽克丝互致贺电，庆祝两国建交 40 周年**。

5 月 18 日

［纲　文］　**全国公安系统英雄模范立功集体表彰大会在人民大会堂举行**。

［目　文］　中共中央总书记、国家主席、中央军委主席胡锦涛会前接见了全体与会代表，向受到表彰的全国公安系统英雄模范和立功集体表示热烈的祝贺，向奋战在维护国家安全和社会稳定第一线的广大公安民警、武警官兵表示诚挚的问候。国务院总理温家宝，中共中央政治局常委、国家副主席习近平参加会见。

国务委员、公安部部长孟建柱主持大会。会上宣读了表彰决定，并向受到表彰的全国公安系统英雄模范和立功集体颁奖。河北省公安厅高速公路交警总队保定支队副支队长兼涿州大队大队长古怀岗、湖北省武汉市公安局汉阳分局洲头街派出所副所长王群、甘肃省兰州市公安局刑警支队一大队大队长张金刚等代表获奖者发言。

会议要求各级党委、政府加强对新形势下公安工作的领导，支持公安机关严格依法履行职责，及时协调解决遇到的困难和问题，认真落实政治建警、从严治警、从优待警的各项政策措施，建设好、使用好、管理好公安队伍，切实担负起维护一方稳定、确保一方平安的重大政治责任。

5 月 18 日

［纲　文］　**中宣部、科技部召开文化与科技融合座谈会**。

［目　文］　会上，科技部、中宣部、文化部、广电总局、新闻出版总署等五部门联合发布了包括北京中关村等 16 家的首批国家级文化和科技融合示范基地。

5 月 18 日

［纲　文］　**第 28 个国际博物馆日系列活动在广西南宁举办**。

［目　文］　本年活动的主题为“处于世界变革中的博物馆：新挑战、新启示”。在广西南宁推出主场活动“传承文化，强国惠民—全国博物馆、纪念馆免费开放成果展”和“吉金华章—宝鸡青铜器珍品特展”。全国各地也将同时举办形式多样的宣传推广活动。

5 月 18 日

［纲　文］　**厦门市中级人民法院判处赖昌星走私犯罪集团首要分子赖昌星无期**

徒刑。

［目　文］　厦门市中级人民法院经审理查明，1991年起，被告人赖昌星通过在香港、厦门等地设立公司、建立据点、网罗人员等，形成走私犯罪集团。1995年12月至1999年5月，赖昌星犯罪集团采取伪报品名、假复出口、闯关等手段，走私香烟、汽车、成品油、植物油、化工原料、纺织原料及其他普通货物，案值共计人民币273.95亿元，偷逃应缴税额人民币139.99亿元。为实施走私活动和谋取其他不正当利益，赖昌星于1991年至1999年间，直接经手或指使犯罪集团成员先后向64名国家工作人员贿送钱款、房产、汽车等财物，折合人民币共计3912.89万元。

法院认定，赖昌星犯走私普通货物罪，判处无期徒刑，剥夺政治权利终身，并处没收个人全部财产；犯行贿罪，判处有期徒刑15年，并处没收个人财产人民币2000万元，两罪并罚，决定执行无期徒刑，剥夺政治权利终身，并处没收个人全部财产；赖昌星的违法犯罪所得依法予以追缴。

5月18日

［纲　文］　**第四届中国“文化企业30强”公布。**

［目　文］　在中宣部、科技部召开的文化和科技融合座谈会上，光明日报社和经济日报社联合发布了第四届中国“文化企业30强”名单，包括保利文化集团股份有限公司、杭州宋城旅游发展股份有限公司、北京演艺集团有限责任公司、本山传媒有限公司、中国对外文化集团公司、江苏演艺集团有限公司、上海东方传媒集团有限公司、江苏广播电视集团有限公司、中国国际电视总公司、中国电影集团公司、江苏广电有线信息网络股份有限公司、湖南电广传媒股份有限公司、广东省广播电视网络股份有限公司、江苏凤凰出版传媒集团有限公司、江西省出版集团公司、浙江出版联合集团有限公司、中国教育出版传媒集团有限公司、安徽出版集团有限责任公司、中南出版传媒集团股份有限公司、山东出版集团有限公司、安徽新华发行（集团）控股有限公司、中国出版集团公司、四川新华发行集团有限公司、西安曲江文化产业投资（集团）有限公司、上海盛大网络发展有限公司、完美世界（北京）网络技术有限公司、深圳华侨城股份有限公司、上海东方明珠（集团）股份有限公司、上海征途信息技术有限公司、深圳华强文化科技集团股份有限公司等。

本年“文化企业30强”呈现三个特点：一是文化企业总体实力更强、规模更大；二是转制国有文化企业优势更加凸显；三是新兴业态类变化较大。

5月18—20日

［纲　文］　**温家宝在武汉就经济运行情况进行调研，并主持召开河北、辽宁、江苏、湖北、广东、陕西六省经济形势座谈会。**

［目　文］　国务院总理温家宝指出，当前全国经济运行总体平稳，经济增长仍在预期目标区间，但经济社会发展面临的国内外环境更加错综复杂。要贯彻稳中求进的总基调，正确处理保持经济平稳较快发展、调整经济结构和管理通货膨胀预期三者的关系，坚持实施积极的财政政策和稳健的货币政策，把稳增长放在更加重要的位置。要根据经济运

行中出现的新情况、新问题，有针对性地加强和改善宏观调控，及时适度预调微调，扩大内需，稳定外需，促进经济平稳较快发展。

温家宝说，做好当前的经济工作，必须准确分析和判断形势，及时适度预调微调，为经济发展创造良好的政策环境。实施结构性减税是财政支持经济发展的重要举措，要抓紧落实有关政策措施，特别要加快推进营业税改征增值税试点，扩大试点范围，切实减轻企业税负。要在坚持稳健货币政策基本取向不变的前提下，进一步提高货币政策的针对性和有效性，引导货币信贷平稳适度增长，更加注重满足实体经济的需求；加强金融监管政策与货币政策的协调配合，改善信贷投放能力，保持货币政策传导机制畅通有效；进一步优化信贷结构，切实做到有保有压，加大对国家重点在建续建项目的信贷投放，加大对小型微型企业的信贷支持，切实降低企业融资成本。

温家宝强调，要着力扩大内需，提高经济增长的稳定性和可持续性。完善促进消费的政策措施，抓紧落实节能产品惠民工程，抓紧确定继续支持家电下乡的政策，扩大建材下乡试点范围，增强消费对经济增长的拉动作用。妥善处理地方政府性债务，在控制财政金融风险的前提下，继续支持有还款能力的项目，避免资金链断裂。要落实好强农惠农富农政策，稳定农业发展好形势，努力实现农业再获丰收。稳定和完善出口政策，支持企业积极开拓市场，努力保持外贸稳定增长。稳定房地产市场调控政策，严格实施差别化住房信贷、税收政策和限购政策，采取有效措施增加普通商品房供给，继续推进保障性安居工程建设，促进房地产市场平稳健康发展。

5月19日

［纲　文］　**2012年科技活动周开幕式在北京举行。**

［目　文］　国务委员刘延东在讲话中强调，要坚定不移地走中国特色自主创新道路，加快科技进步和创新步伐，普及科学知识，发展创新文化，营造创新氛围，群策群力地推进创新型国家建设。刘延东指出，增强自主创新能力是国家发展战略的核心和转变经济发展方式的关键，开展科技普及、发展创新文化是建设创新型国家的基础性工程。

中央有关部门、北京市负责人，首都科技工作者、教育工作者、学生、企业职工和群众代表等1000余人在北京参加了开幕式。科技活动周自2001年以来已连续举办11届，直接参与人数超过6亿人次。本届活动周以“携手建设创新型国家”为主题，重点内容是“科技与文化融合、科技与生活同行”。

5月20日

［纲　文］　**国务院办公厅发出关于印发《国家中长期动物疫病防治规划（2012—2020年）》的通知。**

［目　文］　通知说，《防治规划（2012—2020年）》已经国务院同意，现印发给你们，请认真贯彻执行。《防治规划（2012—2020年）》的主要内容是：

一、面临的形势。（一）动物疫病防治基础更加坚实。（二）动物疫病流行状况更加复杂。（三）动物疫病防治面临挑战。

二、指导思想、基本原则和防治目标。（一）指导思想。（二）基本原则。政府主导，社会参与。立足国情，适度超前。因地制宜，分类指导。突出重点，统筹推进。（三）防治目标。到2020年，形成与全面建设小康社会相适应，有效保障养殖业生产安全、动物产品质量安全和公共卫生安全的动物疫病综合防治能力。

三、总体策略。（一）重大动物疫病和重点人畜共患病计划防治策略。（二）畜禽健康促进策略。（三）外来动物疫病风险防范策略。

四、优先防治病种和区域布局。（一）优先防治病种。（二）区域布局。国家对动物疫病实行区域化管理。国家优势畜牧业产业带。人畜共患病重点流行区。外来动物疫病传入高风险区。——动物疫病防治优势区。

五、重点任务。（一）控制重大动物疫病。（二）控制主要人畜共患病。（三）消灭马鼻疽和马传染性贫血。（四）净化种畜禽重点疫病。（五）防范外来动物疫病传入。

六、能力建设。（一）提升动物疫情监测预警能力。（二）提升突发疫情应急管理能力。（三）提升动物疫病强制免疫能力。（四）提升动物卫生监督执法能力。（五）提升动物疫病防治信息化能力。（六）提升动物疫病防治社会化服务能力。

七、保障措施。（一）法制保障。（二）体制保障。（三）科技保障。（四）条件保障。

八、组织实施。（一）落实动物防疫责任制。（二）明确各部门职责。

5月20日

［纲　文］　**国家海洋局和国务院法制办联合在北京召开《海洋观测预报管理条例》宣传贯彻新闻发布会。**

［目　文］　国家海洋局办公室、国务院法制办公室农林城建资源环保法制司、国家海洋局政策法规和规划司、国家海洋局海洋预报减灾司负责人回答了记者提问。国家海洋局海洋预报减灾司负责人介绍，在已有实施的海洋观测预报基础上，中国将对包括黄岩岛和钓鱼岛周边海域在内的53个渔场实行系统化的海洋预报，将对这些渔场的风向、风速、能见度、气温和海浪等进行预报以服务海洋防灾减灾。中国大陆岸线长1.8万多公里，500平方米以上面积的海岛6961个，主张管辖海域面积300万平方公里，中国在实行海洋观测和预报时，当然包括黄岩岛、钓鱼岛在内的海岛及附近海域的海洋环境预报。目前已经开展包括海岛在内的一系列海洋预报专题服务，比如为渔业、渔船提供安全和环境保障服务，将预报产品发送给渔船。

《海洋观测预报管理条例》是为加强海洋观测预报管理，规范海洋观测预报活动，防御和减轻海洋灾害，为经济建设、国防建设和社会发展服务制定。由国务院于2012年3月1日发布，自2012年6月1日起施行。

5月20日

［纲　文］　**中国作家协会在北京召开“坚持以人民为中心的创作导向座谈会”。**

［目　文］　座谈会是为纪念毛泽东《在延安文艺座谈会上的讲话》发表 70 周年召开的。座谈会由中国作协党组书记、副主席李冰主持，中国作协主席铁凝讲话，中宣部副部长翟卫华等出席。作家、评论家张炯、白刃、李迪、雷达等先后在会上发言。大家表示要学习和发扬《讲话》精神，始终坚持以人民为中心的创作导向，自觉承担起人类灵魂工程师的神圣职责，深入实际、深入生活、深入群众，为时代立像、为民族铸魂，促进社会主义文学的大发展大繁荣。

5 月 21 日

［纲　文］　**回良玉等参加在北京市地坛公园的“全国助残日”活动**。

［目　文］　国务院副总理、国务院残疾人工作委员会主任回良玉，北京市委书记刘淇，全国政协副主席、国务院残工委副主任、中国残联名誉主席邓朴方观看了北京市残疾人优秀文化成果展示，并向全国 8500 万残疾人和广大残疾人家属表示亲切问候和良好祝愿。本年“全国助残日”的主题是“加强残疾人文化服务，保障残疾人文化权益”。在地坛公园里，有景泰蓝、核桃雕等残疾人制作的工艺品成果展示，非视觉摄影、无臂书画等残疾人文化技能展示，还有残疾人表演的轮椅健身操、轮椅柔力球、抖空竹等。

5 月 21 日

［纲　文］　**国务委员刘延东在中南海紫光阁会见联合国人口基金执行主任巴巴通德·奥索蒂梅欣**。

［目　文］　刘延东在会见时指出，全球人口发展事业关系人类社会进步和人民福祉，人口基金在推动联合国千年发展目标方面发挥了积极作用。中国政府重视与人口基金的合作关系，双方在人口普查、计划生育和妇幼保健、老龄问题研究等领域开展了富有成效的合作，有力地配合了中国人口发展规划的实施，促进了中国人口事业的进步。

5 月 21 日

［纲　文］　**财政部会同环境保护部、发展改革委、工业和信息化部、海关总署、税务总局印发《废弃电器电子产品处理基金征收使用管理办法》**。

［目　文］　《办法》共 6 章 39 条，规定：废弃电器电子产品处理基金是国家为促进废弃电器电子产品回收处理而设立的政府性基金。电器电子产品生产者、进口电器电子产品的收货人或者其代理人应当按照本办法的规定履行基金缴纳义务。基金分别按照电器电子产品生产者销售、进口电器电子产品的收货人或者其代理人进口的电器电子产品数量定额征收。财政部会同环境保护部、发展改革委、工业和信息化部根据废弃电器电子产品回收处理补贴资金的实际需要，在听取有关企业和行业协会意见的基础上，适时调整基金征收标准。

5 月 21 日

［纲　文］　**环境保护部印发《空气质量新标准第一阶段监测实施方案》**。

［目　文］　印发通知就做好新标准第一阶段的监测实施工作提出三点要求：一、充

分认识实施空气质量新标准监测的重要意义。二、加快空气质量新标准监测实施工作的进度。要求确保2012年10月底前，完成空气质量自动监测设备安装并开展试运行；12月底前，对外发布空气质量监测数据。三、加强对空气质量新标准监测实施工作的组织领导。

5月21日

［纲　文］ **2012城市竞争力蓝皮书在北京发布。**

［目　文］ 蓝皮书对2011年中国“两岸四地”294个城市竞争力指数进行了排序，位列前10名的城市依次是：香港、台北、北京、上海、深圳、广州、天津、杭州、青岛、长沙。蓝皮书由中国社科院财经战略研究院、中国社科院城市与竞争力研究中心以及社会科学文献出版社联合发布。两岸四地城市竞争力专家以及国内著名高校、国家权威统计部门和地方科研院所的近百名专家，用大半年时间参与了报告的调研和撰写。

5月21日

［纲　文］ **《法制日报》报道，中共中央党校研究组发布《2012年第一季度中国热点舆情报告》。**

［目　文］ 报告选取了从2012年1月1日至3月31日来源于中国境内互联网站的公开信息，对时政、经济、外交、社会四个方面的事件进行了权威解读。报告以“网民参与度”为度量指标，列出了排名前100的舆情事件。“合肥少女毁容案”“张妙家属索要赠款冲突事件”“中俄否决安理会叙利亚问题决议”分居网络舆情排名前三；“浙江吴英案”“三亚宰客事件”则名列前十。此外，“归真堂‘活熊取胆’事件”“高铁列车高价采购调查事件”“春运期间铁道部网络售票系统瘫痪”“温家宝：不解决好腐败会人亡政息”“新校车标准问题”“茅台高管：三公消费应该喝什么酒”“山西县委书记女儿5年吃10余万‘空饷’”也在前100网络舆情事件中排名靠前。

中共中央党校“中国热点舆情”研究组称，本报告从话题、地域两个维度对前1000排行榜事件进行了分类，其中话题维度中排名前三名的类别为公共安全类事件，143件，约占总数14%；反腐倡廉类事件，117件，约占总数12%。此外，“食品、药品、医疗及社会保障”也是社会关注的热点话题。

5月22日

［纲　文］ **贾庆林在云南红河州和丽江市进行调研。**

［目　文］ 全国政协主席贾庆林就促进少数民族和民族地区经济社会又好又快发展问题强调，要认真贯彻中央的决策部署，牢牢把握稳中求进的工作总基调，广泛凝聚各方面的智慧和力量，促进民族团结和边疆巩固，保持经济平稳较快发展和社会和谐稳定，以优异成绩迎接党的十八大胜利召开。他特别提出云南是一个多民族聚集的欠发达省份，一定要加大对少数民族尤其是人口较少民族的扶持力度，把各项富民政策落到实处，决不能让一个兄弟民族掉队。

5月22日

［纲　文］　**全国环境保护部际联席会议暨松花江流域水污染防治专题会议在吉林市召开。**

［目　文］　环境保护部部长周生贤出席会议并讲话。会议由环境保护部副部长主持，吉林省省长王儒林出席会议并致辞。会议期间，周生贤在吉林市考察了松花江流域水污染综合防治情况，实地察看了吉林燃料乙醇有限公司环保设施运转状况，并听取汇报。

5月22日

［纲　文］　**2012年全国自然生态保护工作会议在北京召开。**

［目　文］　环境保护部总工程师万本太出席并主持开幕式。环境保护部副部长李干杰在讲话中介绍说，目前，全国有15个省（自治区、直辖市）开展了生态省（区、市）建设，1000多个县（市）开展了生态县（市）建设；中国的生物多样性保护不断加强；国际履约工作正在积极推进，生物安全管理工作也在逐步加强。截至2011年底，全国已建立2640处自然保护区（不包含港、澳、台），总面积为149万平方公里，陆地自然保护区面积约占国土面积的近15%。

5月22—24日

［纲　文］　**全国公安厅局长座谈会在苏州举行。**

［目　文］　国务委员、公安部部长孟建柱在会上强调，各级公安机关要牢固树立科学发展、固本强基理念，坚持立足当前、着眼长远，以为党的十八大胜利召开创造安全稳定社会环境为牵引，深化“三项重点工作”和“三项建设”，加强基层所队和社区警务工作，强化信息化应用和创新警务机制，着力提升新形势下基层基础工作水平，为服务群众、维护稳定奠定坚实牢固的根基。会议期间，座谈会代表参观考察了上海、苏州、杭州的公安工作。

5月22—25日

［纲　文］　**2012“理解与合作”对话活动在北京—杭州—义乌举行。**

［目　文］　2012“理解与合作”对话活动由中国国际交流协会和中国和平发展基金会共同主办，主题是“增进相互理解，促进务实合作”。活动分三个阶段举行。5月22—23日在北京举行开幕式、对话活动“变化中的世界与变化中的中国”；5月23—24日在杭州参观社区、举行对话活动“新型社区与和谐社会”；5月24—25日在义乌参观当地企业、举行对话活动“新时期经济领域的务实交流与合作”。

5月22日，全国人大常委会副委员长、中国国际交流协会会长周铁农出席在北京的开幕式并致辞。联合国秘书长潘基文发来贺信中表示，中国作为一个充满多样性的大国，在展示通过加深理解推动进步方面发挥示范作用。他希望此次对话活动推进建设全人类共同家园的进程，并预祝对话活动取得圆满成功。

博茨瓦纳前总统莫哈埃，菲律宾前众议长德贝内西亚，日本前参议长江田五月，匈牙利国会副主席乌伊海伊，加拿大前副总理科普斯，中共中央对外联络部部长王家瑞，中共中央对外联络部副部长、中国国际交流协会顾问刘结一，中国国际交流协会副会长李成仁，中国人民外交学会副会长彭克玉，中国国际交流协会副会长朱达成等出席开幕式。来自亚洲、非洲、美洲、欧洲等近20个国家的百余名中外代表参加了对话活动。

5月23日，中共中央政治局常委贺国强在人民大会堂会见出席“理解与合作”对话活动外方代表。贺国强说，当今世界正处于大发展大变革大调整时期，世界各国的相互依存和利益交融达到空前的广度和深度，任何国家都不能独善其身，加强国际理解与合作是世界实现和平与稳定、各国实现发展与繁荣的重要途径。中国的发展离不开世界，世界的繁荣稳定也离不开中国。中国愿与各国开展多渠道、多形式、多层次友好交往，增进相互了解，加强务实合作，为建设持久和平、共同繁荣的和谐世界做出贡献。贺国强指出，民间交往对增进各国人民之间相互了解与友谊发挥着独特作用。中国党和政府历来十分重视民间交往，鼓励和支持各国民间组织积极开展交流与合作，鼓励和支持中外民间交往，为增进中国人民与各国人民的理解和友谊、促进世界和平与发展贡献智慧和力量。希望此次“理解与合作”对话活动成为增进中国人民与各国人民友谊的新平台。贺国强还向客人介绍了中国国内经济社会发展情况。中联部部长王家瑞等参加会见。

5月25日，对话活动在义乌结束。博茨瓦纳前总统莫哈埃发表讲话表示，义乌的发展得益于中国党和政府的领导和中国人民的努力。义乌小商品市场是世界合作的见证，是通过贸易促进国际合作，推进世界和谐的典范。

5月23日

［纲 文］ **胡锦涛接见北京军区第十次党代表大会代表。**

［目 文］ 中央军委主席胡锦涛强调，要把坚决听党指挥、绝对忠诚可靠作为部队建设的根本常抓不懈，深入持久抓好中国特色社会主义理论体系武装，引导各级认真学习马克思主义哲学，切实掌握辩证唯物主义和历史唯物主义的世界观、方法论，以提高学习和运用科学发展观的水平。要大力发展先进军事文化，大力培育当代革命军人核心价值观，大力强化官兵爱军精武的报国意志和敢打必胜的战斗精神。要加强基于信息系统的体系作战能力建设，统筹推进作战力量和应急处突力量建设，统筹做好综合防卫军事斗争准备和非战争军事行动准备，推动部队机械化和信息化复合发展。要根据部队所处环境和部队自身特点的新变化，进一步探索科学带兵、科学管理的有效机制，加大依法治军、从严治军力度，按照军队基层建设纲要抓好各项建设，推动基层建设全面发展和整体提高，确保部队安全稳定。要深入开展军民共建与和谐创建活动，巩固和发展军政军民团结，积极参加地方经济社会建设，为加快转变经济发展方式、深化改革开放、维护社会稳定、改善民生做出应有贡献，以优异成绩迎接党的十八大胜利召开。

中央军委副主席习近平一同会见。

5月23日

［纲 文］ **温家宝主持召开国务院常务会议。**

［目　文］　会议指出，当前全国经济运行总体平稳，经济增速保持在年初预期目标区间内，但国内外环境更加错综复杂，出现一些新的变化。世界经济复苏的曲折性、艰巨性进一步凸显。国内经济运行中仍然存在一些突出矛盾和问题，特别是经济下行压力加大。我们要看到有利条件和积极因素，坚定做好经济工作的信心，同时要充分估计面临形势的复杂性和严峻性，冷静观察，沉着应对，未雨绸缪，牢牢掌握经济工作的主动权，确保实现今年经济社会发展目标。

会议要求，要继续落实好结构性减税政策，减轻企业税负。要坚持稳健货币政策的基本取向，保持合理的社会融资规模，进一步优化信贷结构，更加注重满足实体经济的需求。着力扩大内需，完善促进消费的政策措施。抓紧落实扩大节能产品惠民工程实施范围，支持自给式太阳能等新能源产品进入公共设施和家庭，加快普及光纤入户，加大对保障性住房和农村危房改造支持力度。推进“十二五”规划重大项目按期实施，启动一批事关全局、带动性强的重大项目，已确定的铁路、节能环保、农村和西部地区基础设施、教育卫生、信息化等领域的项目，要加快前期工作进度。认真梳理在建续建项目，切实解决存在问题，防止出现“半拉子”工程。鼓励民间投资参与铁路、市政、能源、电信、教育、医疗等领域建设。大力支持小型微型企业创业兴业。稳定和完善出口政策，支持企业积极开拓市场，促进外贸稳定增长。落实强农惠农富农政策，努力实现农业再获丰收，保障主要农产品有效供给。稳定和严格实施房地产市场调控政策。会议强调，要加快转变经济发展方式，积极推进经济结构调整，深化重点领域改革，特别要促进产业转型升级，淘汰落后过剩产能，引导企业加强管理和科技创新，苦练内功，深挖潜力，不断增强发展后劲和市场竞争力。

5月23日

［纲　文］　**中央纪委、监察部、国务院国资委和湖南省委在北京人民大会堂联合举办陈超英先进事迹报告会。**

［目　文］　中共中央政治局常委、中央纪委书记贺国强在报告会前会见了陈超英亲属和报告团成员。他说，陈超英是国有企业干部的优秀代表，也是纪检监察干部的优秀代表，她用自己的模范行动和生命历程生动诠释了新时期共产党员先进性和纯洁性的深刻内涵，树立了纪检监察干部可亲、可信、可敬的良好形象。我深深为我们党有陈超英这样的好党员感到骄傲，为我们纪检监察战线有陈超英这样的好干部感到自豪。中共中央书记处书记何勇、湖南省委书记周强、中央纪委副书记黄树贤、国务院国资委主任王勇参加了会见。

陈超英生前担任中建五局土木公司党委副书记、纪委书记、工会主席，2011年6月13日深夜在赴外地慰问职工家属返程途中，因交通意外不幸因公殉职，年仅53岁。报告会上，报告团成员从不同侧面讲述了陈超英的先进事迹和崇高精神，使现场观众深受感动和教育。中央纪委监察部机关干部代表、中国纪检监察学院部分在训学员和在北京中央企业的干部代表共约700人参加报告会，全国各省（区、市）县级以上纪检监察机关的干部和118家中央企业领导班子成员及纪检监察干部在各分会场参加了报告会。

5月23日

［纲　文］　**纪念延安文艺座谈会召开70周年专题研讨会在中国延安干部学院举行。**

［目　文］　研讨会由中国延安干部学院、中央文献研究室、中央党史研究室、中国文联和中共延安市委联合主办，在当年延安文艺座谈会会场——杨家岭革命旧址开幕。会议围绕《讲话》的时代价值、《讲话》精神与党的宗旨、《讲话》与马克思主义文艺理论中国化等问题进行了深入交流研讨。与会人员认为，在贯彻落实中共中央十七届六中全会精神的第一个年头，重温延安文艺座谈会历史，深入挖掘《讲话》的丰富内涵，必将对社会主义文化大发展、大繁荣产生强大的助推作用。

5月23日

［纲　文］　**教育部等15部门印发《农村义务教育学生营养改善计划实施细则》等5个配套文件。**

［目　文］　由教育部、中宣部、发展改革委、监察部、财政部、农业部、卫生部、审计署、工商行政管理总局、质量监督总局、国家食品药品监督局、国务院食品安全委员会办公室、共青团中央、全国妇联和全国供销合作总社联合印发的实施细则规定，为确保学生“营养餐”计划能有效实施，学生“营养餐”应以肉蛋奶为主要供餐内容，供餐模式应逐步以学校食堂供餐替代校外供餐，为确保食品安全，学校负责人应陪餐，餐费自理。

5个配套文件是：《农村义务教育学生营养改善计划实施细则》《农村义务教育学生营养改善计划食品安全保障管理暂行办法》《农村义务教育学校食堂管理暂行办法》《农村义务教育学生营养改善计划实名制学生信息管理暂行办法》《农村义务教育学生营养改善计划信息公开公示暂行办法》。

5月23日

［纲　文］　**环境保护部印发《国家核技术利用辐射安全管理系统管理规定》。**

［目　文］　印发通知指出：为促进核技术利用辐射安全监管工作的信息化、规范化和系统化，进一步提高监管工作效率，使监管工作各环节、各部门紧密衔接，实现对放射源生产、销售、转让、进出口、异地使用和处置等全过程、动态监管，我部组织开发了国家核技术利用辐射安全管理系统。2009年12月该管理系统上线试运行，2010年6月全面投入使用。为进一步规范该系统的使用，保障该管理系统正常有效运行，提高核技术利用辐射安全监管的信息化水平，我部组织编写印发《国家核技术利用辐射安全管理系统管理规定》。《管理规定》共5章30条，对管理系统的使用、管理、维护等作出了规定。

5月23日

［纲　文］　**新华社讯，中科院院士、中国科学技术大学教授潘建伟等人实验实现了全球首次具有高读出效率、长存储寿命的高性能量子存储器。**

［目　文］　量子计算被认为可能是全球下一代通信和计算机技术的基础性研究。但

在量子存储器这一关键器件的既往研究中，存储寿命和读出效率两个主要性能指标一直无法实现同步提升。中科大微尺度国家实验室潘建伟、包小辉、赵博等与德国科研人员合作，通过一系列创新设计与艰苦努力，将光腔四重共振的技术难题简化为双重共振，在近期同步实现了量子存储器3.2毫秒的存储寿命及73%的读出效率，成功达到目前全球量子存储研究的最佳性能指标。

该成果于5月20日发表在国际权威学术期刊《自然》杂志上，被评价为“开启了利用多原子系统研究复杂量子信息方案的大门”。

5月23—27日

［纲　文］　**第3届中国秧歌节在山东省胶州市举行。**

［目　文］　本届秧歌节由中国文联、中共山东省委宣传部、青岛市人民政府主办。主题为“龙腾盛世舞秧歌”，主要由开幕式文艺演出、全国优秀秧歌展演、全国中老年健身秧歌展演、踩街表演、全国民间工艺博览、中国秧歌艺术继承发展高峰论坛等组成，另外还开展评选“魅力家园·中国秧歌之乡”等系列活动。开幕式演出上，来自全国各地的12支优秀的秧歌队以打擂的形式表演了进入国家级非物质文化遗产名录的传统作品。活动方还创建了中国秧歌传习研究所，为保护、传承、发展中国秧歌艺术提供一个可持续发展的平台。

5月24日

［纲　文］　**国务院总理温家宝应约同马来西亚总理纳吉布通电话。**

［目　文］　双方就双边关系和共同关心的问题交换了看法。温家宝说，当前，中马两国高层保持密切沟通协调，妥善应对国际和地区局势中的不稳定、不确定因素，推动各领域合作取得显著进展，中马关系走在中国同东盟国家关系前列。温家宝强调，集中精力发展经济，改善民生，携手应对挑战，是本地区人民的共同愿望。中方愿同马来西亚一道，为维护东亚和平稳定合作大局，促进共同繁荣进步做出不懈努力。

纳吉布表示，近年来，马中关系经受住国际风云变幻的考验，造福了两国人民。中国是马来西亚紧密和可靠的朋友，任何事情都阻挡不了马中友好关系的发展。马方愿同中方加强合作，更好地维护两国和本地区国家的共同利益。

5月24日

［纲　文］　**国务院办公厅转发发展改革委、商务部、外交部、科技部、工业和信息化部、财政部、人民银行、海关总署《关于加快培育国际合作和竞争新优势指导意见》。**

［目　文］　《指导意见》的主要内容有：

一、指导思想和基本原则：（一）指导思想。以开放促发展、促改革、促创新，实施更加积极主动和互利共赢的开放战略，培育新的增长动力，集成新的发展优势，拓展新的开放领域，实现由出口和利用外资为主向进口和出口、利用外资和对外投资并重转变，加快形成以技术、品牌、质量、服务为核心竞争力的新优势，构建更大范围、更广领域、更高层次的开放型经济体系。（二）基本原则：坚持改革创新，坚持市场主导，坚持互利共赢，坚持内外联动，坚持安全高效。

二、目标任务：（三）优化对外贸易结构。（四）提升利用外资水平。（五）加快实施“走出去”战略。（六）完善区域开放格局。（七）构建开放型创新体系。（八）提高产业国际竞争力。（九）稳步推进金融国际化。（十）深化国际经济合作。

三、保障措施：（十一）完善对外贸易政策，加快转变外贸发展方式。（十二）加强对利用外资的引导，改善利用外资环境。（十三）加大工作力度，增强“走出去”战略的实施效果。（十四）健全科技开放机制，提升核心竞争能力。（十五）推进金融改革创新，深化金融对外开放。（十六）完善风险防范机制，切实保障经济安全。（十七）改革涉外经济体制，提高宏观管理水平。（十八）积极开展经济外交，互利共赢共同发展。

5 月 24 日

［纲 文］ **中国瑞典环境合作协调员第 5 次会议在青岛市召开。**

［目 文］ 环境保护部核安全总工程师兼国际合作司司长徐庆华和瑞典环境部环境大使马科维奇分别率团出席会议。双方签署了 2012—2013 年《中瑞环保机构合作项目执行协议》和《中瑞第五届国合会合作协议》。

5 月 24 日

［纲 文］ **交通运输部新闻发布会透露，全国收费公路专项清理工作排查出 771 个需整改项目。**

［目 文］ 在本日召开的交通运输部例行新闻发布会上，交通运输部新闻发言人透露，收费公路专项清理工作开展以来，全国共排查出 771 个需要整改的项目，收费站该撤销的撤销，该调整的调整，收费标准该降低的降低，收费逾期的停止收费，已停止违规收费的公路里程 3706 公里。下一步交通运输部将重点解决收费公路通行费标准形成和定期调节机制，科学确定经营性公路的合理回报率，完善收费公路信息公开等。

182 个公路项目降低收费标准，取消普通公路收费上万公里五部委联合开展的收费公路专项清理工作已近一年。到目前为止已经有 522 个需要整改的项目完成了整改工作，还有 249 个问题正在逐步整改之中。针对这 249 个问题的整改工作，五部委办已印发有针对性的指导意见。

5 月 25 日

［纲 文］ **国务院国资委公布《关于国有企业改制重组中积极引入民间投资的指导意见》。**

［目 文］ 《意见》共 14 条，分别是：

一、坚持毫不动摇地巩固和发展公有制经济、毫不动摇地鼓励支持和引导非公有制经济发展，深入推进国有经济战略性调整，完善国有资本有进有退、合理流动机制。

二、积极引入民间投资参与国有企业改制重组，发展混合所有制经济，建立现代产权制度，进一步推动国有企业转换经营机制、转变发展方式。

三、国有企业改制重组中引入民间投资，应当符合国家对国有经济布局与结构调整的总体要求和相关规定，遵循市场规律，尊重企业意愿，平等保护各类相关利益主体的合法权益。

四、国有企业在改制重组中引入民间投资时，应当通过产权市场、媒体和互联网广泛发布拟引入民间投资项目的相关信息。

五、国有企业改制重组引入民间投资，应当优先引入业绩优秀、信誉良好和具有共同目标追求的民间投资主体。

六、民间投资主体参与国有企业改制重组可以用货币出资，也可以用实物、知识产权、土地使用权等法律、行政法规允许的方式出资。

七、民间投资主体可以通过出资入股、收购股权、认购可转债、融资租赁等多种形式参与国有企业改制重组。

八、民间投资主体之间或者民间投资主体与国有企业之间可以共同设立股权投资基金，参与国有企业改制重组，共同投资战略性新兴产业，开展境外投资。

九、国有企业改制上市或国有控股的上市公司增发股票时，应当积极引入民间投资。国有股东通过公开征集方式或通过大宗交易方式转让所持上市公司股权时，不得在意向受让人资质条件中单独对民间投资主体设置附加条件。

十、企业国有产权转让时，除国家相关规定允许协议转让者外，均应当进入由省级以上国资监管机构选择确认的产权市场公开竞价转让，不得在意向受让人资质条件中单独对民间投资主体设置附加条件。

十一、从事国有产权转让的产权交易机构，应当积极发挥市场配置资源功能，有序聚集和组合民间资本，参与受让企业国有产权。

十二、国有企业改制重组引入民间投资，要遵守国家相关法律、行政法规、国有资产监管制度和企业章程，依法履行决策程序，维护出资人权益。

十三、国有企业改制重组引入民间投资，应按规定履行企业改制重组民主程序，依法制定切实可行的职工安置方案，妥善安置职工，做好劳动合同、社会保险关系接续、偿还拖欠职工债务等工作，维护职工合法权益，维护企业和社会的稳定。

十四、改制企业要依法承继债权债务，维护社会信用秩序，保护金融债权人和其他债权人的合法权益。

同日，国务院国资委有关负责人就出台《指导意见》有关情况回答了记者提问。他指出：《意见》对于国有企业改制重组中引入民间投资的基本原则可以归纳为四个方面：符合国家对国有经济布局与结构调整的总体要求和相关规定，遵循市场规律，尊重企业意愿，平等保护各类相关利益主体的合法权益。

5月25日

［纲　文］　**王澍获得2012年普利兹克建筑奖颁奖典礼在人民大会堂举行。**

[目　文]　普利兹克奖被誉为建筑界的“诺贝尔奖”，中国美院建筑艺术学院院长、建筑师王澍成为首位获得该奖的中国建筑师。国务院副总理李克强出席普利兹克建筑奖颁奖典礼，并同出席典礼的美国凯悦集团主席普利兹克、建筑奖评委及来自各国的历届获奖代表等合影留念。北京市委书记刘淇出席典礼并合影。北京市市长郭金龙、建筑奖评审委员会主席帕伦博勋爵在颁奖典礼上分别致辞。

5 月 25 日

[纲　文]　**实施修改后的刑事诉讼法座谈会在人民大会堂召开。**

[目　文]　全国人大常委会法工委介绍了修改刑事诉讼法的立法精神和主要内容，最高人民法院、最高人民检察院、公安部、安全部、司法部等单位和中华全国律师协会、中国法学会刑事诉讼法学研究会汇报了十一届全国人大五次会议审议通过刑事诉讼法修正案以来，学习贯彻刑事诉讼法的主要情况和工作安排，与会者进行了讨论。

座谈会强调，一要强化人权意识，实现惩罚犯罪与保障人权的统一。牢固树立惩罚犯罪与保障人权并重的观念，既准确及时地惩罚犯罪，依法维护公民、社会和国家利益，又保障犯罪嫌疑人、被告人和其他诉讼参与人的合法权利，彰显中国社会主义司法制度的优越性。二要强化程序意识，确保程序合法公正。严格执行刑诉法，坚决纠正重实体轻程序、重结果轻过程的错误倾向，切实做到实体与程序并重，把程序公正的要求落实到刑事司法活动全过程。三要强化证据意识，保证刑事案件办理质量。认真吸取有的地方发生刑讯逼供行为、出现冤错案件的教训，坚持依照法定程序、通过合法手段收集、固定证据，确保与定罪量刑有关的事实都有相应证据证明，据以定案的证据都已通过法定程序审查属实，努力把每起刑事案件都办成“铁案”。四要强化时效意识，确保刑事司法活动公正高效。优化司法资源配置，用好刑诉法赋予的程序、措施和手段，着力提高司法效率，做到能快则快、又好又快，决不要拖到法定的最后期限才结案，决不能随意使用延长期限的规定，决不许超期羁押，努力实现公正与效率的统一。五要强化监督意识，防止刑事司法权滥用。政法各单位既要分工负责、互相配合，共同履行好惩罚犯罪、保障人权的法律责任，又要加强监督制约，及时发现和纠正办案中的违法行为，确保法律正确实施，防止司法腐败。检察机关要履行好诉讼监督职责，维护社会公平正义。

5 月 25 日

[纲　文]　**新华社讯，国家食品药品监管局对外公布铬超标胶囊剂药品的基本情况。**

[目　文]　国家食品药品监管局日前通报，铬超标胶囊剂药品情况基本查清，抽检结果已由相关省（区、市）食品药品监管局通过网站公布，并在国家食品药品监管局网站汇总公布。铬超标药用胶囊事件发生后，党中央、国务院领导同志高度重视，要求认真严肃依法核查处置，及时回应社会关切，坚决堵塞监管漏洞，切实维护群众健康权益。国家食品药品监管局组织动员全系统力量，全面开展对企业的监督检查和产品抽验，及时控制问题产品。卫生、商务等部门积极配合做好铬超标产品召回工作。经过 1 个多月的工作，

目前铬超标胶囊剂药品情况基本查清。对 5 月 1 日后新上市的 4374 批次胶囊剂药品实行铬限量批批检验，检验结果全部合格。对 4 月 30 日前生产的胶囊剂药品，责令生产企业逐批次自检，企业自检的批次已达 9 万批左右，发现铬超标的已主动下架、封存、召回并销毁。同时，国家食品药品监管局组织食品药品监管系统对全国生产胶囊剂药品的 1993 家企业进行了抽样检验，抽样检验覆盖到全部胶囊剂药品生产企业。截至 5 月 24 日，各级药品检验机构共抽验胶囊剂药品 11561 批次，铬含量在规定标准之内的合格产品 10892 批次，占 94.2%，铬含量超标的不合格产品 669 批次，占 5.8%。存在铬超标药品问题的生产企业 254 家，占全部胶囊剂药品生产企业的 12.7%。国家食品药品监管局要求各地对抽样检验发现铬超标的药品立即组织下架、封存、召回并销毁。同时，对生产这些药品的企业其他批次胶囊剂药品实行批批检验，检验合格的可以继续销售，检验不合格的立即下架、封存、召回并销毁。

国家食品药品监管局已要求各地尽快查清问题企业的违法事实，依据药品管理法和有关法律法规严肃查处，涉嫌犯罪的由公安机关依法处理。目前，各地已立案调查胶囊剂药品生产企业 236 家，停产整顿 42 家，查封生产线 84 条；吊销药用胶囊生产许可证 7 家；移送公安机关处理明胶和胶囊生产企业 13 家。在案件查处中还发现，有的企业未经许可非法生产销售药用明胶和胶囊，有关部门已采取果断措施依法惩处。

5 月 25 日

［纲　文］　**中国向 WTO 起诉美国 22 类产品反补贴错误调查**。

中国就美国对华 22 类产品反补贴调查中的错误做法，在世贸组织争端解决机制下向美国提起磋商请求，正式启动世贸争端解决程序。商务部新闻发言人在回答记者提问时指出，本次争端共涉及美国对中国采取反补贴救济措施的 22 类产品，累计涉案金额 72.86 亿美元。美方在对涉案产品的反补贴调查中，在公共机构、补贴专向性、补贴利益计算、“可获得事实”的适用以及所谓“认定中国出口限制措施构成补贴”等方面存在诸多与世贸规则不符之处，继续沿用之前已被世贸组织专家组和上诉机构否定的错误做法。

发言人指出，中方同时注意到，美国商务部在涉案产品调查中并未充分履行评估并避免可能出现的双重救济的责任，违反了美方在《补贴与反补贴措施协定》项下的义务。中方也注意到，2012 年 3 月，美国通过 H.R.4105 号法案对美国《1930 年关税法案》相关章节进行了修订。中方正在对美国通过的法案以及相关做法进行评估，并保留在世贸组织争端解决机制下采取措施的权利。

5 月 25 日

［纲　文］　**中宣部宣教局主办弘扬雷锋精神网上座谈会**。

［目　文］　鞍钢矿业公司齐大山铁矿采场公路管理员郭明义，上海“南京路上好八连”指导员闫永祥，湖北武汉百步亭社区党委副书记、管委会主任王波，山东淄博原山林场党委书记孙建博，中国伦理学会副会长、清华大学教授、博士生导师吴潜涛等 5 人进行主题发言，并与广大网友交流，共同探讨如何学习践行雷锋精神。

5月25日

［纲　文］　**中组部从代中央管理的党费下拨党费150万元，帮助甘肃岷县等遭遇暴雨洪涝泥石流灾害地区做好抗灾救灾工作。**

5月25日

［纲　文］　**国家文物局发布《2010年度国家一级博物馆运行评估报告》。**

［目　文］　这次国家一级博物馆运行评估是2011年6月至12月组织开展的，82家国家一级博物馆参评，总体运行评估平均得分为65分（满分100分）。在总分评估排名中，前三名是上海博物馆、南京博物院、故宫博物院。包括北京天文馆在内的近两成国家一级博物馆评分低于60分，报告评价为“其表现难以令人满意”。

5月25日

［纲　文］　**青岛经济技术开发区管委会与上海德国中心签署协议，在青岛设立全球最大的德国中心。**

［目　文］　根据协议，双方将成立联合咨询委员会，紧密围绕生态标准、低碳产业、绿色城市三大标准，对中德生态园区内德国中心建筑群的规划、设计、建设、运营管理提供咨询服务。德国中心是德国中小企业进入其他国家投资合作的桥梁，在此之前全球已有7个德国中心，青岛中心是在中国设立的第三家德国中心。

5月25—27日

［纲　文］　**“2012中美清洁能源论坛”在上海举办，披露中国人均能耗已赶上世界水平。**

［目　文］　国家能源局原局长在“论坛”表示，目前中国的人均能耗已达2.6吨标准煤/年，已经赶上了世界平均水平。近年来中国能源消费增长较快，2011年的能源消费总量已超过美国。但在人均能耗上，中国明显低于发达国家，目前中国每人每年耗电3400千瓦时，而发达国家的这一数据普遍在8000千瓦时左右，美国更是高达1.5万千瓦时。

“论坛”由中国节能协会等单位主办，本届主题是：“展望城市化可持续发展之路”，签署了中美清洁能源论坛《上海宣言》。

5月26日

［纲　文］　**中共中央印发《中国共产党党内法规和规范性文件备案规定》**

［目　文］　《规定》共18条，自2012年7月1日起施行。《规定》的要点是：为了规范党内法规和规范性文件备案工作，保证党内法规和规范性文件同党章和党的理论、路线、方针、政策相一致，同宪法和法律相一致，维护党内法规制度体系的统一性和权威性，根据《中国共产党党内法规制定条例》，制定本规定：本规定适用于中央纪律检查委员会、中央各部门和省、自治区、直辖市党委制定的党内法规和规范性文件的备案工作；本规定所称规范性文件，是指中央纪律检查委员会、中央各部门和省、自治区、直辖市党委在履行职责过程中形成的具有普遍约束力、可以反复适用的决议、决定、意见、通知等

文件，包括贯彻执行中央决策部署、指导推动经济社会发展、涉及人民群众切身利益、加强和改进党的建设等方面的重要文件。《规定》还对不属于备案范围的文件、报送中央备案、中央办公厅审查、发现文件问题的纠正和撤销等，作出了规定。

5月26日

［纲　文］　**第十届全国“创业之星”经验交流表彰大会在北京举行。**

［目　文］　全国“创业之星”经验交流和表彰活动由中国农村劳动力资源开发研究会、中国扶贫基金会、国务院发展研究中心等单位1994年创办，每两年举办一次。

国务院副总理回良玉出席会议并讲话。他指出，这项活动，不仅向全社会展现了“创业之星”们不畏艰难，勇于创新的精神风貌，分享了他们以创业带动就业的成功经验，激发和鼓舞了更多劳动者投身创业的巨大热情，也从一个侧面生动记录了全国农村劳动力大转移的波澜壮阔历程，展示了改革开放的巨大成就和亿万农民的伟大创造精神。这对于探讨新形势下促进农民就业增收途径，在全社会形成尊重劳动、尊重创业的浓厚氛围，努力营造鼓励创业支持就业的良好环境，具有重要作用。

他强调，就业是民生之本，创业是就业之源。要抓住工业化、城镇化、农业现代化同步推进的新机遇，引导农民创现代农业之业，鼓励农民就地就近创业，努力实现农村劳动力充分就业。要充分尊重农民的首创精神，激发农民的创新活力，让亿万农民创造社会财富的潜能得到充分释放，积极性、主动性和创造性竞相迸发。

中国农村劳动力资源开发研究会会长邓鸿勋，国务院发展研究中心主任李伟、副主任韩俊，国务院副秘书长丁学东等出席会议。

5月26日

［纲　文］　**西昌卫星发射中心用长征三号乙运载火箭成功发射中星2A卫星。**

［目　文］　中星2A卫星是中国卫星通信集团有限公司所属一颗通信广播卫星，由中国航天科技集团公司所属中国空间技术研究院研制，可为全国广播电台、电视台、无线发射台和有线电视网等机构提供广播电视及宽带多媒体等传输业务。承担中星2A卫星发射任务的长征三号乙运载火箭，由中国航天科技集团公司所属中国运载火箭技术研究院研制，这是中国长征系列运载火箭第163次航天飞行。

5月26日

［纲　文］　**2012中国工业经济行业企业社会责任报告发布会在北京举行。**

［目　文］　会议由中国工业经济联合会主办，发展改革委、工业和信息化部、民政部、人力资源社会保障部、环境保护部、商务部、国务院国资委等九部委指导，中国煤炭、机械、钢铁、石化、轻工、纺织、建材、有色、电力、矿业等十家全国性工业行业协会（联合会）协办，会议旨在通过企业发布社会责任报告，强化社会责任意识和履责能力，进一步有效地推动中国工业行业企业履行社会责任。中国工业经济联合会名誉会长顾秀莲，中央和国务院有关部门领导、国际组织代表、工业行业协会（联合会）、地方工经联、工业企业有关负责人、主要全国性新闻媒体代表等500人参加会议。74家企业在会上发

布了社会责任报告。

5月26日

［纲　文］　**网络舆论与法律规制高端学术论坛在中国人民公安大学举办**

［目　文］　论坛由中国宪法学研究会和中国人民公安大学主办。80余位专家和学者从网络安全保卫、网络信息传播与法律规制两大主题出发，在互联网与公民参与权的行使、网络言论自由的法律界限、网络虚假信息传播的法律规制、网络侵权行为的界定及其责任、网络犯罪的侦查与预防、网络安全保卫的重点难点与对策、网络舆论与群体性事件处置、网络舆论的立法规制等方面展开讨论，对当下互联网法制以及技术保障问题进行了交流。

5月26日

［纲　文］　**贵州扶贫生态移民工程正式启动。**

［目　文］　全国贫困人口最多的贵州省本日宣布启动扶贫生态移民工程。到2020年，贵州将对35万户150万居住在不具备基本生产生活条件的贫困群众实施扶贫生态移民搬迁。贵州是全国扶贫开发任务最重、难度最大的省份之一。按照国家2300元的扶贫标准，共有农村贫困人口1149万人，占全省农村户籍人口的33.4%，其中有相当一部分贫困人口生活在深山区、石山区和石漠化严重地区，生存条件比较恶劣，是贵州扶贫攻坚的“硬骨头”。实施扶贫生态移民工程，将这些贫困人口搬迁安置到条件相对较好的城镇、产业园区，能够从根本上解决他们的生存和发展问题。

按照规划，本年贵州要投入12亿元，搬迁移民10.13万人，安置点180个，其中武陵山、滇桂黔、乌蒙山等三个集中连片特困地区8.63万人。扶贫生态移民工程将与推进工业化、城镇化相结合，与发展旅游等特色小城镇相结合，与农村危房改造相结合，与基础设施向下延伸相结合。安置方式主要以依托小城镇和产业园区、工矿园区安置为主，着力打造各具特色的小城镇。

5月26—27日

［纲　文］　**第五届中国农村发展高层论坛在北京举行。**

［目　文］　中国农村发展高层论坛是“三农”理论与政策研究者相互交流、增进共识的重要平台。本届论坛以“制度创新、技术进步与现代农业发展”为主题。

国务院副总理回良玉出席论坛并发表讲话。他强调，中国农业农村发展取得了举世瞩目的伟大成就，正在经历重大而深刻的历史变革，我们要认真总结农业农村发展的实践经验，积极应对工业化城镇化深入发展带来的新情况、新问题和新挑战，与时俱进推进“三农”理论和政策创新，进一步巩固和发展农业农村好形势，不断丰富和拓宽中国特色农业农村发展道路。回良玉强调，目前中国进入了加快形成城乡经济社会发展一体化新格局的重要时期，我们必须主动适应新变化，积极应对新挑战，更加科学有效地促进农业农村又好又快发展。一要坚持以确保国家粮食安全和主要农产品有效供给为目标，加快推进现代农业建设，保护和利用好耕地和水资源，改善农业生产条件，加快农业科技创新，加大农业支持保护力度。二要坚持以改善农村民生为目标，积极推进基本公共服务均等化，把促进农民就业增收放到更加突出的位置，把国家基础设施建设和社会事业发展的重点放到农村。三要坚持以增强农村发展活力为目标，深入推进城乡联动改革，建立城乡要素平等交换机制，稳定和完善农村基本经营制度，积极稳妥推进户籍制度改革，保障农民土地财产权益。四要坚持以保障现代化建设顺利进行为目标，协调推进城镇化和新农村建设，着力提高城镇特别是小城镇综合承载能力、增强对农村的辐射带动作用，实现城乡良性互动、共同繁荣。

农业部部长韩长赋到会致辞。中央农村工作领导小组副组长兼办公室主任陈锡文、全国人大农业与农村委员会副主任委员尹成杰等领导出席论坛并发表演讲。来自国家发展改革委、科技部、农业部、国务院发展研究中心等部门有关领导，中国社会科学院、中国农业科学院、日本农林水产省农林水产政策研究所等科研单位和中国农业大学、华南农业大学等高等院校的专家学者作专题报告。论坛主要围绕农业制度变迁与创新、农业科技创新与应用、现代农业建设与发展以及新形势下中国农业农村发展前景等内容进行专题研讨和交流。全国各省、自治区、直辖市农口部门的有关负责人等共200余人参加了论坛。

5月27日

［纲　文］　**中国勘察设计行业首次实施海外收购。**

［目　文］　中国建筑设计研究院在北京举行新闻发布会宣布，该院已签署交割文件，以1.47亿澳元（约8.6亿元人民币）的价格全资收购了国际知名建筑设计企业新加坡CPG集团的全部股权，成为其全资股东。

5月27日

［纲　文］　**《世界包装产业中心建设“十二五”规划》实施方案汇报（论证）会在北京召开。**

［目　文］　中国包装联合会、世界包装组织亚洲包装中心建设领导小组会上披露：2011年中国包装工业总产值约1.3万亿元，成为仅次于美国的世界第二包装大国。一个以杭州中心基地建设为核心、布局全国、面向全球的世界包装产业中心，正在积极规划和实施中。这是经国际组织和国家有关部门批准，首次利用国际组织资源在中国建设集科技、教育、信息、制造、商贸、物流、建设和服务为一体，为全球包装界开展双边、多边和区域经济贸易合作交流提供的世界级大平台。

5月28日

［纲　文］　**中共中央政治局进行第33次集体学习，主题为“坚持走中国特色新型工业化道路和推进经济结构战略性调整”。**

［目　文］　中共中央总书记胡锦涛在主持学习时强调，要牢牢把握科学发展这个主题，紧紧围绕转变经济发展方式这条主线，遵循工业化客观规律，适应市场需求变化，根

据科技进步新趋势，积极发展结构优化、技术先进、清洁安全、附加值高、吸纳就业能力强的现代产业体系，提高工业发展质量和效益，努力从工业大国向工业强国转变，为全面建设小康社会、加快推进社会主义现代化奠定坚实物质基础。

胡锦涛指出，新中国成立以来特别是改革开放以来，我们在长期实践中探索和走出了中国特色新型工业化道路，中国工业建设取得举世瞩目的成就，建成了门类齐全、独立完整的现代工业体系和国民经济体系，实现了从农业大国向工业大国的历史性转变。同时，我们也必须看到，中国工业发展长期依靠高投入、高消耗，存在着发展方式粗放、结构不合理、核心技术受制于人、资源环境约束强化、区域发展不平衡等深层次矛盾和问题。这些矛盾和问题解决不好，不仅会影响中国工业健康发展，而且会给整个经济发展带来不利影响。

胡锦涛强调，要着力推进工业发展制度环境建设，加强战略谋划和顶层设计，加强促进工业发展的制度建设，加强重大问题研究，完善政策体系，增强消费对工业发展的拉动作用，发挥工业产品在扩大内需中的积极作用，营造各方面关心、支持工业发展的良好氛围。要着力推进现代产业体系建设，根据工业转型升级总体要求，围绕改造提升制造业、培育发展战略性新兴产业、大力发展生产性服务业，瞄准重点领域和方向，集中力量尽快取得实质性突破，提高工业制造基础能力、新产品开发能力、品牌创建能力、产业集中度，促进全产业链整体升级，切实提高产业核心竞争力和经济效益，增强工业可持续发展能力。要着力推进创新驱动，抓住新一轮世界科技革命带来的战略机遇，深入实施科教兴国战略和人才强国战略，加快建设创新型国家，大力增强科技创新能力，为坚持走中国特色新型工业化道路奠定坚实科技和人力资源基础。

5月28日

［纲　文］　**国务院副总理王岐山应约与俄罗斯副总理德沃尔科维奇通话。**

［目　文］　双方就中俄能源合作问题交换了看法，一致认为能源合作是中俄全面战略协作伙伴关系的重要组成部分。双方共同商定，中俄能源谈判代表第8次会晤于6月1日在北京举行。

5月28日

［纲　文］　**新华社讯，中央纪委决定开除铁道部原部长、党组书记刘志军党籍。**

［目　文］　中央纪委常委会议研究并报中共中央政治局会议审议，决定给予铁道部原部长、党组书记刘志军开除党籍处分，待召开中央委员会全体会议时予以追认；给予刘志军开除的行政处分由监察部按程序报国务院审批后，另行作出；收缴其违纪所得；将其涉嫌犯罪问题移送司法机关依法处理。

新华社消息称，2011年2月以来，经中共中央批准，中共中央纪委对中共中央委员、铁道部原部长、党组书记刘志军严重违纪问题进行了立案检查。经查，刘志军滥用职权帮助北京博宥投资管理公司董事长丁羽心获取巨额非法利益，造成重大经济损失和恶劣社会影响；收受他人巨额贿赂和贵重物品；道德败坏；对铁路系统出现的严重腐败问题负有主要领导责任。

5月28日

［纲　文］　**教育部、卫生部公布共同实施“卓越医生教育培养计划”的意见。**

［目　文］　根据意见提出的目标任务，中国将探索建立“5+3”（5年医学院校本科教育加3年住院医师规范化培训）临床医学人才培养模式。强化临床实践能力培养培训，为培养大批高水平、高素质临床医师打基础。试点将从全国临床医学专业选择开展。培养计划实施周期为10年，分批进行立项建设，2012年批准第一批试点高校。

5月28日

［纲　文］　**农业部召开全国农作物重大病虫防控工作视频会。**

［目　文］　会议指出，今年夏秋病虫发生形势异常严峻。病虫防控的目标是坚决打赢区域性重大病虫歼灭战、局部性重大病虫突击战和重大植物疫情阻截战，确保飞蝗不起飞成灾，土蝗不扩散危害，重大病虫危害损失控制在5%以内，重大植物疫情不恶性蔓延，虫灾损毁草原事件不严重发生。

5月28日

［纲　文］　**中国航天六院生产的120吨级液氧煤油发动机在西安通过国防科工局验收。**

［目　文］　120吨级液氧煤油发动机是航天六院为中国新一代运载火箭系列研制的无毒、无污染、高性能、高可靠的大推力动力装置，是中国今后探月工程、空间实验室乃至深太空探索任务等的动力基础，也是目前中国推力最大的一种火箭发动机。中国此前发射的神舟系列运载火箭主发动机的推动力为75吨。该发动机的研制成功，填补了中国补燃循环发动机的技术空白，使中国成为继俄罗斯之后第二个掌握高压补燃循环液氧煤油发动机技术的国家，实现了从常规有毒推进剂开式循环液体推进技术到绿色无毒推进剂闭式循环液体推进技术的跨越。

5月28日

［纲　文］　**西藏首个文化传媒集团——西藏传媒集团有限公司在拉萨举行揭牌仪式。**

［目　文］　西藏传媒集团有限公司是西藏日报社顺应现代传媒发展趋势，整合党报优质经营资源组建的一家现代文化传媒企业。它的成立，标志着西藏文化体制改革发展迈出了实质性步伐。

5月28日—6月1日

［纲　文］　**首届中国（北京）国际服务贸易交易会在北京国家会议中心举行。**

［目　文］　5月28日，交易会开幕。国务院总理温家宝出席开幕式并演讲。他说，创办中国（北京）国际服务贸易交易会，是中国扩大对外开放、推动服务业和服务贸易快速发展的重要举措。伴随经济全球化深入发展和产业结构深刻调整，新兴服务业和服务贸易成为推动世界经济和贸易增长的重要动力。2011年，中国服务业占国民经济的比

重达到43.1%，吸纳就业人口约2.7亿；服务贸易总额突破4000亿美元，居世界第四位；服务业吸收外资552亿美元，首度超过制造业成为利用外资最多的领域。中国政府在“十二五”规划中明确提出，要把推动服务业大发展作为产业结构优化升级的战略重点。中国服务业发展潜力巨大。我们要深入推进服务领域各项改革，积极扩大服务业对外开放，大力优化服务业结构，努力营造有利于服务业发展的政策环境。

温家宝说，当前，世界经济复苏曲折艰难。国际社会应当携起手来，共同推动服务贸易自由化便利化，促进国际服务贸易发展，为实现世界强劲、可持续、平衡增长提供有力支撑。他提出了四点倡议：第一，加快推动多哈谈判，促进服务贸易自由化进程；第二，加强服务贸易监管合作，营造更加便利的政策环境；第三，加快高新技术与服务业融合，共同推进服务贸易创新与变革；第四，关注发展中国家诉求，促进全球服务贸易均衡发展。

老挝总理通辛、卡塔尔首相哈马德、津巴布韦总理茨万吉拉伊、肯尼亚副总统穆西约卡、萨摩亚副总理福诺托，世界贸易组织、联合国贸发会议、经合组织负责人，北京市委书记刘淇，澳门特区行政长官崔世安等出席了开幕式。

6月1日，国务院副总理李克强在北京市委书记刘淇陪同下，到国家会议中心参观了首届中国（北京）国际服务贸易交易会展览。

中国（北京）国际服务贸易交易会是经国务院批准，由商务部和北京市主办的大型交易会，自2012年起每年5月28日在北京举行。京交会定位于国家级、国际性、综合型服务贸易交易会，是迄今为止全球唯一涵盖世贸组织界定的服务贸易12大领域（包括商务服务，通信服务，建筑及相关工程服务，金融服务，旅游与旅行相关服务，娱乐、文化与体育服务，运输服务，健康与社会服务，教育服务，分销服务，环境服务，其他服务）的综合型服务贸易交易平台。

5月29日

［**纲　文**］　**全国政协第十一届全国委员会第48次主席会议在北京召开。**

［**目　文**］　全国政协主席贾庆林主持会议并讲话。他指出，政协十一届18次常委会议，是中共十八大之前人民政协举行的一次重要协商议政活动，意义重大。今年以来，全国经济运行继续朝着宏观调控的预期方向发展，但仍面临许多新情况新问题。促进经济平稳较快发展，为十八大召开营造良好环境，关键要把握好稳中求进的工作总基调，加强和改善宏观调控，加快转变经济发展方式，做好经济发展和社会稳定各项工作。

会议决定6月下旬召开全国政协十一届18次常委会，建议这次常委会议的议题为围绕“牢牢把握稳中求进的工作总基调，促进经济平稳较快发展”建言献策。会议审议通过了政协十一届18次常委会议程草案和日程，审议通过了有关人事事项的决定草案。会议决定，将上述草案提请第18次常委会议审议。全国政协副主席、中共中央统战部部长杜青林，全国政协副主席兼秘书长钱运录等分别对有关事项作了说明。

5 月 29 日

［纲　文］　**国家副主席习近平在人民大会堂会见来华出席首届中国（北京）国际服务贸易交易会的肯尼亚副总统穆西约卡。**

［目　文］　习近平在会见时说，中肯友谊源远流长，建交后两国关系发展顺利。两国建立了高度的政治互信，双方高层互访密切，在涉及对方核心利益的重大问题上相互支持，在国际和地区事务中保持着良好的沟通和磋商。作为双边关系的重要组成部分，中肯经贸合作发展迅速，2011 年两国贸易额同比增长 33%，达到 24.3 亿美元，截至 2011 年底中国企业在肯投资 2.5 亿美元。两国人文交流日趋活跃，在教育、旅游等领域的合作势头良好，中国赴肯游客 2011 年达 3.7 万人次。中方对中肯关系发展取得的成就表示满意。

穆西约卡说，肯尼亚政府珍视中肯两国传统友谊，感谢中方长期以来对肯经济发展所给予的宝贵支持和帮助，将继续坚定奉行一个中国政策，并在涉及中方重大关切和核心利益的问题上支持中方，肯方欢迎中国企业赴肯投资，为肯尼亚经济建设和中肯友好关系做出积极贡献。

中共中央政治局委员、北京市委书记刘淇等参加了会见。

5 月 29 日

［纲　文］　**国家副主席习近平在人民大会堂会见美国比尔及梅琳达·盖茨基金会联席主席比尔·盖茨。**

［目　文］　习近平表示，当前中美双方正按照两国元首达成的共识，积极推进相互尊重、互利共赢的合作伙伴关系建设，双方在广泛领域的合作蓬勃发展。这不仅造福了两国人民，也有利于世界的和平与发展。习近平赞赏盖茨基金会长期关注和支持人类健康和发展事业，致力于消除全球贫困和疾病防治，并同中国相关部门在卫生、农业、科技等领域积极开展互利合作。习近平希望盖茨基金会同中国合作方一道切实抓好合作项目的落实，继续探索和创新有效的合作模式，健全合作机制，实现优势互补；同时充分利用各种资源渠道，加强科技创新和成果应用，为提升中国和广大发展中国家医疗卫生水平发挥积极作用。比尔·盖茨表示，美中保持良好的合作关系对世界十分重要。基金会积极投身于全球健康和发展项目，高度重视与中方的合作，将继续推进有关项目，为中国疾病控制和健康事业发展作出自己的贡献。

卫生部部长陈竺等会见时在座。

5 月 29 日

［纲　文］　**最高人民法院印发《关于 2012 年作出的国家赔偿决定涉及侵犯公民人身自由权计算标准的通知》。**

［目　文］　根据国家统计局公布，2011 年城镇非私营单位在岗职工年平均工资数额为 42452 元，比上年增加 5305 元，日平均工资为 162.65 元，比上年增加 20.32 元。《通知》公布了 2012 年作出国家赔偿决定涉及的侵犯公民人身自由权的赔偿标准，具体数额

为每日162.65元。

5月29日

［纲　文］　**太原卫星发射中心用长征四号丙运载火箭成功发射遥感卫星十五号。**

［目　文］　遥感卫星十五号和长征四号丙运载火箭均由中国航天科技集团公司所属上海航天技术研究院负责研制生产。遥感卫星十五号主要用于科学试验、国土资源普查、农作物估产及防灾减灾等领域。这次发射是长征系列运载火箭的第164次飞行。

5月29日

［纲　文］　**第六届“蓝厅论坛”在外交部举行。**

［目　文］　论坛由中国国际问题研究基金会和外交部公共外交办公室联合主办。本届论坛以“上海合作组织峰会和组织未来发展”为主题。外交部副部长程国平发表题为《上海合作组织事业永无止境》的主旨演讲，回顾上合组织的发展历程，介绍今年峰会的预期成果，并展望上合组织未来10年发展。外国驻华使节、国际组织驻华代表、商界代表、有关专家学者以及中外媒体代表等共约240人出席。

5月29日

［纲　文］　**财政部决定发行2012年第五期和第六期电子式储蓄国债。**

［目　文］　财政部通知规定，发行期均为2012年6月10日至6月23日，第五期期限为3年，年利率为5.58%，最大发行额为210亿元；第六期期限为5年，年利率为6.15%，最大发行额为90亿元。

5月29日

［纲　文］　**《人民日报》消息，湖州成为国内首个实现智能化供电服务的城市。**

［目　文］　以“集抄集收”为特色的新型用电管理模式日前在浙江省湖州市率先建成。当地120万电力用户的用电信息将全部远程自动化采集，取代传统的人工电费抄核收方式。2012年年内，浙江11个市都应用了“集抄集收”管理。

5月29—30日

［纲　文］　**中央国家机关工委党代表会议在北京召开。**

［目　文］　国务委员兼国务院秘书长、中央国家机关工委书记马凯出席会议并讲话。他强调，要认真做好抓基层、打基础工作，深入总结开展创先争优活动的成功经验，统筹推进机关、直属单位、社团党组织建设，加强基层党组织带头人队伍建设。要进一步树立为民务实清廉的良好形象，牢固树立“以人为本、执政为民”的理念，扎实推进政风建设，自觉接受群众监督，突出抓好窗口单位和服务行业的为民服务。

出席会议的360名代表在酝酿讨论的基础上，差额选举产生了184名中央国家机关出席党的十八大代表。

5月29—30日

［纲　文］　**第三届中欧政党高层论坛在布鲁塞尔举行。**

［目　文］　中联部部长王家瑞率中共代表团出席论坛，并发表了题为《凝聚共识、

努力探索，发展新型的中欧关系》的主旨讲话。中共代表团和来自欧洲地区性政党、欧洲国家主要政党的近百名代表出席论坛。

5月30日

［纲　文］　**温家宝主持召开国务院常务会议。**

［目　文］　会议讨论通过《“十二五”国家战略性新兴产业发展规划》。会议指出，《“十二五”国家战略性新兴产业发展规划》面向经济社会发展的重大需求，提出了七大战略性新兴产业的重点发展方向和主要任务。一、节能环保产业要突破能源高效与梯次利用、污染物防治与安全处置、资源回收与循环利用等关键核心技术，发展高效节能、先进环保和资源循环利用的新装备和新产品，推行清洁生产和低碳技术，加快形成支柱产业。二、新一代信息技术产业要加快建设下一代信息网络，突破超高速光纤与无线通信、先进半导体和新型显示等新一代信息技术，增强国际竞争力。三、生物产业要面向人民健康、农业发展、资源环境保护等重大需求，强化生物资源利用等共性关键技术和工艺装备开发，加快构建现代生物产业体系。四、高端装备制造产业要大力发展现代航空装备、卫星及应用产业，提升先进轨道交通装备发展水平，加快发展海洋工程装备，做大做强智能制造装备，促进制造业智能化、精密化、绿色化发展。五、新能源产业要发展技术成熟的核电、风电、太阳能光伏和热利用、生物质发电、沼气等，积极推进可再生能源技术产业化。六、新材料产业要大力发展新型功能材料、先进结构材料和复合材料，开展共性基础材料研究和产业化，建立认定和统计体系，引导材料工业结构调整。七、新能源汽车产业要加快高性能动力电池、电机等关键零部件和材料核心技术研发及推广应用，形成产业化体系。《规划》还提出了20项重大工程。

会议讨论通过了《全国游牧民定居工程建设“十二五”规划》。会议指出，新中国成立特别是改革开放以来，党中央、国务院高度重视牧区经济社会发展，牧民生产生活条件得到很大改善，绝大部分游牧民实现定居。“十二五”时期，要深入推进游牧民定居工程，基本解决尚未定居的24.6万户、115.7万游牧民定居问题，促进牧区畜牧业发展方式转变和草原生态保护，维护民族团结和边疆稳定，为全面建成小康社会奠定坚实基础。

5月30日

［纲　文］　**国家海洋局发出通知，加强对赤潮（绿潮）的陆岸及海上监测监视。**

［目　文］　针对河北、山东、江苏、浙江、福建、广东海域均发生赤潮（绿潮），通知要求加强对赤潮发生海域的海洋生物贝毒检测，确保受到赤潮毒素影响的海产品不流入市场。

5月30日

［纲　文］　**中国代表团出席在日内瓦举行的第101届国际劳工大会。**

［目　文］　青年就业问题是本届大会的主要议题。中国代表团由中国人力资源社会保障部、中华全国总工会以及中国企业联合会派出的27人组成。来自国际劳工组织184

个成员国的3000多名政府、企业与职工代表与会，讨论经济危机形势下全球劳动与就业及其权益保障等事宜。大会于6月14日闭幕。

国际劳工组织成立于1919年，其宗旨是促进充分就业和提高生活水平，建立和维护社会正义。作为国际劳工组织的最高权力机构，国际劳工大会于每年5、6月间在日内瓦举行会议。

5月30日

［纲　文］　**中国美术馆首次举办大型民间玩具专题展。**

［目　文］　“大器‘玩’成——中国美术馆藏民间玩具精品陈列”共计展出约370件套（800余件）民间玩具精品。展览按照儿童成长和认知能力的发展顺序，以“成长”和“成才”为线索分为希冀、启智、尚德三个部分。“希冀”主要展示低龄婴幼儿所玩的民间玩具，如山西黎侯布虎、陕西千阳布龙，以及富有吉祥祈愿意义的“辈辈封侯”“状元骑马”等；“启智”主要展示趣味性、参与性和动手性强的玩具，如京津地区的风筝、风车、走马灯，以及各地的车辆玩具、提线木偶等；“尚德”主要展示传统故事、戏出人物类玩具，这些作品多以轻松幽默的手法塑造积极正面的人物形象，如泥人“三国兵马”“白蛇传”，鬃人“大闹天宫”等。

展览会于9月3日闭幕。

5月30—31日

［纲　文］　**第三次全国对口支援新疆工作会议在北京人民大会堂召开。**

［目　文］　会前，国家主席胡锦涛、国务院总理温家宝、国家副主席习近平会见了与会代表，国务院副总理李克强参加会见并在会上讲话。

李克强在讲话中说，新疆地处亚欧大陆腹地和亚欧大陆桥中间地带，是中国向西开放的桥头堡之一。我们要顺应新的形势，在继续提升沿海开放、向东开放的同时，加快沿边开放、向西开放，拓展开放发展、合作发展的空间。对口援疆工作要坚持工作目标不动摇、工作热情不降低、工作力度不减弱，以更高的效率推进住房、就业、医疗、社保等民生项目，加强交通、水利等重大基础设施和生态环保建设，推进产业援疆发展特色经济，加大科技、教育、人才、干部等智力援疆力度，推动新疆与内地之间、各民族之间加深交流交往交融，努力开创对口援疆工作新局面。

中共中央政治局委员王乐泉主持会议，国务委员马凯出席会议。会上，中组部、教育部、科技部、国土资源部、住房和城乡建设部、商务部、人民银行、国务院国资委和中国石油天然气集团公司、国家电网公司等单位的负责人作了大会发言。

会议指出，新一轮对口支援新疆工作实施两年来，天山南北正在发生令人振奋的新的历史性变化。经济发展步伐明显加快，后发优势和发展潜力开始显现，呈现出跨越式发展的强劲势头；各族群众生活明显改善，城乡面貌焕然一新，已有300多万农牧民和城镇困难群众住上设计合理、水电气路综合配套的新居。两年来，各地区各部门各单位坚决贯彻中央决策部署，牢记嘱托、不辱使命，特事特办、急事急办，自觉做新疆跨越式发展和长治久安的建设者、推动者，在拼搏奉献中度过了一个个不眠之夜，克服了一个个困难挑战。大家坚持超前谋划、科学决策，19 个支援省市 100 多名省级领导先后带队深入新疆调研指导，4500 多名援疆干部和一大批各类人才扎根受援地，稳步启动试点，科学制定实施援疆规划，中央有关部门出台了一系列倾斜性扶持政策，有力促进了新疆发展稳定。要按照中央决策部署和这次会议精神，紧紧围绕两大历史任务，坚定不移、坚持不懈地抓下去，深入实施“十二五”时期援疆综合规划和专项规划，把美好蓝图一步步变成美好现实。

北京、天津、河北、山西、辽宁、吉林、黑龙江、上海、江苏、浙江、安徽、福建、江西、山东、河南、湖北、湖南、广东、深圳 19 个对口支援省市及前方指挥部、后方协调机构负责人，新疆维吾尔自治区及受援的 12 个地州、新疆生产建设兵团及受援的 12 个师负责人，中央和国家机关有关部门及部分中央企业负责人参加了会议。

5 月 31 日

［纲　文］　**新华社讯，胡锦涛签署命令，追授南京政治学院教授严高鸿“模范理论工作者”荣誉称号。**

［目　文］　严高鸿，安徽省广德县人。1948 年 4 月出生，1968 年 3 月入伍，1969 年 2 月加入中国共产党。2010 年 12 月 18 日，他在参加学院研究生学位论文开题报告会时，因突发心脏病，以身殉职。

中央军委主席胡锦涛签署的命令指出，严高鸿同志把毕生精力献给了国防教育事业和马克思主义理论教育研究事业，是一名优秀的马克思主义理论工作者。他从事政治理论教学研究 31 年，刻苦钻研党的创新理论，先后发表 55 篇学术论文、主持完成 8 项国家和军队科研规划课题、出版 17 部专著和教材，为马克思主义哲学、军事哲学、军事思维学研究做出显著贡献，获得军队杰出专业技术人才奖等多个奖项。他主持编写的《中国社会主义建设概论》教材，在理论教育研究领域产生重要影响；提出的“纳入人类实践的自然环境作为构成生产力的重要因素，通过生产力系统参与了对社会发展的决定性作用”观点，被学术界称为“严高鸿命题”。他积极宣传党的创新理论，每年授课 250 课时以上，开设的 13 门课程成为学院的精品课或特色课，先后到军地单位作报告 600 多场次，受到听众的普遍称赞。他不计名利、甘于奉献，始终以优秀的人品师德教书育人，在教学科研岗位上自觉践行党的先进性要求，实践了他自己“宁可透支生命，决不拖欠使命”的誓言。严高鸿同志不愧为践行当代革命军人核心价值观的时代先锋，不愧为用生命传播党的创新理论的忠诚战士。中央军委决定，追授严高鸿同志“模范理论工作者”荣誉称号。

5 月 31 日

［纲　文］　**新华社讯，胡锦涛签署通令，给 1 个单位、3 名个人记功。**

［目　文］　中央军委主席胡锦涛签署的通令给在完成任务中做出突出贡献的兰州军区某给水工程团、西安卫星测控中心技术部研究员樊恒海、空军某试飞部队副部队长何斌

斌、南京军区联勤某分部高级审计师汪锡广分别记一等功。

5月31日

［纲　文］ **温家宝主持召开国务院常务会议。**

［目　文］ 会议指出，国务院2011年3月16日常务会议听取了应对日本福岛第一核电站核事故有关情况的汇报，决定对全国核设施进行安全检查。有关部门组织核安全、地震、海洋等方面专家，用9个多月时间对全国41台运行、在建核电机组，3台待建核电机组，以及所有民用研究堆和核燃料循环设施等，进行了综合安全检查。中国工程院组织开展了中国核能发展的再研究重大咨询项目，形成了《新形势下我国核电发展的建议》阶段研究报告。今年2月8日，国务院常务会议听取了综合安全检查情况汇报，对进一步深入检查及落实整改措施作了部署。

检查认为，全国运行和在建核电厂基本能够满足中国现行核安全法规和国际原子能机构最新标准的要求，具备一定的严重事故预防和缓解能力，风险受控，安全有保障；民用研究堆和核燃料循环设施满足中国现行核安全法规要求，风险受控，安全有保障。检查发现的问题主要是：个别核电厂的防洪能力不满足新的要求，个别民用研究堆和核燃料循环设施抗震能力未达到新的标准，部分核电厂未制定实施严重事故预防和缓解规程，海啸问题评估和应对基础比较薄弱等。对这些问题，有关部门和企业迅速组织整改，目前已取得阶段性成效。

会议讨论并原则通过《核安全与放射性污染防治"十二五"规划及2020年远景目标》。中国核安全与放射性污染防治的根本方针是：安全第一，质量第一。基本原则是：预防为主、纵深防御，新老并重、防治结合，依靠科技、持续改进，坚持法治、严格监管，公开透明、协调发展。总体目标是：核设施与核技术利用装置安全水平进一步提高，辐射环境安全风险明显降低，基本形成综合配套的事故防御、污染治理、科技创新、应急响应和安全监管能力，保障核安全、环境安全和公众健康；核电安全保持国际先进水平，核安全与放射性污染防治水平全面提升，辐射环境质量保持良好。

5月31日

［纲　文］ **庆祝六一国际儿童节晚会《幸福像花儿一样》在中央电视台举行。**

［目　文］ 中共中央政治局常委李长春与孩子们一起欢庆佳节，向全国各族少年儿童致以节日问候。党和国家领导人王兆国、刘云山、刘延东、陈至立一同观看演出。

晚会由全国妇联、中央文明办、共青团中央、教育部、文化部、广电总局、国务院妇女儿童工作委员会办公室、中国关心下一代工作委员会、中央电视台等单位联合举办，以"幸福在孩子们中间、幸福在孩子们手中、幸福随孩子们成长"为主题，运用歌舞、魔术、武术、杂技、少儿戏曲等多种艺术形式，展示了当代少年儿童健康幸福、快乐成长的精神风貌。

5月31日

［纲　文］ **中宣部召开部署"科学发展成就辉煌"主题宣传工作视频会议。**

［目　文］ 中宣部部长刘云山出席会议并讲话。他强调，做好"科学发展成就辉

煌”主题宣传，要坚持团结稳定鼓劲、正面宣传为主，把展示辉煌成就与揭示根本原因结合起来，着力增强人们对中国特色社会主义道路、理论体系和制度的自觉自信。

会议通报了有关宣传报道工作安排。中宣部常务副部长雒树刚主持会议。中央宣传文化部门、中央新闻单位、解放军总政治部宣传部主要负责同志在主会场出席会议，各省区市和新疆生产建设兵团党委常委、宣传部长以及有关负责同志在各地分会场出席会议。

5月31日

［纲　文］　**国务院副总理李克强在人民大会堂会见泰国正大集团董事长谢国民。**

［目　文］　李克强说，希望正大集团等各国企业发挥优势，深化与中方企业的合作，继续积极参与中国经济建设特别是加大对中西部地区的投资力度，实现互利共赢。

5月31日

［纲　文］　**发展改革委发布《关于鼓励和引导工程咨询机构服务民间投资的实施意见》。**

［目　文］　《意见》共7个方面内容：

一、充分发挥工程咨询在服务民间投资中的重要作用。工程咨询是以技术为基础，综合运用多学科知识、工程实践经验、现代科学和管理方法，为经济社会发展、投资建设项目决策与实施全过程提供咨询和管理的智力服务。

二、工程咨询机构服务民间投资的重点领域。对民间资本进入基础产业、基础设施、市政公用事业、政策性住房建设、社会事业、商贸流通、国防科技工业等重点领域以及民间资本重组联合和参与国有企业改革、民营企业加强自主创新和转型升级、民营企业积极参与国际竞争等重大事项提供全过程、全方位的工程咨询服务。

三、根据民间投资的特点和需求提供高效的工程咨询服务。（一）强化投资机会研究。（二）加强决策咨询服务。（三）提供全过程的工程咨询服务。（四）开展新领域业务咨询。

四、大力提高工程咨询服务质量。（一）创新咨询服务理念，增强服务实力。（二）根据质量选择工程咨询服务。国家法律法规规定必须招标采购工程咨询服务的，民间投资者要依照其规定开展招标采购活动，按照国家有关规定合理支付咨询服务费用。

五、强化职业道德和职业责任。（一）提高服务意识。（二）强化职业责任。（三）加强工程咨询服务合同管理。（四）建立职业责任保险制度。

六、加大对民间资本“走出去”的服务力度。（一）协助民间资本“走出去”。（二）工程咨询机构要加快熟悉国际规则。中国工程咨询协会要继续引进和转化国际咨询工程师联合会（FIDIC）合同条件、工作手册和指南，以及世行、亚行咨询服务指南等规范性文件，推动工程咨询机构加快熟悉国际规则，帮助民间投资者有效参与国际竞争。（三）大力加强国际交流与合作。

七、鼓励和引导各种类型工程咨询机构平等参与竞争。（一）建立统一开放、平等竞争的工程咨询市场环境。（二）鼓励资源合理整合。鼓励和引导民间资本进入工程咨询行业。鼓励工程咨询机构按照优势互补、资源共享、合作共赢的原则，打破地区、行业、所有制限制，采取战略联盟、合资合作、并购重组等多种形式整合资源，为民间投资提供全过程的优质、高效咨询服务。

5月31日

［纲　文］**《人民日报》报道，财政部、税务总局近日发出通知，决定工伤保险待遇免征个人所得税**。

［目　文］通知决定，自2011年1月1日起，对工伤职工及其近亲属按照《工伤保险条例》规定取得的工伤保险待遇，免征个人所得税。通知明确，对2011年1月1日之后已征税款，由纳税人向主管税务机关提出申请，主管税务机关按相关规定予以退还。

5月31日

［纲　文］**全国道德模范与身边好人现场交流活动在辽宁大连举行**。

［目　文］活动由中宣部、中央文明办主办。郭明义、武秀君等全国道德模范、“中国好人榜”好人与600多市民以“学雷锋·在行动”为主题，通过播放事迹短片、现场访谈、文艺节目表演、网友互动等形式，进行了面对面交流。现场活动充分展示了好人的感人事迹，让观众共同分享做好人的愉悦，收获友情和感动。自2008年中央文明办开展“我推荐、我评议身边好人”活动以来，截至本次活动全国共有4172人入选“中国好人榜”。

5月31日

［纲　文］**《光明日报》报道，中国科学家参与番茄全基因组研究获重大进展**。

［目　文］本日，国际权威学术期刊《自然》以封面文章发表了由来自中国、美国、荷兰、以色列等14个国家的300多位科学家组成的“番茄基因组研究国际协作组”，历时8年多的艰苦努力，于近日完成对栽培番茄全基因组的精细序列分析。

番茄是研究果实发育的经典模式植物，中国科学家在这项国际番茄基因组研究中作出了重要贡献。作为中方协调人，中科院遗传与发育生物学研究所研究员李传友和薛勇彪负责第3号染色体的测序工作，中国农科院蔬菜花卉研究所研究员黄三文和杜永臣负责第11号染色体的测序工作。番茄基因组有12条染色体，中国科学家高质量地完成了番茄基因组测序总任务的1/6，标志着中国成为番茄基因组学研究的强国之一。

5月31日

［纲　文］**卫生部首次发布《中国0—6岁儿童营养发展报告（2012）》**。

［目　文］报告指出：中国儿童营养改善在取得显著成就的同时，农村地区儿童营养状况脆弱，流动、留守儿童营养状况亟待改善。相关监测显示，2010年贫困地区尚有20%的5岁以下儿童生长迟缓，农村地区儿童低体重率和生长迟缓率约为城市地区的3—4倍，而贫困地区农村又为一般农村的2倍，儿童营养状况存在显著的城乡和地区差异。报告指出，2009年农村留守儿童的生长迟缓率和低体重率约为非留守儿童的1.5倍，流动儿童贫血患病率明显高于城区儿童，体格发育状况明显落后于城区儿童。

5 月 31 日

［纲　文］　**教育部发出加强预防溺水教育的预警通报。**

［目　文］　针对 5 月 27 日湖北省孝感市孝昌县 5 名小学女生、29 日甘肃省陇南市宕昌县 2 名学生分别游泳溺亡。教育部要求告诫学生绝不私自下水游泳，绝不到不熟悉的水域游泳。

5 月 31 日

［纲　文］　**中国海军远洋航海训练舰“郑和”号抵达意大利南部的塔兰托军港进行友好访问。**

5 月 31 日—6 月 1 日

［纲　文］　**全国农业科技教育工作会议在安徽合肥举行。**

［目　文］　国务院副总理回良玉出席会议并讲话。他强调，依靠科技进步发展农业是我们党一以贯之的重要战略思想。在工业化、城镇化深入发展的历史时期，保持农业稳定发展和农民持续增收，根本出路在科技，关键在人才，基础在教育。我们要深入贯彻落实今年中央 1 号文件精神，大力实施科教兴农战略，进一步加大政策支持，加快改革步伐，加强统筹协调，推动农业科技教育事业又好又快发展，全面提升中国农业科技创新水平和推广服务能力，着力培养造就一代新型农民，努力走出一条中国特色农业科技教育发展之路。

安徽省委书记张宝顺在会上致辞。农业部部长韩长赋主持会议并作工作报告。安徽省政府、湖南省农业厅、黑龙江省农科院、河南农业大学、中国水稻研究所、吉林省蛟河市新站镇农业站在会上作了交流发言。

5 月 31 日—6 月 1 日

［纲　文］　**中美高技术贸易研讨会在上海召开。**

［目　文］　研讨会由中国商务部和美国商务部共同主办。本次会议旨在落实第四轮中美战略与经济对话和第二十二届中美商贸联委会共识，扩大双边高技术贸易合作。商务部副部长蒋耀平和美国商务部副部长帮办丹尼尔·希尔出席会议并讲话。

6 月

6月1日

［纲　文］　**国家主席胡锦涛同哥斯达黎加总统钦奇利亚互致贺电，庆祝中哥建交五周年。**

6月1日

［纲　文］　**新华社讯，胡锦涛签署命令，发布《中国人民解放军放射性污染防治条例》。**

［目　文］　《条例》以中央军委主席胡锦涛和中央军委关于加强放射性污染防治工作的重要指示为指导，贯彻国家放射性污染防治法的基本原则，结合军队实际，明确了军队放射性污染防治工作的管理职责，规定了军队放射性污染预防和治理的基本制度以及监督管理的措施要求。《条例》自2012年7月1日起施行。

《条例》的发布施行，对于加强军队放射性污染防治工作，保护人员、装备和环境安全，具有重要意义。

6月1日

［纲　文］　**全国政协主席贾庆林在人民大会堂会见阿尔及利亚全国经济社会理事会主席巴贝斯。**

［目　文］　贾庆林说，一年多来，西亚北非地区局势出现重大变化，中方对此深表关切。中方尊重和支持地区国家自主处理内部事务，尊重各国人民寻求变革、发展的愿望诉求，希望有关各方通过政治对话途径缓解分歧，尽快恢复稳定和正常秩序。中方支持一切有助于地区局势恢复稳定的外交调解努力，愿与国际社会共同努力，促进西亚北非地区的和平、稳定与发展。

6月1日

［纲　文］　**国务院新闻办公室新闻发布会发布《中华人民共和国可持续发展国家报告》。**

［目　文］　《报告》阐述了中国实施可持续发展战略付出的努力和取得的进展，分析了存在的差距和面临的挑战，提出了今后的战略举措，并阐明了对将于2012年6月下旬举行的联合国可持续发展大会的原则立场。

《报告》显示，中国人均淡水、耕地、森林资源占有量分别为世界平均水平的28%、40%和25%，石油、铁矿石、铜等重要矿产资源的人均可采储量，分别为世界人均水平的7.7%、17%、17%。中国经济发展短期内难以摆脱对资源环境的依赖。中国还正处于城镇化加快发展的阶段。2000年到2010年，城镇人口由4.6亿增加到6.7亿，城镇化水平由26.22%提高到49.95%。城市规模迅速扩大，城市群、都市圈迅速崛起，现有城市657个，建制镇达19410个。据相关规划，中国在“十二五”末城镇化率将达到51.5%。

《报告》显示，近年来，中国在改善民生方面进行了不懈探索。医疗卫生服务资源总量持续增加；大力实施人才强国战略；社会保障面不断扩大。然而，我们必须看到，改善民生依然任重道远。作为一个发展中国家，中国人口众多，目前仍有1.22亿贫困人口。此外，不容忽视的一个现实国情是，中国的老龄化进程正在加速。

《报告》也指出，实现可持续发展是国际社会的共同责任。国际合作应该以平等和相互尊重为基础，充分考虑发展中国家与发达国家不同的发展阶段和发展水平，正视发展中国家面临的困难和问题。发达国家要切实履行做出的各项承诺，帮助发展中国家实现可持续发展。中国作为一个发展中国家，愿意与各方加强合作，携手推进全球可持续发展。

6月1日

［纲　文］　**纪念胡乔木诞辰100周年座谈会在人民大会堂举行。**

［目　文］　中共中央政治局常委李长春出席座谈会。中共中央政治局委员刘云山在座谈会上讲话指出，胡乔木为党和国家许多重大决策的确立竭尽智慧才华，为党的思想理论建设和宣传文化工作做出卓越贡献，为党的文献编纂和党史研究工作倾注大量心血，为推动新时期哲学社会科学事业繁荣发展发挥了重要作用。我们纪念胡乔木，就要学习他坚持真理、献身理想的崇高追求，学习他实事求是、勇于创造的探索精神，学习他求知若渴、好学不倦的高尚志趣，学习他尊重知识、爱才惜才的远见卓识，学习他无私奉献、谦虚谨慎的优良品德。

中共中央政治局委员刘延东出席座谈会。全国政协副主席陈奎元主持座谈会。中央文献研究室主任冷溶、中央党史研究室主任欧阳淞、中国社会科学院常务副院长王伟光、江苏省委书记罗志军在会上发言。胡乔木亲属、生前友好和原身边工作人员出席座谈会。

此前，5月30日，中国社会科学院当代中国研究所、中华人民共和国国史学会在北京联合主办纪念胡乔木诞辰100周年座谈会。全国人大常委会原副委员长、中国延安精神研究会会长李铁映发来贺信。来自中共中央文献研究室、中共中央党史研究室、中国社科院等单位的专家学者和胡乔木亲属共100多人出席了座谈会。

6月1日

［纲　文］　**上海和东京两地市场启动人民币与日元的直接交易，日元成为除美元外首个与人民币开展直接交易的主要货币。**

6月1日

［纲　文］　**审计署发布15户中央企业2010年度财务收支等审计结果公告。**

［目　文］　公告显示，大多数企业能够贯彻落实中央重大决策部署和政策措施，但也发现个别企业会计报表反映的资产负债损益情况还不完整；有的企业投资项目和工程建

设项目管理不够规范，存在未按规定公开招投标、土地审批手续不完备等问题。截至本年3月底，相关企业制订、完善规章制度233项，对87名相关责任人进行了严肃处理，对审计发现的问题，已有接近97%完成了整改。审计署发布的中国工商银行和中国中信集团公司2010年度资产负债损益审计结果表明，这两家金融企业的一些分支机构违规发放贷款和办理票据业务问题比较突出，部分所属企业存在会计核算不实、财务管理混乱等问题。截至3月底，中国工商银行、中信集团公司对审计中发现的问题整改到位率分别为93%和91.04%。

6月1日

［纲　文］　**发展改革委公布“节能产品惠民工程”空调、平板电视推广目录。**

［目　文］　共有27家企业5751个型号的高效节能房间空气调节器，15家企业1460个型号的高效节能平板电视入围推广目录。

6月1—4日

［纲　文］　**第22届全国图书交易博览会在银川举行。**

［目　文］　博览会由新闻出版总署和宁夏回族自治区人民政府共同主办。本届书博会的主题是：“书博塞上，智惠天下”，意在突出宁夏的地域文化特色和书博会海纳天下图书、智慧惠及天下的思想内涵。博览会展出了各类出版物30多万种，举办了中国出版发展论坛、第五届读者大会等8大主题活动。6月1日，博览会揭晓“全国十大读书人物”：30年坚持自学、最终获得2010年度国家科技进步二等奖的四川富顺县农民陈炳金，身残志坚、在书籍中汲取力量、战胜病魔把握自身命运的宁夏永宁县农民陆梦蝶，致力于将学校办成“图书馆里的学校”的广东深圳后海小学前校长袁晓峰等当选。

6月1—5日

［纲　文］　**第9次世界生物材料大会在成都举行。**

［目　文］　大会由国际生物材料科学与工程学会联合会和中国生物材料学会主办，四川大学和成都市人民政府承办。来自57个国家和地区的3000多名专家学者以“新型生物材料及其与再生医学交叉的前沿”为主题，进行广泛深入的交流研讨，推动生物材料的研究和应用。该大会有世界生物材料领域“奥运会”之称，每4年举办一届，创办32年来首度在中国举办。

6月1—15日

［纲　文］　**第7届全国儿童剧优秀剧目展演在浙江宁波举行。**

［目　文］　此次展演共有26台优秀少儿剧目在宁波逸夫剧场等5个剧场上演。此外，还安排参演院团及儿童戏剧工作者到宁波各区县的希望小学、民工子弟学校和儿童福利院等地演出20余场。中国儿童艺术剧院的《特殊作业》、辽宁儿童艺术剧院的《水晶之心》、河北省唐山市丰润区评剧团的《小英雄雨来》等获优秀剧目奖；浙江省平阳县木偶剧团的《金凤凰》、山西省吕梁市晋剧院的《刘胡兰》、天津市儿童艺术剧院的《七夕的传说》等获优秀演出奖；《小英雄雨来》的编剧孙德民、刘作民、王景衡，吉林市话剧团《水

姑娘》的编剧陆吉平、孙喜军等获优秀编剧奖；《特殊作业》的导演廖向红，《水晶之心》的导演宋国锋、刘若云等获优秀导演奖；《特殊作业》中“陈母”的饰演者薛白、《刘胡兰》中“刘胡兰”的饰演者李莉芳、《水晶之心》中“马奶奶”的饰演者李冬梅等获最佳表演奖。

6月2日

［纲　文］　**马克思主义理论研究和建设工程在北京召开工作会议。**

［目　文］　中共中央政治局常委李长春出席会议并讲话。李长春强调，深入推进马克思主义理论研究和建设工程，是新的历史起点上我们党坚持和发展马克思主义的重要举措，也是贯彻落实党的十七届六中全会精神的必然要求。如何在学习借鉴人类文明成果的基础上，用中国的理论研究和话语体系解读中国实践、中国道路，不断概括出理论联系实际的、科学的、开放融通的新概念、新范畴、新表述，打造具有中国特色、中国风格、中国气派的哲学社会科学学术话语体系，是理论界和学术界面临的重大而紧迫的时代课题。

中共中央政治局委员、中宣部部长刘云山主持会议。中共中央政治局委员、国务委员刘延东，中国社科院院长陈奎元出席会议。中央宣传思想工作领导小组成员，马克思主义理论研究和建设工程主管单位负责人，工程咨询委员会委员，课题组部分首席专家，中国特色社会主义理论体系研究基地负责人，各省、自治区、直辖市和新疆生产建设兵团党委宣传部及教育厅（教委）、教育局主要负责人，教育部部分直属高校和各省区（市）重点综合高校主要负责人，中央主要新闻单位负责人，共320人参加了会议。

6月2日

［纲　文］　**国内首个彩票事业发展的科研、教学和服务的机构——北京师范大学国家彩票发展研究院成立。**

6月2—3日

［纲　文］　**李源潮在四川调研。**

［目　文］　中共中央政治局委员李源潮在四川调研时指出，基层党组织和党员干部要学习万源市委组织部部长李林森、营山县城南镇党委书记文建明，自觉坚持和运用从群众中来、到群众中去的群众路线工作法，把科学发展、社会和谐、造福百姓的任务落到实处。调研期间，李源潮在营山县和万源市召开了座谈会，听取基层党组织书记的意见。

6月3日

［纲　文］　**国家副主席习近平在钓鱼台国宾馆会见美国艾奥瓦州友好代表团。**

［目　文］　习近平表示，30多年前中美刚建交时，双方一年只有几千人互访。现在每天就有约9000人往返于中美之间。在美留学的中国人和在华学习的美国人也分别达到了16万和2.3万。人民交往是两国关系发展的基础，是建设中美合作伙伴关系、探索新型大国关系之路的重要组成部分，是推动中美关系发展的不竭动力。

代表团团长、艾奥瓦州州长布兰斯塔德表示，我们这次访问带来了300万艾奥瓦州人民对您2月访美时重返艾奥瓦州的衷心感谢和访问成功的真诚祝贺。

6月4日

［纲　文］　**新华社讯，中央军委颁发《2020年前军队院校教育改革和发展规划纲要》。**

［目　文］　《纲要》经中央军委主席胡锦涛批准，从形势任务、思路目标、教育改革、院校建设以及组织实施5个方面共20项具体内容，对未来十年我军院校教育改革和发展做出总体规划部署。《纲要》着眼推进军队院校教育科学发展，遵循教育规律，把握时代要求，确定了“优先发展、协调发展、重点发展、内涵发展、开放发展”的工作方针；聚焦军队院校教育关键领域，明确要建立和完善以岗位需求为牵引的人才培训体系、以任职教育为主体的新型院校体系、以能力培养为导向的现代教学体系、以法规制度为保证的教育质量管理体系、以高水平学科专业为支撑的教学科研创新体系、以优质资源为依托的开放办学体系，系统勾画了未来十年军队院校教育改革发展蓝图。

《纲要》突出军队院校教育主要类型，着重围绕生长干部学历教育、任职教育、研究生教育、士官教育以及办学模式、教育质量管理等6个方面改革，提出了一系列创新举措；把握信息化条件下院校教育规律性要求和阶段性特征，重点抓住思想政治、学科专业、教员队伍、办学条件、正规化等5个方面建设，提出了一系列配套措施。

6月4日

［纲　文］　**国务院公布《对外劳务合作管理条例》。**

［目　文］　国务院总理温家宝本日签署命令，公布《对外劳务合作管理条例》，自2012年8月1日起施行。《条例》共6章53条，要点是：

一、对外劳务合作是指组织劳务人员赴其他国家或者地区为国外的企业或者机构（以下统称国外雇主）工作的经营性活动。国外的企业、机构或者个人不得在中国境内招收劳务人员赴国外工作。

二、申请对外劳务合作经营资格，应当具备下列条件：（一）符合企业法人条件；（二）实缴注册资本不低于600万元人民币；（三）有3名以上熟悉对外劳务合作业务的管理人员；（四）有健全的内部管理制度和突发事件应急处置制度；（五）法定代表人没有故意犯罪记录。

三、申请对外劳务合作经营资格的企业，应当向所在地省级或者设区的市级人民政府商务主管部门（以下称负责审批的商务主管部门）提交其符合本条例第六条规定条件的证明材料。

四、对外劳务合作企业不得允许其他单位或者个人以本企业的名义组织劳务人员赴国外工作。任何单位和个人不得以商务、旅游、留学等名义组织劳务人员赴国外工作。

五、对外劳务合作企业应当安排劳务人员接受赴国外工作所需的职业技能、安全防范知识、外语以及用工项目所在国家或者地区相关法律、宗教信仰、风俗习惯等知识的培训；未安排劳务人员接受培训的，不得组织劳务人员赴国外工作。

六、对外劳务合作企业与劳务人员订立服务合同或者劳动合同时，应当将劳务合作合同中与劳务人员权益保障相关的事项以及劳务人员要求了解的其他情况如实告知劳务人员，并向劳务人员明确提示包括人身安全风险在内的赴国外工作的风险。

七、劳务人员在国外实际享有的权益不符合用工项目所在国家或者地区法律规定的，对外劳务合作企业应当协助劳务人员维护合法权益，要求国外雇主履行法律规定的义务、赔偿损失。

八、中国驻外使馆、领馆为对外劳务合作企业了解国外雇主和用工项目的情况以及用工项目所在国家或者地区的法律提供必要的协助，依据职责维护对外劳务合作企业和劳务人员在国外的正当权益。

九、对违反本条例规定组织劳务人员赴国外工作，以及其他违反本条例规定的行为，任何单位和个人有权向商务、公安、工商行政管理等有关部门举报。

十、对外劳务合作企业有下列情形之一的，由商务主管部门吊销其对外劳务合作经营资格证书，有违法所得的予以没收：（一）以商务、旅游、留学等名义组织劳务人员赴国外工作；（二）允许其他单位或者个人以本企业的名义组织劳务人员赴国外工作；（三）组织劳务人员赴国外从事与赌博、色情活动相关的工作。

6月4日

［纲　文］　**中国生物多样性保护国家委员会第一次会议在北京召开。**

［目　文］　国务院副总理、中国生物多样性保护国家委员会主席李克强主持会议并讲话。他强调，保护生物多样性是保护环境、实现可持续发展的重要任务和基本内容，要按照科学发展的要求，弘扬生态文明理念，加大生物多样性保护力度，推进绿色发展，建设人与自然和谐相处的美好家园。要突出加强重点区域、重点物种的生物多样性保护，推进自然保护区、生物遗传资源库等重大工程建设。对重要生态功能区、生态环境敏感区和脆弱区等，应划定生态红线，禁止与保护无关的开发活动。

中国生物多样性保护国家委员会副主席、环境保护部部长周生贤等在会上发言，介绍了中国生物多样性保护工作进展和审议文件说明。会议审议了《联合国生物多样性十年中国行动方案》和《实施中国生物多样性保护战略行动计划任务分工》。会议认为，近年来，中国生物多样性保护取得明显成效，部分区域生态系统得到恢复，一些重点保护物种数量稳中有升，全社会保护意识显著增强。同时应该看到，中国生物多样性总体下降的趋势仍未得到遏制，保护形势依然严峻。国家委员会成员单位和联络员参加了会议。全国人大环资委、全国政协人资环委、监察部、文化部、卫生部、国务院法制办、国务院研究室、国务院扶贫办等部门有关负责人参加了会议。

中国生物多样性保护国家委员会于2011年6月成立，由26个部门组成，统筹协调全国生物多样性保护工作，指导“联合国生物多样性十年中国行动”。

6月4日

［纲　文］　**环境保护部印发《关于开展环境与经济形势分析试点工作的通知》。**

［目　文］《通知》说，我部确定了石家庄市、邢台市、太原市、南京市、嘉兴市、马鞍山市、泉州市、南昌市、济南市、临沂市、焦作市、黄石市、南宁市、成都市、宝鸡市、乌鲁木齐市共16个环境与经济形势分析试点城市。工作内容是：开展环境与经济形势季度分析工作，提交环境与经济形势分析报告，具体工作内容和要求详见《环境与经济形势分析试点工作方案》（附件）。此外，根据年度工作安排和形势需要，开展专题专项研究。

6月4日

［纲　文］**以国家最高科技奖获得者吴征镒、王忠诚、孙家栋、师昌绪和王振义名字命名小行星仪式在北京举行。**

［目　文］仪式由科技部和中科院共同举办。全国政协副主席、科技部部长万钢，中科院副院长詹文龙分别向5位科学家或其代表颁发了小行星命名证书和小行星运行轨道图。

6月4日

［纲　文］**2012渤海生物资源修复放流启动仪式在秦皇岛举行。**

［目　文］投放活动由农业部发起，河北省、山东省、天津市、辽宁省人民政府共同主办。此次放流活动共投放中国对虾、三疣梭子蟹等1.4亿尾（粒）。

6月4日

［纲　文］**农业部发布公告称，国家畜牧良种补贴项目累计投入资金已达54亿多元，累计改良奶牛已达4200多万头（次）、猪1.3亿胎次，带动农民增收300亿元以上。**

6月4日

［纲　文］**中华全国总工会决定追授杭州英雄司机吴斌全国五一劳动奖章。**

6月4日

［纲　文］**明朝万历年间沉船"南澳Ⅰ号"开始第三轮水下发掘。**

［目　文］"南澳Ⅰ号"位于汕头附近海域，长27米，宽7.8米，共有25个仓位，是迄今为止发现的明代沉船里舱位最多的船。"南澳Ⅰ号"共出水文物近3万件。船载的货物中，瓷器最多，其次是陶器、铁器、铜器、锡器等，还发现有不少于4门的火炮和疑似炮弹的圆型凝结物。负责打捞"南澳Ⅰ号"的是"南天顺"号打捞船。本次发掘于9月20日结束。

6月4日

［纲　文］**两名中国商人在菲律宾南部遭绑架。**

［目　文］中国驻菲律宾宿务总领馆证实，两名中国人遭到绑架，但绑匪身份尚不明确。警方透露，两名受害人来自中国广东省，在当地从事矿产生意。

6月4—7日

［纲　文］**上合组织文化部长第九次会晤在北京举行，签署北京宣言。**

［目　文］中国文化部部长蔡武作了主旨发言，对未来十年的文化合作提出三点建

议：一是坚持“上海精神”与和谐发展的基本宗旨；二是推动各成员国间的文化交流与合作朝着全方位、宽领域、多层次的方向发展；三是要充分发挥文化的作用，最终造福于各国人民。会后，各成员国代表团团长共同签署了《上海合作组织成员国文化部长会晤北京宣言》，通过了《上海合作组织成员国政府间文化领域合作协定2012—2014年执行计划》。

上合组织文化部部长会晤始于2002年，10年间，成员国文化部长会晤逐步形成机制，并已轮流在各成员国举办。

6月5日

［纲　文］　**“2011年绿色公益盛典”在北京全国政协礼堂举行。**

［目　文］　全国政协主席贾庆林会见了出席公益盛典活动代表。贾庆林指出，党和政府一直高度重视林业生态建设，持续开展全民义务植树活动，深入推进集体林权制度改革，相继实施了一大批重大生态工程，实现了生态保护和林业产业协调发展。但也要看到，中国生态状况依然脆弱，林业和生态建设依然任重道远。要坚持全国动员、全民动手，进一步拓宽公民参与全民义务植树的渠道，提高义务植树的公民参与度和林木成活率，尽职尽责抓好部门绿化和行业绿化，大力推进身边增绿、护绿活动，形成建设绿色家园的合力。全国人大常委会原副委员长、中国绿化基金会顾问布赫和国家林业局局长赵树丛等出席盛典并为获奖单位和个人颁奖。

“2011绿色公益盛典活动”由中国绿化基金会举办，旨在表彰2011年度为绿化公益事业做出突出贡献的先进典型，进一步激发全社会参与绿化公益事业的热情。

6月5日

［纲　文］　**国务院新闻办公室发布《2011年中国环境状况公报》，环境保护部副部长吴晓青表示个别外国驻华使领馆对中国$PM_{2.5}$监测并发布数据不严谨不规范。**

［目　文］　《环境状况公报》包括综述、主要污染物总量减排、淡水环境、海洋环境、大气环境、声环境、固体废物、辐射环境、自然生态、土地与农村环境保护、森林、草原、气候与自然灾害等部分。

《环境状况公报》指出，2011年，全国环保系统坚决贯彻中央关于环境保护的决策部署，环保各项工作取得积极进展，全国环境质量状况总体保持平稳，“十二五”环保事业开局良好。一是环境保护促进经济发展方式转变的作用进一步强化。按照中央统一部署，环境保护部会同有关部门开展了14个省（自治区、直辖市）加快转变经济发展方式监督检查。严格环境影响评价，对44个、总投资近2500亿元涉及“两高一资”、低水平重复建设和产能过剩项目作出退回报告书、不予批复或暂缓审批处理。推进行业污染防治水平升级及产业结构调整，严格稀土等重点行业环保核查，稀土行业新增环保投入20多亿元。严格企业上市环保核查和后督察，申请上市环保核查企业核查时段内累计新增环保投入99.7亿元，完成916个污染治理项目。二是主要污染物总量减排扎实推进。国务院发布了“十二五”节能减排综合性工作方案，召开了国家节能减排工作领导小组会议、全国节能减排工作电视电话会议，对“十二五”节能减排工作进行全面部署。2011年，全国化学需氧量、氨氮和二氧化硫排放量持续下降。三是重金属污染等严重损害群众健康的突出环境问题有所缓解。国务院批复《重金属污染综合防治“十二五”规划》和《湘江流域重金属污染治理实施方案》。中央财政下达25亿元支持26个省份开展重金属污染治理。四是重点流域区域污染防治不断深化。出台《全国地下水污染防治规划》《长江中下游流域水污染防治规划（2011—2015年）》。严格考核重点流域“十一五”水污染防治规划实施情况，规划项目完成率为87%，比“十五”提高了22.8个百分点。全国地表水水质继续好转。五是农村环境整治和生态保护切实加强。截至2011年，共安排80亿元农村环保专项资金，受益人口3729.06万人。积极开展农业面源污染防治，累计减少不合理施肥580万吨。全国已有15个省份、1000多个地区开展生态省、市、县创建工作。六是核与辐射环境安全可控。在役核设施安全运行，在建核设施质量得到有效控制。全国核设施和核技术利用项目数量不断增加，辐射环境质量总体保持良好。七是政策法制、科技监测和宣传教育等工作继续推进。国务院颁布实施《太湖流域管理条例》和《放射性废物安全管理条例》，配合推进《环境保护法》修订工作。八是环保体制机制和能力建设得到加强。监测执法、环境监察能力建设，核安全监管机构队伍建设进一步加强。

环境保护部副部长吴晓表示，个别外国驻华使领馆开展对中国$PM_{2.5}$监测并且发布数据，在技术上既不符合国际通行的要求，也不符合中国的要求，既不严谨，也不规范。美国使领馆用一个点位所监测的数据不代表这个城市整体空气质量水平。西方发达国家用35微克/立方米的日均值来评价，而中国是用75微克/立方米的日均值来评价，这个标准既考虑了中国现阶段发展水平，又初步与国际进行了接轨，符合中国当前实际情况。

6月5日

［纲　文］　**“以环境保护优化经济增长暨纪念‘6·5’世界环境日高层论坛”在北京举行。**

［目　文］　论坛由环境保护部、发展改革委、科技部、团中央、全国妇联、北京市人民政府等共同主办。环境保护部部长周生贤出席论坛并作主旨报告。共青团中央书记处书记汪鸿雁，全国妇联党组副书记、副主席孟晓驷，北京市人民政府副市长洪峰等出席论坛并发言。

同日，由环境保护部、共青团中央、全国妇联、联合国环境规划署共同主办的2012年“6·5”世界环境日文艺晚会——“绿色消费你我同行”在北京展览馆剧场举行。由中国环境报社举办的第二届中国节能减排成果摄影展在北京中华世纪坛开幕。

6月5日

［纲　文］　**文化部非物质文化遗产司负责人介绍说，有中国特色的非物质文化遗产保护体系已初步形成。**

［目　文］　介绍说，中国现已完成第一次全国非物质文化遗产资源普查，共收集珍贵实物和资料29万件，普查文字记录达20亿字，拍摄图片477万张，普查资源总量近

87万项。截至2011年，国务院已批准公布了三批国家级非物质文化遗产名录共1219项，并实施了国家级名录项目“有进有出”的动态管理。1488名国家级非物质文化遗产项目代表性传承人得到命名，促进了非物质文化遗产项目的活态传承，通过运用现代信息技术对濒危项目及代表性传承人开展抢救性记录，建设了12个国家级文化生态保护实验区。全国非物质文化遗产普查工作已取得阶段性成果。

6月5日

［纲　文］　**国家文物局负责人在北京居庸关长城首次发布历代长城数据：经国家文物局组织调查、认定中国历代长城总长度为21196.18千米。**

6月5日

［纲　文］　**燃油附加费施行本年首次下调。**

［目　文］　经历了今年3、4月份的两度燃油附加费上涨后，本日起燃油附加费施行本年首次下调。国内航线燃油附加费下调：800公里（含）以下每位旅客征收70元，800公里以上每位旅客征收130元（包括国际航线国内段）。

6月5—7日

［纲　文］　**应国家主席胡锦涛邀请，俄罗斯总统普京对中国进行国事访问，并出席上海合作组织成员国元首理事会第十二次会议。**

［目　文］　6月5日，胡锦涛同普京在人民大会堂举行会谈。胡锦涛表示，中俄都致力于调整经济结构，都在积极应对世界经济中的风险和不利影响。两国应该根据各自国内发展和世界经济形势新特点，发挥经济互补性强的优势，改善经贸合作结构，提高经贸合作质量，重点开展以下几方面的合作。一是扩大投资合作，重点推进能源及上下游合作、资源深加工、联合机电制造等大项目合作。二是开展高技术和创新合作，建立从合作研发、创新到成果商业化、产业化的创新合作模式。三是开展战略性大项目合作，希望两国政府继续提供政策和资金支持。四是继续推进跨境基础设施建设，支持扩大地方合作。

普京表示，俄中全面战略协作伙伴关系不断迈上新台阶，达到前所未有的高水平。前不久，双方成功举行了“海上协作”联合军事演习。中国不仅是俄罗斯的好朋友，也是国际舞台上可信赖的好伙伴。俄方将继续一如既往本着战略协作精神，以制订《俄中睦邻友好合作条约》实施纲要（2013年至2016年）为契机，推动俄中关系更好发展。

会谈后，两国元首共同签署《中华人民共和国和俄罗斯联邦关于进一步深化平等信任的中俄全面战略协作伙伴关系的联合声明》，出席有关双边合作文件的签字仪式并共同会见记者。

中共中央政治局常委贺国强、全国人大常委会副委员长严隽琪、国务委员戴秉国、全国政协副主席陈奎元、九三学社中央副主席赖明、外交部部长杨洁篪、发展改革委主任张平、工业和信息化部部长苗圩等出席有关活动。

6月6日，全国人大常委会委员长吴邦国、国务院总理温家宝、国家副主席习近平、国务院副总理李克强也分别会见俄罗斯总统普京。

6月5—8日

［纲 文］ **国家主席胡锦涛分别与出席上合组织峰会的各国总统在人民大会堂举行会谈。**

［目 文］ 6月5日，国家主席胡锦涛与出席上海合作组织峰会的塔吉克斯坦总统拉赫蒙举行会谈。会谈后，两国元首共同签署《中华人民共和国和塔吉克斯坦共和国联合宣言》，出席有关双边合作文件的签字仪式。

6月5日，国家主席胡锦涛与出席上海合作组织峰会的吉尔吉斯斯坦总统阿坦巴耶夫举行会谈。会谈后，两国元首共同签署《中华人民共和国和吉尔吉斯共和国联合宣言》，出席有关双边合作文件的签字仪式。

6月6日，国家主席胡锦涛与出席上海合作组织峰会的哈萨克斯坦总统纳扎尔巴耶夫举行会谈。会谈后，两国元首共同签署《中华人民共和国和哈萨克斯坦共和国联合宣言》，出席有关双边合作文件的签字仪式。

6月6日，国家主席胡锦涛与出席上海合作组织峰会的乌兹别克斯坦总统卡里莫夫举行会谈。会谈后，两国元首共同签署《中华人民共和国和乌兹别克斯坦共和国关于建立战略伙伴关系的联合宣言》，出席有关双边合作文件的签字仪式。

6月6日，国家主席胡锦涛与出席上海合作组织峰会的土库曼斯坦总统别尔德穆哈梅多夫举行会谈。

6月7日，国家主席胡锦涛与出席上海合作组织峰会的蒙古国总统额勒贝格道尔吉举行会谈。

6月7日，国家主席胡锦涛与出席上海合作组织峰会的巴基斯坦总统扎尔达里举行会谈。会谈后，两国元首共同出席有关双边合作文件的签字仪式。

6月8日，国家主席胡锦涛与出席上海合作组织峰会的阿富汗总统卡尔扎伊举行会谈。

6月8日，国家主席胡锦涛与出席上海合作组织峰会的伊朗总统艾哈迈迪—内贾德举行会谈。

全国人大常委会委员长吴邦国、国务院总理温家宝、国家副主席习近平、国务院副总理李克强也分别会见了上述各国总统。

6月5—11日

［纲 文］ **周铁农带队在山西进行残疾人保障法执法检查。**

［目 文］ 全国人大常委会副委员长周铁农带领的检查组听取了山西省政府贯彻实施残疾人保障法的情况汇报，深入太原、忻州、晋中等地的残疾人康复医院、特殊教育学校和残疾人种植基地现场检查，并与残疾人代表、残疾人工作者和专家学者座谈。

6月6日

［纲 文］ **温家宝主持召开国务院常务会议，听取关于制定《商业银行资本管理办**

法（试行）》的汇报。

［目　文］　2011年11月二十国集团戛纳峰会上，各国领导人承诺于2013年1月1日前实施新资本监管标准，并于2019年前全面达标。据此，银监会制定了《商业银行资本管理办法（试行）》。

《管理办法》建立了与国际新监管标准接轨、符合中国银行业实际的资本监管制度。一、建立统一配套的资本充足率监管体系。二、明确了各类资本工具的合格标准，提高了次级债券等资本工具的损失吸收能力。允许商业银行将超额贷款损失准备计入银行资本，并对国内银行已发行的不合格资本工具给予10年过渡期。三、除信用风险和市场风险外，将操作风险也纳入资本监管框架。四、按照审慎性原则重新设计各类资产的风险权重。五、合理安排资本充足率达标过渡期，以利于保持适当的信贷增速。

会议强调，银行业保持稳健运行对于国民经济健康发展至关重要。近年来，中国银行业稳步推进改革开放，资本实力和风险防控能力持续增强，为成功应对国际金融危机、促进经济金融持续稳定健康发展发挥了关键作用。制定实施《管理办法》，强化商业银行资本约束机制，是贯彻全国金融工作会议精神，进一步加强银行业监管、深化银行业改革的重大举措，对于提升中国银行业稳健度，防范系统性风险，促进商业银行转变发展方式，增强服务实体经济的能力，增强银行业国际竞争力，具有重要意义。

会议要求，有关方面要密切配合，积极稳妥实施好《管理办法》，尤其要加强监管政策与产业政策、财政政策、货币政策的配合协调，兼顾促进经济平稳较快发展、防范金融风险、实施国际规则的要求，把握好工作的节奏和力度。各商业银行要加快转变发展方式，合理调整资产结构，加大对中小企业的支持力度，不断提高服务实体经济的水平。要加强金融系统各个领域、各个环节的风险防范，营造良好的金融环境，更好地服务经济社会发展大局。

6月8日，银监会发布《商业银行资本管理办法（试行）》，2013年1月1日开始实施。

6月6日

［纲　文］　**国务院副总理李克强在人民大会堂会见印度外交部部长克里希纳。**

［目　文］　李克强说，近年来，双边关系保持健康稳定发展势头。当前国际形势的深刻演变和亚洲地区的崛起，为中印关系发展提供了重要机遇。中方愿与印方共同努力，保持战略沟通，增进政治互信，妥善处理分歧，维护边境地区和平安宁，将中印战略合作伙伴关系提高到新水平。

6月6日

［纲　文］　**中国红十字会在北京首次举办红十字开放日活动。**

［目　文］　活动邀请红十字志愿者、捐赠人、网民、合作伙伴代表、新闻媒体记者及相关领域专家学者走进中国红十字会总会，感受红十字文化和国际红十字运动理念，并听取红十字会近期工作通报。

6月6日

［纲　文］ **《人民日报》报道，中国佛教协会藏传佛教工作委员会倡议在五省（区）开展藏传佛教和谐寺庙创建活动。**

［目　文］ 中国佛教协会藏传佛教工作委员会日前发出倡议，倡导在西藏、四川、云南、甘肃、青海五省（区）开展藏传佛教和谐寺庙创建活动，倡议广大藏传佛教界僧尼“护国利民，共创和谐”。护国利民是藏传佛教赖以生存和发展的根基，藏传佛教僧尼首先要做合格的中华人民共和国公民，自觉维护祖国统一，维护民族团结，维护社会和谐稳定，反对一切分裂言行和活动，做护国利民的传导人。

中国佛教协会会长传印法师支持在五省（区）藏传佛教界开展和谐寺庙创建活动。中国佛教协会副会长、藏传佛教工作委员会主任嘉木样·洛桑久美·图丹却吉尼玛活佛指出，藏传佛教素有护国利民、慈济众生的优良传统。

6月6—7日

［纲　文］ **上海合作组织成员国元首理事会第12次会议在北京举行。**

［目　文］ 6月6日，中国国家主席胡锦涛在人民大会堂主持上海合作组织北京峰会小范围会谈。哈萨克斯坦总统纳扎尔巴耶夫、吉尔吉斯斯坦总统阿坦巴耶夫、俄罗斯总统普京、塔吉克斯坦总统拉赫蒙、乌兹别克斯坦总统卡里莫夫出席会议。会议讨论了本次峰会议题、日程等程序性问题，各成员国元首就上海合作组织发展有关问题交换意见。

胡锦涛在讲话中表示，本次会议召开恰逢上海合作组织发展进入第二个十年之际。本次峰会上，我们要确定本组织未来十年发展方向和目标，凝聚共识，开拓进取，努力实现上海合作组织新发展，为各成员国带来实实在在的利益，为维护地区和世界和平稳定做出新的贡献。各成员国元首一致认为，在当前复杂多变的国际地区形势下，成员国应该巩固团结、加强战略规划、明确未来方向、深化务实合作，推动本组织进一步发展，造福本地区人民。

6月6日，国家主席胡锦涛接受上海合作组织成员国媒体联合书面采访。胡锦涛高度评价上海合作组织成立以来取得诸多重要成就说：一是创立了新型国家关系模式，二是树立了符合和平与发展潮流的价值观，三是维护了本地区和平稳定，四是促进了本地区国家共同发展，五是提升了本组织国际地位和影响力。

6月7日，上海合作组织成员国元首理事会第12次会议在人民大会堂举行。中国国家主席胡锦涛、哈萨克斯坦总统纳扎尔巴耶夫、吉尔吉斯斯坦总统阿坦巴耶夫、俄罗斯总统普京、塔吉克斯坦总统拉赫蒙、乌兹别克斯坦总统卡里莫夫出席会议。胡锦涛作为主席国元首主持会议。与会领导人就深化成员国友好合作以及重大国际和地区问题深入交换意见，并对上海合作组织未来发展作出规划，达成新的重要共识。

胡锦涛提出四点建议。一要把上海合作组织建设成为和谐和睦的家园，加强沟通和磋商，增进相互理解和信任，全面落实《长期睦邻友好合作条约》，努力构建和谐地区。二要把上海合作组织建设成为地区安全稳定的有力保障，建立并完善安全合作机制，打压

“三股势力”活动空间，铲除毒品走私和跨国有组织犯罪等黑恶势力，坚定支持各国为维护主权独立、领土完整、安全稳定所做的努力。三要把上海合作组织建设成为地区经济发展的推动力量，坚定不移推进务实合作，努力建成铁路、公路、航空、电信、电网、能源管道互联互通工程，建立开发银行、粮食安全合作机制、种子库和农业示范推广基地、能源俱乐部，推动贸易和投资便利化，加强科技、文化、教育、卫生等领域合作。四要把上海合作组织建设成为开展国际交往、扩大国际影响力的有效平台，同国际和地区组织加强磋商，维护和平，促进发展，推进世界多极化和国际关系民主化，在重大国际和地区问题上，各成员国要加强沟通、协调立场。

各成员国元首高度评价中方为推动上海合作组织发展做出的重要贡献，相信本次峰会将成为本组织发展历程中新的里程碑。

观察员国伊朗总统艾哈迈迪—内贾德、蒙古国总统额勒贝格道尔吉、巴基斯坦总统扎尔达里以及印度外长克里希纳，主席国客人土库曼斯坦总统别尔德穆哈梅多夫、阿富汗总统卡尔扎伊出席会议并发言。上海合作组织秘书长伊马纳利耶夫、上海合作组织地区反恐怖机构执行委员会主任朱曼别科夫以及联合国、独联体、欧亚经济共同体、集安条约组织等国际和地区组织负责人与会。

会议同意接收阿富汗为上海合作组织观察员国、土耳其为上海合作组织对话伙伴国。会议决定，2013年上海合作组织峰会在吉尔吉斯斯坦举行。

会议结束后，成员国元首签署《上海合作组织成员国元首关于构建持久和平、共同繁荣地区的宣言》、关于《上海合作组织中期发展战略规划》的决议、关于《上海合作组织关于应对威胁本地区和平、安全与稳定事态的政治外交措施及机制条例》的决议、关于《上海合作组织成员国打击恐怖主义、分裂主义和极端主义2013年至2015年合作纲要》的决议等重要文件，并共同会见记者。会议发表《上海合作组织元首理事会会议新闻公报》。

中共中央书记处书记王沪宁，国务委员戴秉国等参加了峰会和有关活动。

6月6—7日

［纲　文］　**中央文明办看望慰问张丽莉和吴斌家属。**

［目　文］　近期，黑龙江省佳木斯市第19中学教师张丽莉舍身救学生和浙江省杭州市长运客运二公司快客司机吴斌恪尽职守保障乘客生命安全的事迹感动了整个中国。中央文明委领导赶往哈尔滨、杭州，看望了张丽莉和吴斌的家人，转达中央文明委领导亲切关怀和问候，并送去慰问金。

6月6—8日

［纲　文］　**“消除障碍·促进融合”国际论坛在北京举行。**

［目　文］　国务院副总理、国务院残疾人工作委员会主任回良玉出席开幕式并代表中国政府致辞。他强调，中国是世界上残疾人口最多的国家，中国政府历来高度重视残疾人工作。经过几十年的不懈努力，中国残疾人生活状况明显改善，社会保障逐步健全，残

疾人参与社会更加便利，中国残疾人状况发生了历史性深刻变化，进入历史上最好时期。要努力建设残疾人社会保障体系和服务体系基本框架，保障残疾人基本权益，为残疾人平等参与社会创造条件，使残疾人参与社会更加广泛，生活得更加幸福、更有尊严。

全国政协副主席、国务院残疾人工作委员会副主任、中国残联名誉主席邓朴方出席开幕式并致辞。他指出，人道主义始终是国际残疾人运动的主旋律，提倡人道主义，就是肯定残疾人的价值，尊重残疾人的尊严，正视残疾人的问题。人权保障与社会发展不可分割，希望各国和国际社会继续以务实的行动保障残疾人权利的实现。

会议期间，联合国有关机构、世界主要残疾人组织、有关国家和地区代表、国务院残工委成员单位等代表及专家学者围绕如何保障残疾人权益，使之全面融入社会生活进行了广泛而深入的讨论。论坛发布了旨在履行联合国《残疾人权利公约》，实现“千年发展目标”及2015年后残疾人融合发展战略的《北京宣言》。

联合国秘书长潘基文为论坛发来贺词。中国残联和国家有关部委负责人、联合国有关机构、世界主要残疾人组织、近20个国家和地区的代表出席了论坛。

6月6—8日

［纲　文］　**2012亚太经合组织中国工商领导人论坛在北京举行**。

［目　文］　国务院副总理回良玉出席开幕式并代表中国政府致辞。他指出，一个更加开放繁荣的中国，不仅惠及本国人民，也将给各国企业创造无限的商机。中国愿与各方一起，携手并进，真诚合作，共创亚太地区更加美好的未来。

本届论坛以“发展的挑战”为主题，探讨亚太经济可持续增长、投资环境与消费市场、绿色增长、粮食安全、企业国际化、人民币新角色、城市化的机遇等多个议题。中国贸促会会长万季飞、澳大利亚前总理陆克文等做了大会发言。

6月6—9日

［纲　文］　**中共中央政治局委员、中宣部部长刘云山在越南出席第八次中越两党理论研讨会**。

［目　文］　6月6日，越共中央总书记阮富仲在河内会见了刘云山。刘云山说，近年来，中越两党两国关系总体呈现积极发展势头，高层往来频繁，经贸合作继续加强，人文领域交流活跃。中方愿同越方一道，全面落实两党最高领导人重要共识，按照十六字方针和“四好”精神，加强战略沟通，妥善处理两国关系中的问题，把两党两国老一辈领导人共同缔造和精心培育的中越关系维护好、巩固好、发展好。会见前，刘云山与越共中央政治局委员、中央宣教部部长丁世兄举行会谈，就进一步发展双边关系特别是宣传思想文化领域的交流合作深入交换了意见，并共同出席了《关于建立中越两党宣传部门交流合作机制的协议》签字仪式。

6月7—9日，研讨会在越南广宁省下龙市举行，主题为“中国经济发展方式的转变和越南经济增长模式的革新”。刘云山和丁世兄分别作主旨报告。刘云山着重介绍了中国加快经济发展方式转变的实践。刘云山说，加快转变经济发展方式，是中国党和政府适应国际经济发展大势和中国发展新的阶段性特征作出的重大决策，是深入贯彻落实科学发展观的战略部署。我们坚持加强统筹协调、把握战略重点，以经济结构调整为主攻方向，以增强自主创新能力为战略支撑，以保障和改善民生为根本目的，以深化改革开放为强大动力，在加快转变经济发展方式上取得了积极进展，增强了中国经济发展的质量、效益和后劲，积累了有益经验。双方有关部门负责人和专家学者近150人参加研讨会。

6月6—9日

［纲　文］　**欧洲孔子学院2012年联席会议在英国爱丁堡大学举行。**

［目　文］　来自欧洲26个国家的75所孔子学院的中外院长、15个孔子课堂的代表，以及15所中国合作院校的近200名代表与会。会议围绕孔子学院未来可持续发展的核心议题，就孔子学院的办学质量评估、长期发展规划等主题进行了深入交流与探讨，并首次公布了"新汉学国际研修计划"博士生奖学金项目草案。

6月6—10日

［纲　文］　**第20届中国昆明进出口商品交易会暨第五届南亚国家商品展在昆明国际会展中心开幕（举办）。**

［目　文］　本届昆交会由商务部和云南、四川、贵州、重庆等地政府主办，以"互联互通，合作共赢"为主题，进一步突出了"共同的展会共同举办，共同的成果共同分享"的办会理念。本年由贵州省担任昆交会轮值主席，巴基斯坦担任南亚国家商品展主题国。展馆有：机电馆、生物资源馆、投资促进馆、绿色产业贸易交流馆、东盟国家馆、南亚国家馆。

6月6—12日

［纲　文］　**"联教—2012·确山"联合演练在济南军区确山战术训练基地举行。**

［目　文］　这次联合演练是我军院校与部队首次开展的全要素、多维度的"联教联训"实践探索活动，19所解放军军事院校首次以实兵演习的方式，与作战部队进行联合教学和联合演练，涉及陆海空二炮4个军种、军政后装4个系统、陆军各兵种和相关专业的院校、部队、训练基地、科研机构共24个单位，参演总兵力达3000余人，其中院校学员533人。联合演练以陆上联合战斗为课题，围绕联合组织筹划、联合火力突击、联合攻击夺要、联合机动攻歼、联合占领控制等5个训练问题，运用作战指挥信息系统，分组织筹划和战斗实施两个阶段进行指挥对抗演练。从6月7日开始，联合演练组织参演人员进行现地联合教学，完成演练编组，进行作战指挥系统操作培训和互联互通调试，熟悉演练环境，完成演练准备；9日至11日进行联合演练；12日组织理论研讨和联合演练讲评。

6月7日

［纲　文］　**国家副主席、中央军委副主席习近平在人民大会堂会见澳大利亚国防部长史密斯。**

［目　文］　习近平说，中澳关系的健康稳定发展符合两国和两国人民的根本利益，

也有利于地区的和平、稳定与发展。中方愿与澳方一道，以建交40周年为契机，推动两国全面合作关系不断向前发展，更好地造福两国人民。中澳两军关系是两国互利共赢的全面合作关系的重要组成部分。近年来，两军关系保持了积极的发展势头，各领域合作取得了新进展。希望双方共同努力，积极开拓务实交流与合作的新领域和新方式，不断推进两军关系向前发展。

6月7日

［纲　文］　**全国人大常委会文物保护法执法检查组第二次全体会议在北京举行。**

［目　文］　会议指出，文物保护法颁布实施迄今已30年，中国文物保护事业取得了显著成绩，但文物工作中还存在一些亟待依法解决的问题：许多文物得不到及时抢救和有效保护；城市建设和旅游发展过程中破坏文物的现象时有发生，盗掘古墓葬、盗窃馆藏文物、走私文物等违法犯罪行为屡禁不止；文物流通领域比较混乱，需要加强管理；一些地方存在着“重利用、轻保护”，“重经济效益、轻社会效益”等现象。在检查中，各检查小组深入各级文物保护单位，各类博物馆、纪念馆、古遗址、古建筑、古村落、革命旧址、名人旧居以及传统技艺传承基地，与各地文物、公安、工商、城乡建设规划、海关等部门进行座谈，就文物安全，处理文物保护与经济建设、社会发展的关系，文物流通领域管理，执法能力建设和配套法规制定情况等进行重点检查，并了解进一步修改完善法律的意见和建议。

6月7日

［纲　文］　**国务院办公厅印发《关于县级公立医院综合改革试点意见》。**

［目　文］　《意见》共包括总体要求、明确功能定位、改革补偿机制、改革人事分配制度、建立现代医院管理制度、提升基本医疗服务能力、加强上下联动、完善监管机制、积极稳妥推进改革试点9个方面。总体要求是：按照保基本、强基层、建机制的要求，遵循上下联动、内增活力、外加推力的原则，围绕政事分开、管办分开、医药分开、营利性和非营利性分开的改革要求，以破除“以药补医”机制为关键环节，以改革补偿机制和落实医院自主经营管理权为切入点，统筹推进管理体制、补偿机制、人事分配、价格机制、医保支付制度、采购机制、监管机制等综合改革，建立起维护公益性、调动积极性、保障可持续的县级医院运行机制。坚持以改革促发展，加强以人才、技术、重点专科为核心的能力建设，统筹县域医疗卫生体系发展，力争使县域内就诊率提高到90%左右，基本实现大病不出县。

6月7—8日

［纲　文］　**国务院总理温家宝、全国人大常委会委员长吴邦国分别会见巴西众议长马亚。**

［目　文］　6月7日，温家宝在中南海紫光阁会见马亚。温家宝说，今年，双边贸易额有望突破1000亿美元，务实合作的规模和水平显著提高。双方在重大国际和地区问题上团结协作，维护发展中国家利益，中巴关系的战略性和全球性影响日益凸显。中

方愿与巴方保持高层交往，深化政治和战略互信；加强在制造业、基础设施建设、能矿、金融、高科技等重点领域合作；积极支持巴方办好即将在里约举行的联合国可持续发展大会。

同日，全国人大常委会副委员长王兆国在北京也会见了马亚。

6月8日，吴邦国在人民大会堂与马亚举行会谈。吴邦国祝贺中国全国人大与巴西联邦议会众议院定期交流机制第一次会议取得圆满成功，认为这标志着两国议会关系上升到了新的高度。希望双方共同努力，利用好交流机制这一平台，密切各层次各领域友好往来，选择共同关心的问题开展实质性交流，顺应国家关系发展需要，促进务实合作，为促进各自国家建设和深化中巴友好做出更大贡献。

6月7—8日

［纲　文］ **“太湖文化论坛”中医药文化发展高级别会议在南昌举行。**

［**目　文**］ 国务院副总理李克强致贺信指出，当前，全球性公共卫生安全挑战日益增多，人类健康面临新的威胁，中医药大有可为。本次高级别会议由国家中医药局、江西省人民政府和“太湖文化论坛”常务理事会主办，题为“促进人类自然健康和谐发展”。全国政协副主席、太湖文化论坛名誉主席张梅颖，土库曼斯坦副总理托伊雷耶夫，越南前国家主席陈德良在开幕式上致辞，表示希望通过交流，让世界进一步了解中国中医药文化。来自中国中医药界的国医大师、多位诺贝尔奖得主、海内外知名学者，围绕“传统医学促进人类文明进步”“融通共进的中西医学”“传统医学的创新发展”展开了讨论。

“太湖文化论坛”于2008年创立，旨在推动中国文化发展、促进东西方文化交流。

6月7日—7月6日

［纲　文］ **第四届全国少数民族文艺会演在北京举行，胡锦涛等党和国家领导人出席开幕式。**

［**目　文**］ 会演由国家民委、文化部、广电总局、北京市人民政府主办。6月7日首先演出的是北京曲剧《正红旗下》、内蒙古自治区锡林郭勒盟民族歌舞团的舞剧《草原记忆》。

开幕式文艺晚会于6月12日晚在国家体育馆举行。党和国家领导人胡锦涛、温家宝、贾庆林、李长春出席观看开幕式文艺晚会，并会见演职人员代表，勉励大家坚持唱响民族团结进步的主旋律，为繁荣发展少数民族文艺事业做出新的更大贡献。出席观看晚会的领导人还有：回良玉、刘淇、刘云山、刘延东、李源潮等。开幕式演出由中央民族歌舞团策划和组织，晚会节目大部分是从民族地区选调，演员大约1700人，有近百名来自内蒙古和新疆的儿童以及贵州黔南州20余名地道的农民。

本届会演共有41台剧目参加会演，共演出92场，从全国31个省、区、市以及新疆生产建设兵团，解放军、驻港、澳联络办和中国台湾原住民发展协会报送的55台剧（节）目中遴选出来的，有27台音乐舞蹈类剧目和14台戏剧类剧目，来自全国各少数民族的6700多名演职人员参加演出。音舞类剧目中有综艺晚会、歌舞晚会、舞剧、歌舞诗、交响音乐会等；戏剧类剧目中有藏戏、畲族山歌戏、歌剧、歌舞剧、音乐剧、杂技剧、京剧、曲剧、晋剧、豫剧、吕剧、黄梅戏等。近12万各界人士到剧场观看了演出，剧场平均上座率达到98%。广大网民还积极参与41台剧目的网上评选活动，投票人次达9400多万。

闭幕式暨颁奖晚会于7月6日在京西宾馆举行。党和国家领导人贾庆林、回良玉、刘云山、刘延东等出席闭幕式暨颁奖晚会，为获奖集体和个人代表颁奖。《魅力西藏》等21台剧目荣获剧目金奖，《草原记忆》等9台剧目荣获创作金奖，《你好，阿凡提》等11台剧目荣获表演金奖，诺敏等荣获最佳编剧奖，何燕敏等荣获最佳导演奖，权吉浩等荣获最佳音乐奖，刘科栋等荣获最佳舞美奖，《打溜子》等荣获最佳节目奖，艾尔肯·阿不都热依木等荣获最佳演员奖，和金花等荣获最佳新人奖，北京市等36个代表团荣获优秀组织奖，中央民族歌舞团荣获特别贡献奖，北京演艺集团和北京市民族文化文流中心荣获筹办工作突出贡献奖。颁奖仪式结束后，举行了第四届全国少数民族文艺会演闭幕式晚会《我们共同的家》。

6月8日

［纲　文］　**贾庆林在中国航天科工集团公司调研。**

［目　文］　中共中央政治局常委、全国政协主席贾庆林在中国航天科工集团公司，听取了公司改革发展情况汇报，对企业长期以来在重大科技工程攻关、军民融合产品发展、人才队伍建设等方面取得的突出成就给予充分肯定。贾庆林说，当今世界正处在大发展大变革大调整时期，和平发展合作仍然是时代主旋律。促进世界和平与发展，维护国家主权、安全和发展利益，必须有强大的经济实力作基础，也必须有强大的国防实力作后盾。作为军工集团，中国航天科工集团公司肩负着光荣的历史责任，发挥着不可替代的重要作用。

全国政协副主席兼秘书长钱运录一同参加调研。

6月8日

［纲　文］　**全国政协主席贾庆林在人民大会堂会见白俄罗斯总统办公厅代表团。**

［目　文］　贾庆林说，中白是好朋友、好伙伴。不断巩固和加强中白关系，是中国政府坚定不移的政策。中方愿与白方共同努力，以两国建交20周年为契机，进一步巩固双边关系的政治基础，全面推进各领域的务实合作，更好地造福两国人民。

6月8日

［纲　文］　**北京人民艺术剧院庆祝建院60周年，贾庆林、李长春等出席观看演出。**

［目　文］　6月8日，中共中央政治局常委、全国政协主席贾庆林，中共中央政治局常委李长春在首都剧场，与首都观众一起观看北京人艺经典话剧《茶馆》，对北京人艺60华诞表示热烈祝贺，对北京人艺为繁荣社会主义文艺事业做出的贡献给予充分肯定，向老一辈艺术家和全院演职人员致以亲切慰问。中共中央政治局委员、北京市委书记刘淇一同观看了演出。演出结束后，贾庆林、李长春等走上舞台，与梁冠华、濮存昕、杨立新、冯远征、何冰、吴刚等演职人员一一握手交谈，祝贺演出成功。

6月12日，北京人民艺术剧院建院60周年座谈会在北京人民大会堂举行。李长春、刘淇、刘云山、刘延东发来贺信。李长春在贺信中说，60 年来，北京人艺始终坚持社会主义先进文化前进方向，认真贯彻落实党的文艺方针政策，在继承中创新，在创新中发展，创作出许多深受人民喜爱的精品剧目，涌现出一大批德艺双馨的艺术家，培养出一代代艺术新人，为满足人民精神文化生活、繁荣全国文艺事业、推动中华文化走向世界做出了重要贡献。

北京人民艺术剧院是具有独特表演风格的国家级话剧院，成立于 1952 年 6 月 12 日，首任院长为戏剧大师曹禺。由文学巨匠老舍编剧，焦菊隐、夏淳导演的话剧《茶馆》是中国现代话剧的经典代表作品，自 1958 年首演以来常演不衰，成为北京人艺的“看家戏”。

6 月 8 日

［纲　文］　**中国人民银行决定下调金融机构人民币存贷款基准利率，这是自 2008 年 12 月 27 日以来央行首次降息。**

6 月 8 日

［纲　文］　**2011 年度海洋人物评选揭晓。**

［目　文］　本日是世界海洋日，中国主题是“海洋与可持续发展”。在北京举行的主场活动“蓝色海洋·你我同行”——中外优秀海洋影片巡展首映礼暨年度海洋人物颁奖仪式上，2011 年度海洋人物评选结果揭晓。他们是：海军南沙守备部队永暑专业队海洋气象分队工程师李文波，山东省青岛第 39 中学校长白刚勋，中国海监东海总队维权执法支队赵健，中国海运（集团）总公司周泽彬，深圳市蓝色海洋环境保护协会会长周云昕，浙江省浙岭渔 22528 船长郭文标，“蛟龙”号载人潜水器第一副总设计师崔维成，中海油研究总院研究员朱江，中国海洋大学教授文圣常，海政电视艺术中心陈红。

6 月 8 日

［纲　文］　**中国向联合国赠送“北斗”卫星模型。**

［目　文］　在联合国维也纳中心，中国向联合国赠送了“北斗”导航卫星模型。该模型以实物的八分之一比例制作，将在联合国维也纳中心的空间展览区长期展出。中国常驻维也纳联合国和其他国际组织代表团成竞业大使在赠送仪式上向来宾们介绍说，“北斗”在中国是一个星座的名称，千百年来世界各地的人们都依赖它来指引方向。中国人用这个名字来命名自己的导航卫星系统，希望这套系统能够为全世界人民提供服务。

6 月 8 日

［纲　文］　**国家海洋局南海预报中心负责人宣布，以新方式联合广州海岸电台共同播发南海海洋环境预警预报信息，增加西沙永兴岛、中沙黄岩岛和南沙永暑礁三个岛礁，覆盖整个南海海域。**

6 月 9 日

［纲　文］　**国家主席胡锦涛同格鲁吉亚总统萨卡什维利互致贺电，庆祝两国建交 20 周年。**

6月9日

［纲　文］　**第四届“中国历史文化名街”授牌仪式在河南郑州“文化遗产日”主会场举行。**

［目　文］　经专家评审委员会初评、公众投票及专家终评，10条“中国历史文化名街”分别是：福建省厦门市中山路、四川省泸州尧坝古街、西藏江孜县加日郊老街、陕西省榆林市米脂古城老街、江苏省南京市高淳县高淳老街、山东省青岛市小鱼山文化名人街、浙江省临海市紫阳街、吉林省长春市新民大街、广东省深圳市中英街、安徽省黄山市休宁县万安老街。

6月9日

［纲　文］　**秦始皇帝陵博物院宣布秦始皇陵秦俑一号坑第三次发掘成果丰硕。**

［目　文］　秦始皇帝陵博物院本日正式对外宣布秦始皇陵9901陪葬坑百戏俑发掘和秦兵马俑一号坑考古发掘情况说，2009年6月13日开始的秦俑一号坑第三次发掘截至5月，发掘出土的小件器物包括车马器、兵器、生产工具等类型，计310余件（组）；揭露陶马3组12匹，陶俑编号120余件；清理战车2乘、战鼓2处、兵器柲10处、弓弩箭箙12处、漆盾1处、另有建筑材料朽迹如木、席、夯窝等痕迹多处。根据发掘方案，秦俑一号坑第三次发掘现场采取“保护与发掘同时，展出与发掘同步”的模式，除常规保护外，已经移交实验室10批彩绘陶俑残片及脆弱遗迹模块。

“百戏俑”是出土于秦始皇陵9901陪葬坑的陶俑，9901陪葬坑位于秦陵东南部内外城间。9901陪葬坑的发掘首次揭示了秦代陶俑新的类制。

6月9日

［纲　文］　**新华社讯，罗布泊建成世界最大硫酸钾生产项目。**

［目　文］　国家开发投资公司在新疆罗布泊开发的年产120万吨钾肥项目日前顺利通过竣工验收。这是世界最大的硫酸钾生产项目，总投资达48亿元。该项目2004年4月开工建设，2008年11月正式投产，预计2015年年产量达到300万吨。

6月9日

［纲　文］　**“中国非物质文化遗产典籍记忆系列展”在中国国家图书馆举办。**

［目　文］　“系列展”由文化部主办，包括“中国传拓技艺展”“中国传统建筑营造技艺展”两个专题展览。“中国传拓技艺展”讲述了传拓技艺的产生和发展，展示了东汉《熹平石经》残石、三国《正始石经》等实物以及100余件唐、宋、元、明、清时期具有代表性的拓本，这些文物均为传世国宝，弥足珍贵。来自全国各地的当代传拓名家，还进行了传拓技艺现场演示。“中国传统建筑营造技艺展”在中国古代藏书建筑和诗书文化以及丰富多样的中国传统建筑营造技艺大背景下，集中表现了“清代样式雷图档”等重要典籍和文物，以及清华规划院“再现遗产”工程的多项最新成果——圆明园30个景区的数字复原，展现了中国传统文化在新技术手段下焕发出的活力。该展览于7月8日结束。

6月9日

[纲　文]　河北内丘新发现的邢窑窑炉遗址群首次公开向公众展示

[目　文]　本日是2012年文化遗产日，河北省主场活动展示了在内丘县本年4月发现的隋唐时期大规模邢窑遗址群落，已探明有6座相对集中且完整的隋唐时期邢窑窑炉和丰富的瓷片堆积层，并已采集到隋代白瓷碗、带“盈”字款的白瓷玉璧底碗、唐三彩陶片等重要标本。窑炉保存完整，没有被破坏的痕迹。这样较大规模的窑炉集中出现，而且保存相对完好，是非常罕见的。

邢窑创烧于南北朝晚期，经过隋朝的发展，到唐朝时已达到鼎盛阶段，其精美的细白瓷作为贡品入主宫廷，与当时的南方越窑青瓷被后人誉为“南青北白”。

6月9—17日

[纲　文]　应全国人大常委会委员长吴邦国的邀请，斯里兰卡议长恰马尔对中国进行正式友好访问。

[目　文]　6月13日，吴邦国会见恰马尔。吴邦国说，中斯是传统友好近邻，两国交往源远流长。中斯关系历经国际和地区风云变幻的考验，始终保持平稳健康发展，不愧为真正的好邻居、好朋友、好伙伴。当前中斯关系正处于历史最好时期，双方高层交往频繁，政治互信不断加深，经贸合作成果丰硕，人文交流日益活跃。

6月15日，斯里兰卡议长恰马尔带领11名议员到云南农业大学访问。恰马尔表示，斯里兰卡与云南农大有着良好的合作关系，希望今后有更多的斯里兰卡学生到云南农大学习，希望进一步加强与云南农大在农业科技等方面的交流合作。

6月10日

[纲　文]　纪念毛泽东“发展体育运动，增强人民体质”题词发表60周年系列活动在北京举行。

[目　文]　中共中央政治局委员、国务委员刘延东出席并讲话。她指出，体育作为中国特色社会主义事业的重要组成部分，在提高群众的健康水平和生活质量，促进人的全面发展，推动经济社会发展中发挥了积极作用。要积极提倡广大人民群众从自身做起，把养成体育锻炼意识、拥有健康体魄作为人生财富，把积极参加体育锻炼作为终身习惯。要积极倡导“每天锻炼一小时、健康工作五十年、幸福生活一辈子”，使体育锻炼成为人民群众工作、学习、生活的一部分。要坚持以人为本、政府主导，按照公益性、基本性、均等性、便利性的要求，不断完善公共体育服务体系，充分发挥社会组织的积极作用，统筹城乡、区域体育协调发展，推动全民健身活动向广度和深度拓展。要坚持群众体育和竞技体育协调发展，不断增强竞技体育综合实力和国际竞争力。

活动由体育总局、北京市、中华全国体育总会、中国奥委会主办，包括体育事业发展成就展、奥林匹克日万人长跑等活动。国际奥委会主席罗格为奥林匹克日长跑活动发来贺词。体育总局局长刘鹏、北京市市长郭金龙等出席活动。

6月10日

［纲　文］ **新华社讯，全国已有29个省份就推行居民阶梯电价制度先后召开听证会。**

［目　文］ 近千名听证参加人直接参与听证。随着听证程序结束，居民阶梯电价制度将正式进入实施阶段。

6月10—11日

［纲　文］ **“第八届西部社会科学院院长联席会暨‘思想库’建设与文化大发展大繁荣论坛”在成都—汶川举行。**

［目　文］ 会议由西部12省（市、区）社会科学院主办，来自中国社科院和全国35家地方社科院的专家学者160余人围绕“思想库”建设与文化大发展大繁荣的主题进行了交流研讨，会议还就筹备成立中国长征精神研究会、弘扬长征精神，推动长征路线申遗等进行了商讨。

6月10—14日

［纲　文］ **中国首次举办国际脑图谱学会科学年会。**

［目　文］ 第18届国际脑图谱学会科学年会10日在北京国家会议中心开幕，本次年会中国组委会主席为北京大学磁共振成像研究中心主任高家红教授。近2500名来自世界各知名大学和研究机构的脑图谱与相关交叉领域的专家学者在会上深入讨论了人类脑功能研究领域的最新科研成果。

国际脑图谱学会成立于1995年，是致力于脑成像研究的重要国际学术机构。

6月10—23日

［纲　文］ **中共中央政治局常委、中央纪委书记贺国强率中共代表团访问老挝、柬埔寨、马来西亚、俄罗斯。**

［目　文］ 访问期间，贺国强分别与四国国家元首或政府首脑以及主要政党的中央和地方领导人会见会谈。贺国强指出，周边是中国外交的首要，希望双方坚持从战略高度和长远角度把握双边关系的发展方向，继续保持高层交往势头，加强政府、政党、议会、民间的友好往来，进一步巩固传统友谊，深化政治互信，推进经贸合作，扩大人文交流特别是青年一代的交往，加强在国际和地区事务中的协调配合，不断夯实国家关系的政治基础、经济基础、民意基础。

四国领导人均表示，中国是可信赖的朋友和真诚的合作伙伴，期待与中方在更广泛的领域加强务实合作，推动双边关系不断向前发展。在老挝首都万象，老挝人民革命党中央总书记、国家主席朱马利向贺国强表示：老挝党和政府发展与中国党和政府关系的立场是一贯的、坚定的。中国特色社会主义事业的兴旺发达令老挝深受鼓舞，进一步坚定了老挝走社会主义道路的信心。在柬埔寨首都金边，西哈莫尼国王向贺国强表达了继承家族传统，推动柬中友谊不断巩固发展的坚定意志。柬埔寨首相洪森说，柬中高度互信，充分体现了两国全面战略合作伙伴关系的丰富内涵。在马来西亚首都吉隆坡，马来西亚总理纳吉布对贺国强表示，马中关系发展迅速，历久弥坚，这一关系建立在相互尊重、相互信任和长期友谊基础之上，具有重要的战略意义。马方对两党两国关系的未来前景充满信心。在俄罗斯圣彼得堡，俄罗斯总统普京表示，俄中双方视彼此为真正的战略伙伴，并且为充实两国关系做了大量工作，不久前我访华取得的丰硕成果表明，我们两国的全面战略协作伙伴关系发展顺利且达到很高的水平。

6月21日，贺国强代表中国政府出席了有50多个国家参加的第16届圣彼得堡国际经济论坛。发表了题为《加强互利合作，实现共同发展》的演讲。贺国强说，无论是发达国家还是新兴市场国家，无论是大国还是小国，只有凝聚共识、加强合作、携手应对、承担起应尽的责任和义务，才能化挑战为机遇，推动世界经济实现强劲、可持续、平衡增长。

访问期间，贺国强与四国领导人见证了近30个合作项目的签字仪式，涉及经贸、人文、反腐败等各领域；出席了在马中资企业座谈会；视察了马来西亚与中国关丹经济特区、中国和平发展基金会援建老挝农冰村小学等项目。

6月11日

［纲　文］　**国家副主席习近平在人民大会堂会见利比亚外交部部长本·哈伊勒。**

［目　文］　习近平指出，中利关系建立在和平共处五项原则基础之上，因而经得起国际风云变幻的考验。发展两国各领域互利合作符合两国人民的根本利益，也有利于地区和世界的和平稳定。中方愿与利方共同努力，相互尊重，真诚合作，密切往来，推动新时期中利友好合作关系的发展，造福两国和两国人民。

6月11日

［纲　文］　**国务院授权国务院新闻办公室发布《国家人权行动计划（2012—2015年）》。**

［目　文］　这是中国第二个以人权为主题的国家规划，对四年中国人权发展的目标、任务和具体措施作出了规划。《计划》分为导言，经济、社会和文化权利，公民权利和政治权利，少数民族、妇女、儿童、老年人和残疾人的权利，人权教育，国际人权条约义务的履行和国际人权交流与合作，以及实施和监督七个部分。

《计划》结合《中华人民共和国国民经济和社会发展第十二个五年规划纲要》，将人权事业与经济建设、政治建设、文化建设、社会建设以及生态文明建设结合起来，顺应各族人民过上更好生活的新期待，继续把保障人民的生存权和发展权放在首位，切实保障和改善民生，着力解决关系群众切身利益的问题，提高经济、社会和文化权利保障水平，努力使发展成果惠及全体人民。《计划》同时对发展社会主义民主政治，完善社会主义法治，扩大公民有序政治参与，全面保障公民权利和政治权利；对保障少数民族、妇女、儿童、老年人和残疾人的合法权益；对广泛开展各种形式的人权教育和培训，在全社会传播人权理念，普及人权知识；对继续认真履行已参加的国际人权条约，积极开展国际人权领域的交流与合作等方面均作出了详细的计划，明确了目标任务和具体措施。

《计划》指出，自2009年《国家人权行动计划（2009—2010年）》颁布实施以来，中国人民的经济、政治、社会和文化权利保障得到全面加强，各领域的人权保障在制度化、法治化的轨道上不断推进，中国人权事业的发展进入了一个新的阶段。

中共中央对外宣传办公室、国务院新闻办公室主任王晨就中国制定《行动计划》的有关问题接受了新华社记者的专访。他介绍说，为了制定《计划》，中国政府成立了由国务院新闻办公室和外交部牵头、中央和国家机关以及人民团体、非政府组织组成的国家人权行动计划联席会议机制。国务院新闻办公室组织专门力量，在56个联席会议成员单位提供材料的基础上，邀请南开大学、四川大学、中国社科院、上海社会科学院、中央党校等高校和科研单位专家组成专家组参与撰写工作。经过十多次反复研究讨论、修改完善，最终形成了《计划》。

他介绍《计划》的特点，一是进一步阐明了中国的人权立场和人权观点；二是紧密结合国家“十二五”规划，全面推进人权事业发展；三是进一步增强了可实施性和可操作性；四是强调社会组织和新闻媒体在推进人权事业发展中的重要作用；五是要求在全社会传播人权理念，普及人权知识，提高全民人权意识。该计划还提出“发挥国家人权教育与培训基地的作用”，“到2015年，至少新增5个国家人权教育与培训基地”，并要求“将《行动计划》作为人权教育和培训的重要内容”。

6月11日

［纲　文］　**国务院副总理李克强在人民大会堂会见美国明尼苏达州州长马克·戴顿**。

［目　文］　李克强说，目前，两国已建立了39对友好省州和180对友好城市关系。希望各方充分利用好这些交往的桥梁、合作的渠道，发挥优势，把握机遇，调动各层面积极性，推动经贸、高技术、能源、人文等合作交流，取得更多实质性成果，为中美总体关系发展注入源源动力。

6月11日

［纲　文］　**中共中央政治局委员刘云山在人民大会堂会见比利时瓦隆大区、瓦隆—布鲁塞尔联邦首席大臣鲁迪·德莫特**。

［目　文］　刘云山说，近年来，中比关系保持健康稳定发展，双方高层交往活跃，经贸、文化、科技、教育等领域合作扎实推进。瓦隆大区作为比利时的“工业心脏”，对华合作势头良好、前景广阔。中方愿与比方一道，在相互信任、互利共赢的基础上，进一步巩固政治互信，深化各领域特别是科技教育、文化产业方面的交流，加强地方之间的合作，为双边关系健康稳定发展注入新活力，以务实合作的丰硕成果造福两国人民。

6月11日

［纲　文］　**“2012·国际合作社年”主题报告会在人民大会堂举行**。

［目　文］　本年是联合国确定的第一个国际合作社年，中华全国供销合作总社举办该主题报告会。国务院副总理回良玉出席报告会并代表中国政府致辞。他指出，合作社是

解放和发展社会生产力、推动经济发展繁荣的重要力量，是促进社会公平正义、实现共同富裕的重要途径，特别是近年来蓬勃发展的农民专业合作社正在带动越来越多的农民从“小生产”走向“大市场”，从一家一户分散经营走向专业合作经营，成为推进中国农业现代化、建设社会主义新农村的重要支撑。要坚持立足中国国情，尊重农民主体地位，坚持改革创新，加大法律保护、制度保障和政策支持力度，不断增强合作社发展活力，形成推动合作社发展的长效机制。

全国人大常委会副委员长乌云其木格、全国政协副主席白立忱出席报告会。报告会前，回良玉会见了国际合作社联盟主席珀琳·格林女士等部分中外代表。国际合作社联盟、国际劳工组织和部分国家合作社组织领导人，中央国家机关有关部门负责人，中国有关合作社组织负责人，以及专家学者260人参加了报告会。

6月11日

［纲　文］ **中国中共党史学会组织开展迎接党的十八大读书竞赛活动。**

［目　文］ 活动指定用书《回顾辉煌历程喜迎党的十八大——党的历次全国代表大会知识读本》由学习出版社、中共党史出版社联合出版。同时，还推荐了《中国共产党简史》《苦难辉煌》《旗帜》《90年历史画卷》等一批活动重要参考用书。

6月11日

［纲　文］ **《人民日报》消息，西藏生态保护显成效。**

［目　文］ 西藏阿里平均海拔在4500米以上，国家专门建立羌塘国家级自然保护区，覆盖阿里全境。如今的阿里地区野生动物种群规模扩大，仅国家一级保护动物就达15万只以上。

6月11日

［纲　文］ **中央国家机关节约型办公区建设现场会在北京召开。**

［目　文］ 国务院机关管理局主持召开，作为今年全国公共机构节能宣传周系列活动之一。中央国家机关自去年在全国率先开展节约型办公区建设以来，已初见成效。与2010年相比，2011年中央国家机关人均电耗下降3.28%，单位建筑面积电耗下降4.32%，人均水耗下降5.34%，公务用车油耗下降3.03%。

6月11日

［纲　文］ **中国记协委托看望慰问在采访一线勇救同事负伤的株洲市记者欧东阳和在采访中受伤的实习记者尹正艳。**

6月11—15日

［纲　文］ **中国科学院第16次院士大会、中国工程院第11次院士大会举行，胡锦涛等党和国家领导人出席。**

［目　文］ 6月11日，大会在北京人民大会堂开幕。中共中央总书记、国家主席、中央军委主席胡锦涛出席会议并发表讲话。胡锦涛就实现创新驱动发展对两院院士提出六点希望。第一，坚持勇于创新，积极引领科技加快发展。实现创新驱动发展，最根本的

是要依靠科技的力量，最关键的是要大幅提高自主创新能力。第二，坚持服务发展，积极推动科技与经济紧密结合。实现创新驱动发展，最关键的是要促进科技与经济紧密结合，既要从经济社会发展需求中找准科技创新主攻方向，又要把科技成果迅速转化为现实生产力。第三，坚持创新为民，积极促进科技成果造福人民。实现创新驱动发展，必须坚持把以人为本贯穿科技工作始终，让广大人民群众共享科技创新成果，让广大人民生活得更健康、更舒适、更安全、更幸福。第四，坚持锐意改革，积极推动科技发展体制机制创新。实现创新驱动发展，必须建立健全科学合理、富有活力、更有效率的国家创新体系。第五，坚持甘为人梯，积极培养和提携优秀青年才俊。实现创新驱动发展，人才为本。第六，坚持建言献策，积极发挥决策咨询重要作用。实现创新驱动发展需要科学决策，科学决策需要科学咨询。

党和国家领导人吴邦国、温家宝、贾庆林、李长春、习近平、李克强出席会议。出席大会的中央领导人还有：王兆国、王岐山、回良玉、刘云山、刘延东、李源潮等。大会由中国工程院院长周济主持。中国科学院院长白春礼致开幕词。

当日下午，国务院总理温家宝在大会上作报告。他说，当今世界正处于新科技革命的时代，新产业革命初现端倪，一些重要科技领域显现出发生革命性突破的先兆。2009年3月，正是应对国际金融危机冲击最艰难的时刻，国务院决定调整优化科技重大专项和国家科技计划财政投入结构，2009年、2010年两年中央和地方财政集中1000亿元，加强科技创新。在应对危机的一揽子计划中，支持自主创新的投入占到5%以上。我们必须目光远大，把握机遇，在这场竞争中努力实现跨越式发展。要提倡富有生气、不受约束、敢于发明和创造的学术自由。学术研究要鼓励争鸣，因为只有争鸣才能激发批判思维。批判思维是现代社会不可缺少的精神状态，是一种独立思考精神。要尊重个性，一个没有个性的社会是没有生命力和创造力的。要把培养和发现人才放在重要位置，放手让青年人施展才干。我们要把培养创新型人才作为教育发展的重要目标，这需要从娃娃抓起。他还希望两院院士重视和亲身参与科学普及工作。

6月13日，中共中央政治局委员、国务委员刘延东在大会上作报告。她强调，要大力推进知识创新，围绕关系国家全局和长远发展的重大科学问题，瞄准科学前沿和新科技革命可能发生的方向，加快基础研究和高技术研究，加强学科交叉布局，力争在重点领域实现跨越发展。要大力推进技术创新，以解决制约现代化建设的核心科技问题为主攻方向，加快实施科技重大专项，加强企业创新能力建设，掌握更多关键技术和自主知识产权，支撑产业结构调整和经济发展方式转变。要大力推进体制创新，促进科技与经济紧密结合，加强统筹部署和协同创新，优化科技资源配置，建立健全科学合理、富有活力、更有效率的创新体系。要大力推进文化创新，树立自主创新、永攀高峰的信心和决心，营造鼓励探索、宽容失败的氛围，倡导求真务实、潜心研究的精神，厚植科技创新的社会土壤。

中国科学院第16次院士大会主要议程是：听取学部主席团、各专门委员会和各学部常委会工作报告；进行学部主席团、各专门委员会和各学部常委会的换届选举；讨论学部工作；举办第三届学部学术年会；颁发新当选外籍院士证书；颁发陈嘉庚科学家和陈嘉庚青年科学家等。中国工程院第16次院士大会主要议程是：中国工程院院长周济院士作主席团工作报告；研究讨论“国家工程科技思想库建设”研究报告（征求意见稿）；讨论学部工作；颁发新当选院士和外籍院士证书；颁发第九届光华工程科技奖等。

6月11—17日

［纲　文］　**2012年全国食品安全宣传周举行**。

［目　文］　国务院副总理李克强批示指出：希望食品安全办会同有关方面创新形式，讲求实效，强化诚信教育，严格外部约束，营造惩恶扬善、明信知耻的氛围，推动建立让诚信者获益、失信者受惩的长效机制，使食品生产经营者不敢、不能也不愿生产伪劣食品，引导激励全社会共同参与、维护和监督，努力提高食品安全保障水平。

6月11日，全国人大常委会副委员长华建敏宣布食品安全宣传周正式启动。6月12日，农业部在北京举行“食品安全宣传周”农产品质量安全主题日活动，并启动国家农产品质量安全监测信息平台。6月16日，国务院食品安全办公室和中国科协联合发布了《食品安全科普宣传大纲》。《大纲》以食品产业链为主线，从“食品安全基本知识、食品产业链与食品安全、食品安全监管与标准”三个方面，阐明了食品安全基本科学知识。

食品安全宣传周期间，各地区、各有关部门围绕“共建诚信家园，同铸食品安全”的主题，利用多种媒介和载体，开展形式多样、内容丰富的宣传活动，展示食品安全治理整顿成果，介绍打击食品安全违法犯罪、惩处严重失信行为的典型案例和重点部署，进一步强化食品生产经营者的诚信意识、法律意识。同时，深入宣传诚实守信模范单位和个人，激浊扬清、弘扬正气，营造守信光荣、失信可耻的浓厚氛围，增强生产经营者履行食品安全主体责任的自觉性；广泛普及食品安全知识，动员全社会参与食品安全监督，形成维护食品安全的强大合力。

6月12日

［纲　文］　**国务院总理温家宝在中南海紫光阁会见美国前国务卿基辛格**。

［目　文］　温家宝高度评价基辛格几十年来致力于推动中美关系，热心关注中国的发展变化。温家宝表示，中国推进改革开放，是历史必然。中国政府和人民将努力奋斗，实现国家富强和民族振兴，为人类进步做出更大贡献，相信会继续得到国际社会广泛欢迎和支持。

6月12日

［纲　文］　**国务院副总理李克强在人民大会堂会见韩国三星集团副会长崔志成**。

［目　文］　李克强说，这次三星集团到中国投资世界先进的存贮芯片项目，符合中国产业政策方向。我们欢迎更多跨国企业与中方加强研发、生产、营销等多链条合作，以更长远的眼光，把更多技术含量高的项目投向中国特别是中西部地区，生产更加贴近市场

需求的产品，共享发展机遇。

6月12日

［纲　文］ **政法干警核心价值观教育实践活动汇报会暨《政法干警核心价值观教育读本》首发式在人民大会堂举行。**

［目　文］ 首发式强调，各级政法机关要深入贯彻党的十七届六中全会精神，把政法干警核心价值观教育实践活动作为政法工作和政法队伍建设的灵魂工程、基础工程，坚持不懈地抓紧抓好，为政法事业发展进步提供更加有力的思想保证和精神动力。

6月12日

［纲　文］ **上海文艺出版社成立60周年，吴邦国、俞正声、陈至立发来贺词贺信。**

［目　文］ 上海文艺出版社成立于1952年6月1日。60年来原创文学图书出版硕果累累，先后荣获中宣部“五个一工程”奖、中国出版政府奖、茅盾文学奖、鲁迅文学奖等国家级重要奖项。

6月12日

［纲　文］ **中国人力资源社会保障部副部长王晓初与国际劳工组织总干事胡安·索马维亚在日内瓦共同签署100万美元的“促进南南合作伙伴关系协议”。**

6月12日

［纲　文］ **中国首家人文社科中外合作办学机构——中国人民大学中法学院在苏州成立。**

［目　文］ 中法学院由中国人民大学和法国巴黎索邦大学、保罗瓦莱里大学、马赛商学院共同办学，开设了金融学、国民经济管理、法语等多个专业，本年秋季学期开始正式招生150—200人。

6月12—13日

［纲　文］ **中央党史研究室在南京召开全国党史部门党史资政工作经验交流会。**

［目　文］ 会议的主题是：以邓小平理论和“三个代表”重要思想为指导，深入贯彻落实科学发展观，认真总结交流近年来党史资政的有效做法和成功经验，研究部署当前和今后一个时期的资政工作，进一步推动党史资政工作更好地为党和国家工作大局服务。

6月13日

［纲　文］ **温家宝主持召开国务院常务会议。**

［目　文］ 会议对今后一个时期食品安全工作作了部署。主要任务是：一、健全食品安全监管体系。完善食品安全监管体制机制，构建全程覆盖、运转高效的监管格局，强化属地管理责任和基层工作体系。二、严格食品安全监管。深入开展食品安全治理整顿，规范生产经营秩序。依法严厉打击食品安全违法犯罪行为，确保对犯罪分子刑事责任追究到位。加强食用农产品和食品生产经营监管，建立健全严格的食品退市、召回和销毁管理制度。三、严格落实生产经营者主体责任。食品生产经营单位依法履行食品安全主体责

任，食品企业法定代表人或主要负责人负首要责任，企业质量安全主管人员负直接责任。建立食品安全信用档案，及时向社会公布食品生产经营者的信用情况，为诚信者创造良好发展环境，对失信行为予以惩戒。四、加强监管能力建设。充实和强化基层监管执法力量，加强法律法规、业务技能、工作作风教育培训，提高执法水平。完善食品安全标准体系和风险监测评估体系，提高检验检测和应急处置能力。五、完善食品安全政策法规，着力解决违法成本低的问题。落实责任制和责任追究制，加大行政问责力度。六、动员全社会广泛参与，构建群防群控工作格局。大力推行食品安全有奖举报。普及食品安全法律法规及食品安全知识，充分调动人民群众参与食品安全治理的积极性主动性，形成强大合力。

会议审议通过《机关事务管理条例（草案）》。草案按照加强管理、规范工作、保障正常运行、降低运行成本、建设节约型机关的要求，明确了机关运行经费、机关资产和服务管理的基本制度。草案对公务接待、公务用车购置和运行、因公出国（境）的预算管理作了规定，要求各级政府建立健全机关运行经费公开制度，定期公布预算和决算情况；要求各级政府推进机关后勤服务、公务用车和公务接待服务等工作的社会化改革，建立健全相关管理制度。

会议审议通过《无障碍环境建设条例（草案）》。草案根据创造无障碍环境、保障残疾人等社会成员平等参与社会生活的要求，本着实用、易行、广泛受益的原则，对无障碍设施建设、无障碍信息交流和无障碍社区服务作了规定，以方便残疾人等社会成员自主安全地通行道路，出入相关建筑物，搭乘公共交通工具，获取和交流信息，获得社区服务。

6月13日

［纲　文］　**国务院副总理李克强在中南海紫光阁会见缅甸外交部部长吴温纳貌伦。**

［目　文］　应外交部部长杨洁篪邀请，缅甸外交部部长吴温纳貌伦对中国进行正式访问。13日，李克强会见吴温纳貌伦。李克强说，中缅互为重要邻国，有着深厚的传统友谊，值得倍加珍惜。在国际地区形势发生深刻复杂变化的形势下，进一步巩固和发展双边关系十分重要。中方重视发展对缅关系，愿同缅方一道，立足于维护中缅两国人民根本利益，着眼长远，精心维护好两国友好合作大局，确保中缅全面战略合作伙伴关系不断向前发展。

同日，杨洁篪同吴温纳貌伦举行会谈，双方就中缅关系及共同关心的国际地区问题深入交换意见。

6月13日

［纲　文］　**中宣部、中央文明办、教育部、解放军总政治部、全国总工会、共青团中央、全国妇联在北京召开学习时代楷模座谈会。**

［目　文］　中共中央政治局委员、中央文明委副主任刘云山出席并讲话。他强调说，最近一个时期，张丽莉、吴斌、高铁成等一个又一个英雄人物接连涌现、灿若群星，在社会上产生热烈反响，被群众誉为“最美的中国人”，当之无愧地成为“时代楷模”。广

泛开展向时代楷模学习活动，对于进一步提升人们的道德自觉，凝聚强大精神力量，更好地促进改革开放和社会主义现代化建设，具有重大而深远的意义。

会上，宣读了中央文明委《关于广泛开展向张丽莉、吴斌、高铁成同志学习活动的通知》。《通知》介绍他们的事迹说：张丽莉是黑龙江佳木斯市第十九中学语文教师。2012年5月8日晚，一辆失控客车突然冲向他们，生死攸关时刻，张丽莉挺身而出，奋力将学生推开，保护了他们，自己却被卷入车轮下，造成双腿高位截肢。吴斌是浙江杭州市长途运输客运二公司司机。2012年5月29日上午，他驾驶大客车行驶在高速公路上，被不明金属块击中，胸腹部受到重创。他强忍剧痛，将车停稳，车上24名乘客安然无恙，他却因伤势过重去世。高铁成是北京卫戍区某团班长。2012年5月18日晚，哈尔滨市一家餐馆突发煤气爆燃事故。他连续两次冲入火海，切断电源，最终因伤晕倒在地，面部、颈部和双上肢被严重烧伤。《通知》指出，要把学习活动与深入推进社会主义核心价值体系建设紧密结合，与正在广泛开展的学雷锋活动和志愿服务活动紧密结合，与道德模范学习宣传紧密结合，充分运用广播、电视、报纸等媒体和网络传媒等多种形式，激发人们的道德自觉，引导人们为实现全面建设小康社会宏伟目标团结奋斗。

教育部、解放军总政治部、全国总工会、共青团中央、全国妇联和《人民日报》、新华社、中央电视台负责人，专家学者代表，以及张丽莉、吴斌、高铁成的同事作了发言。

6月13日

［纲　文］　国务院办公厅转发人力资源社会保障部、财政部、国资委《关于加强企业技能人才队伍建设的意见》。

［目　文］　《意见》指出，企业技能人才是中国人才队伍的重要组成部分，是推动经济社会发展的重要力量。加强企业技能人才队伍建设，是增强企业核心竞争力、推动产业转型升级和提升企业创新能力的内在要求，是加快经济发展方式转变、促进产业结构调整的有效手段，是深人实施人才强国战略和科教兴国战略、建设人力资源强国的重要内容。

为贯彻落实《国家中长期人才发展规划纲要（2010—2020年）》等要求，《意见》提出，今后要健全企业职工培训制度，并提出如下目标——“十二五”期间，力争使企业所有技能岗位职工都得到至少一次职业培训。围绕这个目标，今后中国将创新企业职工培训方式，首先是大力开展岗前培训。企业要根据先培训后上岗的原则，对新录用和转岗的职工，通过自主培训或委托培训的方式，开展以基本技能、安全知识、操作规程、规章制度及从业素质为主要内容的岗前培训。同时鼓励企业与职业院校合作，开展订单式培训和定岗培训。各地要完善职业培训补贴直补企业的政策，按有关规定给予企业相应的培训费补贴。岗前要培训，在岗期间还要进行技能提升培训。企业应通过在岗培训、脱产培训、业务研修、岗位练兵等方式，对职工开展技能提升培训。

《意见》强调，要把岗位练兵作为提升职工技能水平的重要手段，在全国广泛开展企业职工岗位练兵活动。人社部有关负责人介绍说，首次全国范围内的企业岗位练兵技术比武活动已于近日在青岛港启动，国内 71 家企业发出了技术比武活动的倡议。职工在岗位练兵中的表现，将可作为晋升职业资格和参评全国技术能手等相关荣誉称号的重要依据。

6 月 13 日

［纲　文］ **国务委员戴秉国应约同美国总统国家安全事务助理多尼伦通电话，双方就当前中美关系和共同关心的国际和地区问题交换意见。**

6 月 13 日

［纲　文］ **最高人民法院印发《关于严格执行法律法规和司法解释依法妥善办理征收拆迁案件的通知》。**

［目　文］ 《意见》的主要内容有：一、加强相关法律法规和司法解释的学习培训，二、抓紧对征收拆迁案件进行一次全面排查，三、认真研究解决征收拆迁案件的新情况新问题，四、规范司法行为，强化审判执行监督，五、建立完善信息和舆情报告制度。

6 月 13 日

［纲　文］ **国家海洋局在北京举行《中国海洋发展报告 2012》首发仪式。**

［目　文］ 海洋发展战略研究所所长高之国、副所长贾宇介绍了《中国海洋发展报告 2012》具体内容。《中国海洋发展报告 2012》是国家海洋局、海洋发展战略研究所组织编写的海洋发展系列年度报告，重点结合 2011 年中国和周边海洋事务发展的特点，系统报道海洋发展现状和趋势。报告主要包括：中国海洋发展的周边环境，海洋法律与海洋权益，海洋经济与海洋科技，海洋生态环境保护与资源开发，海洋政策与海洋管理，极地科学考察等方面的内容。《中国海洋发展报告 2012》还新增加了关于中国极地科学考察的内容。

6 月 13 日

［纲　文］ **文化部宣布全国美术馆、公共图书馆、文化馆 2012 年底前向公众免费开放。**

［目　文］ 文化部公共文化司负责人在文化部召开的“十七大以来文化建设成就系列——公共文化服务体系建设专题新闻发布会”上介绍说，2012 年年底之前，全国美术馆、公共图书馆、文化馆（站）（“三馆一站”）将全部实现向公众免费开放，中央已将“三馆一站”免费开放经费列入制度性预算当中。

6 月 13 日

［纲　文］ **广电总局发出《关于开展“打击新闻敲诈、治理有偿新闻”专项行动的通知》。**

［目　文］ 《通知》说，按照中宣部统一部署，为进一步规范新闻采编秩序，维护新闻工作公信力和权威性，为党的十八大胜利召开营造良好氛围，国家新闻出版总署等有关部门将从现在开始开展为期 3 个月的“打击新闻敲诈、治理有偿新闻”的专项行动。专项行动的基本任务是：严厉打击假冒新闻机构和采编人员开展“新闻采访”活动及利用“新闻采访”活动敲诈勒索的行为。治理新闻采编人员利用采访活动谋取利益，或接受采访对

象、单位、利益相关方和公关公司“红包”等不良现象。治理新闻机构及其工作人员以新闻报道形式发布广告，搞有偿新闻、有偿不闻的行为，规范新闻采访活动秩序，清除新闻工作中存在的不正之风。

《通知》要求：一、深入宣传引导，为“打击新闻敲诈、治理有偿新闻”专项行动提供有力舆论支持。二、严格执行各项管理规定，严肃查处违法违规行为。三、建立打击新闻敲诈、治理有偿新闻的长效机制。

6月13日

［纲　文］　**中国第一条城市铁路大直径泥水盾构隧道——天津西站至天津站地下直径线盾构隧道贯通**。

6月13日

［纲　文］　**《人民日报》消息，广西石漠化治理取得显著成效**。

［目　文］　报道说，近几年广西全区增加石山森林植被2000多万亩，全区覆盖率已从2005年的52.7%提高到了2011年的60.5%，石漠化地区每年提高森林覆盖率1个百分点以上。广西还通过大力发展特色产业，积极推进林业生态扶贫，让群众牢固树立“石山也是宝”的发展理念，科学解决石漠化难题。

6月13日

［纲　文］　**新华社讯，西藏古格王国遗址壁画修复工程5月启动**。

［目　文］　古格王国遗址位于阿里地区札达县托林镇扎布让村西南约1公里处，是古格王国遗留下的规模最大的一处建筑群遗址，列入全国第一批重点文物保护单位。古格王朝壁画肇始于公元15世纪中叶，由于年代久远及自然侵蚀，曾一度出现空鼓、脱落、泥污等问题。壁画修复是古格王朝遗址保护工程中的重要部分，于2012年5月启动，修复面积达1270余平方米，涉及遗址内红庙白殿、红殿、大威德殿、度母殿和坛城殿等五大殿，以及一个护法洞窟内的壁画修复。2013年12月完工。

6月13—17日

［纲　文］　**李长春在河南调研**。

［目　文］　中共中央政治局常委李长春到洛阳、平顶山、许昌、郑州等地，进企业、入社区、访农户、考察基层文化单位，就贯彻落实党的十七届六中全会精神、加快转变经济发展方式、推进文化改革发展等进行调研。他强调，各级党委和政府特别是宣传文化部门要深入贯彻落实党的十七届六中全会精神，充分认识推进文化改革发展的重要性和紧迫性，进一步增强文化自觉和文化自信，推动文化体制改革向广度和深度拓展，加快构建有利于文化繁荣发展的体制机制，不断开创文化改革发展新局面，迎接党的十八大胜利召开。

6月14日

［纲　文］　**国务院批转人力资源社会保障部、发展改革委、民政部、财政部、卫生**

部、社保基金会制定的《社会保障“十二五”规划纲要》。

［目　文］　《纲要》共 10 个方面，提出未来五年社会保障事业发展的主要目标是：社会保障制度基本完备，体系比较健全，覆盖范围进一步扩大，保障水平稳步提高，历史遗留问题基本得到解决，为全面建设小康社会提供水平适度、持续稳定的社会保障网。要点是：

一、制度建设。各项保障制度基本完备。机关事业单位养老保险制度改革稳步推进，已有各项保障制度不断完善。城乡统筹取得积极进展，多层次保障体系进一步完善。

二、覆盖范围。基本养老保险、基本医疗保险保障人群实现基本覆盖。“十二五”期末，城镇基本养老保险参保人数达到 3.57 亿人，其中企业职工基本养老保险达到 3.07 亿人；新农保参保人数达到 4.5 亿人。城乡基本医疗保险参保率在 2010 年基础上提高 3 个百分点。工伤保险参保人数达到 2.1 亿人，失业保险参保人数达到 1.6 亿人，生育保险参保人数达到 1.5 亿人。城乡最低生活保障实现应保尽保。

三、保障水平。继续提高各项社会保险待遇水平。企业职工基本养老金、城镇居民社会养老保险和新农保基础养老金稳步增长。职工基本医疗保险、城镇居民基本医疗保险和新农合在政策范围内住院费用支付比例达到 75% 左右。城镇居民基本医疗保险和新农合门诊统筹覆盖所有统筹地区，稳步推进职工基本医疗保险门诊统筹。失业保险、工伤保险、生育保险待遇标准和城乡低保标准稳步提高，工伤伤残职工享有基本的职业康复服务。

四、服务体系建设。覆盖全社会的劳动就业和社会保障公共服务网络基本形成，全国所有街道（社区）、乡镇（行政村）基本完成劳动就业和社会保障基层服务平台建设，行政村普遍实施劳动就业和社会保障协管员制度。县级以上（含县级）普遍建立布局合理、功能齐全、信息联网的社会保障基础服务设施。国家统一标准的社会保障卡持卡人数达到 8 亿人。纳入社区管理的企业退休人员比例达到 80%。社会养老服务体系和儿童福利服务体系更加完善，建立健全残疾人服务体系和农民工留守家属关爱服务体系。经常性社会捐助体系进一步完善，各乡镇（街道）基本建立经常性捐助站（点）和慈善超市。

6 月 14 日

［纲　文］　**国务院副总理李克强在中南海紫光阁会见比利时副首相兼外交、外贸和欧洲事务大臣雷恩代尔。**

［目　文］　李克强说，当前，中比关系发展良好。在国际形势复杂变化、世界经济复苏艰难曲折的大背景下，中比应开拓创新，进一步推进两国务实合作。积极扩大双向投资，推动城镇化合作，加强高科技、节能环保、金融等领域合作，分享技术，开拓市场，实现双赢。同时，双方可利用比利时有“欧洲首都”之称的区位优势，深化人文合作，加强智库、学者交流，增进中欧相互了解和友谊。

6 月 14 日

［纲　文］　**全国党政机关违规公务用车处置工作会议在北京召开。**

［目　文］　中共中央政治局常委、中央纪委书记贺国强批示指出：党政机关公务用

车问题是群众关注的热点问题之一，这项专项治理工作进展是顺利的。要加大工作力度，着力解决突出问题，建立健全长效机制，推进公务用车改革，力争在年内取得重要的阶段性成果。中央书记处书记、中央纪委副书记何勇批示指出：党政机关公务用车问题专项治理工作取得了明显成效，要坚持抓下去，解决突出问题和薄弱环节。国务委员兼国务院秘书长马凯批示指出：党政机关公务用车问题专项治理工作进展顺利，取得阶段性成效，来之不易，要倍加珍惜。这项工作当前仍存在一些薄弱环节和突出问题，落实工作成果，防止发生反弹，任务仍很艰巨。

会议披露，党政机关公务用车问题专项治理工作开展一年来，中央和国家机关本级一般公务用车压减达35%。截至目前，全国共清理出违规公务用车19.96万辆。会议总结交流了前期工作的经验做法，对违规公务用车处置等重点工作进行再动员再部署。要坚持清理与规范并重，在清理纠正突出问题的同时，抓好公务用车全面编制管理、执法执勤用车规范管理、建立健全长效机制等工作，统筹安排，协调推进，确保实现“总量减少、费用下降、管理规范”的专项治理工作目标。

6月14—20日

［纲　文］　**国家主席胡锦涛访问丹麦并出席二十国集团领导人第七次峰会。**

［目　文］　6月14日，胡锦涛抵达哥本哈根开始对丹麦进行国事访问。6月15日，国家主席胡锦涛会见了丹麦女王玛格丽特二世和亨里克亲王；在丹麦首都哥本哈根考察参观城市绿色发展。6月16日，胡锦涛同丹麦首相托宁—施密特举行会谈，会见丹麦议长吕克托夫特；王岐山与丹麦王储、副首相共同出席企业家座谈会，丹中企业签署多项合作协议。

6月16日，国家主席胡锦涛离开丹麦前往墨西哥出席二十国集团峰会。会议期间，胡锦涛同墨西哥总统卡尔德龙举行了会晤，接受墨西哥主流媒体书面采访；分别会见了埃塞俄比亚总理梅莱斯、德国总理默克尔、法国总统奥朗德、西班牙副首相萨恩斯·德圣玛丽亚、美国总统奥巴马；同西班牙国王卡洛斯通电话；出席了金砖国家领导人会晤。

6月19日，国家主席胡锦涛出席二十国集团领导人第七次峰会。并发表题为《稳中求进　共促发展》重要讲话。

胡锦涛强调，世界经济发展正处在承前启后、继往开来的关键阶段，完善全球经济治理任重道远，应该倍加珍惜二十国集团的作用和影响，牢牢把握世界经济发展大势，同心同德，协调合作，共同克服前进道路上的风险和挑战，共同推动世界发展繁荣。戛纳峰会以来，世界经济保持复苏态势，同时不稳定不确定因素依然突出，导致国际金融危机的深层次矛盾尚未消除，新的风险又在形成和积聚。在这样的形势下，我们既要巩固应对国际金融危机的成果、保持经济社会稳定和发展，又要稳中求进，探索新思路，采取新举措，解决新问题，推动世界经济强劲、可持续、平衡增长。

峰会期间，国务院副总理王岐山会见了日本财务大臣安住淳和法国经济、财政和外贸部长莫斯科维奇；国务委员戴秉国会见了美国总统国家安全事务助理多尼伦。

6月20日，国家主席胡锦涛一行出席二十国集团峰会后离开墨西哥回国。

6月15日

［纲 文］ **温家宝在中南海向新聘任的国务院参事和中央文史研究馆馆员颁发聘书并座谈。**

6月15—16日

［纲 文］ **第二届中国人才发展论坛在深圳举行。**

［目 文］ 中组部部长李源潮出席开幕式并与专家座谈。他指出，科技创新创业是现代经济社会发展最重要的驱动力，要按照科学人才观的要求，努力创建中国特色创新创业人才开发体系，更好地培养、引进、使用创新创业人才，推动加快建设创新型国家和人才强国。

中国人才发展论坛是由国家人力资源社会保障部发起主办的国家层面的首个人才论坛。本届论坛主题是“创新创业人才开发理论与实践”。论坛围绕《国家中长期人才发展规划纲要（2010—2020年）》提出的目标任务，开展了关于创新创业人才成长规律、培养方式、激励机制的交流研讨。论坛分为大会发言和四个分论坛，包括海归海外人才论坛、高层次创新型人才论坛、人才创业论坛、人才特区论坛。论坛披露，根据中国首次进行的全口径人才资源统计，截至2010年底，全国人才资源总量已达到1.2亿人。

6月16日

［纲 文］ **国务院印发《“十二五”节能环保产业发展规划》。**

［目 文］ 《发展规划》共六个方面，提出到2015年的总体目标是：一、产业规模快速增长。节能环保产业产值年均增长15%以上，到2015年，节能环保产业总产值达到4.5万亿元，增加值占国内生产总值的比重为2%左右，培育一批具有国际竞争力的节能环保大型企业集团，吸纳就业能力显著增强。二、技术装备水平大幅提升。到2015年，节能环保装备和产品质量、性能大幅度提高，形成一批拥有自主知识产权和国际品牌，具有核心竞争力的节能环保装备和产品，部分关键共性技术达到国际先进水平。三、节能环保产品市场份额逐步扩大。到2015年，高效节能产品市场占有率由目前的10%左右提高到30%以上，资源循环利用产品和环保产品市场占有率大幅提高。四、节能环保服务得到快速发展。采用合同能源管理机制的节能服务业销售额年均增速保持30%，到2015年，分别形成20个和50个左右年产值在10亿元以上的专业化合同能源管理公司和环保服务公司。城镇污水、垃圾和脱硫、脱硝处理设施运营基本实现专业化、市场化。

《规划》指出的重点领域是：一、节能产业重点领域：节能技术和装备，锅炉窑炉，电机及拖动设备，余热余压利用设备，节能仪器设备。二、节能产品：家用电器与办公设备，高效照明产品，节能汽车，新型节能建材。三、节能服务。

6月16日

［纲　文］　**出席联合国可持续发展大会中国筹委会代表团在巴西里约热内卢举行首次主题边会。**

［目　文］　中国筹委会代表团副团长、外交部部长助理马朝旭阐述了中国对此次大会的六点期待：一是维护“共同但有区别的责任”原则；二是统筹经济、社会发展和环境保护的平衡协调发展；三是开辟绿色经济的广阔前景；四是加强可持续发展机制建设；五是切实为发展中国家提供支持和帮助；六是开启制订可持续发展目标进程。

6月16日

［纲　文］　**大陆首个以宗亲文化为主题的对台文化交流中心——海峡两岸（漳州）宗亲文化交流中心在福建漳州成立。**

6月16日

［纲　文］　**北京市公共自行车服务系统正式启动试运营。**

［目　文］　第一批2000辆自行车，散布在北京地铁5号线和10号线沿途的63个租赁点。市民可持本人有效二代身份证及复印件，使用具有储值功能的市政公交一卡通开通市民租车。

6月16—22日

［纲　文］　**第四届海峡论坛在福建厦门举行。**

［目　文］　6月16日，全国政协主席贾庆林出席并宣布论坛开幕。全国人大常委会副委员长陈至立，全国政协副主席黄孟复、张榕明、林文漪，福建省委书记、省人大常委会主任孙春兰，中共中央台湾工作办公室、国务院台湾事务办公室主任王毅，海峡两岸关系协会会长陈云林等出席开幕式。由两岸68家有关机构和社会团体共同举办的本届海峡论坛，参会总人数超过万人。参加论坛的台湾民众大多数来自基层，其中包括台湾相关党派、工会、青年、妇女、宗教、民间信仰、工商、物流、农业、水利、科技、体育、医药、新闻出版、影视等30多个界别和民间社团的代表。论坛开场歌舞《两岸一家亲》在两岸歌手的歌声中亮相。“中华情·海峡缘”综艺晚会上，李玲玉、周蕙、熊天平、蔡国庆、任贤齐、汪峰等两岸演员接连演出。

6月17日，由全国妇联主办的第四届海峡论坛海峡妇女论坛开幕。陈至立出席开幕式并致词。她说，妇女是两岸和平发展最积极的维护者和推动者。海峡两岸同文同种，同根同源。两岸妇女不仅有同胞情，更有姐妹情。她希望，两岸妇女相互学习、相互帮助，进一步加强文化教育等领域的交流合作，携手共同推动两岸和平发展关系的不断深入。

6月16—22日

［纲　文］　**第三届亚洲沙滩运动会在山东海阳市举行。**

［目　文］　国务委员兼国务院秘书长马凯出席开幕式并宣布运动会开幕。第十届全国人大常委会副委员长热地，亚奥理事会主席艾哈迈德亲王，国家体育总局局长、第三届亚沙会组委会主席刘鹏，山东省委书记、省人大常委会主任姜异康，山东省委副书记、省

长、第三届亚沙会组委会执行主席姜大明出席开幕式。运动会共设置13个大项、45个小项的比赛，分别包括：沙滩排球、沙滩足球、沙滩篮球、沙滩手球、沙滩藤球、沙滩卡巴迪、龙舟、公路轮滑、运动攀登、沙滩木球、帆板、滑水和动力滑翔伞。共有来自亚洲45个国家和地区的1601名运动员参赛。中国、泰国、韩国分获奖牌前三名。

6月16—24日

［纲　文］　**第15届上海国际电影节举行。**

［目　文］　本年电影节组委会共收到来自106个国家和地区的1643部影片报名参加“金爵奖”角逐。由法国著名导演让·雅克·阿诺领衔组成的国际评委会评选结果是，在2004年上海国际电影节上摘取过金爵奖的伊朗导演克斯罗·马素米凭借《熊》二度捧得最佳影片大奖，加拿大导演米歇琳·兰克图的《从未放弃的爱》摘取了评委会大奖，中国导演高群书凭借《神探亨特张》获颁最佳导演奖，在俄罗斯影片《指挥家》中有优异表现的弗拉德斯·巴格多纳斯获封影帝，影后花落在墨西哥影片《悲伤成梦》中有上乘表现的乌苏拉·普鲁内达身上。

6月16—29日

［纲　文］　**神舟九号载人飞船发射成功，首次载人空间交会对接后安全返回。**

［目　文］　6月16日18时37分21秒，神舟九号飞船在酒泉卫星发射中心点火发射升空，顺利将3名航天员送上太空。6月18日11时左右转入自主控制飞行，14时左右与天宫一号实施自动交会对接，这是中国实施的首次载人空间交会对接。

6月24日12时许，中国首次空间手控交会对接试验成功。航天员刘旺通过手柄控制飞船的姿态、速度和方向，使神舟九号从140米外向天宫一号缓缓接近，最终成功捕获天宫一号。6月28日9时22分，刘旺手动控制神舟九号飞船与天宫一号目标飞行器分离。这也是神舟飞船与目标飞行器第一次实施空间手控分离。组合体成功分离后，地面科技人员对飞船实施返回控制，6月29日10点03分神舟九号飞船安全返回。这意味着，中国完整掌握了空间交会对接技术，具备了以不同对接方式向在轨飞行器进行人员输送和物资补给的能力。此次执行任务的飞行乘组特点是“新老搭配、男女配合”。一是作为航天员景海鹏是第二次参加飞行任务；二是刘洋成为中国首位参加载人航天飞行的女航天员，同时她也是中国第二批航天员中首个参加飞行任务的，打破了中国从未有女航天员进入太空的纪录。

正在丹麦进行国事访问的中共中央总书记、国家主席、中央军委主席胡锦涛发来贺电。中共中央政治局常委、全国人大常委会委员长吴邦国等前往酒泉卫星发射中心观看发射，接见天宫一号与神舟九号载人交会对接任务参研参试单位代表。他代表党中央、国务院、中央军委和胡锦涛总书记，向参加工程研制、建设、试验的同志们表示诚挚的问候和崇高的敬意。吴邦国说，神舟九号飞船的成功发射，标志着天宫一号与神舟九号载人交会对接任务实现良好开局、迈出重要一步。这凝聚着几代航天人的不懈追求和心血汗水，饱含着参加任务全体科技工作者、干部职工、部队官兵的辛勤劳动和聪明才智。大家为中国航天事业作出的卓越贡献，党和人民永远不会忘记。中共中央政治局委员、国务委员刘延东参加接见。

6月17日

［纲　文］ **第3届中国行政改革论坛在北京召开。**

［目　文］ 论坛由中国行政体制改革研究会、中国行政管理学会、中国机构编制管理研究会共同主办，以“中国行政体制改革的回顾与前瞻”为主题，主要围绕转变政府职能、优化政府结构、深化政府自身改革、推进事业单位改革四个主题展开深入研讨。

全国政协副主席李金华在致辞中说，深化行政体制改革，要加强顶层设计，特别需要解决好四个方面的问题。一是进一步切实转变政府职能；二是进一步加强法治政府建设；三是进一步推行政务公开；四是进一步推进反腐倡廉工作。

来自中共中央、国务院有关部门、部分省市和三个主办单位的行政改革理论研究者200余人参加了本届论坛。

6月17日

［纲　文］ **公安部消息，八省市公安机关联合开展打击银行卡诈骗犯罪集中收网行动。**

［目　文］ 在公安部统一指挥下，浙江、辽宁、吉林、黑龙江、上海、福建、山东、广东等八省市公安机关联合开展行动，捣毁犯罪窝点21个，抓获犯罪嫌疑人208名，缴获银行卡数千张及大批作案工具，冻结涉案账户150余个，涉案金额达10余亿元人民币。

6月17日

［纲　文］ **全国首创的天津医科大学联合南开大学、瑞典卡罗林斯卡分子医学中心组建的天津医学表观遗传学协同创新中心成立。**

6月17日

［纲　文］ **《人民日报》报道，辽宁着力构建海上溢油应急体系。**

［目　文］ 已初步形成由国家设备库、港口企业、社会清污力量构成的沿海溢油应急力量体系。辽宁收油机从2010年底的34台增加到88台；溢油回收能力从2010年底的910立方米/小时提高到4835立方米/小时，对沿海海上污染事故的应急处置能力有很大提升。

6月18日

［纲　文］ **新华社讯，胡锦涛任免一批驻外大使。**

［目　文］ 国家主席胡锦涛根据全国人大常委会的决定任免下列驻外大使：免去李连生的驻厄立特里亚大使；任命牛强为驻厄立特里亚大使。免去李国邦的驻塞浦路斯大使；任命刘昕生为驻塞浦路斯大使。免去杨秀萍（女）的驻斯里兰卡大使；任命吴江浩为驻斯里兰卡大使。免去杨伟国的驻巴林大使；任命李琛为驻巴林大使。免去沈智良的驻玻

利维亚大使；任命李东为驻玻利维亚大使。

6月18日

［纲　文］　**贾庆林参观“为祖国大地披上美丽绿装，为科学发展提供生态保障”林业专题展览。**

［目　文］　全国政协副主席王刚、国务委员刘延东一同参观展览。国家林业局局长赵树丛等陪同参观。展览由全国政协办公厅、全国政协人口资源环境委员会、国家林业局共同主办。展览重点反映了党的十六大以来，中央关于林业建设的战略部署和宏伟举措，展示了林业建设取得的成就，详细介绍了中国的基本林情和林业知识，客观阐释了中国林业改革发展面临的新形势、新挑战。

6月18日

［纲　文］　**李克强到在中国科学院半导体所考察。**

［目　文］　国务院副总理李克强强调，要围绕经济社会发展和民生改善的需要，着眼促进经济长期平稳较快发展，以体制改革推进结构调整，更好地发挥科技创新驱动作用，积极培育市场，发展新兴产业，保持经济稳定增长，加快转变发展方式。

6月18日

［纲　文］　**中共中央政治局委员刘云山在人民大会堂会见坦桑尼亚革命党副主席皮乌斯·姆塞夸。**

［目　文］　刘云山说，中坦之间的深厚友谊是两国老一辈领导人亲手缔造和培育起来的，建交48年来两国友好合作关系持续健康稳定发展。中方十分重视中坦传统友谊，愿同坦方继续深化各领域合作，将两国关系不断提升到新水平。

6月18日

［纲　文］　**李源潮在延安干部学院与年轻干部党性教育专题培训班学员座谈。**

［目　文］　中共中央政治局委员、中组部部长李源潮勉励他们加强党性修养、理论学习和基层实践锻炼，为民、务实、清廉、谦虚谨慎，为党和人民做出经得起实践检验、人民检验和历史检验的贡献。

6月18日

［纲　文］　**最高人民法院、最高人民检察院、公安部印发《关于办理走私、非法买卖麻黄碱类复方制剂等刑事案件适用法律若干问题的意见》。**

［目　文］　《意见》主要由八部分组成：一、关于走私、非法买卖麻黄碱类复方制剂等行为的定性，二、关于利用麻黄碱类复方制剂加工、提炼制毒物品行为的定性，三、关于共同犯罪的认定，四、关于犯罪预备、未遂的认定，五、关于犯罪嫌疑人、被告人主观目的与明知的认定，六、关于制毒物品数量的认定，七、关于定罪量刑的数量标准，八、关于麻黄碱类复方制剂的范围。

6月18日

［纲　文］　**中国和平统一促进会八届二次理事大会在北京召开。**

［目　文］　全国政协副主席、中共中央统战部部长、中国和平统一促进会执行副会长杜青林作工作报告指出，三年来，中国和平统一促进会紧紧围绕中央总体部署，始终高举反“独”促统旗帜，牢牢把握两岸关系和平发展主题，坚持服从服务大局与发挥自身优势相结合，反分裂斗争与维护中华民族核心利益相统一，推动事业发展与加强自身建设相促进，开展了大量卓有成效的工作，取得了显著成绩，为推动两岸关系和平发展发挥了积极作用。

6 月 19 日，全国政协主席、中国和平统一促进会会长贾庆林会见了出席大会的全体代表。他强调，中国和平统一促进会是团结联系海内外同胞的桥梁纽带，是全球反“独”促统运动的鲜明旗帜，是推进祖国和平统一的重要力量。八届一次理事大会以来，中国和平统一促进会始终高举爱国主义伟大旗帜，牢牢把握反“独”促统根本宗旨，深入贯彻中央对台、涉藏方针政策，充分发挥民间团体独特优势，在反对分裂活动、维护国家统一、推动两岸关系和平发展中取得了显著成绩。

6 月 18 日

［纲　文］　**中国原子能科学研究院 HI-13 串列加速器于本日 9 时 40 分实现安全运行 10 万小时。**

［目　文］　坐落在中国原子能科学研究院的北京串列加速器核物理国家实验室，是中国低能核物理研究基地。作为实验室的主体设备，HI-13 串列加速器自 1986 年建成后，20 多年来为国内外 50 多个研究机构几百个课题提供了从氢到金 40 多种离子束流，累计提供实验束流超过 8 万小时。原子能院科研人员通过 HI-13 串列加速器在核物理基础研究、核技术应用研究、核数据研究及航天微电子器件单粒子效应研究领域，取得了一批具有国际、国内重要影响的科研成果，为提高中国在国际核物理界的地位发挥了重要作用。

6 月 18 日

［纲　文］　**“和谐之声”第 5 届海峡两岸合唱节闭幕式暨颁奖音乐会在福州举行。**

［目　文］　合唱节由中国音乐家协会、福建省福州市人民政府主办。台湾屏东来义高中合唱团、北京经典合唱团、福州警官合唱团、湖南知青艺术团合唱团获得金奖，另有 10 支合唱团队分获银奖和铜奖。颁奖音乐会上，获奖团队代表演唱了《我的父母之乡》、台湾传统民谣《天黑黑》等 12 首经典歌曲。在台湾著名音乐人郭孟雍的指挥下，两岸少年儿童演唱了《是爱把希望打开》。音乐会在全场大合唱《爱我中华》中完美落幕。

6 月 18 日

［纲　文］　**新华社讯，中铁二十三局集团四公司承建的中国在建海拔最高公路隧道——雅克夏雪山隧道，历经 3 年时间日前贯通。**

6 月 18 日

［纲　文］　**由北京新文化运动纪念馆和北京大学图书馆联合举办的“胡适文物图片展”在北大图书馆展出。**

6 月 18 日

［纲　文］　**《人民日报》报道，广州市破获一起五年来规模最大的非法出版案。**

［目　文］　现场查获非法书刊7万余册，尚未装订成册的散页53万张，印刷胶片7000多张、PS版1000多张；捣毁查封地下印刷线1条、窝点2个。据负责侦破此案的民警介绍，这是一起以正规印刷厂为掩护，集编辑、制作、印刷、发行于一体，大肆制作贩卖政治性非法出版物和淫秽色情出版物的重大案件。

6月18—19日

［纲　文］　**第二届中非青年领导人论坛在北京举行。**

［目　文］　全国政协主席贾庆林出席开幕式并发表主旨讲话说，在中非友好关系发展历程中，青年始终扮演着重要角色。从领导非洲民族解放运动并与毛泽东等中国领导人共同开启中非友好大门的非洲青年志士，到建设坦赞铁路的中国青年建设者，一批又一批中非青年用热血和汗水，在中非关系史上书写了可歌可泣的壮丽篇章。中国共产党和中国政府一贯重视和支持中非青年合作事业，将继续与非洲政党和政府共同努力、积极行动，全面支持中非青年交流与合作，推动中非友好薪火相传、永续发展。

出席论坛的外宾一致认为，中国成功实现了经济的强劲增长并使发展成果为全体人民共享。中国的发展不会给任何人带来威胁，只会给包括非洲在内的全世界带来更多的机遇。非中友谊与合作源远流长，非中青年对推动非中友好合作及可持续发展发挥着日益重要的作用。

论坛开幕前，贾庆林集体会见了参加论坛的纳米比亚前总统努乔马以及坦桑尼亚、纳米比亚、赞比亚、南非执政党代表。团中央书记处第一书记陆昊，以及坦桑尼亚革命党副主席姆塞夸、纳米比亚人组党总书记伊塔娜、赞比亚爱国阵线总书记卡林巴、南非总统府部长沙巴纳等出席开幕式，来自非洲38个国家和中国的近200名青年领导人代表与会。论坛由中国共产党与纳米比亚人组党联合举办。

6月18—19日

［纲　文］　**中非合作论坛—文化部长论坛在北京举行。**

［目　文］　6月18日，中国文化部部长蔡武出席开幕式并作主旨发言。蔡武说，近年来，中非传统友谊不断加深，树立了不同文明和文化间相互尊重、平等交流、互为借鉴、美美与共的典范，有效促进了世界文明多样性，为中非新型战略伙伴关系的全面、均衡、可持续发展做出了重要贡献，为中非传统友谊和务实合作提供了强大的精神动力和文化支持。

6月19日，中共中央政治局常委李长春在人民大会堂会见了来华出席“中非合作论坛—文化部长论坛”的非洲45个国家的代表团团长。李长春说，首届中非文化部长论坛的举办，是中非文化关系史上的大事，标志着中非文化高层战略对话机制的建立，将为未来中非文化交流与合作提供前瞻性和战略性的指引，对中非文化关系的进一步发展产生深远影响。李长春还简要介绍了中国文化建设的情况。

此次论坛的主题为“继往开来—开创中非文化交流与合作新局面”。论坛是文化部联合外交部、商务部、国家广电总局、国家新闻出版总署、国家体育总局、国家文物局等对外文化工作部际联席会议成员单位，为贯彻中非合作论坛北京峰会和第四届部长级会议精神，落实《沙姆沙伊赫行动计划（2010年至2012年）》文化领域相关条款，进一步加强我与非洲国家的文化交流与合作，深化中非传统友谊，在北京举办的。与会的有非洲45个国家的文化部长、文化部长代表、非洲各国驻华使节以及中国专家学者。

论坛举办期间，中国与塞内加尔、利比里亚、厄立特里亚、尼日尔四国分别签署了文化合作协定年度执行计划。

6月18—19日

［纲 文］ **中央文明办在常州召开道德领域突出问题专项教育和治理活动现场推进会。**

［目 文］ 会议认为，中央文明委5月部署开展道德领域突出问题专项教育和治理活动以来，针对食品行业、窗口行业和公共场所中存在的诚信缺失、公德失范现象，各地各部门普遍加强社会公德、职业道德、家庭美德、个人品德教育，激发人们的道德自觉，树立有德光荣、失德可耻的理念。各城市以向群众报告、让群众参与、请群众监督的方式，积极回应群众关切，以群众力量促进实际问题解决。各行业进一步规范工作制度、严明纪律要求、整治不正之风，努力树立文明形象。有关职能部门开展专项整治，加大执法力度，查办违法犯罪行为，有力震慑了不法分子。专项教育和治理活动进展顺利，取得了良好开局。

6月18—21日

［纲 文］ **全国政协十一届全国委员会常委会第18次会议在北京举行。**

［目 文］ 会议的主题是“牢牢把握稳中求进的工作总基调，促进经济平稳较快发展”。中共中央政治局常委、全国政协主席贾庆林主持开幕会。中共中央政治局委员、国务委员刘延东应邀出席会议并作报告。中央国家机关34个部委负责同志到会听取意见和建议。与会的常委和委员围绕主题，突出重点，发扬民主，踊跃建言，提出了很多建设性的意见和建议。会议共收到182份大会发言、社情民意信息和提案，16位常委和委员作了大会口头发言。

21日，中共中央政治局委员、全国政协副主席王刚主持闭幕会议。贾庆林在总结讲话中指出，要着重抓好以下四方面重点工作：一、继续围绕经济社会发展中的重大战略问题建言献策。加强对经济领域、区域发展中重大问题的研究，如确保国家粮食安全、水资源问题、能源安全问题、发展战略性新兴产业问题、加快推进集中连片特困地区发展问题等；加强对体制改革中重大问题的研究，如深化科技体制改革问题、深化财税体制改革问题；二、切实开好“全国地方政协工作经验交流会”和“中国人民政协理论研究工作座谈会”，深入总结十届政协以来人民政协在理论创新、制度创新和工作创新方面的重要成果和经验，积极探索新时期政协理论研究工作的特点和规律，为进一步做好政协工作提供参考和借鉴；三、精心筹备“加强和创新社会管理”专题协商会，紧扣保障和改善民生、创新社会管理体制机制、做好新形势下的群众工作、新经济组织与社会组织管理等重大问题，深入协商讨论，多出议政成果；四、认真做好相关换届筹备工作。

会议通过表决，增补王秀峰、石军、杨衍银、贾治邦为政协第十一届全国委员会委员；任命贾治邦为全国政协人口资源环境委员会副主任、杨衍银为全国政协港澳台侨委员会副主任，任命王秀峰为全国政协提案委员会驻会副主任、石军为全国政协经济委员会驻会副主任；王国卿不再担任提案委员会驻会副主任，改任提案委员会副主任。会议表决通过了关于接受梁振英请求辞去政协十一届全国委员会常务委员、委员职务的决定。

全国政协副主席廖晖、杜青林、白立忱、陈奎元、阿不来提·阿不都热西提、李兆焯、董建华、张梅颖、张榕明、钱运录、孙家正、郑万通、万钢、林文漪、厉无畏、罗富和、王志珍、何厚铧出席会议。

6月19日

［纲　文］　**《第一资源——科学人才观简明读本》出版座谈会在北京召开。**

［目　文］　中共中央政治局委员、中组部部长李源潮出席并讲话。他指出，要加强对科学人才观的宣传和普及，促进国家中长期人才发展规划的落实，努力建设创新型国家和人才强国。中国科学院院长白春礼、中国工程院院长周济、中国社科院常务副院长王伟光做了发言。该书由江苏人民出版社2012年7月出版。

6月19日

［纲　文］　**文化体制改革工作座谈会在兰州召开。**

［目　文］　中共中央政治局委员、中宣部部长刘云山出席会议并讲话，强调要认真贯彻党的十七届六中全会精神，坚持中国特色社会主义文化发展道路，加大力度、加快进度、巩固提高、重点突破、全面推进，着力抓好重点改革任务，着力巩固已有工作成果，着力增强文化发展动力，不断把文化改革发展引向深入，高质量地完成文化体制改革阶段性任务。

会议认为，党的十七届六中全会以来，各地各部门认真贯彻中央决策部署，强化领导责任、完善政策举措、全力攻坚克难，推动文化体制改革取得新的突破，文化事业文化产业发展迈出新的步伐，兴起了文化改革发展热潮。当前，文化体制改革总的进展顺利，大多数地区已完成或接近完成既定的改革目标。同时也要看到，一些地方的改革还存在不小差距，继续推进改革的任务还很重。必须进一步增强责任感使命感，增强自觉性主动性，抓住机遇、乘势而上，深入推进文化改革发展，以优异成绩和丰硕成果向党的十八大献礼。

中宣部常务副部长雒树刚主持座谈会，中宣部、文化部、广电总局、新闻出版总署负责人通报了情况，甘肃等12个省区党委宣传部长作了发言，各省区市党委宣传部分管负责人出席会议。

6月19日

［纲　文］　**《中华人民共和国农民专业合作社法》实施五周年座谈会在北京召开。**

［目　文］　全国人大常委会副委员长乌云其木格出席并讲话。全国供销合作总社党组书记、理事会主任杨传堂及国务院各相关部门、湖北省政府负责人和部分基层农民专业合作社代表在座谈会上发言。座谈会由全国人大常委会农业与农村委员会主任委员王云龙主持。乌云其木格在充分肯定了农民专业合作社法颁布实施以来取得的成效后指出，当前中国正处于工业化、城镇化、农业现代化协调发展的重要时期，也处于传统农业向现代农业转型的重要时期，要进一步提高对贯彻落实农民专业合作社法重大意义的认识，全面准确把握农民专业合作社法的立法宗旨和主要内容，积极引导农民专业合作社健康发展。

6月19日

［纲　文］　**中国第十批赴黎巴嫩维和工兵营第一梯队130名官兵，在昆明巫家坝国际机场乘坐联合国包机飞赴黎巴嫩，前去轮换第九批维和官兵。**

6月19日

［纲　文］　**黄河防总联合调度万家寨、三门峡、小浪底水库实施黄河2012年汛前调水调沙，历时20天。**

6月19—20日

［纲　文］　**习近平在北京大学等高校进行调研。**

［目　文］　中共中央政治局常委习近平先后到北京大学、中国人民大学、清华大学就加强和改进高校党建工作进行调研，并召开座谈会听取意见。他强调，加强和改进高校党的建设要继续坚持和贯彻好正确的指导原则，紧紧围绕服务大局和促进高等教育事业科学发展这一主题来开展，围绕培养中国特色社会主义事业合格建设者和可靠接班人这一根本来推进，围绕贯彻好党委领导下的校长负责制这一领导体制来加强，围绕抓好基层打牢基础这一重要支撑来深化，为高校改革发展稳定提供坚强保证。

中共中央政治局委员、北京市委书记刘淇，中共中央政治局委员、国务委员刘延东，一同参加调研并出席座谈会。中央有关部门负责同志，在京部分高校党委书记和部分高校院系党组织负责人、优秀共产党员、青年教师、辅导员、班主任、学生代表，共70余人参加了座谈会。

6月19—20日

［纲　文］　**全国农村党风廉政建设工作经验交流会在北京召开。**

［目　文］　中共中央书记处书记、中央纪委副书记何勇出席会议并讲话。他强调，加强农村党风廉政建设，要以邓小平理论和“三个代表”重要思想为指导，深入贯彻落实科学发展观，以思想道德教育为基础，以规范和制约权力运行为核心，以维护农民权益为重点，充分调动广大农村基层党员干部的积极性、主动性、创造性，认真解决农民群众反映强烈的问题，建立健全农村党风廉政建设工作长效机制，为农村改革发展稳定提供保证。

会议的主要任务是深入贯彻落实党的十七大和十七届三中、四中、五中、六中全会精神，总结近年来农村党风廉政建设工作，交流工作经验，研究部署当前和今后一个时期重点任务。中央纪委、监察部、国家预防腐败局及10个中央农村基层党风廉政建设工作联席会议成员单位的负责人出席会议。

6月20日

［纲　文］　**中组部在北京召开总结干部离退休制度建立30年来老干部工作座谈会**。

［目　文］　中共中央政治局委员、中组部部长李源潮指出，要认真总结干部离退休制度建立以来老干部工作的实践和经验，深入研究老干部工作面临的新形势新任务，不断推进观念创新、方法创新、制度创新，把老干部工作提高到新的水平。

6月20日

［纲　文］　**第四届文化部创新奖在北京揭晓**。

［目　文］　“中国农民歌会组织模式的创新与实践”等4个项目获特等奖，“掌上国图——移动数字图书馆服务体系建设”等6个项目获创新奖。另有“原创精品工程暨儿童剧联盟项目”等9个项目获创新提名奖。

设立于2004年的文化部创新奖，旨在对立足时代前沿、弘扬科学精神、运用现代科技、惠及广大群众的文化项目予以表彰。

6月20—26日

［纲　文］　**国务院总理温家宝在里约热内卢出席联合国可持续发展大会**。

［目　文］　6月20日，温家宝在大会发表《共同谱写人类可持续发展新篇章》的演讲。他说，自工业革命以来，人类社会创造了超过以往所有时代的物质财富，同时也面临人口膨胀、发展失衡、资源枯竭、环境恶化等重大挑战。我们期待一个绿色繁荣的世界，让现代文明惠及全人类、泽被子孙后代。温家宝说，中国是负责任、有担当的发展中大国，中国越发展，给世界带来的机遇和做出的贡献就越大。中国将帮助发展中国家提高环境保护能力，加强生态保护和荒漠化治理以及应对气候变化。推动可持续发展是功在当代、利在千秋的伟大事业。我期待这次会议取得丰硕成果，描绘一幅“我们憧憬的未来”新蓝图，订立一份人类与自然和谐相处的新契约。中国愿与国际社会一道，共享机遇、共迎挑战，共同谱写人类可持续发展事业新篇章。

21日，温家宝出席“最不发达国家与里约+20”高级别边会和中国环境与发展国际合作委员会成立20周年主题边会，发表题为《战胜贫困，共享人类发展成果》的讲话；并在里约热内卢会见联合国秘书长潘基文，就当前国际金融形势、可持续发展事业以及叙利亚问题和潘基文交换了意见。25日，温家宝在布宜诺斯艾利斯与南方共同市场轮值主席阿根廷总统克里斯蒂娜及巴西总统罗塞夫、乌拉圭总统穆希卡共同出席中国与南共市国家领导人视频会议，就深化双方关系，加强经贸合作交换意见，达成广泛共识。26日，温家宝在联合国拉丁美洲和加勒比经济委员会发表《永远做相互信赖的好朋友》的演讲。

大会围绕“可持续发展和消除贫困背景下的绿色经济”和“促进可持续发展的机制框架”两大主题展开讨论，全面评估20年来可持续发展领域的进展和差距，重申政治承诺，应对可持续发展的新问题与新挑战。120多个国家的国家元首或政府首脑出席大会。

6月20—26日

［纲　文］　**世界知识产权组织保护音像表演外交会议在北京举行。**

［目　文］　6月20日，国务委员刘延东出席开幕式并致辞。她指出，知识产权与科技进步、文化繁荣相伴而生，保护知识产权是全球推动经济发展和社会进步的必然要求和共同选择。多年来，世界知识产权组织致力于建设兼顾各方利益、利于方便获取的国际知识产权制度，促进了创新成果的应用和保护，为维护国际社会公共利益作出了积极贡献。

6月26日，国务院副总理王岐山会见出席保护音像表演外交会议的世界知识产权组织总干事高锐等境外代表。他说，缔结保护音像表演北京条约，是本次会议的重要成果，也是国际知识产权界的一件大事。近年来，中国在实施知识产权国家战略，加强知识产权创造、运用、保护和管理等方面，取得了很大进步。北京市委书记刘淇出席闭幕式并致辞。他表示，《视听表演北京条约》的成功缔结，结束了表演者权利不能享有完整知识产权保护的历史，进一步丰富完善了国际知识产权保护体系，对于促进国际知识产权合作、推动世界文化产业发展具有里程碑意义。世界知识产权组织总干事高锐在致辞中感谢中国政府和北京市为本次会议所做的出色工作。他表示，《视听表演北京条约》非常重要，在北京的一周令人难以忘怀。

会议由世界知识产权组织召集、中国政府承办。世界知识产权组织助理总干事克拉克及来自185个世界知识产权组织成员国的500多名谈判者，以及来自演艺界、产业界和其他利益攸关者组织参加。会议缔结了旨在加强保护音像表演者经济权利与精神权利的《视听表演北京条约》，这也是新中国成立以来首次承办涉及版权条约缔结的外交会议。

6月21日

［纲　文］　**国家副主席、中央军委副主席习近平在人民大会堂会见新加坡国防部长黄永宏。**

［目　文］　习近平指出，面对复杂多变的国际和地区形势，双方应始终从维护中新友好关系大局出发，进一步密切联系，加强沟通和交流，及时就国际和地区重大问题交换看法，不断深化和拓展两国两军关系。

6月21日

［纲　文］　**李克强在人民大会堂接见全国模范地质队——浙江省第七地质大队先进事迹报告团。**

［目　文］　报告团成员向国务院副总理李克强介绍了浙江省第七地质大队建队50多年来坚持理想信念，通过不懈努力，开拓创新，取得了丰硕的找矿成果。李克强说，地质大队几代员工发扬艰苦奋斗精神，兢兢业业、攻坚克难，创造了不平凡的成绩。你们是全国地勘队伍的杰出典范，正因为有全国百万地质勘查工作者在深山老林、荒野大漠中默默奉献，中国地质勘查和能源资源事业才能取得今天的成就和辉煌。

6月21日

［纲 文］ **新华社讯，刘云山在甘肃调研。**

［目 文］ 中央政治局委员刘云山在到兰州、酒泉、嘉峪关等地，深入社区、村镇调研时强调，深入贯彻党的十七届六中全会精神、加快文化繁荣发展步伐，必须立足各地实际，加强总体谋划，充分运用丰厚的文化资源，不断激发文化发展的动力活力，努力探索出一条具有自身特色的文化发展之路。

6月21日

［纲 文］ **世界知识产权组织版权金奖颁奖盛典在人民大会堂举行。**

［目 文］ 在成员国各自范围内颁发版权金奖是世界知识产权组织的一种表彰机制，这一奖项也是世界知识产权组织在中国颁发的版权最高奖项。版权金奖分设作品奖、推广运用奖、保护奖三个奖项。《于丹〈论语〉心得》、二十一世纪出版社、山东省青岛市文化市场行政执法局等十余个作品或机构获得了此奖项。

新闻出版总署署长、国家版权局局长柳斌杰，北京市市长郭金龙，世界知识产权组织总干事高锐，第四届中国国际版权博览会组委会相关负责人和出席2012世界知识产权组织保护音像表演外交会议的154个国家和地区以及49个国际组织的代表等2000多人共同参加了此次典礼。

6月21日

［纲 文］ **纪念马寅初诞辰130周年座谈会在北京人民大会堂举行。**

［目 文］ 座谈会由国家人口计生委、中国人口学会、北京大学主办。全国人大常委会副委员长周铁农、全国政协副主席罗富和、中国人口学会名誉会长彭珮云出席座谈会。

6月21日

［纲 文］ **国务院批准设立地级三沙市。**

［目 文］ 民政部发布《关于国务院批准设立地级三沙市的公告》说，国务院于近日批准，撤销海南省西沙群岛、南沙群岛、中沙群岛办事处，设立地级三沙市，管辖西沙群岛、中沙群岛、南沙群岛的岛礁及其海域。三沙市人民政府驻西沙永兴岛。

6月21日

［纲 文］ **外交部副部长张志军召见越南驻华大使阮文诗，就越南国会通过侵犯中国领土主权的《越南海洋法》提出严正交涉。**

6月21日

［纲 文］ **中国社科院世界社会主义研究中心在北京举行“建立中国的理论研究和话语体系”座谈会。**

［目 文］ 座谈会围绕“用中国的理论研究和话语体系解读中国实践、中国道路，不断概括出理论联系实际的、科学的、开放融通的新概念、新范畴、新表述，打造具有中国特色、中国风格、中国气派的哲学社会科学学术话语体系”等内容进行深入研讨。来自

北京大学、中国人民大学、北京航空航天大学、中国社科院各研究所的众多专家学者参加了座谈会。

6月21日

［纲　文］ **由中国传媒大学与北京合润德堂公司合作成立的国内首家品牌内容专业研究机构——合润品牌内容研究中心在北京成立。**

6月22日

［纲　文］ **中共重庆市第四届委员会第一次全体会议选举张德江为市委书记，黄奇帆、张轩（女）为市委副书记。**

6月22日

［纲　文］ **中国东兴—越南芒街边境禁毒联络官办公室在广西东兴市成立。**

6月22—23日

［纲　文］ **第五届跨国公司领袖圆桌会议在北京举行。**

［目　文］ 全国政协主席贾庆林出席开幕式并讲话。他强调，跨国公司与中国的合作领域不断地拓展，层次不断提升，利益不断扩大。2001年到2010年在华外商投资企业累计汇出的利润达2617亿美元，平均年增长30%。2010年中国税收的21.2%，工业总产值的27.1%，进出口商品总值的53.8%来自于外商投资企业，中国企业也在对外开放的进程中不断发展壮大，越来越多的企业登上了世界经济舞台，2010年中国对外直接投资流量跃居全球第五位，2011年69家中国企业跻身于世界500强之列。当前情况下，更加需要加强跨国公司之间、跨国公司与各国政府之间的通力合作，积极应对挑战，实现共同发展。

全国政协副主席杜青林、郑万通及125家国内外著名公司总裁出席了会议。会议由中国国际跨国公司研究会联合国开发计划署、联合国贸易和发展会议、联合国工业发展组织、联合国环境规划署、全球契约组织6个机构共同主办。

6月22—24日

［纲　文］ **第四届中国国际版权博览会在北京举办。**

［目　文］ 版博会由新闻出版总署（国家版权局）、工业和信息化部、国家广电总局、文化部等共同举办，旨在为中国知识产权战略与中国文化“走出去”战略的实施创造有利条件，并为加速实现文化创意及版权产业成果转化提供国际化、专业化的交流、交易平台。

本届版博会的主宾国是俄罗斯。版博会期间举办了中国版权产业权威信息发布会、国际影视音乐版权论坛、中国网络文学数字出版论坛、推动中国演出市场版权保护及交易等多项活动。

6月22—25日

［纲　文］ **第七届APEC中小企业技术交流暨展览会在成都举行。**

［目　文］ 全国人大常委会副委员长桑国卫、工业和信息化部部长苗圩出席开幕

式。展览会由工业和信息化部与四川省人民政府共同主办，以“技术提升经济，合作创造未来”为主题，重点扶持小型微型企业和创新型、创业型、劳动密集型中小企业参展参会，深入探讨中小企业转型成长等热点话题，创新发展思路，破解发展难题。

APEC中小企业技展会是在中国举办的规模最大、层次最高的亚太经合组织展会，也是APEC组织重点倡导和支持的活动之一，旨在为亚太地区中小企业搭建一个技术交流、经贸合作与投资促进的平台，帮助中小企业开拓国际市场，提高国际竞争力。

6月22—25日

［纲　文］　**第14届国际病毒性肝炎和肝病大会在上海国际中心召开。**

［目　文］　国务委员刘延东发来贺信，全国人大常委会副委员长陈至立出席会议并致辞。刘延东在贺信中说，国际病毒性肝炎和肝病大会作为此领域最高层次的国际学术会议，首次在发展中国家举办，体现了国际社会对中国肝病防治工作的充分肯定，也为中国学习借鉴世界肝病防治领域的先进技术和有益经验、加强中外国际医疗科技交流创造了契机。

陈至立指出，中国政府和社会各界高度重视提高人民的医疗卫生水平和健康素质，全国人口期望寿命由1981年的67.9岁提高到2010年的73.5岁。中国在病毒性肝炎和肝病的预防、治疗和科研等方面取得积极进展。但病毒性肝炎和肝病仍是危害人类健康的严重疾病，需要世界各国共同努力，开展广泛的国际合作，积极应对。

第14届国际病毒性肝炎和肝病大会由中国工程院与上海市人民政府主办。中国工程院院长周济、上海市市长韩正出席会议并讲话。近百名国际专家做了学术汇报。该会议是1972年以来首次在发展中国家举行。

6月23日

［纲　文］　**国务院作出《关于加强食品安全工作的决定》。**

［目　文］　《决定》共8个方面28条。《决定》提出的工作目标是：通过不懈努力，用3年左右的时间，使中国食品安全治理整顿工作取得明显成效，违法犯罪行为得到有效遏制，突出问题得到有效解决；用5年左右的时间，使中国食品安全监管体制机制、食品安全法律法规和标准体系、检验检测和风险监测等技术支撑体系更加科学完善，生产经营者的食品安全管理水平和诚信意识普遍增强，社会各方广泛参与的食品安全工作格局基本形成，食品安全总体水平得到较大幅度提高。

《决定》要求进一步健全食品安全监管体系：一、完善食品安全监管体制。进一步健全科学合理、职能清晰、权责一致的食品安全部门监管分工，加强综合协调，完善监管制度，优化监管方式，强化生产经营各环节监管，形成相互衔接、运转高效的食品安全监管格局。按照统筹规划、科学规范的原则，加快完善食品安全标准、风险监测评估、检验检测等的管理体制。县级以上地方政府统一负责本地区食品安全工作，要加快建立健全食品安全综合协调机构，强化食品安全保障措施，完善地方食品安全监管工作体系。结合本地区实际，细化部门职责分工，发挥监管合力，堵塞监管漏洞，着力解决监管空白、边界不清等问题。及时总结实践经验，逐步完善符合中国国情的食品安全监管体制。二、健全食品安全工作机制。建立健全跨部门、跨地区食品安全信息通报、联合执法、隐患排查、事故处置等协调联动机制，有效整合各类资源，提高监管效能。加强食品生产经营各环节监管执法的密切协作，发现问题迅速调查处理，及时通知上游环节查明原因、下游环节控制危害。推动食品安全全程追溯、检验检测互认和监管执法等方面的区域合作，强化风险防范和控制的支持配合。健全行政执法与刑事司法衔接机制，依法从严惩治食品安全违法犯罪行为。规范食品安全信息报告和信息公布程序，重视舆情反映，增强分析处置能力，及时回应社会关切。加大对食品安全的督促检查和考核评价力度，完善食品安全工作奖惩约束机制。三、强化基层食品安全管理工作体系。推进食品安全工作重心下移、力量配置下移，强化基层食品安全管理责任。乡（镇）政府和街道办事处要将食品安全工作列为重要职责内容，主要负责人要切实负起责任，并明确专门人员具体负责，做好食品安全隐患排查、信息报告、协助执法和宣传教育等工作。乡（镇）政府、街道办事处要与各行政管理派出机构密切协作，形成分区划片、包干负责的食品安全工作责任网。在城市社区和农村建立食品安全信息员、协管员等队伍，充分发挥群众监督作用。基层政府及有关部门要加强对社区和乡村食品安全专、兼职队伍的培训和指导。

6月23日

［纲　文］　**文化部主办的第一届李德伦全国指挥比赛揭晓。**

［目　文］　来自美国耶鲁大学音乐学院的焦阳和辛辛那提大学的景焕分别荣膺比赛的第二名和第三名（第一名空缺），并执棒颁奖音乐会。

6月24日

［纲　文］　**中国蛟龙号载人潜水器在马里亚纳海沟进行第四次下潜，创造了下潜7062米的中国载人深潜纪录，也是世界同类作业型潜水器最大下潜深度纪录。**

6月24日

［纲　文］　**中国科学院院士，复旦大学数学研究所名誉所长、数学科学学院教授谷超豪逝世，享年87岁。胡锦涛、江泽民、吴邦国、温家宝、贾庆林等党和国家领导人以各种不同方式表示深切哀悼。**

6月24日

［纲　文］　**《光明日报》报道，中国科学家筛选出易患脓毒症关键靶点。**

［目　文］　第三军医大学大坪医院野战外科研究所第四研究室创伤基础研究课题组助理研究员曾灵、副研究员顾玮等在973科学家蒋建新的带领下，发现并筛选出易患脓毒症的关键靶点，为脓毒症易患性创伤患者早期预测、预警和干预提供了重要的临床依据。

6月25日

［纲　文］　**国家主席胡锦涛致电穆罕默德·穆尔西，祝贺他当选埃及总统。**

6月25日

［纲　文］　**教育部发布《依法治校——建设现代学校制度实施纲要（征求意见稿）》。**

［目　文］　《纲要》共10条25目，要点是：

一、依法治校的目标：依法治校是在学校这一特定社会组织内，深入贯彻科学发展观，落实依法治国基本方略，弘扬和践行社会主义核心价值体系，依据法律的原则与要求，建立合法公正、系统完善的制度与程序，健全民主管理的体制机制，形成政府依法管理学校，学校依法自主办学，学校、教师、学生合法权益得到有效保护的管理格局；依法保障教育方针得以贯彻，学校的教育活动得以顺利开展、教育目的和理念得以实现；使学校的办学宗旨、教育活动与制度规范，符合民主法治、自由平等、公平正义的社会主义法治理念要求，有利人才培养，促进校园和谐。

二、依法治校的总体要求：依法治校首先要坚持社会主义办学方向，在学校树立法律至上、尊重章程、依法依章办事的理念与要求，实现法律、规则面前的人人平等，实现管理活动、办学活动有法可依、有章可循。依法治校要突出法治原则对学校治理方式与手段的总体要求，重在制约和规范管理权力的行使。要以增强学校领导者依法治校的意识和能力、提高章程及制度建设质量、规范和制约管理权力运行、保证法律、规章的有效执行、完善权利救济机制为着力点，体现法治要求对学校工作全局、管理全程的统摄与指导，对学校具体办学活动、管理行为的系统规范。

三、依法制定具备自身特色的学校章程：依据章程自主管理是学校的法定权利。章程是各级各类学校依法治校的直接依据。要遵循法制统一、坚持社会主义办学方向，坚持以促进改革、增强学校自主权为导向，按照有利于调动教职工的积极性和创造性、激发学校的办学活力和竞争力、规范治理结构和权力运行规则的原则，开展章程建设。章程要充分反映广大教职员工、学生的意愿，凝练共同的理念与价值认同，体现学校的办学特色和发展目标，着力解决学校办学、管理中的重大问题，突出科学性和可操作性，成为学校依法办学、自主管理、履行公共职责的基本规则。

6月25日

［纲　文］　**重555.45公斤的可卡因、海洛因、氯胺酮等毒品，被深圳海关运到深圳市能源环保公司南山垃圾发电厂进行集中绿色环保销毁。**

6月25—27日

［纲　文］　**全国妇联在北京举办中韩妇女友好交流活动。**

［目　文］　活动以“相通20载，携手创未来”为主题。韩国女性家庭部长官金锦来率32人的韩国妇女代表团参加。与会代表就“妇女与社会发展”“妇女与经济”等议题进行专题研讨。活动期间，还举办了以“中韩两国妇女发展与进步”为主题的图片展。

6月25日—7月1日

［纲　文］　**第二届中国海军国际学员周在海军大连舰艇学院举行。**

［目　文］　本届中国海军国际学员周的主题是“增进了解、相互学习、友好合作、共创未来”。来自澳大利亚、德国、意大利、日本、英国和美国等9个国家的18名海军学员与来自海军大连舰艇学院的34名中国学员共同学习、训练、生活一周。

6月26日

［纲　文］　**纪念安子介诞辰100周年座谈会在北京人民大会堂举行。**

［目　文］　全国政协主席贾庆林，全国政协副主席王刚，国务委员刘延东，全国政协副主席廖晖、杜青林、董建华，香港特别行政区第四任行政长官梁振英出席座谈会。座谈会由全国政协副主席兼秘书长钱运录主持。廖晖在座谈会上全面回顾了安子介的生平业绩和卓越贡献。他说，安子介先生是杰出的社会活动家，著名爱国人士，香港知名实业家，中国人民政治协商会议第八届、第九届全国委员会副主席。安子介先生的一生，是爱国的一生，是跟随时代不断进步的一生。他具有强烈的民族责任感和历史使命感，热爱祖国，热爱香港，热心公益，博学多才，在海内外享有崇高声誉，不愧为爱国爱港人士的一面旗帜。他的诸多成就和历史贡献已载入史册，他的爱国精神和高尚品格永远值得我们学习和敬仰。

6月26日

［纲　文］　**中共中央政治局常委、中央纪委书记贺国强在人民大会堂会见波兰最高监察院院长雅采克·耶杰尔斯基。**

［目　文］　贺国强表示，中波两国人民有着传统友谊。2011年，中波两国元首签署了关于建立战略伙伴关系的联合声明，双边关系迈上新的台阶。中方愿以此为契机，在相互尊重、平等互利原则的基础上，进一步增进政治互信，深化务实合作，促进人员往来，共同谱写中波友好的新篇章。

6月26日

［纲　文］　**国务院副总理李克强在中南海紫光阁会见联合国副秘书长、艾滋病规划署执行主任西迪贝。**

［目　文］　李克强说，中国政府高度重视艾滋病防治，特别是近年来，投入和防控力度持续加大，今年又出台了遏制与防治艾滋病“十二五”行动计划，不断扩大宣传教育、监测检测、治疗、综合干预、母婴阻断等“五个覆盖面”，增加抗病毒及机会性感染治疗基本药物种类。目前，中国艾滋病快速蔓延的势头基本得到遏制，病死率显著降低。

6月26日

［纲　文］　**《人民日报》报道，国务院医改办公室《深化医药卫生体制改革三年总结报告》完成上报国务院。**

［目　文］　《报告》指出，自《关于深化医药卫生体制改革的意见》《医药卫生体制改革近期重点实施方案（2009—2011年）》出台以来，新一轮医改统筹推进五项重点改革，如期全面完成了三年医改各项任务，交出了一份惠及全民的中国答卷，朝着实现人人

享有基本医疗卫生服务的目标迈出了坚实步伐。《报告》指出，三年来，全国城乡普遍实施10类基本公共卫生服务和7大类重大公共卫生服务项目。从2009年开始，国家首次为城乡每一位居民提供15元的基本公共卫生服务，2011年提高到25元。国家拿出这么多钱对城乡居民进行预防保健服务，有力地推动了卫生发展模式从重疾病治疗向全面健康管理转变，对保障群众不生病、少生病正在发挥出积极的效应。

《报告》认为，三年医改的成果是初步的、阶段性的，全民医保制度管理体制亟待理顺，公立医院“以药补医”机制亟待破解等等。

6月26—27日

［纲　文］　**全国民族团结进步创建活动经验交流会在银川召开。**

［目　文］　中共中央政治局常委、全国政协主席贾庆林批示指出，要以这次经验交流会为契机，认真总结各地区、各部门开展民族团结进步创建活动的经验做法，培养、树立和推广示范典型，突出重点，强化措施，注重实效，切实推动民族团结进步创建活动广泛深入开展，推进民族团结进步事业繁荣发展。

国务院副总理回良玉出席会议并讲话。回良玉指出，各地区、各有关部门要进一步增强开展创建活动的责任感和紧迫感，推动创建活动更加广泛、深入、持久地开展。一要把创建活动与激发少数民族和民族地区加快发展的积极性紧密结合起来，推动国家支持民族地区发展的政策、相关规划的贯彻落实和创新发展，引导各族人民为全面建设小康社会共同奋斗。二要把创建活动与保障和改善民生紧密结合起来，大力发展教育、卫生、文化等社会事业，促进各族群众的就业，让各族人民进一步共享改革发展成果。三要把涉及民族因素的矛盾纠纷化解作为创建活动的重要任务，建立推进民族团结的长效机制，切实维护民族团结和社会稳定。四要把加强民族团结宣传教育作为创建活动的重要抓手，在全社会唱响民族大团结的时代强音，促进各民族互相信任、互相尊重、互相学习、互相帮助。五要把创建活动作为民族工作创新发展的重要契机，大力推进民族领域的社会管理创新，努力拓展中国特色解决民族问题的宽广道路。

会议由中宣部、中央统战部、国家民委联合召开。宁夏回族自治区党委书记张毅、自治区政府主席王正伟出席会议并致辞。会议为35个全国民族团结进步创建活动示范单位授牌。与会代表在宁夏进行了实地考察，并观看了有关示范单位开展创建活动的视频。

6月26—28日

［纲　文］　**国际反贪局联合会第四届研讨会在大连召开。**

［目　文］　来自80多个国家和地区的400多名代表就国际合作追回资产、资产没收及双边、多边合作实践中的热点、难点问题进行了专题研讨。

6月26—30日

［纲　文］　**十一届全国人大常委会第27次会议在人民大会堂举行。**

［目　文］　全国人大常委会委员长吴邦国主持会议。会议分别通过了《中华人民共和国出境入境管理法》、全国人大常委会关于修改《中国人民解放军选举全国人民代表大

会和县级以上地方各级人民代表大会代表的办法》的决定，全国人大常委会关于批准澳门特别行政区基本法附件一澳门特别行政区行政长官的产生办法修正案的决定，全国人大法律委员会关于澳门特别行政区基本法附件二澳门特别行政区立法会的产生办法修正案草案审查意见的报告，全国人大常委会关于批准2011年中央决算的决议，批准了2011年中央决算，全国人大常委会代表资格审查委员会关于个别代表的代表资格的报告。

在表决通过各项议案后，吴邦国讲话说，本次会议通过的出境入境管理法，在总结中国公民出境入境管理法和外国人入境出境管理法实施经验的基础上，统一了法律的调整范围，细化了出境入境的管理规定，规范了外国人停留居留行为，强化了边防检查以及调查、遣返、处罚等措施。修改后的解放军选举人大代表办法，适应社会主义民主法制建设的新形势和军队建设发展的新要求，对参加军队选举的人员范围、选举委员会的组成和任期、军队人大代表的辞职程序等做出相应调整，为做好军队人大代表选举工作提供了更加完备的制度保障。本次会议对老年人权益保障法修订草案进行了初审。这个草案是根据去年老年人权益保障法执法检查提出的建议，在深入总结法律实施经验、广泛听取各方面意见的基础上形成的。大家对这次修改的总体思路和主要内容表示赞同，并提出一些完善草案的意见和建议，强调在积极发展养老社会保障和社会服务的同时，要进一步巩固家庭养老基础性地位，完善家庭赡养与扶养的权利义务，促进家庭和睦和代际和谐，大力弘扬中华民族敬老、养老、助老的传统美德。本次会议还听取审议了国务院关于保障饮用水安全、禁毒法实施和禁毒工作情况的两个报告，并结合审议保障饮用水安全工作情况报告开展了专题询问。检查文物保护法实施情况，是这部法律自1982年颁布实施以来的第一次。

全国人大常委会副委员长王兆国、路甬祥、乌云其木格、韩启德、华建敏、陈至立、周铁农、司马义·铁力瓦尔地、蒋树声、严隽琪、桑国卫出席会议。国务院副总理回良玉，最高人民法院院长王胜俊，最高人民检察院检察长曹建明，全国人大各专门委员会成员，各省、自治区、直辖市人大常委会负责人，部分全国人大代表等列席会议。

6月27日

［纲　文］ **国家主席胡锦涛同圭亚那总统拉莫塔尔互致贺电，庆祝中圭建交40周年。**

6月27日

［纲　文］ **全国政协主席贾庆林在人民大会堂会见美国华盛顿特区市长文森特·格雷等外国城市市长和副市长。**

［目　文］ 贾庆林对地方政府开展可持续发展领域的合作提出三点建议：第一，坚定合作信心，倡导合作精神，共同反对贸易保护主义，致力于保增长、促就业、促稳定，促进国际贸易健康发展，推动世界经济稳定复苏，从而实现互利共赢、共同发展。第二，推动务实合作，相互交流、相互借鉴，一方面，应在城市规划、管理方面进行交流合作取长补短，另一方面，要针对生态保护、经济结构升级、绿色经济等共同面临的问题探讨解

决办法，增强合作实效。第三，发挥文化作用，通过文化交往，使城市人民近距离了解其他城市的文化，增进城市人民之间的了解与友谊，打牢城市之间友好合作的社会基础和民意基础。

6月27日

［纲 文］ **国务院副总理李克强在中南海紫光阁会见美中贸易全国委员会代表团。**

［目 文］ 李克强赞赏美中贸委会长期以来为促进中美经贸关系健康发展所做的努力。他说，建设相互尊重、互利共赢的中美合作伙伴关系，不断深化的经贸合作是重要基础和积极力量。尤其在当前世界经济形势复杂严峻的情况下，作为全球两个主要经济体，中美经贸关系的发展不仅符合两国根本利益，其意义和影响也超越双边，有利于促进世界经济稳定复苏。

6月27日

［纲 文］ **国务院对广东省政府、发展改革委作出关于支持深圳前海深港现代服务业合作区开发开放有关政策的批复。**

［目 文］ 批复的主要内容是：一、支持深圳前海深港现代服务业合作区实行比经济特区更加特殊的先行先试政策，打造现代服务业体制机制创新区、现代服务业发展集聚区、香港与内地紧密合作的先导区、珠三角地区产业升级的引领区。二、支持前海在金融改革创新方面先行先试，建设中国金融业对外开放试验示范窗口。三、在国家税制改革框架下，支持前海在探索现代服务业税收体制改革中发挥先行先试作用。四、加强法律事务合作。五、支持前海建设深港人才特区，建立健全有利于现代服务业人才集聚的机制，营造便利的工作和生活环境。六、支持前海在深港两地教育、医疗等方面开展合作试点。七、加强电信业合作。

6月27日

［纲 文］ **教育部批复同意中国科学院研究生院更名为中国科学院大学。**

6月27日

［纲 文］ **中国社会科学院在北京发布系列重大科研成果。**

［目 文］ 此次发布的主要科研成果：一是由中国社会科学院民营经济研究中心主任刘迎秋等完成的《中国民营企业发展新论》课题；二是由中国社会科学院财经战略研究院院长高培勇等专家完成的《中国公共财政建设报告（全国版）》；三是由中国社会科学院城市与竞争力研究中心主任倪鹏和美国巴克内尔大学国际经济学教授彼得·克拉索率国际城市研究团队完成的《全球城市竞争力报告》（中英文版）；四是中国社会科学院和联合国人居署专家联合课题组完成的《城市化进程中全球低收入居民住区发展模式探索》课题。

6月27日

［纲 文］ **首届国际大学生新媒体文化节暨“我与奥运”北京—伦敦DV大赛颁奖典礼在北京师范大学举行。**

［目 文］ 此次活动有国内外高校近150部作品参与，以“2012伦敦奥运会”为背

景，征集到的大学生原创视频作品反映了中国对奥运的贡献以及奥运给中国带来的文化、理念等方面的变化。

6月27日、28日

［纲　文］　**全国妇联/李嘉诚基金会启璞计划——村“两委”（村党支部委员会、村民委员会）女干部培训试点项目总结大会和国际论坛分别在广东汕头大学举行。**

［目　文］　全国人大常委会副委员长、全国妇联主席陈至立致信祝贺。贺信强调，启璞计划试点项目作为全国妇联协助党和政府加强女干部能力建设的具体行动，实现了多部门、跨领域的合作，探索了“进大学集中培训+训后实践计划+远程教育”的新模式，提高了女干部的综合素质和履职能力，发挥了辐射带动作用，受到了项目地村民的欢迎，取得良好的多元成效。

村“两委”女干部培训试点项目是妇联组织与高等院校、中国教育电视台等多方合作，运用现代手段、现代培训方式培训女干部的创新之举。

6月27—28日

［纲　文］　**2012年城市可持续发展北京论坛在北京国家会议中心举行。**

［目　文］　6月27日，全国政协主席贾庆林在人民大会堂会见了出席“2012城市可持续发展北京论坛”的美国华盛顿特区市长文森特·格雷等外国城市市长和副市长。贾庆林表示，解决城市可持续发展中的各种问题，不仅要依靠科技的进步，还有赖于城市的居住者转变生活方式，城市管理者转变执政思路。他希望“城市可持续发展论坛”能够凝聚世界各城市在城市建设和管理上的智慧，探索出促进人类全面进步，共同繁荣的可持续发展道路。

来自24个国外城市的市长、副市长、代表等聚集北京。此次论坛以“文化：城市可持续发展的动力”为主题，包括会议、企业家论坛、城市展览、城市艺术节4个主要板块。期间，华盛顿特区、布达佩斯、哥本哈根、威尼斯等10个城市市长，以及以色列特拉维夫-雅法等5个城市副市长参加会议，对“文化与城市发展战略”进行主题发言。10个国家的城市市长、副市长和代表围绕“文化：城市可持续发展的动力”的主题，介绍和分享城市可持续发展方面的国际经验。

6月27日—7月11日

［纲　文］　**“迈向更好明天——庆祝香港特别行政区成立十五周年成就展”在中国国家博物馆举行。**

［目　文］　国家副主席习近平出席开幕式并参观展览。开幕式前，习近平会见了香港特别行政区行政长官曾荫权、候任行政长官梁振英。习近平高度评价香港回归15年来各方面取得的成就，对曾荫权就任行政长官7年来的工作表示充分肯定，并表示中央政府将全力支持新一任行政长官梁振英和特区政府依法施政，与时俱进、稳中求变，开创香港发展的新局面。习近平等在曾荫权、梁振英陪同下参观了展览。习近平表示，这次展览是庆祝香港回归祖国15周年系列活动的一个组成部分，很有意义，展览办得很好、很精彩。

通过展览，可以让内地民众更直观地了解香港回归以来的发展变化和取得的成就，有助于增进大家对“一国两制”的认识和信心，增强对香港与内地未来共同繁荣发展的信心。

国务委员刘延东和曾荫权在开幕式上分别致辞。刘延东致辞说，香港回归祖国15年来，“一国两制”、“港人治港”、高度自治方针得到顺利实施；在中央政府和祖国内地的大力支持下，各项建设事业全面进步；与祖国内地交流合作全方位推进，实现优势互补、共同发展；对外交往更为活跃，国际联系进一步拓展提升。

展览由香港特别行政区政府主办，包括前言、香港回归及“一国两制”、内地与香港携手合作共创双赢、我们走过的日子、香港亚洲国际都会、更好明天共六个部分。展览通过图片、文字和实物，配合新颖的多媒体影音技术，以活泼生动的形式，全面反映了香港特别行政区成立15年来取得的巨大成就。自6月27日开幕起，共有超过10万名观众入场参观。

6月28日

［纲　文］　**全国创先争优表彰大会在人民大会堂召开。**

［目　文］　会前，中共中央总书记、国家主席、中央军委主席胡锦涛会见了与会的全国创先争优先进基层党组织、优秀共产党员和创先争优活动先进县（市、区、旗）党委代表。他代表党中央，向全国8200万名共产党员表示诚挚问候，向受到表彰的创先争优先进基层党组织和优秀共产党员表示热烈祝贺。中共中央政治局常委习近平、贺国强参加会见并出席表彰大会。

习近平在讲话时说，两年多来创先争优活动围绕推动科学发展、促进社会和谐、服务人民群众、加强基层组织这个总要求，在全国基层党组织和党员中广泛而深入地开展，取得了丰硕成果。习近平系统阐述了新的形势下充分发挥党的独特优势问题。他指出，中国共产党在91年的奋斗中形成了自己的理论优势、政治优势、组织优势、制度优势和密切联系群众的优势。这种独特优势，具有决定性的意义和力量，是我们党始终保持先进性和纯洁性的根本法宝。

大会宣读了中共中央组织部关于表彰2010—2012年全国创先争优先进基层党组织、优秀共产党员和创先争优活动先进县（市、区、旗）党委的决定。决定指出，经中央同意，中央组织部对北京市西城区西长安街街道党工委等1000个基层党组织、房萍等100名共产党员、陕西省安塞县委等100个县（市、区、旗）党委进行表彰，分别授予“全国创先争优先进基层党组织”“全国创先争优优秀共产党员”“全国创先争优活动先进县（市、区、旗）党委”荣誉称号；同时，追授黄纬禄等24名同志“全国创先争优优秀共产党员”荣誉称号。

6月28日

［纲　文］　**国务院任命香港特别行政区第四届政府主要官员。**

［目　文］　依照香港特别行政区基本法的有关规定，根据香港特别行政区第四任行

政长官梁振英的提名，国务院任命的香港特别行政区第四届政府主要官员。任命的主要官员包括政务司司长林郑月娥（女）等。这些官员2012年7月1日起履行职责。

6月28日

［纲　文］　**国务院发布《机关事务管理条例》。**

［目　文］　《条例》共6章35条，自2012年10月1日起施行。《条例》对县级以上人民政府及其部门的机关事务管理活动，作出了经费管理、资产管理、服务管理、法律责任方面的规定。指出：为了加强机关事务管理，规范机关事务工作，保障机关正常运行，降低机关运行成本，建设节约型机关，制定本条例。政府各部门应当对本部门的机关事务实行集中管理，执行机关事务管理制度和标准。机关事务工作应当遵循保障公务、厉行节约、务实高效、公开透明的原则。各级人民政府应当依照国家有关政府信息公开的规定建立健全机关运行经费公开制度，定期公布公务接待费、公务用车购置和运行费、因公出国（境）费等机关运行经费的预算和决算情况。各级人民政府应当推进机关后勤服务、公务用车和公务接待服务等工作的社会化改革，建立健全相关管理制度。县级以上人民政府应当加强对本级政府各部门和下级政府的机关事务工作的监督检查，及时纠正违法违纪行为。县级以上人民政府发展改革、财政、审计、监察等部门和机关事务主管部门应当根据职责分工，依照有关法律、法规的规定，加强对机关运行经费、资产和服务管理工作的监督检查；接到对违反机关事务管理制度、标准行为的举报，应当及时依法调查处理。

6月28日

［纲　文］　**国务院印发《关于大力推进信息化发展和切实保障信息安全的若干意见》。**

［目　文］　《意见》包括八个方面，分别是：指导思想和主要目标；实施“宽带中国”工程，构建下一代信息基础设施；推动信息化和工业化深度融合，提高经济发展信息化水平；加快社会领域信息化，推进先进网络文化建设；推进农业农村信息化，实现信息强农惠农；健全安全防护和管理，保障重点领域信息安全；加快能力建设，提升网络与信息安全保障水平；完善政策措施。

《意见》提出到“十二五”末的主要目标是：一、重点领域信息化水平明显提高。信息化和工业化融合不断深入，农业农村信息化有力支撑现代农业发展，文化、教育、医疗卫生、社会保障等重点领域信息化水平明显提高；电子政务和电子商务快速发展，到“十二五”末，国家电子政务网络基本建成，信息共享和业务协同框架基本建立；全国电子商务交易额超过18万亿元，网络零售额占社会消费品零售总额的比重超过9%。二、下一代信息基础设施初步建成。到“十二五”末，全国固定宽带接入用户超过2.5亿户，互联网国际出口带宽达到每秒6500吉比特（Gbit），第三代移动通信技术（3G）网络覆盖城乡，国际互联网协议第6版（IPv6）实现规模商用。三、信息产业转型升级取得突破。集成电路、系统软件、关键元器件等领域取得一批重大创新成果，软件业占信息产业收入比重进一步提高。四、国家信息安全保障体系基本形成。重要信息系统和基础信息网络安全防护能力明显增强，信息化装备的安全可控水平明显提高，信息安全等级保护等基础性工作明显加强。

6月28日

［纲　文］　国务院印发《节能与新能源汽车产业发展规划（2012—2020年）》

［目　文］　《规划》包括以下方面，提出到2015年和2020年的主要目标是：

一、产业化取得重大进展。到2015年，纯电动汽车和插电式混合动力汽车累计产销量力争达到50万辆；到2020年，纯电动汽车和插电式混合动力汽车生产能力达200万辆、累计产销量超过500万辆，燃料电池汽车、车用氢能源产业与国际同步发展。

二、燃料经济性显著改善。到2015年，当年生产的乘用车平均燃料消耗量降至6.9升/百公里，节能型乘用车燃料消耗量降至5.9升/百公里以下。到2020年，当年生产的乘用车平均燃料消耗量降至5.0升/百公里，节能型乘用车燃料消耗量降至4.5升/百公里以下；商用车新车燃料消耗量接近国际先进水平。

三、技术水平大幅提高。新能源汽车、动力电池及关键零部件技术整体上达到国际先进水平，掌握混合动力、先进内燃机、高效变速器、汽车电子和轻量化材料等汽车节能关键核心技术，形成一批具有较强竞争力的节能与新能源汽车企业。

四、配套能力明显增强。关键零部件技术水平和生产规模基本满足国内市场需求。充电设施建设与新能源汽车产销规模相适应，满足重点区域内或城际间新能源汽车运行需要。

五、管理制度较为完善。建立起有效的节能与新能源汽车企业和产品相关管理制度，构建市场营销、售后服务及动力电池回收利用体系，完善扶持政策，形成比较完备的技术标准和管理规范体系。

6月28日

［纲　文］　国务院印发《关于支持赣南等原中央苏区振兴发展的若干意见》。

［目　文］　《意见》指出，赣南等原中央苏区在中国革命史上具有特殊重要的地位。新中国成立特别是改革开放以来，赣南等原中央苏区发生了翻天覆地的变化，但由于种种原因，经济社会发展明显滞后，与全国的差距仍在拉大。为支持赣南等原中央苏区振兴发展，现提出本意见。要点是：

一、战略定位。（一）全国革命老区扶贫攻坚示范区。集中力量打好新阶段扶贫攻坚战，编制实施罗霄山片区区域发展与扶贫攻坚规划，为全国革命老区扶贫开发、群众脱贫致富、全面建设小康社会积累经验，提供示范。（二）全国稀有金属产业基地、先进制造业基地和特色农产品深加工基地。建设具有较强国际竞争力的稀土、钨稀有金属产业基地。依托本地资源和现有产业基础，大力发展新材料和具有特色的先进制造业。建设世界最大的优质脐橙产业基地和全国重要的特色农产品、有机食品生产与加工基地。（三）重要的区域性综合交通枢纽。依托赣州区域性中心城市的区位优势，加快现代综合交通体系和快速通道建设，建成连接东南沿海与中西部地区的区域性综合交通枢纽和物流商贸中心。（四）中国南方地区重要的生态屏障。推进南岭、武夷山等重点生态功能区建设，加强江河源头保护和江河综合整治，加快森林植被保护与恢复，提升生态环境质量，切实保障中国南方地区生态安全。（五）红色文化传承创新区。加强革命遗址保护和利用，推动红色文化发展创新，提升苏区精神和红色文化影响力，建设全国爱国主义教育和革命传统教育基地，打造全国著名的红色旅游目的地。

二、发展目标。到 2015 年，赣南等原中央苏区在解决突出的民生问题和制约发展的薄弱环节方面取得突破性进展。尽快完成赣州市农村安全饮水、农村危旧土坯房改造、农村电网改造升级、农村中小学薄弱学校改造等任务；基础设施建设取得重大进展，特色优势产业集群进一步壮大，城镇化率大幅提升，生态建设和环境保护取得显著成效；经济保持平稳较快发展；城乡居民收入增长与经济发展同步，基本公共服务水平接近或达到中西部地区平均水平。到 2020 年，赣南等原中央苏区整体实现跨越式发展。现代综合交通运输体系和能源保障体系基本形成；现代产业体系基本建立，工业化、城镇化水平进一步提高；综合经济实力显著增强，人均主要经济指标与全国平均水平的差距明显缩小；人民生活水平和质量进一步提升，基本公共服务水平接近或达到全国平均水平，与全国同步实现全面建设小康社会目标。

6 月 28 日

［纲　文］　**国务院公布《无障碍环境建设条例》。**

［目　文］　《条例》共 6 章 35 条，自 2012 年 8 月 1 日起施行。《条例》规定：无障碍环境建设，是指为便于残疾人等社会成员自主安全地通行道路、出入相关建筑物、搭乘公共交通工具、交流信息、获得社区服务所进行的建设活动。国务院住房城乡建设主管部门负责全国无障碍设施工程建设活动的监督管理工作，会同国务院有关部门制定无障碍设施工程建设标准，并对无障碍设施工程建设的情况进行监督检查。国务院工业和信息化主管部门等有关部门在各自职责范围内，做好无障碍环境建设工作。国家鼓励、支持采用无障碍通用设计的技术和产品，推进残疾人专用的无障碍技术和产品的开发、应用和推广。国家倡导无障碍环境建设理念，鼓励公民、法人和其他组织为无障碍环境建设提供捐助和志愿服务。对在无障碍环境建设工作中作出显著成绩的单位和个人，按照国家有关规定给予表彰和奖励。

6 月 28 日

［纲　文］　**国务院批复新疆维吾尔自治区人民政府同意将新疆维吾尔自治区伊宁市列为国家历史文化名城。**

［目　文］　批复的主要内容是：一、同意将新疆维吾尔自治区伊宁市列为国家历史文化名城。伊宁市历史悠久，文化底蕴丰厚，历史遗存丰富，城市传统格局保存完整，民族文化特色突出。二、你区及伊宁市人民政府要根据本批复精神，按照《历史文化名城名镇名村保护条例》的要求，正确处理城市建设与保护历史文化遗产的关系，深入研究发掘历史文化遗产的内涵与价值，明确保护的原则和重点。编制好历史文化名城保护

规划，并纳入城市总体规划，划定历史文化街区、文物保护单位、历史建筑的保护范围及建设控制地带，制定严格的保护措施。在历史文化名城保护规划的指导下，编制好重要保护地段的详细规划。在规划和建设中，要注重体现民族文化特色和地方传统风貌，不得进行任何与历史文化名城环境和风貌不相协调的建设活动。三、你区和住房城乡建设部、国家文物局要加强对伊宁市国家历史文化名城规划、保护工作的指导、监督和检查。

6月28日

［纲　文］　**国务院办公厅印发《国家食品安全监管体系“十二五”规划》。**

［目　文］　《规划》包括食品安全监管体系现状、指导思想、建设原则和建设目标、总体布局与主要任务、重点建设项目、保障措施五个方面。

《规划》提出的建设目标是：到“十二五”期末，基本建立起适合中国国情，预防为主、全程覆盖、责任明晰、协同高效、保障有力的食品安全监管体系，米、面、油、蔬菜、肉、乳品、蛋、水产品等重点食品质量安全状况持续稳定良好，食品安全水平显著提升，城乡居民饮食安全得到切实保障。具体目标是：一、县级以上地方政府均建立健全食品安全综合协调机制，并明确办事机构。二、食品安全标准体系进一步完善。三、风险管控水平明显提高，基本建立起以风险评估为基础的防御体系。四、国家级风险评估机构建设成为人才结构合理、技术储备充分、具有较强科学公信力和国际影响力的食品安全权威技术支持机构，能够全面承担食品安全风险监测、评估、预警和交流等方面的技术保障工作。五、食品安全检验能力显著提高，满足监管工作需要，以国家级检验机构为龙头，省级检验机构为骨干，市、县级检验机构为基础，布局合理、全面覆盖、协调统一、运转高效的食品安全检验检测体系进一步完善。六、“三品一标”（指无公害农产品、绿色食品、有机农产品、农产品地理标志）产品产地认定面积占食用农产品产地总面积的比例从30%提高到60%。七、向中国出口食品的境外食品生产企业均经国家出入境检验检疫部门注册、备案。八、食品生产经营者安全信用档案全面建立。九、乳品电子追溯系统覆盖所有婴幼儿配方乳粉和原料乳粉生产经营单位。肉类蔬菜电子追溯系统覆盖全国城区人口100万以上以及西部城区人口50万以上城市。酒类产品电子追溯系统覆盖试点产品生产经营单位。保健食品电子追溯系统覆盖所有保健食品生产经营单位。十、食品生产经营者诚信守法意识和质量安全管理水平、公众食品安全意识和认知水平显著提高。

6月28日

［纲　文］　**国务院副总理王岐山出席韩国2012年丽水世界博览会中国国家馆日官方仪式。**

［目　文］　王岐山讲话说，海洋是生命的摇篮、资源的宝库，关乎人类的生存和发展。当前，全球正面临气候变化、环境污染、资源紧张、生物多样性减少等诸多挑战。丽水世博会以“生机勃勃的海洋和海岸”为主题，有助于人们科学认识、保护和利用海洋，

促进人与海洋和谐共处，更好地造福人类。随后，王岐山与韩方代表共同观看了中国国家馆日官方仪式文艺演出并参观了中国馆。

当日，王岐山还出席了世博会东道国为中国代表团举行的欢迎午宴和韩国全罗南道知事朴晙莹举行的晚宴，参观了韩国馆、三星馆、现代汽车馆、大宇造船海洋机器人馆、LG 馆等。

6 月 28 日

［纲 文］ **国务院办公厅同意《国土资源部关于报请批准辽宁省县际间海域行政区域界线的请示》。**

6 月 28 日

［纲 文］ **工商总局、中宣部、国家互联网信息办公室、广电总局、新闻出版总署等五部门联合召开贯彻实施《大众传播媒介广告发布审查规定》电视电话会议。**

［目 文］ 会议要求强化广告审查把关意识，建立健全广告审查制度，未经审查核实的广告不得发布，从源头上预防和减少违法广告发布。

6 月 28 日

［纲 文］ **燕山大学发表成果公布合成世界迄今最大长径比超细铂纳米线。**

［目 文］ 燕山大学环境与化学工程学院高发明教授课题组本日在国际化学类顶级杂志《美国化学会志》（Journal of the American Chemical Society）上发表了关于超细铂纳米线研究方面的重要成果。该研究成果利用胰岛素纤维的线性结构以及特定的活性基团诱导合成直径仅为 1.8nm、长径比大于 10000 的超细、超长铂纳米线。迄今为止，合成如此大数值长径比的超细铂纳米线在世界尚属首例。

6 月 28 日

［纲 文］ **国家人口计生委派出 10 个督察组赴 19 个重点省重点督察和纠正基层在社会抚养费征收等环节中存在的突出问题。**

6 月 28 日

［纲 文］ **昆明长水国际机场正式启用投入运营。**

6 月 28—29 日

［纲 文］ **“中国与伊斯兰文明”国际学术研讨会在北京召开。**

［目 文］ 28 日，全国政协主席贾庆林在人民大会堂会见了来华参加“中国与伊斯兰文明研讨会”的伊斯兰合作组织秘书长伊赫桑奥卢一行。贾庆林强调中国与伊斯兰国家是相互支持的政治伙伴、互利共赢的经济伙伴、交流互鉴的人文伙伴，中国与伊斯兰世界的友好关系已成为不同文明和谐相处、平等合作的典范。

来自中国社会科学院、北京大学、中国伊斯兰教经学院、上海外国语大学、宁夏社会科学院等研究机构的专家学者，外交部、国家宗教局、国务院发展研究中心等单位的相关负责人以及 19 个伊斯兰合作组织成员国的驻华使节共约 140 人参加会议。参会人员主要围绕“中国与穆斯林世界的历史联系”“中国与穆斯林世界的艺术交流与互动”“文献与语言”“科学、宗教与思想”“当代世界与穆斯林世界的关系”“全球化背景下的中国与穆斯林世界”六个主题进行了讨论。

6月28—30日

［纲　文］　**信息化与工业化融合成果展览会在北京国家会议中心举行。**

［目　文］　6月28日至29日，全国人大常委会委员长吴邦国、全国政协主席贾庆林，中共中央政治局常委李长春、国务院副总理李克强分别参观了成果展。

工业和信息化部部长苗圩28日在开幕仪式上致辞说，中国已经成为世界第一制造大国，工业增加值占国内生产总值的40%以上，对经济增长的贡献率接近50%。工业发展成为增强中国综合国力，扩大就业和提高人民生活水平的重要保障。

展览会由工业和信息化部主办，以“大力推进信息化与工业化融合，坚持走中国特色新型工业化道路”为主题。展览规模为22000平方米，分为综合展区、专题展区、地方展区、未来展望4部分。综合展区展示了中国两化融合的科学决策、发展历程和主要成就。专题展区则通过行业应用案例展示两化融合成果，包括原材料工业、装备工业、消费品工业、节能减排、中小企业信息化、通信业、工业软件等展区。

6月28—30日

［纲　文］　**第六届中国生物产业大会在泰州举行。**

［目　文］　全国政协副主席、全国工商联主席黄孟复出席开幕式。本届大会以“培育健康产业链”为主题，集中展示生物产业领域的新技术和新产品，开展项目洽谈、成果交易和论坛交流等活动。大会参会参展人数4200多人，参与论坛会议等活动达8000多人次。共有来自美国、日本、德国、英国、瑞士、中国香港、中国台湾等7个国家和地区，国内27个省市参展企业263家。大会汇集了来自中科院、医科院、农科院以及教育部下属高等院校的最新科技成果239项，现场签订20个合作协议。

6月29日

［纲　文］　**中宣部在北京召开《辩证看务实办——理论热点面对面·2012》编写出版工作座谈会。**

［目　文］　中共中央政治局常委李长春日前对中宣部组织编写的《辩证看　务实办——理论热点面对面·2012》一书批示指出，中宣部组织编写的通俗理论读物《辩证看　务实办——理论热点面对面·2012》，以准确的选题、透彻的说理、清新的文风，受到广泛好评，产生热烈反响。实践证明，“理论热点面对面”系列通俗理论读物，是党的理论工作的一个重要创新，是实施马克思主义理论研究和建设工程的重要成果，已成为推进理论大众化通俗化的知名品牌。

中共中央政治局委员、中宣部部长刘云山出席并讲话，他指出，推进理论大众化是新形势下加强党的思想理论建设的一项长期任务，必须把讲怎么看与讲怎么办结合起来，把认识问题与解决问题结合起来，把学习理论与运用理论结合起来，不断增强理论自觉、理论自信，进一步坚定中国特色社会主义理想信念，进一步巩固全党全国各族人民团结奋斗的共同思想基础。要站稳大众立场，牢固树立心系人民、服务人民的情怀，着眼群众期待解疑释惑、阐明道理。要直面大众关切，了解普通百姓的现实生活和内心世界，着力回答人民群众普遍关注的热点难点问题。要体现大众风格，多讲家常话、大众话，多运用人民群众易于接受的方式，不断增强理论吸引力感染力。

中宣部常务副部长雒树刚主持座谈会。全国政协副主席、中国社会科学院院长陈奎元出席会议。来自有关部门、社会科学研究单位以及高校和基层的11位同志在座谈会上发言。中央和国家机关有关部门、中央宣传文化单位、解放军总政治部、各省区市党委宣传部、在北京有关出版社负责人，理论界部分专家学者，基层干部、群众和高校师生代表参加会议。

6月29日

［纲　文］　**《〈内地与香港关于建立更紧密经贸关系的安排〉补充协议九》在香港举行签署仪式。**

［目　文］　国务委员刘延东及香港特别行政区行政长官曾荫权、国务院港澳事务办公室主任王光亚、中央人民政府驻香港联络办公室主任彭清华和中央及香港特区政府有关部门负责人等出席签署仪式。补充协议九包括服务贸易开放、金融合作、贸易投资便利化和专业资格互认等内容，当中特别包含了内地对香港在服务贸易领域开放的37项具体措施，进一步放宽市场准入、取消股权限制、放宽经营范围和经营地域限制。补充协议九还在金融合作、检测认证和专业资格互认等方面加强了内地与香港之间的合作。自2003年内地与香港正式签署CEPA以来，两地已经签署九个补充协议，内地对香港开放服务贸易领域48个，开放措施达338项。CEPA补充协议九的签署，为香港现代服务业发展提供了新的活力。

该协议将从2013年1月1日起正式实施。

6月29日

［纲　文］　**第二届两岸及香港《经济日报》财经高峰论坛在台北举行。**

［目　文］　来自两岸及香港的财经界人士、专家学者、知名企业家等200余人出席，就加快推进金融合作等议题进行深入探讨。

6月29日

［纲　文］　**广州沿江高速南岗段发生重大交通事故。**

［目　文］　4时30分，沿江高速广州至深圳方向南岗段高架桥路段，发生货车与油罐车追尾撞车，油罐车所载溶剂油泄漏，遇火源引起爆燃，造成人员重大伤亡，死亡20人，受伤27人。

6月29日

［纲　文］　**元上都遗址列入《世界遗产名录》。**

［目　文］　在俄罗斯圣彼得堡召开的第36届世界遗产大会上，中国申报的元上都

遗址被成功列入《世界遗产名录》，成为中国第30处世界文化遗产。

6月29日—7月7日

［纲　文］　**第5届中国昆剧艺术节、第5届中国苏州评弹艺术节和第6届中国昆曲国际学术研讨会在昆山举行。**

［目　文］　艺术节和研讨会由文化部和江苏省政府共同主办。全国7个昆曲院团和中国戏曲学院、上海戏曲学院、山东柳子剧团、浙江婺剧团等演出25台优秀昆曲剧目，其中有《红楼梦》《景阳钟变》《临川梦影》《乔小青》等新戏及整理演出的《烂柯山》《奇双会》《拜月亭》等传统戏和优秀折子戏等。日本表演艺术家坂东玉三郎、香港进念二十面体、台港昆剧团的艺术家也一展风采。展演期间，还举办了“名家传戏——当代昆曲名家收徒传艺工程启动仪式”，全国11位老艺术家收22位新徒。本届评弹艺术节以苏浙沪和苏州组成代表队，集中展示近年来传承的优秀传统书目和新创的书目，在苏州光裕书场、苏州图书馆学术报告厅演出28场。

6月30日

［纲　文］　**全国人大常委会在人民大会堂举行第28讲专题讲座“现代农业发展视野下的国家粮食安全战略”。**

［目　文］　全国人大常委会委员长吴邦国主持讲座。主讲人中国人民大学农业与农村发展学院副院长朱信凯从中国现代农业发展与粮食安全现状，保障粮食安全的国际经验与启示，现代农业发展视野下的粮食安全战略，大力发展现代农业、确保粮食安全的政策建议等四个方面作了深入讲解。

全国人大常委会副委员长王兆国、路甬祥、乌云其木格、韩启德、华建敏、陈至立、周铁农、司马义·铁力瓦尔地、蒋树声、严隽琪、桑国卫出席会议。

6月30日

［纲　文］　**中国外交部部长杨洁篪在日内瓦出席叙利亚问题“行动小组”外长会议。**

［目　文］　杨洁篪在会上就妥善解决叙利亚问题提出四点主张。一是始终坚持政治解决的正确方向。政治对话是化解危机的唯一现实途径，呼吁国际社会特别是“行动小组”成员平衡推动叙利亚政府和反对派切实执行安南“六点建议”和安理会有关决议，立即停火止暴，尽快开启不附带先决条件、不预设结果的包容性政治对话。二是坚定支持安南特使的斡旋努力。中方不赞成为安南特使斡旋和落实“六点建议”设置时限或障碍。三是切实尊重叙利亚人民的自主选择。外部不能替代叙利亚人民作出选择，中方反对向叙利亚强加政治解决方案。四是对政治解决叙利亚问题既要有紧迫感，同时也要保持耐心。有关各方应通过耐心对话和充分协商，进一步凝聚共识，向叙利亚有关各方及国际社会发出一致信息。会议期间，杨洁篪与联合国—阿盟叙利亚危机联合特使安南、阿盟秘书长阿拉比、俄罗斯外交部部长拉夫罗夫、美国国务卿希拉里·克林顿、伊拉克外交部部长兹巴里等进行了会见和接触。

6月30日

［纲　文］ **中共中央组织部公布：至2011年底中国共产党党员总数达8260.2万名、党的基层组织总数达402.7万个。**

6月30日

［纲　文］ **新疆新源县、和静县交界处发生6.6级地震。**

［目　文］ 晨5时07分，新疆维吾尔自治区伊犁哈萨克自治州新源县、巴音郭楞蒙古自治州和静县交界，北纬43.4度，东经84.8度发生6.6级地震，震源深度7公里。距震中200多公里的乌鲁木齐震感强烈，很多市民也出门避难。

据自治区民政厅报告，截至7月1日19时，此次地震灾害已造成15.5万人受灾，紧急转移安置4.8万人，倒塌房屋7500余间，严重损坏房屋2.1万余间，一般损坏房屋4.3万余间；受伤52人。

6月30日

［纲　文］ **《中国科学报》报道，潘建伟院士获2012年度国际量子通信奖。**

［目　文］ 量子通信、测量与计算（QCMC）国际大会组委会宣布，授予中国科学技术大学的潘建伟院士2012年度国际量子通信奖（International Quantum Communication Award），以表彰其在量子物理和量子信息研究领域、特别是在量子通信实验研究领域的卓越贡献。自1996年起由QCMC国际大会设立的国际量子通信奖分为实验奖和理论奖两个奖项，每两年颁发一次，主要授予在量子通信、量子测量和量子计算研究领域做出过杰出贡献的科学家。潘建伟院士是获得国际量子通信奖这一荣誉的首位华人物理学家。

6月30日—7月2日

［纲　文］ **第四届中国非物质文化遗产保护·苏州论坛举行。**

［目　文］ 本次论坛由文化部、江苏省政府主办，以“非物质文化遗产传承人保护及传承机制建设”为主题，共同探讨非物质文化遗产传承机制建设，代表性传承人的责任与义务，传承人资料的收集、整理与建档，传承人的认定、保护与退出机制的规范化探析等议题。

苏州论坛自2005年起已举办了三届，先后探讨了“非物质文化遗产保护的理论、实践、方法”“文化生态保护区的设立及保护模式”“非物质文化遗产生产性保护”等议题，推动了非遗保护的进展。文化部非物质文化遗产司官员介绍，自2006年起，文化部已命名了三批1488名国家级非物质文化遗产代表性传承人。从2008年起，在国家非物质文化遗产保护专项资金中，文化部按每人每年8000元的标准对国家级代表性传承人开展传习活动予以资助，2011年起补助标准提高到10000元。各地也陆续开展了省、市、县级非物质文化遗产项目代表性传承人的认定与命名工作，全国共命名省级代表性传承人9564名。

7 月

7月1日

［纲　文］ **国家主席胡锦涛出席庆祝香港回归祖国15周年大会暨香港特别行政区政府就职典礼活动。**

［目　文］ 6月29日中午，胡锦涛乘坐的专机降落香港机场。国务委员刘延东、中共中央书记处书记王沪宁、全国人大常委会副委员长兼秘书长李建国、全国政协副主席廖晖、中央军委总政治部主任李继耐、国务院港澳事务办公室主任王光亚、胡锦涛主席办公室主任陈世炬等陪同人员同机抵达。

6月30日，胡锦涛出席香港特别行政区政府欢迎晚宴并发表讲话。胡锦涛勉励香港同胞进一步弘扬自强不息的拼搏精神，强化主人翁意识，责无旁贷地承担起管理香港、建设香港、发展香港的责任，埋头苦干、自信自强，用自己的智慧和勤劳创造美好生活；进一步弘扬同舟共济的团结精神，始终以国家和香港整体利益为重，提倡多一些合作、多一些协商、多一些包容，关爱基层，扶助贫弱，守望相助，共享和谐，齐心协力应对挑战；进一步弘扬灵活应变的创新精神，立足香港、依托祖国、面向世界，善抓机遇、积极应变，大胆探索、锐意创新，使香港各项事业不断焕发出新的生机和活力。胡锦涛分别会见了香港特别行政区现任政府主要官员、行政会议成员、立法会主席和终审法院首席法官，香港社会各界代表人士，中央驻港机构和主要中资机构负责人；还会见了澳门特别行政区行政长官崔世安。当晚，胡锦涛在香港会展中心出席庆祝香港回归15周年文艺晚会。来自香港、内地的演员共同进行了演出，晚会分《传承·中国心》《跃动·繁华港》《名扬·全世界》《融会·创新路》《共建·好明天》5个单元，集中展示了香港回归祖国15年来在“一国两制”、“港人治港”、高度自治方针指引下开创美好未来的历程。晚会结束时，胡锦涛等走上舞台同演职人员握手，并同大家一起高唱《歌唱祖国》。

7月1日，庆祝香港回归祖国15周年大会暨香港特别行政区第四届政府就职典礼在香港会展中心举行，胡锦涛出席并发表讲话。在典礼上，由国家主席胡锦涛监誓，梁振英宣誓就职香港特别行政区第四任行政长官；由梁振英监誓，香港特别行政区行政会议成员宣誓就职。随后，胡锦涛发表讲话说，中央政府实行“一国两制”、“港人治港”、高度自治方针将毫不动摇，全力支持香港特别行政区行政长官和政府依法施政将毫不动摇，同香港各界人士一道维护和促进香港长期繁荣稳定将毫不动摇。在中央政府、香港特别行政区政府和社会各界人士共同努力下，“一国两制”实践一定会越来越丰富，香港与祖国内地共同繁荣发展的道路一定会越走越宽广。胡锦涛向香港特别行政区新一届政府和社会各界提出四点希望。第一，努力促进社会和谐稳定；第二，努力维护基本法的权威；第三，努力提升竞争力；第四，努力加强人才培养。梁振英致辞表示，新一届特别行政区政府将继往开来，落实“一国两制”“港人治港”，保持高度自治，维护国家和香港的利益，加强团结社会各界、凝聚民心。

就职典礼结束后，胡锦涛接见了梁振英。胡锦涛对梁振英宣誓就任香港特别行政区第四任行政长官表示祝贺。胡锦涛强调，我们相信，你一定能够带领新一届特别行政区政府继往开来，稳中求变，广泛团结香港社会各界人士，共同开创香港发展新局面。中央政府将全力支持你和特别行政区政府依法施政，保持香港长期繁荣稳定，共同把“一国两制”伟大事业继续推向前进。梁振英表示，衷心感谢胡主席在百忙中亲临香港出席庆祝香港回归祖国 15 周年活动，带来中央政府和全国人民对香港和香港同胞的关心和支持。他将牢记胡主席在庆典上提出的四点希望，团结带领新一届特别行政区政府和香港社会各界人士齐心协力，不辜负中央政府的期望。

胡锦涛接见香港特别行政区新任政府主要官员、行政会议成员和立法会主席、终审法院首席法官时，提出四点希望，一是依法治港，严格遵守和执行香港基本法，坚持法治精神。二是精诚团结，在行政长官梁振英先生带领下，形成坚强有力的管治团队。三是勤政为民，想市民之所想，急市民之所急，保持廉洁高效。四是登高望远，把香港未来发展与国家发展大格局、世界发展大趋势结合起来，进一步提高香港的竞争力，把香港建设得更加美好。

7 月 1 日中午，胡锦涛一行乘坐专机离开香港。

7 月 1 日

［纲　文］**国家安全监管总局公布《危险化学品登记管理办法》。**

［目　文］《办法》共 7 章 34 条。主要有总则，登记机构，登记的时间、内容和程序，登记企业的职责，监督管理，法律责任，附则等内容。《办法》自 2012 年 8 月 1 日起施行，原国家经济贸易委员会 2002 年 10 月 8 日公布的《危险化学品登记管理办法》同时废止。

7 月 1 日

［纲　文］**国家安全监管总局发布《烟花爆竹生产企业安全生产许可证实施办法》。**

［目　文］《办法》共有 7 章 50 条。主要有总则，申请安全生产许可证的条件，安全生产许可证的申请和颁发，安全生产许可证的变更和延期，监督管理，法律责任，附则等内容。《办法》经 2012 年 5 月 21 日国家安全监管总局局长办公会议审议通过，自 2012 年 8 月 1 日起施行。原国家安全生产监督管理局、国家煤矿安监局 2004 年 5 月 17 日公布的《烟花爆竹生产企业安全生产许可证实施办法》同时废止。

7 月 1 日

［纲　文］**《人民日报》发表题为《继往开来续写华章——祝贺香港回归祖国十五周**

年》的社论。

7月1日

［纲　文］《人民日报》发表题为《肩负人民期望 引领社会进步——热烈庆祝中国共产党成立九十一周年》的社论。

7月1—5日

［纲　文］应外交部部长杨洁篪邀请，泰王国外交部部长素拉蓬对中国进行正式访问。

［目　文］4日，国家副主席习近平在北京会见素拉蓬时表示，2012年4月英拉总理成功访华，两国建立了全面战略合作伙伴关系，中泰各领域友好交流与合作面临新的机遇。双方应保持高层交往，深化务实合作，扩大人文交流，加强在国际地区事务中的协调与配合，不断丰富中泰全面战略合作伙伴关系的内涵，积极推动中国与东盟关系的发展，为本地区的和平、稳定和繁荣做出更大贡献。素拉蓬表示，泰中一家亲，双方建立全面战略合作伙伴关系为两国关系长远发展指明了方向。泰方十分珍视泰中两国人民间的友好情谊，高度重视同中国的友好合作，愿同中方一道，继续落实好两国战略性合作共同行动计划，推动泰中关系及东盟与中国的友好合作不断迈上新台阶。

同日，杨洁篪和素拉蓬举行会谈，双方就中泰关系及共同关心的国际和地区问题广泛深入交换意见。

7月2日

［纲　文］中共中央、国务院印发《关于深化科技体制改革加快国家创新体系建设的意见（2006—2020）》。

［目　文］《意见》简称《科技规划纲要》，共分8个部分21条。主要内容是：

一、充分认识深化科技体制改革、加快国家创新体系建设的重要性和紧迫性。当前，我国正处在全面建设小康社会的关键时期和深化改革开放、加快转变经济发展方式的攻坚时期。国际金融危机深层次影响仍在持续，科技在经济社会发展中的作用日益凸显，国际科技竞争与合作不断加强，新科技革命和全球产业变革步伐加快，我国科技发展既面临重要战略机遇，也面临严峻挑战。面对新形势新要求，我国自主创新能力还不够强，科技体制机制与经济社会发展和国际竞争的要求不相适应，突出表现为：企业技术创新主体地位没有真正确立，产学研结合不够紧密，科技与经济结合问题没有从根本上解决，原创性科技成果较少，关键技术自给率较低；一些科技资源配置过度行政化，分散重复封闭低效等问题突出，科技项目及经费管理不尽合理，研发和成果转移转化效率不高；科技评价导向不够合理，科研诚信和创新文化建设薄弱，科技人员的积极性创造性还没有得到充分发挥。这些问题已成为制约科技创新的重要因素，影响我国综合实力和国际竞争力的提升。因此，抓住机遇大幅提升自主创新能力，激发全社会创造活力，真正实现创新驱动发展，迫切需要进一步深化科技体制改革，加快国家创新体系建设。

二、深化科技体制改革、加快国家创新体系建设的指导思想、主要原则和主要目标。（一）指导思想。坚持自主创新、重点跨越、支撑发展、引领未来的指导方针，全面落实科技规划纲要，以提高自主创新能力为核心，以促进科技与经济社会发展紧密结合为重点，进一步深化科技体制改革，着力解决制约科技创新的突出问题，充分发挥科技在转变经济发展方式和调整经济结构中的支撑引领作用，加快建设中国特色国家创新体系，为2020年进入创新型国家行列、全面建成小康社会和新中国成立100周年时成为世界科技强国奠定坚实基础。（二）主要原则。（三）主要目标。到2020年，基本建成适应社会主义市场经济体制、符合科技发展规律的中国特色国家创新体系；原始创新能力明显提高，集成创新、引进消化吸收再创新能力大幅增强，关键领域科学研究实现原创性重大突破，战略性高技术领域技术研发实现跨越式发展，若干领域创新成果进入世界前列；创新环境更加优化，创新效益大幅提高，创新人才竞相涌现，全民科学素质普遍提高，科技支撑引领经济社会发展的能力大幅提升，进入创新型国家行列。

三、强化企业技术创新主体地位，促进科技与经济紧密结合。（四）建立企业主导产业技术研发创新的体制机制。（五）提高科研院所和高等学校服务经济社会发展的能力。（六）完善科技支撑战略性新兴产业发展和传统产业升级的机制。（七）完善科技促进农业发展、民生改善和社会管理创新的机制。

四、加强统筹部署和协同创新，提高创新体系整体效能。（八）推动创新体系协调发展。（九）完善区域创新发展机制。（十）强化科技资源开放共享。

五、改革科技管理体制，促进管理科学化和资源高效利用。（十一）加强科技宏观统筹。（十二）推进科技项目管理改革。（十三）完善科技经费管理制度。（十四）深化科技评价和奖励制度改革。

六、完善人才发展机制，激发科技人员积极性创造性。（十五）统筹各类创新人才发展和完善人才激励制度。（十六）加强科学道德和创新文化建设。

七、营造良好环境，为科技创新提供有力保障。（十七）完善相关法律法规和政策措施。（十八）加强科技开放合作。

八、加强组织领导，稳步推进实施。（十九）加强领导，精心组织。（二十）明确责任，落实任务。（二十一）统筹安排，稳步推进。

7月2日

[纲　文] **中央创先争优活动领导小组发出《关于组织基层党组织和广大党员学先进见行动作贡献的通知》。**

[**目　文**]《通知》主要有四方面内容。一、要认真学习传达全国创先争优表彰大会精神，进一步增强学先进、见行动、做贡献的自觉性。各级党委要把学习贯彻全国创先争优表彰大会精神作为当前一项重要政治任务，把中央精神传达到每个基层党组织和每名党员，使基层党组织和广大党员进一步提高思想认识，切实增强学先进、见行动、做贡献的自觉性和主动性。二、要大力宣传创先争优先进集体和优秀个人，积极营造学先进、见行

动、做贡献的浓厚氛围。要把宣传全国创先争优先进典型和选树宣传本地区本部门本单位先进典型结合起来，推出创先争优群英谱，激发基层党组织和广大党员学先进、见行动、作贡献的内在动力，形成比学赶超的良好风尚。三、要组织基层党组织和广大党员立足本职学先进、见行动、做贡献，使党的理论优势、政治优势、组织优势、制度优势和密切联系群众优势得到发挥和加强，努力实现、保持、发展党的先进性和纯洁性。四、通过学先进、见行动、做贡献，善始善终抓好创先争优活动，推动创先争优常态化长效化。

7月2日

［纲　文］**住房和城乡建设部发布《城乡规划编制单位资质管理规定》。**

［目　文］《城乡规划编制单位资质管理规定》共有6章43条。主要有总则，资质等级与标准，资质申请与审批，监督管理，法律责任，附则等内容。《规定》经第84次住房和城乡建设部常务会议审议通过，自2012年9月1日起施行。

7月2日

［纲　文］**商务部与澳门特别行政区经济财政司在澳门签署《〈内地与澳门关于建立更紧密经贸关系的安排〉补充协议九》。**

［目　文］澳门特别行政区行政长官崔世安出席了签署仪式。《补充协议九》是为进一步提高内地与澳门特别行政区经贸交流与合作的水平而签署的，旨在加强内地在服务贸易领域对澳门扩大开放及金融合作。主要有四方面内容：一、服务贸易。在法律、会计、建筑、医疗、计算机及其相关服务、技术检验和分析、人员提供与安排、印刷、会展、其他商业服务、电信、视听、分销、环境、银行、证券、社会服务、旅游、文娱、个体工商户等20个领域进一步放宽市场准入的条件，新增加教育和铁路运输领域的开放措施。二、金融合作。积极研究降低澳门金融机构申请合格境外机构投资者资格的有关资质要求，为澳门有关长期资金投资内地资本市场提供便利。支持符合条件的澳门金融机构在内地设立合资证券公司、基金管理公司、期货公司。三、附件。四、生效。协议自双方代表正式签署之日起生效。

7月2日—9月27日

［纲　文］**中国第5次北极科学考察队在北极执行科学考察任务。**

［目　文］中国第5次北极科学考察队共有119名考察队员，7月2日从青岛乘坐“雪龙”号启程，考察过程中，“雪龙”号共航行18500海里，其中在北极冰区航行5370海里，并首次穿越北极航道往返大西洋和太平洋，开创了中国船舶从高纬度穿越北冰洋航行的先河，最北到达北纬87度40分。科学考察队获得多项重要的科学成果。考察队首次实现北极和亚北极五大区域准同步考察，为深入了解北极快速变化积累了较全面的现场观测数据；首次实施了系统的地球物理学观测；首次在极地海域布放大型海—气耦合观测浮标，在北极高纬地区布放极地长期现场自动气象观测站；新增了海洋湍流、甲烷含量等调查内容，为深入了解北冰洋地球物理特征和环境变化积累了重要资料。此外，“雪龙”号极地科学考察船首航北极高纬航道，获得北极航道航海和海洋环境第一手资料，为中国船

舶今后利用北极航道开展了有益的探索和实践。考察过程中，应冰岛总统和政府邀请，考察队还正式访问了冰岛首都雷克雅未克和阿克雷里市，并与冰岛科学家开展了学术交流，同时在冰岛周边海域开展了中冰海洋合作调查。

7月3日

［纲　文］**国家副主席习近平在人民大会堂会见以日本关西经济联合会会长森详介、大阪商工会议所会长佐藤茂雄为首的日本关西财界代表团。**

［目　文］日本关西财界代表团是应中国贸促会邀请来华访问的。习近平首先对代表团的来访表示欢迎，对关西经济界长期以来为促进中日两国经贸关系发展所做的贡献表示赞赏，并希望包括关西地区在内的日本经济界今后积极参与中国的经济建设。习近平还指出，2012年是中日邦交正常化40周年，40年前，两国老一辈政治家面对巨大的政治困难和障碍，从两国人民的根本利益和两国关系长远大局出发，以高度的历史责任感和政治勇气，作出战略决断，一举实现中日邦交正常化，希望中日双方共同努力，继续为中日关系的健康稳定发展创造一个良好的环境，这也有利于两国乃至亚洲地区经贸合作关系的发展。希望经济界朋友继续为增进两国人民相互了解，全面建设中日战略互惠关系做出贡献。

森详介和佐藤茂雄感谢习近平副主席的会见，并表示日本关西经济联合会等经济团体将和中国经济界一道继续为发展日中经济关系做出努力。

7月3日

［纲　文］**税务总局发出《关于规范税务行政裁量权工作的指导意见》。**

［目　文］《意见》主要有以下五方面内容：

一、充分认识规范税务行政裁量权的必要性。规范税务行政裁量权是服务科学发展、共建和谐税收的必然选择；规范税务行政裁量权是推进依法行政、保障纳税人合法权益的现实要求；规范税务行政裁量权是加强税务机关自身建设、防范税收执法风险的有效途径；规范税务行政裁量权是促进税务机关廉政建设、遏制腐败的重要举措。

二、规范税务行政裁量权的基本要求。合法裁量；合理裁量；公正裁量；程序正当；公开透明。

三、建立税务裁量基准制度。（一）裁量基准是对以往执法经验的归纳、总结和提炼。制定裁量基准包括解释法律规范中的不确定法律概念、列举考量因素以及分档、细化量罚幅度等。（二）各省（自治区、直辖市）国、地税机关原则上应当根据本地区税收执法实际，联合制定本地区统一适用的规范各项税务行政裁量权的裁量基准。（三）税务机关执法应当遵循裁量基准。案件情况特殊，不宜适用裁量基准的，应当在法律文书中说明理由。（四）税务机关适用裁量基准，应当注意听取执法人员、纳税人及专家的意见，及时评估，并根据评估结果对裁量基准进行修改与完善。

四、健全税务行政裁量权行使程序制度。完善告知制度；完善回避制度；完善陈述申辩和听证制度；完善说明理由制度；完善重大执法事项合议制度；完善重大执法事项备案制度。

五、加强领导、狠抓落实，为做好规范税务行政裁量权工作提供有力保障。加强领导、精心组织；明确职责、密切配合；整体设计、重点推进；注重指导、强化监督；提升能力、确保实效。

7月3日

［纲　文］**财政部、发展改革委发出《关于印发〈电力需求侧管理城市综合试点工作中央财政奖励资金管理暂行办法〉的通知》。**

［目　文］《通知》说，为加强中国电力需求侧管理工作，保障电力供需总体平衡，促进发展方式转变，推动"十二五"节能减排目标实现，按照《国务院关于印发"十二五"节能减排综合性工作方案的通知》精神，中央财政安排专项资金，按实施效果对以城市为单位开展电力需求侧管理综合试点工作给予适当奖励。为加强财政资金管理，提高资金使用效益，制定了本《暂行办法》。《暂行办法》共5章15条。主要有总则，支持范围和奖励标准，试点方案申报和资金下达，绩效考核和监督管理，附则等内容。《办法》自印发之日起实施。

7月3日

［纲　文］**统一战线"同心"论坛在北京举行。**

［目　文］会前，全国政协主席贾庆林批示指出，胡锦涛总书记提出的"同心"思想，是党的统一战线理论创新的重大成果，对于新形势下巩固壮大爱国统一战线具有重要指导意义。一年多来，统一战线深入学习贯彻"同心"思想，扎实开展"同心"实践，取得了重要阶段性成果。统一战线要坚持用"同心"思想凝聚共识、汇聚力量，不断巩固团结奋斗的共同思想政治基础。要充分认识"同心"思想的重大理论意义和实践意义，认真总结经验，采取扎实举措，引导统一战线广大成员始终与中国共产党同心同德、同心同向、同心同行，更好地服务中国特色社会主义伟大事业，以优异成绩迎接党的十八大胜利召开。

全国政协副主席、中共中央统战部部长杜青林出席论坛并讲话指出，"同心"思想渊源于马克思主义统一战线学说，升华于中国共产党与党外人士团结合作的丰富实践。这一重要思想实现了统一战线理论的新发展；开辟了统一战线作用发挥的新视野；提升了统一战线巩固发展的新境界，为巩固壮大新形势下爱国统一战线提供了重要指导。

韩启德、周铁农、蒋树声、桑国卫、黄孟复、张榕明、林文漪、王佐书、严以新、陈竺等分别代表各民主党派中央、全国工商联和无党派人士在论坛上发言。他们结合中国共产党领导的多党合作和政治协商制度优势，畅谈同心历程、同心实践和同心体会。10省区市中共党委统战部负责人结合学习贯彻落实"同心"思想进行工作交流。

7月3日

［纲　文］**全国农民专业合作社经验交流会在北京举行。**

［目　文］国务院副总理回良玉出席讲话指出，要适应农业农村发生重大而深刻变化

的新形势，坚持以家庭承包经营为基础，充分尊重农民主体地位，因地制宜、分类指导、因社施策，加强政策支持和法律保障，促进机制创新和科学管理，全面提升农民专业合作社发展水平，不断增强带动和服务能力，走出一条符合中国国情和农业生产经营特点、适应社会主义市场经济要求的农民专业合作社发展路子。农民专业合作社目前还处于发展的初期阶段，要进一步营造农民专业合作社健康发展的良好环境。要加强组织领导、强化指导和服务，加大扶持力度、强化支持和引导，完善法律法规、强化规范和保障，加强队伍建设、强化支撑和推动，搞好典型示范、强化带动和引领，促进农民专业合作社又好又快发展。

农业部部长韩长赋主持会议。中央有关部门负责人，各省、自治区、直辖市人民政府和新疆生产建设兵团农业部门负责人以及受表彰的农民专业合作社示范社代表参加了会议。会议主要内容是：深入贯彻落实中央农村工作会议、全国农业工作会议和2012年中央1号文件精神，总结交流各地发展农民专业合作社的经验做法，深入分析当前农民专业合作社建设与发展面临的新情况、新问题，研究部署当前和今后一个时期加快发展农民专业合作社的主要任务和重点工作，同时表彰一批全国农民专业合作社示范社。

7月3日

［纲　文］ **国务院召开全国运动员文化教育和运动员保障工作电视电话会议。**

［目　文］ 国务委员刘延东在讲话中指出，各级政府及相关部门要深化体教结合，健全不同学历层次办学体系，确保每个运动员依法接受文化教育。要将体教结合纳入教育发展规划，保证教育经费投入，合理配备文化课教师，推动体校与优质中小学共建、联办，整合优质资源，提高教育质量。要健全国家队和省（区、市）运动队文化测试制度，5年内实现全国性青少年比赛赛前文化课测试全覆盖。要完善涉及收入分配、就业安置、伤病防治、社会保险等运动员保障工作机制，确保年内运动员在役期间工伤保险全覆盖，逐步实现运动员社会保障全覆盖，进一步做好退役运动员就业安置。

会议主题是交流运动员文化教育和运动员保障工作经验，推动各地和各有关部门抓好运动员文化教育和运动员保障政策的落实。体育总局局长刘鹏和教育部、财政部、人力资源社会保障部负责同志作了工作部署。江苏省政府、山东省体育局、上海市徐汇区教育局、北京市什刹海体校、温州市体校负责人作了交流发言。

7月3日

［纲　文］ **国务院安全生产委员会全体会议在北京召开。**

［目　文］ 国务委员兼国务院秘书长马凯主持会议并讲话。马凯强调，要全面贯彻落实党中央、国务院关于加强安全生产的重要决策部署，大力实施安全发展战略，深入扎实开展“安全生产年”活动，坚持标本兼治、综合治理，强化安全监管、隐患整治和事故预防，狠抓“打非治违”专项行动等重点工作的落实，有效防范和坚决遏制重特大事故，促进安全生产形势持续稳定好转。安全监管总局和公安部领导分别就上半年安全生产和道路交通、消防安全工作作了汇报。

7月3日

［纲　文］ **环境保护部在北京召开2012年上半年主要污染物总量减排核查核算视频会议。**

［目　文］ 会议指出，上半年，受国际经济形势及国内经济转型等因素影响，客观上有利于减排任务完成。但也要看到，一些地方主观上对减排要求有所放松，污染反弹、放松监管等现象开始抬头。此外，已建治污设施不正常运行带来的新增量偏大，新增减排措施规模明显不足等问题，令上半年减排形势不容乐观。半年核查以工作部署情况和重点项目进展为主，要通过核查调研，掌握全国减排工作进展和政策措施落实情况，科学预判减排目标完成情况，为安排部署下半年工作提供科学依据。此外，会议还就核查方式、核查内容、新增量测算、减排量核定、农业源核查核算、机动车核查核算等问题予以明确，并对分组安排、时间安排和资料准备等核查核算的具体工作做出部署。环境保护部相关司局、在京相关派出机构、直属单位负责人以及中石油、中石化、华能、大唐、华电、国电、中电投、神华集团公司等相关人员参加了会议。

7月3日

［纲　文］ **环境保护部发布《关于进一步加强环境影响评价管理防范环境风险的通知》。**

［目　文］《通知》主要有五方面内容：一、充分认识防范环境风险的重要性，进一步加强环境影响评价管理。二、充分发挥规划环境影响评价的指导作用，源头防范环境风险。三、严格建设项目环境影响评价管理，强化环境风险评价。四、加强建设项目“三同时”验收监管，严格落实环境风险防范和应急措施。五、严格落实企业主体责任，不断提高企业环境风险防控能力。

7月3日

［纲　文］ **全国村务公开民主管理工作会议在山西省运城市召开。**

［目　文］ 中共中央书记处书记何勇出席会议并讲话。他强调，要以建立健全村务公开民主管理长效机制为主线，认真落实民主管理制度，进一步完善乡村治理机制，着力解决农民群众反映强烈的问题，切实维护农民群众合法权益，促进农村社会和谐稳定，推动农村经济社会又好又快发展。全国村务公开协调小组副组长、中央组织部副部长王秦丰宣读了《全国村务公开协调小组关于命名“全国村务公开民主管理示范单位”的决定》。会议通报了“全国村务公开民主管理示范单位”名单。山西省、北京市密云县等9个单位作了大会发言。会议代表现场观摩了运城市阳光农廉网建设和村务公开情况。

7月3日—9月1日

［纲　文］ **中国国家博物馆水下考古成果展在北京举行。**

［目　文］ 展览以场景还原、出水文物、海洋特征展品、多媒体技术再现水下考古各阶段成果以及勘测、打捞、保护过程等，集中展示了中国国家博物馆水下考古研究中心水下考古调查与发掘、人才培养和学术研究及学科建设方面的重大成果。自20世纪80年代

开始，中国国家博物馆启动水下考古工作。经过 20 多年的发展和建设，国博水下考古研究中心在中国渤海、黄海、东海、南海等广大海域进行的水下考古调查与发掘工作中取得丰硕成果，推动了中国古代海洋交通史、海外贸易史、外销瓷、造船史、古代城市布局等课题的研究，为水下文化遗产保护、海上丝绸之路、海洋文化、国家海洋战略等提供了翔实可靠的依据。

7 月 4 日

［纲　文］**温家宝主持召开国务院常务会议。**

［目　文］会议部署了 2011 年度中央预算执行等审计查出问题整改工作，听取了全国社会保障资金审计情况汇报。

会议指出，审计监督是宪法和审计法赋予审计机关的一项重要职责。国务院高度重视和支持审计工作。近年来，审计机关不断加强财政、金融和企业及重大民生项目审计工作，严肃查处违法违规问题，在推进反腐倡廉建设、推动完善国家治理等方面发挥了重要作用。审计发现的问题能否得到彻底整改，关系到政府的执行力和公信力，各级领导要高度重视。一要切实把整改工作摆到重要位置。二要着力解决好民生领域审计发现的突出问题。三要认真做好整改情况公开工作。四要加大财政管理体制改革力度。

会议听取了全国社会保障资金审计情况的汇报。2012 年 3 月至 5 月，审计署组织全国各级审计机关 4 万多名审计人员，重点审计了 2011 年全国省市县三级地方政府管理的 9 项社会保险基金、6 项社会救助资金、3 项社会福利资金共 18 项社会保障资金，核查了 2005 年以来相关数据；延伸审计了 29273 家企业、4207 家医院和 8101 个村（居）委会。从审计情况看，2011 年 18 项社会保障资金收入 2.84 万亿元，比 2005 年增长 3.13 倍；支出 2.11 万亿元，增长 3 倍；年末累计结余 3.11 万亿元，增长 4.35 倍。审计表明，各项社会保障资金总体安全，基金运行平稳。社会保障体系不断完善，收支规模不断扩大，为稳定公众消费预期，保障社会和谐稳定，发挥了重要作用。审计发现，一些地方和单位社会保障工作存在政策执行不到位、管理不够规范和违纪违规等问题。会议指出，下一阶段要全力加强规范化建设。一要进一步完善制度法规。尽快修订《社会保险费征缴暂行条例》《失业保险条例》等法规。二要健全运行机制。建立科学的责任分担机制，明确各级政府的社会保障责任。三要加强监督管理。积极推进建立规范完整的社会保障预算。明确社会保障信息公示和披露的方式和程序。重点加强对医疗保险、社会救助以及特殊群体社会保障政策贯彻落实情况的监督检查。建立全国统一的社会保障信息平台。

7 月 4 日

［纲　文］**国务院副总理李克强在北京会见葡萄牙国务部部长兼外交部部长波塔斯。**

［目　文］李克强说，中方愿与葡方加强经贸、新能源、基础设施、电信等领域合作，推动先进技术、规模生产和广阔市场的有机结合，更好地服务于各自国家经济社会发展，推动中葡全面战略伙伴关系再上新水平。中欧之间有着广泛的共同利益。中方注意到

欧盟夏季峰会就应对欧债问题达成重要共识，向世界传递了信心，相信这有利于促进欧洲经济复苏和发展。中方将继续以建设性、合作性方式支持一些欧洲国家解决债务问题的努力，愿进一步扩大与欧方各领域务实合作，实现互利共赢。希望葡方在欧盟内部继续发挥积极影响，促进中欧关系不断向前发展。

7月4日

［纲　文］国家宗教局发言人就梵蒂冈发表声明指责黑龙江教区即将祝圣主教发表谈话。

［目　文］谈话指出，中国天主教会将于7月6日、7日分别举行黑龙江教区岳福生主教、上海教区马达钦助理主教的祝圣活动。梵蒂冈方面以所谓其中有关人选未经其批准为由，发表声明进行公开指责和威胁，态度极其蛮横无理，令人震惊。当前中国天主教会一些教区主教长期空缺，牧灵福传和教会管理工作受到较大影响，继续按照一贯做法自选自圣主教是中国天主教会开展牧灵福传和教会管理工作的迫切需要，是广大神长教友的强烈意愿，也是宗教信仰自由的具体体现。对这一正常教务活动的任何指责和干涉，都是限制自由和不宽容的表现，有损于中国天主教会的健康发展，也无益于普世教会。希望梵方正视中国天主教会的历史和现实，理性冷静地评估形势，尊重中国天主教神长教友的意愿，不要动辄以所谓教律处罚相威胁，在中国教会制造分裂和混乱。我们愿意与梵就包括主教祝圣问题在内的任何问题进行磋商，但在双方达成一致前我们将一如既往地支持中国天主教会开展自选自圣主教工作，这是毋庸置疑的，也是无可指责的。我们敦促梵方撤销所谓“绝罚”威胁，回到对话的正确立场上来。

7月4日

［纲　文］卫生部发出《关于印发〈“十二五”期间卫生扶贫工作指导意见〉的通知》

［目　文］《指导意见》主要有以下五方面内容：

一、指导思想。按照《纲要》的总体部署，以保障扶贫对象享有基本医疗卫生服务为目标，以深化医药卫生体制改革为动力，以政策、资金、智力支持为抓手，以提高能力水平为重点，加大卫生扶贫工作力度，拓宽工作范围，构建长效机制，推进贫困地区卫生事业跨越式发展，努力提高贫困地区人民群众健康水平。

二、基本原则。以人为本，维护健康；深化改革，夯实基础；分类指导，协调发展；强化硬件，提高能力；加强协作，形成合力。

三、目标范围。（一）目标。到2015年，贫困地区基本医疗卫生制度初步建立，使扶贫对象拥有基本医疗保障、享有基本公共卫生服务、享有基本医疗服务，医疗服务可及性、服务质量、服务效率和群众满意度不断提高，就医费用负担明显减轻，地区间卫生资源配置和人群健康状况差异明显缩小，基本实现病有所医，健康水平接近本省（区、市）平均水平，为实现到2020年主要健康指标接近全国平均水平奠定基础。（二）范围。新一轮卫生扶贫攻坚的主战场包括：以六盘山区、秦巴山区、武陵山区、乌蒙山区、滇桂黔石漠化区、滇西边境山区、大兴安岭南麓山区、燕山—太行山区、吕梁山区、大别山区、罗霄山区等区域的连片特困地区和已明确实施特殊政策的西藏、四省藏区、新疆南疆三地州。同时，继续做好连片特困地区以外重点县和贫困村的卫生扶贫工作。

四、主要任务。（一）巩固完善新型农村合作医疗制度。（二）大力加强医疗卫生机构基础设施建设。（三）稳步推进基本公共卫生服务逐步均等化。（四）巩固完善国家基本药物制度。（五）全面推进县级公立医院改革。（六）加大卫生人才培养培训力度。（七）建立健全突发公共事件卫生应急体系。（八）大力开展卫生信息化建设。（九）着力扶持中医药（民族医药）事业发展。（十）扎实推进对口支援工作。进一步完善对口支援贫困地区工作制度、健全工作机制、明确任务措施，切实增强对口支援工作的针对性、操作性和可持续性。

五、保障措施。加强领导，落实责任；加大支持，政策倾斜；完善机制，长效管理；试点引路，整体推进；加大宣传，形成氛围。

7月4日

［纲　文］**三峡电站最后一台机组正式交付并网发电。**

［目　文］交付中国长江电力股份有限公司运行管理的该机组于2011年1月底开始安装，2012年5月完成投产前72小时试运行。至此，三峡电站全面建成投产，总装机容量达2250万千瓦。三峡电站第一台机组于2003年7月10日正式并网发电，截至7月4日，三峡电站发电量累计达到5648亿千瓦时，减排二氧化碳4亿吨、二氧化硫500多万吨。

7月4—5日

［纲　文］**第三届“中国—西亚北非中小企业合作论坛”在天津举行。**

［目　文］中共中央政治局委员、天津市委书记张高丽在迎宾馆会见了出席论坛的嘉宾。全国政协副主席孙家正，中联部副部长李进军，市委副书记何立峰，中国中小企业协会会长李子彬等出席论坛。来自西亚北非地区20多个国家的170多位党政领导人、企业家及驻华外交官，以及外交部、商务部、工信部等有关部门的负责人及中小企业代表参加了论坛。论坛由中联部和天津市政府联合举办。论坛以“积极把握中国与西亚北非地区发展契机，共同促进中小企业务实合作”为主题，旨在通过党际交往渠道，促进中国与西亚北非地区的经贸合作，为深化中国和西亚北非国家的中小企业合作搭建平台。与会嘉宾围绕“中小企业与经济社会发展”“合作面临的机遇与挑战”分议题进行探讨交流，还安排了经贸洽商会、签约仪式、中国—西亚北非和平发展对话会以及参观考察等活动。

7月4—8日

［纲　文］**第五届津台投资合作洽谈会暨2012天津·台湾名品博览会在天津举行。**

［目　文］洽谈会由天津市人民政府、国务院台湾工作办公室、海峡两岸关系协会、政协天津市委员会共同主办。

4日，中共中央政治局委员、天津市委书记张高丽出席开幕酒会，会见了出席的台湾嘉宾。张高丽说，我们要继续推进两岸经贸合作，深化两岸文化交流，进一步优化发展环境，切实保障台商的合法权益，欢迎更多台商来津投资发展，开创互利合作共赢发展的新局面。全国政协副主席郑万通、中共中央和国务院台湾事务办公室主任王毅、海峡两岸关系协会会长陈云林等也出席了开幕酒会。天津市市长和中国国民党副主席蒋孝严分别致辞。洽谈会以“深化合作、再创共赢”为主题，通过合作研讨、洽谈对接、项目启动、合同签约、名品展销、实地考察等活动，进一步提升津台产业对接层次，扩大现代服务业合作领域，拓展津台经贸合作深度和广度。同期举办的博览会的展览面积6万平方米，设展位2000余个，从1200家报名企业中优选出800家企业参展。期间，共达成意向采购额6.3亿美元。

7月4—7日

［纲 文］**应国家主席胡锦涛邀请，古巴国务委员会主席兼部长会议主席劳尔·卡斯特罗对中国进行国事访问。**

［目 文］5日，胡锦涛在同劳尔·卡斯特罗会谈时说，古巴是第一个同新中国建交的拉美国家。半个多世纪以来，中古关系经受住时间和国际风云变幻的考验，不断向前发展。当前，中古两国都处在重要发展阶段，面临相似的发展任务：一、两国高层和各层次保持密切交往，充分发挥党际和政府间各对话机制作用，加强治党治国经验交流。二、扩大经贸合作，促进共同发展。双方要创新合作方式，优化贸易结构，加强经贸、能源、基础设施建设、农业、生物技术等领域合作，鼓励双向投资。三、拓展文化、教育、新闻、媒体等领域交流合作，加强两国人民特别是青年友好交往，为中古友好事业培养更多人才。四、加强在联合国改革、气候变化、可持续发展等重大问题上的协调配合。劳尔·卡斯特罗表示，古方重视中国发展的成功经验，愿同中方保持密切交往，加强治国理政方面的交流借鉴，扩大经贸、投资、可再生能源等领域合作，使古中关系取得更丰硕成果。

访问期间，5日，全国人大常委会委员长吴邦国会见了劳尔·卡斯特罗，6日，国务院总理温家宝、国家副主席习近平、国务院副总理李克强分别会见了劳尔·卡斯特罗。吴邦国在会见时表示，中国全国人大愿加强同古巴全国人大各层次、多领域的交流与合作，加强在民主法制、治国理政等方面的相互学习和借鉴，密切在多边议会机制中的沟通与配合，不断丰富中古关系的内涵。温家宝在会见时表示，中方愿与古方结合各自发展规划，按照“政府引导，市场运作，企业主体，互利共赢”的方针，在贸易、农业、科技、能源、基础设施等领域扩大互利合作，促进彼此经济建设和发展，造福两国人民。习近平在会见时表示，中方愿与古方共同努力，落实好两国领导人达成的共识，继续保持高层交往，重点推进经贸、能源、农业、科技等领域合作，在国际事务中密切配合，为加强发展中国家团结，促进世界和平与繁荣作出贡献。李克强在会见时表示，在当前复杂多变的国际形势下，加强中古两党两国关系，对实现双方共同发展、促进发展中国家团结与繁荣具有重要意义。

7日，劳尔·卡斯特罗结束对中国的国事访问。

7月5日

［纲 文］**国务院副总理李克强在中南海紫光阁会见新加坡副总理张志贤。**

［目　文］李克强说，中新建交以来，相互关系特别是务实合作发展快、程度深。双方始终把发展两国关系放在重要位置，坚持把双边合作与各自国家特点、优势和发展战略紧密结合，取得丰硕成果，实现了互利共赢。新加坡是中国在东盟国家中的第三大贸易伙伴，两国互为重要的投资来源国。中方愿同新方一道，不断增进政治互信，夯实民意基础，继续推进中新苏州工业园、天津生态城等的建设，在中国扩大内需、推动中西部地区发展的进程中构建更多合作支点，增进共同利益，实现政治安全合作与经贸合作全面发展。

7 月 5 日

［纲　文］**王岐山在常州、苏州考察。**

［目　文］国务院副总理王岐山考察了常州天合光能有限公司、强生（苏州）医疗器材有限公司等企业。当了解到国外对光伏电池等产品实施反倾销反补贴时，他现场研究要求有关部门积极应对国际贸易摩擦，为企业排忧解难，有力有效维护企业利益。王岐山强调，企业是市场主体。各级政府和商务、金融、海关、质检等部门要从方方面面、点点滴滴入手，强化服务，为企业营造良好的软硬环境。要完善出口政策，突出重点行业、企业和产品，落实好大型成套设备出口信用保险等支持政策，加大对有市场、有技术、有效益企业的支持力度，切实解决中小出口企业的融资困难，进一步提高贸易便利化水平。积极扩大先进技术设备、关键零部件和能源原材料进口，适度扩大消费品进口。抓紧研究适合中国国情的投资保护协定范本以及全球贸易价值链问题。加快完善体制、机制和人才储备，充分利用资金、产业等优势，支持企业“走出去”。

7 月 5 日

［纲　文］**环境保护部发布《2012 年国家先进污染防治示范技术名录》和《2012 年国家鼓励发展的环境保护技术目录》。**

［目　文］《技术名录》10 类 91 条，主要有城镇污水、污泥处理技术，高氨氮工业废水处理技术，其他工业废水处理、回用与减排技术，除尘、脱硫、脱硝技术，工业废气治理、净化及资源化技术，固体废物综合利用、处理处置及土壤修复技术，重金属污染防治技术，工业清洁生产技术，噪声与振动控制技术，监测检测技术等类别。

《技术目录》11 类 176 条，主要有城镇污水、污泥处理及水体修复技术，高氨氮工业废水处理技术，其他工业废水处理、回用与减排技术，除尘、脱硫、脱硝技术，工业废气治理、净化及资源化技术，固体废物综合利用、处理处置及土壤修复技术，重金属污染防治技术，工业清洁生产技术，农村污染治理技术，噪声与振动控制技术，监测检测技术等类别。

7 月 5—6 日

［纲　文］**博鳌亚洲论坛中日企业家交流会在日本横滨举行。**

［目　文］博鳌亚洲论坛理事长福田康夫、副理事长曾培炎就深化中日经贸合作、推进中日经贸转型升级发表了主题演讲。中日两国约 60 名企业界人士就“中日贸易投资关

系现状与展望”“亚洲经济一体化与中日企业家的作用”“中日资源能源与创新合作”“企业并购——双赢的选择”四个议题进行探讨，取得了四点共识。第一，中日两国的企业家应该继续成为中日友好的桥梁和纽带；第二，中日两国作为全球第二和第三经济大国，应该进一步扩大贸易投资规模，拓展全方位经济合作；第三，中日应重点加强在服务、绿色经济、能源、科技、减灾等五个重点领域的合作；第四，要把加强中日经贸合作置于地区和跨地区的更大框架中考虑，中日应携手引领地区贸易投资自由化进程。

7月5—9日

［纲　文］**第31届国际生物科学暨生物产业大会在苏州举办。**

［目　文］会议由国际生物科学联合会（IUBS）、中国科学院生命科学与生物技术局和国际合作局、中国科学技术协会国际联络部主办。主题为：推进生物科学，使生活更美好。国际生物科学暨生物产业大会是世界性的生物科学盛会，三年举行一次，这是90多年来首次在中国大陆举行。来自世界40多个国家的400多位科学家、科研人员和学者参加了大会。大会致力于整合生物学的发展，倡导学科交叉，促进合作与交流，共同解决地球面对的各种挑战如全球变化、生物多样性保护、疾病控制、能源危机、食品安全、生物伦理与教育等。大会组织了包括气候变化生物学、基因组与进化、生物入侵、生物能源、纳米生物学、生物伦理与教育等十多个专题论坛分会。共有190多位来自世界各国的科学家进行报告发言或海报交流展示。

7月5—9日

［纲　文］**国家高新区建设20年成就展在北京举行。**

［目　文］9日，国务委员刘延东、马凯，中共中央书记处书记何勇，全国人大常委会副委员长路甬祥、韩启德、桑国卫，全国政协副主席万钢分别参观了展览。

展览由科技部、发展改革委、财政部、国土资源部、住房和城乡建设部主办。展览以“科学发展、创新驱动、铸就辉煌”为主题，以探索中国特色自主创新道路为主线，全面展示国家高新区在辐射引领、支撑发展方面取得的辉煌成就。建立国家高新区是党中央、国务院为发展中国高新技术产业、调整产业结构、推动传统产业改造、增强国际竞争力作出的重大战略部署。截至2012年，国务院先后批准建立了88个国家高新区。

7月6日

［纲　文］**中组部发出《关于充分利用共产党员网、共产党员电视栏目、共产党员手机报开展党员教育的通知》**

［目　文］《通知》提出：一、中央领导同志在视察三个平台时明确指出，开通共产党员网、共产党员电视栏目、共产党员手机报这三个党员学习教育平台，是以改革创新精神加强组织工作的重要举措。要围绕党的中心任务、贴近基层实际、根据广大党员的需求办网、办报、办电视节目，努力把它们办成党员欢迎、组织满意、群众爱看的共产党员的学习平台、交流平台、服务平台、表彰平台。二、各级组织部门和基层党组织要了解掌握

三个平台的内容、形式和功能，积极做好宣传推广。三、要组织广大党员登录访问共产党员网、收看共产党员电视栏目、阅读共产党员手机报，并与“三会一课”、主题实践活动等传统教育手段结合起来，探索集中学习、个人自学等多种学习方式。四、各级组织部门要把三个平台学用工作摆上议事日程，作为党的建设和组织工作的重要任务，加强组织领导，共同办好用好管好三个平台。五、加大力度，积极推进各地党员教育上电视、上手机、上互联网。

7月6日

［纲　文］ **中国—新加坡双边合作联合委员会第9次会议、苏州工业园区中新联合协调理事会第14次会议、中新天津生态城联合协调理事会第5次会议在苏州举行。**

［目　文］ 三场会议均由中国国务院副总理王岐山和新加坡副总理张志贤共同主持。两国政府有关方面负责人参加了会议。

王岐山在中新联委第9次会议上致辞说，中方愿与新方共同努力，继续发挥好苏州工业园区中新联合协调理事会、中新天津生态城联合协调理事会、中新双边合作联委会等合作机制的作用，进一步加强经贸、投资、金融、人文、科技教育、社会管理等领域的合作，推动中新互利友好关系不断向前发展。会后，双方签署了两国《自由贸易协定下有关银行业事项的换文》《关于深化软件转移合作的意向书》。

王岐山在苏州工业园区中新联合协调理事会第14次会议上致辞说，18年来，中新双方紧密合作，全力支持苏州工业园区建设和发展。中国政府先后赋予园区一系列先行先试政策。希望新方一如既往，充分发挥城市规划、公共服务和社会管理等方面的优势，加大“软投入”力度，支持园区全面提升“软实力”。当前，苏州工业园区处于转型升级的关键阶段。中方愿与新方共同努力，不断创新合作方式，充实合作内涵，推动园区百尺竿头，更上层楼。会议审议并通过了《苏州工业园区开发建设进展和下一步发展的报告》。

王岐山在中新天津生态城联合协调理事会第5次会议上致辞说，为推进天津生态城开发建设，中方已经出台了一系列扶持政策，并将支持生态城建设“国家绿色发展示范区”。新加坡在城市规划、项目引进、水资源利用等方面做了大量工作。希望新方充分发挥优势，积极推动招商引资，加大城市管理、公共服务、人才培训等支持力度。中方愿与新方一道，坚持互利共赢，密切沟通合作，扎扎实实推进生态城开发建设。会议审议并通过了《中新天津生态城工作报告》。

7月6—7日

［纲　文］ **全国科技创新大会在北京举行。**

［目　文］ 胡锦涛、吴邦国、温家宝、贾庆林、李长春、习近平、李克强、贺国强等党和国家领导人出席会议。

胡锦涛就深化科技体制改革、加快创新型国家建设提出六点意见。第一，进一步推动发展更多依靠创新驱动，坚持把科技摆在优先发展的战略位置，把科技创新作为经济发展的内生动力，激发全社会创造活力，推动科技实力、经济实力、综合国力实现新的重大跨越。第二，进一步提高自主创新能力，大力培育和发展战略性新兴产业，运用高新技术加快改造提升传统产业，加快农业科技创新，发展关系民生和社会管理创新的科学技术，推进基础前沿研究。第三，进一步深化科技体制改革，着力强化企业技术创新主体地位，提高科研院所和高等学校服务经济社会发展能力，推动创新体系协调发展，强化科技资源开放共享，深化科技管理体制改革。第四，进一步完善人才发展机制，坚持尊重劳动、尊重知识、尊重人才、尊重创造的重大方针，统筹各类人才发展，建设一支规模宏大、结构合理、素质优良的创新人才队伍。第五，进一步优化创新环境，完善和落实促进科技成果转化应用的政策措施，促进科技和金融结合，加强知识产权创造、运用、保护、管理，在全社会进一步形成讲科学、爱科学、学科学、用科学的浓厚氛围和良好风尚。第六，进一步扩大科技开放合作，提高中国科技发展国际化水平，在更高起点上推进自主创新。

温家宝对增强企业创新能力提出了具体要求。一要支持企业建设高水平研发中心。二要以企业为主导深化产学研结合。三要建立科技资源开放共享机制。四要创造公平开放的市场环境，使各类企业公平获得创新资源。温家宝强调，要在政策上最大限度地支持企业创新，要抓好现有政策的贯彻落实，并进一步完善，重点解决政策之间的协调性问题，增强政策的针对性和实效性。

国家科技教育领导小组成员，各省、自治区、直辖市，中央和国家机关有关单位、有关人民团体，解放军各总部和武警部队，各民主党派中央和全国工商联有关负责人，部分行业协会、高等学校、科研单位、企业和国家高新区代表和部分科技专家等出席会议。

7月6—8日

［纲　文］**温家宝在江苏调研，并在南京主持召开辽宁、江苏、浙江、安徽、广东五省经济形势座谈会。**

［目　文］6日晚和7日上午，温家宝来到常州市清谭六村和飞龙新苑小区看望居民，并在飞龙新苑小区与保障性住房建设、管理、质量监督等方面负责人座谈。温家宝说，目前房地产市场调控仍然处在关键时期，调控任务还很艰巨。必须坚定不移做好调控工作，同时，抓紧研究推进房地产税收制度改革，加快建立健全房地产市场调控的长效机制和政策体系。要增加普通商品房供给，继续稳步推进保障性安居工程建设，尽快形成有效供给，特别要注重保障性住房建设的可持续性，抓紧完善保障性住房建设、分配、管理、退出等制度。

7日下午，温家宝在中电熊猫液晶显示科技有限公司和南京浦镇车辆有限公司分别召开座谈会，来自轻纺、软件、物流、钢铁、化工、装备制造等领域的30多家企业和行业协会负责人参加座谈。温家宝说，当前，经济下行压力大，效益下滑。部分企业出口下降，综合成本压力大。我认为，解决企业当前存在的突出问题，最根本的还是增强企业的创新能力。稳增长还要和抓改革结合起来。真正使企业自负盈亏、优胜劣汰。财税政策、货币政策、产业政策不仅要帮助企业发展，而且要同自身改革结合起来。应对国际金融危机，要作长期准备。随着经济困难，贸易保护主义还会加剧。除了对美国、欧洲等传统市场的出口，我们还要积极开拓东盟、中亚、南亚、中东欧、非洲、中东、南美等新的市场。

8日上午，温家宝在南京主持召开座谈会，同辽宁、江苏、浙江、安徽、广东五省负责人一起分析上半年经济形势，研究如何做好下一步的经济工作。温家宝说，当前，中国经济运行总体上是平稳的。内需继续成为经济增长的主要拉动力，经济增速保持在年初确定的预期目标区间内。2012年4月我们及时提出把稳增长放在更加重要的位置，加大了预调微调力度。当前，这些措施正在见到成效，经济运行呈现缓中趋稳态势。要实施出口多元化战略，稳定投资是扩内需、稳增长的关键。要因势利导，更加注重"转方式、调结构"。

7月7日

［纲　文］**新华社讯，国家档案局批复同意海南省设置中国最南端档案馆——海南省西南中沙群岛档案馆。**

［目　文］档案馆项目总建筑面积拟定3000平方米。在征集西南中沙群岛档案史料方面，海南省档案馆已从中山大学图书馆征集回100余册的档案史料，内容涵盖唐朝以来的地图、文史资料、文件汇编等。海南省档案馆与中国第一历史档案馆、中国第二历史档案馆、台湾图书馆、台湾文献馆取得了联系，就有关西南中沙群岛档案资料的使用达成初步合作意向。

7月7—8日

［纲　文］**"世界和平论坛"在北京举行。**

［目　文］论坛由清华大学主办，中国人民外交学会协办。论坛是由中国非官方机构组织举办的国际安全高级论坛，旨在为国际战略家和智库领导人提供探讨国际安全问题、寻找建设性解决方法的平台。论坛主题为"各方共赢：和平、安全、合作"。

开幕式前，国家副主席习近平会见了出席论坛的秘鲁前总统加西亚、马来西亚前总理巴达维、巴基斯坦前总理阿齐兹、法国前总理德维尔潘、日本前首相鸠山由纪夫、俄罗斯前国家安全会议秘书伊万诺夫、欧盟理事会前秘书长兼共同外交与安全政策高级代表索拉纳等外国前政要。

习近平以"携手合作　共同维护世界和平与安全"为题在开幕式上致辞。习近平指出，各国必须坚持以合作的胸怀、创新的精神、负责任的态度，同舟共济、合作共赢，共同应对各种问题和挑战，携手营造和谐稳定的国际和地区安全环境。为此，我们应该恪守以下理念和原则：第一，必须以发展求安全。经济发展繁荣是维护安全的重要保障。应该继续高度重视并切实解决好全面协调可持续发展这个重大课题，持续致力于自身发展，积极支持发展中国家发展，努力缩小南北发展差距，真正实现共同发展繁荣。第二，必须以平等求安全。平等相待是维护安全的基本前提。在任何时候任何情况下，都要坚持和平共处五项原则，不干涉别国内政，不把自己意志强加于人，通过平等对话、互利合作，实现各国普遍安全。第三，必须以互信求安全。增进互信是维护安全的必要条件。要不断增进各国战略和政治互信，妥善处理分歧、矛盾和敏感问题，切实尊重他国核心和重大利益，不断扩大战略共识，夯实维护安全的深厚根基。第四，必须以合作求安全。对话合作是维护安全的根本途径。要超越"你输我赢、你兴我衰"的"零和"思维，坚持以合作谋和平、以合作保安全、以合作化干戈，努力寻求和扩大各方利益汇合点，致力于实现双赢和共赢。第五，必须以创新求安全。要坚决摒弃落后于时代发展潮流的思想观念和陈旧的方式方法，牢固树立互信、互利、平等、协作的新安全观，树立综合安全、共同安全、合作安全新理念，努力为解决老问题寻找新答案，为应对新问题寻找好答案，不断破解人类面临的发展难题和安全困境。

会议共有三场大会、两场午餐会、一场晚宴和十八个小组讨论会。小组讨论会均由驻华大使主持。三场大会主题分别为当前国际安全形势、国际安全合作方向、大国关系与国际安全。秘鲁前总统加西亚、马来西亚前总理巴达维、巴基斯坦前总理阿齐兹、法国前总理德维尔潘、日本前首相鸠山由纪夫、俄罗斯前国家安全会议秘书伊万诺夫、欧盟理事会前秘书长兼共同外交与安全政策高级代表索拉纳等外国前政要分别发表了主旨演讲，并回答了提问。来自22个国家的专家、学者和36个国家的驻华使节等中外来宾近500人出席开幕式。外交部部长杨洁篪、教育部部长袁贵仁、商务部国际贸易谈判代表兼副部长高虎城等出席活动。

7月8日

［**纲　文**］**国务院发出《关于促进民航业发展的若干意见》。**

［**目　文**］《意见》主要内容有：一、总体要求。二、主要任务。加强机场规划和建设；科学规划安排国内航线网络；大力发展通用航空；努力增强国际航空竞争力；持续提升运输服务质量；着力提高航空安全水平；加快建设现代空管系统；切实打造绿色低碳航空；积极支持国产民机制造；大力推动航空经济发展。三、政策措施。加强立法和规划；加大空域管理改革力度；完善管理体制机制；强化科教和人才支撑；完善财税扶持政策；改善金融服务。

《意见》提出的发展目标是：到2020年，中国民航服务领域明显扩大，服务质量明显提高，国际竞争力和影响力明显提升，可持续发展能力明显增强，初步形成安全、便捷、高效、绿色的现代化民用航空体系。航空运输规模不断扩大，年运输总周转量达到1700亿吨公里，年均增长12.2%，全国人均乘机次数达到0.5次。航空运输服务质量稳步提高，安全水平稳居世界前列，运输航空百万小时重大事故率不超过0.15，航班正常率提高到80%以上。通用航空实现规模化发展，飞行总量达200万小时，年均增长19%。经济社会效益更加显著，航空服务覆盖全国89%的人口。

7月8日

［纲　文］**《人民日报》报道，西藏文化旅游创意园区开工建设。**

［目　文］园区位于拉萨市城关区蔡公堂乡次角林村，距离拉萨市主城区两公里，与布达拉宫隔河相望，总投资逾300亿元。园区集民俗文化、民族工艺、演艺娱乐、文化创意、文博展示、酒店休闲、商贸观光、田园风光、生活服务于一体。以“一园两城三区”进行构架。“一园”即文成公主主题公园。“两城”即艺术城和民俗城。“三区”即文化创意产业区、生态休闲商务区和文化名流居住区。

7月8日

［纲　文］**中国“诗电影”计划启动仪式在北京举行。**

［目　文］“诗电影”计划由著名诗人海啸与影视编剧卜青文共同发起，旨在将诗歌影像化、镜头化、甚至高端娱乐化，让诗歌成为一种高端文化产品进入市场。“诗电影”首期投资1000万，计划将100首经典中国现代诗歌拍成微电影。

7月8日

［纲　文］**《人民日报》发表题为《深化科技体制改革实现创新驱动发展》的社论。**

7月8—10日

［纲　文］**应国务委员戴秉国邀请，欧盟外交与安全政策高级代表兼欧盟委员会副主席凯瑟琳·阿什顿访华并出席第三轮中欧高级别战略对话。**

［目　文］10日，国务院总理温家宝会见阿什顿时表示，近年来，中欧关系取得了积极进展，成为不同社会制度、历史文化背景国家之间交流合作的成功典范。应对国际金融危机和欧债问题对欧洲是严峻挑战，也是重要机遇，也推动中欧关系更加成熟和稳定。中方欢迎欧盟夏季峰会就促进增长达成的重要成果，支持欧洲继续采取有力措施，提振市场信心。中欧经济互补性强，相互依存不断加深。双方要着眼长远和全局，坚持市场开放和互利共赢，把彼此发展战略和优势紧密结合起来，探讨在基础设施建设、投资、金融、高新技术、环保等领域开展一揽子合作，赋予中欧全面战略伙伴关系新的内涵，更有力地携手应对挑战，实现共同发展。

9日，国务委员兼国防部长梁光烈在八一大楼会见了阿什顿。双方就国际和地区安全形势、中欧防务安全合作等交换了意见。

9日至10日，国务委员戴秉国与阿什顿在中国北京共同主持了第三轮中欧高级别战略对话。双方同意从四方面推动中欧务实合作：一、坚持并完善中欧高级别战略对话机制，平等相待，相互理解尊重，以建设性方式妥善处理分歧。二、挖掘新潜力、开拓新领域，进一步提升经贸合作水平，扎实推进城镇化、新能源、节能环保、可持续发展等领域合作，鼓励双向投资，妥善解决贸易摩擦。三、加强人文交流，支持民间、青年和学术交往。四、加强在国际事务中的沟通协调，定期开展各级别外交政策磋商，举行中欧防务安全部门政策对话，开展反海盗护航合作。

7月9日

［纲　文］ **国务院发出《“十二五”国家战略性新兴产业发展规划》。**

［目　文］《规划》主要内容有：一、背景。中国战略性新兴产业自主创新发展能力与发达国家相比还存在较大差距，关键核心技术严重缺乏，标准体系不健全；投融资体系、市场环境、体制机制政策等还不能完全适应战略性新兴产业快速发展的要求。必须加强宏观引导和统筹规划，明确发展目标、重点方向和主要任务，采取有力措施，强化政策支持，完善体制机制，促进战略性新兴产业快速健康发展。二、指导思想、基本原则和发展目标。三、重点发展方向和主要任务。国家战略性新兴产业发展的重点发展方向包括：节能环保产业；新一代信息技术产业；生物产业；高端装备制造产业；新能源产业；新材料产业；新能源汽车产业。四、重大工程。国家战略性新兴产业发展的重大工程有：重大节能技术与装备产业化工程；重大环保技术装备及产品产业化示范工程；重要资源循环利用工程；宽带中国工程；高性能集成电路工程；新型平板显示工程；物联网和云计算工程；信息惠民工程；蛋白类等生物药物和疫苗工程；高性能医学诊疗设备工程；生物育种工程；生物基材料工程；航空装备工程；空间基础设施工程；先进轨道交通装备及关键部件工程；海洋工程装备工程；智能制造装备工程；新能源集成应用工程；关键材料升级换代工程；新能源汽车工程。五、政策措施。国家战略性新兴产业发展的政策措施：加大财税金融政策扶持；完善技术创新和人才政策；营造良好的市场环境；加快推进重点领域和关键环节改革。六、组织实施。国家战略性新兴产业发展的组织实施的要点有：加强统筹协调；加强宏观引导；培育发展产业示范基地；完善规划体系；加强组织实施。

《规划》提出发展目标为：产业创新能力大幅提升；创新创业环境更加完善；国际分工地位稳步提高；引领带动作用显著增强。到2020年，力争使战略性新兴产业成为国民经济和社会发展的重要推动力量，增加值占国内生产总值比重达到15%，部分产业和关键技术跻身国际先进水平，节能环保、新一代信息技术、生物、高端装备制造产业成为国民经济支柱产业，新能源、新材料、新能源汽车产业成为国民经济先导产业。

7月9日

［纲　文］ **温家宝主持召开经济形势座谈会。**

［目　文］ 来自研究机构、中外资企业的专家，就当前经济形势、下一阶段宏观经济政策的取向和重点发表了各自见解；来自汽车、投资、商贸、物流、电子商务、新能源、房地产等领域的企业负责人分别结合本行业、本企业的运行情况，分析判断形势并提出政策建议。国务院副总理李克强、回良玉、王岐山，国务委员兼国务院秘书长马凯参加了座谈会。

国务院总理温家宝说，作为一个发展中大国，需要保持一定的经济增长速度，经济社会发展、民生改善才有相应的基础。当前国内外经济形势比较复杂。稳增长首先要正确判断形势，既要看到经济下行的压力，也要看到经济增长的动力；既要有忧患意识，也要增强信心。稳增长不仅是当务之急，而且是一项长期的艰巨任务。稳增长的政策措施包括促进消费、出口多元化等，但当前重要的是促进投资的合理增长。在促进投资当中，非常紧要的是要注重投向、注重结构、注重质量和效益，要有利于改善民生、有利于科学发展。要重视对新技术研发和新兴产业的支持，在市场压力比较大的情况下，这方面的企业仍然有旺盛的生命力。稳增长还要与财政、金融、企业以及其他方面的改革结合起来，用改革的办法，用市场的办法，推进结构调整和发展方式转变，提高产业竞争力，增强经济发展的活力和可持续性。温家宝说，实施积极的财政政策，当前要特别注意完善结构性减税，扩大营业税改增值税试点范围，减少流通环节税收和费用，减轻小微企业税负。要加快推进重点领域和关键环节的改革，为经济社会发展注入新的动力。鼓励和引导民间投资健康发展的“新36条”相关实施细则已全部出台，要抓好落实，尤其要在铁路、市政、能源、电信、卫生、教育等领域抓紧做几件看得见、鼓舞人心的实事，以提振投资者信心。

7月9日

［纲　文］**中国国家博物馆建馆100周年纪念大会举行。**

［目　文］中共中央总书记胡锦涛致信祝贺指出，100年来，中国国家博物馆始终以继承和传播中华文化为己任，经过一代又一代员工筚路蓝缕、拼搏奋斗，在重要文物的征集保护、科学研究、陈列展览等方面取得了显著成就，为促进中国文博事业发展、提高人民精神文化素养、构筑中华民族共有精神家园做出了突出贡献。胡锦涛强调，党的十七届六中全会提出了建设社会主义文化强国的战略任务。希望中国国家博物馆坚持走中国特色社会主义文化发展道路，以建馆百年为新的起点，解放思想、开拓进取，进一步丰富馆藏内容、提升科研水平、改进展陈方式、创新体制机制、优化服务质量、拓展对外交流，加快世界一流博物馆建设步伐，更好地发挥展示中华文化的重要窗口作用、培育民族精神的重要基地作用、引领文博事业科学发展的重要示范作用，在社会主义文化大发展大繁荣的进程中再创辉煌。

文化部部长蔡武主持纪念大会。中央政治局常委李长春出席大会并为获得“学术成就与突出贡献奖”的文博界老专家颁奖。中共中央政治局委员刘云山、刘延东出席纪念大会，刘云山在会上发表讲话。中国国家博物馆馆长吕章申、专家代表孙机和英国国立维多利亚与艾伯特博物馆馆长马丁·罗特作了发言。中央和国家机关有关部门负责人，在京文博界、艺术界老专家及外国博物馆馆长代表等参加大会。

7月9日

［纲　文］**《人民日报》报道，中国商用飞机有限责任公司参加第48届范堡罗航展。**

［目　文］世界第二大航展——第48届范堡罗国际航空航天展览会在英国范堡罗开幕，中国商用飞机有限责任公司携C919大型客机模型、ARJ21-700新支线飞机模型参加，并首次向全球展示了ARJ21新支线飞机行政机、公务机布局。ARJ21新支线飞机是中国商飞公司完全按照国际适航规章设计研制的喷气支线客机，也是第一款同时向中国民航局和美国联邦航空局提出适航申请并得到受理的喷气式客机。C919大型客机国内外订单总数达到280架。

7月9日

［纲　文］**文化部、全国妇联、中央电视台发布《关于举办“第六届中国家庭文化艺术节”的通知》。**

［目　文］《通知》说，为了深入贯彻落实党的十七届六中全会精神，不断推动中国家庭文化建设的新发展，迎接党的十八大胜利召开，全国妇联、文化部、中央电视台决定联合举办第六届中国家庭文化艺术节活动。各地根据实际情况，立足于促进家庭道德建设，组织开展以家庭成员文娱、体育、读书、家庭才艺（包含小制作、小发明、家庭盆景园艺等）、书法、绘画、摄影、剪纸、家庭服装服饰等，以及其他具有地方特色和家庭特色的文化活动。中央电视台《欢乐一家亲》栏目作为艺术节活动的展示窗口，将持续推出各地推荐和选拔出的优秀才艺家庭。

12月12日，第六届中国家庭文化艺术节活动闭幕晚会在北京举行。全国人大常委会副委员长、全国妇联主席陈至立出席并致辞。她指出，党的十八大为我们绘就了崭新蓝图，建设美丽中国需要亿万美好家庭的共同努力。她勉励广大家庭满怀对伟大祖国的真挚爱戴，辛勤劳动、弘扬美德，为全面建成小康社会贡献力量。

第六届中国家庭文化艺术节活动自2012年启动以来，全国各地亿万家庭踊跃参与，北京、吉林、内蒙古、上海、安徽、山东、湖北、广东、贵州、青海、宁夏等省区市围绕家庭道德、环保低碳、妇女健身、家庭才艺等方面丰富了艺术节内涵，成为本届艺术节的亮点。

7月9—11日

［纲　文］**应外交部部长杨洁篪邀请，法国外交部部长洛朗·法比尤斯对中国进行正式访问。**

［目　文］访问期间，10日，国务院总理温家宝、国务院副总理李克强、外交部部长杨洁篪分别会见法比尤斯。

温家宝会见时表示，中国一贯高度重视同法国的关系。两国对当前众多全球性和战略性问题有着相同或相似的看法，都奉行独立自主的外交政策，主张加强全球经济治理，促进世界多极化进程。中方愿同法国新政府在相互尊重、平等相待基础上，增进相互理解，加强互利合作和人文交流，推动中法全面战略伙伴关系取得新进展。中方正在积极扩大内需，愿进口更多法国高附加值商品和先进技术，实现双边经贸关系全面、平衡发展，共同应对国际金融危机和欧债问题的挑战。

李克强会见时表示，当前世界经济形势仍然复杂严峻，中法都是经济大国，更要发挥好合作的巨大潜力。双方应创新合作方式，加强联合研发、合资共营，深化航空、核能等传统领域合作，推动新能源等新兴合作领域取得进展，共同拓展国际市场，在发展中促进贸易动态平衡，希望法方放宽对华高科技产品出口限制。

7月10日

［纲　文］**国务院发出《关于促进红十字事业发展的意见》。**

［目　文］《意见》主要内容有：一、充分认识发展红十字事业的重要意义。红十字事业是中国特色社会主义事业的重要组成部分；发展红十字事业是加强和创新社会管理、保障和改善民生的现实需要；弘扬红十字精神是加强社会主义核心价值体系建设的重要内容。二、着力推进红十字事业改革创新。包括：积极推进红十字会体制机制创新；着力打造公开透明的红十字会；全面建立综合性监督体系。三、积极支持红十字会依法履行职责。要建立健全红十字应急救援体系；建立红十字应急救护培训长效机制；提高红十字会人道救助能力；加强无偿献血、造血干细胞捐献、遗体和人体器官捐献工作；积极开展国际人道援助和港澳台交流合作。四、大力加强红十字会的组织和队伍建设。包括：加强红十字会组织建设；完善红十字会法人治理结构；加强红十字会人才队伍建设；加强红十字志愿者队伍建设。五、不断优化红十字事业发展的社会环境。营造有利于红十字事业发展的法制环境；营造有利于红十字事业发展的政策环境；营造有利于红十字事业发展的舆论环境。六、切实加强对、事业的领导和支持。加强对红十字事业的组织领导；加大对红十字事业的财政投入；形成促进红十字事业发展的合力。

7月10日

［纲　文］**财政部、中国科协发出《关于印发〈基层科普行动计划专项资金管理办法〉的通知》。**

［目　文］《通知》说，为贯彻落实《国务院关于印发全民科学素质行动计划纲要（2006—2010—2020年）的通知》精神，充分调动全社会贴近实际、贴近生活、贴近群众开展科普工作的积极性和主动性，引领激发广大群众学科学、用科学的积极性和创造性，中国科协、财政部决定在实施“科普惠农兴村计划”的基础上，拓展工作范围和内容，将社区科普工作纳入奖补范围，并将计划名称调整为“基层科普行动计划”。为保证该计划的实施，中央财政设立了“基层科普行动计划”专项资金。为规范和加强专项资金的管理，提高资金使用效益，我们制定了《基层科普行动计划专项资金管理办法》。

《办法》共16条，自公布之日起施行。《科普惠农兴村计划专项资金管理办法（试行）》（财教〔2006〕140号）同时废止。

7月10—12日

［纲　文］**外交部部长杨洁篪应邀出席在柬埔寨首都金边召开的第13届东盟与中国、韩国、日本（10+3）外交部部长会议，第2届东亚峰会（EAS）外交部部长会议和第19届东盟地区论坛（ARF）外交部部长会议。**

［目　文］10日，第13届东盟与中国、韩国、日本（10+3）外交部部长会议召开。东盟10个成员国外交部部长和中日韩三国外交部部长在会上就东亚区域合作相关问题展开讨论，与会各方对10+3机制建立15周年来对推动东盟一体化进程和东亚区域合作的积极作用表示肯定。外交部部长杨洁篪在讲话中表示，2011年以来，10+3合作机制继续取得积极的进展，清迈倡议多边化规模扩大到2400亿美元，7亿美元的区域信用担保和投资基金获准正式开展业务，10+3大米紧急储备协定已经签署，并将很快正式生效，10+3

教科文卫等各领域合作稳步推进，中方对这些进感到满意。在15周年这个新起点上，各方应规划好合作发展蓝图。强调在全球经济金融形势不容乐观的背景下，应加强经贸、财金等领域的务实合作，不断提升东亚经济增长的内生动力，有效应对经济、金融风险，并积极吸引私营部门和地方政府参加10+3合作。韩国外交通商部长官金星焕在讲话中积极评价了10+3合作机制在推动地区一体化进程中的作用。日本外相玄叶光一郎在会上对10+3合作机制各方在去年日本地震后的提供的援助表示了感谢。会上，各方均认为，应以10+3合作启动15周年为契机，进一步提升合作水平，拓展合作领域，发挥好10+3东亚合作主渠道作用，为促进地区稳定、发展和繁荣以及东亚一体化进程做出更大的贡献。

12日，第二届东亚峰会（EAS）外交部部长会议和第19届东盟地区论坛（ARF）外交部部长会议在柬埔寨首都金边开幕，外交部部长杨洁篪出席并发表讲话。杨洁篪说，中方主张从以下三方面入手，推动东亚峰会合作持续健康发展。第一，聚焦发展这一主题。第二，重点推进合作。第三，共同致力于维护地区和平与稳定。

7月10日

［纲　文］**全国文物工作会议在北京召开。**

［目　文］会前，中共中央政治局常委李长春接见了与会代表。李长春指出，做好文物工作，对于继承和弘扬中华民族优秀传统文化、建设中华民族共有精神家园，对于满足人民群众日益增长的精神文化需求、提高全民族思想道德素质和科学文化素质，对于展示良好国家形象、增强中国文化软实力、维护世界文化多样性，都具有十分重要的意义。他希望各级党委政府进一步增强文化自觉，把文物工作摆上重要议事日程，予以大力支持和推动。广大文物工作者要深入贯彻落实党的十七届六中全会精神，增强责任感和紧迫感，牢牢把握“保护为主、抢救第一，合理利用、加强管理”的文物工作方针，扎实工作、开拓创新，不断提高文物保护、开发、管理水平，在新的历史起点上努力开创文物事业发展新局面。

国务委员刘延东讲话指出，广大文物工作者要全面落实“十二五”时期各项任务和文物保护责任，努力推进文化遗产强国建设；扎实推进文物保护重点工作；充分发挥文物资源优势；加快政策法规体系建设；健全机构和队伍；增强全民文物保护意识。

会上，全国文物系统50个先进集体和30位先进工作者受到表彰；国家文物局、公安部、财政部、北京市、西藏自治区代表发言。各省（区、市）省级文物行政部门，中央和国家机关有关部门负责人，全国文物系统先进集体代表和先进工作者，在京有关文博单位负责人，部分文物博物馆专家等出席会议。

7月10日

［纲　文］**中组部在中国浦东干部学院举办提升企业家影响力专题研讨班。**

［目　文］中共中央政治局委员、中组部部长李源潮出席开班式并致辞。他指出，要按照竞争择优原则深化企业经营管理者选拔制度改革，加大对企业家的培训力度，营造有利于优秀企业家脱颖而出、提升中国企业家影响力的社会氛围和良好环境，努力培养造就

更多国际知名的中国企业家。美国芝加哥大学保尔森中心主席亨利·保尔森和陶氏化学、诺华制药、宝洁等8家跨国公司的知名企业家应邀参加开班式并在研讨班上与中国企业家进行交流。70家中管企业和金融机构的主要负责人、22家民营企业主要负责人参加研讨班。

7月10日

［纲　文］**第二届国产动画电影高峰论坛在北京举办。**

［目　文］论坛由《综艺报》社、北京市电影股份有限公司和中国电影评论学会联合主办。来自国家广电总局、北京电影学院以及动画领域各个环节的代表和各大院线影院代表、银行和金融机构代表、媒体代表等共近300人参加了本次论坛。中心议题是“国产动画品牌打造和投资合理化”“动画电影创作与市场”。关于动画电影的取材、故事、技术，以及营销推广、多渠道经营和档期选择等众多业内外关心的话题均成为论坛的关注点。专家们认为，国产动画电影要将产业链做长，从前期策划开发、到制作，到后期发行放映，以及后产品开发，形成一条完整的产业链条，多面出击赢得市场。

7月10—11日

［纲　文］**第2届中非民间论坛在苏州举行。**

［目　文］论坛由中国民间组织国际交流促进会和非盟委员会联合主办，中国国际交流协会、中国人民争取和平与裁军协会、中国和平发展基金会和苏州市人民政府协办。来自中国和35个非洲国家的民间组织、学术界、企业界和媒体界等来宾600余人出席开幕式。论坛主题为“民意沟通、民间友好、民生合作”，分议题为中非双赢的新思路、中非共同发展的新举措、中非民间交流的新形式。论坛还举办中非共促发展对话会、中非友好图片展、非洲木雕展、中国书画展、中国传统文化展和文艺演出等活动。

10日上午，论坛开幕，中国国家副主席习近平出席开幕式并以“推进中非新型战略伙伴关系新发展”为题发表主旨讲话。习近平强调，进入21世纪第二个十年，中非关系站到了新的历史起点上，中非友好合作面临新的发展机遇。中国愿同非洲各国一道，不断把中非新型战略伙伴关系推向前进。第一，坚持继往开来，维护共同利益。在新的历史条件下，继承中非老一辈政治家的远见卓识和优良传统，牢牢把握中非关系发展的正确方向。第二，坚持与时俱进，不断开拓创新。要积极顺应中国和非洲人民生活改善的新要求、新期待，有效解决新形势下中非合作面临的新课题、新挑战，不断探索深化中非友好的新办法、新途径。第三，坚持务实合作，促进互利共赢。要牢牢把握中非经济发展带来的新机遇，以落实双方达成的合作共识为重点，不断扩大中非贸易和投资规模。第四，坚持团结合作，共建和谐世界。中非应该相互学习、取长补短，在文明互鉴中共同进步。应该加强在国际事务中的团结合作，共同维护发展中国家正当权益，进一步夯实中非合作的战略基础。第五，坚持全方位合作，推动中非关系立体化发展。要从更大范围、更广领域、更高层次上推动中非关系发展，加强政府外交、议会外交、政党外交、公共外交、民间外交的有效互动，建立起中非全方位、立体化合作体系，推动中非新型战略伙伴关系全面协调可持续发展。全国政协副主席、中国民间组织国际交流促进会会长孙家正，论坛特邀嘉宾莫桑比克前总统希萨诺、中共江苏省委书记罗志军在开幕式上致辞。联合国秘书长潘基文为论坛发来贺信。

11日，论坛闭幕，孙家正致辞。坦桑尼亚前总统姆卡帕、埃塞俄比亚第一夫人阿泽布、苏丹第一夫人薇达德、苏州市长周乃翔以及中促会常务副会长李进军先后发言。论坛通过了《致中非合作论坛第五届部长级会议建议书》。《建议书》提议中非双方：第一，深化合作共识。第二，完善合作机制。第三，创新合作理念。第四，丰富合作模式。第五，充实合作内容。

7月11日

［纲　文］**温家宝主持召开国务院常务会议。**

［目　文］会议研究部署深化流通体制改革加快流通产业发展，讨论通过《节能减排“十二五”规划》。

会议指出，改革开放以来，中国流通产业取得长足发展，交易规模快速增长，基础设施显著改善，新型业态不断涌现，现代流通方式加快发展，流通产业已经成为国民经济的基础性和先导性产业。但总的看，中国流通产业仍处于粗放型发展阶段，流通网络布局不合理，城乡发展不均衡，产业集中度偏低，信息化、标准化、国际化程度不高，流通效率低、成本高问题突出。当前和今后一个时期，要围绕提高流通效率、方便群众生活、保障商品质量、引导生产发展和促进居民消费，加快推进流通产业发展方式转变，着力解决制约产业发展的关键问题，逐步建立起统一开放、竞争有序、安全高效、城乡一体的现代流通体系。

会议讨论通过《关于深化流通体制改革加快流通产业发展的意见》，明确了主要任务、支持政策和保障措施：一、加强现代流通体系建设。构建全国骨干流通网络，优化城市流通网络布局，增加农村商业网点，畅通农产品进城和工业品下乡双向流通渠道。二、创新流通方式。推广供应链管理，加快发展电子商务，打造农产品产销一体化流通链条。三、提高保障能力。支持建设和改造一批具有公益性质的流通设施，完善重要商品储备制度。强化市场运行分析和预测预警，提高迅速集散应急商品能力。四、提升信息化水平。推动物联网等技术在流通领域的应用，建设流通领域公共信息服务平台，支持流通企业利用先进信息技术提高科学管理水平。五、培育企业核心竞争力。积极培育大型流通企业，支持中小流通企业特别是小微企业专业化、特色化发展，鼓励流通品牌创新发展。六、规范市场秩序。加强关键商品流通准入管理，健全流通追溯体系，加强商品质量监督检查。依法打击侵犯知识产权、制售假冒伪劣商品等违法行为，建设商业诚信体系。七、深化改革开放。消除地区封锁和行业垄断，鼓励民间资本进入流通领域。提高流通产业利用外资的质量和水平，支持流通企业“走出去”。八、切实降低流通环节费用。推进工商用电用水同价，落实好鲜活农产品运输“绿色通道”政策，规范农产品流通领域收费行为，坚决取缔违规和不合理收费。九、完善支持政策。科学编制商业网点规划，加大流通业用地支持力度。在一定期限内免征农产品批发市场、农贸市场城镇土地使用税和房产税。将免征蔬菜流通环节增值税政策扩大到有条件的鲜活农产品。落实总分支机构汇总纳税政策，促进连锁经营企业跨地区发展。积极推进营业税改征增值税试点，完善流通业税制。十、健全法律法规和标准体系。全面清理和取消妨碍公平竞争、设置行政壁垒、排斥外地产品和服务进入本地市场的规定。完善流通标准化体系。加快建立全国统一、科学规范的流通统计调查体系和信息共享机制。

会议讨论通过《节能减排"十二五"规划》，要求形成加快转变经济发展方式的倒逼机制，建立健全有效的激励和约束机制，大幅度提高能源利用效率，显著减少污染物排放，确保到2015年实现单位国内生产总值能耗比2010年下降16%，化学需氧量、二氧化硫排放总量减少8%，氨氮、氮氧化物排放总量减少10%的约束性目标。为此，一要调整优化产业结构。二要推动提高能效水平。三要强化主要污染物减排。四要深入开展节能减排全民行动，倡导与中国国情相适应的文明、节约、绿色的生产方式和消费方式。《规划》提出了节能改造、节能产品惠民、合同能源管理推广、节能技术产业化示范、城镇生活污水处理设施建设、重点流域水污染防治、脱硫脱硝、规模化畜禽养殖污染防治、循环经济示范推广、节能减排能力建设等十大重点工程和保障措施。

会议要求各地区、各部门进一步强化目标责任评价考核，加强监督检查，确保"十二五"节能减排目标实现。

7月11日

［纲　文］**国务院发出《国家基本公共服务体系"十二五"规划》。**

［目　文］《规划》主要有七个方面内容。一是明确"十二五"时期基本公共服务的范围和项目。在基本公共教育、劳动就业服务、社会保险、基本社会服务、基本医疗卫生、人口和计划生育、基本住房保障、公共文化体育及残疾人基本公共服务领域，确定了44类80个基本公共服务项目，如公共教育领域的义务教育免费、寄宿生生活补助、农村义务教育学生营养改善等。二是按照服务对象、保障标准、支出责任、覆盖水平等四个方面，提出了每一项基本公共服务的国家基本标准，旨在体现公民权利、政府责任和基本公共服务工作目标，以明确基本公共服务在国家层面的管理和技术规范。所有标准的内容均依据现行法律法规和有关政策提出。三是实施一批保障工程，如义务教育学校标准化建设工程、公共卫生服务体系建设工程等，改善各领域基本公共服务基础设施条件，健全服务网络。四是要逐步建立城乡一体化的基本公共服务制度，健全促进区域基本公共服务均等化的体制机制，加大公共资源向农村、贫困地区和社会弱势群体倾斜力度，把更多的财力、物力投向基层，缩小基本公共服务水平差距，促进资源均衡配置、发展机会均等。五是建立与经济发展和政府财力增长相适应的基本公共服务财政支出增长机制，明确政府间事权和支出责任，完善转移支付制度，健全财力保障机制，切实增强各级财政特别是县级财政提供基本公共服务的保障能力。六是加快建立政府主导、社会参与、公办民办并举的

基本公共服务供给模式。在坚持政府负责的前提下，充分发挥市场机制作用，鼓励社会力量参与，推动基本公共服务提供主体和提供方式多元化。七是切实加强组织领导和统筹协调，建立健全规划实施机制，明确各地区、各部门责任分工，加强评估、监督和问责。

7月11日

［纲　文］**文化部发布《文化统计管理办法》。**

［目　文］《办法》共6章37条，主要有总则，统计调查管理，统计资料管理和公布，统计机构和统计人员，监督检查与考核评比，附则等内容。《办法》经2012年6月21日文化部部务会议审议通过，自2012年9月1日起施行。

7月11日

［纲　文］**泛北部湾经济合作联合专家组第五次会议在广西南宁召开。**

［目　文］会议由中国商务部主办，由中国、东盟国家组成的联合专家组成员、中方专家组成员代表出席会议。会议是在2011年6月完成《泛北部湾经济合作可行性研究报告》，并得到中国—东盟经贸部长会议和中国—东盟领导人会议充分肯定和欢迎的背景下，为落实第十四次中国—东盟领导人会议主席声明制定泛北部湾经济合作路线图提议而召开的。会议讨论了中方专家提交的《泛北部湾经济合作路线图（大纲）》和《泛北部湾港口物流合作专项规划》《南宁—新加坡经济走廊陆上交通基础设施专项规划》《泛北部湾农业合作专项规划》《泛北部湾贸易便利化合作专项规划》《泛北部湾投资便利化合作专项规划》《私营企业参与泛北部湾经济合作专项规划》《泛北部湾地区经贸合作平台建设专项规划》等专项规划，并通过了《泛北部湾经济合作联合专家组第五次会议纪要》。

7月11日

［纲　文］**文化部举办"中国艺术之星"2011年度国际艺术比赛获奖选手颁奖晚会。**

［目　文］文化部有关负责人及一些老艺术家、教育家出席晚会，会见获奖选手并为他们颁发荣誉证书。文化部外联局、艺术司领导、国内艺术赛事的组织者以及来自艺术界的嘉宾出席活动。文化部十分重视年轻艺术人才的培养，自2009年起定期发布《文化部关于国际艺术比赛获奖选手奖励办法的通知》和《文化部鼓励参加的国际艺术比赛》名录。2011年度，共有18名选手在乔尔切·埃奈斯库国际音乐比赛、首尔国际舞蹈比赛、中国国际小提琴比赛（青岛）等各大赛事中获得21个奖项，获得此次文化部颁发的奖金和荣誉证书。

7月12日

［纲　文］**国务院办公厅发出《少数民族事业"十二五"规划》。**

［目　文］《规划》主要有四方面内容。一、指导思想和发展目标。民族地区经济发展主要指标增速高于全国平均水平，人均地区生产总值与全国平均水平的差距明显缩小。民族地区人民生活水平大幅提高，城乡居民收入与全国平均水平差距明显缩小。民族地区基本公共服务能力显著增强，教育、文化服务、医疗卫生、社会保障等与全国的差距明显缩小。少数民族优秀传统文化得到有效保护、传承和弘扬，适应各族群众需求的优秀文化产品更加丰

富，少数民族基本文化权益得到切实保障，少数民族文化产业发展迈出较大步伐，在对外文化交流中发挥更大作用。民族理论政策体系和民族法律法规体系更加完备，民族事务服务体系更加完善，少数民族权益保障得到进一步加强，民族团结进步创建活动不断深入，民族关系更加和谐。二、主要任务。着力推动民族地区加快发展，不断改善各族群众生产生活条件。大力发展教育、科技、卫生、就业和社会保障事业，不断提高民族地区基本公共服务水平。着力发展少数民族文化事业和文化产业，不断满足各族群众精神文化需求。不断巩固和发展民族团结进步事业，营造各民族和谐发展的社会环境。加强少数民族各类人才队伍建设，提升民族地区发展的智力支撑能力。加强民族理论政策体系和民族法律法规体系建设，提高民族工作决策和管理水平。继续加大民族工作交流合作力度，不断提升对外和对港澳台交流与合作水平。努力构建民族事务服务体系，不断提高民族事务管理和服务水平。三、政策措施。包括：财政政策、投资和产业政策、金融政策、生态补偿政策、教育科技政策、医疗卫生政策、文化政策、社会保障政策、干部和人才政策、对口支援政策。四、组织实施要求。建立健全实施少数民族事业规划的领导体制和工作机制。建立健全实施少数民族事业规划的协调落实机制和目标责任制。加强对规划执行情况的监测评估和监督检查。

7月12日

［纲　文］**国务院办公厅发出《关于清理整顿各类交易场所的实施意见》。**

［目　文］《意见》主要有五方面内容。一、全面把握清理整顿范围。二、准确适用清理整顿政策界限。三、认真落实清理整顿工作安排。四、严格执行交易场所审批政策。五、切实贯彻清理整顿工作要求。

7月12日

［纲　文］**国家税务总局发布《用于生产乙烯、芳烃类化工产品的石脑油、燃料油退（免）消费税暂行办法》。**

［目　文］《办法》共33条，自2011年10月1日起执行。《国家税务总局关于印发石脑油消费税免税管理办法的通知》（国税发〔2008〕45号）予以废止。

7月12日

［纲　文］**国务院副总理李克强在北京会见澳大利亚副总理兼国库部部长韦恩·斯旺。**

［目　文］李克强说，2012年是中澳建交40周年。40年来，中澳关系不断向前发展，取得了历史性的成就。两国各领域务实合作成果丰硕，双边贸易已突破1100亿美元，投资合作快速发展，教育、旅游等人文领域交流日益扩大，给两国人民带来了实实在在的利益，也为地区乃至世界的和平、稳定和繁荣做出了贡献。中澳同为亚太地区重要国家，拥有重要的合作基础和巨大的合作潜力。在当前国际形势深刻复杂变化的背景下，希望双方相向而行，增强政治互信，本着相互尊重、平等相待、互利共赢的精神，发挥各自优势，以各领域合作的深化促进双边关系的提升，推动自贸区谈判进程，共同为两国企业经贸投资合作创造公平、公正、非歧视、便利的环境，密切人文交流，提升合作规模和质

量，不断扩大利益汇合点。

斯旺表示，经过40年的发展，澳中关系已进入一个新的阶段。澳方高度重视发展对华关系，愿加强同中方在各领域的合作和在重大国际、地区问题上的协调，推动两国关系向更高水平迈进。

7月12日

［纲　文］**中央文明委在北京召开道德领域突出问题专项教育和治理活动座谈会**。

［目　文］座谈会主题是总结前段工作情况，交流成功经验，部署下步任务。中共中央政治局委员、中央文明委副主任刘淇，中央书记处书记、中宣部部长、中央文明委副主任刘云山出席并讲话。中央文明委成员单位和国务院，中央宣传文化单位，各省（区、市）、新疆生产建设兵团文明办主任和全国文明城市（区）的文明委有关负责人，文明办主任参加会议。3个中央部委和9个全国文明城市的负责同志在会上作了发言。

会议认为，2012年5月中央文明委部署开展专项教育和治理活动以来，各地各有关部门积极响应，全国文明城市、文明城区率先行动，大力弘扬正气、推广先进典型、践行道德规范，抓紧治理群众反映强烈的诚信缺失、公德失范等突出问题，取得了积极进展和阶段性成效。开展专项教育和治理活动是一项十分艰巨的任务，取得让人民群众满意的工作效果，还需要付出艰苦努力。一定要加大力度、深化措施，把中央决策部署落实到位，不负人民期望。

刘云山强调，要始终坚持以立为本、重在建设，大力开展社会公德、职业道德、家庭美德、个人品德宣传教育；要积极发动群众参与评议、监督和纠正不道德现象，充分发挥职能部门的行业管理、行政管理和执法监管作用，完善健全相关法律法规和政策，对失德败德行为进行有力制约，形成扶正祛邪、扬善惩恶的社会风气；要大力弘扬时代楷模的感人事迹和崇高品德，培育崇尚先进、学习先进的文明新风，激励广大干部群众见贤思齐、择善而从，把美德善行融入日常工作生活中；要充分发挥我们的政治优势和组织优势，加强统筹协调和指导督促，有效凝聚各方面力量共同推进工作，确保教育和治理活动取得实效。

7月12日

［纲　文］**文化部发布《"十二五"时期国家动漫产业发展规划》**。

［目　文］《规划》指出，动漫产业是极具生机和活力的新兴文化产业。为推动中国从动漫大国向动漫强国跨越发展，特编制本规划。《规划》主要有三方面内容。一、基本经验和面临的形势。当前，中国动漫产业发展势头迅猛，产值从"十五"期末不足100亿元，到2010年达470.84亿元，年均增长率超过30%。同时，中国与世界动漫强国相比，仍然存在很大的差距。二、主要任务。引导原创动漫创作生产；创新盈利模式，完善动漫产业链条；优化动漫产业布局结构；推进动漫技术创新；实施骨干企业和重大项目带动战略；强化人才支撑；推动动漫产业"走出去"。三、保障措施。加大财政投入；保护知识产权；完善投融资政策；实行税收优惠；加强组织实施。

7月12日

［纲　文］**第4届优秀通俗理论读物推荐活动揭晓。**

［目　文］活动由中宣部、新闻出版总署组织开展。经过网上投票和专家论证，最终确定了13种推荐图书。包括：学习出版社的《马列主义经典著作选编学习导读》、学习出版社和人民出版社的《从怎么看到怎么办——理论热点面对面·2011》、党建读物出版社和学习出版社的《党的十七届六中全会〈决定〉学习辅导百问》、江苏人民出版社的《创先争优系列读本》、中央党校出版社的《中国特色社会主义理论体系核心观点解读》、上海人民出版社的《中国震撼：一个"文明型"国家的崛起》、中国方正出版社的《反腐倡廉10个热点问题》、解放军出版社的《军营理论热点怎么看·2011》、广东人民出版社的《漫话建设学习型党组织》、外文出版社的《你了解中国共产党吗？》、百花洲文艺出版社的《社会主义核心价值观100例》、湖南人民出版社的《热点话题谈心录2011》、中国青年出版社的《通俗哲学》。

7月12—14日

［纲　文］**首届中国公益慈善项目交流展示会在深圳举行。**

［目　文］国务院副总理回良玉发来贺信，中共广东省委书记汪洋宣布慈展会开幕，全国政协副主席、全国工商联主席黄孟复出席开幕式。

回良玉在贺信中说，举办国家级、综合性的慈展会，集中展示中国公益慈善事业发展成果，有利于弘扬中华民族的传统美德和现代慈善精神，是推动中国公益慈善事业发展的有益尝试，意义十分重大。希望各级各类公益慈善组织不断加强自身发展，积极开展交流合作，努力提高社会公信力和专业化水平，在发展公益慈善事业中发挥重要载体作用，不断扩大公益慈善活动范围和社会效果。各级政府和有关部门要高度重视公益慈善事业，不断完善政策措施和激励机制，进一步加强监督管理，增强社会公众参与慈善事业的动力，促进公益慈善组织公开透明、健康发展，共同开创公益慈善事业蓬勃发展的新局面，为建设社会主义和谐社会做出更大贡献。

展示会由民政部、国资委、全国工商联、广东省人民政府、深圳市人民政府共同主办。展会以"发展·融合·透明"为主题，汇聚国内544家公益慈善组织（项目）、基金会、企业、教研机构及省、直辖市、自治区参展团，展示国内优秀的公益慈善组织（项目）和公益创意。这是中国首次举办的国家级、综合性公益慈善项目交流展示会。

7月12—18日

［纲　文］**贾庆林到张家口、邯郸、衡水、沧州、石家庄等地调研。**

［目　文］中共中央政治局常委、全国政协主席贾庆林调研重点是，加快转变经济发展方式、保持经济平稳较快发展。

贾庆林指出，当前中国经济运行总体上是平稳健康的，但下行压力仍然较大。我们要把稳增长摆在更加突出的位置，努力实现全年经济社会发展的各项目标。要着力发展现代农业，要着力加强科技创新，加快用先进技术改造提升传统产业，要着力加强生态环境建设。要积极推动京津冀经济一体化发展，创新区域合作模式，加快形成优势互补、产业对接、相互促进的良好局面。要加快河北沿海地区发展，突出沿海经济特色，坚持高起点、高水平、高标准推进，努力建设成为中国新型工业化基地和科学发展的示范区。要深入实施扶贫攻坚行动，全面落实国家扶贫开发纲要，加大扶持力度，实施倾斜政策，坚持专项扶贫、行业扶贫、社会扶贫多措并举，从根本上改变贫困地区落后面貌，让贫困地区群众共享改革发展成果。

7月13日

［纲　文］**中央党校举行2012年春季学期毕业典礼。**

［目　文］中共中央政治局常委、中央党校校长习近平出席毕业典礼，并为学员颁发毕业证书。中共中央政治局委员、中央组织部部长李源潮，中央书记处书记、中央纪委副书记何勇出席毕业典礼。中央党校常务副校长李景田在毕业典礼上讲话，希望学员们坚持终身学习，做学习型领导干部；切实贯彻中央决策部署，以优异成绩迎接党的十八大胜利召开；坚持创先争优长效化，做保持和发展党的先进性与纯洁性的表率。中央党校本期毕业学员共740人。另有中直机关分校、中央国家机关分校、部队分部和国务院国资委分校的3300多名学员同期毕业。

7月13日

［纲　文］**《中国网络视听节目服务自律公约》在北京发布。**

［目　文］《公约》经中国网络视听节目服务协会理事会会议讨论通过。该协会成立于2011年8月，有人民网、新华网、中国网络电视台、优酷、新浪、搜狐、腾讯等260家缔约单位。《公约》共4章19条，主要有总则，自律条款，公约的执行，附则等内容。

7月13日

［纲　文］**萨马兰奇体育发展基金会在北京成立。**

［目　文］中共中央政治局委员、中央文明委副主任、北京奥运城市发展促进会会长刘淇，国家体育总局局长刘鹏，北京市委书记、市长郭金龙，小萨马兰奇和家族成员，西班牙驻华大使欧亨尼奥·布雷戈拉特以及西班牙巴塞罗那市市长哈维尔·特里亚斯等参加了基金会成立仪式。国际奥委会主席罗格发来贺电。

7月13日

［纲　文］**新华社讯，中国科学院武汉物理与数学研究所成功研制出中国首台基于单个囚禁钙离子的“光钟”。**

［目　文］中国成为世界上少数几个掌握此项技术的国家。截至2012年，掌握此项技术的国家有美国、德国、英国、加拿大、奥地利和日本。国际计量协会正在考虑重新定义时间基准，这项技术有望为中国在世界时间标准的定义上争得一定话语权。

7月13日

［纲　文］**国家环境咨询委与环境保护部科技委暑期座谈会在北京召开。**

［目　文］环境保护部、环境保护部科学技术委员会有关负责人出席会议并讲话。会议传达了第七次全国环保大会和全国科技创新大会的有关精神；通报了“十二五”以来环保工作取得的进展。会上，“两委”委员针对当前中国环保重点、热点、难点问题提出了很多具有很强的针对性和可操作性的意见和建议。会议指出，“十二五”以来，环保各项工作取得积极进展，全国环境质量状况总体保持平稳，环境保护促进经济发展方式转变的作用进一步得到强化，主要污染物减排工作扎实推进，重金属污染等严重损害群众健康的突出环境问题有所缓解，重点流域和区域污染防治不断深化，农村环境整治和生态保护得到进一步加强，环保科技标准体系不断完善，核与辐射环境安全得到有效控制，环保体制机制和能力建设得到加强，实现了“十二五”环保事业良好开局。环境保护的理论体系是环境保护宏观战略体系的关键构成和重要基础。要继续深化对推进环境保护历史性转变、建设生态文明的认识，不断深化环境保护与经济社会发展关系的认识，不断加深对自然生态环境演替、污染综合防治和生态环境管理规律的认识，夯实环境保护的理论基础。要围绕生态文明建设，进行理念和技术创新，积极研究生态文明建设的目标指标体系和考核办法，大力宣传资源节约、环境友好的生产方式和消费模式，营造建设生态文明的良好氛围。迫切需要国家设立重大科技专项进行系统研究中国大气环境和土壤环境问题。

7月13—14日

［纲　文］**李克强在湖北考察**。

［目　文］国务院副总理李克强在武汉重型机床集团公司考察时说，当前国内外市场都在变化，要努力寻找商机，发挥已有优势，面向发展中国家、新兴经济体拓展重型装备市场，在竞争中赢得企业更大发展。

李克强在武汉主持召开座谈会，他说，当前国内外经济形势比较复杂，既要看到经济下行的压力，也要看到经济增长的动力。我们要有忧患意识，同时也要增强信心，在做好稳定经济增长这篇大文章的同时，下好结构调整促进经济转型这盘关键棋。

李克强听取湖北省负责人关于发展长江中游城市集群建议的汇报，他说，城镇化是内需最大的潜力所在，是经济结构调整的重要依托。城市群对区域发展具有战略引领和支撑作用，要研究制定全国城镇化发展规划，在有条件的地方形成各具优势的城市群，促进大中小城市和小城镇协调发展。

李克强在地处大别山区的红安县陈升庙村考察，他说，按照新的标准，中国还有1亿多贫困人口，要打好新一轮扶贫攻坚战，特别是把集中连片特殊困难地区作为主战场，帮助群众摆脱贫困、迈向小康。

7月13—14日

［纲　文］**第七次全国信访工作会议在北京举行**。

［目　文］会前，中共中央总书记、国家主席胡锦涛会见与会代表，向受到表彰的先进集体和先进个人表示祝贺，向工作在信访事业第一线的全国广大信访工作者致以问候。国务院总理温家宝，国家副主席、中央军委副主席习近平，国务院副总理李克强参加

会见。

国务委员兼国务院秘书长马凯讲话强调，要充分发挥信访工作作为党和政府联系群众桥梁纽带的作用，带着对人民群众的深厚感情，深入开展领导干部接访下访、矛盾纠纷排查化解等工作，切实把问题解决在基层，把矛盾化解在当地。

全国人大常委会副委员长兼秘书长李建国参加会见并主持会议。会议表彰了全国信访系统100个先进集体、100名先进工作者，分别授予305人全国信访系统优秀信访局长、优秀办信员、优秀接谈员、优秀督查员和优秀信访工作者称号，并向从事信访工作25年以上的信访工作者颁发荣誉证书。

7月13—15日

［纲　文］**温家宝在四川省成都市调研。**

［目　文］在成都传化公路港调研时，国务院总理温家宝说，生产决定流通，流通也会决定生产。货畅其流可以促进消费，进而扩大生产。我们在认识上必须更加重视流通。物流企业通过兼并重组、依靠信息技术做大做强，形成网络，就可以上一个新的台阶。

在彩虹电器集团公司调研时，温家宝说，政府对民营企业、国有企业、外资企业一视同仁，一定程度上还要更加重视发展民营企业，鼓励民营企业做大做强。民营企业发展要靠自身体制机制创新，靠一流的产品、质量和品牌，靠一流的创新人才。政府最重要的是给民营企业发展创造公平的市场环境，尤其要对小微型民营企业采取扶持政策。经过多年发展，不少民营企业创造了一大批名优产品，还有了专利和标准。国家把一些重大科技项目放在企业里完成，应该包括民营企业。

温家宝强调，要深化改革开放，增强经济发展的动力与活力。2012年的改革任务相当繁重，我们对一些重点领域和关键环节作出了部署，各地区各部门都要以更大的决心和勇气加以推进，坚决破除阻碍科学发展的体制机制障碍。发展经济的根本目的在于改善民生、增进人民的福祉。2012年的《政府工作报告》对一些重大民生工作作出了具体承诺，我们一定要努力做好。要加快教育、科技、文化改革发展。继续深化医药卫生体制改革。深化收入分配制度改革，努力增加人民收入。继续完善社会保障体系。特别是要确保今年年底前实现新型农村社会养老保险和城镇居民社会养老保险制度全覆盖。要千方百计扩大就业。当前要特别重视抓好高校毕业生的就业工作。继续做好农民工和城镇就业困难人员就业工作，关心和解决好城乡困难群众的生活。

7月13日—8月26日

［纲　文］**“第二届中国儿童戏剧节”举行。**

［目　文］戏剧节由中国儿童艺术剧院主办。戏剧节主题为“点亮童心塑造未来”，以儿童戏剧展演为主要内容，在北京、山东、广东、浙江等省市集中展示36台优秀剧目，演出184场，共有12万人次观众走进剧场。戏剧节同时还开展了学术交流研讨会、专家讲座、公益演出、儿童戏剧夏令营、儿童戏剧工作坊、儿童戏剧主题公园、演员见面会等13项交流活动。22家演出团体获得戏剧节优秀展演剧目奖和优秀参演剧目奖。

7月14日

［纲　文］**中民慈善捐助信息中心发布《中国慈善会发展报告》《中国社区慈善服务报告》和2012年中国城市慈善项目指数。**

［目　文］《中国慈善会发展报告》提出，慈善会面临着慈善项目较为单一、组织独立自主性不够、信息透明程度不够三大挑战。报告预测，慈善会系统在组织建设网络化与基层化、慈善项目创新化、治理多元化与制度化、信息透明化4个方面将持续发力。报告显示，截至2012年6月，全国共有县级以上慈善会1923家。2011年全国慈善会系统接收捐赠款物总额达203.89亿元。

《中国社区慈善服务报告》指出，社会组织将成为社区直接服务的主力之一，承接政府购买服务和开展自我服务；社区服务内容正在不断丰富，从单一的救助帮扶向多元化方向发展，同时注重物质和精神多个层面的服务方向发展，具体内容涉及社区救助、养老、文化教育、环保、就业等多个领域。2012年中国城市慈善项目指数显示，在2010年和2011年，264个城市慈善项目资金总量为291.15亿元，城市平均项目资金为1.1亿元。

7月15日

［纲　文］**《人民日报》报道，最高人民检察院下发《关于进一步依法严厉打击食品安全犯罪行为的通知》。**

［目　文］《通知》要求，各级检察机关要积极配合有关部门开展食品安全治理整顿，监督公安机关依法立案侦查，切实防止和纠正以罚代刑、有案不移、有案不立、放纵犯罪等行为。通知要求，各级检察机关要进一步加强与公安、监察、工商、卫生、质检等相关部门的协作配合，通过执法信息网上衔接和召开联席会议、情况通报、重点检查等方式，及时摸排食品安全犯罪线索，督促行政执法机关向公安机关移送涉嫌犯罪案件。加强打击食品安全犯罪的组织领导，配备精干人员充实办案力量，加强上下级检察院的信息沟通。

7月15日

［纲　文］**纪念启功诞辰百年座谈会在北京举行。**

［目　文］启功是中国当代著名书画家、教育家，曾任北京师范大学教授，全国政协常委、国家文物鉴定委员会主任委员、中央文史研究馆馆长、中国书法家协会名誉主席等职。

座谈会由国务院参事室、中央文史研究馆主办。座谈会缅怀启功的学术成就和艺术贡献，追思他的道德风范和品格。国务委员兼国务院秘书长马凯致信纪念。马凯在信中指出，启功先生博学多才，德望兼备，治学严谨，诲人不倦。其书清秀，其诗清趣，其画清逸，其文清新，其心清静，其人清正，值得我们尊重、缅怀和学习。座谈会上，7位启功生前友好先后发言，启功亲属、部分国务院参事、中央文史研究馆馆员和北师大师生代表等参加座谈会。

7月16日

［纲　文］**中宣部、中央文明办和解放军总政治部联合下发《关于表彰全国军民共建社会主义精神文明先进单位的决定》。**

［目　文］《决定》说，在全面建设小康社会、加快推进国防和军队现代化建设的新形势下，各地各部队坚持以邓小平理论和“三个代表”重要思想为指导，深入贯彻落实科学发展观，遵照党中央、中央军委关于加强社会主义精神文明建设的决策部署，紧紧围绕建设社会主义核心价值体系和培育当代革命军人核心价值观，广泛深入地开展军民共建社会主义精神文明活动，推动了精神文明建设各项任务落实到基层，促进了广大军民思想道德素质和社会文明程度不断提升，进一步密切了同呼吸、共命运、心连心的新型军政军民关系，涌现出一大批富有时代特色的先进典型。为表彰先进，发挥典型示范带动作用，激励各地各部队更加奋发进取，推动军民共建社会主义精神文明活动持续深入开展，中宣部、中央文明办、解放军总政治部决定，授予北京市北海公园管理处、中国人民解放军某部等200个单位“全国军民共建社会主义精神文明先进单位”称号。

7月16日

［纲　文］**王岐山在北京主持召开会议，研究部署三季度打击侵权假冒及推进政府机关软件正版化工作。**

［目　文］国务院副总理、全国打击侵犯知识产权和制售假冒伪劣商品工作领导小组组长王岐山讲话指出，上半年，各地区、各有关部门认真贯彻落实国务院决策部署，专项整治始终保持高压态势，破获了一批大案要案，遏制了侵权假冒蔓延势头，省级政府机关软件正版化检查整改任务如期全面完成。但要清醒地看到，这项工作的长期性、艰巨性、复杂性。要坚持日常监管与专项整治相结合，实施持续打击，确保每个阶段都有新进展，坚决守住不发生区域性、系统性风险的底线。三季度要重点整治农资、农村市场假劣药品、特种设备等重点商品，加大对商标、专利、软件等重点领域侵权假冒行为打击力度。有关部门要建立完善行政执法与刑事司法衔接工作制度，加强协调配合，防止有案不移、移案不接、以罚代刑，切实维护企业和消费者的合法权益。软件正版化工作必须建立长效机制。要巩固省级政府机关软件正版化工作成果，防止反弹。要按照分级负责的原则，指导地方建立工作机制，加强督查指导，确保明年12月底前所有市县级政府机关全部完成整改任务。同时，要积极探索推进事业单位实施软件正版化。要加强宣传引导和舆论监督，坚持“边做边说”，提高工作透明度。采取多种形式及时宣传打击侵权假冒及软件正版化工作成效，曝光一批典型案例，宣传一批诚信经营的优秀企业，营造良好的舆论氛围。要坚持办好中国打击侵权假冒工作网站，创新形式，丰富内容，增强吸引力，充分发挥政府与市场、企业、生产经营者和广大消费者群体互动的工作平台作用。

7月16日

［纲　文］**环境保护部与山西省人民政府在山西太原签署《共同推进山西省国家资源型经济转型综合配套改革试验区建设合作协议》。**

［目　文］《合作协议》旨在以加快转变经济发展方式为主线，加快山西省重点流域区域污染治理和加强矿山生态恢复和农村环境保护，为全国其他地区加快资源型经济转型、实现科学发展发挥示范带动作用。

7月16日

［纲　文］**"中非绿色合作引导未来经济"研讨会在北京召开。**

［目　文］研讨会由中国环境与发展国际合作委员会和世界自然基金会联合主办。世界自然基金会全球总干事、联合国代表、非洲开发银行代表、加蓬驻华大使，中国进出口银行、外交部、商务部、环境保护部等相关部门的代表参与讨论。会议主要讨论了世界自然基金会对中非合作论坛的建议和国合会《贸易、投资与环境》的报告。会议的主题是：通过对投资进行环境和社会风险管理、推广清洁技术以及提供清洁用水、食物和清洁能源等手段，实现绿色经济发展。这对于中国和非洲的可持续增长和持久繁荣都是至关重要的。会议旨在提升环境与发展在中非合作论坛中的重要性；促进中国和非洲国家加强环境与发展方面的交流，以绿色经济为题进行定期对话；增进环境与发展组织在中非合作论坛进程中的参与度。

7月16日

［纲　文］**环境保护部发出《环境行政处罚案卷评查指南》。**

［目　文］《指南》介绍了环境行政处罚案卷评查的主要内容、工作程序、评查方法，提供了案卷评查单样式、实体评查评分标准、卷面评查评分标准。

7月16日

［纲　文］**"蛟龙"号载人深潜海试队凯旋，李克强致电祝贺和慰问。**

［目　文］"蛟龙"号载人潜水器海试队在圆满完成人类首次7000米级海底作业和科研实验任务后，乘坐"向阳红09"船返抵山东省青岛市。国土资源部、国家海洋局举行了欢迎凯旋的仪式。

国务院副总理李克强发来贺电，代表党中央、国务院表示祝贺和慰问。李克强指出，"蛟龙"号载人潜水器研制和海试成功，实现了中国深海装备和深海技术的重大进步，对于提升认识海洋、保护海洋、开发海洋的能力，推动中国从海洋大国向海洋强国迈进，将产生重大而深远的影响。希望继续弘扬科学求实、团结协作、顽强拼搏的传统，不断攀登中国载人深潜事业的新高峰。

2012年6月3日，"向阳红09"船自江阴起航奔赴马里亚纳海沟执行"蛟龙"号载人潜水器7000米级海试任务。

7月16—17日

［纲　文］**十一届全国人大财经委员会举行全体会议，听取国务院有关部门关于**

2012 年上半年经济运行情况的汇报。

［目　文］ 委员们认为，上半年经济运行虽继续放缓，但缓中趋稳的迹象日益明显，主要经济指标仍处于调控预期的增长区间，经济运行总体情况是好的。虽然国际市场环境依然复杂严峻，国内经济企稳回升的基础尚不稳固，但只要进一步提高对经济增长速度适度回落的承受能力，坚定信心，稳定预期，继续坚持稳中求进的工作总基调，继续实施积极的财政政策和稳健的货币政策，认真贯彻落实好已出台的政策措施，搞好预调和微调，提高宏观调控政策的针对性、灵活性和前瞻性，切实把稳增长、调结构和抓改革紧密结合起来，就一定能实现经济平稳较快发展。稳增长必须紧紧围绕科学发展的主题和转变发展方式的主线，在稳增长的同时进一步加大调结构的力度，实现“稳中有调”。要继续放宽民间资本市场准入，真正破除民间投资“玻璃门”“弹簧门”现象，依法有效保障民间投资合法权益，提振投资者信心。要充分利用市场倒逼机制，坚决淘汰落后产能，对破产企业职工要做好再就业和社会保障工作。要加快调整收入分配结构，提高居民收入水平，缩小收入差距，扩大居民消费需求。要稳步推进城镇化，重点推进小城镇建设，统筹城乡经济社会发展。要积极发展养老等社会服务业，努力培育新的消费热点。要转变外贸发展方式，优化外贸结构，在保持传统出口市场份额的同时，努力开拓新兴市场，促进对外贸易稳定发展。

7 月 16—18 日

［纲　文］ **应外交部部长杨洁篪邀请，第 67 届联合国大会候任主席、塞尔维亚外交部部长武克·耶雷米奇访华**。

［目　文］ 国家副主席习近平在北京会见了耶雷米奇。习近平表示，当前，世界多极化趋势日益明显，世界经济在转型中艰难复苏，国际体系和机制酝酿深刻变革。新形势下，联合国作为最具普遍性和权威性的政府间国际组织，应在全球治理中发挥核心作用。中国坚定维护《联合国宪章》的宗旨和原则，全面参与联合国各领域工作，认真履行应尽的责任和义务，将一如既往地支持联合国及联大主席的工作，为推动联合国各项事业的发展继续做出积极贡献。中塞传统友谊深厚。近年来，双方高层交往密切，政治互信增强，各领域务实合作取得积极进展，两国在国际事务中密切沟通，相互支持。中方愿与塞方共同努力，进一步深化中塞互利合作，推动两国战略伙伴关系不断发展。耶雷米奇高度评价中方对联合国工作所做出的贡献，表示联合国愿进一步加强同中方合作。耶雷米奇表示，塞中两国在各领域的密切合作富有成效，塞方重视同中国的战略伙伴关系，愿与中方一道，进一步推进两国之间的合作和友谊。

杨洁篪同耶雷米奇举行会谈，就中国同联合国合作、第 67 届联大工作、中塞关系及其他共同关心的国际和地区问题交换了看法。

7 月 16—21 日

［纲　文］ **吴邦国在黑龙江大兴安岭、佳木斯、抚远、鸡西等地调研**。

［目　文］ 全国人大常委会委员长吴邦国在北大荒垦区调研时指出，希望认真总结千

亿斤粮食产能巩固提高工程建设经验，重点抓好三江、松嫩两大平原农业综合开发试验区建设，大力推进农业专业化、标准化、规模化、集约化经营，培育发展农产品龙头企业，促进农副产品深加工，深化流通领域改革，加快建设国家级现代化大农业示范区，努力在全国现代农业发展中发挥引领示范作用。

吴邦国在胜利农场、创业农场和八五七农场调研，实地察看小城镇建设项目进展和居民搬迁安置情况，并听取黑龙江交通网络、小城镇建设和保障性住房建设情况汇报。他指出，要把推进城镇化作为拉动内需、优化投资、改善民生的重要抓手，促进大中城市和小城镇协调发展，着力发展壮大县域经济，进一步完善城乡交通运输体系，推进基本公共服务均等化，加快形成统筹城乡区域协调发展新格局。

吴邦国在黑瞎子岛调研时指出，黑龙江在开展对俄交流与合作方面有着独特的地缘优势、深厚的文化传统和良好的合作基础。希望进一步加大对俄合作力度，以经贸合作为重点，着力加强大项目合作，搞好境内外产业合作园区和基地建设，鼓励企业扩大对俄投资，推动中俄经贸合作向更宽领域、更深层次发展，带动中俄在旅游、人文、地方等领域的互利合作。

吴邦国强调，要坚持把生态文明理念贯穿于经济社会发展全过程，大力实施生态环境建设保护工程，加强重点生态功能区和生态环境脆弱区保护。

7月17日

［纲　文］**国务院批复同意发展改革委、人民银行关于调整社会信用体系建设部际联席会议职责和成员单位的请示。**

［目　文］批复说，同意调整社会信用体系建设部际联席会议成员单位和主要职责。一、联席会议牵头单位为发展改革委、人民银行，召集人由发展改革委主任和人民银行行长担任。二、增加中央纪委、中央宣传部、中央政法委、中央文明办、高检院、教育部、监察部、民政部、司法部、财政部、农业部、文化部、卫生部、预防腐败局、公务员局、知识产权局、食品药品监管局为成员单位。三、调整联席会议主要职责，增加以下内容：推进政务诚信、商务诚信、社会诚信和司法公信建设；推进信用标准和联合征信技术规范的建立；协调推进政府信用信息资源整合和交换，建立健全覆盖全社会的征信系统，推进信用信息的开放和应用；指导地方和行业信用体系建设，推进有条件的地区和重点领域试点先行；协调推进信用文化建设和诚信宣传工作；承办国务院交办的其他事项。

7月17日

［纲　文］**公安部发布《公安部关于修改〈火灾事故调查规定〉的决定》。**

［目　文］《决定》共20条，经2012年7月6日公安部部长办公会议通过，自2012年11月1日起施行。《火灾事故调查规定》共6章48条，主要有总则，管辖，简易程序，一般程序，火灾事故调查的处理，附则等内容。

7月17日

［纲　文］**国家安全监管总局公布《危险化学品经营许可证管理办法》。**

［目　文］《办法》共6章40条，主要有总则，申请经营许可证的条件，经营许可证的申请与颁发，经营许可证的监督管理，法律责任，附则等内容。《办法》经2012年5月21日国家安全监管总局局长办公会议审议通过，自2012年9月1日起施行。原国家经济贸易委员会2002年10月8日公布的《危险化学品经营许可证管理办法》同时废止。

7月17日

［纲　文］**中国法学会公布《中国法治建设年度报告（2011）》。**

［目　文］《报告》经中央政法委员会批准，由中国法学会连续第四年发布。报告全面反映了2011年中国社会主义法治建设的实践和取得的成就。报告主要有十方面内容。一、关于立法工作；二、关于依法行政；三、关于审判、检察、公安和司法行政工作；四、关于司法体制和工作机制改革；五、关于全国人大常委会的法律监督；六、关于人权的法治保障；七、关于知识产权保护；八、关于法制宣传；九、关于法学教育和法学研究；十、关于国际交流与国际合作。

7月17日

［纲　文］**国务院总理温家宝、副总理李克强在北京分别会见出席第三轮中美工商领袖和前高官对话会美方代表。**

［目　文］温家宝说，当前世界经济下行压力加大，不稳定、不确定因素增多，为经济增长创造良好条件，是各国面临的共同任务。中美有着广泛的共同利益，经济互补性强，合作大于竞争，机遇多于挑战。双方要坚持互信、互利、互助，争取在更大规模、更高水平上开展合作；要冷静看待两国经贸关系中出现的问题，通过平等协商，寻求解决贸易不平衡的有效方式。这有利于促进两国经济增长，提振国际社会信心，共同应对挑战。中国将实行更加积极主动的开放战略，扩大同包括美国在内的各方利益汇合点，完善适应开放型经济要求的体制机制，为境内各种所有制企业创造公平竞争的市场环境。中国政府欢迎美方扩大对华投资，也鼓励中国企业积极赴美开拓市场。

李克强指出，中美关系是世界上最重要的双边关系之一，中美也是全球最大的两个经济体。在当前全球经济复杂严峻的形势下，两国加强各领域务实合作，有利于增进政治互信，扩大利益汇合点，推动相互尊重、互利共赢的中美合作伙伴关系建设，有利于双方携手应对国际金融危机的深层次影响和其他全球性挑战，和其他各方一道共同促进世界经济稳定复苏。经贸投资合作是中美关系的重要组成部分。两国经济互补性强，无论是在发展实体经济，还是在改善基础设施等方面，都有大量贸易和投资机会。加强合作，可以推动两国经济增长和就业扩大。尤其是要创造更好、更便利环境，消除不合理限制，妥善应对分歧和摩擦，激发双方投资合作的潜力。希望美方代表发挥自身影响力，带动更多美国企业参与中美投资合作。

美方表示，美中经济相互依赖，在世界经济下滑的背景下，双方要增进相互了解，采取有力举措，加强合作，向两国工商界和国际社会传递积极信号，美方愿同中方共同作出努力。

7月17日

［纲　文］**国务院在北京召开全国就业创业工作表彰大会。**

［目　文］国务院总理温家宝出席会议并讲话。国务院副总理李克强出席会议。

温家宝指出，党中央、国务院高度重视就业工作，坚持以人为本、全面协调可持续的科学发展观，坚持把促进就业作为保障和改善民生的头等大事，确立了就业优先发展战略，制定实施了具有中国特色的积极就业政策。近10年来，就业创业工作探索了不少成功做法，积累了许多宝贵经验，要认真总结，继续坚持，不断完善。一是坚持促进经济发展与扩大就业相结合，使经济平稳较快发展的过程成为就业不断扩大的过程。二是坚持发挥市场机制作用与强化政府责任相结合，建立全国统一的劳动力市场和市场导向的就业机制，创造有利于稳定扩大就业的制度环境。三是坚持统筹城乡就业发展，将农民工就业服务、就业指导、职业培训纳入公共服务体系，大力促进农村劳动力在非农产业转移就业。四是坚持大力发展职业教育，加强职业培训，形成企业、职业院校和各类培训机构共同参与的职业教育基本格局。当前和今后一个时期，中国就业形势将更加复杂、更加严峻，促进劳动者充分就业的任务十分繁重，必须做出更大的努力。第一，坚持就业优先战略，继续实施更加积极的就业政策。第二，保持经济平稳较快发展，增强经济发展对就业的拉动作用。第三，加大工作和政策力度，着力解决好重点群体就业问题。第四，积极扶持中小企业发展，促进以创业带动就业。第五，大力兴办职业教育和技能培训，全面提升劳动者就业能力和技能水平。

各省（区、市）和计划单列市人民政府、新疆生产建设兵团分管负责人及中央和国家机关有关单位负责人、中央管理的有关企业负责人等出席会议。

7月17日

［纲　文］**首届“印象西藏”摄影作品大赛在北京启动。**

［目　文］大赛由中国西藏网、中国摄影家协会联合主办，西藏自治区摄影家协会协办，大赛主题为“自然生态、社会生活、多彩文化、历史变迁”，大赛旨在反映西藏自治区成立60多年来在中国共产党领导下，经过各族人民的共同努力，西藏社会经济全面发展、人民生活普遍改善、民族文化迅速繁荣、宗教信仰完全自由等方面的巨大成就。大赛面向全国征稿，按类别分设五个奖项。金质收藏作品4幅，银质收藏作品8幅，铜质收藏作品12幅，优选收藏作品28幅，佳选收藏作品150幅。10月15—21日，大赛评选出的300余幅摄影作品在北京国家大剧院举行展览。

7月17日

［纲　文］**《人民日报》报道，海南省第四届人民代表大会常务委员会第32次会议通过《关于成立三沙市人民代表大会筹备组的决定》。**

7月17日

［纲　文］**新华社讯，共青团中央、全国青联作出决定，追授舍己救人的周江疆“中国青年五四奖章”，并号召全国广大团员青年向他学习。**

7月17日

［纲　文］**新版《马克思画传》《恩格斯画传》《列宁画传》出版座谈会在北京召开，中宣部部长刘云山致信祝贺。**

7月17—18日

［纲　文］**全国党校校长会议在北京举行。**

［目　文］中共中央政治局常委、中央党校校长习近平出席开幕式并讲话。中央党校常务副校长李景田主持开幕式。中央有关部门负责人、各省区市和副省级城市党委党校常务副校长等共400多人出席。

习近平强调，各级党校要切实运用党校工作积累的成功经验，深刻认识和把握党校教育规律，更好地指导和推进党校工作。第一，坚持把党校姓党作为党校的灵魂，贯穿于教学、科研、行政、后勤各个方面工作之中，融入党校教员和管理人员的思想与行动之中。第二，坚持党校的科学定位，发挥好党校教育的自身优势，突出服务大局的特色、理论教育和党性教育的特色、思想库的特色。第三，坚持质量立校，把高标准办学作为党校各项工作的重要抓手，通过扎实持久的工作使教学科研、基础设施、人才队伍、管理服务、学风校风的质量和水平不断得到改进和提高。第四，坚持把深化改革作为党校各项工作的强大动力，进一步转变培训观念，创新培训内容，改进培训方式，整合培训资源，优化培训队伍，在推进党校各方面改革上取得新进展。第五，坚持制度管校，严格按照《党校工作条例》办学，进一步提高党校工作的制度化、规范化、科学化水平。第六，坚持抓好学风校风建设，把从严治校作为党校各项工作的重要方针，推动形成良好的学风校风，保证党校教育目标的实现。第七，坚持人才强校，进一步形成尊重人才、爱护人才、用好人才的氛围和导向，努力营造充满活力、富有效率、更加开放的人才制度环境。第八，坚持上级党校对下级党校的指导，加强中央党校与地方党校之间以及地方各级党校相互之间在教学、科研、管理服务等方面的通力合作，充分发挥党校系统的整体优势。第九，坚持党委对党校的领导，在政治思想上更加关心，在财力物力上加大支持力度，在组织人才上加强保障，在领导方法上注意改进，把党委的领导和支持作为做好党校各项工作的根本保障。

18日下午，举行闭幕式。李景田作总结讲话强调，这次大会研究的是党的十七大以来党校工作及其取得的成绩和经验，立足全局、谋划长远，对党校事业的科学发展有重要的、深远的指导意义。

7月17—21日

［纲　文］**李长春在西藏考察调研。**

［目　文］中共中央政治局常委李长春先后到林芝、拉萨等地，就贯彻落实党的十七

届六中全会精神和中央第五次西藏工作座谈会精神，推进西藏跨越式发展和长治久安，加强民族团结进步宣传教育和文化建设等进行考察调研。李长春强调，要牢牢把握各民族共同团结奋斗、共同繁荣发展的主题，深入开展民族团结进步宣传教育，大力加强边疆少数民族地区文化建设，进一步唱响共产党好、社会主义好、改革开放好、伟大祖国好、各族人民好的时代主旋律，筑牢反对分裂、维护稳定的思想基础，不断巩固和发展各民族团结和睦、社会繁荣进步的大好局面。

在大昭寺考察时，李长春对西藏开展民族团结进步教育取得的成效给予充分肯定，他强调，民族团结和睦、社会和谐稳定是西藏的生命线。要深入开展民族团结进步宣传教育，要讲清楚百万农奴翻身解放是推翻旧西藏政教合一的封建农奴制度的伟大社会变革，要讲清楚西藏经济社会发展取得的辉煌成就。

7月17—19日

［纲　文］应中国政府邀请，联合国秘书长潘基文对中国进行正式访问。

［目　文］ 18日，国家主席胡锦涛、国家副主席习近平、中组部部长李源潮、外交部部长杨洁篪分别会见了潘基文。

胡锦涛在会见潘基文时表示，联合国作为国际多边组织和机制的核心，在维护世界和平、促进共同发展、推动国际合作方面发挥了不可替代的作用。当前，国际形势复杂多变，国际社会对联合国的期待进一步提高，加强多边主义的呼声不断上升，联合国作用应该得到加强。不久前举行的联合国可持续发展大会取得重要成果，为推动全球可持续发展做出了贡献。多年来，中国积极参与联合国各领域活动，倡导、支持、践行多边主义，认真履行应尽的国际责任和义务。中方将继续支持秘书长工作，为促进中国和联合国合作做出积极努力。即将举行的中非合作论坛第五届部长级会议是加强中非团结的一次重要会议，会议将回顾论坛成立以来取得的重要成果，全面规划中非合作发展蓝图。中方愿同非洲国家一道，共同开好这次会议，推动中非新型战略伙伴关系不断向前发展。潘基文表示，中国发展经验值得其他国家借鉴，中非合作论坛的发展充分证明，中国致力于加强同其他发展中国家合作，是推动南南合作的典范。联合国希望加强同中国的合作，共同致力于世界和平、安全、发展。

习近平在会见潘基文时表示，当前，国际形势正发生复杂深刻的变化，世界和平与发展事业仍面临诸多不稳定、不确定因素。求和平、谋发展、促合作已成为各国人民的共同意志和热切期望。联合国作为最具普遍性、代表性和权威性的政府间国际组织，应继续根据《联合国宪章》的宗旨和原则，在尊重各国主权和各国人民自主选择的基础上，为维护世界和平、促进国际发展与合作发挥积极作用。作为安理会常任理事国和最大的发展中国家，中国一直积极倡导、支持并践行多边主义，始终维护《联合国宪章》宗旨和原则，维护联合国权威和作用。中国政府高度重视并认真落实联合国千年发展目标。目前中国已提前完成千年发展目标涵盖的贫困人口比例减半、普及初级教育、降低儿童死亡率等指标，正在全力争取2015年前全面实现千年发展目标。今后，中方将一如既往地积极参与联合国各领域工作，不断提升双方的合作水平。中国也将继续积极推动南南合作，促进广大发展中国家的共同发展。潘基文表示，中非合作是南南合作的典范，联合国高度评价中国在帮助非洲、推动全球可持续发展及推进世界公共卫生事业发展方面做出的积极贡献，期待与中方加强合作，共同维护世界的和平、稳定与发展。

李源潮在会见潘基文时表示，我们愿与联合国有关机构继续加强沟通，密切配合，不断深化和发展已建立的友好合作关系，推动双方在人力资源开发领域的进一步合作。潘基文祝贺“小康社会领导者培训项目”取得的成绩，表示愿进一步加强同中方的合作，共同为人类社会的和平进步而努力。

外交部部长杨洁篪与潘基文举行了会谈。潘基文在联合国驻华系统举行的“2032 我们期望的未来”主题活动上发表讲话，指出联合国与中国的合作已涉及可持续发展的各个方面，中国为世界可持续发展做出了积极贡献。感谢中国民众积极参与他本人于 2011 年 11 月在社交媒体平台上发起的“我们期望的未来”全球性活动。

7 月 17—22 日

［纲　文］ **应外交部部长杨洁篪邀请，乌克兰外交部部长康斯坦丁·格里先科对中国进行正式访问。**

［目　文］ 17 日，中共中央政治局常委、中央纪委书记贺国强，外交部部长杨洁篪分别会见了格里先科。

贺国强在会见时表示，中国政府高度重视发展对乌关系，将一如既往理解并尊重乌克兰人民根据本国国情选择的发展道路。中方感谢乌方在涉及中国核心利益问题上给予的宝贵支持，愿以今年两国建交 20 周年为契机，与乌方携手努力，进一步深化互信，密切合作，共同开创中乌关系新局面。中国将以科学发展为主题，以加快转变经济发展方式为主线，按照稳中求进的总基调，努力实现经济社会平稳较快发展。格里先科高度评价中国近年来取得的巨大成就及乌中关系发展成果。他表示，发展对华关系是乌克兰外交优先方向。乌方在台湾、涉藏、涉疆等问题上支持中方的立场不会改变，愿与中方共同努力，推动乌中战略伙伴关系不断迈上新台阶。

杨洁篪与格里先科举行了会谈。双方共同签署了《中华人民共和国外交部与乌克兰外交部 2012—2013 年磋商计划》。

7 月 18 日

［纲　文］ **国家知识产权局公布《国家知识产权局行政复议规程》。**

［目　文］《规程》共 6 章 35 条，主要有总则，行政复议范围和参加人，申请与受理，审理与决定，期间与送达，附则等内容，《规程》自 2012 年 9 月 1 日起施行。2002 年 7 月 25 日国家知识产权局令第 24 号发布的《国家知识产权局行政复议规程》予以废止。

7月18—19日

［纲　文］**第四届中非企业家大会在北京举行。**

［目　文］会议议题是“新型的中非贸易与投资伙伴关系”“可持续发展中企业的社会责任”。

国务院总理温家宝出席开幕式并发表主旨讲话。赤道几内亚总统奥比昂、尼日尔总统伊素福、佛得角总理内韦斯、肯尼亚总理奥廷加以及近千名中非企业界代表出席大会。温家宝指出，今天中非有着更加广泛的共同利益，更加坚实的合作基础。中方将继续本着真诚友好、平等相待、互利互惠、共同发展的原则，与非洲国家一道，推动中非经贸关系达到更高水平。双方要加强政府间的磋商协作，制定切实可行的中长期合作规划，促进彼此产业对接和融合，建立健全相关法律法规；要促进中非贸易平衡发展，中方将扩大非洲产品进口，进一步对非洲国家开放市场；要进一步加强投资合作，坚持“政府引导、企业主体、市场运作、互利共赢”的方针，更加注重改善民生和促进就业，更加注重保护非洲生态环境，尊重当地文化和风俗，更加注重管理审核，提高投资效益和质量；要共同应对粮食危机，为非洲经济社会发展提供基础性保障；要促进可持续发展领域的国际合作，实施更多有利于改善民生和提升可持续发展能力的项目。中国始终不渝地走和平发展道路，主张建立更加公正合理的国际政治经济秩序，反对一切形式的不平等做法，支持非洲国家走自主选择的发展道路。在对非合作方面，中国坚持开放、包容、共赢，愿同非洲和国际社会一道，为推动世界和平与发展，促进全人类的福祉，做出新的更大贡献。

会上，来自中国和非洲的20余家企业共签署8个投资和经济合作项目，总金额3.41亿美元。签约的项目涉及机构合作、金融、航空和农业等多领域，主要分布在肯尼亚、坦桑尼亚、埃塞俄比亚、津巴布韦、科特迪瓦、加纳等国。中国贸促会联合国家开发银行等单位在会议闭幕式上发布了《中非企业家大会—中国企业社会责任宣言》。

7月18日、20日

［纲　文］**国家副主席习近平、国务院副总理李克强在北京分别会见世界卫生组织总干事陈冯富珍。**

［目　文］习近平在会见时说，中国党和政府高度重视卫生事业，把提高人民健康作为党和政府工作的重要任务，将不断深化医药卫生体制改革，为群众提供安全、有效、方便、价廉的医疗卫生服务，争取早日实现人人享有基本医疗卫生服务。习近平表示，当前卫生问题与政治、经济、社会和发展等各领域联系日益紧密，对国际关系和外交政策的作用和影响上升。伴随这一进程，世界卫生组织在国际卫生事务中发挥着越来越重要的作用。中国愿继续加强与世界卫生组织的交流与合作，为推进全球卫生事业发展做出自己的贡献。陈冯富珍高度评价中国在医疗卫生领域取得的巨大成就，感谢中国对世界卫生组织和她本人工作的支持，表示将认真履职，继续推动全球卫生事业发展。

李克强在会见时说，过去三年，中国深入推进医药卫生体制改革，突出保基本、强基层、建机制，已经取得阶段性成果。但医改是世界性难题，对于我们这样一个有着十三亿人口的发展中大国，更是如此。医改如逆水行舟，不进则退，开弓没有回头箭。中国将继续围绕健全全民医保体系、完善基本药物制度和推进公立医院改革等重点，坚定不移地探索、实践和推进符合国情的医改之路，让人民群众特别是基层群众得到更好保障、更多实惠，为实现人人享有基本医疗卫生服务而努力。陈冯富珍高度评价中国深化医改的积极成效，表示愿继续推动世卫组织与中国的合作，促进全球特别是非洲等发展中国家卫生事业发展。

7月18—20日

［纲 文］ 胡锦涛等党和国家领导人会见出席中非合作论坛第5届部长级会议的各国领导人。

18日，国家主席胡锦涛在北京会见吉布提总统盖莱。胡锦涛指出，中吉两国虽然相距遥远、国情各异，但两国和两国人民建立了深厚友谊。中方感谢吉布提政府为在亚丁湾和索马里海域实施护航任务的中国海军舰艇编队提供的帮助。随着中吉关系不断深入发展，两国合作内容越来越丰富，中方视吉布提为重要合作伙伴，愿同吉方一道，推动中吉关系进一步发展。

18日，国家主席胡锦涛、国务院副总理李克强在北京分别会见尼日尔总统伊素福。胡锦涛就发展中尼关系提出四点建议。一是保持友好交往势头，增强政治互信，积极开展政府、政党、立法机构往来，在涉及彼此关切的重大问题上加强沟通、相互支持。二是深化经贸务实合作，实现互利共赢，双方要共同落实好尼日尔交通基础设施、医院等项目，推动工程合作，积极开展农业、水利、交通、电力、资源开发等领域合作。三是密切人文交流，夯实友好基础，两国妇女、青年、新闻媒体、民间团体要加强往来，增进友谊。四是密切地区事务中合作，中方赞赏和支持尼日尔为维护地区和平稳定发挥积极作用。李克强在会见时表示，中尼合作已突破传统的以经济援助和贸易为主的模式，以项目为龙头的互利合作势头强劲。中方愿与尼方在做实、做强现有合作基础上，进一步挖掘合作潜力，推进能源资源等各领域合作，探讨贸易、工程、信贷整体性融资等新的合作模式，支持有实力、信誉好的中国企业赴尼投资兴业，实现共赢发展，并造福当地人民。

18—19日，国家主席胡锦涛、国务院总理温家宝、国家副主席习近平分别会见南非总统祖马。胡锦涛在会见时就加强中南合作提出四点建议。一是保持高层交往势头，深化党际交流，坚定支持彼此在重大核心利益问题上的关切，巩固战略互信。二是紧密结合两国发展战略，拓展务实合作，促进双边贸易平衡发展。中国政府鼓励和支持中国企业对南非十大产品、十大投资领域进行采购和投资，积极参与南非经济特区建设。三是促进人文交流，巩固两国友好民意基础。中方支持南非经济社会发展，愿为南非培训更多专业技术人才。四是密切在联合国、世界贸易组织、二十国集团、金砖国家、气候变化“基础四国”等重要国际组织和机制中协调配合，促进世界和平与发展。温家宝在会见时指出，中非合作要探讨新的思路和方式。一是遵循政府引导、市场运作、企业主体、互利共赢的方针，推动合作更加有序、富有活力地发展；二是着力改善非洲生产和生活条件，扩大人才培养和技术转让，增强非洲自我发展能力；三是更加重视民生和就业，保护生态环境，尊重当地文化，加强资金监管；四是相互扩大开放市场，改善贸易和投资结构；五是建立完善新的机制，制定中长期规划，确保合作可持续发展。习近平在会见时表示，中方愿同南方一道，继续密切双方高层互访和党际交往，深化治国理政经验交流；切实优化贸易结构，扩大双边投资；拓展文化、教育、科技、媒体、学术等领域交往，夯实中南友好民意基础。

19日，全国政协主席贾庆林在人民大会堂会见科特迪瓦总统瓦塔拉。贾庆林表示，当前，科特迪瓦正致力于恢复、重建。中方愿向科特迪瓦经济和社会发展提供力所能及的帮助，支持企业和金融机构赴科特迪瓦开展投融资合作。相信在双方共同努力下，两国各领域友好合作一定会取得更大进展。全国政协愿为中科关系发展做出积极贡献。

19日，国家副主席习近平在人民大会堂会见肯尼亚总理奥廷加。习近平表示，中方愿积极考虑参与肯尼亚重点发展项目融资和建设，通过多种形式促进双边贸易平衡发展；推动双方人文交流蓬勃发展，加强在教育、文化、新闻和旅游等领域交流合作，不断巩固民间友好。巩固和发展同非洲国家的关系是中国对外政策的重要基石。中方愿以中非合作论坛第五届部长级会议为契机，与包括肯尼亚在内的非洲国家携手努力，推动中非新型战略伙伴关系再上新台阶。

19—20日，国家主席胡锦涛、国家副主席习近平在北京分别会见非洲联盟轮值主席、贝宁总统亚伊。胡锦涛在会见时表示，经贸合作是中贝关系重要组成部分。希望双方密切配合，加快推进贝宁公路、医院等双方合建项目，开展农业合作，提高贝宁农作物和棉花产量，中方鼓励有实力的中国企业赴贝宁投资。习近平在会见时表示，中方赞赏贝宁作为非盟轮值主席，为维护非洲和平稳定所做的积极努力。

19—20日，国家主席胡锦涛、国务院副总理李克强在北京会见赤道几内亚总统奥比昂。胡锦涛就发展中赤几关系提出三点建议。一是深化政治领域合作，保持政府、政党友好交往，增进政治互信，在涉及各自主权、安全重大问题上继续相互给予坚定支持。二是推进经贸、农业、能源、基础设施建设、人力资源培训等领域合作，中方愿继续在力所能及的范围内为赤几国家建设提供帮助。三是加强在国际事务中的团结协作，维护发展中国家共同利益。李克强在会见奥比昂时指出，中、赤几都是发展中国家，面临着繁重的发展任务。中方愿与赤几方继续深化务实合作，交流互鉴发展经验，实现共同发展。双方应探讨切实可行的合作模式，挖掘农业合作新潜力；进一步谋划基础设施、能源等合作新项目，打造人力资源合作新亮点。

20日，国家主席胡锦涛在北京人民大会堂会见科特迪瓦总统瓦塔拉。胡锦涛就发展中科关系提出三点建议：一是加强高层交往，扩大政府、立法机关、执政党交流，增进政治互信。中方重视并支持科方在促进非洲团结、稳定、发展中发挥的重要作用，愿同科方加强在重大国际和地区事务中磋商和协调。二是深化经贸合作。中方将继续支持科特迪瓦和平重建事业，鼓励有实力的中国企业参与科特迪瓦经济建设。三是加强人文交流。扩大文化、教育、卫生、人力资源培训等领域合作，推动民间交往，增进两国人民相互了解和友谊。

20 日，国家主席胡锦涛在北京会见埃及总统特使阿姆鲁。胡锦涛指出，埃及是中非合作论坛共同主席国，中方愿同埃方携手努力，推动中非新型战略伙伴关系取得更大发展。我们相信，在双方共同努力下，中埃传统友谊将更加牢固，两国战略合作关系将进一步深化和发展。

7 月 18—20 日

［纲　文］ **国际友好城市交流大会在南宁举行。**

［目　文］ 大会由中共广西壮族自治区委员会、广西壮族自治区人民政府和中国人民对外友好协会共同主办。大会以“携手合作共谋发展”为主题。日本、美国、韩国、印度尼西亚、波兰等约 20 个国家的友好城市代表参加。

国务委员戴秉国给大会发来贺信说，此次大会以“携手合作、共谋发展”为主题，邀请广西壮族自治区和 14 个国家的 25 对友城嘉宾及有关国家驻华使节齐聚南宁，共商合作、畅叙友情，必将有力推动广西与各国友城交往迈上新的台阶，为中国国际友好城市活动注入新的活力。

中国人民对外友协会长李小林代表对外友协和中国国际友好城市联合会发言，广西壮族自治区党委书记、自治区人大常委会主任郭声琨作主旨演讲，广西壮族自治区级友城代表缅甸仰光省行政长官吴敏瑞，市级友城代表新西兰黑斯廷斯地区议会议员、新西兰姐妹城市协会主席凯文·沃特金斯致辞。会上，来自中国、美国、日本、韩国、波兰等 14 个国家的 25 对国际友好城市联合发出“南宁倡议”，倡导通过友好城市工作共同推动和谐世界的建设。

截至 2012 年 6 月底，中国大陆有 30 个省、自治区、直辖市和 391 个城市与五大洲 130 个国家的 425 个省（州、县、大区、道等）和 1315 个城市建立了 1887 对友好城市（省州）关系。

7 月 19 日

［纲　文］ **国务院办公厅转发民政部等部门《关于加强见义勇为人员权益保护意见》的通知。**

［目　文］ 通知说，民政部、教育部、公安部、财政部、人力资源社会保障部、住房城乡建设部、卫生部《关于加强见义勇为人员权益保护的意见》已经国务院同意，现转发给你们，请认真贯彻执行。

《意见》提出了积极完善见义勇为人员权益保护的政策措施：一、保障低收入见义勇为人员及其家庭的基本生活。二、提高见义勇为负伤人员医疗保障水平。三、扶持就业困难的见义勇为人员就业。四、加大对适龄的见义勇为人员或其子女受教育的保障力度。五、解决见义勇为人员家庭住房困难。

7 月 19 日

［纲　文］ **李克强主持召开国务院深化医药卫生体制改革领导小组第 11 次全体会议。**

［目　文］国务院副总理、国务院深化医药卫生体制改革领导小组组长李克强讲话说，目前医改已进入深水区和攻坚阶段，难点问题进一步显现。要坚持保基本、强基层、建机制，努力在健全全民医保体系、完善基本药物制度和推进公立医院改革等重点方面取得新的突破，并统筹推进相关配套改革。大病保障是衡量一个国家医疗保障水平的重要标准。近几年，不少地方在大病保险方面开展了积极探索，取得了成功经验。要下决心抓紧把大病医保纳入全民医保范围，拓展和延伸基本医保的功能。建立大病保障制度，要注重创新机制，把基本医保与商业保险结合起来，相互衔接、功能互补。一方面，要加大政府投入，逐步提高基本医保最高支付限额，用于支持群众看大病；另一方面，要发挥市场机制的作用，鼓励地方因地制宜，采取政府委托办理、购买服务等办法，支持商业保险机构承办大病保险。同时，要搞好基本医保、大病保险、医疗救助、慈善救助以及商业补充保险的衔接。破解公立医院改革难题，解决群众看病难、看病贵问题，必须抓住破除“以药补医”这个关键环节。要在坚持公立医院公益性质的基础上，积极探索公立医院改革的有效路径。

国务院深化医药卫生体制改革领导小组成员单位和有关部门负责人参加了会议。会议听取了国务院医改办公室负责人关于2012年上半年医改进展情况和下半年工作安排的汇报，审议了关于开展城乡居民大病保险的指导意见。会议认为，上半年医改各项重点工作扎实推进，基本医保人口覆盖率稳步提高，基本药物制度实施范围继续扩大，县级公立医院综合改革试点全面启动，一些大城市也开展了公立医院改革路径的有益探索，医改成果进一步巩固和深化。

7月19日

［纲　文］**国土资源部在北京召开房地产市场形势视频会议**。

［目　文］会议对国土资源部、住房城乡建设部联合下发的《关于进一步严格房地产用地管理巩固房地产市场调控成果的紧急通知》进行通报，并对下一步房地产市场调控工作进行了部署。《通知》指出，近期房地产和土地市场出现的一些波动，虽并未改变市场整体格局，但市场运行的复杂性和不稳定性在增加，房地产市场调控仍然处在关键时期。

7月19日

［纲　文］**国家教育考试指导委员会举行成立会议**。

［目　文］国务委员刘延东在成立会上强调，成立国家教育考试指导委员会，是落实中长期教育规划纲要的重要举措，根本目的是对国家教育考试制度改革进行顶层设计，有效解决人民群众普遍关心的教育考试方面的突出问题。高考是中国重大的社会公平制度，要加快研究制定高考改革总体方案，重点改革考试内容和形式，规范考试程序，建立健全综合评价体系，完善多样化的录取方式，增加考生选择机会，落实高校招生自主权，保障公平公正，形成不拘一格选英才的良好局面。要指导地方和学校的教育改革实践，坚持试点先行，以点带面，确保改革的科学、协调、渐进和有序。要加强政策宣传，为改革创造良好的社会环境。

首届委员会由教育、科技、经济、法律、管理等领域 26 名专家组成。委员会下设专家工作组，由 32 位专家组成，分考试、招生、管理三个组开展工作。教育部部长袁贵仁担任主任委员。

7 月 19 日

［纲　文］**中国互联网络信息中心在北京发布《第 30 次中国互联网络发展状况统计报告》。**

［目　文］报告显示，截至 2012 年 6 月底，中国网民数量达到 5.38 亿，互联网普及率为 39.9%。手机网民达到 3.88 亿，手机首次超越台式电脑成为第一大上网终端。

7 月 19 日

［纲　文］**最高人民法院发出《关于充分发挥审判职能作用为深化科技体制改革和加快国家创新体系建设提供司法保障的意见》。**

7 月 19—20 日

［纲　文］**中非合作论坛第五届部长级会议在北京举行。**

［目　文］中国国家主席胡锦涛、南非总统祖马、贝宁总统亚伊、赤道几内亚总统奥比昂、吉布提总统盖莱、尼日尔总统伊素福、科特迪瓦总统瓦塔拉、佛得角总理内韦斯、肯尼亚总理奥廷加、埃及总统特使阿姆鲁、联合国秘书长潘基文以及 50 个论坛非洲成员国外交部部长和主管对外经济合作事务的部长、非洲联盟委员会主席让·平、部分非洲地区和国际组织代表等出席开幕式。

19 日，胡锦涛在开幕式上发表题为《开创中非新型战略伙伴关系新局面》的讲话。胡锦涛指出，本届部长级会议的主题是“继往开来，开创中非新型战略伙伴关系新局面”。中非双方应该共同描绘下一阶段中非合作发展蓝图，为中非关系取得新的更大的发展打下坚实基础。今后 3 年，中国政府将采取措施，在以下五个重点领域支持非洲和平与发展事业，推进中非新型战略伙伴关系。第一，扩大投资和融资领域合作，为非洲可持续发展提供动力。中国将向非洲国家提供 200 亿美元贷款额度，重点支持非洲基础设施、农业、制造业和中小企业发展。第二，继续扩大对非援助，让发展成果惠及非洲民众。中国将适当增加援非农业技术示范中心；为非洲培训 3 万名各类人才，提供政府奖学金名额 18000 个；派遣 1500 名医疗队员；帮助非洲国家加强气象基础设施能力建设和森林保护与管理。第三，支持非洲一体化建设，帮助非洲提高整体发展能力。中国将同非方建立非洲跨国跨区域基础设施建设合作伙伴关系。第四，增进中非民间友好，为中非共同发展奠定坚实民意基础。中国倡议开展“中非民间友好行动”；在华设立“中非新闻交流中心”；继续实施“中非联合研究交流计划”。第五，促进非洲和平稳定，为非洲发展创造安全环境。中国将发起“中非和平安全合作伙伴倡议”，增加为非盟培训和平安全事务官员和维和人员数量。

会议期间，中非双方围绕“继往开来，开创中非新型战略伙伴关系新局面”的会议主题，全面回顾中非合作论坛成立 12 年来、特别是中非新型战略伙伴关系建立 6 年来中非关系发展取得的成就，评估2009年召开的中非合作论坛第四届部长级会议后续行动落实情况，高度评价论坛为巩固中非传统友好、加强政治互信、深化务实合作发挥的重要作用。会议通过了《中非合作论坛第五届部长级会议北京宣言》和《中非合作论坛第五届部长级会议——北京行动计划（2013至2015年）》两个成果文件。

7月19—20日

［纲　文］**全国煤矿安全生产经验交流现场会在宁夏银川召开。**

［目　文］会议由国务院副秘书长肖亚庆主持，国务委员兼国务院秘书长马凯出席大会并讲话。马凯强调，要全面落实煤矿企业安全生产主体责任，要深入开展煤矿“打非治违”专项行动，要加强瓦斯治理和抽采利用，要加快推进煤矿资源整合、兼并重组和技术改造，要大力提高煤矿安全保障水平，要加快国家和区域矿山应急救援基地建设，要加强煤矿安全监管监察。

会议又称全国煤矿安全生产经验交流现场会，主题是考察神华集团抓安全的经验。现场会由国务院办公厅、安全监管总局、煤炭监管总局主办。发展改革委、科技部、工业和信息化部等部委相关负责人和全国各产煤省、自治区、直辖市及新疆生产建设兵团分管领导及煤矿安全生产管理相关部门的负责人，中国华能集团等涉煤中央企业及北京京煤集团等53家地方涉煤企业代表参加了会议。安全监管总局领导就学习推广神华经验进行安排部署。神华集团作了题为“强化风险预控管理，努力实现安全发展”的发言。与会代表分组参观了神宁煤业集团梅花井矿、石炭井焦煤公司、汝箕沟矿、羊场湾矿、灵新矿、宁东仓储配送中心、矿机维修公司、煤化工分公司、安居工程以及教育培训中心。

7月19—20日

［纲　文］**国务院在黑龙江农垦建三江管理局和佳木斯市召开全国现代农业建设现场交流会。**

［目　文］国务院副总理回良玉在会上强调，推进现代农业建设，必须从中国基本国情出发，围绕农业科学发展这个主题和转变农业发展方式这条主线，立足当前、着眼长远，突出重点、把握关键。一要着力保障国家粮食安全和主要农产品有效供给。二要着力强化现代农业的物质技术人才基础。全面增强科技创新、技术集成、转化应用三大能力，突出强化水利、农田、生态三大基础设施，努力改善农业机械、农资工业、信息网络三大装备条件，加快建设科研、推广、新型农民三大人才队伍。三要着力健全现代农业经营制度。四要着力完善现代农业支持保护体系。完善现代农业投入保障制度，完善现代农业要素投入补贴制度，完善现代农业资源环境保护制度。

农业部部长韩长赋主持会议。各省、自治区、直辖市和计划单列市人民政府、新疆生产建设兵团及农口厅局负责人，中央有关部门负责人，52个国家现代农业示范区政府负责人参加了会议。黑龙江、江苏、浙江和四川省成都市、山东省滕州市、吉林省榆树市有关负责人，发展改革委、财政部负责人在会上作了交流发言。与会代表实地考察了万亩玉米和大豆高产示范田、水稻信息化节水灌溉现场、农机博览园、精准农业展示中心和现代农业发展中心等。

7 月 20 日

［纲　文］**财政部、发展改革委发出《关于印发〈循环经济发展专项资金管理暂行办法〉的通知》。**

［目　文］《通知》说，为规范循环经济发展专项资金管理，提高财政资金使用效益，根据《中华人民共和国循环经济促进法》《中华人民共和国预算法》等法律法规，财政部、发展改革委联合制定了《循环经济发展专项资金管理暂行办法》。现予印发，请遵照执行。《办法》共 6 章 18 条，主要有总则，专项资金支持范围，专项资金的支持方式，监督管理，附则等内容。《办法》自 2012 年 9 月 1 日施行。

7 月 20 日

［纲　文］**中央加快转变经济发展方式集中检查汇报会在北京召开。**

［目　文］听取各检查组组长的工作汇报后，中央纪委书记贺国强指出，党的十七大以来，我们先后开展了对中央重大决策部署执行情况的一系列监督检查，取得了良好成效，积累了宝贵经验。一是围绕中心任务，及时跟进督查。二是加强组织领导，形成工作合力。三是突出工作重点，抓住关键环节。四是着力发现问题，强化成果运用。五是创新方式方法，增强监督实效。六是不断健全制度，建立长效机制。实践证明，围绕党和国家的工作大局和中心任务开展监督检查，有利于增强党员干部贯彻落实中央决策部署的自觉性和坚定性，维护中央权威和政令畅通；有利于及时发现和纠正工作中的失误和偏差，提高工作推进的成效；有利于监督关口前移，预防和减少腐败问题发生；也有利于发挥纪检监察机关的职能作用，在实践中锻炼纪检监察干部队伍。

中央纪委副书记、中央加快转变经济发展方式监督检查工作领导小组组长何勇讲话强调，各地区各部门要认真学习贯彻贺国强同志重要讲话精神，充分运用这些年来开展监督检查工作的好经验好做法，坚持六个方面重要原则，明确任务、理清思路，切实提高监督检查工作科学化水平，确保不断取得新进展、新成效。

6 月上旬，中央加快转变经济发展方式监督检查工作领导小组组织 12 个检查组分赴 21 个省（区、市）和新疆生产建设兵团，对中央关于加快转变经济发展方式重大决策部署的贯彻落实开展了为期 3 周的集中检查。会上各检查组组长集中汇报了各组的工作情况。

7 月 20 日

［纲　文］**省部级领导干部“金融监管和风险防范”研讨班座谈会在北京举行。**

［目　文］国务院副总理王岐山在听取了学员代表的发言后讲话说，金融系统要认真贯彻落实中央的决策部署，坚定信心，立足当前，着眼长远，实施好稳健的货币政策，适当加大预调微调力度，提高针对性、前瞻性和有效性。进一步优化信贷结构，确保重点项目建设资金供给，加大对“三农”、小微企业的支持力度，满足有市场、有效益进出口企

业的信贷需求。人民银行、银监会、证监会、保监会要密切配合，加强与有关部门及地方政府的沟通协调，层层落实责任，形成监管合力。各级地方党委政府要加强地方金融机构管理，切实防范和化解金融风险，确保一方平安。要进一步完善金融市场准入和退出机制，防范道德风险。密切关注苗头性问题，加强风险识别、监测和预警，完善应急预案，做到早发现，早报告，早处置。要严厉打击非法集资、金融传销等违法金融活动，清理整顿各类交易场所，切实防范企业“走出去”的金融风险。

研讨班由中共中央组织部、银监会、国家行政学院共同举办。参加专题研讨班的学员有各省、自治区、直辖市和新疆生产建设兵团负责同志，中央国家机关有关部门负责同志，大型金融机构负责人。

7月20日

［纲　文］**中共中央政治局委员、中组部部长李源潮在北京会见以中组部部长占西·普西坎为团长的老挝人民革命党中组部代表团。**

［目　文］李源潮说，当前中老关系发展势头良好，各领域务实合作取得新成果。中国党和政府始终从战略高度看待中老关系，愿进一步落实两党两国最高领导人重要共识，同老挝党和政府一道，加强政治交往，增进战略互信，增强在国际和地区事务中的协调配合，深化治党治国经验交流，扩大党政干部培训合作，努力把中老全面战略合作伙伴关系维护好、巩固好、发展好。占西说，老方愿与中方共同努力，密切高层和各级别交往，深化各领域务实合作，推动老中全面战略合作伙伴关系不断迈上新台阶。

7月20日

［纲　文］**“学习双桂坊，诚信做食品”现场会在江苏常州举行。**

［目　文］中央文明委副主任刘淇出席现场会并讲话，强调深化拓展道德领域突出问题专项教育和治理活动，大力加强食品行业诚信建设，促进中国食品安全水平不断提升。商务部、国务院食品安全办和常州、杭州、南京、南宁、洛阳、东莞负责同志作了发言。常州双桂坊街区负责人宣读了《“用道德良心，做放心食品”倡议书》。双桂坊美食街通过深入开展“用道德良心做放心食品”活动，诚信经营，诚信做食品，实现了市场经济条件下加强道德建设、促进企业健康发展。

现场会由中央文明办、商务部、国务院食品安全办主办。主办单位和江苏省委省政府负责同志，各省（区、市）、新疆生产建设兵团文明办主任和全国文明城市（区）的文明委主要负责人及文明办、商务局、食品安全办负责人参加。

7月20日

［纲　文］**开明慈善基金会在北京成立。**

［目　文］基金会由民进中央发起，经民政部批复同意，是由民政部担任业务主管单位的非公募基金会，旨在致力于扶贫济困、助学兴教等社会公益慈善活动。基金会原始基金为2000万元，主要服务范围是资助老少边穷地区的贫困人群，帮助他们改善生产、生活和接受教育的条件，以及支持教育、文化、出版和医疗卫生等领域的公益事业等。全国

人大常委会副委员长、民进中央主席严隽琪任基金会名誉理事长，全国政协副主席、民进中央常务副主席罗富和任基金会理事长。

7月20日

［纲　文］**《人民日报》发表题为《推动中非关系更好更快发展》的社论**。

7月20—21日

［纲　文］**全国社会管理综合治理工作会议在北京举行**。

［目　文］中央政法委副书记、中央综治委副主任王乐泉，中共中央政治局委员、中央综治委副主任刘云山和国务委员、中央综治委副主任马凯分别主持了其中有关会议。国务委员、中央综治委副主任孟建柱，全国政协副主席、中央综治委副主任钱运录出席会议。

国务院副总理、中央综治委副主任回良玉作了总结讲话，他强调，要注重总结推广各地的成功经验，建立健全中国特色社会主义社会管理体系，不断提高社会管理科学化水平。浙江宁波市、湖北宜昌市、贵州贵阳市、江苏南通市、河南新郑市、广东深圳市、河北肃宁县采取大会发言与播放专题片相结合的方式，介绍了本地区近年来开展社会管理创新综合试点的探索实践、取得的丰富成果，中央综治委调研组介绍了北京、上海、天津、重庆加强和创新社会管理的经验，中央综治委8个专项组负责人分别介绍了下步工作的安排。

各省、自治区、直辖市和新疆生产建设兵团，各省会城市和计划单列市综治委主任，中央和国家有关部门及全国社会管理创新综合试点地区的负责同志约500人参加会议。

7月22日

［纲　文］**国务院发出《关于加强道路交通安全工作的意见》**。

［目　文］《意见》是为适应中国道路通车里程、机动车和驾驶人数量、道路交通运量持续大幅度增长的形势，进一步加强道路交通安全工作，保障人民群众生命财产安全而提出的。《意见》共28条，主要有八方面内容。一、总体要求。二、强化道路运输企业安全管理。三、严格驾驶人培训考试和管理。四、加强车辆安全监管。五、提高道路安全保障水平。六、加大农村道路交通安全管理力度。七、强化道路交通安全执法。八、深入开展道路交通安全宣传教育。九、严格道路交通事故责任追究。十、强化道路交通安全组织保障。

7月23日

［纲　文］**全国政协主席贾庆林在北京分别会见澳大利亚自由党领袖托尼·阿博特、韩国前总理郑元植**。

［目　文］贾庆林会见托尼·阿博特时说，中方高度重视中澳关系，愿本着相互尊重、平等相待、互利共赢的精神，与澳方加强各领域各层次交往与全方位合作，妥善处理双方分歧和敏感问题，努力使中澳关系成为不同制度国家间关系的典范。阿博特说，澳自由党愿在推动两国合作和交往特别是人员往来方面做出积极努力。

贾庆林会见托尼·阿博特时说，当前中韩关系正站在新的历史起点上，面临新的发展机遇。中方愿与韩方一道，以中韩建交20周年和中韩友好交流年为契机，继续推动两国关系和各领域务实合作不断向前发展。郑元植表示，韩方高度重视韩中关系，愿与中方共同努力将两国关系推向新高度。

7月23日

［纲　文］**回良玉主持召开国家防总指挥长会议**。

［目　文］国务院副总理、国家防汛抗旱总指挥部总指挥回良玉指出，全国防汛抗洪形势十分严峻，抗灾救灾工作任务十分艰巨。一要进一步全面加强防汛抗洪工作。二要进一步加强城市暴雨内涝应对工作。三要进一步加强山洪灾害防御工作。四要进一步加强江河洪水调度工作。五要进一步加强抗旱保丰收工作。六要进一步做好受灾群众安置救助工作，确保有饭吃、有衣穿、有干净水喝、有住处、有病能医。七要进一步加强对防汛抗旱工作的组织领导。

会议针对中国北方部分地区近日遭遇强暴雨袭击后洪涝灾害严重的情况，分析会商雨情汛情灾情，进一步安排部署防汛抗洪救灾工作。国家防总副总指挥、水利部部长陈雷和中央有关部门、军队有关单位负责人出席会议。

24—25日，回良玉受党中央、国务院委派，到三峡工程和长江干堤考察汛情，指导防汛抗洪工作，看望和慰问奋战在一线的广大军民。

7月23日

［纲　文］**三沙市第一届人民代表大会第一次会议依法选举产生市一级权力机构**。

［目　文］符戆当选首届人大常委会主任，肖杰当选第一任市长。会议审议并批准了三沙市人民代表大会筹备组所作的《关于三沙设市筹备工作及第一届三沙市人民代表大会筹备工作情况的报告》。三沙各地各界45名代表参加大会。

此前，经中共海南省委决定，撤销中共海南省西南中沙群岛工委，成立中共三沙市委，肖杰任中共三沙市委委员、常委、书记。

7月23日

［纲　文］**财政部发出《关于做好中央文化企业国有资本经营预算支出管理工作的通知》**。

［目　文］《通知》说，为规范中央文化企业国有资本经营预算管理，明确支持重点，依据现行资本预算管理制度和文化产业发展相关政策，特发布本通知。《通知》主要有六方面内容。一、指导思想。中央文化企业资本预算支出管理以邓小平理论和“三个代表”重要思想为指导，坚持科学发展观，贯彻十七届六中全会精神和国家文化改革发展规划纲要，发挥国有资本杠杆作用，支持中央文化企业做大做强，促进文化产业全面振兴，推动社会主义文化大发展、大繁荣。二、适用范围和管理原则。本通知适用于财政部代表国务院履行出资人职责的已纳入中央资本预算实施范围的中央文化企业。资本预算支出管理工作遵循以下原则：扶优扶强；突出重点；注重效益。三、资本预算支出重点。支持中央文化企业兼并重组；推进文化科技和内容创新；推动文化“走出去”。

四、资本预算编制与审批。五、资本预算执行与决算。六、资本预算项目绩效考评与资金监督检查。

7月23—24日

［纲　文］ **省部级主要领导干部专题研讨班在北京举行。**

［目　文］ 23日，举行开班式。中共中央政治局常委习近平主持，中共中央总书记、国家主席、中央军委主席胡锦涛在开班式上讲话。中共中央政治局常委吴邦国、温家宝、贾庆林、李长春、李克强、贺国强等出席。各省区市、中央和国家机关以及军队各大单位主要负责同志参加研讨班。中央和国家机关副部级单位主要负责同志，中央管理的国有重要骨干企业、金融机构和高等学校主要负责同志，列席开班式。

胡锦涛讲话指出，以科学发展为主题、以加快转变经济发展方式为主线，是关系中国发展全局的战略抉择。推进政治体制改革，必须坚持党的领导、人民当家作主、依法治国有机统一，发展更加广泛、更加充分的人民民主，保证人民依法实行民主选举、民主决策、民主管理、民主监督，更加注重发挥法治在国家和社会治理中的重要作用，维护国家法治的统一、尊严、权威，保障社会公平正义，保证人民依法享有广泛权利和自由。要坚定不移走中国特色社会主义文化发展道路。必须继续加强工作，多谋民生之利，多解民生之忧，解决好人民最关心最直接最现实的利益问题。必须把生态文明建设的理念、原则、目标等深刻融入和全面贯穿到中国经济、政治、文化、社会建设的各方面和全过程。全党要增强紧迫感和责任感，坚持党要管党、从严治党，全面加强党的思想建设、组织建设、作风建设、反腐倡廉建设、制度建设，确保党始终成为中国特色社会主义的坚强领导核心。各级党委和政府要以高度负责、奋发有为的精神做好改革发展稳定各项工作，继续脚踏实地、扎扎实实抓好落实，认真贯彻稳中求进的工作总基调，保持经济平稳较快发展势头，为大局稳定奠定坚实基础。

24日，专题研讨班举行结业式，李源潮主持会议，习近平作总结讲话，李克强、贺国强出席，各省区市、中央和国家机关以及军队各大单位主要负责同志参加。

7月23—24日

［纲　文］ **中美第17轮人权对话在华盛顿举行。**

［目　文］ 外交部国际司司长陈旭和美国负责人权事务的助理国务卿波斯纳共同主持对话。中美双方介绍了各自在人权领域取得的新进展，就国际人权领域合作、法治、言论自由和媒体责任、种族歧视和歧视土著人等问题交换了意见。中方介绍了近期修改《刑事诉讼法》、促进互联网发展、推进基层选举、加大社会保障等立法、司法和民生领域举措和进展，希望美方尊重中国主权、领土完整，尊重中国政治、司法制度和自主选择的发展道路，全面、客观、公正看待中国人权状况，为建设中美相互尊重、互利共赢的合作伙伴关系和构建新型大国关系积极努力。美方在对话中积极评价中国在人权领域取得的新进展，表示愿与中方共同努力，妥善处理分歧，增进互信，加强合作，共建美中新型大国关系。双方均表示愿继续本着平等相待、相互尊重的原则开展人权对话。

7月23—25日

［纲　文］**经中美双方商定，美国总统国家安全事务助理托马斯·多尼隆访华。**

［目　文］24日，国家主席胡锦涛、国务委员戴秉国分别会见多尼隆。25日，国家副主席习近平、国务院副总理王岐山、外交部部长杨洁篪分别会见多尼隆。

胡锦涛在会见多尼隆时表示，近年来，在双方共同努力下，中美关系总体保持了稳定发展的良好势头。我同奥巴马总统就建设相互尊重、互利共赢的中美合作伙伴关系和探索构建中美新型大国关系达成重要共识。中方愿与美方一道努力，进一步落实好双方达成的有关共识，加强对话，保持沟通，增进互信，扩大合作，尊重和照顾彼此重大利益关切，稳慎妥善处理有关敏感问题，推动中美关系健康稳定向前发展。多尼隆表示，美中关系是当今世界最重要的双边关系之一。美方愿同中方一道，落实两国元首达成的重要共识。

习近平在会见多尼隆时表示，今年是尼克松总统访华和《上海公报》发表40周年。过去40年，中美关系总体不断向前发展。时代在变化，中美两国也在发展，中美关系正处在重要历史关头，双方要着眼长远，加强全方面、多层次交流，增进互信、合作和友好，妥善管控分歧，推动中美关系沿着两国元首共同确定的建设相互尊重、互利共赢的合作伙伴关系方不断向前发展，探索出一条中美新型大国关系之路，造福两国人民和世界人民。多尼隆表示，美中关系积极、稳定、富有成果，双方高层交往频繁，各种沟通、对话机制有效运作，合作不断扩大和深化。

王岐山会见多尼隆，双方就中美经济关系交换了意见。戴秉国同多尼隆会谈，双方就落实两国领导人共识、构建中美新型大国关系，以及共同关心的国际和地区问题坦诚、深入地交换了意见。

7月24日

［纲　文］**新华社讯，国务院决定从7月下旬开始专项督查房地产市场调控。**

［目　文］国务院共派8个督查组，重点检查住房限购措施执行情况，差别化住房信贷政策执行情况，住房用地供应和管理情况，税收政策执行和征管情况。督查的地区是：北京市、天津市、河北省、辽宁省、吉林省、上海市、江苏省、浙江省、福建省、山东省、河南省、湖北省、湖南省、广东省、重庆市、四川省。对其他地区落实情况，国务院有关部门通过各种方式进行督促检查。

7月24日

［纲　文］**外交部发言人就菲律宾总统阿基诺国情咨文提及黄岩岛事件答记者问。**

［目　文］发言人说，黄岩岛事件的经纬是清楚的。《联合国海洋法公约》不是确定黄岩岛领土归属的法律依据，不能改变该岛主权属于中国的事实。中方维护领土主权的立场是坚定的。中方也始终致力于双边协商处理事件。目前黄岩岛形势总体趋于缓和。我们希望菲方多做有利于局势进一步缓和、有利于两国关系健康发展的事情。

7月24日

［纲　文］**国务院公布《重大节假日免收小型客车通行费实施方案》。**

［目　文］《方案》主要有实施范围、工作要求、保障措施等三方面内容。方案提出：免费通行的时间范围为春节、清明节、劳动节、国庆节等四个国家法定节假日，以及当年国务院办公厅文件确定的上述法定节假日连休日。免费时段从节假日第一天00：00开始，节假日最后一天24：00结束。

7月24日

［纲　文］**财政部发出《关于印发〈中央公路水毁抢修保通补助资金管理暂行办法〉的通知》。**

［目　文］《通知》说，为了加强公路水毁抢修保通补助资金的管理，根据《中华人民共和国预算法》《中华人民共和国预算法实施条例》及预算资金管理的要求，我们制定了《中央公路水毁抢修保通补助资金管理暂行办法》，现印发你们，请遵照执行。《办法》共有6章17条，主要有总则，补助范围和标准，资金申请、审核与支付，资金使用管理，监督管理，附则等内容。

7月24日

［纲　文］**财政部，教育部发出《关于印发〈农村义务教育学生营养改善计划专项资金管理暂行办法〉的通知》。**

［目　文］《通知》说，为保障全国农村义务教育学生营养改善计划实施，根据《国务院办公厅关于实施农村义务教育学生营养改善计划的意见》精神，中央财政设立专项资金用于试点地区农村义务教育学生营养膳食补助。为加强和规范专项资金管理，财政部、教育部制定了《农村义务教育学生营养改善计划专项资金管理暂行办法》。《办法》共有5章25条。主要有总则、资金安排、资金拨付、资金使用、资金管理与监督等内容。

7月24日—8月4日

［纲　文］**“中国农业科技十年发展成就展”在北京全国农业展览馆举办。**

［目　文］“成就展”由农业部主办，中国科协、中国气象局协办，中国农业博物馆等12家单位承办，是中国首次举办的大型农业科技成果展。展览主题为“宣传农业科技取得的丰硕成果，推动科教兴农战略实施”。中国一拖、福田雷沃、现代农装、洛阳中收、中机南方、中机美诺、江苏宇成、湖州星光及农业部南京农机化所等企业携大功率拖拉机、联合收割机、农用飞机、气吸式播种机、变地隙喷雾机、青饲收获机、插秧机及花生收获机等产品参展。展览主要内容包括保障篇、成就篇两个部分。展览共展示实物展品120余件（套）、液晶屏、触摸屏5件（套）、模拟场景4个、互动项目6个、沙盘模型4组。

9月12日，全国政协主席贾庆林参观了“中国农业科技十年发展成就展”专题展览。贾庆林询问了农业科技发展状况，对中国农业科技发展所取得的成就给予充分肯定。展览由全国政协办公厅、全国政协经济委员会、农业部共同举办。成就展分为“保障篇”和“成就篇”两个部分。以“科学发展，成就辉煌”为主题，贯穿农业产业、农业生活、农业生态这一主线，成就展总结、展示十年来农业科技取得的巨大成就，宣传十年来农业科技进步对现代农业的支撑和引领作用。

7月25日

［纲　文］**温家宝主持召开国务院常务会议。**

［目　文］会议决定，自2012年8月1日起至年底，将交通运输业和部分现代服务业营业税改征增值税试点范围，由上海市分批扩大至北京、天津、江苏、浙江、安徽、福建、湖北、广东和厦门、深圳10个省市。

会议讨论通过《关于大力实施促进中部地区崛起战略的若干意见》。会议指出，包括山西、安徽、江西、河南、湖北和湖南六省在内的中部地区，在国家区域发展格局中占有举足轻重的战略地位。要继续大力实施促进中部地区崛起战略，更加注重转型发展和协调、可持续发展，着力激发中部地区内需潜能，进一步拓展发展空间，努力实现中部地区全面崛起。

会议确定了以下重点任务：一、加强粮食生产基地、能源原材料基地和现代装备制造及高技术产业基地建设。规划建设一批现代农业示范区，推进大型煤炭基地和储备中心建设，因地制宜推广分布式新能源发电，建设布局合理、安全环保的原材料精深加工基地，推动形成一批具有核心竞争力的新兴产业集群。二、统筹发展各种运输方式，全面提升综合交通运输能力，强化综合交通运输枢纽地位。加快长江、淮河干流及重要支流高等级航道和重点内河港口建设，新建和扩建一批支线机场，鼓励发展通用航空。三、支持重点地区发展。加快构建沿陇海、沿京广、沿京九和沿长江经济带，推动晋中南、皖北、赣南、湘南地区开发开放，培育新的经济增长带。实施中心城市带动战略。全面加强县城和中心镇基础设施和公共服务设施建设，强化对农村的生产生活服务功能。四、扶持欠发达地区加快发展。推进集中连片特困地区扶贫开发攻坚工程，加大对老工业基地调整改造的支持力度，促进资源型城市可持续发展。五、切实保障和改善民生。推动义务教育均衡发展，加快发展职业教育，实施中西部高等教育振兴计划。加快农村三级卫生服务网和城市社区卫生服务体系建设。千方百计扩大就业，健全社会保障体系。六、加强资源节约和环境保护。加大耕地保护和生态环境建设力度，大力推进节能减排，加强水利和防灾减灾体系建设，促进经济社会与人口资源环境协调发展。七、大力推进改革创新，全方位扩大开放。支持武汉、郑州、长沙等地区加快金融改革和金融创新。稳步推进省直管县改革试点。加快长江流域开发开放，探索建立沿长江大通关模式，支持具备条件的地方设立海关特殊监管区域。完善科技创新体制，有序承接国内外产业转移，促进产业结构优化升级。

会议要求加强对中部地区的政策支持。加大中央财政转移支付力度，重点支持粮食主产区提高财政保障能力，支持中部地区改善民生和促进基本公共服务均等化，支持三峡库区、丹江口库区、神农架林区等重点生态功能区建设。

会议对进一步加强和改进最低生活保障工作进行了部署。一、完善低保对象认定条件。除户籍状况和家庭收入外，增加家庭财产作为认定低保对象的基本条件。二、规范审核审批程序。凡认为符合条件的城乡居民都有权直接向乡镇政府（街道办事处）提出低保申请。乡镇政府（街道办事处）负责组织入户调查和民主评议。县级政府民政部门负责审批。严格执行低保审核审批公示制度，规范公示的内容、形式和时限。全面推行低保金社会化发放。三、建立核对机制，加强动态管理，确保准确、高效、公正认定低保等社会救助对象，将不再符合低保条件的及时退出保障范围。四、健全监管机制。鼓励社会组织参与、评估、监督低保工作。公开低保监督咨询电话，畅通投诉举报渠道。会议要求加强低保工作能力建设，充实基层力量，强化业务培训，不断提高管理服务水平。

7月25日

［纲　文］ **全国宣传部长座谈会在北京召开。**

［目　文］ 中宣部部长刘云山出席会议。他指出，要把握深入贯彻落实科学发展观、坚持和发展中国特色社会主义的重大意义和实践要求，把握推进经济建设、政治建设、文化建设、社会建设以及生态文明建设和党的建设的重大部署，切实用讲话精神统一思想认识、推动宣传思想文化各项工作。

中宣部常务副部长雒树刚主持会议。各省、自治区、直辖市和新疆生产建设兵团党委宣传部部长，中央宣传文化系统各单位负责同志出席会议。

7月25日

［纲　文］ **中央机关、中管企业与地方中青年干部双向交流任职培训班在北京举行。**

［目　文］ 此次双向交流任职是党的十七大以来中组部按照中央要求第3批集中开展的活动。参加的干部有72人，其中有24位中央单位干部交流到中西部地区工作。

中组部常务副部长沈跃跃主持开班式。中组部部长李源潮出席开班式并讲话指出，建立中央单位和地方中青年干部双向交流任职制度，是保持领导机关与基层群众密切联系、多岗位培养年轻干部、形成优秀的干部队伍结构的制度性举措。交流任职干部要珍惜和用好组织提供的难得机遇，努力在新的岗位上为党和人民多做出贡献。要知全局，加强政治学习，自觉在党和国家大局下谋划工作；懂本行，认清岗位职责，熟悉业务工作，使自己成为内行的领导；干实事，以改革创新精神破解科学发展难题，多干打基础、利长远、让群众得利的事情，创造经得起历史、实践和人民检验的政绩。希望交流任职干部勤学习、勤思考、勤调研，提高履职尽责能力。

7月25日

［纲　文］ **西昌卫星发射中心用长征三号丙运载火箭成功发射天链一号03星。**

［目　文］ 天链一号03星与2008年发射的01星、2011年发射的02星实现全球组网运行，标志着中国第一代中继卫星系统正式建成。该系统进一步提高了中国载人航天飞行任务的测控覆盖率，为中国神舟飞船以及未来空间实验室、空间站建设提供数据中继和测控服务。

7月25日

［纲　文］**香港金融管理局和中国人民银行共同宣布，有限度放宽香港个人人民币业务限制。**

［目　文］8月1日起，香港银行开放非本地居民人民币服务，包括允许开设人民币户口及接受人民币存款。根据安排，非本地居民在香港开设人民币户口，每日兑换人民币数量没有限制，跨行转账及汇款也没有限制，跨境汇款则需内地批准。

7月25日

［纲　文］**证监会公布《证券期货市场诚信监督管理暂行办法》。**

［目　文］《办法》共有6章43条，主要有总则，诚信信息的采集，诚信信息的公开与查询，诚信约束、激励与引导，监督与管理，附则等内容。

7月25日

［纲　文］**环境保护部公布《环境监察办法》。**

［目　文］《办法》共有4章33条。主要有总则，环境监察机构和人员，环境监察工作，附则等内容。

7月26日

［纲　文］**三联书店在人民大会堂举行创建80周年庆祝大会，胡锦涛、吴邦国、温家宝、李长春、习近平、李克强等党和国家领导人分别表示祝贺。**

［目　文］中共中央总书记胡锦涛致信三联书店，向全体员工和离退休老同志表示热烈的祝贺和诚挚的问候。胡锦涛指出，80年来，三联书店始终秉持爱国进步立场，在中国革命、建设、改革各个历史时期，编辑出版了一大批优秀图书和刊物，赢得了一大批忠实读者，为传播先进思想、弘扬优秀文化、促进社会发展做出了积极贡献。在深化文化体制改革、推动社会主义文化大发展大繁荣的新形势新任务面前，希望三联书店坚持走中国特色社会主义文化发展道路，以创建80周年为契机，创新体制机制，发挥特色优势，不断推出思想性、知识性、可读性有机统一的精品出版物，为建设社会主义文化强国贡献新的力量。

会前，中央政治局常委李长春会见了与会人员。中宣部部长刘云山出席大会并讲话。刘云山充分肯定了三联书店创建80年来取得的显著成绩和做出的重要贡献，希望三联书店和出版界深入贯彻落实党的十七届六中全会精神，弘扬优良传统，坚持特色品位，不懈开拓创新，自觉肩负起传播社会主义先进文化的重要责任，推动出版业实现新的跨越。

中央宣传思想工作领导小组成员、中央和国家机关有关部门负责人参加庆祝大会。新闻出版总署署长柳斌杰、中国出版集团公司总裁谭跃、三联书店总经理樊希安、三联书店作者代表金冲及、三联书店老员工代表吴道弘在会上作了发言。

7月26日

［纲　文］**中共中央召开党外人士座谈会，胡锦涛主持会议并讲话。**

［目　文］中共中央政治局常委温家宝、贾庆林、习近平、李克强出席座谈会。

听取发言后，中共中央总书记胡锦涛发表讲话。他说，做好下半年经济工作，一是要切实加强和改善宏观调控，继续实施积极的财政政策和稳健的货币政策，进一步落实和完善已出台的各项政策措施，加大财政政策和货币政策对实体经济的支持，着力扩大国内需求。二是要切实抓好农业生产，落实好各项强农惠农富农政策，加大农业生产支持力度，促进农业增产、农民增收，努力实现全年粮食丰收，进一步推进农业现代化。三是要切实加快转变经济发展方式，强化创新驱动作用，推动企业加快产业转型升级，不断培育新的经济增长点，改善服务业发展环境，大力支持小微企业和服务业发展。四是要切实推进改革开放，稳步推进资源价格、行政管理、医药卫生、财政金融等重要领域和关键环节改革，实施好出口市场多元化战略，改善投资环境。五是要切实保障和改善民生，着力扩大和稳定就业，加强和完善社会保障制度建设，加大对困难群众的扶助力度，扎实推进保障性住房建设，提高社会管理能力和水平。六是要切实防范经济风险，密切关注世界经济运行中的各种风险变化，提高抵御风险冲击能力。

温家宝通报了上半年经济工作有关情况，介绍了中共中央、国务院关于做好下半年经济工作的考虑。温家宝说，2012年以来，中国经济社会发展形势总体上是好的，国民经济运行符合稳中求进的总要求。经济运行总体平稳，经济增速虽然放缓，但仍保持在年初确定的预期目标区间内，特别是通过及时加强预调微调，5月份、6月份呈现出缓中趋稳态势。管理通胀预期、调整经济结构、保障改善民生、推进改革开放等各方面工作都有新进展。我们也清醒地看到，当前经济运行面临的困难和风险仍不可低估。从国际看，世界经济低速增长可能持续相当长时期，扩大外需的难度增大。从国内看，最突出的问题是经济下行压力仍然比较大。我们要贯彻稳中求进的工作总基调，正确处理保持经济平稳较快发展、调整经济结构、管理通胀预期的关系。

民革中央主席周铁农、民盟中央第一副主席张梅颖、民建中央主席陈昌智、民进中央主席严隽琪、农工党中央主席桑国卫、致公党中央主席万钢、九三学社中央主席韩启德、台盟中央主席林文漪、全国工商联主席黄孟复、无党派人士林毅夫先后发言。他们赞同中共中央、国务院对当前中国经济形势的分析和对下半年经济工作的考虑，并就加强和改善宏观调控、增强消费对经济稳定发展的支撑作用、落实结构性减税政策、加快推动金融体制改革、促进创新成果转化和产业化、推进城镇化进程、发展文化旅游产业、深化医药卫生体制改革、加强经济安全研究和风险防范等提出意见和建议。

7月26日

［纲　文］**环境保护部与贵州省人民政府在贵阳市签署《进一步推进贵州环境保护工作合作协议》。**

［目　文］根据协议，双方将通过合作，促进贵州省以环境保护优化经济发展，全面推进污染减排，加强生态环境建设和保护，深化重点流域领域污染防治，创新环境保护体制机制，加强环保能力建设。同时，环境保护部与贵州省人民政府建立高层互访机制和联

络机制，每年召开一次高层战略合作会商会议，研究解决贵州环境保护工作重大问题，推进贵州省经济社会与环境保护协调发展。

7月26日

［纲　文］**“和美西藏”美术作品展在柏林开幕。**

［目　文］展览由中国侨联、中国西藏网、上海市侨联、上海市华侨基金会以及中国驻德大使馆、中国驻汉堡总领馆联合主办。参展的115幅美术作品包括中国画（含唐卡）、油画、水粉画、版画等，涵盖社会、经济、环保、民生、宗教等主题，展示了中国西藏的大美风光和藏族人民的当下生活。展览为期一个月，先后在柏林和汉堡等地举行。

7月26日—8月8日

［纲　文］**庆祝建军85周年全国美术展览暨第12届全军美术展览在北京举行。**

［目　文］展览由文化部、解放军总政治部和中国美术家协会联合举办，是庆祝解放军建军85周年的一项重大纪念活动。展出的作品共568件。作品围绕庆祝建军85周年主题，赞颂人民军队的光辉历程和伟大成就，展示广大官兵忠实履行中国人民解放军历史使命的时代风采，表现军政军民紧密团结的鱼水关系。

7月26日—8月9日

［纲　文］**第二届中国·呼和浩特少数民族文化旅游艺术节在呼和浩特举行。**

［目　文］艺术节由文化部、国家民委、内蒙古自治区政府主办，呼和浩特市政府、内蒙古自治区文化厅、内蒙古自治区民委、内蒙古自治区旅游局承办，以“共同团结奋斗、共同繁荣发展、弘扬民族文化、共建和谐家园”为主题。艺术节期间举办全国少数民族和少数民族地区公共文化服务体系建设座谈会、全国少数民族少年儿童舞蹈展演、全国少数民族器乐演奏会和全国民族题材新歌演唱等活动。艺术节通过系列文化艺术活动，讴歌党的民族政策，弘扬中华民族优秀传统文化，展示少数民族地区在党的民族政策光辉照耀下经济发展、社会进步、民族团结、生活安康。

7月27日

［纲　文］**胡锦涛、吴邦国、温家宝、贾庆林、李长春、习近平、李克强、贺国强等党和国家领导人在人民大会堂会见天宫一号与神舟九号载人交会对接任务航天员和参研参试人员代表。**

［目　文］中共中央总书记、国家主席、中央军委主席胡锦涛代表党中央、国务院、中央军委向航天员景海鹏、刘旺、刘洋和所有参加任务的科技工作者、干部职工、解放军指战员表示热烈祝贺和诚挚问候，勉励大家大力弘扬载人航天精神，团结拼搏、开拓奋进，推动中国航天事业不断取得新的更大成绩。

7月27日

［纲　文］**贾庆林在哈尔滨会见中国国民党荣誉主席吴伯雄和应邀出席第八届两岸经贸文化论坛的两岸各界人士。**

［目　文］中共中央政治局常委、全国政协主席贾庆林代表中共中央对吴伯雄率团出席第八届两岸经贸文化论坛表示热烈欢迎，并转达胡锦涛总书记对吴伯雄的问候。贾庆林说，两岸目前尚未统一，双方对一个中国的政治意涵存在某些分歧是难以避免的，在这些分歧没有解决之前，只要双方确认中国的领土和主权没有分裂、两岸同属一个中国、两岸关系并非国与国关系这一客观事实，都是有积极意义的，都是有利于维护一个中国框架和两岸关系和平发展的。当前两岸关系和平发展进入巩固深化的新阶段，希望双方进一步加强沟通，善意互动，使两岸关系保持良性健康的发展势头，不断取得新的成果，更多地造福两岸同胞。吴伯雄表示，对于一个中国涵义的分歧，我们主张求同存异。反对"台独"是国民党长期不变的立场，"九二共识"是两岸协商的基础。

中共中央台湾工作办公室主任王毅、中共黑龙江省委书记吉炳轩、海协会会长陈云林、国务院侨办主任李海峰、黑龙江省省长王宪魁，中国国民党副主席林丰正、蒋孝严，新党主席郁慕明、亲民党秘书长秦金生等参加会见。

7月27日

［纲　文］**中国和土库曼斯坦合作委员会第2次会议在北京举行。**

［目　文］会议由中国国务院副总理、中土合作委员会中方主席王岐山与土库曼斯坦副总理、中土合作委员会土方主席霍贾穆罕默多夫共同主持。

王岐山说，中方愿与土方共同努力，全面推动能源合作，完成2012年底累计供气440亿立方米的目标，确保中土天然气管道C线按时建成投产，共同推进阿姆河右岸和南约洛坦气田开发项目，积极落实土方向中国每年增供250亿立方米天然气协议。继续推进交通、通信、金融、电力、化工、建材、高新技术等非资源领域合作。继续推进文化、教育、体育、广播影视、文物保护、旅游等人文领域合作。深入开展安全合作，打击"三股势力"及其他跨国有组织犯罪，加强大型油气项目和设施安保合作。霍贾穆罕默多夫说，土中合作委员会开展了大量卓有成效的工作。土库曼斯坦视中国为可信赖的朋友与伙伴，希望本着互利共赢的精神，深化各领域合作，进一步提升两国友好关系。会后，王岐山和霍贾穆罕默多夫签署了会议纪要，并见证两国有关部门签署经济技术合作协定。

当日，国务院副总理李克强会见霍贾穆罕默多夫。李克强说，中国把推动向西开放作为扩大开放的重要内容，与中亚地区的合作会更加紧密。中土经济有很强的互补性，互为发展机遇。希望双方创造条件，创新方式，积极推进能源长期战略性合作，打造交通通讯、医疗卫生、高技术、基础设施等非资源领域合作的新亮点，推动人文交流向多层次、宽领域发展，充实和丰富合作格局，巩固友好基础，造福两国人民。

7月27日

［纲　文］**外交部发言人对日本首相野田佳彦言论表示严重关切和强烈不满。**

［目　文］发言人说，钓鱼岛及其附属岛屿自古以来就是中国的固有领土。没有什么能动摇中国维护领土主权的坚定意志和决心。中方已对日方极不负责任的言论表示严重关切和强烈不满。同时，中方注意到日方关于愿通过外交努力解决问题的表态。日方应切实

以两国关系大局为重，为妥善处理有关问题做出切实努力。

26日，野田佳彦在国会答辩时表示，如在包括钓鱼岛在内的日本“领土领海”出现周边国家非法行为，政府将毅然以对，包括根据需要动用自卫队。

7月27日

［纲　文］**环境保护部发出《环境污染治理设施运营资质分类分级标准（第1版）》等8项标准规范。**

［目　文］这8项标准规范是：《环境污染治理设施运营资质分类分级标准（第1版）》《环境污染治理设施运营人员培训考核规范（第1版）》《环境污染治理设施运营资质证书申请表格式（第1版）》《环境污染治理设施运营人员考试合格证书格式（第1版）》《环境污染治理设施运营资质证书格式（第1版）》《环境污染治理设施运营情况年度报告表格式（第1版）》《环境污染治理设施运营项目备案表格式（第1版）》《环境污染治理设施运营资质证书变更申请表格式（第1版）》，自2012年8月1日起实施。

7月27日

［纲　文］**国务院办公厅发出《电子口岸发展“十二五”规划》。**

［目　文］《规划》主要有四方面内容：一、现状与形势。二、指导思想、基本原则和发展目标。三、重点任务。四、保障措施。《规划》提出：到2015年，电子口岸平台基础设施进一步完善，电子口岸平台通关、物流、商务功能进一步丰富，企业通关更加高效、有序、便捷，口岸综合执法和服务能力显著提升，符合国际“单一窗口”建设管理规则和通行标准、适应经济社会发展需要的中国特色“单一窗口”工程初步建成。基本实现网络化协同口岸监管模式。基本实现大通关“一站式”服务体系。基本形成与电子口岸发展相适应的技术支撑体系。

《规划》提出的发展目标是：到2015年，电子口岸平台基础设施进一步完善，电子口岸平台通关、物流、商务功能进一步丰富，企业通关更加高效、有序、便捷，口岸综合执法和服务能力显著提升，符合国际“单一窗口”建设管理规则和通行标准、适应经济社会发展需要的中国特色“单一窗口”工程初步建成。基本实现网络化协同口岸监管模式。基本实现大通关“一站式”服务体系。基本形成与电子口岸发展相适应的技术支撑体系。

7月27日

［纲　文］**证监会公布《关于实施〈合格境外机构投资者境内证券投资管理办法〉有关问题的规定》。**

［目　文］《规定》主要有十四个方面内容：一、申请合格投资者资格的资产规模规定。二、申请合格投资者资格的提交申请材料的规定。三、合格投资者证券投资业务许可证的时效规定。四、申请合格投资者托管人资格的报送文件规定。五、合格投资者托管人的更换规定。六、合格投资者应当委托托管人向中国证券登记结算有限责任公司申请开立证券账户规定。七、合格投资者应当为自有资金或管理的客户资金分别申请开立证券

账户。八、合格投资者在经批准的投资额度内，投资于人民币金融工具规定。九、境外投资者的境内证券投资，应当遵循的持股比例限制。十、境外投资者的境内证券投资的信息披露义务。十一、合格投资者可以自行或委托托管人、境内证券公司、上市公司董事会秘书、上市公司独立董事或其名下的境外投资者的行使股东权利。十二、合格投资者行使股东权利出示证明文件规定。十三、每个合格投资者可分别在上海、深圳证券交易所委托3家境内证券公司进行证券交易。十四、规定自公布之日起施行，2006年8月24日发布的《关于实施〈合格境外机构投资者境内证券投资管理办法〉有关问题的通知》同时废止。

7月27—28日

［纲　文］**生态文明贵阳会议召开。**

［目　文］全国政协主席贾庆林对会议作出批示说，从2009年开始，全国政协人资环委、北京大学、贵州省政府等单位连续三年举办生态文明贵阳会议，对探索生态文明建设规律、推广生态文明建设经验起到了积极作用。2012生态文明贵阳会议以“全球变局下的绿色转型和包容性增长”为主题，顺应了绿色经济、可持续发展的世界潮流。希望会议深入贯彻落实科学发展观，认真研究如何统筹兼顾经济发展、社会进步和环境保护，为传播生态文明理念、推动生态文明建设做出更大贡献。

会议由全国政协人口资源环境委员会、科技部、环境保护部、住房城乡建设部、北京大学和贵州省人民政府共同主办。全国政协副主席李金华在开幕式上代表全国政协对会议的召开致辞祝贺。德国前总理格哈德·施罗德，环境保护部部长周生贤，卫生部部长陈竺，贵州省委书记、省长赵克志等出席开幕式并发表演讲。

会议期间，举办食品安全与健康论坛、生物圈保护区论坛、企业家论坛、气候变化论坛、教育论坛等30余个专题论坛，并举办第八届泛珠三角省会城市市长论坛、贵阳市十大工业园区展示暨项目推介会等系列活动。

7月27—30日

［纲　文］**贾庆林在黑龙江省哈尔滨、大庆、鸡西等地调研。**

［目　文］中共中央政治局常委、全国政协主席贾庆林到沃尔沃汽车大庆整车制造基地、新华（大庆）国际石油资讯中心、哈尔滨科技创新城、哈尔滨西客站工程和哈西综合交通枢纽工程现场、哈尔滨建设规模最大的棚改易地安置项目民生尚都小区、农垦牡丹江管理局八五六农场、八五七农场、大庆油田创业城等地，调研黑龙江省关于促进经济平稳较快发展情况。贾庆林指出，我们要密切跟踪经济运行态势变化，要加快转变农业发展方式，要大力改造提升传统制造业，要多谋民生之利，多解民生之忧，解决好人民最关心最直接最现实的利益问题。

贾庆林到大庆龙凤湿地、鸡西兴凯湖等地，调研黑龙江关于生态建设和环境保护情况时强调，要坚持不懈抓好生态建设，要扎实推进节能减排，要完善生态型产业体系，推动黑龙江由生态资源大省向生态经济强省跨越。

7月28—29日

［纲　文］**第八届两岸经贸文化论坛在哈尔滨召开。**

［目　文］论坛由中共中央台湾工作办公室、海峡两岸关系研究中心与中国国民党国政研究基金会共同主办。开幕式由中共中央台湾工作办公室主任王毅和中国国民党副主席林丰正共同主持。

中共中央政治局常委、全国政协主席贾庆林和中国国民党荣誉主席吴伯雄出席开幕式并致辞。

贾庆林首先代表中共中央和胡锦涛总书记，对论坛的举办表示热烈祝贺。他说，四年多来两岸关系和平发展的全新实践给我们带来许多有益的启示，积累了十分宝贵的经验。第一，两岸关系和平发展符合两岸同胞的共同期待和中华民族的根本利益，是一条正确的康庄大道。第二，在建立政治互信基础上求同存异、良性互动，是两岸关系改善发展的重要条件。第三，按照先易后难、循序渐进的思路推进两岸协商和各领域交流，是拓展两岸关系的有效途径。第四，两岸同胞的广泛参与和普遍支持，是两岸关系持续发展的根本动力。吴伯雄致辞说，反对“台独”是国民党常年不变的立场，“九二共识”是两岸协商的基础。

海峡两岸关系协会会长陈云林、国务院侨务办公室主任李海峰，中国国民党副主席蒋孝严、新党主席郁慕明等，以及两岸工商产业、金融、旅游、文教、影视出版界人士和专家学者近400人出席开幕式。与会人士围绕“深化和平发展、造福两岸民众”主题，就和平发展回顾与前瞻、深化经贸合作、扩大文教交流等三项议题进行研讨。

29日下午，论坛闭幕。王毅代表大陆主办单位作了论坛小结。蒋孝严代表台湾主办单位作了小结并宣读了第八届两岸经贸文化论坛17条“共同建议”。

7月28日—8月3日

［纲　文］**来自全国各地的300名全国劳动模范和全国先进工作者、全国五一劳动奖章获得者作为首批休养劳模，在北京、北戴河集中休养。**

［目　文］8月2日上午，全国人大常委会副委员长、中华全国总工会主席王兆国在北戴河劳动人民文化宫会见参加休养的300名劳模代表。

7月28日—8月13日

［纲　文］**中国体育代表团参加在伦敦举行的第30届夏季奥林匹克运动会，获得金牌榜和奖牌榜第二位。**

［目　文］本届奥运会设26个大项、302个小项，有1万多名运动员参赛。中国体育代表团由621人组成，其中运动员396人。代表团共获得包括38金、27银、22铜在内的87枚奖牌，位列金牌榜和奖牌榜第二位，并打破6项世界纪录、6项奥运会纪录，创造了赴境外参加奥运会的最好成绩。

7月26日—28日期间，国务委员戴秉国作为中国政府代表赴伦敦出席奥林匹克运动会开幕式等活动。

7月29日

［纲　文］**中国新一代大推力火箭发动机在中国航天科技集团六院点火试验成功。**

［目　文］测试点火时间为上午11时20分，火箭发动机在约200秒的时间里经受住了超过3000摄氏度的高温考验。试验的成功，标志着中国研制的新一代大推力无毒无污染的发动机的可靠性上了一个台阶，为长征5号火箭的发射以及按预期时间的首飞，又迈进了新的一步，该项工作从立项研制到试验成功，经过了将近12年的时间。

7月29日

［纲　文］**《人民日报》报道，西沙群岛新发现12处水下文化遗存。**

［目　文］2012年西沙群岛水下文化遗产保护状况巡查和执法督察工作结束，有多个省市水下考古专业人员组成西沙群岛水下文化遗产执法督察队，共调查水下文化遗存24处，线索3处，其中复查12处，新发现12处。新发现的12处遗址全部集中在永乐环礁的银屿、石屿、金银岛海域。这次考古工作采集的标本有瓷器、陶器、碇石、铜钱、琉璃器、凝结物等，时代涵盖五代、宋、元、明、清各时期。

7月30日

［纲　文］**中国社会科学院在北京举行《简明中国历史读本》和《中华史纲》出版座谈会，江泽民为《简明中国历史读本》作序。**

［目　文］全国政协副主席、社会科学院院长陈奎元主持座谈会。中央书记处书记、中宣部部长刘云山出席出版座谈会并讲话。

刘云山在讲话中强调，要认真贯彻中央关于加强历史知识学习的重要指示，按照江泽民同志在《简明中国历史读本》序言中关于提高历史素养的明确要求，坚持以史育人、以史资政，推动形成重史学史用史的浓厚氛围，在学习历史知识、借鉴历史经验中获得开拓前进的强大动力。

《简明中国历史读本》是中国社会科学院为落实江泽民同志关于重视学习中国历史的指示精神，组织史学界专家学者编写的。该书以中国历史发展脉络为线索，以马克思主义唯物史观为指导，叙说上自远古人类与文明起源、下迄1911年辛亥革命爆发的中国历史。江泽民为该书撰写了题为“高度重视学习中华民族发展史”的序言。序言指出，要使我们的国家、我们的民族发展得更好，我们必须认真总结和发扬改革开放和社会主义现代化建设的成功经验，也必须注重汲取和运用历史经验，科学把握和正确运用历史规律，正确借鉴历代治乱兴衰的经验教训。

新闻出版总署署长柳斌杰，中国社会科学院常务副院长王伟光，中央文献研究室原副主任金冲及，中国人民大学原校长李文海，作者代表、中国社会科学院历史研究所所长卜宪群，中国社会科学院学部委员张海鹏在座谈会上发言。中央和国家机关有关部门负责人和部分社会科学研究单位、高等院校专家学者参加座谈会。

7 月 30 日

［纲　文］**温家宝主持召开国务院常务会议。**

［**目　文**］会议听取鼓励民间投资实施细则制定情况汇报，部署鼓励和支持企业加强技术改造工作。

会议指出，2010 年《国务院关于鼓励和引导民间投资健康发展的若干意见》印发实施以来，特别是今年以来，各有关部门贯彻落实国务院部署，着眼于降低准入门槛、创造公平竞争条件，制定出台了 42 项“新 36 条”的实施细则。这些细则涉及与经济社会发展和人民生活相关的各行各业，在消除制约民间投资发展障碍方面迈出了实质性步伐。各有关部门要采取切实有效措施，确保各项政策落到实处。一要在铁路、市政、能源、电信、金融、卫生、教育等领域尽快推出一批引导民间投资参与的重点项目，发挥示范带动效应。二要及时跟踪细则实施情况及效果，不断完善政策措施，提高可操作性。对企业反映的部分行业领域进入规则、标准和条件仍不够明确具体等问题，要抓紧研究解决。三要加快推进重点行业领域改革。深入推进行政审批制度改革，进一步清理、取消和调整行政审批事项，理顺政府和市场的关系。四要加强对民间资本和民营企业的引导，促进民营经济持续健康发展。会议决定，国务院近期组织专项督查。

会议指出，中国工业正处在由大到强转变的重要时期。在国际金融危机深层次影响仍在显现、国内经济下行压力加大的情况下，要及时采取有力政策措施，鼓励和支持企业采用新技术、新工艺、新设备、新材料，对现有设施、工艺条件及生产服务等进行改造提升，增强创新和竞争能力，加快产业升级。鼓励和支持企业技术改造的重点方向：一是加快推进技术创新和科技成果产业化，推动先进技术产业化应用。二是加快推广应用先进制造系统、智能制造设备及大型成套技术装备。三是加快推广国内外先进节能、节水、节材技术和工艺，提高能源资源利用效率，提高成熟适用清洁生产技术普及率。四是着力推进精益制造，改进工艺流程，提高制造水平。五是深化信息技术应用，加快推广应用现代生产管理系统等关键共性技术，推进信息化和工业化深度融合。

会议决定，中央财政安排资金以贴息方式支持重点行业加快实施技术改造。要用好现行有关税收优惠政策。鼓励金融机构对技术改造项目提供多元化融资便利，支持企业采用融资租赁等方式开展技术改造，扩大企业技术改造直接融资规模。鼓励和支持企业技改，要以企业为主体、市场为导向，注重效益，注重节能环保。

7 月 30 日

［纲　文］**李源潮为中国科学院干部和专家作人才工作报告。**

［**目　文**］中科院院长白春礼主持报告会。中组部部长李源潮的报告介绍了中国培养引进高层次创新创业人才的情况。李源潮说，高层次创新创业人才是国家发展的核心竞争力。加强高层次创新创业人才队伍建设，是应对日益激烈的国际人才竞争的迫切需要，是提高国家自主创新能力的迫切需要。要普及科学人才观，抓好国家中长期人才发展规划确定的重大人才工程实施和重大人才政策创新，以高层次创新创业人才为重点，全面推进各

类人才队伍建设。海外高层次人才是中国现代化建设的特需资源，要以更宽的眼界、思路和胸襟，引进和用好海外高层次人才。国内高层次人才是建设创新型国家的主体力量，国家将出台实施国内高层次人才创新创业特殊支持计划，重点支持国家科技发展和产业发展急需紧缺的创新创业人才、高层次领军型人才和青年拔尖人才，特别是在一线担重任的创新创业骨干人才，形成与“千人计划”相互衔接、相互促进的高层次创新创业人才队伍开发体系，更好地把各类优秀人才凝聚到党和国家事业中来。

7月30日

［纲　文］**中华全国总工会十五届13次主席团会议在北京召开。**

［目　文］中华全国总工会主席王兆国主持会议并讲话。王兆国强调，工会要坚持中国特色社会主义道路、理论体系和制度，深入贯彻落实科学发展观，用中国特色社会主义理想信念凝聚广大职工，坚持以职工为本、主动依法科学维权，大力弘扬工人阶级伟大品格和劳模精神，组织动员广大职工在推动科学发展、促进社会和谐中发挥主力军作用。中国特色社会主义工会发展道路是在改革开放新时期逐步形成和发展起来的，是中国特色社会主义道路的重要组成部分。各级工会要把贯彻落实党中央的要求作为政治责任，珍惜工会经过长期探索形成的理论成果和实践经验，深化学习宣传实践活动，勇于在实践中不断丰富和完善工会发展道路，始终不渝地自觉接受党的领导，做党联系职工群众的桥梁和纽带，进一步展现工会组织在服务大局中的新作为。在当前形势下，要充分认识劳动和实体经济对于促进经济社会发展的基础性、决定性作用，更加重视生产劳动，重视发展实体经济，大力倡导勤奋劳动、诚实劳动、创新劳动；积极推动构建和谐劳动关系，切实维护职工群众合法权益；主动参与加强和创新社会管理，扎实做好新形势下职工群众工作，促进职工队伍与社会和谐稳定，为党的十八大胜利召开创造有利的社会环境。

全国总工会副主席、书记处第一书记王玉普代表全总书记处总结2012年以来工会工作情况，并对下半年工作作出具体部署。辽宁、江苏、湖北、四川、上海、北京、广东、浙江等省市总工会主要负责同志先后发言。

7月30日

［纲　文］**国家科技体制改革和创新体系建设领导小组召开第一次会议。**

［目　文］中共中央政治局委员、国务委员、国家科技体制改革和创新体系建设领导小组组长刘延东主持会议并讲话。刘延东指出，深化科技体制改革、加快国家创新体系建设是党中央、国务院作出的重大决策。要围绕建设创新型国家、实现创新驱动发展，把学习贯彻全国科技创新大会精神不断引向深入。

会议审议了《落实〈中共中央、国务院关于深化科技体制改革加快国家创新体系建设的意见〉任务分工》，研究部署了下一阶段重点工作。国家科技体制改革和创新体系建设领导小组的主要职责是，组织领导科技体制改革和创新体系建设工作，审议相关重大政策措施，统筹协调有关重大问题，总结推广工作经验。领导小组成员单位包括来自党政军群的26个部门和单位。

7月30日

［纲　文］**国务院副总理王岐山在中南海分别会见美国内布拉斯加州州长戴维·海涅曼和澳大利亚客人。**

［目　文］王岐山表示，中美经济关系是两国关系的压舱石。在当前全球经济严峻复杂的形势下，中美加强经济合作尤为重要。近年来，中美地方间合作发展快、潜力大，体现了中美关系互利共赢的本质，给两国人民带来了实实在在的利益。希望内布拉斯加州与中国地方省市进一步加强经贸、投资、金融、人文、旅游、基础设施等各领域合作。两国政府要为双方地方、企业等各层面合作营造良好的环境。海涅曼表示，内布拉斯加州愿与中方在更多领域开展合作，欢迎中国企业前来投资兴业。

王岐山还会见了澳大利亚福蒂斯丘金属集团董事长弗雷斯特、澳大利亚国民银行董事长钱尼、澳大利亚—新西兰国民银行首席执行官史密斯、澳大利亚商会主席谢泼德等澳大利亚企业界代表。双方就中澳经济关系、世界经济形势等交换了看法。王岐山说，2012年是中澳建交40周年。中澳经济互补性强，深化务实合作，有利于促进两国经济增长和就业增加。企业是中澳经贸合作的主体。希望两国企业继续加强经贸、投资、金融、能源、资源、旅游、基础设施等各领域合作，推动中澳全面合作关系健康稳定发展。

7月30日

［纲　文］**国务院办公厅发布《关于加快林下经济发展的意见》。**

［目　文］《意见》主要有三方面内容。一、总体要求。要努力建成一批规模大、效益好、带动力强的林下经济示范基地，重点扶持一批龙头企业和农民林业专业合作社，逐步形成"一县一业，一村一品"的发展格局，增强农民持续增收能力，林下经济产值和农民林业综合收入实现稳定增长，林下经济产值占林业总产值的比重显著提高。二、主要任务。科学规划林下经济发展；推进示范基地建设；提高科技支撑水平；健全社会化服务体系；加强市场流通体系建设；强化日常监督管理；提高林下经济发展水平。三、政策措施。加大投入力度；强化政策扶持；加大金融支持力度；加快基础设施建设；加强组织领导和协调配合。

7月30日

［纲　文］**农业部公布《绿色食品标志管理办法》。**

［目　文］《办法》共有5章32条。主要有总则，标志使用申请与核准，标志使用管理，监督检查，附则等内容。《办法》经2012年6月13日农业部第7次常务会议审议通过，自2012年10月1日起施行。

7月30日

［纲　文］**中华骨髓库首次正式向世界骨髓库上传数据。**

［目　文］中华骨髓库向世界骨髓库上传的数据信息共有5万份。5万份数据信息上传后，世界骨髓库网站上实时显示的总数达到了20256776份。世界骨髓库是一个把各国各地区骨髓库志愿捐献者数据融汇到一起的跨国平台，其意义在于使全球各地的患者与志

愿捐献者配型机会最大化。

7月30日—8月2日

［纲　文］**应朝鲜劳动党中央国际部邀请，中联部部长王家瑞率中联部代表团对朝鲜进行访问。**

［目　文］8月2日，朝鲜劳动党第一书记、国防委员会第一委员长金正恩在平壤会见王家瑞。王家瑞转达了中共中央总书记、国家主席胡锦涛致金正恩的问候和祝愿。他说，中国党和政府坚持从战略高度和长远角度看待中朝关系，不断巩固和发展中朝友好合作关系，是中国党和政府坚定不移的方针。金正恩祝贺中国共产党领导中国人民在建设中国特色社会主义事业中不断取得重大成就，中国综合国力日益提升，衷心预祝中国共产党第十八次全国代表大会胜利召开。

7月31日

［纲　文］**胡锦涛主持召开中共中央政治局会议。**

［目　文］会议讨论研究了经济形势和经济工作。会议认为，2012年以来，国际政治经济环境复杂多变，国内经济发展面临的困难增多。各地区各部门在党中央、国务院正确领导下，按照稳中求进的工作总基调，正确处理保持经济平稳较快发展、调整经济结构、管理通胀预期的关系，加强和改善宏观调控，加大预调微调力度，经济社会发展总的形势是好的。经济增速保持在预期范围之内，农业形势进一步向好，物价涨幅回落，经济结构调整继续推进，改革开放不断深化，城乡居民生活进一步改善，社会保持和谐稳定。同时，中国经济发展面临的国际环境仍然严峻，影响中国经济平稳运行的不利因素仍然较多，经济发展面临诸多困难和挑战。

会议指出，下半年经济工作要全面贯彻党的十七大和十七届三中、四中、五中、六中全会精神，以邓小平理论和“三个代表”重要思想为指导，深入贯彻落实科学发展观，以科学发展为主题，以加快转变经济发展方式为主线，坚持稳中求进的工作总基调，把稳增长放在更加重要的位置，以扩大内需为战略基点，以发展实体经济为坚实基础，以加快改革创新为强大动力，以保障和改善民生为根本目的，统筹当前与长远，更加注重拓宽增长空间，更加注重提高增长质量，更加注重激发发展活力，更加注重共享发展成果，着力破解经济社会发展中的难题，促进经济平稳较快发展，保持社会和谐稳定，努力实现经济社会发展预期目标，以优异成绩迎接党的十八大胜利召开。

会议要求，各地区各部门要切实把思想和行动统一到中央对经济形势的分析判断和各项决策部署上来，齐心协力，真抓实干，确保经济社会发展各项工作取得更大成绩。要加强和改善宏观调控，继续实施积极的财政政策和稳健的货币政策，加大结构性减税政策力度，保持货币信贷平稳适度增长；着力扩大国内需求，改善居民消费能力和环境，积极促进绿色产品和服务消费，在优化投资结构的同时扩大有效投资，落实促进民间投资的政策措施，加大对国家重大项目建设的支持；加快推进经济结构调整，强化创新驱动作用，促进产业升级，毫不放松抓好节能减排，大力支持小微企业和服务业发展，推进区域协调发展和城镇化；加强农业基础地位，抓好粮食等主要农产品生产，努力实现农业再获丰收；做好重要商品供需调节，保持物价总水平基本稳定；促进对外经济稳定发展，落实和完善稳定外贸政策，实施市场多元化战略，积极培育国际竞争新优势；深化财税、金融、价格、医药卫生、教育文化等领域改革，力争在健全体制机制方面不断取得新进展；坚定不移地贯彻执行房地产市场调控政策，坚决抑制投机投资性需求，切实防止房价反弹，增加普通商品房特别是中小套型住房供应，抓好保障性安居工程建设，满足居民合理的自住性住房需求；大力保障和改善民生，着力稳定和扩大就业，落实并完善社会保障政策，加强教育、文化、卫生等基本公共服务，创新社会管理，维护社会和谐稳定。

7月31日

［纲　文］**中央创先争优活动领导小组发出《关于广泛学习宣传彭秀英等14名同志先进事迹的通知》**。

［目　文］《通知》说，2010年4月开展创先争优活动以来，各地区、各行业涌现出大批站得住、叫得响、过得硬的先进典型。彭秀英等14名同志是他们当中的优秀代表。为表彰先进、弘扬正气，进一步形成崇尚先进、学习先进、争当先进的浓厚氛围，经中央同意，中央组织部号召全国各条战线的共产党员都要学习彭秀英等14名同志的英雄行为和先进思想，以实际行动展现新时期共产党人的先进性和纯洁性。

彭秀英等14名同志是新时期共产党员的优秀代表，要学习他们对党忠诚，牢记宗旨，坚持党和人民的利益高于一切的政治品质。要学习他们视灾情如命令、视群众如亲人，把保护人民生命财产安全放在第一位的高尚情操。要学习他们临危不惧、舍生忘死、勇往直前，不惜牺牲个人一切的英雄气概。要学习他们立足本职岗位，踏实工作、恪尽职守、鞠躬尽瘁的优秀品格。要学习他们以奉献为美，服务人民、服务社会、助人为乐的大爱情怀。

各级党组织要把学习宣传彭秀英等14名同志先进事迹作为当前开展创先争优活动的重要内容，与学习宣传七一前夕中央组织部表彰的全国创先争优先进集体和优秀个人的先进事迹结合起来，把学习成果转化为推动科学发展、促进社会和谐、服务人民群众、加强基层组织的精神动力和实际行动。

各级党组织要引导广大共产党员不断增强党员意识，自觉发挥先锋模范作用，展示共产党员的风采；要运用各种新闻媒体，采取多种有效形式，广泛深入宣传优秀共产党员的先进事迹，让千千万万个"最美党员"不断涌现出来，为鲜艳的党旗增添光彩，以优异成绩迎接党的十八大胜利召开。

7月31日

［纲　文］**贾庆林在北京会见台湾长荣集团总裁张荣发**。

［目　文］全国政协主席贾庆林表示，希望两岸双方在坚持"九二共识"、反对"台独"的基础上，不断增进政治互信，巩固发展成果，深化经济合作，特别是积极促进两岸

经济合作框架协议各项后续商谈取得新成果，让两岸同胞在经济交流中不断受益，让两岸企业在经济合作中不断壮大，共同繁荣中华民族经济。要持续扩大两岸各领域交流，不断增强两岸一家人意识，增进台湾同胞的中华文化、中华民族认同，筑牢两岸关系和平发展的社会基础。张荣发表示，长荣集团将一如既往地积极参与两岸经济合作，为两岸关系和平发展尽一份心力。

7月31日

［纲　文］**新华社讯，胡锦涛任免一批驻外大使。**

［目　文］国家主席胡锦涛根据全国人大常委会的决定，任免下列驻外大使：免去忻顺康的驻津巴布韦共和国特命全权大使；任命林琳为驻津巴布韦共和国特命全权大使。免去魏瑞兴的驻纳米比亚共和国特命全权大使；任命忻顺康为驻纳米比亚共和国特命全权大使。任命杨秀萍（女）为驻东盟使团团长、特命全权大使。免去张卫东的驻密克罗尼西亚联邦特命全权大使；任命张连云为驻密克罗尼西亚联邦特命全权大使。

7月31日

［纲　文］**国务院新闻办公室举行建军85周年新闻发布会。**

［目　文］发布会围绕“中国军队是维护世界和平的重要力量”主题，介绍了人民解放军建设发展的有关情况，并回答了记者提问。

发布会指出，中国军队积极参与国际事务，拓展对外军事关系，与150多个国家建立了军事关系，与22个国家防务部门和军队开展了机制性战略磋商和防务对话，与30多个国家军队举行了50多次联演联训，积极参与联合国维和行动，参与亚丁湾、索马里海域护航行动，参加国际灾难救援行动。中国发展军力完全是出于维护国家主权、安全和发展利益的需要，不针对任何国家，也不会对任何国家构成威胁。坚持适量适度地发展武器装备，完全是为了维护国家主权、安全和领土完整，保证国家安全发展的需要。我们不会与任何国家进行军备竞赛，不会对任何国家构成军事威胁，更不会超出国力和经济实力来发展武器装备。

7月31日

［纲　文］**国家开放大学、北京开放大学、上海开放大学在北京举行成立大会暨揭牌仪式。**

［目　文］中共中央政治局委员、国务委员刘延东出席会议并发表讲话。刘延东强调，要以现代信息技术为支撑，整合共享优质教育资源，创新教育教学模式，办好中国特色的开放大学，为社会成员提供更加灵活便捷公平开放的学习方式和多层次多样化的教育服务，为建设学习型社会和教育强国、人力资源强国做出积极贡献。

会议宣布北京广播电视大学、上海电视大学更名为北京开放大学、上海开放大学，这两所学校分别立足于地方，服务地方经济发展和城市发展。国家开放大学是教育部直属的，以现代信息技术为支撑，学历教育与非学历教育并举，实施远程开放教育的新型高等学校。

教育部部长袁贵仁主持大会。国家教育咨询委员会终身教育体制机制建设组组长郝克明、国家开放大学校长杨志坚发表了讲话。有关部门单位负责人，3所开放大学的校领导和师生员工代表，来自其他42所省级电大以及中央电大八一学院、总参学院、空军学院、西藏学院和残疾人教育学院，大学、行业、企业、城市支持联盟的代表约400人参加了会议。

7月31日

［纲　文］**国务院副总理回良玉在中南海会见吉尔吉斯斯坦第一副总理卡拉舍夫一行。**

［目　文］回良玉说，中方高度重视发展对吉尔吉斯斯坦关系，视吉尔吉斯斯坦为好邻居、好朋友、好伙伴。中方愿与吉方共同努力，认真落实两国元首达成的各项共识，深入发掘两国合作潜力，进一步加强经贸、交通、农业、电力等领域合作和地方合作，推动两国关系向更高水平、更高层次发展。卡拉舍夫表示，吉方愿与中方共同努力，保持高层交往，巩固政治互信，充分发挥吉中政府间经贸合作委员会等双边合作机制的作用，致力于推动两国关系和各领域合作不断向前发展。

7月31日

［纲　文］**证监会公布《期货公司资产管理业务试点办法》。**

［目　文］《办法》共有7章53条，主要有总则，业务试点资格，业务规范，业务管理和风险控制制度，账户监测监控，监督管理和法律责任，附则等内容。《办法》经2012年5月22日证监会第18次主席办公会议审议通过，自2012年9月1日起施行。

7月31日

［纲　文］**环境保护部发布《环境保护产品技术要求制订技术导则》等9项国家环境保护标准。**

［目　文］这9项国家环境保护标准包括：一、环境保护产品技术要求制订技术导则。二、环境保护产品技术要求紫外线消毒装置。三、环境保护产品技术要求通风消声器。四、环境保护产品技术要求单螺杆泵。五、环境保护产品技术要求薄层色谱法车用汽油中清净剂快速测定仪。六、环境保护产品技术要求便携式饮食油烟检测仪。七、环境保护产品技术要求膜生物反应器。八、环境保护产品技术要求中空纤维膜生物反应器组器。九、环境保护产品技术要求电袋复合除尘器。

8 月

8月1日

［纲 文］ **国务院国家防汛抗旱总指挥中心召开防汛抗洪救灾专题会议。**

［目 文］ 会议分析研判了雨情、水情、汛情和台风发展态势，进一步安排了部署防汛抗洪抢险救灾工作。国家防汛抗旱总指挥回良玉指出，入汛以来，中国大部分地方降雨偏多，洪涝灾害较重，特别是很多非传统洪涝地区发生了洪涝灾害，给防汛救灾工作带来很多困难。各地区、各有关部门认真贯彻党中央、国务院的要求，超前部署、精心组织、积极应对，最大程度减轻了人员伤亡和灾害损失。他强调，当前部分江河水位持续偏高，有些地区仍将出现较强降雨过程，后期台风登陆可能偏多，发生流域性大洪水的几率在提高，加上部分地区水毁工程尚未修复，抗洪能力下降。对此，务必保持清醒认识和高度警惕，切不可松懈麻痹，切不可掉以轻心，必须再接再厉，切实做好防御更大洪水、抗御更大灾害的充分准备。各地区、各有关部门要认真贯彻中央的部署安排，有力有序有效地做好防汛抗洪救灾各项工作。一要突出重点任务。抓好台风防御，抓好山洪和地质灾害防御，抓好城市暴雨内涝防范。二要抓好关键环节。进一步强化灾害性天气的预报预警，进一步完善应急预案，进一步加强统一调度，进一步加大巡堤查险力度，进一步充实抗洪救灾物资，加强应急抢险队伍建设。三要搞好分类指导。四要强化救灾安置和灾后重建。五要加强组织领导。

8月1日

［纲 文］ **外交部发言人就美方制裁昆仑银行发表谈话。**

［目 文］ 美国总统奥巴马7月31日宣布，美国对伊朗石油行业实施新一轮制裁。其中中国昆仑银行和伊拉克一家银行因与伊朗银行有业务往来而被列入制裁名单。

发言人表示，中方敦促美方立即纠正有关错误做法，撤销对昆仑银行的无端制裁，停止做损害中方利益和中美关系的事。美方援引国内法，对中国金融机构实施制裁，严重违反国际关系准则，损害中方利益。中方对此表示强烈不满和坚决反对，将在北京、华盛顿向美方提出严正交涉。中国与伊朗有着正常的国家关系，在能源、经贸领域开展正常、公开和透明的商业合作，同伊朗核计划没有任何关系，不违反任何联合国安理会决议和其他国际准则，不损害任何第三方利益。中方在防扩散问题上的立场是一贯和明确的，坚定维护国际防扩散体系，与包括美国在内的有关各方一道，积极致力于推动伊朗核问题的妥善解决。但美方却不顾中方关切，一再对中国企业和银行进行制裁，将对中美双边合作产生不利影响。

8月1日

［纲　文］**《人民日报》发表题为《中国特色社会主义的坚强柱石——庆祝中国人民解放军建军85周年》的社论。**

8月1—2日

［纲　文］**温家宝在河南洛阳、湖北荆州考察长江、黄河防汛工作。**

［目　文］入汛以来，全国极端灾害天气多发、重发，降雨偏多，洪涝灾害严重，防汛抗灾形势严峻。

1日上午，国务院总理温家宝到小浪底水利枢纽，听取库区建设和防洪情况汇报，考察大坝泄洪、排沙情况。他到孟津县煤窑新村，看望慰问小浪底水利枢纽工程移民。温家宝说，小浪底水利枢纽对黄河下游防汛安全具有不可替代的战略作用，希望继续把工程维护好、运用好、管理好，为抗洪抗旱、缓解河道淤积发挥更大作用。随后，温家宝在洛阳主持召开座谈会，听取黄河水利委员会和河南省防汛抗洪工作汇报。温家宝指出，必须高度重视黄河的防洪工作。一是全面加强预测预报预警，密切关注汛情变化，这是黄河防汛抗洪最基础的工作。二是切实做好抢大险的各项准备工作，确保黄河大堤万无一失。三是做好滩区避险工作，确保滩区群众的生命安全。四是加强科学调控，合理利用雨洪资源。五是进一步加强防洪设施建设，实现黄河长久安澜。结束小浪底考察后，温家宝到湖北荆州。

2日上午，温家宝先后到长江北岸察看荆江大堤尹家湾段，又到长江南岸公安县考察南平镇松东河新城段和孟家溪镇金岗村，实地了解汛情，看望坚守在防汛一线的干部群众。下午，温家宝到三峡水利枢纽工程，考察大坝泄洪腾库情况和三峡电站中控室。温家宝在荆州听取长江水利委员会负责人、水利专家和湖北省防汛抗洪工作汇报后指出，保障长江安全，关键要抓好两件事：一是切实做好三峡等重要防洪工程的科学调度。二要加强堤防、湖库防汛应急值守和巡查排险。中小河流仍然是防汛抗洪的突出薄弱环节，要作为今后一个时期防洪建设的重点。考察中温家宝强调，目前，许多城市对防洪、给排水地下管网等市政基础设施建设重视不够。必须深刻汲取教训，下决心加强城市防洪、排涝设施规划和建设，全面提高城市防洪排涝能力。

8月2日

［纲　文］**外交部发言人就美国国务院2011年度“国际宗教自由报告”涉华内容答记者问。**

［目　文］7月30日，美国国务卿希拉里向国会递交了《2011年度国际宗教自由报告》。报告攻击中国宗教人权状况，妄称，2011年，在政府尊重和保护宗教自由方面，中国的情况“显著恶化”，并被列入所谓“特别关注”名单。

发言人说，中国宗教状况怎么样，中国人民最有发言权，不需要美方指手画脚、说三道四。中国政府依法保障公民的宗教信仰自由，中国各族人民依法享有充分的宗教信仰自由。美方应摒弃偏见，尊重事实，客观、公正看待中国的宗教政策和宗教信仰自由状况，停止利用宗教问题干涉中国内政，不做有损中美关系和双方互信与合作的事。

8月2日

［纲　文］**国家质检总局公布《质量监督检验检疫统计管理办法》《出入境人员携带物检疫管理办法》**。

［目　文］《质量监督检验检疫统计管理办法》共27条，经2012年6月27日国家质检总局局务会议审议通过，自2012年10月1日起实施。《出入境人员携带物检疫管理办法》共6章47条，主要有总则，检疫审批，申报与现场检疫，检疫处理，法律责任，附则等内容。此办法经2012年6月27日国家质检总局局务会议审议通过，自2012年11月1日起施行。

8月3日

［纲　文］**国务委员刘延东在北京会见乌克兰切尔诺贝利核事故灾区青少年代表团**。

［目　文］代表团是受国家主席胡锦涛邀请，来中国疗养的。刘延东说，青少年是国家的未来，两国青少年肩负着发展中乌关系的历史重任。邀请乌切尔诺贝利核事故灾区青少年访华倾注了两国领导人的关怀，体现了两国政府对加强双方青少年交流和培养中乌友好事业接班人的高度重视。相信此访必将进一步巩固中乌友好的民意基础，使中乌世代友好的理念更加深入人心。

8月3日

［纲　文］**国务院发出《关于深化流通体制改革加快流通产业发展的意见》**。

［目　文］《意见》指出，中国流通产业仍处于粗放型发展阶段，网络布局不合理，城乡发展不均衡，集中度偏低，信息化、标准化、国际化程度不高，效率低、成本高问题日益突出。为适应新形势下经济社会发展需要，加快推进流通产业改革发展，现提出此意见。

《意见》主要有四个方面内容：一、指导思想、基本原则和主要目标。到2020年，中国流通产业发展的总体目标是：基本建立起统一开放、竞争有序、安全高效、城乡一体的现代流通体系，流通产业现代化水平大幅提升，对国民经济社会发展的贡献进一步增强。二、主要任务。加强现代流通体系建设；积极创新流通方式；提高保障市场供应能力；全面提升流通信息化水平；培育流通企业核心竞争力；大力规范市场秩序；深化流通领域改革开放。三、支持政策。制定完善流通网络规划；加大流通业用地支持力度；完善财政金融支持政策；减轻流通产业税收负担；降低流通环节费用。四、保障措施。完善流通领域法律法规和标准体系；健全统计和监测制度；发挥行业协会作用；强化理论体系、人才队伍和基层机构建设；加强组织领导。

8月3日

［纲　文］**国家九部委与北京市人民政府联合发布《关于中关村国家自主创新示范区建设国家科技金融创新中心的意见》。**

［目　文］《意见》由发展改革委、科技部、财政部、人民银行、税务总局、银监会、证监会、保监会、外汇局、北京市人民政府联合发布。《意见》共有12方面内容：一、充分认识建设国家科技金融创新中心的重要意义。二、建设国家科技金融创新中心的指导思想、原则与目标。三、完善科技企业信用体系，建设信用首善之区。四、完善知识产权投融资体系，促进科技成果市场转化。五、完善创业投资体系，促进科技创新创业。六、完善多层次资本市场，支持科技企业做强做大。七、创新金融产品和服务，强化科技信贷支持。八、创新风险管理机制，培育发展科技保险市场。九、创新科技项目管理机制，引导社会投资积极参与。十、完善配套服务体系，优化科技金融发展环境。十一、深化金融支撑作用，激发科技创新活力。十二、加强组织保障，稳步推进国家科技金融创新中心建设。

《意见》指出，建设国家科技金融创新中心是提升自主创新能力、建设创新型国家的战略需要。中关村国家自主创新示范区建设国家科技金融创新中心有利于充分发挥中关村创新资源密集、科技金融领先的优势，有利于更好地发挥中关村示范带动作用。《意见》提出，到2020年，实现科技创新和金融创新紧密结合，把中关村建设成为与具有全球影响力的科技创新中心地位相适应的国家科技金融创新中心。

8月3日

［纲　文］**财政部、工业和信息化部发出《工业转型升级资金管理暂行办法》。**

［目　文］财政部、工业和信息化部为支持工业转型升级，在整合电子信息产业发展基金、集成电路产业研究与开发专项资金等专项的基础上，设立工业转型升级资金。为规范工业转型升级资金的管理和使用，提高资金使用效益，制定了《办法》。《办法》共6章18条，主要包括总则，使用安排原则，支持范围，资金管理及项目申报审核程序，监督和检查，附则等内容。自2012年8月10日起实施。

8月3日

［纲　文］**民政部公布《社会组织登记管理机关行政处罚程序规定》。**

［目　文］《规定》共7章44条，主要有总则，立案、调查取证，行政处罚的决定，行政处罚的执行，送达，结案、归档，附则等内容。《规定》经2012年7月25日民政部部务会议通过，自2012年10月1日起施行。

8月3—8日

［纲　文］**第七届中国民间艺术博览会在长春举办。**

［目　文］博览会由中国文联和吉林省人民政府等共同主办，博览会以“繁荣、交流、发展”为主题，以“挖掘民间艺术瑰宝，展现民间艺术风采，交流民间艺术成果，培育民间艺术市场，打造民间艺术名城”为宗旨，来自全国30个省区市和港澳台地区以及

11个国家的展商和艺术家参会。博览会期间，举行了民间艺术品展示、展销，民间艺术绝活展演，民间艺术藏品鉴赏，民间艺术人彩绘摄影大赛等活动，并评选出中国民间文艺山花奖等相关奖项。长春民博会自2002年举办第一届开始，截至2012年，已发展成为国内范围规模最大、级别最高、品种最全的民间艺术展览国家级国际性品牌展会，民博会在挖掘、保护和弘扬中华民族优秀传统文化方面起到了积极的作用。

8月4日

［纲　文］**中国第五次北极科考队在北极海域布放首个大型海气耦合观测浮标系统。**

［目　文］这标志着中国自主研发的浮标观测与布放技术首次进入高纬度的深远海海域。挪威海是“北极涛动核心区”，它影响着全球海洋循环和北半球气候，也是影响中国气候变化的关键海域。通过布放大浮标，中国可获得该海域大气边界层和中、上层海水多项重要参数的近20项实时观测数据，填补了中国在这一关键海域的长时间序列气象、大气成分和水文数据的空白，对于提升中国海洋与气候预测、预报业务化能力，提高中国在北极环境与全球气候变化等关键领域的研究水平具有重大科研与应用价值。

8月5日

［纲　文］**习近平、刘延东、李源潮等在北戴河会见休假的优秀专家和基层一线人才代表。**

［目　文］中共中央政治局常委习近平，中共中央政治局委员刘延东、李源潮等在北戴河会见了参加暑期休假活动的优秀专家和基层一线人才，向全国各条战线各个领域的专家和广大基层一线人才表示诚挚问候和崇高敬意，勉励大家为党和国家事业做出新的更大贡献。会见活动结束后，中央组织部听取了专家意见。专家们围绕加强基层一线人才队伍建设、造就创新创业人才、优化人才发展环境、重视青年拔尖人才培养、加大对西部地区和边疆民族地区人才工作支持力度等方面提出了意见建议。

此次参加休假的优秀专家和人才代表62人，来自全国31个省区市和17个部门，年龄最大的80岁，最年轻的28岁。他们中有两次乘“神舟”飞天的“英雄航天员”景海鹏，有培育出“东方神稻”的中国科学院院士谢华安，有在实践中发明“赵氏塔基”的农民发明家赵正义，有岗位成才的“新型知识型工人”巨晓林，有被牧民亲切地称作“巴尔鲁克山的天使”的新疆边区医生梅莲，有在深山里只身执教20余载的乡村教师徐云玲等。

8月5日

［纲　文］**国务院批复工业和信息化部，同意《无锡国家传感网创新示范区发展规划纲要（2012—2020年）》。**

［目　文］《批复》说：一、原则同意《发展规划纲要（2012—2020年）》。二、无锡国家传感网创新示范区的建设和发展要坚持“创新驱动、应用牵引、重点突破、协同发展”原则，把技术创新作为物联网发展的核心驱动力，以应用带动产业发展，积极创新商

业模式，重点突破关键核心技术，先行先试，探索经验，打造具有全球影响力的传感网创新示范区，充分发挥促进中国物联网健康、持续发展的示范作用。三、无锡国家传感网创新示范区建设协调领导小组要加大统筹协调力度，研究解决示范区建设和发展中的重大问题，做好《规划纲要》实施的组织协调和督促检查。国务院各有关部门结合各自工作职能，加强对无锡国家传感网创新示范区建设和发展的指导，按照《规划纲要》要求制定出台具体政策措施，在规划实施、项目安排、财税优惠、金融服务、人才建设等方面给予积极支持。江苏省人民政府要认真做好《规划纲要》的具体实施工作，抓紧落实工作责任，完善工作机制，统筹资源，加快推进，确保完成各项目标任务。

《规划纲要》包括有关背景、指导思想和发展目标、重点任务、政策措施、保障机制等内容，8月17日正式发布。

8月5日

［纲　文］**财政部、国家民航局发出《民航节能减排专项资金管理暂行办法》。**

［目　文］《暂行办法》共5章15条，主要有总则，专项资金支持方式、范围和标准，专项资金申报、下达与支付，监督管理，附则等内容。《暂行办法》自发布之日起执行。

8月6日

［纲　文］**中共中央办公厅发出《关于进一步加强党管人才工作的意见》。**

［目　文］中共中央办公厅在印发通知中指出：党管人才是人才工作的重要原则。落实好这一原则，进一步加强党对人才工作的领导，对于保证人才工作的正确方向，促进人才强国战略的更好实施和建设人才强国目标的顺利实现意义重大。各地区各部门要按照中央的要求，切实加强党对人才工作的领导，健全党管人才领导体制和工作格局，完善党管人才工作运行机制，创新党管人才方式方法，加强人才工作机构和队伍建设，不断提高人才工作科学化水平，为实现全面建成小康社会奋斗目标、加快推进社会主义现代化提供强有力人才保障。

《意见》主要有六方面内容：一、充分认识进一步加强党管人才工作的重要意义。党管人才主要是管宏观、管政策、管协调、管服务，包括规划人才发展战略，制定并落实人才发展重大政策，协调各方面力量形成共同参与和推动人才工作的整体合力，为各类人才干事创业、实现价值提供良好服务等。党管人才是党的组织制度的重要组成部分，是人才工作沿着正确方向前进的根本保证。二、加强党管人才工作的指导思想和总体要求。着眼于培养造就宏大的高素质人才队伍，统筹兼顾，突出重点，改革创新，分类指导，强化服务，注重实效，正确处理党管人才与尊重人才成长规律、发挥市场在人才资源配置中基础性作用的关系，充分调动社会各方面力量参与人才工作的积极性。三、健全党管人才领导体制和工作格局。加强党委统一领导；发挥组织部门牵头抓总作用；促进职能部门各司其职、密切配合；切实发挥用人单位主体作用；调动社会各方面力量参与人才工作的积极性。四、完善党管人才工作运行机制。建立科学决策机制；完善分工协作机制；建立沟通交流机制；健全督促落实机制。五、创新党管人才方式方法。统筹兼顾，推动人才资源整体开发；把握和遵循人才成长规律，加强人才工作分类指导；充分发挥市场作用，把党管人才与市场配置人才资源有机结合起来；大力改革创新，增强人才工作生机与活力。六、加强党管人才工作的保障措施。落实工作责任；加强人才工作机构和队伍建设；强化理论指导；保证人才投入；营造良好环境。

8月6日

［纲　文］ 国务院发布《节能减排“十二五”规划》。

［目　文］《规划》主要有六方面内容：一、现状与形势。“十一五”节能减排取得显著成效，但存在一些主要问题，包括，一些地方对节能减排的紧迫性和艰巨性认识不足，产业结构调整进展缓慢，能源利用效率总体偏低，政策机制不完善，基础工作薄弱。“十二五”时期如未能采取更加有效的应对措施，中国面临的资源环境约束将日益强化。二、指导思想、基本原则和主要目标。三、主要任务。调整优化产业结构，推动能效水平提高，强化主要污染物减排。四、节能减排重点工程。节能改造工程，节能产品惠民工程，合同能源管理推广工程，节能技术产业化示范工程，城镇生活污水处理设施建设工程，重点流域水污染防治工程，脱硫脱硝工程，规模化畜禽养殖污染防治工程，循环经济示范推广工程，节能减排能力建设工程。五、保障措施。坚持绿色低碳发展，强化目标责任评价考核，加强用能节能管理，健全节能环保法律、法规和标准，完善节能减排投入机制，完善促进节能减排的经济政策，推广节能减排市场化机制，推动节能减排技术创新和推广应用，强化节能减排监督检查和能力建设，开展节能减排全民行动。六、规划实施。各级人民政府和有关部门要切实履行职责，扎实工作，进一步强化目标责任评价考核，加强监督检查，保障规划目标和任务的完成。

《规划》的总体目标为：到2015年，全国万元国内生产总值能耗下降到0.869吨标准煤（按2005年价格计算），比2010年的1.034吨标准煤下降16%（比2005年的1.276吨标准煤下降32%）。“十二五”期间，实现节约能源6.7亿吨标准煤。2015年，全国化学需氧量和二氧化硫排放总量分别控制在2347.6万吨、2086.4万吨，比2010年的2551.7万吨、2267.8万吨各减少8%，分别新增削减能力601万吨、654万吨；全国氨氮和氮氧化物排放总量分别控制在238万吨、2046.2万吨，比2010年的264.4万吨、2273.6万吨各减少10%，分别新增削减能力69万吨、794万吨。

8月6日

［纲　文］ 财政部、发展改革委、环境保护部与辽宁省政府在沈阳签署《加快推进辽河流域水污染治理工作协议》。

［目　文］ 根据协议，辽宁省对辽河流域水污染治理工作负总责，通过加强组织领导，落实目标责任和任务分工，强化监管，确保治理工作取得实效，财政部、发展改革委、环境保护部在政策、资金、技术等方面予以指导和支持。协议明确辽河流域水污染治理工作目标为：在水质方面，到2012年底，辽河流域干流达到四类水质，辽宁境内流域

消除劣五类水体。在生态文明建设目标，到2015年底，全流域建成生态文明示范区。协议提出，辽河流域水污染治理工作以地方投入为主，中央予以适当支持。

8月6日

［纲　文］**财政部、住房城乡建设部发出《中央补助城市棚户区改造专项资金管理办法》。**

［目　文］《办法》共5章25条，主要有总则，资金的计算与分配，资金的拨付和使用，监督管理，附则等方面内容。《办法》自2012年1月1日起施行，《中央补助城市棚户区改造专项资金管理办法》（财综〔2010〕46号）同时废止。

8月6日

［纲　文］**中国首艘300米饱和潜水母船“深潜号”在青岛建造竣工并交付交通运输部使用。**

［目　文］“深潜号”总长125.7米，型宽25米，型深10.6米，满载排水量15864吨。“深潜号”的最大亮点是配置了一套300米饱和潜水系统，最大工作深度可达水下300米，集生活舱、过渡舱、逃生舱、潜水钟、生命保障系统于一身。这艘亚洲领先、世界一流深潜水支持船的投入使用，填补了中国大深度潜水作业支持船舶的空白，大大提升应对大深度、大吨位应急打捞、大面积溢油及其他应急突发事件的快速处置能力，更好地为国家深水救援打捞及海洋事业发展服务。

8月6日

［纲　文］**新闻出版总署发布全国新闻出版业基本情况。**

［目　文］数据显示，在图书出版方面，截至2011年年底，全国共有出版社580家，共出版图书369523种（重版、重印162017种），总印数77.05亿册（张）、定价总金额1063.06亿元，与上年相比，分别增长12.53%（重版、重印增长16.48%）、7.46%、13.57%；在期刊出版方面，与上年相比，各类期刊种数下降0.35%，但平均期印数、总印数、定价总金额等均呈现增长态势；在报纸出版方面，2011年全国共出版报纸1928种，平均期印数21517.05万份，总印数467.43亿份，定价总金额400.44亿元。与上年相比，种数降低了0.57%，平均期印数增长0.37%，总印数增长3.38%，定价总金额增长8.91%；在音像制品与电子出版物出版方面，截至2011年年底，全国共有音像制品出版单位369家，电子出版物出版单位268家。

8月8日

［纲　文］**最高人民法院发出《关于办理职务犯罪案件严格适用缓刑、免予刑事处罚若干问题的意见》。**

［目　文］《意见》主要由八部分组成：一、关于走私、非法买卖麻黄碱类复方制剂等行为的定性，二、关于利用麻黄碱类复方制剂加工、提炼制毒物品行为的定性，三、关于共同犯罪的认定，四、关于犯罪预备、未遂的认定，五、关于犯罪嫌疑人、被告人主观目

的与明知的认定，六、关于制毒物品数量的认定，七、关于定罪量刑的数量标准，八、关于麻黄碱类复方制剂的范围。

8 月 8 日

［纲　文］**第四次全国文化文物援藏工作会议在西藏自治区拉萨市举行。**

［目　文］会议由文化部、国家文物局主办。会议全面总结近年来全国文化文物援藏工作取得的成绩和经验，研究部署下一阶段援藏工作，切实推进西藏文化建设和文物工作。文化部、国家文物局相关负责人分别就全国文化、文物援藏工作情况发表讲话。西藏自治区党委、西藏自治区文化厅、福建省文化厅、重庆市文广局、国家图书馆、北京市文物局、中国文化遗产研究院等代表在会上作交流发言。中央民族乐团、北京市文物局分别同西藏自治区歌舞团和拉萨市文物局签署了共建和援助协议。会议期间还举行了西藏自治区数字图书馆推广工程启动仪式、文化信息资源共享工程数字文化资源捐赠仪式、2012“春雨工程”——全国文化志愿者边疆行文化志愿服务项目交接仪式以及西藏壁画保护修复技术人员培训班和西藏文物进出境责任鉴定员培训班结业仪式等专题活动。

文化部、国家文物局相关司局和直属各单位领导，全国各省（市）、自治区文化厅、文物局负责人，自治区各地（市）、文化局、文物局相关负责人参加会议。

8 月 8 日

［纲　文］**中国稀土产品交易所在包头市正式揭牌成立。**

［目　文］这是由包钢稀土、厦门钨业等 10 家稀土生产和流通骨干企业共同出资成立的国内首个稀土产品交易平台。该平台的成立有助于增强市场透明度，增强中国对稀土产品定价的话语权，维护稀土市场稳定。

8 月 8—9 日

［纲　文］**中国法学会在黑龙江省伊春市举办首次全国省级法学会会长研讨班。**

［目　文］中央政法委员会副书记、中央社会管理综合治理委员会副主任王乐泉出席开班式并讲话。中国法学会会长韩杼滨主持开班式。全国 32 个省级法学会会长或专职副会长以及中国法学会机关、事业单位负责人和媒体记者等 100 余人参加了研讨班。研讨班旨在学习贯彻胡锦涛总书记在省部级主要领导干部专题研讨班上的重要讲话精神，总结交流省级法学会工作经验，加强党委政法委对法学会工作的领导，充分发挥法学会作为政法战线重要组成部分的职能作用，有效提高思想政治素质和工作能力；充分发挥法学会“繁荣法学研究，推进依法治国”的职能作用，进一步提高围绕中心、服务大局的综合能力和水平。

8 月 9—10 日

［纲　文］**应外交部部长杨洁篪邀请，拉美和加勒比国家共同体“三驾马车”代表智利外交部长莫雷诺、委内瑞拉外交部部长马杜罗和古巴外交部副部长谢拉对中国进行访问。**

［目　文］ 9日，杨洁篪在北京同莫雷诺、马杜罗和谢拉举行会谈。双方就中国同拉共体正式建立关系、开展对话合作、中拉关系及其他共同关心的国际和地区问题深入交换了意见。双方一致认为，中国与拉共体建立关系、开展对话合作符合双方利益，有利于促进中拉平等互利、共同发展的全面合作伙伴关系。为此双方商定，建立中国与拉共体“三驾马车”外长定期对话机制，并于2012年9月举行首次对话。双方表示，将通过中国同拉共体间的对话交流，不断扩大和深化中拉各领域务实合作，推动早日建立中拉合作论坛。杨洁篪还分别同智利外长和委内瑞拉外长举行双边会见，就中智、中委关系及共同关心的有关问题交换了看法。

8月9—13日

［纲　文］ **外交部部长杨洁篪应邀对印度尼西亚、文莱、马来西亚进行正式访问，并同印尼外交部部长马尔迪共同主持中国印尼政府双边合作联委会第二次会议。**

［目　文］ 访问是应马尔迪、文莱外交与贸易部部长穆罕默德亲王、马来西亚外交部部长阿尼法邀请。10日，印度尼西亚总统苏西洛在首都雅加达会见杨洁篪。杨洁篪表示，中方愿与印尼方一道，认真落实两国领导人达成的共识，推动两国战略伙伴关系和中国—东盟战略伙伴关系向新的深度和广度发展。杨洁篪与马尔迪共同主持了双边合作联委会第二次会议。两国外交部部长表示将为实现两国领导人制定的2015年双边贸易额达到800亿美元的目标而努力，重申发展强劲、平衡、可持续双向贸易的重要性。11日，马来西亚总理纳吉布在沙巴州哥打基纳巴卢会见了杨洁篪。杨洁篪表示，中方愿与马方共同努力，进一步推进各领域合作以及中国—东盟战略伙伴关系，为建设一个和平、发展、繁荣的东亚作出更大努力。文莱王储比拉在首都斯里巴加湾市会见杨洁篪。杨洁篪表示，中方高度重视同文莱的睦邻友好合作关系，愿进一步增进各领域合作交流。

8月10日

［纲　文］ **国家税务总局发布《企业政策性搬迁所得税管理办法》。**

［目　文］《办法》共6章28条，主要有总则，搬迁收入，搬迁支出，搬迁资产税务处理，应税所得，征收管理等内容。《办法》自2012年10月1日起施行。

8月10日

［纲　文］ **财政部新闻办公室公布中央财政20亿元支持扩大“普通高中改造计划”。**

［目　文］ 中央财政从2012年起将“普通高中改造计划”实施范围从西部集中连片特殊困难地区扩大到中西部集中连片特殊困难地区，并下达2012年“普通高中改造计划”补助资金20亿元，以进一步改善集中连片特殊困难地区普通高中办学条件。该项资金主要用于支持中西部集中连片特殊困难地区普通高中校舍改扩建、图书和教学仪器设备配置、体育运动场等附属设施建设，不得用于人员经费和偿还债务等方面。

“普通高中改造计划”是为贯彻落实《国家中长期教育改革和发展规划纲要（2010—2020年）》有关精神，于2011年由财政部和教育部启动实施的，目的在于支持改善连片特困地区普通高中办学条件，提升其办学水平，重点支持连片特困地区普通高中校舍改扩建、配置图书和教学仪器设备以及体育运动场等附属设施建设，提高连片特困地区普通高中普及率。

8月10日

［纲 文］ **海洋腐蚀与防护国家级重点实验室建成中国第一个深海腐蚀数据库。**

［目 文］ 这是中国获得的首批深海腐蚀试验数据，涉及碳钢、低合金钢、不锈钢、钛合金等40多类材料及结构件，包括千米级深度半年至3年等不同周期的深海环境暴露试验的腐蚀老化数据。数据库为中国深海装备设计制造、腐蚀防护及资源开发利用提供了宝贵的技术支撑，此前，海洋腐蚀与防护国家级重点实验室采用其研制建成的中国首套具有自主知识产权的深海环境腐蚀试验装置，成功完成了3个周期的深海腐蚀试验。

8月10—18日

［纲 文］ **首次亚太经合组织青年技能夏令营在上海举行。**

［目 文］ 夏令营是在中国国家主席胡锦涛倡议的亚太经合组织技能开发促进项目框架下，由中国政府举办的一项面向青年技能人才的活动。

10日，开营式在北京举行。国务委员兼国务院秘书长马凯出席并致辞。马凯说，本次夏令营以“技能放飞梦想”为主题，搭建交流技能、畅想未来的平台，有利于进一步增强技能开发对广大青年的吸引力，增进亚太经合组织青年之间的理解和友谊，推动亚太经合组织成员之间的交流与合作。夏令营期间，来自美国、俄罗斯、加拿大、澳大利亚等亚太经合组织17个经济体的90多名营员先后在北京、南京、无锡、上海开展活动。他们参观考察多家企业、技工院校和实训基地、民间艺术大师工作室，观摩技能竞赛，开展形式多样的技能交流，游览名胜古迹，观看文艺演出，举办青年论坛。

8月11日

［纲 文］ **中国北车二七装备公司生产的调车机车出口爱沙尼亚。**

［目 文］ 机车按照世界铁路机车领域最苛刻最严格的欧盟标准和俄罗斯标准设计制造，是“中国制造”世界最高端铁路机车的首次出口欧盟。按照合同约定，中国北车二七装备公司在2012—2013两年内分两批向爱沙尼亚提供16台机车。

8月12—19日

［纲 文］ **应国家主席胡锦涛邀请，哥斯达黎加总统钦奇利亚对中国进行国事访问。**

［目 文］ 16日，国家主席胡锦涛与钦奇利亚举行会谈，17日，国务院总理温家宝、全国人大常委会委员长吴邦国和国家副主席习近平分别会见了钦奇利亚。

胡锦涛在会谈时表示，中方高度重视对哥关系，愿同哥方共同努力，从四方面推动中哥关系健康深入向前发展。一、深化两国高层交往，进一步增进政治互信，在各自关切的重大问题上密切磋商，相互支持。二、稳步推进务实合作。双方要继续扩大贸易规模，提升合作水平，促进贸易多元化。中方愿与哥方积极探讨加强两国在基础设施建设、能源、投资、农业等领域的合作。中方支持哥方承办第七届中国—拉美企业家高峰会，希望双方充分利用这一契机和平台，增进相互了解，促进互利合作。三、丰富人文科研交流。双方要进一步搞好文教、卫生、科研、旅游等领域的交流合作，加强两国生物多样性联合研究，办好在哥孔子学院。中方欢迎更多哥斯达黎加青年来华留学，愿帮助哥方推广汉语教学。四、密切多边事务协调配合。双方要继续就联合国事务、气候变化、可持续发展等重大问题保持沟通和磋商，维护两国和发展中国家的共同利益。中方高度重视中拉关系，愿同拉美国家携手努力，把中拉平等互利、共同发展的全面合作伙伴关系提高到新水平。钦奇利亚表示，希望以两国自由贸易协定生效为契机，扩大双边贸易和相互投资，吸引更多中国企业赴哥投资，并利用哥斯达黎加的区位优势，拓展拉美市场。会谈后，胡锦涛、钦奇利亚出席了中哥政府间经济技术合作协定及农牧业、卫生、民航等领域双边合作文件签字仪式。

温家宝在同钦奇利亚会见时表示，中国愿同哥方共同落实达成的各项合作协议，完善相关机制和法律框架；充分利用两国自贸协定，增加从哥方的进口，促进贸易多元化发展，扩大相互投资；探讨在交通、电力等基础设施建设方面开展合作的方式和途径；加强教育、科技、文化交流。

吴邦国在同钦奇利亚会见时表示，中国全国人大重视发展与哥斯达黎加立法大会的友好关系，愿在现有的良好基础上，开展多层次、宽领域的交流合作，充分发挥议员友好小组的作用，为增进两国人民友谊、推动国家关系全面发展做出更大贡献。

习近平在同钦奇利亚会见时表示，在双方共同努力下，5年来双方关系快速、稳定发展，各领域交流合作成果丰硕。一是两国政治互信不断增强，高层交往频繁，政府、议会、政党间的交流合作不断扩大。二是经贸合作富有成果，2011年双边贸易额比建交前的2006年增长120%。中方高度重视发展同哥斯达黎加的友好合作关系，愿同哥方共同努力，落实好两国领导人达成的共识，推动中哥关系进一步深入发展。

8月13日

［纲　文］ **公安部、工商总局、质检总局联合公布《消防产品监督管理规定》。**

［目　文］《规定》共6章44条，主要有总则，市场准入，产品质量责任和义务，监督检查，法律责任，附则等内容。《规定》于2012年4月10日公安部部长办公会议通过，自2013年1月1日起施行。

8月13日

［纲　文］ **环境保护部与重庆市签署《共同推动重庆市统筹城乡环境保护战略合作协议》。**

［目　文］ 根据协议，双方通过合作，积极推进重庆市统筹城乡环境保护综合配套改革试验，助推重庆早日建成国家环保模范城市，为重庆在西部率先实现全面建成小康社

会目标提供坚强的环境支撑；通过试点示范，全面加快建设重庆市统筹城乡环境保护试验区，完善环境保护优化经济增长的新机制，创建统筹城乡环境保护的新模式。同时，环境保护部和重庆市人民政府将定期召开会议，专题研究重庆市环境保护重大问题。

8月14日

［纲　文］ **文化部公布《大运河遗产保护管理办法》。**

［目　文］《办法》共14条，经2012年7月27日文化部部务会议审议通过，自2012年10月1日起施行。《办法》指出，大运河遗产，包括隋唐运河、京杭大运河、浙东运河的水工遗存，各类伴生历史遗存、历史街区村镇，以及相关联的环境景观等。国家设立的大运河保护和申遗省部际会商小组，协调大运河遗产保护中的重大事项，会商解决重大问题。国家实行大运河遗产保护规划制度。大运河遗产保护规划由总体规划、省级规划和市级规划构成。国家实行大运河遗产监测巡视制度，由国务院文物主管部门组织实施，定期发布监测巡视报告。

8月14日

［纲　文］ **农业部公布《农产品质量安全监测管理办法》。**

［目　文］《办法》共5章41条，主要有总则，风险监测，监督抽查，工作纪律，附则等内容。《办法》经2012年6月13日农业部第7次常务会议审议通过，自2012年10月1日起施行。

8月14—15日

［纲　文］ **温家宝在浙江杭州、湖州、嘉兴等地调研。**

［目　文］ 国务院总理温家宝在网易公司、中控科技集团、诺力机械公司、海信惠而浦电器公司、五芳斋公司和雅莹服装公司等企业调研，了解生产经营情况，并在企业里召开3场座谈会，与多个行业的几十位企业负责人交流。温家宝听取浙江省杭州市、湖州市、嘉兴市就业服务部门以及企业负责人关于就业状况的分析和建议，听取浙江省委省政府的工作汇报，并就当前经济形势和浙江工作发表了讲话。温家宝察看太湖大堤，在湖州市长兴县虹桥镇太湖村了解水产养殖、销售情况，看望了湖州市白鱼潭社区居民。

温家宝在调研时指出，我此行的目的：增强信心，关注就业。2012年以来，我们按照“稳增长、调结构、惠民生”的要求，为应对国际金融危机特别是欧债危机带来的外需减少等不利影响，采取了一系列调控措施。一是加大结构性减税力度。二是实施稳健的货币政策。三是在全国第二次较大规模支持企业技术改造。四是鼓励民间投资。五是实施“节能家电惠民工程”。六是加大关系民生的基础设施建设。这些措施已经并将继续对促进经济发展、结构调整、转变发展方式和改善民生发挥重要作用。近几个月，特别是7月以来，经济运行正在出现一些积极变化。一是投资、消费稳定增长，内需支撑作用进一步增强。二是东部地区规模以上工业增速在缓慢回升。三是劳动力市场总体平稳。四是结构调整成效显现。五是物价涨幅继续回落，货币政策运用空间增大。温家宝说，对劳动密集型企业和中小企业，要落实好扶持政策，帮助解决融资难问题，减轻企业负担。在经济比较困难的情况下，必须高度重视就业工作。要坚持就业优先的战略，扎实推进稳定就业的工作部署。

8月14—20日

［纲　文］**第五届发展中国家预防腐败研讨班在北京举行。**

［目　文］研讨班由国家预防腐败局、商务部和中国纪检监察学院共同举办。来自亚洲、非洲和欧洲的14个国家的25名代表，以及中国香港、澳门特别行政区的6名特邀代表应邀参加研讨班。与会代表围绕“提高透明度，规范权力运行”的主题，分别就政府信息公开、政务服务体系建设、行政审批电子监察系统、工程建设领域信息公开四个专题进行研讨，并赴广东省考察广东省政务公开、信用信息平台建设等情况。

中央纪委副书记、监察部部长兼国家预防腐败局局长马馼、商务部副部长李金早出席开幕式并致辞。布隆迪反贪特别事务局副局长迪斯马斯·巴克郁姆萨亚、匈牙利行政与司法部国务秘书本斯·瑞特瓦里发言。16日，国务委员兼国务院秘书长马凯在人民大会堂会见了第五届发展中国家预防腐败研讨班全体代表和有关国家驻华使节。

20日下午，研讨班在广州市举行闭幕式。阿尔及利亚财政部中央打击腐败办公室研究司司长默罕默德·梅洛亚尼、克罗地亚司法部秘书长达米赫·考夫曼、马来西亚反腐败学院高级主管穆努萨米·莫罕在闭幕式上发言。他们表示在中国学习到非常有价值的廉政建设经验，并将把这些经验带回本国，继续推动与中国在预防腐败领域的交流与合作。

8月15日

［纲　文］**南京举行和平集会纪念抗日战争胜利67周年。**

［目　文］8月15日是日本宣布无条件投降67周年。南京大屠杀幸存者、南京大屠杀史研究专家、日本铭心会南京第27次友好访华团、神户南京心连心会第16次访华团、长崎日中友好希望之翼第10次访华团等海内外爱好和平人士在南京侵华日军南京大屠杀遇难同胞纪念馆举行和平集会，悼念南京大屠杀30多万遇难者，祈祷世界和平。和平集会在纪念馆和平广场举行。侵华日军南京大屠杀遇难同胞纪念馆宣布，纪念馆正在为南京大屠杀史研究专家学者建立个性化档案。已完成首批三名专家学者1600余件个性化档案资料。

8月15日

［纲　文］**外交部发言人就靖国神社问题强调日本应吸取历史教训。**

［目　文］发言人指出，靖国神社问题的实质是日本能否正确认识和对待过去那段军国主义侵略历史，是否能够尊重包括中国在内的亚洲受害国人民感情。日本能否真正做到以史为鉴，吸取历史教训，与亚洲人民携手面向未来，主动权掌握在日本自己手中。我们希望日方切实信守愿正视和反省侵略历史的承诺，以实际行动维护中日关系大局。

8月15日

［纲　文］**外交部就日本在钓鱼岛非法抓扣中国公民提出严正交涉。**

［目　文］ 据日本媒体报道，中国香港“保钓行动委员会”等一行14人于15日下午抵达钓鱼岛，其中7人上岸登陆钓鱼岛。日本冲绳县警方和日本海上保安厅第11管区海上保安本部以涉嫌违反《出入境管理及难民认定法》为由，先后分别抓扣5人和9人共14名香港“保钓”人士。

外交部副部长傅莹紧急召见日本驻华大使丹羽宇一郎，并与日本外务省副大臣山口壮通电话，就日方在钓鱼岛非法抓扣中国公民事提出严正交涉。傅莹重申中国对钓鱼岛及其附属岛屿拥有主权的立场，要求日方确保14位中国公民的安全并立即无条件放人。中国香港特区行政长官梁振英说，会密切关注事件，并要求日方保证香港居民的人身与财产安全。

8月17日，经中国政府多次严正交涉和多方努力，在钓鱼岛及其附近海域被日方非法抓扣的14名中国公民和“启丰二号”船重获自由。

8月15日

［纲　文］**《人民日报》报道，中国成为世界第一风电大国。**

［目　文］ 中国并网风电达到5258万千瓦。其中，国家电网调度范围达到5026万千瓦，从2006年至2012年年均增速87%；2011年风电发电量706亿千瓦时，年均增速96%。中国已取代美国成为世界第一风电大国。

8月15日

［纲　文］ **空军第一批歼击机女飞行员驾驶中国自主研发的歼-10战机顺利完成单飞。**

［目　文］ 空军2005年首次招收女歼击机飞行学员，当时从20多万名应届高中生中选出35名，4年后，其中16名女学员正式编入作战部队。中国是世界上拥有女飞行员人数最多的国家，自1951年空军招收第一批女飞行员至2012年，先后有9批500多名女飞行员。

8月15日

［纲　文］ **环境保护部发布《建设项目环境影响报告书简本编制要求》。**

［目　文］《要求》主要有两方面内容：一、一般要求。二、内容要求。环境保护部在发布公告中说，自2012年9月1日起，建设单位向各级环保部门报送环境影响报告书，应同时提交报告书简本；各级环保部门在本部门网站上公示项目受理情况，应同时公布报告书简本，并附审批部门联系人及联系方式。

8月16日

［纲　文］ **全国青联十一届三次常委（扩大）会议在北京举行。**

［目　文］ 中共中央政治局委员、全国人大常委会副委员长王兆国出席会议并讲话。王兆国强调，广大青年要深入学习贯彻胡锦涛总书记在省部级主要领导干部专题研讨班上的重要讲话和五四重要讲话精神，高举中国特色社会主义伟大旗帜，更加奋发有为地推动

科学发展、促进社会和谐。广大青联委员要努力做报效祖国、心系民族的楷模；要努力做刻苦学习、发奋成才的榜样；要努力做开拓创新、锐意进取的标兵；要努力做品行高尚、严于律己的表率。

团中央书记处第一书记陆昊出席会议并讲话。陆昊说，要自觉落实胡锦涛总书记提出的“五点希望”，切实加强青联委员的自身建设。要以改革创新精神加强和改进青联的各项工作和建设，不断提高青联工作的科学化水平。团中央书记处常务书记、全国青联主席王晓在会上作了工作报告。

8月16日

［纲　文］**国家质检总局公布《计量检定员考核规则》。**

［目　文］《规则》共23条。《规则》自2012年10月1日起施行，1991年8月1日原国家技术监督局发布的《全国计量检定人员考核规则》同时废止。

8月16日

［纲　文］**环境保护部发布符合环保要求的第三批稀土企业名单。**

［目　文］第三批稀土企业名单包括保定市满城华保稀土有限公司等24家。环境保护部在发布公告中说，各省级环保部门和各环保督查中心应加强对稀土企业的日常环境执法监管，尤其要加大现场检查力度，采取最严格的环境监管措施。对于不符合环保法律法规要求的稀土企业，各级环保部门应严格审查其各类环境保护行政许可申请，严格审查其进出口固体废物和危险化学品申请，不予受理其上市环保核查申请，不给予环保各类专项资金支持，不得为其出具任何方面的环保守法证明文件。在配合有关部门开展稀土行业准入审查、生产或工商许可证审核、贷款融资审查等工作时，应重点审查环保核查开展情况。要加大现场执法检查力度，特别是对环境污染严重、环境安全隐患突出、群众反映强烈、未通过核查的企业，要采取挂牌督办、限期治理等措施，依法从严从重从快处罚，并及时将有关情况及时报告我部。为进一步提升稀土行业污染防治水平，我部将继续开展稀土企业环保核查工作，发布符合环保要求的稀土企业名单公告，并定期或不定期对通过核查的企业进行复核和抽查，对不符合要求的，将撤销其名单并予以公告。

8月16日

［纲　文］**中国科学院、教育部发出《科教结合协同育人行动计划》。**

［目　文］《计划》实施的目的，旨在通过计划的实施，探索高等院校与科研院所联合培养人才的新模式，提高学生的实践能力和增强学生的创新本领，促进中国高等教育人才培养质量的提高；带动和促进高等学校与科研院所在教育和科研工作方面的相互配合、相互支持，实现科教结合的有效推进、合作共赢。《计划》主要有十方面内容：一、科苑学者上讲台计划。二、重点实验室开放计划。三、大学生科研实践计划。四、大学生暑期学校计划。五、大学生夏令营计划。六、联合培养本科生计划。七、联合培养研究生计划。八、人文社科学者进科苑计划。九、中科院大学生奖学金计划。十、科苑学者走进中学计划。

8月16—21日

［纲　文］ **2012上海书展暨"书香中国"上海周举办。**

［目　文］ 书展由新闻出版总署和上海市人民政府主办，上海市委宣传部、市新闻出版局承办，静安区人民政府协办，主宾省为河北省。书展以"我爱读书，我爱生活"为主题，汇集全国近500家出版社，参展图书品种15万余种。书展集中举办迎接党的十八大献礼图书联展、"书香中国"阅读论坛、上海国际文学周、书香·上海之夏、上海国际童书嘉年华、学术出版上海论坛、上海期刊创新论坛、花好月圆·上海名家花鸟画展、世纪中国论坛、静安读书日等活动，并在全市各区县设立20多个分会场。上海书展此前举办了8届，2011年升格为国家级书展。

8月17日

［纲　文］ **中共中央总书记、国家主席胡锦涛，国务院总理温家宝在北京分别会见中朝两个经济区开发合作联合指导委员会朝方代表团。**

［目　文］ 代表团由朝鲜劳动党中央政治局委员、行政部部长、国防委员会副委员长张成泽率领。

胡锦涛在会见时说，中朝两国是山水相连的友好邻邦，两国人民有着深厚的传统友谊。中国党和政府始终从战略高度和长远角度看待和发展中朝关系。中方愿与朝方一道，认真落实双方达成的一系列重要共识，保持高层交往，加强交流合作，密切在国际和地区问题上的沟通协调，努力把中朝传统友好合作关系提高到新水平。胡锦涛表示，近年来，中朝经贸合作发展迅速，双方在贸易、投资等领域的合作取得了显著成果。希望双方充分利用和发挥各自优势，积极探讨新的合作方式，扎实推进两个经济区开发合作等重点项目，不断培育新的增长点，更好地为两国人民谋福祉。张成泽说，朝方愿与中方一道，共同推动两个经济区开发合作取得更大成果，进一步巩固和发展两党两国传统友好合作关系。

温家宝在会见时说，中朝经贸合作下一步，双方要以罗先经贸区和黄金坪、威化岛经济区开发合作为重点，落实联合指导委员会达成的共识，扎实推进各项工作：一是加强两国政府对合作的领导和规划，完善法律法规；二是鼓励相关地区积极参与，密切联系和协调；三是发挥市场机制作用，在土地、税收等方面创造良好条件；四是鼓励企业投资，为他们解决实际问题和困难；五是改善海关、质检等服务，为合作提供便利。中方愿与朝方共同努力，把两个经济区建设好、管理好，推动中朝经贸合作达到更高水平。张成泽表示，两个经济区的开发合作已进入实质性阶段，朝方愿与中方密切配合，加速推进相关工作，使合作取得更大进展。

8月17日

［纲　文］ **胡锦涛在人民大会堂会见第30届奥运会中国体育代表团全体成员。**

［目　文］ 中共中央总书记胡锦涛代表党中央、国务院，欢迎代表团载誉归来，向全体运动员、教练员和工作人员表示热烈祝贺和诚挚问候，勉励大家认真总结经验，继续顽

强拼搏，为推动中国体育事业科学发展、建设体育强国贡献更大力量。

党和国家领导人吴邦国、温家宝、贾庆林、李长春、习近平、李克强、贺国强等参加会见。中央党政军有关部门和北京市的负责同志参加了会见。

8月17日

［纲　文］**经中共中央、国务院领导人批准，由中组部、人社部等11个部门和单位联合印发《国家高层次人才特殊支持计划》。**

［目　文］《国家高层次人才特殊支持计划》简称“国家特支计划”，亦称国家“万人计划”，是面向国内高层次人才的支持计划。

总体目标是，从2012年起，用10年左右时间，有计划、有重点地遴选支持10000名左右自然科学、工程技术、哲学社会科学和高等教育领域的杰出人才、领军人才和青年拔尖人才，形成与引进海外高层次人才计划相互补充、相互衔接的国内高层次创新创业人才队伍开发体系。对入选对象，在有关部门和单位原有支持的基础上，国家将从经费、政策、服务以及荣誉鼓励等方面给予特殊支持。“国家特支计划”由中央人才工作协调小组统一领导，中组部、人社部等11个部委成立领导小组负责统筹协调，下设专项办负责具体实施。中宣部、教育部、科技部等5部门设立评选平台，分别负责开展三个层次、七类人才的申报和初选。第一个层次是“杰出人才”，计划支持100名处于世界科技前沿领域、科学研究有重大发现、具有成长为世界级科学家潜力的人才。第二个层次是“领军人才”，计划支持8000名国家科技发展和产业发展急需紧缺的创新创业人才，包括科技创新领军人才、科技创业领军人才、哲学社会科学领军人才、教学名师和百千万工程领军人才等类别。第三个层次是“青年拔尖人才”，计划支持2000名35周岁以下、具有特别优秀的科学研究和技术创新潜能、科研工作有重要创新前景的青年人才。

8月17日

［纲　文］**国务院办公厅发出《关于批准〈保定市城市总体规划（2011—2020年）〉的通知》。**

［目　文］《通知》主要有九方面内容。一、原则同意修订后的《保定市城市总体规划（2011—2020年）》。二、保定市是国家历史文化名城，京津冀地区中心城市之一。三、重视城乡统筹发展。四、合理控制城市规模。五、完善城市基础设施体系。六、建设资源节约型和环境友好型城市。七、创造良好的人居环境。八、重视历史文化和风貌特色保护。九、严格实施《总体规划》。

《保定市城市总体规划（2011—2020年）》主要有规划总则及城市发展目标、中心城区总体规划、市域城镇体系规划、中心城市空间发展规划、近期建设与远景规划等内容。总体规划期限为2011年至2020年，近期建设规划期限为2011年至2015年，远景规划为2020年以后。

8月17日

［纲　文］**周恩义先进事迹报告会在人民大会堂举行。**

［目　文］报告会由中宣部和辽宁省委联合举办。报告会开始前，中共中央政治局常委李长春看望了报告团成员，中宣部部长刘云山参加。李长春转达胡锦涛总书记的问候，并向全国宣传思想战线的同志们表示敬意。他强调，要深入开展向周恩义同志学习活动，引导全社会特别是宣传思想战线学习他坚定理想、忠诚事业的政治品格，扎根基层、服务群众的人生追求，脚踏实地、求真务实的优良作风，淡泊名利、无私奉献的高尚情操，激励广大干部群众学习先进、崇尚先进、关爱先进、争当先进。

周恩义是辽宁省盘锦市兴隆台区委原常委、宣传部部长，2011年3月退休后，任区思想政治工作研究会会长、关工委常务副主任。他在部队从事思想政治工作23年，在地方宣传思想工作岗位工作20年。他始终牢记党的宗旨，忠诚党的宣传事业，时刻不忘为基层和群众办实事、做好事、解难事，用实际行动密切了党的宣传工作与人民群众的血肉联系。

中央宣传、新闻单位干部职工代表，驻京部队大单位政工干部代表，首都高校师生、干部群众代表等，共700多人参加报告会。首场报告会后，报告团赴西安、成都、南昌、济南、呼和浩特等地作巡回报告。

8月17日

［纲　文］**首届中国·齐齐哈尔扎龙国际婚礼文化节在齐齐哈尔市扎龙国家级自然保护区举行。**

［目　文］文化节由黑龙江省妇联、齐齐哈尔市委、市政府主办，齐齐哈尔市委宣传部等协办，齐齐哈尔日报报业集团全程策划。文化节以“与鹤共舞、见证爱情”为主题，开发全新的“鹤文化”主题婚庆旅游，促进齐齐哈尔市对外交流与合作。文化节上，国外、外地、本地三方新人共同举行集体婚礼。文化节上还举行了以“城市文化与湿地”为主题的中国扎龙国际湿地论坛，并宣布成立盐城、盘锦、向海、扎龙四大湿地战略联盟。

8月18日

［纲　文］**公安部发出《公安机关执法公开规定》。**

［目　文］《规定》共6章36条，主要有总则，向社会公开，向特定对象公开，网上公开办事，监督和保障，附则等内容。《规定》自2013年1月1日起施行。

《规定》指出，公安机关对涉及公共利益、公众普遍关注、需要社会知晓的执法信息，应当主动向社会公开；对不宜向社会公开，但涉及特定对象权利义务、需要特定对象知悉的，应当告知特定对象，或者为特定对象提供查询服务。执法公开应当遵循公平公正、合法有序、及时准确、便民利民的原则。

8月18—22日

［纲　文］**李长春在内蒙古调研。**

［目　文］中共中央政治局常委李长春先后到赤峰、锡林郭勒、巴彦淖尔、鄂尔多斯、呼和浩特等地，深入企业、学校、农牧区、社区和宣传文化单位，就贯彻落实党的

十七届六中全会精神，加快转变经济发展方式、推进文化改革发展等进行调研，听取内蒙古自治区党委和政府工作汇报。

李长春强调，内蒙古经济社会发展进入了一个新的阶段，面临着科学发展、加快发展的重要机遇。要牢牢把握科学发展这个主题和加快转变经济发展方式这条主线，以深化改革开放为强大动力，以提高自主创新能力为重要突破口，以保障和改善民生为出发点和落脚点，以加强民族团结进步为根本保证，锐意进取、奋发有为，不断增创新优势、开创新局面，走出一条具有内蒙古特色的科学发展、富民强区新路，推动内蒙古经济社会实现跨越式发展。

8月18—28日

［纲　文］**第10届“桃李杯”舞蹈比赛在合肥举行。**

［目　文］比赛由文化部主办，安徽省文化厅、合肥市人民政府、安徽艺术职业学院共同承办，比赛以“舞动江淮，桃李天下”为主题。来自大陆29个省、市、自治区及港、澳、台地区，和美国、新加坡等国家共102支代表队的1822名选手参赛，分别参加了古典舞、中国民族民间舞、芭蕾舞、群舞等组别的竞逐，80名选手分获独舞一、二、三等奖，44个群舞分获群舞组一、二、三等奖，50个剧目获得原创教学剧目奖及若干“园丁奖”。“桃李杯”舞蹈比赛自1985年开始举办，是国内级别最高的青少年专业舞蹈比赛，也是中国文化艺术政府奖——文华奖的子项文华艺术院校奖的重要奖项，每三年举行一届，有“中国舞蹈奥斯卡”的美誉。

8月19日

［纲　文］**外交部发言人就日本右翼分子登上钓鱼岛答记者问。**

［目　文］19日，由跨党派国会议员组成的“保卫日本领土行动议员联盟”8名成员、地方议会议员及右翼团体成员共约150人抵达钓鱼岛海域并举行祭拜活动。包括5名地方议会议员在内的10名右翼分子上午非法登陆了钓鱼岛并在钓鱼岛非法插上日本国旗，约2小时后返回船上。

发言人指出，日本右翼分子的非法行径侵犯了中国领土主权。中方对此表示强烈抗议，敦促日方停止损害中国领土主权的行动。日方应切实处理好当前问题，避免严重干扰中日关系大局。

8月19—20日

［纲　文］**首届世界晋商大会在山西太原召开。**

［目　文］大会由中共山西省委、山西省人民政府、中国侨联和全国工商联主办。大会主题为“新晋商、新山西、新跨越”。全国政协副主席、全国工商联主席黄孟复担任大会名誉主席。大会通过为海内外晋商搭建联系平台，促进山西转型跨越发展和扩大对外开放。大会确定“千名晋商精英参会，万亿招商引资签约”的目标任务，安排了领导会见、恳谈会议、欢迎晚宴、晋商大会、高峰论坛、观光考察等主题活动。包括世界500强企业

代表在内的近 1500 名海内外晋商参会，签约项目突破 800 个，总投资额突破万亿，主要涉及现代服务业、装备制造及高精技术产业等项目。

8 月 19—22 日

［纲　文］ **应外交部部长杨洁篪邀请，阿尔巴尼亚外交部部长埃德蒙德 · 帕纳里蒂对中国进行正式访问。**

［目　文］ 20 日，国务院副总理李克强在北京会见了帕纳里蒂。李克强表示，中国同阿尔巴尼亚有深厚的传统友谊和良好的政治互信，这是我们的共同财富。近年来两国高层交往不断，经贸、人文等各领域合作取得积极成效。中阿发展各具特点，互补性强。中方愿与阿方共同努力，相互学习借鉴，将友谊与互信转化为更多务实合作成果，继续推动两国扩大贸易规模和双向投资，加强在基础设施、旅游、文化教育等领域合作，实现互利双赢，为两国人民带来更多实实在在的利益。

21 日，杨洁篪在北京同帕纳里蒂举行会谈。

8 月 19—25 日

［纲　文］ **国务委员戴秉国应邀赴俄罗斯举行中俄第 7 轮战略安全磋商并对蒙古进行正式访问。**

［目　文］ 访问是应俄罗斯联邦安全会议秘书帕特鲁舍夫和蒙古政府邀请。

20 日，戴秉国在莫斯科同帕特鲁舍夫举行中俄第 7 轮战略安全磋商，双方就中俄关系和共同关心的重大国际和地区问题深入交换了意见。俄罗斯总统普京在克里姆林宫会见戴秉国，双方就中俄关系及重大国际和地区问题交换了意见。21 日，戴秉国会见俄罗斯外交部部长拉夫罗夫。戴秉国同俄罗斯著名智库研究机构和主流媒体负责人座谈，听取他们对发展中俄关系及当前重大国际和地区问题的看法和建议。

23 日，戴秉国会见了蒙古国总理阿勒坦呼雅格、总统额勒贝格道尔吉、国家大呼拉尔主席恩赫包勒德和副主席巴雅尔朝格特。

8 月 20 日

［纲　文］ **国务院发出《关于加强教师队伍建设的意见》。**

［目　文］《意见》主要有六方面内容：一、加强教师队伍建设的指导思想、总体目标和重点任务。二、加强教师思想政治教育和师德建设。三、大力提高教师专业化水平。四、建立健全教师管理制度。五、切实保障教师合法权益和待遇。六、确保教师队伍建设政策措施落到实处。《意见》规定的总体目标是：到 2020 年，形成一支师德高尚、业务精湛、结构合理、充满活力的高素质专业化教师队伍。专任教师数量满足各级各类教育发展需要；教师队伍整体素质大幅提高，普遍具有良好的职业道德素养、先进的教育理念、扎实的专业知识基础和较强的教育教学能力；教师队伍的年龄、学历、职务（职称）、学科结构以及学段、城乡分布结构与教育事业发展相协调；教师地位待遇不断提高，农村教师职业吸引力明显增强；教师管理制度科学规范，形成富有效率、更加开放的教师工作体制

机制。

8月20日

［纲　文］**新华社讯，中共中央办公厅转发《中共政协全国委员会党组关于〈中共中央关于加强人民政协工作的意见〉贯彻落实情况的报告》。**

［目　文］《报告》主要有三方面内容：一、《意见》颁发以来人民政协事业取得的主要进展。各级党委对政协工作的领导更加有力；人民政协制度化、规范化、程序化建设更加深化，逐步形成了较为完备的制度体系；人民政协履行职能成效更加显著，形成了踊跃为推动科学发展、促进社会和谐献计出力的生动局面；人民政协思想理论建设更加深入，形成了学习研究和教育培训的长效机制；人民政协自身建设更加扎实，形成了深化党派合作、突出界别特色、发挥委员主体作用、加强专门委员会建设、加强机关建设"五位一体"协同推进的态势。二、《意见》颁发以来人民政协工作积累的重要经验。必须不断巩固人民政协的共同思想政治基础；必须准确把握人民政协的性质和方向；必须着眼党和国家工作全局发挥人民政协作用；必须把维护最广大人民的根本利益作为人民政协工作的出发点和落脚点；必须充分发挥政协委员的主体作用；必须以改革创新精神推进人民政协事业。三、进一步推动《意见》精神深入贯彻落实。进一步加强和改善党对人民政协的领导；进一步加强人民政协的思想理论建设；进一步坚持和完善人民政协民主形式；进一步完善人民政协履行职能的制度规定；进一步加强政协委员队伍建设；进一步提升政协工作科学化水平。

8月20日

［纲　文］**发展改革委发出《关于印发〈山西省国家资源型经济转型综合配套改革试验总体方案〉的通知》。**

［目　文］《通知》说，要认真落实《方案》提出的各项改革措施，积极推进山西省国家资源型经济转型综合配套改革试验，加快建立促进资源型经济转型的体制机制，为全国资源型地区加快转变经济发展方式、实现科学发展发挥示范带动作用。

《山西省国家资源型转型综合配套改革试验总体方案》主要有四个方面内容：一、总体要求。主要目标：力争通过20—30年的努力，综合配套改革效应持续显现，结构合理、新型多元、竞争力强的现代产业体系全面建立，综合经济竞争力、人民生活水平和可持续发展能力达到全国上游水平，呈现经济发达、人民富裕、生态良好、社会和谐的崭新面貌。基本原则：坚持改革创新，先行先试；坚持政府主导，市场运作；坚持着眼长远，立足当前。二、资源型经济转型主要任务。以循环经济和技术进步为基本路径，全面推进产业优化升级；以生态环境保护和治理修复为主要抓手，着力提高可持续发展能力；以城乡统筹为基本方略，协调推进城镇发展和社会主义新农村建设；以改善民生为重点，努力构建和谐社会。三、资源型经济转型综合配套改革主要措施。创新完善产业转型促进机制；深化财税体制改革；改革完善土地管理制度；健全科技创新体制机制；加强金融创新和改革；完善资源、能源节约和生态环境保护修复机制；改革创新城乡统筹体制机制；加快社会体制改革；推进行政管理和投资体制改革；加大开放力度。四、工作保障措施。加强组织领导；明确职责分工；密切部省合作；实施考核评价。

8月20日

［纲　文］**环境保护部发布《2012年上半年重点流域水环境质量状况》和《2012年上半年环境保护重点城市环境空气质量状况》。**

［目　文］《重点流域水环境质量状况》主要有三方面内容：一、全国地表水环境基本情况。上半年，全国地表水环境质量总体为轻度污染，主要污染指标为化学需氧量、总磷和氨氮。二、七大水系环境质量状况。2012年上半年，长江、黄河、珠江、松花江、淮河、海河、辽河等七大水系水质总体为轻度污染，主要污染指标是化学需氧量、五日生化需氧量和氨氮。三、重点湖（库）环境质量状况。2012年上半年，太湖整体水质为Ⅳ类，主要污染指标为总磷和化学需氧量；巢湖整体水质为Ⅴ类，主要污染指标为总磷、石油类和化学需氧量；滇池整体水质为劣Ⅴ类，主要污染指标为化学需氧量、总磷和高锰酸盐指数。

《重点城市环境空气质量状况》主要有两方面内容：一、空气中主要污染物状况2012年上半年，113个环保重点城市空气中二氧化硫、二氧化氮和可吸入颗粒物平均浓度分别为0.040毫克/立方米、0.036毫克/立方米和0.086毫克/立方米，同比分别下降9.1%、2.7%和5.5%。二、空气质量达标状况在113个环保重点城市中，有1个城市（海口）环境空气质量达到一级标准，占0.9%；79个城市达到二级标准，占69.9%；33个城市空气质量超标，占29.2%，其中1个城市（乌鲁木齐）空气质量级别为劣三级。

8月20日

［纲　文］**财政部发出《关于进一步加强党政机关出差和会议定点管理工作的通知》。**

［目　文］《通知》主要针对个别中央单位和个人违反规定，不到定点饭店住宿办会，向地方单位转嫁费用负担，个别地方接待单位超标准接待等问题。《通知》主要有十个方面内容。一、中央党政机关工作人员出差应当到定点饭店住宿，出差前应当事先预订出差定点饭店，入住定点饭店应当出示证明身份的工作证和身份证，使用公务卡结算住宿费。二、中央党政机关工作人员出差由下级或地方接待单位协助安排住宿的，接待单位应当根据出差人员职级，安排在定点饭店相应住宿标准的客房；在没有定点饭店的地方，接待单位应当按照出差人员职级对应的住宿标准和所在地级市出差定点饭店协议价格限额内安排接待，不得超标准接待。三、中央党政机关工作人员出差住宿定点饭店，不得向接待单位或定点饭店要求超出定点协议范围的服务要求。四、中央党政机关举办会议或委托接待单位协助安排会议的，应尽量使用本单位只对内部营业的宾馆、招待所、会议室等，会议费应严格控制在同类会议费综合定额标准以内；内部宾馆、招待所等不具备承办条件的，应到会议定点饭店办会。五、中央党政机关在会议定点饭店办会的，应当事先预订会议定点饭店；委托下级或地方接待单位协助安排会议的，应当以书面文件事先通知接待单位，明

确会议的有关要求及开支标准。接待单位不得超标准接待。六、中央党政机关在会议定点饭店举办会议或委托下级或地方接待单位安排会议的，应及时结算会议费，不得向下级或地方接待单位转嫁会议费负担。七、接待单位要进一步增强责任意识，切实加强公务接待管理，配合中央党政机关落实出差和会议定点管理工作；不得在公务接待费中开支应由中央党政机关负担的费用。八、地方财政部门应会同有关部门积极推进本级的差旅费、会议费管理制度改革，开展本级出差和会议定点管理工作。九、各级党政机关要根据本级差旅费、会议费制度，结合本单位实际情况，制定具体的管理办法。十、各级财政部门要主动会同纪检监察和审计部门加强对差旅费和会议费管理，杜绝各种违规违纪行为，严肃财经纪律。

8月20日

［纲　文］ **税务总局发布《废弃电器电子产品处理基金征收管理规定》。**

［目　文］《规定》内容共有18条，自2012年7月1日起施行。《规定》指出，中华人民共和国境内电器电子产品的生产者，为基金缴纳义务人，应当按照本规定缴纳基金。基金由国家税务局负责征收。基金缴纳义务人销售应征基金产品时缴纳基金。

8月20—21日

［纲　文］ **教育部直属高校工作咨询委员会第22次全体会议在武汉举行。**

［目　文］ 中共中央政治局委员、国务委员刘延东作了讲话。教育部副部长杜玉波受教育部部长袁贵仁委托，在会上作了应询讲话。

刘延东强调，高等学校要坚持协调发展，主动适应经济社会发展、民生改善和建设学习型社会的需要，培养更多高素质劳动者和拔尖创新人才，加速科研成果转化，不断提高服务经济社会发展的水平。要坚持内涵发展，树立科学的质量观，完善资源配置机制，健全教育质量保障体系，稳定规模、优化结构，全面提高高等教育质量。要坚持特色发展，实行分类管理，鼓励高校合理定位，各展所长，争创一流。要坚持创新发展，深化教育体制机制改革，加强党的领导，完善学校内部治理结构，落实和扩大高校办学自主权，激发高校生机和活力。要坚持开放发展，完善高校面向科研院所、企业、地方开放合作机制，加快引进先进教育理念和优质教育资源，积极推动中国高等教育走出去。要坚持可持续发展，注重科学规划，加强制度建设，增强工作连续性、预见性、创造性和系统性，努力形成中国高等教育持续健康发展的良好局面。

根据会前征询的意见和委员们提出的咨询建议，咨询会归纳了五个方面的问题：一、创新人才培养从六方面寻求突破路径。突出人才培养适应经济社会发展需要的导向；完善创新人才选拔体系；建立杰出人才培养的特殊机制；加快推动研究生教育改革；加大对人才培养的保障力度；改进人才培养质量的评价方式。二、优化教师队伍结构，高层次人才和青年教师是重点。三、“2011计划”实施要开好头树好旗。四、建设中国特色现代大学制度要抓住五个关键点。加强章程建设；进一步落实和扩大高校办学自主权；坚持和完善党委领导下的校长负责制；加强学术组织建设；加大力度推进试点学院改革。五、支持中西部高教发展，探索改革试点政策突破。

来自教育部直属高校的咨询委员、其他部委和地方所属高校的特邀党委书记和校长共214人参加了会议。

8月20—24日

［纲　文］ **第23届世界力学家大会在北京举行。**

［目　文］ 世界力学家大会是力学学科覆盖面最广的国际会议，被称为“力学奥林匹克”，这是近百年来首次在中国召开。大会由国际理论与应用力学联合会主办，中国力学学会承办，中国科学技术协会、国家自然科学基金委员会以及中国科学院力学研究所和全国各大专院校、科研院所共计29个单位协办。中国科学院力学研究所白以龙院士担任大会主席。来自世界58个国家和地区的1560余名代表参会。8月20日，举行开幕式。中国科协、国家自然科学基金委员会数理科学部、中国力学学会有关负责人，国际理论与应用力学联合会主席Timothy Pedley分别致辞，大会主席白以龙致开幕词。大会得到国际力学界的广泛响应，共收到投稿2060余篇，最终接收1624篇，到会宣讲1261篇，是有史以来宣讲报告最多的一次大会。中国科学院力学研究所共计60余位学者参加了会议，并在会上作了不同形式的邀请报告和学术报告。大会共安排有16个特邀专题报告，6个前沿专题讨论会，主题分别是：能源中的力学挑战，自然灾害的力学问题，生物系统的流固耦合，微流动器件的输运力学，可变体结构的动力学与控制，材料模拟的小尺度效应。研讨的主题，反映了力学发展的前沿问题。

8月21日

［纲　文］ **李克强在北京市考察保障性安居工程建设情况。**

［目　文］ 国务院副总理李克强到石景山远洋沁山水社区，了解入住公租房的群众的实际感受，到海淀区万寿路街道办事处住房保障服务大厅，听取保障房分配情况介绍。随后，李克强主持召开保障房分配和运行现场会，听取有关省（市）政府负责人的意见和建议。北京市委、市政府主要负责人和河北、吉林、上海、江苏、安徽、四川、陕西等省（市）政府以及国务院有关部门负责同志参加。

李克强说，保障房的运行管理，既要体现政府职责，又要发挥市场机制作用，市场能办的事情就应当交给市场，这样有利于提高服务质量和效率。保障房作为宝贵的公共资源，公平分配是必须严守的“生命线”。要实现这一点，全程公开是前提，严格执行是关键，健全机制是保障。目前中低收入住房困难家庭和棚户区居民仍然较多，改善居住条件的期盼和需求十分强烈，必须继续有力推进保障房建设和棚户区改造，这也有利于抑制房价过快上涨，降低城镇化进程中人口合理转移的门槛。同时，保障房产业链长、带动性强，建设和使用过程中能够形成巨大的投资和消费需求，有力拉动经济增长。在当前形势下，更应充分发挥好保障房建设惠民生、稳增长、调结构一举多得的作用。目前保障房开工建设已达到全年目标的70%以上，总体进展顺利。要突出抓好竣工入住这个环节，做到质量可靠、设施配套、布局合理，这样才能真正形成有效供给，更好地实行住房保障政策的初衷。

8月21日

［纲　文］**中共中央政治局常委、中央纪委书记贺国强在北京会见党主席尼科斯率领的塞浦路斯民主大会党代表团。**

［目　文］贺国强说，中国共产党与塞民主大会党在“独立自主、完全平等、互相尊重、互不干涉内部事务”的党际交往四项原则基础上，关系发展顺利，交流与合作日益增多。中国共产党愿进一步深化同民主大会党的友好合作，加强治国理政经验交流，推动中塞国家关系持续健康稳定发展。贺国强还向客人简要介绍了中国当前国内经济社会发展情况和中国共产党十八大筹备情况。

此前，20日，中联部部长王家瑞、全国政协副主席陈宗兴在北京分别会见了代表团。

8月21日

［纲　文］**国务院办公厅发出《关于印发〈国家环境保护“十二五”规划〉重点工作部门分工方案的通知》**

［目　文］《通知》说，各部门要认真贯彻落实《国务院关于印发国家环境保护“十二五”规划的通知》精神，把环境保护摆在更加重要的位置，加强领导，明确责任，各司其职，抓出成效。要按照《分工方案》的要求，对涉及本部门的工作进一步细化分解，制定具体措施，认真抓好落实。对工作分工中涉及多个部门的工作，部门间要密切协作，牵头部门要加强协调，及时跟踪进展情况。环境保护部要积极发挥主体作用，认真做好统筹协调，会同有关部门开展督促检查，把推进国家环境保护工作的各项政策措施落到实处。各省（区、市）人民政府要落实地方责任，做好与有关部门的衔接沟通，抓好工作落实。

《〈国家环境保护“十二五”规划〉重点工作部门分工方案》主要有五方面的内容：一、推进主要污染物减排。二、切实解决突出环境问题。三、加强重点领域环境风险防控。四、完善环境保护基本公共服务体系。五、完善政策措施。

8月21日

［纲　文］**贯彻落实《建立健全惩治和预防腐败体系2008—2012年工作规划》工作成果交流会在北京召开。**

［目　文］会议由中共中央书记处书记、中央纪委副书记何勇主持。中共中央政治局常委、中央纪委书记贺国强讲话指出，回顾近年来推进惩治和预防腐败体系建设的实践，我们主要有五个方面的体会：一是必须坚持围绕中心、服务大局，把惩治和预防腐败体系建设与党和国家中心工作紧密结合起来，严明党的政治纪律，加强对中央重大决策部署落实情况的监督检查，找准工作切入点和着力点。二是必须坚持整体推进、系统治理，全面贯彻反腐倡廉战略方针，坚持标本兼治、惩防并举、堵疏结合，注重用系统的思维、统筹的观念、科学的方法推进惩治和预防腐败体系建设，把教育的说服力、制度的约束力、监

督的制衡力、改革的推动力、纠风的矫正力、惩治的威慑力有机结合起来，增强工作整体效能。三是必须坚持突出重点、抓住关键，把解决反腐倡廉建设中人民群众反映强烈的突出问题作为推进惩治和预防腐败体系建设的重要任务，深入开展专项治理，既做到以重点带全面、逐步完善惩治和预防腐败体系，又不断以反腐倡廉建设实际成效取信于民。四是必须坚持解放思想、改革创新，及时总结推广各地区各部门各单位创造的新鲜经验，深入研究惩治和预防腐败体系建设的重大理论和实际问题，不断探索惩治和预防腐败的新思路新办法新举措。五是必须坚持加强领导、形成合力，认真贯彻落实党风廉政建设责任制，坚持和完善反腐败领导体制和工作机制，通过抓组织领导、抓任务落实、抓监督检查，增强惩治和预防腐败体系建设整体合力，推动惩治和预防腐败体系建设深入发展。何勇讲话强调，要坚持与时俱进，正确把握反腐倡廉建设规律，不断推进惩治和预防腐败体系建设工作思路、工作内容、方式方法、工作机制创新。

8月21日

［纲　文］ **中央文明委在吉林长春召开关爱他人、关爱社会、关爱自然志愿服务活动座谈会。**

［目　文］ 中共中央政治局委员、中央文明委副主任刘淇出席座谈会并讲话。刘淇指出，组织开展“三关爱”志愿服务活动是建设社会主义核心价值体系的有效举措，是推动学雷锋活动常态化的有力抓手，是实现公民自身价值的重要途径。要着力普及“学习雷锋、奉献他人、提升自己”的志愿服务理念，重在营造浓厚氛围，重在自我教育、自我提高，重在进学校、进社区，进一步强化“三关爱”志愿服务活动的思想道德内涵。各级党委政府要把组织开展“三关爱”志愿服务活动作为精神文明建设的一件大事，融入文明城市、文明村镇、文明单位创建之中，切实抓紧抓好。

吉林、上海和长春、大连、嘉兴、淮北、绵阳等地方及中央文明办、教育部、全国总工会、共青团中央、全国妇联、中国残联、海关总署、中国红十字会总会负责人参加会议并发言。各省（区、市）、新疆生产建设兵团文明办主任及教育、工会、共青团、妇联、残联、红十字会等部门负责同志，全国文明城市（区）文明委负责同志和文明办主任参加会议。

8月21日

［纲　文］ **中国电信集团公司在厦门举行“海峡两岸第一条直通光缆建成庆典”仪式。**

［目　文］ 此条光缆由中国电信主导，联合两岸电信运营商共同建设，共由二条24芯海底光缆构成，分别从厦门观音山至金门慈湖、厦门大嶝岛至金门古宁头，进而连通至台湾本岛，使两岸信息通过“高速通道”连通成为现实，结束了海峡两岸通信业务必须承载在多个国家和地区联合建设光缆上的历史。

8月21日

［纲　文］ **财政部、住房城乡建设部发出《关于完善可再生能源建筑应用政策及调整资金分配管理方式的通知》。**

[目　文]《通知》说，为积极推进太阳能等新能源产品进入公共设施及家庭，进一步放大可再生能源建筑应用政策效应，提高财政资金使用的安全性、规范性与有效性，财政部、住房城乡建设部决定进一步完善可再生能源建筑应用政策，调整资金分配管理方式。

通知主要有五个方面事项：一、稳定可再生能源建筑应用示范市县政策，更好地发挥示范带动作用。二、大力推进集中连片推广，更好地发挥政策整体效应。选择条件适宜的重点区域确定为集中连片推广示范区；签订省部级协议，共同推动集中连片发展。三、支持可再生能源建筑应用省级推广，加快规模化推广进程。实施省级推广，资金切块下达；强化省级责任，切实加强资金管理；加强能力建设，建立长效机制。四、大力推进实施太阳能浴室等重点工程，切实推动新能源更好地惠及民生。包括：太阳能浴室工程；保障性住房太阳能推广工程；农村被动式太阳能暖房工程；阳光学校、阳光医院工程。五、加快组织实施。

8月21日

[纲　文] **环境保护部发出《关于发布河北青崖寨等27处新建国家级自然保护区面积、范围及功能区划的通知》。**

[目　文]《通知》说，国务院已批准新建河北青崖寨、山西黑茶山、内蒙古古日格斯台、辽宁章古台、吉林靖宇、吉林黄泥河、黑龙江绰纳河、黑龙江友好、黑龙江小北湖、福建雄江黄楮林、江西齐云山、江西阳际峰、湖北木林子、湖北咸丰忠建河大鲵、广东石门台、广东南澎列岛、广西崇左白头叶猴、重庆阴条岭、四川诺水河珍稀水生动物、四川黑竹沟、四川格西沟、云南云龙天池、云南元江、陕西韩城黄龙山褐马鸡、陕西太白湑水河珍稀水生生物、陕西紫柏山、甘肃太子山等27处国家级自然保护区。有关地区和部门要按照公布的面积、范围和功能区划，抓紧组织开展自然保护区的勘界和立标工作，落实自然保护区的土地和海域权属，标明区界，并向社会公告。自然保护区的面积、范围和功能分区一经确定，原则上五年内不得进行调整。要充分认识自然保护区工作的重大意义，切实加强对自然保护区工作的领导和协调，尽快组织编制和实施自然保护区总体规划，加大资金投入力度，建立健全管理机构，切实解决土地权属问题，妥善处理好自然保护区建设管理与当地经济建设和居民生产生活的关系，不断提高自然保护区的建设水平和管护效果。

8月21—22日

[纲　文] **第七届全国生态省论坛暨生态文明建设工作会议在成都市举行。**

[目　文] 会议由环境保护部联合四川省人民政府共同举办。环境保护部部长周生贤发贺信祝贺，副部长李干杰主持会议并发表讲话，四川省省长蒋巨峰致辞。江苏、浙江、辽宁、陕西省人民政府在大会作生态省试点交流发言、中国生态文明研究与促进会有关负责人作生态文明建设工作交流发言；四川成都市、河北承德市、江苏常州市、浙江桐庐县、广东珠海市、安徽霍山县作生态文明建设试点交流发言。共350人参加了会议。会议

总结交流经验，安排下一阶段重点工作，并对建立中国生态文明指标体系和考核办法进行了研讨。会议指出，要正确认识生态文明建设中的矛盾，加快转变经济模式，形成保护的产业结构。要重点抓好深化环境保护在生态文明建设中的主阵地作用、制定实施生态文明建设目标指标体系、开展生态文明评估考核、深入推进生态省市县建设、深化生态文明建设试点、适时启动生态文明建设示范工作、建立健全相关法律法规框架和激励机制、加大生态文明建设宣传力度等工作。要将生态建设示范区分为生态省、生态市、生态县（区）、生态乡镇、生态村和生态工业园区六个层级同步推进，要协同发展生态文化、生态制度、生态经济、生态环境、生态人居、促进经济发展方式加快转型升级，“两型”社会取得实质性成效，人与自然、环境与经济社会实现和谐共生。要理清工作思路，把握关键环节，创造性地推进生态文明建设。

8 月 21—31 日

［纲　文］**国际天文学联合会第 28 届大会在北京召开，习近平出席开幕式并致辞**。

［目　文］国家副主席习近平出席开幕式并致辞，代表胡锦涛主席和中国政府、中国人民对本届大会召开表示热烈祝贺。习近平指出，天文学是人类认识宇宙的科学，是推动自然科学发展和高新技术发展、促进人类社会进步的最重要、最活跃的前沿学科之一，对其他门类的自然科学和技术进步有着巨大推动作用。中国作为世界文明古国之一，对于天文学的发展做出了重要贡献。习近平提出了关于科学技术发展的五要素，包括：第一，科学技术是人类认识世界，改造世界的强大动力；第二，科学技术需要不懈探索和长期积累；第三，科学技术需要持续重视和加强基础研究；第四，科学技术需要打牢坚实的群众基础；第五，科学技术需要开展广泛务实的国际合作。国际天文学联合会主席罗伯特·威廉姆斯在开幕式上致辞，祝贺国际天文学联合会第 28 届大会成功召开，并对中方为本次大会所做的积极努力表示赞赏。中国科学院院长白春礼、中国科协常务副主席陈希等出席开幕式。开幕式上颁发了国际天文学联合会格鲁伯宇宙学奖。中国著名天文学家苏定强院士在开幕式上作学术报告，中国天文学会理事长崔向群院士在开幕式上致辞。

国际天文学联合会（简称 IAU）是一个非政府、非营利、代表各国天文工作者组织的联合会，成立于 1919 年，是国科联（ICSU）的 25 个科学联合会成员之一。其宗旨是组织国际学术交流，推动国际协作，促进天文学的发展。国际天文学联合会大会每 3 年举办一次，是国际天文界最重要的学术和工作会议，被称为天文界的奥林匹克。

除了大会全体会议外，会议还包括了 8 个大型专题学术讨论会、7 个小型联合研讨会、18 个特别分会以及 4 个大型邀请报告，内容涉及天文各分支学科及相关学科发展趋势、前沿热点和最新研究成果。来自全球 76 个国家和地区，3000 余名天文学者参加了此次大会，参会人数为历届之最。

8 月 21—25 日

［纲　文］**“寻找最美乡村教师”书画摄影展在北京举行**。

［目　文］展览由中央电视台、光明日报社联合举办，摄影展作品面向全社会征集而

来，《天梯上的教师夫妻》《大山里的美丽坚守》《未来冠军》等60幅作品在近千幅投稿中脱颖而出。书画展作品由主办方向知名书画家邀约而来，共展出140余幅。展览期间，观众超过5万人次。

8月22日

［纲　文］**温家宝主持召开国务院常务会议。**

［目　文］会议指出，自2001年行政审批制度改革工作全面启动以来，国务院已先后五批取消和调整行政审批项目。为进一步减少和规范行政审批，会议决定，在以往工作基础上，再取消和调整314项部门行政审批项目，其中取消184项、下放117项、合并13项。

会议依据行政许可法有关规定，批准广东省“十二五”时期在行政审批制度改革方面先行先试，对行政法规、国务院及部门文件设定的部分行政审批项目在本行政区域内停止实施或进行调整。广东省要加强领导，精心制定试点方案，认真组织实施，把试点工作与转变政府职能结合起来，与强化监管和服务结合起来，为全国行政审批制度改革积累经验。各有关部门要积极支持、加强指导，及时帮助广东省解决试点中遇到的问题，确保试点顺利推进。

会议指出，今后一个时期，要坚定不移地深化行政审批制度改革。一要按照应减必减、该放就放的原则，进一步取消和调整行政审批项目。凡公民、法人或者其他组织能够自主决定的，市场竞争机制能够有效调节的，行业组织或者中介机构能够自律管理的，政府都要退出。凡可以采用事后监管和间接管理方式的，一律不设前置审批。以部门规章、文件等形式违反行政许可法规定设定的行政许可，要限期改正。探索建立审批项目动态清理工作机制。二要积极推进行政审批规范化建设。新设审批项目，必须于法有据，并严格按照法定程序进行合法性、必要性、合理性审查论证。没有法律法规依据，任何部门不得以规章、文件等形式设定或变相设定行政审批项目。研究制定非行政许可审批项目设定和管理办法。三要加快推进事业单位改革和社会组织管理改革。把适合事业单位和社会组织承担的事务性工作和管理服务事项，通过委托、招标、合同外包等方式交给事业单位或社会组织承担。抓紧培育相关行业组织，推动行业组织规范、公开、高效、廉洁办事。四要进一步健全行政审批服务体系。继续推进政务中心建设，健全省市县乡四级联动的政务服务体系，并逐步向村和社区延伸。加强行政审批绩效管理，推行网上审批、并联审批和服务质量公开承诺等做法，不断提高行政审批服务水平。审批项目较多的部门要建立政务大厅或服务窗口。五要加强政府监管。对取消和调整的行政审批事项，要明确监管责任，制定后续监管措施，强化工作衔接，避免出现监管真空。各地区、各有关部门要把工作重点转到依法监管上来，切实履行职责，制定政策法规、标准规范，加强日常动态监管，保证市场秩序，保障人民群众生命健康安全。六要深入推进行政审批领域防治腐败工作。深化审批公开，推行“阳光审批”。加快推广行政审批电子监察系统。严肃查处利用审批权违纪违法案件。七要把行政审批制度改革与投资体制、财税金融体制、社会体制和行政管理体制改革结合起来。进一步理顺和规范政府与企业、与社会的关系，规范上下级政府的关系。进一步优化政府机构设置和职能配置，提高行政效能和公共管理服务质量。

会议审议通过了《气象设施和气象探测环境保护条例（草案）》。

8 月 22 日

［纲　文］ **人力资源社会保障部、监察部公布《事业单位工作人员处分暂行规定》。**

［目　文］《规定》共有 7 章 48 条，主要有总则，处分的种类和适用，违法违纪行为及其适用的处分，处分的权限和程序，处分的解除，复核和申诉，附则等内容。《规定》经人力资源社会保障部部务会、监察部部长办公会审议通过，自 2012 年 9 月 1 日起施行。

8 月 22 日

［纲　文］ **环境保护部发出《关于做好 2011 年全国环境保护及相关产业基本情况调查工作的通知》。**

［目　文］《通知》说，2011 年，环境保护部与发展改革委、国家统计局联合发布了《关于开展 2011 年全国环境保护及相关产业基本情况调查的通知》。各地区尽快成立本地区环保产业调查领导小组及办公室，建立专门队伍，做好调查组织实施工作；切实落实用于调查的财政资金，保障调查工作顺利开展；制定本地区的调查实施方案，明确时间节点，确保按时、高质地完成调查任务。

8 月 22—23 日

［纲　文］ **全国维护农村妇女土地权益工作交流会在大庆举行。**

［目　文］ 交流会由全国妇联、农业部、民政部主办。全国人大常委会副委员长、全国妇联主席陈至立出席会议并讲话，全国妇联名誉主席彭珮云发表书面讲话。

陈至立在讲话中强调，农村妇女的土地权益是关系农村妇女生存的民生问题，是影响农村和谐稳定的政治问题，是事关妇女发展、落实男女平等基本国策的大事。各级妇联组织要牢固树立职能意识，积极主动作为，进一步深入基层调查研究，及时反映妇女诉求，科学建言献策，配合有关部门切实维护农村妇女土地权益，促进社会祥和稳定。

彭珮云在书面讲话中指出，土地是农民赖以生存和发展的最基本的生产资料和生活保障。土地权益是农村妇女最关心、最直接、最现实的利益。完善相关的法律，制定细化的政策，为维护农村妇女土地权益提供清晰的法律政策依据和制度保障。要进一步修订完善村规民约，把男女平等基本国策真正落实到基层。科学建言献策，配合有关部门切实维护农村妇女土地权益，促进社会祥和稳定。

黑龙江省省长王宪魁致辞，全国妇联党组书记、副主席、书记处第一书记宋秀岩和全国妇联副主席、书记处书记甄砚分别主持了会议。中农办、国土资源部、国家信访局等中央和国家部委办有关部门负责人和全国各省、自治区、直辖市妇联、农业、民政部门的负责同志 160 余人参加了会议。

8月22—23日

［纲　文］ **首届两岸和平发展法学论坛在北京举行。**

［目　文］ 论坛由海峡两岸关系法学研究会主办，主题为“两岸法治经验回顾与前瞻”。23日，中共中央政治局委员、全国政协副主席王刚会见了出席首届两岸和平发展法学论坛的台湾法学界法律界人士。王刚说，希望两岸法学界法律界人士携手同心，进一步加强两岸法学交流合作，密切彼此往来，巩固和深化两岸关系和平发展的法律基础，为中华民族伟大复兴作出更大贡献。

12个台湾法学组织和法律机构、来大陆参加两岸法学交流研讨班的20名台湾学者、大陆60多家法学院校、法学组织以及一批司法实务界人士和律师出席了论坛活动。论坛围绕法治理论、民法、民事诉讼法、刑法、刑事诉讼法和法律实务等六项专题展开交流。论坛主要有三点共识：一、法律制度逐步完善有助两岸交流。二、《海峡两岸投资保护和促进协议》和《海峡两岸海关合作协议》成论坛亮点。三、法治是两岸共创新局的基石。

8月22—24日

［纲　文］ **全国地方政协工作经验交流会在北京召开。**

［目　文］ 中共中央政治局委员、全国政协副主席王刚出席开幕式并讲话。中共中央政治局常委、全国政协主席贾庆林出席闭幕式并发表讲话。

王刚强调，必须始终坚持做到与党和国家方向一致、目标一致、工作一致，坚定不移地把中国特色社会主义作为参加人民政协的各党派团体、各族各界人士的共同理想信念和共同前进方向，千方百计凝聚各方智慧和力量，紧紧围绕关系改革发展稳定全局的重大问题，积极为党和政府建真言、谋善举、献良策，为推动党和国家事业发展做出新的更大贡献。

贾庆林指出，这些年来，各级政协组织在实践中创新，形成了许多工作经验，主要有：必须始终坚持中国共产党的领导；必须高举爱国主义、社会主义两面旗帜；必须把人民政协工作放到党和国家工作大局中谋划和推进；必须始终把维护人民群众根本利益作为出发点和落脚点；必须适应发展社会主义民主政治的时代要求；必须大力推进人民政协制度化规范化程序化建设；必须加强中国特色社会主义人民政协理论建设；必须统筹全国政协和地方政协两支力量；必须加强人民政协自身建设；必须充分认识人民政协的重要地位作用。各级政协组织要全面深入贯彻中共中央关于人民政协的一系列方针政策，立足人民政协的丰富实践，着眼新情况新问题，勇于创新，努力提高总结和运用经验的能力和水平，不断开创人民政协事业发展的新局面。

全国政协副主席钱运录、李金华分别主持开幕会和交流会。全国政协副主席杜青林、陈奎元、阿不来提·阿不都热西提、张榕明、孙家正、罗富和出席会议。各省、自治区、直辖市和副省级市政协，各民主党派中央和全国工商联，全国政协办公厅和各专门委员会以及有关中央国家机关负责同志出席。17位地方政协负责同志作了大会发言。

8月22—25日

［纲　文］ **第21届北京国际广播影视设备展览会在中国国际展览中心举行。**

［目　文］ 展览会由国家广播电影电视总局主办，中国广播电视国际经济技术合作总公司执行承办。

23 日，中共中央政治局常委李长春参观展览会并讲话指出，科学技术是经济社会发展的重要动力源泉，也是文化改革创新的重要引擎。要以贯彻落实《中共中央、国务院关于深化科技体制改革加快国家创新体系建设的意见》为契机，深入实施科技带动战略，加快推进文化与科技融合，不断提高科技对文化事业和文化产业发展的支撑能力，增强中华文化的创造力、传播力和影响力、感染力。

展会的主题是“品格媒体、品质生活”，参展单位近 500 家。展览会期间的主要活动有：主题报告会、评奖活动、新媒体高峰论坛、新一代电视技术发展峰会、中国视觉效果峰会、中国影视数码剪辑大赛、数字电影论坛。

8 月 23 日

［纲　文］ **贾庆林在人民大会堂会见以崔世昌、刘艺良为团长的澳门地区中国和平统一促进会访京团。**

［目　文］ 全国政协主席、中国和平统一促进会会长贾庆林在会见中指出，希望澳门统促会认真贯彻中央对台工作大政方针，充分发挥澳门在对台工作中的独特优势，着力加强对台交流交往，拓展工作领域，深化工作内涵，进一步汇聚澳门反“独”促统力量，共同致力于持续推进两岸关系和平发展，为实现祖国和平统一做出积极贡献。一是切实维护澳门的长期繁荣稳定，更好地发挥“一国两制”的示范作用；二是牢牢把握持续推进两岸关系和平发展主题，为巩固深化两岸关系和平发展凝聚共识和力量；三是紧紧抓住争取台湾民心这一工作主线，不断深化澳台两地交流合作；四是高举反“台独”、反分裂的鲜明旗帜，坚定不移地反对一切分裂祖国的行径。会见时，访京团成员介绍了澳门统促会成立以来的工作及今后工作设想。

中共中央统战部、国务院港澳事务办公室、中央政府驻澳门特别行政区联络办公室等有关方面负责人参加会见。

8 月 23 日

［纲　文］ **国务院扶贫开发领导小组在甘肃定西召开六盘山片区区域发展与扶贫攻坚启动会。**

［目　文］ 会议由交通运输部部长李盛霖主持。国务院副总理、国务院扶贫开发领导小组组长回良玉发表讲话。

回良玉强调，1982 年开始实施的“三西”（河西、定西、西海固）地区扶贫开发，是中国扶贫开发史上第一个有计划、有组织、大规模的开发式扶贫行动。目前，“三西”地区生态环境明显改观，生产生活条件显著改善，区域性支柱产业初步形成，社会事业不断进步，温饱问题基本解决，经济社会面貌发生了根本性的转变，改写了“一方水土养活不了一方人”的历史，为探索和拓宽中国特色扶贫开发道路做出了巨大贡献。以甘肃定西、宁夏西海固为核心，包括周边部分地区和陕西、青海部分毗邻地区在内的六盘山片区，区域发展和扶贫攻坚的任务仍很艰巨。各有关地区和部门要继续发扬“三西”精神，同心同力，真抓实干，一步一步把规划落到实处。一要坚持不懈加强生态建设和治理，重点推进小流域综合治理和山、水、林（草）、田、路综合整治。二要全面加快各类基础设施建设，特别是要下大力气突破水利和交通两大瓶颈制约。三要扎实推进生态移民工程，统筹推进移民新村建设、产业培育、社会事业发展等各项工作，注重解决群众搬迁后的生产、生活出路问题。四要因地制宜发展特色优势产业，积极发展优质、高效、生态现代旱作节水农业，高水平建设一批循环经济基地，继续支持六盘山旅游扶贫试验区建设。五要大力实施教育扶贫工程，认真落实义务教育各项扶持政策，实施好“国家扶贫定向招生专项计划”、有力阻断贫困代际传递，加强实用技术和劳动力转移培训。六要强化跨省协调和合作，加强跨省重大基础设施项目、产业布局、经济协作等事项的衔接。七要加大部门支持力度，国家有关部门专项建设资金投入要向六盘山片区倾斜，列入行业规划的基础设施建设项目要优先审批和实施。

甘肃省委、国家民委相关领导出席会议，甘肃省省长刘伟平在会上致辞，交通运输部、解放军总政治部、发展改革委、国务院扶贫办和陕西、甘肃、青海、宁夏省（区）人民政府相关领导在会上发言。

8月23日

［纲　文］**文化部在山东省聊城市举行2012国家重点京剧院团工作会议。**

［目　文］会议交流总结了2011年以来《国家重点京剧院团保护和扶持规划》（二期）实施取得的经验和成果，并对进一步促进国家重点京剧院团的创作生产、人才培养、演出经营和院团建设进行了安排部署。会议指出，京剧院团需在“三并举”创作方针的指导下，在抓好传统戏和新编历史剧创作排演的同时，下大力气关注现实题材剧目的创作。国家重点京剧院团保护和扶持计划办公室还通报了2012年国家重点京剧院团保护和扶持规划实施进度，并讨论了编撰《京剧口述史》和拟举办国家重点京剧院团优秀剧目展演等事宜。国家重点京剧院团分别是：中国国家京剧院、北京京剧院、天津京剧院、上海京剧院、湖北京剧院、天津市青年京剧团、山东省京剧院、云南省京剧院、沈阳京剧院、黑龙江省京剧院、江苏省京剧院。

8月24日

［纲　文］**习近平主持召开中央党的建设工作领导小组会议。**

［目　文］中共中央政治局常委、中央党的建设工作领导小组组长习近平听取了汇报，对迎接党的十八大继续抓好党的建设各项部署落实提出了明确要求。

习近平指出，抓落实是领导工作中一个极为重要的环节，是党的思想路线和群众路线的根本要求。党的十七大之后五年来，中央党的建设工作领导小组认真贯彻胡锦涛同志狠抓落实的要求，坚持定下来的事情抓紧去办，一步一步向前推进工作。各牵头单位和参与单位对落实分工方案高度重视、责任到位，确保每项任务有布置、有检查、有成果。在党中央正确领导下，落实分工方案的工作取得明显成效，有明确时间要求和成果形式的项目绝大部分已经完成，属于经常性抓落实的项目也都取得明显进展和成效。当前党的建设形势总的很好，同时也面临不少新情况新问题。适应改革发展稳定对党的建设的新要求和人民群众对党的工作的新期待，各级党组织必须以更大的力度和更加扎实的作风进一步加强党的建设。中央党的建设工作领导小组各成员单位和中央有关部门要增强忧患意识、责任意识、大局意识，对贯彻落实中央关于党的建设重大决策部署要聚精会神、一抓到底。特别是对分工方案中尚未最后完成的任务，要抓紧制定落实措施，善始善终抓好相关工作，确保各项任务全面完成，以优异成绩迎接党的十八大胜利召开。

中共中央政治局常委、中央纪委书记、中央党的建设工作领导小组副组长贺国强强调，今天的会议是一次抓落实的会议，也是一次总结工作的会议。近年来，中央党的建设工作领导小组注重抓党的建设重大决策部署的落实，采取制定方案、分解任务、调研指导、听取汇报、适时总结的方式方法推进工作，很有成效，要坚持下去。他强调，党的十七大以来党中央始终坚持党要管党、从严治党，抓党的建设既有总体思路又有工作部署，既突出重点又整体推进，既注重传承又积极创新，既抓理论深化又抓工作落实，党建工作取得新的明显成效，既为改革开放和现代化建设提供了坚强保证，又为全面推进党的建设新的伟大工程丰富了内涵。要结合迎接党的十八大和学习贯彻党的十八大精神，把这些好经验好做法总结好运用好坚持好，使之在党的建设实践中长期发挥作用。

中共中央政治局委员、中组部部长、中央党的建设工作领导小组副组长李源潮，中共中央书记处书记、中央政策研究室主任、中央党的建设工作领导小组成员王沪宁等出席会议。在会议上，中央纪委、中央办公厅、中央组织部、中央宣传部等14家牵头单位汇报了贯彻实施党的十七大和十七届四中全会关于党的建设重要举措分工方案的情况，

8月24日

［纲　文］ 国务院副总理李克强在人民大会堂与参加中俄青年大学生研修活动的师生座谈。

［目　文］ 李克强讲话说，当今世界正处在大变革大调整的时代，和平发展合作是不可阻挡的历史潮流。李克强寄语两国青年，勉励他们做维护世界和平发展的新一代，提出了三点希望。一是坚定维护世界和平的信念。和平是人类的长期追求，也是人类文明的基本体现。二战期间，我们两国与美英等国一起并肩作战，赢得了世界反法西斯战争的最终胜利。前辈们浴血奋战，为的是实现世界持久和平，希望两国青年珍惜和平、维护和平。二是秉持创新发展的理念。发展是人类进步的基本动力。当前，世界经济正处于艰难复苏中，无论是发达国家，还是新兴经济体，都在努力克服困难振兴经济。中俄同处亚欧大陆，都视对方的发展为机遇，都乐见对方强大和繁荣，实现共赢这本身就是发展理念的创新。两国青年要化挑战为机遇，深化交流与务实合作，推动亚欧大陆在世界发展中发挥更大的作用。三是培育开放包容的心态。国家之间应当互相尊重，尊重对方不同的传统与文

化，求同存异，即使是不同，也可以形成“和”的局面、“和”的氛围，这样，世界和平才能持久，发展才能持续。中俄青年应开放包容、互学互鉴，成为中俄友好乃至世界和平发展的使者，为世界和平发展做出青年一代应有的贡献。

教育部部长袁贵仁和有关部门负责人，俄罗斯驻华大使拉佐夫，莫斯科大学来华研修的300名学生以及参与这次研修活动的北京大学、北京师范大学、四川大学、西安交通大学的学生代表参加座谈。座谈中，萨多夫尼奇校长衷心感谢中国政府的邀请，青年大学生们讲述在研修活动中的见闻。

莫斯科大学学生是受李克强邀请于8月中旬来到中国的，在北京、四川、陕西等地与中国大学生围绕文化、历史、科技、社会等内容开展了体验交流活动。

8月24日

［纲　文］**中央人才工作协调小组召开会议研究部署加强党管人才工作。**

［目　文］中央人才工作协调小组成员，省区市党委组织部负责同志参加会议。黑龙江、湖北省委组织部，南京市委，人力资源社会保障部、中国科协和清华大学等单位在会上介绍了经验。

中央书记处书记、中组部部长李源潮出席并讲话指出，加强党管人才工作是党和国家事业发展的必然要求，各级党委要更加重视人才工作，切实履行好管规划、管政策、管改革、管统筹的职责。要加强科学理论指导，不断推动人才领域的思想解放、理论创新，用科学人才观指导人才工作实践。要推进人才强国战略实施，制定人才发展规划，确立人才优先发展的战略布局。要研究制定重要人才政策，通过政策创新不断解决人才发展中的重大问题。要实施重点人才工程，集中国家力量、汇聚社会资源，有效培养和充分使用人才。要改革人才体制机制，营造有利于人才辈出、人尽其才、才尽其用的制度环境。要以思想联系为重点，直接团结吸引重要人才，认真听取他们的意见和建议。要加强人才工作的统筹协调，充分依靠和调动各方面力量，形成人才工作合力。

8月24日

［纲　文］**外交部发言人对日本首相称钓鱼岛是日本“固有领土”等有关言行表示强烈不满。**

［目　文］发言人说，钓鱼岛及其附属岛屿自古以来就是中国的固有领土，日方企图以通过决议的方式强化其立场的做法是非法和徒劳的，改变不了钓鱼岛属于中国的事实。既然日方表示愿致力于深化中日战略互惠关系和地区和平稳定，就应落实到实际行动上。

8月24日

［纲　文］**卫生部、海关总署公布《卫生部海关总署关于修改〈药品进口管理办法〉的决定》。**

［目　文］《决定》说，对食品药品监管局、海关总署于2003年8月18日公布的《药品进口管理办法》作如下修改：一、将第17条第14项修改为：“药品监督管理部

门有其他证据证明进口药品可能危害人体健康的。”二、将第二十五条第一款第五项修改为：“药品监督管理部门有其他证据证明进口药品可能危害人体健康的。”《决定》自公布之日起施行。《药品进口管理办法》共5章45条，主要有总则，进口备案，口岸检验，监督管理，附则等内容。《药品进口管理办法》根据《决定》作相应修改，重新公布。

8月24日

［纲　文］**环境保护部、发展改革委、商务部公布《废塑料加工利用污染防治管理规定》。**

8月24日

［纲　文］**环境保护部黄河中上游流域水污染防治“十二五”规划实施会商会议在西宁举行。**

［目　文］会议的主要任务是深入贯彻第七次全国环境保护大会精神，全面落实国务院批复的《重点流域水污染防治规划（2011—2015年）》确定的黄河中上游流域治污目标和任务，会商黄河中上游流域水污染防治工作中的突出问题，研究部署近期的重点工作。环境保护部西北环保督查中心、华北环保督查中心就辖区水污染防治情况进行了通报，参加会议的各省区环境保护部门负责人分别作了专题工作汇报，有关专家就流域水污染防治及“十二五”规划实施情况充分发表了意见建议。会议要求，要全面落实黄河中上游流域水污染防治任务，确保实现“十二五”规划目标。在水污染治理、生态保护和环境风险防范上出重拳、用重典，不断夯实工作基础；强化饮用水水源保护，全面保障全流域人民群众喝上干净的水；强化工业、生活、农业污染综合防治，全面削减污染物总量；强化监控预警能力建设，全面提升流域风险防范水平，圆满完成重点流域水污染防治规划确定的各项任务。要完善深化流域水污染防治工作机制，扎实推进规划实施。完善规划考核制度，建立流域水环境会商和预警机制，建立流域水环境综合管理平台，强化规划实施的过程管理，扎实推进规划实施。要扎实做好重点工作，确保实现2012年流域水质改善。全力推进规划工程项目建设，以氨氮减排为重点，推进水质不断改善，不断提升流域水环境监管水平，探索建立水资源调配—水污染防治—水生态修复三位一体的防治格局。要秉持环保为民理念，牢牢把握历史新机遇，认真贯彻落实第七次全国环境保护大会精神，积极探索环境保护新道路，扎实推进黄河中上游流域水污染防治工作。

8月24日

［纲　文］**国家税务总局发布《启运港退（免）税管理办法》。**

［目　文］《办法》共4章15条内容，主要有退（免）税备案，退（免）税申报，退（免）税审核，其他等内容。《办法》自2012年8月1日起施行。

8月24—25日

［纲　文］**温家宝在广东省广州、佛山、东莞等地调研。**

［目　文］国务院总理温家宝到广州鸿利光电公司、唯品会信息科技公司、佛山伊之

密精密机械公司、新宝电器公司、东莞绿洲鞋业公司、三星视界公司、科创实业公司等企业了解生产经营和出口状况，并在企业召开座谈会。温家宝还到东莞市南城区宏远社区看望外地来粤务工人员。调研期间，听取了广东省委省政府的工作汇报。中共中央政治局委员、广东省委书记汪洋陪同考察。

温家宝指出，要高度重视进出口贸易中存在的问题和困难，有针对性地采取措施推动出口稳定增长，为实现全年经济社会发展目标提供良好条件。三季度是实现全年出口增长目标的关键时期，要有针对性地采取措施：一要继续落实和完善稳定出口政策。二要加快转变外贸发展方式。三要积极扩大进口，重点增加进口先进技术设备、关键零部件以及与人民群众密切相关的生活用品。四要妥善应对贸易摩擦，降低贸易摩擦的风险和影响。五要着力提高利用外资水平。稳增长是中央确定的下半年经济工作的重点任务，是做好其他工作的重要基础，不仅对实现今年的发展目标有重要意义，也对明年的发展至关重要。要进一步加大宏观调控的力度，着力提高政策的针对性和有效性。面对当前的困难，要大力改善企业经营环境，增强企业信心。目前，"新36条"实施细则已经全部出台，要跟踪实施情况及效果，不断完善和落实鼓励引导民营经济发展的各项政策措施。

8月24—29日

［纲　文］**贾庆林在甘肃调研**。

［目　文］中共中央政治局常委、全国政协主席贾庆林先后到酒泉、嘉峪关、张掖、兰州等地对工厂企业、科技园区、农村乡镇和文化设施进行调研。在甘肃酒泉钢铁（集团）有限责任公司、紫轩酒业有限公司，贾庆林询问企业生产经营、研发设计和转型升级等情况；在玉门大唐风电场、甘肃奇正藏药有限公司、兰州金川科技园有限公司，贾庆林强调要加快发展新能源、生物制药、新材料等战略性新兴产业。在敦煌莫高窟、张掖国家湿地公园、肃南县祁连玉文化产业园等地，贾庆林听取生态环境建设、文化遗产保护、旅游产业发展等情况；在敦煌市阳关镇龙勒村，贾庆林了解农民收入和生产生活条件；在张掖滨河新区、兰州新区，贾庆林了解城市基础设施建设、住房保障、群众就业等情况。贾庆林看望了甘肃省政协、统战部机关干部及各民主党派、工商联负责人。调研期间，贾庆林听取了甘肃省委、省政府的工作汇报。

8月25日

［纲　文］**《人民日报》报道，中国警方与安哥拉警方成功开展联合打击行动**。

［目　文］行动摧毁针对在安哥拉中国公民实施绑架、抢劫、敲诈勒索、拐骗妇女强迫卖淫等犯罪团伙12个，破获各类重特大刑事案件48起，解救中国籍受害人14名，37名涉嫌绑架、抢劫、敲诈勒索、拐骗妇女强迫卖淫等违法犯罪活动的犯罪嫌疑人，被中国警方押解回国。

8月25日

［纲　文］**两院院士、武汉大学教授李德仁被国际摄影测量与遥感学会授予"荣誉会**

员”称号。

［目　文］ 这是在澳大利亚墨尔本举行的第 22 届国际摄影测量与遥感大会上授予的。该称号是国际摄影测量与遥感学会的最高荣誉称号，仅授予全世界在世的最具影响的 10 名杰出科学家。

8 月 26 日

［纲　文］ **国务院办公厅发出《关于成立国务院教育督导委员会的通知》。**

［目　文］《通知》说，为贯彻落实《国家中长期教育改革和发展规划纲要（2010—2020 年）》，进一步健全中国教育督导体制，国务院决定成立国务院教育督导委员会。委员会的主要职责是：研究制定国家教育督导的重大方针、政策；审议国家教育督导总体规划和重大事项；统筹指导全国教育督导工作；聘任国家督学；发布国家教育督导报告。委员会主任为国务委员刘延东，副主任为教育部部长袁贵仁、国务院副秘书长江小涓。

31 日，国务院教育督导委员会成立。

8 月 26 日

［纲　文］ **国务院办公厅发出《关于进一步加强人工影响天气工作的意见》。**

［目　文］《意见》主要有五个方面的内容：一、总体要求。到 2020 年，建立较为完善的人工影响天气工作体系，基础研究和应用技术研发取得重要成果，基础保障能力显著提升，协调指挥和安全监管水平得到增强，人工增雨（雪）作业年增加降水 600 亿吨以上，人工防雹保护面积由目前的 47 万平方公里增加到 54 万平方公里以上，服务经济社会发展的效益明显提高。二、做好重点领域作业服务。强化对农业生产的服务；合理开发空中云水资源；全力做好突发事件应对和重大活动保障。三、加强能力建设。加快基础保障能力建设；增强科技支撑能力；提高指挥调度水平；完善安全监管体系。四、强化保障措施。切实加大投入；加强队伍建设；健全法规规范。五、切实加强组织领导。健全组织领导体系；完善联动机制；加强科普宣传。

8 月 26 日

［纲　文］ **全国人大常委会农业法执法检查组第一次全体会议在北京举行。**

［目　文］ 会前，中共中央政治局常委、全国人大常委会委员长吴邦国作出批示说，开展农业法执法检查，是今年常委会监督工作的一项重要内容。总结这些年我们加强对“三农”工作监督的好经验好做法，搞好这次农业法执法检查，很重要的是在增强实效上下功夫，抓住影响农村改革发展的突出矛盾，分析问题切中要害，提出建议务实可行，跟踪落实一抓到底，切实推动法律的有效实施，更好地推进农业现代化、加快社会主义新农村建设。

全国人大常委会副委员长、执法检查组组长乌云其木格讲话指出，这次执法检查要围绕发展现代农业、粮食安全、农业投入与支持保护、耕地保护和农业扶贫开发等五个重点问题，精心组织，切实抓好。会议听取了农业部、发展改革委、财政部、国土资源部、国务院扶贫办等部门和单位负责人关于贯彻实施农业法情况的汇报。

执法检查组分为五个小组，于9月到山西、内蒙古、江苏、福建、江西、山东、河南、四川、云南、新疆进行检查。全国人大常委会还委托其他省、自治区、直辖市人大常委会对本行政区域内法律实施情况进行检查。

8月26日

［纲　文］**《人民日报》报道，全国生态省、市、县的建设取得进展。**

［目　文］自2000年开始启动以来，全国有海南、吉林、黑龙江、福建、浙江、山东、安徽、江苏、河北、广西、四川、辽宁、天津、山西、河南15个省份开展了生态省建设，超过1000个县（市、区）开展了生态县的建设，并有38个县（市、区）建成了国家级生态县，1559个乡镇建成国家级生态乡镇。

8月26—27日

［纲　文］**国务院在山西朔州召开三北防护林工作会议。**

［目　文］中共中央政治局委员、国务院副总理回良玉在会上强调，在新的历史条件下，三北防护林工程建设必须遵循自然规律、经济规律和社会发展规律，弘扬宝贵经验，大力开拓创新，确保完成好各项任务。一要加强组织领导。二要加强规划实施。三要加强投入保障。四要加强科学指导。五要加强改革创新。六要加强资源保护。

山西、内蒙古、辽宁、陕西、山西朔州市、新疆且末县和宁夏灵武白芨滩防沙林场在会上作典型发言。发展改革委、国家林业局负责人在会上介绍了三北工程规划并作了工作部署，会议对三北防护林工程建设进行了总结，决定正式启动第五期工程建设。会议期间，与会代表实地考察了朔州市平鲁区、右玉县的三北工程建设现场。

三北防护林体系建设工程是1978年11月启动的，建设范围主要是风沙危害和水土流失严重的西北、华北、东北地区，工程规划期限为73年，分八期工程进行。本次会议对三北防护林工程建设进行了认真总结，决定正式启动第五期工程建设。

8月26—28日

［纲　文］**中国（宁夏）黄河善谷慈善博览会在宁夏回族自治区银川市中国穆斯林商贸城举办。**

［目　文］博览会由民政部和宁夏回族自治区人民政府共同主办。全国政协副主席白立忱出席大会。博览会展示了中国慈善事业发展成就和宁夏黄河善谷建设成果，旨在搭建西部地区和宁夏慈善需求与全国慈善资源对接桥梁，研讨城市慈善与中国公益慈善创新发展的路径模式。

博览会期间进行了中国（宁夏）慈善成就展，邀请企业家和慈善家参加“黄河善谷行”活动，举办了“黄河善谷”高峰论坛，发布宁夏“黄河善谷”慈善事业发展情况报告，集中推介展示一批慈善项目，搭建政府、慈善企业、慈善组织之间资源与需求洽谈的平台，举办以慈善为主题的大型文艺晚会，颁发“黄河善谷奖”，举办第二届“中国城市公益慈善指数”发布活动。

8月27日

［纲　文］**中国儿童中心成立30周年纪念大会在北京举行，党和国家领导人胡锦涛、温家宝等表示祝贺。**

［目　文］中共中央总书记胡锦涛在贺信中指出，30年来，中国儿童中心始终坚持一切为了少年儿童的宗旨，积极开展为广大少年儿童喜闻乐见的一系列活动，在教育培养少年儿童方面取得了丰硕成果，为推动中国少年儿童事业发展做出了特殊贡献。少年儿童是国家和民族的未来。希望中国儿童中心全面贯彻党的教育方针，坚持面向广大少年儿童，不断探索新形势下少年儿童成长规律，为促进少年儿童快乐学习、健康成长、全面发展做出新的更大贡献。

国务院总理温家宝、全国人大常委会副委员长王兆国也致信祝贺。国务院妇女儿童工作委员会主任刘延东，全国人大常委会副委员长、全国妇联主席陈至立出席大会并致辞。陈至立说，胡锦涛总书记等中央领导同志在中国儿童中心成立30周年之际专门表示祝贺，这是对中国儿童中心广大干部职工的巨大鼓舞和鞭策，我们一定要认真学习领会、坚决贯彻落实中央领导同志的重要指示精神。中国儿童中心要贯彻党的教育方针，坚持社会主义育人方向；要坚持改革创新，全面提高活动中心育人水平；要坚持引领示范，促进儿童校外教育创新发展；要坚持开放办园，扩大儿童发展交流与合作。彭珮云、顾秀莲等也对中国儿童中心成立30周年表示祝贺。

纪念大会由全国妇联副主席、书记处第一书记宋秀岩主持。中央和国家机关、人民团体、北京市有关部门负责人出席大会。

8月27日

［纲　文］**国务院发出《关于大力实施促进中部地区崛起战略的若干意见》。**

［目　文］《意见》主要有八方面内容。一、促进中部地区崛起面临的新形势和新任务。二、稳步提升“三基地、一枢纽”地位，增强发展的整体实力和竞争力。三、推动重点地区加快发展，不断拓展经济发展空间。四、大力发展社会事业，切实保障和改善民生。五、加强资源节约和环境保护，坚定不移走可持续发展道路。六、大力推进改革创新，增强发展的活力和动力。七、全方位扩大开放，加快形成互利共赢开放新格局。八、加强政策支持。

《意见》提出的发展目标是，到2020年，中部地区经济发展方式转变取得明显成效，年均经济增长速度继续快于全国平均水平，整体实力和竞争力显著增强，经济总量占全国的比重进一步提高，区域主体功能定位更加清晰，“三基地、一枢纽”地位更加巩固，城乡区域更加协调，人与自然更加和谐，体制机制更加完善，城乡居民收入与经济同步增长，城镇化率力争达到全国平均水平，基本公共服务主要指标接近东部地区水平，努力实现全面崛起，在支撑全国发展中发挥更大作用。

8月27日

［纲　文］**中央司法体制改革领导小组第五次全体会议暨司法体制机制改革第12次专题汇报会在北京举行。**

［目　文］中共中央政治局委员、中央政法委副书记王乐泉，国务委员、中央政法委副书记孟建柱，最高人民法院院长王胜俊，最高人民检察院检察长曹建明出席会议并讲话，中央司法体制改革领导小组成员和有关方面负责人参加了会议。

会上播放了中央政法各单位推进执法规范化建设的专题片，最高人民法院、最高人民检察院、公安部、司法部分别汇报了建立案例指导制度、改革和完善对羁押场所执法监管活动的监督机制、加强执法规范化建设、改革律师制度等改革事项的进展情况，中央司法体制改革领导小组办公室汇报了今年以来的改革情况和下步工作意见，与会人员进行了讨论。

8月27日

［纲　文］**"第三届两岸青年创新创业高端论坛"在北京举行。**

［目　文］论坛由民革中央办公厅、北京歌华文化发展集团和台湾中华杰出青年交流促进会共同主办，主题为"创意创造，共创未来"。论坛上，由国务院台湾事务办公室批准建立的两岸文化创意人才服务基地举行了揭牌仪式。中央统战部、国务院台湾事务办公室、教育部、人力资源社会保障部、科技部等有关部门的同志参加论坛。150余位两岸创意产业领域领军人物，围绕两岸关系和平发展形势下创意产业的合作与发展，以及两岸青年的创业环境与机遇等议题进行讨论。来自两岸文创领域的知名学者嘉宾分别围绕网络科技、影视传媒、创意设计，以及两岸创业环境与机遇等方面做了交流探讨。

8月27日

［纲　文］**全国首届民办博物馆研究成果交流会在兰州举办。**

［目　文］交流会由中国博物馆协会民办博物馆专业委员会主办。来自全国各地11家民办博物馆的馆长和专家学者以各自办馆的实际经验和长期理论研究展开探讨交流。交流会指出，据不完全统计，在全国登记注册的3000多个博物馆中，民间博物馆有400多个，加上各种未注册的私人博物馆及收藏室，全国民间博物馆的总数达千余家。民营博物馆的发展处于历史上最好的时期，但仍存在体制、经费等亟待解决的问题。

8月27—28日

［纲　文］**回良玉在内蒙古考察黄河防汛抗洪工作。**

［目　文］国务院副总理、国家防汛抗旱总指挥回良玉先后到内蒙古鄂尔多斯市、包头市黄河大堤实地察看黄河汛情水情，检查指导防汛抗洪工作。他强调，当前北方仍处在主汛期，海上热带气旋不断生成并影响中国，防汛防台风任务仍然艰巨。各地区各有关部门要继续高度关注汛情发展，强化责任落实，强化举措到位，做到思想不麻痹、领导不放松、工作不懈怠，确保大江大河大湖、大型和重点中型水库、重要基础设施防洪安全，确保人民群众生命财产安全，努力夺取今年防汛抗洪的全面胜利。

8月27—28日

［纲　文］**首届中非地方政府合作论坛在北京举行。**

［目　文］中非地方政府合作论坛是中非合作论坛框架下，旨在促进中非地方政府交流合作的平台。

27日，国务院副总理李克强在开幕式上指出，把中非新型战略伙伴关系提升到新水平，关键是要“互信”“互利”“互动”。互信就是要立足共同战略利益，增进政治互信，在国际重大问题上加强沟通协调；互利就是要落实好中非合作论坛第五届部长级会议达成的协议和合作项目，更加注重推动农业、制造业等非资源领域合作与资源领域合作齐头并进，更加注重改善民生福祉，更加注重生态环保；互动就是要加强教育、卫生、文化、旅游等人文交流，促进中非两大文明交流互动，巩固合作的民意基础。

28日，国务委员戴秉国在闭幕式讲话强调，地方政府合作是中非关系发展的重要组成部分，本届论坛围绕“推动地方合作，促进共同发展”主题展开热烈讨论，达成广泛共识，取得丰硕成果。中方愿同非洲国家一道，充分发挥论坛及其相关机制作用，积极落实本届论坛成果，不断为中非合作开辟新途径，充实新内容。

论坛由中国人民对外友好协会、非洲城市与地方政府联合组织共同主办。非洲40个国家、中国29个省（区、市）的代表，相关国际组织和机构的代表，共约1700人参加论坛。全国政协副主席阿不来提·阿不都热西提、北京市代市长王安顺、中国人民对外友好协会会长李小林等出席论坛的各项活动。乌干达副总统爱德华·塞坎迪、布隆迪第一副总统泰朗斯·西农古鲁扎出席论坛。广州市人民对外友好协会代表及广州市民营企业家代表参加论坛。

论坛举办期间，分别举行了中非地方政府领导人峰会和中非经贸论坛。中非地方政府领导人峰会围绕中非地方政府在基础设施建设、运营维护以及居民住房保障等方面的经验，处理资源开发、经济发展与环境保护之间的关系，建立多样化且稳定的融资渠道，处理人口增长与提高人口素质之间的关系等议题进行了交流与探讨。论坛通过了《首届中非地方政府合作论坛北京宣言》，并举行中非省、自治区缔结友好关系等协议签约仪式。

8月27—31日

［纲　文］**十一届全国人大常委会第28次会议在人民大会堂举行。**

［目　文］全国人大常委会委员长吴邦国主持会议。会议主要内容是：一、会议表决通过了全国人大常委会关于修改民事诉讼法的决定、关于修改农业技术推广法的决定；决定免去李盛霖的交通运输部部长职务，任命杨传堂为交通运输部部长。国家主席胡锦涛签署第59号、60号、61号主席令，分别予以公布。二、会议表决通过了全国人大常委会代表资格审查委员会关于个别代表的代表资格的报告。根据全国人大常委会发表的公告，十一届全国人大现实有代表2973人。三、会议表决通过了香港特别行政区十二届全国人大代表选举会议成员名单、澳门特别行政区十二届全国人大代表选举会议成员名单。根据香港、澳门特别行政区选举第十二届全国人大代表的办法规定，香港、澳门特别行政区选

举第十二届全国人大代表由全国人大常委会主持。委员长会议建议，委托全国人大常委会副委员长兼秘书长李建国负责主持这两项工作。四、会议表决通过有关任免案。

8月27日—9月3日

［纲　文］**第2届鄂尔多斯国际那达慕大会在鄂尔多斯举行。**

［目　文］大会由国家体育总局、文化部、国家民委和内蒙古自治区人民政府共同主办。中共中央政治局委员、国务院副总理回良玉出席开幕式。

大会活动涵盖体育、文化、旅游、经贸等多个领域。体育竞技不仅有赛马、赛驼、搏克、射箭、蒙古象棋等传统项目，还有带有浓郁现代特色的越野挑战赛、“草原三项”表演赛等创新品牌体育竞赛项目。大会还举行国际田联竞走挑战赛总决赛、首届中国马术大赛、鄂尔多斯国际拳击挑战赛、全国女子曲棍球锦标赛等活动。

8月27日—9月20日

［纲　文］**国家图书馆百年服务展举行。**

［目　文］国家图书馆历经京师图书馆、国立北平图书馆、北京图书馆、国家图书馆4个历史时期。展览遴选出档案、宣传册、馆徽、读者卡（阅览证）、目录卡片等数十件实物，形象地反映国家图书馆服务历史的风貌特征。展览展示了国家数字图书馆建设的实际情况和创新服务类型，通过平板电脑、手持阅读器、手机、电子触摸屏等多媒体设备，展示了国家数字图书馆的建设成果与创新发展。展览期间，还面向读者开展了“掌上国图”、电视图书馆等数字图书馆创新服务现场互动体验活动。

8月28日

［纲　文］**经济全球化与工会国际论坛在北京举行。**

［目　文］论坛由中华全国总工会主办。论坛主题是“尊重劳动创造，维护职工权益”。

全国人大常委会副委员长、中华全国总工会主席王兆国出席开幕式并讲话。中华全国总工会副主席王玉普在论坛上作了题为“尊重劳动、倡导劳动、保护劳动，努力维护广大劳动者的合法权益”的大会发言。非洲工会统一组织总书记松莫努代表出席论坛的外国工会组织领导人在开幕式上致辞，共计25位外国工会组织领导人发言，对中国党和政府高度重视维护和保障劳动者利益，以及中国工会在维护劳动者权益、构建和谐劳动关系、促进经济社会发展方面的卓越成绩表示赞赏和钦佩。来自亚、非、拉和欧洲国家工会组织以及国际和区域工会组织、国际劳工组织等100多名代表参加了论坛。

经济全球化与工会国际论坛自2004年首次举办，此次是第8届。论坛首次专设了双边论坛和专题讨论会，并在论坛期间专门安排与会代表到天津参观困难职工帮扶中心、工人文化宫和职业技术培训学校，实地了解中国工会工作情况。

8月28日

［纲　文］**全国家庭教育工作会议在北京召开。**

［目　文］会议由全国妇联、教育部联合主办。全国妇联副主席、书记处书记赵东花主持会议并做全国家庭教育工作报告。全国妇联副主席、书记处第一书记宋秀岩出席会议并做讲话。来自北京、上海、江苏、福建等十个省市的妇联、教育、文明办系统的负责同志做了大会交流发言。

会议落实了《国家中长期教育改革和发展规划纲要（2010—2020年）》和《中国儿童发展纲要（2011—2020年）》的任务要求，总结交流了各地各部门推进家庭教育工作的经验，对新形势下如何进一步指导和推进家庭教育工作做出了部署。会上，全国妇联、教育部、中央文明办联合命名了1000个全国家庭教育工作示范单位，包括300个全国示范家长学校（家庭教育指导中心），300个全国家庭教育工作示范社区（村），100个全国家庭教育工作示范县（市、区），300个全国基层示范家长学校、儿童之家。与会领导向示范单位代表进行了授牌。

8月28日

［纲　文］**全国妇联在北京召开全国巾帼现代农业科技示范基地负责人座谈会。**

［目　文］全国人大常委会副委员长、全国妇联主席陈至立出席会议并讲话。全国妇联、农业部、科技部相关部门负责同志和来自28个省区市的全国巾帼现代农业科技示范基地负责人等140余人参加了座谈会。科技部、农业部相关部门负责同志发言，来自北京、福建、黑龙江等6省市示范基地的负责人代表介绍了她们发展现代农业，带领妇女致富的经验。

2011年，全国妇联、科技部、农业部共同在全国开展了巾帼现代农业科技示范基地创建活动，计划在“十二五”期间，高标准、高起点创建1000个全国巾帼现代农业科技示范基地。2012年，全国妇联与农业部、科技部共同认定了首批280个全国巾帼现代农业科技示范基地。

8月28日

［纲　文］**中国地震局会同有关部门修订《国家地震应急预案》。**

［目　文］《预案》主要有总则、组织体系、响应机制、监测报告、应急响应、指挥与协调、恢复重建、保障措施、对港澳台地震灾害应急、其他地震及火山事件应急、附则等方面内容。《预案》自9月21日起实施。

8月28—30日

［纲　文］**应国家主席胡锦涛邀请，埃及总统穆罕默德·穆尔西对中国进行国事访问。**

［目　文］28日，国家主席胡锦涛与穆尔西会谈。29日，全国人大常委会委员长吴邦国、国务院总理温家宝、国家副主席习近平分别会见了穆尔西。

胡锦涛在会谈时提出四点建议：一、深化政治关系。两国高层领导人、政府、立法机构、政党要保持密切交往，相互借鉴治国理政经验。双方要充分发挥各对话磋商机制的作用，在涉及彼此核心利益的重大问题上继续相互坚定支持。二、促进经贸合作。双方要结合各自发展战略，进一步加强经贸往来，稳步推进苏伊士经贸合作区等大项目建设，扩大在基础设施建设、农业、交通、能源、金融等领域的合作，深入探讨加强贸易与投资的新思路新举措。中方鼓励和支持有实力、信誉好的中国企业赴埃及投资办厂，愿帮助埃方培训更多各类专业人才。三、扩大人文交流。双方要充分发挥文明古国和文化大国的优势，利用各种渠道和平台，促进不同文明对话和交流互鉴，深化两国在文教、卫生、新闻、科技、旅游等领域的交流合作，使中埃传统友谊薪火相传。四、加强多边合作。中方支持埃方在国际和地区事务中发挥更大作用，愿就地区和国际热点问题与埃方保持密切沟通，继续加强双方在中阿、中非合作论坛框架内的合作，为促进地区和世界的和平、稳定与发展而共同努力。

吴邦国在会见时指出，中方主张国际关系民主化，尊重各国人民自主选择发展道路的权利。中方感谢埃方在涉及中方核心利益问题上给予的坚定支持，尊重埃及人民根据本国国情选择的政治制度、发展道路和内外政策，支持埃及为发展经济、改善民生所做的努力，支持埃及在国际事务中发挥更大作用。正是政治上的高度互信和相互支持，为中埃关系长期稳定发展奠定了坚实基础。

温家宝在会见时表示，中埃经贸合作建立在平等互利基础上，符合双方的根本利益。要发挥现有机制的作用，加强规划引导，研究开拓新的合作领域；密切协调配合，确保在建和商定的重大项目顺利实施，使它们尽快发挥经济和社会效益；扩大在民生和发展领域的合作，让更多普通民众得到实实在在的好处，提升埃方的生产能力和水平；完善有关促进和保护投资等方面的双边法律协定，为双方合作创造良好环境。

习近平在会见时表示，中方高度重视发展中埃关系，始终将埃及视为值得信赖的重要合作伙伴，对埃友好政策不会改变。中方希望双方继续在涉及彼此核心利益和重大关切问题上相互理解和支持，保持和加强在重大国际和地区事务中的协调与配合；与埃方分享治国理政和改革发展经验；继续拓展经贸合作；在文化、教育、科技、农业等各领域深化与埃方的交流与合作，不断丰富两国战略合作关系内涵。

访问期间，两国签署了经济技术合作协定、加强中埃农业技术研究示范基地合作的协议、信息通信领域合作谅解备忘录等。

8月28—31日

［纲　文］**文化部在青岛市召开全国文化市场综合执法规范化建设工作会。**

［目　文］会议回顾总结文化市场综合执法改革阶段性经验，部署推进文化市场综合执法规范化建设，研究发挥文化市场管理工作领导小组及其办公室作用，进一步提升文化市场监管能力。山东省文化厅和青岛市文化市场行政执法局以及四川、湖北、黑龙江、辽宁沈阳、江苏苏州、上海嘉定、安徽芜湖、广东东莞等地文化部门代表，分别就各自在落实综合执法改革任务、推进综合执法规范化建设方面的主要做法作了大会经验交流发言。30日，召开全国省级文化市场管理工作领导小组办公室负责人座谈会，就如何贯彻落实会议精神，发挥文化市场管理工作领导小组及其办公室的平台作用进行座谈。

8月29日

［纲　文］**温家宝主持召开国务院常务会议。**

［目　文］会议指出，中国已全面普及义务教育，从根本上解决了适龄儿童少年“有学上”问题。但区域、城乡、学校之间办学水平和教育质量还存在差距。要将推进均衡发展、保障适龄儿童少年接受良好义务教育作为今后一个时期的主要任务，努力使每一所学校符合国家办学标准，县域内学校之间差距明显缩小。

会议讨论通过《关于深入推进义务教育均衡发展的意见》，确定了以下政策措施：一、推动优质教育资源共享。鼓励建立学校联盟，大力推进教育信息化。二、均衡配置办学资源。增加财政对农村地区、贫困地区以及薄弱环节的投入。三、均衡配置教师资源。鼓励优秀高校毕业生到农村学校或薄弱学校任教。对长期在农村基层和艰苦边远地区工作的教师，在工资、职称等方面实行倾斜政策。逐步实行城乡统一的中小学编制标准。四、保障进城务工人员随迁子女、农村留守儿童、残疾儿童少年、孤儿、流浪儿童等平等接受义务教育。五、全面提高教育质量。六、加强和改进学校管理。完善学生学籍管理办法，建立以居住地学龄人口为基准的义务教育管理和公共服务机制。会议强调，推进义务教育均衡发展要遵循教育规律，符合客观实际，强化地方政府责任。要调动各方面积极性，在努力办好公办教育的同时，鼓励发展民办教育。

会议指出，保障适龄儿童少年就近入学是政府的法定责任，是基本公共服务的重要内容。农村义务教育学校布局，要统筹考虑城乡人口流动、学龄人口变化，以及当地地理环境及交通状况、教育条件保障能力、学生家庭经济负担等因素，充分考虑学生的年龄特点，努力满足适龄儿童少年就近接受良好义务教育的要求。

会议对规范农村义务教育学校布局调整提出了指导意见。一要科学制定农村义务教育学校布局规划。合理确定县域内教学点、村小、中心小学、初中学校布局，以及寄宿制学校和非寄宿制学校的比例，确保学校布局与学龄人口居住分布相适应。二要严格规范农村义务教育学校撤并程序。确因生源减少需要撤并学校的，必须严格履行论证、公示、报批等程序，广泛听取学生家长、学校师生、村民自治组织和乡镇政府的意见，保障群众充分参与并监督决策过程。已经撤并的学校或教学点，确有必要的应重新规划，按程序予以恢复。三要办好村小和教学点。提高生均公用经费标准，保证正常运转。采取多种措施改善办学条件，提高村小和教学点教学质量。四要加强农村寄宿制学校建设和管理。按照国家或省级标准为寄宿制学校配备教学、生活设施和必要的管理、服务、保安人员。加强安全管理和教育。落实校车安全管理条例，切实保障学生上下学交通安全。

会议审议通过了《教育督导条例（草案）》，明确了教育督导的范围、原则和方式。

8月29日

［纲　文］**中组部在北京召开全国组织系统讲党性、重品行、作表率活动总结会议。**

［目　文］会前，中共中央政治局常委习近平会见与会代表。习近平指出，这次受到

表彰的先进集体和先进个人，集中体现了组工干部对党忠诚、公道正派的政治品质，改革创新、求真务实的优良作风，甘为人梯、清正廉洁的精神境界。各级组织部门和广大组工干部都应当向受到表彰的优秀代表学习。党的十七大以来，全国组织系统为发挥党的组织优势作了大量工作，取得很大成绩。希望组织系统的同志们再接再厉，继续努力，坚持健全党的组织体系和完善党的组织方式，努力建设高素质的干部队伍和人才队伍，切实做好抓基层打基础的工作，为改革发展稳定提供坚强的组织保证。各级组织部门要认真总结开展这次活动的经验，在建立健全长效机制上下功夫，使讲党性、重品行、作表率的要求融入自身建设的全过程和各个方面，做到常态化、长效化。习近平还参观了“为了党和人民满意——全国组织系统讲党性、重品行、作表率活动专题展”。

中央组织部部长李源潮在总结会议上讲话说，五年来的实践充分说明，组织部门讲党性、重品行、作表率，要把服务大局作为主要实践，主动为党分忧、为国尽责、为民奉献；把让全党满意、让人民满意作为价值取向，切实解决干部群众反映强烈的突出问题；把增强党性作为核心任务，带头抵制选人用人上的不正之风，提高选人用人公信度；把提升能力素质作为基础工程，不断开阔眼界、开阔思路、开阔胸襟；把改革创新、破解难题作为着力点，努力提高组织工作科学化水平；把从严治部、从严律己、从严带队伍作为有力抓手，用铁的纪律保证风清气正。讲党性、重品行、作表率是新时期中国共产党人保持先进性和纯洁性的必然要求，要把它融入组工干部的思想理念，融入组织工作的中心任务，融入组工干部的日常管理，融入组织部门的制度建设，使之成为建设模范部门、打造过硬队伍的精神支撑和内生动力。

会上，中央组织部、人力资源社会保障部联合授予100个单位“全国组织系统先进集体”荣誉称号，授予50名同志“全国组织系统先进个人”荣誉称号，追授肖明、王辉、强秋3名同志“全国组织系统先进个人”荣誉称号，并对150名同志给予嘉奖。

8月29日

［纲　文］ **反腐倡廉专项治理工作汇报会在北京举行。**

［目　文］ 会议由中共中央纪委副书记何勇主持。中央纪委书记贺国强出席会议并讲话指出，回顾近年来开展专项治理、解决反腐倡廉建设中人民群众反映强烈突出问题的工作实践，我们主要有以下五个方面的体会。一是关注社情民意，确定工作任务。坚持从人民群众反映最强烈的问题抓起、从人民群众最不满意的地方改起、从人民群众最盼望的事情做起，抓住那些社会关注度高、群众反映强烈，而且具备一定条件、通过一段时间集中治理可以达到阶段性目标的问题开展专项治理，不断增强反腐倡廉工作的针对性和实效性。二是突出工作重点，抓住关键环节。针对不同问题的具体情况和特点，抓住关键，找准症结，有的放矢，对症施治，努力以重点工作的成效带动整体工作的推进，以关键环节的突破带动突出问题的解决。三是认真督查整改，严格执行纪律。针对工作中发现的突出问题，实事求是地提出整改处理意见，狠抓整改落实，同时加大查办违纪违法案件力度，确保专项治理工作不走过场、不留死角。四是强化成果应用，健全长效机制。注重总结经验，坚

持公开透明，着力完善制度，不断巩固和扩大治理成果。五是加强组织领导，形成工作合力。强化领导责任，加强工作指导，注重统筹协调，确保专项治理工作有力有序推进。

何勇强调，中央纪委、监察部机关各有关单位要加强组织领导、明确责任分工、突出工作重点、抓住关键环节、严格执行纪律、强化成果应用，把解决反腐倡廉建设中人民群众反映强烈的突出问题贯穿于业务工作之中，与中央和国家机关有关部委密切协调配合，及时掌握工作进展情况，确保任务落实。

8月29日

［纲　文］**国务院公布《气象设施和气象探测环境保护条例》。**

［目　文］《条例》主要有26条内容。《条例》经2012年8月22日国务院第214次常务会议通过，自2012年12月1日起施行。

8月29日

［纲　文］**教育部、中国科学院联合启动实施“科教结合协同育人行动计划”。**

［目　文］国务委员刘延东出席启动仪式并讲话指出，实施“科教结合协同育人行动计划”，使高校育人传统和学科门类齐全与科研院所丰富的科研资源和高水平科研队伍优势互补，这是改革人才培养体制、创新人才培养模式的积极探索，有利于搭建高校与科研院所深度合作的战略平台和沟通桥梁，培育跨学科、跨领域、跨系统的教学科研团队，实现强强联合、资源共享，推动人才培养水平和创新能力的提升。

中科院院长白春礼及教育部负责同志参加启动仪式，21所“211工程”建设高校和中国科学院31个研究所签署了战略合作协议。该计划由科苑学者上讲台计划、重点实验室开放计划、大学生科研实践计划、大学生暑期学校计划、大学生夏令营计划、联合培养大学生计划、联合培养研究生计划、人文社科学者进科苑计划、中科院大学生奖学金计划、科苑学者走进中学计划等10个项目构成，形成系列行动方案。首批有80余家中科院研究所、50余所高校参加。

8月29日

［纲　文］**《人民日报》报道，中国天气雷达和卫星产品打入国际市场。**

［目　文］中国华云公司研制生产的多普勒天气雷达、自动气象站产品，打破了国外公司对中国市场的垄断。同时，该公司生产的天气雷达、卫星接收系统等产品已进入国际市场，远销韩国、罗马尼亚、印度、伊拉克等近30个国家和地区。

8月29日

［纲　文］**环境保护部在北京召开全国环保系统政府信息公开工作会议。**

［目　文］环境保护部部长周生贤出席会议并讲话。会议指出，各级环境保护部门要充分认识新形势下环境保护信息公开的重要意义，从“五个加强”着手，大力推进环境保护信息公开工作。一是加强环境核查审批信息公开，着力推进信息主动公开。二是加强环境监测信息公开，及时向社会发布各类环境质量信息，推进重点流域水环境质量、重点城市空气环境质量、重点污染源监督性监测结果等信息公开。三是加强重特大突发环境事件

信息公开，及时公布处置情况，提高突发环境事件处置的公开透明度。四是加强依申请公开工作，要不断完善依申请公开工作措施，在受理、办理、答复各个环节，既严格依法，又讲究方式方法。五是加强环境保护信息公开的基础工作和队伍建设，推进电子政务、物联网等先进技术在环境领域的研发应用，分类做好工作人员培训，深化对全国环保系统信息公开的指导、监督和检查工作。

8月29日—9月2日

［纲　文］**第十九届北京国际图书博览会在中国国际展览中心（新馆）举办。**

［目　文］来自75个国家和地区的2000多家海内外出版单位参展，参展单位集中展览展示20万册精品图书，并开展1000多场有关出版、文学、教育、语言教育等各种主题、各种形式的文化交流活动和展览。主宾国韩国以“打开心灵之书，打开未来之门”的主题参展。此次图博会首次推出北京为主宾城市，以“世界城市，人文北京”为主题展现京韵文化。经统计，图博会共达成中外版权贸易协议3298项，比2011年增长11.68%。其中，达成各类版权输出与合作出版协议1867项，比2011年同期增长13%，达成引进协议1431项，引进与输出之比为1∶1.3。

8月29日—9月9日

［纲　文］**中国体育代表团参加伦敦举办的第14届残奥会。**

［目　文］中国体育代表团获得95枚金牌、71枚银牌、65枚铜牌，居金牌榜和奖牌榜第一位。

8月30日

［纲　文］**贾庆林在北京会见香港中国商会访京团全体成员。**

［目　文］全国政协主席贾庆林对香港中国商会提出三点希望：一是坚持爱国爱港，全面准确理解和贯彻“一国两制”方针，严格按照基本法办事，为保持香港长期繁荣稳定做出新的贡献；二是牢牢把握机遇，利用熟悉内地和香港的优势，为服务国家“十二五”规划，推动内地和香港的经济发展做出新的贡献；三是秉承“服务国家，繁荣香港，惠及全球”的办会宗旨，充分利用香港国际金融、航运、贸易中心的特殊地位和资源优势，积极配合国家实施“走出去”发展战略，为中国企业做大做强、走向世界，为国家现代化建设多做贡献。访京团团长陈经纬介绍了商会成立以来的会务活动情况以及今后的规划与设想。

8月30日

［纲　文］**贾庆林在北京会见世界台湾商会联合总会参访团全体成员。**

［目　文］全国政协主席贾庆林强调，广大海外台商虽身居海外，仍心系台湾、情牵两岸，既是两岸关系和平发展的见证者，也是参与者和受益者。希望广大海外台商更积极参与两岸交流合作、更积极支持两岸企业在海外发展、更积极促进居住国侨社团结，为维护中华民族的整体和根本利益做出新的贡献，为推动两岸关系和平发展做出新的更大贡

献。参访团团长黄正胜表示，台商在海外发展，得益于大陆经济持续快速发展，得益于台海和平稳定。两岸关系和平发展至关重要。

8月30日

［纲　文］**窗口单位服务行业创先争优交流会在北京举行。**

［目　文］中组部部长李源潮出席会议并讲话指出，充分发挥行业系统主管部门的优势，组织窗口单位和服务行业开展为民服务创先争优，是党内主题教育实践活动的一个创新。要认真总结运用为民服务创先争优的经验，坚持围绕中心、服务大局，使创先争优与业务工作深度融合，为科学发展提供强大动力；坚持突出行业特色、创新活动载体，让每个党组织和党员都行动起来；坚持以群众满意为标准，加强基层、服务群众，让群众得到实实在在的利益；坚持抓党建与抓业务相结合，使基层党建与业务工作有机融合、相互促进；坚持书记抓、抓书记，充分发挥领导干部和领导机关的示范带头作用。

交流会由中组部常务副部长沈跃跃主持。水利部、海关总署等12个部门和单位在会上介绍了经验。50家窗口单位和服务行业的负责同志参加会议。

8月30日

［纲　文］**国务院办公厅转发《关于做好进城务工人员随迁子女接受义务教育后在当地参加升学考试工作意见的通知》。**

［目　文］《通知》由教育部、发展改革委、公安部、人力资源社会保障部联合发出。《通知》对做好进城务工人员及其他非本地户籍就业人员随迁子女接受义务教育后在当地参加中考和高考工作，提出五个方面意见：一、充分认识做好随迁子女升学考试工作的重要性。二、做好随迁子女升学考试工作的主要原则。三、因地制宜制定随迁子女升学考试具体政策。四、统筹做好随迁子女和流入地学生升学考试工作。五、加强组织领导和协调配合。

8月30日

［纲　文］**民航局公布《外国航空运输企业在中国境内指定的销售代理直接进入和使用外国计算机订座系统许可管理暂行规定》。**

［目　文］《规定》共7章44条，主要有总则，许可证的申请与颁发，许可证管理，行为规范，监督检查，法律责任，附则等内容。《规定》6月5日由中国民用航空局局务会议通过，自10月1日起施行。

8月30日

［纲　文］**解放军总参谋部、总政治部、总后勤部、总装备部发布《军队文职人员管理规定》。**

［目　文］《规定》共9章73条，主要有总则，岗位等级，招聘、续聘和解聘，培训和使用，教育和日常管理，待遇等内容。《规定》自2013年1月1日起施行。

8月30—31日

［纲　文］**应国务院总理温家宝邀请，德国总理默克尔对中国进行正式访问。**

［目　文］ 30日，国家主席胡锦涛、全国人大常委会委员长吴邦国、国家副主席习近平、国务院副总理李克强分别会见默克尔。温家宝与默克尔共同主持第二轮中德政府磋商。

胡锦涛在会见时表示，作为世界有重要影响的国家，中德在双边、地区和多边事务中拥有广泛共同利益，肩负重要责任，面临共同挑战。中方高度重视对德关系，愿与德方一道，切实落实双方高层会晤成果和第二轮中德政府磋商提出的各项任务，增进战略互信，深化务实合作，把展望未来的中德战略伙伴关系推上更高水平。欧洲早日走出困境，有助于世界经济稳定复苏，也有助于中国经济发展。中国坚定支持欧方为此所做的努力，支持国际货币基金组织等机构为解决欧债问题发挥重要作用，愿同国际社会保持沟通和协调，共同防范风险，维护全球金融稳定，推动世界经济可持续复苏和增长。默克尔表示，当前，世界经济存在诸多不确定因素，欧元区面临困难，中国冷静、妥善应对，并对欧元和欧洲经济给予信心和支持，这对欧洲尤为宝贵。

吴邦国在会见时表示，在双方共同努力下，当前中德关系呈现良好发展势头，两国领导人互访频繁，对话和交流机制日益完善并有效运转，双方政治互信不断加强，务实合作和人文交流深入推进，在国际事务中的沟通与协作更加密切。中方高度重视中德关系，愿与德方一道，继续本着相互尊重、求同存异、互利共赢的精神，从战略高度和长远角度发展两国关系，以更宽广的视野、更开放的思路深化务实合作，推动中德战略伙伴关系全面向前发展。中德关系的深入发展离不开两国立法机构的大力支持和积极参与。中国全国人大愿进一步加强与德联邦议院的友好往来，不断提升议会合作水平，使议会成为中德关系健康稳定发展的建设性力量。吴邦国还应询向客人介绍了中国近年来民主法制建设的进展情况。

温家宝与默克尔共同主持了第二轮中德政府磋商，在小范围会谈中就中德关系、欧债问题等深入交换看法，达成重要共识。两国总理听取了双方外交、经济、科技、教育、环保等23个部门负责人进行对口会谈的工作汇报，并对下一阶段各领域合作进行指导和部署。两国总理就反对贸易保护主义，通过对话协商解决包括光伏产业在内的贸易摩擦，避免采取反倾销、反补贴措施达成一致，认为中德、中欧要进一步发挥各自优势，加强和深化企业合作，携手开拓市场，实现共同发展。双方就加强先进制造业合作、成立中德经济顾问委员会、建立可再生能源战略伙伴关系、拓展海洋极地合作、“举办中德语言年”等达成一致，将共同制定具体举措。磋商后，两国总理出席了双边有关合作文件的签字仪式，并共同会见了记者。

习近平在会见时表示，2010年中德确立战略伙伴关系，2011年两国建立政府磋商机制，此次双方决定共同推进“展望未来的战略伙伴关系”，为两国关系发展赋予新的内涵，具有重要意义。双方应进一步深化合作，不断挖掘合作潜力，为两国务实合作注入长久、可持续的动力；中德都是国际上有重要影响的国家，也承担着重要责任，应加强在重大国际问题上的协调合作，推动建设一个持久和平、共同繁荣的世界。希望中德双方继续坚持相互尊重、平等相待的原则，抓住合作共赢的主线，将“展望未来的战略伙伴关系”不断推向前进。

李克强在会见时表示，中国始终把发展作为第一要务，把改善民生作为优先方向，我们的发展需要一个和平稳定的国际环境。以史为鉴有助于更好着眼未来，更加珍视和平。中国将坚定不移走和平发展道路，愿同包括德国在内的各国一道，为塑造一个持久和平、共同繁荣的世界做出不懈努力。

31日，温家宝在天津同默克尔一起与两国企业家座谈，认真听取他们对进一步发展中德经贸关系的意见和建议，并作出积极回应。温家宝说，加强中德经贸合作具有长远和战略意义，中国政府欢迎德国企业扩大对华投资，将不断改进工作，创造公平、透明的市场环境，加大知识产权保护力度。双方要共同努力，为两国企业合作提供有力的法律保障，推动建立便利、智能化的服务体系。

8月31日

［纲　文］ **胡锦涛签署国家主席令（第59号至第61号）。**

［目　文］ 第59号主席令说：《全国人民代表大会常务委员会关于修改〈中华人民共和国民事诉讼法〉的决定》已由中华人民共和国第十一届全国人民代表大会常务委员会第二十八次会议于2012年8月31日通过，现予公布，自2013年1月1日起施行。

第60号主席令说：《全国人民代表大会常务委员会关于修改〈中华人民共和国农业技术推广法〉的决定》已由中华人民共和国第十一届全国人民代表大会常务委员会第28次会议于2012年8月31日通过，现予公布，自2013年1月1日起施行。

第61号主席令说：根据中华人民共和国第十一届全国人民代表大会常务委员会第28次会议于2012年8月31日的决定：免去李盛霖的交通运输部部长职务；任命杨传堂为交通运输部部长。

8月31日

［纲　文］ **温家宝在天津考察保障房建设。**

［目　文］ 国务院总理温家宝到保障性住房项目天津市北辰区双青新家园建设工地，察看房屋结构和建设情况，还到天津公租房、经济适用房小区秋怡家园看望居民，了解生活情况。中共中央政治局委员、天津市委书记张高丽陪同考察。

温家宝说，2009年至2011年底，全国共开工建设城镇保障房2100多万套，基本建成1100万套。保障性住房覆盖面从2008年不足4%提高到11%，这项工作得到了广大群众的衷心拥护。事实证明，保障性安居工程是民生工程，是发展工程，也是民心工程。做好保障房工作是稳定房价、巩固房地产市场调控成果的重要支撑。要高度重视保障性安居工程规划、建设、分配几个关键环节。第一，建设环节除了要按期进行施工外，最重要的是保障质量。要把质量作为安居工程的生命线。第二，分配和管理环节，必须建立严格的制度和规范的程序，体现公开、公正和透明。申请、受理、审核、公示每个过程都要做到公平，才能保障结果的公平。第三，布局和配套设施必须摆在重要位置。保障性住房规划选址要充分听取群众意见，充分考虑群众交通、上学、购物、就医等实际问题。配套设施和保障房要同步规划、同步建设，不仅让群众租得上、住得上，还要让群众实实在在感到生活方便。

8月31日

［纲　文］**国家副主席习近平在北京出席中韩建交20周年纪念招待会。**

［目　文］招待会由中国人民对外友好协会和韩国驻华大使馆共同举办。会前，习近平会见了与会的中韩专家研究委员会双方代表，出席了中韩建交20周年纪念图书及纪念封揭幕仪式，并观看了富有浓郁中韩两国民族风情的文艺演出。中国人民对外友好协会会长、韩国驻华大使在招待会上先后致辞。中韩友协、外交部、中联部、全国人大、国务院侨办、共青团中央有关负责人出席招待会。来自中韩两国各界友好人士代表、部分驻华使节和企业家等约400人出席了招待会。

8月31日

［纲　文］**国务院办公厅发出《关于调整辽宁丹东鸭绿江口湿地等4处国家级自然保护区的通知》。**

［目　文］《通知》说，一、国务院同意调整辽宁丹东鸭绿江口湿地、江苏盐城湿地珍禽、宁夏灵武白芨滩和新疆罗布泊野骆驼国家级自然保护区的范围。调整后保护区的面积、范围和功能分区等由环境保护部予以公布。二、有关地区要按照批准的调整方案组织勘界，落实自然保护区土地权属，并在规定的时限内标明区界，予以公告。三、有关地区和部门要严格执行《中华人民共和国自然保护区条例》等有关规定，认真贯彻《国务院办公厅关于做好自然保护区管理有关工作的通知》要求，切实加强对自然保护区工作的领导和协调、监督，妥善处理好自然保护区管理与当地经济建设及居民生产生活的关系，确保各项管理措施得到落实。

8月31日—10月22日

［纲　文］**“大地情深”——国家公共文化示范区创建城市群众文化进京展演举办。**

［目　文］展演由文化部主办。本次活动是新中国成立以来首次以地市级城市为单位组织举办的群众文化进京展演，也是第一批国家公共文化服务体系示范区创建成果的全面展示。共有28个第一批国家公共文化服务体系示范区创建城市的40场演出参加，演出形式包括综艺晚会、广场演出、民族歌舞、专场音乐会等，演出地点在北京市各区县的剧院、广场、军营和学校，演职人员近万人，观众人数总计达10万人。

8月—10月

［纲　文］**文化部主办的“讴歌伟大时代，艺术奉献人民——2012年全国优秀剧目展演”在北京国家大剧院、长安大戏院、梅兰芳大剧院、天桥剧场等地举行。**

［目　文］展演活动旨在进一步发挥国家艺术院团的导向性、代表性和示范性作用，全面展示国家艺术院团优秀艺术成果，推出优秀剧目和艺术人才，促进创作与积累。展

演8月24日开幕，展演展示几年来中国舞台艺术创作的成果，参演剧目艺术门类齐全，题材广泛，为观众奉献了119台剧目。参演的剧目中，有84部是从各省区市申报的剧目中遴选出来的，有参加2012年国家艺术院团优秀剧目展演的35台剧目。展演涵盖戏曲、话剧儿童剧和歌剧、舞剧、歌舞诗、音乐剧等主要艺术门类。展演共计举办了240余场演出。

参演剧目中，讴歌改革开放、歌颂英模人物、反映百姓生活、反映时代主旋律的现实题材剧目占1/3。主旋律戏剧既有表现革命历史题材的剧目，如京剧《江姐》、豫剧《铡刀下的红梅》、粤剧《刑场上的婚礼》等，也有表现当代英模人物和优秀共产党人的剧目，如话剧《郭明义》和《生命档案》、吕剧《百姓书记》、豫剧《兰考往事——焦裕禄》等；既有关注重大历史事件和社会改革进程的剧目，如话剧《小平您好》和《红旗渠》、评剧《马本仓当官记》等，也有反映凡人小事、百姓生活的剧目，如话剧《向上走向下走》和《搬家》、滑稽戏《顾家姆妈》、陇剧《苦乐村官》等。参展的多数主旋律戏剧选择观众关心的现实生活为创作题材，描写普通群众的情感。

活动期间，文化部还组织国家艺术院团开展演出推广交易会、文化艺术高峰论坛、艺术创作与推广专题研讨会等形式多样的交流互动活动，进一步为国家艺术院团提供展示、推广、交易、发展的平台。

9 月

9月1日

［纲　文］**中央党校举行2012年秋季学期开学典礼**。

［目　文］中共中央政治局常委、中央党校校长习近平讲话指出，领导干部集中一段时间到党校学习，很有必要，很有好处。一是有利于补充和丰富知识。二是有利于总结和提高。三是有利于相互交流和学习。领导干部进党校，最重要的是学习党的基本理论，提高理论素养。这是党校姓党的重要体现，也是党校同普通高等学校的主要区别。现在在干部特别是年轻干部中，最重要也是最需要注意并切实解决好的是理想信念问题和思想作风问题，最需要加强的是理论教育。各级领导干部都要坚持不懈地抓好理论学习，增强坚持中国特色社会主义道路、理论体系、制度的自觉性坚定性。同时，要坚持不懈地学习党的优良传统和优良作风，牢固树立正确的世界观、权力观、事业观，养成宽阔的胸襟和眼界、高尚的思想情趣、艰苦朴素的生活作风，永做人民的忠实公仆。党校学员还要注意学习正确认识客观事物、做好领导工作所必须具有的辩证思维、战略思维、全局思维、创新思维等方面的知识和经验，学习历史的和现实的领导工作经验，努力提高领导水平和领导能力。党校学员要安下心来，心无旁骛、专心致志地看书学习，深入进行研讨。要结合工作实际，脑子里经常装几个问题，反复思考，这对于培养和提高理论思维和战略思维能力很有好处。要按照实事求是的党校校训要求，坚持理论联系实际，坚持学以致用，提高运用党的基本理论解决实际问题的能力，不断拓宽领导工作思路，同时把学习理论同增强党性锻炼结合起来，自觉加强思想修养。通过在党校的学习，进一步把掌握的理论转化为牢固确立科学世界观和方法论的思想力量，把学到的知识和经验转化为丰富做好领导工作的智慧和能力的储备，把党对领导干部的党性要求转化为培养高尚品德和发扬优良作风的自觉性。

中央党校常务副校长李景田主持开学典礼。中央有关部门负责人、中央党校负责人、中央党校新入学学员、在校全体学员、教职工等共1800多人参加了开学典礼。

9月1日

［纲　文］**国务院发出《关于进一步加强和改进最低生活保障工作的意见》**。

［目　文］《意见》主要有四方面内容：一、总体要求和基本原则。坚持应保尽保；坚持公平公正；坚持动态管理；坚持统筹兼顾。二、加强和改进最低生活保障工作的政策措施。完善最低生活保障对象认定条件；规范最低生活保障审核审批程序；建立救助申请

家庭经济状况核对机制；加强最低生活保障对象动态管理；健全最低生活保障工作监管机制；建立健全投诉举报核查制度；加强最低生活保障与其他社会救助制度的有效衔接。三、强化工作保障，确保各项政策措施落到实处。加强能力建设；加强经费保障；加强政策宣传。四、加强组织领导，进一步落实管理责任。加强组织领导；落实管理责任；强化责任追究。

9月1日

［**纲　文**］ **国务院发出《关于促进企业技术改造的指导意见》。**

［**目　文**］《意见》指出，当前，中国经济发展内外部环境正在发生深刻变化，新时期、新形势对技术改造提出了更高的要求，企业技术改造工作尚存在认识有待深化、长效机制亟待建立、投资方向缺乏有效引导、管理体制需要进一步理顺等问题，必须采取切实措施，抓紧研究解决。

《意见》主要有三方面内容：一、总体要求。新时期企业技术改造工作要紧紧围绕工业发展的新要求，更加注重促进技术创新能力的增强和创新成果的产业化，提升产业核心竞争力；更加注重节能降耗减排治污，促进绿色发展；更加注重信息技术的集成应用，推进信息化与工业化深度融合；更加注重产业公共服务能力建设，夯实产业基础；更加注重产业转移和集聚发展，优化产业布局。二、重点任务。推进技术创新和科技成果产业化；提高装备水平；促进绿色发展；优化产品结构；推进信息化与工业化融合；深化军民结合；促进安全生产；提升产业集聚水平；加强公共服务平台建设。三、保障措施。强化政策规划引导；加大财政支持力度；完善税收优惠政策；拓宽融资渠道；健全管理机制。

9月1日

［**纲　文**］ **国务院办公厅印发《国内贸易发展“十二五”规划》。**

［**目　文**］《规划》根据《国民经济和社会发展第十二个五年规划纲要》编制，主要阐明“十二五”时期中国国内贸易发展战略，提出发展政策导向，明确政府工作重点，引导市场主体行为，促进国内贸易又好又快发展。

《规划》主要有四方面内容：一、现状与形势。“十二五”时期国内贸易发展面临的挑战是：人民群众生活水平显著提高，居民消费结构不断升级，对国内贸易优化结构与布局提出了新要求；资源环境约束日趋强化，资金、土地、劳动力等要素成本上升，国内贸易加快转变发展方式的迫切性进一步增强；国际国内市场联系更加紧密，国内贸易领域的市场竞争更加激烈，维护市场正常秩序的任务更加艰巨；部分大宗商品较多依赖进口，受国际市场价格影响较大，市场调控难度增大。二、指导思想、基本原则和发展目标。总体规模指标实现翻番；城乡区域发展趋于协调；流通现代化水平显著提升；市场应急调控能力增强；国内市场环境明显改善。三、主要任务。统筹国内贸易协调发展；建立和完善现代商品流通体系；促进内贸领域服务行业大发展；全面提高流通企业竞争力；大力推进流通现代化；保障国内市场稳定运行；营造规范有序的市场环境；深化国内贸易的改革开放。四、保障措施。完善法规标准体系；加大财税和价格政策支持力度；创新金融支持政策；

完善规划和土地政策；加强理论研究和人才培养；建立统计评价体系。

9月1日

［纲　文］**纪念中华文化促进会创立20周年庆典活动在人民大会堂举行。**

［目　文］中共中央政治局委员、国务委员刘延东致信祝贺。贺信说，20年来，中华文化促进会坚持弘扬中华文化、促进国际交流的创会宗旨，广泛团结海内外中华儿女，开展了一系列有益于民族团结、国家统一和社会进步的文化活动，为繁荣发展社会主义文化，建设中华民族共有精神家园做出了积极贡献。

中华文化促进会创立于1992年，隶属文化部，会员由海内外成就杰出的文艺家、学者、文化活动家组成。庆典以“我们的故事”为题，通过图片、视频等方式，全面回顾了中华文化促进会20年来在弘扬中华文化、促进国际交流方面所做的工作和取得的成就。全国人大常委会，文化部，中共中央统战部，民进中央，澳门特别行政区检察院有关负责人，台湾新党主席郁慕明，以及来自海内外34个文促会组织的代表出席活动。

9月1日

［纲　文］**中国企业联合会、中国企业家协会发布2012中国企业500强名单及分析报告。**

［目　文］中石化继续蝉联首位，中石油、国家电网、工商银行、建设银行、中国移动、农业银行、中国银行、中国建筑、中海油分列第2至第10位。与2011年相比，2012中国500强企业规模继续快速提升，入围门槛为175.1亿元，比2011年提高23.3%。

中国大企业国际化经营能力显著提升，国际地位更加突出。2012中国企业500强中，261家填报海外营业收入数据的企业平均实现海外营业收入191亿元，比2011年增长了39.3%；平均海外资产达到290亿元，较2011年增长28.2%；平均海外员工为3108人，较2011年增长29.9%。

在科技创新方面，2012中国企业500强共投入研发资金5116亿元，比2011年增长了16.5%。从研发的专利产出看，2012中国企业500强共拥有专利25.8万项，比2011年增加了17.03%；其中发明专利7.5万项，比2011年增加了28.9%。

与2012中国企业500强名单同时发布的还有2012中国企业效益200佳名单，中国工商银行居于首位，入围企业数居前三位的行业分别是银行业，房地产开发与经营、物业及房屋装饰、修缮、管理等服务业，煤炭采掘及采选业。

9月1日

［纲　文］**首届电视剧编剧讲坛在南京举行。**

［目　文］讲坛由中国广播电视协会电视剧编剧工作委员会、中共江苏省委宣传部主办，江苏省广电局、江苏省广播电视总台承办，国家广电总局、江苏省委宣传部、中国广播电视协会、中广协电视剧编剧工作委员会领导及会员、编剧约150人参加活动。讲坛以“电视剧创作的大众化方向和精品意识”为主题，邀请国内著名编剧、导演、学者、制作方从不同角度讲述电视剧创作的问题与经验。为了鼓励原创，奖励精品，中国电视剧优秀

原创剧本奖将于2013年启动，国家广电总局将每年拿出1000万元奖励优秀电视剧剧本，推动电视剧编剧生产更多优秀剧本。

9月1—13日

［纲　文］**国务院副总理回良玉出席埃塞俄比亚总理梅莱斯葬礼，并对刚果（布）、坦桑尼亚、吉尔吉斯斯坦和乌兹别克斯坦进行正式访问。**

［目　文］访问是应刚果（布）政府、坦桑尼亚总理平达、吉尔吉斯斯坦第一副总理卡拉舍夫和乌兹别克斯坦第一副总理阿济莫夫的邀请。

访问期间，回良玉在埃塞俄比亚首都亚的斯亚贝巴出席了梅莱斯的葬礼，代表中国政府对梅莱斯总理逝世表示沉痛哀悼，回良玉会见了埃塞俄比亚代总理海尔马里亚姆、总统萨苏。回良玉在达累斯萨拉姆与坦桑尼亚总理平达举行了会谈，会见了桑给巴尔总统谢因。8日，回良玉在卢森堡市会见了卢森堡首相容克。10日，回良玉在比什凯克会见了吉尔吉斯总统阿坦巴耶夫、总理萨特巴尔季耶夫。12日，回良玉在塔什干与乌兹别克斯坦第一副总理阿济莫夫举行会谈，会见了总理米尔济亚耶夫、总统卡里莫夫。

9月1—2日

［纲　文］**纪念中日邦交正常化40周年"中日友好夏日盛典 in 北京2012"活动在北京朝阳公园举行。**

［目　文］2012年是中日邦交正常化40周年。2011年12月在北京召开的中日首脑会谈上，中国国务院总理温家宝和日本首相野田佳彦共同决定将2012年命名为"中日国民交流友好年"，并以"新的相遇、心的纽带"为口号开展各种活动，促进两国人民的相互理解与友好。

"中日友好夏日盛典 in 北京2012"活动作为中日国民交流友好年的主要活动之一，在北京朝阳公园内举办。活动由中国对外文化集团公司与"中日国民交流友好年"日方实行委员会联合主办。1日，举行开幕式，日本主办单位执行委员长米仓弘昌、日本驻华大使丹羽宇一郎、中国文化部负责人致辞，日本外务省大臣玄叶光一郎为开幕式发来贺词。两天的活动以庙会、盂兰盆舞、美食街、各式表演等形式推进人文、饮食、地方文化等方面的交流。

9月2日

［纲　文］**"粤韵飞扬—广东民族乐团音乐会"在北京演出。**

［目　文］音乐会由广东省委宣传部、广东省文化厅主办，广东民族乐团排演。中共中央政治局常委李长春观看了演出并称赞这台音乐会艺术创新的清新之风扑面而来，特色鲜明、气势宏大、充满激情、表演精湛，展现了广东音乐探索现代化、交响化，贴近观众、贴近时代的成果。中共中央政治局委员、广东省委书记汪洋，全国政协副主席罗富和一同观看了演出。

音乐会演出了民族乐曲《赛龙夺锦》、客家汉乐《迎仙客》、潮州大锣鼓《春满渔港》、二胡与乐队《弦意岭南》、民族管弦乐《花朝月夕》、乐曲《粤风》《步步高》等，这些岭南音乐经典作品和新创曲目保留了岭南音乐的浓郁特色。

9月2日

［纲　文］**国家行政学院举行2012年秋季开学典礼暨省部级领导干部和市长“推进城镇化建设”专题研讨班开班式。**

［目　文］国务委员兼国务院秘书长、国家行政学院院长马凯出席并讲话。马凯指出，积极稳妥推进城镇化进程，是全面建设小康社会和实现社会主义现代化的重大战略任务。当前和今后一个时期，中国城镇化发展处于一个关键时期，要切实转变城市发展方式，着力提高城市发展质量，坚持集约发展、多元形态、三化同步、两手结合、以人为本，努力走出一条符合科学发展观要求的中国特色城镇化道路。国家行政学院要坚持正确的政治方向，始终与党中央保持高度一致。要坚持围绕中心、服务大局，进一步提高教学培训水平，使广大学员准确把握中央精神，深刻领会党和政府工作的要求、政策方针和具体措施，不断提高工作能力；进一步提高科研咨询水平，更加注重解决党和政府工作中带有长期性、全局性和战略性的问题以及重点、难点和热点问题。要加强学院自身建设，大胆解放思想，奋力开拓创新，努力向有特色高水平国际一流行政学院的目标迈进。开学典礼上，马凯为国家行政学院新聘任的兼职教授颁发了聘书。

开学典礼由国家行政学院党委书记、常务副院长李建华主持，中央和国家机关有关部门负责同志以及国家行政学院学员和教职员工参加了开学典礼和开班式。

9月2—7日

［纲　文］**应国务院总理温家宝邀请，新加坡总理李显龙对中国进行正式访问。**

［目　文］4日，国家主席胡锦涛与李显龙会谈，6日，国务院总理温家宝会见了李显龙。7日，全国人大常委会委员长吴邦国、国务院副总理李克强分别会见了李显龙。

胡锦涛在会谈时说，中新双方要继往开来，共迎挑战，在涉及两国核心利益和重大关切问题上相互理解、相互支持；要把互利合作同各自发展战略紧密结合起来，拓展合作的广度和深度；要加强在国际和地区事务中的协调与配合，推动亚洲和世界的和平与发展。中国的发展离不开亚洲，亚洲的发展也离不开中国。中国坚定奉行与邻为善、以邻为伴的周边外交方针，推动区域合作深入发展，坚定支持东盟一体化建设，支持东盟在东亚合作中发挥主导作用。中国愿同包括新加坡在内的东盟国家一道，努力营造和平稳定、平等互信、合作共赢的地区环境。李显龙表示，新中关系发展很好。随着中国改革开放不断深化扩大，两国合作快速发展，取得丰硕成果，苏州工业园、天津生态园已成为两国互利合作的典范。

温家宝在会见时表示，双方要进一步密切战略沟通，尊重彼此重大关切；推动苏州工业园区和天津生态城项目建设达到更高水平，在投资、金融、绿色经济等领域不断探索有效的合作方式；完善海上合作机制，加强在海洋环保、反海盗等方面的协调配合；开展形式多样的文化活动，扩大青年、媒体之间的交流。东亚地区在国际金融危机中保持稳定，经济快速增长，为世界所瞩目。加强中国与东盟的团结，深化互利合作，对于维护这一良好局面，促进共同利益至关重要，希望新加坡继续发挥重要作用。

吴邦国在会见时表示，当前，中新关系保持良好发展势头，双方高层交往频繁，经贸合作全面深入，人文交流富有成效。中国始终视新加坡为本地区的重要合作伙伴，将坚持不懈地发展同新加坡的睦邻友好和互利合作，使中新关系更好造福两国人民。中国正在加强和改善宏观调控，以科学发展为主题，以加快转变经济发展方式为主线，不断推进经济的长期平稳较快发展，促进社会的和谐稳定。新加坡在转变经济发展方式、提升产业结构、保持经济可持续发展、完善社会管理等许多方面有不少宝贵的经验。双方可继续加强治国理政经验交流和人才培训合作，密切立法机构交往，更好地服务两国建设和发展。

李克强在会见时表示，建交以来，中新关系持续发展，平等互利合作不断深入，为两国和本地区经济增长做出了积极贡献。中方始终从战略高度和长远角度看待中新关系，愿同新方一道，增强政治互信，理解和尊重彼此核心利益和重大关切，加强重大国际和地区问题沟通协调。把握当前国际科技和产业孕育新突破的机遇，加大双方在新兴产业、技术和管理创新等方面的合作，深化新加坡与中国地方特别是中西部和东北地区的务实合作，推动中新关系全面发展。当前世界经济的不稳定性不确定性在增加，东亚地区经济下行的压力增大，发展是东亚面临的优先课题。各方应继续推动区域合作，扩大共同利益，促进经济稳定增长，造福本地区人民。

9月2—7日

［纲　文］ **第2届中国—亚欧博览会开幕式暨中国—亚欧经济发展合作论坛在乌鲁木齐举行。**

［目　文］ 中国—亚欧博览会是中国与中亚、西亚、南亚和欧洲各国全方位、多领域合作的重要平台。

国务院总理温家宝出席开幕式并作了题为《再创丝绸之路新辉煌》的主旨演讲。温家宝说，当今世界正在发生深刻复杂的历史性变革，亚欧国家既面临发展与合作的难得机遇，也面临不少严峻的挑战。特别是国际金融危机持续四年之久，世界经济复苏艰难曲折，给亚欧国家经济社会发展带来了不同程度的困难，推动发展、摆脱贫困、改善民生的任务紧迫而艰巨。温家宝提出四点建议：第一，加强政治互信，维护地区和平与稳定。中国主张地区事务由地区国家和人民自己决定，支持各国走符合本国国情的发展道路。各方应恪守联合国宪章的宗旨和原则，通过对话协商解决争端，反对外来干涉。第二，扩大市场开放，促进共同发展。要促进区域内人员、货物、资本、技术和服务自由流动，共同反对贸易保护主义；完善现有区域和次区域合作机制，加快商谈双边和多边自由贸易协定；深化金融合作，为重大合作项目提供资金保障；对本地区有困难的国家提供必要援助，增强他们的自主发展能力。合作项目要向民生领域倾斜，让民众切实分享发展成果。第三，推进跨境区域合作，加快互联互通进程。要积极推动新的能源管线项目；加快建设中国西部至欧洲西部公路、铁路等重大交通项目；运营和维护好亚欧物流大通道；推动地区通信网络一体化。第四，深化人文交流，增进各国人民的友谊。要扩大文明对话，举办更多的文化、艺术活动，增加互派留学生，促进旅游合作，密切学术机构、青年组织、新闻媒体的友好交往。

第2届中国—亚欧博览会的主题是“和谐发展、合作共赢”。来自境外6个国际组织、55个国家（地区）参展参会，参展国家和地区覆盖亚洲、欧洲、非洲、北美洲、南美洲、大洋洲六个大洲。开幕式由新疆维吾尔自治区主席主持，新疆维吾尔自治区党委书记张春贤致欢迎辞。

博览会在对外开放参观的5天内，共举办主论坛中国—亚欧经济发展合作论坛以及上海合作组织商务日活动、中国—亚欧博览会媒体论坛、2012亚欧国家投资促进机构圆桌会议、上海合作组织成员国青年交流活动等7项重要论坛和活动，活动内容涉及内外贸易、投资合作、文化、新闻、旅游等众多领域。博览会共27万人次进入新疆国际会展中心，自治区内联合作项目集中签约仪式签订内联项目合同170个，签约总额2068.53亿元人民币。

9月2—13日

［纲　文］**国务院副总理回良玉应邀对刚果（布）、坦桑尼亚、吉尔吉斯斯坦和乌兹别克斯坦进行正式访问。**

［目　文］2日凌晨，回良玉抵达埃塞俄比亚首都亚的斯亚贝巴，作为中国政府代表出席埃塞俄比亚总理梅莱斯·泽纳维的葬礼。3日，回良玉会见了埃塞俄比亚代总理海尔马里亚姆。

4日，回良玉在布拉柴维尔会见了刚果（布）总统萨苏。

5日，回良玉在达累斯萨拉姆会见了坦桑尼亚联合共和国总统贾卡亚·姆里绍·基奎特与坦桑尼亚总理平达。6日下午，回良玉会见了桑给巴尔总统谢因。

8日，回良玉在卢森堡市会见了卢森堡首相容克。

10日，回良玉在比什凯克与吉尔吉斯共和国总统阿尔马兹别克·阿坦巴耶夫和总理萨特巴尔季耶夫分别举行会谈。

12日，回良玉在塔什干与乌兹别克斯坦第一副总理阿济莫夫、总理米尔济亚耶夫和卡里莫夫总统分别举行会谈。

9月3日

［纲　文］**中共中央召开党外人士座谈会，征求对中共十八大报告的意见。**

［目　文］中共中央总书记胡锦涛主持座谈会。中共中央政治局常委贾庆林、习近平、李克强出席。

胡锦涛听取大家发言后讲话指出，全面建设小康社会，是我们党准确把握21世纪头20年中国发展重大战略机遇期提出的宏伟目标，对推进社会主义现代化和中华民族伟大复兴具有十分重大的意义。归结起来说，我们在这20年已经做和将要做的一切工作都是为了全面建成小康社会。10年来，全党全国各族人民围绕全面建设小康社会目标团结奋斗、锐意进取，不断推进改革开放和社会主义现代化建设，取得一系列重大成就，为全面建成小康社会打下了坚实基础。未来5年，对我们在已经取得成就的基础上实现到2020年全面建成小康社会的目标，具有决定性意义。全面建成小康社会，是包括广大统一战线成员在内的全国各族人民的共同目标和共同事业，需要中国共产党和各民主党派、工商联和无党派人士共同努力。希望同志们加深对国内外发展大势的认识，加深对中国特色社会主义的认识，加深对全面建成小康社会和全面深化改革开放目标的认识，加深对中国特色社会主义事业总体布局的认识，为全面建成小康社会做出新的更大的贡献。中国共产党坚持长期共存、互相监督、肝胆相照、荣辱与共的方针，加强同民主党派团结合作，巩固和发展最广泛的爱国统一战线，最大限度凝聚和运用各方面的智慧和力量，最大限度调动和发挥全社会的积极性、主动性、创造性，共同为坚持和发展中国特色社会主义而努力奋斗。

民革中央主席周铁农、民盟中央主席蒋树声、民建中央主席陈昌智、民进中央主席严隽琪、农工党中央主席桑国卫、致公党中央主席万钢、九三学社中央主席韩启德、台盟中央主席林文漪、全国工商联主席黄孟复、无党派人士陈竺先后在会上发言。他们就努力实现稳增长、调结构目标，坚持和完善中国共产党领导的多党合作和政治协商制度，深化基础教育体制改革，发展社会主义先进文化，加强和创新社会管理，促进社会公平正义，加强和改进党的建设，加大制度反腐力度等问题提出了意见和建议。

9月3日

［纲　文］ **中共中央政治局常委李长春在北京会见党主席久卡诺维奇率领的黑山社会主义者民主党代表团。**

［目　文］ 李长春在会见时说，中方视黑山为巴尔干地区的重要合作伙伴，愿继续本着相互尊重、平等互利的原则，推动两国友好合作关系全面深入发展。希望双方把经贸合作作为现阶段发展两国关系的重中之重，扩大贸易规模，推动两国务实合作实现质的飞跃。中方愿在“独立自主、完全平等、互相尊重、互不干涉内部事务”的党际交往四项原则基础上，进一步加强两党交流与合作，为推动两国关系全面发展做出新贡献。久卡诺维奇表示，社会主义者民主党钦佩中国共产党的强大执政能力和巨大成就，预祝中共十八大取得圆满成功。

9月3日

［纲　文］ **科技部发出《关于印发中国云科技发展“十二五”专项规划的通知》。**

［目　文］《通知》说，为进一步贯彻落实《国家中长期科学和技术发展规划纲要（2006—2020年）》《国家“十二五”科学和技术发展规划》《国务院关于加快培育和发展战略性新兴产业的决定》，加快推进云计算技术创新和产业发展，科技部组织编制了《中国云科技发展“十二五”专项规划》。

《规划》共有四方面内容：一、形势与需求。发达国家积极部署云计算发展战略；中国云计算发展的有利因素；中国云计算发展面临的战略机遇；中国云计算发展面临的挑战。二、指导思想与发展目标。到“十二五”末期，在云计算的重大设备、核心软件、支撑平台等方面突破一批关键技术，形成自主可控的云计算系统解决方案、技术体系和标准规范，在若干重点区域、行业中开展典型应用示范，实现云计算产品与服务的产业化，积极推动服务模式创新，培养创新型科技人才，构建技术创新体系，引领云计算产业的深入发展，使中国云计算技术与应用达到国际先进水平。三、重点任务。研究和建立云计算技术体系和标准体系；突破云计算共性关键技术；研制云计算成套系统；开展典型应用示范，推动产业发展。四、保障措施。加强国家宏观指导；拓宽投融资渠道；支撑创新体系建设；加强人才队伍建设；深化国际交流与合作；推动法规和制度建设。

9月3日

［纲　文］**全国计划生育协会基层组织建设座谈会在广西壮族自治区举行。**

［目　文］中共中央政治局委员、全国政协副主席、中国计划生育协会会长王刚出席会议并讲话。国家人口计生委主任王侠、广西壮族自治区党委书记郭声琨出席会议。会议回顾总结计生协基层组织建设的成绩和经验，分析研究面临的形势和任务，研究探讨加强计生协基层组织建设的思路和措施，把计生协基层组织建设提高到一个新水平，努力开创计生协工作新局面，为全面落实“十二五”人口发展规划、推动经济社会又好又快发展做出积极贡献。会上，广西、贵州、福建以及河池市、福州市计生协会负责人作典型经验交流发言。会议期间，举行了中国计生协摄影社揭牌仪式，会议代表参观了中国计生协首届会员艺术作品展。各省（区、市）、计划单列市和新疆生产建设兵团计生协会长、人口计生委主任、计生协副会长、计生协秘书长及特邀代表等260余人参加会议。

9月3日、4日

［纲　文］**全国人大常委会委员长吴邦国、全国政协主席贾庆林分别会见布隆迪参议长恩蒂塞泽拉纳。**

［目　文］恩蒂塞泽拉纳一行是应贾庆林的邀请于9月2日抵京访华的。

吴邦国在会见时表示，中国全国人大高度重视发展同布隆迪参议院和国民议会的友好关系，愿在现有基础上，加强多层次、多渠道友好往来，服务两国关系深入发展和各自国内经济建设需要，开展在治国理政、发展经济、改善民生等方面的经验交流，为促进中布关系全面发展发挥积极作用。恩蒂塞泽拉纳说，布隆迪参议院愿加强与中国全国人大的友好往来，为促进国家关系发展做出积极贡献。

贾庆林在会见时表示，中方愿同包括布隆迪在内的广大非洲国家共同努力，积极落实中非合作论坛第五届部长级会议成果，为非洲和平与发展注入新的动力，继续推动中非新型战略伙伴关系不断向前发展。中国全国政协愿与布隆迪参议院进一步密切各层次友好往来，加强在促进民主法制建设、参政议政、改善民生等方面的交流与合作，为推动各自国家经济社会发展、深化中布友谊做出新的贡献。恩蒂塞泽拉纳表示，布隆迪参议院希望进一步加强与中国全国政协的交流与合作，共同推动布中关系深入发展。

9月3—5日

［纲　文］**第18次全国地方立法研讨会在北京举行。**

［目　文］开幕式由全国人大常委会副委员长兼秘书长李建国主持。全国人大常委会副委员长王兆国出席并讲话，中共北京市委书记郭金龙致辞。

王兆国说，党的十六大以来，全国人大及其常委会、有立法权的地方人大及其常委会以形成并不断完善法律体系为目标，积极开展立法活动，中国特色社会主义法律体系如期形成，地方立法为确保法律体系如期形成并不断完善做出了重要贡献。完善法律体系任重道远，立法工作只能加强不能削弱，要进一步发挥立法在中国特色社会主义事业中的引领和推动作用，进一步发挥人大及其常委会在立法中的主导作用，进一步完善立法体制、工作机制和立法程序，进一步保障宪法和法律的有效实施，使宪法和法律真正成为推进依法执政、依法治国的依据。

会议的主要内容是，在中国特色社会主义法律体系形成的新起点上，按照坚持和完善中国特色社会主义制度的总体要求，全面总结10年来特别是十一届全国人大以来的立法工作成就和经验，深入探讨今后一个时期进一步加强和改进立法工作、完善立法程序、提高立法质量的工作重点和举措，为贯彻落实党的十八大精神、积极推进新形势下立法工作做好准备。这次会议，共有各省（区、市）和较大的市的人大常委会负责同志、法制委和法工委负责同志以及全国人大常委会法工委的同志约220人出席，提交研讨论文81篇，北京、天津、山西、吉林、湖北、湖南、西藏和杭州8个地方作了大会交流。

9月3—5日

［纲　文］**温家宝在新疆调研。**

［目　文］国务院总理温家宝来到和田、喀什地区的和田县、洛浦县、墨玉县、喀什市、疏勒县、疏附县的农村、社区、企业、学校、医院看望各族干部群众，就新疆经济社会发展和民生改善进行调研。在和田，他考察了洛浦县农村和防风固沙工作，参观了和田县职业技术学校，墨玉县普恰克其乡幼儿园、小学、中学和乡卫生院，并与和田各界人士代表座谈交流。在喀什，他到老城沿街店铺和居民家，与维吾尔族群众交谈，考察了地区第一人民医院、疏勒县农村、疏附县广州新城，与巴楚县优秀村党支部书记达吾提会面。他到新疆生产建设兵团农14师47团看望职工，听取了新疆维吾尔自治区党委、政府和新疆生产建设兵团工作汇报，对新疆工作给予充分肯定。他专门看望了上海、山东、广东和深圳的援疆干部，听取了他们汇报。

温家宝说，推进新疆跨越式发展是实现长治久安的重要基础和保障。要重视处理好几方面关系：一是资源输出与提高自身发展能力的关系。二是加快发展与改善民生的关系。三是全区发展与南疆发展的关系。推进新疆跨越式发展，必须牢固树立环保优先、生态立区理念。要发挥新疆独特的光热水土资源优势，大力发展现代农业。要抓紧办好一批民生大事和实事。要大力发展教育事业，千方百计扩大就业，提高医疗卫生服务水平，扩大社会保障覆盖范围，以南疆三地州、边境地区、特困山区为重点，做好新一轮扶贫开发工作。作为中国民族文化多样性最丰富的地区之一，新疆要保护好、运用好独特的文化遗产。

9月4日

［纲　文］**贾庆林在北京会见台湾民意代表交流参访团。**

［目　文］全国政协主席贾庆林就巩固深化两岸关系和平发展提出四点意见。第一，要坚定信心，坚持走两岸关系和平发展的道路。两岸关系和平发展符合两岸同胞的共同期待和中华民族的根本利益。当前，两岸关系和平发展已经由开创期进入巩固深化的新阶段。我们的大政方针不会改变，将继续贯彻推动两岸关系和平发展的各项方针政策，巩固深化两岸关系和平发展的政治、经济、文化和社会基础，努力让更多台湾民众尤其是基层民众在两岸交流合作中受益。第二，要巩固基础，保持两岸关系的正确方向。双方要深化政治互信，维护和巩固一个中国的框架。要切实求同存异，充分发挥政治智慧，采取更多实际行动，为拓展两岸关系新局面提供更坚实的保障，为解决两岸关系中的深层次问题创造更有利的条件。第三，要扩大交流，促进两岸各领域合作深入发展。我们要采取更积极的措施，支持和鼓励两岸各领域、各界别、各行业的广大民众开展各种形式的交流。要更加注重建立和巩固交流机制，更加注重求真务实。第四，要共谋双赢，增进两岸民众的福祉。应该继续把深化两岸经贸合作作为优先和重点，促进两岸经济优势互补，共同提高竞争力。我们会在广泛听取台湾民众意见的基础上，进一步出台促进两岸合作交流、惠及台湾同胞的政策措施，努力使各界各阶层更广大的台湾同胞都享受到两岸关系和平发展的成果。

参访团由海峡两岸民意交流基金会董事长饶颖奇率领，是应全国政协港澳台侨委员会的邀请第三次来北京参访。

9月4日

［纲　文］**《人民日报》报道，从2012年秋季学期开始西藏全面实现15年免费教育。**

［目　文］15年免费教育指学前3年、小学6年、初中3年和高中3年。凡是在西藏自治区公办学校就读的学生均能享受这一政策，在民办或其他部门办学校就读的学生也可享受等额财政补贴。实施范围及对象包括城镇幼儿园（含民办、其他部门办）在园幼儿，年生均免费标准达3600元。西藏自治区自1985年开始对农牧民子女在免费接受义务教育的基础上实行包吃、包住、包学费的“三包”政策，对城镇困难家庭子女实行同等标准的助学金制度和财政补助政策。2007年起西藏在全国率先实现城镇义务教育免费。2011年开始，西藏对农牧区学前教育实行免费政策，同年秋季西藏高中教育阶段（含中等职业教育）全部实行免费教育政策。

9月4日

［纲　文］**第五届东盟与中日韩（10+3）媒体合作研讨会在长春举行。**

［目　文］研讨会由人民日报社、吉林省人民政府主办，主题是“构建新型话语体系，倡导和平和谐合作”。外交部、国务院新闻办公室、人民日报社、新华社及中国其他

主流媒体负责人，东盟十国和日韩两国主要报纸、通讯社、电视台和新闻网站负责人、编辑、记者共约100人参与研讨会。与会代表围绕倡导亚洲价值观、共谋国际话语权，加强区域政经合作、化解金融危机影响，感知吉林发展动力、拓宽经贸合作渠道等议题展开讨论，达成多项共识。

7日，中宣部部长刘云山在北京人民大会堂会见了参加研讨会的东盟十国和日本、韩国媒体代表。刘云山说，中国将始终坚持“与邻为善、以邻为伴”的外交方针，加强与东亚国家在重大国际事务上的协调沟通，共同促进东亚稳定、发展与繁荣。希望各方共同努力，把研讨会打造成10+3区域媒体合作的品牌项目和具有广泛代表性的交流平台，不断推动和深化新闻媒体领域的合作，为增进各国人民友谊、加强本地区国家之间的互信与合作作出更大贡献。

9月4日

［纲　文］ 中央电视台为庆祝2012年教师节举办大型主题晚会《至高荣耀》。

［目　文］ 晚会由教育部与中央电视台联合举办，通过歌舞、主题故事、人物访谈等多种形式，反映党的十七大以来教育改革发展取得的成绩，讴歌全国教书育人楷模和优秀教师的先进事迹。中共中央政治局常委李长春在录制现场为2012年度“全国教书育人楷模”颁奖，李长春勉励广大教师以教书育人楷模为榜样，忠诚党的教育事业，履行教书育人职责，以实际行动诠释“学为人师，行为世范”的崇高师德风范，当好学生健康成长的引路人，当好人类灵魂的工程师。晚会于10日晚在中央电视台一套播出。

9月4日

［纲　文］ 新闻出版总署印发《关于进一步加强学术著作出版规范的通知》。

［目　文］《通知》主要有几方面内容：一、学术著作是作者根据某一学科或领域的研究成果而撰写的作品。二、学术著作出版必须坚持为人民服务、为社会主义服务的方向，贯彻“百花齐放、百家争鸣”的方针，促进学术创新、学术交流、学术积累，有益于经济发展和社会进步，有益于提高民族素质，弘扬优秀文化，促进国际文化交流。三、出版单位应加强学术著作选题论证，提高学术著作出版质量。四、引文、注释、参考文献、索引等必须加强出版规范，严格执行国家相关标准。五、学术著作的出版必须弘扬科学精神，杜绝学术抄袭、剽窃。六、学术著作出版规范的执行情况将作为中国出版政府奖评奖、国家级优秀图书推荐、国家重大出版项目和国家出版基金申报与验收，以及出版单位年检、等级评估等工作的重要条件。七、出版单位应安排具备较强学科背景的专业编辑人员担任学术著作的责任编辑。八、有关学会、行业协会和有条件的出版单位，应逐步形成系统完整的具有中国学术著作出版特点、可与国际国内学术同行交流对话的学术著作出版规范体系。九、各省、自治区、直辖市新闻出版局及各出版单位主管部门要引导和鼓励出版单位出版更多学术精品，促进学术著作出版繁荣发展。

9月4日

［纲　文］ 文化部发布《关于对天津市红桥区回族大刀队等105个国家级非物质文化

遗产代表性项目保护单位进行调整、撤销的决定》。

［目　文］《决定》说，按照《文化部办公厅关于开展国家级非物质文化遗产代表性项目保护督查工作的通知》，我部在全国开展了各地自查与督查组抽查相结合的督查工作。根据督查的情况和《中华人民共和国非物质文化遗产法》《国家级非物质文化遗产保护与管理暂行办法》《文化部关于加强国家级非物质文化遗产代表性项目保护管理工作的通知》的有关规定，对于不具备法人资格或因文化体制改革原机构变更等原因，不便继续履行保护单位职责的天津市红桥区回族大刀队等 97 个国家级非物质文化遗产代表性项目保护单位进行调整。对湖南省凤凰县龙玉年苗医药诊所等 2 个履责不力的国家级非物质文化遗产代表性项目保护单位提出批评与限期整改，整改期 6 个月。撤销内蒙古自治区群众艺术馆等 6 个履责不力的国家级非物质文化遗产代表性项目保护单位资格。

9 月 4—5 日

［纲　文］ **人民政协理论研究工作座谈会在北京举行。**

［目　文］ 全国政协副主席郑万通主持会议。中共中央政治局常委、全国政协主席贾庆林出席并发表讲话。

贾庆林讲话指出，十届全国政协以来，人民政协在中国特色社会主义人民政协理论指引下，努力用理论创新推动实践创新，各项工作取得长足发展，显示了理论创新对实践发展的巨大指导和推动作用。他强调，推进中国特色社会主义事业的伟大实践，实现人民政协事业的不断发展，需要继续大力加强人民政协理论建设。

会议的主要任务是，总结十届全国政协以来人民政协理论创新的重要成果，积极探索人民政协理论研究工作的特点和规律，谋划部署进一步加强人民政协理论建设的重大举措，为丰富和发展人民政协理论、推进人民政协事业发展做出新的贡献。

全国政协副主席杜青林、张榕明等出席会议，全国政协办公厅和各专门委员会，中国人民政协理论研究会，各省、自治区、直辖市和副省级市政协有关负责同志以及部分专家学者参加会议。全国政协副主席、中国人民政协理论研究会会长郑万通出席闭幕会并作总结讲话。

9 月 4—5 日

［纲　文］ **应外交部部长杨洁篪邀请，美国国务卿希拉里访华。**

［目　文］ 5 日，国家主席胡锦涛、国务院总理温家宝、国务院副总理李克强、国务委员戴秉国分别会见希拉里。杨洁篪与希拉里·克林顿共同会见记者。

胡锦涛在会见时表示，中方愿同美方保持和加强对话、沟通、协调，排除各种干扰，确保中美关系始终沿着正确方向前进。保持中美经贸关系稳定发展对两国乃至世界经济复苏和增长都有重要影响。希望双方充分发挥互补优势，努力挖掘合作潜力，积极推进贸易和投资一揽子合作，不断提升双边经贸合作的质量和水平。同时，妥善处理双边经贸关系中存在的摩擦和分歧，避免经贸问题政治化。希望美方坚决抵制贸易保护主义，放宽高技术产品对华出口限制，为中国企业赴美投资提供公平竞争环境。希拉里表示，美方致力于同中方超越差异，加强合作，携手应对全球性问题和挑战，以史无前例的方式证明，一个守成大国和一个新兴大国能够继续为各自人民创造美好未来，为世界和平与稳定做出贡献。

温家宝在会见时表示，近年来，特别是国际金融危机爆发后，中美在许多领域加强沟通磋商，取得积极成果，两国关系总体保持稳定发展，这符合双方的共同利益。中美关系对世界有很大影响，不以任何人的主观意志为转移，或继续前进，或消极倒退，这取决于双方的努力。历史证明，不同社会制度的国家完全可以和平共处、共同发展，关键在于领导人要从全局和战略高度去思考和把握两国关系。美方应切实尊重中国主权和领土完整，照顾中国核心利益和国民感情，在亚太区域对话与合作中发挥建设性作用，维护和平、稳定、发展大局。面对严峻的国际经济形势，中美要开展大规模贸易、投资、金融一揽子合作，并为双方企业创造良好的环境，以达到互利共赢的目的。

李克强在会见时表示，经贸合作是中美关系发展的重要推动力量，中美作为主要经济体，发展好双边经贸关系不仅有利于两国，也有利于世界。双方要继续推进务实合作，培育新的合作增长点。坚持以客观公正、平等互利的方式处理经贸摩擦。希望美方在高技术产品对华出口、中国企业赴美投资等方面放宽限制。

杨洁篪在同希拉里·克林顿共同会见记者答问时说，中国希望同美国和其他亚太国家一道，努力共同构筑一个开放包容、互利共赢的亚太地区。

9月5日

［纲　文］ **李克强在人民大会堂会见孟祥民先进事迹报告团。**

［日　文］ 国务院副总理李克强向孟祥民的亲属表示慰问。他说，孟祥民同志的高尚情操，树立了新时期环保卫士的形象。资源相对不足、环境容量有限，是中国在新的发展阶段的基本国情。如果不能有效突破环境资源的瓶颈，现代化进程和可持续发展就会受到很大的制约。环境保护与民生密切相关，基本环境质量是一种公共产品，是政府应当提供的公共服务。加强环境保护、建设生态文明人人有责，政府、企业、社会要共同努力，广大环保工作者更肩负着重要使命。

孟祥民生前是山东省淄博市一名基层环保工作者，他忠于职守，秉公执法，对环保违法敢于碰硬，对企业污染防治热情服务，在身患癌症的情况下，仍坚守岗位，为家乡多一片碧水蓝天而忘我工作，在平凡的岗位上创造了不平凡的业绩。

会见活动结束后，中宣部、环境保护部和山东省委联合举行了孟祥民先进事迹报告会。报告团5位成员以亲身经历，分别从不同角度讲述了孟祥民的先进事迹和崇高精神。各主办单位负责同志、环境保护系统干部职工、解放军及北京市各界群众代表700余人参加了报告会。

9月5日

［纲　文］ **王岐山在吉林长春考察农村金融工作。**

［目　文］ 国务院副总理王岐山考察了涉农金融服务情况。他说，金融系统要按照稳中求进的总基调，加大对粮食生产、粮棉油收购、农业科技、农田水利、农村流通等方面的支持力度，涉农资金投入只能增加，不能减少。改进农村金融服务，关键要把市场机制和政策支持有机结合起来，形成支农合力。全国各地农村情况千差万别，要因地制宜，采取多种方式进行农村金融服务创新试点。防风险是金融业永恒的主题。对各类金融风险隐患，各地区要高度重视，与金融监管部门积极配合，做到早发现、早报告、早处置。要明确监管责任，层层抓好落实，严厉打击高利贷、非法集资等违法金融活动，守住不发生系统性区域性金融风险的底线。

9月5日

［纲　文］ **教育部在北京召开全国教育信息化工作电视电话会议**。

［目　文］ 国务委员刘延东在会上讲话强调，要深入贯彻落实教育规划纲要，创新教育模式和学习方式，加强优质教育资源和信息化学习环境建设，推进信息技术与教育教学的全面深度融合，加快提升教育信息化整体水平，为实现教育现代化、建设学习型社会和人力资源强国提供坚实支撑。教育信息化是教育理念和教学模式的深刻变革，是促进教育公平、提高教育质量的有效手段，是实现终身教育、构建学习型社会的必由之路。

这是中国第一次全口径的教育信息化工作会议。教育部部长袁贵仁主持会议，教育部副部长杜占元就2012、2013两年教育信息化重点工作做了说明。国务院有关部门负责人以及学校和企业代表在主会场参加会议，各省（区、市）政府分管负责人及所属有关部门负责人、学校代表在当地分会场参加会议。

9月5日

［纲　文］ **国务院发出《关于深入推进义务教育均衡发展的意见》**。

［目　文］《意见》主要有九个方面内容：一、充分认识义务教育均衡发展的重要意义。深入推进义务教育均衡发展，着力提升农村学校和薄弱学校办学水平，全面提高义务教育质量，努力实现所有适龄儿童少年“上好学”，对于坚持以人为本、促进人的全面发展，解决义务教育深层次矛盾、推动教育事业科学发展，促进教育公平、构建社会主义和谐社会，进一步提升国民素质、建设人力资源强国，具有重大的现实意义和深远的历史意义。二、明确指导思想和基本目标。到2015年，全国义务教育巩固率达到93%，实现基本均衡的县（市、区）比例达到65%；到2020年，全国义务教育巩固率达到95%，实现基本均衡的县（市、区）比例达到95%。三、推动优质教育资源共享。扩大优质教育资源覆盖面；提高社会教育资源利用水平。四、均衡配置办学资源。进一步深化义务教育经费保障机制改革；推进义务教育学校标准化建设。五、合理配置教师资源。改善教师资源的初次配置，采取各种有效措施，吸引优秀高校毕业生和志愿者到农村学校或薄弱学校任教；各地逐步实行城乡统一的中小学编制标准，并对村小学和教学点予以倾斜；实行县域内公办学校校长、教师交流制度。六、保障特殊群体平等接受义务教育。保障进城务工人员随迁子女平等接受义务教育；建立健全农村留守义务教育学生关爱服务体系；重视发

展义务教育阶段特殊教育；关心扶助需要特别照顾的学生；根据国家有关规定经批准招收适龄儿童少年进行文艺、体育等专业训练的社会组织，要保障招收的适龄儿童少年接受义务教育。七、全面提高义务教育质量。树立科学的教育质量观；切实减轻学生过重课业负担。八、加强和改进学校管理。完善学生学籍管理办法；规范招生办法；规范财务管理；规范收费行为。九、加强组织领导和督导评估。

9月5日

［纲　文］**国务院发出《关于表扬全国“两基”工作先进地区的通报》《关于表彰全国“两基”工作先进单位和先进个人的决定》。**

［目　文］“两基”是基本实施九年义务教育和基本扫除青壮年文盲的简称。《通报》说，在党中央、国务院正确领导下，经过各地区、各部门和全国人民的共同努力，2011年中国全面实现九年义务教育，青壮年文盲率下降到1.08%。这是中国教育改革发展的重大成就。为表扬先进，激励和动员全社会进一步重视、关心、支持教育事业，推动义务教育工作迈上新的台阶，国务院决定，对北京市顺义区等80个“两基”工作先进地区予以通报表扬。

《决定》说，为表彰先进，激励和动员全社会进一步重视、关心、支持教育事业，推动教育改革发展，国务院决定，授予北京市朝阳区教育委员会等300个单位“全国‘两基’工作先进单位”称号，授予徐万厚等500人“全国‘两基’工作先进个人”称号。

9月5日

［纲　文］**外交部发言人就日本执意推进所谓“购岛”进程发表讲话。**

［目　文］外交部发言人在例行记者会上严正声明，钓鱼岛及其附属岛屿自古以来就是中国的固有领土，中国对此拥有充分的历史和法律依据。日方对钓鱼岛及其附属岛屿采取的任何单方面措施都是非法、无效的。中国政府捍卫钓鱼岛领土主权的决心和意志是坚定不移的。中方正密切关注事态发展，采取必要措施维护国家领土主权。

9月5—6日

［纲　文］**第20届曹禺戏剧文学奖揭晓。**

［目　文］由中国文联、中国剧协主办，湖北省文联、潜江市人民政府、《剧本》杂志社承办的第20届曹禺戏剧文学奖（第四届中国戏剧奖·曹禺剧本奖）颁奖活动，在曹禺故里湖北省潜江市举行，获奖剧作同期揭晓。本届曹禺戏剧文学奖共收到全国各地报送的戏曲、话剧、儿童剧、歌剧、音乐剧、秧歌剧、歌舞剧剧本66部，经评选，共有20部作品入围。话剧《生命档案》（孟冰、王宏、肖力）、《红旗渠》（杨林）、《雾蒙山》（孙德民），秧歌剧《米脂婆姨绥德汉》（阿莹），豫剧《朱安女士》（陈涌泉），京剧《将军道》（吕育忠、罗周），闽剧《与妻书》（林瑞武），晋剧《大红灯笼》（贾璐）8部剧作获得本届曹禺戏剧文学奖。

9月5—9日

［纲　文］**李长春在四川调研。**

［目　文］ 李长春先后到阿坝、成都等地，深入村寨、企业、社区和宣传文化单位，就四川推进灾后恢复重建和发展振兴、加快转变经济发展方式、推动文化繁荣发展等进行调研。

李长春强调，四川灾后恢复重建和发展振兴的伟大实践，生动展示了社会主义制度的优越性，极大增强了各族干部群众坚持中国特色社会主义的自觉性和坚定性，使中国特色社会主义旗帜、道路、理论体系和制度更加深入人心。宣传思想战线要以学习宣传贯彻胡锦涛总书记“7·23”重要讲话精神为强大思想武器，大力宣传四川抗震救灾和恢复重建形成的宝贵精神财富，宣传我们党以人为本、执政为民的理念，宣传各族干部群众投身中国特色社会主义伟大事业的生动实践，进一步唱响科学发展、成就辉煌的主旋律，为党的十八大胜利召开营造良好舆论氛围。

9月6日

［纲　文］ **中国—中东欧国家合作秘书处成立大会暨首次国家协调员会议在北京举行。**

［目　文］ 中方秘书处成员单位代表及中东欧16国国家协调员和代表、驻华使节共同出席会议。会后，秘书处发表了《中国—中东欧国家合作秘书处成立大会暨首次国家协调员会议纪要》。

2012年4月，首次中国—中东欧国家领导人会晤在华沙举行，国务院总理温家宝宣布了中国关于促进与中东欧国家友好合作的12项举措，其中第一项内容是成立中国与中东欧国家合作秘书处。秘书处作为中方机构设在中国外交部，负责沟通协调中国—中东欧国家合作事宜。中方秘书处的筹建得到中东欧16国支持，16国分别指定国家协调员或专门机构负责同秘书处进行工作对接。

国务院总理温家宝在人民大会堂会见外方代表，温家宝在会见时说，今年春天，我同中东欧16国领导人在波兰华沙举行了一次具有历史意义的会晤，就全方位加强中国同中东欧国家关系达成重要共识。中国—中东欧国家合作秘书处的成立和首次国家协调员会议的召开，标志着合作平台和网络的建成，将有力地推动实施中方宣布的12项举措，中国与中东欧国家关系正在迈入一个崭新的发展阶段。我相信，建立在相互尊重、完全平等、真诚合作、互利共赢基础上的合作，必将进一步深化中国与中东欧国家的互信与友谊，更多造福双方人民。

中东欧国家协调员代表表示，中东欧国家愿在经济、科技、教育、文化、旅游等各领域发展同中国的全方位合作，相信这有助于增进中东欧国家与中国的传统友谊，符合各国人民的利益，也有助于促进欧中关系。

9月6日

［纲　文］ **国务院印发《关于广州南沙新区发展规划的批复》。**

［目　文］《批复》指出，《规划》实施要高举中国特色社会主义伟大旗帜，以邓小平

理论和“三个代表”重要思想为指导，深入贯彻落实科学发展观，以深化与港澳全面合作为主线，以生态、宜居、可持续为导向，以改革、创新、合作为动力，大力推进粤港澳全面合作示范区建设，努力把南沙新区建设成为粤港澳优质生活圈、新型城市化典范、以生产性服务业为主导的现代产业新高地，具有世界先进水平的综合服务枢纽和社会管理服务创新试验区，为全面推动珠三角转型发展、促进港澳地区长期繁荣稳定、构建中国开放型经济新格局发挥更大作用。

《规划》共有九方面内容：一、发展基础和战略意义。二、总体要求和发展目标。三、共建粤港澳优质生活圈。四、开拓新型城市化发展道路。五、打造以生产性服务业为主导的现代产业新高地。六、建设具有世界先进水平的综合服务枢纽。七、构建社会管理服务创新试验区。八、强化区域联动发展。九、保障措施。《规划》指出，广州南沙新区的战略定位是：立足广州、依托珠三角、连接港澳、服务内地、面向世界，把南沙新区建设成为粤港澳优质生活圈、新型城市化典范、以生产性服务业为主导的现代产业新高地、具有世界先进水平的综合服务枢纽、社会管理服务创新试验区，打造粤港澳全面合作示范区。

9月6日

［纲　文］ **国务院办公厅发出《关于规范农村义务教育学校布局调整的意见》。**

［目　文］《意见》共有六方面内容：一、农村义务教育学校布局的总体要求。保障适龄儿童少年就近入学是义务教育法的规定，是政府的法定责任，是基本公共服务的重要内容。二、科学制定农村义务教育学校布局规划。县级人民政府要制定农村义务教育学校布局专项规划；农村义务教育学校布局要保障学生就近上学的需要。三、严格规范学校撤并程序和行为。规范农村义务教育学校撤并程序；坚决制止盲目撤并农村义务教育学校。四、办好村小学和教学点。对保留和恢复的村小学和教学点，要采取多种措施改善办学条件，着力提高教学质量。五、解决学校撤并带来的突出问题。加强农村寄宿制学校建设和管理；各地人民政府要认真落实《校车安全管理条例》，切实保障学生上下学交通安全；高度重视并逐步解决学校撤并带来的“大班额”问题。六、开展农村义务教育学校布局调整专项督查。省级人民政府教育督导机构要对农村义务教育学校布局是否制订专项规划、调整是否合理、保障措施是否到位、工作程序是否完善、村小学和教学点建设是否合格等进行专项督查，督查结果要向社会公布。

9月6日

［纲　文］ **“走基层、转作风、改文风”大型主题采访活动视频动员会在北京举行。**

［目　文］ 中宣部常务副部长雒树刚主持会议，中宣部部长刘云山出席会议并讲话。

刘云山强调，做好迎接党的十八大宣传工作，是当前新闻宣传战线的首要政治任务。要紧紧围绕迎接党的十八大这一主题，全面落实“走转改”要求，全面展示科学发展的成功实践和辉煌成就，增强人们贯彻落实科学发展观的自觉性坚定性；要走进各级党组织、基层党员干部，全面反映党的建设新的伟大工程取得的丰硕成果。

人民日报社、新华社、中央电视台和北京、福建、湖北等地党委宣传部负责同志在会上发言。中央宣传文化系统各单位负责同志，新闻战线“三项学习教育”活动领导小组成员，中央主要新闻单位负责同志，部分全国性行业类媒体主管部门负责同志在主会场参加会议。各省区市党委宣传部及省直主要新闻单位负责同志在各分会场参加会议。

9月6日

［纲　文］**卫生部公布《卫生行政执法文书规范》。**

［目　文］《规范》共4章51条，主要有总则、制作要求、执法文书管理、附则等内容。《规范》于2012年6月7日经卫生部部务会讨论通过，自12月1日起施行。

9月6日

［纲　文］**国土资源部发布《国土资源行政复议决定履行与监督规定》。**

［目　文］《规定》共14条，2012年8月16日由国土资源部第2次部务会议通过，自10月1日起施行。

9月6日

［纲　文］**“2012中国优秀民族节庆”评选揭晓。**

［目　文］“2012中国优秀民族节庆”评选活动是由中国人类学民族学研究会民族节庆专委会与国际节庆协会共同推出的一项公益性活动，面向全国各地节庆（包括55个少数民族的节庆）组织单位，通过节庆自荐、公众投票、媒体推选、专家评审的方式，评选出当年的优秀节庆，旨在打造民族节庆品牌，传承优秀传统文化，推动中国优秀节庆走向世界，提升中国的文化软实力。“2012中国优秀民族节庆”名单从报名参评的200多个节庆中产生。湘西土家族舍巴节、大姚彝族插花节、北京传统音乐节、中国重庆文化艺术等41个节庆被评为“2012中国优秀民族节庆”。经国际节庆协会的授权，推选出的优秀民族节庆直接参评2013年度国际节庆协会“IFEA国际节庆奖”。

9月6日

［纲　文］**文化部在北京举行深化部、行合作座谈会。**

［目　文］文化部有关负责人出席座谈会并讲话，财政、金融管理部门与国内多家银行机构的代表参加了座谈会。座谈会上，与会代表总结交流了各银行机构支持文化产业的创新举措和经验，并围绕进一步深化部行合作，创新财政金融方式支持文化产业金融工作以及银行、证券机构开展推动文化企业债券融资试点工作，搭建文化金融服务全链条等问题展开了深入研讨。

文化部与各家银行开展部行合作，推进文化资源与金融资本对接的成果显著，在部行合作机制的示范引领下，银行业支持文化产业的积极性被充分调动，文化产业信贷融资规模屡创新高。据中国人民银行统计，截至2012年3月末，文化产业本外币中长期贷款累计贷款余额已达到903亿元，余额同比增长18.7%，高于同期各项贷款增速3个百分点。

9月6日

［纲　文］**国家森林防火指挥部、国家林业局召开全国秋冬季森林防火工作电视电话会议。**

［目　文］ 会议的主要任务是深入贯彻落实全国森林草原防火工作电视电话会议精神，传达学习国务委员、公安部部长孟建柱和国家森防指总指挥、国家林业局局长赵树丛的重要指示，通报春夏季森林防火工作情况，安排部署秋冬季森林防火工作，进一步督促落实党的十八大期间各项森林防火措施和林区安全维稳工作，确保秋冬防期间不出大的问题。

9月6—7日

［纲　文］ **中国全国人大和俄罗斯联邦委员会合作委员会第六次会议举行第二阶段会议**。

［目　文］ 会议期间，全国人大常委会委员长吴邦国、国务院总理温家宝分别与出席会议的俄罗斯联邦委员会主席马特维延科会谈。

吴邦国在会谈时说，在新的形势下，双方应在已有基础上，着力开展以下合作：一是按照中俄战略协作精神，加大相互政治支持，深化政治互信互助关系，共同维护两国主权、安全、发展利益。二是积极推动务实合作质量和规模同步提升。三是借助中俄互办旅游年等活动，密切人文交流，促进人员往来。四是加强在国际和地区议会组织中的沟通配合和战略协作。马特维延科说，俄罗斯联邦委员会愿与中国全国人大共同努力，充分利用好合作委员会这一有效平台，开展全方位、多领域的合作。

温家宝在会见时表示，双方要抓住机遇，落实达成的各项共识和协议，更紧密地携手应对国际金融危机等各种挑战，加强在联合国、上合组织、金砖国家等多边机制中的协调配合，维护和促进共同利益。中俄经济技术合作有着扎实基础和巨大潜力。双方要相互扩大开放，促进贸易自由化、便利化，使两国更多的企业、技术、资金、项目进入对方市场，加强共同投资、联合研制、合作生产，在更广领域、更高水平实现互利共赢。马特维延科表示，经贸合作是两国务实合作的基础，俄罗斯已加入世贸组织，愿与中方共同努力，改善贸易结构，扩大在工业、林业、创新、高科技领域合作。希望中国增加对俄投资，进一步提升两国经贸关系水平。

全国人大中俄议会合作委员会中方常务副主席、中俄友好小组组长、全国人大外事委员会主任委员李肇星与俄联邦委员会俄中友好小组主席、俄中议会合作委员会副主席戈尔布诺夫共同主持会议。双方就双边关系、议会交流、人文和科技交流、立法交流与合作、边境和地方合作、国际和地区问题等共同关心的议题进行了深入交流和对话。

9月6—9日

［纲　文］ **国家主席胡锦涛在俄罗斯符拉迪沃斯托克出席亚太经济合作组织第二十次领导人非正式会议**。

［目　文］ 8日，亚太经合组织工商领导人峰会在俄罗斯符拉迪沃斯托克举行，来自该组织21个成员的领导人或代表出席会议。这次会议主题是“融合谋发展，创新促繁荣”，主要讨论贸易和投资自由化、区域经济一体化、加强粮食安全、建立可靠的供应链、加强创新增长合作等议题。

中国国家主席胡锦涛出席会议并发表题为《深化互联互通实现持续发展》的主旨演讲。胡锦涛强调，中国将坚持对外开放的基本国策，实行更加积极主动的开放战略，不断拓展新的开放领域和空间，完善适应发展开放型经济要求的体制机制，加快实施自由贸易区战略，加强同主要贸易伙伴的经济联系，深化同其他新兴市场国家和发展中国家务实合作。胡锦涛结合工商界人士关心的问题，就稳增长、促复苏背景下的基础设施建设问题提出几点看法。第一，加强基础设施建设，夯实经济发展基础。营造公正、透明、高效的政务、法制和市场环境；提高农业、能源、水利、信息等领域基础设施水平，推进交通运输网络建设；发挥政府的重要作用，加大财政性资金支持，积极探索和完善投融资机制，建立多元参与机制。第二，提高供应链联通性和便利化程度，充分发挥基础设施效能。持续推进《亚太经合组织供应链联接行动计划》，突破供应链瓶颈限制，消除货物、服务流通障碍；加强物流网络建设，简化海关程序；促进商务人员流动便利化，为中小物流企业在信息获取、跨境合作、能力建设等方面提供帮助。第三，深化投资体制改革，共享基础设施建设发展机遇。政府部门应该支持民营部门进入基础设施产业，消除政策壁垒和体制障碍，拓宽社会资本进入渠道和途径，引入市场竞争机制；积极探索新的融资渠道和合作方式。第四，加强交流合作，合力推动亚太互联互通建设。继续发挥亚太经合组织在供应链联通和贸易便利化等方面的优势，加强同大湄公河次区域经济合作、大图们倡议、东盟、东盟加中日韩、上海合作组织等机制交流合作；加强法规制度协调和人文合作。

9日，亚太经济合作组织第二十次领导人非正式会议第二阶段会议在俄罗斯符拉迪沃斯托克举行。胡锦涛出席并就加强粮食安全和创新增长合作议题发表讲话。关于粮食安全，胡锦涛强调，粮食安全攸关各国国计民生，事关人类发展和安全，需要协调加以应对。要夯实基础，加大农业投入，提高农业生产力水平，扩大粮食产能；要加强粮食交易市场基础设施建设，打造现代粮食物流体系，降低粮食储存、运输、消费环节全程损耗水平；要加大对农业生产、技术研发的投入，推广应用新技术，提高农业综合生产能力，保证食品安全和质量；要稳定粮食等大宗商品价格，防止过度投机和炒作，改善农业投资环境；要采取切实举措，保障弱势群体粮食供应。关于创新增长合作，胡锦涛指出，应该营造鼓励创新的环境，强化科技创新支持政策，充分调动创新热情和创造活力；加大研发投入，加强创新人才和高技能人才培养和流动，促进科技成果向现实生产力转化；要发挥政府作用，为企业搭建创新合作平台，加强技术传播合作和技术转让。

会议期间，胡锦涛会见了文莱苏丹哈桑纳尔、越南国家主席张晋创、中国国民党荣誉主席连战、俄罗斯总统普京、印度尼西亚总统苏西洛、加拿大总理哈珀。胡锦涛和智利总统皮涅拉出席了《中智自由贸易协定关于投资的补充协定》签字仪式。

9月6—10日

［**纲　文**］ **第2届中国非物质文化遗产博览会在山东枣庄举行。**

［**目　文**］ 博览会由文化部和山东省人民政府联合主办，文化部非物质文化遗产司、

中国非物质文化遗产保护中心、山东省文化厅与枣庄市人民政府共同承办，主题为“促进非遗保护，共建精神家园”。博览会共安排了大型会展、开幕式、签约仪式、闭幕式、优秀非物质文化遗产剧目展演、优秀非物质文化遗产项目巡游等九项活动。博览会筹委会从全国各地筛选上报的1200余个项目中，确定参会项目767个，包括唐卡、赫哲族鱼皮衣、扬州玉雕、苗族银饰、蒙古族马头琴、陕西社火脸谱、湘东傩面具等200余个国家级非物质文化遗产项目展品，130位国家级代表性传承人、249位省级代表性传承人参会。博览会期间，来自全国的14支展演巡游队伍，每天两次在台儿庄古城进行非遗民俗项目踩街巡游。景泰蓝制作技艺等548个项目荣获第二届中国非物质文化遗产博览会参展奖，王磊等567名传承人荣获第二届中国非物质文化遗产博览会传承人展示奖。

9月6—11日

［纲　文］**第8届中国吉林·东北亚投资贸易博览会在长春举行。**

［目　文］中共中央政治局委员、国务院副总理王岐山，全国政协有关领导出席开幕式。吉林省委省政府，国家银监会、保监会、商务部、发展改革委，中国人民银行，中国对外友好协会，澳门财政司领导出席；莱索托国民议会议长塞菲里·伊诺克·莫塔尼亚内，柬埔寨副首相严才利，汤加公主、汤中友好协会会长皮洛莱乌·图伊塔，韩国前总理高建，泰国前副总理功·塔帕朗西，朝鲜贸易省副相徐吉福，韩国知识经济部室长文在焘，日本经产省特别通商交涉官中富道隆，蒙古国驻华大使策登扎布·苏赫巴特尔，俄联邦驻华商务总代表齐普拉科夫出席。

博览会期间，举办了第六届东北亚经贸合作高层论坛，论坛由商务部、发展改革委、吉林省人民政府共同主办。王岐山出席论坛并讲话，王岐山说，东北亚各国正在致力于转变发展方式，调整经济结构，着力改善民生，区域经济一体化进程加快推进。中国“十二五”规划提出把黑龙江、吉林、辽宁、内蒙古建成面向东北亚开放的重要枢纽，最近又发布了中国东北地区面向东北亚区域开放规划纲要，为本地区经济合作带来了新的机遇。

展会期间，对外商品贸易成交额达7.63亿美元，国内贸易成交额20.73亿元人民币，共签订投资合作合同项目259个，总投资额达2265.92亿元人民币。

9月7日

［纲　文］**云南省昭通发生5.7级地震，党和国家领导人胡锦涛、吴邦国、温家宝等作出指示，温家宝赶往灾区指导抗震救灾工作。**

［目　文］2012年9月7日11时19分，云南省昭通市彝良县、贵州省毕节市威宁彝族回族苗族自治县交界地区发生5.7级地震，震源深度14公里；12时16分，昭通市彝良县再次发生5.6级地震，震源深度10公里。至9月9日11时，据云南省减灾委办公室获得的消息：地震造成80人死亡，821人受伤，20.1万人紧急转移安置，房屋倒损2万余户。

地震发生后，中共中央总书记胡锦涛7日在俄罗斯符拉迪沃斯托克作出指示，要求有关方面迅速组织力量投入抗震救灾，确保灾区人民生命财产安全。全国人大常委会委员长吴邦国、国务院总理温家宝、国务院副总理回良玉等也作出批示。

地震发生后，云南、贵州各方面紧急行动起来，启动应急预案，派出工作组，全力开展抗震救灾工作。发展改革委、国家民委、公安部、民政部、财政部、交通部、铁道部、卫生部、地震局等有关部门也采取有力措施，全力支持抗震救灾。解放军、武警部队积极组织力量，配合当地政府做好抗震救灾工作。

7日，温家宝赶赴云南昭通地震灾区。在前往灾区的飞机上，他主持召开会议对抗震救灾工作作出部署：要迅即摸清灾情，要抓紧恢复交通、电力、通信等重要基础设施，加强地震监测预报，并组织群众做好避险，防止余震和次生灾害造成新的损失，加强统一指挥，成立以地方为主的抗震救灾指挥部，中央各部门做好支持救援工作。

9日，温家宝听取云南省委、省政府抗震救灾工作汇报，就下一步工作从八个方面作出部署：第一，要尽全力救人。第二，尽最大努力救治伤员。第三，妥善安置好受灾群众。第四，尽快修复基础设施。第五，做好地震监测预报和次生灾害、地质灾害的预防工作。第六，做好群众工作，保持社会和谐稳定。第七，提前谋划灾后重建工作。第八，加强组织领导。

9月7日

［纲　文］ **全国教师工作暨“两基”工作总结表彰大会在北京召开，胡锦涛致贺信，温家宝出席大会并讲话。**

［目　文］ 胡锦涛在贺信中指出，经过全党全社会的不懈努力，中国已经全面实现普及义务教育和扫除青壮年文盲的“两基”目标。这是中国教育发展史上的重要里程碑，对于促进教育公平、提高国民整体素质、推动经济社会又好又快发展都具有重要意义。希望各地区各部门坚持把教育摆在优先发展的战略地位，认真总结“两基”工作经验，切实巩固“两基”工作成果，加快建成覆盖城乡的基本公共教育服务体系，逐步实现基本公共教育服务均等化，真正办好人民满意的教育。教育大计，教师为本。中国教育事业的长足发展，同广大教师和教育工作者爱岗敬业、无私奉献是分不开的。在新形势下，希望广大教师和教育工作者全面贯彻党的教育方针，按照面向现代化、面向世界、面向未来的要求，切实做好教书育人各项工作，大力培养德智体美全面发展的社会主义建设者和接班人，为促进教育事业科学发展、建设教育强国和人力资源强国再立新功。

国务院总理温家宝出席大会并讲话。他强调，教育公平是社会公平的基石。完成了“两基”攻坚这一历史性任务，中国教育发展站在了新的历史起点上。我们基本解决了“有学上”问题，但更大的挑战是“上好学”。义务教育是教育公平最重要的领域，要大力推进义务教育均衡发展，加强学校标准化建设，着力缩小校际师资、设施差距，更加有效地保障所有儿童少年平等接受义务教育的权利。要全面推进素质教育，当前迫切需要把教育从应试和高考指挥棒下解放出来，解放学生、解放教师、解放学校。只有这样，学生、教师、学校才能按素质教育的要求去学习、去教学、去管理，真正提高教育质量。

国务委员刘延东在大会总结讲话说，要认真落实教育改革发展规划纲要，深化教育改革，创新体制机制，努力开创义务教育均衡发展和教师队伍建设新局面。要落实政府职责，把均衡发展作为新阶段义务教育的战略性任务，促进教育公平，提高教育质量，保障所有适龄儿童少年平等接受优质义务教育。要均衡配置教育资源，向薄弱学校、农村和中西部倾斜，规范学校布局调整，推进标准化建设，建立资源共享机制，缩小城乡、区域和校际差距。

国家教育体制改革领导小组成员单位，各省（区、市）和计划单列市、新疆生产建设兵团及所属相关部门负责人，国家教育咨询委员会委员，部分国家督学和高校负责人，以及受表彰的先进集体和先进个人代表等参加大会。300 个全国“两基”工作先进单位、500 名先进个人和 80 个先进地区受到表彰。

9 月 7 日

［纲　文］ **环境保护部在哈尔滨市召开全国重点环境信访案件（环北京圈暨北方片区）部署调度会**。

［目　文］ 会议传达了第 7 次全国信访工作会议和全国维护社会稳定工作电视电话会议精神，通报了 2011 年以来北方片区环境信访工作基本情况。有关单位就本辖区联名信、群体访、重信重访等重点环境信访案件情况进行了汇报，共同分析探讨积极有效化解矛盾、解决问题的办法和措施。会议要求，各级环境保护部门对环境信访工作要进一步加强领导，细化措施，落实责任。要认真落实科学发展观，推进建设项目公众参与及信息公开工作，加强源头预防；要切实抓好矛盾纠纷排查、积案化解和领导干部接访下访，建立重大信访案件的联席会议制度，着力解决突出环境问题；要进一步充实信访工作人员，健全信访机构；要加强信访体制机制创新，推进环境信访工作与行政执法、业务审批、年度考核、政府整体信访工作相结合；要注重舆情监控，加强应急处置。环北京圈各省（自治区、直辖市）要把信访维稳工作作为头等大事来抓，务必做到“三个确保”，即确保本地区不发生大规模集体进京访；确保本地区不因环境问题引发大规模恶性案件；确保本地区不因信访问题处置不当而派生大规模群体性事件。

9 月 7 日

［纲　文］ **学习周恩义先进事迹座谈会在人民大会堂举行**。

［目　文］ 座谈会由中宣部、解放军总政治部和辽宁省委联合主办。中宣部常务副部长雒树刚主持会议。中宣部部长刘云山出席会议并讲话。

刘云山指出，作为一名基层领导干部、宣传部长，周恩义同志用自己的模范行动，生动诠释了共产党人的先进性质和党的宣传干部的优秀品质，自觉践行了社会主义核心价值体系的内在要求，不愧为全社会学习的榜样，不愧为宣传思想文化战线的楷模。做一名优秀的宣传干部，就要有一种坚定理想、忠于职守的追求，对党的宣传事业充满执着和热爱，不断为党的宣传事业书写新的篇章。就要有一种舍得付出、甘于奉献的境界，不争名、不争利、不争功、不争地位，经得起诱惑、耐得住寂寞、抵得住浮躁，恪守宣传干部的精神高地。

中央宣传思想文化系统有关负责同志和部分省市党委常委、宣传部部长参加。中宣部副部长申维辰宣读《中共中央宣传部关于开展向周恩义同志学习活动的通知》。张研农、李从军、杜金才等10人在座谈会上发言。中宣部当日下发《关于开展向周恩义同志学习活动的通知》，要求全国宣传思想文化战线向周恩义同志学习。

9月7—9日

［纲　文］**第9届中国金鹰电视艺术节暨第26届中国电视金鹰奖颁奖活动在湖南长沙举行。**

［目　文］全国政协副主席、中国文联主席孙家正出席并宣布开幕。中国金鹰电视艺术节以金鹰奖评选颁奖为主活动，是唯一以观众投票为主选方式产生的全国性电视艺术综合大奖，也是中国首个以国产电视艺术作品作为评奖和交流对象的电视艺术节庆活动。活动由中国文联、中国电视艺术家协会与湖南省人民政府共同主办。艺术节主体活动包括开幕式暨文艺晚会、“现代传播和城市文明”金鹰国际论坛、“我爱主持人”晚会、金鹰明星“走转改、送欢乐、下基层”慰问演出、颁奖盛典暨闭幕式等六大主体活动。金鹰奖设奖数量为79个，共有电视剧、电视剧演员、电视节目主持人等9个奖项。金鹰奖评选共收到全国各类参评电视作品806部，《黎明之前》《雪豹》等20部电视剧获得优秀电视剧奖，中央电视台主持人崔永元和江苏卫视主持人孟非同获最佳电视主持人奖。9月9日，闭幕式上颁发了最佳电视剧、最佳导演、最佳编剧以及观众喜爱的电视剧男、女演员奖等。

9月8—11日

［纲　文］**第16届中国国际投资贸易洽谈会在厦门举行。**

［目　文］洽谈会由商务部主办。联合国贸发会议、联合国工发组织、经济合作与发展组织、世界银行国际金融公司、世界投资促进机构协会等国际组织以及中国国际投资促进会参与协办。

国务委员兼国务院秘书长马凯出席并启动“金钥匙”，为投洽会开馆。全国政协副主席、科技部部长万钢出席开馆式。中非共和国总统弗朗索瓦·博齐泽，瓦努阿图副总理兼贸工部部长哈姆·利尼，匈牙利前总理彼得·迈杰希，中共福建省委书记孙春兰以及来自全球100多个国家和地区的工商界人士、政府官员和有关国际组织的代表出席开馆式。投洽会以国际投资促进为主线，以“引进来”和“走出去”为主题，突出全国性和国际性，突出投资洽谈和投资政策宣传，突出区域经济协调发展，突出对台经贸交流。

投洽会“2012国际投资论坛”上，多位国内外政经界要人围绕“全球增长新动力与跨国投资”“全球经济重振与新一轮工业革命”等热点议题发表了演讲。据统计，投洽会共签订各类投资项目485个，总投资金额270.4亿美元，利用外资218.3亿美元，其中，合同项目355个，总投资金额191.8亿美元，利用外资154.2亿美元，千万美元以上的合同项目263个。

9月8—18日

［纲　文］**第9届全国大学生运动会在天津举行。**

［目　文］大运会由教育部、国家体育总局、共青团中央主办，天津市人民政府承办。大运会设田径、游泳、足球、篮球、排球、乒乓球、武术、健美操、定向越野、跆拳道、毽球、桥牌12个比赛项目。共有来自31个省、自治区、直辖市以及新疆生产建设兵团和香港、澳门特别行政区34个代表团，6196名运动员参加了田径等12个项目的角逐。获得本届大运会团体总分前10名的代表团分别是：天津、北京、上海、江苏、广东、浙江、湖南、山东、湖北、江西。经过评选，北京市等34个代表团获得体育道德风尚奖；天津工业大学等40所高校获得“校长杯”；江苏等10个代表团获科学论文报告会团体奖，北京市等15个省、自治区、直辖市获科报会组织奖。

9月8—10日

［纲　文］**第14届中国科协年会在石家庄举办。**

［目　文］会议主题为“科技创新与经济结构调整”。中共中央政治局委员、全国人大常委会副委员长王兆国出席开幕式并讲话。全国人大常委会副委员长、中国科协主席韩启德致开幕词。国内外著名科学家、中国科协和河北省有关领导等特邀来宾，学术交流分会场、专题论坛和专项活动代表、河北省部分科技工作者以及港、澳、台有关科技团体代表和专家学者等共计2200余人出席。年会期间共设21个分会场，围绕学科发展中前沿交叉问题进行交流和研讨，促进学科交叉融合。年会设立8个专题论坛，围绕河北省科技经济社会发展中的关键问题和热点难点问题展开讨论。

9月9日

［纲　文］**国务院公布《教育督导条例》。**

［目　文］《条例》共5章27条，包括总则、督学、督导的实施、法律责任、附则等主要内容。《条例》经2012年8月29日国务院第215次常务会议通过，自2012年10月1日起施行。这是新中国第一部专门的教育督导法规。

9月9日

［纲　文］**贾庆林、刘延东致信祝贺北京语言大学50周年校庆。**

［目　文］全国政协主席贾庆林在贺信中说，建校50年，北京语言大学始终秉承“笃志博学，修言敦行”的精神，以“推广汉语，弘扬中华文化”为办学宗旨，坚持改革创新，突出办学特色，办学实力不断增强，培养了一大批中外文化交流使者和知华友华人士，为中国社会经济发展特别是为促进中国走向世界和让世界了解中国做出了积极贡献。他在贺信中希望北京语言大学深入贯彻落实科学发展观，全面落实教育规划纲要，以建校50周年为契机，发扬优良传统，深化教育教学改革，提升办学质量，扎实推进“海内外

知名的高水平语言大学”建设，为在全球推广汉语，弘扬中华文化，为中国和世界文化的发展和交流做出新的更大贡献。

国务委员刘延东在贺信中希望北京语言大学以50周年校庆为契机，认真学习贯彻胡锦涛总书记在庆祝清华大学建校100周年大会上的重要讲话精神，全面落实教育规划纲要，弘扬优良传统，深化改革创新，坚持走内涵式发展道路，进一步突出语言教育与研究的特色优势，提高教育教学质量和开放办学水平，培养造就更多的高素质涉外人才，在加快建设海内外知名的高水平语言大学进程中取得新的更大成就，为国际汉语教育事业、为中华文化“走出去”做出新的更大贡献。

北京语言大学创办于1962年，原名北京语言学院，是中国唯一一所以对来华留学生进行汉语教育和中华文化教育为主要任务的国际型大学。

9月9日

［纲　文］**国家文物局在湖南长沙召开田野文物安全现场会**。

［目　文］现场会全面部署加强田野文物安全保护，并就确保文物系统安全稳定提出明确要求。文化部、湖南省委等负责人出席会议。国家文物局相关司室、公安部刑侦局以及全国16个重点省份、50个文物资源丰富地市的文物部门负责同志共110余人参加了会议。会议指出，田野文物仍然是文物犯罪侵害的首要对象，盗掘古遗址、古墓葬，盗窃田野石刻，仍然是威胁文物安全的首要因素。要建立省、市、县三级打击防范文物犯罪联合工作机制，促进打击、防范文物犯罪常态化。会上，湖南省长沙市、内蒙古自治区锡林郭勒盟、河南省洛阳市、陕西省宝鸡市政府和湖北省随州市、湖南省望城县文物部门分别介绍了工作经验。

9月9—23日

［纲　文］**全国人大常委会委员长吴邦国应邀对伊朗、缅甸、斯里兰卡、斐济进行正式友好访问**。

［目　文］访问是应伊朗伊斯兰议会议长拉里贾尼、缅甸联邦议会人民院议长吴瑞曼、斯里兰卡议会议长恰马尔和斐济总理姆拜尼马拉马的邀请。

10日，吴邦国分别会见了伊朗第一副总统拉希米、伊朗议长拉里贾尼，共同出席两国引渡条约、移管被判刑人条约的签字仪式，11日，吴邦国在总统府会见伊朗总统艾哈迈迪—内贾德。吴邦国在会见内贾德时表示，双方应在保持高层往来的同时，加强政府、议会、地方等各层次的友好往来，密切在联合国、上海合作组织等多边场合的沟通与合作。双方应继续本着相互尊重、互利共赢的原则，加大两国有关部门沟通协调，妥善解决经贸合作中存在的问题，扎实推进有关合作项目。希望双方做好互设文化中心的工作，支持和促进两国青少年间的友好往来。中方欢迎伊方适时来华举办“伊朗文化周”活动。中方在伊核问题上一贯秉持公正、客观立场，反对任何中东地区国家研发和拥有核武器。

13日，吴邦国在内比都会见缅甸联邦议会人民院议长吴瑞曼、缅甸联邦议会民族院议长吴钦昂敏。14日，吴邦国会见缅甸总统吴登盛，共同出席9项中缅两国政府间经贸合作文件及2项金融合作协议的签字仪式，听取中缅油气管道建设情况汇报。吴邦国在会见吴登盛时表示，推动中缅全面战略合作伙伴关系不断向前发展。一要不断增进战略互信。二要加强中缅经贸合作。三要深化人文交流。

16日，吴邦国视察了由中斯合作建设的科伦坡港南集装箱码头建设工地、中斯友谊中心。17日，吴邦国在科伦坡总统府会见斯里兰卡总统拉贾帕克萨，共同出席了两国关于互免持外交、公务、因公普通护照人员签证协定等6项两国政府间合作文件和10项企业间合作协议的签字仪式。吴邦国在会见拉贾帕克萨时着重就下一步加强经贸合作提出三点建议。一是改善贸易结构，扩大贸易规模。二是保持基础设施领域的合作势头，在落实好重点合作项目、确保在建项目按期保质完成的同时，根据斯国内发展的实际需要，充分运用先期合作的有益经验，不断挖掘合作潜力，培育新的合作亮点。三是加强在海洋科研、气候变化、防灾减灾等方面的合作，深化在畜牧业、农产品加工、生物质能源等领域的合作。

21日，吴邦国在楠迪分别与斐济总理姆拜尼马拉马、斐济总统奈拉蒂考举行会谈。吴邦国在会见奈拉蒂考时表示，中方愿与斐方一道，进一步深化中斐传统友谊，增进政治互信，拓展在经贸、农业、渔业、矿产等领域的务实合作，促进文教、旅游等友好交流，密切在国际和地区事务中的沟通与配合，推动中斐关系不断迈上新台阶。

9月10日

［纲　文］**中共中央、国务院电贺第14届残奥会中国体育代表团。**

［目　文］贺电说，在第14届残奥会上，中国体育代表团的残疾人运动员自强不息、奋勇争先，取得95枚金牌、71枚银牌、65枚铜牌，位居金牌榜和奖牌榜第一位，创造了中国残疾人体育事业的新辉煌，向全世界展示了中国残疾人自尊、自信、自强、自立的良好精神风貌。党中央、国务院向你们表示热烈的祝贺和诚挚的问候！

9月10日

［纲　文］**温家宝在外交学院为周恩来和陈毅铜像揭幕并发表讲话。**

［目　文］中宣部部长刘云山，国务委员戴秉国、唐家璇，外交部部长杨洁篪，教育部部长袁贵仁，北京市代市长王安顺等出席。

国务院总理温家宝说，中国走互利共赢的道路顺应了全球化的时代潮流，也是应对国际金融危机等挑战的唯一正确选择。近年来，我们倡议和推动了一系列重大合作举措，取得显著成效，为中国经济发展拓展了广阔空间，也为促进世界经济复苏和增长做出了贡献。当前，国际热点问题成因更加复杂，变化更加快速，影响面更广。中国坚持独立自主的和平外交政策，根据事情的是非曲直独立作出判断，不与任何国家或国家集团结盟，积极参与国际安全合作，切实维护国家利益和世界人民福祉。我们要积极、主动、客观地向世界介绍中国，吸收借鉴人类一切优秀文明成果，尊重和维护文明多样性，扩大同各国的友好交往，增进相互理解。

外交学院被誉为“中国外交官的摇篮”，周恩来1955年倡议成立外交学院并亲自题写校牌，陈毅担任外交部部长期间长期兼任学院院长。周恩来和陈毅铜像位于北京市昌平区的外交学院新校区。

9月10日

［纲　文］**国务院副总理李克强在北京会见世界经济论坛主席施瓦布及国际工商理事会成员。**

［目　文］国际工商理事会荟萃世界工商界代表人士，由来自美国、欧洲、日本、俄罗斯、印度、巴西等国的著名跨国企业和研究机构负责人组成，其中60多位参加了会见。李克强与他们就广泛话题深入交流，并现场回答了他们提出的问题。

李克强说，面对经济发展中的问题，中国政府坚持稳中求进，正确处理保持经济平稳较快发展、调整经济结构、管理通胀预期的关系，加大预调微调力度，实施了扩大内需、发展实体经济、扶持中小微企业和民营经济、实施保障房等重大民生工程等多方面措施，并继续推动改革开放。我们正在推动创新型国家建设，推动在全社会树立创新的理念，使企业的发展更多依靠创新创造。

参加会见的国际工商理事会成员积极评价中国在促进世界经济健康、稳定发展中发挥的建设性作用，并表达了愿深化对华合作、积极参与中国经济社会发展的愿望。施瓦布表示世界经济论坛愿利用其资源和平台为中国的发展、繁荣和对外交往服务。

9月10日

［纲　文］**环境保护部、教育部印发《关于建立中小学环境教育社会实践基地的通知》。**

［目　文］《通知》主要有三方面内容：一、充分认识建立中小学环境教育社会实践基地的重要意义。推动中小学环境教育社会实践基地建设是各级环境保护部门和教育部门义不容辞的责任和义务。环境保护部和教育部决定在各地普遍开展中小学环境教育社会实践活动的基础上，联合建立中小学环境教育社会实践基地。二、中小学环境教育社会实践基地建设的基本要求和内容。申报中小学环境教育社会实践基地条件：获得过省级“中小学环境教育社会实践基地”“环境教育基地”“环境科普基地”“生态文明教育基地”等称号。具备适合中小学生开展环境教育实践活动的基本场所、设施设备。根据环境保护部和教育部有关中小学环境教育文件要求，按照中小学生的认知特点，结合当地环境资源条件与特色，设计完整的环境教育体验和实践活动方案，开发相关辅助资料，组织相关活动，提高中小学生环境素养与实践能力。三、全国中小学环境教育社会实践基地申报程序。第一批中小学环境教育社会实践基地的申报时间从本通知下发之日起至2012年11月30日止，由各省级环境保护厅（局）会同省级教育厅（教委），组织推荐本地区中小学环境教育社会实践基地作为候选单位，按照优中选优、兼顾平衡的原则进行统一申报。

9月10日

［纲　文］**环境保护部与四川省政府在成都签署《进一步加强四川省环境保护工作合作协议》**。

［目　文］根据协议，双方将通过合作，促进四川省以环境保护优化经济发展、全面推进主要污染物减排、深化重点领域污染防治、加强生态建设与保护、支持成都综合配套改革、创新环境管理体制机制、加强环保基础能力建设等。同时，建立部、省合作协调机制，定期召开会商会议，专题研究四川环境保护重大问题，推动四川省经济社会与环境保护协调发展。

9月10日

［纲　文］**国土资源部发布公告，面向社会各类投资主体公开招标出让页岩气探矿权**。

［目　文］页岩气是一种新兴的、清洁高效的非常规油气资源，已成为全球油气勘查开发的新亮点。此次招标共推出20个区块，总面积为20002平方公里，分布在重庆、贵州、湖北、湖南、江西、浙江、安徽、河南8个省（市）。

9月10日

［纲　文］**外交部就日本政府宣布"购买"钓鱼岛发表声明**。

［目　文］声明说，2012年9月10日，日本政府不顾中方一再严正交涉，宣布"购买"钓鱼岛及其附属的南小岛和北小岛，实施所谓"国有化"。这是对中国领土主权的严重侵犯，是对13亿中国人民感情的严重伤害，是对历史事实和国际法理的严重践踏。中国政府和人民对此表示坚决反对和强烈抗议。

钓鱼岛及其附属岛屿自古以来就是中国的神圣领土，有史为凭、有法为据。钓鱼岛等岛屿是中国人最早发现、命名和利用的，中国渔民历来在这些岛屿及其附近海域从事生产活动。早在明朝，钓鱼岛等岛屿就已经纳入中国海防管辖范围，是中国台湾的附属岛屿。钓鱼岛从来就不是什么"无主地"，中国是钓鱼岛等岛屿无可争辩的主人。

中国政府严正声明，日本政府的所谓"购岛"完全是非法的、无效的，丝毫改变不了日本侵占中国领土的历史事实，丝毫改变不了中国对钓鱼岛及其附属岛屿的领土主权。中华民族任人欺凌的时代已经一去不复返了。中国政府不会坐视领土主权受到侵犯。中方强烈敦促日方立即停止一切损害中国领土主权的行为，不折不扣地回到双方达成的共识和谅解上来，回到谈判解决争议的轨道上来。如果日方一意孤行，由此造成的一切严重后果只能由日方承担。

9月10日

［纲　文］**外交部部长杨洁篪在外交部紧急召见日本驻华大使丹羽宇一郎，就日本政府非法"购买"钓鱼岛提出严正交涉和强烈抗议**。

［目　文］杨洁篪指出，钓鱼岛及其附属岛屿自古以来就是中国的固有领土，这方面的历史事实和法理依据是清楚的。中方郑重重申，日方对钓鱼岛及其附属岛屿采取所谓

“购买”等单方面行动完全是非法和无效的，丝毫改变不了日本窃取中国领土的历史事实，丝毫动摇不了中国对钓鱼岛及其附属岛屿的领土主权。

9月10日

［纲　文］**工业和信息化部印发《国家级工业设计中心认定管理办法（试行）》。**

［目　文］《办法》共有5章22条，包括总则、基本条件、工作程序、管理、附则等主要内容。

9月10日

［纲　文］**交通运输部发出《关于加快“十二五”期水运结构调整的指导意见》。**

［目　文］《意见》主要有四方面内容：一、“十二五”期水运结构调整的重要性和紧迫性。二、“十二五”期水运结构调整的总体思路。三、“十二五”期水运结构调整的主要任务。四、水运结构调整的保障措施。《意见》说，当前国际国内宏观经济环境的变化，使中国水运发展形势不容乐观，特别是航运供需失衡，燃油、人工等成本大幅上涨，企业经营面临巨大压力。需要准确判断、正确把握今后一个时期的水运发展态势，加快转变发展方式，不断优化运力、运输和组织结构，走质量效益型的内涵式发展之路，增强应对复杂形势和化解危机的能力。

9月11日

［纲　文］**全国政协在北京举行“加强和创新社会管理”专题协商会。**

［目　文］全国政协副主席王刚、陈宗兴分别主持会议。全国政协主席贾庆林出席并讲话。

贾庆林说，我们要深入学习贯彻胡锦涛总书记在省部级主要领导干部专题研讨班上的重要讲话精神，深刻认识加强和创新社会管理的重要性和紧迫性，牢牢把握最大限度激发社会活力、最大限度增加和谐因素、最大限度减少不和谐因素的总要求，充分发挥人民政协的优势和作用，找准人民政协推动社会建设和管理的着力点和切入点，积极协助党和政府解决影响社会和谐稳定的突出问题，要重点围绕加快推进以改善民生为重点的社会建设、加强基层社会管理服务、加强社会管理制度建设等问题，深入调查研究，多提针对性强、切实可行的对策建议，为建设中国特色社会主义社会管理体系做出新的更大贡献。

协商会上，全国政协社会和法制委员会组织了52篇会议发言材料，27个部、委、办领导到会听取委员意见建议。委员们围绕社会管理体制机制建设、新生代农民工融入城镇、青少年犯罪预防、发展老龄事业、信息网络服务管理、流动人口服务管理等问题，积极提出了建议。

18位政协常委、委员和民主党派中央、全国工商联、政协专门委员会的代表作了大会发言，中共中央办公厅、国务院办公厅以及有关部门和单位的负责同志到会听取意见，国务院有关部门负责同志作了协商互动发言。各民主党派中央、全国工商联和无党派人士代表，部分全国政协常委、委员等出席专题协商会。

9月11日

［纲　文］**外交部再次要求日本撤销“购岛”决定**。

［目　文］11日上午，日本政府与所谓的钓鱼岛“所有者”签订“购岛”合同，将中国的钓鱼岛及其附属的南小岛和北小岛等3座岛屿“收归国有”。11日至12日，外交部亚洲司长罗照辉在北京应约与来华的日本外务省亚大局长杉山晋辅就中日关系举行磋商。罗照辉全面阐述了中方在钓鱼岛问题上的严正立场，强调中国政府和人民维护领土主权的决心和意志坚定不移，要求日方立即撤销所谓“购岛”的错误决定。

9月11日

［纲　文］**监察部、人力资源社会保障部公布《行政机关机构编制违法违纪行为政纪处分暂行规定》**。

［目　文］《规定》共有14条，经2012年7月30日监察部第5次部长办公会议、2012年3月31日人力资源社会保障部第89次部务会议、2012年2月17日国家公务员局审议通过。《规定》自公布之日起施行。《规定》指出，为严肃机构编制纪律，惩处机构编制违法违纪行为，保障机构编制管理规定的贯彻实施，根据《中华人民共和国行政监察法》《行政机关公务员处分条例》《国务院行政机构设置和编制管理条例》《地方各级人民政府机构设置和编制管理条例》及其他有关法律、行政法规，制定本规定。

9月11日

［纲　文］**国家海洋局印发《领海基点保护范围选划与保护办法》**。

［目　文］《办法》共有4章20条，主要包括总则、选划与审批、保护与管理、附则等内容。《办法》要求，国家应对领海基点划定保护范围，实行特别保护。为了指导领海基点保护范围选划工作，国家海洋局制定了本办法。《办法》规定，国家海洋局负责监督指导领海基点保护范围的选划和保护工作，具体选划工作由领海基点所在省、自治区、直辖市人民政府负责，并对领海基点保护范围选划的程序、方法和要求进行了规范。下一步，国家海洋局和地方各级人民政府将根据《海岛保护法》和《办法》的要求，抓紧开展中国领海基点保护范围的选划工作。保护范围划定后，县级以上人民政府海洋主管部门应当加强对保护范围的监视监测与评价，各级海监机构将对保护范围实施监督检查，以切实维护中国海洋权益。

9月11—12日

［纲　文］**李克强在银川、石嘴山等地考察**。

［目　文］国务院副总理李克强在银川期间，听取了宁夏推进西部大开发和内陆开放型经济试验区建设等情况的汇报，考察施工中的银川第六污水处理厂。

李克强说，中国是发展中大国，支撑未来发展主要靠内需，西部大开发是扩大内需的重大战略举措。同时，西部大开发的进程也是西部大开放的进程，要把开发和开放结合起来，积极承接产业转移，优化产业结构和资源要素配置，更好发挥后发优势；创新开放合作机制，鼓励企业开拓海外市场特别是新兴市场，促进外贸稳定增长，实现开发和开放

“双促进、双提升”。

李克强在石嘴山期间，调研了煤机厂棚户区，听取石嘴山市有关负责同志介绍全市棚改进展情况。李克强说，实施保障性安居工程特别是推进棚户区改造，既能改善家庭的住房条件，保障困难群众基本生活，调节收入分配；又能扩大消费和投资，拉动经济增长，是重大民生与民心工程，也是重大发展与和谐工程。他叮嘱随行的省市负责同志，棚户区改造要把工作做细做实，确保建设质量、设施配套和公平公正，使不同收入居民、不同民族群众同区居住，共享和谐。

9月11—13日

［纲　文］**第6届夏季达沃斯论坛在天津举行，国务院总理温家宝出席并致辞。**

［目　文］温家宝强调，中国发展仍然处于重要战略机遇期，深入推进工业化、城镇化、信息化和农业现代化，将释放出巨大的发展潜力，中国经济这艘巨轮一定能够继续平稳快速前进，驶向更加光明的未来。温家宝重点介绍了就业和社会保障、教育、医疗、扶贫等民生领域的重大进展。温家宝还总结了近五年应对国际金融危机的做法和体会。在介绍了今年5月以来集中出台的政策措施后，温家宝说，国际社会一定要进一步加强宏观经济政策协调，推进全球治理体系改革，坚决反对贸易投资保护主义，提升贸易投资自由化、便利化水平，共同推动世界经济尽快稳定复苏。希望各国企业家大力加强技术研发、产品创新，大力发展节能环保等绿色产业，创造新的市场需求，培育新的经济增长点，实现企业成长、行业壮大、经济发展和社会进步的多赢目标。

论坛主题为“推动全球增长、塑造未来经济”。世界经济论坛主席施瓦布、卢旺达总统卡加梅、丹麦首相托宁·施密特、拉脱维亚总理东布罗夫斯基斯、立陶宛总理库比柳斯、巴基斯坦总理阿什拉夫、哥斯达黎加副总统利伯曼、津巴布韦副总理穆坦巴拉和澳大利亚前总理陆克文、新加坡荣誉国务资政吴作栋、英国前首相布朗等出席开幕式。80多个国家2000多名与会者围绕创造性应对当前挑战、认识科技领域新前沿等议题展开了讨论。

11日，温家宝在天津分别会见出席年会的多国首脑。

在会见卢旺达总统卡加梅时，温家宝说，长期以来，中国与卢旺达关系健康、稳定发展，友谊与互信不断加深。中国政府鼓励本国企业到卢旺达同当地企业共同发展，转让先进实用技术，培养人才，探索开发新的产品和市场。

在会见巴基斯坦总理阿什拉夫时，温家宝说，中国与巴基斯坦友谊深入人心，这是双方最为宝贵的财富。中方坚定支持巴方维护独立、主权和领土完整，保持国内团结和稳定，争取良好的周边环境。两国要继续密切沟通与协调，共同应对各种挑战，着力推进能源、交通、安全等领域合作。

在会见拉脱维亚总理东布罗夫斯基斯时，温家宝说，中方赞赏拉脱维亚积极支持发展中东欧地区同中国的关系，两国要抓住机遇，推动在农业、交通、物流、医疗、教育等领域合作取得更多成果。

在会见丹麦首相托宁·施密特时，温家宝说，中国同丹麦有着长期友好关系。中方愿同丹方加强高层交往，将各自优势更好结合起来，推进经贸、农业、环保、旅游、海上、文化等领域合作。欢迎丹方扩大对中国投资，并积极参与中国的西部开发。

在会见立陶宛总理库比柳斯时，温家宝说，立陶宛是中国在波罗的海地区最大贸易伙伴，两国友好交往不断增多，合作潜力很大。中方政府部门、企业、高校愿同立方加强交流，提升合作水平，共同推动中国同中东欧地区和欧盟关系取得新进展。

在会见新加坡荣誉国务资政吴作栋时，温家宝说，当前中国与新加坡合作富有活力地向前发展，不断取得新的成果。两国要继续相互学习借鉴，开拓新的合作领域，更好地实现互利共赢。

在会见世界经济论坛主席施瓦布时，温家宝表示，在世界经济困难的时候，夏季达沃斯论坛为国际社会加强交流合作架起了新的桥梁，并把未来寄托在青年领军者身上，积极推动创新和可持续发展，给人们以信心和力量。中国将继续推进改革开放，发展潜力巨大。夏季达沃斯论坛扎根中国，面向世界，一定会越办越好。

9月12日

［纲　文］ **温家宝主持召开国务院常务会议。**

［目　文］ 会议讨论通过了《关于促进外贸稳定增长的若干意见》，确定了以下政策措施：一、加快出口退税进度，确保准确及时退税。二、扩大融资规模，降低融资成本，支持商业银行努力扩大对小微企业的贸易融资，增加对符合条件出口企业的贷款。三、扩大出口信用保险规模和覆盖面，特别注意发展对小微企业的信用保险。四、提高贸易便利化水平。五、妥善应对贸易摩擦，维护我出口企业合法权益。六、积极扩大进口，重点增加进口先进技术设备、关键零部件以及与人民群众密切相关的生活用品，支持企业技术改造，促进贸易平衡。七、优化外贸国际市场布局，支持企业开拓非洲、拉美、东南亚、中东欧等新兴市场。八、优化外贸国内区域布局，扩大中西部地区对外开放，推动边境省区发展对周边国家的经贸合作。

会议讨论通过了《关于做好打击侵犯知识产权和制售假冒伪劣商品工作中行政执法与刑事司法衔接的意见》。《意见》规定：一、行政执法机关在依法查处侵权和假冒伪劣违法行为过程中，发现违法事实涉嫌构成犯罪、依法需要追究刑事责任的，应当依照有关规定向同级公安机关移送案件。二、行政执法机关在执法检查和接受举报投诉时，发现侵权和假冒伪劣违法行为明显涉嫌犯罪的，要立即书面通报同级公安机关，并抄送同级人民检察院。公安机关接到通报后，应当立即调查，自接到通报之日起10个工作日内决定是否立案侦查并书面通知行政执法机关，同时抄送同级人民检察院。三、公安机关对发现的违法行为，经审查不需要追究刑事责任但依法应当追究行政责任的，应当及时将案件移送同级行政执法机关，由行政执法机关依法作出处理。四、对于情节严重、性质恶劣或疑难复杂的涉嫌犯罪案件，行政执法机关或公安机关可以联合执法打击，深挖首要违法犯罪分子，彻底摧毁产供销犯罪链条。五、行政执法机关查办的案件，应当定期向本级人民政府和上级行政执法机关报告。六、公安机关不受理行政执法机关移送的案件，或对已受理案件未在法定期限内作出立案或不予立案决定的，行政执法机关可以建议人民检察院进行立案监督。《意见》还就完善工作机制、加强监督考核、保证衔接工作落到实处，作了具体规定，并要求行政执法机关依法将侵权和假冒伪劣案件纳入政府信息公开范围，接受社会监督。

会议对《期货交易管理条例》进行了修改。修改后的条例对期货交易行为进一步作了界定，明确了地方政府查处取缔非法期货交易活动的职责，修改充实了有关制度。

9月12日

［纲　文］ **贾庆林在北京会见以陈幼南为团长的香港潮属社团总会访问团。**

［目　文］ 全国政协主席贾庆林说，香港潮属社团总会是香港潮属社团的优秀代表和爱国爱港涉侨社团，多年来始终坚持爱国爱港立场，为促进香港社会和谐、维护香港繁荣稳定、推进内地改革开放和现代化建设等方面做出了积极贡献。“一国两制”是香港保持长期繁荣稳定的最佳制度安排，推进“一国两制”事业符合香港同胞的利益和愿望，符合中华民族的根本利益。中央政府将一如既往地坚决贯彻对香港的基本方针政策，坚定支持香港特别行政区行政长官和特区政府依法施政，坚持维护香港的长期繁荣稳定。贾庆林希望香港潮属社团总会和潮属各界始终心系祖国，为推动祖国现代化建设多做贡献；坚持爱国爱港，积极参与香港社会政治事务，确保爱国爱港优良传统薪火相传、“一国两制”事业接续发展；弘扬中华文化，进一步增进香港同胞对中华文化的认同感和归属感；紧密团结协作，努力增强潮属社团的凝聚力，推动海内外潮籍儿女的团结。

会见时，陈幼南简要介绍了香港潮属社团总会成立以来的工作情况及未来设想。香港潮属社团总会是香港潮属社团的优秀代表和爱国爱港涉侨社团，多年来始终坚持爱国爱港立场，为促进香港社会和谐、维护香港繁荣稳定、推进内地改革开放和现代化建设等方面做出了积极贡献。

9月12日

［纲　文］ **李长春在人民大会堂会见第14届残奥会中国体育代表团全体成员。**

［目　文］ 会见仪式由中共中央政治局委员、国务委员刘延东主持。中共中央政治局常委李长春发表讲话。中宣部部长刘云山，全国人大常委会副委员长周铁农等参加会见。

李长春说，在这届残奥会上，中国体育健儿发扬“自强不息、奋勇争先”的残疾人体育精神，创造了优异成绩，谱写了中国残疾人体育事业发展的新篇章，为祖国赢得了巨大荣誉，祖国和人民感谢你们。你们在伦敦残奥会赛场上的优异表现，充分展示了中国残疾人自尊、自信、自强、自立的良好形象，展示了中国残疾人事业和人权事业的显著成就，展示了中华民族昂扬向上的精神风貌。残奥会既是残疾人体育竞技的赛场，也是残疾人展示顽强意志和坚韧品格的舞台。你们在残奥会上书写体育运动奇迹的同时，也创造了宝贵的精神财富，概括起来就是，为祖国争光、为民族争气的爱国精神，自强不息、奋勇争先的进取精神，挑战极限、超越自我的拼搏精神，不畏艰难、追求卓越的敬业精神，齐心协力、团结互助的协作精神。这些宝贵精神财富，必将激励广大干部群众攻坚克难，不断开创中国特色社会主义事业新局面。

9月12日

［纲　文］ **中组部在北京召开大学生村官工作会议。**

［目　文］ 中组部常务副部长沈跃跃主持会议。中央书记处书记、中组部部长李源潮出席并讲话，李源潮要求认真总结大学生村官工作的经验，完善政策、健全机制，促进大学生村官健康成长，更好地为新农村建设培养骨干力量，为加强基层干部队伍建设提供优秀人才。

会议总结了党的十七大以来选聘高校毕业生到村任职工作的经验，强调要认真贯彻落实中组部、中编办、教育部、财政部、人社部、国家公务员局六个部门联合下发的《关于进一步加强大学生村官工作的意见》。会议要求，要加大对大学生村官的使用和培养、选拔力度。严格选聘条件，坚持竞争择优，进一步提高选聘大学生村官的质量。要让大学生村官挑重担，安排实打实的硬任务，使他们有更多实践历练的机会和舞台。要加强跟踪培养，抓好教育培训，完善结对帮带和谈心谈话制度，建立健全大学生村官培养档案。要完善大学生村官考核评价机制，把考核结果和培养选拔以及未来的出路挂钩；完善有序流动机制，加强职业规划指导，使大学生村官的路越走越宽。江苏、安徽、山西、北京、云南五省市，清华大学、中国农业银行、神华集团等单位和两名大学生村官代表在会上发言。

9月12日

［纲　文］ **公安部发布《公安部关于修改〈机动车登记规定〉的决定》、修订后的《机动车驾驶证申领和使用规定》两个文件。**

［目　文］《公安部关于修改〈机动车登记规定〉的决定》于2012年8月21日公安部部长办公会议通过，自发布之日起施行。《机动车驾驶证申领和使用规定》修订后共有7章89条，主要包括总则，机动车驾驶证申请，机动车驾驶人考试，发证、换证、补证，机动车驾驶人管理，法律责任，附则等内容，《规定》于2012年8月21日公安部部长办公会议通过，自2013年1月1日起施行，第五章第四节校车驾驶人管理自发布之日起施行。

9月12日

［纲　文］ **文化部办公厅印发《文化部“十二五”文化科技发展规划》。**

［目　文］《规划》主要有五方面内容：一、形势与需求。加快文化科技发展，是文化繁荣发展的必要支撑，是文化建设的迫切要求，是转变经济发展方式、推动文化产业成为国民经济支柱性产业的战略任务。二、指导原则、发展目标与主要指标。“十二五”文化科技发展的总体目标是：文化科技创新体系基本完备，自主创新能力大幅提升，科技竞争力显著增强，文化重点领域核心关键技术取得突破性进展，文化行业标准化体系相对完善，文化科技基础环境条件得到改善，科技资源与文化资源的共享明显增强，文化与科技融合在深度和广度上取得实质性推进，有力支撑和引领文化事业和文化产业的发展。三、着力加强文化科技创新体系建设。优化文化科技创新发展环境；加强文化科技创新载体建

设；强化文化与科技融合发展功能；发挥科技项目引领带动作用；加快文化行业标准规范制定；汇聚文化科技专业人才队伍。四、重点工作任务及领域。文化科技基础性工作；文化艺术资源保护与开发领域；文化艺术产品创作生产领域；文化传播与服务领域；文化装备与系统平台建设。五、切实保障规划实施。

9月12—16日

［纲　文］**中国（宁夏）国际投资贸易洽谈会暨中国·阿拉伯国家经贸论坛在宁夏银川市举办**。

［目　文］论坛由商务部、中国贸易促进委员会、宁夏回族自治区政府举办。中共中央政治局常委、国务院副总理李克强宣布开幕，并发表题为“携手壮大新兴市场，促进全球共同发展”的主旨演讲。李克强说，向西开放是中国全方位对外开放的重大举措。我们在提升沿海和向东开放的同时，进一步扩大内陆和沿边开放，大力实施向西开放。阿拉伯世界资源优势独特，目前正致力于推进产业多元化和城市化，大力改善民生。中国在技术、产业、市场等方面有比较优势。中阿之间的合作，前景十分广阔，应努力扩规模、上层次。

中非共和国总统博齐泽等在开幕式上讲话。密克罗尼西亚联邦总统莫里、巴布亚新几内亚总理奥尼尔、泰国副总理春蓬、匈牙利国会副主席乌伊海伊、摩洛哥议会副议长耶提姆、科摩罗前总统阿扎利、约旦前首相马贾利出席了开幕式。

大会期间举办了高峰会议、主题论坛、商品展览、经济合作、文化交流等31项活动，还举办了其他11项活动，包括中阿合作论坛框架下的能源大会、友好大会，商务部主导的中国—海合会国家投资洽谈会等。

来自71个国家、地区及国际组织的7489名嘉宾参会参展。在参会参展嘉宾中，有外国嘉宾1046位，其中外国政要8位、部长级官员73位、驻华大使15位，企业223家，商协会26个；在国内方面，国电集团、华电集团、中国铝业等30家中央企业以及北京等28个省（区、市）及港澳台地区组织代表团参加。论坛共有124个项目成功签约，总投资额达2187亿元。

9月13日

［纲　文］**中国新闻社在北京举行成立60周年纪念大会**。

［目　文］国务院总理温家宝为中国新闻社题词“传播中国声音，留下历史记忆”。中共中央政治局常委李长春在贺信中向中国新闻社的全体同志表示祝贺和慰问。国务院副总理李克强在贺信中指出，面对世界渴望更加全面深入准确认知中国的新形势，希望中国新闻社着力增强国际影响力，占领世界华文资讯制高点，开创国际传播新征程。中共中央政治局委员、中宣部部长刘云山出席纪念大会并讲话，希望中国新闻社以建社60周年为新的起点，坚持正确舆论导向，把握自身定位、发挥自身优势，不断扩大在海外华侨华人和国际社会中的影响，为营造良好外部舆论环境做出新的更大贡献。要牢记责任使命，积

极适应国际社会的信息需求和对华关切，更好地向人们展示当代中国的发展进步。要突出自身特色，坚持面向世界、面向各国华侨华人，更好地培育对外传播的独特优势。要不断改进创新，研究掌握对外传播规律，更好地增强新闻信息产品的吸引力和感染力。要增强合作意识，强化服务理念，更好地拓展中国对外传播的途径和渠道。

9月13日

［纲　文］ **中组部、中宣部、教育部等16家全国老龄委成员单位联合印发《关于进一步加强老年文化建设的意见》。**

［目　文］《意见》就加强老年文化建设提出八方面意见：一、加强老年文化建设的重要性和紧迫性。加强老年文化建设是推动社会主义文化大发展大繁荣的必然要求；加强老年文化建设是积极应对人口老龄化的重要举措；加强老年文化建设是保障老年人文化权益的迫切需要。二、老年文化建设的指导思想、目标任务和基本原则。根据国家积极应对人口老龄化的战略部署，到2020年基本形成老年文化建设新局面。三、树立积极老龄化理念，彰显新时期老年文化建设的时代性。树立积极的老年文化观；树立积极老龄化理念，以积极的态度、积极的政策、积极的行动应对人口老龄化。四、充分发挥公共文化为老服务功能，切实保障老年人基本文化权益。加强老年人文化活动基础设施建设；加大老年人公共文化服务供给；加快城乡老年文化建设一体化发展。五、深入开展老年人特色文化活动，丰富老年人精神文化生活。深入开展宣传思想文化活动；着力推进品牌老年文化活动；广泛开展群众性老年文化活动；大力发展老年教育。六、推动老年文化产品创作和产业发展，加快文化体制改革创新。推动老年文化产品的创作生产；加快文化体制改革创新。七、大力营造浓厚的孝亲敬老社会环境，加强老龄宣传工作。弘扬孝亲敬老的传统美德；加强老龄宣传工作。八、加强老年文化建设的保障措施。加强老年文化建设的组织领导；加大老年文化建设的投入保障；加强老年文化队伍和文化团体建设。

9月13日

［纲　文］ **生物多样性与绿色发展国际论坛在北京举办。**

［目　文］ 论坛由环境保护部主办，中国生物多样性保护国家委员会承办，全球环境基金中国生物多样性伙伴关系框架项目协办。中国生物多样性保护国家委员会秘书长、环境保护部副部长李干杰出席论坛并发表主旨演讲。外交部、财政部、中国生物多样性保护与绿色发展基金会、联合国环境规划署、联合国开发计划署、亚洲开发银行、《生物多样性公约》秘书处、中国社科院等部门、国际机构和专家代表发表演讲。与会代表围绕“伙伴关系与绿色发展”“企业参与与绿色发展”两个专题展开交流。论坛取得了三项成果，一是明确提出了探索生物多样性友好型绿色发展模式。二是推动了企业参与生物多样性保护进程。三是开启了构建生物多样性合作伙伴关系新航程。论坛举行了两个签署仪式，一是全球环境基金中国生物多样性伙伴关系框架项目（CBPF）《CBPF跨地区跨部门项目合作协议》签字仪式，由我中心、江苏省环保厅、河南省信阳市环保局、四川省环保厅、陕西省发改委、甘肃省林业厅、青海省林业厅和UNDP、FAO、ADB等10家CBPF伙伴关

系项目国际、国内执行或实施机构代表共同签署。二是中国交通建设股份有限公司、万科企业股份有限公司、汇丰银行（中国）有限公司、大自然家居（中国）有限公司作为四类企业代表，共同签署了《致参与生物多样性保护企业倡议书》的仪式。

9月13日

［纲　文］ **中国常驻联合国代表约见联合国秘书长潘基文。**

［目　文］ 代表提交了中国钓鱼岛及其附属岛屿领海基点基线坐标表和海图。至此，中国已履行《联合国海洋法公约》所规定的义务，完成公布钓鱼岛及其附属岛屿领海基点基线的所有法律手续。

9月14日

［纲　文］ **温家宝在清华大学看望师生并发表演讲。**

［目　文］ 国务院总理温家宝在机械工程学院精密仪器系IC装备重大专项实验室，听取集成电路最核心装备光刻机研制和市场推广介绍，了解微小卫星技术进展和学生实习、学校与企业合办研究中心的情况。温家宝在清华大学校史馆参观校史展，听取清华大学教授、两院院士姚期智、薛其坤、王大中关于量子计算机、拓扑绝缘体研究、探月工程编码技术、核电站高温气冷堆技术等成果介绍。随后，温家宝在清华大学大礼堂，对1000多名学生发表演讲。

温家宝说，清华大学历经百年沧桑，与祖国同甘苦、共患难。在老一代清华人的身上，充满理想主义的情怀，他们不仅有着卓越的才智，而且满怀对祖国的忠诚和对事业的坚韧，表现出为国家和民族义无反顾的献身精神。今天在座的各位青年朋友，是国家的未来、民族的希望，承担着将来建设国家的重任。怎样建设好我们的国家？这是每一个人都要思考的问题。我们从事的社会主义现代化建设是在探索中前进的。我们对社会主义的认识也是在实践中不断深化的。真正把中国建设成为富强民主文明和谐的社会主义现代化国家，还有很长的路要走。我们不但要坚定不移地推进经济体制改革，进一步解放社会生产力，继续发展经济、改善民生，而且要坚定不移地推进政治体制改革，发展社会主义民主法治，促进社会公平正义，实现人的自由平等。

9月14日

［纲　文］ **台商权益保障工作联席会议召开第四次会议。**

［目　文］ 国务委员戴秉国出席会议并发表讲话。戴秉国指出，推动两岸关系和平发展，顺应民心，合乎时势，是一条正确的道路。我们一定要坚定不移地贯彻中央确定的对台方针政策，不断推动两岸关系取得新的成果，造福更多两岸民众。中共中央台湾事务办公室主任王毅讲话表示，此次会议是适应两岸关系和平发展由开创期进入巩固深化新阶段，落实《海峡两岸投资保护和促进协议》的重要举措，充分表明大陆方面致力于维护台胞和台商合法权益的诚意和善意。

台商权益保障工作联席会议是为了适应两岸关系改善发展需要而成立的。联席会议推动各地各部门依法妥善处理了一大批涉及台商和台胞权益的案件，出台了一系列开创性和实效性的政策举措，维护和增进了台湾同胞的利益。第四次会议由中央和国务院33个部门共同参与。最高人民法院、商务部、国土资源部、海关总署等代表联席会议成员做了经验介绍。

9月14日

［纲　文］ **钓鱼岛问题座谈会在北京举行**。

［目　文］ 会议由中国国际问题研究所、北京市青年联合会和新华网联合主办，座谈会主题为“团结奋斗、捍卫主权”。来自国内有关研究机构和高校的专家学者以及工人、农民、学生、工商业者和媒体代表等约100余人与会。与会专家学者及各界代表对日方“购岛”这一严重挑衅行径表示强烈愤慨，坚定支持中国政府采取的立场和行动，强烈要求日方悬崖勒马，改弦更张，立即停止一切损害中国领土主权的行动。

9月14日

［纲　文］ **中国海监船舶编队抵达钓鱼岛海域开展维权巡航执法**。

［目　文］ 6时许，由中国海监50、15、26、27船和中国海监51、66船组成的两个维权巡航编队，抵达钓鱼岛及其附属岛屿海域，对钓鱼岛及其附属岛屿附近海域进行维权巡航执法。这是中国政府宣布《中华人民共和国政府关于钓鱼岛及其附属岛屿领海基线的声明》后，中国海监首次在钓鱼岛及其附属岛屿海域开展的维权巡航执法，通过维权巡航执法行动，体现中国政府对钓鱼岛及其附属岛屿的管辖，维护中国的海洋权益。

9月14日

［纲　文］ **国务院副总理王岐山分别会见中国证监会国际顾问委员会委员、加拿大省长联合访华团**。

［目　文］ 王岐山在会见前英国金融服务局主席霍华德·戴维斯等20位中国证监会国际顾问委员会委员时，对各位委员长期为中国资本市场的改革发展献计献策表示赞赏。他说，近年来中国资本市场发展快、变化大，取得了显著成绩，但市场发育仍比较稚嫩。要借鉴国际资本市场发展的成功经验，进一步深化体制机制改革，加快组织制度创新，加强市场监管，积极稳妥地扩大对外开放，切实保护广大投资者的利益，促进资本市场健康稳定发展。戴维斯等表示，对中国资本市场的发展前景充满信心，愿继续为中国资本市场发展贡献智慧和力量。

王岐山在会见加拿大联邦理事会轮值主席、新斯科舍省省长达雷尔·德克斯特等7省区省长联合访华团时说，近年来中加高层交往频繁，各领域合作进展顺利。中加经济互补性强，合作潜力巨大。两国地方间合作快速发展，给两国人民带来了实实在在的利益。希望中加各省区市进一步加强经贸、投资、金融、旅游、科技、能源资源、节能环保等各领域合作，推动中加战略伙伴关系健康发展。两国政府要落实好中加双边投资保护协定，为双方地方、企业、市场等各层面合作营造良好的环境。德克斯特等表示，愿发挥加拿大各省区优势，与中方在更多领域开展务实合作，欢迎中国企业赴加投资兴业，欢迎中国游客赴加旅游。

9 月 14 日

［纲　文］ **教育部发出《印发〈普通高等学校本科专业目录（2012 年）〉〈普通高等学校本科专业设置管理规定〉等文件的通知》。**

［目　文］《通知》说，为贯彻落实教育规划纲要提出的要适应国家和区域经济社会发展需要，建立动态调整机制，不断优化学科专业结构的要求，我部对 1998 年印发的普通高等学校本科专业目录和 1999 年印发的专业设置规定进行了修订，形成了《普通高等学校本科专业目录（2012 年）》和《普通高等学校本科专业设置管理规定》。通知如下：一、新目录自发布之日起开始实施。本年度普通高等学校本科专业设置备案和审批工作按新目录执行，普通高等学校的招生计划和招生工作自 2013 年起按新目录执行，在校生的培养和就业工作仍按原专业执行。二、对普通高等学校现设本科专业，我部拟在近期按新目录和对照表统一组织整理。整理工作的具体要求，另行通知。三、各高校要依据新目录和新的专业介绍对相关专业的人才培养方案，按照德智体美全面发展的要求进行全面修订，积极借鉴“高等学校本科教学质量与教学改革工程”实施以来的教学改革理念、措施和经验，及时将其固化在人才培养模式和教学过程之中，不断提高人才培养质量。

9 月 14 日

［纲　文］ **水利部、质检总局、全国节水办发出《关于加强节水产品质量提升与推广普及工作的指导意见》。**

［目　文］《意见》主要有四方面内容：一、充分认识节水产品质量提升与推广普及的重要意义。二、指导思想。三、重点工作。四、工作要求。

9 月 14 日

［纲　文］ **粤港合作联席会议第 15 次会议在广州举行。**

［目　文］ 会议经粤港双方商定举行。广东省委副书记、省长朱小丹与香港特别行政区行政长官梁振英共同主持并作主题发言。会议的主题是回顾总结过去一年粤港合作进展情况，把握粤港合作新机遇，研究部署下一阶段推进落实《粤港合作框架协议》和促进率先基本实现粤港服务贸易自由化的有关工作。会议提出，当前和今后一段时期粤港双方要以更加积极、务实、进取的态度和行动，以加快推进粤港率先基本实现服务贸易自由化为主攻方向，扎实落实好《粤港合作框架协议》，逐项推进落实粤港率先基本实现服务贸易自由化规划纲要和行动计划确定的内容，开创粤港紧密合作、融合发展的良好局面。双方在会后签署《粤港共同推动率先基本实现粤港澳服务贸易自由化合作协议》等 7 份合作协议。

9 月 14—19 日

［纲　文］ **贾庆林在江苏盐城、徐州、苏州、无锡、南京和山东枣庄等地调研。**

［目　文］ 中共中央政治局常委、全国政协主席贾庆林到东风悦达起亚汽车公司、徐工重型机械有限公司，在生产车间看望一线工人，详细了解企业科技创新、生产经营、市

场开拓、节能减排等情况。在苏州文化艺术中心、千灯古镇，调研古城保护、文化遗产开发和文化建设情况。在苏州工业园区、盐城市规划展览馆、徐州市规划馆以及南京青奥会项目建设现场，考察城市发展和建设情况。到海峡两岸商贸合作区规划馆、MIT台资商贸企业精品馆和南京海峡城，考察苏台经贸合作、台资企业生产经营情况。

贾庆林指出，要着力推动产业优化升级，强化企业技术创新主体地位，加快改造传统产业，发展战略性新兴产业和高新技术产业，提升产业核心竞争力；要进一步加大对中小企业扶持力度，帮助解决融资难、融资贵、订单少、经营难等问题，减轻企业负担，增强企业应变能力；要加快转变外贸发展方式，开拓多元化市场尤其是新兴市场，提升开放型经济水平。

9月15日

［纲　文］ **国务院总理温家宝应约与俄罗斯总理梅德韦杰夫通电话。**

［目　文］ 双方就年内将举行的中俄总理第十七次定期会晤和上海合作组织成员国总理会议等交换意见。温家宝表示，面对当前严峻复杂的国际局势，中俄紧密携手应对各种挑战，全面战略协作伙伴关系取得新进展。双方要保持密切沟通配合，推动中俄总理定期会晤和上合组织成员国总理会议取得成功，切实维护共同利益，促进本地区的和平、合作与繁荣。梅德韦杰夫表示，俄中是友好邻邦，俄方高度重视与中国的关系，愿与中方共同努力，通过俄中总理定期会晤和上合组织成员国总理会议，推动俄中全面战略协作伙伴关系迈上新台阶。

9月15日

［纲　文］ **国务院批准乌鲁木齐甘泉堡经济技术开发区为国家级开发区。**

［目　文］ 国务院复函指出：乌鲁木齐甘泉堡经济技术开发区要以科学发展观为指导，深入贯彻落实《中共中央、国务院关于推进新疆跨越式发展和长治久安的意见》（中发［2010］9号）文件精神，有效利用区位优势，优化产业结构，进一步提升综合竞争实力，充分发挥窗口、示范、辐射和带动作用。

甘泉堡经济技术开发区规划面积7.56平方公里，东至乌鲁木齐市米东区和昌吉回族自治州阜康市行政界线；南至甘泉堡收费站北侧；西至工业区米东区大道西侧；北至西延干渠以南，与乌鲁木齐市、昌吉市、阜康市、五家渠市等周边城市的距离均在半小时工作经济圈范围内，与新疆经济和社会快速发展的中心地带紧密相连。

9月15日

［纲　文］ **全国科普日北京主场活动在中国农业大学举行，习近平、王兆国、刘云山等出席参观。**

［目　文］ 参观活动结束时，中共中央政治局常委习近平即席讲话说，今年全国科普日活动内容丰富多彩，特别是北京的主场活动，专门组织了高校开放日，效果很好。中国农大作为中国著名高等院校，这些年来不仅培养了大批农业科技人才，而且在服务社会、

服务基层方面发挥了重要作用、取得了突出成果。希望把这些成功做法坚持下去，不断拓展科技成果服务“三农”的有效途径，不断探索面向社会公众开展科普活动的成功经验。高等院校蕴藏着开展科普教育活动最为丰富的人才资源，在面向社会公众开展科普活动方面具有不可替代的优势，要把这一优势进一步发挥好。各级科协组织要进一步突出科普工作的大众性、基层性、基础性，让科普活动更多地走进社区、走进乡村，走进生产、走进生活。各级党委和政府要认真贯彻落实全国科技创新大会精神和《中共中央、国务院关于深化科技体制改革加快国家创新体系建设的意见》，坚持把抓科普工作放在与抓科技创新同等重要的位置，支持科协、科研、教育等机构广泛开展科普宣传和教育活动，不断提高中国公民科学素质，为实现到我们党成立100周年时进入创新型国家行列、到新中国成立100周年时建成科技强国的宏伟目标，奠定更为坚实的群众基础、社会基础。

全国科普日活动以“节约能源资源、保护生态环境、保障安全健康、促进创新创造”为主题，旨在推动《全民科学素质行动计划纲要》和全国科技创新大会精神的贯彻落实。围绕这一主题，各省、自治区、直辖市组织开展5200多项主题科普活动。北京主场活动的主题是“食品与健康”。

9月15日

［纲　文］**中国石油天然气集团公司向缅甸移交8个援建项目，项目包括1家医院、2所学校及5个医疗分站。**

9月16日

［纲　文］**国务院办公厅发出关于促进外贸稳定增长的若干意见。**

［目　文］《意见》主要有五方面内容：一、做好出口退税和金融服务工作。加快出口退税进度；扩大贸易融资规模；降低贸易融资成本；加大出口信用保险支持力度。二、提高贸易便利化水平。提高通关效率；落实外汇管理制度改革措施；调减法定检验检疫目录；规范和减少进出口环节收费。三、改善贸易环境。积极应对贸易摩擦；深化多双边关系。四、优化贸易结构。增加进口，促进贸易平衡；优化外贸国际市场布局和国内区域布局；加快建设外贸基地、贸易平台和国际营销网络；优化出口商品结构；优化贸易方式结构。五、加强组织领导。增强工作的针对性和主动性。

9月16日

［纲　文］**国务院印发《全国海洋经济发展“十二五”规划》。**

［目　文］《规划》共10章内容。第一章：规划背景。第二章：总体要求。第三章：优化海洋经济总体布局。第四章：改造提升海洋传统产业。第五章：培育壮大海洋新兴产业。第六章：积极发展海洋服务业。第七章：提高海洋产业创新能力。第八章：推进海洋经济绿色发展。第九章：加强海洋经济宏观指导。第十章：保障措施。

《规划》指出：“十二五”时期是中国海洋经济加快调整优化的关键时期，要准确把握海洋经济发展的阶段性特征，坚持陆海统筹，科学规划，实施可持续发展战略。为科学规划海洋经济发展，合理开发利用海洋资源，根据《中华人民共和国国民经济和社会发展第十二个五年规划纲要》和《全国主体功能区规划》有关精神，编制《全国海洋经济发展“十二五”规划》，作为“十二五”时期中国海洋经济发展的行动纲领。本规划涉及的区域包括中国的内水、领海、毗连区、专属经济区和大陆架、其他管辖海域以及海洋经济发展所依托的相关陆域（未包括港、澳、台地区）。本规划涉及的海洋产业及海洋相关产业包括海洋渔业、海洋船舶工业、海洋油气业、海洋盐业和盐化工业、海洋工程装备制造业、海洋药物和生物制品业、海洋可再生能源业、海水利用业、海洋交通运输业、海洋旅游业、海洋文化产业、涉海金融服务业、海洋公共服务业等。规划期为2011—2015年，展望到2020年。

9月16—17日

［纲　文］**回良玉在河南考察南水北调工程。**

［目　文］国务院副总理、国务院南水北调工程建设委员会副主任回良玉实地考察了陶岔渠首枢纽工程和渠道的建设情况，到移民新村走访看望移民，了解移民的生产生活状况，到丹江口水库察看南水北调水质问题，还到田间地头，实地察看秋粮生产情况。

回良玉指出，南水北调工程建设任务艰巨，时间紧迫，要进一步凝聚力量，攻坚克难，确保如期实现工程建设目标。要紧紧围绕通水目标，科学组织，合理调度，扎实推进工程建设，全面加强质量管理。要始终坚持质量第一，落实全员质量管理责任，努力把工程建设成为精品工程和放心工程，切实做到不给工程留隐患，不给后代留遗憾。

9月16—19日

［纲　文］**首届加工贸易产品博览会在东莞市厚街镇举办。**

［目　文］博览会由商务部、人力资源社会保障部、环境保护部、海关总署、质检总局、知识产权局和广东省人民政府共同主办，是直接服务于内外贸市场的全国性展会，也是中国唯一直接服务于加工贸易转型升级的国家级博览会。加工贸易产品博览会的前身是广东外商投资企业产品内销博览会，自2009年以来已成功举办了3届，对帮助支持外商投资企业开拓国内市场、有效应对国际金融危机发挥了积极作用。经批准，2012年“外博会”正式升格为“中国加工贸易产品博览会”。

博览会期间，16—18日为专业采购日，19日为公众开放日。博览会参展产品多为加工贸易企业面向发达国家市场生产的时尚、高端终端消费品，共有来自全国28个省市区的1300多家加工贸易企业参展，近5000家采购企业超万名专业采购商到会。

9月16—22日

［纲　文］**第七届全国农民运动会在河南南阳举行。**

［目　文］农运会由农业部、国家体育总局、中国农民体育协会主办，河南省人民政府承办。中共中央政治局委员、国务院副总理回良玉宣布农运会开幕，第七届全国农运会组委会主席、河南省省长郭庚茂致欢迎词，组委会名誉主席、农业部部长韩长赋致开幕词。河南省委、国家体育总局、国务院南水北调办主任等国家有关部门和河南省有关负责

同志出席了开幕式。农运会共有32个省区市代表团的3000多名运动员参赛，其中包括了由39人组成的台湾省农民体育代表团。共设田径、篮球、乒乓球、游泳、中国式摔跤、象棋、自行车载重、武术、民兵军事三项、龙舟、舞龙舞狮、毽球花毽、风筝、钓鱼、健身秧歌15个大项198个小项。

中国是世界上唯一定期举办全国性农民运动会的国家，从1988年开始，每四年举办一届，前六届分别在北京、湖北孝感、上海、四川绵阳、江西宜春和福建泉州举行，下一届全国农运会于2016年在吉林省松原市举行。

9月17日

［纲　文］**国务院副总理李克强在中南海紫光阁会见联合国气候变化多哈会议主席、卡塔尔政要阿卜杜拉·阿提亚。**

［目　文］李克强说，气候变化需要国际社会携手合作应对。各国应在促进世界经济复苏的过程中，加快结构调整，推动节能环保和发展低碳经济，同时，要坚持联合国气候变化框架公约的原则和规定，特别是公平原则和“共同但有区别的责任”原则，充分考虑发展中国家所处发展阶段和未来发展空间，优先落实已达成的共识。再过几个月，联合国气候变化多哈会议将召开，希望卡塔尔作为东道国，在推动巴厘路线图谈判取得实质性成果、敦促发达国家承担大幅度减排目标并兑现提供资金、技术转让等承诺方面发挥积极作用。当前，世界经济复苏中的挑战增多，国际大宗商品价格高位波动。主要能源生产国和消费国之间应加强合作，维护市场平稳。中卡能源合作已有良好基础，双方应从大局出发，建立长期稳定、互利共赢的能源合作关系，这符合两国长远战略和共同利益，有利于双边关系全面发展。

阿提亚表示愿与中方加强沟通协调，推动各方为应对气候变化共同努力，卡方将继续推进同中方能源等方面合作。

9月17日

［纲　文］**银监会印发《农户贷款管理办法》。**

［目　文］《办法》共9章57条，主要有总则、管理架构与政策、贷款基本要素、受理与调查、审查与审批、发放与支付、贷后管理、激励与约束、附则等内容。《办法》自2013年1月1日起施行。

9月17—22日

［纲　文］**第九届中国小戏艺术节在山东博兴举行。**

［目　文］艺术节由文化部社会文化司、山东省文化厅、滨州市人民政府共同主办。参演的剧目包括山东的吕剧、渔鼓戏、俚曲戏，山西和内蒙古的二人台，江苏的淮剧、淮海戏、通剧，黑龙江的评剧，河南的豫剧，云南的花灯剧等。这些剧目，大多数来自基层中小型剧团和演出单位，90%为新编现代题材作品，另有少量新编古装剧。经评选，《墙角》《桑林收子》《手印》《笑笑为媒》《鸡窝风波》获小戏类最佳推荐剧目；《目击者》《成长

变奏曲》《月半弯》《心病》《回报》获小品类最佳推荐剧目；《英雄老倭瓜》《那个雪夜》《茉莉飘香》等获小戏类优秀推荐剧目；《专家来了》《珠宝店里》《学习雷锋好榜样》获小品类优秀推荐剧目。小戏艺术节是2005年中宣部命名的十大奖项评选活动之一，其奖项——“中国戏剧奖·小戏奖”被确定为与“梅花奖”有同等影响力的全国性文化艺术奖项，被评为“中国最佳非物质文化遗产节庆活动”称号。

9月18日

［纲　文］**胡锦涛在天津考察。**

［目　文］中共中央总书记、国家主席胡锦涛由中共中央政治局委员、国务委员刘延东和中共中央政治局委员、天津市委书记张高丽等陪同，在天津一些高新技术企业，就实施创新驱动发展战略进行调查研究。

胡锦涛考察了天津力神电池股份有限公司的全自动生产线和产品展厅。胡锦涛说：新能源是具有广阔发展前景的战略性新兴产业。希望你们面向市场需求，推进自主创新，着力攻克核心关键技术，使锂离子电池的性能不断提高、成本不断降低，在推动中国新能源产业发展中再创佳绩。

胡锦涛到曙光信息产业股份有限公司的生产线旁，观看高性能计算机的生产过程，同员工交谈。胡锦涛强调，实现创新驱动发展，最关键的是要促进科技与经济紧密结合。他希望曙光公司坚持走中国特色自主创新道路，把握经济社会发展需要，瞄准世界信息技术发展前沿，加大研发力度，加快成果转化，努力推出更具技术优势和市场优势的高性能计算机，为推动中国信息化建设贡献更大力量。

9月18日

［纲　文］**贾庆林在南京分别会见参加海峡两岸企业家紫金山峰会的中国国民党荣誉主席连战和两岸企业家代表及经济界人士。**

［目　文］全国政协主席贾庆林在会见连战时表示，两岸关系正面临继往开来的新形势，同时也面对巩固深化的新要求，机遇和挑战并存，机遇大于挑战。我们两党和两岸双方应当进一步总结有益经验，坚持正确方向，保持良性互动，采取积极举措，克服各种阻碍，不断加强两岸关系和平发展的制度化建设。要使两岸关系和平发展的基础更为牢固、方向更为明确、动力更为强劲、趋势更加不可逆转。

贾庆林在会见海峡两岸企业家紫金山峰会代表时说，大力开展两岸经济合作是实现两岸互利双赢、共同发展的基本途径，也是两岸关系和平发展的重要内容。两岸经济交流合作发展势头很好。我们鼓励和促进两岸经济交流合作的方针不会改变。大陆各地各部门将继续帮助广大台商和台资企业解决生产经营中遇到的困难和问题。同时，我们也愿意继续鼓励和支持大陆企业积极赴台投资，与台湾企业加强各方面合作，相互取长补短，实现共同发展。

9月18日

［纲　文］**贺国强在北京市考察工作**。

［目　文］中共中央政治局常委、中央纪委书记贺国强到北京经济技术开发区管委会综合展厅，听取开发区发展情况汇报，观看开发区发展成果和发展规划展示。贺国强到京东方科技集团股份有限公司观看了技术成果和工艺流程展示，并深入企业车间实地察看，了解企业在技术研发、生产经营、产品创新、市场开拓、人才建设等方面情况。贺国强在北京亦庄生物医药园听取了园区建设和发展情况介绍。贺国强在北京华昊中天生物技术有限公司实验室向企业负责人详细了解他们在国外留学和回国创业的情况。考察期间，贺国强出席了在北京市召开的纪检监察机关自身建设调研座谈会并讲话。

他强调，认真总结近年来的实践经验，进一步加强和改进纪检监察机关自身建设，要牢牢把握以下七个方面：一是必须坚持把以中国特色社会主义理论体系特别是科学发展观为指导、服务党和国家工作大局作为加强纪检监察机关自身建设的根本要求。二是必须坚持把深入开展集中学习教育活动和主题实践活动作为加强纪检监察机关自身建设的重要载体。三是必须坚持把加强领导班子和干部队伍建设作为加强纪检监察机关自身建设的中心任务。四是必须坚持把加强纪检监察组织建设作为加强纪检监察机关自身建设的基础工程。五是必须坚持把严格要求、严格教育、严格管理、严格监督作为加强纪检监察机关自身建设的重要保障。六是必须坚持把推进干部人事制度改革作为加强纪检监察机关自身建设的重要动力。七是必须坚持把推进工作方式方法创新作为加强纪检监察机关自身建设的重要途径。

9月18日

［纲　文］**新兴国家互联网圆桌会议在北京举行**。

［目　文］会议由中国、俄罗斯、巴西、南非互联网主管部门共同举办。

中央书记处书记、中宣部部长刘云山在人民大会堂会见了出席新兴国家互联网圆桌会议的俄罗斯、巴西、南非等国代表。刘云山说，这次以“网络安全与国际合作”为主题的新兴国家互联网圆桌会议，为发展中国家在互联网领域开展对话与合作开辟了新的渠道。希望不断完善相关机制，推动新兴国家在互联网领域的合作迈上新台阶。中国愿与世界各国在平等互利基础上，开展多形式多层次的交流与合作，共同致力于营造文明和谐的网络环境，确保信息自由流动、有序流动、安全流动，促进全球互联网健康发展。

与会代表就“互联网发展及治理”“网络空间安全”“新兴国家互联网领域的交流与合作”等议题进行了交流。俄罗斯、巴西、南非的外交、通信、安全、司法等部门代表参加了会议。外交部、工信部、公安部、中国社会科学院等单位代表，人民网、新华网、中国网、中国日报网、中国网络电视台、中国经济网、光明网、中国广播网、中国新闻网、新浪网、搜狐网、腾讯网、百度网、奇虎、360等业界代表以及中国人民大学、中国传媒大学、北京邮电大学的专家学者等参加了会议。

9月18日

［纲　文］**交通运输部发出《关于印发〈水运工程建设推广应用新技术管理办法〉的**

通知》。

［目　文］《通知》说，为进一步落实建设创新型交通行业的要求，促进创新成果的快速转化和新技术在水运工程中的推广应用，规范行业新技术推广应用活动，提高水运工程技术含量，保证工程安全和质量，提升行业创新能力，实现水运行业的可持续发展，我部组织制定了《水运工程建设推广应用新技术管理办法》。《办法》共有6章43条。主要有总则、新技术公告、新技术推广项目目录、新技术示范工程、监督管理、附则等内容。

9月18日

［纲　文］**第4届中国戏剧奖理论评论奖颁奖仪式在北京举行**。

［目　文］中国戏剧奖是由中国文联、中国剧协主办的全国性戏剧艺术综合奖项，中国戏剧奖理论评论奖至2012年已设立10多年，对促进戏剧批评的健康发展和繁荣起到了重要作用。颁奖仪式上，单跃进的《京剧何以长荣——尚长荣艺术创作力探微》、穆海亮的《先锋与商业的对接和悖反》、毛时安的《关于文化发展和文艺创作的四个问题与思考》、汪人元的《面对历史与艺术的当代意识——评新编历史京剧〈成败萧何〉》、王长安的《阡陌文化定位的得与失——关于庐剧历史问题的思考》等9篇优秀论著获理论评论奖。

9月18—20日

［纲　文］**第六届中国国际安全生产论坛暨中国国际安全生产及职业健康展览会在北京举行**。

［目　文］论坛由中国国家安全监管总局和国际劳工组织共同主办，主题为“以人为本，安全发展”。

国务委员兼国务院秘书长马凯出席并讲话。国际劳工组织代理副总干事玛纽拉·托梅，国际社会保障协会秘书长康克琉斯基，国际劳动监察协会主席米歇尔·帕特逊，加拿大劳工部部长莉萨·雷特，俄罗斯联邦环境、技术与核能监督总局副局长博瑞斯·克拉斯内赫，北京市副市长苟仲文，在开幕式上发表演讲。来自国内外的政府官员、专家、学者、企业界人士和国际组织代表共500多人参加了开幕式。

论坛由主论坛和六个分论坛组成。主论坛围绕“安全生产责任的落实”议题，进行大会交流研讨。展览会设8个专业展区，全面展示国内外先进适用的安全生产技术装备和个体防护用品，重点突出科技兴安、科技强安，推进安全生产科技进步，提升安全保障能力。

9月18—19日

［纲　文］**第5届中国生态文化高峰论坛在安徽省合肥市举行**。

［目　文］论坛由中国生态文化协会主办，旨在弘扬生态文化，倡导绿色生活，共建生态文明。论坛主题为“文化驱动与绿色发展”。开幕式上，中国生态文化协会授予安徽省合肥市肥西县三河镇、甘肃省兰州市南北两山绿化区“全国生态文化示范基地”称号，授予北京市顺义区北郎中村等78个建制村“全国生态文化村”称号，全国政协副主席杜青林为“全国生态文化示范基地”等授发牌匾。论坛就生态文化对绿色发展的驱动作用进

行探讨，从理论、政策和实践的层面，总结交流各地弘扬生态文化、发展绿色经济、倡导绿色生活的理论成果和实践经验，凝聚科学发展、转型升级、绿色崛起的文化力量。

9月18—20日

［纲　文］**第5届全国少数民族文学创作会议在人民大会堂举行。**

［目　文］中共中央政治局常委李长春会见全体与会代表，代表党中央、国务院对会议召开表示祝贺，向广大少数民族作家和文学工作者致以问候，勉励大家深入贯彻落实党的十七届六中全会精神，坚持贴近实际、贴近生活、贴近群众，创作推出更多精品力作，为繁荣发展少数民族文化事业、满足各族人民群众精神文化需求、加快建设社会主义文化强国做出更大贡献。国务院副总理回良玉、中宣部部长刘云山、国务委员刘延东、全国人大常委会副委员长乌云其木格、全国政协副主席阿不来提·阿不都热西提参加会见。

会议总结回顾2003年第四届全国少数民族文学创作会议以来中国少数民族文学工作，交流文学创作经验，并对进一步繁荣发展少数民族文学进行研究部署。会议期间，举行全国第十届少数民族文学创作“骏马奖”颁奖典礼。来自全国各省、自治区、直辖市的各民族作家、诗人、评论家、翻译家和理论工作者以及作家协会负责人，第十届“骏马奖”获奖作家和评委等，共约300人参加会见并出席会议。

20日，刘云山同第5届全国少数民族文学创作会议代表座谈。刘云山强调，要深入贯彻党的十七届六中全会精神，牢牢把握社会主义先进文化前进方向，紧紧围绕各民族共同团结奋斗、共同繁荣发展的主题，大力发展少数民族文学事业，丰富中华文化的深厚内涵，建设中华民族共有精神家园，凝聚起各族人民奋发前进的精神力量。

9月18—21日

［纲　文］**发展中国家科学院第12次学术大会暨第23届院士大会在天津举行，胡锦涛出席并讲话。**

［目　文］中国科学院院长、发展中国家科学院新一届院长白春礼主持开幕式。国家主席胡锦涛出席开幕式并致词。胡锦涛说，广大发展中国家要立足本国国情和科技基础，适应世界科技发展大势，创造符合科技创新规律、适应本国发展要求的科技发展模式，走具有本国特色的科技发展道路。要着力加强创新能力建设，制定明确的科技发展战略，根据发展需求确定科技战略重点，促进科技和经济紧密结合，加快科技成果向现实生产力转化。要高度重视科技人才培养，使优秀人才脱颖而出、茁壮成长，形成一支高素质科技人才队伍。要大力加强开放合作，有目标、有重点地引进人才、智力、先进技术和管理，加强发展中国家科技交流合作，实现优势互补、互惠共赢。中国提出了到2020年进入创新型国家行列的奋斗目标。我们将秉持科学发展的理念，坚持把科技摆在优先发展的战略位置，深入实施科教兴国战略和人才强国战略，坚持自主创新、重点跨越、支撑发展、引领未来的方针，大力提升自主创新能力。中国作为发展中国家的一员，一向高度重视同其他发展中国家的科技合作。面向未来，中国将本着平等互信、务实共赢、共同发展、造福人民的精神，积极开展同发展中国家的科技合作。中国将进一步运用自身科技积累，针对发

展中国家经济社会发展需求，加快先进适用技术援助和转移，共同解决关系经济社会发展和民生改善的共性关键科技问题。中国将进一步提高政府奖学金计划支持力度、扩大支持范围，支持科研机构、大学设立针对发展中国家的人才培养计划，欢迎更多发展中国家科技人员到中国开展研究，欢迎更多发展中国家青年学生到中国留学。

巴西科学院院长、发展中国家科学院院长帕里斯，联合国教科文组织，意大利，瑞典等国际组织和国家的代表在会上发言。院士大会选举出新一届理事会成员。中国科学院院长白春礼当选下一届院长。

发展中国家科学院成立于1983年11月，总部设在意大利的里雅斯特，是一个非政府、非政治和非营利性的国际科学组织。发展中国家科学院旨在促进发展中国家的科技发展，支持发展中国家科技人员和科研机构之间的交流与合作。

9月19日

［纲　文］ **新华社讯，中共中央办公厅印发《关于在推进事业单位改革中加强和改进党的建设工作的意见》。**

［目　文］《意见》共有五方面内容：一、准确把握在推进事业单位改革中加强和改进党的建设工作的总体要求与目标任务。二、进一步明确事业单位党组织的职责要求。三、不断提高事业单位领导班子和领导人员推动科学发展、做好公益服务的能力水平。四、着力增强事业单位基层党组织创造力、凝聚力和战斗力。五、加强对事业单位党的建设工作的领导。

9月19日

［纲　文］ **温家宝主持召开国务院常务会议。**

［目　文］ 会议指出，实施退耕还林是党中央、国务院在世纪之交为改善生态环境作出的重大决策。1999年至2006年，累计完成退耕地造林1.39亿亩，实施荒山荒地造林和封山育林2.25亿亩。2007年国务院决定将退耕还林工程转入巩固成果阶段，提出了确保退耕还林成果得到巩固和退耕农户长远生计得到有效解决两大目标，延长了对退耕农户的直接补助政策。几年来，各有关地区和部门认真组织实施，广大农户积极参与，退耕还林成果不断巩固，面积保存率达到98.9%，工程区生态环境显著改善；累计建成稳产高产基本口粮田2600多万亩，农村特色产业发展壮大，农村劳动力向二、三产业转移加快，退耕农户人均纯收入年均实际增速高于全国同期水平；很多农户用上沼气池、节煤节柴灶、太阳能灶、太阳能热水器，生活方式发生可喜变化。

会议指出，巩固退耕还林成果工作仍处于关键阶段，要突出工作重点，继续实施好巩固退耕还林成果专项规划，加快项目建设进度。一要着力解决退耕农户长远生计问题。实施巩固成果建设项目要以困难地区和困难退耕户为重点。二要强化项目和资金管理。有关地区省级人民政府要全面履行职责，加强项目管理和监督检查，确保工程建设质量和专项资金运行安全。三要加强建设成果后期管护。做好林木抚育、补植补造、森林防火等工作，提高退耕还林成活率和保存率。引导农户树立主体意识，切实搞好沼气等建设成果日常维护。四要加强效益监测，开展巩固成果成效评估。会议要求根据第二次全国土地调查结果，适当安排“十二五”时期重点生态脆弱区退耕还林任务。会议决定，自2013年起，适当提高巩固退耕还林成果部分项目的补助标准。

会议讨论通过了《京津风沙源治理二期工程规划（2013—2022年）》。会议指出，京津风沙源治理一期工程自2000年启动实施以来，取得显著的生态、经济和社会效益。京津地区沙尘天气呈减少趋势，空气质量改善。工程区沙化土地减少，植被增加，物种丰富度和植被稳定性提高。河北、山西、内蒙古三省（区）的重点治理地区农牧民生产生活条件得到改善，经济社会可持续发展能力增强。

会议决定，在巩固一期工程建设成果基础上，实施京津风沙源治理二期工程。工程区范围由北京、天津、河北、山西、内蒙古5个省（区、市）的75个县（旗、市、区）扩大至包括陕西在内6个省（区、市）的138个县（旗、市、区）。会议强调，实施京津风沙源治理二期工程，要遵循自然规律，坚持生物措施、农艺措施和工程措施相结合，努力促进农牧业结构调整和生产方式转变，注重体制机制创新，提高综合效益。

会议决定自2013年起，将每年6月全国节能宣传周的第三天设立为“全国低碳日”。

9月19日

［纲　文］**海峡两岸企业家紫金山峰会在南京举行。**

［目　文］峰会由中华全国工商业联合会、台湾两岸共同市场基金会等两岸35家主要工商、企业团体和知名新闻单位联合主办，主题为“世界经济调整中的两岸企业合作——从ECFA到两岸共同市场”。

全国政协主席贾庆林出席并宣布开幕。中国国际经济交流中心理事长曾培炎，全国政协副主席、全国工商联主席黄孟复等出席，连战、曾培炎、钱复、王毅、罗志军先后在开幕式上致辞。两岸逾500位知名企业家和经济专家参加，其中央企负责人有100多名。“两岸实业合作论坛”“两岸企业创新与人才合作论坛”“两岸双向投资论坛”“两岸金融合作专题论坛”四项专题论坛就两岸经济合作展开了讨论。“峰会”缔结了8项共同倡议。

9月19日

［纲　文］**全国第10届少数民族文学创作“骏马奖”在国家大剧院颁奖，李长春致贺信。**

［目　文］中共中央政治局常委李长春发来贺信指出，希望广大少数民族作家认真贯彻落实全会精神，始终坚持中国特色社会主义文化发展道路，牢固树立以人民为中心的创作导向，积极投身到讴歌时代和人民的文学创作活动之中，为人民书写，为时代放歌，以充沛的激情、生动的笔触、感人的形象，真实描绘各民族波澜壮阔的历史画卷，深刻反映各民族地区翻天覆地的变化，生动展示各民族群众在中国共产党领导下全面推进中国特色社会主义伟大事业，共创幸福美好生活的崭新精神风貌。

“骏马奖”，是由中国作家协会、国家民委共同主办的国家级文学奖。旨在体现党和国家的民族政策，推动中国少数民族文学的繁荣发展和各民族文学的交流融合，促进中华民族的大团结。本届“骏马奖”共有235部作品参加评选，最终25部作品和4位翻译家获奖，涵盖了15个民族。全国政协副主席白立忱、阿不来提·阿不都热西提，全国人大常委会原副委员长布赫和中国作家协会主席铁凝、党组书记李冰等分别为获奖作家颁奖。出席第五届全国少数民族文学创作会议的全体代表、全国第十届少数民族文学创作“骏马奖”评委等800余人参加颁奖典礼。

9月19日

［纲　文］**省部级领导干部推进城镇化建设研讨班学员座谈会召开。**

［目　文］在听取发言后，国务院副总理李克强说，积极稳妥推进城镇化是一个事关长远的大战略，要放在实现现代化和经济社会发展的大趋势中来思考。特别是在国际经济环境发生深刻变化、中国发展进入新阶段以及面临经济下行压力的形势下，研讨城镇化科学发展问题十分重要。城镇化是我们最大的内需潜力所在。中国城镇化率刚刚超过50%，按户籍人口计算仅为35%左右，不仅明显低于发达国家近80%的水平，也低于许多同等发展阶段国家的水平。差距也是潜力，在未来二三十年里，如果城镇化率的提高保持目前水平，每年将有1000多万人口转移到城市，这必然会带来劳动生产率和城市集聚效益的提高，带来城镇公共服务和基础设施投资的扩大，带来居民收入和消费的增加，为农业现代化创造条件，从而持续释放出巨大的内需潜能，这正是中国经济长期平稳较快发展的动力源泉所在。城镇化是长期的历史任务，也是复杂的系统工程，有许多重大课题需要探讨。城镇化需要工业化来带动，也会给工业化提供支撑。推进城镇化，要始终绷紧粮食安全这根弦。

研讨班由中央组织部、发展改革委、国家行政学院共同举办。省部级领导干部推进城镇化建设研讨班全体学员，同期举办的部分省辖市市长推进城镇化建设研讨班全体学员，中央国家机关有关部门负责人参加了座谈会。座谈会上，国家行政学院介绍了研讨班举办概况，黑龙江、浙江、河南、云南等省及青岛市政府负责人作为学员代表，谈了本地城镇化情况和建议。

9月19日

［纲　文］**国家副主席、中央军委副主席习近平在北京会见美国国防部部长莱昂·帕内塔一行。**

［目　文］习近平说，近年来中美关系取得了重要积极进展，对话、交流与合作达到了新的水平。中美两军关系是两国关系的重要组成部分。在双方共同努力下，今年以来中美两军关系保持改善和发展势头。希望两国防务部门继续在“尊重、互信、对等、互惠”的基础上，加强交流，深化合作，消除障碍，增进互信，推动两军关系在建设中美合作伙伴关系的大框架内健康稳定向前发展。习近平说，81年前，日本制造了震惊中外的“九一八事变”。日本军国主义不仅给中华民族造成深重灾难，也给包括美国在内的亚太国家造成巨大创伤。日本国内一些政治势力非但不深刻反省对邻国和亚太国家造成的战争创

伤，反而变本加厉、一错再错，演出“购岛”闹剧，公然质疑《开罗宣言》和《波茨坦公告》缺乏国际法效力，激化同邻国的领土争端，等等。国际社会绝不能容许日方企图否定世界反法西斯战争胜利成果，挑战战后国际秩序的行径。日方应该悬崖勒马，停止一切损害中国主权和领土完整的错误言行。希望美方从地区和平稳定大局出发，谨言慎行，不要介入钓鱼岛主权争议，不要做任何可能激化矛盾和令局势更加复杂的事情。

帕内塔说，美中不久前在亚丁湾成功进行了反海盗演习，美方邀请中方参加2014年环太平洋军事演习。美方对近期东海局势表示关切。我认真听取了中方对有关历史因素的介绍，美方对有关领土争端不持立场，呼吁有关方避免采取挑衅行动，通过和平方式解决争端。

9月19日

［纲　文］**中央人才工作协调小组会议部署实施《国家高层次人才特殊支持计划》。**

［目　文］中组部部长李源潮讲话指出，国家高层次人才特殊支持计划是推进人才强国战略的重要措施，是落实国家中长期人才发展规划的特殊重点工程。各有关部门和单位要着眼于增强国家自主创新能力，着眼于提升中国科技和人才的国际竞争力，着眼于提升中国未来科技和人才竞争力，加强统筹协调，齐心协力实施这项计划。要建立科学遴选机制，严格遴选程序、遴选标准、评价方式和专家选择，接受公开监督，保证入选者业内公认、同行服气。要加强对计划实施效果的评估，把制度创新贯穿实施计划全过程，逐步形成培养支持高层次人才创新创业的长效机制，为优秀人才大量涌现和发挥作用营造良好环境。

中央人才工作协调小组成员，部分国有重要骨干企业、高等学校和科研院所负责人参加会议，中宣部、人社部、教育部、科技部负责同志在会上发言。

9月19日

［纲　文］**中央创先争优活动领导小组印发《关于党支部建立创先争优制度的指导意见》。**

［目　文］《意见》主要有三方面内容：一、基本要求：务实管用、发扬民主、简便易行、公之于众。二、主要内容：从不同领域、不同类型基层党组织的实际出发，紧紧围绕推动发展、服务群众、凝聚人心、促进和谐的职能任务，以创建“五个好”先进党支部、争当“五带头”优秀共产党员为目标，落实基层组织建设年提出的努力提高党支部“五个一”建设水平的要求，建立党支部创先争优制度。三、组织领导：落实工作责任，推动基层民主，完善基本保障，加强督促检查。

9月19日

［纲　文］**西昌卫星发射中心成功发射第14颗和第15颗北斗导航卫星。**

［目　文］这是中国第二次采用一箭双星方式发射北斗导航卫星，也是今年北斗卫星导航系统组网的第三次发射。此次北斗导航卫星的成功发射，标志着中国北斗卫星导航系统快速组网技术日臻成熟。发射的北斗导航卫星和长三乙运载火箭，分别由中国航天科技

集团公司所属中国空间技术研究院和中国运载火箭技术研究院研制。这是长征系列运载火箭的第167次发射。

9月19日

［纲　文］**电影《雨中的树》在北京人民大会堂举行首映式。**

［目　文］影片再现了四川省万源市委原常委、组织部部长李林森对党忠诚、为民尽责，公道正派、清正廉洁，燃尽生命写忠诚的感人故事。首映式前，中央组织部部长李源潮会见了李林森的妻子向琪和影片主创人员，向大家表示慰问和感谢。中央组织部、中央宣传部、国家广电总局，以及四川省委组织部和达州市的负责人等参加会见和首映式。来自各省区市党委组织部、部分中央和国家机关的干部，以及电影发行放映机构代表和媒体记者一起观看了影片。

9月19日

［纲　文］**"环境与灾害监测预报小卫星星座环境应用系统工程"项目在北京通过验收。**

［目　文］环境卫星项目研制并集成环境遥感功能模块516个、应用系统8个、数据库3个，数据总量达150TB。通过用户服务系统，向珠江水利委员会、新疆环境监测总站等125家单位提供基本数据产品2.2万余幅，数据量达10TB；通过环境空气遥感应用系统生产了可吸入颗粒物浓度、霾光学厚度等14种专题产品，沙尘及沙尘暴监测、秸秆焚烧遥感监测等5种应用产品；通过地表水环境遥感应用系统生产了悬浮物、营养状态指数等13种专题产品，水体富营养化监测、饮用水源地水质评价等9种应用产品；通过生态环境遥感应用系统生产了生态系统分类、土地利用 / 覆盖分类等17种专题产品，生态环境质量监测评价、大型工程与区域开发监测评价等35种应用产品。卫星环境遥感业务化运行平台的建成，形成了覆盖水、大气和生态环境的遥感监测能力，实现了大范围、全天时、全天候，常态和非常态的环境遥感监测业务运行，是环境监测能力从一般性技术支撑走向高技术支撑的一次重大创新。

9月19—20日

［纲　文］**国务院总理温家宝赴布鲁塞尔出席第15次中欧领导人会晤、第8届中欧工商峰会，并对比利时进行正式访问。**

［目　文］访问是经中欧双方商定，并应比利时王国首相迪吕波邀请的。

20日，温家宝代表中国出席在布鲁塞尔举行的第15次中欧领导人会晤。温家宝提出四点建议：第一，大力推进贸易投资自由化、便利化。第二，将先进制造业、新能源、新材料、生物制药、信息通讯等战略性新兴产业作为重点，建立联合研发中心、技术转移中心、联合孵化器，开展以企业为主体的"产、学、研"一体化合作，培育新的经济增长点。第三，建立工作机制，推动双方在交通、电力、通信等领域开展合作。第四，推动国际金融体系改革取得新进展，维护全球经济金融稳定。

欧洲理事会主席赫尔曼·范龙佩和欧盟委员会主席若泽·曼努埃尔·巴罗佐代表欧

盟出席了会晤。欧盟外交与安全政策高级代表凯瑟琳·阿什顿女士陪同出席。双方高度评价中欧关系发展取得的成就，一致表示要继往开来，制定面向未来的中欧一揽子合作规划，推动中欧关系达到更高水平。欧方高度赞赏温家宝提出的推进欧中关系的建议，愿与中方共同制定长期合作规划，为未来欧中关系发展奠定坚定基础，提供战略指导。欧方愿与中方深化贸易、投资合作，启动投资协定谈判，通过对话协商妥善解决分歧，加强在基础设施领域的合作，密切人文交流，加强在国际地区事务中的沟通协调，共同应对全球性挑战。

会晤后，双方领导人出席了中欧有关合作文件的签字仪式，并发表了联合新闻公报。

访问比利时期间，温家宝会见了比利时首相迪吕波。温家宝表示，面对不利的世界经济形势，中比要坚持市场开放，共同反对各种形式的保护主义。中方欢迎比利时企业扩大在中国的投资，希望比方对中国企业开拓比利时市场继续给予支持；双方要进一步加强金融合作，为两国企业提供多元、便利、安全的金融服务。中方愿在实施“十二五”规划过程中，学习借鉴比方先进经验和理念，在高科技、节能环保等领域加强同比方的合作；双方要密切教育、文化等领域的交流，增进两国人民之间的相互了解与友谊。迪吕波表示，比方钦佩中国的发展成就，高度重视中国的地位和影响，愿与中方加强高层互访和对话磋商，为中国企业来比投资提供良好环境，扩大在高新科技、节能环保等领域合作，密切人文交流，推动比中关系和欧中关系取得更多成果。

20日，温家宝出席在布鲁塞尔举行的第8届中欧工商峰会，并发表题为《做21世纪国际合作的典范》的讲话。温家宝说，经贸合作是中欧关系中最活跃、最有成效的部分。2003年，中欧贸易额突破1000亿美元，2011年已达到5672亿美元，年均增长20.8%。欧盟连续8年是中国最大贸易伙伴，中国是欧盟第二大贸易伙伴。回顾近10年来中欧关系的发展历程，我有几点体会：第一，中欧关系的核心在于战略性；第二，中欧关系发展能够给双方带来实实在在的利益；第三，中欧关系已经超越了双边范畴，具有越来越重要的全球影响；第四，中欧可以通过对话磋商妥善处理各种分歧；第五，面向未来的中欧关系有着光明前景。中国是负责任的长期投资者，将继续通过适当渠道参与解决欧债问题。

峰会由中国商务部和欧盟委员会共同主办，中国国际贸易促进委员会、欧洲雇主协会等机构联合承办，峰会主题是“信心、合作、发展”。欧洲理事会主席范龙佩、欧盟委员会主席巴罗佐出席峰会并讲话，中欧双方高级官员及经济界人士共500多人出席。中国贸促会会长万季飞、欧洲雇主协会主席于尔根·图曼、中国欧盟商会主席大卫·库奇诺、英中贸易协会主席白乐威、飞跃集团董事长邱继宝、万华集团总裁丁建生、苏威集团首席执行官让·皮埃尔·克拉马迪厄、安瑞雅公司首席执行官艾倜麟在全体大会上作主旨演讲。比利时副首相雷德尔斯作总结讲话。

9月19—20日

［纲　文］**全球价值链国际研讨会在北京举行。**

［目　文］研讨会由中国商务部与世界贸易组织、联合国贸发会议、经合组织联合举

办，主题是“21世纪的全球价值链：对贸易、投资、统计和发展中国家的政策意义”。

国务院副总理王岐山出席开幕式并致辞。王岐山说，世界贸易组织提出“世界制造倡议”，开启了一个审视全球价值链的新角度。探索建立更加科学的国际贸易统计体系，无论从当前还是长远看，都具有重要意义。在各方共同努力下，全球价值链研究已经有了比较好的开端和基础。同时，这项开创性的研究不仅涉及测算方法、信息采集、数据处理等技术问题，还涉及财政、货币、产业、就业等宏观经济政策，面临着不少困难和挑战。希望各国政府和国际组织加强合作，积极支持国际贸易统计改革和完善，使之更加接近全球贸易的真实面貌。

商务部国际贸易谈判代表兼副部长高虎城在研讨会上作主旨发言。世贸组织总干事拉米、联合国贸发会议秘书长素帕猜、经合组织秘书长古里亚在研讨会上发言。

来自世界各国和国际组织的专家学者、政府官员，国务院有关部门以及地方商务部门、学术机构的代表共300多人参加了研讨会。会议围绕全球价值链对国际贸易、国际投资和贸易政策产生的影响、增加值贸易的测算方法及发展中国家如何进一步融入全球价值链等问题进行了深入研讨。

9月20日

［纲　文］**国务院副总理李克强在中南海紫光阁分别会见世界500强企业美国联合技术公司董事长兼首席执行官路易·谢纳沃和杜邦公司董事长兼首席执行官柯爱伦。**

［目　文］李克强指出，中美利益交融、相互依存的经贸关系已经形成。今年以来，尽管世界经济复苏艰难，但中美贸易仍逆势上扬、双向投资也继续推进。这些是双方企业合作的结果，说明两国产品相互需要、中美经济谁也离不开谁，公平贸易可使彼此受益，而保护主义只会使双方受损，这是中美经济合作的本质所在。应该看到，相对于中美的经济规模，两国贸易投资的潜力都还很大。创新合作是中美经济关系的重要组成部分，可以成为一个新的增长点。中国正在推动产业转型升级，完善保护知识产权、促进创新和公平竞争的环境，维护中外企业合法权益，为有竞争力、有技术专长的企业在华投资带来持续巨大商机。我们鼓励联合技术公司、杜邦等跨国企业着眼于长久利益，发挥技术、管理等方面的优势，进一步加深与中方企业的合作，积极参与中国中西部地区开发开放，合作越早、融合越深、层次越高，受益就越大，合作中的分歧可以在合作中依法解决。希望美国企业家更多向美国政商和社会各界客观介绍中国的发展、中美关系的重要性和合作的实在利益。

谢纳沃和柯爱伦表示愿进一步拓展双方合作特别是在研发方面的合作，并积极多做美国国会议员和政界等多方面人士的工作，使他们更多了解中国、理解合作双赢的好处，共同为促进美中友好而努力。

9月20日

［纲　文］**证监会公布《关于实施〈证券投资基金管理公司管理办法〉有关问题的**

规定》。

［目　文］《规定》主要有五方面内容：一、《办法》中相关条款的执行问题。二、材料申报问题。三、关于计算中外合资基金管理公司外资权益比例。四、关于基金管理公司董事会、监事会构成。五、《规定》自2012年11月1日起施行。《办法》经2012年6月19日证监会第19次主席办公会议修订通过。共有7章81条，主要有总则，基金管理公司的设立，基金管理公司的变更、解散，基金管理公司子公司及分支机构的设立、变更、撤销，基金管理公司的治理和经营，监督管理，附则等内容。

9月20日

［纲　文］**水利部、交通运输部发出《关于进一步加强长江河道采砂管理工作的通知》**。

［目　文］《通知》主要有五方面内容：一、认真落实管理责任制。二、全面排查安全隐患。三、加大巡查打击力度。四、形成部门监管合力。五、着力建立长效机制。

9月21日

［纲　文］**全国政协主席贾庆林在人民大会堂会见第11届海外杰青汇中华交流团全体成员**。

［目　文］贾庆林对交流团提出四点希望：一是树立远大理想，积极追求进步，弘扬自强不息、止于至善的优良传统，满怀为民族争光添彩的强烈责任，用好青年时代的宝贵时光和创业热情，勤奋学习、勇于进取，以不懈的努力创造佳绩；二是情系祖（籍）国发展，积极施展才华，大力支持祖（籍）国经济社会发展，积极来祖（籍）国投资创业、发展事业，引进海外资金、技术、人才，帮助内地企业参与国际竞争合作，为祖（籍）国改革开放和现代化建设发挥更大作用；三是推动和平统一，积极贡献力量，运用自身有利条件，密切大陆同胞与港澳同胞、台湾同胞、海外侨胞，特别是青年群体之间的联系与合作，增进两岸互利互信，坚决反对"台独"等各种分裂活动，为推动两岸关系和平发展、实现祖国完全统一做出积极贡献；四是弘扬中华文化，积极展示形象，身体力行地向世界传递中国和平发展的讯息、展示中华民族的良好形象，增进中国人民与世界各国人民的传统友谊。

海外杰青汇中华交流活动已经举办10届，来自20多个国家和地区、200多所知名大学的2000余名港澳台青年和海外华裔青年，通过这项活动感受中国改革发展取得的成就，了解中华文化和当代中国的面貌，深化与内地青年的学习交流，增强对中华民族的认同感和自豪感。

9月21日

［纲　文］**中央文化体制改革和发展工作领导小组召开全体会议**。

［目　文］会议深入贯彻落实党的十七届六中全会精神，总结党的十六大以来文化体制改革和文化事业文化产业发展的成效经验，研究部署工作。中宣部部长刘云山主持会议

并讲话，国务委员刘延东出席会议并讲话。

会议认为，在中央的坚强领导下，中央文化体制改革和发展工作领导小组加强协调指导、完善配套政策，各地各部门解放思想、开拓进取、攻坚克难，在经营性文化单位转企改制、组建文化市场综合执法机构和综合文化行政责任主体、构建公共文化服务体系、培育现代文化市场体系、创新文化走出去模式等方面，全面完成了中央确定的阶段性改革任务。

会议指出，经过十年来不懈探索与实践，文化体制改革取得丰硕成果和显著成效，有力促进了文化生产力的解放发展，有力促进了文化的发展繁荣，有力促进了经济发展方式的加快转变，有力促进了国家文化软实力的不断提升，有力促进了各类文化人才竞相涌现，文化领域整体面貌和发展格局焕然一新，在已有基础上开创了文化建设新局面，走出了一条中国特色社会主义文化发展道路。十年来的文化体制改革历程很不平凡、成绩来之不易、经验弥足珍贵。

9月21日

［**纲　文**］ **全国优秀“三支一扶”大学生事迹报告会在人民大会堂举行。**

［**目　文**］“三支一扶”即选派大学生支教、支农、支医、扶贫。计划由人力资源社会保障部、教育部等部门2006年启动实施，累计选派16.7万名高校毕业生到农村基层从事支教、支农、支医和扶贫工作。在报告会上，优秀“三支一扶”大学生代表邓丽、杨朝丽、郭军、陆玉秀、张鸿烨汇报了他们的先进事迹，首都600多名大学生参加了报告会。

9月21日

［**纲　文**］ **商务部公布《单用途商业预付卡管理办法（试行）》《商务部关于涉及外商投资企业股权出资的暂行规定》。**

［**目　文**］《办法》共7章42条，主要有总则、备案、发行与服务、资金管理、监督管理、法律责任、附则等内容。《办法》经2012年8月24日商务部第68次部务会议审议通过，自2012年11月1日起施行。

《规定》共28条。《规定》经2012年8月24日商务部第68次部务会议审议通过，自2012年10月22日起施行。

9月21日

［**纲　文**］ **财政部、卫生部印发《医疗收费票据使用管理办法》。**

［**目　文**］《办法》是为适应医疗卫生事业发展和医药卫生体制改革需要，加强医疗收费票据使用管理，强化医疗收入监督检查，有效防治虚假医疗票据，规范医疗收费行为，根据《中共中央国务院关于深化医药卫生体制改革的意见》以及国家有关医疗卫生机构财务、会计和财政票据管理制度相关规定制定。

《办法》共6章41条，主要有总则，医疗收费票据的种类、内容和适用范围，医疗收费票据的印制、领购和核发，医疗收费票据的使用与管理，监督检查与法律责任，附则等内容。《办法》自2013年1月1日起施行。

9月21日

［纲　文］ **国家安全监管总局公布《安全生产监管监察部门信息公开办法》。**

［目　文］《办法》共6章41条，主要有总则、公开范围、公开方式和程序、监督与保障、附则等内容。《办法》经2012年9月3日国家安全监管总局局长办公会议审议通过，自2012年11月1日起施行。

9月21日

［纲　文］ **“中国历史文化名街保护同盟”成立大会在浙江杭州召开。**

［目　文］ 成立大会上，文化部党组、故宫博物院、中国文物学会、杭州市、中国文化传媒集团、中国文化报社有关负责人出席。来自全国27个历史文化名街的50余名代表讨论通过了《中国历史文化名街保护同盟章程》，并通过选举产生了理事会成员。同盟成员单位一致表示，在中国历史文化名街的保护和建设中将坚持保护真实的历史；保护整体风貌；保护物质的和非物质的文化遗产；坚持遗产保护，创造公众参与的社区健康文明；坚持保护具有地方特色的传统历史文化和健康的民俗；支持体现生态文明、可持续发展的重点项目。

自2008年开始，在文化部、国家文物局的支持下，中国文化报社、中国文物报社联合主办4届“中国历史文化名街”评选推介活动，到2012年共产生40条中国历史文化名街，有力地推动了中国历史文化名街的抢救、保护、建设和发展。为进一步促进名街保护工作的发展，由杭州市清河坊、福州市三坊七巷等街区共同提议，经中国历史文化名街评选推介组委会同意和筹备组工作会议研究，决定成立“中国历史文化名街保护同盟”。

9月21—22日

［纲　文］ **2012年国际和平日纪念活动暨中国—东南亚和平发展论坛在深圳举行。**

［目　文］ 会议由中国人民争取和平与裁军协会、联合国驻华系统和深圳市人民政府共同主办。

中共中央政治局委员、广东省委书记汪洋，全国人大常委会副委员长、和裁会会长韩启德出席开幕式并分别讲话。汪洋讲话指出，20多年来，中国—东盟关系经历了全面对话伙伴、睦邻互信伙伴到战略伙伴的历史性跨越，全方位、宽领域、多层次的合作格局逐步形成。历史行进到今天，面对摩擦、面对争议，相信我们各国政府和人民能以更大的睿智、更理性的态度、更灵活的手段，通过对话和协商解决争端和处理历史遗留问题，推动本地区的共同发展、共同繁荣。

联合国秘书长潘基文发来视频祝贺。来自马来西亚、缅甸、老挝、柬埔寨、泰国、东帝汶、菲律宾、越南等东南亚国家的政要和前政要，以及和裁会理事、非政府组织代表、民间组织代表、专家学者和深圳各界人士逾1000人参加会议。潘基文对和裁会为维护世界和平做出的贡献表示感谢，呼吁在“国际和平日”这一天，世界上正陷于冲突中的各方都能找到和平解决问题的办法，为建设安全、公正、繁荣的未来而共同努力。

同日，2012年国际和平日纪念活动暨中国—东南亚和平发展论坛全会正式举行。中联部原副部长、和裁会副会长刘敬钦与柬埔寨前首相、合作与和平研究院董事会副主席翁霍共同主持论坛。论坛特别设立平行分论坛，分别围绕“中国—东南亚国家的政治互信与和平发展之路”和“中国深圳—东南亚国家经贸合作论坛”两个主题展开了深度对话。

22日，主办方在深圳莲花山公园风筝广场举行了“和平促发展”签名、放飞和平鸽等系列活动。

9月21—22日

［纲　文］**全国政协文史工作座谈会在北京举行。**

［目　文］全国政协主席贾庆林会见与会代表并讲话。贾庆林指出，党的十六大以来，全国政协高度重视文史资料工作，专门制定了《政协全国委员会关于加强文史资料工作的意见》，全国和地方各级政协以大协作的方式集中力量、整合资源，编辑出版了“共和国亲历亲见亲闻书系”等一大批富有时代特点和统战政协特色的专题文史图书；积极拓展与台湾史学界的学术交流，深化征集香港、澳门和海外文史资料工作，充分发挥了文史资料“存史、资政、团结、育人”的社会功能，为统一战线和人民政协事业发展做出了重要贡献。他对做好人民政协文史资料工作提出三点要求：第一，要始终坚持统战和“亲历、亲见、亲闻”特色。第二，要始终坚持存真求实。第三，要始终坚持工作创新。

全国各省、自治区、直辖市和副省级市政协分管文史工作的领导同志和文史部门，各民主党派中央、全国工商联史料征集部门的有关同志在会上作了发言。全国政协文史和学习委员会主任陈福今做工作报告。

9月21—25日

［纲　文］**第九届中国—东盟博览会、第九届中国—东盟商务与投资峰会在南宁举行。**

［目　文］21日—25日，第九届中国—东盟博览会开幕式举行，主题国缅甸商务部部长吴温敏主持开幕式。中国国家副主席习近平宣布第九届中国—东盟博览会开幕，并同与会各国政要和代表团团长一起为开幕式剪彩。老挝总理通辛，越南总理阮晋勇，马来西亚副总理穆希丁，泰国副总理吉迪拉等出席。缅甸总统吴登盛、广西壮族自治区主席马飚、中国商务部国际贸易谈判代表兼副部长高虎城分别在开幕式上致辞。博览会期间，围绕“科技合作”这一重点主题，同期举办包括中国—东盟科技部长会议在内的涉及金融、检验检疫、先进制造业、物流、医学、文化等领域13个高层次会议论坛及交流活动。湖南、山西、甘肃、海南等各省（区、市）分别举办了一系列面向东盟的经贸交流活动。博览会期间，加拿大、法国、韩国等国家还举办了一系列推介活动。25日下午，中国—东盟博览会闭幕。截至9月25日，博览会贸易成交额达17.78亿美元，签约国际合作项目投资额82.04亿美元，签订国内经济合作项目投资额802.12亿元，比上届增长9.7%。

21—25日，第九届中国—东盟商务与投资峰会暨2012中国—东盟自由贸易区论坛在南宁举行，国家副主席习近平出席并发表题为《携手推进深度合作 共同实现持续发展》主旨演讲。习近平说，中国同东盟作为友好近邻和战略伙伴，应携手推进深度合作，共同赢得持续发展。他提出四点建议：一是更大力度提升自贸区建设水平；二是更大力度深化双向投资合作；三是更大力度推进互联互通建设；四是更大力度促进社会人文交流。在经济全球化、区域一体化深入发展的新形势下，中国和东盟的前途命运比以往任何时候都更加紧密地联系在一起。不断深化中国—东盟战略伙伴关系，是双方共同的战略选择。中国愿同东盟各国携手共进，共同开创中国—东盟友好合作更加美好的明天。

峰会由商务部、中国贸促会和广西壮族自治区人民政府共同举办，东盟10国工商会协办，主题为“互联互通、携手共赢”，旨在加强中国—东盟区域内的经济、科技、人文等全方位、多领域、深层次的互联互通。中国和东盟各国工商界代表及专家学者约1500人出席开幕式。广西壮族自治区党委书记郭声琨在开幕式上致欢迎辞，中国商务部国际贸易谈判代表兼副部长高虎城致中国—东盟自由贸易区启动建设十周年贺辞。

峰会期间，举办了缅甸国家领导人与中国企业CEO圆桌对话会、中国—东盟商品交易中心落成仪式暨商品展、中国—东盟商会领袖论坛等系列活动，为中国与东盟开展高层对话和政企对话提供重要平台，向中国和东盟工商界精英提供面对面的交流机会。

峰会举办前，20日，习近平在广西南宁分别会见通辛、阮晋勇和吉迪拉。习近平在会见通辛时表示，中方欢迎老方继续积极参与南博会、昆交会，进一步深化同广西、云南等中国西南省份的合作，造福两国人民。习近平在会见阮晋勇时表示，南海问题不是中越关系的全部，但处理不当会影响两国关系全局。两国领导人在南海问题上达成过许多重要共识，双方应认真落实。这对顺利推进两国各领域务实合作也至关重要。习近平在会见吉迪拉时表示，希望双方密切配合，把握好中国—东盟发展方向，把11月东亚领导人系列会议开成一次团结、友好、合作的会议。

21日，习近平在广西南宁分别会见吴登盛、穆希丁和菲律宾总统特使内政部部长罗哈斯。习近平在会见吴登盛时表示，中方将继续鼓励中国企业参与缅甸民生等领域项目投资，愿同缅方开展农业合作，开展治国理政经验交流，使中缅全面战略合作伙伴关系健康稳定地向前发展。习近平在会见穆希丁时表示，目前马来西亚已成为中国在东盟国家中最大的贸易伙伴，下一步双方应着力扩大双向投资，落实好产业园区的建设，推进金融合作，加强人文、教育、青年等领域交流，不断丰富两国关系内涵。习近平在会见罗哈斯时表示，希望两国关系回到正常发展的轨道。

9月22—28日

［纲　文］ **第2届全国青少年钢琴比赛在厦门举办。**

［目　文］ 比赛由文化部主办，厦门市政府、福建省文化厅承办，分预赛、复赛、半决赛和决赛4个阶段进行。参赛对象为全国（含港澳台地区）各类艺术院校钢琴演奏专业在校生。选手按年龄划分为少年组和青年组两个组别。共有292名选手报名参赛，经过预赛，96名选手正式入围。最终各组别评出名次奖6名，获名次奖选手的指导老师荣获园丁奖，进入半决赛而未进入决赛的选手获鼓励奖，青年组和少年组各设中国作品演奏奖1

个。全国青少年钢琴比赛每三年举办一届，2009年设立当年，比赛正式成为文化部主办的“文华艺术院校奖”系列赛事之一。

9月23日

［纲　文］**国务院发出《关于第六批取消和调整行政审批项目的决定》。**

［目　文］《决定》主要有六方面内容：一、进一步取消和调整行政审批项目。二、积极推进行政审批规范化建设。三、加快推进事业单位改革和社会组织管理改革。四、进一步健全行政审批服务体系。五、深入推进行政审批领域防治腐败工作。六、把行政审批制度改革与投资体制、财税金融体制、社会体制和行政管理体制改革紧密结合起来。

9月24日

［纲　文］**第12届精神文明建设“五个一工程”颁奖晚会在中央电视台举行。**

［目　文］中共中央政治局常委李长春出席观看，并为获奖代表颁奖。刘淇、刘云山、刘延东、陈奎元、孙家正一同观看。

第12届精神文明建设“五个一工程”自2012年7月起组织实施评选，在广泛听取群众意见的基础上，共评选出电影《建国大业》、电视剧《我们的法兰西岁月》、动画片《兔侠传奇》、戏剧《郭明义》、歌曲《走向复兴》、广播剧《伟大的转折》、文艺类图书《解放战争》等176部优秀作品，同时还评选出组织工作奖21家。8时许，颁奖晚会在歌舞《阳光路上》拉开帷幕。晚会以“为祖国放歌”为主题，通过7次开奖，为“五个一工程”各门类奖项入选作品和组织部门现场颁奖。

9月24日

［纲　文］**全国林业科学技术大会在北京召开。**

［目　文］国务院副总理、全国绿化委员会主任回良玉出席讲话。回良玉指出，科技进步是提升林业发展水平的重要途径，是突破林业发展瓶颈的有效措施。在新的发展阶段，林业比以往任何时候都更需要科技的强力支撑。要面向生产实践，以市场需求为导向，大力推进林业科技原始创新、集成创新和引进消化吸收再创新，加快突破关键领域核心技术，超前部署林业高新技术研究，积极构建林业科技创新平台，全面提升林业科技创新能力。

大会宣读了全国林业科技突出贡献奖表彰决定并向获奖代表颁发了奖牌、证书，邀请了河北献县林业局等5个获奖单位代表作了典型发言。中农办、中编办、中组部、国务院办公厅、发改委、教育部、科技部、财政部、环境保护部、水利部、农业部、国家林业局等20多个中央部门领导，各省、直辖市、自治区、新疆建设兵团、四大森工集团、林业厅局长、科技处处长、推广站站长、林科院院长以及原国家林业局所属6所高校校长、科研处长，国家林业局各司局主要负责同志以及全国林业科技工作突出贡献先进集体和先进个人代表等500余人参加会议。

9月24日

［纲　文］ **王岐山在北京考察。**

［目　文］ 国务院副总理王岐山召开生活性服务业座谈会，听取了北京市以及部分企业代表的发言。他强调，要按照科学发展观的要求，加快转变发展方式，调整结构，推进组织制度创新，着力提升生活性服务业的质量和水平，更好地满足人民群众日益增长的物质和文化需求，以优异成绩迎接党的十八大胜利召开。也要看到生活性服务业发展方式比较粗放、结构不尽合理，与人民群众多元化、多样化的需求存在差距。伴随着城镇化快速推进和人民生活水平不断提高，生活性服务业需求日益增长，面临新的发展机遇。

王岐山实地考察了护国寺小吃店、便民菜店、东方名剪美容美发连锁公司、爱侬家政服务公司、超市发连锁配送中心等网点和企业。他说，“三百六十行，行行出状元”。要摒弃社会偏见，崇尚劳动，尊重服务。提升生活性服务业的质量和水平，关键靠人。要加强从业人员的技能培训，提高职业素质，让更多的能工巧匠、行家里手脱颖而出。当了解到从业人员面临一些实际困难时，王岐山指示有关部门认真研究，积极为他们排忧解难。

9月24日

［纲　文］ **成都市中级人民法院对重庆市原副市长王立军案一审进行宣判。**

［目　文］ 9月5日，重庆市人民政府原副市长、公安局原局长王立军涉嫌徇私枉法、叛逃、滥用职权、受贿犯罪一案，由四川省成都市人民检察院向成都市中级人民法院提起公诉。9月17日、18日，四川省成都市中级人民法院一审开庭审理王立军徇私枉法、叛逃、滥用职权、受贿案。

9月24日上午，成都市中级人民法院对重庆市原副市长王立军案一审宣判，王立军因徇私枉法、滥用职权，叛逃并受贿305万元人民币，共获刑15年。

9月24日

［纲　文］ **中央地质勘查基金与其他社会资金合作，在位于新疆若羌的“坡北—旋窝岭一带镍矿普查”项目中探明，该地区镍资源量超过百万吨，矿床规模达到特大型。**

9月24日

［纲　文］ **环境保护部与浙江省人民政府在杭州签署《加强海洋环境保护共同推进浙江海洋经济发展战略合作框架协议》。**

［目　文］ 根据《协议》，双方将通过合作，共同推进浙江海洋经济发展示范区和舟山群岛新区建设，共同推进海洋环保科技创新和人才培养，促进海洋经济发展与海洋环境保护相统一、海洋资源开发利用与资源环境承载力相适应，提高海洋生态文明水平。同时，建立部、省沟通协调机制，定期召开会商会议，研究解决浙江海洋经济发展和海洋环境保护重大问题。

9月24日

［纲　文］ **证监会公布《证券期货业信息安全保障管理办法》。**

［目　文］《办法》共7章51条，主要有总则、基本要求、持续保障要求、产品及服务采购要求、行业自律、监督管理、附则等内容。《办法》经2012年8月23日证监会第22次主席办公会议审议通过，自2012年11月1日起施行。

9月24日

［纲　文］**文化部印发《网络文化市场执法工作指引（试行）》**。

［目　文］《指引》共8章41条，主要有总则、基础保障、网络巡查、远程取证、现场取证、电子数据分析与认定、执法协作、附则等内容。自发布之日起施行。

9月25日

［纲　文］**中国第一艘航空母舰"辽宁舰"在中国船舶重工集团公司大连造船厂举行交接入列仪式**。

［目　文］中共中央总书记、国家主席、中央军委主席胡锦涛出席交接入列仪式，向海军接舰部队授予军旗和命名证书。中共中央政治局常委、国务院总理温家宝宣读党中央、国务院、中央军委的贺电。

贺电指出，中国发展航空母舰，是党中央、国务院、中央军委着眼国家安全和发展全局做出的重大战略决策。第一艘航空母舰顺利交接入列，是我军发展史上的一个重要里程碑，标志着中国航空母舰发展建设取得了重大成果，标志着我军武器装备建设取得了重要进展，标志着国防和军队现代化建设取得了显著成就。这对于提高我军现代化水平，促进国防科技工业技术进步和能力建设，增强国防实力和综合国力；对于振奋民族精神，激发爱国热情，鼓舞全党全军全国各族人民奋力夺取全面建成小康社会新胜利，开创中国特色社会主义事业新局面，具有重大而深远的意义。航空母舰发展建设使命光荣、任重道远。希望你们紧密团结在以胡锦涛同志为总书记的党中央周围，高举中国特色社会主义伟大旗帜，以邓小平理论和"三个代表"重要思想为指导，深入贯彻落实科学发展观，大力弘扬忠诚使命、报国强军的爱国精神，勇攀高峰、追求卓越的创新精神，遵循规律、求真务实的科学精神，迎难而上、无私奉献的拼搏精神，团结奋斗、同舟共济的协作精神，再接再厉、奋发进取，努力推动我军武器装备建设跨越发展，为维护国家主权、安全和领土完整，为实现中华民族伟大复兴做出新的更大贡献！

仪式结束后，胡锦涛登"辽宁舰"检阅海军仪仗队。随后来到飞行甲板和部分舱室，察看舰上设施设备，与官兵交谈，详细询问工作、训练和生活情况，会见参与中国第一艘航空母舰建造的科技人员、干部职工和部队官兵代表，并与大家合影留念。胡锦涛对航空母舰建造取得的成绩给予充分肯定，要求部队和承建单位高标准完成好后续各项工作任务。

中央军委委员、总装备部部长常万全主持交付仪式。中央军委委员、海军司令员吴胜利，中国船舶重工集团公司总经理李长印分别发言。中央国家有关部门、解放军四总部、海军、空军、沈阳军区、军委办公厅和辽宁省有关负责人，以及参与中国第一艘航空母舰建造单位的代表参加了仪式。

经中央军委批准，中国第一艘航空母舰命名为“中国人民解放军海军辽宁舰”，舷号为“16”。“辽宁舰”交接入列后将继续开展相关科研试验和军事训练等工作。

9月25日

［纲　文］**全国资源型城市及独立工矿区可持续发展和棚户区改造工作座谈会召开。**

［目　文］会前，国务院副总理李克强参观了资源枯竭城市转型及棚户区改造成效图片展示。在听取部分资源枯竭型城市和独立工矿区政府负责人对本地做法和建议的报告后，李克强与大家进行了交流，并对需要抓紧研究推进的工作进行了现场部署。他说，实践证明，推进资源型城市转型和棚户区改造，不仅可以改善几千万人的生活，而且能够创造巨大的需求，带来一举多得的效应。加大棚户区改造力度，是推进资源型城市及工矿区转型发展的重要抓手，也是解决城市“二元结构”矛盾的切入点。要把资源型城市转型和棚户区改造作为推进新型城镇化的重要任务。各级政府要按照转变经济发展方式的要求，积极创造转型发展的环境。突出加大棚户区改造力度，集中力量一场一场打“歼灭战”，由“大片”至“小片”，逐步完成城市和工矿棚户区的改造任务。

会议的主题是：系统总结资源枯竭城市转型和棚户区改造工作进展情况，分析研究资源型城市及独立工矿区可持续发展和棚户区改造面临的困难和问题，部署今后一个时期资源枯竭城市和独立工矿区转型发展工作，加快推进棚户区改造。国务院办公厅、发展改革委、住房和城乡建设部等30个部委负责人及28个省（市、区）人民政府主要领导、发展改革部门主要负责人和5个典型资源富集城市、4个典型独立工矿区所在县（市、区）人民政府主要负责人出席会议。

9月25日

［纲　文］**首届中国质量发展论坛在北京举行。**

［目　文］国务院副总理王岐山出席并讲话。王岐山强调，必须牢牢把握质量这一永恒的主题，坚持以人为本，加快建设质量强国，促进发展速度和结构、质量、效益相统一。进一步完善质量法律法规和标准、计量、认证认可、诚信体系，建立健全准入退出、评价考核、信息公开、激励约束等质量监管制度，夯实质量发展基础。培养和建设一支业务精良、敢于碰硬的监管队伍，不断提升质量监管专业化水平。打破地方保护和行业垄断，营造公平竞争、鼓励创新、优胜劣汰的市场环境。加强国际交流与合作，积极参与国际标准规则制定，有效应对国外技术性贸易措施，维护中国进出口企业权益。各部门要加强协调配合，地方政府要切实负起责任，形成全社会广泛参与、共同推动质量发展的合力。

论坛由质检总局等15个部门联合主办。部分院士、企业、地方政府、国务院有关部门和协会代表发表讲演。质检总局有关司局、总局各直属挂靠单位、地方质检两局负责人，中国质量方面的专家学者、企业质量工作者和行业协会代表，企业首席质量官及质量工程师代表，首批争创“全国质量强市示范城市”政府负责同志，全国中小学质量教育社会实践基地负责同志，世界卫生组织口岸核心能力考核达标单位负责同志，创建全国知名品牌示范区的负责同志等共400余人参加了论坛。

9月25日

［纲　文］**第12届精神文明建设“五个一工程”表彰座谈会在北京召开。**

［目　文］中宣部常务副部长雒树刚主持会议。中宣部部长刘云山出席会议并讲话。国务委员刘延东、中国社科院院长陈奎元、中国文联主席孙家正出席会议。

刘云山指出，党的十七届六中全会开启了建设社会主义文化强国的新征程，赋予文艺工作者以新的历史使命。要自觉践行社会主义核心价值体系，坚持文以载道、以文化人，讲述伟大时代的动人故事，讴歌当代中国的发展进步，颂扬“最美人物”“最美精神”，更好地发挥文化引领风尚、教育人民、服务社会、推动发展的作用。要牢固树立人民至上的价值理念，要坚持不懈地推进文化体制改革，要牢固树立高标准高品位的艺术追求。加强对文艺创作生产的引导，是提高创作质量、多出精品力作的重要途径。要积极探索科学有效的引导方式，尊重文艺规律和创作规律，不断完善重点文艺工程的组织方式，完善文化产品评价体系和激励机制，形成有利于文艺事业健康发展的良好环境。

部分获奖代表在会上发言。中央宣传文化系统各单位负责同志，各省、自治区、直辖市和新疆生产建设兵团党委宣传部部长，中央国家机关有关单位负责同志，获奖作品的作家艺术家代表出席会议。

9月25日

［纲　文］**全国宣传部长座谈会在北京召开。**

［目　文］中宣部常务副部长雒树刚主持会议。中宣部部长刘云山出席讲话。刘云山指出，科学发展是党的十六大以来党和国家各项工作的鲜明主题，也是迎接党的十八大宣传的鲜明主题。要聚焦主题、深化内涵，唱响科学发展的主旋律。要进一步展示科学发展的生动实践，全方位反映经济、政治、文化、社会建设以及生态文明建设各个领域的发展进步，反映党的建设取得的新成果，引导人们坚定不移地走科学发展之路。要进一步增强宣传报道的思想深度，既展示成就、又揭示原因，讲清楚党的理论创新成果的独特价值，讲清楚中国发展道路的鲜明特征，讲清楚中国制度体制的内在优势，坚定人们坚持中国特色社会主义道路、理论体系和制度的信念信心。要进一步深化“走转改”主题采访活动，深入一线挖掘报道素材，深入群众发现典型事例，以基层的鲜活实践展示社会进步，以人们的亲身体会反映发展变化，使宣传报道更加深入人心。

各省、自治区、直辖市和新疆生产建设兵团党委宣传部部长，中央宣传文化系统各单位负责同志出席会议。

9月25日

［纲　文］**国务院新闻办公室发表《钓鱼岛是中国的固有领土》白皮书。**

［目　文］白皮书指出，钓鱼岛及其附属岛屿是中国领土不可分割的一部分。无论从历史、地理还是法理的角度来看，钓鱼岛都是中国的固有领土，中国对其拥有无可争辩的主权。

9月25—30日

［纲　文］**第13届中国西部国际博览会在四川成都举办。**

［目　文］ 博览会由国务院有关部门、中央有关单位和西部12个省区市及新疆生产建设兵团共同主办，四川省人民政府承办。

25日，博览会开幕。本届博览会轮值主席单位内蒙古自治区党委书记胡春华主持开幕式。全国人大常委会委员长吴邦国出席开幕式并宣布第13届中国西部国际博览会开幕。四川省委书记刘奇葆、商务部副部长钟山分别致辞。博览会主题为“深化国际合作，加速西部发展”，重点展示电子信息、装备制造、新能源新材料和高科技成果转化产品，还举办中国西部国际合作论坛、中国西部投资说明会暨经济合作项目签约仪式等多项活动。

26日，第13届中国西部国际博览会第五届中国西部国际合作论坛举行。论坛由联合国开发计划署和西博会组委会共同主办，以“泛亚合作与实体经济发展”为主题。全国人大常委会委员长吴邦国出席并发表题为《共享西部开发开放机遇　开创互利共赢美好明天》的主旨演讲。吴邦国强调，要把加强实体经济合作作为深化经贸合作的重要抓手，促进实体经济合作与各自产业转型升级有机融合，努力形成优势互补、携手并进、共享繁荣的发展格局。要强化基础设施建设合作，以交通、能源、通信为重点，推动铁路、公路、水路、航空和管道网络建设，促进跨区域跨国境基础设施互联互通。来自世界发达经济体、新兴经济体及重要国际组织机构的各界嘉宾共800余人参加论坛。

30日，博览会结束。共签约投资项目1590个，金额10526亿元，实现贸易成交额2531.8亿元。

会议期间，25日，吴邦国在成都会见出席博览会的孟加拉国议长哈米德、马其顿副总理佩舍夫斯基和上合组织实业家委员会主席梅津采夫。26日，吴邦国在成都会见出席博览会的泰国国会主席兼下议院议长颂萨·革素拉暖。

9月26日

［纲　文］ **全国文化体制改革工作表彰大会在人民大会堂举行。**

［目　文］ 中共中央总书记、国家主席胡锦涛会见全体与会代表，向受到表彰的全国文化体制改革工作先进地区、先进单位、先进个人表示祝贺，向全国广大文化工作者表示问候。国务院总理温家宝、国家副主席习近平、国务院副总理李克强参加会见。中共中央政治局常委李长春参加会见并在会上作讲话。

李长春在讲话中全面回顾了党的十六大以来深化文化体制改革的不平凡历程，系统总结了文化改革发展取得的历史性成就。他指出，在推进文化改革发展的进程中，我们不断深化对文化建设规律的认识，积累了一系列宝贵经验。概括起来就是：必须坚持党的领导，为坚持文化建设正确方向、有力推进文化改革发展提供坚强保证；必须坚持解放思想、实事求是、与时俱进，牢固树立符合科学发展观要求的新的文化发展理念；必须坚持一手抓公益性文化事业、一手抓经营性文化产业，把社会效益放在首位、社会效益和经济效益相统一，做到两加强、两促进；必须坚持从实际出发，区别对待、分类指导、循序渐进、逐步推开，积极稳妥推进各项改革；必须坚持以人为本，充分调动人民群众和广大文化工作者投身文化建设的积极性、主动性、创造性；必须坚持统筹兼顾，正确认识和处理好文化改革发展中的一系列重大关系，不断提高文化改革发展的科学化水平。

中共中央政治局委员、中宣部部长刘云山主持大会。会上宣读了表彰决定，并向受到表彰的32个全国文化体制改革工作先进地区、296个先进单位和198名先进个人代表颁发了奖牌和证书。国务委员刘延东、全国政协副主席陈奎元出席大会。中央宣传思想工作领导小组成员和有关方面负责人参加了大会。

9月26日

［纲　文］ **温家宝主持召开国务院常务会议。**

［目　文］ 会议指出，发展服务业是中国产业结构优化升级的战略重点。"十一五"时期，中国金融、批发零售、住宿餐饮、交通仓储等主要服务业行业和旅游、文化、家政、动漫、环境服务、电子商务等新兴服务产业和新型业态快速发展。服务业规模不断扩大，2010年增加值比2005年增长1.3倍，年均增加就业579万人，服务业就业人数占全社会就业人数比重达到34.6%，成为推动经济增长、社会发展和生活改善的重要力量。同时，中国服务业发展仍然存在质量和标准化水平不高、国际竞争力不强、人才不足等突出问题。要充分利用各种有利条件，深化改革开放，推动服务业大发展。"十二五"时期，要着力提高服务业比重，提高服务业水平，提高公共服务质量和效率，提高服务业吸纳就业能力。

会议确定了"十二五"时期服务业发展的重点任务：一、围绕促进工业转型升级和加快农业现代化进程，加快发展金融、交通运输、科技、商务、工程咨询、人力资源服务和节能环保服务等生产性服务行业，增强服务功能，提高创新能力。二、围绕满足城乡居民多层次多样化需求，大力发展商贸、家庭服务、法律服务、体育、房地产服务等生活性服务行业，完善服务标准，提高服务质量。三、扩大服务业对外开放。大力发展服务贸易，推动重点行业服务出口。扩大服务业利用外资领域，提高利用外资的质量和水平。扩大服务业国际交流与合作。深入推进内地与港澳台地区服务业合作。四、深化体制改革。放宽市场准入，鼓励和引导各类资本投向服务业。深入开展国家服务业综合改革试点，鼓励各地结合实际开展服务业综合改革试点。会议强调，要将现代物流、高技术服务、文化产业、电子商务、旅游业、设计咨询、健康和养老服务、农村服务、海洋服务和其他新兴产业、新型业态等作为加快发展的重点领域。会议要求完善财税、金融、土地、价格等方面政策，加大对服务业发展的支持。建立完善服务业创新体系、标准体系、知识产权服务体系和统计体系。要加强统筹协调，及时研究解决服务业发展和改革中的重大问题。

会议审议通过的《国内水路运输管理条例（草案）》，着眼规范水路运输经营行为、维护运输市场秩序、保障运输安全，对从事水路运输经营活动应具备的条件和许可程序、经营者应遵守的行为规范、政府可采取的必要调控措施等作了规定。

9月26日

［纲　文］ **温家宝致信祝贺中央人民广播电台中国乡村之声开播。**

［目　文］国务院总理温家宝贺信说，开播面向全国的、公益性的农村广播频率，是中央人民广播电台深入贯彻党的十七届六中全会精神的积极举措，对于宣传党和政府的“三农”政策、开展惠农信息服务、传播农民群众的心声有重要作用。农稳社稷，粮安天下。党的十六大以来，中央确立了把解决好“三农”问题作为全党工作重中之重的战略思想，农业农村发展取得了前所未有的重大成就。当前和今后一个时期，推进农业现代化、建设社会主义新农村，仍是关系改革开放和现代化建设全局的重大任务。希望中央人民广播电台中国乡村之声坚持面向中国特色农业现代化，面向社会主义新农村建设，面向农民致富和精神文化需求，与党和政府的“三农”工作同频同振，与亿万农民心连心，为促进中国“三农”工作和做好“三农”宣传做出新的贡献，谱写人民广播发展的新篇章。

中国乡村之声是中国第一套全国性对农广播频率，是国家农村公共服务体系和应急广播体系的重要组成部分，26日开播。中国乡村之声通过中波、农村大喇叭、互联网、移动终端客户端以及直播卫星等渠道覆盖全国。全天24小时播出谈话类、信息类、服务类和文娱类等农民朋友喜爱的广播节目。设有《乡村谈话》《“三农”信息》《致富天地》《乡村大戏台》等栏目。

9月26日

［纲　文］**证监会公布《基金管理公司特定多个客户资产管理合同内容与格式准则》《基金管理公司单一客户资产管理合同内容与格式准则》《关于实施〈基金管理公司特定客户资产管理业务试点办法〉有关问题的规定》《基金管理公司特定客户资产管理业务试点办法》。**

［目　文］《基金管理公司特定多个客户资产管理合同内容与格式准则》共4章53条，主要有总则、资产管理合同封面和目录、资产管理合同正文、附则等内容。自2012年11月1日起施行。

《基金管理公司单一客户资产管理合同内容与格式准则》共4章42条，主要有总则、资产管理合同封面和目录、资产管理合同正文、附则等内容。自2012年11月1日起施行。

《关于实施〈基金管理公司特定客户资产管理业务试点办法〉有关问题的规定》对业务的申请、申请材料、审查和评议、建立专门管理制度、防止利益输送保护各方权益、专项资产管理业务、子公司投资管理等方面作出规定。自2012年11月1日起施行。

《基金管理公司特定客户资产管理业务试点办法》共5章52条，主要有总则、业务规范、监督管理、法律责任、附则等内容。自2012年11月1日起施行。

9月27日

［纲　文］**全国政协主席贾庆林在人民大会堂会见日本前众议长、日本国际贸易促进协会会长河野洋平等日本友好人士代表。**

［目　文］贾庆林说，今年是中日邦交正常化40周年，这本应成为两国关系更好发

展的机遇之年，但由于日方不顾中方一再严正交涉，执意对钓鱼岛及其附属岛屿实施所谓“国有化”，把中日关系推向了前所未有的严峻局面。钓鱼岛及其附属岛屿自古以来就是中国的固有领土，这方面的历史事实和法理依据是清楚的。日方的错误行径严重侵犯了中国的主权，深深触及了中国人民的历史伤痛，激起了13亿中国人民的强烈愤慨和坚决反对。日方应充分认识到当前事态的严重性，正视钓鱼岛争议问题，尽快纠正错误，避免对中日关系造成更大损害。40年来，中日关系取得长足发展，给两国和两国人民都带来了巨大利益。这一局面来之不易，应倍加珍惜。以史为鉴，才能面向未来。希望日本各界人士能从两国关系的大局出发，推动克服眼前的困难，与中方共同努力，使中日关系回到健康发展的轨道。

河野洋平等表示，日中关系对两国和亚洲乃至世界都具有十分重要的意义。他们一直关心并致力于日中友好事业，对当前的事态感到痛心，愿为推动日中关系发展继续发挥积极作用。

9月27日

［纲　文］**“友好往来　历史见证——党和国家领导人外交活动受赠礼品展”在中国国家博物馆开幕**。

［目　文］新中国成立后特别是改革开放以来，党和国家领导人在对外公务交往中受赠了大量职务性礼品。2010年，根据中央有关文件规定，这些礼品实行集中统一管理。此后，有关部门陆续将过去各自管理的受赠礼品移交国家博物馆。这次展览是新中国成立以来第一次党和国家领导人外交活动受赠礼品展，展出的611件展品是从3万余件受赠礼品中遴选出来的，分别来自世界五大洲166个国家以及联合国等国际组织。展览由国家博物馆举办。

展览按不同历史时期分为四个部分，分别展示以毛泽东、邓小平、江泽民为核心的党的三代中央领导集体和以胡锦涛同志为总书记的党中央在外交活动中受赠的礼品。礼品展示了新中国外交事业的辉煌成就，展示了中国人民与世界各国人民之间的情谊，反映了各国多姿多彩的文化特色，具有特殊的历史意义和很高的艺术价值。

中共中央政治局常委李长春出席开幕式并参观展览。中共中央政治局委员、中央书记处书记、中宣部部长刘云山，中共中央政治局委员、国务委员刘延东，全国人大常委会副委员长、全国妇联主席陈至立，全国政协副主席阿不来提·阿不都热西提出席开幕式。中央和国家机关有关部门负责人以及部分单位的干部职工等800余人参加了开幕式。

9月27日

［纲　文］**国务院召开全国加强和改进最低生活保障工作电视电话会议**。

［目　文］会议的主题是全面贯彻落实《国务院关于进一步加强和改进最低生活保障工作的意见》精神，统一思想、提高认识、明确任务、强化责任，进一步提高最低生活保障工作管理服务水平，切实维护困难群众基本生活权益。

国务院副总理回良玉在会上强调，要运用科学方法，合理确定低保标准，确保把有限的资金真正资助到那些急需帮助的困难群众身上。要紧紧抓住完善对象认定条件、健全审核审批机制、保障群众参与监督、强化监管查处机制、加强制度有效衔接等关键环节，抓紧研究制定低保家庭大额财产的标准和条件，明确核算和评估的具体办法，建立跨部门、多层次、信息共享的救助申请家庭经济状况核对机制，进一步规范低保申请、审核、审批等工作环节，建立低保投诉举报核查制度，切实推进管理服务的规范化、精细化，为困难群众提供更好的最低生活保障服务。各地区、各部门要加强组织领导，专题研究，重点部署，切实加强和改进最低生活保障工作。要进一步完善政府主导、民政牵头、部门配合、社会参与的低保工作机制，落实管理责任，建立责任追究机制，强化工作保障，充实加强基层低保工作力量，做好宣传引导，全力维护好、保障好困难群众的基本生活权益。

中央和国家机关有关部门负责人在北京主会场出席会议。各省、自治区、直辖市和计划单列市人民政府、新疆生产建设兵团负责人，有条件的市（地）、县（市）人民政府负责人在各地分会场出席会议。吉林、上海、河南、贵州省（市）人民政府负责人介绍了做法和经验，民政部、财政部负责人作了发言。

9月27日

［纲　文］**中国第5次北极科学考察队乘“雪龙”号顺利凯旋。**

［目　文］航程共计1.85万海里，其中在北极冰区航行5370海里。这是“雪龙”号首次穿越北极航道往返大西洋和太平洋，最北到达北纬87度40分，开创了中国船舶从高纬度穿越北冰洋航行的先河，也是历次北极考察总航程和冰区航程最长的一次。

本次考察队执行“南北极环境综合考察与评估”国家专项的北极首航调查任务，同时承担了海—气耦合、海洋生态及航道评价等国家海洋公益专项以及国家自然科学基金等国家项目的现场调查，考察范围涵盖白令海及北冰洋太平洋扇区和中心区等传统考察区域，并首次在北冰洋大西洋扇区以及冰岛周边海域开展了综合环境考察。

本次考察获得许多重要的科学成果。考察队首次实现北极和亚北极五大区域准同步考察，为深入了解北极快速变化积累了较全面的现场观测数据；首次实施了系统的地球物理学观测；首次在极地海域布放大型海—气耦合观测浮标，在北极高纬地区布放极地长期现场自动气象观测站；新增了海洋湍流、甲烷含量等调查内容，为深入了解北冰洋地球物理特征和环境变化积累了重要资料。

9月27日

［纲　文］**中国干部网络学院正式开通。**

［目　文］中组部常务副部长沈跃跃主持开通仪式。中组部部长李源潮出席开通仪式并讲话。李源潮指出，建设中国干部网络学院，最重要的目的是为科学发展服务、为干部成长服务。要坚持干什么训什么、缺什么学什么，努力把网络学院办成党政领导干部的网上学习基地、交流基地、研讨基地，办成各级党委和组织部门对干部进行网上培训的有效平台。要以受干部欢迎为原则，整合培训资源，开发精品课程。要以让干部受益为目的，有针对性地帮助干部提高党性觉悟、能力素质，利用网络优势促进干部交流经验、研讨问

题、分享成果。要以改革创新为动力，注重网络学院功能软件设计的前瞻性、开放性、兼容性，使其作用逐步拓展、功能逐步提升、影响逐步扩大，成为高容量、高水平、高效能的干部网上大学校。

北京市委组织部、中国电信集团公司负责人发言。中央和国家机关各部委、各人民团体组织人事部门负责人参加。中国干部网络学院是依托互联网建设的国家级干部网络学习和管理平台，具有信息发布、在线学习、教学考评、培训管理、课程共享、交流互动等功能，可方便干部通过多种方式参加学习。网络学院以县处级以上领导干部为重点对象，开展专题培训、定制培训、衔接培训和干部选学。第一步先在中央和国家机关、北京市开通，2015年扩展到全国所有司局级干部，2017年扩展到所有县处级干部，逐步建设成为满足全国所有干部参与在线学习的平台。

9月27日

［纲　文］**民政部印发《关于规范社会团体开展合作活动若干问题的规定》。**

［目　文］《规定》主要有14条内容，旨在从制度层面加强对社会团体开展合作活动进行规范，尤其是加强对“卖牌子”敛财、负责人不当关联交易等社会关注的不法行为的治理。《规定》指出，社会团体开展合作活动，应当遵守相关法律法规和政策规定，符合章程规定的宗旨和业务范围，自觉接受登记管理机关、行业主管部门、有关职能部门的监督检查和社会监督。此外，社会团体开展合作活动时，不得强制组织或者个人参加，强制收取费用；未经批准，不得举办评比达标表彰活动。《规定》针对“卖牌子”敛财乱象明确指出，社会团体应在合作前对合作方进行调查了解，如同意合作方使用本组织名称、标志，应签订授权使用协议；以“主办单位”“协办单位”“支持单位”“参与单位”“指导单位”等方式开展合作活动的，应全程监管，不得以挂名方式合作，将自身业务活动委托其他组织承办或者协办的，应当加强主导和监督，不得向承办方或者协办方以任何形式收取费用。《规定》要求，社会团体不得将自身开展的经营服务性活动转包或委托与社会团体负责人、分支机构负责人有直接利益关系的个人或者组织实施。

9月27日

［纲　文］**外交部部长杨洁篪在纽约联合国总部出席第67届联合国大会一般性辩论并发言。**

［目　文］杨洁篪阐述了中方在钓鱼岛问题上的严正立场，中方强烈敦促日方立即停止一切损害中国领土主权的行为，以实际行动纠正错误，回到谈判解决争议的轨道上来。杨洁篪说，当今世界正在发生重大而深刻的变化，求和平、谋发展、促合作已经成为各国人民的普遍愿望和国际社会的共同追求。与此同时，世界经济增长的不稳定不确定因素增多，国际安全形势错综复杂。面对前所未有的机遇和挑战，中方主张在国际关系中倡导平等民主，在发展进程中寻求合作共赢，在全球治理中实现公正实效，在多元文明中推动共同进步，在相互依存中谋求普遍安全。会议期间，杨洁篪分别会见了联合国—阿拉伯国家联盟叙利亚危机联合特别代表卜拉希米、日本外相玄叶光一郎、美国国务卿希拉里。

25日，第67届联合国大会一般性辩论在纽约联合国总部开幕。来自世界100多个国家的国家元首、政府首脑、副总理、外交部部长等高官在纽约联合国总部就国际社会面临的重大问题阐述各自立场。叙利亚局势、领土领海争端以及近期伊斯兰国家出现反美浪潮等，都是辩论的焦点。

9月28日

［纲　文］ **胡锦涛主持召开中共中央政治局会议**。

［目　文］ 会议研究了中国共产党第十七届中央委员会第七次全体会议和中国共产党第十八次全国代表大会筹备工作，审议了中共中央纪律检查委员会向党的第十八次全国代表大会的工作报告稿。

会议决定，中国共产党第十七届中央委员会第七次全体会议于2012年11月1日在北京召开。中共中央政治局将向党的十七届七中全会建议，中国共产党第十八次全国代表大会于2012年11月8日在北京召开。

会议强调，中国共产党第十八次全国代表大会，是在全面建设小康社会关键时期和深化改革开放、加快转变经济发展方式攻坚时期召开的一次十分重要的大会。大会将高举中国特色社会主义伟大旗帜，以邓小平理论和“三个代表”重要思想为指导，深入贯彻落实科学发展观，认真总结过去五年的工作和党的十六大以来的实践，回顾总结党团结带领全国各族人民坚持和发展中国特色社会主义的历史进程和宝贵经验，全面审视当今世界和当代中国发展大势，全面把握中国发展新要求和人民群众新期待，科学制定适应时代要求和人民愿望的行动纲领和大政方针，对全面推进中国改革开放和社会主义现代化建设、全面推进党的建设新的伟大工程作出战略部署，进一步动员全党全国各族人民，坚定不移沿着中国特色社会主义道路前进，继续推动科学发展、促进社会和谐，继续改善人民生活、增进人民福祉，为全面建成小康社会而奋斗。大会将选举产生新一届中央委员会和中央纪律检查委员会。

会议指出，目前大会各项筹备工作进展顺利，要继续扎实做好大会筹备工作，确保大会胜利召开。会议同意将中共中央纪委向党的第十八次全国代表大会的工作报告稿提交党的第十七届七中全会讨论。

9月28日

［纲　文］ **全国人大常委会委员长吴邦国在人民大会堂会见佛得角国民议会议长拉莫斯**。

［目　文］ 吴邦国说，中国全国人大愿与佛得角国民议会保持各层次友好交往和合作，在涉及彼此核心利益和重大关切问题上继续相互理解、相互支持，在治国理政、立法监督等方面加强交流、借鉴，为深化中佛友好合作关系发挥更大作用。拉莫斯说，佛方期待密切两国政府、议会和人民间的友好交往，加强在旅游、教育、渔业、基础设施建设等领域的互利合作，不断丰富佛中友好的内涵。

9月28日

［纲 文］ **全国政协办公厅、中共中央统战部、国务院侨办、国务院港澳办和国务院台湾事务办公室在人民大会堂宴会厅联合举行国庆招待会。**

［目 文］ 招待会由国务委员戴秉国主持。中共中央政治局常委、全国政协主席贾庆林，中共中央政治局常委、国家副主席习近平，中共中央政治局常委、国务院副总理李克强出席。

贾庆林在招待会上致辞指出，香港、澳门回归祖国以来，“一国两制”实践取得举世瞩目的成功。中央政府将坚定不移地贯彻“一国两制”、“港人治港”、“澳人治澳”、高度自治方针，严格按照特别行政区基本法办事，一如既往地支持两个特别行政区行政长官和政府依法施政，深化内地与港澳各个领域的交流合作，促进港澳同胞在爱国爱港、爱国爱澳旗帜下的大团结。我们坚信，港澳同胞一定能够把两个特别行政区管理好、建设好、发展好。当前，两岸关系和平发展由开创期进入了巩固深化的新阶段。我们将继续贯彻对台工作大政方针，牢牢把握两岸关系和平发展的主题，紧紧抓住广泛团结台湾同胞的主线，排除干扰，开拓进取，不断夯实两岸关系和平发展的政治、经济、文化和社会基础，为实现祖国和平统一创造更有利的条件。在新形势下，我们将全面贯彻落实中央关于侨务工作的方针政策，坚持“以人为本、为侨服务”的宗旨，广泛凝聚侨心，充分汇集侨智，积极发挥侨力，切实维护侨益，最大限度地团结海内外中华儿女，携手合作、共同奋斗，努力开创中华民族伟大复兴的光辉未来。

中央党政军群有关部门负责同志，各民主党派中央、全国工商联和无党派人士代表，来京参加国庆活动的港澳同胞、台湾同胞、海外侨胞，归侨、侨眷代表，科技、教育、文化、体育界知名人士等共约3500人出席招待会。

9月28日

［纲 文］ **中国政府“友谊奖”颁奖大会在人民大会堂举行。**

［目 文］ 国务委员兼国务院秘书长马凯向外国专家颁奖并讲话。马凯指出，中国经济社会发展取得的历史性跨越和巨大成就，离不开外国专家的积极参与和大力支持。当前和今后一个时期，中国现代化建设任务仍然十分艰巨。中国将坚定不移地扩大对外开放，坚定不移地实施人才强国战略，坚定不移地大力引进国外智力和人才，更加重视发挥外国专家的重要作用。国家外国专家局局长张建国宣读了授予50名外国专家中国政府“友谊奖”的决定。

中国政府“友谊奖”是中国政府为表彰在改革开放和现代化建设中做出突出贡献的外国专家于1991年设立的，是中国政府授予来华工作外国专家最高荣誉奖项。2012年度获得中国政府“友谊奖”的外国专家来自22个国家，涉及工业、农业、能源环保、教育科技、医疗卫生、文化体育等多个领域。

9月28日

［纲 文］ **中日邦交正常化40周年座谈会在北京举行。**

［目　文］ 座谈会由外交学会和中国国际问题研究所联合主办，外交学会会长杨文昌主持。主题为“维护政治基础，把握发展方向”。曾亲身参与中日邦交正常化以及缔结和平友好条约的资深外交官和有关国际问题专家学者等50余人与会。与会专家学者表示，中日关系经历40年风雨发展到今天，成果来之不易，日方必须看到其所作所为对中日关系造成的严重伤害，以实际行动纠正错误，回到谈判解决争议的轨道上来。

9月28日

［纲　文］ **中国人民银行和银监会、证监会、保监会联合发布《关于金融支持喀什、霍尔果斯经济开发区建设的意见》。**

［目　文］《意见》主要有六方面内容。一、拓宽融资渠道和方式，加大开发区建设力度。实施倾斜性扶持政策，加大对开发区的信贷支持力度；加大对开发区基础设施、重点产业发展及民生领域的信贷支持；支持开发区企业扩大直接融资；支持保险资金参与开发区建设；拓展其他资金来源和融资业务。二、促进贸易投资便利化，加大与周边国家合作力度。大力推动跨境人民币业务创新；进一步提升贸易投资便利化程度；鼓励开发区开展对外金融交流与合作。三、发展完善金融组织体系。大力支持设立各类金融机构；推动金融机构深化改革；鼓励金融机构加强同业合作。四、加快推进金融创新。鼓励将产品和服务创新在开发区先行先试；创新融资担保方式；大力推动保险业改革创新。五、提升金融服务水平。加强金融贸易区及金融功能区规划建设；推进现代化支付体系建设；加快金融服务配套体系建设。六、建立金融支持开发区发展的长效机制。推动社会信用体系建设；建立健全金融监管协调机制；加强人才培养，营造有利于开发区金融发展的环境。

9月28日

［纲　文］ **财政部、民政部印发《城乡最低生活保障资金管理办法》。**

［目　文］《办法》共6章22条，主要有总则、资金筹集、资金分配、资金发放、监督检查、附则等内容。《办法》自公布之日30日后起实施。

9月28日

［纲　文］ **证监会公布《非上市公众公司监督管理办法》。**

［目　文］《办法》共8章63条，主要有总则、公司治理、信息披露、股票转让、定向发行、监督管理、法律责任、附则等内容。《办法》经2012年5月11日证监会第17次主席办公会议审议通过，自2013年1月1日起施行。

9月28—30日

［纲　文］ **第10届中国国际农产品交易会在北京全国农业展览馆举行。**

［目　文］ 交易会由农业部主办，发展改革委、财政部、商务部、北京市人民政府等协办。

28日，在北京农业展览馆举行开幕式。国务院副总理回良玉出席讲话。回良玉指出，今后一个时期，各地区、各有关部门要继续完善强农惠农富农政策，加快农业科技创新，推进现代农业建设，健全农业社会化服务体系，确保粮食等主要农产品有效供给和农民收入稳步提高，再续“三农”事业发展黄金期。全国人大常委会副委员长乌云其木格，全国政协副主席罗富和，中农小组副组长、中央农办主任陈锡文，证监会主席郭树清等出席了开幕式。北京市委书记郭金龙、农业部部长韩长赋在开幕式上致辞。开幕式后，回良玉参观了综合展区、国际展区和农业科技等展区。

当晚，全国政协主席贾庆林参观了交易会。他对十年来农业农村经济发展方面取得的成就，特别是对粮食生产实现“八连增”、农民增收实现“八连快”给予了充分肯定。他称赞本届农交会主题鲜明、内容丰富、国际化程度高、展示手段新颖，全面展现了十年来中国“三农”工作的新进展，生动反映了新形势下“三化同步”的新成就，为党的十八大胜利召开营造了良好氛围。他希望把中国国际农产品交易会打造成一个农业领域规格高、影响大的品牌展会，为丰富城乡居民“菜篮子”，活跃农产品流通，促进农业发展、农民增收做出积极贡献。

农交会以“加快现代农业建设、推进三化同步发展”为主题，集中展示各地在发展现代农业、探索中国特色农业现代化道路和推进社会主义新农村建设中取得的新成果、新进展，进一步推动农业的交流与合作，促进农产品产销对接和国内外贸易，提高农业的综合竞争力。来自全国31个省（区、市）、新疆生产建设兵团、中国台湾等33个展团，以及美国、荷兰、澳大利亚、德国、加拿大、英国、丹麦、意大利、韩国、俄罗斯、法国等22个国家和地区的2000多家企业参展。

9月29日

［纲　文］ **国务院在人民大会堂举行国庆招待会庆祝中华人民共和国成立63周年。**

［日　文］ 招待会由国务委员兼国务院秘书长马凯主持。党和国家领导人胡锦涛、吴邦国、温家宝等出席。

温家宝发表讲话说，2012年，中国改革开放和现代化建设又取得新成绩。在国际形势复杂多变、面临困难明显增多的情况下，我们按照稳中求进的工作总基调，加强和改善宏观调控，把稳增长放在更加重要的位置，保持了经济平稳较快发展，城镇新增就业持续增加，居民收入明显增长，城乡居民基本养老、基本医疗制度初步实现全覆盖，社会保持和谐稳定。在成绩面前，我们要时刻保持清醒头脑，要把中国建设成为富强民主文明和谐的社会主义现代化国家，还要走很长的路。面向未来，我们信心满怀。中国的发展仍然处于重要战略机遇期，改革开放的伟大力量和中华民族自强不息的伟大精神，将推动中国走向更加光明的未来。我们要坚定不移地推进经济、政治、文化、社会等各方面的体制改革，坚持对外开放的基本国策，进一步解放和发展生产力，发展社会主义民主法治，维护社会公平正义，提高国民素质和道德水准，实现人的自由和全面发展。任何困难都阻挡不了我们前进的步伐。我们将继续坚持“一国两制”、“港人治港”、“澳人治澳”、高度自治的方针。我们将奉行独立自主的和平外交政策，坚决维护国家主权和领土完整。我们将始终不渝地坚持党的基本路线，坚定不移地走中国特色社会主义道路。

中央和国家机关有关部门负责人，解放军和武警部队负责人，各民主党派、全国工商联负责人和无党派人士代表，各人民团体负责人，北京市负责人，在京的部分香港特区人士、澳门特区人士、台湾同胞和华人、华侨代表，在华访问的部分外宾、国际知名人士、著名友好人士，各国驻华使节、各国际组织驻华代表、部分外国专家和配偶，出席了招待会。与会中外人士1200多名。

9月29日

［纲　文］**国务院副总理李克强在北京会见法国总统外事顾问燕保罗。**

［目　文］李克强说，中法都是世界重要国家，有广泛的共同利益与合作基础，在世界格局调整、全球经济复苏艰难的情况下，中法加强合作，推动全面战略伙伴关系取得新进展，具有超越双边的意义。双方应始终以长远眼光看待两国关系，尊重彼此核心利益和重大关切，扩大在国际事务中的共识与协调，深化高科技、卫生、城镇化等方面务实合作特别是大项目合作，推动双边贸易向动态平衡方向发展。欧洲是世界重要一极，第十五次中欧领导人会晤重申了中欧关系的全球性、战略性。中方乐见欧洲稳定机制条约近日已正式生效，将继续多渠道参与解决欧债问题。希望法方在欧盟内发挥自身影响，促进中欧关系不断发展。

9月29日

［纲　文］**财政部、教育部印发《研究生国家奖学金管理暂行办法》。**

［目　文］《办法》共7章23条，主要有总则、奖励标准与基本条件、名额分配与预算下达、评审组织、评审程序、资金管理与监督、附则等内容。《办法》自2012年9月1日起施行。《办法》决定，从2012年秋季学期起，中央财政每年安排10亿元设立研究生国家奖学金，用于奖励普通高等学校中表现优异的国家招生计划内的全日制研究生。

9月29日

［纲　文］**“科学”号海洋科学综合考察船在青岛正式交付使用。**

［目　文］这是由中国自主设计建造、国内最先进的海洋科学综合考察船，它的交付使用，使中国海洋科学考察能力实现了新的突破，迈入国际先进行列。该船由中国船舶工业集团公司第708研究所设计，武昌船舶重工有限责任公司建造，于2010年开工建设，总投资5.5亿元人民币，核定总吨位4711吨，总长99.80米，型宽17.80米，型深8.90米；续航力15000海里，自持力60天，最大航速15节，载员80人。该船具备了深海大洋综合性实施同步观测的能力，其有些指标甚至远远超越了国际上新建和在建的科考船先进水平。

9月29日

［纲　文］**外文出版社成立60周年座谈会在北京举行。**

［目　文］中共中央政治局常委李长春致信祝贺，贺信指出，希望外文出版社以党的十七届六中全会精神为指导，坚持正确的出版导向，立足自身资源优势和品牌优势，大力推进体制机制创新，积极开展国际合作，努力开拓国际市场，推出更多反映当今中国、体

现中国视角、贴近国外读者的精品图书，不断增强国际竞争力和影响力，为推动中华文化走出去，增强国家文化软实力，建设社会主义文化强国做出新的更大贡献。

中宣部部长刘云山贺信说，希望外文出版社出版更多弘扬中华文化、展示中国形象的精品力作，为开创中国特色社会主义事业新局面营造更加有利的国际舆论环境。

外文出版社是中国外文局的重要成员单位，成立于1952年，是中国主要的对外出版机构。60年来，外文出版社用43种文字翻译出版了3万余种图书，包括领导人著作、党和政府重要文献、中国国情读物、中国文化典籍和中国文学经典等，读者覆盖世界近200个国家和地区。

10 月

10月1日

［纲　文］**胡锦涛、吴邦国、温家宝、贾庆林、李长春、习近平、李克强、贺国强等党和国家领导人及首都各界代表向人民英雄纪念碑敬献花篮。**

［目　文］早晨，首都各界代表3600多人聚集到天安门广场。10时整，敬献花篮仪式开始。在军乐队伴奏下，胡锦涛等党和国家领导人同首都各界代表一起，唱中华人民共和国国歌。随后，全场肃立，向为中国人民解放事业和共和国建设事业英勇献身的烈士们默哀。

中共中央、全国人大常委会、国务院、全国政协、中央军委、各民主党派、全国工商联和无党派人士、各人民团体、首都各界群众、中国少年先锋队分别敬献9个大型花篮，由礼兵抬起并摆放到纪念碑基座上。

胡锦涛等党和国家领导人登上纪念碑基座，绕行纪念碑基座一周，瞻仰人民英雄纪念碑。首都各界代表随后依次登上纪念碑基座，向人民英雄致以崇高敬意。

敬献花篮仪式由北京市委书记郭金龙主持。王刚、王乐泉、王兆国、王岐山等领导同志，中央党政军群有关部门和北京市负责人，各民主党派中央、全国工商联负责人和无党派人士代表，也参加了敬献花篮仪式。

10月1日

［纲　文］**中共中央、国务院、中央军委作出《关于给景海鹏颁发“二级航天功勋奖章”，授予刘旺、刘洋“英雄航天员”荣誉称号并颁发“三级航天功勋奖章”的决定》。**

［目　文］《决定》说，2012年6月16日，中国航天员景海鹏、刘旺、刘洋驾乘神舟九号载人飞船成功进入太空，在顺利完成与天宫一号目标飞行器自动交会对接和手控交会对接，并进入天宫一号圆满完成一系列科学实验后，于6月29日安全返回地面。这次载人交会对接任务的圆满成功，实现了中国空间交会对接技术的又一次重大突破，标志着中国载人航天工程第二步战略目标取得了具有决定性意义的重要进展。这是建设创新型国家取得的新成就，是中国人民在攀登世界科技高峰征程上铸就的新辉煌，是中华民族为人类探索利用外层空间做出的又一卓越贡献，对于增强中国综合国力、振奋民族精神，鼓舞和激励全国各族人民奋力夺取全面建成小康社会新胜利、不断开创中国特色社会主义事业新局面，具有重大而深远的意义。为表彰景海鹏、刘旺、刘洋做出的卓越贡献，中共中央、国务院、中央军委决定，给景海鹏颁发“二级航天功勋奖章”，授予刘旺、刘洋“英

雄航天员”荣誉称号并颁发“三级航天功勋奖章”。《决定》号召，全党全军全国各族人民要以景海鹏、刘旺、刘洋为榜样，学习他们忠诚于党、矢志报国的坚定信念，学习他们不畏艰险、敢为人先的探索精神，学习他们严谨细致、精益求精的科学作风，学习他们勇攀高峰、争创一流的顽强斗志，努力在本职岗位上建功立业。

10月1日

［纲　文］**国务院发出《关于开展第一次全国可移动文物普查的通知》。**

［目　文］《通知》主要有六方面内容：一、目的和意义。种类丰富、数量庞大、价值突出的可移动文物是中华民族文化的实物见证。开展可移动文物普查，将有利于掌握和科学评价中国文物资源情况和价值，健全文物登录备案机制和文物保护体系，加大文物保护力度、扩大保护范围，保障文物安全，并将进一步促进文物资源整合利用，丰富公共文化服务内容，有效发挥文物在国民经济和社会发展总体布局中的积极作用。二、范围和内容。普查的范围是中国境内（不包括港澳台地区）各级国家机关、事业单位、国有企业和国有控股企业、中国人民解放军和武警部队等各类国有单位所收藏保管的国有可移动文物，包括普查前已经认定和在普查中新认定的国有可移动文物。普查统计国有可移动文物数量、类型、分布和收藏保管等基本信息。三、时间和安排。普查从2012年10月开始，到2016年12月结束，分三个阶段进行。四、组织和实施。为加强对普查工作的组织领导，国务院决定成立第一次全国可移动文物普查领导小组，负责普查工作的组织和领导，协调解决重大问题。五、经费保障。普查所需经费由中央和地方分别负担，并分别列入中央和地方相应年度的财政预算。六、资料填报和管理。凡在中国境内收藏保管国有可移动文物的单位，都必须按照《中华人民共和国文物保护法》《中华人民共和国统计法》的有关规定和此次普查的具体要求，按时、如实、完整地填报普查信息，配合普查机构开展普查工作。

10月1日

［纲　文］**《人民日报》发表题为《奋进在充满希望的中国道路上——庆祝中华人民共和国成立63周年》的社论。**

10月2日

［纲　文］**联合国粮食及农业组织在人民大会堂向国务院总理温家宝颁发“农民”奖章。**

［目　文］在颁奖仪式上，联合国粮农组织总干事达席尔瓦说，中国仅用占全球9%的耕地和6%的淡水养活了占全球21%的人口。过去9年中，中国的粮食生产保持稳定增长态势，很多农产品的产量位居世界第一。这不仅仅是中国的骄人成绩，也是对世界粮食安全做出的巨大贡献。

温家宝在致答辞时说，联合国粮农组织把“农民”奖章授予我，这不仅是授予我个人的荣誉，更是代表着国际社会对中国农业和农村发展成就的充分肯定和高度褒奖。中国农业和农村发展的成就，来自于开创中国伟大改革事业先河的农村改革，来自于坚持把农业放在国民经济首位的正确思想，来自于实行“以工促农、以城带乡”的方针，来自于切实维护农民的权益、尊重农民追求美好生活的意愿，充分调动了农民发展生产、建设新农村的积极性，同时，也离不开积极广泛地开展国际交流与合作。我们不仅要实现粮食等农产品的持续增长，更要使广大中国农民在现代化进程中共享经济发展和社会进步的成果。温家宝感谢联合国粮农组织对中国农业发展的支持，表示中国将继续同国际社会一道，为促进世界农业发展、保障粮食安全和增进农民的福祉而努力奋斗。

联合国粮农组织是联合国系统最大的、最有影响的国际粮农机构，截至2012年有191个成员国、1个成员组织和2个准成员。设立于1977年的“农民”奖章，是该组织最高荣誉，旨在表彰在促进粮食生产、消除贫困等方面做出重要贡献的各国领导人。颁奖仪式由农业部部长韩长赋主持，有关部门负责人、农业科技专家学者和农业院校学生代表，以及联合国机构驻华代表等150多人出席了颁奖仪式。来自粮食生产大省的15个种粮大户也应邀出席颁奖仪式。

10月4—6日

［纲　文］**云南昭通彝良发生山体滑坡，温家宝赴灾区指导救灾。**

［目　文］上午8时许，云南省昭通市彝良县龙海乡镇河村油房村民小组发生约5万立方米滑坡体的重大山体滑坡，18名学生和1名村民遇难。滑坡体阻断了村边的油房河，形成宽约15米、深约7米的堰塞湖。800余人受灾。

灾情发生后，国务院总理温家宝当即作出批示，要求全力抢救被压埋的学生和村民，防止发生次生灾害。省长李纪恒于4日13时率民政、国土、教育、公安、消防、武警等相关单位组成的省政府工作组赶赴灾区。

5日，温家宝于17时许到达灾害发生地。温家宝察看了灾害现场，听取了地质专家关于灾害原因和滑坡抢险处置情况汇报，看望了正在参加抢险救灾的解放军、武警、公安民警和消防官兵，到村民家中看望了部分遇难人员家属。18时许，温家宝离开油房村，返回盐津火车站。22时，在从盐津到彝良的火车上，温家宝主持召开会议，听取了云南省抢险救灾情况汇报，对进一步做好次生灾害防范、群众安置以及灾后恢复重建工作作出部署。他说，当前，彝良抗震救灾工作重点转到过渡安置和恢复重建阶段，难度大、任务重、要求高，必须付出更加艰苦的努力，抓好几件大事：一要严密防范次生灾害。二要抓紧推进灾后恢复重建。努力争取春节前完成修复加固，2013年6月底前完成全部恢复重建任务。三要妥善安排群众生活。四要尽快制定支持恢复重建的政策措施。五要深入细致做好群众工作，切实帮助群众解决实际问题。当前，特别要把学校安全作为防范次生灾害的重中之重，既要创造条件复课，更要确保师生安全，复课要以安全为前提。一要全面排查灾区学校周边的山体崩塌、滑坡、泥石流等安全隐患，发现问题尽快处置，及时消除隐患；二要组织力量对校舍安全状况全面评估鉴定，存在安全隐患的，要尽快修复加固，完成前不得使用；三要对前期已经完成加固的校舍进行再检查，确保安全；四要科学确定简易校舍选址，远离灾害危险区；五要定期组织开展演练，提高师生的安全意识和防范能力。

6 日早，温家宝赶到彝良县洛泽河镇的虎丘村受灾群众的帐篷安置点，先后察看了村民临时居住的帐篷、饮用水取水点、食堂等，了解他们吃饭、保暖、就医、生产恢复和住房重建等情况。

10 月 6 日

［纲　文］**北京市环保局提出要求建成的 35 个 $PM_{2.5}$ 监测站点全部投入运行。**

［目　文］其中，20 个空气质量监测站的 $PM_{2.5}$ 试运行监测数据于 9 月 28 日首批发布，15 个空气质量监测站的 $PM_{2.5}$ 试运行监测数据于 10 月 6 日发布。

10 月 6—7 日

［纲　文］**温家宝在贵州省毕节市考察。**

［目　文］国务院总理温家宝先后到威宁彝族回族苗族自治县、赫章县、七星关区、大方县、黔西县，深入乡村、社区、工厂企业，就加快扶贫开发、生态建设、结构调整，推动经济社会又好又快发展进行调研。

6 日上午，温家宝到地处乌蒙山深处的威宁，在盐仓镇大路村与村民们座谈，了解危旧房改造、收入等情况，在赫章县平山乡对江村，走进村民家做调研。6 日下午，温家宝到七星关区长春堡镇阳鹊沟调研，鼓励村民坚持不懈地做退耕还林工作，走出一条可持续发展的道路。6 日晚，温家宝在毕节听取贵州省委省政府的工作汇报，指出，希望贵州牢牢抓住难得的历史机遇，着力解决贫困落后这一突出问题，逐步缩小与其他地区的差距，努力实现经济社会发展的历史性跨越，与全国同步全面建成小康社会。7 日上午，温家宝到大方县羊场镇穿岩村，了解石漠化治理情况，并考察了正在规划中的夹岩水利枢纽工程项目，强调要把水利建设与生态建设、石漠化治理三者结合起来，“三位一体”科学规划、统筹安排，形成良性循环，支撑经济社会可持续发展；温家宝到黔西县的布依族村寨乌骡坝村进行调研；温家宝到力帆骏马车辆有限公司，在轻型、重型载货汽车总装车间，详细了解企业产能、研发、营销等情况；温家宝还到七星关区麻园社区弘宗小区看望慰问居民。

10 月 8 日

［纲　文］**国务院印发《卫生事业发展“十二五”规划》。**

［目　文］《规划》主要有五方面内容：一、规划背景。卫生事业在国民经济和社会发展中的作用进一步显现，面临重要发展机遇。经济社会发展新阶段带来多重健康问题挑战，卫生工作任务更加艰巨。制约卫生事业发展的体制机制问题日益凸显，医改进入攻坚阶段。二、指导思想、基本原则和主要目标。三、加快医药卫生体系建设。加强公共卫生

服务体系建设；加强医疗服务体系建设；健全医疗保障体系；建立健全药品供应保障体系。四、做好各项重点工作。加强公共卫生服务工作；强化食品安全和卫生监督工作；全面加强医疗服务管理；积极发展中医药事业；加强医药卫生人才队伍建设和医学科技发展；推进医药卫生信息化建设。五、保障措施。加强组织领导；完善体制机制；营造良好发展环境；推进合作交流；加强规划监测评估。

《规划》提出的发展目标为：到2015年，初步建立覆盖城乡居民的基本医疗卫生制度，使全体居民人人享有基本医疗保障，人人享有基本公共卫生服务，医疗卫生服务可及性、服务质量、服务效率和群众满意度显著提高，个人就医费用负担明显减轻，地区间卫生资源配置和人群间健康状况差异不断缩小，基本实现全体人民病有所医，人均预期寿命在2010年基础上提高1岁。分工明确、信息互通、资源共享、协调互动的公共卫生服务体系基本建立，促进城乡居民享有均等化的基本公共卫生服务。规范有序、结构合理、覆盖城乡的医疗服务体系基本建立，为群众提供安全、有效、方便、价廉的基本医疗服务。以基本医疗保障为主体、其他多种形式补充医疗保险和商业健康保险为补充、覆盖城乡居民的多层次医疗保障体系基本建立，个人医药费用负担进一步减轻。以国家基本药物制度为基础的药品器械供应保障体系进一步规范，确保基本药物安全有效、公平可及、合理使用。支撑卫生事业全面、协调、可持续发展的各项体制机制更加健全，有效保障医药卫生体系规范运转。

10月8日

［纲　文］ **贺国强在中央反腐败协调小组会议上讲话。**

［目　文］ 中央纪委书记、中央反腐败协调小组组长贺国强指出，党的十七大以来，反腐倡廉建设取得新进展新成效，取得了新的成绩，积累了新的经验。一是坚持把查办案件工作摆在突出位置来抓，保持了惩治腐败的强劲势头，对腐败分子不管涉及谁，坚决查处，决不姑息、决不手软，决不让任何腐败分子逃脱党纪国法的惩处。二是坚持围绕党和国家中心任务开展查办案件工作，保证了中央重大决策部署的贯彻落实。三是坚持把查办案件与专项治理等工作紧密结合，推动解决了一批反腐倡廉建设中人民群众反映强烈的突出问题，着力解决发生在群众身边的腐败问题。四是坚持把加大办案力度与依纪依法、安全文明办案有机统一，促进了办案工作制度化和规范化。五是坚持把查办案件和发挥治本功能密切衔接，增强了惩治和预防腐败的综合效应。六是坚持以改革创新精神推进查办案件工作，提高了办案工作科学化水平。反腐败协调小组是党委组织领导反腐败工作的重要机制，也是纪委协助党委组织协调反腐败工作的重要平台。查办案件是推进反腐败斗争的一个重要手段，也是伴随反腐倡廉建设始终的一项长期任务。我们要进一步搞好经验总结，加大工作力度，推进改革创新，抓好工作落实，努力提高查办案件工作的科学化水平，不断以反腐倡廉建设新成效取信于民。

10月8日

［纲　文］ **李长春在张家口地区进行调研。**

［目　文］中共中央政治局常委李长春到阳原县小长梁遗址，实地了解考古发掘整理情况；到泥河湾博物馆，参观各个历史时期人类活动遗存，与专家学者座谈，他希望有关部门进一步加强组织领导、完善规划立项，整合资源、增加投入，加大考古发掘力度，为探索东方人类起源做出积极贡献。李长春到涿鹿故城，参观纪念远古时期黄帝、炎帝、蚩尤在此征战融合的中华三祖堂和黄帝城遗址，希望当地把遗址发掘与中华文明探源工程结合起来，进一步深化科学研究和考证工作，为早期中华文明的形成和发展提供有力佐证。李长春到怀来县鸡鸣驿，实地察看保护维修情况，他希望有关部门按照修旧如故的原则，加强文物维修保护利用，满足群众鉴赏和历史考证的需要。李长春到蔚县博物馆和剪纸博物馆，详细了解剪纸艺术研究、收藏和创作情况，参观历史文物展陈；走进蔚县街边店铺仔细询问剪纸经销情况；到有着“中国剪纸第一村”美誉的南张庄村，了解剪纸生产流程等情况；到村文化活动中心，了解基层文化活动情况。李长春指出，中华文化的精神价值是“魂”，剪纸等传统技艺是“体”，要把两者有机结合起来，做到相辅相成、强魂健体。对于有市场开发前景的非物质文化遗产，要在国家政策支持下进入市场，特别是与旅游业紧密结合，发展特色文化产业，在与产业和市场的结合中实现积极有效的传承和保护。

10月8日

［纲　文］环境保护部、发展改革委、工业和信息化部、卫生部印发《“十二五”危险废物污染防治规划》。

［目　文］《规划》主要有五方面内容：一、危险废物污染防治形势。二、指导思想、基本原则和目标指标。三、主要任务。四、重点工程。五、保障措施。

10月8日

［纲　文］农业部发布《执业兽医资格考试巡视工作管理规定》。

［目　文］《规定》明确了制定依据、适用范围、巡视督查制度、巡视人员要求等内容。《规定》自发布之日起实施，农业部2010年9月1日发布的《执业兽医资格考试巡视工作管理规定（试行）》（农医发〔2010〕38号）同时废止。

10月8—9日

［纲　文］应外交部部长杨洁篪邀请，荷兰外交大臣罗森塔尔对中国进行正式访问。

［目　文］8日，全国政协主席贾庆林与罗森塔尔会谈。9日，外交部部长杨洁篪在人民大会堂与罗森塔尔会谈。

贾庆林会谈时表示，中方愿同荷方一道，以建交40周年为新起点，进一步增进政治互信，照顾彼此核心利益和重大关切，深挖互补潜力，扩大务实合作，发展全方位经贸伙伴关系，密切旅游、教育、文化等领域的交流合作，努力将人文交流打造成中荷关系发展的新着力点，推动两国关系取得更大发展，更好地造福两国人民。当前，国际形势复杂多变，中欧加强全面战略伙伴关系对维护世界和平、推动全球经济稳定发展具有重要意义。双方要共同努力，推动中欧关系健康稳定发展。罗森塔尔说，40年前荷中建立大使级外交关系为两国关系发展奠定了重要基础。荷兰政府将继续坚持一个中国政策，尊重中国的主权和领土完整，加强同中国在经贸、能源、物流和现代农业等领域的合作，使荷中关系取得更多成果。

杨洁篪同罗森塔尔举行会谈。双方就共同关心的国际和地区问题交换了意见。

10月8—19日

［纲　文］**中国政府代表团出席在印度海德拉巴召开的《生物多样性公约》缔约方大会第十一次会议**。

［目　文］由环境保护部牵头，外交部、财政部、农业部、国家质检总局、国家林业局、国家海洋局等单位及香港特区政府派员组成的中国政府代表团出席了会议。来自170多个国家的上万名代表出席大会。会议审议了《2011—2020年生物多样性战略计划》的执行情况及实现爱知生物多样性目标所取得的进展、资源筹集、生物多样性和气候变化、海洋和沿海生物多样性等议题。中国政府代表团向大会提出三点主张：一是倡导在发展中保护、在保护中发展的指导原则，要推进均衡、协调和可持续发展，以增强生物多样性保护能力；强化生物多样性保护以优化发展路径，提升发展质量。二是尊重各国生物多样性保护行动和措施的多样性，各国应结合实际制定相应的生物多样性保护战略和行动计划，纳入国民经济社会发展规划并组织实施。三是深化生物多样性保护国际合作，世界各国应通力合作，共同履行生物多样性保护责任并采取切实行动，公平公正分享惠益成果，以取得可预见的、持久的成效。会议期间，中国政府代表团还与欧盟环境委员等就共同关心的会议议题和双边合作交换了意见。

10月9日

［纲　文］**教育部发出《关于印发〈3—6岁儿童学习与发展指南〉的通知》**。

［目　文］《通知》的内容主要有四个方面。一、开展全员培训。各地要把《指南》作为当前幼儿园教职工、学前教育教研人员和管理干部业务培训的主要内容。二、建设一批实验区。地方各级教育行政部门要认真抓好贯彻落实《指南》的实验和经验推广工作。三、抓好幼小衔接。地方各级教育行政部门要制定相关配套政策，采取有效措施，严禁幼儿园提前学习小学教育内容。四、加强社会宣传。要充分发挥学前教育教科研机构和幼儿园的专业优势，发挥各种大众传媒的作用，组织开展形式多样的宣传活动。

《指南》是教育部9月份制定的，从健康、语言、社会、科学、艺术五个领域描述幼儿学习与发展，分别对3至4岁、4至5岁、5至6岁三个年龄段末期幼儿应该知道什么、能做什么，大致可以达到什么发展水平提出了合理期望。同时，针对当前学前教育普遍存在的困惑和误区，为广大家长和幼儿园教师提供了具体、可操作的指导、建议。

10月9日

［纲　文］**纪念钱伟长诞辰100周年座谈会在人民大会堂举行**。

［目　文］全国政协主席贾庆林出席座谈会并讲话。贾庆林全面回顾了钱伟长的生平业绩和卓越贡献。他说，钱伟长同志的一生，是爱国的一生、奋斗的一生、奉献的一生。

他的光辉业绩和历史贡献，永远值得我们铭记；他的高尚品格和无私奉献精神，永远值得我们学习。我们纪念钱伟长同志，就要学习他热爱祖国、情系人民的崇高品德，学习他与中国共产党风雨同舟、真诚合作的坚定信念，学习他勤于钻研、勇于创新的科学精神，学习他倾心教育、甘为人梯的大家风范。

全国政协副主席杜青林主持座谈会。全国政协副主席王刚、国务委员刘延东，全国政协有关负责人出席座谈会。钱伟长亲属、生前友好和身边工作人员代表等出席座谈会。中共中央统战部、民盟中央、中国科学院、中共江苏省有关负责人先后发言。

钱伟长（1912年10月9日—2010年7月30日）是中国近代力学奠基人之一，著名的科学家、教育家，杰出的社会活动家，中国民主同盟的卓越领导人，中国共产党的亲密朋友，中国人民政治协商会议第六届、七届、八届、九届全国委员会副主席，中国民主同盟第五届、六届、七届中央委员会副主席和第七届、八届、九届名誉主席，中国科学院资深院士、上海大学校长。

10月9日

［纲　文］**外交部举行国际经济司成立大会**。

［目　文］国际经济司负责的工作主要包括：中国领导人出席二十国集团、金砖国家、亚太经合组织、大湄公河次区域经济合作机制等机制重要会议的筹备及后续行动；会同国内有关部门，从政治和外交上协调、研究和参与联合国及有关国际、区域合作框架内的经济与发展合作及相关业务；研究全球经济治理、国际经济金融形势及制度、规则建设、区域经济合作等有关问题。

10月9日

［纲　文］**商务部办公厅等部门发布《关于开展2012年全国废旧商品回收利用宣传活动的通知》**。

［目　文］《通知》主要有四方面内容：一、宣传内容。二、时间安排。三、宣传主题与方式。四、相关要求。

10月9—10日

［纲　文］**国家主席胡锦涛特使、全国人大常委会副委员长韩启德应邀赴坎帕拉出席乌干达独立50周年庆典**。

［目　文］10日，乌干达总统穆塞韦尼在总统府会见韩启德。韩启德向穆塞韦尼总统转达了胡锦涛主席的诚挚问候和良好祝愿，代表胡锦涛主席、中国政府和人民对乌独立50周年表示热烈祝贺。

10月10日

［纲　文］**温家宝主持召开国务院常务会议**。

［目　文］会议决定，自2012年秋季学期起，将中等职业教育免学费范围由涉农专业学生和家庭经济困难学生，扩大到所有农村（含县镇）学生、城市涉农专业学生和家庭

经济困难学生。同时，将中等职业学校国家助学金资助范围由一、二年级农村（含县镇）学生和城市家庭经济困难学生，分步调整为一、二年级涉农专业学生和非涉农专业家庭经济困难学生。将六盘山区等11个连片特困地区、西藏及四省藏区、新疆南疆三地州中等职业学校农村学生全部纳入享受助学金范围。

会议指出，中国城市公共交通发展远远不能适应经济社会发展和人民群众出行需要，多数城市公共交通出行比例偏低。为从根本上缓解交通拥堵、出行不便、环境污染等矛盾，必须树立公共交通优先发展理念，将公共交通放在城市交通发展的首要位置。要按照方便群众、综合衔接、绿色发展、因地制宜的原则，加快构建以公共交通为主，由轨道交通网络、公共汽车、有轨电车等组成的城市机动化出行系统，同时改善步行、自行车出行条件。

会议确定了优先发展公共交通的重点任务：一、强化规划调控。城市控制性详细规划要与城市综合交通体系规划和公共交通规划相互衔接。城市综合交通体系规划应明确公共交通优先发展原则。城市公共交通规划要科学布局线网，优化节点设置，促进城市内外交通便利衔接和城乡公共交通一体化发展。二、加快基础设施建设。提升公共交通设施、装备水平，提高公共交通舒适性。加快调度中心、停车场、保养场、首末站以及停靠站建设。推进换乘枢纽及步行道、自行车道、公共停车场等配套设施建设，将其纳入旧城改造和新城建设规划。三、加强公共交通用地综合开发。对新建公共交通设施用地的地上、地下空间，按照市场化原则实施土地综合开发，收益用于公共交通基础设施建设和弥补运营亏损。四、加大政府投入。城市政府要将公共交通发展资金纳入公共财政体系。"十二五"期间，对城市公共交通企业实行税收优惠政策，落实对城市公共交通行业的成品油价格补贴政策，对城市轨道交通运营企业实行电价优惠。五、拓宽投资渠道。通过特许经营、战略投资、信托投资、股权融资等多种形式，吸引和鼓励社会资金参与公共交通基础设施建设和运营。六、保障公交路权优先。增加划设城市公共交通优先车道，扩大信号优先范围。允许机场巴士、校车、班车使用公共交通优先车道。加强公共交通优先车道的监控和管理。七、健全安全管理制度，落实监管责任，切实加强安全监管。规范技术和产品标准，构建服务质量评价指标体系。完善轨道交通工程验收和试运营审核及第三方安全评估制度。八、规范公共交通重大决策程序，实行线网规划编制公示制度和运营价格听证制度。建立城市公共交通运营成本和服务质量信息公开制度。

会议审议通过《缺陷汽车产品召回管理条例（草案）》。草案规定：批量汽车产品普遍存在危及安全使用质量问题的，应当立即停止生产、销售、进口，由其生产者实施召回，并及时发布产品缺陷信息。对实施召回的缺陷汽车产品，生产者应当及时采取措施消除缺陷。消除缺陷费用和必要的运送缺陷汽车产品费用由生产者承担。草案还对生产者隐瞒汽车产品缺陷或不按规定召回缺陷汽车产品的行为规定了严格的法律责任。

10月10日

[纲　文] "热爱伟大祖国，建设美好家园"主题教育活动总结座谈会在乌鲁木齐

举行。

［目　文］中共中央政治局常委李长春会前对主题教育活动作出批示。李长春指出，这次主题教育活动，既是一次深刻的爱国主义和维护国家统一的教育，又是一次深刻的党的民族宗教政策、民族区域自治制度和社会主义法制的教育；既是一次深刻的改革开放和现代化建设成就的教育，又是一次深刻的社会主义核心价值体系的教育，奏响了共产党好、社会主义好、改革开放好、伟大祖国好、民族团结好的时代强音。

中共中央政治局委员、中宣部部长刘云山出席座谈会并讲话。刘云山指出，加强民族团结宣传教育，直接关系各民族的繁荣发展，关系社会的和谐稳定，关系国家的长治久安。要总结和运用好这次主题教育活动的成功经验，保持工作力度、拓展工作深度、形成工作常态，不断把民族团结宣传教育引向深入。

座谈会由中央宣传部、中央统战部、教育部、国家民委、新疆维吾尔自治区党委主办。座谈会以电视电话会议形式召开，主会场设在乌鲁木齐市，新疆生产建设兵团和新疆各地（市、州），县（市、区）设分会场。会上，表彰了主题教育活动的先进单位和先进个人，五个基层单位代表作了经验发言。新疆维吾尔自治区党委书记张春贤在会上对主题教育活动作了总结。中央宣传部、中央统战部、教育部、国家民委负责同志，新疆维吾尔自治区党委、人大、政府、政协和新疆生产建设兵团负责人，主题教育活动领导小组成员，领导小组办公室成员，自治区各有关单位、中央驻疆单位负责人在主会场参加会议。

10月10日

［纲　文］**中国第三大水电站向家坝水电站正式下闸蓄水。**

［目　文］位于四川宜宾的向家坝水电站是金沙江下游梯级电站开发中的最末一个梯级电站，装机容量640万千瓦，单机80万千瓦水轮发电机组为世界最大，装机规模仅次于三峡、溪洛渡水电站，截至2012年为中国第三大水电站。2002年10月，向家坝水电站经国务院正式批准立项，2006年11月26日正式开工建设。

向家坝水电站蓄水发电，对整个川南地区经济和社会产生巨大影响。向家坝水电站将灌溉375万亩耕地，解决川南地区500多万人口的饮水问题和工业用水问题，直接助推宜宾等川南城市经济的发展。同时，向家坝水电站将金沙江流域的防洪能力提高到50年一遇的标准。

10月10日

［纲　文］**国务院批复广西壮族自治区、山东省、福建省、浙江省、江苏省、辽宁省、河北省和天津市2011至2020年海洋功能区划。**

［目　文］批复指出，各地区海洋功能区划是合理开发利用海洋资源、有效保护海洋生态环境的法定依据，一经批准，任何单位和个人不得随意修改。编制各类产业规划涉及海域使用的，应当符合区划要求。

根据区划，到2020年，广西全区建设用围填海规模控制在1.61万公顷以内，福建控制在33350公顷以内，山东控制在3.45万公顷以内，浙江控制在5.06万公顷以内，江苏控制在26450公顷以内，辽宁控制在2.53万公顷以内，河北控制在14950公顷以内，天津控制在0.92万公顷以内。

10月10日

［纲　文］**财政部、监察部、审计署印发《中央金融企业负责人职务消费管理暂行办法》。**

［目　文］《办法》共有4章24条，主要有总则、职务消费、管理和监督、附则等内容。《办法》自2012年12月1日起施行。《办法》在《国有企业领导人员廉洁从业若干规定》提出的8项禁止性规定基础上，进一步明确中央金融企业负责人职务消费的12项禁止性规定，包括不得超标准购买公务车辆、不得进行豪华装饰或者改装，不得豪华装饰办公场所，不得超标准报销差旅费、出国考察费和业务招待费，不得违反规定用公款进行高消费娱乐活动，不得用公款支付应由个人承担的住宅购置、住宅装修、物业管理费等。

10月10日

［纲　文］**环境保护部公布经国务院批复的《核安全与放射性污染防治“十二五”规划及2020年远景目标》。**

［目　文］《目标》主要有六方面内容：一、现状与形势。2011年3月日本福岛核事故后，进一步保障核安全与防治放射性污染任务更加艰巨和紧迫，相关工作面临新的形势和挑战。二、指导思想、原则和目标。进一步提高核设施与核技术利用装置安全水平，明显降低辐射环境安全风险，基本形成事故防御、污染治理、科技创新、应急响应和安全监管能力，保障核安全、环境安全和公众健康，辐射环境质量保持良好。三、重点任务。强化纵深防御，确保核电厂运行安全；加强整改，消除研究堆和核燃料循环设施安全隐患；严格安全管理，规范核技术利用；加强铀矿冶治理，保障环境安全；加快早期设施退役和废物治理，降低安全风险；强化质量保证，提高设备可靠性；推动科技进步，促进安全持续升级；完善应急体系，有效应对突发事件；夯实基础能力，提升监管水平。四、重点工程。核安全改进工程；放射性污染治理工程；科技研发创新工程；事故应急保障工程；监管能力建设工程。五、保障措施。健全法规标准，夯实安全基础；优化管理机制，提升管控效率；完善政策制度，弥补薄弱环节；培育安全文化，提高责任意识；加快人才培养，促进均衡流动；加强国际合作，借鉴先进经验；深化公众参与，增强社会信心；加大经费投入，落实资金保障。六、规划实施与评估。

10月10日

［纲　文］**环境保护部公布《危险化学品环境管理登记办法（试行）》。**

［目　文］《办法》共有6章42条，主要有总则、生产使用环境管理登记、进出口环境管理登记、监督管理、法律责任、附则等内容。《办法》于2012年7月4日环境保护部部务会议审议通过，自2013年3月1日起施行。

10月10日

［纲　文］**环境保护部办公厅发布《关于解除湖南省冷水江市锡矿山地区锑冶炼企业**

等五起环境违法案件挂牌督办的通知》。

［日　文］《通知》说，按照《关于2010年环境保护部第二批挂牌督办环境违法案件及突出问题的通知》和《关于2011年环境保护部挂牌督办环境违法案件的通知》要求，你们督促相关地方和企业积极开展整治，并向我部提交了解除挂牌督办的申请。华北、华东、华南、西北环保督查中心对相关挂牌督办案件的整改情况进行了核查。目前，湖南省冷水江市锡矿山地区锑冶炼企业、山东齐发药业有限公司、河南省郑州民众制药有限公司、陕西省华阴市锦前程药业有限公司和西安博华制药有限公司、宁夏大地丰之源生物制药有限公司等五起环境违法案的整治基本达到督办要求。经研究，现决定解除以上五起环境违法案件挂牌督办。请你们继续加强督查，督促企业加强环境管理，妥善处置危险废物，正常运行污染治理设施，保证污染物稳定达标排放；督促地方政府和有关部门加快关闭企业遗留问题处理处置进度，消除环境污染隐患。

10月11日

［纲　文］**2012年全民终身学习活动周全国总开幕式在成都举行。**

［日　文］活动周以“加快发展继续教育，促进学习型社会建设”为主题。教育部、四川省有关负责人出席并讲话。教育部有关负责人指出，建设全民学习、终身学习的学习型社会，是党中央的战略要求，是建设人力资源强国的基础性工作，是中国教育事业改革发展的重要任务。我们要在党的领导下，肩负起历史的责任，坚持以人为本，树立终身学习、人人学习的理念，以改革创新为动力，以现代信息技术为支撑，加快发展继续教育，着力构建终身教育体系，不断提升教育服务发展方式转变的能力，不断提高广大社会成员的综合素质。开幕式上，继续教育城市联盟、继续教育大学——企业联盟宣布成立。还举行了高校资源服务学习型城市、学习型社区和学习型行业企业签约仪式。由国家教育部组织举办的全民终身学习活动周此前已开展九年，成为推进学习型社会建设的一个重要品牌。

10月11日

［纲　文］**全国政协主席贾庆林在人民大会堂会见瑞士联邦议会瑞中小组主席祖比格。**

［日　文］贾庆林强调，当前国际形势深刻复杂变化，世界经济发展面临许多不稳定、不确定因素。巩固和发展良好的中瑞关系符合两国和两国人民的根本利益。要坚持相互尊重、平等互利的原则，不断加强政治互信，进一步夯实两国关系的政治基础，促进两国关系长期健康稳定发展。要坚持互利共赢的原则，进一步发掘潜力，提升合作层次和质量，促进共同发展。要积极开展人文交流，密切人员往来，使中瑞友好更加深入人心。中国全国政协愿进一步密切同瑞士联邦议会等机构的友好往来，相互借鉴治国理政经验，为各自国家经济社会发展、为中瑞全面合作关系发展做出积极贡献。中方欢迎更多的瑞士议员朋友来华参观访问。

祖比格表示，瑞士联邦议会瑞中小组致力于为瑞士各界全面、客观了解中国提供信息，促进瑞中两国在政治、经济、文化等领域的友好交流，愿继续为推动双边关系良好发展做出积极努力。

10月11日

［纲　文］**国务院教育督导委员会成立暨第9届国家督学聘任工作会议在北京举行。**

［目　文］国务委员刘延东出席会议并讲话。刘延东指出，教育督导是现代教育制度的重要组成部分。目前中国已建立了中央、省、市、县四级教育督导机构，形成了一支专兼职结合的督学队伍，为保障“两基”任务全面完成、推动重大教育政策项目实施，提高教育教学质量和学校管理水平等做出了重要贡献。要坚持依法治教，遵循教育规律，创造性开展工作，切实落实教育规划纲要的各项要求。要坚持监督与指导并重做好督政工作，推动政府履行职责，落实教育优先发展战略。要坚持以提高教育教学质量和素质教育为中心开展督学工作，完善评估体系，促进各级各类学校特色发展和学生全面发展。要组织好专项督导，推动解决义务教育均衡发展、人才培养模式等群众关注的热点难点问题。要加强对教育质量的监测和动态分析，发挥好质量监测的诊断和导向功能。

会议由教育部部长袁贵仁主持。会上共聘任171名国家督学，其中有教育领域的知名专家，有教育战线的优秀代表，也有一线优秀教师，他们成为中国构建督政、督学、教育监测相结合的中国特色教育督导体系的中坚。会上，国家教育督导委员会宣告成立。会议对教育督导工作的体制机制创新提出了新要求：要完善政府教育工作督导评估机制，落实教育优先发展的战略地位；完善义务教育均衡发展督导评估机制，着力促进教育公平；完善学校督导评估机制，扎实推进素质教育；完善教育质量监测机制，改革教育评价模式；完善督导报告和整改问责机制，强化督导效能。

10月11日

［纲　文］**刘云山在新疆维吾尔自治区调研。**

［目　文］中央政治局委员、中宣部部长刘云山在乌鲁木齐、伊犁等地，考察一些村镇、社区、企业、团场和宣传文化单位，同基层干部群众进行交流，对新疆经济社会发展和宣传思想文化工作进行调研。

刘云山指出，迎接党的十八大宣传文化活动，要体现群众性，热在基层、热在群众。要坚持用群众感受说话、用鲜活事例说话、用城乡基层的发展变化说话，展示科学发展给经济社会带来的历史性进步，展示党和政府改善民生给各族人民带来的福祉，引导人们充分认识中国发展道路的独特优势和光明前景。要丰富载体手段，组织进行有声有色的宣传报道，切实抓好群众性文化活动，广泛开展讲文明树新风活动，努力扩大宣传文化工作的覆盖面、影响力。要充分发挥基层党组织、基层宣传文化阵地的作用，用好各地文化资源、体现各民族文化特色，以文化人、寓教于乐，让各族群众在广泛参与中受到鼓舞、受到教育。

10月11日

［纲　文］**2012年全国环境空气质量新标准监测现场会暨启动大培训仪式在南京**

召开。

［目　文］会议由环境保护部组织召开。环境保护部以及全国各省、自治区、直辖市环保局（厅）、监测站的有关负责人参加了启动仪式。江苏省政府有关负责人致辞。启动会上，江苏省、广东省、成都市、湖南省环保厅（局）就各自地区大气监测能力建设情况作了典型发言，进行了环境监测大培训启动仪式和第三期环境监测管理高级培训班暨$PM_{2.5}$监测专题培训班开班仪式；环境保护部科技司负责人详细解读了环境空气质量新标准；会议还向环境监测培训教师代表颁发了聘书，向中西部部分地区赠送了教学光盘。

会议指出，开展空气质量新标准第一阶段监测的74个城市496个国控监测站点中，已有138个站点开始监测并发布数据，有195个站点完成仪器安装调试并试运行，有70个站点完成仪器招投标，新标准第一阶段监测工作成效明显。实施国家空气质量新标准下一步工作，一要充分提高认识。二要全面理解新标准。三要加快工作进度。四要加强工作督察。五要重视信息发布。2013年环境监测工作的重点：要统筹兼顾、突出重点、抓出亮点，认真部署，要围绕环境管理战略转型，创新监测工作思路。围绕人民群众的新期待，开展环境监测工作。围绕环保系统政府信息公开的新要求，全面推进环境监测信息公开。要围绕大工程带动环保大发展，推动监测工作实现新突破。

10月11日

［纲　文］**“全国公安民警革命传统教育基地”在河北省平山县王子村华北人民政府公安部旧址举行揭牌仪式。**

［目　文］国务委员、公安部部长孟建柱为教育基地揭牌，并瞻仰华北人民政府公安部旧址。公安部、河北省负责同志，河北省公安英模、公安民警和治保积极分子代表参加揭牌仪式。华北人民政府公安部旧址，是继江西瑞金中华苏维埃共和国国家政治保卫局旧址、陕西延安陕甘宁边区政府保安处旧址之后，第三个全国公安民警革命传统教育基地。

1948年9月，中共中央在平山县王子村成立华北人民政府公安部；1949年7月，中央决定将华北人民政府公安部与中央社会部的一部分合并，组建中央军委公安部；同年11月，在中央军委公安部的基础上，成立了中央人民政府公安部。

10月11日

［纲　文］**《人民日报》报道，中国再生稻示范片单产1287.26公斤。**

［目　文］中国南方稻作区7省市水稻专家到福建省尤溪县麻洋村，对中科院院士谢华安承担的农业部再生稻研究项目进行测产验收：再生季百亩片干谷单产486.36公斤，加上头季稻单产800.9公斤，示范片再生稻全年平均单产1287.26公斤，实现了高产栽培目标。专家估计，中国南方有5000万亩单季稻田适宜推广再生稻技术，如果都能达到福建省尤溪县的产量水平，每年可增产稻谷2000万吨，相当于福建省两年半粮食消费总量。

由谢华安领衔的农业部“再生稻高效生产模式关键技术研究与示范”科研团队，自1998年以来，7次刷新再生稻再生季单产的世界纪录，实现大面积连年增产。

10月11日

［纲　文］**《人民日报》报道，中国连任万国邮联邮政经营理事会理事国。**

［目　文］在第25届万国邮联大会上，中国高票连任经营理事会理事国。邮政经营理事会有40个理事国，主要职能是研究邮政经营、业务、经济和技术合作方面的问题。每届大会至少更换理事国中的1/3。

10月11日

［纲　文］**证监会公布《关于修改〈证券公司设立子公司试行规定〉的决定》《关于修改〈外资参股证券公司设立规则〉的决定》。**

［目　文］两个《决定》经2012年8月1日证监会第21次主席办公会议审议通过，自公布之日起施行。

10月11—13日

［纲　文］**应外交部部长杨洁篪邀请，德国外交部部长韦斯特韦勒来华出席第三轮中德外交部部长级战略对话。**

［目　文］11日，杨洁篪在北京同韦斯特韦勒举行第三轮中德外长级战略对话。杨洁篪提议，中德双方要加强高层交往和各领域交流，深化政治互信；落实好中德第二轮政府磋商成果，扩大相互投资和贸易规模，共同反对贸易保护主义；办好“中国文化年”活动，规划好“中德语言年”活动；加强在联合国、二十国集团等多边框架内的合作以及在重大国际和地区问题上的沟通和协调。中方重视德国在欧盟内的重要地位，愿同德方一道，推动中欧关系迈上新台阶。韦斯特韦勒表示，希望以建交40周年为契机，同中方一道，规划两国关系的长远未来，加强政治对话，促进人文交流，加强在重大问题上的磋商和合作。德国反对贸易保护主义，愿继续为推动德中、欧中经贸合作发挥积极作用。双方还就欧洲经济形势、欧债危机、叙利亚局势、伊朗核问题等交换了意见。

当日，国务院副总理李克强会见了韦斯特韦勒。李克强表示，中国光伏产业的发展和出口，对全球应对气候变化和可持续发展具有积极作用，有利于欧洲的绿色发展和扩大就业，双方是互有需求、互补双赢的关系。希望德方积极推动欧盟从大局出发，妥善处理相关贸易摩擦。贸易保护是“死胡同”，协商合作才是共赢的大趋势。近日，欧洲稳定机制正式启动，这是欧元区稳定市场信心和危机治理的重要步骤，德国作为最大出资方，起到了推动作用。中方希望这一机制能够发挥更强的救助力和协调作用，促进受援国逐步走出困境，实现新的增长。中方愿继续支持欧洲解决主权债务问题和推进一体化进程的努力。韦斯特韦勒表示，德中有广泛的共同利益，愿在更高层次和更宽领域拓展同中方的合作。感谢中方始终支持欧方克服主权债务问题。德方坚决反对贸易保护主义，愿继续推动欧盟通过对话协商解决欧中贸易争端。

10月12日

［纲　文］**全国新型农村和城镇居民社会养老保险工作总结表彰大会在北京举行。**

［目　文］国务委员兼国务院秘书长马凯主持会议。国务院总理温家宝出席会议并讲话。国务院副总理李克强、回良玉出席会议。

温家宝说，2009年下半年，国务院决定开展新型农村社会养老保险试点，2011年启动城镇居民社会养老保险试点。今年上半年，国务院决定在全国所有县级行政区全面开展新型农村社会养老保险和城镇居民社会养老保险工作。覆盖城乡居民的社会养老保障体系基本建立，是中国社会保障事业发展的重要里程碑。截至今年9月底，两项养老保险的参保人数达到4.49亿人，加上企业职工养老保险，总计覆盖人数超过7亿人。3年来，各级财政共拨付两项养老保险补助资金超过1700亿元。目前全国有1.24亿城乡居民领取基础养老金。要稳步提高保障水平。坚持政府引导和个人负担并重，政府宁肯少上几个项目，也要确保对社会养老保险制度的投入。根据经济发展、财政收入、物价变动等因素，建立科学合理的保障水平调整机制。弘扬中华民族优良传统，发挥好家庭和社会慈善在养老保障方面的作用。要继续完善政策体系。进一步完善参保激励机制，真正做到多缴多补、长缴多得，调动参保积极性，不断扩大覆盖面，增加基金积累。研究解决城乡居民养老保险与企业职工基本养老保险制度之间的衔接整合问题。要按照精简效能的原则，整合公共服务和社会保险经办管理资源，提高信息化水平，增强基层经办服务能力。依法加强基金监督管理，努力实现基金的保值增值。

大会宣读了关于表彰全国新型农村社会养老保险和城镇居民社会养老保险工作380个先进单位和480个先进个人的决定，随后为受表彰的先进单位和个人代表颁奖。6个先进单位和个人代表在会上发言。各省、自治区、直辖市和计划单列市人民政府，新疆生产建设兵团，中央和国家机关有关部门，相关金融机构负责人出席会议。

10月12日

［纲　文］**全国政协第十一届全国委员会优秀提案和先进承办单位表彰会在北京举行。**

［目　文］全国政协副主席兼秘书长钱运录主持会议。全国政协主席贾庆林接见获奖代表，向获奖单位颁发奖状，并参观了“十届、十一届全国政协提案工作成果展”。

贾庆林在接见获奖代表讲话中指出，提案工作是人民政协履行职能的重要方式，是一项特色鲜明、影响深远的全局性工作。党中央、国务院历来高度重视和支持人民政协通过提案履行职能。中国共产党第十八次全国代表大会就要胜利召开，这是一次十分重要的会议，将在新的历史起点上为中国各项事业的发展进一步指明方向。新的形势和任务对做好人民政协提案工作提出了新的更高要求。我们要认真贯彻落实中央的决策部署，坚持围绕中心、服务大局，更加注重提高提案质量，在多出精品上狠下功夫；更加注重提案办理，在增强实效上狠下功夫；更加注重制度建设，在强化保障上狠下功夫；更加注重统筹协调，在形成合力上狠下功夫，不断提高政协提案工作的科学化水平，为推进人民政协事业发展、实现全面建设小康社会的宏伟目标贡献力量。

会议表彰了281件优秀提案和46家提案先进承办单位。全国政协副主席王刚、陈奎元、阿不来提·阿不都热西提等出席会议并参加相关活动。中央国家机关有关负责同志、各民主党派中央和全国工商联等有关负责同志、优秀提案和先进承办单位代表出席会议。

10月12日

［纲　文］**贾庆林在北京会见全国少数民族参观团。**

［目　文］全国政协主席贾庆林指出，中国是统一的多民族国家，民族工作关系国家长治久安，关系社会和谐稳定，关系人民幸福安康。党的十六大以来，以胡锦涛同志为总书记的党中央鲜明地提出各民族共同团结奋斗、共同繁荣发展的主题，从全局和战略高度对民族工作做出一系列重大决策部署，民族团结进步事业取得了历史性成就。经过十年的团结奋斗，中国民族地区的科学发展开创了大好局面，中国民族关系的团结和睦夯实了深厚基础，中国特色解决民族问题的正确道路越走越宽广。希望大家认真贯彻中央的决策部署，高举中国特色社会主义伟大旗帜，深入贯彻落实科学发展观，牢牢把握各民族共同团结奋斗、共同繁荣发展的主题，再接再厉、扎实工作，为促进民族团结、实现共同进步做出更大贡献。组织全国少数民族参观团，是中国民族工作的一项优良传统，也是推进民族团结进步事业的一项重要举措。希望大家珍惜这次难得的机会，多走走多看看，加强与各地各族干部群众的交流，努力学习一些好理念好做法好经验，更好地推动少数民族和民族地区经济社会发展。

全国少数民族参观团成员来自全国31个省、自治区、直辖市和新疆生产建设兵团，由2009年受国务院表彰的民族团结进步模范个人和近年受省部级表彰的模范个人中的基层干部群众组成。

10月12日

［纲　文］**李长春致信中国作家协会祝贺莫言获得2012年诺贝尔文学奖。**

［目　文］中共中央政治局常委李长春贺信说，随着中国改革开放和现代化建设的迅猛发展，中国文学迸发出巨大的创造活力，广大中国作家植根于人民生活和民族传统的深厚土壤，创作出一大批具有中国特色、中国风格、中国气派的优秀作品。莫言就是其中的杰出代表。莫言获得诺贝尔文学奖，既是中国文学繁荣进步的体现，也是中国综合国力和国际影响力不断提升的体现。他希望广大作家坚持以人民为中心的创作导向，贴近实际、贴近生活、贴近群众，创作出更多无愧于历史、无愧于时代、无愧于人民的优秀作品，为中华文化繁荣发展，为人类文明进步做出新的更大贡献。

10月11日，瑞典文学院宣布，将当年的诺贝尔文学奖授予莫言，以表彰其“作品中充满魔幻现实主义色彩，是历史和现实的并存”。

莫言是中国当代作家，时任中国作家协会副主席。莫言从1981年开始小说创作，著有长篇小说《红高粱家族》《红树林》《蛙》等一大批作品，多次获得国内和国际文学奖。莫言的许多作品已被翻译成多种语言，包括英文、法文、德文、意大利文、日文等。

10月12日

［纲　文］**国务院食品安全委员会办公室等四单位印发《关于进一步加强道德诚信建**

设推进食品安全工作的意见》。

［目　文］《意见》要求各地区、各有关部门针对当前食品安全领域存在的诚信缺失、道德失范等问题，进一步强化解决措施，夯实食品安全领域道德诚信内在基础和外部环境，推动形成“守信受益、失信必损”“一处失信、处处受制”的利益导向和“明信知耻、惩恶扬善”的道德风气。《意见》提出八方面要求。一、高度重视食品安全道德诚信工作。二、推进基层道德诚信宣教工作。组织开展食品安全领域道德诚信模范评选表彰和学习宣传活动，配合开展失信行为反面案例警示教育，在食品行业全面推广“道德讲堂”成功经验，在2014年年底前，完成全国范围内食品行业“道德讲堂”的建设工作。三、创新正面宣传思路模式。坚持把道德诚信建设作为食品安全宣传工作的重点，将积极主动的正面宣传常态化、制度化，着力培育宣传策划的人才队伍，培育食品安全正面宣传的亲和形象与长期品牌，结合“走基层、转作风、改文风”活动，加强新闻职业道德建设。四、强化科学监管和示范创建。各级食品安全监管部门要大力推进分级分类监管工作，积极开展食品安全示范创建工程。五、建立健全外部联动奖惩机制。抓紧建立健全食品安全信用信息征集、共享、评估、披露、使用等制度，鼓励和支持各级有关单位、各类市场主体依法查询、应用食品企业及食品从业者的信用信息，各级有关部门要抓紧制定实施食品安全“黑名单”制度等配套惩戒措施和奖励政策，联合银行、证券、保险等金融服务机构，在贷款审批、上市融资、企业发债、投保审核、保费标准、金融服务、利率差别化待遇等方面建立联动奖惩机制，针对食品从业人员，探索在户籍管理、从业资格、公积金贷款、专业技术职称、道路交通管理、按揭贷款管理、廉租房承租管理、房屋产权产籍管理等方面进一步形成有力的外部约束。六、强化道德诚信建设考核测评。精心设计食品安全道德诚信方面的代表性指标及考评标准，对发生重大食品安全事故的，实行“一票否决”，并取消定时限内的参评资格。七、引导社会参与诚信体系建设。进一步拓展社会监督、舆论监督和群防群控的途径，大力发展食品安全信息员、协管员等群众性监督队伍，认真落实食品安全有奖举报制度，进一步完善消费者权益保护的法律规定，强化食品相关行业协（学）会、农民专业合作经济组织诚信自律和约束引导机制建设，鼓励保险公司开发食品安全商业保险产品。八、加强统筹协调和组织保障。建立各级食品安全办和文明办组织协调、有关部门和单位各负其责、全社会积极参与的工作机制，建立联席会议制度并设立联席会议办公室，结合自身特点，制定本领域食品安全道德诚信体系建设工作方案，各地区要抓紧推进辖区内全国文明城市的食品安全道德诚信体系建设试点工作。

10月12日

［纲　文］**保监会印发《保险资金参与金融衍生产品交易暂行办法》**。

［目　文］《办法》共5章36条，主要有总则、资质条件、管理规范、风险管理、监督管理等内容。《办法》自发布之日起施行。

10月12日

［纲　文］**国土资源部发布《矿产资源规划编制实施办法》**。

［目　文］《办法》共5章45条，主要有总则、编制、实施、法律责任、附则等内容。《办法》经2012年8月31日国土资源部第3次部务会议通过，自2012年12月1日起施行。

10月12—15日

［纲　文］**李长春在贵州调研**。

［目　文］中共中央政治局常委李长春先后到黔西南州、黔东南州、贵阳等地，深入少数民族村寨、企业、社区和宣传文化单位，就贯彻落实党的十七届六中全会精神、加快转变经济发展方式、推进文化改革发展等进行调研。

李长春到黔西南布依族苗族自治州兴义市下纳灰村，看望慰问各族群众；李长春深入黔东南苗族侗族自治州雷山县的西江千户苗寨考察。李长春强调，贵州的实践充分证明，文化与旅游结合，有利于把文化之“魂”与旅游之“体”有机统一起来，提升旅游的品位、精神价值和人文含量，增强文化的传播力；有利于把创新非物质文化遗产传承保护与推动经济社会发展有机结合起来，促进二者良性互动；有利于加快贫困地区群众脱贫致富步伐，帮助更多群众共同富裕；有利于提升全社会文明素养，推动社会主义新农村建设；有利于促进民族团结进步，巩固和发展平等团结互助和谐的民族关系。要大力发展旅游文化产业，培育新的文化消费增长点。

李长春到贵阳金阳新区碧海社区服务中心，与正在办理业务的居民交谈，走进阅览室和少儿活动室察看群众文化活动情况。李长春到皓天光电科技有限公司、朗玛信息技术股份有限公司和航天风华精密设备有限公司，了解企业研发生产情况，到贵阳城乡规划展览馆，听取贵阳城市历史和发展规划介绍。他希望贵阳紧紧抓住中央深入实施西部大开发战略的重大机遇，牢牢把握主题主线，增强服务意识、责任意识、示范意识，不断提升综合实力和影响力、辐射力，在实现贵州经济社会发展的历史性跨越中发挥排头兵作用。

10月12日、13日、15日

［纲　文］**温家宝在中南海先后主持召开行业协会负责人、部分地方部门和企业负责人以及专家学者三场座谈会**。

［目　文］座谈会上，物流与采购、机械工业、机电进出口、纺织、钢铁、房地产、商业、有色金属等行业协会负责人，江苏、广东、辽宁、浙江等地方部门负责人和义乌小商品城、华为、上海大众、中国远洋、魏桥纺织等企业负责人，以及专家学者从各自实际出发，介绍情况，研判形势，提出建议。温家宝与他们进行交流。国务院副总理李克强、回良玉、王岐山，国务委员兼国务院秘书长马凯参加了座谈会。

温家宝指出，三季度的经济形势应该说比较好。现在可以有信心地讲，中国经济增速基本趋于稳定，并且继续出现积极的变化。随着各项政策措施进一步落实到位，中国经济还会进一步企稳。在稳增长过程中，一、二、三产业结构都得到了调整。其中，消费扩大比较明显。从当前情况看，继续稳定扩大社会消费还是非常重要的。

温家宝说，尽管面前的困难还不小，但还是可以看出当前经济发展的基本趋势，无论是经济增长、结构调整，还是民生改善，都有比较好的进展，甚至出现了一些转折。钢铁业最主要的是产能过剩，从国际金融危机以来一直没有从根本上解决这个问题。重要的是，下决心调整结构、兼并重组、淘汰过剩产能。这条路早走早主动，关键在于落实。房地产调控初见成效，但依然不稳定，必须坚持调控政策不动摇。国际金融危机进入第五个年头，深层次影响还在不断显现。我们经济增长的外部环境仍然十分严峻，扩大外需的难度很大，弥补外需萎缩的难度不小。当前企业效益下降和财政收入增速减缓比较明显，经济趋稳的基础还不够牢固。对此，我们要有清醒的认识，未雨绸缪，沉着应对。

10月13日

［纲　文］**国务院公布《国内水路运输管理条例》。**

［目　文］《条例》共6章46条，主要有总则、水路运输经营者、水路运输经营活动、水路运输辅助业务、法律责任、附则等内容。《条例》经2012年9月26日国务院第218次常务会议通过，自2013年1月1日起施行。

10月13日

［纲　文］**林业局、住房城乡建设部、中科院发出《关于加强植物园植物物种资源迁地保护工作的指导意见》。**

［目　文］《意见》主要有四方面内容：一、充分认识加强植物园植物物种资源迁地保护工作的重要意义。二、加强植物园植物物种资源迁地保护工作的指导思想和基本原则。三、加强植物园植物物种资源迁地保护工作的主要任务。四、加强植物园植物物种资源迁地保护工作的组织领导和资金投入。

10月14日

［纲　文］**《人民日报》报道，胡锦涛、习近平批示要求努力推进创先争优常态化、长效化。**

［目　文］中共中央总书记胡锦涛、中共中央政治局常委习近平在中央创先争优活动领导小组上报的《关于深入开展创先争优活动的总结报告》上分别作出批示。胡锦涛批示：创先争优活动取得显著成效。要认真总结经验，巩固和扩大成果，努力推进创先争优常态化、长效化，不断提高党建科学化水平。习近平批示：创先争优活动开展两年多来，基本实现了目标任务，取得显著成效。今后要在建立健全制度机制上下功夫，推动创先争优常态化、长效化。

中央创先争优活动领导小组印发通知，要求各地区各部门各单位在集中性的创先争优活动取得显著成效的基础上，认真总结经验，巩固和扩大成果，建立健全制度机制，努力推进创先争优常态化、长效化，将开展了两年多来的集中性创先争优活动转入基层党组织和广大党员经常性创先争优。

10月14日

［纲　文］**太原卫星发射中心用长征二号丙运载火箭成功发射实践九号卫星。**

［目　文］这是长征系列运载火箭的第169次发射。实践九号A/B卫星是中国民用新技术试验卫星系列的首发星，包括A、B两颗星，由中国航天科技集团公司所属航天东方红卫星有限公司负责研制。卫星主要用于长寿命高可靠、高精度高性能、国产核心元器件和卫星编队及星间测量与链路等试验，以此提升中国航天产品国产化能力。作为国防科工局“十一五”重点支持的民用航天科研工程，实践九号卫星在轨验证中国卫星发展急需的新原理、新技术、新设备和新材料，对提高中国卫星研制基础能力，推进卫星技术水平快速提升具有重要意义。

10月14日

［纲　文］**发展改革委公布《天然气利用政策》。**

［目　文］《政策》主要有基本原则和政策目标，天然气利用领域和顺序，保障措施，政策适用有关规定，其他等内容。《政策》经发展改革委主任办公会议审议通过，自2012年12月1日施行。

10月15日

［纲　文］**柬埔寨王国太皇西哈努克在北京逝世，胡锦涛、吴邦国、温家宝、贾庆林等党和国家领导人以各种方式表示哀悼。**

［目　文］15日，西哈努克逝世，享年90岁。

16日，国家主席胡锦涛、国务院总理温家宝等到北京医院出席西哈努克遗体告别仪式。胡锦涛代表中国政府和人民对西哈努克太皇逝世表示最沉痛的哀悼，向柬埔寨王室、政府和人民致以最诚挚的慰问。胡锦涛说，西哈努克太皇陛下不幸因病逝世，使柬埔寨失去了一位卓越领导人，使我们失去了一位伟大朋友，我们为此深感悲痛。我再次代表中国政府和人民对西哈努克太皇逝世表示最沉痛的哀悼，向柬埔寨王室、政府和人民致以最诚挚的慰问。西哈努克太皇陛下虽与世长辞，但他作为中柬友好的象征将永远活在两国人民心中，他为中柬友好关系发展做出的杰出贡献将永载史册，并激励两国人民继往开来，共同谱写中柬传统友谊的新篇章。

全国人大常委会委员长吴邦国、全国政协主席贾庆林前往柬埔寨驻华使馆，沉痛吊唁柬埔寨太皇西哈努克逝世。

17日，中国国务委员戴秉国护送柬埔寨太皇西哈努克灵柩抵达金边并出席柬方举行的灵柩迎接仪式。

10月15日

［纲　文］**全国创先争优活动总结交流会议在北京举行。**

［目　文］中组部部长李源潮讲话指出，要认真学习贯彻胡锦涛总书记和习近平同志重要批示精神，认真总结创先争优活动的成效和经验，巩固和扩大成果，将集中性创先争

优活动转入基层党组织和党员经常性创先争优，推进创先争优常态化、长效化，以优异成绩迎接党的十八大胜利召开。

中宣部常务副部长雒树刚主持会议。陕西安塞县、湖南岳阳市、江苏省、卫生部、中国航天科技集团公司、上海交通大学六家单位发言。中共安塞县委作了题为《群众利益无小事 创先争优惠民生》的发言。中共岳阳市委作了题为《活跃基层打牢基础，为科学发展提供组织保证》的发言。中共江苏省委作了题为《大力弘扬“三创三先”精神，又好又快推进“两个率先”》的发言。卫生部党组作了题为《把群众满意作为第一追求》的发言。中国航天科技集团公司党组作了题为《创人类航天文明铸民族科技丰碑》的发言。上海交通大学党委作了题为《办人民满意教育创世界一流大学》的发言。

10 月 15 日

［纲　文］**中国第一所具有独立法人资格的中美合作创办大学——上海纽约大学正式成立。**

［目　文］该校是上海高等教育国际化办学的标志性项目。上海纽约大学是纽约大学在全球的第三个校园、第二所授予学位的海外分校，第一所是 2010 年在阿联酋开设的纽约大学阿布扎比分校。根据规划，首先启动硕士学位教育，到 2013 年秋季招收第一届本科生，总计 300 人，其中，中国大陆学生 151 名，国际学生 149 名。学生将获得纽约大学学位证书和上海纽约大学学位证书即毕业证书。2011 年 1 月 19 日，中国教育部同意筹建该校，2012 年 9 月 22 日，教育部批准华东师范大学与美国纽约大学合作成立上海纽约大学。

10 月 15—22 日

［纲　文］**侯伯宇先进事迹巡回报告会分别在哈尔滨、杭州、长沙、成都举行。**

［目　文］报告会由中宣部、教育部、中共陕西省委组织，15 日，全国首场巡讲在哈尔滨举行，17 日，报告会在浙江杭州电子科技大学举行，20 日，报告会在湖南省人民会堂举行，22 日，报告会在成都举行。报告会引发热烈反响。

侯伯宇是新中国自己培养的高级知识分子、模范教师和杰出科学家。他扎根西北 45 年、坚持教书育人，先后培养出 15 名国际知名学术带头人、10 名国际著名学术基金获得者、5 名国家和省级科技进步奖获得者；所创“侯氏理论”等学术成果为理论物理和数学物理的前沿领域做出了开创性贡献。2010 年 10 月，侯伯宇不幸因病逝世。

10 月 15—22 日

［纲　文］**中国举办国际海事委员会第 40 届大会。**

［目　文］15 日，全国人大常委会副委员长华建敏出席开幕式并发表演讲。中国国际贸易促进委员会、中国海商法协会、中远集团、国际海事委员会等单位，以及来自 48 个国家和地区的海商法协会负责人、法官、学者、律师、工商界代表和 12 个国际组织的代表 400 余人出席了大会。

会议共涉及船舶司法出售、《鹿特丹规则》、《1989 国际救助公约》的修改、约克—安特卫普规则、造船、跨境破产、南北极法律问题、海事仲裁、海上保险、船员问题、海盗相关问题等13个专题。在对13个专题进行了详尽的讨论后，19日各小组对工作进行了总结性汇报。随后，国际海事委员会（CMI）第40届大会上海分论坛移师上海海事法院举行。该院资深法官在论坛主旨演讲中向各国会议代表介绍了中国的海事法院设置、海事司法制度以及海事案件的审理情况，并就代表们关注的涉外海事审判、仲裁司法审查、船舶司法拍卖等问题阐述了中国法院依法平等保护中外各方当事人、认真履行《纽约公约》国际义务、遵循扣押拍卖船舶的国际通行规则的原则立场。

国际海事委员会是促进海商法统一的非政府间国际组织，国际海事委员会大会每四年举办一次，来自世界各国或地区的海商法协会代表以及相关国际组织的代表出席。本届会议是该委员会成立115年来首次在中国举办。

10月16日

［纲　文］**西气东输三线天然气管道工程开工仪式在北京举行**。

［目　文］国务院副总理李克强作出批示，祝贺工程开工并向广大工程建设者表示诚挚问候。他指出，西气东输三线是具有战略意义的能源运输大动脉，横跨中国边疆、内地和沿海十省（区）。开工建设这一重大工程，将使沿线上亿群众用上清洁可靠的天然气，推动能源结构优化和节能减排，促进区域协调发展，而且能够带动设备、材料等相关产业，扩大国内需求，支撑和助推经济社会发展。李克强希望沿线各省区市党委和政府，参与工程建设的全体干部职工，深入贯彻落实科学发展观，心系人民福祉，高度重视工程质量和生态环保，精心施工，严格管理，优质安全高效地建设好西气东输三线工程，为全面建成小康社会、推进现代化建设做出更大贡献！

国家西气东输三线工程建设领导小组组长、发展改革委主任张平出席开工仪式。西气东输三线工程建设领导小组成员单位、各有关部门及部分参建单位参加了开工仪式。

西气东输三线工程途经新疆、甘肃、宁夏、陕西、河南、湖北、湖南、江西、福建、广东10个省（区），总长度约为7378公里，设计年输气量300亿立方米。主要气源来自中亚国家，国内塔里木盆地增产气和新疆煤制气为补充气源。实施西气东输三线工程，将进一步增强天然气供应保障能力，把天然气在中国一次能源消费结构中的比例提高1至2个百分点。工程建成后，每年可减少二氧化碳排放1.3亿吨、二氧化硫144万吨、粉尘66万吨、氮氧化物36万吨。

10月16日

［纲　文］**第四次全国环境保护及相关产业基本情况调查工作启动**。

［目　文］调查工作由环境保护部、发展改革委、国家统计局联合进行。调查内容涵盖环境保护产品、环境友好产品、资源循环利用产品的生产经营情况以及包括环境保护设施运营、环境工程建设、环境咨询、监测、贸易、金融、教育、信息等服务在内的环境服务业发展状况。2013年上半年完成调查数据汇总并发布结果。

中央财政从2012年起设立环保先进技术示范推广专项资金，2012年的资金额度约为5个亿，主要用于支持水泥行业氮氧化物减排、挥发性有机物污染防治、细颗粒物（$PM_{2.5}$）控制等重点领域环保先进技术的示范和推广。根据《“十二五”节能环保产业发展规划》，到2015年，中国节能环保产业总产值达到4.5万亿元，增加值占国内生产总值的比重为2%左右，环保服务业产值超过5000亿元。

10月16日

［纲　文］**国务院副总理回良玉在北京会见联合国拉丁美洲和加勒比经济委员会执行秘书巴尔塞纳。**

［目　文］回良玉说，作为研究拉美和加勒比地区经济社会发展的权威机构，拉美经委会积极致力于推动中拉友好合作，中方对此表示赞赏。近年来，中拉关系保持全面快速发展的良好势头，双方合作的空间和潜力还很大。相信在双方共同努力下，中拉合作必将休现更高的质量和水平，更好造福双方人民。中方重视发展与拉美经委会的关系，愿继续同拉美经委会加强交流，共同推动中拉各领域合作不断发展。

巴尔塞纳说，中国是重要大国，拉美是重要新兴地区，拉中加强合作具有重要意义。拉中政治互信日益加深，经济互补性较强，合作前景广阔。联合国拉美经委会愿为拉中友好合作关系更加深入发展发挥积极推动作用。

10月16日

［纲　文］**2011年全国环境保护及相关产业基本情况调查启动会在北京召开。**

［目　文］会议由环境保护部、发展改革委、国家统计局举办。环境保护部有关负责人，以及发展改革委、国家统计局和各省、自治区、直辖市及新疆生产建设兵团环保厅（局）的代表共160余人参加了会议。会议就贯彻落实《国务院关于加快培育和发展战略性新兴产业的决定》和《“十二五”节能环保产业发展规划》的要求，部署了环保产业调查的组织实施工作，系统讲解了调查方案和软件使用方法，并全面启动新一轮的环保产业调查工作。会议指出，中国环保产业正在努力超越以制造业为核心的传统产业阶段，将经历由制造业向服务业的升级转型，同时，市场对环保产业的供给能力和品质也提出了更高的要求。下一步，要着力于通过环境服务业来整合环保产业链的各个环节，促进环保产业的业态转型和升级，把政策的有效性、市场的持续性、企业的积极性和技术的科学性有机结合，推动环保产业走向市场化、专业化、多元化和国际化。急需开展新一轮的全国环保产业调查，全面摸清产业现状，准确把握环保产业发展趋势，为科学制定和实施环保产业发展政策与规划提供充分依据。

10月17日

［纲　文］**温家宝主持召开国务院常务会议。**

［目　文］会议深入分析了经济形势，指出，从宏观经济各项指标的组合看，当前中国经济发展的基本面是好的，经济增速趋于稳定并继续出现积极变化。主要表现在：一

是经济增速趋于稳定。二是转变经济发展方式和调整经济结构取得积极成效，内需特别是消费需求对经济增长的拉动作用明显提高，国际收支趋于平衡。粮食产量实现“九连增”。三是就业稳定，居民收入增加。四是物价和房价保持稳定。

会议指出，2012年的成绩来之不易，这是中央审时度势、正确决策，各地区、各部门认真落实的结果。针对经济运行中出现的新情况新问题，我们把稳增长放在更加重要的位置，加强和改善宏观调控，及时出台相关政策措施。主要包括：加快财政支出进度，在既定的预算范围内保障重点支出，加强关系民生的基础设施建设，加快推进保障性安居工程和农村危房改造，启动部分大城市地下管网改造和给排水工程，加强农田水利基础设施建设。支持企业技术改造。加大结构性减税力度。发挥货币政策逆周期调节作用。出台“新36条”的42个实施细则，鼓励民间投资。出台实施促进外贸稳定增长的政策措施。取消和调整314项部门行政审批项目等。这些措施对增强市场信心、促进经济增速企稳，起到了重要作用。随着各项政策继续落实到位并发挥作用，中国经济将进一步趋稳。

会议强调，当前中国经济社会发展面临的国内外环境仍然错综复杂。世界经济复苏步伐放缓，贸易投资保护主义抬头，扩大外需面临不少制约因素。内需保持较快增长的难度不小，企业效益下降、财政收入增速减缓比较明显，经济趋稳的基础还不够稳固。我们既要看到有利条件和积极因素，坚定做好经济工作的信心和决心；也要充分估计面临的困难、问题和风险，未雨绸缪，沉着应对，牢牢把握经济工作的主动权。

会议指出，做好四季度的各项工作，不仅对全面完成今年发展目标具有重大意义，而且对明年乃至更长时期的发展至关重要。要坚持把稳增长放在更加重要的位置，抓紧、抓好、抓出成效。一要坚持实施积极的财政政策和稳健的货币政策，促进经济平稳较快发展。二要加快转变经济发展方式，调整经济结构。三要毫不放松地抓好农业生产，稳定农业发展好形势。四要着力深化改革和扩大开放。五要坚定不移地搞好房地产市场调控。六要高度重视并妥善做好民生工作。

10月17日

［纲　文］　贾庆林在人民大会堂会见海基会新任董事长林中森。

［目　文］　全国政协主席贾庆林对林中森接任海基会董事长职务表示祝贺，对林中森率海基会文化经贸参访团来访表示欢迎。

贾庆林强调，当前，两岸关系和平发展进入巩固深化的新阶段。两岸双方都应该顺应两岸民众的愿望，采取进一步积极措施，为不断开创两岸关系和平发展的新局面做出更大努力。一是要进一步坚定信念。坚定走两岸关系和平发展道路的信念，就是对历史负责，对人民负责，对未来负责。二是要进一步巩固基础。其中的首要关键是巩固和强化反对“台独”、坚持“九二共识”的政治基础。三是要进一步发挥智慧。要在建立互信基础上求同存异，管控分歧，进而逐步聚同化异，不断克服前进道路上的各种干扰；要相互释放善意，加强良性互动，按照先易后难、循序渐进的思路和互惠互利、共创双赢的方向推进商谈，不断拓展两岸关系前进的道路。四是要进一步增强勇气。希望台湾方面奉行更加积极的大陆政策，切实促进和深化两岸各领域的合作，并以此推动台湾经济社会的健康发展。

林中森表示，2008年以来，两岸两会在“九二共识”基础上恢复制度化协商，取得丰硕成果，得到两岸同胞的认同肯定。两岸关系应在维持、巩固和强化“九二共识”的共同基础上，百尺竿头，再进一步。

10月17日

［纲　文］**贺国强在神华集团公司考察。**

［目　文］中央纪委书记贺国强到位于北京市昌平区未来科技城的北京低碳清洁能源研究所，在研究所沙盘和展板前，详细了解技术研发、协同创新和人才队伍建设等方面的情况；在催化剂表征实验室，观摩了先进甲烷化催化剂及吸附剂实验；在低碳清洁能源研究所观景平台，察看科技园区的发展规划和建设情况。在神华集团公司生产指挥中心，贺国强说，安全生产是煤炭企业的命脉，任何时候都丝毫放松不得，要创新管理理念、模式和体制机制，全面加强企业管理特别是安全生产管理，向管理要市场、要效益、要发展，不断提高生产经营管理水平。

贺国强听取神华集团公司的工作汇报，他说，中国是煤资源相对丰富、油气资源相对短缺的国家，发展煤制油、煤制烯烃等煤化工，首先要掌握其核心技术，具备工业化基础，然后要综合考虑煤资源、水资源、环境容量及资金、技术等情况，科学布局，合理开发。贺国强强调，要切实加强国有企业党风建设和反腐倡廉工作，认真落实党风廉政建设责任制，加强企业领导人员作风建设和廉洁从业工作，严肃查办违纪违法案件，加强国有企业惩治和预防腐败体系建设，加强国有企业纪检监察组织建设，不断为国有企业健康顺利发展提供有力保证。

10月17日

［纲　文］**减贫与发展高层论坛在北京举行。**

［目　文］减贫与发展高层论坛由中国国务院扶贫办与联合国驻华系统共同主办，论坛的主题是“包容性发展与减贫”。国务院副总理、国务院扶贫开发领导小组组长回良玉出席并代表中国政府致辞。回良玉讲话指出，近10年来，中国政府按照科学发展观的要求，坚持以人为本，更加注重全面协调可持续发展，更加注重统筹兼顾，更加注重保障和改善民生，采取了一系列重大减贫举措，为贫困地区和贫困人口创造了有利的发展环境、更多的发展机会。中国和世界都需要通过增强发展的包容性，转变发展方式，提高发展质量，增进人民福祉。他提出了三点建议：一是深化改革，建立有利于贫困人口的经济制度，注重为贫困人口提供平等的公共服务，通过制度建设促进减贫。二是发挥优势，注重提高经济增长的质量，根据资源禀赋合理调整产业结构，协调发展资本、技术和劳动密集型产业。三是创新机制，加强减贫领域的国际交流合作。

开幕式上，宣读了联合国秘书长潘基文的致辞，中央和国家机关有关部门负责人、联合国相关机构高级官员、有关国家的政府官员、国际知名专家学者以及社会团体代表等出席了论坛。

10月17日

［纲　文］**国家开发银行与中国扶贫基金会在北京举行微小贷款扶贫试点合作协议签约仪式。**

［目　文］国务院副总理、国务院扶贫开发领导小组组长回良玉出席。中央农村工作领导小组、中央农办、国务院扶贫办等单位有关负责人出席签约仪式。国家开发银行、中国扶贫基金会有关负责人在签约仪式上分别致辞。

国开行有关负责人表示，作为第一家向中国扶贫基金会提供批发贷款的金融机构，国开行已累计向中国扶贫基金会小额信贷扶贫项目提供贷款3.1亿元。国开行将加大对小额信贷扶贫事业的支持力度，促进扶贫基金会更加持久地发展，帮助更多的贫困人口提高收入。

根据协议，国家开发银行加大对中国扶贫基金会小额信贷扶贫项目的支持力度后，每年将惠及15万以上贫困农户，大大缓解项目融资难的问题。双方表示，将进一步密切合作，研究探索适合中国国情的金融扶贫模式，充分发挥综合金融服务优势和小额扶贫贷款管理作用，扩大项目范围，规范项目运作，以帮助更多的贫困人口发展生产、提高收入。

10月17日

［纲　文］**国务院安全生产委员会全体会议在北京召开。**

［目　文］国务委员兼国务院秘书长马凯在会上讲话指出，2012年以来，各地区、各部门和单位以深入开展“打非治违”专项行动为重点，全面推进安全生产各项工作，全国安全生产继续保持了总体稳定、持续好转的发展态势。前三季度，各类事故起数和死亡人数同比分别下降21.3%、15.3%，重点行业领域安全状况持续好转，其中煤矿、消防火灾事故同比分别下降32.6%和43.6%，大部分地区安全生产形势稳定。但重特大事故仍时有发生，暴露出一些地方和行业领域安全责任落实不到位、对非法违法行为打击不力、隐患排查治理不彻底等问题仍然比较突出。要以对人民高度负责的精神，全力以赴做好安全生产工作，努力实现全年“事故总量继续下降、重大事故由升转降、特别重大事故低于去年”的目标任务。要进一步深化“打非治违”工作，要继续大力推进煤矿兼并重组和技术改造，要切实抓好重点行业领域隐患排查治理，要加大安全生产管理和监督力度，要抓紧完成国家矿山和区域应急救援基地建设任务。会议听取了“打非治违”专项行动和安全生产督查情况汇报，安排部署下一阶段安全生产工作。

10月17日

［纲　文］**卫生部公布《卫生部关于修改〈药品监督行政处罚程序规定〉的决定》。**

［目　文］《决定》对《规定》作了9处修改。《决定》于2012年6月7日经卫生部部务会审议通过，自公布之日起施行。《规定》共有7章64条，主要有总则、管辖、立案、调查取证、处罚决定、执行与结案、附则等内容。

10月17日

［纲　文］**新华网讯，中国首次大规模使用“商业修复法”修复98件瓷器。**

［目　文］ 修复工作由国家文物局批准，由北京大学、中科院考古研究所、景德镇市陶瓷考古研究所等机构的15名专家耗时5个月完成。98件瓷器产自永乐、宣德、成化三代的景德镇御窑，具有极高的艺术价值和考古价值。过去修复出土陶瓷一般都采用“考古修复法”，只对一些瓷器残片进行复原，而这次更为先进的“商业修复法”，将出土瓷器修复得完美无缺，在最大限度保留瓷器的考古信息的基础上，复原它们的真实面貌。“商业修复法”将成为今后陶瓷文物修护保护最有力的手段。

10月17—21日

［纲　文］ **中共中央政治局常委李长春应邀访问巴基斯坦、马尔代夫和孟加拉国。**

［目　文］ 17日，李长春在伊斯兰堡与巴基斯坦总统、人民党联合主席扎尔达里举行会谈。

李长春在会谈时表示，中方愿在平等互利、合作共赢的基础上，鼓励有实力、信誉好的中国企业到巴基斯坦投资兴业，并将继续本着尽力而为、务求实效的原则，为巴基斯坦经济社会发展提供力所能及的帮助。希望双方共同努力，进一步拓宽在人文、文化、教育、媒体等领域的交流与合作，推动青年、妇女、地方交流常态化和机制化，密切在多边场合的协调，维护两国共同利益。我们愿在党际交往四项原则基础上继续加强与人民党的交流合作，欢迎人民党领导人和青年政治家访华。扎尔达里表示，巴基斯坦具有独特的资源优势和潜力巨大的国内市场，愿为中国企业来巴基斯坦和南亚地区投资兴业提供全方位服务。

李长春在出席巴各界友好人士座谈会时表示，为进一步推动中巴战略合作伙伴关系发展，他提出四点建议。一是增强政治互信，深化战略沟通，为两国关系发展奠定更为坚实的政治基础。二是深化务实合作，促进互利共赢，进一步密切双方在经贸、能源、农业、基础设施等领域的合作。三是扩大人文交流，夯实友好基础，拓展在文化、教育、科技、媒体、旅游等领域的合作。四是加强沟通协调，密切多边合作，维护两国的共同利益和地区安全稳定。

19日，李长春抵达马累，开始对马尔代夫进行正式友好访问。20日，李长春在马累分别会见马尔代夫总统瓦希德、马尔代夫人民议会议长沙希德。

李长春在会见瓦希德时表示，巩固和发展中马友好是中国政府的一贯方针。近年来，两国各领域务实合作不断推进。两国旅游合作已成为新亮点，中国连续两年成为马尔代夫最大游客来源国。今年1—9月，中国赴马游客突破14万人，遥遥领先传统客源市场。希望双方进一步扩大在渔业、船运业等领域合作和人文领域交流。中方愿继续为马尔代夫经济社会发展提供力所能及的帮助。瓦希德表示，中方长期以来在马尔代夫基础设施和住房建设等民生项目上提供无私帮助，给马尔代夫人民带来福祉。中国是世界上的一支正义力量，马尔代夫钦佩中国在国际和地区事务上发挥的积极作用，期待未来继续从中国的发展中受益。

20日，李长春抵达达卡，开始对孟加拉国进行正式友好访问。

21日，李长春在达卡分别会见孟加拉国总统齐勒·拉赫曼、孟加拉国民族主义党主席卡莉达·齐亚、孟加拉国总理哈西娜。

李长春在会见齐勒·拉赫曼时表示，新形势下进一步加强两国友好交流与务实合作，不仅有利于为两国各自的发展注入活力，也有利于促进本地区的和平发展。中方愿同孟方深入发展睦邻友好互利合作关系，进一步密切高层交往，拓展务实合作，增进人文交流，密切多边协调，共同维护南亚地区的和平、稳定与繁荣。拉赫曼表示，中共在中国发展中发挥了卓越的领导作用，相信中国未来一定会取得更大发展。希望在孟打造"数字孟加拉国"过程中，继续得到中国的经济技术支持。

李长春在会见卡莉达·齐亚时指出，我们愿进一步加强与民族主义党的友好交往，保持密切的高层互访，加强两党青年领导人往来，为丰富和深化两党、两国关系做出不懈努力。卡莉达·齐亚说，孟民族主义党对与中国共产党之间保持的友好交流与合作关系感到满意，期待着进一步深化和密切两党关系。

李长春在会见哈西娜时说，人民联盟是孟政坛重要力量。希望两国执政党以中孟更加紧密的全面合作伙伴关系快速推进为契机，加强治党治国经验交流互鉴，为地方交往、经贸合作、人文交流等牵线搭桥，为两国关系发展做出更大贡献。哈西娜说，孟人盟珍视与中国共产党的友好交流合作关系，认为两国执政党交往对于增进政治互信、深化人民友好具有重要意义，希望进一步密切和深化党际关系，不断丰富交往内涵。

10月17—26日

［纲　文］ **国务院新闻办公室与商务部共同举办发展中国家新闻部长研讨班。**

［目　文］ 19日，中共中央政治局委员、中宣部部长刘云山在人民大会堂会见了发展中国家新闻部长研讨班成员。刘云山指出，中国与广大发展中国家传统友谊深厚，加强发展中国家间友好合作是中国对外政策的重要基石，也是中方长期、坚定的战略选择。近年来，发展中国家关系在传统友好的基础上不断取得新发展，新闻领域的合作交流得到加强，增进了彼此了解和感情。中方愿与其他发展中国家新闻界一道共同努力，深化合作内涵、拓展交流渠道，使之更好地造福于各国人民。研讨班代表表示，此行将有助于更深入地了解中国经济社会发展最新情况并分享经验，同时与中国有关部门探讨新闻领域合作的具体方式和途径。

共有来自巴基斯坦、老挝、黎巴嫩、孟加拉国、尼泊尔、越南、埃塞俄比亚7个国家的13位政府新闻部长、副部长与主管新闻事务的高级官员与会。研讨班安排了10天的活动，主要包括讲座、研讨及在北京和湖北参观考察新闻机构与主流媒体、社会企业与周边农村等，帮助研讨班成员更全面、深入地了解中国在政治、经济、文化和社会等各个领域的发展变化，促进中国与发展中各国新闻领域的合作与交流。

10月18日

［纲　文］ **国家副主席习近平在北京会见孟加拉国民族主义党主席、前总理卡莉达·**

齐亚。

［目　文］习近平说，当前中孟都处于现代化建设的关键时期，面临发展经济、改善民生、实现国家繁荣富强的重要任务，不断深化双边关系，全面开展互利合作，符合两国和两国人民的根本利益和现实需要。希望双方共同努力，加快推进各领域交流与合作，推动中孟全面合作伙伴关系迈上新台阶。习近平积极评价中孟党际关系，他说，中国共产党愿进一步密切与包括民族主义党在内的孟加拉国各主要政党的友好交往，不断深化治国理政经验交流，以党际交流合作的新成果为中孟国家关系的发展做出新贡献。

卡莉达·齐亚说，孟中建交以来，中方在基础设施、国防建设等方面给予孟加拉国许多无私援助和宝贵支持，我们对此表示衷心感谢并希望继续得到中国的帮助。孟加拉国民族主义党视中国为真正的朋友和天然的盟友，将一如既往地坚持一个中国政策，积极推进两党两国的友好交流与合作。

10 月 18 日

［纲　文］**李克强主持召开扩大营业税改征增值税试点工作座谈会**。

［目　文］座谈会上，上海市、北京市、广东省政府负责人汇报试点开展和准备情况。国务院副总理李克强充分肯定有关地方、部门和企业所做的努力和营改增试点取得的成效。他说，推进营改增，是深化财税体制改革的“重头戏”，是以结构性减税促进稳增长、调结构的“关键点”，既是重大的改革举措，也是有效的发展措施。要不断完善并加快推进试点，使更多企业受益。

部分试点企业在座谈会上谈了营改增促进自身发展的亲身体验，李克强说，实施营改增，是推进制造业升级、解决服务业发展滞后问题的重要措施。通过打通二、三产业增值税抵扣链条，能够促进工业领域专业化分工，做大做强研发和营销，使企业结构从“橄榄型”真正转变为“哑铃型”，产业层次从低端走向中高端；而且会促进一些研发、设计、营销等内部服务环节从主业剥离出来，成为效率更高的创新主体，实现主业更聚焦、辅业更专业。同时，对服务业实行与工业同样的增值税，是国际通行做法，可以为服务业发展创造更好的环境，特别是对分工细、链条长的现代服务业，减税效果会更明显。就业的最大容纳器是服务业，领域宽、覆盖广的服务业发展了，就业也就会随之扩大，这是最突出的改革效应，对城镇化发展也是有力的促进和支撑。

李克强指出，中国经济发展既需要“顶天立地”的具有支柱作用的大企业，也需要“铺天盖地”的富有增长活力的中小企业。近年来，我们出台了不少支持中小企业发展的政策措施，这次营改增，又在制度上迈出了重要一步，突出了促进中小企业发展的取向，效果也最明显。随着试点范围的扩大，会惠及更多中小企业尤其是微型企业，推动就业和创业，促进大中小企业配套协作、相互支撑，增强整体竞争力和活力。推进营改增是从大局着眼、细处入手、牵一发而动全身的举措，这不是营业税和增值税的简单转换，而是重大制度创新。通过将营业税逐步改为增值税，基本消除这方面重复征税并实现公平税负，做到对货物和服务统一征税，有利于防止重产品、轻服务的问题。这达到了简化和规范税制的要求，体现了税改的方向。改革采取深入论证、积极试点、从点到面、稳步推开的做法，积极平稳有序，前行一步，夯实一步，这将为深化财税体制改革、推进正税清费提供有益借鉴。

10月18日

［纲　文］**环境保护部长江中下游流域水污染防治及华东地区污染减排工作会议在南昌召开。**

［目　文］环境保护部、江西省有关负责人出席会议并致辞。长江中下游流域和华东地区11省（区、市）环境保护部门、长江流域水资源保护局、华东环保督查中心、华南环保督查中心、中国环境科学研究院、中国环境监测总站、环境规划院的代表共90余人参加了会议。会议重点为全面落实《长江中下游流域水污染防治规划（2011—2015年）》确定的治污目标任务和国务院《“十二五”节能减排综合性工作方案》，分析长江中下游流域水污染防治工作中的突出问题，研究华东地区“十二五”污染减排策略，部署近期长江中下游流域水污染防治和华东地区污染减排重点工作。会议指出，近年来，随着经济社会的快速发展，长江中下游流域各类水环境问题逐步凸显，长江干流水质安全受到威胁，部分支流水质恶化，鄱阳湖、洞庭湖生态安全水平下降，长江口及近岸海域富营养化程度加剧。进一步强化长江干流水环境综合整治与风险防范工作，重点加强饮用水水源地的保护工作，防范好饮用水水源环境风险，降低饮用水水源环境风险；继续加大工业、生活、农业污染综合防治力度，推动流域水环境持续改善，与总量减排工作相衔接，加强流域水污染综合治理；进一步加大洞庭湖、鄱阳湖的生态保护力度，努力恢复“两湖”的生机与活力；加强长江口及近岸海域污染防治和水生态建设。

10月18日

［纲　文］**证监会公布《证券公司定向资产管理业务实施细则》《证券公司集合资产管理业务实施细则》《证券公司客户资产管理业务管理办法》。**

［目　文］《证券公司定向资产管理业务实施细则》共有5章54条，主要有总则、业务规则、风险管理与内部控制、监督管理、附则等内容。自公布之日起施行。《证券公司集合资产管理业务实施细则》共有6章70条，主要有总则、备案程序、业务规则、风险管理与内部控制、监督管理、附则等内容。自公布之日起施行。《证券公司客户资产管理业务管理办法》共有6章67条，主要有总则、业务范围、基本业务规范、风险控制和客户资产托管、监管措施和法律责任、附则等内容。《办法》经2012年8月1日证监会第21次主席办公会议审议通过，自公布之日起施行。

10月18—19日

［纲　文］**回良玉在山东主持召开农业农村工作座谈会。**

［目　文］国务院副总理回良玉在讲话中说，当前正是秋收秋种关键时节，必须不失时机做好农业农村各项工作。一要精心组织秋收秋种，搞好各项服务，实现颗粒归仓、丰产丰收，加强在田作物管理，为明年农业再获丰收打好基础。二要大兴冬春农田水利，引

导发动农民大力开展小型农田水利建设，搞好农田整治，大搞农业科技指导服务和培训，强化农业基础和科技支撑。三要加强重大动植物疫病防控，完善应急预案，落实防控措施，确保农业生产安全和产业安全。四要做好森林、草原防火工作，强化各项措施，避免发生重特大火灾和人员伤亡。五要做好粮食收购工作，强化农产品质量安全监管，保障市场供应，保持农产品价格合理水平，确保农产品和食品质量安全。六要关心农村困难群体，做好扶贫开发和救灾救济工作，帮助困难群众解决好吃穿住行等实际困难。七要认真做好农村稳定工作，及时排查化解各种矛盾纠纷，严厉打击各类违法犯罪活动，保持农村社会安定祥和。

座谈会研究分析农业农村形势，部署安排“三农”工作。中央农村工作领导小组副组长田成平、陈锡文，水利部部长陈雷，农业部部长韩长赋出席会议。中央农村工作领导小组部分成员、中央和国家有关部门负责同志、全国人大和全国政协相关负责同志、部分省区市政府负责同志，以及专家学者和企业家代表参加了座谈会。山东省委书记、省人大常委会主任姜异康出席会议并致辞。

10月18日—11月15日

［纲　文］ **新闻战线“走转改”活动图片展在中国国家博物馆举行**。

［目　文］ 展览由中宣部、中央外宣办、国家广电总局、新闻出版总署和中国记协共同举办。10月18日，举行开幕式。中共中央政治局委员、中央书记处书记、中宣部部长刘云山出席并参观展览。图片展由中央新闻单位和各省区市新闻单位选送的300余幅图片组成，全面展示了一年来新闻战线“走转改”活动走过的难忘历程和取得的丰硕成果。活动期间，中央新闻单位、地方新闻单位、行业报、新闻院校等单位组织参观。

10月19日

［纲　文］ **中宣部、总政治部、总装备部和中国工程院在人民大会堂举行林俊德先进事迹报告会**。

［目　文］ 国家主席、中央军委主席胡锦涛作出批示，要求学习宣传林俊德院士的感人事迹和献身精神。

林俊德院士是中国爆炸力学与核试验工程领域的著名专家，是献身国防科技事业的杰出代表，是践行当代革命军人核心价值观的时代楷模。他扎根边疆52年，把青春和生命融入大漠戈壁，把全部心血和智慧奉献给国防事业，参加了中国全部核试验任务，曾获国家、军队科技进步奖和发明奖30多项，为国防和军队现代化建设做出了卓越贡献。在住院治疗期间，他依然坚持工作，战斗到生命最后一刻，诠释了伟大的“两弹一星”精神和马兰精神。

报告会上，总装备部某基地有关负责人作了题为《干惊天动地事，做隐姓埋名人》的报告；林俊德的妻子黄建琴作了题为《陪伴老林一辈子我很幸福》的报告；第四军医大学作了题为《最后八天的生命冲锋》的报告；中国工程院、总装备部某基地研究所作了题为

《“发狂”工作的核专家》的报告；总装备部某基地技术部作了题为《恩师永远引领我前行》的报告。

10月21日至26日，林俊德先进事迹报告团，先后在杭州、哈尔滨、太原、乌鲁木齐作巡回报告。

10月19日

［纲　文］ **贾庆林在北京主持召开会议总结党的十六大以来涉藏工作成绩和经验。**

［目　文］ 全国政协主席贾庆林指出，党的十六大以来，我们在涉藏工作中积累了宝贵的经验，主要是：必须始终把涉藏工作摆在党和国家全局工作的重要位置，切实把中央涉藏工作大政方针落到实处；必须牢牢把握涉藏工作的主要矛盾和特殊矛盾，真正做到以发展促稳定、以稳定保发展；必须在科学发展的轨道上推进跨越式发展，真正走出一条具有中国特色、西藏和四省藏区特点的发展路子；必须坚持对达赖集团斗争的方针政策不动摇，确保实现长治久安；必须注重加强思想教育引导，不断增强对伟大祖国、中华民族、中华文化、中国特色社会主义道路的认同；必须发挥统一战线在涉藏工作中的重要作用，最大限度地调动一切积极因素，最大限度地团结一切可以团结的力量；必须在统筹国内国际两个大局中做好涉藏工作，实现国内国际两个大局良性互动；必须着力强化基层党组织和基层政权建设，不断夯实推进跨越式发展和长治久安的各项基础；必须加强统筹协调，努力形成涉藏工作的强大合力。

国务委员、国务院秘书长马凯，国务委员、公安部部长孟建柱，全国政协副主席杜青林出席会议并讲话。中央有关部门和西藏、四川、云南、甘肃、青海五省（区）党委负责同志参加会议。

10月19日

［纲　文］ **贺国强在中粮集团调研。**

［目　文］ 中共中央政治局常委、中央纪委书记贺国强深入中粮集团控股的中国食品饮料事业部亦庄装瓶厂生产车间，与企业干部职工交谈，了解企业生产经营、工艺流程、产品研发、市场销售等情况。

贺国强指出，民以食为天。中国有13亿人口，解决好人民群众的吃饭、穿衣问题，始终是党和政府的头等大事。希望企业进一步加强农产品生产、流通、销售的全过程管理，减少中间环节，降低流通成本，稳定食品价格，切实让广大农民得到应有的实惠，让广大居民享受到价廉物美的食品。贺国强强调，食品安全事关人民群众的身体健康和生命安全，希望中粮集团充分发挥粮油食品行业排头兵的示范带头作用，大力推进质量安全管控系统建设，执行最严格的食品安全认证体系，强化质量管理，丰富产品种类，提升产品档次，着力打造知名品牌，全程确保食品安全，努力为社会奉献更多人民群众信得过、吃了放心的食品。

10月19日

［纲　文］ **财政部发出关于印发《大中型水库移民后期扶持结余资金使用管理暂行办法》的通知。**

［目　文］ 通知说，为进一步做好大中型水库移民后期扶持政策实施工作，促进大中型水库库区和移民安置区经济及社会发展，规范大中型水库移民后期扶持结余资金的使用管理，财政部会同有关部门修订了《大中型水库移民后期扶持结余资金使用管理暂行办法》，并已经国务院同意，请遵照执行。《办法》主要有 12 条内容，自印发之日起开始执行。《财政部关于印发〈大中型水库移民后期扶持结余资金使用管理暂行办法〉的通知》（财企〔2008〕37 号）同时废止。

10 月 19 日

［纲　文］ **证监会公布《关于修改〈证券公司董事、监事和高级管理人员任职资格监管办法〉的决定》。**

［目　文］《决定》对《证券公司董事、监事和高级管理人员任职资格监管办法》作了 29 处修改。《决定》自公布之日起施行。《证券公司董事、监事和高级管理人员任职资格监管办法》根据《决定》作相应修改并对条文顺序作相应调整，重新公布。调整后的《证券公司董事、监事和高级管理人员任职资格监管办法》共有 6 章 67 条，主要有总则、任职资格条件、申请与核准、监督管理、法律责任、附则等内容。

10 月 19—27 日

［纲　文］ **第三届中国校园戏剧节在上海举办。**

［目　文］ 戏剧节由中国文联、教育部、上海市人民政府主办，中国戏剧家协会、上海市文学艺术界联合会、上海市教育卫生工作委员会、上海市教育委员会、上海市戏剧家协会承办。19 日晚，戏剧节在上海戏剧院开幕。戏剧节的主题为“魅力校园 · 青春飞扬”。戏剧节期间，共计上演 23 台剧目演出（21 个大戏，包括 11 个短剧组成的两个短剧专场），举办了三场专家戏剧论坛以及一次俄罗斯戏剧工作坊活动，观众近两万人次。27 日晚，颁奖典礼在上海话剧中心举行。上海交通大学的话剧《钱学森》、上海戏剧学院的话剧《国家的孩子》分别领衔普通组和专业组的“优秀剧目奖”；新疆艺术学院的话剧《水晶心灵》荣获“特别奖”；莫斯科艺术剧院附属戏剧学院演出的话剧《我们都是卡拉马佐夫兄弟》被授予“特别演出奖”。“中国戏剧奖 · 校园戏剧奖”其他各大奖项同时揭晓。

10 月 22 日

［纲　文］ **中共中央政治局召开会议。**

［目　文］ 会议听取了中共十七届中央委员会向中国共产党第十八次全国代表大会的报告稿在党内外一定范围征求意见的情况报告，听取了《中国共产党章程（修正案）》稿在党内一定范围征求意见的情况报告，决定根据这次会议讨论的意见进行修改后把这两份文件稿提请中共十七届七中全会讨论。

会议认为，在这次征求意见的过程中，各地区、各部门、各方面和党的十七大代表、党的十八大代表对文件稿提出了许多很好的意见和建议，要发扬民主、集思广益，认真吸收和反映这些意见和建议，努力起草出顺应全党全国各族人民共同心愿、符合中国特色社会主义发展要求、适应新形势新任务的大会报告，制定出适应党的理论创新和实践发展及推进党的工作、加强党的建设需要的党章修正案。

会议认为，党的十八大是在全面建设小康社会关键时期和深化改革开放、加快转变经济发展方式攻坚时期召开的一次十分重要的大会，对鼓舞和动员全党全国各族人民继续推进全面建设小康社会进程、加快推进社会主义现代化、坚持和发展中国特色社会主义具有重大意义。全党要高举中国特色社会主义伟大旗帜，以邓小平理论、“三个代表”重要思想为指导，深入贯彻落实科学发展观，解放思想，改革开放，凝聚力量，攻坚克难，坚定不移沿着中国特色社会主义道路前进，为全面建成小康社会而奋斗。要全面审视当今世界和当代中国发展大势，全面把握中国发展新要求和人民群众新期待，深入总结党领导人民推进改革开放和社会主义现代化建设的生动实践和新鲜经验，继往开来，锐意进取，从新的历史起点出发，抓住和用好中国发展的重要战略机遇期，继续推进理论创新和其他各方面的创新，科学制定适应时代要求和人民愿望的行动纲领和大政方针。要针对现阶段中国发展面临的突出矛盾，围绕人民最关心最直接最现实的利益问题，从战略全局上对中国改革发展作出规划和部署，全面推进社会主义经济建设、政治建设、文化建设、社会建设以及生态文明建设，全面推进党的建设新的伟大工程，继续推动科学发展、促进社会和谐，继续改善人民生活、增进人民福祉。

会议认为，党章是党的总章程，对推进党的工作、加强党的建设具有根本性的规范和指导作用。党的十八大根据形势和任务发展变化对党章进行适当修改，有利于全党更好学习党章、遵守党章、贯彻党章、维护党章，更好把中国特色社会主义伟大事业和党的建设新的伟大工程推向前进。要把党的十八大报告确立的重大理论观点和重大战略思想写入党章，使党章充分体现马克思主义中国化最新成果，充分体现党的十七大以来党中央提出的重大战略思想，充分体现党的工作和党的建设的新鲜经验，以适应新形势新任务对党的工作和党的建设提出的新要求。

10月22日

［**纲　文**］**国务院公布《缺陷汽车产品召回管理条例》。**

［**目　文**］《条例》主要有29条内容，经2012年10月10日国务院第219次常务会议通过，自2013年1月1日起施行。

10月22日

［**纲　文**］**国务院办公厅转发教育部等部门《关于进一步加强学校体育工作若干意见》。**

［**目　文**］《意见》主要有五方面内容：一、充分认识加强学校体育的重要性。广大青少年身心健康、体魄强健、意志坚强、充满活力，是一个民族生命力旺盛的体现，是社会文明进步的标志，是国家综合实力的重要方面。二、明确加强学校体育的总体思路和主要目标。当前和今后一个时期，要以中小学为重点全面加强学校体育，深入推进学校体育改革发展，力争到“十二五”期末，学校体育场地设施总体达到国家标准，初步配齐体育

教师，基本形成学校体育持续健康发展的保障机制；学生体质健康监测制度更加完善，基本建成科学规范的学校体育评价机制；各方责任更加明确，基本形成政府主导、部门协调、社会参与的学校体育推进机制。三、落实加强学校体育的重点任务。实施好体育课程和课外体育活动；加强学校体育教师队伍建设；加快学校体育设施建设；健全学校体育风险管理体系。四、建立健全学校体育的监测评价机制。完善学生体质健康测试和评价制度；实施学校体育工作评估制度；实行学校体育报告公示制度。五、加强对学校体育的组织领导。加强学校体育工作领导和管理；加大学校体育投入力度；实施学校体育三年行动计划；强化学校体育工作督导检查；健全学校体育工作奖惩机制；营造学校体育发展良好环境。

10月22日

［纲　文］ **北京首位农民退休开始领取养老金。**

［目　文］ 首位纳入社会化管理的农村劳动力来自顺义区南彩镇道仙庄村，名叫苏自贵，男，61岁，累计缴费年限15年2个月，达到养老保险缴费年限满15年享受按月领取养老金待遇的条件，办理了退休手续。该区依照相关规定核实情况后，为其办理了社会化管理手续。

北京构建起以社会保障经办机构为中坚、社会保障事务所为骨干、以银行及各类定点服务机构为依托的社会保障公共服务网络，326个街道（乡镇）建立了社会保障事务所，并逐步向社区（行政村）延伸，实现了为208万企业退休人员提供就近、方便的社会化管理服务。

10月22日

［纲　文］ **财政部、发展改革委、教育部、人力资源社会保障部发出《关于扩大中等职业教育免学费政策范围进一步完善国家助学金制度的意见》。**

［目　文］《意见》主要有四方面内容：一、扩大中等职业教育免学费政策范围。从2012年秋季学期起，对公办中等职业学校全日制正式学籍一、二、三年级在校生中所有农村（含县镇）学生、城市涉农专业学生和家庭经济困难学生免除学费（艺术类相关表演专业学生除外）。二、进一步完善中等职业教育国家助学金制度。从2012年秋季学期起，将中等职业学校国家助学金资助对象由全日制正式学籍一、二年级在校农村（含县镇）学生和城市家庭经济困难学生，逐步调整为全日制正式学籍一、二年级在校涉农专业学生和非涉农专业家庭经济困难学生。三、配套改革措施。健全“工学结合、校企合作、顶岗实习”的人才培养模式；严格执行职业资格证书和就业准入制度；以“双师型”教师为重点加强教师队伍建设；建立中等职业教育生均拨款制度。四、有关工作要求。加强组织领导，完善工作机制；加强学校管理，做好基础工作；落实经费责任，强化资金管理；严格收费审批，规范收费行为；加大宣传力度，形成良好氛围。

10月22日

［纲　文］ **发展改革委发出《关于印发天然气发展“十二五”规划的通知》。**

［目　文］《通知》说，为扩大天然气利用规模，促进天然气产业有序、健康发展，

我委会同有关部门研究制订了《天然气发展“十二五”规划》(以下简称《规划》)。经报请国务院同意，现将《规划》印发你们。请按照执行。《规划》主要有规划背景、指导思想和目标、重点任务、规划实施、环境影响评价等内容。

10月22日

［纲　文］ **住房城乡建设部印发《关于加强和完善住房城乡建设统计工作的指导意见》。**

［目　文］《意见》主要有五方面内容：一、完善统计工作机制。强化统计综合管理；严格执行统计项目报批备案制度；规范统计信息发布；加强统计资料管理。二、改进统计报表制度方法。完善指标体系；丰富调查方法。三、提高统计数据质量。树立统计质量意识；坚持会审会商制度；规范数据调整程序。四、推进统计能力建设。规范统计基础工作；加强统计队伍建设；推进统计信息化建设；提升统计服务水平。五、加强对统计工作的领导。高度重视统计工作；维护统计工作的严肃性；营造良好的工作环境。

10月22日

［纲　文］ **财政部公布《财政票据管理办法》。**

［目　文］《办法》共有7章45条，主要有总则，财政票据的种类、适用范围和内容，财政票据的印制，财政票据的领购与发放，财政票据的使用与保管，监督检查及罚则，附则等内容。《办法》经2012年10月11日财政部部务会议审议通过，自2013年1月1日起施行。

10月22日

［纲　文］ **农业部公布《中华人民共和国渔业船舶登记办法》。**

［目　文］《办法》共有10章57条，主要有总则、船名核定、所有权登记、国籍登记、抵押权登记、光船租赁登记、变更登记和注销登记、证书换发和补发、监督管理、附则等内容。《办法》经2012年农业部第10次常务会议审议通过，自2013年1月1日起施行。农业部1996年1月22日发布，1997年12月25日、2004年7月1日、2010年11月26日修订的《中华人民共和国渔业船舶登记办法》(农渔发〔1996〕2号)同时废止。

10月22日

［纲　文］ **环境保护部办公厅印发《重点流域水污染防治专项规划实施情况考核指标解释》。**

［目　文］ 环境保护部办公厅在印发通知中说：2012年4月，国务院批复了《重点流域水污染防治规划(2011—2015年)》，对“十二五”期间重点流域水污染防治的治理措施和目标都提出了新的要求。为适应新时期重点流域治理要求，我部对原有《重点流域水污染防治专项规划实施情况考核指标解释》进行了修改完善。请认真组织落实。

10月23日

［纲　文］ **李长春主持召开中央宣传思想工作领导小组第46次会议。**

［目　文］中共中央政治局常委、中央宣传思想工作领导小组组长李长春指出，五年来，宣传思想文化工作在改革中发展、在开拓中前进，积累了许多宝贵经验，概括起来就是：必须始终坚持高举中国特色社会主义伟大旗帜，坚持马克思主义在意识形态领域的指导地位，坚持用社会主义核心价值体系引领社会思潮，尊重差异、包容多样，牢牢把握正确政治方向；必须始终坚持围绕中心、服务大局，为促进经济社会又好又快发展提供强大思想保证、精神动力、舆论支持和文化条件；必须始终坚持以人为本，贴近实际、贴近生活、贴近群众，满足人民日益增长的精神文化需求，促进人的全面发展；必须始终坚持解放思想、实事求是、与时俱进，积极创新思想观念、体制机制、内容形式、方法手段，不断增强亲和力、吸引力、感染力；必须始终坚持统筹国内国际两个大局，不断提高国家文化软实力，增强中华文化的国际竞争力和影响力；必须始终坚持党的领导，把宣传思想文化工作纳入经济社会发展总体规划，不断完善领导体制和工作格局，确保宣传思想文化工作健康发展。这些经验，是在坚持和发展中国特色社会主义文化发展道路过程中形成的宝贵精神财富，体现了新世纪新阶段宣传思想文化工作的客观规律，要长期坚持、大力发扬，并在新的实践中不断丰富和完善。

中共中央政治局委员、中央宣传思想工作领导小组副组长刘云山，中共中央政治局委员、中央宣传思想工作领导小组副组长刘延东，中国社科院院长、中央宣传思想工作领导小组成员陈奎元出席会议并讲话。会议回顾了党的十七大以来中央宣传思想工作领导小组会议情况，总结了五年来宣传思想文化工作的新进展新经验，研究了党的十八大宣传报道工作，与会同志进行了深入讨论。

10月23日

［纲　文］**国家副主席习近平在人民大会堂会见法国梅里埃基金会主席阿兰·梅里埃。**

［目　文］习近平表示，中国政府高度重视卫生事业发展，强调把保护人民健康和生命安全放在重要位置。中国将继续推动卫生事业的改革发展，初步建立覆盖城乡居民的基本医疗卫生制度，健全基本医疗保障制度，完善公共卫生和医疗服务体系，进一步提高人民群众健康水平。习近平赞赏梅里埃基金会长期关注和支持公众健康事业，并同中国卫生部门在结核病防治、医院感染控制、新发传染病防控等领域开展的积极广泛的合作。习近平希望梅里埃基金会今后继续支持中国医疗卫生事业的发展。

阿兰·梅里埃表示，基金会积极投身于发展中国家的传染病防控工作，将进一步加大与中国在公共卫生领域的合作力度，为中国疾病控制和健康事业发展做出贡献。

10月23日

［纲　文］**国务院副总理李克强在中南海紫光阁会见美国前总统国家安全事务助理哈德利、前常务副国务卿斯坦伯格和阿米蒂奇、前助理国防部长约瑟夫·奈。**

［目　文］李克强指出，中美是世界上最大的两个经济体，现在和今后几十年都存在很强的互补性。两国经贸合作的本质是互利共赢，合作深化的关键是必须共同反对保护主

义，为双方企业提供公平公正的竞争环境。希望美方在放宽对华高技术产品出口管制、消除中国企业赴美投资不合理限制等方面有切实措施和实质进展。

美方赞同李副总理对美中关系的看法，表示无论是民主党还是共和党都支持发展强有力的美中关系。作为两党前政要和美中关系的长期积极支持者，愿继续发挥影响力，为促进美中友好以及地区稳定与发展而努力。

10月23日

［纲　文］**中越两国公安部第三次合作打击犯罪会议在越南河内举行**。

［目　文］国务委员、公安部部长孟建柱与越南公安部部长陈大光共同主持会议。孟建柱在会上讲话指出，中越两国公安部合作打击犯罪机制自2008年建立以来，已成为两国公安部门增进彼此互信、规划合作方向的主要渠道和平台，有力推动了两国全面战略合作伙伴关系的发展。陈大光致辞说，越方认为此次会议的成功召开对进一步深化越中执法安全合作，推动两国关系深入发展具有重要意义。

会后，孟建柱与陈大光签署《第三次合作打击犯罪会议纪要》。

10月23日

［纲　文］**第四次中美亚太事务磋商在旧金山举行**。

［目　文］外交部副部长崔天凯与美国助理国务卿坎贝尔共同主持。双方就中美关系、亚太地区形势、中美在亚太互动、如何进一步推进地区合作等交换看法。双方表示，将共同努力，推动下个月举行的东亚峰会取得成功。双方一致认为中美亚太事务磋商机制十分有益，应继续用好这一机制，就亚太地区重大问题保持密切沟通协调。

10月23日

［纲　文］**东半球空间环境地基综合监测子午链在北京通过国家验收**。

［目　文］这是中国空间天气和空间环境领域的首个国家重大科技基础设施。子午工程2008年1月开工建设，工程利用沿东半球120度子午线附近和北纬30度附近的15个综合性观测台站，综合运用地磁、无线电、光学和探空火箭等多种探测手段，连续监测地球表面20至30公里以上直到几百公里的中高层大气、电离层和磁层，以及十几个地球半径以外的行星际的空间环境参数。子午工程遵循“边建设、边运行、边产出”的原则，为神舟八号、神舟九号和天宫一号等国家重大航天发射任务提供了空间环境预报、警报和现报。子午工程的建成，大幅提高中国空间天气预报能力和服务水平，有力支撑中国空间科学取得重大原创性成果，为提升中国空间活动能力、保障空间活动安全做出重要贡献。子午工程建成了目前世界上跨度最长、监测空间范围最广、监测方法和手段最全、监测参数最多、综合性最强的空间环境地基监测系统，处于国际同类科学装置的领先地位。

10月23日

［纲　文］**保监会印发《人身保险公司销售误导责任追究指导意见》**。

［目　文］《意见》主要有21条内容，自2013年1月1日起施行。

10月23日

［纲 文］ **财政部印发《中国资产评估行业发展规划》。**

［目 文］《规划》主要有六方面内容。一、加快发展资产评估行业的重要意义。加快发展资产评估行业，是完善社会主义市场经济体制的制度安排；加快发展资产评估行业，是促进经济结构调整、转变发展方式的客观需要；加快发展资产评估行业，是支持企业参与国际合作的重要举措。二、指导思想和发展目标。力争用五年左右时间，实现法律制度基本健全、有效实施，执业范围和服务领域不断拓展，资产评估机构规模优化、布局合理，资产评估机构管理科学、核心竞争力增强，从业人员队伍壮大、素质过硬，执业环境切实改善、规范有序。三、适应新时期经济社会发展要求，提供全方位服务。资产评估行业要适应新形势、新要求，熟悉和掌握股票、债券、基金、期货等现代金融业务，充分发挥专业技术优势，为深化国有企业改革，健全国有资本有进有退、合理流动机制，实现国有经济战略性调整，促进国民经济重点产业结构调整和转型升级，优化产业布局等，提供全方位服务。努力拓展国际业务，积极探索与境外评估机构合作等多种方式。大力拓展管理咨询业务，加强对管理咨询工作的专业指导和行业规范，更好地服务于市场主体。四、构建大中小资产评估机构协调发展的合理布局。重点扶持特大型、大型资产评估机构加快发展，积极促进中型资产评估机构健康发展，科学引导小型资产评估机构规范发展。五、全面实施资产评估行业人才战略。改进注册资产评估师考试制度，重视资产评估专业硕士培养工程，建立胜任能力评价机制，完善继续教育培训体系。六、加强资产评估行业管理。

10月23日

［纲 文］ **水利部印发《水利部预算执行考核暂行办法》。**

［目 文］《办法》共有5章22条，主要有总则、考核的组织及方式、考核内容及评价、考核结果运用、附则等内容。《办法》自发布之日起施行。

10月23日

［纲 文］ **民政部印发《志愿服务记录办法》。**

［目 文］《办法》主要有29条内容，自发布之日起施行。

10月23—24日

［纲 文］ **全非洲中国和平统一促进会第二届非洲论坛在南非约翰内斯堡召开。**

［目 文］ 全非洲中国和平统一促进会成立于2002年，旨在发动和团结所有非洲华侨华人，建立反独促统力量，2005年举行第一届非洲论坛。

来自非洲12个国家50多个成员的300多人出席了本次论坛，中国和平统一促进会代表及来自欧洲等国的华侨代表也应邀出席，论坛以“一个中国、和平统一、共同发展、面向未来”为主题，呼吁全世界华人华侨团结起来，共同反对任何形式的“台独”活动，为早日实现祖国和平统一大业和中华民族的伟大复兴做出新的贡献。会后发表《约翰内斯堡宣言》指出，天行大道，地行大荣，世行大同。实现中华民族的伟大复兴是千千万万中华儿女的共同心愿。《宣言》呼吁海外侨胞为推动两岸关系和平发展，实现祖国和平统一做出新的贡献。

10月23—26日

［纲　文］**十一届全国人大常委会第29次会议在北京举行。**

［目　文］全国人大常委会委员长吴邦国主持开幕会、闭幕会。常委会组成人员出席会议。

会议主要内容：一、会议经表决，分别通过了《中华人民共和国精神卫生法》、全国人大常委会关于修改监狱法的决定、关于修改律师法的决定、关于修改未成年人保护法的决定、关于修改预防未成年人犯罪法的决定、关于修改治安管理处罚法的决定、关于修改国家赔偿法的决定、关于修改人民警察法的决定、关于修改邮政法的决定。国家主席胡锦涛签署第62号、63号、64号、65号、66号、67号、68号、69号、70号主席令，分别予以公布。二、会议分别表决通过了全国人大常委会关于批准《中华人民共和国、塔吉克斯坦共和国和阿富汗伊斯兰共和国关于确定三国国界交界点的协定》的决定、关于批准《中华人民共和国和泰王国关于移管被判刑人的条约》的决定，批准了上述协定和条约。三、会议分别表决通过全国人大民族委员会、全国人大内务司法委员会、全国人大财政经济委员会、全国人大外事委员会关于十一届全国人大五次会议主席团交付审议的代表提出的议案审议结果的报告。四、会议表决通过了全国人大常委会代表资格审查委员会关于个别代表的代表资格的报告。五、会议经表决，任命苏军为全国人大常委会预算工作委员会副主任。会议还表决了其他任免案。

10月24日

［纲　文］**温家宝主持召开国务院常务会议。**

［目　文］会议讨论通过的《能源发展“十二五”规划》提出，“十二五”时期，要加快能源生产和利用方式变革，强化节能优先战略，全面提高能源开发转化和利用效率，合理控制能源消费总量，构建安全、稳定、经济、清洁的现代能源产业体系。重点任务是：一、加强国内资源勘探开发。安全高效开发煤炭和常规油气资源，加强页岩气和煤层气勘探开发，积极有序发展水电和风能、太阳能等可再生能源。二、推动能源的高效清洁转化。高效清洁发展煤电，推进煤炭洗选和深加工，集约化发展炼油加工产业，有序发展天然气发电。三、推动能源供应方式变革。大力发展分布式能源，推进智能电网建设，加强新能源汽车供能设施建设。四、加快能源储运设施建设，提升储备应急保障能力。五、实施能源民生工程，推进城乡能源基本公共服务均等化。六、合理控制能源消费总量。全面推进节能提效，加强用能管理。七、推进电力、煤炭、石油天然气等重点领域改革，理顺能源价格形成机制，鼓励民间资本进入能源领域。推动技术进步，提高科技装备水平。深化国际合作，维护能源安全。

会议讨论通过《核电安全规划（2011—2020年）》和《核电中长期发展规划（2011—

2020年)》。会议指出，2011年3月以来，在对运行、在建核电机组进行综合安全检查的基础上，国务院两次讨论这两个规划，对待核电安全和发展是十分严肃和慎重的。

会议对当前和今后一个时期的核电建设作出部署：一、稳妥恢复正常建设。合理把握建设节奏，稳步有序推进。二、科学布局项目。“十二五”时期只在沿海安排少数经过充分论证的核电项目厂址，不安排内陆核电项目。三、提高准入门槛。按照全球最高安全要求新建核电项目。新建核电机组必须符合三代安全标准。

会议强调，安全是核电的生命线。发展核电，必须按照确保环境安全、公众健康和社会和谐的总体要求，把安全第一的方针落实到核电规划、建设、运行、退役全过程及所有相关产业。要用最先进的成熟技术，持续开展在役在建核电机组安全改造，不断提升中国既有核电机组安全性能。

会议审议通过《农业保险条例（草案）》。会议认为，为分散和转移农业风险，提高农业抗风险能力，保护农民利益，有必要制定农业保险条例。条例草案明确了农业保险业务经营主体和经营规则，规定国家采取保险费补贴、税收优惠等措施支持发展农业保险。

10月24日

［纲　文］**国务院公布《国务院关于修改〈期货交易管理条例〉的决定》。**

［目　文］《决定》对《条例》共有17处修改，《决定》经2012年9月12日国务院第216次常务会议通过，自2012年12月1日起施行。修订后的《期货交易管理条例》共有8章87条，主要有总则、期货交易所、期货公司、期货交易基本规则、期货业协会、监督管理、法律责任、附则等内容。

10月24日

［纲　文］**国家气象局在北京召开《我国气象卫星及其应用发展规划（2011—2020年）》通报会。**

［目　文］通报会上，气象局国家卫星气象中心主任介绍了《规划》主要内容，表示，中国正逐步成为气象卫星强国，具有重要国际影响力。《规划》的实施，对进一步增强防灾减灾能力，提高预报预测准确率，加强应对气候变化能力，保障经济社会可持续发展和国家安全，提升中国国际影响力，具有十分重要的意义。来自发展改革委、科技部、工信部、民政部、财政部和国土资源部的近30名专家出席。

国务院8月审议通过《我国气象卫星及其应用发展规划（2011—2020年）》。《规划》提出到2020年计划发射11颗气象业务卫星，气象卫星及应用接近同期世界先进水平。初步匡算规划投资达217.42亿元。按照《规划》，中国气象卫星到2020年的发展目标是：建立风云四号静止气象卫星“双星运行、在轨备份”的业务格局，建立风云三号极轨卫星上午星、下午星和降水测量雷达星三星组网观测能力，提高对气候变化的监测能力，建成覆盖国家、省、地、县四级的遥感应用业务体系，卫星应用进入稳步发展阶段，在气象灾害、气候变化、水利、林业、农业、生态、海洋等方面的监测能力明显加强，中国气象卫星及应用接近同期世界先进水平。

10 月 24 日

［纲 文］ **海关总署发布重新修订的《海关对海南离岛旅客免税购物监管暂行办法》。**

［目 文］《办法》共有 4 章 22 条，主要有总则、免税品销售监管、免税品离岛监管、法律责任等内容。《办法》自 2012 年 11 月 1 日起施行。海关总署公告 2011 年第 20 号、第 22 号同时废止。

10 月 24—26 日

［纲 文］ **应外交部部长杨洁篪邀请，罗马尼亚外交部部长蒂图斯·科尔拉泰安对中国进行正式访问。**

［目 文］ 25 日，中联部部长王家瑞会见科尔拉泰安。26 日，国务院副总理李克强、外交部部长杨洁篪分别会见科尔拉泰安。

李克强在会见蒂图斯·科尔拉泰安时表示，中国一贯重视欧洲的作用和地位，愿不断深化与欧盟的关系。最近，欧洲稳定机制启动，对解决欧债问题发出了积极信号，相信欧方能进一步凝聚共识，推动形势向好的方向发展。中国将继续支持欧洲解决欧债问题的努力。中东欧发展是欧洲经济增长的重要潜力所在，中国愿深化与中东欧国家的合作交流，希望罗方发挥积极作用，为提升中国与中东欧国家的合作水平、推进中欧关系发展做出新贡献。科尔拉泰安表示罗方高度重视罗中关系，愿与中方加强高层交往，欢迎中国企业赴罗投资，推动各领域合作取得新进展，并为深化中国—中东欧合作、拓展欧中关系发挥积极作用。

王家瑞在会见蒂图斯·科尔拉泰安时表示，中罗党际关系作为双边关系中的重要组成部分，也始终为促进两国国家关系发挥了积极作用。中国共产党愿进一步加强与罗马尼亚社民党在各领域的友好交流与合作，共同为推动中罗关系发展做出新贡献。杨洁篪在同科尔拉泰安举行会谈时表示，中方愿同罗方共同努力，进一步巩固政治互信，拓展互利合作，推动中罗全面友好合作关系进一步向前发展。

杨洁篪在同科尔拉泰安举行会谈时表示，中方愿同罗方共同努力，进一步巩固政治互信，拓展互利合作，推动中罗全面友好合作关系进一步向前发展。

10 月 25 日

［纲 文］ **西昌卫星发射中心用长征三号丙火箭成功发射第 16 颗北斗导航卫星。**

［目 文］ 这是一颗地球静止轨道卫星，它将与先期发射的 15 颗北斗导航卫星组网运行，形成区域服务能力。此次发射的北斗导航卫星及其运载火箭，分别由中国航天科技集团公司所属中国空间技术研究院和中国运载火箭技术研究院研制，是中国“长征”系列运载火箭第 170 次航天发射。北斗卫星导航系统按照“三步走”总体规划分步实施。第一步，2000 年建成了北斗卫星导航试验系统，使中国成为世界上第三个拥有自主卫星导航系统的国家；第二步，建设北斗卫星导航系统，2012 年底左右形成覆盖亚太大部分地区的服务能力；第三步，2020 年左右，北斗卫星导航系统形成全球覆盖能力。根据计划，

北斗卫星导航系统于2013年初向亚太大部分地区提供正式服务。

10月25日

［纲　文］**中国伊斯兰教协会在北京举行古尔邦节招待会。**

［目　文］国务院副总理回良玉，全国人大常委会副委员长司马义·铁力瓦尔地，全国政协副主席杜青林、阿不来提·阿不都热西提等到会祝贺。中央和北京市有关部门负责同志，部分伊斯兰国家驻华使节、在京工作的部分外国穆斯林专家及在京中外穆斯林代表约400人出席了招待会。

10月25日

［纲　文］**人力资源社会保障部召开新闻发布会，宣告全年城镇新增就业目标提前完成等情况。**

［目　文］人社部新闻发言人介绍：2012年以来就业形势总体平稳。1—9月，全国城镇新增就业1024万人，完成全年900万人目标的114%。城镇失业人员再就业完成432万人，完成全年500万人目标的86%。就业困难人员实现就业135万人，完成全年120万人目标的113%。社会保障实现新的突破。截至9月底，全国所有县级行政区全部开展新型农村和城镇居民社会养老保险工作，基本实现新型农村和城镇居民社会养老保险制度全覆盖。城乡居民参保总人数达到4.49亿，1.24亿城乡老年居民按月领取养老金。1—9月，全国五项社会保险基金总收入为20407亿元，同比增长24.6%；总支出15889.8亿元，同比增长23.2%。将对退休年龄及领取基本养老金年龄的相关问题进行深入研究。

10月26日

［纲　文］**国家主席胡锦涛签署中华人民共和国主席令（第62至70号）。**

［目　文］第62号主席令说：《中华人民共和国精神卫生法》已由中华人民共和国第十一届全国人民代表大会常务委员会第29次会议于2012年10月26日通过，现予公布，自2013年5月1日起施行。

第63号主席令说：《全国人民代表大会常务委员会关于修改〈中华人民共和国监狱法〉的决定》已由中华人民共和国第十一届全国人民代表大会常务委员会第29次会议于2012年10月26日通过，现予公布，自2013年1月1日起施行。

第64号主席令说：《全国人民代表大会常务委员会关于修改〈中华人民共和国律师法〉的决定》已由中华人民共和国第十一届全国人民代表大会常务委员会第29次会议于2012年10月26日通过，现予公布，自2013年1月1日起施行。

第65号主席令说：《全国人民代表大会常务委员会关于修改〈中华人民共和国未成年人保护法〉的决定》已由中华人民共和国第十一届全国人民代表大会常务委员会第29次会议于2012年10月26日通过，现予公布，自2013年1月1日起施行。

第66号主席令说：《全国人民代表大会常务委员会关于修改〈中华人民共和国预防未成年人犯罪法〉的决定》已由中华人民共和国第十一届全国人民代表大会常务委员会第

29次会议于2012年10月26日通过，现予公布，自2013年1月1日起施行。

第67号主席令说：《全国人民代表大会常务委员会关于修改〈中华人民共和国治安管理处罚法〉的决定》已由中华人民共和国第十一届全国人民代表大会常务委员会第29次会议于2012年10月26日通过，现予公布，自2013年1月1日起施行。

第68号主席令说：《全国人民代表大会常务委员会关于修改〈中华人民共和国国家赔偿法〉的决定》已由中华人民共和国第十一届全国人民代表大会常务委员会第29次会议于2012年10月26日通过，现予公布，自2013年1月1日起施行。

第69号主席令说：《全国人民代表大会常务委员会关于修改〈中华人民共和国人民警察法〉的决定》已由中华人民共和国第十一届全国人民代表大会常务委员会第29次会议于2012年10月26日通过，现予公布，自2013年1月1日起施行。

第70号主席令说：《全国人民代表大会常务委员会关于修改〈中华人民共和国邮政法〉的决定》已由中华人民共和国第十一届全国人民代表大会常务委员会第29次会议于2012年10月26日通过，现予公布，自公布之日起施行。

10月26日

［纲　文］ **吴邦国主持全国人大常委会举行第29讲专题讲座。**

［目　文］ 讲座题目是《我国环境法律制度和环境保护若干问题》，主讲人环境保护部原总工程师、中国环境科学学会副理事长杨朝飞。全国人大常委会副委员长王兆国、路甬祥等听取讲座。

杨朝飞介绍中国环境立法进展，分析了中国环境保护法律制度建设取得的成就。他说，中国环境法律制度框架已经基本形成，各环境要素监管主要领域已得到基本覆盖。尽管中国环保事业取得了长足进步，但是环境恶化的趋势尚未根本遏制，仍面临许多突出问题，资源与环境问题成为发展的最大制约瓶颈之一。杨朝飞就强化政府责任、严格追究污染者的环境责任、强化环境执法、发挥市场配置资源环境要素的基础性作用、建立严格的环境风险评估制度、推动信息公开与公众参与等方面提出了建议。

10月26日

［纲　文］ **鲁迅文化基金会成立暨2012"鲁迅论坛"在北京全国政协礼堂召开。**

［目　文］ 全国政协主席贾庆林出席会议并讲话。贾庆林指出，鲁迅先生是伟大的文学家、思想家、革命家，是中国近现代文化战线、思想战线的伟大战士，是享誉中外、深受景仰的一代文化大师，是中国现代文化史上一座巍然屹立的丰碑。成立鲁迅文化基金会，充分表明我们对鲁迅的深切怀念和崇高敬仰，充分体现了对鲁迅遗留下来的思想文化瑰宝的无比珍视。基金会的成立，必将对继承鲁迅文化遗产、弘扬鲁迅思想精神，促进文化改革发展、加强中外文化交流，起到积极的推动作用。希望鲁迅文化基金会认真贯彻中央决策部署，坚持围绕中心、服务大局、广泛动员海内外资源，积极开展公益活动，全面提升工作效能，为促进社会主义文化繁荣发展、推进中国特色社会主义事业做出应有的贡献。

全国政协办公厅、中宣部、文化部、民政部、国家广播电影电视总局、新闻出版总署、共青团中央、全国妇联、中国文联等部门和北京市、上海市负责同志，海内外鲁迅研究界以及有关方面代表300余人出席会议。

“鲁迅文化基金会”是以鲁迅先生的名字命名的国家级文化基金会，由鲁迅之子周海婴生前建议，由北京、上海、绍兴市政府和鲁迅家属联合发起并成立。鲁迅文化基金会的宗旨为“弘扬鲁迅精神，推动现代中国文化创新发展”，业务主管单位为中国文学艺术界联合会，登记管理单位是国家民政部。

10月26日

［纲　文］**中国新闻奖长江韬奋奖颁奖报告会在北京举行**。

［目　文］中共中央政治局常委李长春接见获奖代表。李长春说，近年来，广大新闻工作者坚持贴近实际、贴近生活、贴近群众，广泛开展“走基层、转作风、改文风”活动，深入人民群众生产生活第一线，采写了大量生动具体的鲜活报道，展现了良好精神风貌，受到社会各界普遍好评。他希望广大新闻工作者始终坚持人民创造历史的唯物史观，坚持党的群众路线和群众观点，把人民群众的丰富实践作为新闻工作取之不尽、用之不竭的源泉，把坚持“三贴近”原则与开展“走转改”活动紧密结合起来，积极探索“走转改”活动经常化、机制化的途径和办法，充分反映改革发展的生动实践，反映社会生活的崭新变化，反映人民群众的愿望要求，进一步拉近新闻报道与人民群众的距离，增强新闻报道的实际效果，使新闻宣传工作更好地为党和国家工作大局服务、为人民服务。

中共中央政治局委员、中宣部部长刘云山出席报告会并讲话。国务委员刘延东、全国政协副主席陈奎元参加接见并出席报告会。刘云山指出，要进一步增强社会责任意识，坚定自觉地坚持正确舆论导向。要进一步增强服务大众意识，牢固树立以人民为中心的工作导向。要进一步增强改革创新意识，充分激发新闻媒体内在动力和新闻工作者主动性创造性。要进一步增强现代传播意识，大力推进传播能力建设。

中国记协主席田聪明在会上致辞。《人民日报》卢新宁、胶东在线网邓兆安、《兵团日报》王遐、辽宁报业集团孙刚等4位获奖代表先后发言。中央有关部门、中央主要新闻单位负责同志和来自全国各地的500余名编辑记者代表参加了报告会。

2012年第22届中国新闻奖、第12届长江韬奋奖评奖结果：来自全国报社、通讯社、电台、电视台和新闻网站的291件作品获得中国新闻奖，其中特别奖3件，一等奖44件，二等奖90件，三等奖154件；20名新闻工作者获得长江韬奋奖，其中长江系列10名，韬奋系列10名。

10月26日

［纲　文］**国家质检总局印发《质量监督检验检疫行政许可实施办法》**。

［目　文］《办法》对质检部门行政许可工作效率提出了要求，规定质检部门对申请人提交的申请材料应当及时进行审查。申请材料不齐全或者不符合法定形式的，应当当场或者自收到申请材料之日起五日内一次性告知申请人需要补正的全部内容。申请人提交的

申请材料齐全、符合法定形式，能够当场作出行政许可决定的，应当当场作出行政许可决定。依法需要对申请材料的实质内容进行核实的，应当指派两名以上核查人员进行现场核查。核查人员应当严格按照有关核查要求开展核查工作，不得索取或者收受申请人的财物，不得谋取其他利益。质检部门作出的准予行政许可决定，除涉及国家秘密、商业秘密或者个人隐私的外，应当予以公开，供公众免费查阅。

《办法》经2012年6月27日国家质检总局局务会议审议通过，自2013年1月1日起施行。

10月26—27日

［纲　文］**环境保护部全国环境应急管理工作会议在南京召开。**

［目　文］环境保护部、江苏省有关负责人出席会议并作讲话。各省、自治区、直辖市环境保护厅（局），副省级城市环境保护局，新疆生产建设兵团环境保护局，解放军环境保护局，环境保护部机关相关部门、各环境保护督查中心以及部分城市和有关企业负责人及所属环境应急管理机构负责人参加了会议。会议指出，近年来各级环境保护部门共同努力，积极推进环境应急管理体系建设。环境应急值守规范化系统化科技化再上新台阶。环境应急预案管理体系初步形成，全国省级环境保护部门环境应急预案编制做到全覆盖。持续开展了全国重点行业企业环境风险及化学品检查、沿海地区陆源溢油污染风险防范大检查、全国环境安全百日大检查。环境应急预案备案成为建设项目试生产的必要条件。全国25个省级环境保护部门与安监部门建立了应急联动机制，12个省级环境保护部门与公安消防部门签署了应急联动协议。饮用水水源地、尾矿库等重点领域环境应急管理工作取得突破性进展。但是，中国环境风险异常突出，突发环境事件高发态势仍未从根本上得到遏制，环境应急管理工作任务十分艰巨。党中央、国务院高度重视环境应急管理工作，各地要积极应对挑战，加强改革创新，建立与经济社会和环境形势发展需求相适应的环境应急管理模式。

10月26—29日

［纲　文］**第5届海峡两岸（厦门）文化产业博览交易会在厦门举办。**

［目　文］文博会由中共中央台湾事务办公室、文化部、国家新闻出版广电总局、新闻出版总署、福建省政府联合主办。文博会以“一脉传承，创意未来”为主题，初步成为海峡两岸文化交流合作和投资交易重要平台。文博会期间，同期举办第五届厦门国际动漫节和第九届海峡两岸民间艺术节，形成“一会两节”的办展格局。文博会观展人数达35万多人次；签订合同类项目70个，金额102.3亿元，比上届增加近4倍，协议、意向类项目103个，金额303.3亿元，项目主要涉及创意设计、文化旅游、文化产业园区、影视、动漫、出版发行、演艺等领域。海峡两岸文博会自2008年始已举办4届，从第五届起，文博会升格为国家级文化交流展示交易重要展会。

10月26日—11月1日

［纲　文］**第10届中国武汉国际杂技艺术节举办。**

［目　文］艺术节经文化部批准，由武汉市人民政府和文化部外联局、艺术司，中国

杂技家协会，中国对外文化集团主办。艺术节有来自俄罗斯、澳大利亚、美国等16个国家和地区的27个节目参赛，涵盖高空、地面、魔术、滑稽和驯兽五大类别。艺术节期间还举行中国杂技发展论坛，开展文化产品推介活动。杂技节进行了评奖活动，奖项包括黄鹤金银铜奖、芳草金银铜奖、荣誉奖和优秀奖，共28个节目获奖。武汉国际杂技艺术节以高难度、权威性闻名于世界杂坛，与摩纳哥蒙特卡洛国际马戏节、法国巴黎“明日与未来”国际杂技节、中国吴桥杂技节齐名，并称“四大国际杂技节”。

10月26日—11月26日

［纲　文］**“科学发展成就辉煌”大型图片展览在北京展览馆举行。**

［目　文］展览由中宣部、发展改革委、解放军总政治部、中共北京市委共同举办。

党和国家领导人胡锦涛、吴邦国、温家宝、贾庆林、李长春、习近平、李克强、贺国强等参观了展览。参观过程中，胡锦涛指出，党的十六大以来，全党全军全国各族人民，把握机遇、迎接挑战，万众一心、开拓奋进，使中国改革开放和社会主义现代化建设取得举世瞩目的巨大成就，把中国特色社会主义事业推进到一个新的发展阶段。10年来的成绩令人倍感鼓舞，10年来的经验值得深刻总结。在新的历史起点上，我们一定要高举中国特色社会主义伟大旗帜，坚定不移沿着中国特色社会主义道路前进，继续推动科学发展、促进社会和谐，继续改善人民生活、增进人民福祉，为全面建成小康社会、实现中华民族伟大复兴而不懈奋斗。

国务委员刘延东主持开幕式。中共中央政治局常委李长春出席并宣布展览开幕。中宣部部长刘云山发表讲话。刘云山讲话指出，党的十六大以来这十年，是改革开放和社会主义现代化建设取得重大进展的十年，是社会生产力大幅提升的十年，是社会事业全面进步和人民得到更多实惠的十年，是中国综合国力和国际影响力显著提高的十年。“科学发展成就辉煌”大型图片展览通过展示中国社会主义经济建设、政治建设、文化建设、社会建设以及生态文明建设和党的建设取得的巨大成就，充分反映科学发展的成功实践，深刻揭示了只有始终高举中国特色社会主义伟大旗帜，才能继续引领当代中国发展进步。

全国政协副主席、中国社科院院长陈奎元出席开幕式。中央宣传思想工作领导小组成员，展览主办单位的负责同志出席开幕式。首都各界群众、高校师生、解放军和武警部队官兵共1200多人参加了开幕活动。

展览全面展示以胡锦涛同志为总书记的党中央团结带领全党全军全国各族人民推进中国特色社会主义事业的不平凡历程，集中反映党的十六大以来科学发展的成功实践和国家建设、人民生活的历史性变化；展现党的十六大以来中国社会主义经济建设、政治建设、文化建设、社会建设、生态文明建设、国防和军队建设、港澳工作和对台工作、全方位外交、党的建设取得的辉煌成就。

10月27日

［纲　文］**国务院发出《关于促进海关特殊监管区域科学发展的指导意见》。**

［目　文］《意见》说，为适应中国不同时期对外开放和经济发展的需要，国务院先后批准设立了保税区、出口加工区、保税物流园区、跨境工业区、保税港区、综合保税区等6类海关特殊监管区域（以下简称特殊监管区域）。为进一步推动特殊监管区域科学发展，现提出指导意见。一、总体要求。二、加强审核指导。稳步推进整合工作，强化分类指导。三、健全管理体系。严格建设和验收，健全退出机制，严格入区项目审核，强化监管和服务，整合现有类型，统一新设类型，完善相关政策措施，拓展业务类型，带动周边经济发展，完善工作机制，加强协作配合。

《意见》提出发展目标为：稳步推进特殊监管区域整合优化，加快形成管理规范、通关便捷、用地集约、产业集聚、绩效突出、协调发展的格局；完善政策和功能，促进加工贸易向产业链高端延伸，延长国内增值链条；鼓励加工贸易企业向特殊监管区域集中，发挥特殊监管区域的辐射带动作用，使其成为引导加工贸易转型升级、承接产业转移、优化产业结构、拉动经济发展的重要载体。

10月27日

［纲　文］**贾庆林致信祝贺北京航空航天大学六十华诞。**

［目　文］中共中央政治局常委贾庆林在贺信中说，在60年的发展历程中，学校认真贯彻党的教育方针，以振兴国家航空航天事业为己任，坚持“尚德务实、求真拓新”的办学理念，秉承“德才兼备、知行合一”的校训，培养了大批高素质人才，取得了多项优秀科研成果，成为一所具有航空航天特色和工程技术优势的多科性、开放式、研究型大学。他希望北航以建校60周年为新的起点，深入贯彻落实科学发展观，全面落实教育规划纲要，不断提高教育教学质量，大力推进协同创新，努力把学校建设成为具有空天信融合特色的世界一流高水平大学，为实施科教兴国战略和人才强国战略，为全面建设小康社会和中华民族伟大复兴做出新的更大贡献。

10月27日

［纲　文］**贾庆林在北京市顺义区出席北京汽车自主品牌高端基地竣工暨生产线启动仪式。**

［目　文］启动仪式前，全国政协主席贾庆林先后参观了北京汽车产业研发基地和国家汽车质量监督检验中心。在北京汽车产业研发基地，贾庆林考察了研发基地沙盘和北汽集团自主研发的轿车、发动机，详细了解北京市大力支持北汽集团建设研发基地，增强自主创新和产品开发能力，打造国内一流的汽车研发中心等情况。在国家汽车质量监督检验中心（北京），贾庆林仔细了解了汽车安全碰撞试验准备情况，向相关负责同志详细询问了北京市建设第三方汽车专业检测研究机构，满足自主品牌汽车研发需求和政府监管需要以及促进首都汽车产业科学发展等情况。在北京汽车自主品牌高端基地竣工仪式上，贾庆林等领导同志共同启动了生产线，考察了冲压、焊装、总装车间。

10月27日

［纲　文］**世界上第一支戊型肝炎疫苗——益可宁在厦门正式上市。**

［目　文］疫苗由厦门大学国家传染病诊断试剂与疫苗工程技术研究中心研制、厦门万泰沧海生物技术有限公司实现产业转化。

10 月 28 日

［纲　文］**亚洲最大的全方位可转动射电望远镜在上海天文台正式落成。**

［目　文］这台射电望远镜的综合性能在亚洲排第一、世界排第四，能够观测 100 多亿光年以外的天体。据了解，这个射电望远镜将参与中国探月工程及各项深空探测任务。

10 月 28 日

［纲　文］**第 3 届全国青少年科学影像节颁奖典礼在中国科技馆举行。**

［目　文］影像节由中国科协青少年科技中心和中国青少年科技辅导员协会共同主办，来自教育部、团中央、中国科协等相关部门的领导和全国各地科协项目负责人及获奖教师、学生代表 300 余人出席了颁奖典礼。本届科学影像节以"节约能源资源、保护生态环境、保障安全健康、促进创新创造"为主题，自 6 月启动以来，共收到全国各地科学 DV 和科普动漫作品 897 项，其中青少年作品 787 项，科技教师作品 110 项。作品内容涉及节能减排、低碳环保、安全健康、防灾减灾、发明创造、创新创意等方面，经专家评审团评审，共评出一等奖 78 项，二等奖 201 项，三等奖 319 项，其中青少年作品 532 项，科技教师作品 65 项。《坚固的糯米灰浆》《路灯"黄多白少"之谜》《空气占据空间吗？》《我想有个家》4 部作品获得本届科学影像节最佳作品奖，《隔夜茶能喝吗？》《手机辐射，你真的了解吗？》等 7 部作品获得"科研之星奖"，浙江省温州市第三中学郑茂军等 10 名老师获得优秀辅导员教师奖，广西青少年科技中心等 12 家单位获得省级优秀组织单位奖，遵义市第一高级中学等 30 家单位获得省级以下优秀组织单位奖。

10 月 28 日—11 月 1 日

［纲　文］**国际古迹遗址理事会顾问委员会会议在北京举行。**

［目　文］国务委员刘延东出席会议开幕式并致辞。会前，刘延东会见了国际古迹遗址理事会主席古斯塔夫·阿罗兹、国际古迹遗址理事会顾问委员会主席约翰·赫德一行。

刘延东说，国际古迹遗址理事会作为国际文化遗产保护领域最具影响力的专业组织，汇集了世界各国的著名专家学者和管理者，长期以来为推动文化遗产保护理论和实践的发展、促进国际交流与合作发挥了重要作用。多年来，中国完善法制，增加投入，加强人才培养和科技支撑，开展全国范围的文物普查，建设世界文化遗产监测预警体系，推进博物馆免费开放，让公众共享文化遗产保护成果，探索了一个文明古国和发展中大国开展文物保护的有效路径。今年是《保护世界文化和自然遗产公约》诞生 40 周年。各国应在公约确立的框架下，努力构建富有活力和效率的国际合作体系，携手推进文化遗产的保护工作。应尊重不同国家各自的历史文化传统和价值观，维护文明多样性，并借助现代手段加以展示，使不同国家的民众能够感知和体验多元文明的精彩历史。应加强文化遗产地的能力建设，增加经费投入，并在有效保护的前提下，开展文化遗产的合理利用和适度开发，实现文化遗产保护可持续发展。

本届会议有来自56个国家的112名代表出席。会议期间举办科学理事会会议、世界遗产申报培训等活动，还举办“减少自然和人为灾害对文化遗产的风险”的主题科学研讨会。

国际古迹遗址理事会于1965年在波兰华沙成立，是古迹遗址保护和修复领域最具影响的非政府国际组织，也是联合国教科文组织世界遗产委员会的专业咨询机构，中国于1993年加入并成立了国际古迹遗址理事会中国委员会，即中国古迹遗址保护协会。

10月29日

［纲　文］**全国人大常委会委员长吴邦国在人民大会堂会见汤加议长法卡法努阿。**

［目　文］吴邦国说，中方愿在相互尊重、平等相待的基础上，密切两国政府、议会、政党之间的友好往来，增进相互了解与信任，加强在农业、渔业、旅游等领域的务实合作，也愿在南南合作框架内继续向汤方提供力所能及的帮助，为汤加经济社会发展多做实事。中国全国人大愿进一步加强同汤加议会多层次、多领域的交流与合作，使议会关系成为促进中汤关系健康稳定发展的建设性力量。

法卡法努阿说，感谢中方长期以来给予的无私帮助，将一如既往坚定奉行一个中国政策，支持中国和平统一。汤加议会愿加强与中国全国人大的友好往来，学习借鉴中国的发展经验。

10月29日

［纲　文］**何梁何利基金2012年度颁奖大会在北京举行。**

［目　文］国务委员刘延东，全国人大常委会副委员长路甬祥，全国政协副主席、科技部部长万钢出席大会。

刘延东说，何梁何利基金创立18年来，先后遴选表彰了1000多名优秀的科学家、工程师和科技产业领军人才，树立了社会力量创办科技奖励的典范，为中国科技事业发展和创新人才培养做出了重要贡献。今年的奖励原始创新成果丰硕，产学研合作特色鲜明，企业创新主体地位得到体现，知识产权数量质量进一步提升，获奖人年龄和结构更趋合理。她希望基金不断总结经验，顺应时代要求，完善评选机制，提高评选质量，办得更加成功、更具特色、更有影响。

胡海岩等35人荣获2012年度何梁何利基金“科学与技术进步奖”，张黔等15人荣获“科学与技术创新奖”。

何梁何利基金是由何善衡慈善基金会有限公司、梁銶琚博士、何添博士、利国伟先生之伟伦基金有限公司共同创建的香港社会公益基金。其宗旨是通过对取得杰出成就的中国科技工作者进行奖励，进一步在全社会倡导尊重知识、重视人才、崇尚科学的良好风尚，激励一代代科技工作者不断攀登科学技术高峰，加速国家现代化建设进程。

10月29日

［纲　文］ **天宫一号与神舟九号载人交会对接任务航天员飞行乘组颁奖授称大会在北京举行。**

［目　文］ 总装备部部长张又侠主持大会，总装备部政委王洪尧宣读了中共中央、国务院、中央军委关于给3名航天员授予荣誉称号、颁发功勋奖章的决定。航天员代表景海鹏作了发言。

此前，10月1日，中共中央、国务院、中央军委作出决定，给景海鹏颁发“二级航天功勋奖章”，授予刘旺、刘洋“英雄航天员”荣誉称号并颁发“三级航天功勋奖章”。

10月29日

［纲　文］ **环境保护部、发展改革委、财政部印发《重点区域大气污染防治“十二五”规划》。**

［目　文］《规划》指出，规划范围为京津冀、长江三角洲、珠江三角洲地区，以及辽宁中部、山东、武汉及其周边、长株潭、成渝、海峡西岸、山西中北部、陕西关中、甘宁、新疆乌鲁木齐城市群，共涉及19个省、自治区、直辖市，面积约132.56万平方公里，占国土面积的13.81%。

《规划》主要有八方面内容：一、大气污染防治形势与挑战。大气污染防治工作取得积极进展；大气环境形势依然严峻；大气污染防治工作存在的主要问题。二、指导思想、原则和目标。到2015年，重点区域二氧化硫、氮氧化物、工业烟粉尘排放量分别下降12%、13%、10%，挥发性有机物污染防治工作全面展开；环境空气质量有所改善，可吸入颗粒物、二氧化硫、二氧化氮、细颗粒物年均浓度分别下降10%、10%、7%、5%，臭氧污染得到初步控制，酸雨污染有所减轻；建立区域大气污染联防联控机制，区域大气环境管理能力明显提高。三、统筹区域环境资源，优化产业结构与布局。明确区域控制重点，实施分区分类管理；严格环境准入，强化源头管理；加大落后产能淘汰，优化工业布局。四、加强能源清洁利用，控制区域煤炭消费总量。优化能源结构，控制煤炭使用；改进用煤方式，推进煤炭清洁化利用。五、深化大气污染治理，实施多污染物协同控制。深化二氧化硫污染治理，全面开展氮氧化物控制；强化工业烟粉尘治理，大力削减颗粒物排放；开展重点行业治理，完善挥发性有机物污染防治体系；加强有毒废气污染控制，切实履行国际公约；强化机动车污染防治，有效控制移动源排放；加强扬尘控制，深化面源污染管理。六、创新区域管理机制，提升联防联控管理能力。建立区域大气污染联防联控机制；创新环境管理政策措施；全面加强联防联控的能力建设。七、重点工程项目与投资效益评估。八、保障措施。

10月29日

［纲　文］ **环境保护部与神华集团有限责任公司在北京签署“十二五”主要污染物总量减排目标责任书。**

［目　文］ 环境保护部机关各司局、华北环保督查中心及神华集团的主要负责人列席

了签署仪式。环境保护部有关负责人发表讲话，就落实好《目标责任书》提出要求。一是要抓紧分解落实减排指标责任制，完成好年任务与目标任务；二是要调整产能结构，淘汰落后产能，关停小火电；三是严格控制新增污染指标和新增生产单位环保要求；四是加强各板块的环保监督机制的运营监管，完善运营监察；五是将强化目标考核，与环境保护部形成联合监管体系，加大对神华节能环保的督察力度。

10月29日

［纲　文］**国家林业局发出《关于加强国有林场森林资源管理保障国有林场改革顺利进行的意见》。**

［目　文］《意见》主要有八方面内容：一、建立国家所有、省级管理、林场保护与经营的国有林场森林资源管理体制。二、从严管理国有林场林地。三、加强林木采伐管理。四、严禁国有林场森林资源流转。五、切实做好国有林场林权证的核发工作。六、建立健全国有林场森林资源动态监测体系。七、切实强化对国有林场森林资源的监管。八、加强对国有林场森林资源管理的组织领导。

10月30日

［纲　文］**第八届中国文联文艺评论奖揭晓。**

［目　文］中国文联文艺评论奖是经中宣部批准的唯一的综合性国家级文艺评论奖项，由中国文联主办，评奖对象涵盖文学、戏剧、电影、音乐、美术、曲艺、舞蹈、民间文艺、摄影、书法、杂技、电视12个艺术门类。本届文艺评论奖共收到了来自社会各界的参评著作、文章近500部（篇），其中不乏在专业领域颇具影响的优秀之作。后经初评、复评、终评，共评出著作类、文章类、组织工作奖等各类奖项102个。经评选，陈方既的《书理思辨》、饶曙光的《中国少数民族电影史》等2部著作，和朱栋霖的《经典〈雷雨〉：从话剧到苏州评弹——纪念曹禺百年诞辰》1篇文章获特等奖；《舞蹈美学》等6部著作，《书法——在象、数、理的对应中寻求适合之美》等22篇文章获一等奖；《中国艺术品市场批评概论》9部著作，《文艺创作应引导当代人文修养走向雅化》等47篇文章获二等奖；中国剧协、中国音协、中国美协、中国曲协、中国舞协、中国摄协等6家全国文艺家协会，北京、辽宁、上海、江苏、云南、西藏、陕西、宁夏8个省（区、市）文联和解放军总政宣传部共15家单位获“组织工作奖”。

10月30日

［纲　文］**环境保护部印发《关于进一步加强环境保护信息公开工作的通知》。**

［目　文］《通知》主要有三方面内容：一、充分认识新时期环境保护信息公开的重要意义。二、进一步加强环境保护信息公开。加强环境核查与审批信息公开，深入推进行政权力公开透明运行；加强环境监测信息公开，全面推进涉及民生、社会关注度高的环境保护信息公开；加强重特大突发环境事件信息公开，及时公布处置情况。三、切实加强环境保护信息公开的组织实施。积极探索建立环境信息公开的有效方式；加强调查研究和舆

情引导；切实提高环境信息公开能力。

10 月 30 日

［纲　文］ **发展改革委、财政部印发《中国清洁发展机制基金赠款项目管理办法》《中国清洁发展机制基金有偿使用管理办法》。**

［目　文］《项目管理办法》共有 5 章 28 条，主要有总则、申请和审核、实施与监督管理、验收与成果管理、附则等内容。《项目管理办法》自发布之日起施行。《使用管理办法》共有 6 章 30 条，主要有总则、方式和对象、组织和实施、管理和监控、报告、附则等内容。《使用管理办法》自发布之日起施行。

10 月 31 日

［纲　文］ **温家宝主持召开国务院常务会议。**

［目　文］ 会议指出，按照国务院部署，有关部门历时六年开展了全国土壤污染状况调查。结果表明，全国土壤环境状况必须引起高度重视，工矿业、农业等人为活动是造成土壤污染的主要原因。会议提出，要将保护土壤环境、防治和减少土壤污染、保障农产品质量安全、建设良好人居环境作为当前和今后一个时期的主要目标，进一步摸清土壤环境质量状况，建立土壤环境质量调查、监测制度，构建土壤环境质量监测网，完善相关政策、法规和标准，实施“土壤环境保护工程”，加快形成国家土壤环境保护体系，逐步改善土壤环境质量。

会议确定了以下主要任务：一、严格保护耕地和集中式饮用水水源地土壤环境。确定土壤环境优先保护区域，建立保护档案和评估、考核机制。国家实行“以奖促保”政策，支持工矿污染整治、农业污染源治理。二、加强土壤污染物来源控制。强化农业生产过程环境监管，控制工矿企业污染，加强城镇集中治污设施及周边土壤环境管理。三、严格管控受污染土壤的环境风险。开展受污染耕地土壤环境监测和农产品质量检测，强化污染场地环境监管，建立土壤环境强制调查评估制度。四、开展土壤污染治理与修复。以受污染耕地和污染场地为重点，实施典型区域土壤污染综合治理。五、提升土壤环境监管能力。深化土壤环境基础调查，强化土壤环境保护科技支撑。

会议要求落实企业保护土壤环境的主体责任。充分发挥市场机制作用，吸引社会资金参与土壤环境保护。引导和鼓励公众积极参与和支持土壤环境保护。

会议讨论通过《中华人民共和国商标法修正案（草案）》。草案针对商标注册程序比较烦琐、恶意注册和商标侵权频发等突出问题，着眼方便申请人注册、维护公平竞争的市场秩序、加强商标专用权保护，对商标法作了修改。会议决定将草案提请全国人大常委会审议。

10 月 31 日

［纲　文］ **国务院发布第八批国家级风景名胜区名单。**

［目　文］ 这些风景区包括：河北省太行大峡谷风景名胜区，河北省响堂山风景名

胜区，河北省娲皇宫风景名胜区，山西省碛口风景名胜区，浙江省大红岩风景名胜区，福建省灵通山风景名胜区，福建省湄洲岛风景名胜区、江西省神农源风景名胜区，江西省大茅山风景名胜区，湖南省凤凰风景名胜区，湖南省沩山风景名胜区，湖南省炎帝陵风景名胜区，湖南省白水洞风景名胜区，重庆市潭獐峡风景名胜区，西藏自治区土林—古格风景名胜区，宁夏回族自治区须弥山石窟风景名胜区，新疆维吾尔自治区罗布人村寨风景名胜区。

10月31日

［纲　文］**国家高技术研究发展计划（863计划）重大项目中国实验快堆工程顺利通过科技部组织的专家验收。**

［目　文］中国实验快堆项目由中国原子能科学研究院具体承担。原子能院组织国内几百家产、学、研单位参与研发，同时与俄罗斯等国开展合作，于2010年7月实现首次核临界，2011年7月完成40%功率并网发电24小时的预定目标。实验快堆的建成，标志着中国核能发展“压力堆—快堆—聚变堆”三步走发展战略中的第二步取得了重大突破，也标志着中国在四代核电技术研发方面进入国际先进行列，已成为世界上少数几个拥有快堆技术的国家之一。

11 月

11月1日

［纲　文］**国务院批复同意上海市、广东省、海南省《海洋功能区划（2011—2020年）》。**

［目　文］批复说，到2020年，上海全市建设用围填海规模控制在2300公顷以内，海水养殖功能区面积不少于600公顷，河口海洋保护区面积不少于12.3万公顷，保留区面积12.617万公顷，整治修复海岸线长度不少于60公里；广东全省建设用围填海规模控制在2.3万公顷以内，海水养殖功能区面积不少于25万公顷，海洋保护区面积不少于59万公顷，保留区占近岸海域面积比例不低于10%，大陆自然岸线保有率不低于35%，整治修复海岸线长度不少于400公里；海南全省建设用围填海规模控制在11150公顷以内，海水养殖功能区面积不少于40万公顷，海洋保护区面积达到管辖海域面积的5%以上，近岸海域海洋保护区面积占到11%以上，近岸海域保留区面积比例不低于10%，自然岸线保有率不低于55%，整治修复海岸线长度不少于200公里，功能区环境质量达标率在95%以上。国家海洋局要加强对《区划》修改工作的管理，对《区划》的实施工作予以指导、协调和监督检查。

11月1日

［纲　文］**张海迪获联合国“亚太残疾人权利领袖奖”。**

［目　文］联合国亚太经社会在韩国仁川向中国残联主席张海迪等10位活跃在亚太残疾人事务领域的人士颁发“亚太残疾人权利领袖奖”，以表彰他们对“亚太残疾人十年”活动所做出的贡献。张海迪表示，这个奖显示了国际社会对中国残疾人事业的关注，也是对中国在亚太残疾人事务发展中所做贡献的肯定。

11月1日

［纲　文］**中央文化企业国有资产监督管理领导小组办公室发布《国有文化企业发展报告（2012）》。**

［目　文］《国有文化企业发展报告（2012）》包含了中国国有文化企业发展的总报告、年度报告、专题研究和案例分析等内容。总报告介绍了国有文化企业发展的历史沿革、现状、体制改革和趋势。年度报告包括了中央文化企业发展报告和地方国有文化企业发展报告。专题研究包括了中国国有控股文化上市公司研究，企业竞争力、绩效评价研究，国有资产监管体制的特殊性及其政策含义，以及美国文化企业并购重组及其对中国的

启发。案例分析介绍了五篇关于文化企业发展的事实案例，表明了中国文化企业发展的现有成果。

报告显示，国有文化企业已成为国有经济的一支新生力量。截至2011年末，全国国有文化企业共10365户，资产总额15966.44亿元，全年累计实现营业总收入7976.95亿元，增加值1994.95亿元，利润总额849.94亿元。其中，中央文化企业共2578户，资产总额5332.36亿元，营业总收入2610.54亿元，增加值779.45亿元，利润总额357.68亿元。

11月1—4日

［纲　文］**中国共产党第十七届中央委员会第七次全体会议在北京举行。**

［目　文］全会由中央政治局主持。出席会议的有中央委员200人，候补中央委员165人。中央纪律检查委员会委员和有关负责同志列席会议。

会议听取和讨论胡锦涛受中央政治局委托作的工作报告。全会讨论并通过党的十七届中央委员会向党的第十八次全国代表大会做的报告，讨论并通过《中国共产党章程（修正案）》，决定将这两份文件提请党的第十八次全国代表大会审议。习近平就党的十七届中央委员会向党的第十八次全国代表大会的报告讨论稿和《中国共产党章程（修正案）》讨论稿向全会作说明。全会审议并通过《中共中央纪律检查委员会关于薄熙来严重违纪问题的审查报告》《中共中央纪律检查委员会关于刘志军严重违纪问题的审查报告》，确认中央政治局2012年9月28日作出的给予薄熙来开除党籍、2012年5月28日作出的给予刘志军开除党籍的处分。

全会总结了党的十七大以来5年的工作。一致认为，这5年是不平凡的5年。面对复杂多变的国际环境和艰巨繁重的改革发展稳定任务，以胡锦涛同志为总书记的党中央带领全党，紧紧依靠全国各族人民，经受住各种困难和风险考验，全面推进了党和国家各项工作。经济平稳较快发展，改革开放取得重大进展，人民生活水平显著提高，民主法制建设迈出新步伐，文化建设迈上新台阶，社会建设取得新进步，国防和军队建设开创新局面，港澳台工作进一步加强，外交工作取得新成就，党的建设全面加强，坚持和发展了中国特色社会主义。

全会决定，增补范长龙、许其亮为中共中央军事委员会副主席。全会按照党章规定，决定递补中央委员会候补委员王学军等为中央委员会委员。会议决定，中国共产党第十八次全国代表大会于2012年11月8日在北京召开。

11月2日

［纲　文］**中国—东盟环境保护合作中心与中国宜兴环保科技工业园在北京签署战略合作协议。**

［目　文］环境保护部、江苏省环保厅及宜兴市委、市政府的相关负责人出席。根据协议，东盟中心与宜兴环科园结成战略合作伙伴，以“加强合作、优势互补、相互促进、

互利共赢”为指导原则，以支持宜兴环科园环保企业“走出去”为突破口，以提升园区国际化水平为目的开展合作，共同促进中国与东盟的环保技术交流与产业合作。履行协议期间，双方将发挥各自优势，研究和转化一批适合东盟国家的环境技术与产品，并在环境技术交流、人员培训、环保产业等方面与东盟国家开展深入合作。

11 月 3—4 日

［**纲　文**］**中国历史文化名楼市长论坛暨名楼年会在长沙举办**。

［**目　文**］论坛由长沙市人民政府和中国文物学会历史文化名楼保护专业委员会主办，长沙市园林局、长沙天心阁管理处承办，主题为“文化——城市之根、城市之魂”，期间，举行 11 个城市市长论坛、名楼文化论坛、名楼楼主看长沙等主题活动。3 日，论坛开幕，来自岳阳、武汉、南昌、永济、蓬莱、昆明、南京、西安、宁波、杭州、长沙 11 城市市长（代表）在长沙天心阁主阁楼前坪，共同签署文化名楼保护《长沙宣言》。11 城市市长（代表）就如何有效整合城市文化资源，弘扬城市历史传统文化，铸造城市现代文化，提升城市形象和软实力，深化城市文化内涵发表了主题演讲。

11 个历史文化名楼分别为：岳阳楼（湖南岳阳市）、黄鹤楼（湖北武汉市）、滕王阁（江西南昌市）、蓬莱阁（山东蓬莱市）、鹳雀楼（山西永济市）、大观楼（云南昆明市）、阅江楼（江苏南京市）、天心阁（湖南长沙市）、钟鼓楼（陕西西安市）、天一阁（浙江宁波市）、城隍阁（浙江杭州市）。自 2004 年开始，中国历史文化名楼年会每年举办一次，2012 年是首次举办名楼城市市长论坛。

11 月 3 日

［**纲　文**］**全国首个文化保税中心　北京大山了文化保税中心在 798 百雅轩艺术中心揭牌成立**。

［**目　文**］北京大山子文化保税中心由北京歌华文化发展集团在海关总署、文化部、北京市委市政府支持下筹备建设。这是全国首个文化保税中心，也是首次在艺术园区设立文化保税服务平台，作为世界第三大文化创意产业交易中心和中国文化艺术品创作出口的重要基地，中心的成立有助于北京建设全球艺术品交易市场，对促进中国文化产品走出去和世界优秀文化产品引进来，支持文化创意产业发展产生重要影响。

所谓文化保税，是创新利用海关特殊监管区“进口商品免证、免税、保税”和“出口商品进区及区内生产退税”的一项优惠政策，也是促进文化商品低成本、高效率流转、流通的一种新型服务模式。境外文物或艺术品通过保税中心进入中国展示将简化手续、降低成本，保税区内生产加工的文化创意产品出口成本也将随之降低。

北京大山子文化保税中心一期建设以文化公共保税仓库和保税展厅为主，可以为区内文化创意生产、贸易企业提供仓储、中转、物流、保管等系列保税服务；二期推动建设物理围网和电子管理的海关监管区域，增强区域内生产、加工、展示、交易、金融服务保税功能；三期建设积极拓展对整个大山子艺术区及全市文化创意产业提供文化保税服务，从而带动全市文化进出口贸易发展。

11月3日

［纲　文］**《人民日报》报道，中国掌握太阳能热发电产业化技术。**

［目　文］由中国华能集团自主研发建设的中国首个菲涅尔式光热联合循环混合电站已经在海南三亚竣工投产。该项目的建成，标志着中国成功掌握了太阳能热发电产业化的技术和工艺。该项目是国家能源局和华能集团的重点科技示范项目，这是中国首次利用太阳能集热技术产生超过400℃的过热蒸汽，与国际同类最先进的水平相当，并且所有设备均实现国产化，申请专利30余项，华能集团拥有完全自主知识产权。

11月3—4日

［纲　文］**中国共产党第十七届中央纪律检查委员会第八次全体会议在北京举行。**

［目　文］中央纪律检查委员会常务委员会主持会议，中共中央政治局常委、中央纪律检查委员会书记贺国强作了讲话。中央纪律检查委员会委员125人出席会议，并列席了中国共产党第十七届中央委员会第七次全体会议。

全会审议并通过了中共中央纪律检查委员会向党的第十八次全国代表大会的工作报告，同意将报告提请党的第十八次全国代表大会审查。

全会认为，在世情、国情、党情发生深刻变化的新形势下，我们党面临的执政考验、改革开放考验、市场经济考验、外部环境考验是长期的、复杂的、严峻的，精神懈怠危险、能力不足危险、脱离群众危险、消极腐败危险更加尖锐地摆在全党面前，反腐败斗争形势依然严峻、任务依然艰巨，必须充分认识反腐败斗争的长期性、复杂性、艰巨性，坚持反腐倡廉常抓不懈、拒腐防变警钟长鸣。

全会强调，坚决反对腐败、建设廉洁政治，是我们党一贯坚持的鲜明政治立场，是人民关注的重大政治问题。要坚持围绕中心、服务大局，坚持标本兼治、综合治理、惩防并举、注重预防方针，紧紧围绕党的先进性和纯洁性建设，着力加强以保持党同人民群众血肉联系为重点的作风建设，深入推进以完善惩治和预防腐败体系为重点的反腐倡廉建设，认真解决反腐倡廉建设中人民群众反映强烈的突出问题，坚定信心、加大力度，与时俱进、改革创新，进一步提高反腐倡廉建设科学化水平，做到干部清正、政府清廉、政治清明，为落实党的十八大作出的各项重大决策和战略部署提供有力保证。

全会增选张军为中央纪委副书记，陈文清为中央纪委常务委员会委员、副书记。

11月4日

［纲　文］**国务院办公厅转发安全监管总局等部门《关于依法做好金属非金属矿山整顿工作意见》。**

［目　文］《意见》主要有四方面内容：一、总体要求和目标任务。二、矿山整顿重点。对存在非法违法开采行为的矿山依法予以取缔关闭；对限期停产整改后仍不具备安全生产条件的矿山依法予以关闭；对工艺、技术、装备落后，不符合产业发展政策的矿山限

期予以关闭。三、矿山整顿标准。四、工作要求。抓紧制定工作方案，完善联合执法机制，狠抓整顿工作效果，加强社会监督和督导检查。《意见》说，为从根本上改善矿山安全生产条件，降低事故总量，决定于2012—2015年组织开展矿山整顿攻坚战。

《意见》提出的目标任务是：到2015年底，无证开采等非法违法行为得到有效制止，不符合产业政策、安全保障能力低下的小型矿山得到依法整顿关闭，浪费破坏矿产资源、严重污染环境等行为得到有效遏制，小型矿山数量有较大幅度减少，安全基础工作进一步加强，矿山安全生产条件进一步改善，矿山规模化、机械化、标准化、信息化、科学化水平进一步提高，生产安全事故持续下降，较大、重大事故得到有效遏制，努力杜绝特别重大事故。

11月4日

［纲　文］**国土资源部宣布，内蒙古中部发现世界级铀矿。**

［目　文］由中央地质勘查基金投资并组织实施的内蒙古中部大营地区铀矿勘查取得重大突破，发现国内目前最大规模的可地浸砂岩型铀矿床。该地区累计控制铀资源量已经跻身于世界级大矿的行列。

11月4—6日

［纲　文］**国务院总理温家宝应邀出席第9届亚欧首脑会议并对老挝进行正式访问。**

［目　文］5—6日，第9届亚欧首脑会议在老挝万象召开，老挝总理通辛主持会议，老挝国家主席朱马利在开幕式上致辞。温家宝在会上作了题为《共同担负起促进世界经济稳定增长的重任》的主旨发言，详细介绍了中方对世界经济金融形势的看法和中国当前经济形势，表达对未来发展的信心，呼吁亚欧国家齐心协力，加强合作，共同担负起促进世界经济稳定增长的重任。温总理阐述了对亚欧合作的看法：第一，自由、开放、公正的国际贸易是世界经济增长的重要动力。第二，加强宏观经济政策协调仍是当前一项重要任务。第三，共同推动科技创新是战胜危机的根本手段。第四，健全的全球经济治理体系是世界经济增长的制度保障。温家宝还就深化亚欧合作提出新的合作倡议，包括举办亚欧会议未来发展方向研讨会，建立亚欧水资源科技创新合作网络，开展亚欧林业示范项目，更好地发挥亚欧基金的作用等。温家宝还就能源安全、防灾减灾等全球性问题阐述了中方看法，提出树立互利合作、多元发展、协同保障的新能源安全观，以及发展清洁能源和可再生能源、维护能源市场正常秩序、节能增效和亚欧国家加强防灾减灾合作等倡议。

会议的主题是“和平挚友，繁荣伙伴”，分别讨论经济金融、全球性问题和亚欧合作进程等议题，49个亚洲和欧洲国家的国家元首和政府首脑以及欧洲理事会主席、欧盟委员会主席、东盟秘书长出席。会上，亚欧会议成员的领导人就共同关心的重要地区和国际问题进行讨论。会议吸收孟加拉国、瑞士、挪威正式加入，并发表《第九届亚欧首脑会议主席声明》和《关于加强和平与发展伙伴关系的万象宣言》。

会议期间，5日，温家宝会见了与会的法国总统奥朗德、意大利总理蒙蒂、保加利亚总统普列夫内利耶夫。

5日，温家宝在老挝访问期间，与老挝总理通辛举行会谈；会见了老挝人民革命党总书记、国家主席朱马利。温家宝在与通辛会谈时表示，中老要全面落实两国达成的各项共识，尽快制订中老全面战略合作伙伴关系行动计划；加强在农业、基础设施建设、卫星广播通讯等方面的合作；密切在湄公河执法安全合作机制中的协调配合；加强人文交流，促进两国人民友好交往。温家宝在会见朱马利时表示，在当前形势下，做好以下几方面工作尤为重要：一是在涉及彼此核心利益的问题上继续坚定地相互支持；二是在平等互利的基础上扩大务实合作；三是加强中国与东盟的团结与互信；四是深化湄公河流域执法安全合作。

11月4—6日

［纲　文］ **中国国际矿业大会高峰论坛暨矿业博览会在天津举行。**

［目　文］ 5日，国务院副总理李克强致信大会，代表中国政府对大会的召开表示祝贺。李克强致信说，矿业开发是经济发展的“先行官”，经济发展是矿业繁荣的“推动器”。中国是矿业生产和消费大国，多年来为全球矿业发展提供了有力支撑和广阔空间。面对工业化、城镇化的深入推进，我们将坚持立足国内，加快找矿步伐和节约集约利用资源并重，提高国内矿产综合保障能力，同时继续积极参与国际合作，与有关国家一起，作国际矿业市场的建设性推动者，实现共赢发展。

大会由国土资源部、天津市人民政府和中国矿业联合会共同主办，旨在共同破解全球矿业发展面临的困难和挑战。发展改革委、科技部、工业和信息化部、财政部、环境保护部、商务部、国家开发银行、中国进出口银行、中国银行等单位协办。大会以“携手应对、共促发展”为主题，突出宣传中国政府为实施找矿采取的战略举措。来自55个国家的矿业界、金融界和政府部门等方面的6000多名代表参加大会，430余家企业和单位参加大型展览，大会重点组织国内外矿业合作项目的签约、洽谈和交流等活动，为加强中外矿业领域务实合作搭建重要平台。大会评选并颁发中国矿业国际合作奖，进一步鼓励和促进矿业对外开放与合作。大会举办主题论坛、国外矿业部长论坛、企业发展高层论坛等三大主论坛，31场专题论坛以及9个国家（地区）矿业合作项目推介（招商）会。

大会期间，签约项目共有89个，涉及30个国家，合计签约金额132.27亿元。其中，国内项目21个，主要分布在中国华南和西北地区，投资金额50.63亿元；国外项目68个，主要分布在阿根廷、柬埔寨、加拿大、厄立特里亚、埃塞俄比亚、老挝、蒙古、缅甸、秘鲁、津巴布韦等国家，投资金额81.64亿元。

11月5日

［纲　文］ **纪念马文瑞诞辰100周年座谈会在人民大会堂举行。**

［目　文］ 马文瑞，1912年11月4日生，2004年1月3日逝世。曾任第六届、第七届全国政协副主席。

全国政协副主席兼秘书长钱运录主持座谈会。中共中央政治局委员、中组部部长李源潮，全国人大常委会原副委员长李铁映出席座谈会。中共中央政治局委员、全国政协副主席王刚出席座谈会并讲话。王刚说，我们纪念马文瑞同志，就是要学习他信念坚定，对党的事业无限忠诚的革命立场；学习他奋发有为，勇于开拓的进取精神；学习他好学深思，理论联系实际的优良作风；学习他光明磊落，全心全意为人民服务的高尚情怀。中共中央党史研究室、人力资源社会保障部、中共中央党校、中共陕西省委有关负责人先后发言。全国政协办公厅、各民主党派中央和全国工商联、中共甘肃省委、中国延安精神研究会等有关方面负责同志，马文瑞同志亲属、生前友好和身边工作人员代表出席座谈会。

11月5日

［纲　文］**保监会发出《关于第六批取消和调整行政审批项目的通知》。**

［目　文］《通知》说，保监会决定取消行政审批项目7项，下放管理层级10项，减少审批部门2项。《通知》附《保监会第六批取消的行政审批项目及后续管理措施一览表》《保监会下放管理层级的行政审批项目目录》《减少审批部门的行政审批项目目录》。

11月5日

［纲　文］**国家宗教局公布《宗教院校学位授予办法（试行）》《宗教院校教师资格认定和职称评审聘任办法（试行）》。**

［目　文］《学位授予办法（试行）》共有5章25条，主要有总则、条件、授予、法律责任、附则等内容。《学位授予办法（试行）》于2012年10月16日经国家宗教局局务会议通过，自2013年1月1日起施行。

《聘任办法（试行）》共有5章37条，主要有总则、资格认定、职称评审聘任、法律责任、附则等内容。《聘任办法（试行）》于2012年10月16日经国家宗教局局务会议通过，自2013年1月1日起施行。

11月5日

［纲　文］**工业和信息化部公布《业余无线电台管理办法》。**

［目　文］《办法》共有7章43条，主要有总则、业余无线电台设置审批、业余无线电台使用、业余无线电台呼号、监督检查、法律责任、附则等内容。《办法》禁止业余无线电台发送、接收与业余业务和卫星业余业务无关的信号，从事商业或者其他与营利有关的活动。《办法》经2012年10月17日工业和信息化部第26次部务会议审议通过，自2013年1月1日起施行。

11月5—7日

［纲　文］**第6届中国黄梅戏艺术节在安徽安庆举办。**

［目　文］艺术节由文化部、安徽省人民政府联合主办，中国戏剧家协会、安徽省文化厅、安徽省文联和安庆市人民政府共同承办。艺术节以“传承、创新、繁荣、和谐”为主题，设置开闭幕式文艺演出、新剧目展演、文化旅游经贸活动等各项活动，来自美国、加拿大、韩国等10多个国家和地区以及湖北、江苏、福建等省市的800多位嘉宾参会。

艺术节还举办折子戏、黄梅戏票友演唱会、音乐会和综艺演出等专场群众文化活动。

11月5—9日

［纲　文］**全球卫星导航系统国际委员会第七届大会在北京举行。**

［目　文］5日，开幕式举办，国务委员刘延东，联合国外空司司长奥斯曼出席大会开幕式并分别致辞。刘延东说，中国政府高度重视卫星导航系统建设，将北斗卫星导航系统列为国家科技重大专项，形成了一系列具有自主知识产权的卫星导航产品，促进了新兴产业集群的发展，产生了显著的经济和社会效益。奥斯曼称，目前，卫星导航定位数据已在测绘、环境监测、精细农业、自然资源管理、灾害预警及应急响应、航空、海陆运输、气候变化等各行业得到广泛应用。

全球卫星导航系统国际委员会是联合国推动成立的政府间非正式组织，旨在加强卫星导航领域的协调与合作，促进卫星导航全球化应用。中国于2007年9月加入该委员会，中国北斗与美国GPS、俄罗斯格洛纳斯、欧盟伽利略是该委员会认可的四大全球卫星导航系统。这次大会在中国举办，来自全球卫星导航系统国际委员会成员、准成员、观察员等16个国家和地区以及18个国际组织共240余名代表参加。

大会以卫星导航系统兼容与互操作、服务性能提升、能力建设等为主要议题，大会内容包括开幕式、全体大会、供应商论坛会议、工作组会议、技术文化之旅等。大会通过3次大会、14次分会，对涉及卫星导航系统建设发展的近20个议题进行交流，形成广泛共识；大会高度赞扬全球卫星导航系统国际委员会自2005年成立以来在促进卫星导航国际交流与合作中发挥的重要作用，充分肯定了本届大会的里程碑作用。

11月5—11日

［纲　文］**“2012波兰·中国西藏文化周”在波兰首都华沙举行。**

［目　文］文化周由中国国务院新闻办公室、西藏自治区人民政府、中国驻波兰大使馆、公民协会“波兰家园”联合主办。

全国政协主席贾庆林为活动致贺信。贺信说，西藏文化是中华乃至世界文化宝库中的瑰宝。中国首次在波兰举办以西藏为主题的综合文化展示活动，是中波两国文化交流的重要组成部分，将为波兰公众打开一个了解感知“世界屋脊”——中国西藏的重要窗口。国务院新闻办公室、西藏自治区人民政府有关负责人分别发了贺信。

文化周期间，通过“雪域风采”图片展览、“魅力西藏”歌舞表演、“倾听西藏”藏学家藏医学家交流活动等形式，展现西藏悠久丰富的民族文化和独具特色的风土人情以及西藏经济社会发展和各族人民安居乐业的生动景象。

11月6日

［纲　文］**民政部、国家开发银行发出《关于贯彻落实〈支持社会养老服务体系建设规划合作协议〉共同推进社会养老服务体系建设的意见》。**

［目　文］《意见》主要包括五方面内容：一、社会养老服务体系建设任重道远，迫切

需要开发性金融的大力支持。二、明确开发性金融支持社会养老服务体系建设的总体思路。通过双方合作，到“十二五”末，基本建立开发性金融支持社会养老服务体系建设的体制机制，稳步扩大信贷支持规模，完善金融支持模式，有效拓展养老服务业市场化融资渠道，提升金融支持社会养老服务体系建设的服务水平。三、落实开发性金融支持社会养老服务体系建设的主要内容。重点支持养老服务设施建设；全面开展规划合作，批量化培育策划项目，测算投融资需求，探索符合实际需求的融资模式，为信贷资金投入打通渠道；推动养老服务投融资平台建设；开展中长期贷款，提供综合金融服务。四、民政部门积极协助国家开发银行加强资金监管。五、完善开发性金融支持社会养老服务体系建设的保障措施。

11月6日

［纲　文］ **住房城乡建设部印发《住房保障档案管理办法》**。

［目　文］《办法》共有6章31条，主要有总则、归档范围、归档管理、信息利用、监督管理、附则等内容。《办法》自2013年1月1日起施行。

11月6日

［纲　文］ **工商总局、司法部印发《律师事务所从事商标代理业务管理办法》**。

［目　文］《办法》共有5章25条，主要有总则、业务范围及备案、业务规则、监督管理、附则等内容。《办法》自2013年1月1日起施行。

11月6—7日

［纲　文］ **国际竹藤组织成立15周年纪念大会在北京举行**。

［目　文］ 6日，全国政协主席贾庆林出席开幕式并作题为《开发竹藤资源造福世界人民》的致辞。贾庆林就加快竹藤业发展提出三点建议：第一，推进科技创新，提升发展水平。第二，有序开发利用，发挥更大效益。第三，加强国际合作，实现共同发展。中国政府愿意从资金、技术等方面继续支持发展中国家开发利用竹藤资源。

国务院副总理李克强在北京会见了出席国际竹藤组织成立15周年纪念活动的主要外方代表。李克强说，国际竹藤组织是第一个总部设在中国的政府间国际组织，作为东道国，中国政府一贯支持其在华开展工作。竹和藤是重要的生态资源和经济资源，世界上有15亿人的生活与之密切相关，中国有大量农民从事竹藤生产和加工。竹藤还承载着独特的文化价值。有效保护和合理开发利用竹藤资源，对于改善生态、消除贫困、推动经济发展具有重要意义。

孟加拉国粮食与灾害管理部部长拉扎克、国际竹藤组织联合主席江泽慧和埃塞俄比亚农业部副部长盖塔哈分别在会上发言。

论坛通过了旨在通过竹藤推动绿色包容发展的《北京宣言》。促进完善各自国家的相关政策法规，将竹藤资源可持续利用与管理纳入包容与绿色发展范畴；《宣言》指出，鼓励各自国家分别制定有利于竹藤减贫的国家目标、政策及战略行动计划；加大竹藤对环境可持续性，尤其是减缓气候变化、优化生态系统服务功能、保护生物多样性的贡献；通过合作科研、共享技术信息、召开专业技术会议和研讨会等方式，加强能力建设及技术创新，从而推进竹藤技术在包容与绿色发展中的应用；加强竹藤管理领域国际和地区合作，通过INBAR等现有国际组织，交流和分享知识、经验、技术和资源。

国际竹藤组织是第一个总部设在中国的、独立的、非赢利性政府间国际组织，是唯一一家针对竹和藤这两种非木质林产品的国际发展机构。

11月7日

［纲　文］**国家主席胡锦涛、国务院总理温家宝分别致电祝贺奥巴马当选连任美国总统。**

11月7日

［纲　文］**保监会印发《人身保险业综合治理销售误导评价办法（试行）》。**

［目　文］《办法》共有7章24条，主要有总则、目标和原则、指标体系、网络调查、指标报送、频度和披露、附则等内容。《办法》自发文之日起施行。

11月7—11日

［纲　文］**首届中国（黄山）非遗传统技艺大展举办。**

［目　文］大展由文化部与安徽省人民政府共同主办，中国艺术研究院·中国非物质文化遗产保护中心、安徽省文化厅和黄山市人民政府联合承办。7日，举行开幕式。文化部、安徽省有关负责人与来自全国31个省区市的非遗传承人出席。大展邀请到237个非遗项目、241名代表性传承人参展。展览中，既有传承人巧夺天工的技艺现场演示和经典作品展示，也注重吸引观众参与互动，让人们更多地了解和关注非遗。大展期间举办了高峰论坛，邀请国内专家就当前非遗保护的成就、经验、迫切需要解决的问题和工作难点进行深入研讨。

11月8—14日

［纲　文］**中国共产党第十八次全国代表大会在北京举行。**

［目　文］大会正式代表2268人，特邀代表57人，代表全国8200多万党员。

中共中央总书记胡锦涛代表十七届中央委员会作《坚定不移沿着中国特色社会主义道路前进，为全面建成小康社会而奋斗》的报告。大会总结了过去5年的工作和过去10年的基本经验，确立科学发展观的历史地位，提出夺取中国特色社会主义新胜利的基本要求，确定全面建成小康社会和全面深化改革开放的目标，对新的时代条件下推进中国特色社会主义事业作出全面部署，对全面提高党的建设科学化水平提出明确要求。

大会审议并一致通过十七届中央委员会提出的《中国共产党章程（修正案）》，决定这一修正案自通过之日起生效。大会一致同意在党章中把科学发展观同马克思列宁主义、毛泽东思想、邓小平理论、“三个代表”重要思想一道确立为党的行动指南。大会指出，科学发展观，是同马克思列宁主义、毛泽东思想、邓小平理论、“三个代表”重要思想既一脉相承又与时俱进的科学理论，是马克思主义关于发展的世界观和方法论的集中体现，是马克思主义中国化最新成果，是中国共产党集体智慧的结晶，是党必须长期坚持的指导思想。大会要求全党同志更加深入地学习科学发展观，进一步增强贯彻落实科学发展观的自觉性和坚定性，不断完善贯彻落实科学发展观的体制机制，把科学发展观贯彻到中国现代化建设全过程、体现到党的建设各方面。

大会审查、批准了中央纪律检查委员会的工作报告，充分肯定了十七届中央纪律检查委员会的工作。大会要求，中央和地方各级纪律检查委员会，要高举中国特色社会主义伟大旗帜，以邓小平理论、“三个代表”重要思想、科学发展观为指导，全面履行党章赋予的职责，坚持围绕中心、服务大局，坚持标本兼治、综合治理、惩防并举、注重预防方针，紧紧围绕党的先进性和纯洁性建设，认真做好惩治和预防腐败各项工作，深入推进党风廉政建设和反腐败斗争。各级党委要继续加强对纪律检查工作的领导，把党风廉政建设和反腐败工作放在更加突出的位置，着力加强以保持党同人民群众血肉联系为重点的作风建设，深入推进以完善惩治和预防腐败体系为重点的反腐倡廉建设，认真解决反腐倡廉建设中人民群众反映强烈的突出问题，进一步提高反腐倡廉建设科学化水平，做到干部清正、政府清廉、政治清明，为落实党的十八大作出的各项重大决策和战略部署提供有力保证。

大会选举产生第十八届中央委员会和中央纪律检查委员会，其中，中央委员会委员205人、候补委员171人，中央纪律检查委员会委员130人。

11月8日

［纲　文］**《人民日报》报道，胡锦涛为中国邮政发行的纪念封《中国共产党第十八次全国代表大会》题词。**

［目　文］为庆祝中国共产党第十八次全国代表大会胜利召开，中国邮政发行《中国共产党第十八次全国代表大会》纪念封1枚，纪念邮票一套2枚，小型张1枚。中共中央总书记胡锦涛专门为纪念封题词：中国共产党第十八次全国代表大会。

11月8日

［纲　文］**《人民日报》发表题为《夺取中国特色社会主义新胜利——热烈祝贺中国共产党第十八次全国代表大会开幕》的社论。**

11月9日

［纲　文］**国务院公布《国务院关于修改和废止部分行政法规的决定》。**

［目　文］《决定》修改5件行政法规的部分条款，废止5件行政法规。修改部分条款的5件行政法规是《企业名称登记管理规定》《殡葬管理条例》《中华人民共和国税收征收管理法实施细则》《中华人民共和国道路运输条例》《铁路交通事故应急救援和调查处理条例》。废止的5件行政法规是《铁路旅客意外伤害强制保险条例》《中华人民共和国固定资产投资方向调节税暂行条例》《非贸易非经营性外汇财务管理暂行规定》《事业单位财务规则》《行政单位财务规则》。《决定》自2013年1月1日起施行。

11月9日

［纲 文］ **国务院发出关于开展第3次全国经济普查的通知。**

［目 文］《通知》主要有六方面内容。一、普查的主要目的。通过普查，进一步夯实统计基础，健全统计工作的部门协调机制和信息共享机制，为加强和改善宏观调控，加快经济结构战略性调整，科学制定中长期发展规划，提供科学准确的统计信息支持。二、普查的对象和范围。采矿业，制造业，电力、热力、燃气及水生产和供应业，建筑业，批发和零售业，交通运输、仓储和邮政业，住宿和餐饮业，信息传输、软件和信息技术服务业，金融业，房地产业，租赁和商务服务业，科学研究和技术服务业，水利、环境和公共设施管理业，居民服务、修理和其他服务业，教育，卫生和社会工作，文化、体育和娱乐业，以及公共管理、社会保障和社会组织等。三、普查的内容和时间。普查的主要内容包括单位基本属性、从业人员、财务状况、生产经营情况、生产能力、原材料和能源及主要资源消耗、科技活动情况等。普查标准时点为2013年12月31日，普查时期资料为2013年年度资料。四、普查的组织和实施。为了加强对普查工作的组织和领导，国务院将成立第三次全国经济普查领导小组，负责普查组织和实施中重大问题的研究和决策。普查领导小组由国务院领导同志任组长，成员单位包括国务院办公厅、统计局、发展改革委、中央宣传部、中央编办、监察部、民政部、财政部、税务总局、工商总局和质检总局等部门。地方各级人民政府要设立相应的普查领导小组及其办公室，加强领导，认真组织好本地区的普查实施工作。五、普查的经费保障。第三次全国经济普查所需经费，由中央和地方各级人民政府共同负担，并列入相应年度的财政预算，按时拨付、确保到位。六、普查的工作要求。坚持依法普查；充分运用现代信息技术；加强宣传工作。

11月9日

［纲 文］ **财政部、工业和信息化部印发《稀土产业调整升级专项资金管理办法》。**

［目 文］《办法》共有7章32条，主要有总则，支持内容，支持方式及标准，申请条件，项目申报、评审及资金拨付，监督检查和绩效评价，附则等内容。《办法》自发布之日起施行。

11月9—11日

［纲 文］ **2012中国国际绿色创新技术产品展在广州·中国进出口商品交易会展馆举行。**

［目 文］ 展会由中国对外贸易中心、中国机电产品进出口商会主办，联合国开发计划署、联合国工业发展组织、联合国贸发会议、联合国环境规划署、世界知识产权组织、经济合作与发展组织六大国际机构联合主办，广州市人民政府和中国对外贸易中心共同承办。展会以“绿色创新，低碳发展”为主题，集中展示国内外绿色低碳先进技术、产品和服务，旨在贯彻落实中国“十二五”节能减排相关规划，促进国内外绿色低碳先进技术、产品、服务与中国和世界节能减排绿色发展巨大市场需求有效对接。

9日，2012中国国际绿色创新技术产品展开幕。中共中央政治局委员、广东省委书记汪洋发来贺信。全国人大常委会副委员长韩启德出席开幕式并宣布开幕。汪洋在贺信中指出，绿色低碳是当今世界各国的发展共识，也是我们突破能源资源约束、实现可持续发展的必然要求。举办绿色创新展，集中展示国内外绿色低碳先进技术、产品、服务，开展相关的交流合作，对推动绿色低碳发展具有积极意义。

展会期间有关部委举办近30场相关活动，包括12场高层论坛研讨会、3场环境产品采购说明会、5场发布会、1场会议、6项重要活动。

11月10—30日

［纲　文］**第7届海峡两岸书画展在郑州举行。**

［目　文］展览由中国文联书画艺术交流中心、郑州市政协、郑州市委统战部、河南博物院主办，郑州市文联、中原书画报社等单位承办。展览共展出来自全国30多个省（直辖市、自治区）和香港、澳门特别行政区及美国、新加坡、加拿大等国家和地区书画家的山水、花鸟、人物、书法、篆刻、工艺美术等书画精品600多件。表达了两岸人士对中国传统文化的热爱，体现了两岸书画家“团结、奋进、爱国、奉献”的情怀。展览期间，组委会还就两岸书画艺术的演变与发展等举办高峰论坛。

11月12日

［纲　文］**国务院公布《农业保险条例》。**

［目　文］《条例》共有5章33条，主要有总则、农业保险合同、经营规则、法律责任、附则等内容。《条例》经2012年10月24日国务院第222次常务会议通过，自2013年3月1日起施行。

11月12日

［纲　文］**小浪底水库首次蓄水至270米。**

［目　文］8时，黄河小浪底水库蓄水位首次达到270米高程，相应蓄水量89.34亿立方米，进入最后一个分级蓄水阶段的检验，这是小浪底水库建设运行的重要里程碑。

11月12日

［纲　文］**《人民日报》报道，中国首座太阳能热发电实验电站建成。**

［目　文］8月，中科院电工研究所延庆太阳能热发电实验电站首次太阳能发电实验获得成功，无故障运行3个多月，这标志着中国首座太阳能热发电实验电站顺利建成。中国成为继美国、德国、西班牙之后，世界上第四个掌握集成大型太阳能热发电站有关技术的国家。

延庆太阳能热发电站是国家“十一五”863计划重点项目的一部分。延庆太阳能热发电实验电站的年发电量约为195万千瓦时，相比传统的火力电站，每年可以节约标准煤663吨，减少排放二氧化碳2336吨、二氧化硫17.5吨。

11月12日

［纲　文］**财政部、商务部、发展改革委、科技部、工商总局发布《现代服务业综合试点工作绩效评价管理办法》。**

［目　文］财政部、商务部、发展改革委、科技部、工商总局在印发通知中说：为了推动现代服务业综合试点工作取得实效，强化支出责任，提高财政资金使用效益，我们研究制定了《现代服务业综合试点工作绩效评价管理办法》，现印发给你们，请遵照执行。

《办法》共有4章13条，主要有总则、绩效评价组织实施、绩效评价结果运用、附则等内容。《办法》自发布之日起实施。

11月12日

［纲　文］**发展改革委、广电总局印发《有线数字电视基本收视维护定价成本监审办法（试行）》。**

［目　文］《办法》共有4章31条，主要有总则、基本收视维护定价成本构成、基本收视维护定价成本核算、附则等内容。《办法》自2013年3月1日起执行。

11月12日

［纲　文］**证监会公布《证券公司代销金融产品管理规定》，共有22条，自公布之日起施行。**

11月13日

［纲　文］**国务院扶贫办、发展改革委发出《关于印发滇西边境片区区域发展与扶贫攻坚规划的通知》。**

［目　文］《通知》说，滇西边境片区集少数民族地区、边境地区于一体，贫困面广、程度深，是边境县和世居少数民族最多的集中连片特困地区。《规划》实施要深入贯彻落实科学发展观，按照"区域发展带动扶贫开发、扶贫开发促进区域发展"的基本思路，着力加强以交通、水利为主的基础设施建设，着力培育特色优势产业，着力改善生产生活条件，着力开发人力资源，着力加快社会事业发展，着力加强生态建设和环境保护，着力深化改革、扩大开放，将滇西边境片区建设成为中国面向西南开放重要门户、国家重要清洁能源基地、国际知名旅游目的地、优势特色农产品生产加工基地、中国重要的生物多样性宝库和西南生态安全屏障、边境稳定和民族团结模范区、人力资源开发扶贫示范区。

《规划》由国务院扶贫开发领导小组办公室、发展改革委于2012年9月制定，主要有基本情况、总体要求、空间布局、基础设施建设、产业发展、农业基本生产生活条件、就业与农村人力资源开发、社会事业发展与公共服务、生态建设和环境保护、改革创新等内容。

11月13日

［纲　文］**人力资源社会保障部发布消息，城乡居民社会养老保险参保人数快速增长。**

［目　文］ 截至本年10月底，城乡居民参保人数达到4.59亿人，其中1.25亿城乡老年居民领取养老金。人力资源社会保障部要求，各地要按照国务院有关工作部署，继续做好政策落实、宣传动员、业务经办等工作，确保符合条件的城乡老年居民按时足额领取养老金，为适龄城乡居民参保续保提供方便快捷的服务。

11月14日

［纲　文］ **民政部、财政部发出《关于政府购买社会工作服务的指导意见》。**

［目　文］《意见》主要有四方面内容：一、充分认识政府购买社会工作服务的重要性与紧迫性。二、政府购买社会工作服务的指导思想、工作原则和主要目标。三、政府购买社会工作服务的主体、对象、范围、程序与监督管理。四、加强对政府购买社会工作服务的组织领导。

11月15日

［纲　文］ **中国共产党第十八届中央委员会第一次全体会议在北京举行，习近平当选为中央总书记。**

［目　文］ 习近平主持会议并讲话。出席会议的有中央委员205人，候补中央委员171人。中央纪律检查委员会委员列席会议。

全会选举产生了新一届中央政治局，共25人；选举习近平、李克强、张德江、俞正声、刘云山、王岐山、张高丽为中央政治局常委，习近平为中央委员会总书记。同日，当选为中共中央总书记的习近平与中央政治局常委与采访十八大的中外记者见面，习近平发表重要讲话。根据中央政治局常委会的提名，通过中央书记处成员，决定中央军事委员会组成人员，习近平为主席；批准中央纪律检查委员会书记、副书记和常委人选，王岐山为书记。同日，中共十八届中央纪委一次全会举行，选举了中央纪律检查委员会书记、副书记和常委，报中央委员会批准。

11月15日

［纲　文］ **中国共产党第十八届中央纪律检查委员会第一次全体会议举行，王岐山当选为中央纪委书记。**

［目　文］ 王岐山主持会议。中央纪律检查委员会委员应到130人，实到129人。全会选举了中央纪律检查委员会书记、副书记和常务委员会委员，报中央委员会批准。与会同志列席了中国共产党第十八届中央委员会第一次全体会议。

11月15日

［纲　文］ **证监会公布《基金管理公司开展投资、研究活动防控内幕交易指导意见》，主要有16条内容，《意见》自2012年12月15日起施行。**

11月15日

［纲　文］ **监察部公布《监察机关参加生产安全事故调查处理的规定》。**

［目　文］《规定》共有4章32条，主要有总则、立案与调查、事故处理、附则等内容。《规定》经2011年8月18日监察部第8次部长办公会议、2012年7月18日中央纪委第77次书记办公会议审议通过，自2013年1月1日起施行。

11月15日

［纲　文］**国家文物局发出《关于发布第二批国家一级博物馆名单的通知》。**

［目　文］《通知》说，为充分反映近年来博物馆事业进步成果，进一步健全博物馆质量评价体系，根据《全国博物馆评估办法》，国家文物局于2012年7月至11月组织开展了第二批国家一级博物馆评估工作。第二批国家一级博物馆包括：中国国家博物馆、中国农业博物馆、吉林省博物院、黑龙江省博物馆、上海科技馆、浙江自然博物馆、中国丝绸博物馆、宁波博物馆、山东博物馆、深圳博物馆、海南省博物馆、重庆红岩革命历史博物馆、四川博物院、成都金沙遗址博物馆、西安博物院、甘肃省博物馆、宁夏回族自治区博物馆。

11月15日

［纲　文］**国家文物局、文化部等16部门联合印发《关于加强和改进文物安全工作的指导意见》。**

［目　文］《意见》主要有五方面内容：一、指导思想和主要目标。到2015年，“政府主导、部门协作、单位负责、社会参与、打防结合、综合治理”的文物安全工作格局基本形成，文物安全法规与标准规范体系初步构建，风险突出的文物、博物馆单位安全防范设施基本达标，重大文物违法犯罪案件与火灾事故得到有效遏制，人民群众满意度显著提高。二、健全文物安全责任体系。坚持“属地管理”；坚持“谁主管、谁负责”；坚持“单位负责”；坚持“责任追究”。三、完善文物安全防控体系。健全机构队伍；加强源头管控；强化末端守护；增强防范能力；治理安全隐患。四、严厉打击文物违法犯罪。坚决查处违法案件；严肃处理安全事故；严厉打击文物犯罪。五、组织协调与监督保障。加强统筹协调；完善管理制度；加大投入力度；提高科技应用；注重宣传培训；主动接受监督。

11月15日

［纲　文］**《人民日报》发表题为《共同创造更加幸福美好的未来——热烈祝贺中国共产党第十八次全国代表大会胜利闭幕》的社论。**

11月16日

［纲　文］**习近平、胡锦涛出席中央军委扩大会议并发表讲话。**

［目　文］中央军委主席习近平主持会议。中共中央政治局委员、中央军委副主席范长龙，中共中央政治局委员、中央军委副主席许其亮等出席会议并讲话。

胡锦涛讲话指出，习近平同志是合格的党的总书记，也是合格的中央军委主席。习近平同志一定能够团结带领军委班子履行好肩负的重大历史责任。希望军队坚决听党指挥、绝对忠诚可靠，有效履行新世纪新阶段历史使命，在贯彻国防和军队建设主题主线上取得显著成效，始终保持高度集中统一和团结稳定，永远坚持我军光荣传统和优良作风。一是希望军队坚决听党指挥、绝对忠诚可靠。二是希望军队有效履行新世纪新阶段历史使命，为维护国家主权、安全、发展利益和全面建成小康社会提供重要力量支撑和坚强安全保障。三是希望军队在贯彻国防和军队建设主题主线上取得显著成效。四是希望军队始终保持高度集中统一和团结稳定，从容应对各种风险和挑战，集中精力抓建设、促发展。五是希望军队永远坚持我军光荣传统和优良作风。

习近平讲话指出，胡主席从党、国家、军队事业发展全局考虑，主动提出不再担任中共中央总书记、中央军委主席职务。党的十八大和十八届一中全会尊重胡主席的意愿，同意了他的请求。胡主席作出这个重大决策，充分体现了他对党、国家、军队事业发展全局的深邃思考，充分体现了他作为一位马克思主义政治家和战略家的高瞻远瞩、博大胸怀、高风亮节。党的十八届一中全会高度评价了胡主席为党和国家建立的卓越功勋。党的十六大特别是十六届四中全会以来，胡主席着眼国家安全和发展战略全局，科学筹划指导国防和军队建设以及军事斗争准备，在毛主席、邓主席、江主席领导军队建设奠定的基础上，把军队建设又向前大大推进了一步。军委班子和军队高级干部在领导国防和军队建设中肩负着重大历史责任。我们要始终保持清醒头脑，倍加珍惜一代代官兵不懈奋斗取得的巨大成就，倍加珍惜长期实践中积累的宝贵经验，倍加珍惜当前军队建设发展的大好局面，忠心耿耿为党和人民工作，努力把国防和军队建设不断推向前进。必须把学习贯彻党的十八大精神作为首要政治任务抓紧抓好。必须毫不动摇坚持党对军队的绝对领导。必须坚决完成各项军事斗争任务。必须按照全面建设的思想努力推进军队的革命化现代化正规化建设。必须始终保持我军光荣传统和优良作风。有党中央、中央军委的坚强领导，有全国人民的大力支持，有全军上下的团结奋斗，就一定能够实现国防和军队现代化的宏伟目标。

11月16日

［纲　文］ 习近平在《人民日报》发表题为《认真学习党章，严格遵守党章》的文章。

［目　文］ 文章指出，刚刚闭幕的中国共产党第十八次全国代表大会，从继续推进党的理论创新、推进党和国家事业发展、推进党的建设新的伟大工程出发，对中国共产党章程进行修改，把我们党在推进中国特色社会主义伟大事业和党的建设新的伟大工程中取得的重大实践成果、理论成果、制度成果体现在党章中，实现了党章又一次与时俱进。党章是党的总章程，集中体现了党的性质和宗旨、党的理论和路线方针政策、党的重要主张，规定了党的重要制度和体制机制，是全党必须共同遵守的根本行为规范。我们党历来高度重视制定和完善党章。党的十八大通过的党章修正案，把科学发展观同马克思列宁主义、毛泽东思想、邓小平理论、“三个代表”重要思想一道，确立为党的行动指南；在党章中完整表述了中国特色社会主义道路、中国特色社会主义理论体系、中国特色社会主义制度，全面揭示了中国特色社会主义的科学内涵；把生态文明建设纳入中国特色社会主义事业总体布局；把加强党的执政能力建设、先进性和纯洁性建设，整体推进党的思想建设、组织建设、作风建设、反腐倡廉建设、制度建设，全面提高党的建设科学化水平，建

设学习型、服务型、创新型的马克思主义执政党等内容写入党章，并对党员义务、党的基层组织和党的干部的要求作了充实。通过这次修改，党章这个党的总章程更加完善，必将在推进党的事业和党的建设中更好发挥根本性规范和指导作用。认真学习党章、严格遵守党章，是学习贯彻党的十八大精神的重要内容。认真学习党章、严格遵守党章，是加强党的建设的一项基础性经常性工作，也是全党同志的应尽义务和庄严责任，对强化全党党章意识，增强党的创造力、凝聚力、战斗力具有极为重要的作用。要以党的十八大党章修正案颁布为契机，在全党兴起学习党章、遵守党章的热潮。要全面掌握党章基本内容。要严格遵守党章各项规定。全党要牢固树立党章意识，真正把党章作为加强党性修养的根本标准，作为指导党的工作、党内活动、党的建设的根本依据，把党章各项规定落实到行动上、落实到各项事业中。党员领导干部要做学习党章、遵守党章的模范。各级领导干部要把学习党章作为必修课，走上新的领导岗位的同志要把学习党章作为第一课，带头遵守党章各项规定。

11月16日

［**纲　文**］**习近平主持召开中共中央政治局会议。**

［**目　文**］会议对学习宣传贯彻党的十八大精神进行了研究部署。

会议指出，党的十八大是在中国进入全面建成小康社会决定性阶段召开的一次十分重要的会议。认真学习宣传贯彻党的十八大精神，关系党和国家工作全局，关系中国特色社会主义事业长远发展，对于动员全党全国各族人民在以习近平同志为总书记的党中央领导下，高举中国特色社会主义伟大旗帜，满怀信心为全面建成小康社会、夺取中国特色社会主义新胜利而奋斗，具有重大现实意义和深远历史意义。

会议强调，当前和今后一个时期的首要政治任务，就是认真学习宣传和全面贯彻落实党的十八大精神，把全党全国各族人民的思想统一到党的十八大精神上来，把力量凝聚到实现党的十八大确定的各项任务上来，为实现党的十八大确定的奋斗目标和工作任务而奋斗。

会议指出，要全面准确、深入系统地宣传党的十八大精神，使党的十八大精神更好为广大干部群众所掌握。要切实抓好学习培训，组织广大党员干部认真学习党的十八大精神，掌握党的十八大的基本内容，加深对党的十八大提出的一系列新思想、新观点、新论断的理解。要集中开展宣讲活动，推动党的十八大精神进企业、进农村、进机关、进校园、进社区。要精心组织新闻宣传，宣传广大干部群众对党的十八大的热烈反响和学习情况，宣传在学习贯彻党的十八大精神过程中解决实际问题的新成效新进展。

会议指出，学习宣传贯彻党的十八大精神，要紧密联系改革开放和现代化建设实际，联系本地区本部门工作实际，联系广大干部群众思想实际，坚持学以致用、用以促学，把党的十八大精神落实到推动科学发展、加快转变经济发展方式上来，落实到促进社会和谐、保障和改善民生上来，落实到全面推进党的建设新的伟大工程上来，落实到解放思想、改革开放、凝聚力量、攻坚克难上来，使之成为全面建成小康社会、夺取中国特色社会主义新胜利的强大思想武器。

会议要求，各级党委要按照中央部署，结合本地区本部门实际，作出专题部署，提出具体要求，着力抓好落实，迅速兴起学习宣传贯彻党的十八大精神的热潮。要加强工作指导，加强督促检查，及时了解学习宣传贯彻情况，总结推广先进经验，努力增强学习宣传贯彻党的十八大精神的吸引力感染力和针对性实效性，着力用党的十八大精神统一思想、凝聚力量，把学习宣传贯彻党的十八大精神不断引向深入。

会议强调，大会通过的党章修正案，体现了党的理论创新和实践发展的成果，体现了党的十八大确立的重大理论观点、重大方针政策、重大工作部署，对坚持和完善党的领导、加强和改进党的建设提出了明确要求。认真学习党章，严格遵守党章，是学习贯彻党的十八大精神的重要内容。要把学习党章同学习党的十八大精神紧密结合起来，同学习中国特色社会主义理论体系紧密结合起来。

11月16日

［纲　文］**中共中央致各民主党派中央、全国工商联感谢信。**

［目　文］信中说，在中国共产党第十八次全国代表大会召开之际，大会收到你们热情洋溢的贺信。中国共产党中央委员会谨向你们表示衷心的感谢和诚挚的问候！中国共产党第十八次全国代表大会，是在中国进入全面建成小康社会决定性阶段召开的一次十分重要的大会。这次大会开启了中国共产党团结带领全国各族人民继续奋勇前进的新征程，具有重大的现实意义和深远的历史意义。统一战线是凝聚各方面力量，促进中国政党关系、民族关系、宗教关系、阶层关系、海内外同胞关系的和谐，夺取中国特色社会主义新胜利的重要法宝。团结各民主党派、工商联共同致力于国家富强、民族振兴、人民幸福，是中国共产党始终不渝的战略方针。我们将一如既往充分发挥统一战线的重要法宝作用，坚持长期共存、互相监督、肝胆相照、荣辱与共的方针，促进思想上同心同德、目标上同心同向、行动上同心同行，把中国共产党领导的多党合作和政治协商制度坚持好、完善好、发展好，进一步发挥工商联的职能作用，为实现中国共产党第十八次全国代表大会确定的宏伟目标最广泛地凝聚人心、汇聚力量。

11月16日

［纲　文］**中共中央政治局常委刘云山在人民大会堂会见老挝人民革命党中央总书记朱马利代表、副总理通伦。**

［目　文］刘云山转达了习近平总书记对朱马利总书记的亲切问候和良好祝愿，向通伦一行介绍了党的十八大的主要情况。刘云山表示，中国党和政府一直高度重视和积极发展中老两党两国关系。新一届中共中央领导集体将继续同老挝党中央一道，贯彻落实“长期稳定、睦邻友好、彼此信赖、全面合作”的方针，从战略高度和长远角度推动中老两党两国关系全面深入发展、取得新的成果。

通伦代表老挝人革党中央和朱马利总书记，向中国共产党胜利召开十八大、成功选出新一届中央领导集体再次表示热烈祝贺，向习近平总书记和其他领导同志致以亲切问候。

11月16日

［纲　文］ **中央统战部受中共中央委托向各民主党派中央、全国工商联领导人和无党派人士传达中共十八大和十八届一中全会精神。**

［目　文］ 各民主党派中央、全国工商联负责人、无党派人士，民族宗教界代表人士，中央和国家机关有关单位领导班子中的非中共干部，中央统战部及统战系统单位负责同志参加会议。出席通报会的有韩启德、周铁农、陈昌智、严隽琪等。

在传达中共十七届七中全会和十八大、十八届一中全会有关文件精神后，中共中央书记处书记、全国政协副主席杜青林强调，统一战线要按照十八大精神要求，始终高举旗帜，巩固共同思想政治基础，真正做到坚持旗帜方向坚信不疑、实现奋斗目标坚定不移、投身工作实践坚持不懈；围绕重大部署，充分发挥统一战线法宝作用，引导广大成员积极投身全面建成小康社会实践，大力开展光彩事业、感恩行动、温暖工程等活动，为科学发展、构建和谐和改善民生贡献力量；把握正确方向，推动社会主义民主政治建设，把中国根本政治制度和基本政治制度坚持好完善好，倍加珍惜，始终坚持，共同致力于发展更加广泛、更加充分、更加健全的人民民主；坚持同心引领，深入持久推进“同心”实践，拓展其教育功能和实践功能的张力，不断向更深层次、更大成效拓展；结合重点工作，着力搞好各民主党派、工商联换届工作，弘扬优良传统，深化政治交接，进一步加强党外代表人士队伍建设；注重创新发展，努力促进政党关系、民族关系、宗教关系、阶层关系和海内外同胞关系和谐，实现统一战线事业持续健康发展。

11月16日

［纲　文］ **中国“俄罗斯旅游年”闭幕式在上海东方体育中心举行。**

［目　文］ 国务院副总理、中俄旅游年组委会中方主席王岐山与俄罗斯副总理戈罗杰茨为闭幕式发来贺信。中俄旅游年双方组委会委员，中央有关部门代表，上海市领导，中俄两国中央及地方旅游部门代表，参加中国国际旅游交易会其他国家旅游部门官员、中俄旅游企业代表、各国参展商代表，参加中俄旅游论坛的双方代表，俄罗斯驻华使馆及驻沪领馆代表，俄驻沪机构代表，上海市有关部门代表，在沪俄罗斯游客代表，上海市市民及青年学生代表约4000人参加闭幕式。

中俄互办“旅游年”，是继互办“国家年”“语言年”之后，两国元首亲自推动的又一重大主题年活动。在一年中，中俄双方共同策划并积极参与了“中国—俄罗斯旅游年”框架下的200多项活动。包括北京—莫斯科汽车赛到“千名中国游客游览俄罗斯”，“你好，俄罗斯”旅游专题片大型联合采访，“50个俄罗斯家庭访京民宿”交流活动等文化旅游活动。据俄罗斯联邦旅游署统计，2012年前三季度中国访问俄罗斯的游客总量同比增长了40%。

11月16日

［纲　文］ **农业部、卫生部联合发布食品安全国家标准《食品中农药最大残留限量》。**

［目　文］ 新标准成为中国监管食品中农药残留的唯一强制性国家标准。该标准制定了322种农药在10大类农产品和食品中的2293个残留限量，首次推荐了配套的检测方法

标准，基本涵盖了中国居民日常消费的主要农产品。《食品中农药最大残留限量》标准于2013年3月1日起实施，此前涉及食品中农药最大残留限量的6项国家标准和10项农业行业标准同时废止。

11月16日

［纲　文］**证监会发布《关于加强与上市公司重大资产重组相关股票异常交易监管的暂行规定》。**

［目　文］《规定》主要有16条内容。根据规定及沪深交易所配套起草的《关于加强与上市公司重大资产重组相关股票异常交易监管的通知》要求，上市公司停牌进入重大资产重组程序后，证券交易所立即启动股票异常交易核查程序，并及时将股票异常交易信息上报证监会。同时将存在异常交易的结论告知上市公司，由上市公司自主决定是否继续推进重组。如上市公司决定继续推进重组的，应同时作出股票异常交易的风险提示。证监会对股票异常交易信息进行核查后，如认为涉嫌内幕交易决定立案稽查的，上市公司应暂停重组进程，并及时进行信息披露和风险提示。《规定》自2012年12月17日起施行。

11月16日

［纲　文］**国家安全监管总局公布《危险化学品安全使用许可证实施办法》。**

［目　文］《办法》共有7章49条，主要有总则、申请安全使用许可证的条件、安全使用许可证的申请、安全使用许可证的颁发、监督管理、法律责任、附则等内容。《办法》经2012年10月29日国家安全监管总局局长办公会议审议通过，自2013年5月1日起施行。

11月16—21日

［纲　文］**第14届中国国际高新技术成果交易会在深圳举办。**

［目　文］中国国际高新技术成果交易会，是经国务院批准举办的高新技术成果展示与交易的专业展会。高交会由多家政府部门、科研单位和深圳市人民政府共同主办，由深圳市中国国际高新技术成果交易中心承办，每年的11月16日至21日，在深圳举行。本届高交会以“推进科技创新、提升发展质量”为主题，设有高新技术成果交易、高新技术专业产品展、中国高新技术论坛、人才与智力交流会等板块；总展览面积超过11万平方米。来自全国各地的近3000家参展单位通过互动、实物、模型等多种形式，展示在各自领域内最新的创新成果，推销创新观念。高交会外国团组比第13届高交会有较大额度的增加，包括美国、德国、俄罗斯、韩国等在内的20个国家的33个团组参展。高交会组织了海外买家现场采购洽谈会，邀请来自欧洲、迪拜、印度、南非、新加坡、中国香港等地近20家国际知名的国际买家，加强参展商与国际买家之间的互动。

11月17日

［纲　文］**中共中央印发《关于认真学习宣传贯彻党的十八大精神的通知》。**

［目　文］《通知》主要有五方面内容。一、充分认识学习宣传贯彻党的十八大精神的重大意义。认真学习宣传贯彻党的十八大精神，关系党和国家工作全局，关系中国特色

社会主义事业长远发展，对动员全党全国各族人民在以习近平同志为总书记的党中央领导下，高举中国特色社会主义伟大旗帜，满怀信心为全面建成小康社会、夺取中国特色社会主义新胜利而奋斗，具有重大现实意义和深远历史意义。二、全面准确学习领会党的十八大精神。要深刻领会党的十八大的主题；要深刻领会过去5年和10年党和国家事业取得新的历史性成就；要深刻领会科学发展观的历史地位和指导意义；要深刻领会中国特色社会主义的丰富内涵，深刻领会夺取中国特色社会主义新胜利的基本要求；要深刻领会全面建成小康社会和全面深化改革开放的目标；要深刻领会社会主义经济建设、政治建设、文化建设、社会建设、生态文明建设等方面的重大部署；要深刻领会全面提高党的建设科学化水平。三、认真做好党的十八大精神的宣传。切实抓好学习培训；集中开展宣讲活动；精心组织新闻宣传；积极开展网络宣传。四、坚持联系实际、推动工作。要落实到推动科学发展、加快完善社会主义市场经济体制和加快转变经济发展方式上来；要落实到促进社会和谐、保障和改善民生上来；要落实到全面推进党的建设新的伟大工程上来；要落实到解放思想、改革开放、凝聚力量、攻坚克难上来。五、切实加强组织领导。切实负起领导责任；牢牢把握正确导向；不断创新方式方法。

11月17日

［纲　文］ **中共中央政治局就深入学习贯彻党的十八大精神进行第一次集体学习。**

［目　文］ 学习由中共中央总书记习近平主持。李克强、张德江、俞正声、刘云山、王岐山、张高丽谈了体会。他们表示，全党全国要紧密团结在以习近平同志为总书记的党中央周围，做好学习宣传贯彻工作，增强对中国特色社会主义的道路自信、理论自信、制度自信，切实使党的十八大精神成为全面建成小康社会、夺取中国特色社会主义事业新胜利的强大思想武器。要继续抓住和用好中国发展的重要战略机遇期，冷静分析和妥善应对面临的挑战，切实抓好发展这个党执政兴国的第一要务，推动各项事业全面发展。要坚持党要管党、从严治党，全面加强党的建设，不断提高领导水平和执政水平，坚决反对各种消极腐败现象，始终紧紧依靠人民前进，把党的十八大提出的各项目标任务落到实处。中共中央政治局各位同志认真听取了他们的意见。

习近平讲话指出，中央已经发出关于认真学习宣传贯彻党的十八大精神的通知，各级党委要按照通知要求，把学习宣传贯彻党的十八大精神引向深入。一是要深刻领会中国特色社会主义是党和人民长期实践取得的根本成就。二是要深刻领会中国特色社会主义是由道路、理论体系、制度三位一体构成的。三是要深刻领会建设中国特色社会主义的总依据、总布局、总任务。社会主义初级阶段是当代中国的最大国情、最大实际，我们在任何情况下都要牢牢把握这个最大国情，坚持"一个中心、两个基本点"不动摇。四是要深刻领会夺取中国特色社会主义新胜利的基本要求。五是要深刻领会确保党始终成为中国特色社会主义事业的坚强领导核心。发展中国特色社会主义是一项长期的艰巨的历史任务。全党同志一定要以更加坚定的信念、更加顽强的努力，毫不动摇坚持、与时俱进发展中国特色社会主义，不断丰富中国特色社会主义的实践特色、理论特色、民族特色、时代特色，团结带领全国各族人民，努力实现全面建成小康社会各项目标任务。

11月17日

［纲　文］**国务院批复河南省关于中原经济区规划。**

［目　文］中原经济区是以全国主体功能区规划明确的重点开发区域为基础、中原城市群为支撑、涵盖河南全省、延及周边地区的经济区域，地理位置重要，粮食优势突出，市场潜力巨大，文化底蕴深厚，在全国改革发展大局中具有重要战略地位。

《规划》明确了中原经济区的五大战略定位：国家重要的粮食生产和现代农业基地、全国“三化”协调发展示范区、全国重要的经济增长板块、全国区域协调发展的战略支点和重要的现代综合交通枢纽、华夏历史文明传承创新区。

《规划》就经济发展、结构调整、资源环境、民生改善等主要指标提出了中原经济区的发展目标：人均地区生产总值到2015年增加到38000元，2020年要增加到60000元；单位地区生产总值能耗2015年要比2010年下降16%，2020年要比2010年下降30%左右；城镇居民人均可支配收入到2020年达到38000元；农民人均纯收入到2020年达到16000元。

11月17日

［纲　文］**交通运输部公布《邮政业标准化管理办法》。**

［目　文］《办法》共6章40条，主要有总则、标准的制定范围与类型、国家标准和行业标准的制定程序、企业标准的制定、标准的实施与监督、附则等内容。《办法》经2012年10月9日中华人民共和国交通运输部第8次部务会议通过，自2013年1月1日起施行。

11月18日

［纲　文］**中组部发出《关于全国组织系统认真学习贯彻党的十八大精神的通知》。**

［目　文］《通知》主要有三方面内容。一、充分认识学习贯彻党的十八大精神的重大意义，迅速兴起学习贯彻热潮。学习贯彻党的十八大精神，是当前和今后一个时期组织部门的首要政治任务。各级组织部门要高度重视、周密安排、精心组织，迅速兴起学习贯彻党的十八大精神的热潮。二、全面准确学习领会党的十八大精神，增强贯彻落实的自觉性坚定性。学习贯彻党的十八大精神，首先要认真研读党的十八大文件，深刻领会过去5年和10年党和国家事业取得新的历史性成就，深刻领会中国特色社会主义的丰富内涵和夺取中国特色社会主义新胜利的基本要求，深刻领会全面建成小康社会和全面深化改革开放的目标，深刻领会中国特色社会主义事业五位一体的总体布局和重大部署，深刻领会全面提高党的建设科学化水平的新任务新要求，深刻领会党章的新规定新要求。三、紧密结合组织工作实际，切实把党的十八大关于全面提高党的建设科学化水平的各项部署要求落到实处。着力加强理想信息教育，突出加强干部作风建设，积极发展党内民主，深化干部人事制度改革，统筹推进各类人才队伍建设，创新基层党建工作，进一步加强党的纪律建设。

11月18日

［纲　文］ **国务院批复公安部，同意设立“全国交通安全日”。**

［目　文］ 批复说，同意自2012年起，将每年12月2日设立为“全国交通安全日”。具体工作由你部商有关部门组织实施。

11月18日

［纲　文］ **住房城乡建设部发出《关于促进城市园林绿化事业健康发展的指导意见》。**

［目　文］《意见》主要有四方面内容：一、促进城市园林绿化事业健康发展的重要性和紧迫性。城市园林绿化作为为城市居民提供公共服务的社会公益事业和民生工程，承担着生态环保、休闲游憩、景观营造、文化传承、科普教育、防灾避险等多种功能，是实现全面建成小康社会宏伟目标、促进两型社会建设的重要载体。二、指导思想、基本原则和目标任务。到2020年，全国设市城市要对照《城市园林绿化评价标准》完成等级评定工作，达到国家Ⅱ级标准，其中已获得命名的国家园林城市要达到国家Ⅰ级标准。三、采取有效措施，促进城市园林绿化事业健康发展。坚持公益性、专业化发展方向；加强科学规划设计；提升绿地建设品质；规范市场监管；强化日常管护；推动科技创新。四、加强对城市园林绿化工作的组织领导。落实地方责任，完善管理制度；巩固创建成果，推进生态园林城市建设；以示范项目带动，加强行业指导；完善法规标准，建立长效监管机制；加大培训教育和宣传力度；组织专项检查。

11月18—21日

［纲　文］ **国务院总理温家宝应邀出席在柬埔寨金边举行第15次中国—东盟领导人会议、东盟与中日韩合作15周年纪念峰会和第7届东亚峰会，并对柬埔寨、泰国进行正式访问。**

［目　文］ 19日，温家宝在第15次中国—东盟领导人会议上发表讲话说，过去一年来，中国—东盟关系保持良好发展势头，取得新的重要进展，为双方关系发展打下了更加坚实的基础，搭建了更多更高的平台，增强了携手并进的信心。下一阶段，双方要重点深化中国—东盟自贸区建设，加强科技合作，扎实推进互联互通合作，密切社会人文交流。温家宝提出：第一，坚持互尊互信、睦邻友好。第二，支持东盟维护团结、联合自强。第三，本着协商一致、照顾彼此关切的精神，妥善处理分歧和矛盾，维护东亚合作发展大局。第四，同舟共济，应对国际金融危机。其他与会领导人表示，东盟—中国合作对促进本地区和平、稳定与发展至关重要。过去15年来，东盟和中国在共同克服金融危机、公共卫生危机和自然灾害中相互支持、相互帮助、密切合作，取得了丰硕成果，彼此结下了深厚友谊。事实证明，中国是东盟真正的朋友和真诚的伙伴，东盟国家感谢中国坚定支持东盟一体化，愿同中国共同努力，增进互信，深化合作，通过对话协商，妥善解决有关问题，推动东盟—中国面向和平与繁荣的战略伙伴关系继续向前发展。会议发表了“纪念《南海各方行为宣言》签署十周年联合声明”。

19日，温家宝与东盟10国、日本、韩国领导人在金边共同出席东盟与中日韩

（10+3）合作15周年纪念峰会。会议由柬埔寨首相洪森主持。温家宝在会上发表讲话说，2012年是10+3合作15周年，当前东亚合作处于深化的关键阶段。我们要不断增强内部凝聚力，继续聚焦发展问题，进一步强化机制建设，坚定信心，扎实推进，为早日建成东亚共同体做出不懈努力。温家宝提出四项倡议：第一，进一步增强应对危机的能力。第二，着力推动地区经济一体化进程。第三，全面开展互联互通合作。第四，创造稳定安全友好的社会人文环境。温家宝强调，历史证明，10+3具有重要而深远的意义。东盟各国和中日韩要继续从国家根本利益和各国共同利益出发，加强战略沟通，深化互利合作，携手应对挑战，坚定不移地致力于东亚持久和平与共同繁荣。其他国家领导人积极评价10+3合作历程及成果，赞赏中国发挥的重要作用，一致认为，国际金融危机导致世界经济不景气，给东亚地区带来很大不稳定性和不确定性，10+3国家应加强团结合作，推进区域贸易自由化和经济一体化，维护金融、能源和粮食安全，加强基础设施互联互通，扩大人文交流，携手应对危机和挑战，继续保持本地区经济强劲增长，促进平衡、可持续发展。会议通过了《关于纪念10+3合作15周年的领导人联合声明》和《关于10+3互联互通伙伴关系的领导人声明》。

20日，温家宝在柬埔寨金边出席第七届东亚峰会。会议由柬埔寨首相洪森主持。各国领导人围绕东亚峰会合作进展和未来发展方向的主题及有关国际和地区问题交换意见。温家宝在会上发言指出，当前，国际社会对世界经济复苏势头放缓、不稳定不确定因素增多普遍感到忧虑。今天的峰会是为了促进各国团结与合作，我们要携手传递信心和希望。温家宝倡议：第一，要为合作发展注入新的活力。第二，要抓住区域一体化进程的新机遇。第三，要营造对话、协商、共赢的合作氛围。第四，要努力办好各国自己的事情。其他与会领导人表示，当前，国际金融危机仍在持续，世界经济不景气、一些欧美国家财政和债务危机给亚太地区带来不容忽视的负面影响，金融、能源、粮食安全等问题是各国面临的共同挑战。各国要通力合作，推动区域贸易自由化和经济一体化，加强基础设施互联互通，扩大人文交流，共创发展机遇，携手应对挑战，维护地区和平、稳定与繁荣。在下午举行的东亚峰会闭门会上，温家宝总理就地区形势和南海等问题阐明了中方立场。温家宝说，黄岩岛是中国固有领土，不存在主权争议。中国维护主权的行动是正当和必要的。

18日，温家宝在金边吊唁柬埔寨太皇西哈努克并会见柬埔寨太后莫尼列和国王西哈莫尼。温家宝同柬埔寨首相洪森、马来西亚总理纳吉布、印度尼西亚总统苏西洛举行会谈。温家宝在同洪森会谈中表示，中方将一如既往支持柬埔寨经济社会发展和民生改善，在双边和地区框架下加强务实合作，推动更多中国企业赴柬埔寨投资。温家宝在同纳吉布会谈时建议，两国政府进一步密切配合，更好地发挥指导、协调和服务作用，积极制订《中马经贸合作五年规划》，确保中马钦州产业园区和马中关丹产业园区取得成功。双方还要大力拓展旅游、教育、金融、医疗、电信等领域合作，更多惠及两国和两国人民。温家宝在同苏西洛会谈时表示，建议在以下方面采取具体举措。一是加紧制订《中印尼经贸合作五年规划》，确定重点合作领域和项目，持续、有效地推进合作。二是扩大投资合作，中方鼓励本国企业与印尼方在矿产加工、制造业、农业、高新技术等领域开展合作，共同提高产品竞争力。三是本着互谅互让的精神，妥善解决问题，克服困难，提振信心。

19日，温家宝会见新西兰总理约翰·基、韩国总统李明博、印度总理辛格。温家宝在会见约翰·基时表示，中方愿扩大进口新西兰商品，欢迎新方不断开拓中国市场。两国政府要为扩大相互投资创造更好的环境，支持双方企业在平等互利基础上按照市场规则开展合作，拓展在食品、环保、新能源、绿色经济等领域合作。温家宝在会见韩国总统李明博时表示，双方要加快推进双边自贸区谈判，争取早日达成一致，共同为企业合作提供公平、开放、透明的环境，相信经过不懈努力，中韩双边贸易额2015年达到3000亿美元目标一定能够实现。温家宝在会见辛格时表示，中印要抓住两国发展的战略机遇，扩大互利合作。一要利用战略经济对话机制，加强宏观经济政策沟通协调。二要推动在基础设施领域的合作。三要为扩大相互投资创造良好的政策和社会环境，提供金融、信息、法律服务等方面的便利。四要提升合作的质量和水平，培育新的增长点。五要促进双边贸易，逐步实现平衡增长。

20日，温家宝会见美国总统奥巴马、澳大利亚总理吉拉德。温家宝在会见奥巴马时说，中美应继续坚持建设相互尊重、互利共赢的合作伙伴关系大方向，巩固和发展战略与经济对话、人文交流高层磋商等重要机制，通过在贸易、投资、金融、基础设施等领域开展大规模一揽子合作进一步推动中美经贸关系发展，保持和加强在重大国际和地区事务中的沟通与协调，特别是与其他亚太国家共同努力，维护和促进本地区的和平、稳定与繁荣。温家宝在会见吉拉德时表示，双方要抓住机遇，加快双边自贸协定谈判，支持两国企业在能矿领域开展战略性合作，拓展服务贸易、农牧业、清洁能源、节能环保、基础设施建设等领域合作，促进经贸关系多元化发展。20日晚，温家宝抵达曼谷对泰国进行正式访问。

21日，温家宝会见泰国国王普密蓬、泰国总理英拉、泰国枢密院主席炳·廷素拉暖。温家宝在会见普密蓬时说，我相信在泰国王室关心和支持下，在两国各界的共同努力下，中泰全面战略合作伙伴关系一定会不断向前发展，更好造福两国人民。普密蓬表示，希望两国加强在经贸、农业、科技、水利和铁路等领域合作，密切人民之间的交往，不断增进泰中友谊。温家宝在会见英拉时表示，中方愿同泰方一道，积极落实两国签署的经贸合作五年发展规划，重点加强在交通、水利等基础设施建设、农业以及相互投资方面的合作，继续开展在大湄公河次区域的合作。

11月19日

［纲　文］**贾庆林在全国政协礼堂参观“绿色矿山建设成果展”和“善行天下·政协委员慈善公益事迹展”。**

［目　文］贾庆林在展厅观看展览，听取讲解，并询问矿山建设发展现状，对近年来

中国矿山建设取得的成就给予充分肯定。

"绿色矿山建设成果展"由全国政协机关、人口资源环境委员会与国土资源部共同主办。展览包括"高层关注　国家战略""深入调研　扎实推进""规划统筹　绿色发展""政府主导　协会支撑""矿山主体　试点先行""收益共享　和谐发展""前景广阔任重道远"七部分，全面介绍了中国矿产资源基本情况和面临的形势，展示了绿色矿山建设取得的主要成果，诠释了人与自然和谐、可持续发展的绿色矿业发展理念，展望了绿色矿业发展、绿色矿山建设的美好愿景。

"善行天下·政协委员慈善公益事迹展"主要反映各级政协委员热心慈善事业、积极投身公益活动的感人事迹，这个展览由全国政协文史和学习委员会办公室、全国政协办公厅新闻局和《中国政协》杂志社联合主办。

11月19日

［纲　文］**中央纪委、监察部机关召开全体党员干部大会。**

［目　文］中共中央书记处书记、中央纪委副书记赵洪祝主持会议。中共中央政治局常委、中央纪委书记王岐山出席会议并讲话。王岐山指出，学习宣传贯彻党的十八大精神，是全党全国当前和今后一个时期的首要政治任务。各级纪检监察机关特别是中央纪委监察部机关党员干部要认真学习，作出榜样。要认真学习领会党的十八大关于反腐倡廉新思想、新观点、新要求、新举措，坚定不移把党风廉政建设和反腐败斗争引向深入。要大力加强党的作风建设，围绕保持党的先进性和纯洁性，加强群众观点、群众立场教育，下决心改进文风会风，着力整治庸懒散奢等不良风气，认真纠正损害群众利益的不正之风。要大力加强反腐倡廉建设，全面贯彻标本兼治、综合治理、惩防并举、注重预防方针，扎实推进惩治和预防腐败体系建设，坚定不移反对腐败，努力实现干部清正、政府清廉、政治清明的目标要求。要大力加强党的纪律建设，严明党的纪律特别是政治纪律，加强对中央重大决策部署执行情况的监督检查，教育引导广大党员干部特别是领导干部在思想上政治上行动上同以习近平同志为总书记的党中央保持高度一致，坚决维护中央权威。

11月19日

［纲　文］**中央国家机关学习宣传贯彻党的十八大精神动员部署大会召开。**

［目　文］会议由中央国家机关工委常务副书记汪永清主持。中共中央政治局委员、中央国家机关工委书记马凯出席会议并讲话。他强调，中央国家机关要坚持更高标准、更严要求，认真学习领会、全面贯彻落实党的十八大精神，深入学习和严格遵守党章，努力走在前列、做出表率，以实际行动为实现党的十八大的各项重大决策和战略部署做出贡献。中国社会科学院党组副书记、常务副院长王伟光做首场辅导报告。工委领导班子成员，各部门机关党委书记、常务副书记、纪委书记等共700人参加会议。

11月19日

［纲　文］**国务院召开全国冬春农田水利基本建设电视电话会议。**

［目　文］国务院副总理回良玉在会上强调，要深入贯彻落实党的十八大精神和中央

关于推进水利改革发展的决策部署，切实把农田水利基本建设作为促进经济社会又好又快发展的大事要事来部署，作为加强农村基础设施建设的重点任务来推进，作为保障和改善民生的重要问题来解决，加大资金投入，强化保障措施，提高建设水平，为农业再夺丰收和农民持续增收提供有力支撑和保障。

会议要求，今冬明春农田水利建设要以科学发展观为指导，深入贯彻落实党的十八大精神，广泛动员全社会掀起大干水利新高潮。要重点抓好以下六项工作：加快修复水毁、灾毁水利工程，突出抓好防洪薄弱环节建设；加快灌区续建配套与节水改造；加快小型农田水利工程建设，着力解决“最后一公里”问题；大力发展高效节水灌溉；加快水土保持、生态建设，努力改善农村人居环境；加快农村饮水安全工程建设。会议指出，建设中要落实好以下保障措施：着力落实工作责任；加大资金投入；着力搞好组织发动；着力抓好监督检查；着力加强技术指导；着力完善体制和机制。

11月19日

［纲　文］**太原卫星发射中心用长征二号丙运载火箭成功发射环境一号C星。**

［目　文］环境一号C卫星是一颗合成孔径雷达卫星，将与2008年9月成功发射的环境一号A、B卫星组成环境与灾害监测预报小卫星星座，形成对中国大部分地区灾害与环境情况的动态监测预报能力。搭载发射的新技术验证卫星和蜂鸟试验载荷主要用于对新型航天器件、设备、材料、方法和微小卫星平台等进行在轨验证试验。用于这次发射的长征二号丙运载火箭由中国航天科技集团公司所属中国运载火箭技术研究院研制。这是长征系列运载火箭的第171次发射。

11月19日

［纲　文］**“百首侗歌”文化传承项目在美国获奖。**

［目　文］在美国总统艺术人文委员会在白宫举行的该委员会的第15届“国家艺术人文青年活动奖颁奖仪式”上，中国西部文化生态工作室在当地青少年当中开展的“百首侗歌”项目是唯一的国际获奖项目，中国驻美国大使馆邓洪波公使同奥巴马夫人向来自中国贵州的获奖代表颁奖。

这个项目是美国亚洲学会在中国开展的非营利文化交流活动。中国西部文化生态工作室与当地社区共同创建了地扪侗族人文生态博物馆，推动恢复了地扪侗族传统侗歌队、侗戏班，创立了“生态博物馆文化保育和社区发展基金”、组建了儿童侗歌队、少年侗歌队、青年侗歌队，实施了“百首侗歌侗戏传承计划”，在多个村寨设立了文化传承活动点，定期开展文化活动，极大丰富了当地文化生活并对侗族文化的保护和传承做出了突出贡献。

11月19—22日

［纲　文］**全国政协十一届常委会第19次会议在北京举行。**

［目　文］会议的主要议题是学习和贯彻中共十八大精神。中共中央政治局常委、中央书记处书记刘云山应邀出席开幕式并作中共十八大会议情况和会议精神的报告。全国政

协主席贾庆林在闭幕会上说，要深刻认识中国共产党第十八次全国代表大会的重大意义，把学习贯彻中共十八大精神作为当前各级政协组织和广大政协委员的首要政治任务。要认真学习领会十八大主要精神，切实把思想和行动统一到中央的决策和部署上来，全面把握报告的精神实质和主要内容，坚持学以致用、用以促学，自觉把大会精神与人民政协履行职能的生动实践结合起来，与中共中央关于人民政协工作的重要部署和要求结合起来，努力把学习贯彻活动变成推动工作的良好契机和促进发展的强大动力，更好地为促进经济社会发展献计出力。要切实深化对坚持走中国特色社会主义政治发展道路的认识。党的十八大报告首次提出“社会主义协商民主是我国人民民主的重要形式”的重要论断，强调“充分发挥人民政协作为协商民主重要渠道作用”。这是十八大的重要历史贡献，也是重大理论创新。要充分运用人民政协这个重要渠道，进一步建立健全政治协商、民主监督、参政议政制度和工作机制，深入开展专题协商、对口协商、界别协商、提案办理协商，推进协商民主广泛、多层、制度化发展。要适应改革开放和经济社会结构发展变化，探索发挥界别作用的新途径新方式，要更充分地体现和反映社会各界的愿望诉求，增强人民政协协商主体的代表性、包容性。要切实把政治协商纳入决策程序，坚持协商于决策之前和决策之中，紧紧围绕经济社会发展重大问题和涉及群众切身利益的实际问题开展广泛协商，广纳群言、广集民智，增进共识、增强合力，更好地发挥人民政协协调关系、汇聚力量、建言献策、服务大局的重要作用。

常委会组成人员围绕深入学习宣传贯彻中共十八大会议精神进行讨论并建言献策。会议通过表决，任命张秋俭为政协第十一届全国委员会副秘书长，增补李盛霖为经济委员会副主任、刘敬民为教科文卫体委员会副主任。会议作出了《关于学习贯彻中国共产党第十八次全国代表大会精神的决议》。

11月19—23日

［纲　文］ 吴邦国在运城、太原、晋中等地就贯彻落实党的十八大精神进行调研。

［目　文］ 全国人大常委会委员长吴邦国在太原重工集团高速轮对国产化项目现场，了解工艺流程和技术指标；在太原钢铁集团4350立方米高炉前，了解水、热、煤气、炉渣回收利用情况；在漾泉蓝焰煤层气开发公司，了解煤层气开发的关键技术和应用前景；在华通现代科技农业示范园、粟海集团，与企业交流如何发挥龙头和辐射作用，抓好农户基地建设，带动农民增收致富；在山西省博物院，希望山西将旅游资源优势转化为经济优势，造福更多百姓；在太原市锦绣苑社区，同基层干部群众交谈，了解他们所想所盼；在昔阳县大寨村，到虎头山、展览馆，并走进村民家，实地察看大寨发生的变化，希望大寨人民继承大寨优良传统，发扬自力更生、艰苦奋斗精神，因地制宜发展现代农业。

调研期间，吴邦国对山西工作给予充分肯定。他希望山西以学习贯彻党的十八大精神为契机，把全省干部群众的力量凝聚到实现十八大确定的各项任务上来，解放思想、攻坚克难、扎实工作，努力走出一条资源型地区转型跨越、科学发展的新路子。一要继续推动转型发展。二要切实保障和改善民生。三要抓好生态文明建设。

11月20日

［纲　文］ **中国加入联合国《儿童权利公约》20周年纪念活动在人民大会堂举行。**

［目　文］ 纪念活动以“缩小差距、促进儿童平等发展”为主题。国务委员、国务院妇女儿童工作委员会主任刘延东出席纪念活动并致辞。

刘延东指出，儿童代表着未来和希望，儿童发展关系国家和民族兴旺发达，关系人类社会发展进步。加入联合国《儿童权利公约》20年来，中国政府高度重视儿童工作，坚持儿童优先、依法保护，政府主导、社会参与，顶层设计、层层落实，立足国情、尊重规律，不断健全法律体系，完善工作机制，积极参与国际合作，有效履行公约规定的各项义务，有力推动了中国儿童生存、保护、发展和参与权利的实现。儿童健康状况持续改善，受教育权利得到充分保障，权益保护进一步加强，成长环境日益优化，中国儿童事业发展取得了历史性成就。作为《儿童权利公约》签约国，中国将一如既往地履行公约责任，与联合国儿童基金会深化合作，与国际社会协调一致行动，相互学习借鉴，对欠发达国家给予必要的支持援助，为保障世界所有儿童享有平等权利和机会做出应有贡献。

11月20日

［纲　文］ **第二届优秀保留剧目大奖获奖作品表彰会在北京召开。**

［目　文］ 文化部党组书记、部长蔡武为获奖单位颁奖并发表重要讲话。各省区市文化厅（局）、新疆生产建设兵团文化广播电视局分管艺术工作的负责人，以及获奖作品院团代表、中直院团代表、演出院线代表和文化部艺术司有关同志出席会议。京剧《杨门女将》、昆曲《十五贯》、黄梅戏《天仙配》等20部久演不衰的作品荣获大奖。下午，文化部召开第二届优秀保留剧目大奖获奖作品全国巡演工作会议，就获奖剧目全国巡演进行了安排部署。2013年4—7月间，20部获奖作品在全国31个省、市、区及港澳台演出数百场。

11月20日

［纲　文］ **环境保护部办公厅发出《关于印发〈环保服务业试点工作方案〉的通知》。**

［目　文］《通知》说，环保服务以为各种生产活动提供污染防治服务为核心内容，包括相关的咨询、设计、监测、金融、保险、治污设施运行等服务活动。为贯彻《国务院关于加快发展服务业的若干意见》和《“十二五”节能环保产业发展规划》，适应新时期建设生态文明和实行环境管理战略转型的需要，营造有利于环保服务业发展的社会环境，我部决定开展环保服务业试点工作。《环保服务业试点工作方案》主要有指导思想、工作依据、基本原则、工作目标、试点内容、试点工作、工作程序等内容。

11月20—22日

［纲　文］ **第四届海峡两岸暨港澳地区艺术论坛在香港举办。**

［目　文］ 论坛由中国文联、香港艺术发展局主办。以“文化交融与艺术发展”为主题。共有“两岸四地”80多位知名文艺界人士、专家学者与会。20日举行的开幕式

上，全国政协副主席、中国文联主席孙家正出席并致辞，中国文联，香港特区政府民政事务局，香港艺术发展局有关负责人等出席。论坛设置了大会演讲、分组讨论、“共话香港”圆桌交流和艺术讲堂等环节。与会代表结合两岸四地文化交流与发展的现状，围绕多元文化语境下的艺术传播与教育、青年艺术培养、艺术教育与当代文明素养、中华文化的共通性和地域性、文化自觉与艺术创新、新兴媒体与当代文化艺术传播等议题，进行了讨论。

11月21日

［纲　文］**国家主席胡锦涛在北京会见俄罗斯国防部部长绍伊古。**

［目　文］胡锦涛指出，几天前，中国共产党第十八次全国代表大会胜利闭幕。大会不仅为全面建成小康社会，夺取中国特色社会主义新胜利描绘了宏伟蓝图，展现了更加广阔的前景，也给中俄全面战略协作伙伴关系的发展带来了新机遇。中方始终高度重视中俄关系，无论国际形势和两国国内情况如何变化，我们发展对俄关系的原则和方针都不会改变。中方愿同俄方并肩携手，进一步落实未来10年两国关系发展规划和重点领域合作，保持两国两军关系发展的连续性，推动中俄全面战略协作伙伴关系不断迈上新台阶。

绍伊古说，在俄中两国领导人的共同关心和亲自推动下，俄中全面战略协作伙伴关系达到历史最好水平。这种关系的发展不仅符合两国共同利益，造福于两国人民，而且有利于地区乃至世界的和平与稳定。俄方愿进一步加强两军互信、深化两军合作，把两国两军的关系推进到更高水平。

11月21日

［纲　文］**全国综合配套改革试点工作座谈会召开。**

［目　文］会议由国务院副总理李克强主持。座谈会上，发展改革委和辽宁省、湖南省及成都市、上海浦东新区政府负责人介绍了全国和各地不同类型综合配套改革试点进展情况。李克强抓住试点中的关键问题不时询问，深入了解改革遇到哪些问题、改革对企业与群众的影响如何、地方对改革有什么建议，他积极肯定试点中一些典型做法，引导大家在座谈交流中深化对改革的认识，更加明确改革的方向和任务。

李克强指出，必须迎难而上、攻坚克难，坚决破除一切妨碍科学发展的体制机制弊端。进一步推进经济体制改革，既要搞好顶层设计，又要尊重群众和基层的首创精神。国务院已批准的11个综合配套改革试点地区，要认真总结经验，科学评估风险，继续在统筹城乡发展、建设“两型”社会、推动新型工业化、深化国有企业改革、完善财税金融体系等方面进行积极探索，当好改革实验的“侦察兵”“先遣队”，为改革攻坚提供新鲜经验和实践标杆。深化改革，千头万绪，但不能眉毛胡子一把抓，要化繁为简，突出重点，积极寻找牵一发而动全身的突破口。找准了突破口，就会事半功倍。现阶段推进改革不仅要继续解放思想，转变观念，在很大程度上要触动利益。如果利益格局固化了，经济社会发展就缺乏活力。市场经济本质是法治经济，体制改革与法治建设相辅相成。

11月21日

［纲　文］**《人民日报》发表李克强题为《认真学习深刻领会全面贯彻党的十八大精神促进经济持续健康发展和社会全面进步》的文章。**

［目　文］文章说，胡锦涛同志代表中共十七届中央委员会在党的十八大上所作的报告强调，总结十年奋斗历程，最重要的就是我们坚持勇于推进实践基础上的理论创新，围绕坚持和发展中国特色社会主义提出一系列紧密相连、相互贯通的新思想、新观点、新论断，形成和贯彻了科学发展观。正如《报告》所指出，中国特色社会主义道路，中国特色社会主义理论体系，中国特色社会主义制度，是党和人民90多年奋斗、创造、积累的根本成就，是当代中国发展进步的根本方向。我们必须倍加珍惜、始终坚持、不断发展。《报告》还提出，建设中国特色社会主义，必须全面落实经济建设、政治建设、文化建设、社会建设、生态文明建设五位一体总体布局。文章要求：一、深刻认识中国发展面临的重要机遇和风险挑战。二、在深化改革开放中加快转变经济发展方式。三、按照全面建成小康社会要求促进经济持续健康发展。四、加强社会建设和推进社会体制改革。五、全面深化经济体制改革和全面提高开放型经济水平。

11月21日

［纲　文］**保监会发出《关于废止部分规范性文件的通知》。**

［目　文］《通知》说，为了适应保险市场发展的需要，加强依法行政，我会对现行部门规章和规范性文件进行了清理，决定废止一部分规范性文件。废止的规范性文件目录包括：关于在保险条款中设立仲裁条款的通知；关于严禁保险公司以大额协议存款出质为他人提供担保的通知；关于警惕和防范非法保险经营行为和保险诈骗活动的紧急通知；关于印发《保险机构开业信息化建设验收指引》的通知；关于保险公司分支机构相互代理保险业务有关问题的补充通知；关于印发《保险中介从业人员继续教育暂行办法》的通知；关于加强保险中介从业人员继续教育管理工作的通知；关于保险业突发事件应急处置工作有关问题的通知；关于在保险行业内发布部分保险统计汇总数据的通知；关于切实加强沟通工作积极解决保险合同条款问题的通知；关于实施农村保险营销员资格授予制度有关问题的通知；关于保险机构投资商业银行股权的通知；关于报送精算报告电子文本有关事项的通知；关于规范代理制保险营销员管理制度的通知；关于进一步加强内部控制自我评估工作的通知；关于进一步规范代理制保险营销员管理有关问题的通知；关于上报偿付能力预测结果和财务预算执行情况的通知；关于加强保险中介从业人员继续教育管理工作的通知；关于贯彻落实新《保险法》做好人身保险产品变更管理工作的通知；关于印发《保险业打击“三假”工作方案》的通知；关于贯彻落实《保险公司中介业务违法行为处罚办法》有关事项的通知。

11月21日

［纲　文］**司法部公布《司法部关于修改〈香港特别行政区和澳门特别行政区律师事务所与内地律师事务所联营管理办法〉的决定》。**

［目　文］《决定》经2012年11月20日司法部部务会议审议通过，自2013年1月1日起施行。修正后的《办法》共有5章26条，主要有总则、联营申请、联营规则、监督管理、附则等内容。

11月22日

［纲　文］**学习贯彻党的十八大精神中央宣讲团动员会在北京召开。**

［目　文］中共中央总书记习近平作出批示。批示说，组织党的十八大精神宣讲团的做法很好。希望参加宣讲团的同志们认真准备，准确领会党的十八大精神，准确领会党的十八大确立的重大理论观点、重大方针政策、重大工作部署，努力做到了然于胸、运用自如。希望同志们下去后，紧密结合实际，紧密结合干部群众所思所想，认真进行宣讲，努力做到深入浅出、入脑入心。各地各层次都要开展形式多样的宣讲活动，精心组织，确保实效，推动广大干部群众把思想统一到党的十八大精神上来、把力量凝聚到实现党的十八大确定的各项任务上来。

会议由中宣部部长刘奇葆主持。中共中央政治局常委刘云山出席会议并讲话。刘云山强调，深入学习宣传贯彻党的十八大精神是当前和今后一个时期的首要政治任务，要认真贯彻中央部署，认真落实习近平同志重要批示提出的要求，广泛开展面向基层、面向群众的宣讲，推动兴起学习贯彻党的十八大精神热潮，动员全党全国各族人民更好地用党的十八大精神统一思想，在以习近平同志为总书记的党中央领导下，努力实现党的十八大提出的各项任务。

全国政协副主席、中国社会科学院院长陈奎元出席会议。中央宣传思想工作领导小组成员、中央宣讲团成员、中央宣传文化单位主要负责同志参加会议，中宣部举办的省区市党委宣传部、讲师团学习贯彻党的十八大精神研讨班与会人员列席会议。

11月22日

［纲　文］**教育部印发《全面推进依法治校实施纲要》。**

［目　文］《纲要》主要有九方面内容。一、全面推进依法治校的重要性与紧迫性。随着社会主义民主法治和政治文明建设的推进，教育改革的不断深化，各级各类学校的发展环境、发展理念、发展方式正在发生深刻变化，迫切需要全面推进依法治校、加快建设现代学校制度。二、全面推进依法治校的指导思想和总体要求。要以建设现代学校制度为目标，落实和规范学校办学自主权，形成政府依法管理学校，学校依法办学、自主管理，教师依法执教，社会依法支持和参与学校管理的格局。三、加强章程建设，健全学校依法办学自主管理的制度体系。依法制定具有自身特色的学校章程；提高制度建设质量；建立规范性文件审查与清理机制。四、健全科学决策、民主管理机制，完善学校治理结构。依法健全科学民主决策机制；完善决策执行与监督机制；完善民主管理和监督机制；建立中小学家长委员会制度；依法健全社会参与机制。五、依法办学，落实师生主体地位，形成自由平等公正法治的育人环境。依法组织和实施办学活动；依法建设平等校园环境；尊

重和保护学生权利；尊重和保障教师权利；建立健全学术自由的保障与监督机制；大力推进信息公开和办事公开。六、健全学校权利救济和纠纷解决机制，有效化解矛盾纠纷。依法健全校内纠纷解决机制；完善教师学生权利救济制度；健全安全管理及突发事件的应急处理机制。七、深入开展法制宣传教育，形成浓厚的学校法治文化氛围。切实加强对学校领导干部、职能部门工作人员依法治校意识与能力的培养；全面提高教师依法执教的意识与能力；加强和改善学生法制教育。八、加强组织与考核，切实提高依法治校的能力与水平。完善依法治校工作机制；健全依法治校考核评价机制。九、转变政府职能，加强对学校依法治校的保障。切实转变对学校的行政管理方式；依法建立健全对学校的监督和指导机制；深入开展依法治校示范学校创建活动。

11月22—25日

［纲　文］ **第15届京台科技论坛暨2012年北京台湾名品博览会在北京举行。**

［目　文］ 活动由国务院台湾事务办公室、北京市人民政府联合台北世贸中心等20家台湾公（协）会共同主办。论坛以纪念“京台科技论坛十五周年”为主线，以“京台合作十五载，两岸合作愿景新”为主题，在京台两地同时举办多场活动。北京会场举行开幕式、京台经贸交流与合作图片展以及两岸服务业品牌论坛、文化创意产业论坛、首届京台创新教育论坛、海峡两岸投资保护与促进协议宣讲会等多场专题论坛。参展产品涉及台湾高新科技、电子产品、节能环保、文化创意、运动休闲、品味生活、农业精品等类别。京、台两地逾500位业界嘉宾与会交流。此外，“寻味宝岛”台湾食品节以及由京台企业合资建立的北京宝岛妇产医院开业典礼也同期举行。

中共中央台湾工作办公室、国务院台湾事务办公室主任王毅，北京市代市长王安顺，中国国民党副主席蒋孝严、台北世贸中心董事长王志刚等出席开幕式。与会嘉宾向台湾电机电子工业同业公会、北京通信信息协会等16家机构颁发了京台科技论坛突出贡献纪念牌。

11月22—24日

［纲　文］ **巴勒斯坦国总统特使、巴人民党总书记萨利希访华。**

［目　文］ 23日，外交部部长杨洁篪与萨利希举行会谈。双方主要就当前加沙局势、巴勒斯坦申请成为联合国观察员国等问题交换意见。杨洁篪表示，中方对以色列和巴勒斯坦有关派别宣布达成停火表示欢迎，希望有关各方切实履行停火承诺，避免再起冲突。为体现中国人民对巴勒斯坦人民的友好情谊，帮助缓解加沙人道主义危机，中国政府决定向巴方提供紧急人道主义援助。萨利希通报了巴以问题的最新情况，感谢中方为推动实现加沙停火所做的努力以及在巴方申请成为联合国观察员国问题上给予的支持，并对中方长期坚定支持巴勒斯坦人民正义事业和独立建国大业表示高度赞赏。

11月23日

［纲　文］ **教育部与北京市签订继续重点共建“985工程”高校协议。**

［目　文］ 教育部党组副书记、副部长杜玉波与北京市副市长洪峰签署了《教育部北京市人民政府关于继续重点共建北京大学、中国人民大学、清华大学、北京师范大学、中国农业大学的协议》。中共中央政治局委员、北京市委书记郭金龙，教育部党组书记、部长袁贵仁，北京市委副书记、代市长王安顺出席协议签字仪式。

王安顺致辞说，部市共建“985工程”高校，是贯彻落实科学发展观的重要举措，是深化部市合作长效机制，推动高等教育内涵式发展的具体行动。北京将以协议签署为新的契机，进一步完善校市互惠共赢、共同发展的长效机制，为中央在京高校参与首都经济社会建设提供更加广阔的舞台，营造更加良好的环境。

袁贵仁致辞说，教育部和北京市共同签署继续重点共建“985工程”高校协议，是党的十八大胜利闭幕后教育部和省市签署的第一个共建协议，翻开了中国高校共建工作历史的新篇章。

11月23日

［纲　文］ **中国首张三沙市地图出版。**

［目　文］ 经总参测绘导航局审定、国家新闻出版总署批准，中国首张全面、准确、翔实显示三沙市地理位置和南海诸岛地貌的专题地图——《中华人民共和国海南省三沙市地图》编辑出版发行，并将于24日起在全国各大书店同步上市。《中华人民共和国海南省三沙市地图》为集卫星影像图、航空影像图、地貌晕渲图、政区图为一体的专题地图，全面展示了三沙市及南海诸岛岛礁地理位置、海部地貌、自然资源、海陆交通、机场港口、行政区划等内容，重点显示了三沙市政府所在地——永兴岛的航空影像和美济礁、中业岛等38个重要岛礁的卫星影像。

11月23日

［纲　文］ **卫生部公布《性病防治管理办法》。**

［目　文］《办法》共有8章57条，主要有总则、机构和人员、预防和控制、诊断和治疗、监测和报告、监督管理、法律责任、附则等内容。《办法》于2012年6月29日经卫生部部务会审议通过，自2013年1月1日起施行。

11月23—28日

［纲　文］ **首届客家文化艺术节在广东梅州举行。**

［目　文］ 活动由中共中央台湾工作办公室、国务院侨务办公室、广东省人民政府主办，中共梅州市委、梅州市人民政府承办，中共广东省委台湾工作办公室、广东省文化厅、广东省人民政府侨务办公室、世界客属总会、中华海峡两岸客家文经交流协会协办。

首届“世界客家文化艺术节”以“融汇世界的客家、展示客家的世界”为主题，艺术节确立了“三会一季”的目标，即：客家文化艺术作品展示会、客商产品展销会、幸福导向型产业招商引资盛会和世界客都旅游欢乐周。艺术节旨在凝聚客属力量，弘扬客家文化，促进交流合作，推动文化与经济、与旅游、与生态融合发展和全球客家地区的繁荣发展。艺术节期间，举办客家文化艺术博览会、禅文化体验周、海峡两岸客家电影展等，并举办客家文化论坛。

23日，艺术节开幕。广东省、梅州市有关负责人致辞。中国国民党荣誉主席吴伯雄率团出席开幕式并讲话。来自美国、英国、法国、加拿大、东南亚、港澳台等18个国家和地区，国内13个省（市、自治区）、38个地级以上市的2000多名嘉宾与会。开幕式上，还举行了招商引资项目签约仪式。共有106个项目集中参加签约、动工、投产活动，计划投资总额1328亿元。

艺术节只有开幕式，没有闭幕式，客家文化艺术展演、客商产品展销和学术交流活动持续至年底。客家是汉民族的一个重要民系，广东梅州被誉为“世界客都”，是传承创新客家文化的重要基地。

11月24日

［纲　文］**澳门特区第十二届全国人大代表选举会议第一次全体会议举行。**

［目　文］全国人大常委会副委员长兼秘书长李建国受全国人大常委会委托主持会议并讲话。选举会议成员346人出席了会议。会议推选产生了选举会议主席团，分发了澳门特别行政区第十二届全国人大代表候选人提名信。

李建国在介绍了选举工作的总体安排后说，澳门回归祖国以后，广大澳门同胞既有权依法参加特别行政区自治范围内各项事务的管理，也有权依法参与国家事务的管理，这是澳门同胞摆脱殖民统治、实现当家作主的重要体现，也是“一国两制”的重要体现。

按照选举办法的规定，选举会议第一次全体会议根据全国人大常委会委员长会议的提名，经过表决，推选出由马有礼、刘焯华等11位选举会议成员组成的澳门第十二届全国人大代表选举会议主席团。

会议向每位选举会议成员分发了《中华人民共和国澳门特别行政区第十二届全国人民代表大会代表候选人提名信》。

按照选举办法的规定，澳门特别行政区第十二届全国人大代表选举会议主席团第一次会议举行，主席团会议分两个阶段进行。第一阶段，推选主席团常务主席。会议一致推选选举会议主席团成员崔世安为主席团常务主席。第二阶段，主席团确定：2012年11月26日至12月6日为澳门特别行政区第十二届全国人民代表大会代表候选人的提名时间；2012年12月17日上午举行选举会议第二次全体会议，投票选举澳门特别行政区第十二届全国人大代表。主席团还确定梁庆庭为主席团新闻发言人。

11月24日

［纲　文］**中国无人驾驶汽车完成高速公路测试。**

［目　文］无人驾驶智能汽车由军事交通学院研制，测试从京津高速台湖收费站启程，用一个小时左右到达天津东丽收费站，全程行驶104公里。这是中国首次在官方认证下完成的无人驾驶智能汽车高速公路测试，其性能接近国际先进水平。据介绍，智能车装有应急控制装置，紧急情况下可立即实施人工强制干预。

11 月 24 日

［纲　文］**《人民日报》报道，哈尔滨至大连高速铁路已完成开通运营前的各项准备工作。**

［目　文］哈尔滨至大连高速铁路是世界上第一条投入运营的新建高寒地区长大高速铁路，营业里程 921 公里，设计时速 350 公里。哈大高铁纵贯辽宁、吉林、黑龙江三省，全线设 23 个车站，于 12 月 1 日正式开通运营。

11 月 24—28 日

［纲　文］**第八届“荷花奖”现当代舞比赛在郑州举行。**

［目　文］“荷花奖”是中国舞蹈界的专业最高奖，也是唯一的常设性全国舞蹈艺术专业奖项。比赛由中国文联、中共河南省委宣传部主办，中国舞协、河南省文联、郑州市人民政府承办。来自全国 24 个省区市的 279 个报名作品中选出的 36 个当代舞作品和 20 个现代舞作品参加了 3 场半决赛、2 场决赛，决出作品、编导、表演类各个奖项。南京军区政治部前线文工团的《决胜千里》、解放军艺术学院的《新军靴》、郑州歌舞剧院的《我们在黄河岸边》和海军政治部文工团的《八女投江》获得作品金奖。《一个关于渴望的梦》《蜗居》等获得作品银奖、铜奖。评奖举办期间，2012 中国舞蹈“荷花奖”当代舞、现代舞发展论坛于 27 日举行。论坛以主旨发言和自由讨论的方式，交流、探讨了当代舞、现代舞在中国当今发展的态势、趋势和问题，来自全国各地的参赛人员、观摩人员和业内代表近 100 人参加了会议。

11 月 24—25 日

［纲　文］**“国弈文化节”在北京举办。**

［目　文］文化节是为庆祝中国围棋协会、中国象棋协会成立 50 周年，由国家体育总局棋牌运动管理中心主办，北京市东城区体育馆路街道办事处、北京中体明星体育文化传播有限公司等单位共同承办。24 日，围棋圣手聂卫平与象棋特级大师郭莉萍等为现场观众展示棋艺。25 日，围棋盲棋“第一人”鲍云接受了 1 对 2 的盲棋挑战；象棋特级大师张强与棋迷们上演了 1 对 20 的象棋车轮战。主办方组织了围棋、象棋“非遗”知识介绍、残局讲解等专家、棋迷共同参与互动环节。

11 月 25 日

［纲　文］**《人民日报》报道，国务院正式批复同意《天山北坡经济带发展规划》。**

［目　文］作为国家西部大开发战略的重要环节，天山北坡经济带被列为西部地区重点培育的新增长极之一。根据新疆“十二五”规划，天山北坡经济带东起哈密，西至伊宁，东西相距 1000 余公里，其间分布 3 个大型煤田和 2 个大型油气田，是新疆现代工业、农业、交通信息、教育科技等最为发达区域。

《规划》于 2011 年 7 月由自治区政府上报至发展改革委，国务院正式批复同意。《规划》说，新疆将加快对外开放步伐，建设出口加工基地；有序开发优势资源，建设能源材料基地；加快结构调整，建设优质农畜产品生产和深加工基地；加大科技投入，建设战略性新兴产业；大力发展第三产业，建设现代服务体系；加大建设力度，提高基础设施服务水平；积极推进城镇化，促进城乡统筹协调中发展；积极发展各项社会事业，促进基本公共服务均等化；加大生态环境保护，提高生态保障能力。

11月25日

［纲　文］**《人民日报》报道，一批重要的高铁干线2012年相继通车运营，四纵四横高铁网初具规模**。

［目　文］2012年以来，一批重要的高铁干线和高铁连接线相继通车运营，中国规划的“四纵四横”高铁网已经初具规模：郑武高铁在国庆长假前通车，打通了京广与郑西高铁；合蚌高铁10月份开通后，把京广、京沪、沪汉蓉三条高铁主干线紧密联结起来。12月1日，中国横跨东北三省的第一条高寒高铁——哈大高铁也将开通运营。

根据中国中长期铁路网规划，“四纵四横”客运专线将成为连接大城市的快速通道。

四纵：北京—上海客运专线，贯通京津至长江三角洲东部沿海经济发达地区；北京—武汉—广州—深圳客运专线，连接华北和华南地区；北京—沈阳—哈尔滨（大连）客运专线，连接东北和关内地区；上海—杭州—宁波—福州—深圳客运专线，连接长江、珠江三角洲和东南沿海地区。

四横：徐州—郑州—兰州客运专线，连接西北和华东地区；杭州—南昌—长沙—贵阳—昆明客运专线，连接西南、华中和华东地区；青岛—石家庄—太原客运专线，连接华北和华东地区；南京—武汉—重庆—成都客运专线，连接西南和华东地区。

11月25日

［纲　文］**解放军驻港部队完成第15次轮换**。

［目　文］驻军轮换的单位包括陆军、海军和空军部队。轮换进驻的陆军分队和空军地勤部队于零时许通过香港落马洲口岸，分赴各自驻扎的军营；轮换出港的陆军分队和空军地勤部队于凌晨返回内地。轮换进港的海军舰艇编队于11时许驶入昂船洲海军基地，轮换出港的舰艇随后起航，返回内地。空军直升机部队也于同日顺利完成轮换。轮换行动结束后，驻军在香港特别行政区的部队员额和装备数量没有变化。

这次驻港部队轮换，是根据《中华人民共和国香港特别行政区驻军法》关于“香港驻军实行人员轮换制度”的规定和中央军委的命令进行的。

11月25日

［纲　文］**酒泉卫星发射中心用长征四号丙运载火箭成功发射遥感卫星十六号**。

［目　文］遥感卫星十六号由中国航天科技集团公司所属空间技术研究院为主研制，主要用于科学试验、国土资源普查、农作物估产及防灾减灾等领域。用于此次发射的长征四号丙运载火箭由中国航天科技集团公司所属上海航天技术研究院负责研制生产。这是长征系列运载火箭的第172次发射。

11月26日

［纲　文］**习近平作出指示，要求广大党员干部学习罗阳优秀品质和可贵精神。**

［目　文］中共中央总书记习近平指示说，罗阳同志不幸因公殉职，我谨致以沉痛的哀悼，并向他的家人表示深切的慰问。罗阳同志秉持航空报国的志向，为中国航空事业发展做出了突出贡献，他的英年早逝是党和国家的一个重大损失。要很好地总结和宣传罗阳同志的先进事迹，广大党员、干部要学习罗阳同志的优秀品质和可贵精神。习近平还要求有关方面妥善照顾罗阳同志的家人。

罗阳是歼－15舰载机研制现场总指挥、中航工业沈阳飞机工业（集团）有限公司董事长、总经理。11月25日，罗阳在大连执行任务时突发疾病逝世。罗阳投身祖国航空事业30年来，秉持航空报国的志向，坚持敬业诚信、创新超越的理念，兢兢业业，攻坚克难，长年超负荷工作，带领工程技术人员完成了多个重点型号研制，直至生命的最后一刻，为中国航空事业发展做出了突出贡献。

遵照习近平的指示精神，中央组织部要求深入总结和宣传罗阳的先进事迹，号召广大党员、干部学习罗阳的优秀品质和可贵精神。中央宣传部要求主要媒体立即对罗阳先进事迹采访宣传，号召广大党员、干部向罗阳学习，为推动党和国家事业提供榜样的力量。中国航空工业集团公司决定授予罗阳“航空报国英模”称号，并在全集团深入开展向罗阳学习活动。

辽宁省、中国航空工业集团公司负责人第一时间向罗阳家属传达了习近平的指示，转达了习近平的慰问。中国航空工业集团公司及所属沈阳飞机工业（集团）有限公司广大干部职工纷纷以各种方式表达对罗阳的崇敬和哀悼之情，并表示一定会以罗阳为榜样，继续为中国航空事业发展贡献力量。

11月26日

［纲　文］**全国人大常委会委员长吴邦国在北京会见贝宁国民议会议长纳戈。**

［目　文］吴邦国说，今年是中贝复交40周年。40年来，两国关系发展顺利，双方政治交往密切，经贸等领域合作成效显著，人文交流充满活力。吴邦国积极评价中国全国人大与贝宁国民议会的关系，希望双方发挥议会交往的独特作用，加强在治国理政和民主法制建设等方面的经验交流，为中贝关系增添新的活力。

纳戈说，贝宁视中国为可信赖的朋友和学习的榜样，愿加强与中方在各领域的务实合作，密切在国际事务中的沟通配合，为促进非中友好、建设公平合理的国际新秩序而不懈努力。

11月26日

［纲　文］**国务院防治艾滋病工作委员会第四次全体会议召开。**

［目　文］会议由国务院副总理、国务院防治艾滋病工作委员会主任李克强主持召开。国务院防治艾滋病工作委员会成员和有关部门负责人出席会议。会议召开前，李克强

和有关部门的同志，同防治艾滋病民间组织代表开了座谈会，了解基层真实情况，听取患者声音。

李克强指出，防治艾滋病，政府责任重大。既要充分利用现有渠道加大投入，又要适应形势变化，创新方式，抓紧研究解决一些突出问题，更有效地开展防控。一是扩大抗病毒治疗范围，只要发现感染者就及时进行免费抗病毒治疗，预防和延缓发病。二是对于抗机会性感染治疗费用，在已纳入新农合大病保障的基础上，进一步研究纳入城镇职工和居民基本医保。三是创新体制机制，在艾滋病检测等方面，打破部门限制，协同作战，形成合力。四是完善各级政府分级负责的机制，中央要加大投入，强化重点防控，地方也要加大工作力度，落实好统一部署，把属地方事权的问题解决在基层，这样防控工作会更有效，代价更小。防治艾滋病必须发挥社会组织的作用。用社会的力量办好社会的事情，是推动社会体制改革、加强社会建设的必然要求。

会议听取了卫生部关于 5 年来艾滋病防治工作的进展情况和下一阶段工作打算。会议认为，通过加大投入、加强综合干预等措施，中国艾滋病疫情快速上升的势头得到遏制，总体疫情保持在低流行水平，感染者发现率逐步提高，接受治疗病人的病死率下降近一半，艾滋病母婴传播率由 2007 年的 34.8%下降到目前的 7.4%，感染者和病人的生活质量持续改善。同时，中国人口多、地域广、人员流动性大，艾滋病传播方式更加隐蔽，抗艾面临许多新挑战，应对难度加大，形势依然严峻。

11 月 26 日

［纲　文］**第二次中印战略经济对话在印度首都新德里举行。**

［目　文］中国发展改革委主任张平与印度计划委员会副主席阿鲁瓦利亚共同主持对话，双方就加强全面合作，促进宏观经济政策沟通与协调，深化与拓展在投资、基础设施、高技术、节能环保和能源等领域的务实合作展开对话与交流。中国发展改革委、外交部、财政部、铁道部、商务部、国家能源局、国家开发银行等部门以及印度相关部门的代表约 400 人出席对话会议。会议期间，双方签署了联合研究、铁路、软件、工业能效等部门间的合作备忘录和总额为 48 亿美元的企业间双向投资意向协议。

11 月 26 日

［纲　文］**《人民日报》报道，中央纪委印发《关于纪检监察机关认真学习贯彻党的十八大精神的通知》。**

［目　文］《通知》提出三点要求。一、认真学习领会、全面准确把握党的十八大精神。学习贯彻党的十八大精神，首先要认真研读党的十八大文件，原原本本学习党的十八大报告和党章，学习十七届中央纪委工作报告，学习习近平在党的十八届一中全会上的重要讲话精神；要学深学透党的十八大对党风廉政建设和反腐败斗争提出的新要求；切实把思想统一到党的十八大精神上来，把力量凝聚到实现党的十八大确定的各项任务上来，更好地担负起党和人民赋予的神圣职责，不断取得党风廉政建设和反腐败斗争的新成效，为实现党的十八大作出的重大战略部署提供坚强保证。二、密切联系纪检监察工作实际，推

动党风廉政建设和反腐败工作深入开展。一是要贯彻落实到加强党的作风建设之中。二是要贯彻落实到加强反腐倡廉建设之中。三是要贯彻落实到加强党的纪律建设之中。四是要贯彻落实到加强纪检监察机关自身建设之中。三、切实加强对学习贯彻党的十八大精神的组织领导。各级纪检监察机关要把学习贯彻党的十八大精神摆上重要议事日程，加强组织领导，迅速兴起学习热潮。要把学习党的十八大精神作为理论学习中心组学习的中心内容。要组织广大纪检监察干部积极参加中央和地方组织的宣讲活动。要紧贴纪检监察干部学习、工作和生活实际，创新方式方法，增强学习贯彻党的十八大精神的吸引力感染力和针对性实效性。注意抓好离退休人员中党员的学习。要充分发挥广播、电视、报刊、网络等媒体的作用。

11月26日

［纲　文］ **新华社讯，总政治部发出《关于认真学习贯彻党的十八大精神的通知》。**

［目　文］《通知》提出三点要求。一、把学习贯彻党的十八大精神作为首要政治任务抓紧抓好。切实摆上重要位置；扎实抓好学习教育；全面深入搞好宣传；坚持领导干部带头。二、全面准确学习领会党的十八大精神。深刻领会党的十八大的主题；深刻领会过去五年和十年党和国家事业取得新的历史性成就；深刻领会科学发展观的历史地位和指导意义；深刻领会中国特色社会主义的丰富内涵，深刻领会夺取中国特色社会主义新胜利的基本要求；深刻领会全面建成小康社会和全面深化改革开放的目标；深刻领会社会主义经济建设、政治建设、文化建设、社会建设、生态文明建设等方面的重大部署；深刻领会加快推进国防和军队现代化；深刻领会全面提高党的建设科学化水平。三、切实把党的十八大精神贯彻落实到部队各项建设和工作中。坚持把思想政治建设摆在首位；毫不动摇地坚持党对军队的绝对领导；坚决完成各项军事斗争任务；按照全面建设的思想努力推进军队的革命化现代化正规化建设；大力发扬我军的光荣传统和优良作风；全面提高军队党的建设科学化水平。

11月26日

［纲　文］ **国务院办公厅发出《关于批准绍兴市城市总体规划的通知》。**

［目　文］《通知》主要有九方面内容。一、国务院原则同意修订后的《绍兴市城市总体规划（2011—2020年）》。二、绍兴市是国家历史文化名城，具有江南水乡特色的文化和生态旅游城市。《总体规划》实施要以科学发展观为指导，坚持经济、社会、人口、环境和资源相协调的可持续发展战略，统筹做好绍兴市城乡规划、建设和管理的各项工作。要完善公共服务设施和城市功能，逐步把绍兴市建设成为经济繁荣、社会和谐、生态良好、特色鲜明的现代化城市。三、重视城乡统筹发展。在《总体规划》确定的1539平方公里的城市规划区范围内，实行城乡统一规划管理。四、合理控制城市规模。到2020年，中心城区城市人口控制在160万人以内，城市建设用地控制在155平方公里以内。五、完善城市基础设施体系。要加快公路、铁路、港口等交通基础设施建设，改善城市与周边地区交通运输条件。六、建设资源节约型和环境友好型城市。城市发展要走节约资

源、保护环境的集约化道路，坚持节流、开源、保护并重的原则，节约和集约利用资源。七、创造良好的人居环境。要坚持以人为本，创建宜居环境。八、重视历史文化和风貌特色保护。要统筹协调发展与保护的关系，按照整体保护的原则，切实保护好城市传统风貌和格局。九、严格实施《总体规划》。城市建设要实现经济社会协调发展，物质文明和精神文明共同进步。

11月26日

［纲　文］**国务院办公厅印发《国家农业节水纲要（2012—2020年）》**。

［目　文］《纲要》主要有六方面内容。一、总体要求。二、建立农业节水体系。优化配置农业用水；调整农业生产和用水结构；完善农业节水工程措施；推广农机、农艺和生物技术节水措施；健全农业节水管理措施。三、实行分区指导。东北地区，包括辽宁、吉林、黑龙江三省以及内蒙古自治区东部。西北地区，包括陕西、甘肃、青海、宁夏、新疆五省（区）和内蒙古自治区中西部以及山西省西部。黄淮海地区，包括北京、天津、河北、山东、河南五省（市）和山西东部以及江苏、安徽两省北部。南方地区，包括长江沿岸及其以南的各省（区、市）。四、推进重点工程。大中型灌区节水改造工程；高效节水灌溉技术规模化推广工程；旱作节水农业技术推广示范工程；农业节水技术创新工程；山丘区“五小水利”工程。五、健全体制机制。完善法规政策；推行节水灌溉制度；增加农业节水投入；发挥农民的主体作用；完善技术服务体系；深化工程管理体制改革；推进农业水价综合改革。六、组织实施。加强组织领导；制订相关规划；加强监督检查；强化宣传教育。

《纲要》提出的发展目标是：到2020年，在全国初步建立农业生产布局与水土资源条件相匹配、农业用水规模与用水效率相协调、工程措施与非工程措施相结合的农业节水体系。基本完成大型灌区、重点中型灌区续建配套与节水改造和大中型灌排泵站更新改造，小型农田水利重点县建设基本覆盖农业大县；全国农田有效灌溉面积达到10亿亩，新增节水灌溉工程面积3亿亩，其中新增高效节水灌溉工程面积1.5亿亩以上；全国农业用水量基本稳定，农田灌溉水有效利用系数达到0.55以上；全国旱作节水农业技术推广面积达到5亿亩以上，高效用水技术覆盖率达到50%以上。

11月26日

［纲　文］**文化部在北京召开国家动漫企业认定工作座谈会**。

［目　文］座谈会披露，2012年中国动漫产业增速已经达到日本的10倍，美国的8倍，居世界第一。中国通过认定的国家级动漫企业已有四批500家，国家级重点动漫产品66个，国家级重点动漫企业34家，获认定的进口动漫开发生产用品免税资格企业共两批22家，这些企业已成为中国动漫产业主力军和骨干，其中产值过亿元的有13家。

11月26—27日

［纲　文］**全国农业产业化工作会议和中国农业产业化龙头企业协会成立大会在北京举行**。

［目　文］中国农业产业化龙头企业协会是由农业产业化龙头企业、有关管理部门和地方龙头企业协会自愿参加组成的全国性社会团体，主要开展行业协调、管理、服务、信息交流、举办展会和人员技术培训等业务。大会由农业部、发展改革委、财政部、商务部、人民银行、税务总局、证监会、供销总社八部门召开。

26日全天，召开全国农业产业化工作会议。27日上午，在北京京西宾馆召开中国农业产业化龙头企业协会第一届会员代表大会。下午，在人民大会堂召开中国农业产业化龙头企业协会成立大会。国务院副总理回良玉、农业部部长韩长赋、新任中国农业产业化龙头企业协会会长中国农业发展集团董事长党委书记刘身利等出席大会并作讲话。

成立大会上，回良玉发表讲话强调，要深入学习贯彻落实党的十八大精神，深刻认识新形势下发展农业产业化经营的重要意义，牢固树立“扶持农业产业化，就是扶持农业；扶持龙头企业，就是扶持农民”的理念；大力发展农业产业化，培育壮大龙头企业，加快构建新型农业经营体系，推动现代农业建设和农业发展方式转变；中国农业产业化龙头企业协会的成立，是加强农业产业化工作的重要举措，协会要以推动龙头企业发展和增强带农惠农能力为目标，以沟通、服务、自律、发展为宗旨，做龙头企业与政府的联系者、规范行业发展的主导者、维护企业合法权益的组织者，不断促进农业产业化龙头企业提高发展水平。

11月26—29日

［纲　文］**应中国外交部部长杨洁篪邀请，苏里南共和国外长温斯顿·古诺·拉金对中国进行正式访问。**

［目　文］27日，全国人大常委会副委员长陈昌智在北京会见拉金。28日，杨洁篪在北京同拉金举行会谈。

陈昌智在会见拉金时说，中方重视发展同苏里南的关系，愿同苏方共同努力，推动两国传统友好合作关系全面深入发展，造福两国人民。拉金表示，苏方期待进一步加强苏中关系，深化双方在政治、经贸、人文等领域的合作，实现互利双赢和共同发展。

杨洁篪在同拉金举行会谈时说，中方高度重视发展同苏里南关系，愿与苏方保持高层交往，推进务实合作，扩大人文交流，密切多边协作，进一步加强和深化两国互利友好合作关系。拉金表示发展同中国的关系是苏里南外交政策优先方向之一，苏方将继续坚定奉行一个中国政策，愿与中方共同努力，加强双边各领域交流与合作，推动两国关系深入发展。

11月27日

［纲　文］**国务院副总理李克强在北京会见来华参加中美商界领导合作计划年度对话的美国著名企业和金融机构负责人。**

［目　文］李克强指出，中国将努力保持经济持续健康发展，促进社会全面进步，对外开放度将进一步加大。这也会为各国与中国的合作带来更多机遇。中美之间合作潜力很

大，但能不能抓得住、发挥好，在各自发展和结构调整中扩大利益共同点，关键是要破除不合理的投资贸易障碍，妥善处理分歧。合作是商业行为，利在双方，不公平不合理的人为设限，受损也在双方。希望美国企业家放眼长远，发挥影响，多做有益于双边关系和深化经贸往来的工作。

美国企业家表示，愿为继续加强对华交流、深化美中经济合作出力。

中美商界领导合作计划由中美两国企业家共同发起并运作，主要目的是加强两国经济界特别是实体经济界的沟通了解，推动解决分歧、完善政策。美方成员包括摩根士丹利、桥水投资、堡垒投资集团、海岬金融集团等企业的负责人，中方成员包括机械、金融、石化、信息、粮食等领域的著名企业负责人。

11月27日

［纲　文］ **教育部等五部门印发《边远贫困地区、边疆民族地区和革命老区人才支持计划教师专项计划实施方案》。**

［目　文］《方案》主要有六方面内容。一、目标任务。从2013年起至2020年，每年选派3万名优秀幼儿园、中小学（含普通高中，下同）和中等职业学校教师到“三区”支教一年；每年为“三区”培训3000名幼儿园、中小学和中等职业学校的骨干教师和紧缺专业教师。二、工作原则。中央指导、地方实施；统筹规划、整体安排；因地制宜、注重实效。三、基本要求。以县为基本单位，主要是国家确定的连片特困地区覆盖的县、国家扶贫开发工作重点县和省级扶贫开发工作重点县以及新疆生产建设兵团困难团场，涉及28个省（区、市）和新疆生产建设兵团的1272个县、团场。选派和培训教师主要由各省（区、市）及新疆生产建设兵团在本行政区域范围内进行，以就近就便、本省份调配为主，调动省会城市、中心城市的优质教师资源和培训资源支持省份内的受援县。2013年的选派教师数，是以受援县幼儿园、中小学和中职学生在校生人数为基数，按照不低于每2600名学生选派1名支援教师的标准确定的。四、保障措施。选派到“三区”的支教教师，支教期间人事关系保留在原单位，支教期满后仍回原单位工作。受援县义务教育阶段教师选派工作经费由中央财政和地方财政按照年人均2万元标准共同分担。选派工作经费主要用于向选派教师发放工作补助、交通差旅费用及购买意外保险费等补助。五、组织实施。实施周期为2013年至2020年。2013年开始启动项目计划，开展选派支教和培训教师工作。2015年开展全面检查评估，总结阶段工作经验，适时调整目标任务和政策措施，形成比较完善的工作机制。2020年对计划实施情况进行全面总结和综合评估，对后续工作进行研究部署。六、其他要求。

11月27日

［纲　文］ **中央宣讲团党的十八大精神首场报告会在人民大会堂举行。**

［目　文］ 报告会由中宣部、中央直属机关工委、中央国家机关工委、教育部、解放军总政治部、北京市委联合举办。学习贯彻党的十八大精神中央宣讲团是为推动兴起学习宣传贯彻党的十八大精神的热潮，根据中央要求，中宣部会同中央有关部门组成的。报告会由中宣部常务副部长雒树刚主持。中央宣讲团成员，中宣部学习贯彻党的十八大精神研讨

班与会同志，在京党政军机关干部、中央企业负责人和高校师生，约3000人参加报告会。

欧阳淞作报告，阐明了党的十八大的鲜明主题和历史性贡献，阐释了党和国家过去10年的重大成就和科学发展观的历史地位，论述了中国特色社会主义这条突出主线的丰富内涵，讲解了全面建成小康社会和全面深化改革开放的总体目标以及社会主义经济、政治、文化、社会、生态文明建设的重大部署和重大举措，阐释了提高党的建设科学化水平的任务和要求。

参加这次宣讲活动的中央宣讲团成员有中央党校常务副校长李景田，中央文献研究室主任冷溶，中央党史研究室主任欧阳淞，发展改革委主任张平，教育部部长袁贵仁，科技部党组书记、副部长王志刚，商务部部长陈德铭，新闻出版总署党组书记、副署长蒋建国，中国社会科学院党组副书记、常务副院长王伟光，广西壮族自治区党委书记郭声琨，江苏省委副书记、省长李学勇，中宣部副部长王晓晖，中央政策研究室副主任施芝鸿，中央政策研究室副主任潘盛洲，中央财经领导小组办公室副主任杨伟民，全国人大常委会副秘书长沈春耀，国务院法制办副主任袁曙宏，国务院研究室副主任宁吉喆，发展改革委宏观经济研究院原常务副院长林兆木等20位同志。

中央宣讲团在京举行首场宣讲报告会后，于11月28日起赴全国各地宣讲。

11月27日

［纲　文］**中华环保世纪行五年工作总结座谈会在福建厦门召开。**

［目　文］全国人大常委会委员长吴邦国为中华环保世纪行活动20周年题词："加强生态文明宣传，增强全民节约意识、环保意识、生态意识。"全国人大常委会副委员长陈至立向座谈会发来贺信说，希望中华环保世纪行继续发挥宣传品牌的作用，进一步加强生态文明的宣传教育，为建设美丽中国做出新的更大的贡献。

全国人大环资委主任委员汪光焘主持会议并作总结讲话，全国人大环资委副主任委员张文台代表中华环保世纪行组委会作了工作报告，黑龙江、江苏、河南、湖北、陕西、宁夏六省（区）人大环资委介绍了经验。全国人大环资委副主任委员曹伯纯、王鸿举等出席会议。福建省委常委、厦门市委书记于伟国，福建省人大常委会副主任李红出席会议并致辞。中华环保世纪行组委会部分成员单位负责人、部分省（区、市）人大常委会分管副主任、各省（区、市）人大环资委负责同志出席会议，全国人大常委会办公厅新闻局、全国人大环资委办事机构、各省（区、市）人大环资委办事机构同志和中央有关新闻单位记者参加了会议。

自1993年以来，中华环保世纪行宣传活动开展已近20年。中华环保世纪行活动紧扣全国人大常委会环境资源立法和监督工作重点，五年来先后以"节约资源，保护环境""让人们呼吸新鲜的空气"等为宣传主题，组织中央媒体记者集中进行采访报道，在增强各级领导干部的环境资源法制观念，推动环境资源法律法规的完善和实施，提高全社会环境资源法律意识等方面起到了积极作用。

11月27日

［纲　文］**民政部发出《关于完善救灾捐赠导向机制的通知》。**

［目　文］《通知》主要有三方面内容。一、充分认识完善救灾捐赠导向机制的重要意义。在安排捐赠款物时，及时引导公益慈善组织将捐赠款物投向困难大、需求迫切的地区和领域，可以最大限度地发挥捐赠款物使用效益，同时也有利于引导公众共同监督捐赠款物的使用，保护好公民的慈善热情，形成政府、社会组织、公众之间良性互动的救灾合力。二、明确完善救灾捐赠导向机制的主要内容。研究建立救灾捐赠需求发布制度；探索建立救灾捐赠接收机构评估发布制度；认真做好救灾捐赠款物使用引导工作；加强救灾捐赠信息公开和社会监督。三、不断完善救灾捐赠导向的工作平台机制。

11月27日

［纲　文］**交通运输部印发《水运工程标准管理办法》。**

［目　文］《办法》共有14章99条，主要有总则、管理职责与权限、标准体系、标准项目立项、标准编制、标准的发布、标准的复审、标准局部修订、标准翻译出版、标准经费、标准项目合同管理、标准日常管理、考核与鼓励措施、附则等内容。《办法》自发布之日起施行，原交通部印发的《水运工程建设标准管理办法》予以废止。

11月27—28日

［纲　文］**中非合作圆桌会议第三次大会在海南万宁举行。**

［目　文］会议由中国前外交官联谊会牵头主办，中国全国人大和政协有关领导、政府部门官员，非洲国家前领导人和政治家，非洲国家驻华使节，海南省和万宁市领导，中非企业家、专家、学者，金融机构和新闻界人士等400多人出席会议。会议主题为“深化合作、共创美好未来”。会议旨在重点宣传介绍2012年7月举行的中非合作论坛第五届部长级会议的成果，以及中国政府为推进中非新型战略伙伴关系的新举措，从民间角度推进各项举措的落实，配合中非合作论坛工作，促进中非友好合作发展。

27日，会议开幕。全国政协副主席厉无畏、全国人大常委会原副委员长顾秀莲、中国前外交官联谊会会长吉佩定、海南省省长蒋定之等出席大会开幕式。中国前外交官联谊会会长、中非合作圆桌会议理事长吉佩定致开幕词。

会议围绕主题开展了情况介绍、经验交流、学术研讨、企业对接等多项活动。非洲驻华使节推介了本国经济环境和吸引外资政策，并与中国企业家进行了交流互动。会议认为，新世纪开元创办的中非合作论坛，12年来推动中非关系发展步入了“快车道”。会议对当前中非经贸合作的良好势头表示乐观，期待今年双边贸易总额突破2000亿美元，中国对非投资大幅增长，在非洲基础设施建设上加大投入，以进一步体现互利共赢，共同发展。会议高度评价中非合作圆桌会议成立两年多来的工作。

11月27—28日

［纲　文］**“当代世界多边对话会”在北京举行。**

［目　文］国务委员戴秉国发来贺词，中联部部长、当代世界研究中心理事会名誉主席、中国和平发展基金会名誉主席王家瑞出席开幕式并讲话。戴秉国在贺词中说，当今世界正在发生复杂而深刻的变化，国际格局加速演变，世界经济走势低缓，地区热点此起

彼伏，全球治理艰难推进，传统与非传统安全问题相互交织，我们面临的共同挑战有增无减。尽管如此，和平与发展依然是当今时代的主题，求和平、促合作、谋发展依然是人类的共同心声和不懈追求。

会议由当代世界研究中心与中国和平发展基金会共同主办。会议以“变化的世界与发展的中国”为主题，欧洲委员会前副主席、马达里亚加基金会执行主席德福安、印度世界事务委员会主席巴蒂亚等来自近30个国家的70多位代表出席会议。美国战略和国际研究中心、美国卡内基国际和平基金会等国际知名智库派专家学者参会。在为期两天的会议中，中外代表围绕“国际格局、全球治理和新兴国家角色”“亚太地区的安全与发展”“中共十八大和中国发展道路”三大议题展开研讨和对话。

11 月 27—29 日

［纲　文］ **中国曲艺家协会第7次全国代表大会在北京召开。**

［目　文］ 开幕式由中国曲艺家协会第6届副主席崔凯主持。全国政协副主席、中国文联主席孙家正出席大会开幕式并为大会发来贺词。

中宣部部长刘奇葆出席开幕式并讲话。他强调，贯彻落实党的十八大精神、进一步繁荣曲艺事业，要坚持以人民为中心的创作导向，更加自觉主动地为人民说唱；坚持高质量高水准的艺术追求，推出更好更多的曲艺作品；坚持在继承中改进创新，增强曲艺发展的生机活力；坚持崇德尚艺的要求，充分展示曲艺工作者的良好形象。

大会审议通过工作报告，修改《中国曲艺家协会章程》，选举产生中国曲艺家协会新一届领导机构。来自全国31个省、自治区、直辖市和香港特别行政区、澳门特别行政区以及解放军、中直机关等单位的曲艺工作者代表参加会议。中国文联，中宣部，以及各全国文艺家协会、中国文联机关各部室、各直属单位负责人出席开幕式。

11 月 27 日—12 月 12 日

［纲　文］ **全国政协主席贾庆林应邀对意大利、哥斯达黎加、阿根廷进行正式友好访问。**

［目　文］ 27日，贾庆林抵达罗马，分别会见意大利总统纳波利塔诺、意大利外交部部长泰尔齐，出席中国商务部与意大利经济发展部共同主办的中意工商晚宴并发表主旨演讲。贾庆林在会见纳波利塔诺时表示，新形势下，继续加强中意关系符合双方根本利益。中方愿同意方保持高层密切交往，在科技、环保、中小企业、创意设计等领域开展更广泛深入合作，更好地服务于各自发展，造福两国人民。中意两国应以近年成功互办“文化年”为契机，进一步推动两国在文学、广播影视、新闻出版、文物保护等领域的交流与合作，继续为促进世界文明多样性和不同文化间交流对话做出积极贡献。贾庆林在中意工商晚宴发表主旨演讲表示，中意两国经济互补性强，意大利在技术、工艺、设计、创新方面世界领先，中国在劳动力、资金、市场规模方面具有显著优势。危机不能掩盖合作潜力，距离无法阻隔合作热情。我愿就新形势下深化两国经贸合作提出四点建议：第一，积极推动双边贸易平衡发展。第二，拓展双向投资的深度和广度。第三，深化中小企业的交

流与合作。第四，重点开展基础设施领域合作。

28日，贾庆林分别会见意大利参议长斯基法尼、意大利众议长菲尼。贾庆林在会见斯基法尼时表示，中国人民政治协商会议在国家政治生活中发挥着重要作用。中国全国政协十分重视与意参议院在治国理政、参政议政等方面的经验交流，愿与意参议院保持多层次、多渠道的交往，不断增进相互了解，扩大共识，为中意关系发展做出新的贡献。

3日，贾庆林抵达圣何塞，对哥斯达黎加进行正式友好访问。4日，贾庆林分别会见哥斯达黎加总统钦奇利亚、哥斯达黎加立法大会主席格拉纳多斯，出席哥斯达黎加立法大会全会并发表演讲。贾庆林在会见钦奇利亚时就进一步发展中哥关系提出四点建议：第一，保持高层交往，巩固政治互信。第二，拓展务实合作，实现共同发展。第三，密切人文交流，增进人民友谊。第四，扩大多边合作，继续就重大国际问题加强磋商对话。贾庆林在哥斯达黎加立法大会全会发表演讲就发展中哥关系提出四点建议：第一，保持高层交往，深化政治互信。第二，推进经贸合作，实现共同发展。第三，扩大人文交流，增进民间友好。第四，加强多边合作，维护共同利益。

5日，贾庆林抵达布宜诺斯艾利斯，对阿根廷进行正式友好访问。6日，贾庆林会见阿根廷总统克里斯蒂娜、阿根廷副总统兼参议长布杜及众议院第一副议长马塔拉佐等参众两院主要议员。贾庆林在会见克里斯蒂娜时表示，中方愿与阿方一道，密切全方位交往，增进政治互信；加强务实合作，实现共同发展，积极推进双方在能源、电力、基础设施、金融、农业等重点领域的互利合作；扩大战略协作，维护共同利益，在二十国集团等国际组织和多边机制以及重大全球性问题上加强配合协调；丰富人文交流，夯实传统友谊，鼓励和支持两国青年交往，使他们成为中阿友好的传承者。访问期间，双方签署《关于便利商务人员签证手续的协议》。

11月28日

［纲　文］**中国全国人大与法国国民议会合作委员会第三次会议在巴黎举行。**

［目　文］中国全国人大常委会委员长吴邦国致信祝贺。贺信由中国全国人大代表团团长、中法议会（国民议会）交流机制中方主席南振中宣读。贺信表示，中国全国人大和法国国民议会交流基础深厚，中法全面战略伙伴关系顺应时代潮流。中国全国人大与法国国民议会合作委员会成立以来，中法双方深入交流治国理政、立法监督等方面的经验，有利于进一步提升两国立法机构合作的质量和水平。吴邦国预祝中国全国人大与法国国民议会合作委员会第三次会议成功。法国国民议会议长巴尔托洛内出席会议并致开幕词。

会上，中法双方就双边关系、议会交往、文化遗产传承和城市管理等问题广泛深入交换了意见。

11月28日

［纲　文］**温家宝主持召开国务院常务会议。**

［目　文］会议听取农业和农村工作汇报，讨论通过《中华人民共和国土地管理法修

正案（草案）》。

会议指出，要处理好工业化城镇化与巩固农业基础、实现农业现代化的关系，不断加强对农业的支持保护，始终坚持工业反哺农业、城市支持农村和多予少取放活方针，确保国家粮食安全和重要农产品有效供给，不断巩固农业基础，促进农业稳定发展。

会议指出，在工业化城镇化加快的情况下，占地过多过快问题日益突出，不仅影响农村稳定，而且威胁粮食安全，必须推进改革、健全法制，严格约束占用耕地。家庭经营不仅适合分散经营，也同样适合规模经营。农业经营体制改革要因地制宜，有利于保护和调动农民的积极性，把保护农民利益、保护耕地、保护粮食和重要农产品的生产能力放在第一位。在农业和农业人口比重逐步下降的情况下，稳定发展农业、调动农民积极性，必须坚持不懈地加大强农惠农富农政策力度，扩大投资和消费都要把重点放在农村，把农村建设摆在更加突出位置。要采取有效措施，使一部分年轻人愿意在农村留下来搞农业，培养和稳定现代农业生产队伍。

会议强调，抓好今冬明春农业农村工作，确保明年丰产丰收，对于巩固发展农村大好形势和保障全局的改革发展稳定意义重大。一要抓紧抓好冬春农业生产。搞好田间管理，加强农业生产资料供应和市场监管，组织好技术指导服务，加强重大病虫害防控。二要扎实开展农田基本建设。充分利用冬闲季节，大力开展农田水利建设，搞好农田整理，推进造林绿化和生态建设。三要高度重视农业生产安全。加强重大动物疫病防控，确保农产品质量和食品安全。做好森林、草原防火工作。四要努力稳定农产品市场。组织好粮食收购收储，加强农产品产销衔接和调运，保障市场供应。五要关心帮助农村困难群体。继续做好受灾群众和贫困人口救济工作，开展多种形式的送温暖献爱心活动，帮助他们解决好吃穿住行等实际困难。六要认真做好农村稳定工作，加强农村社会治安综合治理。

11 月 28 日

［纲　文］ **国务院副总理李克强在中南海紫光阁会见世界银行行长金墉。**

［目　文］ 李克强说，我们推进城镇化，是要走工业化、信息化、城镇化、农业现代化同步发展的路子，要保证粮食安全，中国的粮食要立足自身，不可能靠世界市场解决，要更加注重绿色发展，加强环保节能，还要深化改革，加强社会建设，推进完善基本公共服务等。这些都需要国际视野和世界经验，这有利于我们成功跨越中等收入陷阱。中方愿与世行就城镇化开展联合研究，吸收大学、研究机构一起参与，做成双方合作的“旗舰”项目。13 亿人的现代化和近 10 亿人的城镇化，在人类历史上是没有的，中国这条路走好了，不仅造福中国人民，对世界也是贡献。

金墉赞同李副总理的提议，表示中国的城镇化过程会为世界提供巨大市场和宝贵经验，世行愿在这方面加强与中国的合作，这对丰富世行发展理念、做好减贫与发展援助具有重大意义。

11 月 28 日

［纲　文］ **党外人士学习贯彻中共十八大精神座谈会在北京召开。**

［目 文］ 中共中央政治局常委俞正声出席并讲话。他强调，学习贯彻党的十八大精神，是当前和今后一个时期全党全国各族人民的首要政治任务，也是统一战线的首要政治任务。我们要深刻领会、全面把握党的十八大的精神实质和部署要求，把学习贯彻会议精神与增进思想共识相结合，与谋划发展思路相结合，与履行职责要求相结合，切实把统一战线广大成员的思想和行动统一到党的十八大精神上来，把智慧和力量凝聚到党的十八大提出的宏伟目标和各项任务上来，推动统一战线和多党合作事业蓬勃发展，为全面建成小康社会做出新贡献。

中共中央书记处书记、全国政协副主席杜青林以及各民主党派中央、全国工商联在京副主席和无党派人士代表等出席了座谈会。

座谈会上，民革中央主席周铁农、民盟中央主席蒋树声、民建中央主席陈昌智、民进中央主席严隽琪、农工党中央主席桑国卫、致公党中央常务副主席王钦敏、九三学社中央主席韩启德、台盟中央主席林文漪、全国工商联主席黄孟复、无党派人士林毅夫先后发言。他们畅谈了学习中共十八大精神的体会，高度评价了中共十六大以来在中国共产党正确领导下，中国改革开放和现代化建设取得的辉煌成就，表示要认真学习贯彻好中共十八大精神，坚持和拥护中国共产党的领导，进一步加强自身建设、提高履职水平，始终与中国共产党在思想上同心同德、目标上同心同向、行动上同心同行，坚定不移地沿着中国特色社会主义道路奋勇前进，为全面建成小康社会做出新贡献。

11月28日

［纲 文］ 发展改革委批复《桂林国际旅游胜地建设发展规划纲要》。

［目 文］ 批复主要有四方面内容。一、规划纲要依据《国务院关于进一步促进广西经济社会发展的若干意见》和《国务院关于加快发展旅游业的意见》，认真贯彻落实科学发展观，立足桂林长远发展，提出了2012—2020年桂林国际旅游胜地建设发展的目标、任务以及在空间布局、生态建设、产业发展、支撑条件、保障措施等方面的具体部署，符合桂林的实际情况和发展要求，对推动桂林国际旅游胜地建设、促进桂林经济社会发展具有重要意义。因此，原则同意《桂林国际旅游胜地建设发展规划纲要》，请认真组织实施。二、广西壮族自治区人民政府要切实做好规划纲要组织实施的指导和监督工作，督促落实好规划纲要提出的各项任务。要积极创造条件，出台配套支持政策，为桂林建设国际旅游胜地创造良好的外部环境。三、桂林市人民政府是国际旅游胜地建设的主体，要建立相应工作机制，明确工作分工，落实工作责任，抓紧制定具体实施方案。四、桂林国际旅游胜地建设发展是一项长期的任务。广西壮族自治区和桂林市在规划纲要的组织实施过程中，要紧密结合实际，抓住制约桂林国际旅游胜地建设发展的主要矛盾和突出问题，扎实稳妥地推进各项工作。

11月28日

［纲 文］ 文化部等牵头向青少年学生推荐675首外国经典曲目。

［目 文］ “《我的音乐厅——外国经典音乐欣赏》首发式暨作品音乐会”在国家大剧院音乐厅举办，音乐会邀请在京高校学生、新闻媒体和音乐爱好者，共同聆听由中央歌

剧院和中央音乐学院优秀的表演艺术家对外国经典曲目进行的演绎。“我的音乐厅——外国经典音乐欣赏”项目由文化部等牵头组织实施，旨在通过集中介绍和赏析外国经典音乐，提高当代青少年学生的音乐文化素养。根据项目的需要，文化部牵头成立了由汪毓和、郭淑珍、陈佐煌、鲍蕙荞、薛伟等29名国内知名音乐表演艺术家和音乐教育家组成的专家小组，确定了14个大类共675首推荐曲目，计划分三期完成录制工作。2012年，项目录制工作正式启动，第一期工作全部完成，共计17张碟185首曲目。

11月28日

［纲　文］**审计署、国家档案局公布《审计机关审计档案管理规定》。**

［目　文］《规定》共有27条内容，经审计署审计长会议、国家档案局局务会议通过，自2013年1月1日起施行。

11月28日

［纲　文］**气象局印发《国家级地面气象观测站迁建撤暂行规定》。**

［目　文］《规定》共有6章35条，主要有总则、选址、迁移、新建、撤销、附则等内容。《规定》自2013年1月1日起施行，有效期3年。《气象测报业务检查员管理办法》（中气测发〔2001〕14号）中的《地面气象观测站站址变动规定》,《关于地面气象观测站站址变动有关问题的函》（气测函〔2009〕27号）,《关于国家级地面气象观测站站址迁移有关事宜的通知》（气测函〔2011〕89号）,《关于做好站址变动对比观测资料分析工作的通知》（气测函〔2012〕27号）予以废止。

11月28日

［纲　文］**第九届“地球奖”颁奖仪式在北京举行。**

［目　文］5个集体和20名个人获得本届“地球奖”。“地球奖”于1997年由中国环境新闻工作者协会和香港地球之友共同设立，是环保领域非常有影响力的奖项，至2012年已评选了九届，先后有220多位个人和24个青少年集体获奖。获奖者在各自岗位上身体力行，为环境保护做出了突出贡献，得到了社会的广泛肯定。

11月28日

［纲　文］**全国森林火险预警示范系统投入运行。**

［目　文］该项目于2009年1月启动，共在全国重点林区建设了439个森林火险监测站和109个森林火险因子采集站，建立了36个国家和省级森林火险预警中心（分中心）。同时，建立了森林可燃物数据库、与气象部门通信专线、国家森林火险预警支撑系统等。系统投入运行后，实现了对监测站点附近森林火险等级的实时监测、每日发布未来72小时全国森林火险等级预报、出现四级以上高火险时，发布区域性高森林火险警报、每旬发布一次全国或重点林区森林火险趋势预测报告、发生重大森林火灾时，可制作发布火场实时气象、火险报告等。

11月28—29日

［纲　文］**全国政协副主席万钢作为中国政府代表出席在德国汉堡举行的中欧论坛汉**

堡峰会第五届会议。

［目　文］ 28日，万钢与德国联邦政府代表、教育和科研部部长沙范举行了会见，双方就推动中德友好合作关系发展交换了意见。在开幕晚宴上万钢发表题为“携手创造中欧更加美好的未来”的主旨演讲。万钢指出，中欧合作已超越双边范畴，中欧关系已成为世界最重要的伙伴关系之一。经贸合作是中欧关系中最活跃、最富有成效的部分之一，给双方带来了实实在在的利益。他表示，中方愿与欧方一道，充分挖掘互利合作潜力，携手推动中欧关系迈上新台阶。

中欧论坛创立于2004年，每两年举行一次会议，已成为中欧之间经济合作的重要对话平台。本届峰会的主题是“中欧贸易和投资关系及其对全球经济的作用”。

11月29日

［纲　文］ **习近平、李克强、张德江、俞正声、刘云山、王岐山、张高丽等党和国家领导人在国家博物馆参观《复兴之路》展览。**

［目　文］ 习近平等来到国家博物馆，走进展厅，仔细观看展览，听取工作人员讲解，详细询问和了解有关情况。在参观过程中，习近平发表讲话表示，改革开放以来，我们总结历史经验，不断艰辛探索，终于找到了实现中华民族伟大复兴的正确道路，取得了举世瞩目的成果。这条道路就是中国特色社会主义。中华民族的明天，可以说是“长风破浪会有时”。经过鸦片战争以来170多年的持续奋斗，中华民族伟大复兴展现出光明的前景。现在，我们比历史上任何时期都更接近中华民族伟大复兴的目标，比历史上任何时期都更有信心、有能力实现这个目标。回首过去，全党同志必须牢记，落后就要挨打，发展才能自强。审视现在，全党同志必须牢记，道路决定命运，找到一条正确的道路多么不容易，我们必须坚定不移走下去。展望未来，全党同志必须牢记，要把蓝图变为现实，还有很长的路要走，需要我们付出长期艰苦的努力。每个人都有理想和追求，都有自己的梦想。现在，大家都在讨论中国梦，我以为，实现中华民族伟大复兴，就是中华民族近代以来最伟大的梦想。这个梦想，凝聚了几代中国人的夙愿，体现了中华民族和中国人民的整体利益，是每一个中华儿女的共同期盼。历史告诉我们，每个人的前途命运都与国家和民族的前途命运紧密相连。国家好，民族好，大家才会好。实现中华民族伟大复兴是一项光荣而艰巨的事业，需要一代又一代中国人共同为之努力。空谈误国，实干兴邦。我们这一代共产党人一定要承前启后、继往开来，把我们的党建设好，团结全体中华儿女把我们国家建设好，把我们民族发展好，继续朝着中华民族伟大复兴的目标奋勇前进。我坚信，到中国共产党成立100年时全面建成小康社会的目标一定能实现，到新中国成立100年时建成富强民主文明和谐的社会主义现代化国家的目标一定能实现，中华民族伟大复兴的梦想一定能实现。

《复兴之路》基本陈列共分中国沦为半殖民地半封建社会、探求救亡图存的道路、中国共产党肩负起民族独立和人民解放历史重任、建设社会主义新中国、走中国特色社会主义道路5个部分，回顾了1840年鸦片战争以来中国人民在屈辱苦难中奋起抗争，为实现民族复兴进行的种种探索，特别是中国共产党领导全国各族人民争取民族独立、人民解放和国家富强、人民幸福的光辉历程。

11月29日

［纲　文］**国务院总理温家宝致电祝贺联合国“声援巴勒斯坦人民国际日”纪念大会召开。**

11月29日

［纲　文］**工业和信息化部、环境保护部印发《铅蓄电池行业准入公告管理暂行办法》。**

［目　文］《办法》共有5章19条，主要有总则，申请条件，申请、审查及公告程序，监督管理，附则等内容。

11月29日

［纲　文］**银监会发出《关于商业银行资本工具创新的指导意见》。**

［目　文］《意见》主要有三方面内容。一、推进商业银行资本工具创新的基本原则。坚持以商业银行为主体的原则；坚持先易后难、稳步推进的原则；坚持先探索、后推广的原则。二、合格资本工具的认定标准。包含减记条款的资本工具；包含转股条款的资本工具；减记或转股的触发事件。三、完善商业银行资本工具创新的工作机制。认真做好调研工作，审慎制定资本工具发行方案；明确工作流程，不断完善资本工具的发行机制；加强沟通协调，推动资本工具持续创新。

11月30日

［纲　文］**中共中央召开党外人士座谈会，征求对经济工作的意见和建议。**

［目　文］中共中央总书记习近平主持会议并发表讲话，国务院总理温家宝通报有关情况。

在认真听取了大家的发言后，习近平讲话指出，当前和今后一个时期所面临的风险和挑战，主要是世界经济低速增长态势仍将延续，总需求不足和产能相对过剩的矛盾有所上升，企业生产经营成本上升和创新能力不足的问题并存，经济发展和资源环境的矛盾有所加剧。2013年是全面贯彻落实党的十八大精神的开局之年，做好明年经济社会发展工作十分重要，要以提高经济增长质量和效益为中心，稳中求进，开拓创新，扎实开局，进一步深化改革开放，进一步强化创新驱动，实现经济持续健康发展和社会和谐稳定。一是要保持经济增长，继续实施积极的财政政策和稳健的货币政策，增强经济增长的内生活力和动力，增长必须是实实在在和没有水分的增长，是有效益、有质量、可持续的增长。二是要加强和巩固农业基础地位，加大对农业的支持力度，加强和完善强农惠农富农政策，加快发展现代农业，确保国家粮食和重要农产品有效供给。三是要推动结构调整取得明显进展，在稳定外需的同时努力扩大内需，加大产业结构调整升级力度，稳步推进城镇化健康发展。四是要坚持社会主义市场经济改革方向，搞好顶层设计，及时推出一些有针对性的改革措施，坚持整体渐进和局部突破相结合，大胆探索，务求实效。五是要大力保障和改善民生，重点保障低收入群众基本生活，做好高校大学生生活困难补助，注重稳定和扩大就业，加强城乡社会保障体系建设，引导群众树立通过勤劳致富改善生活的信念，从而使改善民生既是党和政府工作的方向，又成为广大人民群众自身奋斗的目标。

座谈会就当前经济形势和明年经济工作听取各民主党派中央、全国工商联领导人和无党派人士意见和建议。中共中央、国务院有关部门负责人出席座谈会。

座谈会上，民革中央主席周铁农、民盟中央主席蒋树声、民建中央主席陈昌智、民进中央主席严隽琪、农工党中央主席桑国卫、致公党中央主席万钢、九三学社中央主席韩启德、台盟中央主席林文漪、全国工商联主席黄孟复、无党派人士林毅夫先后发言。他们赞同中共中央、国务院对当前中国经济形势的分析和对明年经济工作的考虑，并就促进居民增收、加大与民生直接相关的基础设施建设、加强生态文明建设、深化国企改革、加大战略性新兴产业扶持力度、实施创新驱动发展战略、提高财政投入效率、加快金融体制改革步伐、加快推进完善营业税改增值税试点工作、深化两岸经贸合作等提出意见和建议。

11月30日

［纲　文］**国家人口计生委发出《关于方便群众办证的通知》。**

［目　文］《通知》提出五点要求：一、全面公开服务事项。二、切实简化办证流程。第一，进一步精简群众办理计划生育相关证件时所需材料。第二，实行一次性告知。第三，限时办结。第四，特事特办。在办理相关证件过程中，要注意保护当事人的隐私。三、解决流动人口等人群办证难问题。四、加强服务窗口建设。五、强化责任落实和监督。各地要根据《通知》精神，结合本地实际，进一步研究完善方便群众办证的具体措施。

11月30日

［纲　文］**财政部、科技部印发《科技惠民计划专项经费管理办法》。**

［目　文］《办法》共有6章39条，主要有总则、开支范围、预算编制与审批、预算执行、财务验收与考核评价、附则等内容。《办法》自印发之日起施行。

11月30日

［纲　文］**司法部公布《司法部关于修改〈律师事务所管理办法〉的决定》。**

［目　文］《决定》共有7条，自发布之日起施行。司法部1996年12月30日发布的《律师事务所分所登记管理办法》（司法部令第49号）同时废止。

修改后的《律师事务所管理办法》共有8章64条，主要有总则，律师事务所的设立条件，律师事务所设立许可程序，律师事务所的变更和终止，律师事务所分所的设立、变更和终止，律师事务所执业和管理规则，司法行政机关的监督管理，附则等内容。《办法》自发布之日起施行。

12 月

12月1日

［**纲　文**］**国务院印发《服务业发展“十二五”规划》。**

［目　文］《规划》主要有六方面内容。一、服务业发展面临的形势。“十二五”时期，中国服务业面临难得的发展机遇。从国际环境看，经济全球化深入发展，世界经济增长格局和市场需求形势发生新变化，科技创新和产业升级面临新突破，国际经济秩序出现新调整。从国内环境看，中国具备服务业大发展的有利条件。二、总体要求。三、服务业发展重点。加快发展生产性服务业；大力发展生活性服务业；提升农村服务业水平；拓展海洋服务业领域。四、扩大服务业开放。大力发展服务贸易；提高服务业利用外资水平；稳步实施“走出去”战略；深化内地与港澳地区服务业合作；推进海峡两岸服务业合作。五、改革完善服务业发展体制机制。深化服务业改革；创新政策支持。六、规划实施保障。加强组织协调；夯实发展基础；健全规划实施机制。

《规划》提出的“十二五”时期目标是：一、提高服务业比重。服务业增加值年均增速超过国内生产总值年均增速，服务业固定资产投资年均增速超过全社会固定资产投资和第二产业固定资产投资年均增速。到2015年，服务业增加值占国内生产总值的比重较2010年提高4个百分点，成为三次产业中比重最高的产业。推动特大城市形成以服务经济为主的产业结构。二、提升服务业水平。服务业新兴领域不断拓展，新型业态和新兴产业不断涌现，规模化、品牌化和网络化水平不断提升，生产性服务业对产业结构优化升级的支撑作用明显提高，生活性服务业满足人民群众多样化需求的能力明显增强，农村服务业水平明显提升。培育一批具有核心竞争力的大企业大集团，创建一批具有国际影响力的著名品牌，建设一批主体功能突出、辐射范围广、带动作用强的服务业发展示范区。三、推进服务业改革开放。垄断行业改革不断深化，投资主体多元化机制进一步完善。公共服务领域改革不断深入，市场机制作用得到充分发挥。社会领域和事业单位改革加快推进，服务质量和效率不断提高。适应新型服务业态和新兴服务产业发展的市场管理办法逐步完善。国家服务业综合改革试点取得明显成效。服务业发展环境进一步改善，对外开放领域和范围进一步扩大，国际化水平不断提高。四、提高服务业吸纳就业能力。到2015年，服务业就业人数占全社会就业人数的比重较2010年提高4个百分点，服务业从业人员素质明显提高。

12月1日

［纲　文］**《人民日报》报道，国家统计局公布2012年粮食生产“九连增”，农民增收“九连快”**。

［目　文］全国粮食总产量58957万吨（11791亿斤），比2011年增加1836万吨（367亿斤），增长3.2%，实现“九连增”。创下了世界粮食生产的中国纪录。这是在资源约束日益趋紧、国内外形势复杂多变、灾害多发重发等背景下取得的成绩。回顾世界粮食发展的历史，排名前6位的主要产粮国（中国、美国、印度、巴西、俄罗斯、阿根廷），除中国外，只有美国在1975—1979年、印度在1966—1970年实现过“五连增”。2012年以来，全球100多个国家遭遇了不同程度的旱灾。在上半年南美大豆大幅减产的基础上，黑海产区小麦、美国玉米和大豆全面减产，上述地区今年粮食减产约1亿吨。在这种形势下，“九连增”不仅有力保障了中国粮食安全，也为保障世界粮食安全、维护粮食市场稳定做出了重要贡献。

2011年，全年农民人均纯收入为6900多元，实际增长超10%，增幅再次超过城镇居民可支配收入，比2002年增加4400多元，按可比价格计算年均增速达到7.9%。2012年前三季度，农村居民人均现金收入6778元，实际增长12.3%。

12月1日

［纲　文］**民政部、财政部联合召开2012—2013年度全国受灾群众冬春生活安排工作视频会议**。

［目　文］2012年以来，中国极端天气事件频发，多灾并发、重灾连发，贫困地区受灾比例高等。据统计，各类自然灾害造成全国3.2亿人次受灾，因灾直接经济损失3600多亿元，灾区群众生产生活受到影响，在口粮、衣被、取暖等方面的困难较为突出。会议针对此情况而召开。

会议要求，各地民政部门要抓紧确认救助对象，优先做好受灾特困户、低保户、五保户和残疾人家庭等特殊困难群众的救助。要尽早把中央冬春救灾资金和地方各级安排的救灾资金及时、足额拨付到户、发放到人，确保于12月下旬拨付到县级。县级民政部门要确保在接到上级拨款后15日内将救助资金发放到受灾群众手中。

12月1日

［纲　文］**中国首次受控生态生保集成试验参试乘员唐永康、米涛在密闭试验舱内30天科学试验获得成功**。

［目　文］试验通过研究密闭系统中人与植物间的氧气、二氧化碳、水等物质的动态平衡调控机制，掌握就地供应乘员新鲜食物的方法，是中国首次真正意义上的受控生态生保系统整合研究。试验中，植物培养总面积为36平方米，包括生菜、油麦菜、紫背天葵、苦菊四种可食用蔬菜，主要用于为2名参试乘员提供呼吸用氧，并吸收乘员呼出的二氧化碳，在试验过程中，每名乘员每餐还可亲手采摘并食用新鲜蔬菜30—50克。试验中还穿插进行了密闭生态系统中的植物生理、乘员生物节律与热反应、中医辨证，以及心理

学、工效学、食品营养学、环境医学监测与评价、医监医保和空间站卫生清洁制度验证等方面的科学试验。同时，在试验中与德国合作开展了密闭环境中的乘员核心体温生物节律研究。

开展长时间、远距离和多乘员的载人深空探测和地外星球定居与开发是未来航天技术发展的必然方向，而建立受控生态生保系统是解决生命保障问题的根本途径。试验中，航天员中心突破了多项关键技术，大气、水和食物的闭合度分别达到100%、85%和15%。航天员中心受控生态生保系统集成实验平台于2011年建成，具备氧气应急补充、二氧化碳应急去除、大气微量有害气体净化、睡眠保障、卫生保障、医学保障、安全保障等功能，舱内大气环境、光照和营养条件等参数均实现自动控制。

12月1日

［纲　文］**《光明日报》报道，首部《中小学藏语词典》在甘肃省甘南藏族自治州合作市正式发行。**

［目　文］该部词典由甘肃民族师范学院和中国藏学研究中心历时4年联合编纂，汉译工程同时正式启动。

12月1日

［纲　文］**中国海军舰艇编队在西太平洋某海域组织了舰机联合搜救训练。**

［目　文］杭州舰、宁波舰、舟山舰、马鞍山舰和一架舰载直升机分两个海区展开训练。训练模拟中国地方执法船只在进行正当的海上维权执法过程中，遭到他国舰艇的恶意干扰和碰撞，造成中国两名执法人员落水。正在附近巡航的海军舰艇编队接报后，编队指挥所启动应急预案，派出舰载直升机进行搜救，引导舰艇前往事发海域进行救援。

12月1日

［纲　文］**胡锦涛主席特使、全国人大常委会副委员长路甬祥应邀在墨西哥出席墨西哥总统权力交接仪式。**

［目　文］路甬祥向涅托转达了胡锦涛和温家宝的热烈祝贺和良好祝愿，并转交了胡锦涛的信函。路甬祥表示，中方始终从战略高度看待和发展同墨西哥的关系，愿同墨方进一步深化政治互信，拓宽各领域务实合作，加强在国际事务中的沟通协调，推动两国战略伙伴关系长期、健康、稳定发展。

涅托在墨西哥议会宣誓就职，他所在的革命制度党时隔12年再度成为执政党。涅托感谢胡锦涛主席派特使出席其就职仪式，请路甬祥转达他对胡锦涛主席和温家宝总理的亲切问候。涅托表示，墨西哥政府高度重视发展对华关系，愿进一步加强中墨各领域友好交流与合作，推动中墨战略伙伴关系迈上新台阶。

12月1日

［纲　文］**第14届中国专利奖颁奖大会在北京举行。**

［目　文］本届中国专利奖评选工作由国家知识产权局和世界知识产权组织共同组织，共评选出中国专利金奖20项、中国外观设计金奖5项、中国专利优秀奖262项、中

国外观设计优秀奖44项。全国人大常委会有关负责人出席大会并为获奖者颁奖。国家知识产权局有关负责人出席大会并讲话。

12月1日

［纲 文］ **中国话剧金狮奖在武汉颁奖。**

［目 文］ 金狮奖是中国话剧界最高奖项。本届金狮奖由中国话剧艺术研究会组织评选，共评出包括剧目奖、小剧场剧目奖、儿童剧奖、表演奖、导演奖、舞台美术奖、编剧奖、评论奖、经营管理奖、荣誉奖在内的10项大奖。话剧《我们的荆轲》《信仰》《四世同堂》等19个剧目获得优秀剧目奖。蓝天野、林兆华等5位老艺术家获得金狮荣誉奖。莫言、万芳等14人获得金狮编剧奖。郭达、秦海璐、张译、陶虹、徐峥等56名演员获得金狮表演奖。莫言凭借话剧《我们的荆轲》的剧本创作获得了金狮奖的编剧奖。

12月1—6日

［纲 文］ **胡锦涛在贵州遵义、毕节、贵阳等地考察。**

［目 文］ 国家主席胡锦涛在贵州省委书记、省长赵克志陪同下，深入企业、乡村和社区，实地了解广大干部群众学习贯彻党的十八大精神、推动经济社会发展情况，同各族干部群众共商科学发展大计。

胡锦涛瞻仰了遵义会议会址，他说，我们永远不能忘记革命前辈为夺取中国革命胜利进行的艰苦卓绝斗争和建立的丰功伟绩。我们一定要大力弘扬遵义会议的优良传统，坚定不移走中国特色社会主义道路，努力创造中国人民和中华民族更加幸福美好的未来。

胡锦涛到贵州长征电气股份有限公司、中电振华信息产业有限公司，考察老企业通过深化改革、科技创新，实现了转型升级情况。他希望企业深化体制机制改革，着力推动科技创新，努力研发更多具有自身技术优势和市场竞争力的产品。

胡锦涛到裕能科尔微电子股份有限公司、贵州皓天光电科技有限公司的生产车间，同企业干部职工共同探讨经营发展之道。他说，企业的生命在创新，创新的希望在青年。希望你们解放思想、锐意进取、开拓创新，推动企业不断发展壮大。

胡锦涛到贵阳市彭家湾大型棚户区改造项目现场听取规划设计、施工建设、拆迁安置等情况介绍。他要求当地党委和政府认真总结经验，在城市规划和建设中更好解决群众住有所居的问题。

胡锦涛到贵阳市碧海社区服务中心了解社区服务中心为居民提供就业、社保、计生、教育等多项服务等情况。胡锦涛到贵阳市花溪十里河滩湿地公园，察看城市生态环境治理情况。胡锦涛称赞这个公园体现了人与自然和谐相处，希望贵阳市牢固树立生态文明理念，加大生态文明建设力度，努力为广大市民创造优美宜居的城市环境。胡锦涛参观了贵阳市城乡规划展览馆，希望贵州把城乡建设得更加美好。

胡锦涛到毕节市黔西县乌骡坝村考察贫困村坚持实施生态文明家园建设情况，在村委会了解便民服务、村务公开、乡村医疗等情况。他说：毕节发生的变化，是各族干部群众共同奋斗的结果。这也证明，只要我们坚定不移走中国特色社会主义道路，坚持科学发展，就一定能够把毕节建设得更加美好，一定能够为各族群众创造更加幸福的生活！

胡锦涛到金沙县产业园、奥斯科尔电子科技公司、力帆骏马振兴车辆公司、大方县羊场镇穿岩村调研当地发挥良好的生态环境和民族特色文化建设美丽小镇的情况。他说，良好的生态环境和民族特色文化，是普底小镇发展的两大优势。希望你们切实保护好、利用好、发挥好这些优势，把普底建成经济繁荣、生态良好、各族群众生活富裕幸福的美丽小镇。

12月2日

［纲 文］**《人民日报》报道，中组部发出通知要求加强特殊一线岗位人才医疗保健工作。**

［目 文］通知指出，奋战在国防科技工业、高新技术产业等关系中国国家安全和国民经济命脉重要行业和关键领域的特殊一线岗位人才，肩负重大责任，面临巨大压力，他们的健康状况关系到党和国家事业的发展。人才是事业发展的根本。各级组织人事部门要切实增强做好特殊一线岗位人才医疗保健工作的责任感和紧迫感，进一步做好他们的医疗保障工作。要发挥健康体检在预防保健中的重要作用，建立完善特殊一线岗位人才健康体检制度，制定合理的体检项目，为他们提供科学、规范、个性化体检服务，提高健康体检的质量，定时随访检查，做到早预防、早发现、早治疗。要为特殊一线岗位人才就医提供便利条件，建立优先就诊制度，保证特殊一线岗位人才有病得到及时有效治疗，必要时实行“一对一”服务，指定专门医生和保健人员，提供上门诊疗服务。

通知要求，各级组织人事部门要加强组织协调，摸清本地区、本部门特殊一线岗位人才医疗保健工作存在的问题，近期抓紧对特殊一线岗位人才健康状况进行一次排查。同时，结合实际研究制定具体措施，把中央对特殊一线岗位人才的关怀落到实处。

12月3日

［纲 文］**全国人大常委会委员长吴邦国在人民大会堂会见玻利维亚参议长蒙塔尼奥。**

［目 文］吴邦国表示，中玻是真诚互信的好朋友，互利合作的好伙伴，深化中玻关系符合两国和两国人民的根本利益。中方愿与玻方共同努力，把中玻关系发展得更好，造福两国人民。中国一贯主张，尊重和维护各国人民自主选择社会制度和发展道路的权利。中方对玻利维亚人民积极探索符合本国国情发展道路的努力表示理解和支持。中国全国人大愿加强与玻利维亚议会的友好往来，就治国理政、民主法制建设等交流经验，就共同关心的问题深入交流，为国家关系注入新内容，增添新活力。

蒙塔尼奥表示，当前，玻国内正在积极推进政治、经济和社会变革，着力发展经济和改善民生，迫切希望学习借鉴中国的经验，特别是在发展市场经济、加强宏观调控、维护社会公平正义方面的有益做法。

12月3日

［纲　文］**国务院扶贫开发领导小组在云南普洱召开滇西边境片区区域发展与扶贫攻坚启动会。**

［目　文］教育部部长袁贵仁主持会议。国务院副总理、国务院扶贫开发领导小组组长回良玉发表讲话，回良玉强调，要按照“区域发展带动扶贫开发，扶贫开发促进区域发展”的基本思路，突出重点领域，抓住关键环节，确保规划有效落实。一要着力抓好基础设施建设，加快构建比较完善的综合交通体系和保障有力的水利电力工程体系。二要着力加强生态建设和环境保护，促进经济社会发展与资源环境保护相协调。三要着力发展特色优势产业，加快建设西部地区重要的外向型特色优势产业基地和清洁能源基地，做大做强有色金属产业，大力打造特色旅游品牌。四要着力保障和改善民生，解决好群众的住房、出行、饮水、就医、上学等困难问题。五要着力实施人力资源开发扶贫，积极发展各级各类教育机构，因地制宜开展实用技术和劳动力转移就业培训，加快提高人口素质和就业能力。

会议期间还举行了东部10个职教集团与滇西10个州市战略合作协议签字仪式，同时启动了滇西开发网。

12月3日

［纲　文］**国务院副总理王岐山在中南海会见参加第2届“未来城市：现代中国的城市可持续性”研讨会的美国前财政部部长亨利·保尔森。**

［目　文］王岐山说，中共十八大强调，要坚定不移地走中国特色社会主义道路，明确了如期全面建成小康社会的奋斗目标。特别是把生态文明建设纳入“五位一体”总布局，要处理好人口、资源、环境的关系。从全球可持续发展出发，还应研讨逐步转变人类的生活方式问题。中国的工业化、城镇化正在加速推进。与发达国家不同的是，中国人口众多，城镇带着农村，必须促进城乡协调发展。要实现城镇的可持续发展，必须做好规划、发展、建设、运行、服务、管理工作。

保尔森表示，愿与中方加强城市可持续发展、能源、环保、农业、水资源等方面的研究与合作，为美中关系健康发展发挥更大的作用。

12月3日

［纲　文］**全国人大机关举行宪法墙揭幕仪式，纪念现行宪法公布施行30周年。**

［目　文］全国人大常委会委员长吴邦国出席揭幕仪式并剪彩。全国人大常委会副委员长王兆国、全国人大常委会副委员长兼秘书长李建国一同出席宪法墙揭幕仪式并剪彩。全国人大法律委员会、全国人大常委会办公厅和常委会法工委负责同志等共50余人出席揭幕仪式。

宪法墙长23米、高2.2米，采用白色大理石墙面，镌刻《中华人民共和国宪法》全文，镶嵌在全国人大机关办公楼内。建立宪法墙，是为了铭记宪法作为国家的根本法和治国安邦的总章程，在推动和保障中国特色社会主义建设中的巨大作用，弘扬宪法精神，确保宪法和法律的实施，加快建设社会主义法治国家。

12月3—5日

［纲　文］**中国电视艺术家协会第5次全国代表大会在北京举行。**

［目　文］全国政协副主席、中国文联主席孙家正出席会议。中宣部常务副部长雒树刚出席会议，转达了中共中央政治局委员、中央书记处书记、中宣部部长刘奇葆对会议代表以及全国电视艺术工作者的问候。来自全国各省、自治区、直辖市和新疆生产建设兵团、解放军、中央直属机关以及香港特别行政区、澳门特别行政区和台湾地区的290位代表参加了会议。会议强调，广大电视艺术工作者要深入学习宣传贯彻党的十八大精神。要牢固树立以人民为中心的创作导向。要大力推进创新创造。要把德艺双馨作为孜孜以求的目标。

12月3日

［纲　文］**监察部、人力资源社会保障部、住房和城乡建设部发布《城乡规划违法违纪行为处分办法》。**

［目　文］《办法》共21条，经2012年9月24日监察部第6次部长办公会议、2012年8月27日人力资源社会保障部第101次部务会议、2012年5月10日住房城乡建设部第84次部常务会议、2012年7月30日国家公务员局第37次局务会议审议通过，自2013年1月1日起施行。

12月3—6日

［纲　文］**中国致公党第十四次全国代表大会在北京举行。**

［目　文］3日，中共中央政治局常委张德江代表中共中央致开幕式贺词。贺词说，致公党中央新一届领导机构一定能够团结带领广大成员，高举中国特色社会主义伟大旗帜，坚定不移走中国特色社会主义政治发展道路，不断夯实多党合作共同思想政治基础。中共中央政治局委员、国务委员刘延东，中共中央书记处书记、全国政协副主席杜青林，全国人大常委会副委员长司马义·铁力瓦尔地，以及致公党中央原主席罗豪才等出席了开幕会。

全国人大常委会副委员长、中国农工民主党中央主席桑国卫代表各民主党派中央和全国工商联致贺词。国务院侨务办公室主任李海峰代表全国人大华侨委员会、国务院侨务办公室、全国政协港澳台侨委员会和中国侨联致贺词。大会主席团常务主席万钢代表中国致公党第十三届中央委员会作了工作报告。

大会审议通过《中国致公党章程（修正案）》，会议选举产生了由118名中央委员组成的新一届中央委员会，万钢连任主席。他在闭幕式讲话中指出，致公党要紧紧抓住坚持和发展中国特色社会主义这条主线，深刻体会建设中国特色社会主义的总依据、总布局、总任务，引导广大党员进一步增强对中国特色社会主义的道路自信、理论自信、制度自信；要把思想和行动统一到中共十八大精神上来，把智慧和力量凝聚到实现中共十八大提出的奋斗目标和各项任务上来，切实履行参政党职责，进一步提高参政议政、民主监督的能力和水平。

12月4日

［纲　文］ **习近平主持召开中共中央政治局会议。**

［目　文］ 会议审议了关于改进工作作风、密切联系群众的八项规定，分析研究2013年经济工作。

会议强调，领导干部特别是高级干部作风如何，对党风政风乃至整个社会风气具有重要影响。会议一致同意关于改进工作作风、密切联系群众的八项规定。规定要求，中央政治局全体同志要改进调查研究，到基层调研要深入了解真实情况，总结经验、研究问题、解决困难、指导工作，向群众学习、向实践学习，多同群众座谈，多同干部谈心，多商量讨论，多解剖典型，多到困难和矛盾集中、群众意见多的地方去，切忌走过场、搞形式主义；要轻车简从、减少陪同、简化接待，不张贴悬挂标语横幅，不安排群众迎送，不铺设迎宾地毯，不摆放花草，不安排宴请。要精简会议活动，切实改进会风，严格控制以中央名义召开的各类全国性会议和举行的重大活动，不开泛泛部署工作和提要求的会，未经中央批准一律不出席各类剪彩、奠基活动和庆祝会、纪念会、表彰会、博览会、研讨会及各类论坛；提高会议实效，开短会、讲短话，力戒空话、套话。要精简文件简报，切实改进文风，没有实质内容、可发可不发的文件、简报一律不发。要规范出访活动，从外交工作大局需要出发合理安排出访活动，严格控制出访随行人员，严格按照规定乘坐交通工具，一般不安排中资机构、华侨华人、留学生代表等到机场迎送。要改进警卫工作，坚持有利于联系群众的原则，减少交通管制，一般情况下不得封路、不清场闭馆。要改进新闻报道，中央政治局同志出席会议和活动应根据工作需要、新闻价值、社会效果决定是否报道，进一步压缩报道的数量、字数、时长。要严格文稿发表，除中央统一安排外，个人不公开出版著作、讲话单行本，不发贺信、贺电，不题词、题字。要厉行勤俭节约，严格遵守廉洁从政有关规定，严格执行住房、车辆配备等有关工作和生活待遇的规定。制定这方面的规定，指导思想就是从严要求，体现从严治党。改进工作作风、密切联系群众，关系党和人民事业成败。

会议提出，要保持宏观经济政策的连续性和稳定性，着力提高针对性和有效性，适时适度进行预调微调，加强政策协调配合。要着力扩大国内需求，加快培育一批拉动力强的消费新增长点，促进投资稳定增长和结构优化，继续严格控制“两高”和产能过剩行业盲目扩张。要毫不放松抓好农业生产，落实和完善扶持政策，加大农业科技投入，鼓励发展新型农业生产经营模式，加强农田水利和防灾减灾能力建设。要加快推进产业转型升级，发挥自主创新对结构调整的带动作用，支持企业牵头实施产业目标明确的国家重大科技项目，推进产能过剩行业兼并重组、扶优汰劣，支持中小企业发展，发展生产性服务业，加强生态建设。要积极稳妥推进城镇化，增强城镇综合承载能力，提高土地节约集约利用水平，有序推进农业转移人口市民化。要深入实施区域发展总体战略，加快推进集中连片特殊困难地区发展，发展海洋经济。要不断提升对外开放水平，优化外贸结构，完善稳定出口政策，积极增加进口，抓住机遇推动企业走出去，支持内陆和沿边地区对外开放。要保持物价总水平基本稳定，促进重要商品市场供需平衡，进一步降低流通成本，规范市场价格和收费秩序。要扎实推进重点领域改革，扩大营业税改征增值税试点地区和行业范围，健全资源性产品价格形成机制，深化医药卫生体制改革，推进国有经济和农村改革，抓好科技、教育、文化、行政审批等领域改革。要大力保障和改善民生，健全城乡公共就业服务体系，稳步提高社会保障统筹层次和保障水平，发展教育、卫生、文化等社会事业，加强房地产市场调控和住房保障工作，强化社会服务和管理，维护社会和谐稳定。

12月4日

［纲　文］ **首都各界在人民大会堂集会纪念中华人民共和国宪法公布施行30周年，习近平发表讲话。**

［目　文］ 大会在国歌声中开始。中共中央总书记习近平发表讲话指出，宪法的生命在于实施，宪法的权威也在于实施。我们要坚持不懈抓好宪法实施工作，把全面贯彻实施宪法提高到一个新水平。一是要坚持正确政治方向，坚定不移走中国特色社会主义政治发展道路，坚持国家一切权力属于人民的宪法理念，发展更加广泛、更加充分、更加健全的人民民主，最广泛地动员和组织人民依照宪法和法律规定行使国家权力，共同建设，共同享有，共同发展，成为国家、社会和自己命运的主人。二是要落实依法治国基本方略，加快建设社会主义法治国家，以宪法为最高法律规范，维护社会主义法制的统一和尊严，全面推进科学立法、严格执法、公正司法、全民守法进程，维护社会公平正义。三是要坚持人民主体地位，切实保障公民享有权利和履行义务，宪法的根基在于人民发自内心的拥护，宪法的伟力在于人民出自真诚的信仰，只有保证公民在法律面前一律平等，尊重和保障人权，保证人民依法享有广泛的权利和自由，宪法才能深入人心，走入人民群众，宪法实施才能真正成为全体人民的自觉行动。要在全社会牢固树立宪法和法律的权威，让广大人民群众充分相信法律、自觉运用法律，使广大人民群众认识到宪法不仅是全体公民必须遵循的行为规范，而且是保障公民权利的法律武器。四是要坚持党的领导，更加注重改进党的领导方式和执政方式，依法治国首先是依宪治国，依法执政关键是依宪执政，党领导人民制定宪法和法律，党自身必须在宪法和法律范围内活动，真正做到党领导立法、保证执法、带头守法。要健全权力运行制约和监督体系，有权必有责，用权受监督，失职要问责，违法要追究，保证人民赋予的权力始终用来为人民谋利益。

全国人大常委会委员长吴邦国在主持大会时指出，让我们紧密团结在以习近平同志为总书记的党中央周围，高举中国特色社会主义伟大旗帜，全面贯彻依法治国基本方略，为夺取全面建成小康社会新胜利而奋斗。

中共中央政治局常委李克强、张德江、俞正声、刘云山，中央党政军群有关部门负责人和首都各界群众代表约3000人出席了纪念大会。

12月4日

［纲　文］ **全国个体劳动者第四次代表大会暨全国先进个体工商户表彰大会在北京人**

民大会堂举行。

［目　文］ 大会由国家工商总局和中国个协主办。中央政治局常委、中央纪委书记、国务院副总理王岐山，全国人大常委会副委员长司马义·铁力瓦尔地，全国政协副主席李金华接见了出席大会的全国先进个体工商户代表和大会全体代表，并出席大会，向部分获得“全国先进个体工商户”荣誉称号的代表颁奖。国家工商总局等有关部门负责同志参加。

大会总结了中国个协第三届理事会的工作，审议通过了第三届理事会工作报告、第三届理事会财务收支情况报告、中国个协章程（修订草案）；选举产生了中国个协第四届理事会和常务理事会；表彰了全国先进个体工商户，授予孟建设等302人“全国先进个体工商户”荣誉称号。

全国个体劳动者代表大会是中国个体劳动者协会的最高权力机构，每5年召开一次大会。中国个体劳动者协会是由全国个体工商户等组织和个人组成的全国联合性非营利性社会团体，成立于1986年12月。截至2012年底，会员总数达3360多万户，联系的个体私营企业从业人员达1.4亿人。

12月4日

［纲　文］ **全国人大常委会委员长吴邦国在人民大会堂会见印度国家安全顾问梅农。**

［目　文］ 吴邦国表示，中方愿同印方共同努力，深化政治互信，推动中印战略合作伙伴关系不断向前发展，这符合两国的根本利益，也有利于地区和世界和平、稳定与繁荣。双方要从战略高度和全局角度出发，本着和平友好、平等协商、互相尊重、互相谅解的精神，在已经取得的共识基础上，保持和利用好现有机制，继续推进框架谈判进程。相信中印双方有能力、有智慧最终解决边界问题。

梅农表示，印度高度重视同中国发展面向和平与繁荣的战略合作伙伴关系，希望同中方加强高层交往和各级别对话，扩大务实合作，坚持通过友好协商处理边界问题，不让边界问题影响两国关系大局。

12月4日

［纲　文］ **中国和俄罗斯人文合作委员会文化合作分委会第12次会议在俄罗斯召开。**

［目　文］ 会议由分委会中方主席、中国文化部副部长赵少华和俄方主席、俄罗斯文化部副部长玛尼洛娃共同主持。双方深入探讨了未来两国文化交流与合作的重点工作方向并达成以下共识：继续互办大型文化活动、巩固中俄文化关系，支持和协助对方文化中心的运作，在“中国旅游年”和上合组织框架内加强合作，加强中俄友城、边境地区的文化交流和中俄文化产业领域的合作，要着眼未来，注重开展两国青年间的交流活动。双方商定，于2013年在中国举办分委会第13次会议。

12月4—6日

［纲　文］ **国务院总理温家宝出席在吉尔吉斯斯坦比什凯克举行的上合组织成员国总理第11次会议、在俄罗斯莫斯科举行的中俄总理第17次定期会晤，并对上述两国进行正式访问。**

［目　文］4日，温家宝抵达比什凯克，会见吉尔吉斯斯坦总统阿坦巴耶夫，与吉尔吉斯斯坦总理萨特巴尔季耶夫举行会谈。温家宝表示，中国政府鼓励本国企业扩大对吉投资，共同开拓市场，欢迎吉方向中国出口更多产品；双方要尽快商签《中吉毗邻地区合作规划纲要》，加强口岸、海关合作，进一步提升中国新疆与吉方的经贸合作规模和水平；推进中吉乌铁路建设，商谈开发萨雷扎斯河水电资源，共建农业示范区，扩大教育、文化等领域合作。

5日，上海合作组织成员国总理第11次会议在吉尔吉斯斯坦首都比什凯克举行。会议由萨特巴尔季耶夫主持，俄罗斯、吉尔吉斯斯坦、哈萨克斯坦、塔吉克斯坦、乌兹别克斯坦领导人与会，上合组织观察员国蒙古国、巴基斯坦、伊朗、印度、阿富汗领导人，以及独联体、欧亚经济共同体负责人参加了大范围会谈。温家宝出席大、小范围会谈并发表讲话。

温家宝指出，国际金融危机已经持续五年，带来严重的政治、经济和社会后果。中方愿同各方加强配合，落实今年6月承诺提供的100亿美元贷款，研究设立面向本地区的经济技术合作基金，推进本组织开发银行组建工作；发展上合组织移动通信卫星服务，使之成为本组织统一的应急、救灾、反恐、移动通信服务平台；成立“中国—上海合作组织环境保护合作中心”，加强环保能力建设；在打击“三股势力”、毒品和跨国有组织犯罪方面形成更加强大合力，建立预警救灾中心，积极开展粮食合作。

5日，温家宝分别会见哈萨克斯坦总理艾哈迈托夫和蒙古国总理阿勒坦呼亚格。温家宝结束对吉尔吉斯斯坦的正式访问抵达莫斯科，举行中俄总理第17次定期会晤并对俄罗斯进行正式访问。

6日，温家宝在索契会见俄罗斯总统普京。温家宝说，深化中俄关系具有战略、长远意义，符合两国和两国人民的根本利益，双方要不断深化政治互信和战略互信，在互利共赢基础上扩大务实合作，推动联合国、二十国集团、上海合作组织、金砖国家等机制发挥更大作用，促进世界多极化和可持续发展。普京表示十分珍惜与中国领导人之间良好的工作关系和真挚的友谊，希望双方保持密切的高层交往，推动两国关系迈向更高水平。

6日，温家宝与俄罗斯总理梅德韦杰夫主持中俄总理第17次定期会晤。两国总理举行了大、小范围会谈，听取了中俄总理定期会晤委员会、中俄能源谈判、中俄人文合作委员会三个合作机制的工作汇报。国务院副总理王岐山、国务委员刘延东，俄方副总理戈洛杰茨、德沃尔科维奇、罗戈津参加活动。

温家宝就进一步加强两国合作提出以下建议：一是扩大贸易，争取提前实现2015年双边贸易额达到1000亿美元的目标；二是推进全方位能源合作，促进两国能源安全和可持续发展；三是重点拓展在投资、深加工、高科技和创新领域的合作，在航空航天领域更多开展联合研制、联合生产等战略性大项目合作；四是充分利用中俄地方领导人定期会晤机制，调动两国地方加强合作的积极性；五是发挥市场机制作用，同时在政策和管理层面给予企业合作更多支持和便利；六是进一步扩大人文交流，办好中国旅游年等活动，落实中俄人文合作未来十年规划；七是积极参与全球经济治理，推动国际经济金融体系改革。

12 月 4—6 日

［纲　文］**全国红十字志愿服务暨宣传工作会议在北京召开。**

［目　文］全国人大常委会副委员长、中国红十字会会长华建敏，中国红十字会常务副会长赵白鸽，郭长江等出席开幕式。中国红十字会对一批长期服务于应急救援、应急救护、人道救助、无偿献血、造血干细胞捐献、遗体（器官）捐献、艾滋病防治等专业领域的红十字志愿者进行了表彰。

会议期间，代表们讨论了《中国红十字 2013—2015 年志愿服务工作规划》《中国红十字志愿服务管理办法》及《中国红十字会品牌视觉识别系统方案》等有关文件。来自香港及部分省（区、市）的红十字会也将在工作交流环节介绍、分享在志愿服务工作及宣传工作中的经验和成果。会议还邀请红十字会与红新月会国际联合会、香港红十字会及相关领域专家学者分别就志愿服务工作和宣传工作做了专题讲座。

红十字会与红新月会国际联合会亚太地区代表团主任亚甘·扎普干、东亚地区代表处主任梅拉，红十字国际委员会东亚地区代表处主任马丁·法勒，来自全国 31 个省（自治区、直辖市）及香港特别行政区红十字会的 130 余名红十字志愿者、志愿服务工作者和宣传工作者参加了会议。

12 月 4—8 日

［纲　文］**国务院副总理王岐山出席中俄总理定期会晤委员会第 16 次会议和中俄能源谈判代表第 9 次会晤、中哈合作委员会第 6 次会议。**

［目　文］4 日，王岐山会见俄罗斯总统能源发展战略和生态安全委员会责任秘书、俄罗斯石油公司总裁谢钦，双方就中俄石油及其他能源领域的合作深入交换意见。

5 日，中俄总理定期会晤委员会第 16 次会议在莫斯科举行。王岐山与俄罗斯副总理、俄方主席罗戈津共同主持了会议。王岐山说，在本次会议中，双方就进一步推进各领域务实合作达成了共识，取得了新成果。一是继续优化贸易结构，扩大高科技、高附加值产品贸易，改善投资环境，扩大相互投资。二是积极开展大飞机、重型直升机、航天、信息通信、高速铁路等高科技各领域合作。三是加快跨境桥梁等基础设施建设，促进互联互通。四是积极推进金融各领域合作。五是促进两国地方间，特别是俄罗斯远东与中国东北地区的合作。六是继续在多边框架下加强沟通，协调立场。会议期间，王岐山与罗戈津出席《中国国家开发银行与俄罗斯储蓄银行金融合作协议》签字仪式。中俄有关部门和企业还签订了经贸、金融、科技等一系列务实合作协议，涉及金额约 49 亿美元。

5 日，中俄能源谈判代表第九次会晤在莫斯科举行，王岐山与俄罗斯副总理、俄方代表德沃尔科维奇共同主持会议。王岐山表示，在此次会晤中，中俄达成一系列共识和新成果。一是在石油领域，积极推进上中下游合作，充分利用现有管道扩大原油贸易规模；落实天津炼厂原油进口、成品油出口和国内销售“三权”，推进炼化一体化合作，把天津炼厂做成安全、可持续、能赚钱的标志性项目。二是在天然气领域，双方进行了坦诚沟通，明确了彼此有什么，要什么，增进了理解和信任，为下一步合作奠定了基础。从中国有购买力市场需求出发，优先推进东线管道合作，积极研究西线一体化合作。三是在核能领域，两国正式签署田湾核电站二期项目政府间协议，并加强核电站、空间核动力、浮动堆、快堆及核燃料等领域一揽子合作。四是进一步拓展和深化煤炭、电力、能效与可再生能源领域合作。王岐山和德沃尔科维奇共同出席两国政府有关合作文件的签字仪式。双方有关部门签署了《中华人民共和国国家能源局和俄罗斯联邦能源部关于开展能源市场态势评估合作的谅解备忘录》《中俄煤炭领域合作路线图》《中俄煤炭合作工作组第一次会议纪要》《国家电网与俄罗斯东方能源公司关于2013年供电量和电价的协议》四项合作文件。

7日，王岐山到达哈萨克斯坦阿斯塔纳，会见了哈萨克斯坦总统纳扎尔巴耶夫。王岐山说，中哈两国经济互补性强，合作潜力巨大。中方愿与哈方共同努力，进一步扩大贸易规模，努力实现两国元首确定的2015年双边贸易额达到400亿美元的目标。积极推进石油天然气合作，拓展非资源领域合作，共同办好中哈霍尔果斯国际边境合作中心，加强金融、科技、人文等领域合作。纳扎尔巴耶夫表示，哈中各领域合作不断发展，双边贸易额已达250亿美元；能源合作成果丰硕，哈20%的石油出口到中国；力争2014年建成中方参与建设的哈天然气管道，以增加对中国的天然气出口；经过霍尔果斯口岸的第二条哈中铁路将于今年12月底通车，加快建设连接中国西部的公路。

8日，中国和哈萨克斯坦合作委员会第六次会议举行。会议由王岐山和哈萨克斯坦副总理克林别托夫共同主持。王岐山就下一阶段中哈合作委员会工作提出了几点建议：一是深化能源合作，确保中哈原油管道二期、天然气管道项目顺利建设，扩大天然铀贸易，探讨开展新能源合作。二是扩大互联互通，推进霍尔果斯—阿腾科里铁路口岸建设，加快“中国西部—欧洲西部”公路通道建设。三是进一步加强非资源领域合作，优化贸易结构，扩大相互投资，加紧落实已商定的非资源合作项目，推动一般贸易本币结算。四是继续推进科技、地矿、人文合作，建立科技合作长效机制。五是巩固安全合作，继续在双边和上海合作组织框架内共同严厉打击“东突”等“三股势力”。克林别托夫说，本次中哈合作委员会会议取得了丰硕成果。双方有信心、有条件实现2015年双边贸易额达到400亿美元的目标；以全局和战略的高度深化两国能源合作，提高管道输油能力，加快推进中亚天然气管道建设。会议后，王岐山和克林别托夫共同出席了两国政府间合作文件签字仪式。

12月4—14日

［纲　文］ 国务委员刘延东出席中俄人文合作委员会第13次会议，并应邀对柬埔寨、新西兰和澳大利亚进行正式访问。

［目　文］ 5日，中俄人文合作委员会第13次会议在俄罗斯莫斯科举行。会议由国务委员、中俄人文合作委员会中方主席刘延东与俄罗斯副总理、中俄人文合作委员会俄方主席戈洛杰茨共同主持。刘延东说，过去5年，中俄两国在总理定期会晤机制下，通过人文合作将高层交往的热度传导到民间，成为推动双边关系发展的重要力量，合作领域拓展

到教育、文化、卫生、体育、旅游、媒体、电影、档案和青年九个方面。双方成功互办"国家年""语言年"，正在举办"旅游年"，上千项活动吸引了数亿民众参与，增进了两国人民的理解和友谊。为进一步夯实中俄友好的民意和社会基础，中方愿同俄方一道，采取切实有效措施，广领域、深层次、多形式地推进人文交流，使之惠及两国人民、为巩固发展中俄全面战略协作伙伴关系做出新的贡献。戈洛杰茨热烈祝贺中共十八大胜利举行。她说，当前俄中关系处于有史以来最高水平，是涵盖各领域、名副其实的全面战略协作伙伴关系。会后，双方出席了教育领域合作文件的签字仪式，并为莫斯科中国文化中心揭牌。

7日，刘延东在金边会见柬埔寨首相洪森。刘延东说，同为亚洲发展中国家，中柬都面临发展经济和改善民生的重任，两国在教育、科技、文化等人文领域的互利合作需要迫切、潜力巨大、前景广阔。洪森感谢中方在西哈努克太皇逝世后给予的高规格安排。洪森说，柬方将始终坚定奉行一个中国政策，巩固和深化柬中友好合作，继续致力于本地区的和平、稳定和发展。

9日，刘延东在奥克兰会见新西兰总理约翰·基。刘延东高度赞赏新西兰政府发布首份《中国战略报告》和成立"新中关系促进委员会"，感谢新政府为克赖斯特彻奇市地震中遇难和受灾中国留学生及其家属提供的帮助。约翰·基表示，新中建交40周年来，两国建立和发展了强有力、密切、全面的合作关系。

12日，刘延东与澳大利亚总理吉拉德共同出席澳政府举行的中澳建交40周年庆祝活动，并发表主旨演讲。澳众议长伯克、前总理霍克、反对党领袖代表罗布及中澳各界人士五百多人出席。刘延东说，中澳双方应尊重彼此不同历史文化传统和发展阶段性特点，照顾对方核心利益和重大关切，在差异中求和谐，在交流中谋进步，开展全方位、高水平的经贸合作和人文交流，加强在重大国际地区问题上的沟通与协调，共同推动建立长期稳定健康发展的新型国家关系，维护亚太地区稳定与繁荣，让中澳友好事业薪火相传。吉拉德表示，澳政府视中国为重要的战略伙伴和真正持久的朋友，期待与中方进一步加强高层交往，拓宽双边务实合作领域，不断推进互利共赢的全面合作关系，共创美好未来。

12月5日

［纲　文］ **习近平在北京会见第二炮兵第八次党代会代表。**

［目　文］ 中共中央总书记、中央军委主席习近平首先代表党中央、中央军委，对第二炮兵第八次党代表大会的召开表示热烈祝贺，向出席大会的各位代表和第二炮兵广大官兵致以诚挚问候。他指出，第二炮兵是中国战略威慑的核心力量，是我大国地位的战略支撑，是维护国家安全的重要基石。近年来，第二炮兵部队坚决贯彻党中央、中央军委决策指示，坚持把思想政治建设摆在首位，大力弘扬火箭兵精神，积极推进战略威慑与实战能力建设，部队全面建设取得新的显著进步，为维护国家主权、安全、发展利益做出了重要贡献。要坚持从思想上政治上建设部队，坚持党对军队绝对领导的根本原则和制度，坚持不懈用中国特色社会主义理论体系武装官兵，持续培育当代革命军人核心价值观，弘扬我军光荣传统和优良

作风，确保部队绝对忠诚、绝对纯洁、绝对可靠，永葆人民军队的性质和本色。要组织官兵认真研读党的十八大文件，深入搞好党的十八大精神宣讲活动，切实把官兵的思想和行动统一到党的十八大精神上来，切实在武装头脑、指导实践、推动工作上下功夫。要自觉维护党中央、中央军委的权威，在思想上政治上行动上始终与党中央、中央军委保持高度一致，做到在任何时候任何情况下都坚决听从党中央、中央军委指挥。要坚持党要管党、从严治党，全面加强部队党的思想建设、组织建设、作风建设、反腐倡廉建设、制度建设，增强各级党组织的创造力凝聚力战斗力，把党的政治优势和组织优势转化为推动部队建设的强大力量。

中共中央政治局委员、中央军委副主席范长龙，中共中央政治局委员、中央军委副主席许其亮，中央军委委员常万全等参加会见。

12月5日

［纲　文］**中共中央总书记习近平在人民大会堂同在华工作的外国专家代表座谈。**

［目　文］在听取专家们发言后，习近平发表讲话说，中国是个负责任国家，我们要努力把自己的事情办好，同时也要处理好中国和外部世界的关系，既争取更加有利的外部环境，也努力为世界和平与发展做出更大贡献。我们的事业是得到世界人民支持的事业。要实现我们的奋斗目标，根本要靠中国人民艰苦奋斗，同时也需要世界各国人民理解和支持。我们的事业是向世界开放学习的事业。关起门来搞建设不可能成功。我们要坚持对外开放的基本国策不动摇，不封闭、不僵化，打开大门搞建设、办事业。“满招损，谦受益。”中国已经取得举世瞩目的发展成就，但中国仍是一个发展中国家，仍然面临一系列严峻挑战，还有许多需要面对和解决的问题。我们既不妄自菲薄，也不妄自尊大，更加注重学习吸收世界各国人民创造的优秀文明成果，同世界各国相互借鉴、取长补短。

来自16个国家的20位外国专家参加了座谈。几位外国专家代表发言。他们对习近平总书记在中共十八大后不久邀请他们参加座谈会表示高兴，认为这充分体现了中国党和政府坚持改革开放、加强中外合作的决心和愿望，感谢中方为他们提供了良好工作和生活环境，愿为中国现代化建设做出更大贡献。西班牙工商管理专家、中欧国际工商学院欧方院长雷诺，德国应用化学专家、中国科技大学教授凯瑟琳娜，美国飞行器降噪工程技术专家、中国商用飞机有限责任公司资深工程师谢里，保加利亚农学家、山东省烟台市农业科学研究院主任布拉高夫分别提出建议。

12月5日

［纲　文］**国务院副总理李克强在中南海紫光阁会见美国前财政部部长保尔森。**

［目　文］李克强说，中美正在建设相互尊重、互利共赢的合作伙伴关系，把这种新型大国关系发展好，关键是顺应合作主流，突出和扩大共同面，管控和缩小分歧点，美方应早日放宽对华高技术产品出口限制。也希望你和你的团队按照“知行合一”的理念，为中美关系作出更多努力和行动。未来中国会越来越开放，我们扩大内需、激发城镇化潜力乃至发展各项事业，都要在日益开放的条件下来进行、来推动，在开放中拓宽视野博采众长，在开放中培育形成新优势。我们也希望我们的合作伙伴能够更加开放，共同坚持贸易

与投资自由化，创造公平公正的环境，这对世界也会是共赢的。

保尔森表示，发展美中关系是美国共和、民主两党的共识。中国城镇化的规模史无前例，将为世界经济发展增添亮色，愿继续在城镇化、农业投资、金融市场建设等方面加强与中方合作。

12月5日

［纲　文］**联合国教科文组织中国人与生物圈国家委员会在北京举办“世界生物圈保护区”颁证盛典**。

［目　文］广西猫儿山国家级自然保护区、江西井冈山国家级自然保护区、陕西牛背梁国家级自然保护区荣膺“世界生物圈保护区”称号。截至2012年7月，在全球117个国家分布有610个世界生物圈保护区，其中包括中国的31个保护区，分布在18个省份。

12月5日

［纲　文］**商务部印发《典当行业监管规定》**。

［目　文］《规定》共7章44条，主要有总则、监管责任、准入管理、日常经营管理、年审管理、退出管理、附则等内容。《规定》自印发之日起执行。

12月5日

［纲　文］**文化部印发《演出经纪人员管理办法》**。

［目　文］《办法》共4章21条，主要有总则、演出经纪资格证书、从业规范、监督管理等内容。《办法》自2013年3月1日起施行。

12月5日

［纲　文］**证监会公布《关于加强对利用“荐股软件”从事证券投资咨询业务监管的暂行规定》**。

［目　文］《规定》是为进一步规范证券投资咨询机构利用“荐股软件”从事证券投资咨询业务，加大对以“荐股软件”名义从事非法证券投资咨询活动的打击力度，保护投资者合法权益而制定。《规定》自2013年1月1日起施行。

12月5—13日

［纲　文］**“首届中国当代陶瓷艺术大展”在中华世纪坛举办**。

［目　文］展览由中国美协主办，中国美协陶瓷艺术委员会承办。约300余件作品入选，基本覆盖中国陶艺实力产源，展品反映了不同工艺、材料、手段、形态、语言、观念，展示了国际主流陶艺思潮和前沿理想。

12月6日

［纲　文］**“2012优秀女企业家国际论坛”开幕式暨“首届中国女企业家优秀产品展”开展典礼在北京国家会议中心举行**。

［目　文］论坛由中国女企业家协会主办，是中国女企业家协会自2000年召开首届优秀女企业家论坛以来连续举办的第十三届女企业家高峰论坛。本届论坛的主题是“企业

的可持续发展与企业文化”，并设三个专题：企业发展与价值理念；企业文化与改革创新；企业文化与品牌建设。全国人大常委会副委员长、全国妇联主席陈至立出席开幕式并讲话。来自贝宁、博茨瓦纳、东帝汶、厄立特里亚、意大利、卢旺达、瑞典、美国、越南9个国家的驻华女大使、大使夫人，部分外国驻华机构与企业代表、地方工商联、商会代表等近300名中外嘉宾应邀出席会议。期间，国家会议中心举行“中国女企业家文化之旅”活动，放映2011年文化部对外宣传电影《云上的太阳》。这是中国女企业家协会文教专委会成立以来组织开展的首个活动。

6–9日，多家单位合办的“品位生活——首届中国女企业家优秀产品展”在北京国家会议中心1号馆举办。展览内容涵盖生活家居用品、健康、保健食品、文化教育、科技信息产品等类别，来自北京、上海、安徽、甘肃等12家地方女企业家协会参展团组及属于中国女企业家协会直接会员的75家企业参加了本次展览会。

12月6日

［纲　文］**财政部公布《事业单位会计准则》《行政单位财务规则》《国有金融企业年金管理办法》。**

［目　文］《会计准则》共9章49条，主要有总则、会计信息质量要求、资产、负债、净资产、收入、支出或者费用、财务会计报告、附则等内容。《准则》经2012年12月5日财政部部务会议修订通过，自2013年1月1日起施行。

《财务规则》共11章63条，主要有总则、单位预算管理、收入管理、支出管理、结转和结余管理、资产管理、负债管理、行政单位划转撤并的财务处理、财务报告和财务分析、财务监督、附则等内容。《规则》经2012年12月5日财政部部务会议审议通过，自2013年1月1日起施行。

《办法》共5章29条，主要有总则、企业年金的建立条件、企业年金的方案实施、企业年金的组织管理、附则等内容。

12月6—10日

［纲　文］**中国农工民主党第15次全国代表大会在北京举行。**

［目　文］6日，大会开幕。中共中央政治局常委俞正声代表中共中央致贺词。贺词说，希望农工党深入学习贯彻中共十八大精神，进一步与中国共产党团结合作，坚定不移走中国特色社会主义道路；深入贯彻落实科学发展观，动员广大成员立足本职岗位建功立业，同时充分发挥自身优势，围绕提高人民健康水平、推动医疗卫生事业改革发展、推进生态文明建设等方面深入调研、建言献策；积极适应时代发展要求，不断深化学习践行社会主义核心价值体系活动成果，着力加强代表人士队伍建设，不断提高自身建设科学化水平。

全国政协副主席、台盟中央主席林文漪代表各民主党派中央和全国工商联致贺词。大会主席团常务主席桑国卫代表中国农工民主党第14届中央委员会作工作报告。报告在回顾和总结农工党5年来的主要工作和基本经验后提出，全党要高举中国特色社会主义伟大旗帜，深入学习贯彻中共十八大精神，不断夯实团结奋斗的共同思想政治基础；要围绕新时期参政党建设的目标要求，全面提升自身建设科学化水平；要充分发挥在医疗卫生、人口资源、生态环保等领域的特色优势，切实增强参政议政、建言献策的整体水平，积极履职尽责，为建设美丽中国、实现中华民族永续发展贡献力量。

大会表决通过中国农工民主党第十五次全国代表大会决议、关于第十四届中央委员会报告的决议，审议通过党章修正案的决议，选举产生由214人组成的新一届中央委员会。会议期间举行的农工党第15届中央委员会第一次全体会议选举产生了由51人组成的第15届中央常务委员会，陈竺当选主席，刘晓峰等当选副主席。

12月7—11日

［纲　文］ **习近平在深圳、珠海、佛山、广州，深入农村、企业、社区、部队和科研院所调研。**

［目　文］ 中共中央总书记习近平表示，调研之所以到广东，就是要到在改革开放中得风气之先的地方，现场回顾改革开放的历史进程，将改革开放继续推向前进。我们就是要在这里向世界宣示：中国改革开放永不停步！下一个40年的中国定当有让世界刮目相看的新成就。

8日上午9时许，习近平到莲花山公园，向邓小平铜像敬献花篮。离开前，习近平种下一棵高山榕树。习近平说，我们来瞻仰邓小平铜像，就是要表明我们将坚定不移推进改革开放，奋力推进改革开放和现代化建设取得新进展、实现新突破、迈上新台阶。

习近平强调，实践证明，改革开放是当代中国发展进步的活力之源，是我们党和人民大踏步赶上时代前进步伐的重要法宝，是坚持和发展中国特色社会主义的必由之路。现在中国改革已经进入攻坚期和深水区，我们必须以更大的政治勇气和智慧，不失时机深化重要领域改革。深化改革开放，要坚定信心、凝聚共识、统筹谋划、协同推进。改革开放是决定当代中国命运的关键一招，也是决定实现“两个一百年”奋斗目标、实现中华民族伟大复兴的关键一招。实践发展永无止境，解放思想永无止境，改革开放也永无止境，停顿和倒退没有出路。我们要坚持改革开放正确方向，敢于啃硬骨头，敢于涉险滩，既勇于冲破思想观念的障碍，又勇于突破利益固化的藩篱。我们要尊重人民首创精神，在深入调查研究的基础上提出全面深化改革的顶层设计和总体规划，尊重实践、尊重创造，鼓励大胆探索、勇于开拓，聚合各项相关改革协调推进的正能量。

习近平还先后到深圳市罗湖区渔民村、深圳光启高等理工研究院、腾讯计算机系统有限公司、中航通用飞机有限责任公司珠海基地、广东工业设计城、顺德区黄龙村和广州东濠涌，了解经济结构调整和生态文明建设情况，看望困难群众。他希望广东继续在改革开放中发挥窗口作用、试验作用、排头兵作用，为经济社会发展增添新动力。习近平还考察了深圳前海深港现代服务业合作区、珠海横琴新区，勉励深圳、珠海深化粤港澳合作，努力相互促进、互利共赢。考察结束时，习近平听取了广东省委和省政府的工作汇报。他强调，各级领导干部要牢记“空谈误国，实干兴邦”的道理，坚定理想信念，保持奋发有为的精神状态，提高推动科学发展能力，切实改进作风，脚踏实地创造新的更大的业绩。

12月7日

［纲　文］ **全国人大常委会委员长吴邦国在人民大会堂会见特立尼达和多巴哥议会众议长马克和参议长哈梅尔—史密斯。**

［目　文］ 吴邦国说，议会交往是国家关系的重要组成部分。中国全国人大愿以此访为契机，进一步加强与特多众议院、参议院的交流与合作，加强在立法、监督、治国理政等方面相互学习和借鉴，更好地服务各自国内经济社会发展。

马克和哈梅尔—史密斯说，特多议会众参两院愿加强与中国全国人大的友好交往，促进两国各领域务实合作，为创造特中关系的美好明天发挥更加积极的作用。他们重申，特方将坚定奉行一个中国政策。

12月7日

［纲　文］ **中国科学技术信息研究所发布信息，2012年中国科技国际论文被引用次数排在世界第六。**

［目　文］ 2002年至2012年，中国科技人员共发表国际论文总量为102.26万篇，排在世界第二位。其中2011年中国机构作者为第一作者的国际论文共14.36万篇，并且42927篇论文的被引用次数高于其所在学科被引用次数的均值，即2011年中国论文总数的29.8%为“表现不俗”的论文，该比例较2010年的19.7%上升了10.1个百分点。中国平均每篇论文被引用6.51次，比上年度统计时提高了4.8%。

12月7日

［纲　文］ **激光推进及其应用国家重点实验室在解放军装备学院挂牌成立。**

［目　文］ 这是国内空天飞行推进新技术领域首个国家重点实验室。实验室的依托单位为装备学院和中国航天科工集团31研究所。激光推进是利用远距离高能激光加热气体工质，使气体热膨胀产生推力推动飞行器前进的新概念推进技术，具有比冲高、有效载荷比大、发射成本低等优点，可成为新时期空间推进体系中低成本、高可靠、快速机动进入空间动力技术的备选方案，可广泛用于微小卫星近地轨道发射、地球轨道碎片清除、微小卫星姿态和轨道控制等。

该实验室的成立，有力推动中国空天飞行推进新技术基础理论研究、前沿技术创新和科研成果推广，为中国空天飞行推进新技术的创新发展提供重要保障。

12月7日

［纲　文］ **交通运输部发出《关于公布涉及招投标的规章和规范性文件清理结果的通知》。**

［目　文］《通知》说，根据《国务院办公厅转发发展改革委法制办监察部关于做好招标投标法实施条例贯彻实施工作意见的通知》的要求，部组织对涉及招投标的部颁规章和规范性文件进行了专项清理，清理结果已经2012年11月27日部务会审议通过。决定

废止规范性文件和按程序废止规章10件，决定修改规章和规范性文件20件。决定修改的规章和规范性文件，按程序完成修订工作后重新发布实施。《通知》随附有关目录。

12月7日

［纲　文］**国家民委公布《国家民委科研项目管理办法》**。

［目　文］《办法》共7章37条，主要有总则、申请与立项、进度管理与结项、经费管理、成果应用、产权归属与保密、附则等内容。《办法》经2012年11月26日国家民委委务会议通过，自2013年1月1日起施行。

12月7日

［纲　文］**中国和哈萨克斯坦合作委员会文化和人文合作分委会第8次会议在哈萨克斯坦召开**。

［目　文］会议由分委会双方主席、中国文化部副部长赵少华和哈萨克斯坦文化部副部长布里巴耶夫共同主持，分委会哈方成员单位代表和中国文化部代表团成员参会。分委会双方主席共同回顾了分委会第七次会议以来合作成果，讨论了未来重点交流合作项目和工作规划，包括研究签署新的中哈文化合作协定、互办文化节、在哈举办“欢乐春节”，在文化遗产和国家公务员管理等新领域的合作等问题，并就教育、广电、出版、旅游、档案、青年、体育等领域的合作达成广泛共识。

12月7日

［纲　文］**首届中国设计大展在深圳开幕**。

［目　文］展览由文化部和广东省深圳市人民政府共同主办。文化部，联合国教科文组织有关负责人出席并致辞。中国文联、中国美协、中国美术馆等艺术界嘉宾，深圳市有关领导出席开幕式。大展共收到全国公开征集和策展人推荐的作品1.12万件（套），经过初评、终评，最终确定644件（套）作品参展（其中中国港澳台地区的作品77件）。《无止桥系列扶贫建设项目》等14件作品获首届中国设计大展优秀设计奖。12月8—9日，举办首届中国设计大展论坛，与会专家从国家文化、经济发展战略层面进行宏观阐述，针对设计领域的具体问题展开讨论。大展分为平面设计、产品设计、空间设计和跨界设计4个单元，在深圳市民中心、深圳中心书城等户外和室内展馆进行为期近3个月的展示。

12月7—9日

［纲　文］**中华全国工商业联合会第11次会员代表大会在北京举行**。

［目　文］7日，大会开幕。中共中央政治局常委、中央书记处书记刘云山代表中共中央、国务院致贺词。全国人大常委会副委员长陈至立、全国政协副主席张梅颖等，以及全国工商联原常务副主席孙孚凌出席开幕会。

刘云山的贺词说，希望工商联认真学习贯彻党的十八大精神，始终坚持统战性、经济性、民间性有机统一，坚持团结、服务、引导、教育的方针，坚持把促进非公有制经济健康发展和非公有制经济人士健康成长作为工商联工作主题，充分发挥在非公有制经济人士思想政治工作中的引导作用，在非公有制经济人士参与国家政治生活和社会事务中的重要作用，在政府管理和服务非公有制经济中的助手作用，在行业协会商会改革发展中的促进作用，在构建和谐劳动关系、加强和创新社会管理中的协同作用。

全国人大常委会副委员长、民建中央主席陈昌智代表各民主党派中央致贺词。中华全国总工会副主席、书记处第一书记王玉普代表各人民团体致贺词。

全国政协副主席、全国工商联主席黄孟复代表全国工商联第十届执行委员会作工作报告。报告在全面回顾工商联五年来的工作后指出，工商联要高举中国特色社会主义伟大旗帜，坚持围绕中心服务大局，不断提高工商联工作科学化水平，为全面建成小康社会、推进中国特色社会主义伟大事业做出新贡献。大会通过了中华全国工商业联合会第11次会员代表大会关于第10届执行委员会工作报告的决议、关于中华全国工商业联合会章程（修改草案）的决议和关于认真学习贯彻党的十八大精神的决议。大会选举产生了由494人组成的全国工商联第11届执行委员会。

12月10日，中华全国工商业联合会第11届执行委员会第一次会议在北京召开。会议提议并通过黄孟复为全国工商联名誉主席。会议选举产生了新一届领导班子和领导机构，王钦敏当选为第11届全国工商联执行委员会主席，全哲洙当选常务副主席，黄小祥、谢经荣等当选副主席。会议同时选举王钦敏为中国民间商会会长，全哲洙等22人为副会长。

12月8—10日

［**纲　文**］ **习近平在广州战区考察。**

［**目　文**］ 中共中央总书记、中央军委主席习近平在海军南海舰队“海口”舰、某集团军和广州军区机关考察，会见驻深圳、珠海部队团以上领导干部和驻穗部队师以上领导干部。习近平登上甲板、进入舱室，上战车、进入班排，察看装备设施，观摩实兵实弹演练，与基层官兵交谈，详细了解他们学习、训练、生活情况。

习近平听取部队工作汇报和对军委工作的意见建议后，讲话强调，要坚持把思想政治建设摆在部队各项建设的首位，始终保持部队建设坚定正确的政治方向。坚持不懈用中国特色社会主义理论体系武装官兵，持续培育当代革命军人核心价值观，大力弘扬我军光荣传统和优良作风，进一步打牢官兵高举旗帜、听党指挥、履行使命的思想政治基础。当前和今后一个时期，加强思想政治建设最重要的任务是学习宣传贯彻党的十八大精神。要注重联系实际，坚持学以致用，切实把党的十八大精神贯彻落实到推进部队建设、遂行军事任务的实践中。要坚持用打仗的标准推进军事斗争准备，不断强化官兵当兵打仗、带兵打仗、练兵打仗思想，坚持从实战需要出发从难从严训练部队，坚持以军事斗争准备为龙头带动现代化建设，全面提高部队以打赢信息化条件下局部战争能力为核心的完成多样化军事任务能力。要不折不扣落实依法治军、从严治军方针，培养部队严守纪律、令行禁止、步调一致的良好作风。要始终把工作重心放在基层，把部队建设和战斗力的基础打得更加牢固。

习近平在会见驻穗部队师以上领导干部时特别指出，我们要实现中华民族伟大复兴，必须坚持富国和强军相统一，努力建设巩固国防和强大军队。一是要牢记，坚决听党指挥是强军之魂，必须毫不动摇坚持党对军队的绝对领导，任何时候任何情况下都坚决听党的话、跟党走。二是要牢记，能打仗、打胜仗是强军之要，必须按照打仗的标准搞建设抓准备，确保我军始终能够召之即来、来之能战、战之必胜。三是要牢记，依法治军、从严治军是强军之基，必须保持严明的作风和铁的纪律，确保部队高度集中统一和安全稳定。他表示坚信，在实现中华民族伟大复兴的征程中，英雄的人民军队一定能够发扬传统、继往开来，有效履行肩负的历史使命。

12月8日

［纲　文］**国务院批复江西省人民政府，同意南昌市城市总体规划。**

［目　文］批复说，一、原则同意修订后的《南昌市城市总体规划（2001—2020年）》。二、南昌市城乡规划、建设和管理的各项工作要以科学发展观为指导，逐步把南昌市建设成为经济繁荣、社会和谐、生态良好、特色鲜明的现代化城市。三、重视城乡统筹发展。在《总体规划》确定的1400平方公里城市规划区范围内，实行城乡统一规划管理。四、合理控制城市规模。到2020年，中心城区城市人口控制在280万人以内，城市建设用地控制在265平方公里以内。五、完善城市基础设施体系。六、建设资源节约型和环境友好型城市。七、创造良好的人居环境。要坚持以人为本，创建宜居环境。八、重视历史文化和风貌特色保护。要统筹协调发展与保护的关系，按照整体保护的原则，切实保护好明清古城传统风貌和格局。九、严格实施《总体规划》。城市建设要实现经济社会协调发展，物质文明和精神文明共同进步。城市管理要健全民主法制，坚持依法治市，构建和谐社会。

12月8日

［纲　文］**国务院办公厅发出关于2013年部分节假日安排的通知。**

12月8日

［纲　文］**《人民日报》报道，中央财政安排68亿元冬春救灾资金。**

［目　文］自2012年开始，中国极端天气事件频繁发生，多灾并发、重灾连发、致灾强度大、影响范围广，城镇受灾重，贫困地区受灾比例高，灾贫叠加效应明显，给灾区群众生产生活造成影响。为做好受灾群众基本生活保障，民政部开展冬春期间受灾群众临时生活困难救助工作。10月下旬至11月中旬，民政部派出工作组分赴湖南、四川、甘肃、宁夏四省（自治区）开展受灾群众冬春生活困难状况调研。根据各地上报情况和实地调研了解情况，民政部对全国冬春期间受灾群众口粮、衣被、取暖等基本生活困难和救助需求进行了综合评估。12月4日，财政部、民政部下拨第一批中央冬春救灾资金54.4亿元，同时要求各地对冬春期间受灾群众口粮、衣被取暖等困难给予补助。截至报道之日，财政部、民政部共安排68亿元中央冬春救灾资金。

12月8日

［纲　文］ **中国首列轻量化不锈钢A型地铁车辆在南车青岛四方机车车辆股份有限公司竣工下线**。

［目　文］ 这是为北京轨道交通制造的首列A型车辆，该型地铁车辆经过一系列试验后，于2013年5月运营于北京14号地铁线路。A型地铁车辆首次采用轻量化、无涂装不锈钢车体，地铁车辆的最高运营速度为80公里/小时，每列车辆为6节编组，车辆的最大载客量达2580人。

12月8—10日

［纲　文］ **APEC中小企业峰会在海南澄迈举行**。

［目　文］ 峰会由中国贸促会、APEC工商咨询理事会和海南省人民政府共同主办。峰会的主题为“突破之路”。超过800位来自跨国公司、中小企业、政府机构的代表及海内外各界人士围绕“资本通道”“实业”“海外市场”“品牌与文化”等焦点议题展开探讨。

8日，全国政协副主席王刚出席开幕式并致辞表示，中国政府将继续实施中小企业成长工程，努力创造有利于中小企业持续健康发展的良好政策环境、公平市场环境和健全服务体系。同时，中国政府将以2014年担任亚太经合组织东道主的契机，与各成员深入交流在发展中小企业方面的成功做法和有益经验，促进区域中小企业深化经济合作，共同寻求中小企业发展的突破之路。

10日，与会的各组织代表发表澄迈宣言。宣言主要内容有：峰会将积极主动将针对中小企业行业发展现存的问题向所在地区政府反映，支持中小企业获得与大企业同等的待遇或优惠于大企业的待遇。峰会倡议政府出台更多促进企业跨区域合作的经贸政策支持和便利措施。峰会将切实将中小企业峰会的成果和建议反映给各经济体中小企业部长及经济体首脑。积极参与落实APEC历次峰会所达成的成果和共识并努力争取通过APEC中小企业峰会向工商界与领导人之间的对话提供建设性的中小企业发展建议。峰会将利用各项目的联动，加大各项目的落地和发展。峰会将继续加大在亚太地区对中小企业的关注力度，更好地将峰会的影响力辐射到更多的地区。

12月9日

［纲　文］ **习近平在广东主持召开经济工作座谈会**。

［目　文］ 在谈到当前经济形势时，习近平指出，面对错综复杂、快速变化的形势，我们要保持清醒头脑，既要充分肯定今年中国经济社会发展取得的成绩，看到中国经济社会发展基本面长期趋好的态势，也要看到国际国内各种不利因素的长期性、复杂性、曲折性，不回避矛盾，不掩盖问题，从坏处准备，争取最好的结果，牢牢把握主动权。

针对大家提出的关于做好经济工作的建议，习近平强调，加快推进经济结构战略性调整是大势所趋，刻不容缓。国际竞争历来就是时间和速度的竞争，谁动作快，谁就能抢占先机，掌控制高点和主动权；谁动作慢，谁就会丢失机会，被别人甩在后边。我们要继续大胆探索、扎实工作，坚定不移推进体制创新、科技创新，落实创新驱动发展战略，推动经济发展方式转变，推进经济结构战略性调整，为推动科学发展增添新动力。

会议就当前国内外经济形势、推动经济发展听取广东省各方面的意见和建议。王沪宁、汪洋、栗战书，中央有关部门和广东省有关负责同志参加座谈会。

座谈会上，广东省、东莞市、佛山市南海区、中山市小榄镇和广汽集团、美的集团、深圳研祥集团、东莞创科集团、广州白云电气集团、金发科技公司的负责人，结合本地本企业实际纷纷发言。他们就扩大内需、推动实施创新驱动战略、完善营业税改增值税政策、推进金融创新、支持企业扩大出口、扶持小微型企业、完善土地制度等谈了看法。习近平与大家深入交流并表示，对大家提出的问题，中央有关部门要进行认真研究，通过深化改革、完善市场经济体制机制、转变政府职能、加强法治等措施来解决。

12月9日

［纲　文］**环境一号C星有效载荷首次开机成像，成功获取首幅合成孔径雷达影像图**。

［目　文］至此，环境一号C星实现星地链路连通，星地系统工作正常。环境一号C星是中国首颗民用合成孔径雷达卫星，具有全天时、全天候的成像能力，可以不受天气影响，在多云、阴雨、大雾等任何恶劣天气条件下，准确获取地表真实的图像。相比光学成像卫星，环境一号C星对地观测效率大幅提高，大大提升了中国对地观测卫星的总体观测能力。环境一号C星投入使用后，将大幅提升中国环境与灾害的及时、动态监测预报能力。

12月9日

［纲　文］**发展改革委公布《生产煤矿回采率管理暂行规定》《特殊和稀缺煤类开发利用管理暂行规定》**。

［目　文］《生产煤矿回采率管理暂行规定》是对《生产矿井煤炭资源回采率暂行管理办法》进行修订后形成的，共6章33条，主要有总则、回采率标准、回采率管理、监督检查、法律责任、附则等内容。自2013年1月9日起施行。

《特殊和稀缺煤类开发利用管理暂行规定》共6章27条，主要有总则、开发建设、生产管理、加工利用、法律责任、附则等内容。自2013年1月9日起施行。

12月9—11日

［纲　文］**中国摄影家协会第8次全国代表大会在北京召开**。

［目　文］9日，开幕式举行，由中国摄协第7届副主席朱宪民主持。来自全国各省、自治区、直辖市和新疆生产建设兵团、解放军、中央直属机关以及香港特别行政区、澳门特别行政区和中国台湾地区的323位代表参加了会议。

会议强调，要坚持以人民为中心的创作导向，蹲在基层，守在现场，多拍摄人民群众的劳动身影，多抓取普通百姓的喜怒哀乐，真情关注人民，真心表现人民，始终不渝地把镜头聚焦人民。要秉持崇高的艺术追求，以生动优美的镜头语言，深情聚焦伟大时代的发展脚步，忠实记录改革开放和社会主义现代化建设的火热实践，不浮躁、不盲从，脚踏实地、精益求精，潜心创作传世摄影作品。

12 月 9—13 日

［纲　文］**中国民主同盟第 11 次全国代表大会在北京举行**。

［目　文］9 日，开幕式举行。中共中央政治局常委张高丽代表中共中央致贺词。贺词说，希望民盟大力弘扬老一辈的优良传统，拓展学习践行社会主义核心价值体系活动成果，深化政治交接，坚定理想信念，始终与中国共产党亲密合作。

全国人大常委会副委员长、民革中央主席周铁农代表各民主党派中央和全国工商联致贺词。

大会由中国民主同盟第 11 次全国代表大会主席团常务主席张梅颖和张宝文分别主持，张梅颖致开幕词，蒋树声代表民盟第十届中央委员会作了题为《继往开来，团结奋进，为全面建成小康社会贡献更大力量》的工作报告。报告在回顾和总结中国民主同盟五年来的主要工作和基本经验后提出，全盟同志要把思想和行动统一到中共十八大精神上来，把智慧和力量凝聚到全面建成小康社会的宏伟目标上来，深刻领会中共十八大对统一战线、多党合作事业提出的新要求，切实搞好政治交接，继承和发扬民盟优良传统，团结带领广大盟员，同心同德，开拓进取，为建设中国特色社会主义的伟大事业而努力奋斗！会议期间，学习了中共十八大精神，听取并审议通过民盟第十届中央委员会工作报告，审议通过《中国民主同盟章程修正案》，选举产生由 282 名委员组成的新一届中央委员会，讨论通过《中国民主同盟第十一次全国代表大会决议》。

同日举行的中国民主同盟第十一届中央委员会第一次全体会议选举产生由 70 名委员组成的第十一届常务委员会和新一届中央领导集体，张宝文当选主席，陈晓光等当选副主席。张宝文作了讲话。他说，全盟各级组织要以十八大精神为指引，把促进科学发展作为参政议政第一要务，围绕中心、服务大局，充分发挥整体优势、突出重点领域，多献科学发展之计，多谋改善民生之策，多做构建和谐之事，充分发挥参政党作用。

12 月 10 日

［纲　文］**第 5 届中美政党高层对话在华盛顿举行**。

［目　文］中联部部长王家瑞与美国民主党代表、前国务卿奥尔布赖特和共和党代表、前助理国务卿威廉姆森分别致辞。双方围绕“中美两国未来几年的执政理念和发展方略”与“如何维护未来几年中美关系健康稳定发展”议题进行了交流。

王家瑞介绍了中共十八大情况，阐释了中国未来的奋斗目标、发展思路和主要举措，强调中国将坚定不移地沿着中国特色社会主义道路前进，继续坚持改革开放、和平发展、合作共赢，以更积极的姿态参与国际事务，发挥负责任作用，为世界的和平与发展做出更大贡献。中方高度重视中美关系，希望与美政府、政党以及社会各界一道努力，推动中美新型合作伙伴关系建设全面发展。

双方一致认为，对话达到预期目的，将继续保持密切沟通，适时举行第六届中美政党高层对话。

12月10日

［纲　文］ **武汉光电国家实验室成功研发出世界首台数字化正电子发射断层成像仪（PET）**。

［目　文］ 利用该数字PET追踪到的肿瘤，仅为目前商用PET能够发现的最小肿瘤的二十分之一，有助于更早、更灵敏地发现肿瘤、诊断癌症。

12月10日

［纲　文］ **财政部公布修订后的《会计从业资格管理办法》**。

［目　文］《办法》共5章37条，主要有总则、会计从业资格的取得、会计从业资格管理、法律责任、附则等内容。《办法》经2012年12月5日财政部部务会议修订通过，自2013年7月1日起施行。

12月10日

［纲　文］ **莫言出席2012年诺贝尔奖颁发典礼，领取2012年诺贝尔文学奖**。

［目　文］ 典礼下午在瑞典首都斯德哥尔摩音乐厅举行。瑞典国王卡尔十六世·古斯塔夫为中国作家莫言颁发了诺贝尔文学奖的奖章和证书。诺贝尔文学奖评委会主席佩尔·韦斯特伯格在典礼上致辞时说，莫言的想象力穿越了人类的历史，他是一位杰出的写实主义者，作品描述了20世纪中国的历史。来自瑞典王室、诺贝尔奖评奖机构、各国驻瑞使团和社会各界人士共1500多人出席了典礼。颁奖典礼结束后在斯德哥尔摩市政厅举行了传统的诺贝尔晚宴。

12月11日

［纲　文］ **国务院副总理李克强在中南海紫光阁会见美国前总统卡特**。

［目　文］ 李克强说，当前，中国正朝全面建成小康社会的目标迈进，将坚定不移地深化改革、扩大开放，促进经济持续健康发展，推动社会进步，在建设现代化国家进程中给人民带来更多福祉，这也会为中国与各国的合作创造巨大机遇。希望你继续发挥影响力，向美国政治家、美国人民介绍真实的中国，多讲中美关系对两国、对亚太、对世界的重要性。

卡特表示中国及美中关系在过去的几十年间取得了令人惊叹的巨大发展，美国人民深深感受到中国人民的友好感情。作为中国人民的老朋友，将继续致力于推动中美两国的友好合作，不断促进中美友好关系向前发展。

12月11日

［纲　文］ **纪念《中华人民共和国文物保护法》颁布30周年暨修订10周年座谈会在北京召开**。

［目　文］ 座谈会由全国人大教科文卫委员会、国务院法制办、文化部和国家文物局

联合举办。全国人大教科文卫委员会主任委员白克明主持会议。全国人大常委会副委员长路甬祥出席会议并讲话。文化部部长蔡武，国务院法制办公室副主任袁曙宏，文化部副部长、国家文物局局长励小捷等在会上发言。全国人大法律委员会、全国人大教科文卫委员会、全国人大常委会法工委、国务院法制办公室、文化部，国家文物局机关各部门和各直属事业单位，各省、自治区、直辖市文物行政部门，中央有关文博单位的主要负责同志，以及部分文物博物馆专家参加会议。

12月11日

［纲　文］**中国吨位最大、性能最先进的大型渔政船之一中国渔政206船入列中国渔政东海总队**。

［目　文］中国渔政206船首赴中国东海海域执行护渔维权任务，进一步提升中国渔政专属经济区巡航和护渔维权执法能力。

12月11日

［纲　文］**民航局公布《民用机场建设管理规定》**。

［目　文］《规定》共11章120条，主要有总则、运输机场选址、运输机场总体规划、运输机场工程初步设计、运输机场工程施工图设计、运输机场建设实施、运输机场工程验收、运输机场工程建设信息、空管工程建设管理、法律责任、附则等内容。《规定》经2012年10月29日中国民用航空局局务会议通过，自2013年2月1日起施行。

12月11日

［纲　文］**证监会公布《证券公司治理准则》**。

［目　文］《准则》共8章79条，主要有总则、股东和股东会、董事和董事会、董事会专门委员会、监事和监事会、高级管理人员、激励与约束机制、证券公司与客户关系基本原则、附则等内容、《准则》自2013年1月1日起施行。2003年12月15日证监会公布的《证券公司治理准则（试行）》同时废止。

12月11日

［纲　文］**交通运输部公布《港口危险货物安全管理规定》和修改后的《道路旅客运输及客运站管理规定》**。

［目　文］《港口危险货物安全管理规定》共7章63条，主要有总则、港口建设项目安全审查、港口危险货物作业管理、应急管理、安全监督与管理、法律责任、附则等内容。《港口危险货物安全管理规定》于2012年11月27日经第9次部务会议通过，自2013年2月1日起施行。2003年8月29日交通部发布的《港口危险货物管理规定》同时废止。

修改后的《道路旅客运输及客运站管理规定》共8章101条，主要有总则、经营许可、客运车辆管理、客运经营管理、客运站经营、监督检查、法律责任、附则等内容。《道路旅客运输及客运站管理规定》自2005年8月1日起施行。

12 月 11 日

［纲　文］**《人民日报》报道，湖北勘探发掘距今至少 4500 年城河遗址。**

［目　文］中国社会科学院考古研究所和湖北省文物考古研究所组成联合考古队，对位于湖北省荆门市沙洋县后港镇双村村的新石器时代遗址——城河遗址进行勘探发掘。这处遗址规模约 70 万平方米，为目前发现的湖北省第二大石家河文化时期遗址，发现先民窑址、房址和土城墙，出土大量陶片。城河遗址早在 1983 年被发现，命名为“草家湾遗址”，2006 年更名为城河遗址。

12 月 11 日

［纲　文］**全国网吧行业协会在北京成立。**

［目　文］文化部有关负责人出席成立大会并讲话。来自全国 32 个省（区、市）的网吧及相关行业代表近 300 人参加会议，大会通过了全国网吧行业协会章程，发表了《北京宣言》，并选举产生了第一届领导机构及理事会。据文化部统计数据显示，全国共有依法设立的网吧 14.6 万家，终端台数 1152 万台，2011 年全国网吧市场规模为 619 亿元人民币。随着移动网络的普及和家庭办公场所上网条件的改善，全行业进入微利甚至是无利时代。为促进网吧行业整体升级改造，2009 年，全国网吧行业协会的筹建工作正式启动，2012 年 8 月，经民政部同意，准予筹备成立。

12 月 11 日

［纲　文］**环境保护部印发《关于加强国家环境保护重点实验室建设的指导意见》。**

［目　文］《意见》主要内容有：一、充分认识建设国家环境保护重点实验室的重要意义。二、国家环境保护重点实验室建设的总体要求。三、加强重点实验室建设的全过程管理和评估工作。四、加强重点实验室的能力建设和制度建设。五、加强对重点实验室建设的政策扶持和协同发展。

12 月 11 日

［纲　文］**第九届中国青年女科学家奖颁奖典礼在北京举行。**

［目　文］评选活动由中华全国妇女联合会、中国科学技术协会、中国联合国教科文组织全国委员会共同主办。全国人大常委会副委员长、全国妇联主席陈至立出席典礼并为获奖者颁奖。获奖的 10 位青年女科学家是：中科院物理研究所表面物理国家重点实验室研究员马旭村、复旦大学附属华山医院主任医师吴志英、清华大学医学院教授颜宁、兰州大学西部环境与气候变化研究院教授勾晓华、中国科学院金属研究所研究员卢磊、北京大学生命科学学院教授魏丽萍、东南大学数学系教授梁金玲、北京化工大学材料与工程学院教授吴一弦、南京大学化学化工学院教授马晶和香港中文大学医学院教授赵慧君。

12 月 11 日

［纲　文］**世界知识产权组织在日内瓦发布报告，中国成为全球第一大专利申请国。**

［目　文］报告指出，2011 年，中国受理了超过 52 万件专利申请，美国为 50 万件，

日本 34 万件。中国继 2010 年超过日本后，2011 年又超过美国，成为全球第一大专利申请国。报告称，2011 年，全球实用新型专利申请量超过 67 万件，比 2010 年增长 35%，其中大部分增长源于中国国家知识产权局受理的申请。2011 年中国企业根据《专利合作条约》向世界知识产权组织提交的国际专利申请方面表现抢眼。中兴通讯 2011 年提交了 2826 项专利申请，超过日本松下公司，排名全球公司专利申请量榜首。华为则以 1831 项专利申请名列第三。

12 月 11—13 日

［纲　文］ **应外交部部长杨洁篪邀请，丹麦外交大臣维利·瑟芬达尔对中国进行正式访问。**

［目　文］ 全国人大常委会副委员长兼秘书长李建国会见了维利·瑟芬达尔。李建国在会见时表示，中国重视同丹麦的关系，视丹麦为中国在北欧和欧盟的重要合作伙伴。中方愿在相互尊重、平等互利的基础上，继续推动中丹全面战略伙伴关系取得更大发展。

杨洁篪在与维利·瑟芬达尔举行会谈时表示，当前中丹关系发展势头良好。两国高层互访频繁，相互了解和政治互信加深，双方在经贸、环保、科教、农业等领域务实合作取得众多成果，人文交流形式多样。中方愿与丹方共同努力，在相互尊重、平等互利的原则基础上，推动中丹关系持续深入发展。

12 月 11—15 日

［纲　文］ **台湾民主自治同盟第九次全盟代表大会在北京举行。**

［目　文］ 11 日，大会开幕。中共中央政治局常委、中央纪委书记王岐山代表中共中央致贺词。全国人大常委会副委员长乌云其木格、国务委员戴秉国、全国政协副主席李金华，以及台盟中央原主席张克辉等出席开幕式。王岐山贺词表示，两岸关系保持和平发展良好势头，台盟发挥作用的舞台更加广阔。希望台盟牢牢把握巩固深化两岸关系和平发展的重要契机，积极与台湾社会各界人士和基层民众开展交往，努力团结台湾同胞共同反对“台独”、认同“九二共识”，密切两岸经济交流，增进两岸文化认同，不断增强感情基础。

全国人大常委会副委员长、民进中央主席严隽琪代表各民主党派中央、全国工商联致贺词。中华全国台湾同胞联谊会会长梁国扬代表全国台联致贺词。

大会主席团常务主席林文漪代表台湾民主自治同盟第八届中央委员会作工作报告。大会表决通过了台湾民主自治同盟第九次全盟代表大会决议、关于台湾民主自治同盟第八届中央委员会报告的决议、同盟章程（修正案），选举产生了由 68 人组成的新一届中央委员会。会议期间举行的台盟第九届中央委员会第一次全体会议选举产生了由 24 人组成的第九届中央常务委员会，林文漪当选主席，汪毅夫、吴国祯等当选副主席。台盟中央主席林文漪在闭幕会上指出，要以台盟九大为新的起点，在实现政治交接上取得新进展；加快解放思想、探索创新的步伐，在发挥参政党作用上取得新成绩；认真学习借鉴中共十八大关于“提高党的建设科学化水平”的重要部署，在加强自身建设上迈出新步伐。

12月12日

［纲　文］**温家宝主持召开国务院常务会议。**

［目　文］会议指出，发展循环经济是中国经济社会发展的重大战略任务，是推进生态文明建设、实现可持续发展的重要途径和基本方式。今后一个时期，要围绕提高资源产出率，健全激励约束机制，积极构建循环型产业体系，推动再生资源利用产业化，推行绿色消费，加快形成覆盖全社会的资源循环利用体系。

会议讨论通过《"十二五"循环经济发展规划》，明确了发展循环经济的主要目标、重点任务和保障措施。一、构建循环型工业体系。在工业领域全面推行循环型生产方式，促进清洁生产、源头减量，实现能源梯级利用、水资源循环利用、废物交换利用、土地节约集约利用。二、构建循环型农业体系。在农业领域推动资源利用节约化、生产过程清洁化、产业链接循环化、废物处理资源化，形成农林牧渔多业共生的循环型农业生产方式，改善农村生态环境，提高农业综合效益。三、构建循环型服务业体系，推进社会层面循环经济发展。完善再生资源和垃圾分类回收体系，推行绿色建筑和绿色交通行动。充分发挥服务业在引导树立绿色低碳循环消费理念、转变消费模式方面的作用。四、开展循环经济示范行动，实施示范工程，创建示范城市，培育示范企业和园区。会议要求完善财税、金融、产业、投资、价格和收费政策，健全法规标准，建立统计评价制度，加强监督管理，积极开展国际交流与合作，全面推进循环经济发展。

12月12日

［纲　文］**华能天津整体煤气化联合循环发电系统示范电站正式投产发电，标志着中国洁净煤发电技术取得重大突破，中国燃煤电站接近零排放。**

12月12—14日

［纲　文］**中国环境与发展国际合作委员会2012年年会在北京举行。**

［目　文］会议以"区域平衡与绿色发展"为主题。国务院副总理、国合会主席李克强出席年会开幕式并发表讲话。李克强说，人民希望安居、乐业、增收，也希望天蓝、地绿、水净。要调动各方面力量防治污染，不欠新账、多还旧账，更多提供生态产品。中国已在京津冀、长三角、珠三角区域及直辖市、省会城市开展$PM_{2.5}$监测、公布信息并加强治理，力争经过一段时间的努力，逐步取得成效。生态美好的家园，需要人民共同建设，全社会都要增强生态意识，营造良好氛围，每个人从自己做起，从身边的事做起，点点滴滴的保护行为就能汇成蓬蓬勃勃的生态文明建设力量。建设生态文明的现代化中国，重点需要从以下几个方面加大努力。一是转型发展。二是惠及民生。三是拓展市场。四是深化改革。五是加强合作。

国合会执行副主席、中国环境保护部部长周生贤主持开幕式。这是第五届国合会第一次年会。会议正式启动第五届国合会，听取有关的政策研究报告，讨论中国环发领域共同关心的问题，通过给中国政府的政策建议。会议期间，主要讨论三方面问题：一、建立以质量为导向的管理模式。二、实施区域差异化污染防控。三、促进区域绿色协调发展。第五届国合会中外委员、中外专家、有关国际组织官员、中国有关部门、地方负责人和企业家等近300人参加了开幕式。

12日，李克强在钓鱼台国宾馆会见与会的主要外宾。

李克强指出，在中国这样一个13亿多人口的大国实现现代化，人类历史上没有先例可循。在广阔的国土上保护生态环境，也是世界性难题。朝着生态文明的现代化中国迈进，是摆在我们面前的一项全新课题。面临前所未有的机遇和挑战，我们既要有"走钢丝"的忧患意识，也要有"登高峰"的必胜信心。中国将进一步树立尊重自然、顺应自然、保护自然的生态文明理念，把生态文明建设融入整个现代化建设之中，实现发展经济、改善民生、保护生态共赢。中国推进现代化、建设生态文明，都是为了人的全面发展。这有利于中国人民，也有利于全球可持续发展。中国同步推进工业化、城镇化、信息化、农业现代化，蕴藏着巨大的内需潜能，欢迎各国投资者到中国兴办生态产业。他希望新一届国合会成员为中国的环发事业提供更多真知灼见。

国合会执行副主席肯特表示，中国把生态文明建设提高到国家战略的高度，这是对全球环境与发展事业的一大贡献。作为外方委员，将进一步为中国转型发展和现代化建设咨询献策。

12月12—18日

［纲　文］ **中国国民党革命委员会第12次全国代表大会举行。**

［目　文］ 12日，大会在北京开幕。中共中央政治局常委张德江代表中共中央致贺词。张德江贺词说，希望民革带领广大成员，深入学习贯彻中共十八大精神，积极履行参政议政、民主监督职能，以更加饱满的政治热情投身改革开放伟大实践，发挥社会和法制领域人才优势，围绕加强和创新社会管理、全面推进依法治国等经济社会发展中的重要问题深入考察调研，积极建言献策，为社会主义现代化建设做出更大贡献。开幕会由中国国民党革命委员会第十二次全国代表大会主席团常务主席厉无畏主持。全国人大常委会副委员长、民建中央主席陈昌智代表各民主党派中央和全国工商联致贺词。

大会主席团常务主席周铁农代表中国国民党革命委员会第十一届中央委员会作工作报告。报告提出，民革要高举中国特色社会主义伟大旗帜，以邓小平理论、"三个代表"重要思想、科学发展观为指导，深入学习贯彻中共十八大精神，大力加强自身建设，切实履行参政党职能，进一步做好新形势下的参政议政、民主监督和社会服务工作，发挥民革优势，坚持民革特色，进一步做好促进祖国和平统一工作，把民革真正建设成为适应新时期新要求的高素质、有作为的参政党。

18日，大会闭幕。表决通过了中国国民党革命委员会第12次全国代表大会决议、关于第11届中央委员会工作报告的决议，审议通过了中国国民党革命委员会章程修正案，选举产生了由225人组成的新一届中央委员会。会议期间举行的民革第12届中央委员会第一次全体会议，选举产生了由50人组成的第12届中央常务委员会，万鄂湘当选主席。

万鄂湘致闭幕词表示，民革将充实内涵、巩固基础、扩大交流，努力为维护两岸和平发展成果、开辟两岸关系新前景作出积极贡献。

12月13日

［纲　文］**温家宝在北京中关村考察。**

［目　文］国务院总理温家宝在未名凯拓农业生物技术有限公司、百度公司、联想集团考察，与科技人员进行交流，并在中关村自主创新示范区展示中心与部分企业负责人座谈。

温家宝说，中关村发展的经验，一是人的解放，让人活起来，自由地去创造。这是科技创新的根本，也是中关村发展的根本。二是体制创新，坚持以企业为主体，产学研结合，经济与科技紧密结合，这是科技体制改革的核心，也是中关村成功的道路。中关村的探索和经验具有全局性的示范作用。中关村今后的发展，要继续依靠深化改革和科技创新这两大动力。要坚持改革，不断破除旧观念，破除造成科技与经济脱节的体制障碍。要给企业和科技人员创造发展的条件，包括公平的市场环境、有力的政策支持、鼓励创新的社会氛围，尊重发明家的独立思考和创新精神。

12月13日

［纲　文］**中央党的建设工作领导小组会议召开。**

［目　文］会议由中央书记处书记、中宣部部长刘云山主持。中共中央政治局常委、中央党的建设工作领导小组副组长王岐山出席会议并讲话。中共中央政治局委员、中央党的建设工作领导小组副组长赵乐际出席会议并讲话。会议研究党的十八大关于党的建设部署和任务的分解落实，研究党的建设工作贯彻落实中央政治局关于改进工作作风、密切联系群众"八项规定"的措施办法。中央纪委、中央办公厅、中央组织部、中央宣传部、中央直属机关工委、中央国家机关工委、中央党校、教育部、民政部、审计署等部门和单位结合各自职能，就贯彻落实中央政治局关于改进工作作风、密切联系群众"八项规定"作了发言。中央党的建设工作领导小组成员单位、中央和国家机关有关部门党组（党委）主要负责同志参加会议。

12月13日

［纲　文］**全国政协第五届中国人口资源环境发展态势分析会在北京召开。**

［目　文］全国政协副主席阿不来提·阿不都热西提出席会议并致辞。全国政协人口资源环境委员会主任张维庆出席会议并讲话。部分全国政协委员、有关部委负责人、地方政协有关负责人及专家学者围绕会议议题认真分析，提出应树立尊重自然、顺应自然、保护自然的生态文明理念，完善湿地保护和新能源开发利用的政策、法规、制度体系建设等若干意见。

12月13日

［纲　文］**嫦娥二号卫星成功飞抵距地球约700万公里远的深空。**

［目　文］ 嫦娥二号卫星以 10.73 公里每秒的相对速度，与编号为 4179 的图塔蒂斯小行星擦身而过，并拍摄到该小行星照片，首次实现中国对小行星的飞越探测。嫦娥二号自 2010 年 10 月成功发射以来，从距地 38 万公里外的月球，到 150 万公里远的日地拉格朗日 L2 点，再到 700 万公里外的小行星，不断刷新“中国行程”。嫦娥二号再拓展试验的实施，使中国成为继美国、欧空局和日本之后又一个成功探测小行星的国家；突破并验证了卫星对小天体探测的轨道设计与飞行控制技术，实现了中国航天飞行从 38 万公里到 700 万公里以远的跨越；中国第一次综合利用光学天文望远镜实现对图塔蒂斯小行星的飞行轨道精确测定，进一步验证并完善了国际天文联合会对小行星的轨道观测数据；开辟了中国航天活动一次发射开展月球、L2 点、小行星等多目标、多任务探测的先河。

12 月 13 日

［纲　文］ **公安部公布修订后的《公安机关办理刑事案件程序规定》。**

［目　文］《规定》共 14 章 376 条，主要有任务和基本原则，管辖，回避，律师参与刑事诉讼，证据，强制措施，立案、撤案，侦察，执行刑罚，特别程序，办案协作，外国人犯罪案件的办理，刑事司法协助和警务合作，附则等内容。《规定》经 2012 年 12 月 3 日公安部部长办公会议通过，自 2013 年 1 月 1 日起施行。

12 月 13—14 日

［纲　文］ **中国红十字会第九届理事会第 4 次会议在北京举行。**

［目　文］ 全国人大常委会副委员长、中国红十字会会长华建敏出席开幕式并讲话。中国红十字会，民政部、教育部、财政部有关负责人和来自全国各地的中国红十字会理事出席开幕式。会议期间，参会人员对中国红十字会 2012 年工作报告、2013 年重点工作、中国红十字会 2012 年度财务收支情况报告和《中国红十字会国内人道救助基金管理办法》《中国红十字会国际人道援助基金管理办法》《中国红十字会事业发展基金管理办法》三个基金管理办法进行讨论和审议。

12 月 14 日

［纲　文］ **外交部发言人表示中国海监飞机维护领土主权的做法是必要的。**

［目　文］ 12 月 13 日，中国派海监飞机赴钓鱼岛上空飞行。外交部发言人对此在例行记者会上说，钓鱼岛及其附属岛屿，包括其领海和领空的主权属于中国。2012 年 9 月以来，日方多次出动船只和飞机非法进入中国钓鱼岛海域和空域活动，我们对此坚决反对。外交部多次向日方提出交涉，要求日方停止在中国钓鱼岛领海、领空的非法活动，包括撤出飞行器，但日方未予回应。中国海监飞机维护领土主权的做法是必要的。

12 月 14 日

［纲　文］ **交通运输部印发《港口设施维护管理规定（试行）》。**

［目　文］《规定》共 9 章 44 条，主要有总则、管理职责、检测与评定、设施安全与维护、应急管理、信息管理、技术档案管理、监督管理、附则等内容。《规定》自发布之

日起实施。

12月14日

［纲　文］ **证监会公布《公开发行证券的公司信息披露内容与格式准则第30号—创业板上市公司年度报告的内容与格式》。**

［目　文］《内容与格式》共4章66条，主要有总则、年度报告正文、年度报告摘要、附则等内容。自2013年1月1日起施行。

12月14日

［纲　文］ **公安部发布《拘留所条例实施办法》。**

［目　文］《办法》共10章73条，主要有总则，设置和保障，收拘，管理，生活卫生，通信、会见、询问，请假出所，教育，解除拘留，附则等内容。《办法》自发布之日起施行。

12月14—17日

［纲　文］ **第10届中国国际网络文化博览会在北京举行。**

［目　文］ 博览会由文化部、科技部、工信部、新闻出版总署、广电总局、国务院新闻办公室、共青团中央、北京市政府等联合主办，博览会以“文化力量创意未来”为主题，参展企业涵盖游戏企业、动漫企业、移动互联网企业等。博览会颁出了中国网络文化社会责任奖、中国网络文化杰出成就奖等13项大奖。博览会下设高峰论坛、应用游戏创新峰会和网页游戏高端论坛三大主题论坛，以“网络变革世界文化创意未来”为主题，来自政府部门、网络文化企业、学术研究机构的代表围绕网络运营和研发动态，以及网络文化产业的发展历程和未来方向进行了专题讨论。

12月15日

［纲　文］ **国家主席胡锦涛就美国康涅狄格州发生重大伤亡枪击事件致电美国总统奥巴马，向美国政府和人民表示深切同情和诚挚慰问，向遇难者表示沉痛哀悼。**

12月15—16日

［纲　文］ **中央经济工作会议在北京举行。**

［目　文］ 中共中央总书记习近平，国务院总理温家宝，中共中央政治局常委李克强、张德江、俞正声、刘云山、王岐山、张高丽出席会议。习近平在会上发表讲话，分析了国际国内经济形势，提出明年经济工作总体要求和主要任务。温家宝在讲话中总结了今年经济工作，对明年经济工作作出部署。李克强主持会议并作了总结讲话。

会议认为，2013年国际经济形势依然错综复杂、充满变数，世界经济低速增长态势仍将延续，各种形式的保护主义明显抬头，潜在通胀和资产泡沫的压力加大，世界经济已由危机前的快速发展期进入深度转型调整期。从国际环境看，中国发展仍处于重要战略机遇期的基本判断没有变。同时，中国发展的重要战略机遇期在国际环境方面的内涵和条件发生很大变化。我们面临的机遇，不再是简单纳入全球分工体系、扩大出口、加快投资的传统机遇，而是倒逼我们扩大内需、提高创新能力、促进经济发展方式转变的新机遇。做好2013年经济工作，要深入学习和全面贯彻落实党的十八大精神，坚持以邓小平理论、“三个代表”重要思想、科学发展观为指导，紧紧围绕主题主线，以提高经济增长质量和效益为中心，稳中求进，开拓创新，扎实开局，进一步深化改革开放，进一步强化创新驱动，加强和改善宏观调控，积极扩大国内需求，加大经济结构战略性调整力度，着力保障和改善民生，增强经济发展的内生活力和动力，保持物价总水平基本稳定，实现经济持续健康发展和社会和谐稳定。

会议认为，做好2013年经济工作，要继续把握好稳中求进的工作总基调，立足全局，突出重点，扎扎实实开好局。会议提出了2013年经济工作的主要任务。一、加强和改善宏观调控，促进经济持续健康发展。二、夯实农业基础，保障农产品供给。三、加快调整产业结构，提高产业整体素质。四、积极稳妥推进城镇化，着力提高城镇化质量。五、加强民生保障，提高人民生活水平。六、全面深化经济体制改革，坚定不移扩大开放。做好2013年经济工作，必须加快调整经济结构、转变经济发展方式，使经济持续健康发展建立在扩大内需的基础上；必须毫不放松抓好“三农”工作，推动城乡一体化发展；必须坚持实施科教兴国战略，增强经济社会发展核心支撑能力；必须坚持把人民利益放在第一位，进一步做好保障和改善民生工作，使发展成果更多、更公平惠及全体人民；必须全面深化改革，坚决破除一切妨碍科学发展的思想观念和体制机制障碍；必须实施更加积极主动的开放战略，创建新的竞争优势，全面提升开放型经济水平。

中共中央政治局委员、中央书记处书记、全国人大常委会党员副委员长、国务院副总理、国务委员、最高人民法院院长、最高人民检察院检察长、全国政协党员副主席等出席会议。各省、自治区、直辖市和计划单列市、新疆生产建设兵团的党政主要负责人，党中央有关部门、国务院有关部委和有关单位的主要负责人，中央管理的部分企业和金融机构负责人，军队及武警部队有关负责人参加会议。

12月15—21日

［纲　文］ **中国民主促进会第11次全国代表大会在北京举行。**

［目　文］ 15日，大会开幕。中共中央政治局常委俞正声代表中共中央致贺词。俞正声贺词说，民进中央新一届领导机构一定能够团结带领广大成员，传承老一辈领导人与中国共产党风雨同舟的优良传统，保持多党合作正确方向，坚定不移走中国特色社会主义道路。按照参政党建设的目标和原则，切实加强思想建设、组织建设和制度建设，努力开创各项工作新局面，为发展中国特色社会主义事业做出新贡献。

大会主席团常务主席罗富和主持开幕会。全国人大常委会副委员长、九三学社中央主席韩启德代表各民主党派中央、全国工商联致贺词。中共中央政治局委员、国务委员孟建柱，中共中央书记处书记、全国政协副主席杜青林，全国人大常委会副委员长华建敏，以及民进中央原主席许嘉璐、原第一副主席张怀西出席开幕会。

大会主席团常务主席严隽琪代表民进第12届中央委员会向大会作工作报告。报告说，民进全会要深入学习贯彻中共十八大精神，坚定理想信念；深入学习践行社会主义核心价值体系，进一步深化政治交接成果；以科学发展观为指导，提高履行职能的能力和水平；坚持进步性与广泛性相统一，提高自身建设的科学化水平，为巩固和发展中国共产党领导的多党合作事业，为实现全面建成小康社会的奋斗目标不懈努力。

21日，大会闭幕。大会听取并审议了民进第12届中央委员会报告，审议通过了中国民主促进会第11次全国代表大会决议、促进会章程修正案，选举产生了由205人组成的新一届中央委员会。会议期间举行的民进第13届中央委员会第一次全体会议，选举产生了由45人组成的第十三届中央常务委员会，严隽琪连任主席。

12月16日

［纲　文］**水利部印发《水利工程建设标准强制性条文管理办法（试行）》。**

［目　文］《办法》共5章32条，主要有总则、强制性条文制定、强制性条文实施、强制性条文监督检查、附则等内容。

12月16—18日

［纲　文］**第七届全球孔子学院大会在北京举行。**

［目　文］大会以“促进孔子学院融入大学和社区”为主题。中央政治局委员、国务委员、孔子学院总部理事会主席刘延东出席并致辞。刘延东指出，2012年汉语国际推广事业实现新发展，已建立400所孔子学院、500多家孔子课堂，注册学员65万人，为各国人民开启了认识中华文化和当代中国的窗口，对沟通人民与人民之间的情感与友谊、促进不同文明间的交流互鉴发挥了重要作用。

开幕式由教育部部长、孔子学院总部理事会副主席袁贵仁主持。来自全球108个国家和地区的2000余位中外大学校长和孔子学院院长进行了交流。大会举办校长论坛及分组研讨会、孔子学院总部项目咨询会及国际汉语教材资源展等。代表们围绕“孔子新汉学计划”、孔子学院制定发展规划、汉语师范专业、汉语教师培训基地建设和孔子学院专职教席、孔子学院质量评估与示范孔子学院建设等议题进行讨论。

17日，大会举行8个议题研讨会。8个研讨会的主题分别为：实施“孔子新汉学计划”，各国孔子学院制定发展规划，汉语师范专业、汉语教师培训基地建设和孔子学院专职教席，孔子学院质量评估与示范、孔子学院建设，孔子学院（课堂）与中小学汉语教学，本土化教材开发与使用，“孔子学院汉语日”与文化活动创新，汉语网络考试与培训。

18日，大会“校长论坛”举行。论坛包括“孔子学院与各国大学体制”“孔子学院与中国大学发展”“孔子学院与国民教育体系”“孔子学院与社区文化”四个分议题。来自全球108个国家的外国大学校长及孔子学院中方合作大学校长积极献言献策，介绍各自经验，为如何推动孔子学院未来发展提出了宝贵的意见和建议。

12月16—20日

［纲　文］**中国民主建国会第10次全国代表大会在北京举行。**

［目　文］16日，大会开幕。中共中央政治局常委刘云山代表中共中央致贺词。刘云山贺词说，希望中国民主建国会继承和发扬优良传统，不断凝聚思想共识，坚定不移走中国特色社会主义政治发展道路；进一步增强履行参政党职能的使命感和责任感；充分发挥密切联系经济界的特色和优势；全面加强自身建设，不断推进中国共产党领导的多党合作事业健康发展。中共中央政治局委员、国务委员刘延东，全国人大常委会副委员长路甬祥，民建中央原主席成思危等出席开幕会。全国政协副主席、致公党中央主席万钢代表各民主党派中央和全国工商联致贺词。

中国民主建国会第10次全国代表大会主席团常务主席张榕明主持开幕会。大会主席团常务主席陈昌智代表中国民主建国会第九届中央委员会作工作报告。报告在回顾和总结中国民主建国会五年来的主要工作和基本经验后提出，民建要深入学习贯彻中共十八大精神，以邓小平理论、"三个代表"重要思想、科学发展观为指导；充分发挥密切联系经济界的特色和优势；充分发挥各级组织的积极性和创造性，把民建建设成为适应新时期发展要求的、致力于中国特色社会主义的参政党。

20日，大会闭幕。陈昌智在闭幕会上讲话。大会表决通过中国民主建国会第10次全国代表大会关于九届中央委员会报告的决议，审议通过新的《中国民主建国会章程》，选举产生了由215名中央委员组成的新一届中央委员会。会议期间举行的中国民主建国会第10届中央委员会第一次全体会议，选举产生由51人组成的第十届中央常务委员会，陈昌智连任主席，马培华等当选副主席。大会强调，中共十八大为全面建成小康社会、发展中国特色社会主义指明了方向。深入学习贯彻中共十八大精神，是当前和今后一个时期民建的首要政治任务。

12月17日

［纲　文］**国务院公布《国务院关于修改〈机动车交通事故责任强制保险条例〉的决定》。**

［目　文］《决定》自2013年3月1日起施行。调整后的《机动车交通事故责任强制保险条例》共5章47条，主要有总则、投保、赔偿、罚则、附则等内容。《条例》自2006年7月1日起施行。

12月17日

［纲　文］**澳门特别行政区第十二届全国人大代表选举会议第二次全体会议在澳门举行。**

［目　文］会议由选举会议主席团常务主席崔世安主持。受全国人大常委会委托前来澳门主持选举工作的全国人大常委会副委员长兼秘书长李建国出席会议。李建国讲话指出，相信新一届澳门全国人大代表，一定会秉承爱国爱澳的光荣传统，拥护并模范地遵守宪法、澳门特别行政区基本法，拥护"一国两制"，认真履行代表职责，为祖国的繁荣昌盛，为澳门的长期繁荣稳定，做出积极的贡献。崔世安在会议结束时讲话说，在全国人大

常委会的主持下，各位选举会议成员按照选举办法的规定，严格依法办事，认真履行职责，圆满完成了选举会议的各项任务。

会议选举产生了12名澳门特别行政区第十二届全国人大代表。出席会议的359位选举会议成员以无记名投票方式，选出了12名澳门特别行政区第十二届全国人大代表。会议还根据选举办法的规定，确定了2名得票数不少于选票1/3的未当选为代表的候选人在代表因故出缺时递补顺序。

12月17日

［纲　文］**“全国文化信息资源共享工程十周年”活动在北京举行。**

［目　文］活动由文化部主办。全国人大常委会副委员长陈至立和全国政协副主席孙家正应邀出席活动，并与文化部部长蔡武共同为来自全国31个省（区、市）以及新疆生产建设兵团文化共享工程基层服务点的“文化共享之星”颁奖。文化共享工程部际联席会议成员单位及有关部委的领导出席活动，并为“全国文化信息资源共享工程·公共电子阅览室示范点”授牌。

由文化部、财政部组织实施的全国文化信息资源共享工程，于2002年正式启动。截至2011年底，中央和地方财政累计投入资金63.87亿元。文化共享工程已建成1个国家中心、33个省级分中心、2840个县级支中心、28595个乡镇基层服务点、60.2万个行政村基层服务点，数字资源总量累计达到136.4TB，建成地方特色专题资源库207个，各类视频资源55670部。服务惠及农村、社区、校园、军营、企业、机关，累计服务人次超过12亿。

活动期间，新版的文化共享工程网站——“国家数字文化网”（www.ndcnc.gov.cn）也正式启动。

12月17日

［纲　文］**国家档案局公布《企业文件材料归档范围和档案保管期限规定》。**

［目　文］《规定》共有27条，自2013年2月1日起施行。此前审计署发布的《审计机关审计档案工作准则》（2001年审计署第3号令）同时废止。

12月17日

［纲　文］**《人民日报》发表题为《坚持稳中求进　奋力扎实开局》的社论。**

12月17—19日

［纲　文］**中美执法合作联合联络小组第10次会议在广州举行。**

［目　文］会议回顾和评估了去年10月联络小组第九次会议以来中美执法合作及联络小组机制运作情况，听取了联络小组下设的追逃、遣返、知识产权刑事执法、反腐败、禁毒、刑事司法协助和打击网络犯罪各工作组的工作报告，讨论了双方关注的执法和司法合作问题，就2013年的重点合作领域和具体工作做出了规划。

在双方共同团长签署的联合声明中，双方积极评价过去一年中美执法合作取得的成果和联络小组的重要作用，一致认为联络小组引领下的执法合作有利于促进两国关系和两国人民的利益，决心落实两国领导人达成的重要共识，进一步加强合作，在相互尊重、平等互利的基础上致力构建稳定、可持续的执法合作关系。

中美执法合作联合联络小组成立于1998年，是中美双方就执法合作进行协调和沟通的主要机制和平台，通常每年轮流在两国召开一次会议，讨论执法合作中的重要事项。

12月17—20日

［纲　文］**第9次全国台湾同胞代表会议在北京举行。**

［目　文］17日，大会开幕。中共中央政治局常委俞正声会见与会代表，并代表中共中央致辞。俞正声指出，希望各级台联组织认真学习贯彻中共十八大精神，牢牢把握两岸关系和平发展的主题，紧紧抓住广泛团结台湾同胞的主线，坚持一个中国原则，进一步增进两岸政治互信；深化两岸民间交流；加强台联自身建设。各级党委和政府要高度重视台联工作，及时研究解决台联工作中遇到的困难和问题，支持台联按照法律和章程创造性地开展工作，充分发挥台联的优势和作用。国务委员戴秉国、全国政协原副主席张克辉等出席了开幕式。会议由全国台联会长梁国扬主持。台盟中央主席林文漪代表台盟中央致贺词，中国侨联主席林军代表各人民团体致贺词。

梁国扬代表全国台联第8届理事会作工作报告。他总结了过去五年全国台联的主要工作和基本经验，包括工作思路举措与时俱进、对台交流实现重要突破、服务乡亲取得积极进展、社团交流迈出坚实步伐、工作平台不断得到拓展、系统合力得到有效发挥以及台联形象得到有力建树。梁国扬会长同时提出了台联面临的新形势和新要求，以及未来五年的工作建议。

20日，会议闭幕。与会代表学习了党的十八大精神，听取并审议通过了全国台联第八届理事会工作报告，审议通过了全国台联章程修正案，选举产生了全国台联第九届理事会及领导班子。新一届理事会由96人组成，汪毅夫当选会长，王松等14人当选为副会长。大会认为，要认真学习贯彻党的十八大精神，切实找准台联工作的着力点和切入点。把中央对台方针政策贯彻到台联工作各个方面，为巩固深化两岸关系和平发展而努力奋斗。

来自各省、自治区、直辖市和有关单位的台胞代表共300多人与会。

12月18日

［纲　文］**中国最东端铁路前抚铁路客运正式开通。**

［目　文］14时38分，抚远铁路客运开通仪式在中国最东端的黑龙江省抚远县抚远火车站前广场举行。15时，列车驶出车站。前抚铁路西起佳木斯同江市前进镇，东至抚远县，线路全长169.2公里，设计时速120公里，总投资20.6亿元，于2009年6月开工建设。随着前抚铁路客货运输的全线投入运营和抚远机场建设的顺利推进，抚远即将成为一个拥有水陆空立体化交通网络的县。

12月18日

［纲　文］**中国妇女慈善奖表彰大会在人民大会堂举行。**

［目　文］大会由中国妇女发展基金会召开。全国人大常委会副委员长、全国妇联主席陈至立出席会议，并向中国妇女慈善奖——典范奖获得者颁奖，为成为中国妇女发展基金会战略合作伙伴的公司授牌。全国妇联党组书记、副主席、书记处第一书记宋秀岩，全国政协社会和法制委员会副主任、中国妇女发展基金会理事长黄晴宜等出席会议。

中国石油天然气集团公司等5个单位、王海荣等8名个人获得中国妇女慈善奖典范奖，新华人寿保险股份有限公司等14个单位、尤东洋等16名个人获得中国妇女慈善奖模范奖，中国人寿保险股份有限公司等50个单位、马晓光等40名个人获得中国妇女慈善奖贡献奖。

全国妇联中国妇女慈善奖每两年表彰一次，主要是为进一步弘扬慈善文化，推进女性公益慈善事业发展，激发社会各界进一步关心支持妇女发展的热情，不断营造良好的妇女发展环境，适时对给予女性公益慈善事业做出积极贡献的爱心单位、爱心个人进行表彰。

12月18日

［纲　文］**商务部公布《家庭服务业管理暂行办法》。**

［目　文］《办法》共7章39条，主要有总则、家庭服务机构经营规范、家庭服务员行为规范、消费者行为规范、监督管理、法律责任、附则等内容。《办法》经2011年11月7日商务部第56次部务会议审议通过，自2013年2月1日起施行。

12月18—19日

［纲　文］**全国人力资源和社会保障工作会议暨先进集体先进工作者表彰大会在北京举行。**

［目　文］会上，对100个"全国人力资源社会保障系统先进集体"和100名"全国人力资源社会保障系统先进工作者"进行了表彰。会议有工作报告、先进表彰、分组讨论、交流发言等议程。会议分组讨论的议题包括，如何推动创业带动就业，如何理顺社会保障体制机制，广大农民工如何更好地融入城市，职称评审制度是否需要调整等。会议深入学习贯彻党的十八大精神，落实中央经济工作会议的部署，总结过去一年和五年来的工作，研究今后几年的工作思路，安排部署2013年的重点工作。

中组部副部长、人力资源和社会保障部部长尹蔚民作工作报告。他强调，2013年人力资源社会保障工作的总体要求是：深入学习和全面贯彻落实党的十八大精神，坚持以邓小平理论、"三个代表"重要思想、科学发展观为指导，围绕民生为本、人才优先工作主线，稳中求进，开拓创新，扎实开局，深入实施更加积极的就业政策，加快完善城乡社会保障制度，切实加强人才队伍建设，全面深化人事制度改革，稳步推进工资制度改革，积极构建和谐劳动关系，努力推动人力资源社会保障事业科学发展。

12月19日

［纲　文］**中俄执政党对话机制第3次会议在北京举行。**

［目　文］当日，中共中央总书记习近平在北京中南海会见格雷兹洛夫率领的俄罗斯

统一俄罗斯党代表团，祝贺中俄执政党对话机制第3次会议取得成功。习近平强调，新一届中共中央领导集体坚持对俄友好的方针不会改变，对优先发展中俄关系的战略定位不会改变，中国视俄罗斯为最重要的战略协作伙伴，愿与俄方共同维护好、发展好两国全面战略协作伙伴关系，也希望两党交流合作不断向前发展。

此次会议的主题是“党的建设与国家发展道路”，中国共产党和俄罗斯统一俄罗斯党的代表围绕这一主题进行了交流。中联部部长王家瑞在主旨发言中表示，中俄执政党对话机制已成为两党就战略性问题进行对话交流的重要平台。两国执政党加强在治国理政和自身建设方面的交流互鉴，符合两国发展需要。相信此次会议必将为两党各自发展和两国全面战略协作伙伴关系做出新的贡献。统一俄罗斯党最高委员会主席格雷兹洛夫表示，统俄党愿加强与中共合作，全面深化两国各领域合作。

来自中共中央纪委、中组部、中央政策研究室、中央外宣办、中央党校等部门的代表就中国特色发展道路，反腐倡廉建设、党内民主建设、媒体传播工作、干部培养等作了介绍，并与俄方代表进行互动交流。双方代表认为，在两国推动各自发展的关键时期，应进一步加强治国理政经验交流，互学互鉴、拓展合作，推动两国全面战略协作伙伴关系向更高水平和更深层次发展。

中俄执政党对话机制是中国共产党与统一俄罗斯党为高级别对话而设立的一种定期交流方式，该机制首次会议于2009年6月在中国举行。

12月19日

［纲　文］**温家宝主持召开国务院常务会议。**

［目　文］会议认为，近年来中国光伏产业快速发展，已形成较为完整的光伏制造产业体系。当前的主要问题是：产能严重过剩，市场过度依赖外需，企业普遍经营困难。光伏产业是战略性新兴产业。发展光伏产业对调整能源结构、推进能源生产和消费方式变革、促进生态文明建设具有重要意义。

会议确定了以下政策措施：一、加快产业结构调整和技术进步。善加利用市场“倒逼机制”，鼓励企业兼并重组，淘汰落后产能，提高技术和装备水平。严格控制新上单纯扩大产能的多晶硅、光伏电池及组件项目。二、规范产业发展秩序。加强光伏发电规划与配套电网规划的协调，建立简捷高效的并网服务体系。建立健全技术标准体系，加强市场监管，对关键设备实行强制检测认证制度。三、积极开拓国内光伏应用市场。着力推进分布式光伏发电，鼓励单位、社区和家庭安装、使用光伏发电系统，有序推进光伏电站建设。加强国际合作，巩固和拓展国际市场。四、完善支持政策。根据资源条件制定光伏电站分区域上网标杆电价，对分布式光伏发电实行按照电量补贴的政策，根据成本变化合理调减上网电价和补贴标准。完善中央财政资金支持光伏发展的机制，光伏电站项目执行与风电相同的增值税优惠政策。五、充分发挥市场机制作用，减少政府干预，禁止地方保护。完善电价定价机制和补贴效果考核机制，提高政策效应。发挥行业组织作用，加强行业自律，引导产业健康发展。会议要求各有关部门抓紧制定完善配套政策，确保落实到位。

12月19日

［纲　文］**国务院副总理王岐山与美国商务部代理部长布兰克、贸易代表柯克共同主持在华盛顿举行的第23届中美商贸联委会。**

［目　文］王岐山代表中方致辞强调，美国是中国最重要的出口市场，中国是美国增长最快的出口市场之一。中美经贸、投资、金融、旅游等各领域合作势头强劲，亮点纷呈，为两国人民带来了实实在在的利益。我们对中美经贸关系未来充满信心。布兰克和柯克表示，当前美中都处于重要的历史时期，两国应继续秉持坦诚务实、真诚合作的精神，通过对话和接触促进贸易、投资的平衡增长，为两国乃至世界的繁荣做出贡献。

中美先后举行小范围和大范围会谈，总计讨论近40个彼此关切的问题，最终取得50余项成果。针对中方关切，美方承诺放松对华高科技产品出口管制，包括放宽对部分军民两用物品的管控，并支持中美在民用核能领域的高新技术合作。美方重申欢迎中国企业赴美投资，美国投资环境将继续保持透明和开放，并承诺继续与中方在知识产权领域加强合作，落实《中美知识产权合作框架协议》，在2013年尽快实施双方协定的有关项目。对于美方关切，中方表示将加强知识产权执法，推进中央国有企业和大型国有银行软件的正版化，并会认真研究各方对《党政机关公务用车选用车型目录管理细则》的意见。中方将适时启动《信息安全等级保护管理办法》的修订程序，对符合条件、在中国设立并且具有法人资格的外资机构给予与内资机构相同的待遇，并在发展战略新兴产业时，平等对待外资企业。中美还签署两份政府间合作文件，一份是中国商务部与美国贸易发展署签署的关于支持中美贸易合作的谅解备忘录，另一份是中国商务部与美国商务部、美国贸易代表办公室签署的关于中美货物贸易统计差异研究的第二阶段报告。

中美商贸联委会是两国政府在经贸领域最早建立的对话机制之一。自1983年举行首届联委会至2012年，双方已举行22届联委会，对扩大双边经贸合作、维护中美经贸关系稳定发挥了重要作用。第23届联委会召开之际，中美刚刚完成国内各自重要政治议程，双方关系发展面临新的机遇。

12月19日

［纲　文］**经济社会发展和改革调研工作座谈会举行。**

［目　文］中共中央政治局常委、国务院副总理李克强主持座谈会并讲话。李克强抓住发言中提到的城镇化、地方政府融资、现代农业发展、传统产业升级、欠发达地区发展等问题与大家深入讨论，对一些关乎全局、带有普遍性的问题，他当即布置在场的有关部门研究，并鼓励地方依法先行先试，探索和创造经验。

李克强说，做好明年工作，关键是要把着力点放到加快转变经济发展方式上。着重提高发展质量和效益，一是速度要实实在在，不要盲目攀比，不要有水分；二是要能增加就业，有就业老百姓心里就安稳；三是收入要和增长同步，让群众获得好处；四是速度和效益相匹配，没有效益就不可持续；五是能源资源环境可支撑，在环境优化中实现发展。

李克强指出，面对世界经济低迷的趋势，中国作为大国要立足内需，城镇化就是最大的内需，要把这个潜力发挥出来，还要靠改革。推动城镇化，把农民工逐步转为城市市民，需要推进户籍制度改革；城镇基础设施和保障房建设，还要完善融资和管理机制；城镇化必须确保粮食安全，这关系到严格保护耕地和发展现代农业等问题，也要靠改革的办法来推动。把城镇化最大潜力和改革最大红利结合起来，形成叠加效应，中国经济就有长久持续的动力。

针对发言中提到的体制障碍，李克强说，改革要打破部门、行业利益和固有格局，抓住关键环节，做牵一发而动全身的事。要深化投融资体制改革，把制约民间投资的“弹簧门”卸掉、“玻璃门”打碎，对规划内投资项目也要减少审批、简化程序，降低交易成本。2013年财税体制改革重点要扩大营改增试点范围，促进结构调整，同时正税清费，减轻不合理负担，培育地方主体税种，增强地方自主发展力量。改革既要有勇气推进，又要有智慧把握。

上海、安徽、河南、青海、新疆、河北等地政府负责人发言，研讨2013年经济工作面临的矛盾困难和对国家政策的建议。

12月19日

［纲　文］**国务院发布《关于进一步做好旅游等开发建设活动中文物保护工作的意见》。**

［目　文］《意见》指出：国家高度重视在旅游等开发建设活动中的文物保护工作，采取了一系列措施，既确保了文物安全，又有效利用了文物资源。但是也存在有的地方违法转让、抵押国有不可移动文物，将国有不可移动文物作为企业资产经营，过度开发利用文物资源、导致文物破坏或损毁，甚至擅自拆除文物古迹和历史文化街区、村镇以及历史建筑等问题。为进一步做好旅游等开发建设活动中的文物保护工作，现提出以下意见：一、严格执行文物保护法律法规。二、严格履行涉及文物的旅游等开发建设活动审批。三、合理确定文物景区游客承载标准。四、加大对文物保护的投入。五、加强文物旅游的指导和监管。六、切实落实文物保护责任。七、认真履行文物保护职责。八、依法纠正违法违规行为。

12月19日

［纲　文］**国务院办公厅发出《关于印发中央预算单位2013—2014年政府集中采购目录及标准的通知》。**

［目　文］《通知》规定了集中采购机构采购项目、部门集中采购项目、分散采购限额标准、公开招标数额标准等内容。

12月19日

［纲　文］**香港特别行政区第十二届全国人大代表选举会议第二次全体会议在香港举行。**

［目　文］受全国人大常委会委托前来香港主持选举工作的全国人大常委会副委员长兼秘书长李建国出席会议。他说，相信新一届香港全国人大代表，一定会秉承爱国爱港的

光荣传统，拥护并模范地遵守宪法、香港特别行政区基本法，拥护“一国两制”，认真履行代表职责，为祖国的繁荣昌盛，为香港的长期繁荣稳定，做出积极的贡献。

会议由选举会议主席团常务主席梁振英主持。出席会议的1488位选举会议成员以无记名投票方式，选出了36名香港特别行政区第十二届全国人大代表。会议还根据选举办法的规定，按得票多少的顺序，确定了7名得票数不少于选票三分之一的未当选为代表的候选人在代表因故出缺时的递补顺序。

梁振英在会议结束时讲话说，这次选举香港第十二届全国人大代表，是香港回归祖国后第四次选举全国人大代表。在全国人大常委会的主持下，各位选举会议成员按照选举办法的规定，严格依法办事，认真履行职责，圆满完成了选举会议的各项任务。

12月19日

［纲　文］**《人民日报》报道，2012年国家新开工西部大开发重点工程22项，投资总规模为5778亿元。**

［目　文］这22项新开工重点工程分别是：1. 重庆至万州铁路；2. 敦煌至格尔木铁路；3. 张家口至呼和浩特铁路；4. 宁西铁路西安至合肥段增建二线；5. 云南麻柳湾至昭通公路；6. 陕西黄陵至铜川公路；7. 青海茶卡至格尔木公路改扩建；8. 新疆阿克苏至喀什公路；9. 内蒙古乌兰浩特至扎兰屯公路；10. 国道318线川藏公路西藏段整治改建；11. 南宁吴圩机场新航站区及配套设施建设；12. 西部支线机场建设；13. 哈密至郑州 ±800千伏特高压直流工程；14. 溪洛渡左岸至浙西 ±800千伏特高压直流工程；15. 农网改造升级；16. 无电地区电力建设；17. 西气东输三线；18. 中卫—贵阳输气管线；19. 甘肃酒泉千万千瓦级风电基地二期第一批300万千瓦风电项目；20. 金沙江中游观音岩、鲁地拉、龙开口水电站；21. 四川都江堰灌区毗河供水一期工程；22. 广西防城港钢铁基地。

12月19日

［纲　文］**酒泉卫星发射中心用长征二号丁运载火箭成功发射土耳其GK-2地球观测卫星。**

［目　文］至此，2012年中国共实施19次航天发射任务，将28颗航天器送入太空，并圆满完成首次载人交会对接任务，航天发射实现“满堂红”。

12月19日

［纲　文］**财政部、教育部印发修改后的《高等学校财务制度》。**

［目　文］《制度》共14章76条，主要有总则、财务管理体制、预算管理、收入管理、支出管理、结转和结余管理、专用基金管理、资产管理、负债管理、成本费用管理、财务清算、财务报告和财务分析、财务监督、附则等内容。《制度》自2013年1月1日起施行。财政部、原国家教育委员会1997年6月23日颁布的《高等学校财务制度》予以废止。

12月19日

［纲　文］**财政部、发展改革委公布《取消和免征部分行政事业性收费的通知》。**

［目　文］《通知》主要有四方面内容。一、自2013年1月1日起，取消和免征30项行政事业性收费。二、行政事业性收费取消和免征后，有关部门和单位依法履行管理职能所需相关经费，由同级财政预算予以保障。三、有关执收部门和单位要按规定到原核发《收费许可证》的价格主管部门办理《收费许可证》注销手续，并到原核发财政票据的财政部门办理票据缴销手续。四、各地区和有关部门要严格执行本通知规定，对公布取消和免征的行政事业性收费，不得以任何理由拖延或者拒绝执行，不得以其他名目或者转为经营服务性收费方式变相继续收费。

12月19日

［纲　文］**公安部公布修订后的《公安机关办理行政案件程序规定》。**

［目　文］《规定》共15章240条，主要有总则、管辖、回避、证据、期间与送达、简易程序、调查取证、听证程序、行政处理决定、治安调解、涉案财物的管理和处理、执行、涉外行政案件的办理、案件终结、附则等内容。《规定》经2012年12月3日公安部部长办公会议通过，自2013年1月1日起施行。

12月20日

［纲　文］**习近平在北京分别会见来京述职的香港特别行政区行政长官梁振英、澳门特别行政区行政长官崔世安。**

［目　文］中共中央总书记、国家副主席习近平表示，新一届特别行政区政府就任以来，梁振英带领特别行政区政府管治团队奋发进取、务实有为，中央对梁振英和特别行政区政府的工作是肯定的，将继续坚定支持特别行政区政府依法施政。中央贯彻落实“一国两制”、严格按照基本法办事的方针不会变；支持行政长官和特别行政区政府依法施政、履行职责的决心不会变；支持香港、澳门两个特别行政区发展经济、改善民生、推进民主、促进和谐的政策也不会变。中共十八大提出的关于港澳工作的大政方针，同中央长期以来对港澳工作的方针政策是一脉相承的。关键是要全面准确理解和贯彻“一国两制”方针，切实尊重和维护基本法权威。具有强烈民族自尊心和自豪感的广大香港同胞，一定会同全国人民一道，为实现中华民族伟大复兴贡献力量。

习近平表示，当前澳门总体形势良好，崔世安和特别行政区政府团结社会各界人士共同努力，保持了澳门繁荣稳定和发展，中央对崔世安和特别行政区政府的工作是肯定的。中央会一如既往贯彻执行“一国两制”、“澳人治澳”、高度自治的方针和澳门基本法，一如既往支持行政长官和特别行政区政府依法施政，一如既往支持澳门特别行政区发展经济、改善民生、推进民主、促进和谐。我们对国家和民族的未来充满信心，也坚信澳门各项事业一定会发展得更好。

12月20日

［纲　文］**国务院办公厅发出《关于深化电煤市场化改革的指导意见》。**

［目　文］《意见》指出：20世纪90年代以来，中国煤炭订货市场化改革不断推进，

价格逐步放开，对纳入订货范围的电煤实行政府指导价和重点合同管理，对保障经济发展曾经发挥了积极的作用。但由于重点合同电煤与市场煤在资源供给、运力配置和价格水平上存在着明显差异，限制了市场机制作用的发挥，造成不公平竞争，合同签订时纠纷不断，执行中兑现率偏低，不利于煤炭的稳定供应，越来越不适应社会主义市场经济发展的要求，改革势在必行。2012年以来，煤炭供需形势出现了近年来少有的宽松局面，重点合同电煤与市场煤价差明显缩小，一些地方还出现倒挂，电力企业经营状况有所改善，改革的条件基本成熟。为此，应抓住当前有利时机，坚定不移地推进改革。

《意见》就深化电煤市场化改革提出四方面指导意见：一、抓住有利时机深化电煤市场化改革。二、主要任务：建立电煤产运需衔接新机制；加强煤炭市场建设；完善煤电价格联动机制；推进电煤运输市场化改革；推进电力市场化改革。三、完善调控监管体系。四、切实加强组织协调。

12月20日

［纲　文］ **交通运输部公布《水运工程建设项目招标投标管理办法》。**

［目　文］《办法》共7章74条，主要有总则、招标、投标、开标、评标和定标、投诉与处理、法律责任、附则等内容。《办法》于2012年11月27日经第9次部务会议通过，自2013年2月1日起施行。《水运工程施工招标投标管理办法》（交通部令2000年第4号）、《水运工程施工监理招标投标管理办法》（交通部令2002年第3号）、《水运工程勘察设计招标投标管理办法》（交通部令2003年第4号）、《水运工程机电设备招标投标管理办法》（交通部令2004年第9号）同时废止。

12月20日

［纲　文］ **文化部发出《关于公布第四批国家级非物质文化遗产项目代表性传承人的通知》。**

［目　文］《通知》说，根据《中华人民共和国非物质文化遗产法》及《国家级非物质文化遗产项目代表性传承人认定与管理暂行办法》有关规定，为有效保护和传承国家级非物质文化遗产项目，鼓励和支持国家级非物质文化遗产项目代表性传承人开展传承传播活动，按照《文化部办公厅关于推荐第四批国家级非物质文化遗产项目代表性传承人的通知》的要求，经各地申报、专家评审、社会公示、征求非物质文化遗产保护工作部际联席会议成员单位意见、评审委员会审议等程序，文化部确定了第四批国家级非物质文化遗产项目代表性传承人名单（498人），现予以公布。国家级非物质文化遗产项目代表性传承人是非物质文化遗产的重要承载者和传递者，掌握着非物质文化遗产的丰富知识和精湛技艺，是非物质文化遗产活态传承的代表性人物。各地区、各部门要按照《中华人民共和国非物质文化遗产法》的规定，鼓励和支持国家级非物质文化遗产项目代表性传承人开展传承传播活动，切实做好非物质文化遗产保护工作，为继承和弘扬中华民族优秀传统文化、推动社会主义文化大发展大繁荣，做出更大的贡献。

12月20—21日

［纲　文］**全国财政工作会议在北京举行。**

［目　文］会议回顾总结了2012年以及过去五年的财政工作，分析了经济财政形势，部署了2013年财政工作。各省（自治区、直辖市、计划单列市）财政厅（局）长，财政部驻各地财政监察专员办事处专员，中央部门、中央企业财务部门有关负责人，特邀部门代表等参加了会议。

会议对2012年工作进行回顾总结。各方面财政工作取得了如下新成绩：促进经济保持平稳增长；推动经济结构调整取得明显成效；强农惠农富农政策落实有力；保障和改善民生取得新进展；财税体制改革继续深化；财政管理进一步加强；财经对外交流与合作不断拓展。

会议就2013年实施积极的财政政策提出四项着力点。一、结合税制改革完善结构性减税政策，促进经济结构调整。二、进一步优化财政支出结构，保障和改善民生。三、推动经济发展方式转变，提高经济增长质量和效益。四、加强财政科学管理，提高财政资金使用效益。

会议根据2013年财政工作总体要求，具体部署了六大任务。一、加强和改善财政宏观调控，促进经济持续健康发展。二、完善强农惠农富农财税政策，推动城乡发展一体化。三、促进社会事业发展，切实保障和改善民生。四、深化财税体制改革，加强财经对外交流合作。五、推进财政科学化精细化管理，提高财政管理绩效。六、加强财政干部队伍建设，大力改进工作作风。

12月21日

［纲　文］**国家主席胡锦涛在北京分别会见来京述职的香港特别行政区行政长官梁振英、澳门特别行政区行政长官崔世安。**

［目　文］胡锦涛在接见梁振英时表示，你和新一届特别行政区政府就职以来，团结协作，勤政务实，奋发进取，展现出良好的精神面貌。特别是你们坚持民生为先的施政导向，着力解决住房、扶贫等问题，得到了广大市民的认同。中央对你和新一届特区政府的工作是肯定的，也是支持的。希望你们坚定信心，迎难而上，团结奋进，不懈努力，把香港的事情办得更好，为“一国两制”的成功实践做出更大贡献。

胡锦涛在接见崔世安时表示，过去的一年，你领导澳门特别行政区政府依法施政，务实进取，做了大量富有成效的工作。澳门经济保持高增长、低失业态势，居民生活持续改善，社会和谐稳定，区域经济合作取得了新成果，具有澳门特色的政制民主进一步向前发展。中央对你和特别行政区政府的工作是肯定的，也是支持的。在新的一年里，希望你们继续坚定贯彻落实“一国两制”方针和基本法，团结奋斗，再接再厉，保持澳门经济社会发展的良好势头，把澳门管理、建设、发展得更好，为“一国两制”的成功实践作出更大的贡献。

12月21日

［纲 文］**第四届中非友好贡献奖颁奖典礼在人民大会堂举行。**

［目 文］典礼由中国非洲人民友好协会和中国国际广播电台联合举行。全国政协副主席、中非友好协会会长阿不来提·阿不都热西提出席并为获奖人颁奖。

中国第十二批赴利比里亚维和部队指挥长李根长、中国赞比亚友谊农场场长宋国强、中国国际广播电台首席播音员陈莲英、中国“杂交水稻之父”袁隆平、中国中东问题特使吴思科、中国农科院农业经济与发展研究所教授蒋和平、上海医药进出口有限公司总经理陈牧、中国路桥工程有限责任公司副总经理任鸿鹏、广西壮族自治区人民医院副主任医师乔世辉、中建集团股份有限公司阿尔及利亚分公司总经理陈文建获得了该奖项。举行此次颁奖典礼是为在新时期下大力弘扬中非友谊，肯定中国援助在非洲发展进程中所做出的贡献，以事实回击西方舆论对中国的歪曲，并树立为中非友好事业做出突出贡献的个人榜样。中国人民对外友好协会会长李小林以及来自中央国家机关、人民团体、非洲驻华使节、中非友协理事单位和新闻媒体等各界代表约200余人出席了颁奖仪式。

中非友好贡献奖是中非友协于2006年第三届中非合作论坛—北京峰会之际设立的，旨在奖励长期致力于中非友好事业，成就突出，在中国和非洲均拥有一定影响力和知名度的中非人士、企业或组织，迄今，共举办了3届，共有20名中国人和5名非洲人以及10家中国企业获得该奖项。

12月21日

［纲 文］**新华社讯，中央军委下发通知，印发《中央军委加强自身作风建设十项规定》。**

［目 文］通知指出，《中央军委加强自身作风建设十项规定》贯彻了党的十八大精神和习近平主席关于加强作风建设的重要指示，依据《十八届中央政治局关于改进工作作风、密切联系群众的八项规定》，按照从严、从紧、高标准的要求，结合军队实际制定改进作风的具体措施，充分体现中央军委带头发扬我党我军光荣传统和优良作风的鲜明态度，体现严于律己、狠抓作风建设的坚定决心。军委同志要严格执行《十项规定》，率先垂范，从自身做起，从现在做起，说到做到，自觉接受全军官兵监督。

《规定》提出十项要求：一、军委同志调研要科学确定主题，深入了解真实情况，认真听取部队意见，力戒形式主义、官僚主义。二、要大力改进会风。三、军委同志要减少事务性活动，集中精力抓大事。四、要精简文件、电报、刊物、简报。五、要规范出访活动。六、要改进警卫工作。七、要简化新闻报道。八、要严格文稿发表。九、要切实改进接待工作。十、军委同志要旗帜鲜明反对腐败，带头遵守廉洁自律各项规定，决不谋私利，决不搞特权，自觉接受监督。

12月21日

［纲 文］**财政部印发《中央财政农业技术推广与服务补助资金管理办法》。**

［目 文］《办法》共5章18条，主要有总则、补助范围和对象、资金分配和拨付、

资金管理和监督、附则等内容。《办法》自2013年1月1日起施行，2004年7月7日财政部印发的《农业科技推广示范项目资金管理办法》（财农〔2004〕81号）、2005年7月11日财政部会同农业部印发的《测土配方施肥试点补贴资金管理暂行办法》（财农〔2005〕101号）同时废止。

12月21—22日

［纲　文］ **中央农村工作会议在北京举行。**

［目　文］ 会前，中央政治局常委会议、国务院常务会议和中央农村工作领导小组会议专门研究了会议文件，对农业农村工作提出了明确要求。

中共中央政治局委员马凯主持了第一次全体会议。国务院副总理回良玉出席会议并讲话。会议讨论了《中共中央、国务院关于加快发展现代农业进一步增强农村发展活力的若干意见（讨论稿）》。

会议贯彻党的十八大精神，系统总结2012年和过去10年农业农村发展成就，分析“三农”工作面临的新形势新挑战，重点研究加快发展现代农业、进一步增强农村发展活力，全面部署农业农村工作。

会议指出，2012年，全国上下认真贯彻中央决策部署，圆满完成了农业农村发展的各项目标任务，粮食产量实现“九连增”，农民增收实现“九连快”，农村民生有大改善，是党的十六大以来“三农”发展持续向好、快速推进喜人态势的承接和延续。10年间，中国农业农村发展克服多种困难和风险挑战，迎来了又一个“黄金期”。要准确把握党的十八大关于“三农”发展的战略部署。当前，中国现代化建设中最薄弱的环节仍然是农业现代化滞后，经济社会体制中最突出的矛盾仍然是城乡二元体制障碍明显，全面建成小康社会进程中最严重的制约仍然是城乡发展和居民收入差距过大。要确保国家粮食安全和重要农产品有效供给，要积极创新农业生产经营体制机制，要加大统筹城乡发展力度，要在“收入倍增”中着力促进农民增收。

会议指出，2013年农业农村工作的目标任务是：“保供增收惠民生、改革创新添活力”，就是要确保粮食等重要农产品再获丰收，确保农民收入增长势头不减弱，继续改善农民生产生活条件，进一步消除制约农业发展的体制障碍，激发农村发展活力。2013年要扎实做好以下工作：

一、继续抓好农业生产，稳定发展粮食等重要农产品生产，加强以农田水利为重点的农业基础设施建设，强化农业科技支撑，发挥市场对农业生产的带动作用。

二、继续发展农村公共事业，加强农村基础设施建设和农村社会事业发展。

三、继续深化农村改革，积极创新农业生产经营体制，稳步推进集体产权制度改革，加快推进其他各项改革。

四、继续加强和创新农村社会管理。强化以党组织为核心的农村基层组织建设，强化农村基层民主管理，强化农村社会公共安全保障。

河北、山西、吉林、浙江、山东、四川六个省有关负责同志在大会上发言。参加会议的有中央农村工作领导小组成员，各省、自治区、直辖市及计划单列市党委和政府负责同志，新疆生产建设兵团负责同志，中央和国家机关及军队有关部门负责同志等。

12月22日

［纲　文］**中国第二条向西开放的国际铁路通道霍尔果斯铁路口岸站正式开通。**

［目　文］霍尔果斯铁路口岸站是继中哈阿拉山口铁路线后，中国第二条向西开放的国际铁路通道，东距新疆伊宁市88公里，西距哈萨克斯坦首都阿斯塔纳市200公里，是中国西部距中亚中心城市运距最短的国家一类口岸。这条国际铁路开通，有利于中国向西开放，霍尔果斯口岸将成为中国面向中亚乃至欧洲，集公路、铁路、管道为一体的国际交通枢纽。

12月22日

［纲　文］**财政部印发《中央文化企业国有资产产权登记管理暂行办法》。**

［目　文］《办法》共7章30条，主要有总则、占有产权登记、变动产权登记、注销产权登记、产权登记程序、产权登记监督与管理、附则等内容。《办法》自2013年1月1日起施行。

12月22—23日

［纲　文］**2012第2届中国文物保护年会暨2011年度十大文物维修工程表彰活动在北京举行。**

［目　文］活动由中国文物保护基金会主办。2011年度全国十大文物维修工程由中国文物保护基金会和中国文物报社共同评出，分别为：福州市“三坊七巷”古建筑壁画保护修复工程、夏鲁寺壁画保护修复工程、上海徐汇中学崇思楼维修工程、曲阜颜庙复圣殿落架大修工程、桃坪羌寨抢救维修保护规划及保护工程、怀来鸡鸣驿城墙整体加固保护工程、绍兴印山越国王陵原址保护工程、柏孜克里克石窟抢险加固一期工程、万荣稷王庙修缮保护工程、岳阳张谷英古民居群“党大门”修缮工程。此外，中国文物保护基金会还授予咸阳古建集团有限公司、曲阜市三孔古建筑工程管理处等单位“中国文化遗产保护与传承典范单位”荣誉称号。新疆重点文物保护小组执行办公室、新疆城乡建设工程设计有限公司、河北旭隆建设有限公司等单位获评“2012年度全国文物保护最佳工程”荣誉称号；安徽泾县查济景区等单位获得“中国文化旅游示范基地”荣誉称号。

12月23日

［纲　文］**党建和组织工作调研座谈会在北京召开。**

［目　文］中共中央政治局常委刘云山主持召开座谈会，就如何加强作风建设、做好党的建设和组织工作听取基层党员干部的意见建议。中共中央政治局委员、中组部部长赵乐际参加座谈会。

刘云山说，作风是党的生命，重视作风建设是我们党的传统。加强作风建设，不能停留于一般原则号召，必须有具体措施，具体才能深入，具体才能落实。对各级领导干部来说，不仅要有思想认识的高度，更要有落实工作的力度，不仅要带头改作风，还要带头抓作风。要对照中央“八项规定”，认真查找作风方面存在的突出问题，制定切实管用的改进办法。改进作风，核心是增进同人民群众的感情，密切同群众的血肉联系。组织部门是党的重要职能部门，是作风建设的重要职能部门。各级组织部门既要把作风建设紧紧抓在手上，又要切实加强自身建设，自觉做改进作风的表率。要认真贯彻党的干部工作路线，要把开展以为民务实清廉为主要内容的群众路线教育实践活动，作为加强作风建设的重要载体。

北京、天津、河北、山西等省市党委组织部部长、基层党务工作者和中央有关部门负责同志、专家学者参加座谈，就学习贯彻党的十八大精神、加强改进党的建设和组织工作进行座谈。

12月23日

［纲　文］ **农业部在北京召开全国农垦工作会议。**

［目　文］ 会议指出，当前和今后一个时期，农垦系统贯彻落实党的十八大精神，最重要的目标任务就是“两个率先”，即“率先实现农业现代化、率先全面建成农垦小康社会”。近十年以来，农垦事业取得跨越式发展，为实现“两个率先”奠定了坚实的基础。党的十八大提出，要加快发展现代农业，提高农业综合生产能力，确保国家粮食安全和重要农产品有效供给。作为农业“国家队”，示范引领中国现代农业发展是党中央赋予农垦的历史使命。

会议要求农垦系统紧紧围绕“两个率先”发展新目标，着力加快发展现代农业，着力加快提高居民生活水平，2013年要突出抓好六项重点工作：即坚持保障供给和示范引领两手抓，进一步提高现代农业建设水平；坚持科研创新与应用推广两兼顾，进一步强化科技支撑体系建设；坚持调整结构和增加效益两注重，进一步提升二、三产业运行质量；坚持创新体制与完善机制两结合，进一步激发经济社会发展活力；坚持调整收入和增加投入两加强，进一步维护垦区社会和谐稳定；坚持转变作风和创新思路两促进，增强推动科学发展的能力。

农业部、农垦局负责人，全国各省、区、直辖市农垦（场）局长和八个热区南亚办、热作办的主要负责人出席会议。大会提出，2013年农垦的主要目标是全年实现生产总值5500亿元，增长9%以上；人均纯收入11500元，增长8%以上；粮食总产量稳定在630亿斤以上。

12月23日

［纲　文］ **《人民日报》发表题为《加快改革创新　激发农村活力》的社论。**

12月24—25日

［纲　文］ **习近平走访各民主党派中央和全国工商联。**

［目　文］ 24日全天和25日上午，中共中央总书记习近平和中共中央政治局常委俞正声一起，分别走访了中国国民党革命委员会、中国民主同盟、中国民主建国会、中国民主促进会、中国农工民主党、中国致公党、九三学社、台湾民主自治同盟中央和中华全国工商业联合会，共商巩固和发展爱国统一战线、坚持和完善中国共产党领导的多党合作和政治协商制度的大计。

习近平代表中共中央，向各民主党派和全国工商联新一届领导班子成员表示衷心的祝贺，向各民主党派和全国工商联广大成员表示诚挚的问候。习近平强调，实现中华民族伟大复兴，需要全体中华儿女携手努力。中共中央将坚定不移坚持和完善中国共产党领导的多党合作和政治协商制度，坚定不移贯彻长期共存、互相监督、肝胆相照、荣辱与共的方针，加强同民主党派合作共事，支持民主党派更好履行参政议政、民主监督职能。各民主党派人才荟萃、各具优势。希望各民主党派弘扬优良传统，团结带领广大成员为全面建成小康社会、实现社会主义现代化、实现中华民族伟大复兴做出新的贡献。

在各民主党派中央机关，习近平等中共中央领导人同各民主党派中央领导人进行了座谈。民革中央主席万鄂湘、民盟中央主席张宝文、民建中央主席陈昌智、民进中央主席严隽琪、农工民主党中央主席陈竺、致公党中央主席万钢、九三学社中央主席韩启德、台盟中央主席林文漪等分别介绍了各党派的主要情况和最近召开全国代表大会的情况，并就加强和改进新形势下多党合作、加强执政党和参政党作风建设、更好发挥参政党作用、完善民主监督、加快转变经济发展方式、实施创新驱动发展战略、增强中华民族凝聚力、保障和改善民生、加强扶贫工作、深化医药卫生体制改革、建设美丽中国等提出意见和建议。

在全国工商联的座谈会上，全国工商联主席王钦敏介绍了情况。习近平希望全国工商联新一届领导班子团结带领广大会员牢牢把握促进非公有制经济健康发展和非公有制经济人士健康成长的工作主题，引导非公有制经济人士做合格的中国特色社会主义事业建设者。

在走访活动中，习近平等中共中央领导人参观了各民主党派和全国工商联的历史及工作成果展览，并看望机关工作人员，同大家进行了交流。

12月24日

［纲　文］ **国务院召开全国审计工作电视电话会议。**

［目　文］ 国务委员兼国务院秘书长马凯主持会议。国务院总理温家宝讲话。国务院副总理李克强出席会议。

温家宝充分肯定了审计工作取得的成绩，他强调，今后一个时期，审计机关要紧扣科学发展和加快转变经济发展方式，通过审计推动各方面把发展的立足点转到提高质量和效益上来，更好地服务科学发展；及时揭示、有效预防和化解经济社会运行中的各种风险隐患，更好地维护国家经济安全；加强对民生领域专项资金的审计，更好地保障改善民生；依法履行监督政府的职能，让权力在阳光下运行，更好地推进法治建设；坚持把查处问题与促进改革、完善制度、强化管理结合起来，更好地推动改革创新；及时揭露和查处重大违法违规问题，更好地促进廉政建设。在国务院的大力推动下，形成了审计结果向人大常委会报告和向全社会公告的制度，这是在制度上保证审计独立性的巨大进步。各级政府和有关部门要全力支持和关心审计工作，切实维护审计的独立性，支持审计部门独立开展工作。

12月24日

［纲　文］ **国家民委委员全体会议在北京召开。**

［目　文］ 国务院副总理回良玉出席会议并讲话。国家民委兼职委员单位和中央国家机关有关部门负责同志出席会议。

回良玉强调，要认真学习贯彻落实党的十八大精神，牢牢把握重要战略机遇期，进一步加快少数民族和民族地区发展，坚持走中国特色解决民族问题的正确道路，不断开创民族团结进步事业新局面。当前，国内外形势发生深刻变化，民族工作的极端重要性进一步凸显。我们要坚持和完善民族区域自治制度，着力加快少数民族和民族地区经济社会发展，进一步加大保障和改善民生力度，切实维护民族团结和社会稳定。要进一步建立健全民族工作领导体制和工作机制，形成推动民族工作的强大合力。要坚持和完善国家民委委员制度，不断总结成功经验，进一步完善运行机制，凝聚各方面力量，共同做好民族工作。

发展改革委、教育部、科技部等24个国家民委委员单位总结了2012年支持少数民族和民族地区发展所做的工作，介绍了2013年对民族工作的扶持计划。中央国家机关有关部门负责同志出席会议。

12月24日

［纲　文］ **交通运输部印发《汽车客运站营运客车安全例行检查及出站检查工作规范的通知》。**

［目　文］《通知》说，现将《汽车客运站营运客车安全例行检查工作规范》和《汽车客运站营运客车出站检查工作规范》印发给你们，请做好贯彻落实工作。

认真组织实施好上述两个规范，是贯彻落实《交通运输部关于贯彻落实〈国务院关于加强道路交通安全工作的意见〉的通知》（交运发〔2012〕490号）的具体体现，是进一步加强道路旅客运输业相关安全制度执行的客观要求，对促进汽车客运站安全管理工作的标准化、规范化具有十分重要的现实意义。各地交通运输部门要结合实际工作，认真抓好上述两个规范的学习宣传、检查督导和贯彻落实工作。为配合各地做好规范的贯彻执行工作，部组织力量编写了宣贯材料，请各地抓紧组织培训工作，使道路旅客运输企业、汽车客运站等相关单位和人员，深入了解和掌握规范的具体内容和相关要求，增强贯彻执行规范的自觉性和主动性，切实落实好这两个规范。

12月24日

［纲　文］ **证监会公布《证券期货业信息安全事件报告与调查处理办法》。**

［目　文］《办法》共5章32条，主要有总则、事件分级、事件报告、调查处理、附

则等内容。《办法》自2013年2月1日起施行。

12月24—28日

［纲　文］ **十一届全国人大常委会第三十次会议在北京举行。**

［目　文］ 全国人大常委会委员长吴邦国主持开幕会、闭幕会。常委会组成人员出席会议。

会议的主要内容是：一、会议经表决，通过全国人大常委会关于召开十二届全国人大一次会议的决定、关于加强网络信息保护的决定。会议通过了修改后的证券投资基金法和老年人权益保障法；全国人大常委会关于修改劳动合同法的决定、关于修改农业法的决定；决定免去孟建柱兼任的公安部部长职务，任命郭声琨为公安部部长。国家主席胡锦涛签署第71号、72号、73号、74号、75号主席令，分别予以公布。二、会议表决通过关于授权国务院在广东省暂时调整部分法律规定的行政审批的决定；表决通过了中国人民解放军选举委员会主任、副主任、委员名单。三、会议表决通过全国人大法律委员会、教科文卫委员会、华侨委员会、环境与资源保护委员会、农业与农村委员会关于十一届全国人大五次会议主席团交付审议的代表提出的议案审议结果的报告。四、会议还表决通过了其他任免案。

在表决通过各项议案后，吴邦国发表讲话。吴邦国说，常委会认真总结网络发展和管理的实践经验，分析国外网络立法情况，广泛听取各方面意见，作出关于加强网络信息保护的决定，以法律形式保护公民个人及法人信息安全，确立网络身份管理制度，明确网络服务提供者的义务和责任，并赋予政府主管部门必要的监管手段，重点解决中国网络信息安全立法滞后的问题，有利于保护公民个人及法人电子信息安全、促进社会和谐稳定，有利于维护国家安全和政治稳定、确保国家长治久安。有关方面要做好宣传普及工作，抓紧制定和修改相关配套法规，确保决定全面正确有效实施。

12月24—25日

［纲　文］ **全国行政学院院长会议在国家行政学院举行。**

［目　文］ 国务委员兼国务院秘书长、国家行政学院院长马凯出席会议并作讲话，国家行政学院党委书记、常务副院长李建华主持会议开幕式并作工作报告。国家行政学院副院长周文彰作会议总结。

马凯指出，行政学院系统要把学习宣传贯彻党的十八大精神作为首要政治任务，一要在学得更深、掌握思想武器上下功夫，深刻把握党的十八大主题，全面准确领会党的十八大提出的新思想、新观点、新论断。二要在指导工作、提升教学科研咨询水平上下功夫，做好党的十八大精神进教材、进课堂、进头脑的工作，加强对党的十八大重大理论问题和战略任务的研究，着力破解政府工作中的难点热点问题。三要在科学建院、加强自身建设上下功夫，做到质量立院、人才强院、制度管院、从严治院、改革兴院，努力开创行政学院科学发展新局面。

会议主要任务是深入学习贯彻党的十八大精神，总结党的十七大以来行政学院办学实践，探索办学规律，努力开创全国行政学院科学发展新局面，为党和国家事业发展作出更大贡献。会议还进行了分组讨论和经验交流。中央和国家机关有关部门、各省（区、市）行政学院负责同志，国家行政学院学员和教职工等出席会议。

12月25日

［纲　文］ **全国住房城乡建设工作会议在北京召开。**

［目　文］ 会议由住房和城乡建设部副部长仇保兴主持。部长姜伟新作工作报告。会议对之前5年全国住房城乡建设系统所取得的成绩进行了总结。会议强调，2013年要认真贯彻落实党的十八大和中央经济工作会议精神，着力做好11项工作：一是努力完成城镇保障性安居工程建设任务。二是坚定不移地搞好房地产市场调控。三是加快修订《住房公积金管理条例》。四是继续抓好城乡规划工作，积极稳妥推进城镇化。五是加快城市市政公用设施建设，加强城镇减排，改善城市人居生态环境。六是完成好农村危房改造任务，推进村镇建设。七是以更大决心和更快步伐推进建筑节能。八是进一步强化建筑市场和工程质量安全监管。九是加强法规标准建设，提高依法行政能力。十是下气力研究住房城乡建设领域的几个重要问题。十一是继续深入推进党风廉政建设、队伍建设和精神文明建设。会上，来自山东、河南等地住房城乡建设主管部门负责人进行了经验交流。

全国住房城乡建设系统党风廉政建设工作会议、精神文明建设工作会议同期举行。全国住房城乡建设系统精神文明建设工作会议对全国住房城乡建设系统先进集体、先进工作者和劳动模范进行了表彰并现场颁奖；人力资源和社会保障部党组成员、副部长杨士秋宣读了《人力资源社会保障部、住房城乡建设部关于表彰全国住房城乡建设系统先进集体、先进工作者和劳动模范的决定》。

12月25日

［纲　文］ **全国农村沼气工作会议在成都召开。**

［目　文］ 会议的主题是深入贯彻落实党的十八大精神，系统总结农村沼气建设成就，分析存在的突出问题，研究新形势下推进农村沼气建设事业的新思路、新举措，为改善农民生产生活条件，推进农村生态文明建设和建成小康社会做出新贡献。全国各省农村能源主管部门分管领导、各省农村能源办公室（处）负责人、有关沼气科研教学和技术推广单位的代表140多人参加了会议。发展改革委、财政部有关领导和农业部有关司局负责同志出席了会议。

四川省农业厅、河南省安阳市人民政府、浙江省开化县人民政府、湖北省恩施土家族苗族自治州人民政府、北京市大兴区长子营镇留民营七村沼气联供站、安徽省农村能源办公室、北京德青源农业科技股份有限公司等7个单位在大会上做了典型发言，与会代表参观了四川省农村沼气建设典型和沼气服务网点。

12月25日

［纲　文］ **中央国家机关工委在北京召开部门党组（党委）书记座谈会，交流学习宣**

传贯彻党的十八大精神情况。

［目　文］中央国家机关工委书记马凯出席并讲话。他要求中央国家机关各部门学习宣传贯彻党的十八大精神要在引向深入上下功夫。要采取多种形式，深入学、反复学、持续学，着力提高效果；要与部门实际结合，切实把党的十八大的决策部署转化为部门、行业和系统改革发展的战略、规划和具体政策措施；要与加强机关党的建设结合，不断提高干部综合素质，努力改进工作作风，取得初步成效。

发展改革委、人力资源和社会保障部、环境保护部、农业部、商务部、文化部党组书记结合本部门实际，分别从加快转变经济发展方式、促进就业和社会保障事业发展、推进生态文明建设、巩固和发展农业农村经济好形势、提高开放型经济水平、推进文化建设等方面，交流了学习宣传贯彻党的十八大精神的新体会、新举措。

12月25日

［纲　文］**文化科技卫生"三下乡"集中服务活动在安徽省六安市裕安区开展**。

［目　文］文化科技卫生"三下乡"是服务基层、服务"三农"的重要惠民活动，由中宣部、科技部、司法部、农业部、文化部、卫生部、国家人口计生委、广电总局和中国科协主办。活动当天，来自宣传、文化、科技、卫生等数十个部门的专家露天"摆摊设点"，为群众提供党的十八大精神宣传、科技大篷车、医疗义诊、法律咨询等现场服务，并举办医疗讲座、农技推广等培训，中国歌剧舞剧院为当地群众进行文艺演出，科普图书、医疗设备、电脑、药品等随着慰问小分队，被送进乡村、医院和学校，9部门负责同志还深入农村、社区调研，并慰问老英模、老党员、道德模范代表。

12月25日

［纲　文］**国务院办公厅印发修订后的《国家森林火灾应急预案》**。

［目　文］《预案》是在原《国家处置重、特大森林火灾应急预案》（2005年5月发布）的基础上修订的。《预案》主要有总则、组织指挥体系、预警和信息报告、应急响应、后期处置、综合保障、附则等内容。《预案》自12月25日起实施。

12月25日

［纲　文］**交通运输部印发《公路水运工程监理信用评价办法》**。

［目　文］《办法》共5章34条，主要有总则、监理企业信用评价、监理工程师信用评价、信用评价管理、附则等内容。原《公路水运工程监理信用评价办法（试行）》（交质监发〔2009〕5号）同时废止。

12月25日

［纲　文］**农业部公布《渔业船舶水上安全事故报告和调查处理规定》**。

［目　文］《规定》共6章41条，主要有总则、事故报告、事故调查、事故处理、调解、附则等内容。《规定》经2012年10月9日农业部第10次常务会议审议通过，自2013年2月1日起施行。农业部1991年3月5日发布、1997年12月25日修订的《中华人民共和国渔业海上交通事故调查处理规则》同时废止。

12月26日

［**纲　文**］**温家宝主持召开国务院常务会议。**

［目　文］会议确定了降低流通费用，提高流通效率的政策措施：一、降低农产品生产流通用水用电价格。二、规范和降低农产品市场收费。三、清理整顿大型零售企业向供应商违规收费和恶意占压供应商货款。四、严格执行鲜活农产品运输绿色通道政策。五、加强对公用事业延伸服务的收费监管。六、加强价格监督检查和反垄断监管。七、开展农产品增值税进项税额核定扣除试点，将免征蔬菜流通环节增值税政策扩大到部分鲜活肉蛋产品。八、保障必要的流通行业用地，优先保障农产品市场和便民生活服务网点用地。九、规范交通运输领域执法行为。十、建立健全流通费用调查统计制度。

会议要求抓紧落实提高小型微型企业增值税和营业税起征点政策；加快推进营业税改征增值税试点，完善试点办法，降低交通运输业税收负担。加快农村市场和农产品流通基础设施建设。积极发展信用消费。各地区要加强组织领导，切实落实"米袋子"省长负责制和"菜篮子"市长负责制，确保各项政策措施落到实处。国务院有关部门将组成联合督查组开展专项督查。

会议审议通过《征信业管理条例（草案）》。会议指出，征信业是市场经济中提供信用信息服务的行业。征信服务可以为防范信用风险、保障交易安全创造条件，促进形成诚信者受益、失信者受惩戒的社会环境。中国征信业从无到有，逐步发展，作用日益显现，征信市场初具规模。《征信业管理条例（草案）》对采集、整理、保存、加工个人或企业信用信息、并向信息使用者提供的征信业务活动作了规范。草案规定由中国人民银行及其派出机构依法对征信业进行监督管理。草案对从事个人征信业务的征信机构规定了较为严格的市场准入条件和相应的审批程序，明确了征信机构采集、保存、提供信用信息的范围和行为规范，明确了信息主体的权利。

12月26日

［**纲　文**］**全国组织部长会议在北京召开。**

［目　文］中共中央政治局常委、中央书记处书记刘云山出席会议并讲话。中共中央政治局委员、中央组织部部长赵乐际主持会议并作工作报告。

刘云山强调组织战线要充分认识党的十八大对党的建设和组织工作提出的新要求，坚持以邓小平理论、"三个代表"重要思想、科学发展观为指导，以推进党领导的伟大事业为中心，以加强党的执政能力建设、先进性和纯洁性建设为主线，扎扎实实做好各项工作，为实现党的十八大确定的目标任务提供坚强组织保证。

赵乐际强调各级组织部门要深入学习领会党的十八大精神，把握契机，抓住关键，遵循规律，推动组织工作在继承中创新、在创新中发展，集中精力抓好党的十八大精神学习培训，会同有关部门扎实开展党的群众路线教育实践活动，着力建设高素质执政骨干队伍，认真落实从严治党任务、严格管理监督干部，统筹推进各类人才队伍建设，积极推进组织制度创新，大力加强党的基层组织建设，切实抓好组织部门自身建设。

12月26日

［纲　文］**国务院办公厅印发《全国现代农作物种业发展规划（2012—2020年）》。**

［目　文］《规划》主要有六方面内容。一、规划背景。当前，中国正处在工业化、信息化、城镇化、农业现代化同步发展的新阶段，保障国家粮食安全和实现农业现代化对农作物种业发展的要求明显提高。二、总体要求。到2015年，初步形成科研分工合理、产学研结合的育种新机制，到2020年，形成科研分工合理、产学研紧密结合、资源集中、运行高效的育种新机制。三、重点任务。建立新型农作物种业科技创新体系；加强种业基础性公益性研究；构建以企业为主体的商业化育种体系；做大做强种子企业；加强种子生产基地建设；严格品种审定与保护；强化种子市场监管；健全种子市场调控体系；提升农作物种业人才素质；加强种业国际交流与合作。四、发展布局。主要涉及科研目标和重点，以水稻、玉米、小麦、大豆、马铃薯5种主要粮食作物和蔬菜、棉花、油菜、花生、甘蔗、苹果、柑橘、梨、茶树、麻类、蚕桑、花卉、香蕉、烤烟、天然橡胶15种重要经济作物为重点。生产布局按照“优势区域、企业主体、规模建设、提升能力”的原则，科学规划建设主要粮食作物和重要经济作物种子生产基地。五、重大工程。种业基础性公益性研究工程、商业化育种工程、种子生产基地建设工程、种业监管能力提升工程等方面。六、保障措施。健全法律法规；建立多元化投资渠道；强化政策支持；完善管理体系；加强组织领导。

12月26日

［纲　文］**国务院办公厅发出《关于加强林木种苗工作的意见》。**

［目　文］《意见》主要有四方面内容。一、总体要求。发展目标是，到2020年，完成全国林木种质资源调查，建成一批种质资源保存库，林木种质资源得到有效保护。选育推广一批适应性强、增产明显的林木良种，主要造林树种良种使用率提高到75%以上等。二、重点任务。加强林木种质资源保护；强化林木良种基地建设；完善生产供应体系；促进特色种苗产业发展；提高种苗质量与市场监管水平；强化科技支撑；加大品种审定、推广与保护力度；健全社会化服务体系。三、政策措施。完善林木良种补贴政策；建立林木种子贮备制度；加大资金投入；完善种苗产业发展优惠政策。四、保障措施。加强组织领导；完善法律法规；创新发展机制。

12月26日

［纲　文］**国务院新闻办公室举行《中国的医疗卫生事业》白皮书新闻发布会。**

［目　文］发布会由卫生部党组书记、副部长张茅介绍《中国的医疗卫生事业》白皮书有关情况，并答记者问。白皮书全文约12000字，分为前言、卫生基本状况、医药卫生体制改革、传染病防治与卫生应急、慢性非传染性疾病防治、妇女儿童健康权益保护、中医药发展、卫生国际合作、结束语等部分。白皮书全面介绍了中国医疗卫生的基本状况，回顾了多年来中国为推动医疗卫生事业发展所做的努力，展示了医药卫生体制改革阶

段性成效。白皮书透露，中国居民的健康水平已处于发展中国家前列。2010年人均期望寿命达到74.8岁，其中男性72.4岁，女性77.4岁。2009年后3年多，构建起世界上规模最大的医疗保障网，基本药物制度实现基层全覆盖，城乡基层医疗卫生服务体系进一步健全。

12月26日

［纲　文］**国务院安委会办公室发出《关于做好冬季和2013年元旦春节期间安全生产工作的通知》。**

［目　文］《通知》主要有四方面内容。一、加强组织领导，切实落实安全生产责任。二、强化监管检查，抓好冬季和节日期间交通运输及人员密集场所安全管理。三、集中开展安全检查和专项治理整顿，抓好煤矿等重点行业领域安全生产工作。四、强化应急值守，严防自然灾害引发生产安全事故。

12月26—27日

［纲　文］**第20次全国法院工作会议在北京举行。**

［目　文］中共中央政治局委员、中央政法委书记孟建柱，最高人民法院党组书记、院长王胜俊出席会议并讲话。最高人民法院党组副书记、常务副院长沈德咏主持会议。民革中央主席、最高人民法院副院长万鄂湘专题主持会议。最高人民法院副院长江必新、南英，中央纪委驻最高人民法院纪检组组长张建南，分别就行政审判和国家赔偿工作、民事审判、刑事审判、队伍建设工作作专题讲话。

会议要求，当前和今后一个时期，各级人民法院要重点抓好以下六方面工作：一是牢牢把握党的十八大报告主题，坚定不移地沿着中国特色社会主义道路前进。二是牢牢把握全面建成小康社会的基本要求，坚定不移地为经济社会发展提供有力司法保障。三是牢牢把握全面推进依法治国的基本要求，坚定不移地加强司法公信建设。四是牢牢把握坚持和完善中国特色社会主义司法制度的基本要求，坚定不移地推进司法改革。五是牢牢把握关于全面提高党的建设科学化水平的新要求，坚定不移地加强人民法院党的建设和队伍建设。六是牢牢把握党的十八大关于深入贯彻落实科学发展观的要求，坚定不移地推动人民法院工作全面协调可持续发展。

会议认为，要扎实抓好学习贯彻党的十八大精神工作。全国人大及其常委会分别对刑事诉讼法、民事诉讼法进行了重大修订，对审判工作影响重大，必须切实做好贯彻实施工作。

12月26—29日

［纲　文］**胡锦涛在江苏南京、无锡、泰州、盐城等地考察工作。**

［目　文］国家主席胡锦涛到南京晨光集团、江宁无线谷、盐城国家物联网产业研究院、扬子江药业集团、泰州中国医药城等单位，深入生产车间、实验室和产品展厅进行调研。他指出，科技创新是提高社会生产力和综合国力的战略支撑。转变经济发展方式，实现国家发展目标，一定要深化体制改革，加强自主创新，掌握更多核心关键技术，提高科

技成果转化率，充分发挥科技引领、创新驱动对经济发展的重要作用。

胡锦涛到无锡市华西村、盐城市恒北村考察，察看村容村貌，参观华西之路展厅，了解华西村发展现代农业情况。胡锦涛希望华西村以党的十八大精神为指针，继续创新发展思路，深化改革开放，加快转型步伐，为促进城乡共同繁荣探索新经验、作出新贡献。胡锦涛在恒北村，详细询问村里发展特色经济、完善公共服务、改善群众生活情况，胡锦涛还考察了刚刚建成通车的泰州长江公路大桥，要求江苏统筹规划、加紧推进基础设施建设，为推动全省各地经济社会协调发展提供有力支撑。

胡锦涛参观盐城的新四军纪念馆时强调，党的十八大开启了全面建成小康社会的新征程。我们一定要发扬革命前辈光荣传统，继续艰苦奋斗，不断攻坚克难，把革命老区建设好，让老区人民过上更加美好的生活。

12月26—28日

［纲　文］ **应外交部部长杨洁篪邀请，第67届联合国大会主席武克·耶雷米奇访华。**

［目　文］ 27日，中共中央总书记习近平在北京人民大会堂会见耶雷米奇。习近平表示，在即将过去的一年，世界大势总体稳定，但各种问题和挑战层出不穷。国际社会需要认真思考如何在新的一年加强合作，促进世界和平与发展。和平与发展相辅相成，发展是和平的基础，事关各国人民福祉，要更加重视发展问题。当今各国利益交融、安危与共，处理相互关系必须寻求共赢，维护和做大共同利益。要始终坚持《联合国宪章》宗旨和原则，希望联合国说公道话、办公道事。中国将一如既往加强同联合国合作，致力于同各国一道，推动实现世界和平发展、合作共赢、公平正义。耶雷米奇表示，中国在国际事务中主持公道、伸张正义，特别是坚定支持和维护发展中国家的利益，中国的作用是建设性和至关重要的。联合国高度重视同中国的合作，相信中国将为世界和平、发展与繁荣作出更大贡献。

同日，杨洁篪同耶雷米奇会谈，就联大工作、中国同联合国合作及其他共同关心的国际和地区问题交换了看法。

12月27日

［纲　文］ **中共中央、国务院、中央军委对北斗二号卫星导航系统开通服务发出贺电。**

［目　文］ 中共中央、国务院、中央军委贺电说，在全国各族人民认真学习贯彻党的十八大精神之际，欣悉北斗二号卫星导航系统正式开通，谨向你们表示热烈祝贺，并通过你们向参与系统研制建设、运行管理和服务保障的广大科技工作者、部队官兵和全体同志，致以崇高敬意和亲切慰问！建设中国独立自主的卫星导航系统，是党中央、国务院、中央军委着眼国家安全和发展作出的重大决策。北斗二号卫星导航系统研制建设，凝聚了广大工程技术人员的聪明才智，体现了自主创新、团结协作、攻坚克难、追求卓越的北斗精神。该系统建成并投入使用，是国家和军队信息化建设的重要里程碑，是对中国经

济社会发展的重要贡献，标志着中国卫星导航发展“三步走”战略的第二步取得了全面胜利，标志着中国在建立自主可控的卫星导航系统进程中又迈出了一大步，意义重大，影响深远。

自即日起，北斗系统在继续保留北斗卫星导航试验系统有源定位、双向授时和短报文通信服务基础上，向亚太大部分地区正式提供连续无源定位、导航、授时等服务，总体性能与美国GPS性能相当。

12月27日

［纲　文］ **国务院发出《关于促进海关特殊监管区域科学发展的指导意见》。**

［目　文］《意见》主要有六方面内容。一、总体要求。稳步推进特殊监管区域整合优化，加快形成管理规范、通关便捷、用地集约、产业集聚、绩效突出、协调发展的格局；完善政策和功能，促进加工贸易向产业链高端延伸，延长国内增值链条；鼓励加工贸易企业向特殊监管区域集中，发挥特殊监管区域的辐射带动作用，使其成为引导加工贸易转型升级、承接产业转移、优化产业结构、拉动经济发展的重要载体。二、加强审核指导。稳步推进整合工作；强化分类指导。三、健全管理体系。严格建设和验收；健全退出机制；严格入区项目审核；强化监管和服务。四、稳步推进整合优化。整合现有类型；统一新设类型。五、完善政策和功能。完善相关政策措施；拓展业务类型；带动周边经济发展。六、加强组织领导。完善工作机制；加强协作配合。

12月27日

［纲　文］ **证监会公布《证券公司次级债管理规定》。**

［目　文］《规定》共23条，自公布之日起施行，《证券公司借入次级债务规定》（证监会公告〔2010〕23号）同时废止。

12月27日

［纲　文］ **国家税务总局印发《跨地区经营汇总纳税企业所得税征收管理办法》。**

［目　文］《办法》共5章33条，主要有总则、税款预缴和汇算清缴、总分机构分摊税款的计算、日常管理、附则等内容。《办法》自2013年1月1日起施行。

12月27日

［纲　文］ **国土资源部公布《古生物化石保护条例实施办法》。**

［目　文］《办法》共7章60条，主要有总则、古生物化石发掘、古生物化石收藏、古生物化石流通、古生物化石进出境、法律责任、附则等内容。《办法》自2013年3月1日起施行。

12月27日

［纲　文］ **商务部、发展改革委、公安部、环境保护部公布《机动车强制报废标准规定》。**

［目　文］《规定》共11条，经2012年8月24日商务部第68次部务会议审议通过，并经发展改革委、公安部、环境保护部同意，自2013年5月1日起施行。

12月27日

［纲　文］**国土资源部公布《土地复垦条例实施办法》。**

［目　文］《办法》共8章54条，主要有总则、生产建设活动损毁土地的复垦、历史遗留损毁土地和自然灾害损毁土地的复垦、土地复垦验收、土地复垦激励措施、土地复垦监督管理、法律责任、附则等内容。《办法》自2013年3月1日起施行。

12月27—30日

［纲　文］**李克强在江西九江、湖北恩施调研。**

［目　文］国务院副总理李克强到恩施土家族苗族自治州调研群众生活变化，到老乡家与村民会议代表围坐交谈，冒雪登上陡坡实地察看挂坡地问题。李克强在屯堡乡集镇到路边两家个体小店，询问税费及工商注册等问题并与街上群众交谈，了解就业、收入等情况。李克强还召开乡村干部座谈会。他说，党和政府同大家齐努力，相信能脱贫、会致富。他叮嘱随行同志，村民实现了温饱但还不稳定，对群众的困难要挂在心上、帮助解决。他说，山里地少田薄、群众增收难，中国集中连片特困地区基本在中西部山区，这些地区人口超过2亿，脱贫致富是全面建成小康社会的大难点。中国实现现代化还有很长的路要走。差距大，潜力也大，差距就是发展的动力。要下决心、有韧劲，打好这场硬仗。

李克强在九江经济技术开发区，走进农民工宿舍与大家座谈，询问个人工作、孩子上学、家中父母生活等情况。李克强请来当地十多位企业经营者座谈。李克强在九江港详细了解港航企业促进沿江物资流通和产业转移情况。他说，农民工是城市建设发展的生力军，要逐步解决外来务工人员融入城市的问题。中小企业、民营经济为经济增长、就业做出重要贡献。政府要创造公平公正环境，使投资创业者放心发展。要用好长江这条连接东西的黄金水道，推动沿江特别是内陆腹地梯度开发、开放发展，培育新的增长极。

12月28日

［纲　文］**胡锦涛签署国家主席令（第71号至第75号）。**

［目　文］第71号主席令说：《中华人民共和国证券投资基金法》已由中华人民共和国第十一届全国人民代表大会常务委员会第三十次会议于2012年12月28日修订通过，现将修订后的《中华人民共和国证券投资基金法》公布，自2013年6月1日起施行。

第72号主席令说：《中华人民共和国老年人权益保障法》已由中华人民共和国第十一届全国人民代表大会常务委员会第三十次会议于2012年12月28日修订通过，现将修订后的《中华人民共和国老年人权益保障法》公布，自2013年7月1日起施行。

第73号主席令说：《全国人民代表大会常务委员会关于修改〈中华人民共和国劳动合同法〉的决定》已由中华人民共和国第十一届全国人民代表大会常务委员会第三十次会议于2012年12月28日通过，现予公布，自2013年7月1日起施行。

第74号主席令说：《全国人民代表大会常务委员会关于修改〈中华人民共和国农业法〉的决定》已由中华人民共和国第十一届全国人民代表大会常务委员会第三十次会议于

2012年12月28日通过，现予公布，自2013年1月1日起施行。

第75号主席令说：根据中华人民共和国第十一届全国人民代表大会常务委员会第三十次会议于2012年12月28日的决定：免去孟建柱兼任的公安部部长职务；任命郭声琨为公安部部长。

12月28日

［纲　文］**全国人大常委会公布《关于加强网络信息保护的决定》。**

［目　文］《决定》主要有十二方面的内容。一、国家保护能够识别公民个人身份和涉及公民个人隐私的电子信息。二、网络服务提供者和其他企业事业单位在业务活动中收集、使用公民个人电子信息，应当遵循合法、正当、必要的原则，明示收集、使用信息的目的、方式和范围，并经被收集者同意，不得违反法律、法规的规定和双方的约定收集、使用信息。三、网络服务提供者和其他企业事业单位及其工作人员对在业务活动中收集的公民个人电子信息必须严格保密，不得泄露、篡改、毁损，不得出售或者非法向他人提供。四、网络服务提供者和其他企业事业单位应当采取技术措施和其他必要措施，确保信息安全，防止在业务活动中收集的公民个人电子信息泄露、毁损、丢失。五、网络服务提供者应当加强对其用户发布的信息的管理，发现法律、法规禁止发布或者传输的信息的，应当立即停止传输该信息，采取消除等处置措施，保存有关记录，并向有关主管部门报告。六、网络服务提供者为用户办理网站接入服务，办理固定电话、移动电话等入网手续，或者为用户提供信息发布服务，应当在与用户签订协议或者确认提供服务时，要求用户提供真实身份信息。七、任何组织和个人未经电子信息接收者同意或者请求，或者电子信息接收者明确表示拒绝的，不得向其固定电话、移动电话或者个人电子邮箱发送商业性电子信息。八、公民发现泄露个人身份、散布个人隐私等侵害其合法权益的网络信息，或者受到商业性电子信息侵扰的，有权要求网络服务提供者删除有关信息或者采取其他必要措施予以制止。九、任何组织和个人对窃取或者以其他非法方式获取、出售或者非法向他人提供公民个人电子信息的违法犯罪行为以及其他网络信息违法犯罪行为，有权向有关主管部门举报、控告；接到举报、控告的部门应当依法及时处理。被侵权人可以依法提起诉讼。十、有关主管部门应当在各自职权范围内依法履行职责，采取技术措施和其他必要措施，防范、制止和查处窃取或者以其他非法方式获取、出售或者非法向他人提供公民个人电子信息的违法犯罪行为以及其他网络信息违法犯罪行为。有关主管部门依法履行职责时，网络服务提供者应当予以配合，提供技术支持。十一、对有违反本决定行为的，依法给予警告、罚款、没收违法所得、吊销许可证或者取消备案、关闭网站、禁止有关责任人员从事网络服务业务等处罚，记入社会信用档案并予以公布；构成违反治安管理行为的，依法给予治安管理处罚。构成犯罪的，依法追究刑事责任。侵害他人民事权益的，依法承担民事责任。十二、本决定自公布之日起施行。

12月28日

［纲　文］**李克强在江西九江主持召开区域发展与改革座谈会。**

［目　文］国务院副总理李克强说，全面贯彻落实党的十八大和中央经济工作会议精神，就是要按照科学发展观的要求，着力推进发展与改革。一是在扩大开放中扩大内需。中西部地区既要以开放促进发展，又要以开放带动改革。二是推进市场化的体制改革。政府要转变职能，破除横向、纵向限制，打破不合理的行政壁垒和市场分割。要培育建立统一的大市场，使要素流动跟着市场规律走，给社会腾出更多流动空间，增强发展的动力与活力。跨区域交通基础设施怎么连接，劳动力市场和社会保障体系怎么统一，都需要探索，长江流域有条件的地方可以先行先试。三是建设法治化的市场经济。推进权利公平、机会公平、规则公平，创造公平的市场环境、平等的竞争条件，使群众有更多的就业创业机会。

座谈会有长江沿线部分省份及城市负责人参加。江西省省长鹿心社、湖北省委书记李鸿忠、湖南省长徐守盛，安徽、江苏、四川省以及与会城市负责人结合实际，就促进长江中游城市群发展、建立区域互动协调机制、发展统一市场、加快改革创新等问题，发表意见和建议。

12月28日

［纲　文］**全国人才工作座谈会在北京召开。**

［目　文］中共中央政治局委员、中央人才工作协调小组组长赵乐际出席会议并讲话。赵乐际指出，2012年人才工作突出重点、狠抓落实，加快发展、整体推进，取得了显著成效。党的十八大报告把人才工作作为"全面提高党的建设科学化水平"八项任务之一作出部署，为加强和改进人才工作提供了根本遵循。各地各部门要把人才列为各类资源开发之首，要深入实施"千人计划"，要全面实施"万人计划"，要统筹各类人才队伍建设，要加快人才发展体制机制改革和政策创新，要建设高素质人才工作队伍，要健全党管人才体制机制，形成人才工作整体合力，开创人人皆可成才、人人尽展其才的生动局面。

中央人才工作协调小组成员，各省区市、新疆生产建设兵团和各副省级城市党委组织部负责同志，中央和国家机关各部委、部分国有重要骨干企业和高校有关负责同志参加会议。

12月28日

［纲　文］**大亚湾中微子实验发现新的中微子振荡模式，这一科学成果被美国《科学》杂志评选为2012年度十大科学突破。**

12月28日

［纲　文］**首条穿越长江的地铁——武汉地铁二号线一期工程通车试运营。**

［目　文］武汉地铁二号线一期工程线路纵贯武昌、汉口两镇，全长27.73公里，沿线设有21个车站，设计时速为80公里。全程旅行时速约36公里，运行时间约50分钟。地铁穿越长江江底仅需3分钟。通车试运营期间，地铁列车平均6分钟开行一趟。地铁线路开通后，初期日客流量可达50万人次，可承担约50%的公交过江交通客运量，能全面减轻武汉中心城区的交通压力。武汉地铁二号线过江隧道，创造了国内埋深最大、水压最

高、盾构独头掘进区间最长等五项地铁隧道建设领域的“全国第一”。

12 月 28 日

［纲　文］ **财政部印发《彩票发行销售管理办法》。**

［目　文］《办法》共 7 章 59 条，主要有总则、彩票发行与销售管理、彩票品种管理、彩票设施设备和技术服务、彩票奖金管理、报告公告与监督检查、附则等内容。《办法》自 2013 年 1 月 1 日起施行。财政部 2002 年 3 月 1 日发布的《彩票发行与销售管理暂行规定》、2003 年 11 月 13 日发布的《即开型彩票发行与销售管理暂行规定》同时废止。

12 月 28—29 日

［纲　文］ **全国商务工作会议在北京举行。**

［目　文］ 会议由商务部国际贸易谈判代表兼副部长高虎城主持。会议的主要任务是，全面贯彻党的十八大精神，认真落实中央经济工作会议部署，回顾总结 2012 年及过去五年的商务工作，研究部署 2013 年的商务工作。来自中央国家机关有关部门，商务部各直属单位，各省、自治区、计划单列市及新疆生产建设兵团商务主管部门，部分驻外经商机构、国家级开发区、边境经济合作区，各商会、协会、学会及特邀企业代表近 180 人参加了会议。

商务部部长陈德铭在会上作了题为《深入贯彻落实党的十八大精神 促进商务事业持续健康发展》的工作报告，明确了 2013 年商务工作的七项主要任务。2013 年商务工作以提高增长质量和效益为中心，坚持扩大内需战略，加快转变对外经济发展方式，稳中求进，开拓创新，增强商务发展内生动力，实现商务事业持续健康发展。

上海、山东、重庆、湖南、云南等地方商务主管部门，天津经济技术开发区以及 4 家企业代表在会上作了典型发言。

12 月 28—29 日

［纲　文］ **水利部在安徽省合肥市召开全国水利厅局长会议。**

［目　文］ 会议前，回良玉批示指出，这些年，水利工作成绩很大，创新的举措很多，全国水利基础设施体系不断健全，依法科学治水管水能力全面提升，为经济社会发展全局提供了有力保障和支撑，这和水利部及全国水利战线的广大职工卓有成效的工作、艰辛努力的付出是分不开的。在防汛抗旱减灾工作中，水利战线的同志们更是作出了重大贡献，大家不畏艰难、不辞劳苦、不怕牺牲，有力地保障了人民生命财产安全，形成了中国特色的防汛抗旱、防灾减灾体制机制和工作体系，要很好地总结和发扬。

水利部部长陈雷讲话指出，当前和今后一个时期，着力抓好以下工作。第一，强化防洪薄弱环节，着力保障人民群众生命财产安全。第二，大兴农田水利建设，着力提高农业综合生产能力。第三，推进江河湖库水系连通，着力构筑水安全保障体系。第四，加强水土资源节约保护，着力建设生态安全屏障。第五，拓展城市水利工作，着力增强城市可持续发展能力。第六，加强水利社会管理，着力提高水利公共服务能力。第七，健全水利服务体系，着力提高基层水利队伍素质。第八，完善水利政策体系，着力发挥兴水惠民政策效力。

水利部副部长矫勇主持会议并作总结讲话，水利部总规划师周学文通报关于加快水利改革发展决定的贯彻落实情况。会议主题是：全面贯彻落实党的十八大以及中央经济工作会议、中央农村工作会议精神，总结2012年工作，分析水利改革发展形势，部署2013年工作。水利部、长江水利委员会、黄河水利委员会等单位领导出席会议。

12月29—30日

［纲　文］ **习近平在河北省阜平县看望慰问困难群众。**

［目　文］ 29日，中共中央总书记习近平到阜平县，连夜听取河北省、保定市、阜平县经济社会发展特别是扶贫开发工作的汇报。他表示，革命老区和老区人民为中国革命胜利做出了重要贡献，党和人民永远不会忘记。改革开放30多年来，中国人民生活水平总体上发生很大变化。同时，由于中国还处在社会主义初级阶段，还有为数不少的困难群众。全面建成小康社会，最艰巨最繁重的任务在农村、特别是在贫困地区。没有农村的小康，特别是没有贫困地区的小康，就没有全面建成小康社会。中央对扶贫开发工作高度重视。各级党委和政府要增强做好扶贫开发工作的责任感和使命感，做到有计划、有资金、有目标、有措施、有检查，大家一起来努力，让乡亲们都能快点脱贫致富奔小康。

30日早，习近平到龙泉关镇骆驼湾村。习近平走进困难群众家看望，询问收入、粮食、棉被、煤炭、小孩上学、看病等情况。习近平强调，只要有信心，黄土变成金。各级党委和政府要把帮助困难群众特别是革命老区、贫困地区的困难群众脱贫致富摆在更加突出位置，因地制宜、科学规划、分类指导、因势利导，各项扶持政策要进一步向革命老区、贫困地区倾斜，进一步坚定信心、找对路子，坚持苦干实干，推动贫困地区脱贫致富、加快发展。各级领导干部要心里装着困难群众，多做雪中送炭的工作，满腔热情为困难群众办事。

随后，习近平到龙泉关镇顾家台村看望困难农户。在村委会，习近平同村干部、群众、驻村干部交谈。习近平听取了大家发言后强调，农村要发展，农民要致富，关键靠支部。农村基层的同志，工作在第一线，条件也不好，一年到头操劳得很，很辛苦，很不容易，我向你们表示诚挚的慰问。他叮嘱当地干部和随行有关部门负责同志，要原原本本把党的政策落实好，大家拧成一股绳，心往一处想，劲往一处使，汗往一处流，一定要想方设法尽快让乡亲们过上好日子。

调研中，习近平到村卫生室，仔细了解新型农村合作医疗制度落实和药品供应情况，叮嘱当地干部要关心乡亲们身体健康，保障大家能看上病、治好病。

12月29日

［纲　文］ **全国统战部长会议在北京举行。**

［目　文］ 中共中央政治局常委俞正声出席会议并讲话。俞正声指出，各领域统战工作都有各自特点，也具有共性要求，必须善于把握规律、抓住重点。要正确处理一致性和

多样性的关系，始终坚持并不断增进共识，以博大的胸怀对待不同党派、民族、阶层、宗教信仰者以及不同社会制度下的广大成员，实现和而不同基础上的团结。要充分发挥党外人士的监督作用，真心诚意地欢迎党外人士帮助我们改正工作中的缺点和错误。要广交深交党外朋友，虚心向他们学习，认真听取他们的意见，切实解决他们遇到的困难，真正为党交到一批挚友、诤友。各级党委要高度重视统战工作，认真落实中央关于加强党对统战工作领导的要求，积极为统战部门工作开展创造条件。广大统战干部要切实转变工作作风，加强理论学习，深入研究问题，不断在实践中创造新经验、实现新发展。

12月29日

［纲　文］ **国务院印发《生物产业发展规划》。**

［目　文］《规划》主要有四方面内容。一、现状和形势。中国生物产业还存在行业管理机制不健全、市场准入政策法规体系不完善、科研与产业结合不紧密、缺乏具有核心竞争力的龙头企业和具有创新活力的小企业群体等突出问题，在发展过程中将面临日益激烈的国际竞争，必须采取有力措施解决存在的突出问题，积极创造有利条件加快推进生物产业发展。二、指导思想、基本原则和发展目标。到2015年，中国生物产业形成特色鲜明的产业发展能力，对经济社会发展的贡献作用显著增强，在全球产业竞争格局中占据有利位置。到2020年，生物产业发展成为国民经济的支柱产业。三、重点领域和主要任务。突出高品质发展，提升生物医药产业竞争力；突破核心部件制约，促进生物医学工程高端化发展；加速科技成果转化推广，增强生物农业竞争力；提高产品经济性，推动生物制造产业规模化发展；开辟多元途径，促进生物能源商业化发展；加强工艺应用，发展壮大生物环保产业；着眼市场需求，培育生物服务新业态。四、保障措施。完善准入政策，促进创新创业；加强需求激励，强化市场拉动；完善创新激励，促进持续发展；重视人才培养，强化团队建设；加强资源管理，保护生物安全；加强统筹协调，确保规划落实。

12月29日

［纲　文］ **国务院印发《关于城市优先发展公共交通的指导意见》。**

［目　文］《意见》主要有五方面内容。一、树立优先发展理念。在规划布局、设施建设、技术装备、运营服务等方面，明确公共交通发展目标，落实保障措施，创新体制机制，形成城市公共交通优先发展的新格局。二、把握科学发展原则。包括：方便群众；综合衔接；绿色发展；因地制宜。三、明确总体发展目标。通过提高运输能力、提升服务水平、增强公共交通竞争力和吸引力，构建以公共交通为主的城市机动化出行系统，同时改善步行、自行车出行条件。四、实施加快发展政策。强化规划调控；加快基础设施建设；加强公共交通用地综合开发；加大政府投入；拓宽投资渠道；保障公共交通路权优先；鼓励智能交通发展。五、建立持续发展机制。完善价格补贴机制；健全技术标准体系；推行交通综合管理；健全安全管理制度；规范重大决策程序；建立绩效评价制度。

12月29日

［纲　文］ **国家质监总局公布《家用汽车产品修理、更换、退货责任规定》。**

［目　文］《规定》共9章48条，主要有总则、生产者义务、销售者义务、修理者义务、三包责任、三包责任免除、争议的处理、罚则、附则等内容。《规定》经2012年6月27日国家质检总局局务会议审议通过。自2013年10月1日起施行。

12月30日

［纲　文］**西气东输二线工程全线建成投产。**

［目　文］6时50分，中石油西气东输二线广州—南宁支干线天然气正式到达广西南宁。至此，西气东输二线工程1条干线8条支干线全部建成投产，实现中国已建在建20条管道连接贯通，形成近4万公里天然气管网，基本覆盖28个省区市和香港特别行政区，数以亿计人口从中受益。

西气东输二线是中国首条引进境外天然气资源的战略通道工程，是世界上线路最长、工程量最大和钢级最高的天然气管道。管线起于新疆霍尔果斯首站，途经全国15个省区市、192个县级单位，止于香港。工程由1条干线8条支干线组成，全长8704公里。西二线工程设计年输气能力300亿立方米，可稳定供气30年以上。

截至12月29日，西二线天然气已送达沿线300多座城市，输送中亚天然气已超过420亿立方米，可代替煤炭1.075亿吨，减排二氧化碳1.82亿吨、二氧化硫201.6万吨、粉尘92.4万吨、氮氧化物50.4万吨。

12月31日

［纲　文］**习近平主持召开中共中央政治局会议。**

［目　文］中共中央总书记习近平主持会议听取了中央纪律检查委员会工作汇报，研究部署2013年党风廉政建设和反腐败工作。

会议指出，新形势下，反腐败斗争形势依然严峻，少数党员干部宗旨意识淡薄，形式主义、官僚主义问题突出，奢侈浪费现象严重，一些领域消极腐败现象易发多发，个别领导干部特别是高级干部严重违纪违法。全党必须增强忧患意识、风险意识、责任意识，既坚定果断刹风整纪，加大办案力度，坚决遏制腐败现象蔓延势头，又树立长期作战思想，注重深化改革，健全体制机制，加强源头治理，不断铲除腐败现象滋生蔓延的土壤，不断以反腐倡廉实际成效推进廉洁政治建设。

会议强调，2013年，各级党委、政府和纪检监察机关要以党的十八大精神为指导，认真学习贯彻习近平同志关于反腐倡廉的重要论述，坚持党要管党、从严治党，坚持标本兼治、综合治理、惩防并举、注重预防，全面推进惩治和预防腐败体系建设，着力严明党的纪律特别是政治纪律，切实转变领导机关和领导干部工作作风，认真解决反腐倡廉中的突出问题，明确重点、狠抓落实，改革创新、攻坚克难，推动党风廉政建设和反腐败斗争向纵深发展。

会议要求，坚决维护党章的权威性和严肃性，加强对党的路线方针政策和决议执行情况的监督检查，加强对党的政治纪律、组织纪律、宣传纪律、群众工作纪律执行情况的督促检查，维护党的集中统一。认真落实中央关于改进工作作风、密切联系群众的八项规定，严格执行廉洁从政有关规定，反对形式主义、官僚主义，坚决制止奢侈浪费。把监督执行八项规定作为经常性工作，制定监督检查办法和纪律处分规定，强化日常监督，做到出实招、动真格、见实效。坚持有案必查、有腐必惩，严肃查办违纪违法案件，保持惩治腐败高压态势。加大预防腐败工作力度，加强反腐倡廉教育，强化对权力运行的制约和监督，推进反腐倡廉法规制度建设。加强基层党风廉政建设，深入开展纠风和专项治理，认真解决发生在群众身边的不正之风和腐败问题。用铁的纪律打造人民满意的纪检监察干部队伍，树立纪检监察干部忠诚可靠、服务人民、刚正不阿、秉公执纪的良好形象。

12月31日

［纲　文］**国家主席胡锦涛通过中国国际广播电台、中央人民广播电台、中央电视台，发表题为《携手促进世界和平与共同发展》的新年贺词。**

12月31日

［纲　文］**财政部印发《中央文化企业国有资产评估管理暂行办法》和《中央文化企业国有资产产权登记管理暂行办法》。**

［目　文］《中央文化企业国有资产评估管理暂行办法》共7章30条，主要有总则、资产评估、资产评估核准、资产评估备案、管理与监督、法律责任、附则等内容。自2013年1月1日起施行。

《中央文化企业国有资产产权登记管理暂行办法》共7章30条，主要有总则、占有产权登记、变动产权登记、注销产权登记、产权登记程序、产权登记监督与管理、附则等内容。自2013年1月1日起施行。

12月31日

［纲　文］**外交部发言人就《越南海洋法》生效实施答记者问。**

［目　文］2012年6月21日，越南国会通过《越南海洋法》，擅自将中国西沙群岛和南沙群岛纳入所谓越南“主权”范围。这部法律将于2013年1月1日生效实施。

发言人表示，中国对西沙群岛和南沙群岛及其附近海域拥有无可争辩的主权。任何国家对上述群岛提出的领土主权要求和采取的任何行动，都是非法的、无效的。我们对该法生效后将给南海局势带来的负面影响深表关切，要求越方不要采取任何使问题复杂化、扩大化的行动。

12月31日

［纲　文］**中国公共外交协会在北京举行成立大会。**

［目　文］外交部部长杨洁篪出席并致贺辞。杨洁篪说，公共外交是新形势下完善中国外交布局的客观要求，是中国外交工作的重要开拓方向。新形势下，推进公共外交和人文交流，就是要着力促进中国与世界的相互认知，深化中国同世界的关系，推动中国与世界的良性互动和共同发展。我们要大力弘扬平等互信、包容互鉴、合作共赢的精神，加

强同世界各国人民的对话交流，促进相互了解、信任、友谊与合作。开展公共外交需要充分利用各界资源，发挥全社会的作用，希望中国公共外交协会认真贯彻落实党的十八大精神，为推进中国公共外交事业做出重要贡献，为国家发展和外交工作营造良好的舆论环境和民意基础。

成立大会选举李肇星为会长。李肇星在发言中表示，中国公共外交协会将以兼容并蓄、开拓创新的精神，动员、协调、组织社会资源和民间力量扎实推进中国公共外交事业，为提升国家软实力做出贡献。中国前驻英国大使、亚太安全合作理事会中国委员会会长马振岗和中国和平统一促进会理事、中央文史研究馆馆员舒乙分别当选副会长。

12月31日

[纲　文] **财政部、发展改革委印发《战略性新兴产业发展专项资金管理暂行办法》。**

[目　文]《办法》共7章17条，主要有总则、资金使用安排原则、资金支持范围、资金支持方式、资金申报审核与拨付、监督管理、附则等内容。《办法》自印发之日起实施。

12月31日

[纲　文] **新华社讯，中国完成最大规模古籍目录整理出版工程。**

[目　文] 中国古籍整理出版基础性工程、现存汉文古籍总目录《中国古籍总目》由中华书局和上海古籍出版社出版，26卷目录全部出齐。总目不仅吸收了古代文献研究最新成果，还首次摸清中国古籍“家底”约20万种，为完善古籍整理出版体系打下了坚实基础。《中国古籍总目》分为经、史、子、集、丛书5部，收录了各种古籍的书名、卷数、编撰者时代、题名、撰著方式、出版者、出版时间地点、版本、批校题跋以及主要收藏机构等信息，旨在反映中国主要图书馆及部分海外图书馆现存汉文古籍的品种、版本及收藏现状。

附　录

[附录一]

2012年中国行政区划变动一览表

批准日期	批准机构	省、市、自治区	变动内容
6月21日	国务院批准	海南	撤销海南省西沙群岛、南沙群岛、中沙群岛办事处、设立地级三沙市、管辖西沙群岛、中沙群岛、南沙群岛的岛礁及其海域。三沙市人民政府驻西沙永兴岛。
7月11日	国务院批复	河北	撤销唐海县、设立唐山市曹妃甸区、将唐山市丰南区滨海镇划归曹妃甸区管辖。以原唐海县和丰南区滨海镇的行政区域为曹妃甸区的行政区域。曹妃甸区人民政府驻唐海镇垦丰大街23号。
8月17日	国务院批复	江苏	一、撤销苏州市沧浪区、平江区、金阊区、设立苏州市姑苏区、以原沧浪区、平江区、金阊区的行政区域为姑苏区的行政区域。姑苏区人民政府驻苏锦街道平川路510号。 二、撤销县级吴江市、设立苏州市吴江区、以原县级吴江市的行政区域为吴江区的行政区域。吴江区人民政府驻滨湖街道人民路1000号。
		安徽	一、撤销马鞍山市金家庄区和花山区、设立新的花山区、以原金家庄区和花山区的行政区域为新的花山区的行政区域。花山区人民政府驻霍里街道秀山大道166号。 二、设立马鞍山市博望区。将当涂县的博望镇、丹阳镇、新市镇划归博望区管辖、以博望镇、丹阳镇、新市镇的行政区域为博望区的行政区域。博望区人民政府驻博望镇工贸路1号。
9月30日	国务院批复	四川	撤销名山县、设立雅安市名山区、以原名山县的行政区域为名山区的行政区域。名山区人民政府驻蒙阳镇茶都大道481号。
		广东	将广州市番禺区的东涌镇、大岗镇、榄核镇划归广州市南沙区管辖。
		山东	一、撤销青岛市市北区、四方区、设立新的青岛市市北区、以原市北区、四方区的行政区域为新的市北区的行政区域。市北区人民政府驻敦化路街道延吉路80号。 二、撤销青岛市黄岛区、县级胶南市、设立新的青岛市黄岛区、以原青岛市黄岛区、县级胶南市的行政区域为新的黄岛区的行政区域。黄岛区人民政府驻隐珠街道深圳路181号。
11月15日	国务院批复	贵州	一、撤销贵阳市花溪区、小河区、设立新的贵阳市花溪区、以原花溪区、小河区的行政区域为新的花溪区的行政区域。花溪区人民政府驻贵筑街道明珠大道192号。 二、设立贵阳市观山湖区、将贵阳市乌当区的金阳街道、金华镇、朱昌镇和清镇市的百花湖乡划归观山湖区管辖、以金阳街道、金华镇、朱昌镇、百花湖乡的行政区域为观山湖区的行政区域。观山湖区人民政府驻金阳街道北京西路8号。
		西藏	设立双湖县、将尼玛县的措折罗玛镇、协德乡、雅曲乡、嘎措乡、措折强玛乡、多玛乡、巴岭乡划归双湖县管辖、以措折罗玛镇、协德乡、雅曲乡、嘎措乡、措折强玛乡、多玛乡、巴岭乡的行政区域为双湖县的行政区域。双湖县人民政府驻多玛乡索嘎南路9号。双湖县由那曲地区管辖。

续表

批准日期	批准机构	省、市、自治区	变动内容
		广东	撤销清新县，设立清远市清新区，以原清新县的行政区域为清新区的行政区域。清新区人民政府驻太和镇府前路3号。
12月17日	国务院批复	新疆	设立县级阿拉山口市，管辖艾比湖街道、阿拉套街道，市人民政府驻阿拉套街道天山西街8号。阿拉山口市由博尔塔拉蒙古自治州管辖。
		新疆	设立县级铁门关市。铁门关市人民政府驻兴疆路1号。铁门关市由新疆维吾尔自治区直辖，管理方式按有关文件规定执行。
		广东	一、撤销揭东县，设立揭阳市揭东区，将揭阳市榕城区的磐东街道划归揭东区管辖，以原揭东县（不含地都镇、砲台镇、登岗镇）和榕城区磐东街道的行政区域为揭东区的行政区域。揭东区人民政府驻曲溪街道金溪大道南侧1号。 二、将原揭东县的地都镇、砲台镇、登岗镇划归榕城区管辖。
		江苏	撤销县级姜堰市，设立泰州市姜堰区，以原县级姜堰市的行政区域为姜堰区的行政区域。姜堰区人民政府驻姜堰镇上海路1号。

资料来源于民政部网站。

[附录二]

2012年国民经济和社会统计资料

项目	单位	2012年	2012年与2011年比较
一、全国行政区划			
省级区划数	个	34	0.00%
地级区划数	个	285	–14.16%
地级市	个	285	0.35%
县级区划数	个	2852	–0.04%
市辖区	个	860	0.35%
县级市	个	368	–0.27%
县	个	1453	–0.21%
自治县	个	117	0.00%
二、全国人口及就业状况			
年底总人口	万人	135404	0.50%
男	万人	69395	0.47%

续表

项目	单位	2012 年	2012 年与 2011 年比较
女	万人	66009	0.52%
城镇	万人	71182	3.04%
乡村	万人	64222	–2.18%
人口出生率	‰	12.1	1.42%
人口死亡率	‰	7.15	0.14%
人口自然增长率	‰	4.95	3.34%
就业人员总数	万人	76704	0.37%
城镇	万人	37102	3.31%
乡村	万人	39602	–2.23%
第一产业	万人	25773	–3.09%
第二产业	万人	23241	3.09%
第三产业	万人	27690	1.50%
三、国内生产总值及构成			
国内生产总值（按当年价格计算）			
国民总收入	亿元	539116.5	11.53%
国内生产总值	亿元	540367.4	10.74%
第一产业增加值	亿元	50902.3	13.67%
第二产业增加值	亿元	244643.3	7.75%
第三产业增加值	亿元	244821.9	13.28%
农林牧渔业增加值	亿元	52368.7	13.54%
工业增加值	亿元	208905.6	7.05%
建筑业增加值	亿元	36896.1	12.06%
批发和零售业增加值	亿元	49831	13.95%
交通运输、仓储和邮政业增加值	亿元	23763.2	8.80%
住宿和餐饮业增加值	亿元	9536.9	11.34%
金融业增加值	亿元	35188.4	14.70%
房地产业增加值	亿元	31248.3	10.94%
其他增加值	亿元	92629.2	14.69%
人均国内生产总值	元／人	40007	10.21%
国内生产总值构成（按当年价格计算）			
国内生产总值	%	100	0.00%
第一产业增加值	%	9.4	2.17%
第二产业增加值	%	45.3	–2.58%
第三产业增加值	%	45.3	2.26%

续表

项目	单位	2012年	2012年与2011年比较
农林牧渔业增加值	%	9.7	2.11%
工业增加值	%	38.7	-3.25%
建筑业增加值	%	6.8	1.49%
批发和零售业增加值	%	9.2	2.22%
交通运输、仓储和邮政业增加值	%	4.4	-2.22%
住宿和餐饮业增加值	%	1.8	0.00%
金融业增加值	%	6.5	3.17%
房地产业增加值	%	5.8	0.00%
其他增加值	%	17.1	3.01%
支出法国内生产总值（按当年价格计算）			
支出法国内生产总值	亿元	540988.9	11.31%
最终消费支出	亿元	271112.8	12.48%
居民消费支出	亿元	198536.8	12.47%
政府消费支出	亿元	72576.1	12.54%
资本形成总额	亿元	255240	9.39%
固定资本形成总额	亿元	244600.7	11.35%
存货变动	亿元	10639.3	-22.09%
四、全社会固定资产投资			
新建	亿元	251045.65	74.82%
扩建	亿元	47983.12	13.59%
改建和技术改造	亿元	52413.63	25.70%
五、农林牧渔业生产状况			
总产值（绝对数按当年价格计算）	亿元	89453.05	13.47%
农作物播种面积	千公顷	163415.67	2.22%
粮食播种面积	千公顷	111204.59	-1.57%
全国主要农业产品产量			
粮食	万吨	58957.97	0.18%
棉花	万吨	683.5975	4.86%
油料	万吨	3436.77	6.98%
麻类	万吨	26.12	16.92%
甘蔗	万吨	12311.39	13.29%
甜菜	万吨	1174.04	47.54%
烟叶	万吨	340.65	13.63%
茶叶	万吨	178.98	11.33%

续表

项目	单位	2012 年	2012 年与 2011 年比较
水果	万吨	24056.84	14.45%
六、工业生产状况			
工业增加值（按当年价格计算）	亿元	208905.6	7.05%
规模以上工业企业实现利润	亿元	61910.06	0.84%
全国主要工业产品产量			
纱	万吨	2984	9.79%
布	亿米	848.94	4.27%
化学纤维	万吨	3837.37	13.19%
成品糖	万吨	1409.47	18.70%
彩色电视机	万台	12823.52	4.84%
家用电冰箱	万台	8427	–3.13%
房间空气调节器	万台	12398.72	–10.88%
原煤	亿吨	39.45	4.81%
原油	万吨	20747.8	2.27%
天然气	亿立方米	1106.08	5.00%
发电量	亿千瓦小时	49875.53	5.83%
粗钢	万吨	72388.22	5.63%
钢材	万吨	95577.83	7.85%
十种有色金属	万吨	3696.97	7.61%
水泥	万吨	220984.08	5.27%
硫酸（折 100%）	万吨	7876.63	5.26%
烧碱（折 100%）	万吨	2696.82	9.03%
乙烯	万吨	1486.8	2.66%
农用氮、磷、钾化肥产量	万吨	6832.1	6.43%
汽车	万辆	1927.62	4.67%
大中型拖拉机	万台	52.73	31.20%
集成电路	万块	7796100	8.35%
程控交换机	万线	2829.08	–6.76%
移动通信手持机	万台	118154.57	4.32%
微型计算机设备	万台	31806.71	–0.72%
七、全国能源生产和消费状况			
能源生产总量	万吨标准煤	351040.75	3.19%
原煤占能源生产总量的比重	%	76.22	–2.11%
原油占能源生产总量的比重	%	8.55	–0.35%

续表

项目	单位	2012年	2012年与2011年比较
天然气占能源生产总量的比重	%	4.1	0.00%
全国能源消费情况			
能源消费总量	万吨标准煤	402138	3.90%
煤炭占能源消费总量的比重	%	68.5	–2.42%
石油占能源消费总量的比重	%	17	1.19%
天然气占能源消费总量的比重	%	4.8	4.35%
八、交通运输及邮电状况			
运输线路长度			
铁路营业里程	万公里	9.76	4.72%
公路里程	万公里	423.75	3.19%
高速公路	万公里	9.62	13.31%
内河航道里程	万公里	12.5	0.32%
定期航班航线里程	公里	3280114	–6.03%
管道输油（气）里程	万公里	9.16	9.96%
全国客运情况			
客运总量	万人	3804034.9	7.88%
铁路客运量	万人	189336.85	1.67%
公路客运量	万人	3557010	8.24%
水运客运量	万人	25752	4.87%
民航客运量	万人	31936.05	8.93%
全国旅客周转总量	亿人公里	33383.09	7.74%
铁路旅客周转量	亿人公里	9812.33	2.08%
公路旅客周转量	亿人公里	18467.55	10.19%
水运旅客周转量	亿人公里	77.48	3.96%
民航旅客周转量	亿人公里	5025.74	10.77%
全国货运量			
货运总量	万吨	4100436	10.91%
铁路货运量	万吨	390438	–0.72%
公路货运量	万吨	3188475	13.06%
水运货运量	万吨	458705	7.69%
民航货运量	万吨	545	–2.15%
管道货运量	万吨	62274	9.11%
全国货物周转总量	亿吨公里	173804.46	9.09%

续表

项目	单位	2012 年	2012 年与 2011 年比较
铁路货物周转量	亿吨公里	29187.09	–0.95%
公路货物周转量	亿吨公里	59534.86	15.88%
水运货物周转量	亿吨公里	81707.58	8.33%
民航货物周转量	亿吨公里	163.89	–5.76%
管道货物周转量	亿吨公里	3211.04	11.28%
全国民用汽车拥有量			
民用汽车拥有量	万辆	10933.09	16.85%
私人汽车	万辆	8838.6	20.63%
民用运输船舶拥有量	艘	158309	0.23%
沿海规模以上港口货物吞吐量	万吨	665245	7.94%
全国邮电业务情况			
邮电业务总量	亿元	15019	12.64%
邮政业务总量	亿元	2036.84	26.69%
电信业务总量	亿元	12982.44	10.72%
函件数	亿件	70.74	–4.12%
包裹数	万件	6875.5	–0.11%
报刊期发数	万份	15401.6	2.62%
九、商业、物价及外贸状况			
全国社会消费品零售情况			
社会消费品零售总额	亿元	214432.7	14.54%
批发和零售业商品销售额	亿元	410532.7	13.87%
住宿和餐饮业营业额	亿元	7954.28	12.49%
全国各种价格指数（以上年为 100）			
居民消费价格指数		102.6	–2.66%
商品零售价格指数		102	–2.76%
工业生产者出厂价格指数		98.3	–7.26%
工业生产者购进价格指数		98.2	–9.99%
固定资产投资价格指数		101.1	–5.16%
全国进出口贸易情况			
进出口总额（人民币）	亿元	244160.21	3.28%
出口总额（人民币）	亿元	129359.25	4.96%
进口总额（人民币）	亿元	114800.96	1.45%
进出口差额（人民币）	亿元	14558.29	44.44%
进出口总额（美元）	百万美元	3867119	6.19%

续表

项目	单位	2012年	2012年与2011年比较
出口总额（美元）	百万美元	2048714	7.92%
进口总额（美元）	百万美元	1818405	4.30%
差额（美元）	百万美元	230309	48.69%
十、财政状况			
财政收入	亿元	117253.52	12.88%
财政支出	亿元	125952.97	15.29%
收支差额	亿元	–8699.45	61.90%
中央财政收入	亿元	56175.23	9.45%
地方财政收入	亿元	61078.29	16.24%
中央财政支出	亿元	18764.63	13.63%
地方财政支出	亿元	107188.34	15.59%
国家财政主要收入项目			
国家税收收入	亿元	100614.28	12.12%
国家非税收入	亿元	16639.24	17.71%
国家专项收入	亿元	3232.63	5.77%
国家行政事业性收费	亿元	4579.54	13.37%
国家罚没收入	亿元	1559.81	19.86%
国家其他收入	亿元	7267.26	26.63%
国家财政主要支出项目			
国家财政一般公共服务支出	亿元	12700.46	15.59%
国家财政国防支出	亿元	6691.92	11.02%
国家财政公共安全支出	亿元	7111.6	12.81%
国家财政教育支出	亿元	21242.1	28.76%
国家财政科学技术支出	亿元	4452.63	16.32%
国家财政文化体育与传媒支出	亿元	2268.35	19.81%
国家财政社会保障和就业支出	亿元	12585.52	13.29%
国家财政医疗卫生支出	亿元	7245.11	12.69%
国家财政环境保护支出	亿元	2963.46	12.21%
国家财政城乡社区事务支出	亿元	9079.12	19.14%
国家财政农林水事务支出	亿元	11973.88	20.49%
国家财政交通运输支出	亿元	8196.16	9.31%
国家财政其他支出	亿元	2482.38	–14.73%
中央财政债务余额	亿元	77565.7	7.66%

续表

项目	单位	2012 年	2012 年与 2011 年比较
国内债务	亿元	76747.91	7.47%
国外债务	亿元	817.79	29.05%
十一、金融状况			
货币和准货币 (M2) 供应量	亿元	974148.8	14.39%
货币 (M1) 供应量	亿元	308664.2	6.49%
流通中现金 (M0) 供应量	亿元	54659.81	7.71%
货币供应量中活期存款供应量	亿元	254004.5	6.23%
黄金储备	万盎司	3389	0.00%
外汇储备	亿美元	33115.89	4.10%
十二、人民生活			
城乡居民人民币储蓄存款年底余额	亿元	399551	16.27%
十三、教育状况			
普通高等学校			
研究生培养机构学校数	所	811	7.42%
普通高校研究生培养机构学校数	所	534	11.02%
科研机构研究生培养机构学校数	所	277	1.09%
普通高等学校学校数	所	2442	1.37%
本科院校学校数	所	1145	1.42%
普通中学			
专科院校学校数	所	1297	1.33%
中等教育学校数	所	81662	–2.56%
高中阶段教育学校数	所	26868	–2.79%
高中学校数	所	14205	–2.34%
普通高中学校数	所	13509	–1.31%
初中阶段教育学校数	所	54794	–2.45%
初等教育学校数	所	255400	–6.04%
普通小学			
普通小学学校数	所	228585	–5.25%
十四、文化事业状况			
文化文物机构数	个	305927	–1.34%
公共图书馆业机构数	个	3076	4.20%
群众文化服务业机构数	个	43876	0.46%

续表

项目	单位	2012年	2012年与2011年比较
艺术教育业机构数	个	141	–5.37%
文化市场经营机构数	个	234759	–2.33%
图书、期刊和报纸出版情况			
图书出版种数	种	414005	12.04%
图书新出版种数	种	241986	16.62%
图书总印数	亿册	79.25	2.92%
期刊出版种数	种	9867	0.18%
期刊出版总印数	亿册	33.5	1.82%
报纸出版种数	种	1918	–0.52%
报纸出版总印数	亿份	482.26	3.18%
十五、卫生事业状况			
医疗卫生机构数	个	950297	–0.43%
医院数	个	23170	5.42%
综合医院数	个	15021	4.84%
中医医院数	个	2889	2.05%
专科医院数	个	4665	8.92%
基层医疗卫生机构	个	912620	–0.59%
社区卫生服务中心/数	站/个	33562	2.14%
卫生人员数	万人	911.57	5.80%
卫生技术人员数	万人	667.55	7.62%
执业(助理)医师数	万人	261.61	6.08%
执业医师数	万人	213.88	5.87%
注册护士数	名	249.66	11.26%
药师数	万张	37.74	3.68%
乡村医生和卫生员数	万人	109.44	–2.84%
卫生机构床位数	万张	572.48	10.95%
医院床位数	万张	416.15	12.32%
专业公共卫生机构床位数	万张	19.82	11.29%
妇幼保健院(所、站)床位数	万张	16.16	10.76%
专科疾病防治院(所、站)床位数	万张	3.57	13.69%

资料来源于2019年1月20日国家统计局国家年度数据表。

[附录三] 2012年中国与外国签订的双边条约一览表

序号	条约名称	签订日期	签订地点
1	中华人民共和国政府和乌干达共和国政府对所得避免双重征税和防止偷漏税的协定	1月11日	坎帕拉
2	中华人民共和国政府和泰王国政府关于中国在泰国孔敬设立总领事馆的换文	1月13日 4月17日	曼谷
3	中华人民共和国政府和尼泊尔政府文化合作协定	1月14日	加德满都
4	中华人民共和国政府和尼泊尔政府关于边境口岸及其管理制度的协定	1月14日	加德满都
5	中华人民共和国政府和尼泊尔政府关于边民过界放牧的协定	1月14日	加德满都
6	中华人民共和国外交部和尼泊尔政府外交部关于加强合作的谅解备忘录	1月14日	加德满都
7	中华人民共和国政府和沙特阿拉伯王国政府文化协定2012—2016年执行计划	1月15日	利雅得
8	中华人民共和国政府和沙特阿拉伯王国政府和平利用核能合作协定	1月15日	利雅得
9	中华人民共和国政府和阿拉伯联合酋长国政府关于互免持外交护照人员签证的谅解备忘录	1月17日	迪拜
10	中华人民共和国政府和印度共和国政府关于建立中印边境事务磋商和协调工作机制的协定	1月17日	新德里
11	中华人民共和国政府和卡塔尔政府关于成立中国卡塔尔投资合作委员会的协议	1月18日	多哈
12	中华人民共和国与欧洲投资银行贷款协议（中国林业专项框架贷款）	2月13日	北京
13	中华人民共和国政府和委内瑞拉玻利瓦尔共和国政府关于《中华人民共和国政府和委内瑞拉玻利瓦尔共和国政府关于联合融资基金的协议》的第二次修改议定书	2月27日	加拉加斯
14	中华人民共和国政府和尼日利亚联邦共和国政府关于互设文化中心的协定	3月2日	北京
15	中华人民共和国政府和保加利亚共和国政府关于互免持外交、公务护照人员签证的协定	3月5日	索菲亚
16	中华人民共和国政府和朝鲜民主主义人民共和国政府关于中国驻清津总领事馆领区范围的换文	3月12日 5月22日	平壤
17	中华人民共和国政府和埃塞俄比亚联邦民主共和国政府关于埃塞俄比亚在上海设立总领事馆的换文	3月13日 3月31日	北京
18	中华人民共和国政府和日本国政府、大韩民国政府促进和保护投资协定	3月13日	北京
19	中华人民共和国政府和印度尼西亚政府关于“远望六号”测量船赴印度尼西亚执行航天测控任务的换文	3月19日 4月18日	雅加达

续表

序号	条约名称	签订日期	签订地点
20	中华人民共和国政府和印度尼西亚政府海上合作谅解备忘录	3月23日	北京
21	中华人民共和国政府和印度尼西亚共和国政府关于加强禁毒合作的谅解备忘录	3月23日	北京
22	中华人民共和国政府和巴林王国政府文化协定2012年至2015年执行计划	3月26日	麦纳麦
23	中华人民共和国政府和越南社会主义共和国政府关于共同建设北仑二河第二公路大桥协定及其议定书	3月26日	河内
24	中华人民共和国政府和日本国政府关于日本驻重庆总领事馆扩大领区的换文	3月30日 3月31日	北京
25	中华人民共和国政府和太平洋岛国论坛驻华贸易代表处更名的换文	3月29日	苏瓦
26	中华人民共和国政府和土耳其共和国政府和平利用核能合作协定	4月9日	北京
27	中华人民共和国政府和墨西哥合众国政府关于保护、保存、返还和追索文化财产及防止盗窃、盗掘和非法进出境文化财产的协定	4月6日	北京
28	中华人民共和国政府和博茨瓦纳共和国政府对所得避免双重征税和防止偷漏税的协定	4月11日	哈博罗内
29	中华人民共和国政府和日本国政府关于2012年4月29日后销毁中国境内日本遗弃化学武器的备忘录	4月12日	北京
30	中华人民共和国政府和乌克兰政府关于互免机组成员签证的协议	4月16日	基辅
31	中华人民共和国政府与泰王国政府关于铁路发展合作的谅解备忘录	4月17日	北京
32	中华人民共和国政府和比利时法语区政府关于合作拍摄电影的协议	4月17日	布鲁塞尔
33	中华人民共和国政府和冰岛政府关于北极合作的框架协议书	4月20日	雷克雅未克
34	中华人民共和国政府和波兰共和国政府关于加强基础设施领域合作协定	4月25日	华沙
35	中华人民共和国政府和俄罗斯联邦政府关于对2008年10月28日《中华人民共和国政府和俄罗斯联邦政府关于共同建设、使用、管理和维护中华人民共和国黑龙江省同江市—俄罗斯联邦犹太自治州下列宁斯阔耶居民点区域内黑龙江（阿穆尔河）铁路界河桥协定》的修订议定书	4月28日	莫斯科
36	中华人民共和国政府和哥伦比亚共和国政府关于防止盗窃、盗掘和非法进出境文化财产的协定	5月9日	北京
37	中华人民共和国政府和朝鲜民主主义人民共和国政府关于共同建设、管理和维护集安—满浦界河公路大桥的协定	5月10日	平壤

续表

序号	条约名称	签订日期	签订地点
38	中华人民共和国政府和联合国教育、科学及文化组织关于在中华人民共和国北京建立由教科文组织赞助的国际科学和技术战略研究与培训中心（第二类）的协定	5月14日	上海
39	中华人民共和国政府和塞舌尔共和国政府关于移交海盗及武装劫船嫌疑人及其财产的谅解备忘录	5月18日	维多利亚
40	中华人民共和国政府和白俄罗斯共和国政府关于成立中白高科技合作委员会的协定	5月21日	明斯克
41	中华人民共和国政府和日本国政府关于中国驻新潟总领事馆扩大领区范围的换文	5月31日 6月1日	东京
42	中华人民共和国政府和斯里兰卡民主社会主义共和国政府关于在斯里兰卡设立中国文化中心的谅解备忘录	6月4日	北京
43	中华人民共和国政府和哈萨克斯坦共和国政府关于中哈边境口岸及其管理制度的协定	6月6日	北京
44	中华人民共和国政府和乌兹别克斯坦共和国政府关于动物卫生领域的合作协定	6月6日	北京
45	中华人民共和国政府和乌兹别克斯坦共和国政府关于植物保护和检疫的合作协定	6月6日	北京
46	中华人民共和国政府和列支敦士登公国政府关于列支敦士登在香港委派名誉领事的换文	6月12日 6月20日	苏黎世
47	中华人民共和国政府和丹麦王国政府对所得避免双重征税和防止偷漏税的协定	6月16日	哥本哈根
48	中华人民共和国政府和丹麦王国政府关于互设文化中心的谅解备忘录	6月16日	哥本哈根
49	中华人民共和国政府和利比里亚共和国政府文化合作协定2013—2016年执行计划	6月18日	北京
50	中华人民共和国政府和厄立特里亚国政府文化协定2012—2015年执行计划	6月19日	北京
51	中华人民共和国政府和塞内加尔共和国政府文化协定2012—2015年执行计划	6月19日	北京
52	中华人民共和国政府和尼日尔共和国政府文化协定2012—2015年执行计划	6月19日	北京
53	中华人民共和国政府和巴西联邦共和国政府关于互设文化中心的谅解备忘录	6月21日	里约热内卢
54	中华人民共和国政府和巴西联邦共和国政府关于海关行政互助的协定	6月21日	里约热内卢
55	中华人民共和国和阿根廷共和国关于刑事司法协助的条约	6月25日	布宜诺斯艾利斯
56	中华人民共和国政府和古巴共和国政府关于海关合作与行政互助的协定	7月5日	北京

续表

序号	条约名称	签订日期	签订地点
57	中华人民共和国政府和圣马力诺共和国政府关于税收情报交换的协定	7月9日	北京
58	中华人民共和国政府和老挝人民民主共和国政府关于在老挝设立中国文化中心的谅解备忘录	7月11日	北京
59	中华人民共和国外交部与乌克兰外交部2012—2013年磋商计划	7月17日	北京
60	中华人民共和国政府和加拿大政府和平利用核能合作协定议定书	7月19日	北京
61	中华人民共和国政府和马来西亚政府关于打击跨国犯罪的合作协议	8月2日	北京
62	中华人民共和国政府和印度尼西亚政府关于“远望五号”测量船赴印尼执行航天测控任务的换文	8月6日 8月30日	雅加达
63	中华人民共和国政府和汤加王国政府关于互免持外交、公务/官员、公务普通护照人员签证的协定	8月20日	努库阿洛法
64	中华人民共和国政府和委内瑞拉共和国政府关于联合融资基金协议第二次修改议定书的换文	8月22日	北京
65	中华人民共和国和伊朗伊斯兰共和国引渡条约	9月10日	德黑兰
66	中华人民共和国政府和奥地利共和国政府关于促进和相互保护投资协定第五条修订协定的换文	9月14日 9月17日	北京
67	中华人民共和国政府和斯里兰卡民主社会主义共和国政府关于互免持外交、公务(官员)和公务普通护照人员签证的协定	9月17日	科伦坡
68	中华人民共和国政府和丹麦王国政府关于丹麦驻重庆领事馆升格为总领事馆的换文	9月25日 11月6日	北京
69	中华人民共和国政府和罗马尼亚政府关于加强基础设施领域合作协定	10月26日	布加勒斯特
70	中华人民共和国政府和大韩民国政府社会保险协定及其议定书	10月29日	北京
71	关于在《中国—东盟全面经济合作框架协议》下《货物贸易协议》中纳入技术性贸易壁垒和卫生与植物卫生措施章节的议定书	11月19日	金边
72	中华人民共和国外交部和泰王国外交部关于加强合作的谅解备忘录	11月21日	曼谷
73	中华人民共和国政府和南非共和国政府在人力资源开发和公共行政管理领域合作协定	11月23日	北京
74	中华人民共和国政府和阿根廷共和国政府关于便利商务人员签证手续的协议	12月6日	布宜诺斯艾利斯
75	中华人民共和国政府和俄罗斯联邦政府关于建立中俄总理定期会晤机制及其组织原则的协定	12月6日	莫斯科

续表

序号	条约名称	签订日期	签订地点
76	中华人民共和国政府和俄罗斯联邦政府关于民用航空器搜寻与援救协议	12月6日	莫斯科
77	中华人民共和国政府和海牙国际私法会议关于在中华人民共和国香港特别行政区设立海牙国际私法会议亚太区域办事处的东道国协议	12月13日	香港
78	中华人民共和国和波斯尼亚和黑塞哥维那关于民事和商事司法协助的条约	12月18日	北京
79	中华人民共和国和波斯尼亚和黑塞哥维那关于刑事协助的条约	12月18日	北京
80	中华人民共和国和波斯尼亚和黑塞哥维那引渡条约	12月20日	北京

资料来源于外交部网站。

［附录四］

2012年中国参加的多边公约一览表

序号	条约名称	签订日期/地点/保存机关	公约生效日期	中国采取行动情况	备注
1	欧亚反洗钱和反恐融资组织协议	2011年6月16日，俄罗斯莫斯科		2011年6月16日签署；2012年2月17日核准	
2	万国邮政联盟章程（原译组织法）第八附加议定书	2008年8月12日，日内瓦，邮政联盟国际局总局长		2012年4月27日批准	适用于澳门特区、香港特区
3	关于合作查明和切断在上海合作组织成员国境内参与恐怖主义、分裂主义和极端主义活动人员渗透渠道的协定	2006年6月15日，中国上海，上海合作组织秘书处	2008年11月6日	2012年5月21日国务院决定核准；2012年7月交存核准书；2012年7月10日对中国生效	适用于澳门特区、暂不适用于香港特区
4	上海合作组织成员国反恐专业人员培训协定	2009年6月16日，俄罗斯叶卡捷琳堡市，上海合作组织秘书处	尚未生效	2012年5月21日国务院决定核准；2012年7月交存核准书	适用于澳门特区、暂不适用于香港特区

续表

序号	条约名称	签订日期/地点/保存机关	公约生效日期	中国采取行动情况	备注
5	上海合作组织成员国政府间合作打击非法贩运武器、弹药和爆炸物品的协定	2008年8月28日，哈萨克斯坦杜尚别，上海合作组织秘书处	2010年5月3日	2012年5月24日国务院决定核准；2012年7月交存核准书；2012年7月10日对中国生效	适用于澳门特区、暂不适用于香港特区
6	万国邮政联盟总规则（经第23届大会修订）	2004年10月5日，布加勒斯特，邮政联盟国际局总局长	2006年1月1日	2012年7月8日核准	适用于澳门特区、香港特区
7	万国邮政联盟总规则第一附加议定书	2008年8月12日，日内瓦，邮政联盟国际局总局长	2010年1月1日	2012年7月8日核准	适用于澳门特区、香港特区
8	东盟和中日韩大米紧急储备协定	2011年10月7日，雅加达，东盟秘书长	2012年7月2日	2011年10月7日签署 2012年9月1日核准	暂不适用香港特区
9	上海合作组织成员国政府间农业合作协定	2010年6月11日，乌兹别克斯坦塔什干，上海合作组织秘书处	尚未生效	2012年9月29日国务院决定核准；2012年11月交存核准书	适用于澳门特区、暂不适用于香港特区

资料来源于外交部网站。

［附录五］

2012年国家科学技术奖励情况

2012年度国家最高科学技术奖获奖人
郑哲敏院士、王小谟院士
2012年度国家自然科学奖获奖项目
一等奖（空缺）
2012年度国家技术发明奖获奖项目 （通用项目）
一等奖

续表

1	F-309-1-01	立体视频重建与显示技术及装置	戴琼海（清华大学） 季向阳（清华大学） 刘烨斌（清华大学） 曹 汛（清华大学） 戈 张（深圳超多维光电子有限公司） 杨 艺（北京凌云光视数字图像技术有限公司）	教育部
2	F-310-1-01	大跨建筑钢-混凝土组合结构新技术及其应用	聂建国（清华大学） 樊健生（清华大学） 陶慕轩（清华大学） 张振学（天津城建设计院） 温凌燕（清华大学） 卜凡民（清华大学）	中国建筑工程总公司

2012 年度国家科学技术进步奖获奖项目
（通用项目）

特等奖

序号	编号	项目名称	主要完成人	主要完成单位	推荐单位
1	J-217-0-01	特高压交流输电关键技术、成套设备及工程应用	刘振亚、陈维江、窓传龙、林集明、舒印彪、张喜乐、孙 昕、钟俊涛、郑宝森、印永华、张 猛、韩先才、王绍武、孙永恒、彭升军、丁 扬、韩书谟、汪建平、姚斯立、张建坤、袁 骏、周孝信、刘泽洪、万启发、张西元、宿志一、李光范、伍志荣、王景朝、邬 雄、李 正、胡 毅、党镇平、何 民、梁 琮、赵连岐、任春阳、张国良、李瑞生、王永刚、廖俊德、杨 林、杨 雯、孙竹森、刘开俊、郭剑波、马 斌、李明节、刘洪涛、刘 鹏	国家电网公司、中国西电电气股份有限公司、中国电力工程顾问集团公司、中国电力科学研究院、特变电工沈阳变压器集团有限公司、国网电力科学研究院、保定天威保变电气股份有限公司、国网交流工程建设有限公司、西安西电变压器有限责任公司、西安高压电器研究院有限责任公司、西安西电开关电气有限公司、河南平高电气股份有限公司、新东北电气（沈阳）高压开关有限公司、特变电工衡阳变压器有限公司、中国电力工程顾问集团华北电力设计院工程有限公司、中国电力工程顾问集团华东电力设计院、中国电力工程顾问集团中南电力设计院、中国电力工程顾问集团东北电力设计院、中国电力工程顾问集团西南电力设计院、中国电力工程顾问集团西北电力设计院、国网运行有限公司、清华大学、西安交通大学、山西省电力公司、河南省电力公司、湖北省电力公司、桂林电力电容器有限责任公司、许继集团有限公司、西安西电高压电瓷有限责任公司、大连电瓷集团股份有限公司	中国电机工程学会

续表

序号	编号	项目名称	主要完成人	主要完成单位	推荐单位
2	J-210-0-01	特大型超深高含硫气田安全高效开发技术及工业化应用	曹耀峰、孔凡群、王寿平、曾大乾、沈琛、刘一江、陈惟国、姜贻伟、张庆生、李明志、孙丽丽、刘传喜、孙晓春、赵金洲、邓云峰、胡群爱、刘德绪、徐卫东、盛兆顺、王召民、吴信荣、张世民、闫光庆、杨发平、毕建霞、侯树刚、吴晓东、尹太举、张忠铧、许文妍、安兵涛、李浩、王卫红、郭肖、陈长风、刘地渊、古小红、赵开良、朱德华、熊良淦、郭强、靳秀菊、龚金海、彭鑫岭、陈道元、张文昌、黄雪松、苗宏、刘晓敏、刘红磊	中国石油化工股份有限公司中原油田分公司、中国石化工程建设公司、中国石油化工股份有限公司石油勘探开发研究院、西南石油大学、中国安全生产科学研究院、中国石油大学（北京）、长江大学、宝山钢铁股份有限公司、天津钢管集团股份有限公司、北京航天动力研究所	中国石油化工集团公司

一等奖

序号	编号	项目名称	主要完成人	主要完成单位	推荐单位
1	J-216-1-01	盾构装备自主设计制造关键技术及产业化	杨华勇、洪开荣、张闵庆、韩亚丽、魏建华、杨磊、李建斌、龚国芳、黄圣、谢海波、张志国、刘振宇、黄健、陈馈、应群伟	浙江大学、上海隧道工程股份有限公司、中铁隧道集团有限公司、中铁隧道装备制造有限公司、杭州锅炉集团股份有限公司	教育部
2	J-253-1-01	前列腺癌诊疗体系的创新及其关键技术的应用	孙颖浩、高新、叶定伟、刘明耀、贺大林、牛远杰、尚芝群、李磊、易正芳、高旭、周铁、庞俊、张海梁、任善成、王辉清	中国人民解放军第二军医大学第一附属医院、中山大学附属第三医院、复旦大学附属肿瘤医院、华东师范大学、西安交通大学附属第一医院、天津市泌尿外科研究所	总后勤部

续表

序号	编号	项目名称	主要完成人	主要完成单位	推荐单位
3	J-210-1-01	水平井钻完井多段压裂增产关键技术及规模化工业应用	刘乃震、刘玉章、兰中孝、汪海阁、王　峰、王金云、张守良、丁云宏、余　雷、王文军、王　辉、王志明、向瑜章、安文华、宋朝晖	中国石油天然气股份有限公司勘探开发研究院、中国石油集团长城钻探工程有限公司、大庆油田有限责任公司、中国石油集团钻井工程技术研究院、中国石油集团西部钻探工程有限公司、中国石油天然气股份有限公司吉林油田分公司、中国石油集团川庆钻探工程有限公司、中国石油天然气股份有限公司辽河油田分公司、中国石油新疆油田分公司、油气钻井技术国家工程实验室	中国石油天然气集团公司
4	J-215-1-01	复杂难处理镍钴资源高效利用关键技术与应用	杨志强、万爱东、王　华、武　浚、周　民、陈自江、刘玉强、邵剑辉、蒋开喜、段希祥、汪海洲、李尚勇、包国忠、申勇峰、陈爱良	金川集团有限公司、中国恩菲工程技术有限公司、昆明理工大学、北京矿冶研究总院、中南大学、东北大学、西北矿冶研究院	中国有色金属工业协会
5	J-254-1-01	京津城际铁路工程	何华武、郑　健、孙树礼、任润堂、张　梅、范建国、王志坚、康　熊、刘为群、王学甫、梁　毅、王云波、张秀广、高　峰、余卫平	铁道第三勘察设计院集团有限公司、京津城际铁路有限责任公司、铁道部工程设计鉴定中心、铁道部工程管理中心、中国铁道科学研究院、中国中铁股份有限公司、中国铁建股份有限公司、中国铁路通信信号股份有限公司、北京铁路局、唐山轨道客车有限责任公司	铁道部
6	J-233-1-01	肿瘤血管生成机制及其在抗血管生成治疗中的应用	卞修武、关新元、寿成超、江秉华、杨治华、林李家宓、彭红卫、方伟岗、娄晋宁、孔祥复、平轶芳、刘凌志、姚小红、余时沧、蒋雪峰	中国人民解放军第三军医大学、香港大学、北京大学、南京医科大学、中国医学科学院肿瘤医院、香港中文大学、成都恒基医药科技有限公司、中日友好医院、中国科学院上海生命科学研究院	中国抗癌协会
7	J-203-1-01	重要动物病毒病防控关键技术研究与应用	金宁一、廖　明、程世鹏、涂长春、高玉伟、何启盖、刘　棋、赵亚荣、任　涛、闫喜军、肖少波、金扩世、鲁会军、辛朝安、吴　威	中国人民解放军军事医学科学院军事兽医研究所、华南农业大学、中国农业科学院特产研究所、华中农业大学、广西壮族自治区动物疫病预防控制中心、北京大北农科技集团股份有限公司	吉林省

续表

序号	编号	项目名称	主要完成人	主要完成单位	推荐单位
8	J-251-1-01	中国小麦条锈病菌源基地综合治理技术体系的构建与应用	陈万权、康振生、马占鸿、徐世昌、金社林、姜玉英、蒲崇建、沈　丽、宋建荣、王保通、张忠军、赵中华、彭云良、张跃进、刘太国	中国农业科学院植物保护研究所、西北农林科技大学、中国农业大学、全国农业技术推广服务中心、甘肃省农业科学院植物保护研究所、四川省农业科学院植物保护研究所、天水市农业科学研究所、甘肃省植保植检站、四川省农业厅植物保护站、甘肃省农业科学院小麦研究所	农业部
9	J-234-1-01	低纬高原地区天然药物资源野外调查与研究开发	朱兆云、高　丽、戚育芳、王京昆、符德欢、赵　毅、邱　斌、张人伟、李学芳、崔　涛、任永福、张志清、杨生元、周培军、韦群辉	云南省药物研究所	云南省
10	J-231-1-01	中国生态系统研究网络的创建及其观测研究和试验示范	孙鸿烈、陈宜瑜、沈善敏、赵士洞、赵剑平、韩兴国、张佳宝、于贵瑞、刘国彬、秦伯强、赵新全、马克平、欧阳竹、杨林章、李　彦	中国科学院地理科学与资源研究所、中国科学院沈阳应用生态研究所、中国科学院南京土壤研究所、中国科学院植物研究所、中国科学院水生生物研究所、中国科学院寒区旱区环境与工程研究所、中国科学院水利部水土保持研究所、中国科学院东北地理与农业生态研究所、中国科学院华南植物园、中国科学院水利部成都山地灾害与环境研究所	中国科学院
11	J-236-1-01	TD-SCDMA关键工程技术研究及产业化应用	真才基、李　跃、曹淑敏、陈山枝、王晓云、杨家军、周建明、王志勤、刘迪军、王溪澄、张　平、张韶井、赵先明、王　远、杨　骅	中国移动通信集团公司、电信科学技术研究院、工业和信息化部电信研究院、中兴通讯股份有限公司、华为技术有限公司、展讯通信（上海）有限公司、北京邮电大学、北京时分移动通信产业协会、中国普天信息产业股份有限公司、联想移动通信科技有限公司	工业和信息化部
12	J-240-1-01	新一代电视台网络化制播系统及重大应用	丁文华、宋宜纯、刘万铭、崔建伟、陈　欣、史　强、王　炜、蔡常军、骆萧萧、王云川、蔡　贺、余　军、谢超平、王杰中、何宇飞	中央电视台、成都索贝数码科技股份有限公司、新奥特（北京）视频技术有限公司、北京中科大洋科技发展股份有限公司、北京传视数码科技有限公司	国家广播电影电视总局

续表

序号	编号	项目名称	主要完成人	主要完成单位	推荐单位
13	J-201-1-01	广适高产优质大豆新品种中黄13的选育与应用	王连铮、赵荣娟、王　岚、付玉清、胡献忠、夏英萍、李　强、孙君明、陈应志、毛景英、马志强、廖　琴、谢　辉、曲辉英、石敬彩	中国农业科学院作物科学研究所	农业部

创新团队

序号	编号	团队名称	推荐单位
1	J-207-1-01	国防科学技术大学高性能计算创新团队	总装备部
2	J-207-1-02	第二军医大学肝癌临床与基础集成化研究创新团队	总后勤部
3	J-207-1-03	中国航天科工飞航技术研究院巡航导弹先进突防技术创新团队	国防科技工业局

中华人民共和国国际科学技术合作奖

理查德·杰尔	Richard N. Zare	（美国）
弗莱明·贝森巴赫	Flemming Besenbacher	（丹麦）
郎尼·汤姆森	Lonnie Thompson	（美国）
黑川真一	Kurokawa Shinichi	（日本）
费立鹏	Michael R. Phillips	（加拿大）

资料来源于外交部网站。

［附录六］　**2012年我国运动员创世界纪录和获世界冠军情况**

2012年我国运动员创世界纪录统计

大项	分项	小项	运动员	性别	赛事	产生日期	举办地	成绩
游泳	游泳	男子1500米自由泳	孙杨	男	2012年夏季奥运会	8/4	英国伦敦	14:31.02
		女子400米个人混合泳	叶诗文	女	2012年夏季奥运会	7/28	英国伦敦	4:28.43

续表

2012年我国运动员创世界纪录统计								
大项	分项	小项	运动员	性别	赛事	产生日期	举办地	成绩
自行车	场地	女子场地团体竞速赛	宫金杰	女	2012年夏季奥运会	8/2	英国伦敦	32秒422
			郭爽	女	2012年夏季奥运会	8/2	英国伦敦	32秒422
射击		女子步枪3×20团体	李佩璟	女	2012年亚洲射击锦标赛	1/23	多哈	1766
			万翔燕	女	2012年亚洲射击锦标赛	1/23	多哈	1766
			杜丽	女	2012年亚洲射击锦标赛	1/23	多哈	1766
		男子气步枪团体	曹逸飞	男	2012年亚洲射击锦标赛	1/23	多哈	1793
			刘天佑	男	2012年亚洲射击锦标赛	1/23	多哈	1793
			朱启南	男	2012年亚洲射击锦标赛	1/23	多哈	1793
			王涛	男	2012年亚洲射击锦标赛	1/23	多哈	1793
举重		女子+75公斤级总成绩	周璐璐	女	2012年夏季奥运会	8/6	英国伦敦	333
		男子77公斤级抓举	吕小军	男	2012年夏季奥运会	8/1	英国伦敦	175
		男子77公斤级总成绩	吕小军	男	2012年夏季奥运会	8/1	英国伦敦	379
		女子+75公斤级挺举	孟苏平	女	2012年世界大学生举重锦标赛	12/18	以色列	188
滑冰	速度滑冰	女子500米(2)	于静	女	2012年速度滑冰世界短距离锦标赛	1/29	加拿大卡尔加里	36.94
		女子短距离全能	于静	女	2012年速度滑冰世界短距离锦标赛	1/29	加拿大卡尔加里	148.61
滑翔	动力滑翔伞	经济飞行科目	盛广强	男	2012年第三届亚洲沙滩运动会	6/18	中国山东海阳	1：02：04
航海模型	动力艇	F3–E	张林强	男	2012年航海模型动力艇世界杯	7/20	俄罗斯	146.912
		F1–E–1kg	周建明	男	2012年航海模型动力艇世界杯	7/20	俄罗斯	10.44

续表

2012年我国运动员获世界冠军统计								
大项	分项	小项	运动员	性别	赛事	产生日期	举办地	成绩
游泳	游泳	男子1500米自由泳	孙杨	男	2012年夏季奥运会	8/4	英国伦敦	14:31.0
		男子400米自由泳	孙杨	男	2012年夏季奥运会	7/28	英国伦敦	03:40.1
		女子200米个人混合泳	叶诗文	女	2012年夏季奥运会	7/31	英国伦敦	02:08.0
		女子400米个人混合泳	叶诗文	女	2012年夏季奥运会	7/28	英国伦敦	04:28.4
		女子200米蝶泳	焦刘洋	女	2012年夏季奥运会	8/1	英国伦敦	02:04.1
		女子50米仰泳	赵菁	女	2012年短池游泳世界锦标赛	12/16	土耳其	00:25.9
		女子50米蝶泳	陆滢	女	2012年短池游泳世界锦标赛	12/14	土耳其	00:25.1
		女子200米个人混合泳	叶诗文	女	2012年短池游泳世界锦标赛	12/15	土耳其	02:04.6
	跳水	男子双人10米跳台	曹缘	男	2012年夏季奥运会	7/30	英国伦敦	486.78
			张雁全	男	2012年夏季奥运会	7/30	英国伦敦	486.78
		男子双人3米跳板	罗玉通	男	2012年夏季奥运会	8/1	英国伦敦	477
			秦凯	男	2012年夏季奥运会	8/1	英国伦敦	477
		女子10米跳台	陈若琳	女	2012年夏季奥运会	8/9	英国伦敦	422.3
		女子双人3米跳板	何姿	女	2012年夏季奥运会	7/29	英国伦敦	346.2
			吴敏霞	女	2012年夏季奥运会	7/29	英国伦敦	346.2
		女子3米跳板	吴敏霞	女	2012年夏季奥运会	8/3	英国伦敦	414
		女子双人10米跳台	陈若琳	女	2012年夏季奥运会	7/31	英国伦敦	368.4
			汪皓	女	2012年夏季奥运会	7/31	英国伦敦	368.4
		男子双人3米跳板	罗玉通	男	2012年第18届跳水世界杯	2/20	英国伦敦	445.71
			秦凯	男	2012年第18届跳水世界杯	2/20	英国伦敦	445.71
		男子10米跳台	邱波	男	2012年第18届跳水世界杯	2/25	英国伦敦	574.9
		男子3米跳板	何冲	男	2012年第18届跳水世界杯	2/22	英国伦敦	535.35
		男子双人10米跳台	曹缘	男	2012年第18届跳水世界杯	2/23	英国伦敦	481.29
			张雁全	男	2012年第18届跳水世界杯	2/23	英国伦敦	481.29

续表

2012年我国运动员获世界冠军统计								
大项	分项	小项	运动员	性别	赛事	产生日期	举办地	成绩
游泳	跳水	女子10米跳台	陈若琳	女	2012年第18届跳水世界杯	2/21	英国伦敦	405.25
		女子团体	何姿	女	2012年第18届跳水世界杯	2/26	英国伦敦	
			陈若琳	女	2012年第18届跳水世界杯	2/26	英国伦敦	
			吴敏霞	女	2012年第18届跳水世界杯	2/26	英国伦敦	
			胡亚丹	女	2012年第18届跳水世界杯	2/26	英国伦敦	
			汪皓	女	2012年第18届跳水世界杯	2/26	英国伦敦	
		男子团体	曹缘	男	2012年第18届跳水世界杯	2/26	英国伦敦	
			林跃	男	2012年第18届跳水世界杯	2/26	英国伦敦	
			何冲	男	2012年第18届跳水世界杯	2/26	英国伦敦	
		男子团体	罗玉通	男	2012年第18届跳水世界杯	2/26	英国伦敦	
			张雁全	男	2012年第18届跳水世界杯	2/26	英国伦敦	
			秦凯	男	2012年第18届跳水世界杯	2/26	英国伦敦	
			邱波	男	2012年第18届跳水世界杯	2/26	英国伦敦	
		混合团体	曹缘	男	2012年第18届跳水世界杯	2/26	英国伦敦	
			林跃	男	2012年第18届跳水世界杯	2/26	英国伦敦	
			何冲	男	2012年第18届跳水世界杯	2/26	英国伦敦	
		混合团体	何姿	女	2012年第18届跳水世界杯	2/26	英国伦敦	
			罗玉通	男	2012年第18届跳水世界杯	2/26	英国伦敦	
			张雁全	男	2012年第18届跳水世界杯	2/26	英国伦敦	
			陈若琳	女	2012年第18届跳水世界杯	2/26	英国伦敦	

续表

2012年我国运动员获世界冠军统计								
大项	分项	小项	运动员	性别	赛事	产生日期	举办地	成绩
游泳	跳水	混合团体	秦凯	男	2012年第18届跳水世界杯	2/26	英国伦敦	
			吴敏霞	女	2012年第18届跳水世界杯	2/26	英国伦敦	
			胡亚丹	女	2012年第18届跳水世界杯	2/26	英国伦敦	
			邱波	男	2012年第18届跳水世界杯	2/26	英国伦敦	
			汪皓	女	2012年第18届跳水世界杯	2/26	英国伦敦	
		女子3米跳板	吴敏霞	女	2012年第18届跳水世界杯	2/24	英国伦敦	368.95
		女子双人10米跳台	陈若琳	女	2012年第18届跳水世界杯	2/22	英国伦敦	359.58
			汪皓	女	2012年第18届跳水世界杯	2/22	英国伦敦	359.58
		女子双人3米跳板	何姿	女	2012年第18届跳水世界杯	2/25	英国伦敦	345.3
			吴敏霞	女	2012年第18届跳水世界杯	2/25	英国伦敦	345.3
田径		男子20公里竞走	王镇	男	2012年田径世界杯竞走赛	5/13	俄罗斯	1:19:13
		男子20公里竞走	陈定	男	2012年夏季奥运会	8/4	英国伦敦	1:18:46
羽毛球		混合双打	张楠	男	2012年夏季奥运会	8/5	英国伦敦	
			赵芸蕾	女	2012年夏季奥运会	8/5	英国伦敦	
		女子单打	李雪芮	女	2012年夏季奥运会	8/4	英国伦敦	
		女子双打	田卿	女	2012年夏季奥运会	8/5	英国伦敦	
			赵芸蕾	女	2012年夏季奥运会	8/5	英国伦敦	
		男子单打	林丹	男	2012年夏季奥运会	8/5	英国伦敦	
		男子双打	蔡赟	男	2012年夏季奥运会	8/5	英国伦敦	
			傅海峰	男	2012年夏季奥运会	8/5	英国伦敦	
		男子团体	蔡赟	男	2012年羽毛球汤姆斯杯世界男子团体锦标赛	5/27	中国 武汉	
			陈金	男	2012年羽毛球汤姆斯杯世界男子团体锦标赛	5/27	中国 武汉	
			柴飚	男	2012年羽毛球汤姆斯杯世界男子团体锦标赛	5/27	中国 武汉	

续表

2012年我国运动员获世界冠军统计								
大项	分项	小项	运动员	性别	赛事	产生日期	举办地	成绩
羽毛球		男子团体	杜鹏宇	男	2012年羽毛球汤姆斯杯世界男子团体锦标赛	5/27	中国 武汉	
			傅海峰	男	2012年羽毛球汤姆斯杯世界男子团体锦标赛	5/27	中国 武汉	
			谌龙	男	2012年羽毛球汤姆斯杯世界男子团体锦标赛	5/27	中国 武汉	
			郭振东	男	2012年羽毛球汤姆斯杯世界男子团体锦标赛	5/27	中国 武汉	
			洪炜	男	2012年羽毛球汤姆斯杯世界男子团体锦标赛	5/27	中国 武汉	
			林丹	男	2012年羽毛球汤姆斯杯世界男子团体锦标赛	5/27	中国 武汉	
			沈烨	男	2012年羽毛球汤姆斯杯世界男子团体锦标赛	5/27	中国 武汉	
		女子团体	成淑	女	2012年羽毛球尤伯杯世界女子团体锦标赛	5/27	中国 武汉	
			王适娴	女	2012年羽毛球尤伯杯世界女子团体锦标赛	5/27	中国 武汉	
			李雪芮	女	2012年羽毛球尤伯杯世界女子团体锦标赛	5/27	中国 武汉	
			潘攀	女	2012年羽毛球尤伯杯世界女子团体锦标赛	5/27	中国 武汉	
			汪鑫	女	2012年羽毛球尤伯杯世界女子团体锦标赛	5/27	中国 武汉	
			赵芸蕾	女	2012年羽毛球尤伯杯世界女子团体锦标赛	5/27	中国 武汉	
			王晓理	女	2012年羽毛球尤伯杯世界女子团体锦标赛	5/27	中国 武汉	

续表

2012年我国运动员获世界冠军统计								
大项	分项	小项	运动员	性别	赛事	产生日期	举办地	成绩
羽毛球		女子团体	王仪涵	女	2012年羽毛球尤伯杯世界女子团体锦标赛	5/27	中国 武汉	
			于洋	女	2012年羽毛球尤伯杯世界女子团体锦标赛	5/27	中国 武汉	
			田卿	女	2012年羽毛球尤伯杯世界女子团体锦标赛	5/27	中国 武汉	
拳击		男子–49公斤级	邹市明	男	2012年夏季奥运会	8/12	英国伦敦	
		女子+81公斤级	李云飞	女	2012年拳击世界锦标赛	5/19	中国秦皇岛	
		女子48–51公斤级	任灿灿	女	2012年拳击世界锦标赛	5/19	中国秦皇岛	
		女子75–81公斤级	苑美庆	女	2012年拳击世界锦标赛	5/19	中国秦皇岛	
击剑		男子花剑个人	雷声	男	2012年夏季奥运会	7/31	英国伦敦	
		女子重剑团体	骆晓娟	女	2012年夏季奥运会	8/4	英国伦敦	
			许安琪	女	2012年夏季奥运会	8/4	英国伦敦	
			孙玉洁	女	2012年夏季奥运会	8/4	英国伦敦	
			李娜	女	2012年夏季奥运会	8/4	英国伦敦	
体操	体操	男子双杠	冯喆	男	2012年夏季奥运会	8/7	英国伦敦	15.966
		男子团体	陈一冰	男	2012年夏季奥运会	7/30	英国伦敦	275.997
			郭伟阳	男	2012年夏季奥运会	7/30	英国伦敦	275.997
			张成龙	男	2012年夏季奥运会	7/30	英国伦敦	275.997
			冯喆	男	2012年夏季奥运会	7/30	英国伦敦	275.997
			邹凯	男	2012年夏季奥运会	7/30	英国伦敦	275.997
		男子自由体操	邹凯	男	2012年夏季奥运会	8/5	英国伦敦	15.933
		女子平衡木	邓琳琳	女	2012年夏季奥运会	8/7	英国伦敦	15.6
	蹦床	男子网上个人	董栋	男	2012年夏季奥运会	8/3	英国伦敦	62.99
帆船		女子单人艇激光雷迪尔级	徐莉佳	女	2012年夏季奥运会	8/6	英国伦敦	
射击		男子气步枪(10米)	朱启南	男	2012年射击步手枪世界杯总决赛	10/22	泰国	700.8
		男子手枪慢射(50米)	张添	男	2012年射击步手枪世界杯总决赛	10/22	泰国	664.9

续表

2012年我国运动员获世界冠军统计								
大项	分项	小项	运动员	性别	赛事	产生日期	举办地	成绩
射击		女子气步枪(10米)	易思玲	女	2012年夏季奥运会	8/1	英国伦敦	502.9
		女子气手枪(10米)	郭文珺	女	2012年夏季奥运会	8/1	英国伦敦	488.1
		女子移动靶标准速	杨曾	女	2012年移动靶世界锦标赛	6/1	瑞典	390
		女子移动靶混合速	苏丽	女	2012年移动靶世界锦标赛	6/1	瑞典	385
		女子移动靶标准速团体	李雪艳	女	2012年移动靶世界锦标赛	6/1	瑞典	1147
			苏丽	女	2012年移动靶世界锦标赛	6/1	瑞典	1147
			杨曾	女	2012年移动靶世界锦标赛	6/1	瑞典	1147
		女子移动靶混合速团体	李雪艳	女	2012年移动靶世界锦标赛	6/1	瑞典	1145
			苏丽	女	2012年移动靶世界锦标赛	6/1	瑞典	1145
			杨曾	女	2012年移动靶世界锦标赛	6/1	瑞典	1145
乒乓球		乒乓球男子团体	王皓	男	2012年夏季奥运会	8/8	英国伦敦	1
			马龙	男	2012年夏季奥运会	8/8	英国伦敦	1
			张继科	男	2012年夏季奥运会	8/8	英国伦敦	1
		乒乓球女子单打	李晓霞	女	2012年夏季奥运会	8/3	英国伦敦	1
		乒乓球女子团体	李晓霞	女	2012年夏季奥运会	8/8	英国伦敦	1
			丁宁	女	2012年夏季奥运会	8/8	英国伦敦	1
			郭跃	女	2012年夏季奥运会	8/8	英国伦敦	1
		乒乓球男子单打	张继科	男	2012年夏季奥运会	8/3	英国伦敦	1
		乒乓球男子团体	马琳	男	2012年乒乓球世界锦标赛	4/1	德国多特蒙德	1
			马龙	男	2012年乒乓球世界锦标赛	4/1	德国多特蒙德	1
			王皓	男	2012年乒乓球世界锦标赛	4/1	德国多特蒙德	1
			许昕	男	2012年乒乓球世界锦标赛	4/1	德国多特蒙德	1
			张继科	男	2012年乒乓球世界锦标赛	4/1	德国多特蒙德	1

续表

2012 年我国运动员获世界冠军统计								
大项	分项	小项	运动员	性别	赛事	产生日期	举办地	成绩
乒乓球		乒乓球女子团体	丁宁	女	2012 年乒乓球世界锦标赛	4/1	德国多特蒙德	1
			郭焱	女	2012 年乒乓球世界锦标赛	4/1	德国多特蒙德	1
			李晓霞	女	2012 年乒乓球世界锦标赛	4/1	德国多特蒙德	1
			刘诗雯	女	2012 年乒乓球世界锦标赛	4/1	德国多特蒙德	1
			郭跃	女	2012 年乒乓球世界锦标赛	4/1	德国多特蒙德	1
		乒乓球男子单打	马龙	男	2012 年乒乓球男子世界杯	9/30	英国利物浦	1
		乒乓球女子单打	刘诗雯	女	2012 年乒乓球女子世界杯	9/23	湖北黄石	1
跆拳道		女子 –49 公斤级	吴静钰	女	2012 年夏季奥运会	8/9	英国伦敦	
		女子团体	郭婷	女	2012 年跆拳道世界杯	11/25	阿鲁巴	
			李琬辉	女	2012 年跆拳道世界杯	11/25	阿鲁巴	
			李悦	女	2012 年跆拳道世界杯	11/25	阿鲁巴	
			李照艺	女	2012 年跆拳道世界杯	11/25	阿鲁巴	
			宋启明	女	2012 年跆拳道世界杯	11/25	阿鲁巴	
			刘晶	女	2012 年跆拳道世界杯	11/25	阿鲁巴	
			王云	女	2012 年跆拳道世界杯	11/25	阿鲁巴	
			刘利平	女	2012 年跆拳道世界杯	11/25	阿鲁巴	
			张华	女	2012 年跆拳道世界杯	11/25	阿鲁巴	
举重		男子 69 公斤级总成绩	林清峰	男	2012 年夏季奥运会	8/1	英国伦敦	344
		男子 77 公斤级总成绩	吕小军	男	2012 年夏季奥运会	8/1	英国伦敦	379
		女子 +75 公斤级总成绩	周璐璐	女	2012 年夏季奥运会	8/6	英国伦敦	333

续表

2012年我国运动员获世界冠军统计								
大项	分项	小项	运动员	性别	赛事	产生日期	举办地	成绩
举重		女子48公斤级总成绩	王明娟	女	2012年夏季奥运会	7/28	英国伦敦	205
		女子58公斤级总成绩	李雪英	女	2012年夏季奥运会	7/31	英国伦敦	246
摔跤		女子跤自由式59公斤级	张兰	女	2012年摔跤世界锦标赛	9/28	加拿大	
滑冰	速度滑冰	女子500米(2)	于静	女	2012年速度滑冰世界短距离锦标赛	1/29	加拿大卡尔加里	36.94
		女子短距离全能	于静	女	2012年速度滑冰世界短距离锦标赛	1/29	加拿大卡尔加里	148.61
滑冰	短道速滑	女子1500米	李坚柔	女	2012年短道速滑世界锦标赛	3/10	中国上海	02:23.2
		女子3000米接力	孔雪	女	2012年短道速滑世界锦标赛	3/11	中国上海	04:13.9
			李坚柔	女	2012年短道速滑世界锦标赛	3/11	中国上海	04:13.9
			肖涵	女	2012年短道速滑世界锦标赛	3/11	中国上海	04:13.9
			刘秋宏	女	2012年短道速滑世界锦标赛	3/11	中国上海	04:13.9
			范可新	女	2012年短道速滑世界锦标赛	3/11	中国上海	04:13.9
		女子500米	范可新	女	2012年短道速滑世界锦标赛	3/10	中国上海	43.887
		女子全能	李坚柔	女	2012年短道速滑世界锦标赛	3/11	中国上海	60
潜水	蹼泳	男子100米器泳	岑金龙	男	2012年蹼泳世界杯总决赛	9/27	埃及	00.32.26
		男子200米蹼泳	周伟航	男	2012年蹼泳世界杯总决赛	9/27	埃及	01.23.99
		男子400米蹼泳	周伟航	男	2012年蹼泳世界杯总决赛	9/27	埃及	03:04.1
		女子100米蹼泳	梁耀月	女	2012年蹼泳世界杯总决赛	9/28	埃及	00:40.5
		女子100米器泳	林雅琦	女	2012年蹼泳世界杯总决赛	9/28	埃及	36.83
		女子400米蹼泳	孙祎婷	女	2012年蹼泳世界杯总决赛	9/28	埃及	03:24.0

续表

2012年我国运动员获世界冠军统计								
大项	分项	小项	运动员	性别	赛事	产生日期	举办地	成绩
潜水	蹼泳	女子4×100米蹼泳接力	李静	女	2012年蹼泳世界杯总决赛	9/29	埃及	02:44.2
			刘思敏	女	2012年蹼泳世界杯总决赛	9/29	埃及	02:44.2
			梁耀月	女	2012年蹼泳世界杯总决赛	9/29	埃及	02:44.2
			许艺川	女	2012年蹼泳世界杯总决赛	9/29	埃及	02:44.2
		女子50米蹼泳	梁耀月	女	2012年蹼泳世界杯总决赛	9/28	埃及	18.45
		女子50米潜泳	梁耀月	女	2012年蹼泳世界杯总决赛	9/28	埃及	16.32
健美操		六人操	韩明哲	男	2012年健美操世界锦标赛	6/2	保加利亚	22.2
			黎良发	男	2012年健美操世界锦标赛	6/2	保加利亚	22.2
			刘天博	男	2012年健美操世界锦标赛	6/2	保加利亚	22.2
			车磊	男	2012年健美操世界锦标赛	6/2	保加利亚	22.2
			陶乐	男	2012年健美操世界锦标赛	6/2	保加利亚	22.2
			王子卓	男	2012年健美操世界锦标赛	6/2	保加利亚	22.2
		三人操	车磊	男	2012年健美操世界锦标赛	6/1	保加利亚	22.2
			陶乐	男	2012年健美操世界锦标赛	6/1	保加利亚	22.2
			韩明哲	男	2012年健美操世界锦标赛	6/1	保加利亚	22.2
技巧		男子四人团体	唐建	男	2012年第20届技巧世界锦标赛	4/17	美国	28.05
			王磊	男	2012年第20届技巧世界锦标赛	4/17	美国	28.05
			巫叶秋胤	男	2012年第20届技巧世界锦标赛	4/17	美国	28.05
			周溢	男	2012年第20届技巧世界锦标赛	4/17	美国	28.05

续表

2012年我国运动员获世界冠军统计								
大项	分项	小项	运动员	性别	赛事	产生日期	举办地	成绩
高尔夫球		女子个人	冯珊珊	女	2012年文曼斯LPGA锦标赛	6/11	美国纽约	282杆
掷球		女子大金属地掷球双人接力连续抛击	程锡平	女	2012年地掷球金属地掷球女子世界锦标赛	10/18	土耳其	48/54
			郭晓敏	女	2012年地掷球金属地掷球女子世界锦标赛	10/18	土耳其	48/54
跳伞		女子个人定点	何宇峰	女	2012年第32届跳伞世界锦标赛	12/9	迪拜	6公分（10轮）
		女子集体定点	何宇峰	女	2012年第32届跳伞世界锦标赛	12/9	迪拜	24公分（8轮）
			曹彦	女	2012年第32届跳伞世界锦标赛	12/9	迪拜	24公分（8轮）
			魏宁	女	2012年第32届跳伞世界锦标赛	12/9	迪拜	24公分（8轮）
			韩秋立	女	2012年第32届跳伞世界锦标赛	12/9	迪拜	24公分（8轮）
			张阳梅	女	2012年第32届跳伞世界锦标赛	12/9	迪拜	24公分（8轮）
航空模型	航天模型	S8EP	李士其	男	2012年航天模型世界锦标赛	9/8	斯洛伐克	4000
		S8EP单项团体	李士其	男	2012年航天模型世界锦标赛	9/8	斯洛伐克	8984
			卢征	男	2012年航天模型世界锦标赛	9/8	斯洛伐克	8984
			张兆年	男	2012年航天模型世界锦标赛	9/8	斯洛伐克	8984
航海模型		C4	谢毅强	男	2012年世界航海模型仿真项目锦标赛	9/27	克罗地亚	99
		C5	钱锋	男	2012年世界航海模型仿真项目锦标赛	9/27	克罗地亚	96.33
无线电测向		W35团体组	王淑艳	女	2012年无线电测向世界锦标赛	9/12	塞尔维亚	3:12:05
			罗春艳	女	2012年无线电测向世界锦标赛	9/12	塞尔维亚	3:12:05
			杨春香	女	2012年无线电测向世界锦标赛	9/12	塞尔维亚	3:12:05

续表

2012年我国运动员获世界冠军统计								
大项	分项	小项	运动员	性别	赛事	产生日期	举办地	成绩
攀岩		男子速度攀岩	钟齐鑫	男	2012年攀岩世界锦标赛	9/16	法国巴黎	7.33
武术	散打	男子散打56公斤级	李康	男	2012年武术散打世界杯	10/25	中国武夷山	1
		男子散打75公斤级	纪海桐	男	2012年武术散打世界杯	10/25	中国武夷山	1
		男子散打90公斤级	黄磊	男	2012年武术散打世界杯	10/25	中国武夷山	1
		男子散打90公斤以上级	陈彦召	男	2012年武术散打世界杯	10/25	中国武夷山	1
		女子散打48公斤级	冯玉芳	女	2012年武术散打世界杯	10/25	中国武夷山	1
		女子散打52公斤级	邱挑	女	2012年武术散打世界杯	10/25	中国武夷山	1
		女子散打56公斤级	刘玲玲	女	2012年武术散打世界杯	10/25	中国武夷山	1
		男子散打65公斤级	唐昕	男	2012年武术散打世界杯	10/25	中国武夷山	1
		女子散打60公斤级	蒋先婷	女	2012年武术散打世界杯	10/25	中国武夷山	1

资料来源于国家体育总局网站。

［附录七］ 2012年全国自然灾害情况

农作物受灾面积（千公顷）	24962
农作物绝收面积（千公顷）	1826.3
旱灾受灾面积（千公顷）	9339.8
旱灾绝收面积（千公顷）	374
洪涝、山体滑坡、泥石流和台风受灾面积（千公顷）	11220.4
洪涝、山体滑坡、泥石流和台风绝收面积（千公顷）	1095.3
风雹灾害受灾面积（千公顷）	2780.8
风雹灾害绝收面积（千公顷）	213.4
低温冷冻和雪灾受灾面积（千公顷）	1617.8

续表

低温冷冻和雪灾绝收面积（千公顷）	142.9
自然灾害受灾人口（万人次）	29421.7
自然灾害受灾死亡人口（人）	1530
自然灾害直接经济损失（亿元）	4185.5

资料来源于2019年1月20日国家统计局国家年度数据表。

[附录八] 2012年国务院机构简称

全称	简称
中华人民共和国国务院办公厅	国务院办公厅
国务院组成部门	
中华人民共和国外交部	外交部
中华人民共和国国防部	国防部
中华人民共和国国家发展和改革委员会	发展改革委
中华人民共和国教育部	教育部
中华人民共和国科学技术部	科技部
中华人民共和国工业和信息化部	工业和信息化部
中华人民共和国国家民族事务委员会	国家民委
中华人民共和国公安部	公安部
中华人民共和国国家安全部	安全部
中华人民共和国监察部	监察部
中华人民共和国民政部	民政部
中华人民共和国司法部	司法部
中华人民共和国财政部	财政部
中华人民共和国人力资源和社会保障部	人力资源社会保障部
中华人民共和国国土资源部	国土资源部
中华人民共和国环境保护部	环境保护部
中华人民共和国住房和城乡建设部	住房城乡建设部
中华人民共和国交通运输部	交通运输部
中华人民共和国铁道部	铁道部
中华人民共和国水利部	水利部
中华人民共和国农业部	农业部
中华人民共和国商务部	商务部

续表

全称	简称
中华人民共和国文化部	文化部
中华人民共和国卫生部	卫生部
中华人民共和国国家人口和计划生育委员会	人口计生委
中国人民银行	人民银行
中华人民共和国审计署	审计署
监察部与中共中央纪律检查委员会机关合署办公，机构列入国务院序列，编制列入中共中央直属机构。	
国务院直属特设机构	
国务院国有资产监督管理委员会	国资委
国务院直属机构	
中华人民共和国海关总署	海关总署
国家税务总局	税务总局
国家工商行政管理总局	工商总局
国家质量监督检验检疫总局	质检总局
国家广播电影电视总局	广电总局
国家新闻出版总署（国家版权局）	新闻出版总署（版权局）
国家体育总局	体育总局
国家安全生产监督管理总局	安全监管总局
国家统计局	统计局
国家林业局	林业局
国家知识产权局	知识产权局
国家旅游局	旅游局
国家宗教事务局	宗教局
国务院参事室	参事室
国家机关事务管理局	国管局
国家预防腐败局	预防腐败局
国家预防腐败局列入国务院直属机构序列，在监察部加挂牌子。	
国务院办事机构	
国务院侨务办公室	侨办
国务院港澳事务办公室	港澳办
国务院法制办公室	法制办
国务院研究室	国研室
国务院直属事业单位	
新华通讯社	新华社
中国科学院	中科院

续表

全称	简称
中国社会科学院	社科院
中国工程院	工程院
国务院发展研究中心	发展研究中心
国家行政学院	行政学院
中国地震局	地震局
中国气象局	气象局
中国银行业监督管理委员会	银监会
中国证券监督管理委员会	证监会
中国保险监督管理委员会	保监会
国家电力监管委员会	电监会
全国社会保障基金理事会	社保基金会
国家自然科学基金委员会	自然科学基金会
国务院台湾事务办公室	台办
国务院新闻办公室	新闻办
国务院防范和处理邪教问题办公室	防范办
国家档案局	档案局
国务院台湾事务办公室与中共中央台湾工作办公室、国务院新闻办公室与中共中央对外宣传办公室、国务院防范和处理邪教问题办公室与中央防范和处理邪教问题领导小组办公室，一个机构两块牌子，列入中共中央直属机构序列。国家档案局与中央档案馆，一个机构两块牌子，列入中共中央直属机关的下属机构。	
国务院部委管理的国家局	
国家信访局	信访局
国家粮食局	粮食局
国家能源局	能源局
国家国防科技工业局	国防科工局
国家烟草专卖局	烟草局
国家外国专家局	外专局
国家公务员局	公务员局
国家海洋局	海洋局
国家测绘局	测绘局
国家铁路局	铁路局
中国民用航空局	民航局
国家邮政局	邮政局
国家文物局	文物局
国家食品药品监督管理局	食品药品监管局
国家中医药管理局	中医药局

续表

全称	简称
国家外汇管理局	外汇局
国家煤矿安全监察局	煤矿安监局
国家保密局	保密局
国家密码管理局	密码局
国家航天局	航天局
国家原子能机构	原子能机构
国家语言文字工作委员会	国家语委
国家核安全局	核安全局
国家保密局与中央保密委员会办公室、国家密码管理局与中央密码工作领导小组办公室，一个机构两块牌子，列入中共中央直属机关的下属机构。工业和信息化部对外保留国家航天局、国家原子能机构牌子。教育部对外保留国家语言文字工作委员会牌子。环境保护部对外保留国家核安全局牌子。	

资料来源于国办秘函〔2008〕26 号文件。

图书在版编目(CIP)数据

中华人民共和国史编年．2012年卷 / 当代中国研究所，中央档案馆编．-- 北京：当代中国出版社，2019.9
ISBN 978-7-5154-0938-2

Ⅰ．①中… Ⅱ．①当… ②中… Ⅲ．①中国历史－现代史－编年体－2012 Ⅳ．①K270.43

中国版本图书馆CIP数据核字(2019)第116854号

出 版 人　曹宏举
责任编辑　宗　边
特约编辑　陈立旭
责任校对　康　莹
装帧设计　海　洋
出版发行　当代中国出版社
地　　址　北京市地安门西大街旌勇里8号
网　　址　http://www.ddzg.net　邮箱：ddzgcbs@sina.com
邮政编码　100009
编 辑 部　(010)66572264　66572154　66572132　66572180
市 场 部　(010)66572281　66572161　66572157　83221785
印　　刷　北京润田金辉印刷有限公司
开　　本　787毫米×1092毫米　1/16
印　　张　55.25印张　2插页　1204千字
版　　次　2019年9月第1版
印　　次　2019年9月第1次印刷
定　　价　320.00元

ISBN 978-7-5154-0938-2